ŒUVRES COMPLÈTES

DE

JEAN-BAPTISTE POQUELIN

DE MOLIÈRE

PARIS

GENNEQUIN, LIBRAIRE

6, RUE [illegible]

ŒUVRES COMPLÈTES

DE

JEAN-BAPTISTE POQUELIN

DE MOLIÈRE

ŒUVRES COMPLÈTES

DE

JEAN-BAPTISTE POQUELIN

DE MOLIÈRE

OEUVRES COMPLÈTES

DE

JEAN-BAPTISTE POQUELIN

DE MOLIÈRE

PARIS

GENNEQUIN, LIBRAIRE

6, RUE GIT-LE-COEUR, 6.

VIE DE MOLIÈRE

PAR VOLTAIRE.

Le goût de bien des lecteurs pour choses frivoles, et l'envie de faire un volume de ce qui ne devrait remplir que peu de pages, sont cause que l'histoire des hommes célèbres est presque toujours gâtée par des détails inutiles et des contes populaires aussi faux qu'insipides. On y ajoute souvent des critiques injustes de leurs ouvrages. C'est ce qui est arrivé dans l'édition de Racine faite à Paris en 1728. On tâchera d'éviter cet écueil dans cette courte histoire de la vie de Molière: on ne dira de sa propre personne que ce qu'on a cru vrai et digne d'être rapporté; et on ne hasardera sur ses ouvrages rien qui soit contraire au sentiment du public éclairé.

Jean-Baptiste Poquelin naquit à Paris en 1620 dans une maison qui subsiste encore sous les piliers des halles. Son père, Jean-Baptiste Poquelin, valet de chambre tapissier chez le roi, marchand fripier, et Anne Boutet sa mère, lui donnèrent une éducation trop conforme à leur état, auquel ils le destinaient: il resta jusqu'à quatorze ans dans leur boutique, n'ayant rien appris, entre son métier, qu'un peu à lire et à écrire. Ses parents obtinrent pour lui la survivance de leur charge chez le roi; mais son génie l'appelait ailleurs. On a remarqué que presque tous ceux qui se sont fait un nom dans les beaux-arts les ont cultivés malgré leurs parents, et que la nature a toujours été en eux plus forte que l'éducation.

Poquelin avait un grand-père qui aimait la comédie, et qui le menait quelquefois à l'hôtel de Bourgogne. Le jeune homme sentit bientôt une aversion invincible pour sa profession. Son goût pour l'étude se développa; il pressa son grand-père d'obtenir qu'on le mît au collége, et il arracha enfin le consentement de son père, qui le mit dans une pension, et l'envoya externe aux Jésuites, avec la répugnance d'un bourgeois qui croyait la fortune de son fils perdue s'il étudiait.

Le jeune Poquelin fit au collége les progrès qu'on devait attendre de son empressement à y entrer. Il y étudia cinq années; il y suivit le cours des classes d'Armand de Bourbon, premier prince de Conti, qui depuis fut le protecteur des lettres et de Molière.

Il y avait alors dans ce collége deux enfants qui eurent depuis beaucoup de réputation dans le monde. C'étaient Chapelle et Bernier: celui-ci, connu par ses voyages aux Indes; et l'autre, célèbre par quelques vers naturels et aisés, qui lui ont fait d'autant plus de réputation, qu'il ne rechercha pas celle d'auteur.

L'Huillier, homme de fortune, prenait un soin singulier de l'éducation du jeune Chapelle, son fils naturel; et, pour lui donner de l'émulation, il faisait étudier avec lui le jeune Bernier, dont les parents étaient mal à leur aise. Au lieu même de donner à son fils naturel un précepteur ordinaire et pris au hasard comme tant de pères en usent avec un fils légitime qui doit porter leur nom, il engagea le célèbre Gassendi à se charger de l'instruire.

Gassendi ayant démêlé de bonne heure le génie de Poquelin, l'associa aux études de Chapelle et de Bernier. Jamais plus illustre maître n'eut de plus dignes disciples. Il leur enseigna sa philosophie d'Épicure, qui, quoique aussi fausse que les autres, avait au moins plus de méthode et plus de vraisemblance que celle de l'école, et n'en avait pas la barbarie.

Poquelin continua de s'instruire sous Gassendi. Au sortir du collége il reçut de ce philosophe les principes d'une morale plus utile que sa physique, et il s'écarta rarement de ces principes dans le cours de sa vie.

Son père étant devenu infirme et incapable de servir, il fut obligé d'exercer les fonctions de son emploi auprès du roi. Il suivit Louis XIII dans Paris. Sa passion pour la comédie, qui l'avait déterminé à faire ses études, se réveilla avec force.

Le théâtre commençait à fleurir alors: cette partie des belles-lettres, si méprisée quand elle est médiocre, contribue à la gloire d'un état quand elle est perfectionnée.

Avant l'année 1625 il n'y avait point de comédiens fixes à Paris. Quelques farceurs allaient, comme en Italie, de ville en ville; ils jouaient les pièces de Hardy, de Montchrétien, ou de Baltazar Baro. Ces auteurs leur vendaient leurs ouvrages dix écus pièce.

Pierre Corneille tira le théâtre de la barbarie et de l'avilissement vers l'année 1630. Ses premières comédies, qui étaient aussi bonnes pour son siècle qu'elles sont mauvaises pour le nôtre, furent cause qu'une troupe de comédiens s'établit à Paris. Bientôt après, la passion du cardinal de Richelieu pour les spectacles mit le goût de la comédie à la mode; et il y avait plus de sociétés particulières qui représentaient alors, que nous n'en voyons aujourd'hui.

Poquelin s'associa avec quelques jeunes gens qui avaient du talent pour la déclamation; ils jouaient au faubourg Saint-Germain et au quartier Saint-Paul. Cette société éclipsa bientôt toutes les autres; on l'appela *l'illustre théâtre*. On voit par une tragédie de ce temps-là, intitulée *Artaxerce*, d'un nommé Magnon, et imprimée en 1645, qu'elle fut représentée sur l'illustre théâtre.

Ce fut alors que Poquelin, sentant son génie, se résolut de s'y livrer tout entier, d'être à la fois comédien et auteur, et de tirer de ses talents de l'utilité et de la gloire.

On sait que, chez les Athéniens, les auteurs jouaient souvent dans leurs pièces, et qu'ils n'étaient point déshonorés pour parler avec grace en public devant leurs concitoyens. Il fut plus encouragé par cette idée, que retenu par les préjugés de son siècle. Il prit le nom de *Molière;* et il ne fit, en changeant de nom, que suivre l'exemple des comédiens d'Italie et de ceux de l'hôtel de Bourgogne. L'un, dont le nom de famille était Legrand, s'appelait Belleville dans la tragédie, et Turlupin dans la farce; d'où vient le mot *turlupinade*. Hugues Guéret était connu dans les pièces sérieuses sous le nom de Fléchelles; dans la farce il jouait toujours un certain rôle qu'on appelait Gautier-Garguille. De même Arlequin et Scaramouche n'étaient connus que sous ce nom de théâtre. Il y avait déjà eu un comédien appelé Molière, auteur de la tragédie de *Polixène.*

Le nouveau Molière fut ignoré pendant tout le temps que durèrent les guerres civiles en France: il employa ces années à cultiver son talent et à préparer quelques pièces. Il avait fait un recueil de scènes italiennes, dont il faisait de petites comédies pour les provinces. Ces premiers essais très informes tenaient plus du mauvais théâtre italien où il les avait pris, que de son génie, qui n'avait pas eu encore l'occasion de se développer tout entier. Le génie s'étend et se resserre par tout ce qui nous environne. Il fit donc pour la province *le Docteur amoureux*, *les trois Docteurs rivaux*, *le Maître d'école*, ouvrages dont il ne reste que le titre. Quelques curieux ont conservé deux pièces de Molière dans ce genre; l'une est *le Médecin volant*, et l'autre *la Jalousie de Barbouillé*. Elles sont en prose et écrites en entier. Il y a quelques phrases et quelques incidents de la première qui nous sont conservés dans *le Médecin malgré lui;* et on trouve dans *la Jalousie de Barbouillé* un canevas, quoique informe, du troisième acte de *Georges-Dandin*.

La première pièce régulière en cinq actes qu'il composa fut *l'Étourdi*. Il représenta cette comédie à Lyon en 1653. Il y avait dans cette ville une troupe de comédiens de campagne, qui fut abandonnée dès que celle de Molière parut.

Quelques acteurs de cette ancienne troupe se joignirent à Molière; et il partit de Lyon pour les états de Languedoc avec une troupe assez complète, composée principalement de deux frères nommés Gros-René, de Duparc, d'un pâtissier de la rue Saint-Honoré, de la Duparc, de la Béjart, et de la de Brie.

Le prince de Conti, qui tenait les états de Languedoc à Béziers, se souvint de Molière, qu'il avait vu au collège, il lui donna une protection distinguée. Il joua devant lui *l'Etourdi, le Dépit amoureux, et les Précieuses ridicules.*

Cette petite pièce des *Précieuses*, faite en province, prouve assez que son auteur n'avait eu en vue que les ridicules des provinciales; mais il se trouva depuis que l'ouvrage pouvait corriger et la cour et la ville.

Molière avait alors trente-quatre ans; c'est l'âge où Corneille fit le Cid. Il est bien difficile de réussir avant cet âge dans le genre dramatique, qui exige la connaissance du monde et du cœur humain.

On prétend que le prince de Conti voulut alors faire Molière son secrétaire, et qu'heureusement pour la gloire du Théâtre-Français Molière eut le courage de préférer son talent à un poste honorable. Si ce fait est vrai, il fait également honneur au prince et au comédien.

Après avoir couru quelque temps toutes les provinces, et avoir joué à Grenoble, à Lyon, à Rouen, il vint enfin à Paris en 1658. Le prince de Conti lui donna accès auprès de Monsieur, frère unique du roi Louis XIV. Monsieur le présenta au roi et à la reine mère. Sa troupe et lui représentèrent la même année devant leurs majestés, la tragédie de *Nicomède* sur un théâtre élevé par ordre du roi dans la salle des gardes du vieux Louvre.

Il y avait depuis quelque temps des comédiens établis à l'hôtel de Bourgogne. Ces comédiens assistèrent au début de la nouvelle troupe. Molière, après la représentation de Nicomède, s'avança sur le bord du théâtre, et prit la liberté de faire au roi un discours, par lequel il remerciait sa majesté de son indulgence, et louait adroitement les comédiens de l'hôtel de Bourgogne, dont il devait craindre la jalousie: il finit en demandant la permission de donner une pièce d'un acte qu'il avait jouée en province.

La mode de représenter ces petites farces après de grandes pièces était perdu à l'hôtel de Bourgogne. Le roi agréa l'offre de Molière, et l'on joua dans l'instant *le Docteur amoureux*. Depuis ce temps l'usage a toujours continué de donner de ces pièces d'un acte ou de trois, après les pièces de cinq.

On permit à la troupe de Molière de s'établir à Paris. Ils s'y fixèrent, et partagèrent le théâtre du Petit-Bourbon avec les comédiens italiens qui en étaient en possession depuis quelques années.

La troupe de Molière jouait sur le théâtre les mardis, les jeudis et les samedis, et les Italiens les autres jours.

La troupe de l'hôtel de Bourgogne ne jouait aussi que trois fois la semaine, excepté lorsqu'il y avait des pièces nouvelles.

Dès lors la troupe de Molière prit le titre de *la troupe de Monsieur, qui était son protecteur*. Deux ans après, en 1660, il leur accorda la salle du Palais-Royal. Le cardinal de Richelieu l'avait fait bâtir pour la représentation de *Mirame*, tragédie dans laquelle ce ministre avait composé plus de cinq cents vers. Cette salle est aussi mal construite que la pièce pour laquelle elle fut bâtie: et je suis obligé de remarquer, à cette occasion, que nous n'avons aujourd'hui aucun théâtre supportable; c'est une barbarie gothique que les Italiens nous reprochent avec raison. Les bonnes pièces sont en France, et les belles salles en Italie.

La troupe de Molière eut la jouissance de cette salle jusqu'à la mort de son chef. Elle fut alors accordée à ceux qui eurent le privilège de l'Opéra, quoique ce vaisseau fût moins propre encore pour le chant que pour la déclamation.

Depuis l'an 1658 jusqu'en 1673, c'est à dire en quinze années de temps, il donna toutes ses pièces, qui sont au nombre de trente. Il voulut jouer dans le tragique; mais il n'y réussit pas; il avait une volubilité dans la voix, et une espèce de hoquet qui ne pouvait convenir au genre sérieux, mais qui rendait son jeu comique plus plaisant. La femme d'un des meilleurs comédiens que nous ayons eu a donné ce portrait-ci de Molière:

« Il n'était ni trop gras, ni trop maigre; il avait la « taille plus grande que petite, le port noble, la jambe « belle; il marchait gravement, avait l'air très sé« rieux, le nez gros, la bouche grande, les lèvres épais« ses, le teint brun, les sourcils noirs et forts, et les « divers mouvements qu'il leur donnait lui rendaient « la physionomie extrêmement comique. A l'égard « de son caractère, il était doux, complaisant, géné« reux; il aimait fort à haranguer; et quand il lisait « ses pièces aux comédiens, il voulait qu'ils y ame« nassent leurs enfants pour tirer des conjectures de « leur mouvement naturel. »

Molière se fit dans Paris un très grand nombre de partisans, et presque autant d'ennemis. Il accoutuma le public, en lui faisant connaître la bonne comédie, à le juger lui-même très sévèrement. Les mêmes spectateurs qui applaudissaient aux pièces médiocres des autres auteurs, relevaient les moindres défauts de Molière avec aigreur. Les hommes jugent de nous par l'attente qu'ils en ont conçue; et le moindre défaut d'un auteur célèbre, joint avec les malignités du public, suffit pour faire tomber un bon ouvrage. Voilà pourquoi *Britannicus* et *les Plaideurs* de M. Racine furent si mal reçus; voilà pourquoi *l'Avare, le Misanthrope, les Femmes savantes, l'École des femmes*, n'eurent d'abord aucun succès.

Louis XIV, qui avait un goût naturel et l'esprit très juste, sans l'avoir cultivé, ramena souvent par son approbation la cour et la ville, aux pièces de Molière. Il eût été plus honorable pour la nation de n'avoir pas besoin des décisions de son maître pour bien juger. Molière eut des ennemis cruels, surtout les mauvais auteurs du temps, leurs protecteurs et leurs cabales: ils suscitèrent contre lui les dévots; on lui imputa des livres scandaleux; on l'accusa d'avoir joué des hommes puissants, tandis qu'il n'avait joué que les vices en général; et il eût succombé sous ces accusations, si ce même roi qui encouragea et qui soutint Racine et Despréaux n'eût pas aussi protégé Molière.

Il n'eut, à la vérité, qu'une pension de mille livres. et sa troupe n'en eut qu'une de sept. La fortune qu'il fit par le succès de ses ouvrages le mit en état de n'avoir rien de plus à souhaiter: ce qu'il retirait du théâtre, avec ce qu'il avait placé, allait à trente mille livres de rente, somme qui, en ce temps-là, faisait presque le double de la valeur réelle de pareille somme d'aujourd'hui.

Le crédit qu'il avait auprès du roi paraît assez par le canonicat qu'il obtint pour le fils de son médecin. Ce médecin s'appelait Mauvilain. Tout le monde sait qu'étant un jour au dîner du roi: « Vous avez un « médecin, dit le roi à Molière, que vous fait-il? Sire, « répondit Molière, nous causons ensemble; il m'or« donne des remèdes, je ne les fais point, et je guéris. »

Il faisait de son bien un usage noble et sage: il recevait chez lui les hommes de la meilleure compagnie, les Chapelle, les Jonsac, les Desbarreaux, etc., qui joignaient la volupté à la philosophie. Il avait une maison de campagne à Auteuil, où il se délassait souvent avec eux des fatigues de sa profession, qui sont bien plus grandes qu'on ne pense. Le maréchal de Vivonne, connu par son esprit et par son amitié pour Despréaux, allait souvent chez Molière, et vivait avec lui comme Lélius avec Térence. Le grand Condé exigeait de lui qu'il le vînt voir souvent, et disait qu'il trouvait toujours à apprendre dans sa conversation.

Molière employait une partie de son revenu en libéralités qui allaient beaucoup plus loin que ce qu'on appelle dans d'autres hommes des charités. Il encourageait souvent par des présents considérables de jeunes auteurs qui marquaient du talent: c'est peut-être à Molière que la France doit Racine. Il engagea le jeune Racine, qui sortait de Port-Royal, à travailler pour le théâtre dès l'âge de dix-neuf ans. Il lui fit composer la tragédie de *Théagène et Chariclée*; et quoique cette pièce fût trop faible pour être jouée, il fit présent au jeune auteur de cent louis, et lui donna le plan des *Frères ennemis*.

Il n'est peut-être pas inutile de dire qu'environ dans le même temps, c'est à dire en 1661, Racine ayant fait une ode sur le mariage de Louis XIV, M. Colbert lui envoya cent louis au nom du roi.

Il est très triste, pour l'honneur des lettres, que Molière et Racine aient été brouillés depuis; de si grands génies, dont l'un avait été le bienfaiteur de l'autre, devaient être toujours amis.

Il éleva et il forma un autre homme qui, par la supériorité de ses talents et par les dons singuliers qu'il avait reçu de la nature, mérite d'être connu de la postérité. C'était le comédien Baron, qui a été unique dans la tragédie et dans la comédie. Molière en prit soin comme de son propre fils.

Un jour Baron vint lui annoncer qu'un comédien de campagne, que la pauvreté empêchait de se présenter, lui demandait quelque léger secours pour aller joindre sa troupe. Molière, ayant su que c'était un nommé Mondorge, qui avait été son camarade, demanda à Baron combien il croyait qu'il allait lui donner; celui-ci répondit au hasard, quatre pistoles. Donnez-lui quatre pistoles pour moi, lui dit Molière; en voilà vingt qu'il faut que vous lui donniez pour vous. Et il joignit à ce présent celui d'un habit magnifique. Ce sont de petits faits, mais ils peignent le caractère.

Un autre trait mérite plus d'être rapporté. Il venait de donner l'aumône à un pauvre. Un instant après, le pauvre court après lui, et lui dit: Monsieur, vous n'aviez peut-être pas dessein de me donner un louis d'or, je viens vous le rendre. Tiens, mon ami, dit Molière, en voilà un autre. Et il s'écria: Où la vertu va-t-elle se nicher! Exclamation qui peut faire voir qu'il réfléchissait sur tout ce qui se présentait à lui, et qu'il étudiait partout la nature en homme qui la voulait peindre.

Molière, heureux par ses succès et par ses protecteurs, par ses amis et par sa fortune, ne le fut pas dans sa maison. Il avait épousé en 1661 une jeune fille née de la Béjart et d'un gentilhomme nommé Modène. On disait que Molière en était le père: le soin avec lequel on avait répandu cette calomnie fit que plusieurs personnes prirent celui de la réfuter; on prouva que Molière n'avait connu la mère qu'après la naissance de cette fille.

La disproportion d'âge, et les dangers auxquels une comédienne jeune et belle est exposée, rendirent ce mariage malheureux; et Molière, tout philosophe qu'il était d'ailleurs, essuya dans son domestique les dégoûts, les amertumes, et quelquefois les ridicules qu'il avait si souvent joués sur le théâtre. Tant il est vrai que les hommes qui sont au-dessus des autres par les talents s'en rapprochent presque toujours par les faiblesses! Car pourquoi les talents nous mettraient-ils au dessus de l'humanité?

La dernière pièce qu'il composa fut *le Malade imaginaire*. Il y avait quelque temps que sa poitrine était attaquée, et qu'il crachait quelquefois du sang. Le jour de la troisième représentation il se sentit plus incommodé qu'auparavant: on lui conseilla de ne point jouer; mais il voulut faire un effort sur lui-même, et cet effort lui coûta la vie.

Il lui prit une convulsion en prononçant *juro* dans le divertissement de la réception du malade imaginaire. On le rapporta mourant chez lui, rue de Richelieu. Il fut assisté quelques moments par deux de ces sœurs religieuses qui viennent quêter à Paris pendant le carême, et qui logeaient chez lui. Il mourut entre leurs bras, étouffé par le sang qui lui sortait par la bouche, le 17 février 1673, âgé de cinquante-trois ans. Il ne laissa qu'une fille, qui avait beaucoup d'esprit. Sa veuve épousa un comédien nommé Guérin.

Le malheur qu'il eut de ne pouvoir mourir avec les secours de la religion, et la prévention contre la comédie, déterminèrent M. de Harlay de Chauvalon, archevêque de Paris, si connu par ses intrigues galantes, à refuser la sépulture à Molière. Le roi le regrettait, et ce monarque, dont il avait été le domestique et le pensionnaire, eut la bonté de prier l'archevêque de Paris de le faire inhumer dans une église. Le curé de Saint-Eustache, sa paroisse, ne voulut pas s'en charger. La populace, qui ne connaissait dans Molière que le comédien, et qui ignorait qu'il avait été un excellent auteur, un philosophe, un grand homme en son genre, s'attroupa en foule à la porte de sa maison le jour du convoi: sa veuve fut obligée de jeter de l'argent par les fenêtres. Ces misérables, qui auraient, sans savoir pourquoi, troublé l'enterrement, accompagnèrent le corps avec respect.

La difficulté qu'on fit de lui donner la sépulture, et les injustices qu'il avait essuyées pendant sa vie, engagèrent le fameux P. Bouhours à composer cette espèce d'épitaphe qui, de toutes celles qu'on fit pour Molière, est la seule qui mérite d'être rapportée, et la seule qui ne soit pas dans cette fausse et mauvaise histoire qu'on a mise jusqu'ici au-devant de ses ouvrages.

Tu réformas et la ville et la cour;
Mais quelle en fut la récompense?
Les Français rougiront un jour
De leur peu de reconnaissance.
Il leur fallut un comédien
Qui mit à les polir sa gloire et son étude,
Mais, Molière, à ta gloire il ne manquerait rien,
Si, parmi les défauts que tu peignis si bien,
Tu les avais repris de leur ingratitude.

Non seulement j'ai omis dans cette vie de Molière les contes populaires touchant Chapelle et ses amis mais je me sens obligé de dire que ces contes, adoptés par Grimarest, sont très faux. Le feu duc de Sully, le dernier prince de Vendôme, l'abbé de Chaulieu, qui avaient beaucoup vécu avec Chapelle, m'ont assuré que toutes ces historiettes ne méritaient aucune créance.

FIN DE LA VIE DE MOLIÈRE.

L'ÉTOURDI,

OU

LES CONTRETEMPS.

COMÉDIE EN CINQ ACTES.

1653.

PERSONNAGES.

PANDOLFE, père de Lélie.
ANSELME, père d'Hippolyte.
TRUFALDIN, vieillard.
CÉLIE, esclave de Trufaldin.
HIPPOLYTE, fille d'Anselme.
LÉLIE, fils de Pandolfe.
LÉANDRE, fils de famille.
ANDRÈS, cru Égyptien.
MASCARILLE, valet de Lélie.
ERGASTE, ami de Mascarille.
UN COURRIER.
DEUX TROUPES de masques.

La scène est à Messine, dans une place publique.

ACTE PREMIER.

—

SCENE I.

LÉLIE.

Hé bien! Léandre, hé bien! il faudra contester;
Nous verrons de nous deux qui pourra l'emporter;
Qui, dans nos soins communs pour ce jeune miracle,
Aux vœux de son rival portera plus d'obstacle :
Préparez vos efforts, et vous défendez bien,
Sûr que de mon côté je n'épargnerai rien.

SCENE II.

LÉLIE, MASCARILLE.

LÉLIE.

Ah! Mascarille!

MASCARILLE.

Quoi?

LÉLIE.

Voici bien des affaires.
J'ai dans ma passion toutes choses contraires :
Léandre aime Célie, et, par un trait fatal,
Malgré mon changement, est toujours mon rival.

MASCARILLE.

Léandre aime Célie!

LÉLIE.

Il l'adore, te dis-je.

MASCARILLE.

Tant pis!

LÉLIE.

Hé, oui, tant pis; c'est là ce qui m'afflige.
Toutefois j'aurais tort de me désespérer;
Puisque j'ai ton secours, je puis me rassurer;
Je sais que ton esprit, en intrigues fertile,
N'a jamais rien trouvé qui lui fût difficile;
Qu'on te peut appeler le roi des serviteurs;
Et qu'en toute la terre...

MASCARILLE.

Hé! trêve de douceurs.
Quand nous faisons besoin, nous autres misérables,
Nous sommes les chéris et les incomparables;
Et dans un autre temps, dès le moindre courroux,
Nous sommes les coquins qu'il faut rouer de coups.

LÉLIE.

Ma foi! tu me fais tort avec cette invective.
Mais enfin discourons un peu de ma captive :
Dis si les plus cruels et plus durs sentiments
Ont rien d'impénétrable à des traits si charmants.
Pour moi, dans ses discours, comme dans son visage,
Je vois pour sa naissance un noble témoignage;
Et je crois que le ciel dedans un rang si bas
Cache son origine, et ne l'en tire pas.

MASCARILLE.

Vous êtes romanesque avecque vos chimères.
Mais que fera Pandolfe en toutes ces affaires?
C'est, monsieur, votre père, au moins à ce qu'il dit :
Vous savez que sa bile assez souvent s'aigrit,
Qu'il peste contre vous d'une belle manière,
Quand vos déportements lui blessent la visière;
Il est avec Anselme en paroles pour vous
Que de son Hippolyte on vous fera l'époux,
S'imaginant que c'est dans le seul mariage
Qu'il pourra rencontrer de quoi vous faire sage;
Et s'il vient à savoir que, rebutant son choix,
D'un objet inconnu vous recevez les lois,
Que de ce fol amour la fatale puissance
Vous soustrait au devoir de votre obéissance,
Dieu sait quelle tempête alors éclatera,
Et de quels beaux sermons on vous régalera.

LÉLIE.

Ah! trêve, je vous prie, à votre rhétorique.

MASCARILLE.

Mais vous, trêve plutôt à votre politique!
Elle n'est pas fort bonne; et vous devriez tâcher....

LÉLIE.

Sais-tu qu'on n'acquiert rien de bon à me fâcher,
Que chez moi les avis ont de tristes salaires,
Qu'un valet conseiller y fait mal ses affaires?

MASCARILLE.

(*à part.*) (*haut.*)
Il se met en courroux. Tout ce que j'en ai dit
N'était rien que pour rire et vous sonder l'esprit.
D'un censeur de plaisirs ai-je fort l'encolure?
Et Mascarille est-il ennemi de nature?
Vous savez le contraire, et qu'il est très certain
Qu'on ne peut me taxer que d'être trop humain.
Moquez-vous des sermons d'un vieux barbon de père;
Poussez votre bidet, vous dis-je, et laissez faire.
Ma foi! j'en suis d'avis, que ces penards chagrins
Nous viennent étourdir de leurs contes badins,
Et, vertueux par force, espérant par envie
Oter aux jeunes gens les plaisirs de la vie.
Vous savez mon talent, je m'offre à vous servir.

LÉLIE.

Ah! c'est par ces discours que tu peux me ravir.
Au reste, mon amour, quand je l'ai fait paraître,
N'a point été mal vu des yeux qui l'ont fait naître;
Mais Léandre, à l'instant vient de me déclarer
Qu'à me ravir Célie il se va préparer :
C'est pourquoi dépêchons, et cherche dans ta tête
Les moyens les plus prompts d'en faire ma conquête

Trouve ruses, détours, fourbes, inventions,
Pour frustrer un rival de ses prétentions.

MASCARILLE.

Laissez-moi quelque temps rêver à cette affaire.
(*à part.*)
Que pourrais-je inventer pour ce coup nécessaire?

LÉLIE.

Eh bien! le stratagème?

MASCARILLE.

Ah! comme vous courez!
Ma cervelle toujours marche à pas mesurés.
J'ai trouvé votre fait : il faut... Non, je m'abuse.
Mais si vous alliez ..

LÉLIE.

Où?

MASCARILLE.

C'est une faible ruse.
J'en songeais une...

LÉLIE.

Et quelle?

MASCARILLE.

Elle n'irait pas bien.
Mais ne pourriez-vous pas?...

LÉLIE.

Quoi?

MASCARILLE.

Vous ne pourriez rien.
Parlez avec Anselme.

LÉLIE.

Et que lui puis-je dire?

MASCARILLE.

Il est vrai, c'est tomber d'un mal dedans un pire.
Il faut pourtant l'avoir. Allez chez Trufaldin.

LÉLIE.

Que faire?

MASCARILLE.

Je ne sais.

LÉLIE.

C'en est trop à la fin,
Et tu me mets à bout par ces contes frivoles.

MASCARILLE.

Monsieur, si vous aviez en main force pistoles,
Nous n'aurions pas besoin maintenant de rêver
A chercher les biais que nous devons trouver,
Et pourrions, par un prompt achat de cette esclave,
Empêcher qu'un rival nous prévienne et nous brave.
De ces Égyptiens qui la mirent ici,
Trufaldin, qui la garde, est en quelque souci;
Et trouvant son argent qu'ils lui font trop attendre,
Je sais bien qu'il serait très ravi de la vendre :
Car enfin en vrai ladre il a toujours vécu;
Il se ferait fesser pour moins d'un quart d'écu;
Et l'argent est le dieu que surtout il révère.
Mais le mal, c'est...

LÉLIE.

Quoi? c'est...

MASCARILLE.

Que monsieur votre père
Est un autre vilain, qui ne vous laisse pas,
Comme vous voudriez bien, manier ses ducats;
Qu'il n'est point de ressort qui, pour votre ressource,
Pût faire maintenant ouvrir la moindre bourse.
Mais tâchons de parler à Célie un moment,
Pour savoir là-dessus quel est son sentiment;
La fenêtre est ici.

LÉLIE.

Mais Trufaldin, pour elle,
Fait de jour et de nuit exacte sentinelle.
Prends garde.

MASCARILLE.

Dans ce coin demeurons en repos.
O bonheur! la voilà qui paraît à propos.

SCÈNE III.

CÉLIE, LÉLIE, MASCARILLE.

LÉLIE.

Ah! que le ciel m'oblige, en offrant à ma vue
Les célestes attraits dont vous êtes pourvue!
Et, quelque mal cuisant que m'aient causé vos yeux,
Que je prends de plaisir à les voir en ces lieux!

CÉLIE.

Mon cœur, qu'avec raison votre discours étonne,
N'entend pas que mes yeux fassent mal à personne;
Et, si dans quelque chose il vous ont outragé,
Je puis vous assurer que c'est sans mon congé.

LÉLIE.

Ah! leurs coups sont trop beaux pour me faire une injure
Je mets toute ma gloire à chérir ma blessure,
Et...

MASCARILLE.

Vous le prenez là d'un ton un peu trop haut;
Ce style maintenant n'est pas ce qu'il nous faut.
Profitons mieux du temps, et sachons vite d'elle
Ce que...

TRUFALDIN, *dans la maison.*

Célie!

MASCARILLE, *à Lélie*

Eh bien!

LÉLIE.

O rencontre cruelle!
Ce malheureux vieillard devait-il nous troubler?

MASCARILLE.

Allez, retirez-vous; je saurai lui parler.

SCENE IV.

TRUFALDIN, CÉLIE, LÉLIE, *retiré dans un coin.* MASCARILLE.

TRUFALDIN, *à Célie.*

Que faites-vous dehors? et quel soin vous talonne,
Vous à qui je défends de parler à personne?

CÉLIE.

Autrefois j'ai connu cet honnête garçon;
Et vous n'avez pas lieu d'en prendre aucun soupçon.

MASCARILLE.

Est-ce là le seigneur Trufaldin?

CÉLIE.

Oui, lui-même.

Monsieur, je suis tout vôtre, et ma joie est extrême
De pouvoir saluer en toute humilité
Un homme dont le nom est partout si vanté.

TRUFALDIN.

Très humble serviteur.

MASCARILLE.

J'incommode peut-être;
Mais je l'ai vue ailleurs, où m'ayant fait connaître
Les grands talents qu'elle a pour savoir l'avenir,
Je voulais sur un point un peu l'entretenir.

TRUFALDIN.

Quoi! te mêlerais-tu d'un peu de diablerie?

CÉLIE.

Non, tout ce que je sais n'est que blanche magie.

MASCARILLE.

Voici donc ce que c'est. Le maître que je sers
Languit pour un objet qui le tient dans ses fers;
Il aurait bien voulu, du feu qui le dévore,
Pouvoir entretenir la beauté qu'il adore :
Mais un dragon, veillant sur ce rare trésor,
N'a pu, quoi qu'il ait fait, le lui permettre encor;
Et, ce qui plus le gêne et le rend misérable,
Il vient de découvrir un rival redoutable;
Si bien que, pour savoir si ses soins amoureux
Ont sujet d'espérer quelque succès heureux,
Je viens vous consulter, sûr que de votre bouche
Je puis apprendre au vrai le secret qui nous touche.

CÉLIE.

Sous quel astre ton maître a-t-il reçu le jour?

MASCARILLE.

Sous un astre à jamais ne changer son amour.

CÉLIE.

Sans me nommer l'objet pour qui son cœur soupire,
La science que j'ai m'en peut assez instruire.
Cette fille a du cœur, et, dans l'adversité,
Elle sait conserver une noble fierté;
Elle n'est pas d'humeur à trop faire connaître
Les secrets sentiments qu'en son cœur on fait naître.

Mais je les sais comme elle, et, d'un esprit plus doux,
Je vais en peu de mots vous les découvrir tous.

MASCARILLE.

O merveilleux pouvoir de la vertu magique !

CÉLIE.

Si ton maître en ce point de constance se pique,
Et que la vertu seule anime son dessein,
Qu'il n'appréhende pas de soupirer en vain;
Il a lieu d'espérer, et le fort qu'il veut prendre
N'est pas sourd aux traités, et voudra bien se rendre.

MASCARILLE.

C'est beaucoup; mais ce fort dépend d'un gouverneur
Difficile à gagner.

CÉLIE.

C'est là tout le malheur.

MASCARILLE, *à part, regardant Lélie.*

Au diable le fâcheux qui toujours nous éclaire.

CÉLIE.

Je vais vous enseigner ce que vous devez faire.

LÉLIE, *les joignant.*

Cessez, ô Trufaldin, de vous inquiéter;
C'est par mon ordre seul qu'il vous vient visiter,
Et je vous l'envoyais, ce serviteur fidèle,
Vous offrir mon service, et vous parler pour elle,
Dont je vous veux dans peu payer la liberté,
Pourvu qu'entre nous deux le prix soit arrêté.

MASCARILLE, *à part.*

La peste soit la bête !

TRUFALDIN.

Ho ! ho ! qui des deux croire?
Ce discours au premier est fort contradictoire,

MASCARILLE.

Monsieur, ce galant homme a le cerveau blessé;
Ne le savez-vous pas ?

TRUFALDIN.

Je sais ce que je sai.
J'ai crainte ici dessous de quelque manigance.
(*à Célie.*)
Rentrez, et ne prenez jamais cette licence.
Et vous, filous fieffés, ou je me trompe fort,
Mettez, pour me jouer, vos flûtes mieux d'accord.

SCÈNE V.

LÉLIE, MASCARILLE.

MASCARILLE.

C'est bien fait. Je voudrais qu'encor, sans flatterie,
Il nous eût d'un bâton chargé de compagnie.
A quoi bon se montrer, et comme un étourdi,
Me venir démentir de tout ce que je di ?

LÉLIE.

Je pensais faire bien.

MASCARILLE.

Oui, c'était fort l'entendre.
Mais quoi ! cette action ne me doit point surprendre:
Vous êtes si fertile en pareils contretemps ,
Que vos écarts d'esprit n'étonnent plus les gens.

LÉLIE.

Ah ! mon Dieu ! pour un rien me voilà bien coupable!
Le mal est-il si grand qu'il soit irréparable ?
Enfin, si tu ne mets Célie entre mes mains,
Songe au moins de Léandre à rompre les desseins;
Qu'il ne puisse acheter avant moi cette belle.
De peur que ma présence encor soit criminelle,
Je te laisse.

MASCARILLE, *seul.*

Fort bien. A dire vrai , l'argent
Serait dans notre affaire un sûr et fort agent ;
Mais, ce ressort manquant, il faut user d'un autre

SCÈNE VI.

ANSELME, MASCARILLE.

ANSELME.

Par mon chef, c'est un siècle étrange que le nôtre !
J'en suis confus. Jamais tant d'amour pour le bien.
Et jamais tant de peine à retirer le sien !
Les dettes aujourd'hui, quelque soin qu'on emploie.
Sont comme les enfants, que l'on conçoit en joie,
Et dont avecque peine on fait l'accouchement.
L'argent dans une bourse entre agréablement;
Mais le terme venu que nous devons le rendre,
C'est lors que les douleurs commencent à nous prendre.
Baste ; ce n'est pas peu que deux mille francs, dus
Depuis deux ans entiers, me soient enfin rendus ;
Encore est-ce un bonheur ?

MASCARILLE, *à part les quatre premiers vers.*

O Dieu ! la belle proie
A tirer en volant ! Chut, il faut que je voie
Si je pourrais un peu de près la caresser.
Je sais bien les discours dont il le faut bercer...
Je viens de voir, Anselme...

ANSELME.

Et qui ?

MASCARILLE.

Votre Nérine.

ANSELME.

Que dit-elle de moi, cette gente assassine ?

MASCARILLE.

Pour vous elle est de flamme.

ANSELME.

Elle

MASCARILLE.

Et vous aime tant,
Que c'est grande pitié.

ANSELME.

Que tu me rends content !

MASCARILLE.

Peu s'en faut que d'amour la pauvrette ne meure.
Anselme, mon mignon, crie-t-elle à toute heure,
Quand est-ce que l'hymen unira nos deux cœurs,
Et que tu daigneras éteindre mes ardeurs ?

ANSELME.

Mais pourquoi jusqu'ici me les avoir celées ?
Les filles, par ma foi, sont bien dissimulées !
Mascarille, en effet, qu'en dis-tu ? quoique vieux,
J'ai de la mine encore assez pour plaire aux yeux.

MASCARILLE.

Oui, vraiment, ce visage est encor fort mettable;
S'il n'est pas des plus beaux, il est des-agréable.

ANSELME.

Si bien donc...?

MASCARILLE *veut prendre la bourse.*

Si bien donc qu'elle est sotte de vous,
Ne vous regarde plus...

ANSELME.

Quoi?

MASCARILLE.

Que comme un époux;
Et vous veut...

ANSELME.

Et me veut... ?

MASCARILLE.

Et vous veut, quoi qu'il tienne,
Prendre la bourse...

ANSELME.

La... ?

MASCARILLE *prend la bourse et la laisse tomber.*

La bouche avec la sienne.

ANSELME.

Ah ! je t'entends. Viens çà : lorsque tu la verras,
Vante-lui mon mérite autant que tu pourras.

MASCARILLE.

Laissez-moi faire.

ANSELME.

Adieu.

MASCARILLE.

Que le ciel te conduise !

ANSELME, *revenant.*

Ah ! vraiment, je faisais une étrange sottise ,
Et tu pouvais pour toi m'accuser de froideur.
Je t'engage à servir mon amoureuse ardeur,
Je reçois par ta bouche une bonne nouvelle,
Sans du moindre présent récompenser ton zèle !
Tiens, tu te souviendras...

MASCARILLE.

Ah ! non pas, s'il vous plaît.

ANSELME.

Laisse-moi...

MASCARILLE.

Point du tout. J'agis sans intérêt.

ANSELME.

Je le sais; mais pourtant...

MASCARILLE.

Non, Anselme, vous dis-je;
Je suis homme d'honneur, cela me désoblige.

ANSELME.

A dieu donc, Mascarille.

MASCARILLE, *à part.*

O longs discours!

ANSELME, *revenant.*

Je veux
Régaler par tes mains cet objet de mes vœux;
Et je vais te donner de quoi faire pour elle
L'achat de quelque bague, ou telle bagatelle
Que tu trouveras bon.

MASCARILLE.

Non, laissez votre argent:
Sans vous mettre en souci, je ferai le présent;
Et l'on m'a mis en main une bague à la mode,
Qu'après vous payerez, si cela l'accommode.

ANSELME.

Soit; donne-la pour moi: mais surtout fais si bien
Qu'elle garde toujours l'ardeur de me voir sien.

SCENE VII.

LÉLIE, ANSELME, MASCARILLE.

LÉLIE, *ramassant la bourse.*

A qui la bourse?

ANSELME.

Ah! dieux! elle m'était tombée!
Et j'aurais après cru qu'on me l'eût dérobée!
Je vous suis bien tenu de ce soin obligeant,
Qui m'épargne un grand trouble et me rend mon argent.
Je vais m'en décharger au logis tout à l'heure.

SCENE VIII.

LELIE, MASCARILLE.

MASCARILLE.

C'est être officieux, et très fort, ou je meure.

LÉLIE.

Ma foi! sans moi, l'argent était perdu pour lui.

MASCARILLE.

Certes, vous faites rage, et payez aujourd'hui
D'un jugement très rare et d'un bonheur extrême:
Nous avancerons fort, continuez de même.

LÉLIE.

Qu'est-ce donc? Qu'ai-je fait?

MASCARILLE.

Le sot, en bon françois,
Puisque je puis le dire, et qu'enfin je le dois.
Il sait bien l'impuissance où son père le laisse;
Qu'un rival qu'il doit craindre, étrangement nous presse;
Cependant, quand je tente un coup pour l'obliger,
Dont je cours moi tout seul la honte et le danger...

LÉLIE.

Quoi! c'était!

MASCARILLE.

Oui, bourreau, c'était pour la captive
Que j'attrapais l'argent dont votre soin nous prive.

LÉLIE.

S'il est ainsi, j'ai tort; mais qui l'eût deviné?

MASCARILLE.

Il fallait, en effet, être bien raffiné!

LÉLIE.

Tu me devais par signe avertir de l'affaire.

MASCARILLE.

Oui, je devais au dos avoir mon luminaire.
Au nom de Jupiter, laissez-nous en repos,
Et ne nous chantez plus d'impertinents propos.
Un autre après cela quitterait tout peut-être;
Mais j'avais médite tantôt un coup de maître,
Dont tout présentement je veux voir les effets;
A la charge que si...

LÉLIE.

Non, je te le promets,
De ne me mêler plus de rien dire ou rien faire.

MASCARILLE.

Allez donc; votre vue excite ma colère.

LÉLIE.

Mais surtout hâte-toi, de peur qu'en ce dessein...

MASCARILLE.

Allez, encore un coup; j'y vais mettre la main.
(*Lélie sort.*)
Menons bien ce projet: la fourbe sera fine,
S'il faut qu'elle succède ainsi que j'imagine.
Allons voir... Bon! voici mon homme justement.

SCENE IX.

PANDOLFE, MASCARILLE.

PANDOLFE.

Mascarille.

MASCARILLE.

Monsieur.

PANDOLFE.

A parler franchement,
Je suis mal satisfait de mon fils.

MASCARILLE.

De mon maître?
Vous n'êtes pas le seul qui se plaigne de l'être:
Sa mauvaise conduite, insupportable en tout,
Met à chaque moment ma patience à bout.

PANDOLFE.

Je vous croyais pourtant assez d'intelligence
Ensemble.

MASCARILLE.

Moi? Monsieur, perdez cette croyance:
Toujours de son devoir je tâche à l'avertir,
Et l'on nous voit sans cesse avoir maille à partir:
A l'heure même encor nous avons eu querelle
Sur l'hymen d'Hippolyte, ou je le vois rebelle,
Où par l'indignité d'un refus criminel,
Je le vois offenser le respect paternel.

PANDOLFE.

Querelle?

MASCARILLE.

Oui, querelle, et bien avant poussée.

PANDOLFE.

Je me trompais donc bien; car j'avais la pensée
Qu'à tout ce qu'il faisait tu donnais de l'appui.

MASCARILLE.

Moi? Voyez ce que c'est que du monde aujourd'hui,
Et comme l'innocence est toujours opprimée.
Si mon intégrité vous était confirmée,
Je suis auprès de lui gagé pour serviteur,
Vous me voudriez encor payer pour précepteur:
Oui, vous ne pourriez pas lui dire davantage
Que ce que je lui dis pour le faire être sage.
Monsieur, au nom de Dieu, lui fais-je assez souvent,
Cessez de vous laisser conduire au premier vent:
Réglez-vous: regardez l'honnête homme de père
Que vous avez du ciel, comme on le considère;
Cessez de lui vouloir donner la mort au cœur,
Et comme lui vivez en personne d'honneur.

PANDOLFE.

C'est parler comme il faut. Et que peut-il répondre?

MASCARILLE.

Répondre! Des chansons dont il me vient confondre.
Ce n'est pas qu'en effet, dans le fond de son cœur,
Il ne tienne de vous des semences d'honneur.
Mais sa raison n'est pas maintenant la maîtresse.
Si je pouvais parler avecque hardiesse,
Vous le verriez dans peu soumis sans nul effort.

PANDOLFE.

Parle.

MASCARILLE.

C'est un secret qui m'importerait fort
S'il était découvert; mais à votre prudence
Je puis le confier avec toute assurance.

PANDOLFE.

Tu dis bien..

MASCARILLE.

Sachez donc que vos vœux sont trahis
Par l'amour qu'une esclave imprime à votre fils.

PANDOLFE.

On m'en avait parlé; mais l'action me touche
De voir que je l'apprenne encore par ta bouche.

MASCARILLE.

Vous voyez si je suis le secret confident....

PANDOLFE.

Vraiment je suis ravi de cela.

MASCARILLE.

Cependant
A son devoir, sans bruit, désirez-vous le rendre?
Il faut... J'ai toujours peur qu'on nous vienne surprendre;
Ce serait fait de moi, s'il savait ce discours.
Il faut, dis-je, pour rompre à toute chose cours
Acheter sourdement l'esclave idolatrée,
Et la faire passer en une autre contrée.
Anselme a grand accès auprès de Trufaldin;
Qu'il aille l'acheter pour vous dès ce matin:
Après, si vous voulez en mes mains la remettre,
Je connais des marchands, et puis bien vous promettre
D'en retirer l'argent qu'elle pourra coûter,
Et, malgré votre fils, de la faire écarter;
Car enfin, si l'on veut qu'à l'hymen il se range,
A cet amour naissant il faut donner le change;
Et de plus, quand bien même il serait résolu
Qu'il aurait pris le joug que vous avez voulu,
Cet autre objet, pouvant réveiller son caprice,
Au mariage encor peut porter préjudice.

PANDOLFE.

C'est très bien raisonner, ce conseil me plaît fort..
Je vois Anselme; va, je m'en vais faire effort
Pour avoir promptement cette esclave funeste,
Et la mettre en tes mains pour achever le reste.

MASCARILLE, *seul.*

Bon: allons avertir mon maître de ceci.
Vive la fourberie et les fourbes aussi!

SCENE X.

HIPPOLYTE, MASCARILLE.

HIPPOLYTE.

Oui, traître, c'est ainsi que tu me rends service!
Je viens de tout entendre, et voir ton artifice:
A moins que de cela, l'eussè-je soupçonné?
Tu payes d'imposture, et tu m'en as donné.
Tu m'avais promis, lâche, et j'avais lieu d'attendre
Qu'on te verrait servir mes ardeurs pour Léandre;
Que du choix de Lélie, où l'on veut m'obliger,
Ton adresse et tes soins sauraient me dégager;
Que tu m'affranchirais du projet de mon père:
Et cependant ici tu fais tout le contraire!
Mais tu t'abuseras; je sais un sûr moyen
Pour rompre cet achat où tu pousses si bien;
Et je vais de ce pas...

MASCARILLE.

Ah! que vous êtes prompte
La mouche tout d'un coup à la tête vous monte,
Et, sans considérer s'il a raison ou non,
Votre esprit contre moi fait le petit démon.
J'ai tort, et je devrais, sans finir mon ouvrage,
Vous faire dire vrai, puisque ainsi l'on m'outrage.

HIPPOLYTE.

Par quelle illusion penses-tu m'éblouir?
Traître, peux-tu nier ce que je viens d'ouïr?

MASCARILLE.

Non. Mais il faut savoir que tout cet artifice
Ne va directement qu'à vous rendre service;
Que ce conseil adroit, qui semble être sans fard,
Jette dans le panneau l'un et l'autre vieillard;
Que mon soin par leurs mains ne veut avoir Célie,
Qu'à dessein de la mettre au pouvoir de Lélie;
Et faire que, l'effet de cette invention
Dans le dernier excès portant sa passion,
Anselme, rebuté de son prétendu gendre,
Puisse tourner son choix du côté de Léandre.

HIPPOLYTE.

Quoi! tout ce grand projet qui m'a mise en courroux,
Tu l'as formé pour moi, Mascarille?

MASCARILLE.

Oui, pour vous.
Mais, puisqu'on reconnaît si mal nos bons offices,
Qu'il me faut de la sorte essuyer vos caprices,
Et que, pour récompense, on s'en vient, de hauteur,
Me traiter de faquin, de lâche, d'imposteur,
Je m'en vais réparer l'erreur que j'ai commise,
Et, dès ce même pas, rompre mon entreprise.

HIPPOLYTE, *l'arrêtant.*

Hé! ne me traite pas si rigoureusement,
Et pardonne aux transports d'un premier mouvement.

MASCARILLE.

Non, non, laissez-moi faire; il est en ma puissance
De détourner le coup qui si fort vous offense.
Vous ne vous plaindrez point de mes soins désormais;
Oui, vous aurez mon maître, et je vous le promets.

HIPPOLYTE.

Hé! mon pauvre garçon, que ta colère cesse.
J'ai mal jugé de toi, j'ai tort, je le confesse.
(*tirant sa bourse.*)
Mais je veux réparer ma faute avec ceci.
Pourrais-tu te résoudre à me quitter ainsi?

MASCARILLE.

Non, je ne le saurais, quelque effort que je fasse:
Mais votre promptitude est de mauvaise grace.
Apprenez qu'il n'est rien qui blesse un noble cœur,
Comme quand il peut voir qu'on le touche en l'honneur.

HIPPOLYTE.

Il est vrai, je t'ai dit de trop grosses injures:
Mais que ces deux louis guérissent tes blessures

MASCARILLE.

Hé! tout cela n'est rien; je suis tendre à ces coups;
Mais déjà je commence à perdre mon courroux;
Il faut de ses amis endurer quelque chose.

HIPPOLYTE.

Pourras-tu mettre à fin ce que je me propose,
Et crois-tu que l'effet de tes desseins hardis
Produise à mon amour le succès que tu dis?

MASCARILLE.

N'ayez point pour ce fait l'esprit sur des épines.
J'ai des ressorts tout prêts pour diverses machines;
Et, quand ce stratagême à nos vœux manquerait,
Ce qu'il ne ferait pas, un autre le ferait.

HIPPOLYTE.

Crois qu'Hippolyte au moins ne sera pas ingrate.

MASCARILLE.

L'espérance du gain n'est pas ce qui me flatte.

HIPPOLYTE.

Ton maître te fait signe, et veut parler à toi:
Je te quitte; mais songe à bien agir pour moi.

SCENE XI.

LÉLIE, MASCARILLE.

LÉLIE.

Que diable fais-tu là? tu me promets merveille;
Mais ta lenteur d'agir est pour moi sans pareille.
Sans que mon bon génie au devant m'a poussé,
Déjà tout mon bonheur eût été renversé.
C'était fait de mon bien, c'était fait de ma joie,
D'un regret éternel je devenais la proie:
Bref, si je ne me fusse en ce lieu rencontré,
Anselme avait l'esclave, et j'en étais frustré;
Il l'emmenait chez lui. Mais j'ai paré l'atteinte,
J'ai détourné le coup, et tant fait, que par crainte,
Le pauvre Trufaldin l'a retenue.

MASCARILLE.

Et trois:
Quand nous serons à dix, nous ferons une croix.
C'était par mon adresse, ô cervelle incurable!
Qu'Anselme entreprenait cet achat favorable:
Entre mes propres mains on la devait livrer;
Et vos soins endiablés nous en viennent sevrer.
Et puis pour votre amour je m'emploierais encore!
J'aimerais mieux cent fois être grosse pécore,
Devenir cruche, chou, lanterne, loup-garou,
Et que monsieur Satan vous vînt tordre le cou.

LÉLIE, *seul.*

Il nous le faut mener en quelque hôtellerie,
Et faire sur les pots décharger sa furie.

FIN DU PREMIER ACTE.

ACTE II.

SCÈNE PREMIÈRE.

LÉLIE, MASCARILLE.

MASCARILLE.

A vos désirs enfin il a fallu se rendre :
Malgré tous mes serments, je n'ai pu m'en défendre.
Et pour vos intérêts, que je voulais laisser,
En de nouveaux périls viens de m'embarrasser.
Je suis ainsi facile; et si de Mascarille
Madame la nature avait fait une fille,
Je vous laisse à penser ce que c'aurait été.
Toutefois n'allez pas, sur cette sûreté,
Donner de vos revers au projet que je tente,
Me faire une bévue et rompre mon attente.
Auprès d'Anselme encor nous vous excuserons,
Pour en pouvoir tirer ce que nous désirons :
Mais si dorénavant votre imprudence éclate,
Adieu, vous dis, mes soins pour l'objet qui vous flatte.

LÉLIE.

Non, je serai prudent, te dis-je, ne crains rien :
Tu verras seulement...

MASCARILLE.

Souvenez-vous-en bien;
J'ai commencé pour vous un hardi stratagême.
Votre père fait voir une paresse extrême
A rendre par sa mort tous vos désirs contents;
Je viens de le tuer (de parole, j'entends) :
Je fais courir le bruit que d'une apoplexie
Le bon homme surpris a quitté cette vie.
Mais avant, pour pouvoir mieux feindre ce trépas,
J'ai fait que vers sa grange il a porté ses pas :
On est venu lui dire, et par mon artifice,
Que les ouvriers qui sont après son édifice,
Parmi les fondements qu'ils en jettent encor,
Avaient fait par hasard rencontre d'un trésor;
Il a volé d'abord; et comme à la campagne
Tout son monde à présent, hors nous deux, l'accompagne,
Dans l'esprit d'un chacun je le tue aujourd'hui,
Et produis un fantôme enseveli pour lui.
Enfin je vous ai dit à quoi je vous engage.
Jouez bien votre rôle; et, pour mon personnage,
Si vous apercevez que j'y manque d'un mot,
Dites absolument que je ne suis qu'un sot.

SCÈNE II.

LÉLIE, *seul.*

Son esprit, il est vrai trouve une étrange voie
Pour adresser mes vœux au comble de leur joie :
Mais quand d'un bel objet on est bien amoureux,
Que ne ferait-on pas pour devenir heureux?
Si l'amour est au crime une assez belle excuse,
Il en peut bien servir à la petite ruse
Que sa flamme aujourd'hui me force d'approuver,
Par la douceur du bien qui m'en doit arriver.
Juste ciel! qu'ils sont prompts! Je les vois en parole.
Allons nous préparer à jouer notre rôle.

SCÈNE III.

ANSELME, MASCARILLE.

MASCARILLE.

La nouvelle a sujet de vous surprendre fort.

ANSELME.

Être mort de la sorte!

MASCARILLE.

Il a, certes, grand tort :
Je lui sais mauvais gré d'une telle incartade.

ANSELME.

N'avoir pas seulement le temps d'être malade.

MASCARILLE.

Non, jamais homme n'eut si hâte de mourir.

ANSELME.

Et Lélie?

MASCARILLE.

Il se bat, et ne peut rien souffrir;
Il s'est fait en maints lieux contusion et bosse,
Et veut accompagner son papa dans la fosse :
Enfin, pour achever, l'excès de son transport
M'a fait en grande hâte ensevelir le mort,
De peur que cet objet, qui le rend hypocondre,
A faire un vilain coup ne me l'allât semondre.

ANSELME.

N'importe, tu devais attendre jusqu'au soir;
Outre qu'encore un coup j'aurais voulu le voir,
Qui tôt ensevelit bien souvent assassine;
Et tel est cru défunt, qui n'en a que la mine.

MASCARILLE.

Je vous le garantis trépassé comme il faut.
Au reste, pour venir au discours de tantôt,
Lélie, et l'action lui sera salutaire,
D'un bel enterrement veut régaler son père,
Et consoler un peu ce défunt de son sort,
Par le plaisir de voir faire honneur à sa mort.
Il hérite beaucoup : mais, comme en ses affaires
Il se trouve assez neuf et ne voit encore guères,
Que son bien la plupart n'est point en ses quartiers,
Ou que ce qu'il y tient consiste en des papiers,
Il voudrait vous prier, ensuite de l'instance
D'excuser de tantôt son trop de violence,
De lui prêter au moins pour ce dernier devoir...

ANSELME.

Tu me l'as déjà dit ; et je m'en vais le voir.

MASCARILLE, *seul.*

Jusqu'ici, du moins, tout va le mieux du monde.
Tâchons à ce progrès que le reste réponde;
Et, de peur de trouver dans le port un écueil,
Conduisons le vaisseau de la main et de l'œil.

SCÈNE IV.

ANSELME, LÉLIE, MASCARILLE.

ANSELME.

Sortons ; je ne saurais qu'avec douleur très forte,
Le voir empaqueté de cette étrange sorte.
Las ! en si peu de temps ! il vivait ce matin!

MASCARILLE.

En peu de temps parfois ont fait bien du chemin.

LÉLIE, *pleurant.*

Ah!

ANSELME.

Mais quoi, cher Lélie ! enfin il était homme.
On n'a point pour la mort de dispense de Rome.

LÉLIE.

Ah!

ANSELME.

Sans leur dire gare, elle abat les humains,
Et contre eux de tout temps a de mauvais desseins.

LÉLIE.

Ah!

ANSELME.

Ce fier animal, pour toutes les prières,
Ne perdrait pas un coup de ses dents meurtrières.
Tout le monde y passe.

LÉLIE.

Ah!

MASCARILLE.

Vous avez beau prêcher,
Ce deuil enraciné ne se peut arracher.

ANSELME.

Si, malgré ces raisons, votre ennui persévère,
Mon cher Lélie, au moins faites qu'il se modère.

LÉLIE.

Ah !

MASCARILLE.

Il n'en fera rien, je connais son humeur.

ANSELME.

Au reste, sur l'avis de votre serviteur,
J'apporte ici l'argent qui vous est nécessaire
Pour faire célébrer les obsèques d'un père.

LÉLIE.

Ah ! ah !

MASCARILLE.

Comme à ce mot s'augmente sa douleur !
Il ne peut, sans mourir, songer à ce malheur.

ANSELME.

Je sais que vous verrez aux papiers du bon homme
Que je suis débiteur d'une plus grande somme ;
Mais, quand par ces raisons je ne vous devrais rien,
Vous pourriez librement disposer de mon bien.
Tenez, je suis tout vôtre, et le ferai paraître.

LÉLIE, *s'en allant.*

Ah !

MASCARILLE.

Le grand déplaisir que sent monsieur mon maître !

ANSELME.

Mascarille, je crois qu'il serait à propos
Qu'il me fît de sa main un reçu de deux mots.

MASCARILLE.

Ah !

ANSELME.

Des évènements l'incertitude est grande.

MASCARILLE.

Ah !

ANSELME.

Faisons-lui signer le mot que je demande.

MASCARILLE.

Las ! en l'état qu'il est, comment vous contenter ?
Donnez-lui le loisir de se désattrister ;
Et, quand ses déplaisirs auront quelque allégeance,
J'aurai soin d'en tirer d'abord votre assurance.
Adieu. Je sens mon cœur qui se gonfle d'ennui,
Et m'en vais tout mon saoul pleurer avec lui.
Hi !

ANSELME, *seul.*

Le monde est rempli de beaucoup de traverses ;
Chaque homme tous les jours en ressent de diverses,
Et jamais ici-bas...

SCÈNE V.

PANDOLFE, ANSELME.

ANSELME.

Ah ! bon dieu ! je frémi !
Pandolfe qui revient ! Fût-il bien endormi ?
Comme depuis sa mort sa face est amaigrie !
Las ! ne m'approchez pas de plus près, je vous prie !
J'ai trop de répugnance à coudoyer un mort.

PANDOLFE.

D'où peut donc provenir ce bizarre transport ?

ANSELME.

Dites-moi de bien loin quel sujet vous amène.
Si pour me dire adieu vous prenez tant de peine,
C'est trop de courtoisie, et véritablement
Je me serais passé de votre compliment.
Si votre ame est en peine et cherche des prières,
Las ! je vous en promets, et ne m'effrayez guères !
Foi d'homme épouvanté, je vais faire à l'instant
Prier tant Dieu pour vous, que vous serez content.
Disparaissez donc, je vous prie ;
Et que le ciel ! par sa bonté,
Comble de joie et de santé
Votre défunte seigneurie !

PANDOLFE, *riant.*

Malgré tout mon dépit, il m'y faut prendre part.

ANSELME.

La ! pour un trépassé vous êtes bien gaillard !

PANDOLFE.

Est-ce jeu, dites-nous, ou bien si c'est folie,
Qui traite de défunt une personne en vie ?

ANSELME.

Hélas ! vous êtes mort, et je viens de vous voir.

PANDOLFE.

Quoi ! j'aurais trépassé sans m'en apercevoir ?

ANSELME.

Sitôt que Mascarille en a dit la nouvelle,
J'en ai senti dans l'ame une douleur mortelle.

PANDOLFE.

Mais enfin, dormez-vous ? Êtes-vous éveillé ?
Me connaissez-vous pas ?

ANSELME.

Vous êtes habillé
D'un corps aérien qui contrefait le vôtre,
Mais qui dans un moment peut devenir tout autre.
Je crains fort de vous voir comme un géant grandir,
Et tout votre visage affreusement laidir.
Pour Dieu, ne prenez point de vilaine figure ;
J'ai prou de ma frayeur en cette conjoncture.

PANDOLFE.

En une autre saison, cette naïveté
Dont vous accompagnez votre crédulité,
Anselme, me serait un charmant badinage,
Et j'en prolongerais le plaisir davantage :
Mais, avec cette mort, un trésor supposé,
Dont parmi les chemins on m'a désabusé,
Fomente dans mon ame un soupçon légitime.
Mascarille est un fourbe, et fourbe fourbissime,
Sur qui ne peuvent rien la crainte et les remords,
Et qui pour ses desseins a d'étranges ressorts.

ANSELME.

M'aurait-on joué pièce et fait supercherie ?
Ah ! vraiment, ma raison, vous seriez fort jolie !
Touchons un peu pour voir : en effet, c'est bien lui.
Malepeste du sot que je suis aujourd'hui !
De grace, n'allez pas divulguer un tel conte ;
On en ferait jouer quelque farce à ma honte :
Mais, Pandolfe, aidez-moi vous-même à retirer
L'argent que j'ai donné pour vous faire enterrer.

PANDOLFE.

De l'argent, dites-vous ! Ah ! c'est donc l'enclouure !
Voilà le nœud secret de toute l'aventure !
A votre dam. Pour moi, sans me mettre en souci,
Je vais faire informer de cette affaire ici
Contre ce Mascarille ; et si l'on peut le prendre,
Quoi qu'il puisse coûter, je le veux faire pendre.

ANSELME, *seul.*

Et moi, la bonne dupe à trop croire un vaurien,
Il faut donc qu'aujourd'hui je perde et sens et bien.
Il me sied bien, ma foi, de porter tête grise,
Et d'être encor si prompt à faire une sottise ;
D'examiner si peu sur un premier rapport...
Mais je vois...

SCENE VI.

LÉLIE, ANSELME.

LÉLIE, *sans voir Anselme.*

Maintenant, avec ce passeport,
Je puis à Trufaldin rendre aisément visite.

ANSELME.

A ce que je puis voir, votre douleur vous quitte ?

LÉLIE.

Que dites-vous ? Jamais elle ne quittera
Un cœur qui chèrement toujours la nourrira.

ANSELME.

Je reviens sur mes pas vous dire avec franchise
Que tantôt avec vous j'ai fait une méprise ;
Que parmi ces louis, quoiqu'ils semblent très beaux,
J'en ai, sans y penser, mêlé que je tiens faux ;
Et j'apporte sur moi de quoi mettre en leur place.
De nos faux monnayeurs l'insupportable audace
Pullule en cet état d'une telle façon,
Qu'on ne reçoit plus rien qui soit hors de soupçon.
Mon Dieu ! qu'on ferait bien de les faire tous pendre !

LÉLIE.

Vous me faites plaisir de les vouloir reprendre :
Mais je n'en ai point vu de faux, comme je croi.

ANSELME.
Je les connaîtrai bien ; montrez, montrez-les-moi.
Est-ce tout ?

LÉLIE.
Oui.

ANSELME.
Tant mieux. Enfin je vous raccroche,
Mon argent bien aimé, rentrez dedans ma poche.
Et vous, mon brave escroc, vous ne tenez plus rien.
Vous tuez donc des gens qui se portent fort bien ?
Et qu'auriez-vous donc fait sur moi, chétif beau-père ?
Ma foi ! je m'engendrais d'une belle manière,
Et j'allais prendre en vous un beau-fils fort discret !
Allez, allez mourir de honte et de regret.

LÉLIE, *seul.*
Il faut dire, j'en tiens. Quelle surprise extrême !
D'où peut-il avoir su sitôt le stratagême ?

SCÈNE VII.

LÉLIE, MASCARILLE.

MASCARILLE.
Quoi ! vous étiez sorti ! Je vous cherchais par tout.
Hé bien ! en sommes-nous enfin venus à bout ?
Je le donne en six coups au fourbe le plus brave.
Çà, donnez-moi que j'aille acheter notre esclave ;
Votre rival après sera bien étonné.

LÉLIE.
Ah ! mon pauvre garçon, la chance a bien tourné !
Pourrais-tu de mon sort deviner l'injustice ?

MASCARILLE
Quoi ? que serait-ce ?

LÉLIE.
Anselme, instruit de l'artifice,
M'a repris maintenant tout ce qu'il nous prêtait,
Sous couleur de changer de l'or que l'on doutait.

MASCARILLE.
Vous vous moquez peut-être.

LÉLIE.
Il est trop véritable.

MASCARILLE.
Tout de bon ?

LÉLIE.
Tout de bon ; j'en suis inconsolable..
Tu te vas emporter d'un courroux sans égal.

MASCARILLE.
Moi, monsieur ! Quelque sot : la colère fait mal ;
Et je veux me choyer, quoi qu'enfin il arrive.
Que Célie, après tout, soit ou libre ou captive,
Que Léandre l'achète, ou qu'elle reste là,
Pour moi, je m'en soucie autant que de cela.

LÉLIE.
Ah ! n'aye point pour moi si grande indifférence,
Et sois plus indulgent à ce peu d'imprudence !
Sans ce dernier malheur, ne m'avoueras-tu pas
Que j'avais fait merveille, et qu'en ce feint trépas
J'éludais un chacun d'un deuil si vraisemblable,
Que les plus clairvoyants l'auraient cru véritable !

MASCARILLE.
Vous avez en effet sujet de vous louer.

LÉLIE.
Hé bien ! je suis coupable, et je veux l'avouer ;
Mais si jamais mon bien te fut considérable.
Répare ce malheur, et me sois secourable.

MASCARILLE.
Je vous baise les mains ; je n'ai pas le loisir.

LÉLIE.
Mascarille, mon fils.

MASCARILLE.
Point.

LÉLIE.
Fais-moi ce plaisir.

MASCARILLE.
Non, je n'en ferai rien.

LÉLIE.
Si tu m'es inflexible,
Je m'en vais me tuer.

MASCARILLE.
Soit ; il vous est loisible,

LÉLIE.
Je ne te puis fléchir ?

MASCARILLE.
Non.

LÉLIE.
Vois-tu le fer prêt ?

MASCARILLE.
Oui.

LÉLIE.
Je vais le pousser.

MASCARILLE.
Faites ce qu'il vous plaît.

LÉLIE.
Tu n'auras pas regret de m'arracher la vie ?

MASCARILLE.
Non.

LÉLIE.
Adieu, Mascarille.

MASCARILLE.
Adieu, monsieur Lélie.

LÉLIE.
Quoi !

MASCARILLE.
Tuez-vous donc vite. Ah ! que de longs devis !

LÉLIE.
Tu voudrais bien, ma foi ! pour avoir mes habits,
Que je fisse le sot, et que je me tuasse.

MASCARILLE.
Savais-je pas qu'enfin ce n'était que grimace ;
Et, quoi que ces esprits jurent d'effectuer,
Qu'on n'est point aujourd'hui si prompt à se tuer ?

SCENE VIII.

TRUFALDIN, LÉANDRE, LÉLIE, MASCARILLE.

(*Trufaldin parle bas à Léandre, dans le fond du théâtre.*)

LÉLIE.
Que vois-je ? Mon rival et Trufaldin ensemble !
Il achète Célie ! ah ! de frayeur je tremble.

MASCARILLE.
Il ne faut point douter qu'il fera ce qu'il peut,
Et, s'il a de l'argent, qu'il pourra ce qu'il veut.
Pour moi, j'en suis ravi. Voilà la récompense
De vos brusques erreurs, de votre impatience.

LÉLIE.
Que dois-je faire ? dis : veuille me conseiller.

MASCARILLE.
Je ne sais.

LÉLIE.
Laisse-moi, je vais le quereller.

MASCARILLE.
Qu'en arrivera-t-il ?

LÉLIE.
Que veux-tu que je fasse
Pour empêcher ce coup ?

MASCARILLE.
Allez, je vous fais grace :
Je jette encore un œil pitoyable sur vous.
Laissez-moi l'observer : par des moyens plus doux
Je vais, comme je crois, savoir ce qu'il projette.
(*Lélie sort.*)

TRUFALDIN, *à Léandre.*
Quand on viendra tantôt, c'est une affaire faite.
(*Trufaldin sort.*)

MASCARILLE, *à part, en s'en allant.*
Il faut que je l'attrape, et que de ses desseins
Je sois le confident, pour mieux les rendre vains.

LÉANDRE, *seul.*
Graces au ciel, voilà mon bonheur hors d'atteinte,
J'ai su me l'assurer, et je n'ai plus de crainte.
Quoi que désormais puisse entreprendre un rival,
Il n'est plus en pouvoir de me faire du mal.

SCENE IX.

LÉANDRE, MASCARILLE.

MASCARILLE *dit ces deux vers dans la maison, et entre sur le théâtre.*
Ahi ! ahi ! à l'aide ! au meurtre ! au secours ! on m'as- [somme !
Ah ! ah ! ah ! ah ! ah ! Ah ! O traître ! ô bourreau d'homme !

LÉANDRE.

L'où procède cela ? Qu'est-ce ? que te fait-on ?

MASCARILLE.

On vient de me donner deux cents coups de bâton.

LÉANDRE.

Qui ?

MASCARILLE.

Lélie.

LÉANDRE.

Et pourquoi ?

MASCARILLE.

Pour une bagatelle
Il me chasse, et me bat d'une façon cruelle.

LÉANDRE.

Ah ! vraiment il a tort !

MASCARILLE.

Mais, ou je ne pourrai,
Ou je jure bien fort que je m'en vengerai.
Oui, je te ferai voir, batteur que Dieu confonde,
Que ce n'est pas pour rien qu'il faut rouer le monde;
Que je suis un valet, mais fort homme d'honneur,
Et qu'après m'avoir eu quatre ans pour serviteur,
Il ne me fallait pas payer en coup de gaules,
Et me faire un affront si sensible aux épaules :
Je te le dis encor, je saurai m'en venger;
Une esclave te plaît, tu voulais m'engager
A la mettre en tes mains, et je veux faire en sorte
Qu'un autre te l'enlève, ou le diable m'emporte.

LÉANDRE.

Ecoute, Mascarille, et quitte ce transport.
Tu m'as plu de tout temps, et je souhaitais fort
Qu'un garçon comme toi, plein d'esprit et fidèle,
A mon service un jour pût attacher son zèle :
Enfin, si le parti te semble bon pour toi,
Si tu veux me servir, je t'arrête avec moi.

MASCARILLE.

Oui, monsieur, d'autant mieux que le destin propice,
M'offre à me bien venger en vous rendant service ;
Et que, dans mes efforts pour vos contentements,
Je puis à mon brutal trouver des châtiments :
De Célie, en un mot, par mon adresse extrême....

LÉANDRE.

Mon amour s'est rendu cet office lui-même.
Enflammé d'un objet qui n'a pas de défaut,
Je viens de l'acheter moins encor qu'il ne faut.

MASCARILLE.

Quoi ! Célie est à vous ?

LÉANDRE.

Tu la verrais paraître,
Si de mes actions j'étais tout à fait maître :
Mais quoi ! mon père l'est ; comme il a volonté,
Ainsi que je l'apprends d'un paquet apporté,
De me déterminer à l'hymen d'Hippolyte,
J'empêche qu'un rapport de tout ceci l'irrite.
Donc avec Trufaldin, car je sors de chez lui,
J'ai voulu tout exprès agir au nom d'autrui,
Et, l'achat fait, ma bague est la marque choisie
Sur laquelle au premier il doit livrer Célie.
Je songe auparavant à chercher les moyens
D'ôter aux yeux de tous ce qui charme les miens,
A trouver promptement un endroit favorable
Où puisse être en secret cette captive aimable.

MASCARILLE.

Hors de la ville un peu, je puis avec raison
D'un vieux parent que j'ai vous offrir la maison ;
Là vous pourrez la mettre avec toute assurance,
Et de cette action nul n'aura connaissance.

LÉANDRE.

Oui, Ma foi, tu me fais un plaisir souhaité.
Tiens donc, et va pour moi prendre cette beauté.
Dès que par Trufaldin ma bague sera vue,
Aussitôt en tes mains elle sera rendue,
Et dans cette maison tu me la conduiras.
Quand... Mais chut, Hippolyte est ici sur nos pas.

SCENE X.

HIPPOLYTE, LÉANDRE, MASCARILLE.

HIPPOLYTE.

Je dois vous annoncer, Léandre, une nouvelle ;
Mais la trouverez-vous agréable ou cruelle?

LÉANDRE.

Pour en pouvoir juger, et répondre soudain,
Il faudrait la savoir.

HIPPOLYTE.

Donnez-moi donc la main
Jusqu'au temple; en marchant je pourrai vous l'ap-
[prendre.

LÉANDRE, *à Mascarille.*

Va, va-t'en me servir sans davantage attendre.

SCENE XI.

MASCARILLE, *seul.*

Oui, je te vais servir d'un plat de ma façon.
Fut-il jamais au monde un plus heureux garçon !
Oh ! que dans un moment Lélie aura de joie !
Sa maîtresse en nos mains tomber par cette voie !
Recevoir tout son bien d'où l'on attend le mal !
Et devenir heureux par la main d'un rival !
Après ce rare exploit, je veux que l'on s'apprête
A me peindre en héros, un laurier sur la tête,
Et qu'au bas du portrait on mette en lettres d'or,
Vivat Mascarillus fourbum imperator !

SCENE XII.

TRUFALDIN, MASCARILLE.

MASCARILLE.

Holà !

TRUFALDIN.

Que voulez-vous ?

MASCARILLE.

Cette bague connue
Vous dira le sujet qui cause ma venue.

TRUFALDIN.

Oui, je reconnais bien la bague que voilà.
Je vais quérir l'esclave, arrêtez un peu là.

SCENE XIII.

TRUFALDIN, UN COURRIER, MASCARILLE.

LE COURRIER, *à Trufaldin.*

Seigneur, obligez-moi de m'enseigner un homme...

TRUFALDIN.

Et qui ?

LE COURRIER.

Je crois que c'est Trufaldin qu'il se nomme.

TRUFALDIN.

Et que lui voulez-vous ? Vous le voyez ici.

LE COURRIER.

Lui rendre seulement la lettre que voici.

TRUFALDIN, *lit.*

« Le ciel, dont la bonté prend souci de ma vie,
« Vient de me faire ouïr, par un bruit assez doux,
« Que ma fille, à quatre ans, par des voleurs ravie,
« Sous le nom de Célie est esclave chez vous.
« Si vous sûtes jamais ce que c'est qu'être père,
« Et vous trouvez sensible anx tendresses du sang,
« Conservez-moi chez vous cette fille si chère,
« Comme si de la vôtre elle tenait le rang.
« Pour l'aller retirer je pars d'ici moi-même,
« Et vous vais de vos soins récompenser si bien,
« Que par votre bonheur, que je veux rendre extrême,
« Vous bénirez le jour où vous causez le mien. »

De Madrid. DON PEDRO DE GUSMAN,
marquis de MONTALCANE.

(*Il continue.*)

Quoiqu'à leur nation bien peu de fois soit due,
Ils me l'avaient bien dit, ceux qui me l'ont vendue,
Que je verrais dans peu quelqu'un la retirer,
Et que je n'aurais pas sujet d'en murmurer :
Et cependant j'allais, par mon impatience,
Perdre aujourd'hui les fruits d'une haute espérance.

(*au courrier.*)

Un seul moment plus tard tous vos pas étaient vains,
J'allais mettre à l'instant cette fille en ses mains :
Mais suffit ; j'en aurai tout le soin qu'on désire.

(*Le courrier sort.*

(*à Mascarille.*)
Vous-même vous voyez ce que je viens de lire.
Vous direz à celui qui vous a fait venir
Que je ne lui saurais ma parole tenir;
Qu'il vienne retirer son argent.

MASCARILLE.

Mais l'outrage
Que vous lui faites.. .

TRUFALDIN.

Va, sans causer davantage.

MASCARILLE, *seul.*

Ah ! le fâcheux paquet que nous venons d'avoir !
Le sort a bien donné la baie à mon espoir;
Et bien à la malheure est-il venu d'Espagne
Ce courrier, que la foudre ou la grêle accompagne.
Jamais, certes, jamais plus beau commencement
N'eût en si peu de temps plus triste évènement.

SCENE XIV.

LÉLIE, *riant;* MASCARILLE.

MASCARILLE.

Quel beau transport de joie à présent vous inspire?

LÉLIE.

Laisse m'en rire encore avant que te le dire.

MASCARILLE.

Çà, rions donc bien fort, nous en avons sujet.

LÉLIE.

Ah! je ne serai plus de tes plaintes l'objet.
Tu ne me diras plus, toi qui toujours me cries,
Que je gâte en brouillon toutes tes fourberies :
J'ai bien joué moi-même un tour des plus adroits.
Il est vrai, je suis prompt, et m'emporte parfois :
Mais pourtant, quand je veux, j'ai l'imaginative
Aussi bonne, en effet, que personne qui vive;
Et toi-même avoueras que ce que j'ai fait, part
D'une pointe d'esprit où peu de monde a part.

MASCARILLE.

Sachons donc ce qu'a fait cette imaginative.

LÉLIE.

Tantôt l'esprit ému d'une frayeur bien vive
D'avoir vu Trufaldin avecque mon rival,
Je songeais à trouver un remède à ce mal,
Lorsque, me ramassant tout entier en moi-même,
J'ai conçu, digere, produit un stratageme
Devant qui tous les tiens, dont tu fais tant de cas,
Doivent, sans contredit, mettre pavillon bas.

MASCARILLE.

Mais qu'est-ce?

LÉLIE.

Ah ! s'il te plaît, donne-toi patience!
J'ai donc feint une lettre avecque diligence,
Comme d'un grand seigneur écrite à Trufaldin,
Qui mande qu'ayant su, par un heureux destin,
Qu'une esclave qu'il tient sous le nom de Célie
Est sa fille, autrefois par des voleurs ravie,
Il veut la venir prendre, et le conjure au moins
De la garder toujours, de lui rendre des soins;
Qu'à ce sujet il part d'Espagne, et doit pour elle
Par de si grands présents reconnaître son zèle,
Qu'il n'aura point regret de causer son bonheur.

MASCARILLE.

Fort bien.

LÉLIE.

Ecoute donc, voici bien le meilleur.
La lettre que je dis a donc été remise;
Mais sais-tu bien comment? En saison si bien prise,
Que le porteur m'as dit que, sans ce trait falot,
Un homme l'emmenait, qui s'est trouvé fort sot.

MASCARILLE.

Vous avez fait ce coup sans vous donner au diable?

LÉLIE.

Oui. D'un tour si subtil m'aurais-tu cru capable?
Loue au moins mon adresse, et la dextérité
Dont je romps d'un rival le dessein concerté.

MASCARILLE.

A vous pouvoir louer selon votre mérite
Je manque d'éloquence, et ma force est petite.
Oui, pour bien étaler cet effort releve,
Ce bel exploit de guerre à nos yeux acheve,
Ce grand et rare effet d'une imaginative,
Qui ne cède en vigueur à personne qui vive,
Ma langue est impuissante, et je voudrais avoir
Celles de tous les gens du plus exquis savoir,
Pour vous dire en beaux vers, ou bien en docte prose,
Que vous serez toujours, quoi que l'on se propose,
Tout ce que vous avez été durant vos jours;
C'est à dire un esprit chaussé tout à rebours,
Une raison malade et toujours en débauche,
Un envers du bon sens, un jugement à gauche
Un brouillon, une bête, un brusque, un étourdi,
Que sais-je? un... cent fois plus encor que je ne di.
C'est faire en abrégé votre panégyrique.

LÉLIE.

Apprends-moi le sujet qui contre moi te pique?
Ai-je fait quelque chose? Eclaircis-moi ce point.

MASCARILLE.

Non, vous n'avez rien fait. Mais ne me suivez point.

LÉLIE.

Je te suivrai partout pour savoir ce mystère.

MASCARILLE.

Oui? Sus donc, préparez vos jambes à bien faire :
Car je vais vous fournir de quoi les exercer.

LÉLIE, *seul.*

Il m'échappe. O malheur qui ne se peut forcer!
Au discours qu'il m'a fait que saurais-je comprendre,
Et quel mauvais office aurais-je pu me rendre.

FIN DU SECOND ACTE.

ACTE III.

SCENE PREMIÈRE

MASCARILLE.

Taisez-vous, ma bonté, cessez votre entretien,
Vous êtes une sotte, et je n'en ferai rien.
Oui, vous avez raison, mon courroux, je l'avoue,
Relier tant de fois ce qu'un brouillon dénoue,
C'est trop de patience; et je dois en sortir,
Après de si beaux coups qu'il a su divertir.
Mais aussi raisonnons un peu sans violence.
Si je suis maintenant ma juste impatience,
On dira que je cède à la difficulté;
Que je me trouve à bout de ma subtilité .
Et que deviendra lors cette publique estime
Qui te vante partout pour un fourbe sublime,
Et que tu t'es acquise en tant d'occasions
A ne t'être jamais vu court d'inventions?
L'honneur, ô Mascarille, est une belle chose!
A tes nobles travaux ne fais aucune pause,
Et quoi qu'un maître ait fait pour te faire enrager,
Achève pour ta gloire et non pour l'obliger.
Mais quoi! Que feras-tu, que de l'eau toute claire?
Traversé sans repos par ce démon contraire,
Tu vois qu'à chaque instant il te fait déchanter,
Et que c'est battre l'eau de prétendre arrêter
Ce torrent effréné, qui de tes artifices
Renverse en un moment les plus beaux édifices.
Hé bien! pour toute grace, encore un coup du moins
Au hasard du succès, sacrifions des soins;
Et s'il poursuit encore à rompre notre chance,
J'y consens, ôtons-lui toute notre assistance.

Cependant notre affaire encor n'irait pas mal,
Si par là nous pouvions perdre notre rival,
Et que Léandre enfin, lassé de sa poursuite,
Nous laissât jour entier pour ce que je médite.
Oui, je roule en ma tête un trait ingénieux,
Dont je promettrais bien un succès glorieux,
Si je puis n'avoir plus cet obstacle à combattre.
Bon : voyons si son feu se rend opiniâtre.

SCÈNE II.

LÉANDRE, MASCARILLE.

MASCARILLE.

Monsieur, j'ai perdu temps, votre homme se dédit.

LÉANDRE.

De la chose lui-même il m'a fait le récit :
Mais c'est bien plus ; j'ai su que tout ce beau mystère
D'un rapt d'Egyptiens, d'un grand seigneur pour père,
Qui doit partir d'Espagne, et venir en ces lieux,
N'est qu'un pur stratagème, un trait facétieux,
Une histoire à plaisir, un conte dont Lélie
A voulu détourner notre achat de Célie.

MASCARILLE.

Voyez un peu la fourbe !

LÉANDRE.

Et pourtant Trufaldin
Est si bien imprimé de ce conte badin,
Mord si bien à l'appât de cette faible ruse,
Qu'il ne veut point souffrir que l'on le désabuse.

MASCARILLE.

C'est pourquoi désormais il la gardera bien,
Et je ne vois pas lieu d'y prétendre plus rien.

LÉANDRE.

Si d'abord à mes yeux elle parut aimable,
Je viens de la trouver tout à fait adorable;
Et je suis en suspens, si, pour me l'acquérir,
Aux extrêmes moyens je ne dois point courir,
Par le don de ma foi rompre sa destinée,
Et changer ses liens en ceux de l'hyménée.

MASCARILLE.

Vous pourriez l'épouser?

LÉANDRE.

Je ne sais : mais enfin,
Si quelque obscurité se trouve en son destin,
Sa grace et sa vertu sont de douces amorces,
Qui, pour tirer les cœurs, ont d'incroyables forces.

MASCARILLE.

Sa vertu, dites-vous?

LÉANDRE.

Quoi? que murmures-tu?
Achève, explique-toi sur ce mot de vertu.

MASCARILLE.

Monsieur, votre visage en un moment s'altère,
Et je ferai bien mieux peut-être de me taire.

LÉANDRE.

Non, non, parle.

MASCARILLE.

Hé bien donc, très charitablement
Je vous veux retirer de votre aveuglement.
Cette fille...

LÉANDRE.

Poursuis.

MASCARILLE.

N'est rien moins qu'inhumaine;
Dans le particulier elle oblige sans peine,
Et son cœur, croyez-moi, n'est point roche après tout
A quiconque la sait prendre par le bon bout :
Elle fait la sucrée, et veut passer pour prude;
Mais je puis en parler avecque certitude.
Vous savez que je suis quelque peu du métier
A me devoir connaître en un pareil gibier.

LÉANDRE.

Célie...

MASCARILLE.

Oui, sa pudeur n'est que franche grimace,
Qu'une ombre de vertu qui garde mal sa place,
Et qui s'évanouit, comme l'on peut savoir,
Aux rayons du soleil qu'une bourse fait voir.

LÉANDRE.

Las! que dis-tu? Croirais-je un discours de la sorte!

MASCARILLE.

Monsieur, les volontés sont libres; que m'importe?
Non, ne me croyez pas, suivez votre dessein;
Prenez cette matoise, et lui donnez la main;
Toute la ville en corps reconnaîtra ce zèle,
Et vous épouserez le bien public en elle.

LÉANDRE.

Quelle surprise étrange!

MASCARILLE, *à part.*

Il a pris l'hameçon.
Courage, s'il se peut enferrer tout de bon,
Nous nous ôtons du pied une fâcheuse épine.

LÉANDRE.

Oui, d'un coup étonnant ce discours m'assassine.

MASCARILLE.

Quoi! vous pourriez.... ?

LÉANDRE.

Va-t'en jusqu'à la poste, et voi
Je ne sais quel paquet qui doit venir pour moi.
(*seul, après avoir rêvé.*)
Qui ne s'y fût trompé ! Jamais l'air d'un visage,
Si ce qu'il dit est vrai, n'imposa davantage.

SCENE III.

LELIE, LÉANDRE.

LÉLIE.

Du chagrin qui vous tient quel peut être l'objet?

LÉANDRE.

Moi?

LÉLIE.

Vous-même.

LÉANDRE.

Pourtant je n'en ai point sujet.

LÉLIE.

Je vois bien ce que c'est, Célie en est la cause.

LÉANDRE.

Mon esprit ne court pas après si peu de chose.

LÉLIE.

Pour elle vous aviez pourtant de grands desseins.
Mais il faut dire ainsi, lorsqu'ils se trouvent vains.

LÉANDRE.

Si j'étais assez sot pour chérir ses caresses,
Je me moquerais bien de toutes vos finesses.

LÉLIE.

Quelles finesses donc?

LÉANDRE.

Mon dieu ! nous savons tout.

LÉLIE.

Quoi?

LÉANDRE.

Votre procédé de l'un à l'autre bout.

LÉLIE.

C'est de l'hébreu pour moi, je n'y puis rien compren-[dre.

LÉANDRE.

Feignez, si vous voulez, de ne me pas entendre;
Mais, croyez-moi, cessez de craindre pour un bien
Où je serais fâché de vous disputer rien.
J'aime fort la beauté qui n'est point profanée,
Et ne veux point brûler pour une abandonnée.

LELIE.

Tout beau, tout beau, Léandre!

LÉANDRE.

Ah! que vous êtes bon!
Allez, vous dis-je encor, servez-la sans soupçon;
Vous pourrez vous nommer homme à bonnes fortunes.
Il est vrai, sa beauté n'est pas des plus communes;
Mais en revanche aussi le reste est fort commun.

LÉLIE.

Léandre, arrêtez-là ce discours importun.
Contre moi tant d'efforts qu'il vous plaira pour elle;
Mais, sur-tout, retenez cette atteinte mortelle.
Sachez que je m'impute à trop de lâcheté
D'entendre mal parler de ma divinité;
Et que j'aurai toujours bien moins de répugnance
A souffrir votre amour qu'un discours qui l'offense.

LÉANDRE.

Ce que j'avance ici, me vient de bonne part.

LÉLIE.

Quiconque vous l'a dit est un lâche, un pendard.
On ne peut imposer de tache à cette fille,
Je connais bien son cœur.

LÉANDRE.

Mais enfin Mascarille,
D'un semblable procès est juge compétent;
C'est lui qui la condamne.

LÉLIE.

Oui!

LÉANDRE.

Lui-meme.

LÉLIE.

Il pretend
D'une fille d'honneur insolemment médire,
Et que peut-être encor je n'en ferai que rire!
Gage qu'il se dédit.

LÉANDRE.

Et moi, gage que non.

LÉLIE.

Parbleu! je le ferais mourir sous le bâton,
S'il m'avait soutenu des faussetés pareilles.

LÉANDRE.

Moi, je lui couperais sur le champ les oreilles,
S'il n'était pas garant de tout ce qu'il m'a dit.

SCENE IV.

LÉLIE, LÉANDRE, MASCARILLE.

LÉLIE.

Ah! bon, bon, le voilà. Venez çà, chien maudit.

MASCARILLE.

Quoi?

LÉLIE.

Langue de serpent, fertile en impostures,
Vous osez sur Célie attacher vos morsures,
Et lui calomnier la plus rare vertu
Qui puisse faire éclat sous un sort abattu?

MASCARILLE, *bas à Lélie.*

Doucement, ce discours est de mon industrie.

LÉLIE.

Non, non, point de clin d'œil et point de raillerie,
Je suis aveugle à tout, sourd à quoi que ce soit;
Fût-ce mon propre frère, il me la payeroit;
Et sur ce que j'adore oser porter le blâme,
C'est me faire une plaie au plus tendre de l'ame.
Tous ces signes sont vains. Quels discours as-tu faits?

MASCARILLE.

Mon Dieu! ne cherchons point querelle, ou je m'en vais,

LÉLIE.

Tu n'échapperas pas.

MASCARILLE.

Ahi!

LÉLIE.

Parle donc, confesse.

MASCARILLE, *bas à Lélie.*

Laissez-moi, je vous dis que c'est un tour d'adresse.

LÉLIE.

Dépêche, qu'as-tu dit? vide entre nous ce point.

MASCARILLE, *bas à Lélie.*

J'ai dit ce que j'ai dit: ne vous emportez point.

LÉLIE, *mettant l'épée à la main.*

Ah! je vous ferai bien parler d'une autre sorte.

LÉANDRE, *l'arrêtant.*

Halte un peu; retenez l'ardeur qui vous emporte.

MASCARILLE, *à part,*

Fut-il jamais au monde un esprit moins sensé?

LÉLIE.

Laissez-moi contenter mon courage offensé.

LÉANDRE.

C'est trop que de vouloir le battre en ma présence.

LÉLIE.

Quoi! châtier mes gens n'est pas en ma puissance?

LÉANDRE.

Comment, vos gens?

MASCARILLE, *à part.*

Encore! Il va tout découvrir,

LÉLIE.

Quand j'aurais volonté de le battre à mourir,
Hé bien! c'est mon valet.

LÉANDRE.

C'est maintenant le nôtre.

LÉLIE.

Le trait est admirable! Et comment donc le vôtre?

LÉANDRE.

Sans doute.

MASCARILLE, *bas à Lélie.*

Doucement.

LÉLIE.

Hem, que veux-tu conter?

MASCARILLE, *à part.*

Ah! le double bourreau, qui me va tout gâter,
Et qui ne comprend rien, quelque signe qu'on donne!

LÉLIE.

Vous rêvez bien, Léandre, et me la baillez bonne.
Il n'est pas mon valet?

LÉANDRE.

Pour quelque mal commis.
Hors de votre service il n'a pas été mis?

LÉLIE.

Je ne sais ce que c'est.

LÉANDRE.

Et plein de violence,
Vous n'avez pas chargé son dos avec outrance?

LÉLIE.

Point du tout. Moi, l'avoir chassé, roué de coups?
Vous vous moquez de moi, Léandre, ou lui de vous.

MASCARILLE, *à part.*

Pousse, pousse, bourreau; tu fais bien tes affaires.

LÉANDRE, *à Mascarille.*

Donc les coups de bâton ne sont qu'imaginaires!

MASCARILLE.

Il ne sait ce qu'il dit; sa mémoire...

LÉANDRE.

Non, non,
Tous ces signes pour toi ne disent rien de bon.
Oui, d'un tour délicat mon esprit te soupçonne,
Mais pour l'invention, va, je te le pardonne.
C'est bien assez pour moi qu'il m'ait désabusé,
De voir par quels motifs tu m'avais imposé,
Et que m'étant commis à ton zèle hypocrite,
A si bon compte encor je m'en sois trouvé quitte.
Ceci doit s'appeler *un avis au lecteur.*
Adieu, Lélie, adieu, très humble serviteur.

SCÈNE V.

LÉLIE, MASCARILLE.

MASCARILLE.

Courage, mon garçon, tout heur nous accompagne;
Mettons flamberge au vent, et bravoure en campagne,
Faisons *l'Olibrius, l'occiseur d'innocents.*

LÉLIE.

Il t'avait accusé de discours médisants
Contre...

MASCARILLE.

Et vous ne pouviez souffrir mon artifice,
Lui laisser son erreur, qui vous rendait service,
Et par qui son amour s'en était presque allé?
Non, il a l'esprit franc et point dissimulé.
Enfin chez son rival je m'ancre avec adresse,
Cette fourbe en mes mains va mettre sa maîtresse:
Il me la fait manquer avec de faux rapports;
Je veux de son rival alentir les transports,
Mon brave incontinent vient, qui le désabuse;
J'ai beau lui faire signe, et montrer que c'est ruse:
Point d'affaire; il poursuit sa pointe jusqu'au bout,
Et n'est point satisfait qu'il n'ait découvert tout.
Grand et sublime effort d'une imaginative,
Qui ne le cède point à personne qui vive!
C'est une rare pièce, et digne, sur ma foi,
Qu'on en fasse présent au cabinet d'un roi.

LÉLIE.

Je ne m'étonne pas si je romps tes attentes;
A moins d'être informé des choses que tu tentes,
J'en ferais encor cent de la sorte.

MASCARILLE.

Tant pis.

LÉLIE.

Au moins, pour t'emporter à de justes dépits,

Fais-moi dans tes desseins entrer de quelque chose;
Mais que de leurs ressorts la porte me soit close,
C'est ce qui fait toujours que je suis pris sans vert.

MASCARILLE

Je crois que vous seriez un maître d'arme expert,
Vous savez à merveille, en toutes aventures,
Prendre les contretemps et rompre les mesures.

LÉLIE.

Puisque la chose est faite, il n'y faut plus penser.
Mon rival, en tout cas, ne peut me traverser;
Et pourvu que tes soins en qui je me repose...

MASCARILLE.

Laissons là ce discours, et parlons d'autre chose.
Je ne m'apaise pas, non, si facilement,
Je suis trop en colère. Il faut premièrement
Me rendre un bon office, et nous verrons ensuite
Si je dois de vos feux reprendre la conduite.

LÉLIE.

S'il ne tient qu'à cela, je n'y résiste pas.
As-tu besoin, dis-moi, de mon sang, de mes bras?

MASCARILLE.

De quelle vision sa cervelle est frappée!
Vous êtes de l'humeur de ces amis d'épée,
Que l'on trouve toujours plus prompts à dégaîner,
Qu'à tirer un teston, s'il fallait le donner.

LÉLIE.

Que puis-je donc pour toi?

MASCARILLE.

C'est que de votre père
Il faut absolument apaiser la colère.

LÉLIE.

Nous avons fait la paix.

MASCARILLE.

Oui; mais non pas pour nous,
Je l'ai fait ce matin mort pour l'amour de vous:
La vision le choque, et de pareilles feintes
Aux vieillards comme lui sont de dures atteintes,
Qui, sur l'état prochain de leur condition,
Leur font faire à regret triste réflexion.
Le bonhomme, tout vieux, chérit fort la lumière,
Et ne veut point de jeu dessus cette matière;
Il craint le pronostic, et, contre moi fâché,
On m'a dit qu'en justice il m'avait recherché.
J'ai peur, si le logis du roi fait ma demeure,
De m'y trouver si bien dès le premier quart d'heure,
Que j'aye peine aussi d'en sortir par après.
Contre moi dès longtemps on a force décrets;
Car enfin la vertu n'est jamais sans envie,
Et dans ce maudit siècle est toujours poursuivie.
Allez donc le fléchir.

LÉLIE.

Oui, nous le fléchirons;
Mais aussi tu promets...

MASCARILLE.

Ah! mon Dieu! nous verrons!
(*Lélie sort.*)
Ma foi, prenons haleine après tant de fatigues.
Cessons pour quelque temps le cours de nos intrigues,
Et de nous tourmenter de même qu'un lutin.
Léandre, pour nous nuire, est hors de garde enfin,
Et Célie arrêtée avecque l'artifice...

SCENE VI.

ERGASTE, MASCARILLE.

ERGASTE.

Je te cherchais partout pour te rendre un service,
Pour te donner avis d'un secret important.

MASCARILLE.

Quoi donc?

ERGASTE.

N'avons-nous point ici quelque écoutant

MASCARILLE.

Non.

ERGASTE.

Nous sommes amis autant qu'on le peut être:
Je sais bien tes desseins et l'amour de ton maître;
Songez à vous tantôt. Léandre fait parti
Pour enlever Célie; et j'en suis averti
Qu'il a mis ordre à tout, et qu'il se persuade
D'entrer chez Trufaldin par une mascarade,
Ayant su qu'en ce temps, assez souvent, le soir
Des femmes du quartier en masque l'allaient voir.

MASCARILLE.

Oui? Suffit; il n'est pas au comble de sa joie,
Je pourrai bien tantôt lui souffler cette proie;
Et contre cet assaut je sais un coup fourré,
Par qui je veux qu'il soit de lui-même enferré.
Il ne sait pas les dons dont mon ame est pourvue.
Adieu, nous boirons pinte à la première vue.

SCENE VII.

MASCARILLE, *seul.*

Il faut, il faut tirer à nous ce que d'heureux
Pourrait avoir en soi ce projet amoureux,
Et, par une surprise adroite et non commune,
Sans courir le danger, en tenter la fortune.
Si je vais me masquer pour devancer ses pas,
Léandre assurément ne nous bravera pas;
Et là, premier que lui, si nous faisons la prise,
Il aura fait pour nous les frais de l'entreprise,
Puisque, par son dessein déjà presque éventé,
Le soupçon tombera toujours de son côté,
Et que nous, à couvert de toutes ses poursuites,
De ce coup hasardeux ne craindrons point de suites.
C'est ne se point commettre à faire de l'éclat.
Et tirer les marrons de la patte du chat.
Allons donc nous masquer avec quelques bons frères;
Pour prévenir nos gens, il ne faut tarder guères.
Je sais où gît le lièvre, et me puis, sans travail
Fournir en un moment d'hommes et d'attirail.
Croyez que je mets bien mon adresse en usage:
Si j'ai reçu du ciel les fourbes en partage,
Je ne suis point au rang de ces esprits mal nés,
Qui cachent les talents que Dieu leur a donnés.

SCENE VIII.

LÉLIE, ERGASTE.

LÉLIE.

Il prétend l'enlever avec sa mascarade?

ERGASTE.

Il n'est rien plus certain. Quelqu'un de sa brigade
M'ayant de ce dessein instruit, sans m'arrêter,
A Mascarille alors j'ai couru tout conter,
Qui s'en va, m'a-t-il dit, rompre cette partie
Par une invention dessus le champ bâtie;
Et, comme je vous ai rencontré par hasard,
J'ai cru que je devais du tout vous faire part.

LÉLIE.

Tu m'obliges par trop avec cette nouvelle:
Va, je reconnaîtrai ce service fidèle.

SCENE IX.

LÉLIE, *seul.*

Mon drôle assurément leur jouera quelque trait;
Mais je veux de ma part seconder son projet.
Il ne sera pas dit qu'en un fait qui me touche
Je ne me sois non plus remué qu'une souche.
Voici l'heure, ils seront surpris à mon aspect.
Foin! Que n'ai-je avec moi pris mon porte-respect?
Mais vienne qui voudra contre notre personne,
J'ai deux bons pistolets, et mon épée est bonne.
Holà! quelqu'un, un mot.

SCENE X.

TRUFALDIN, *à sa fenêtre;* LÉLIE.

TRUFALDIN.

Qu'est-ce? Qui me vient voir?

LÉLIE.

Fermez soigneusement votre porte ce soir.

TRUFALDIN.

Pourquoi?

LÉLIE.

Certaines gens font une mascarade
Pour vous venir donner une fâcheuse aubade;
Ils veulent enlever votre Célie.

TRUFALDIN.

O dieux!

LÉLIE.

Et sans doute bientôt ils viendront en ces lieux.
Demeurez; vous pourrez voir tout de la fenêtre.
Hé bien! qu'avais-je dit? Les voyez-vous paraître?
Chut! je veux à vos yeux leur en faire l'affront.
Nous allons voir beau jeu, si la corde ne rompt.

SCENE XI.

LÉLIE, TRUFALDIN, MASCARILLE
et sa suite, masqués.

TRUFALDIN.

Oh! les plaisants robins, qui pensent me surprendre!

LÉLIE.

Masques, où courez-vous? Le pourrait-on apprendre?
Trufaldin, ouvrez-leur pour jouer un momon.
(*à Mascarille déguisé en femme.*)
Bon Dieu, qu'elle est jolie, et qu'elle a l'air mignon!
Et quoi, vous murmurez? mais sans vous faire outrage,
Peut-on lever le masque, et voir votre visage?

TRUFALDIN.

Allez, fourbes méchants; retirez-vous d'ici,
Canaille; et vous, seigneur, bon soir et grand merci.

SCENE XII.

LÉLIE, MASCARILLE.

LÉLIE, *après avoir démasqué Mascarille.*

Mascarille, est-ce toi?

MASCARILLE.

Nenni-dà, c'est quelque autre.

LÉLIE.

Hélas! quelle surprise! et quel sort est le nôtre.
L'aurais-je deviné, n'étant point averti
Des secrètes raisons qui l'avaient travesti?
Malheureux que je suis, d'avoir dessous ce masque
Été, sans y penser, te faire cette frasque?
Il me prendrait envie, en mon juste courroux,
De me battre moi-même, et me donner cent coups.

MASCARILLE.

Adieu, sublime esprit, rare imaginative.

LÉLIE.

Las! si de ton secours ta colère me prive,
A quel saint me vouerai-je!

MASCARILLE.

Au grand diable d'enfer.

LÉLIE.

Ah! si ton cœur pour moi n'est de bronze ou de fer,
Qu'encore un coup du moins mon imprudence ait grace!
S'il faut pour l'obtenir que tes genoux j'embrasse,
Vois-moi...

MASCARILLE.

Tarare! Allons, camarades, allons;
J'entends venir des gens qui sont sur nos talons.

SCENE XIII.

LÉANDRE *et sa suite, masqués;* TRUFALDIN,
à sa fenêtre.

LÉANDRE.

Sans bruit; ne faisons rien que de la bonne sorte.

TRUFALDIN.

Quoi! masques toute nuit assiégeront ma porte!
Messieurs, ne gagnez point de rhumes à plaisir;
Tout cerveau qui le fait, est certes de loisir.
Il est un peu trop tard pour enlever Célie;
Dispensez-l'en ce soir, elle vous en supplie:
La belle est dans le lit, et ne peut vous parler;
J'en suis fâché pour vous. Mais pour vous régaler
Du souci qui, pour elle, ici vous inquiète,
Elle vous fait présent de cette cassolette.

LÉANDRE.

Fi! cela sent mauvais, et je suis tout gâté.
Nous sommes découverts, tirons de ce côté.

FIN DU TROISIÈME ACTE.

ACTE IV.

SCENE PREMIERE.

LÉLIE, *déguisé en Arménien*: MASCARILLE.

MASCARILLE.

Vous voilà fagoté d'une plaisante sorte.

LÉLIE.

Tu ranimes par-là mon espérance morte.

MASCARILLE.

Toujours de ma colère on me voit revenir;
J'ai beau jurer, pester, je ne m'en puis tenir.

LÉLIE.

Aussi crois, si jamais je suis dans la puissance,
Que tu seras content de ma reconnaissance,
Et que, quand je n'aurais qu'un seul morceau de pain,

MASCARILLE.

Baste; songez à vous dans ce nouveau dessein.
Au moins si l'on vous voit commettre une sottise,
Vous n'imputerez plus l'erreur à la surprise;
Votre rôle en ce jeu par cœur doit être su.

LÉLIE.

Mais, comment Trufaldin chez lui t'a-t-il reçu?

MASCARILLE.

D'un zèle simulé j'ai bridé le bon sire;
Avec empressement je suis venu lui dire,
S'il ne songeait à lui, que l'on le surprendroit;
Que l'on couchait en joue, et de plus d'un endroit
Celle dont il a vu qu'une lettre en avance
Avait si faussement divulgué la naissance;
Qu'on avait bien voulu m'y mêler quelque peu,
Mais que j'avais tiré mon épingle du jeu,
Et que, touché d'ardeur pour ce qui le regarde,
Je venais l'avertir de se donner de garde.
De là, moralisant, j'ai fait de grands discours
Sur les fourbes qu'on voit ici-bas tous les jours;
Que, pour moi, las du monde et de sa vie infame,
Je voulais travailler au salut de mon ame,
A m'éloigner du trouble, et pouvoir longuement
Près de quelque honnête homme être paisiblement;
Que, s'il le trouvait bon, je n'aurais d'autre envie
Que de passer chez lui le reste de ma vie;
Et que même à tel point il m'avait su ravir,
Que, sans lui demander gages pour le servir,
Je mettrais en ses mains, que je tenais certaines,
Quelque bien de mon père, et le fruit de mes peines,
Dont, avenant que Dieu de ce monde m'ôtât,
J'entendais tout de bon que lui seul héritât.
C'était le vrai moyen d'acquérir sa tendresse.
Et comme, pour résoudre avec votre maîtresse
Des biais qu'on doit prendre à terminer vos vœux,
Je voulais en secret vous aboucher tous deux,
Lui-même a su m'ouvrir une voie assez belle,
De pouvoir hautement vous loger avec elle.
Venant m'entretenir d'un fils privé du jour,
Dont cette nuit en songe il a vu le retour.
A ce propos, voici l'histoire qu'il m'a dite,
Et sur quoi j'ai tantôt notre fourbe construite.

LÉLIE.

C'est assez, je sais tout: tu me l'as dit deux fois.

MASCARILLE.

Oui, oui; mais quand j'aurais passé jusques à trois
Peut-être encor qu'avec toute sa suffisance
Votre esprit manquera dans quelque circonstance

LÉLIE.

Mais à tant différer je me fais de l'effort.

MASCARILLE.

Ah! de peur de tomber, ne courons pas si fort!
Voyez-vous? Vous avez la caboche un peu dure;
Rendez-vous affermi dessus cette aventure.
Autrefois Trufaldin de Naples est sorti,
Et s'appelait alors Zanobio Roberti;
Un parti qui causa quelque émeute civile,
Dont il fut seulement soupçonné dans sa ville,

(De fait, il n'est pas homme à troubler un état)
L'obligea d'en sortir une nuit sans eclat.
Une fille fort jeune, et sa femme laissées,
A quelque temps de là se trouvant trépassées,
Il en eut la nouvelle; et, dans ce grand ennui,
Voulant dans quelque ville emmener avec lui,
Outre ses biens, l'espoir qui restait de sa race,
Un sien fils, écolier, qui se nommait Horace,
Il écrit à Bologne, où, pour mieux être instruit,
Un certain maître Albert, jeune l'avait conduit;
Mais pour se joindre tous, le rendez-vous qu'il donne
Durant deux ans entiers ne lui fit voir personne :
Si bien que, les jugeant morts après ce temps-là,
Il vint en cette ville, et prit le nom qu'il a,
Sans que de cet Albert, ni de ce fils Horace
Douze ans aient découvert jamais la moindre trace.
Voilà l'histoire en gros, redite seulement
Afin de vous servir ici de fondement.
Maintenant vous serez un marchand d'Armenie,
Qui les aurez vus sains l'un et l'autre en Turquie.
Si j'ai, plus tôt qu'aucun, un tel moyen trouvé,
Pour les ressusciter sur ce qu'il a rêvé,
C'est qu'en fait d'aventure, il est très-ordinaire
De voir gens pris sur mer par quelque Turc corsaire,
Puis être à leur famille à point nommé rendus,
Après quinze ou vingt ans qu'on les a crus perdus.
Pour moi, j'ai vu déjà cent contes de la sorte.
Sans nous alambiquer, servons-nous-en; qu'importe?
Vous leur aurez ouï leur disgrace conter,
Vous leur aurez fourni de quoi se racheter;
Mais que, parti plus tôt pour chose nécessaire,
Horace vous chargea de voir ici son père
Dont il a su le sort, et chez qui vous devez
Attendre quelques jours qu'ils y soient arrivés.
Je vous ai fait tantôt des leçons étendues.

LÉLIE.

Ces répétitions ne sont que superflues,
Dès l'abord, mon esprit a compris tout le fait.

MASCARILLE.

Je m'en vais là dedans donner le premier trait.

LÉLIE.

Écoute, Mascarille, un seul point me chagrine.
S'il allait de son fils me demander la mine?

MASCARILLE.

Belle difficulté! Devez-vous pas savoir
Qu'il était fort petit alors qu'il l'a pu voir?
Et puis, outre cela, le temps et l'esclavage
Pourraient-ils pas avoir changé tout son visage?

LÉLIE.

Il est vrai. Mais, dis-moi, s'il connaît qu'il m'a vu,
Que faire?

MASCARILLE.

De mémoire êtes-vous dépourvu?
Nous avons dit tantôt qu'outre que votre image
N'avait dans son esprit pu faire qu'un passage,
Pour ne vous avoir vu que durant un moment,
Et le poil et l'habit déguisaient grandement.

LÉLIE.

Fort bien. Mais, à propos, cet endroit de Turquie?..

MASCARILLE.

Tout, vous dis-je, est égal, Turquie ou Barbarie.

LÉLIE.

Mais le nom de la ville où j'aurai pu les voir?

MASCARILLE.

Tunis. Il me tiendra, je crois, jusques au soir.
La repetition, dit-il, est inutile,
Et j'ai déjà nommé douze fois cette ville.

LÉLIE.

Va, va-t'en commencer, il ne me faut plus rien.

MASCARILLE.

Au moins soyez prudent, et vous conduisez bien;
Ne donnez point ici de l'imaginative.

LÉLIE.

Laisse-moi gouverner. Que ton ame est craintive!

MASCARILLE.

Horace dans Bologne écolier, Trufaldin
Zanobio Ruberti dans Naples citadin;
Le précepteur Albert....

LÉLIE.

Ah! c'est me faire honte
Que de me tant prêcher! Suis-je un sot, à ton compte?

MASCARILLE.

Non, pas du tout; mais bien quelque chose approchant.

SCENE II.

LÉLIE, *seul.*

Quand il m'est inutile, il fait le chien couchant;
Mais, parce qu'il sent bien le secours qu'il me donne
Sa familiarité jusques là s'abandonne.
Je vais être de près éclairé des beaux yeux
Dont la force m'impose un joug si précieux;
Je m'en vais sans obstacle, avec des traits de flamme,
Peindre à cette beauté les tourments de mon ame;
Je saurai quel arrêt je dois.... Mais les voici.

SCENE III.

TRUFALDIN, LÉLIE, MASCARILLE.

TRUFALDIN.

Sois béni, juste ciel, de mon sort adouci!

MASCARILLE.

C'est à vous de rêver, et de faire des songes,
Puisqu'en vous il est faux que songes sont mensonges.

TRUFALDIN, *à Lélie.*

Quelle grace, quels biens vous rendrai-je, seigneur,
Vous, que je dois nommer l'ange de mon bonheur?

LÉLIE.

Ce sont soins superflus, et je vous en dispense.

TRUFALDIN, *à Mascarille.*

J'ai, je ne sais pas où, vu quelque ressemblance
De cet Arménien.

MASCARILLE.

C'est ce que je disois;
Mais on voit des rapports admirables par fois.

TRUFALDIN.

Vous avez vu ce fils où mon espoir se fonde?

LÉLIE.

Oui, seigneur Trufaldin, le plus gaillard du monde.

TRUFALDIN.

Il vous a dit sa vie, et parlé fort de moi?

LÉLIE.

Plus de dix mille fois.

MASCARILLE.

Quelque peu moins, je croi.

LÉLIE.

Il vous a dépeint tel que je vous vois paraître,
Le visage, le port.....

TRUFALDIN.

Cela pourrait-il être
Si, lorsqu'il m'a pu voir, il n'avait que sept ans,
Et si son précepteur même, depuis ce temps,
Aurait peine à pouvoir connaître mon visage?

MASCARILLE.

Le sang, bien autrement, conserve cette image;
Par des traits si profonds ce portrait est tracé,
Que mon père....

TRUFALDIN.

Suffit. Où l'avez-vous laissé?

LÉLIE.

En Turquie, à Turin.

TRUFALDIN.

Turin? Mais cette ville
Est, je pense, en Piémont.

MASCARILLE, *à part.*

O cerveau mal habile!
(*à Trufaldin.*)
Vous ne l'entendez pas, il veut dire Tunis,
Et c'est en effet là qu'il laissa votre fils;
Mais les Arméniens ont tous par habitude
Certain vice de langue à nous autres fort rude;
C'est que dans tous les mots ils changent *nis* en *rin*,
Et pour dire Tunis, ils prononcent Turin.

TRUFALDIN.

Il fallait, pour l'entendre, avoir cette lumière.
Quel moyen vous dit-il de rencontrer son père.

MASCARILLE.

à part.) (*à Trufaldin, après s'être escrimé.*
Voyez s'il répondra ! Je repassais un peu
Quelque leçon d'escrime : autrefois en ce jeu
Il n'était point d'adresse à mon adresse égale,
Et j'ai battu le fer en mainte et mainte salle.

TRUFALDIN, *à Mascarille.*

Ce n'est pas maintenant ce que je veux savoir?
(*à Lélie.*)
Quel autre nom dit-il que je devais avoir?

MASCARILLE.

Ah ! seigneur Zanobio Ruberti, quelle joie
Et celle maintenant que le ciel vous envoie !

LÉLIE.

C'est là votre vrai nom, et l'autre est emprunte.

TRUFALDIN.

Mais où vous a-t-il dit qu'il reçut la clarté?

MASCARILLE.

Naples est un séjour qui paraît agréable;
Mais pour vous ce doit être un lieu fort haïssable.

TRUFALDIN.

Ne peux-tu, sans parler, souffrir notre discours?

LÉLIE.

Dans Naples son destin a commencé son cours.

TRUFALDIN.

Où l'envoyai-je jeune, et sous quelle conduite?

MASCARILLE.

Ce pauvre maître Albert a beaucoup de mérite
D'avoir depuis Bologne accompagné ce fils,
Qu'à sa discrétion vos soins avaient commis !

TRUFALDIN.

Ah !

MASCARILLE, *à part.*

Nous sommes perdus si cet entretien dure.

TRUFALDIN.

Je voudrais bien savoir de vous leur aventure,
Sur quel vaisseau le sort qui m'a su travailler....

MASCARILLE.

Je ne sais ce que c'est, je ne fais que bâiller;
Mais, seigneur Trufaldin, songez-vous que peut-être
Ce monsieur l'étranger a besoin de repaître,
Et qu'il est tard aussi ?

LÉLIE.

Pour moi point de repas.

MASCARILLE.

Ah ! vous avez plus faim que vous ne pensez pas?

TRUFALDIN.

Entrez donc.

LÉLIE.

Après vous.

MASCARILLE, *à Trufaldin.*

Monsieur, en Arménie,
Les maîtres du logis sont sans cérémonie.
(*à Lélie, après que Trufaldin est entré dans sa maison.*
Pauvre esprit ! Pas deux mots .

LÉLIE.

D'abord il m'a surpris
Mais n'appréhende plus, je reprends mes esprits,
Et m'en vais débiter avecque hardiesse...

MASCARILLE.

Voici notre rival, qui ne sait pas la pièce.
(*Ils entrent dans la maison de Trufaldin.*)

SCÈNE IV.

ANSELME, LÉANDRE.

ANSELME.

Arrêtez-vous, Léandre, et souffrez un discours
Qui cherche le repos et l'honneur de vos jours.
Je ne vous parle point en père de ma fille,
En homme intéressé pour ma propre famille,
Mais comme votre père ému pour votre bien,
Sans vouloir vous flatter et vous déguiser rien ;
Bref, comme je voudrais, d'une ame franche et pure,
Que l'on fît à mon sang en pareille aventure.
Savez-vous de quel œil chacun voit cet amour,
Qui dedans une nuit vient d'éclater au jour?
A combien de discours et de traits de risée
Votre entreprise d'hier est partout exposée?
Quel jugement on fait du choix capricieux,
Qui pour femme, dit-on, vous désigne en ces lieux
Un rebut de l'Egypte, une fille coureuse,
De qui le noble emploi n'est qu'un métier de gueuse ?
J'en ai rougi pour vous encor plus que pour moi,
Qui me trouve compris dans l'éclat que je voi ;
Moi, dis-je, dont la fille, à vos ardeurs promise,
Ne peut, sans quelque affront, souffrir qu'on la mé-
[prise.
Ah ! Léandre, sortez, de cet abaissement !
Ouvrez un peu les yeux sur votre aveuglement.
Si notre esprit n'est pas sage à toutes les heures,
Les plus courtes erreurs sont toujours les meilleures.
Quand on ne prend en dot que la seule beauté,
Le remords est bien près de la solennité ;
Et la plus belle femme a très peu de défense
Contre cette tiédeur qui suit la jouissance.
Je vous le dis encor, ces bouillants mouvements,
Ces ardeurs de jeunesse et ces emportements
Nous font trouver d'abord quelques nuits agréables,
Mais ces félicités ne sont guère durables ,
Et, notre passion ralentissant son cours,
Après ces bonnes nuits, donne de mauvais jours :
De là viennent les soins, les soucis, les misères,
Les fils déshérités par le courroux des peres.

LÉANDRE.

Dans tout votre discours je n'ai rien écouté
Que mon esprit déjà ne m'ait représenté.
Je sais combien je dois à cet honneur insigne
Que vous me voulez faire, et dont je suis indigne;
Et vois, malgré l'effort dont je suis combattu,
Ce que vaut votre fille et quelle est sa vertu :
Aussi veux-je tâcher....

ANSELME.

On ouvre cette porte :
Retirons-nous plus loin, de crainte qu'il n'en sorte
Quelque secret poison dont vous seriez surpris.

SCÈNE V.

LÉLIE, MASCARILLE.

MASCARILLE.

Bientôt de notre fourbe on verra le débris,
Si vous continuez des sottises si grandes.

LÉLIE.

Dois je eternellement ouïr tes réprimandes?
De quoi te peux-tu plaindre? Ai-je pas réussi
En tout ce que j'ai dit depuis ?

MASCARILLE.

Couci, couci.
Témoin les Turcs par vous appelés hérétiques,
Et que vous assurez, par serments authentiques,
Adorer pour leurs dieux la lune et le soleil.
Passe. Ce qui me donne un dépit non pareil,
C'est qu'ici votre amour étrangement s'oublie
Près de Célie, il est ainsi que la bouillie,
Qui par un trop grand feu s'enfle, croît jusqu'aux bords
Et de tous les côtés se répand au dehors.

LÉLIE.

Pourrait-on se forcer à plus de retenue ?
Je ne l'ai presque point encore entretenue.

MASCARILLE.

Oui : mais ce n'est pas tout que de ne parler pas ;
Par vos gestes, durant un moment de repas,
Vous avez aux soupçons donné plus de matière,
Que d'autres ne feraient dans une année entière.

LÉLIE.

Et comment donc ?

MASCARILLE.

Comment? Chacun a pu le voir.
A table, où Trufaldin l'oblige de se seoir,
Vous n'avez toujours fait qu'avoir les yeux sur elle.
Rouge, tout interdit, jouant de la prunelle,
Sans prendre jamais garde à ce qu'on vous servait,
Vous n'aviez point de soif qu'alors qu'elle buvait ;
Et dans ses propres mains vous saisissant du verre,
Sans le vouloir rincer, sans rien jeter à terre,
Vous buviez sur son reste, et montriez d'affecter
Le côté qu'à sa bouche elle avait su porter.
Sur les morceaux touchés de sa main délicate,
Ou mordus de ses dents, vous étendiez la patte
Plus brusquement qu'un chat dessus une souris,
Et les avaliez tout ainsi que des pois gris.

Puis, outre tout cela, vous faisiez sous la table
Un bruit, un triquetrac de pieds insupportable,
Dont Trufaldin, heurté de deux coups trop pressants,
A puni par deux fois deux chiens très innocents,
Qui, s'ils eussent osé, vous eussent fait querelle.
Et puis après cela votre conduite est belle?
Pour moi, j'en ai souffert la gêne sur mon corps.
Malgré le froid, je sue encor de mes efforts.
Attaché dessus vous comme un joueur de boule
Après le mouvement de la sienne qui roule,
Je pensais retenir toutes vos actions,
En faisant de mon corps mille contorsions.

LÉLIE.

Mon Dieu! qu'il t'est aisé, de condamner des choses
Dont tu ne ressens pas les agréables causes!
Je veux bien néanmoins, pour te plaire une fois,
Faire force à l'amour qui m'impose des lois.
Désormais....

SCÈNE VI.

TRUFALDIN, LÉLIE, MASCARILLE.

MASCARILLE.

Nous parlions des fortunes d'Horace.

TRUFALDIN.

(*à Lélie.*)

C'est bien fait. Cependant me ferez-vous la grace
Que je puisse lui dire un seul mot en secret?

LÉLIE.

Il faudrait autrement être fort indiscret.

(*Lélie entre dans la maison de Trufaldin.*)

SCENE VII.

TRUFALDIN, MASCARILLE.

TRUFALDIN.

Ecoute: sais-tu bien ce que je viens de faire?

MASCARILLE.

Non, mais, si vous voulez, je ne tarderai guère,
Sans doute, à le savoir.

TRUFALDIN.

D'un chêne grand et fort,
Dont près de deux cents ans ont déjà fait le sort,
Je viens de détacher une branche admirable,
Choisie expressément d'une grosseur raisonnable,
Dont j'ai fait sur le champ, avec beaucoup d'ardeur,

(*Il montre son bras.*)

Un bâton à peu près.... oui, de cette grandeur,
Moins gros par l'un des bouts, mais, plus que trente
Propre comme je pense, à rosser les épaules; [gaules,
Car il est bien en main, vert, noueux et massif.

MASCARILLE.

Mais pour qui, je vous prie, un tel préparatif?

TRUFALDIN.

Pour toi premièrement; puis pour ce bon apôtre
Qui veut m'en donner d'une, et m'en jouer d'une autre,
Pour cet Arménien, ce marchand déguisé,
Introduit sous l'appât d'un conte supposé.

MASCARILLE.

Quoi! vous ne croyez pas....?

TRUFALDIN.

Ne cherche point d'excuse:
Lui même heureusement à découvert sa ruse;
En disant à Célie, en lui serrant la main,
Que pour elle il venait sous ce prétexte vain,
Il n'a pas aperçu Jeannette, ma fillole,
Laquelle a tout ouï, parole pour parole:
Et je ne doute point, quoiqu'il n'en ait rien dit,
Que tu ne sois de tout le complice maudit.

MASCARILLE.

Ah! vous me faites tort. S'il faut qu'on vous affronte
Croyez qu'il m'a trompé le premier à ce conte.

TRUFALDIN.

Veux-tu me faire voir que tu dis vérité?
Qu'à le chasser mon bras soit du tien assisté;
Donnons-en à ce fourbe et du long et du large,
Et de tout crime, après, mon esprit te décharge.

MASCARILLE.

Oui-dà, très volontiers, je l'épousterai bien,
Et par là vous verrez que je n'y trempe en rien.

(*à part.*)

Ah! vous serez rossé, monsieur de l'Arménie,
Qui toujours gâtez tout!

SCENE VIII.

LÉLIE, TRUFALDIN, MASCARILLE

TRUFALDIN, *à Lélie, après avoir heurté à sa porte.*

Un mot, je vous supplie.
Donc, monsieur l'imposteur, vous osez aujourd'hui
Duper un honnête homme, et vous jouer de lui?

MASCARILLE.

Feindre avoir vu son fils en une autre contrée,
Pour vous donner chez lui plus aisément entrée!

TRUFALDIN *bat Lélie.*

Vuidons, vuidons sur l'heure.

LÉLIE, *à Mascarille qui le bat aussi.*

Ah! coquin!

MASCARILLE.

C'est ainsi
Que les fourbes.....

LÉLIE.

Bourrrau!

MASCARILLE.

Sont ajustés ici.
Gardez-moi bien cela.

LÉLIE.

Quoi donc! je serais homme...

MASCARILLE, *le battant toujours en le chassant.*

Tirez, tirez, vous dis-je, ou bien je vous assomme.

TRUFALDIN.

Voilà qui me plaît fort; rentre, je suis content.

(*Mascarille suit Trufaldin qui rentre, dans sa maison.*)

LÉLIE, *revenant.*

A moi, par un valet, cet affront éclatant!
L'aurait-on pu prévoir l'action de ce traître,
Qui vient insolemment de maltraiter son maître?

MASCARILLE, *à la fenêtre de Trufaldin.*

Peut-on vous demander comment va votre dos?

LÉLIE.

Quoi! tu m'oses encor tenir un tel propos?

MASCARILLE.

Voilà, voilà que c'est de ne voir pas Jeannette,
Et d'avoir en tout temps une langue indiscrète.
Mais pour cette fois-ci, je n'ai point de courroux,
Je cesse d'éclater, de pester contre vous;
Quoique de l'action l'imprudence soit haute,
Ma main sur votre échine a lavé votre faute.

LÉLIE.

Ah! je me vengerai de ce trait déloyal!

MASCARILLE.

Vous vous êtes causé vous même tout e mal.

LÉLIE.

Moi?

MASCARILLE.

Si vous n'étiez pas une cervelle folle,
Quand vous avez parlé naguère à votre idole,
Vous auriez aperçu Jeannette sur vos pas,
Dont l'oreille subtile a découvert le cas.

LÉLIE.

On aurait pu surprendre un mot dit à Célie?

MASCARILLE.

Et d'où doncques viendrait cette prompte sortie?
Oui, vous n'êtes dehors que par votre caquet.
Je ne sais si souvent vous jouez au piquet;
Mais au moins faites-vous des écarts admirables.

LÉLIE.

O le plus malheureux de tous les misérables!
Mais encore, pourquoi me voir chassé par toi?

MASCARILLE.

Je ne fis jamais mieux que d'en prendre l'emploi;
Par là, j'empêche au moins que de cet artifice
Je ne sois soupçonné d'être auteur ou complice.

LÉLIE.

Tu devais donc pour toi frapper plus doucement.

MASCARILLE.

Quelque sot. Trufaldin lorgnait exactement:
Et puis, je vous dirai, sous ce prétexte utile
Je n'étais point fâché d'évaporer ma bile.

Enfin, la chose est faite; et, si j'ai votre foi
Qu'on ne vous verra point vouloir venger sur moi,
Soit ou directement, ou par quelque autre voie,
Les coups sur votre rable assénés avec joie,
Je vous promets, aidé par le poste où je suis,
De contenter vos vœux avant qu'il soit deux nuits.

LÉLIE.

Quoique ton traitement ait eu peu de rudesse,
Qu'est-ce que dessus moi ne peut cette promesse?

MASCARILLE.

Vous le promettez donc?

LÉLIE.

Oui, je te le promets.

MASCARILLE.

Ce n'est pas encor tout. Promettez que jamais
Vous ne vous mêlerez dans quoi que j'entreprenne.

LÉLIE.

Soit.

MASCARILLE.

Si vous y manquez, votre fièvre quartaine!

LÉLIE.

Mais tiens moi donc parole, et songe à mon repos.

MASCARILLE.

Allez quitter l'habit, et graisser votre dos.

LÉLIE, *seul.*

Faut-il que malheur qui me suit à la trace,
Me fasse voir toujours disgrace sur disgrace!

MASCARILLE, *sortant de chez Trufaldin.*

Quoi! vous n'êtes pas loin? sortez vite d'ici;
Mais, surtout, gardez-vous de prendre aucun souci:
Puisque je suis pour vous, que cela vous suffise:
N'aidez point mon projet de la moindre entreprise;
Demeurez en repos.

LÉLIE, *en sortant.*

Oui, va, je m'y tiendrai.

MASCARILLE, *seul.*

Il faut voir maintenant quel biais je prendrai.

SCENE IX.

ERGASTE, MASCARILLE.

ERGASTE.

Mascarille, je viens te dire une nouvelle
Qui donne à tes desseins une atteinte cruelle.
A l'heure que je parle, un jeune Egyptien,
Qui n'est pas noir pourtant, et sent assez son bien,
Arrive, accompagné d'une vieille fort have,
Et vient chez Trufaldin racheter cette esclave
Que vous vouliez; pour elle il paraît fort zélé.

MASCARILLE.

Sans doute c'est l'amant dont Célie a parlé.
Fût-il jamais destin plus brouillé que le nôtre!
Sortant d'un embarras, nous entrons dans un autre.
En vain nous apprenons que Léandre est au point
De quitter la partie, et ne nous troubler point;
Que son père, arrivé contre toute espérance,
Du côté d'Hippolyte emporte la balance,
Qu'il a tout fait changer par son autorité,
Et va dès aujourd'hui conclure le traité:
Lorsqu'un rival s'éloigne, un autre plus funeste
S'en vient nous enlever tout l'espoir qui nous reste.
Toutefois, par un trait merveilleux de mon art,
Je crois que je pourrai retarder leur départ;
Et me donner le temps qui sera nécessaire
Pout tâcher de finir cette fameuse affaire.
Il s'est fait un grand vol: par qui? l'on n'en sait rien:
Eux autres rarement passent pour gens de bien;
Je veux adroitement, sur un soupçon frivole,
Faire pour quelques jours emprisonner ce drôle.
Je sais des officiers de justice altérés,
Qui sont pour de tels coups de vrais délibérés:
Dessus l'avide espoir de quelque paraguante,
Il n'est rien que leur art avidement ne tente;
Et du plus innocent, toujours à leur profit
La bourse est criminelle, et paye son délit.

FIN DU QUATRIEME ACTE.

ACTE V.

SCENE PREMIÈRE.

MASCARILLE, ERGASTE.

MASCARILLE.

Ah! chien! ah! double chien! mâtine de cervelle!
Ta persécution sera-t-elle éternelle?

ERGASTE.

Par les soins vigilants de l'exempt Balafré,
Ton affaire allait bien, le drôle était coffré;
Si ton maître au moment ne fût venu lui-même,
En vrai désespéré, rompre ton stratagème:
Je ne saurais souffrir, a-t-il dit hautement,
Qu'un honnête homme soit traîné honteusement;
J'en réponds sur sa mine, et je le cautionne:
Et, comme on résistait à lâcher sa personne,
D'abord il a chargé si bien sur les recors,
Qui sont gens d'ordinaire à craindre pour leur corps,
Qu'à l'heure que je parle ils sont encore en fuite,
Et pensent tous avoir un Lélie à leur suite.

MASCARILLE.

Le traître ne sait pas que cet Egyptien
Est déjà là dedans pour lui ravir son bien.

ERGASTE.

Adieu. Certaine affaire à te quitter m'oblige.

SCENE II.

MASCARILLE, *seul.*

Oui, je suis stupéfait de ce dernier prodige.
On dirait, et pour moi j'en suis persuadé,
Que ce démon brouillon dont il est possédé,
Se plaise à me braver, et me l'aille conduire
Partout où sa présence est capable de nuire.
Pourtant je veux poursuivre, et, malgré tous ses coups,
Voir qui l'emportera de ce diable ou de nous.
Célie est quelque peu de notre intelligence,
Et ne voit son départ qu'avecque répugnance.
Je tâche à profiter de cette occasion.
Mais ils viennent, songeons à l'exécution.
Cette maison meublée est en ma bienséance,
Je puis en disposer avec grande licence:
Si le sort nous en dit, tout sera bien réglé,
Nul que moi ne s'y tient, et j'en garde la clé.
O Dieu! qu'en peu de temps on a vu d'aventures,
Et qu'un fourbe est contraint de prendre de figures!

SCÈNE III.

CÉLIE, ANDRÈS.

ANDRÈS.

Vous le savez, Célie, il n'est rien que mon cœur
N'ait fait pour vous prouver l'excès de son ardeur.
Chez les Vénitiens, dès un assez jeune âge,
La guerre en quelque estime avait mis mon courage,
Et j'y pouvais un jour, sans trop croire de moi,
Prétendre, en les servant, un honorable emploi;
Lorsqu'on me vit pour vous oublier toute chose,
Et que le prompt effet d'une métamorphose,
Qui suivit de mon cœur le soudain changement,
Parmi vos compagnons sut ranger votre amant,
Sans que mille accidents, ni votre indifférence,
Aient pu me détacher de ma persévérance.
Depuis, par un hasard, d'avec vous séparé
Pour beaucoup plus de temps que je n'eusse auguré,
Je n'ai, pour vous rejoindre, épargné temps ni peine:
Enfin, ayant trouvé la vieille Egyptienne,
Et plein d'impatience apprenant votre sort,
Que pour certain argent qui leur importait fort,
Et qui de tous vos gens détourna le naufrage,
Vous aviez en ces lieux été mise en ôtage,
J'accours vite y briser ces chaînes d'intérêt,
Et recevoir de vous les ordres qu'il vous plaît.

Cependant on vous voit une morne tristesse
Alors que dans vos yeux doit briller l'allégresse.
Si pour vous la retraite avait quelques appas,
Venise, du butin fait parmi les combats,
Me garde pour tous deux de quoi pouvoir y vivre :
Que si, comme devant, il vous faut encor suivre,
J'y consens, et mon cœur n'ambitionnera
Que d'être auprès de vous tout ce qu'il vous plaira.

CÉLIE.

Votre zèle pour moi visiblement éclate ;
Pour en paraître triste, il faudrait être ingrate :
Et mon visage aussi, par son émotion,
N'explique point mon cœur en cette occasion.
Une douleur de tête y peint sa violence :
Et, si j'avais sur vous quelque peu de puissance,
Notre voyage, au moins pour trois au quatre jours,
Attendrait que ce mal eût pris un autre cours.

ANDRÈS.

Autant que vous voudrez, faites qu'il se diffère.
Toutes mes volontés ne buttent qu'à me plaire.
Cherchons une maison à vous mettre en repos.
L'écriteau que voici, s'offre tout à propos.

SCÈNE IV.

CÉLIE, ANDRÈS, MASCARILLE, *déguisé en Suisse.*

ANDRÈS.

Seigneur Suisse, êtes-vous de ce logis le maître?

MASCARILLE.

Moi, pour serfir à fous.

ANDRÈS.

Pourrons-nous y bien être?

MASCARILLE.

Oui; moi pour d'étrancher chafons champre carni.
Ma che non point locher te chans de méchant vi.

ANDRÈS.

Je crois votre maison franche de tout ombrage.

MASCARILLE.

Fous noufeau dans sti fil, moi foir à la fissage.

ANDRÈS.

Oui.

MASCARILLE.

La matame est-il mariage al monsieur?

ANDRÈS.

Quoi?

MASCARILLE.

S'il être son fame, ou s'il être son sœur?

ANDRÈS.

Non.

MASCARILLE.

Mon foi, pien choli; fenir pour marchantisse,
Ou pien pour temanter à la palais choustice?
La procès il faut rien, il coûter tant t'archant!
La procurair larron, l'afocat pien méchant.

ANDRÈS.

Ce n'est pas pour cela.

MASCARILLE.

Fous tonc mener sti file
Pour fenir pourmener et recarter la file?

ANDRÈS.

(*à Célie.*)

Il n'importe. Je suis à vous dans un moment.
Je vais faire venir la vieille promptement;
Contremander aussi notre voiture prête.

MASCARILLE.

Li ne porte pas pien.

ANDRÈS.

Elle a mal à la tête.

MASCARILLE.

Moi chafoir de pon fin, et de fromage pon.
Entre fous, entre fous dans mon petit maison.

(*Célie, Andrès et Mascarille entrent dans la maison.*)

SCÈNE V.

LÉLIE, *seul.*

Quel que soit le transport d'une ame impatiente,
Ma parole m'engage à rester en attente,
A laisser faire un autre, et voir, sans rien oser,
Comme de mes destins le ciel veut disposer.

SCENE VI.

ANDRÈS, LÉLIE.

LÉLIE, *à Andrès qui sort de la maison.*

Demandiez-vous quelqu'un dedans cette demeure?

ANDRÈS.

C'est un logis garni que j'ai pris tout à l'heure.

LÉLIE.

A mon père pourtant la maison appartient,
Et mon valet la nuit pour la garder s'y tient.

ANDRÈS.

Je ne sais : l'écriteau marque au moins qu'on la loue.
Lisez.

LÉLIE.

Certes, ceci me surprend, je l'avoue.
Qui diantre l'aurait mis? et par quel intérêt?...
Ah! ma foi, je devine à peu près ce que c'est.
Cela ne peut venir que de ce que j'augure.

ANDRÈS.

Peut-on vous demander quelle est cette aventure?

LÉLIE.

Je voudrais à tout autre en faire un grand secret;
Mais pour vous il n'importe, et vous serez discret.
Sans doute l'écriteau que vous voyez paraître,
Comme je conjecture, au moins ne saurait être
Que quelque invention du valet que je di,
Que quelque nœud subtil qu'il doit avoir ourdi
Pour mettre en mon pouvoir certaine Egyptienne,
Dont j'ai l'ame piquée, et qu'il faut que j'obtienne;
Je l'ai déjà manquée, et même plusieurs coups.

ANDRÈS.

Vous l'appelez?

LÉLIE.

Célie.

ANDRÈS.

Hé! que ne disiez-vous?
Vous n'aviez qu'à parler, je vous aurais sans doute
Epargné tous les soins que ce projet vous coûte.

LÉLIE.

Quoi vous la connaissez?

ANDRÈS.

C'est moi qui maintenant
Viens de la racheter.

LÉLIE.

O discours surprenant!

ANDRÈS.

Sa santé, de partir ne nous pouvant permettre,
Au logis que voilà je venais de la mettre;
Et je suis très ravi, dans cette occasion,
Que vous m'ayez instruit de votre intention.

LÉLIE.

Quoi! j'obtiendrais de vous le bonheur que j'espère?
Vous pourriez...?

ANDRÈS, *allant frapper à la porte.*

Tout à l'heure on va vous satisfaire.

LÉLIE.

Que pourrai-je vous dire? Et quel remercîment?...

ANDRÈS.

Non, ne m'en faites point, je n'en veux nullement.

SCENE VII.

LÉLIE, ANDRÈS, MASCARILLE.

MASCARILLE, *à part.*

Hé bien! ne voilà pas mon enragé de maître!
Il nous va faire encor quelque nouveau bissêtre.

LÉLIE.

Sous ce grotesque habit qui l'aurait reconnu?
Approche, Mascarille, et sois le bien venu.

MASCARILLE.

Moi souis ein chant t'honneur, moi non point Ma- [querille;
Chai point fentre chamais ni le fame ni le fille.

LÉLIE.

Le plaisant baragouin! il est bon, sur ma foi!

MASCARILLE.

Allez fous pourmener, sans toi rire te moi.

LÉLIE.

Va, va, lève le masque, et reconnais ton maître.

MASCARILLE.

Partié, tiable, mon foi chamais toi chai connaître.

LÉLIE.

Tout est accommodé, ne te déguise point.

MASCARILLE.

Si toi point ten allér, che paille ein coup te poing.

LÉLIE.

Ton jargon allemand est superflu, te dis-je,
Car nous sommes d'accord et sa bonté m'oblige.
J'ai tout ce que mes vœux lui peuvent demander,
Et tu n'as pas sujet de rien appréhender.

MASCARILLE.

Si vous êtes d'accord par un bonheur extrême,
Je me dessuisse donc, et redeviens moi-même.

ANDRÈS.

Ce valet vous servait avec beaucoup de feu :
Mais je reviens à vous, demeurez quelque peu.

SCENE VIII.

LÉLIE, MASCARILLE.

LÉLIE.

Hé bien ! que diras-tu ?

MASCARILLE.

Que j'ai l'ame ravie
De voir d'un beau succès notre peine suivie.

LÉLIE.

Tu feignais à sortir de ton déguisement,
Et ne pouvais me croire en cet évènement.

MASCARILLE.

Comme je vous connais, j'étais dans l'épouvante,
Et trouve l'aventure aussi fort surprenante.

LÉLIE.

Mais confesse qu'enfin c'est avoir fait beaucoup.
Au moins j'ai réparé mes fautes à ce coup,
Et j'aurai cet honneur d'avoir fini l'ouvrage.

MASCARILLE.

Soit ; vous aurez été bien plus heureux que sage.

SCENE IX.

CÉLIE, ANDRÈS, LÉLIE, MASCARILLE.

ANDRÈS.

N'est-ce pas là l'objet dont vous m'avez parlé ?

LÉLIE.

Ah ! quel bonheur au mien pourrait être égalé.

ANDRÈS.

Il est vrai, d'un bienfait je vous suis redevable ;
Si je ne l'avouois, je serais condamnable :
Mais enfin ce bienfait aurait trop de rigueur,
S'il fallait le payer aux dépens de mon cœur.
Jugez, dans le transport où sa beauté me jette,
Si je dois à ce prix vous acquitter ma dette ;
Vous êtes généreux, vous ne le voudriez pas :
Adieu. Pour quelques jours retournons sur nos pas.

SCENE X.

LÉLIE, MASCARILLE.

MASCARILLE, *après avoir chanté.*

Je ris, et toutefois je n'en ai guère envie.
Vous voilà bien d'accord il vous donne Célie,
Hem, vous m'entendez bien..

LÉLIE.

C'est trop, je ne veux plus
Te demander pour moi de secours superflus.
Je suis un chien, un traître, un bourreau détestable,
Indigne d'aucun soin, de rien faire incapable.
Va, cesse tes efforts pour un malencontreux,
Qui ne saurait souffrir que l'on le rende heureux.
Après tant de malheurs, après mon imprudence,
Le trépas me doit seul prêter son assistance.

SCENE XI.

MASCARILLE, *seul.*

Voilà le vrai moyen d'achever son destin ;
Il ne lui manque plus que de mourir enfin
Pour le couronnement de toutes ses sottises.
Mais en vain son dépit pour ses fautes commises
Lui fait licencier mes soins et mon appui,
Je veux, quoi qu'il en soit, le servir malgré lui,
Et dessus son lutin obtenir la victoire.
Plus l'obstacle est puissant, plus on reçoit de gloire :
Et les difficultés dont on est combattu,
Sont les dames d'atour qui parent la vertu.

SCENE XII.

CÉLIE, MASCARILLE.

CÉLIE, *à Mascarille qui lui a parlé bas.*

Quoi que tu veuilles dire, et que l'on se propose,
De ce retardement j'attends fort peu de chose.
Ce qu'on voit de succès peut bien persuader
Qu'ils ne sont pas encore fort près de s'accorder.
Et je t'ai déjà dit qu'un cœur comme le nôtre
Ne voudrait pas pour l'un faire injustice à l'autre ;
Et que très fortement, par de différents nœuds,
Je me trouve attachée au parti de tous deux.
Si Lélie a pour lui l'amour et sa puissance,
Andrès pour tout partage a la reconnaissance,
Qui ne souffrira point que mes pensers secrets
Consultent jamais rien contre ses intérêts :
Oui, s'il ne peut avoir plus de place en mon ame,
Si le don de mon cœur ne couronne sa flamme,
Au moins dois-je ce prix à ce qu'il fait pour moi
De n'en choisir point d'autre, au mépris de sa foi,
Et de faire à mes vœux autant de violence
Que j'en fais aux désirs qu'il met en évidence.
Sur ces difficultés qu'oppose mon devoir,
Juge ce que tu peux te permettre d'espoir.

MASCARILLE.

Ce sont, à dire vrai, de très fâcheux obstacles,
Et je ne sais point l'art de faire des miracles :
Mais je vais employer mes efforts plus puissants,
Remuer terre et ciel, m'y prendre de tout sens
Pour tâcher de trouver un biais salutaire,
Et vous dirai bientôt ce qui se pourra faire.

SCENE XIII.

HIPPOLYTE, CELIE.

HIPPOLYTE.

Depuis votre séjour, les dames de ces lieux
Se plaignent justement des larcins de vos yeux,
Si vous leur dérobez leurs conquêtes plus belles,
Et de tous leurs amants faites des infidèles :
Il n'est guère de cœurs qui puissent échapper
Aux traits dont à l'abord vous savez les frapper ;
Et mille libertés, à vos chaînes offertes,
Semblent vous enrichir chaque jour de nos pertes.
Quant à moi, toutefois je ne me plaindrais pas
Du pouvoir absolu de vos rares appas,
Si, lorsque mes amants sont devenus les vôtres,
Un seul m'eût consolé de la perte des autres :
Mais qu'inhumainement vous me les ôtiez tous,
C'est un dur procédé dont je me plains à vous.

CÉLIE.

Voilà d'un air galant faire une raillerie :
Mais épargnez un peu celle qui vous en prie.
Vos yeux, vos propres yeux se connaissent trop bien,
Pour pouvoir de ma part redouter jamais rien ;
Ils sont fort assurés du pouvoir de leurs charmes,
Et ne prendront jamis de pareilles alarmes.

HIPPOLLYTE.

Pourtant en ce discours je n'ai rien avancé
Qui dans tous les esprits ne soit déjà passé :
Et, sans parler du reste, on sait bien que Célie
A causé des désirs à Léandrie et à Lelie.

CÉLIE.

Je crois qu'étant tombé dans cet aveuglement,
Vous vous consoleriez de leur perte aisément,
Et trouveriez pour vous l'amant peu souhaitable
Qui d'un si mauvais choix se trouverait capable.

HIPPOLYTE.

Au contraire, j'agis d'un air tout différent,
Et trouve en vos bontés un mérite si grand ;
J'y vois tant de raisons capables de défendre
L'inconstance de ceux qui s'en laissent surprendre.

Que je ne puis blâmer la nouveauté des feux
Dont envers moi Léandre a parjuré ses vœux,
Et le vais voir tantôt, sans haine et sans colère,
Ramené sous mes lois par le pouvoir d'un père.

SCENE XIV.

CÉLIE, HIPPOLYTE, MASCARILLE.

MASCARILLE.

Grande, grande nouvelle, et succès surprenant
Que ma bouche vous vient annoncer maintenant!

CÉLIE.

Qu'est-ce donc?

MASCARILLE.

Écoutez, voici sans flatterie...

CÉLIE.

Quoi?

MASCARILLE.

La fin d'une vraie et pure comédie.
La vieille Égyptienne à l'heure même....

CÉLIE.

Hé bien?

MASCARILLE.

Passait dedans la place et ne songeait à rien.
Alors qu'une autre vieille assez défigurée,
L'ayant de près au nez longtemps considérée,
Par un bruit enroué de mots injurieux,
A donné le signal d'un combat furieux, [ches,
Qui pour armes pourtant, mousquets, dagues, ou flè-
Ne faisait voir en l'air que quatre griffes sèches,
Dont ces deux combattants s'efforçaient d'arracher
Ce peu que sur leurs os les ans laissent de chair.
On n'entend que ces mots, chienne, louve, bagasse.
D'abord leurs scoffions ont volé par la place,
Et laissant voir à nu deux têtes sans cheveux,
Ont rendu le combat risiblement affreux.
Andrès et Trufaldin, à l'éclat de murmure,
Ainsi que force monde, accourus d'aventure,
Ont à les décharpir eu de la peine assez,
Tant leurs esprits étaient par la fureur poussés.
Cependant que chacune, après cette tempête,
Songe à cacher aux yeux la honte de sa tête,
Et que l'on veut savoir qui causait cette humeur,
Celle qui la première avait fait la rumeur,
Malgré la passion dont elle était émue,
Ayant sur Trufaldin tenu long-temps la vue:
C'est vous, si quelque erreur n'abuse ici mes yeux,
Qu'on m'a dit qui viviez inconnu dans ces lieux,
A-t-elle dit tout haut; ô rencontre opportune.
Oui, seigneur Zanobio Ruberti, la fortune
Me fait vous reconnaître, et dans le même instant
Que par votre intérêt je me tourmentois tant.
Lorsque Naples vous vit quitter votre famille,
J'avais, vous le savez, en mes mains votre fille,
Dont j'élevais l'enfance, et qui, par mille traits,
Faisait voir, dès quatre ans, sa grace et ses attraits.
Celle que vous voyez, cette infame sorcière,
Dedans notre maison se rendant familière,
Me vola ce trésor. Hélas! de ce malheur
Votre femme, je crois, conçut tant de douleur,
Que cela servit fort pour avancer sa vie!
Si bien qu'entre mes mains cette fille ravie
Me faisant redouter un reproche fâcheux,
Je vous fis annoncer la mort de toutes deux:
Mais il faut maintenant, puisque je l'ai connue,
Qu'elle fasse savoir ce qu'elle est devenue.
Au nom de Zanobio Ruberti, que sa voix,
Pendant tout ce récit répétait plusieurs fois,
Andrès, ayant changé quelque temps de visage,
A Trufaldin surpris a tenu ce langage:
Quoi donc! le ciel me fait trouver heuseusement
Celui que jusqu'ici j'ai cherché vainement,
Et que j'avais pu voir, sans pourtant reconnaître
La source de mon sang et l'auteur de mon être!
Oui, mon père, je suis Horace votre fils.
D'Albert, qui me gardait, les jours étant finis,
Me sentant naître au cœur d'autres inquiétudes,
Je sortis de Bologne, et, quittant mes études,
Portai durant six ans mes pas en divers lieux,
Selon que me poussait un désir curieux:
Pourtant, après ce temps, une secrète envie
Me pressa de revoir les miens et ma patrie:
Mais dans Naples, hélas! je ne vous trouve plus.
Et n'y sus votre sort que par des bruits confus:
Si bien qu'à votre quête ayant perdu mes peines,
Venise pour un temps borna mes courses vaines:
Et j'ai vécu depuis, sans que de ma maison
J'eusse d'autres clartés que d'en savoir le nom.
Je vous laisse à juger si, pendant ces affaires,
Trufaldin ressentait des transports ordinaires.
Enfin, pour retrancher ce que plus à loisir
Vous aurez le moyen de vous faire éclaircir
Par la confession de votre Egyptienne,
Trufaldin maintenant vous reconnaît pour sienne,
Andrès est votre frère; et comme de sa sœur
Il ne peut plus songer à se voir possesseur,
Une obligation qu'il prétend reconnaître,
A fait qu'il vous obtient pour épouse à mon maître
Dont le père, témoin de tout l'évènement,
Donne à cet hyménée un plein consentement,
Et pour mettre une joie entière en sa famille,
Pour le nouvel Horace a proposé sa fille.
Voyez que d'incidents à la fois enfantés!

CÉLIE.

Je demeure immobile à tant de nouveautés.

MASCARILLE.

Tous viennent sur mes pas, hors les deux championnes,
Qui du combat encor remettent leurs personnes.
Léandre est de la troupe, et votre père aussi.
Moi, je vais avertir mon maître de ceci,
Et que, lorsqu'à ses vœux on croit le plus d'obstacle,
Le ciel en sa faveur produit comme un miracle.
(*Mascarille sort.*)

HIPPOLYTE.

Un tel ravissement rend mes esprits confus,
Que pour mon propre sort je n'en aurais pas plus.
Mais les voici venir.

SCENE XV.

TRUFALDIN, ANSELME, PANDOLFE, CÉLIE, HIPPOLYTE, LÉANDRE, ANDRÈS

TRUFALDIN.

Ah! ma fille!

CÉLIE.

Ah! mon père!

TRUFALDIN.

Sais tu déjà comment ce ciel nous est prospère?

CÉLIE.

Je viens d'entendre ici ce succès merveilleux.

HIPPOLITE, *à Léandre.*

En vain vous parleriez pour excuser vos feux,
Si j'ai devant les yeux ce que vous pouvez dire.

LÉANDRE.

Un généreux pardon est ce que je désire:
Mais j'atteste les cieux, qu'en ce retour soudain
Mon père fait bien moins que mon propre dessein.

ANDRÈS, *à Célie.*

Qui l'aurait jamais cru, que cette ardeur si pure
Pût être condamnée un jour par la nature!
Toutefois tant d'honneur la sut toujours régir,
Qu'en y changeant fort peu, je puis la retenir.

CÉLIE.

Pour moi, je me blâmais, et croyais faire faute,
Quand je n'avais pour vous qu'une estime très-haute.
Je ne pouvais savoir quel obstacle puissant
M'arrêtait sur un pas si doux et si glissant,
Et détournait mon cœur de l'aveu d'une flamme
Que mes sens s'efforçaient d'introduire en mon ame.

TRUFALDIN, *à Célie.*

Mais en te recouvrant, que diras-tu de moi,
Si je songe aussitôt à me priver de toi,
Et t'engage à son fils sous les lois d'hyménée?

CÉLIE.

Que de vous maintenant dépend ma destinée.

SCENE XVI.

TRUFALDIN, ANSELME, PANDOLFE, CÉLIE, HIPPOLYTE, LÉLIE, LÉANDRE, ANDRES, MASCARILLE.

MASCARILLE, *à Lélie.*

Voyons si votre diable aura bien le pouvoir
De détruire à ce coup un si solide espoir;

Et si, contre l'excès du bien qui nous arrive,
Vous armerez encor votre imaginative.
Par un coup imprévu des destins les plus doux,
Vos vœux sont couronnés, et Célie est à vous.

LELIE.

Croirai-je que du ciel la puissance absolue?...

TRUFALDIN.

Oui, mon gendre, il est vrai.

PANDOLFE.

La chose est résolue.

ANDRÈS, *à Lélie.*

Je m'acquitte par là de ce que je vous dois.

LELIE, *à Mascarille.*

Il faut que je t'embrasse et mille et mille fois.
Dans cette joie....

MASCARILLE.

Ahi! Ahi! doucement, je vous prie.
Il m'a presque étouffé. Je crains fort pour Célie,
Si vous la caressez avec tant de transport;
De vos embrassements on se passerait fort.

TRUFALDIN, *à Lélie.*

Vous savez le bonheur que le ciel me renvoie;
Mais puisqu'un même jour nous met tous dans la joie,
Ne nous séparons point qu'il ne soit terminé;
Et que son père aussi nous soit vite amené.

MASCARILLE.

Vous voilà tous pourvus. N'est-il point quelque fille
Qui pût accommoder le pauvre Mascarille?
A voir chacun se joindre à sa chacune ici,
J'ai des démangeaisons de mariage aussi.

ANSELME.

J'ai ton fait.

MASCARILLE.

Allons donc; et que les cieux prospères
Nous donnent des enfants dont nous soyons les pères!

FIN DE L'ETOURDI.

LE DÉPIT AMOUREUX,

COMÉDIE EN CINQ ACTES.

1654.

PERSONNAGES.

ALBERT, père de Lucile et d'Ascagne.
POLIDORE, père de Valère.
LUCILE, fille d'Albert.
ASCAGNE, fille d'Albert, déguisée en homme.
ERASTE, amant de Lucile.
VALÈRE, fils de Polidore.
MARINETTE, suivante de Lucile.
FROSINE, confidente d'Ascagne.
MÉTAPHRASTE, pédant.
GROS-RENÉ, valet d'Eraste.
MASCARILLE, valet de Valère.
LA RAPIÈRE, bretteur.

La scene est à Paris.

LE DÉPIT AMOUREUX.

ACTE PREMIER.

SCÈNE PREMIÈRE.

ÉRASTE, GROS-RÉNÉ.

ERASTE.

Veux-tu que je te die? une atteinte secrète
Ne laisse point mon ame en une bonne assiette :
Oui, quoi qu'à mon amour tu puisses repartir,
Il craint d'être la dupe, à ne te point mentir;
Qu'en faveur d'un rival ta foi ne se corrompe,
Ou du moins qu'avec moi toi-même on ne te trompe.

GROS-RENE.

Pour moi, me soupçonner de quelque mauvais tour,
Je dirai, n'en déplaise à monsieur votre amour,
Que c'est injustement blesser ma prud'homie,
Et se connaître mal en physionomie.
Les gens de mon minois ne sont point accusés
D'être, grâces à Dieu, ni fourbes, ni rusés.
Cet honneur qu'on nous fait, je ne le démens guères
Et suis homme fort rond de toutes les manières.
Pour que l'on me trompât, cela se pourrait bien,
Le doute est mieux fondé; pourtant je n'en crois rien.
Je ne vois point encore, ou je suis une bête,
Sur quoi vous avez pu prendre martel en tête.
Lucile, à mon avis, vous montre assez d'amour;
Elle vous voit, vous parle à toute heure du jour;
Et Valère, après tout, qui cause votre crainte,
Semble n'être à présent souffert que par contrainte.

ERASTE.

Souvent d'un faux espoir un amant est nourri;
Le mieux reçu toujours n'est pas le plus chéri;
Et tout ce que d'ardeur font paraître les femmes,
Parfois n'est qu'un beau voile à courir d'autres flammes.
Valère enfin, pour être un amant rebuté,
Montre depuis un temps trop de tranquillité;
Et ce qu'à ces faveurs dont tu crois l'apparence,
Il témoigne de joie ou bien d'indifférence,
M'empoisonne à tous coups leurs plus charmants appas,
Me donne ce chagrin que tu ne comprends pas,
Tient mon bonheur en doute, et me rend difficile
Une entière croyance aux propos de Lucile.
Je voudrais, pour trouver un tel destin plus doux,
Y voir entrer un peu de son transport jaloux,
Et, sur ses déplaisirs et son impatience,
Mon ame prendrait lors une pleine assurance.
Toi-même penses-tu qu'on puisse, comme il fait,
Voir chérir un rival d'un esprit satisfait?
Et, si tu n'en crois rien, dis-moi, je t'en conjure,
Si j'ai lieu de rêver dessus cette aventure?

GROS-RENE.

Peut-être que son cœur a changé de désirs,
Connaissant qu'il poussait d'inutiles soupirs,

ERASTE.

Lorsque par les rebuts une ame est détachée,
Elle veut fuir l'objet dont elle fut touchée,
Et ne rompt point sa chaîne avec si peu d'éclat
Qu'elle puisse rester en un paisible état.
De ce qu'on a chéri, la fatale présence
Ne nous laisse jamais dedans l'indifférence;
Et, si de cette vue on n'accroît son dédain,
Notre amour est bien près de nous rentrer au sein:
Enfin, crois-moi, si bien qu'on éteigne une flamme,
Un peu de jalousie occupe encore une ame;
Et l'on ne saurait voir, sans en être piqué,
Posséder par un autre un cœur qu'on a manqué.

GROS-RENE.

Pour moi, je ne sais point tant de philosophie;
Ce que voient mes yeux franchement je m'y fie,

Et ne suis point de moi si mortel ennemi,
Que je m'aille affliger sans sujet ni demi.
Pourquoi subtiliser, et faire le capable
A chercher des raisons pour être misérable?
Sur des soupçons en l'air je m'irais alarmer!
Laissons venir la fête avant que la chômer.
Le chagrin me paraît une incommode chose: [cause,
Je n'en prends point pour moi sans bonne et juste
Et mêmes à mes yeux cent sujets d'en avoir
S'offrent le plus souvent, que je ne veux pas voir.
Avec vous en amour je cours même fortune,
Celle que vous aurez me doit être commune:
La maîtresse ne peut abuser votre foi,
A moins que la suivante en fasse autant pour moi;
Mais j'en fuis la pensée avec un soin extrême.
Je veux croire les gens, quand on me dit, Je t'aime;
Et ne vais point chercher, pour m'estimer heureux,
Si Mascarille ou non s'arrache les cheveux.
Que tantôt Marinette endure qu'à son aise
Jodelet par plaisir la caresse et la baise,
Et que ce beau rival en rie ainsi qu'un fou;
A son exemple aussi j'en rirai tout mon soûl,
Et l'on verra qui rit avec meilleure grace.

ERASTE.

Voilà de tes discours.

GROS-RENE.

Mais je la vois qui passe.

SCENE II.

ÉRASTE, MARINETTE, GROS-RENÉ.

GROS-RENE.

St, Marinette?

MARINETTE.

Ho! ho! que fais-tu là?

GROS-RENE.

Ma foi,
Demande; nous étions tout-à-l'heure sur toi.

MARINETTE.

Vous êtes aussi là, monsieur! Depuis une heure,
Vous m'avez fait trotter comme un Basque, je meure.

ERASTE.

Comment?

MARINETTE.

Pour vous chercher j'ai fait dix mille pas,
Et vous promets, ma foi...

ERASTE.

Quoi?

MARINETTE.

Que vous n'êtes pas
Au temple, au Cours, chez vous, ni dans la grande place.

GROS-RENE.

Il fallait en jurer.

ERASTE.

Apprends-moi donc, de grace,
Qui te fait me chercher?

MARINETTE.

Quelqu'un, en verité,
Qui pour vous n'a pas trop mauvaise volonté;
Ma maîtresse, en un mot.

ERASTE.

Ah! chère Marinette,
Ton discours de son cœur est-il bien l'interprète?
Ne me déguise point un mystère fatal;
Je ne t'en voudrais pas pour cela plus de mal:
Au nom des dieux, dis-moi si ta belle maîtresse
N'abuse point mes vœux d'une fausse tendresse.

MARINETTE.

Hé! hé! d'où vous vient donc ce plaisant mouvement?
Elle ne fait pas voir assez son sentiment!
Quel garant est-ce encor que votre amour demande?
Que lui faut-il?

GROS-RENE.

A moins que Valère se pende,
Bagatelle, son cœur ne s'assurera point.

MARINETTE.

Comment?

GROS-RENE.

Il est jaloux jusques en un tel point.

MARINETTE.

De Valère? Ah! vraiment la pensée est bien belle
Elle peut seulement naître en votre cervelle.
Je vous croyais du sens, et jusqu'à ce moment
J'avais de votre esprit quelque bon sentiment;
Mais, à ce que je vois, je m'étais fort trompée.
Ta tête de ce mal est-elle aussi frappée?

GROS-RENE.

Moi, jaloux? Dieu m'en garde, et d'être assez badin
Pour m'aller emmaigrir avec un tel chagrin!
Outre que de ton cœur ta foi me cautionne,
L'opinion que j'ai de moi même est trop bonne
Pour croire auprès de moi que quelque autre te plût.
Où diantre pourrais-tu trouver qui me valût?

MARINETTE.

En effet, tu dis bien; voilà comme il faut être.
Jamais de ces soupçons qu'un jaloux fait paraître.
Tout le fruit qu'on en cueille est de se mettre mal,
Et d'avancer par-là les desseins d'un rival.
Au mérite souvent de qui l'éclat vous blesse,
Vos chagrins font ouvrir les yeux d'une maîtresse,
Et j'en sais tel, qui doit son destin le plus doux
Aux soins trop inquiets de son rival jaloux.
Enfin, quoi qu'il en soit, témoigner de l'ombrage,
C'est jouer en amour un mauvais personnage,
Et se rendre, après tout, misérable à crédit.
Cela, seigneur Éraste, en passant vous soit dit.

ERASTE.

Hé bien! n'en parlons plus. Que venais-tu m'apprendre?

MARINETTE.

Vous mériteriez bien que l'on vous fît attendre,
Qu'afin de vous punir je vous tinsse caché
Le grand secret pour quoi je vous ai tant cherché.
Tenez, voyez ce mot, et sortez hors de doute;
Lisez-le donc tout haut, personne ici n'écoute.

ERASTE *lit.*

« Vous m'avez dit que votre amour
« Etait capable de tout faire;
« Il se couronnera lui-même dans ce jour,
« S'il peut avoir l'aveu d'un père.
« Faites parler les droits qu'on a dessus mon cœur,
« Je vous en donne la licence;
« Et, si c'est en votre faveur,
« Je vous réponds de mon obéissance. »

Ah! quel bonheur! O toi! qui me l'as apporté,
Je te dois regarder comme une déité!

GROS-RENE.

Je vous le disais bien: contre votre croyance,
Je ne me trompe guère aux choses que je pense.

ERASTE, *relit.*

« Faites parler les droits qu'on a dessus mon cœur,
« Je vous en donne la licence;
« Et, si c'est en votre faveur,
« Je vous réponds de mon obéissance. »

MARINETTE.

Si je lui rapportais vos faiblesses d'esprit,
Elle désavouerait bientôt un tel écrit.

ERASME.

Ah! cache-lui, de grace, une peur passagère,
Où mon ame a cru voir quelque peu de lumière;
Ou si tu la lui dis, ajoute que ma mort
Est prête d'expier l'erreur de ce transport;
Que je vais à ses pieds, si j'ai pu lui déplaire,
Sacrifier ma vie à sa juste colère.

MARINETTE.

Ne parlons point de mort, ce n'en est pas le temps.

ERASTE.

Au reste, je te dois beaucoup, et je prétends
Reconnaître dans peu de la bonne manière,
Les soins d'une si noble et si belle courrière.

MARINETTE.

A propos; savez-vous où je vous ai cherché
Tantôt encore?

ERASTE.

Hé bien?

MARINETTE.

Tout proche du marché.
Où vous savez.

ERASTE.

Où donc?

MARINETTE.

Là... dans cette boutique
Où dès le mois passé votre cœur magnifique
Me promit, de sa grace, une bague.

ÉRASTE.

Ah! j'entends.

GROS-RENÉ.

La matoise!

ÉRASTE.

Il est vrai, j'ai tardé trop longtemps
A m'acquitter vers toi d'une telle promesse :
Mais...

MARINETTE.

Ce que j'en ai dit, n'est pas que je vous presse.

GROS-RENÉ.

Ho! que non!

ÉRASTE *lui donne sa bague.*

Celle-ci peut-être aura de quoi
Te plaire; accepte-la pour celle que je doi.

MARINETTE.

Monsieur, vous vous moquez; j'aurais honte à la [prendre.

GROS-RENÉ.

Pauvre honteuse! prends sans davantage attendre;
Refuser ce qu'on donne est bon à faire aux fous.

MARINETTE.

Ce sera pour garder quelque chose de vous.

ÉRASTE.

Quand puis-je rendre grace à cet ange adorable?

MARINETTE.

Travaillez à vous rendre un père favorable.

ÉRASTE.

Mais s'il me rebutait, dois-je...?

MARINETTE.

Alors comme alors :
Pour vous on emploiera toutes sortes d'efforts.
D'une façon ou d'autre il faut qu'elle soit vôtre :
Faites votre pouvoir et nous ferons le nôtre

ÉRASTE.

Adieu, nous en saurons le succès dans ce jour.

(*Eraste relit la lettre tout bas.*)

MARINETTE, *à Gros-René.*

Et nous, que dirons-nous aussi de notre amour?
Tu ne m'en parles point.

GROS-RENÉ.

Un hymen qu'on souhaite,
Entre gens comme nous, est chose bientôt faite.
Je te veux; me veux-tu de même?

MARINETTE.

Avec plaisir.

GROS-RENÉ.

Touche : il suffit.

MARINETTE.

Adieu, Gros-René, mon désir.

GROS-RENÉ.

Adieu, mon astre.

MARINETTE.

Adieu, beau tison de ma flamme.

GROS-RENÉ.

Adieu, chère comète, arc-en-ciel de mon ame.

(*Marinette sort.*)

Le bon Dieu soit loué, nos affaires vont bien;
Albert n'est pas un homme à vous refuser rien.

ÉRASTE.

Valère vient à nous.

GROS-RENÉ.

Je plains le pauvre hère,
Sachant ce qui se passe.

SCENE III.

VALÈRE, ÉRASTE, GROS-RENÉ.

ÉRASTE.

Hé bien! seigneur Valère?

VALÈRE.

Hé bien, seigneur Éraste?

ÉRASTE.

En quel état l'amour?

VALÈRE.

En quel état vos feux?

ÉRASTE.

Plus forts de jour en jour.

VALÈRE.

Et mon amour plus fort.

ÉRASTE.

Pour Lucile?

VALÈRE.

Pour elle.

ÉRASTE.

Certes, je l'avouerai, vous êtes le modèle
D'une rare constance.

VALÈRE.

Et votre fermeté
Doit être un rare exemple à la postérité.

ÉRASTE.

Pour moi, je suis peu fait à cet amour austère,
Qui dans les seuls regards trouve à se satisfaire;
Et je ne forme point d'assez beaux sentiments
Pour souffrir constamment les mauvais traitements;
Enfin quand j'aime bien, j'aime fort que l'on m'aime.

VALERE.

Il est très naturel, et j'en suis bien de même.
Le plus parfait objet dont je serais charmé,
N'aurait pas mes tributs, n'en étant point aimé.

ÉRASTE.

Lucile cependant.....

VALÈRE.

Lucile dans son ame,
Rend tout ce que je veux qu'elle rende à ma flamme.

ÉRASTE.

Vous êtes donc facile à contenter?

VALÈRE.

Pas tant
Que vous pourriez penser.

ÉRASTE.

Je puis croire pourtant,
Sans trop de vanité que je suis en sa grace.

VALÈRE.

Moi, je sais que j'y tiens une assez bonne place.

ÉRASTE.

Ne vous abusez point, croyez-moi.

VALÈRE.

Croyez-moi,
Ne laissez point duper vos yeux à trop de foi.

ÉRASTE.

Si j'osais vous montrer une preuve assurée
Que son cœur... Non, votre ame en serait altérée.

VALÈRE.

Si je vous osais, moi, découvrir en secret...
Mais je vous fâcherais, et veux être discret.

ERASTE.

Vraiment, vous me poussez, et, contre mon envie,
Votre présomption veut que je l'humilie.
Lisez.

VALÈRE, *après avoir lu.*

Ces mots sont doux.

ERASTE.

Vous connaissez la main?

VALÈRE.

Oui, de Lucile.

ERASTE.

Hé bien? cet espoir si certain...

VALÈRE, *riant et s'en allant.*

Adieu, seigneur Eraste.

GROS-RENÉ.

Il est fou, le bon sire.
Où vient-il donc pour lui de voir le mot pour rire?

ERASTE.

Certes, il me surprend, et j'ignore, entre nous,
Quel diable de mystère est caché là-dessous.

GROS-RENÉ.

Son valet vient, je pense.

ERASTE.

Oui, je le vois paraître.
Feignons, pour le jeter sur l'amour de son maître.

SCENE IV.

ÉRASTE, MASCARILLE, GROS-RENÉ.

MASCARILLE, *à part.*

Non, je ne trouve point d'état plus malheureux
Que d'avoir un patron jeune et fort amoureux.

GROS-RENÉ.

Bonjour.

MASCARILLE.

Bonjour.

GROS-RENÉ.

Où tend Mascarille à cette heure?
Que fait-il? revient-il? va-t-il? ou s'il demeure?

MASCARILLE.

Non, je ne reviens pas, car je n'ai pas été;
Je ne vais pas aussi, car je suis arrêté;
Et ne demeure pas, car, tout de ce pas même,
Je prétends m'en aller.

ÉRASTE.

La rigueur est extrême:
Doucement, Mascarille.

MASCARILLE.

Ah! monsieur, serviteur.

ÉRASTE.

Vous nous fuyez bien vite! hé quoi! vous fais-je peur?

MASCARILLE.

Je ne crois pas cela de votre courtoisie.

ÉRASTE.

Touche; nous n'avons plus sujet de jalousie,
Nous devenons amis, et mes feux que j'éteins,
Laissent la place libre à vos heureux desseins.

MASCARILLE.

Plût à Dieu!

ÉRASTE.

Gros-René sait qu'ailleurs je me jette.

GROS-RENÉ.

Sans doute; et je te cède aussi la Marinette.

MASCARILLE.

Passons sur ce point-là; notre rivalité
N'est pas pour en venir à grande extrémité:
Mais est-ce un coup bien sûr que votre seigneurie
Soit désenamourée, ou si c'est raillerie?

ERASTE.

J'ai su qu'en ses amours ton maître était trop bien,
Et je serais un fou de prétendre plus rien
Aux étroites faveurs qu'il a de cette belle.

MASCARILLE.

Certes, vous me plaisez avec cette nouvelle.
Outre qu'en nos projets je vous craignais un peu,
Vous tirez sagement votre épingle du jeu.
Oui, vous avez bien fait de quitter une place
Où l'on vous caressait pour la seule grimace;
Et mille fois, sachant tout ce qui se passait,
J'ai plaint le faux espoir dont on vous repaissait:
On offense un brave homme alors que l'on l'abuse.
Mais d'où diantre, après tout, avez-vous su la ruse?
Car cet engagement mutuel de leur foi
N'eut pour témoins, la nuit, que deux autres et moi,
Et l'on croit jusqu'ici la chaîne fort secrète
Qui rend de nos amants la flamme satisfaite.

ÉRASTE.

Hé! que dis-tu?

MASCARILLE.

Je dis que je suis interdit,
Et ne sais pas, monsieur, qui peut vous avoir dit
Que, sous ce faux semblant, qui trompe tout le monde
En vous trompant aussi, leur ardeur sans seconde
D'un secret mariage a serré le lien.

ÉRASTE.

Vous en avez menti.

MASCARILLE.

Monsieur, je le veux bien.

ÉRASTE.

Vous êtes un coquin.

MASCARILLE.

D'accord.

ERASTE.

Et cette audace
Mériterait cent coups de bâton sur la place.

MASCARILLE.

Vous avez tout pouvoir.

ERASTE.

Ah! Gros-René!

GROS-RENÉ.

Monsieur.

ERASTE.

Je démens un discours dont je n'ai que trop peur.
(*à Mascarille.*)
Tu penses fuir.

MASCARILLE.

Nenni.

ERASTE.

Quoi! Lucile est la femme?

MASCARILLE.

Non, monsieur, je raillais.

ERASTE.

Ah! vous raillez, infame!

MASCARILLE.

Non, je ne raillais point.

ERASTE.

Il est donc vrai?

MASCARILLE.

Non pas.
Je ne dis pas cela.

ERASTE.

Que dis-tu donc?

MASCARILLE.

Hélas!
Je ne dis rien, de peur de mal parler.

ERASTE.

Assure
Ou si c'est chose vraie, ou si c'est imposture.

MASCARILLE.

C'est ce qu'il vous plaira; je ne suis pas ici
Pour vous rien contester.

ERASTE, *tirant son épée.*

Veux-tu dire? Voici,
Sans marchander, de quoi te délier la langue.

MASCARILLE.

Elle ira faire encor quelque sotte harangue.
Hé! de grace, plutôt, si vous le trouvez bon,
Donnez-moi vitement quelques coups de bâton,
Et me laissez tirer mes chausses sans murmure.

ERASTE.

Tu mourras, ou je veux que la vérité pure
S'exprime par ta bouche.

MASCARILLE.

Hélas! je la dirai:
Mais peut-être, monsieur, que je vous fâcherai.

ERASTE.

Parle: mais prends bien garde à ce que tu vas faire.
A ma juste fureur rien ne te peut soustraire,
Si tu mens d'un seul mot en ce que tu diras.

MASCARILLE.

J'y consens, rompez-moi les jambes et les bras;
Faites-moi pis encor, tuez-moi, si j'impose,
En tout ce que j'ai dit ici, la moindre chose.

ERASTE.

Ce mariage est vrai?

MASCARILLE.

Ma langue, en cet endroit,
A fait un pas de clerc dont elle s'aperçoit:
Mais enfin cette affaire est comme vous la dites,
Et c'est après cinq jours de nocturnes visites,
Tandis que vous serviez à mieux couvrir leur jeu,
Que depuis avant-hier ils sont joints de ce nœud;
Et Lucile depuis fait encor moins paraître
Le violent amour qu'elle porte à mon maître,
Et veut absolument que tout ce qu'il verra,
Et qu'en votre faveur son cœur témoignera,
Il l'impute à l'effet d'une haute prudence,
Qui veut de leurs secrets ôter la connaissance.
Si, malgré mes serments, vous doutez de ma foi,
Gros-René peut venir une nuit avec moi,
Et je lui ferai voir, étant en sentinelle,
Que nous avons dans l'ombre un libre accès chez elle:

ERASTE.

Ote-toi de mes yeux, maraud.

MASCARILLE.

Et de grand cœur,
C'est ce que je demande.

SCENE V.

ERASTE, GROS-RÉNÉ.

ERASTE.

Hé bien?

GROS-RENÉ.

Hé bien, monsieur?
Nous en tenons tous deux, si l'autre est véritable.

ERASTE.

Las! il ne l'est que trop, le bourreau détestable!
Je vois trop d'apparence à tout ce qu'il a dit;
Et ce qu'à fait Valère, en voyant cet écrit,
Marque bien leur concert, et que c'est une baie
Qui sert, sans doute, aux feux dont l'ingrate le paie.

SCENE VI.

ERASTE, MARINETTE, GROS-RÉNÉ.

MARINETTE.

Je viens vous avertir que tantôt sur le soir
Ma maîtresse au jardin vous permet de la voir.

ERASTE.

Ose-tu me parler? ame double et traîtresse!
Va, sors de ma présence; et dis à ta maîtresse
Qu'avecque ses écrits elle me laisse en paix,
Et que voilà l'état, infame! que j'en fais.
(*Il déchire la lettre, et sort.*)

MARINETTE.

Gros-René, dis-moi donc quelle mouche le pique.

GROS-RENÉ,

M'oses-tu bien encor parler? femelle inique,
Crocodile trompeur, de qui le cœur félon
Est pire qu'un satrape, ou bien qu'un Lestrigon!
Va, va rendre réponse à ta bonne maîtresse,
Et lui dis bien et beau, que, malgré sa souplesse,
Nous ne sommes plus sots, ni mon maître, ni moi,
Et désormais qu'elle aille au diable avecque toi.

MARINETTE, *seule.*

Ma pauvre Marinette, es-tu bien éveillée?
De quel démon est donc leur ame travaillée?
Quoi! faire un tel accueil à nos soins obligeants!
Oh! que ceci chez nous va surprendre les gens!

FIN DU PREMIER ACTE.

ACTE II.

—

SCENE PREMIÈRE.

ASCAGNE, FROSINE.

FROSINE.

Ascagne, je suis fille à secret, Dieu merci.

ASCAGNE.

Mais, pour un tel discours, sommes-nous bien ici?
Prenons garde qu'aucun ne nous vienne surprendre,
Ou que de quelque endroit on ne nous puisse entendre.

FROSINE.

Nous serions au logis beaucoup moins sûrement:
Ici de tous côtés on découvre aisément;
Et nous pouvons parler avec toute assurance.

ASCAGNE.

Hélas! que j'ai de peine à rompre mon silence!

FROSINE.

Ouais! ceci doit donc être un important secret?

ASCAGNE.

Trop, puisque je le dis à vous-même à regret,
Et que si je pouvais le cacher davantage,
Vous ne le sauriez point.

FROSINE.

Ah! c'est me faire outrage!
Feindre à s'ouvrir à moi, dont vous avez connu
Dans tous vos intérêts l'esprit si retenu!
Moi, nourrie avec vous, et qui tiens sous silence
Des choses qui vous sont de si grande importance,
Qui sais...

ASCAGNE.

Oui, vous savez la secrète raison
Qui cache aux yeux de tous mon sexe et ma maison:
Vous savez que dans celle où passa mon bas âge
Je suis pour y pouvoir retenir l'héritage
Que relâchait ailleurs le jeune Ascagne mort,
Dont mon déguisement fait revivre le sort;
Et c'est aussi pourquoi ma bouche se dispense
A vous ouvrir mon cœur avec plus d'assurance.
Mais avant que passer, Frosine, à ce discours,
Éclaircissez un doute où je tombe toujours.
Se pourrait-il qu'Albert ne sût rien du mystère
Qui masque ainsi mon sexe, et l'a rendu mon père?

FROSINE.

En bonne foi, ce point sur quoi vous me pressez,
Est une affaire aussi qui m'embarrasse assez:
Le fond de cette intrigue est pour moi lettre close;
Et ma mère ne put m'éclaircir mieux la chose.
Quand il mourut ce fils, objet de tant d'amour,
Au destin de qui, même avant qu'il vînt au jour,
Le testament d'un oncle abondant en richesses,
D'un soin particulier avait fait des largesses;
Et que sa mère fit un secret de sa mort,
De son époux absent redoutant le transport,
S'il voyait chez un autre aller tout l'héritage
Dont sa maison tirait un si grand avantage;
Quand, dis-je, pour cacher un tel évènement,
La supposition fut de son sentiment,
Et qu'on vous prit chez nous où vous étiez nourrie
(Votre mère d'accord de cette tromperie
Qui remplaçait ce fils à sa garde commis),
En faveur des présents le secret fut promis.
Albert ne l'a point su de nous; et pour sa femme,
L'ayant plus de douze ans conservé dans son ame,
Comme le mal fut prompt dont on la vit mourir;
Son trépas imprévu ne put rien découvrir.
Mais cependant je vois qu'il garde intelligence
Avec celle de qui vous tenez la naissance.
J'ai su qu'en secret même il lui faisait du bien,
Et peut-être cela ne se fait pas pour rien.
D'autre part, il vous veut porter au mariage;
Et, comme il le prétend, c'est un mauvais langage.
Je ne sais s'il saurait la supposition
Sans le déguisement; mais la digression
Tout insensiblement pourrait trop loin s'étendre:
Revenons au secret que je brûle d'apprendre.

ASCAGNE.

Sachez donc que l'amour ne sait point s'abuser,
Que mon sexe à ses yeux n'a pu se déguiser,
Et que ses traits subtils, sous l'habit que je porte,
Ont su trouver le cœur d'une fille peu forte:
J'aime, enfin.

FROSINE.

Vous aimez!

ASCAGNE.

Frosine, doucement.
N'entrez pas tout à fait dedans l'étonnement;
Il n'est pas temps encore; et ce cœur, qui soupire,
A bien pour vous surprendre autre chose à vous dire

FROSINE.

Et quoi?

ASCAGNE.

J'aime Valère.

FROSINE.

Ah! vous avez raison;
L'objet de votre amour, lui, dont à la maison
Votre imposture enlève un puissant héritage,
Et qui, de votre sexe ayant le moindre ombrage,
Verrait incontinent ce bien lui retourner!
C'est encore un plus grand sujet de s'étonner.

ASCAGNE.

J'ai de quoi, toutefois, surprendre plus votre ame:
Je suis sa femme.

FROSINE.

O dieux! sa femme?

ASCAGNE.

Oui, sa femme.

FROSINE.

Ah! certes, celui-là l'emporte, et vient à bout
De toute ma raison.

ASCAGNE.

Ce n'est pas encor tout.

FROSINE.

Encore?

ASCAGNE.

Je la suis, dis-je, sans qu'il le pense,
Ni qu'il ait de mon sort la moindre connaissance.

FROSINE.

Ho! poussez; je le quitte, et ne raisonne plus,
Tant mes sens coup sur coup se trouvent confondus.
A ces énigmes-là je ne puis rien comprendre.

ASCAGNE.

Je vais vous l'expliquer, si vous voulez m'entendre.
Valère, dans les fers de ma sœur arrêté,
Me semblait un amant digne d'être écouté;
Et je ne pouvais voir qu'on rebutât sa flamme,
Sans qu'un peu d'intérêt touchât pour lui mon ame;
Je voulais que Lucile aimât son entretien;
Je blâmais ses rigueurs; et les blâmai si bien,
Que moi-même j'entrai, sans pouvoir m'en défendre,
Dans tous les sentiments qu'elle ne pouvait prendre.
C'était, en lui parlant, moi qu'il persuadait;
Je me laissais gagner aux soupirs qu'il perdait;
Et ses vœux, rejetés de l'objet qui l'enflamme,
Etaient, comme vainqueurs, reçus dedans mon ame.
Ainsi mon cœur, Frosine, un peu trop faible, hélas!
Se rendit à des soins qu'on ne lui rendait pas,
Par un coup réfléchi reçut une blessure,
Et paya pour un autre avec beaucoup d'usure.
Enfin, ma chère, enfin, l'amour que j'eus pour lui
Se voulut expliquer, mais sous le nom d'autrui.
Dans ma bouche, une nuit, cet amant trop aimable
Crut rencontrer Lucile à ses vœux favorable,
Et je sus ménager si bien cet entretien,
Que du déguisement il ne reconnut rien.
Sous ce voile trompeur, qui flattait sa pensée,
Je lui dis que pour lui mon ame était blessée,
Mais que, voyant mon père en d'autres sentiments,
Je devais une feinte à ses commandements;
Qu'ainsi de notre amour nous ferions un mystère
Dont la nuit seulement serait dépositaire;
Et qu'entre nous, de jour, de peur de rien gâter,
Tout entretien secret se devait éviter;
Qu'il me verrait alors la même indifférence
Qu'avant que nous eussions aucune intelligence;
Et que de son côté, de même que du mien,
Geste, parole, écrit, ne m'en dît jamais rien.
Enfin, sans m'arrêter sur toute l'industrie
Dont j'ai conduit le fil de cette tromperie,
J'ai poussé jusqu'au bout un projet si hardi,
Et me suis assuré l'époux que je vous di.

FROSINE.

Peste! les grands talents que votre esprit possède
Dirait-on qu'elle y touche avec sa mine froide?
Cependant vous avez été bien vite ici;
Car je veux que la chose ait d'abord réussi,
Ne jugez-vous pas bien, à regarder l'issue,
Qu'elle ne peut longtemps éviter d'être sue?

ASCAGNE.

Quand l'amour est bien fort, rien ne peut l'arrêter;
Ses projets seulement vont à se contenter;
Et, pourvu qu'il arrive au but qu'il se propose,
Il croit que tout le reste après est peu de chose.
Mais enfin aujourd'hui je me découvre à vous,
Afin que vos conseils.... Mais voici cet époux.

SCENE II.

VALÈRE, ASCAGNE, FROSINE.

VALÈRE.

Si vous êtes tous deux en quelque conférence
Où je vous fasse tort de mêler ma présence,
Je me retirerai.

ASCAGNE.

Non, non, vous pouvez bien,
Puisque vous le faisiez, rompre notre entretien.

VALÈRE.

Moi?

ASCAGNE.

Vous même.

VALÈRE.

Et comment?

ASCAGNE.

Je disais que Valère
Aurait, si j'étais fille, un peu trop su me plaire,
Et que, si je faisais tous les vœux de mon cœur,
Je ne tarderais guère à faire son bonheur.

VALÈRE.

Ces protestations ne coûtent pas grand'chose,
Alors qu'à leur effet un pareil si s'oppose;
Mais vous seriez bien pris, si quelque évènement
Allait mettre à l'épreuve un si doux compliment.

ASCAGNE.

Point du tout: je vous dis que, régnant dans votre ame,
Je voudrais de bon cœur couronner votre flamme.

VALÈRE.

Et si c'était quelqu'une où par votre secours
Vous puissiez être utile au bonheur de mes jours?

ASCAGNE.

Je pourrais assez mal répondre à votre attente.

VALÈRE.

Cette confession n'est pas fort obligeante.

ASCAGNE.

Hé quoi! vous voudriez, Valère, injustement
Qu'étant fille, et mon cœur vous aimant tendrement,
Je m'allasse engager avec une promesse
De servir vos ardeurs pour quelque autre maîtresse?
Un si pénible effort, pour moi, m'est interdit.

VALÈRE.

Mais cela n'étant pas?

ASCAGNE.

Ce que je vous ai dit;
Je l'ai dit comme fille, et vous le devez prendre
Tout de même.

VALÈRE.

Ainsi, donc il ne faut rien prétendre,
Ascagne, à des bontés que vous auriez pour nous,
A moins que le ciel fasse un grand miracle en vous;
Bref, si vous n'êtes fille, adieu votre tendresse,
Il ne vous reste rien qui pour nous s'intéresse.

ASCAGNE.

J'ai l'esprit délicat plus qu'on ne peut penser,
Et le moindre scrupule a de quoi m'offenser
Quand il s'agit d'aimer. Enfin je suis sincère,
Je ne m'engage point à vous servir, Valère,
Si vous ne m'assurez, au moins, absolument
Que vous gardez pour moi le même sentiment;
Que pareille chaleur d'amitié vous transporte,
Et que, si j'étais fille, une flamme plus forte
N'outragerait point celle où je vivrais pour vous.

VALÈRE.

Je n'avais jamais vu ce scrupule jaloux:
Mais, tout nouveau qu'il est, ce mouvement m'oblige,
Et je vous fais ici tout l'aveu qu'il exige.

ASCAGNE.

Mais sans fard?

VALÈRE

Oui, sans fard.

ASCAGNE.

S'il est vrai, désormais
Vos intérêts seront les miens, je vous promets.

VALÈRE.

J'ai bientôt à vous dire un important mystère.
Où l'effet de ces mots me sera nécessaire.

ASCAGNE.

Et j'ai quelque secret de même à vous ouvrir,
Où votre cœur pour moi se pourra découvrir.

VALÈRE.

Hé! de quelle façon cela pourrait-il être?

ASCAGNE.

C'est que j'ai de l'amour qui n'oserait paraître;
Et vous pourriez avoir sur l'objet de mes vœux
Un empire à pouvoir rendre mon sort heureux.

VALÈRE.

Expliquez-vous, Ascagne; et croyez, par avance,
Que votre heur est certain, s'il est en ma puissance.

ASCAGNE.

Vous promettez ici plus que vous ne croyez.

VALÈRE.

Non, non: dites l'objet pour qui vous m'employez.

ASCAGNE.

Il n'est pas encor temps; mais c'est une personne
Qui vous touche de près.

VALÈRE.

Votre discours m'étonne.
Plût à Dieu que ma sœur!....

ASCAGNE.

Ce n'est pas la saison
De m'expliquer, vous dis-je.

VALÈRE.

Et pourquoi?

ASCAGNE.

Pour raison:
Vous saurez mon secret, quand je saurai le vôtre.

VALÈRE.

J'ai besoin pour cela de l'aveu de quelque autre.

ASCAGNE.

Ayez-le donc; et lors, nous expliquant nos vœux,
Nous verrons qui tiendra mieux parole des deux.

VALÈRE.

Adieu, j'en suis content.

ASCAGNE.

Et moi content, Valère.
(*Valère sort.*

FROSINE.

Il croit trouver en vous l'assistance d'un frère.

SCENE III.

LUCILE, ASCAGNE, FROSINE, MARINETTE.

LUCILE, *à Marinette, les trois premiers vers.*

C'en est fait; c'est ainsi que je puis me venger,
Et si cette action a de quoi l'affliger,
C'est toute la douceur que mon cœur se propose.
Mon frère, vous voyez une métamorphose.
Je veux chérir Valère après tant de fierté,
Et mes vœux maintenant tournent de son côté.

ASCAGNE.

Que dites-vous, ma sœur? Comment! courir au change!
Cette inégalité me semble trop étrange.

LUCILE.

La vôtre me surprend avec plus de sujet.
De vos soins autrefois Valère était l'objet,
Je vous ai vu pour lui m'accuser de caprice,
D'aveugle cruauté, d'orgueil et d'injustice:
Et quand je veux l'aimer mon dessein vous déplait!
Et je vous vois parler contre son intérêt!

ASCAGNE.

Je le quitte, ma sœur, pour embrasser le vôtre;
Je sais qu'il est rangé dessous les lois d'un autre;
Et ce serait un trait honteux à vos appas,
Si vous le rappeliez et qu'il ne revînt pas.

LUCILE.

Si ce n'est que cela, j'aurai soin de ma gloire,
Et je sais, pour son cœur, tout ce que j'en dois croire;
Il s'explique à mes yeux intelligiblement:
Ainsi découvrez-lui, sans peur, mon sentiment;
Ou, si vous refusez de le faire, ma bouche
Lui va faire savoir que mon ardeur le touche...
Quoi! mon frère, à ces mots vous restez interdit!

ASCAGNE.

Ah! ma sœur! si sur vous je puis avoir crédit,
Si vous êtes sensible aux prières d'un frère,
Quittez un tel dessein, et n'ôtez point Valère
Aux vœux d'un jeune objet dont l'intérêt m'est cher,
Et qui, sur ma parole, a droit de vous toucher.
La pauvre infortunée aime avec violence:
A moi seul de ses feux elle fait confidence,
Et je vois dans son cœur de tendres mouvements
A dompter la fierté des plus durs sentiments.
Oui, vous aurez pitié de l'état de son ame,
Connaissant de quel coup vous menacez sa flamme,
Et je ressens si bien la douleur qu'elle aura,
Que je suis assuré, ma sœur, qu'elle en mourra,
Si vous lui dérobez l'amant qui peut lui plaire.
Eraste est un parti qui doit vous satisfaire,
Et des feux mutuels....

LUCILE.

Mon frère, c'est assez.
Je ne sais point pour qui vous vous intéressez;
Mais, de grace, cessons ce discours, je vous prie,
Et me laissez un peu dans quelque rêverie.

ASCAGNE.

Allez, cruelle sœur, vous me désespérez
Si vous effectuez vos desseins déclarés.

SCENE IV.

LUCILE, MARINETTE.

MARINETTE.

La résolution, madame, est assez prompte.

LUCILE.

Un cœur ne pèse rien, alors que l'on l'affronte;
Il court à sa vengeance, et saisit promptement
Tout ce qu'il croit servir à son ressentiment.
Le traître! faire voir cette insolence extrême!

MARINETTE.

Vous m'en voyez encor toute hors de moi-même;
Et quoique là-dessus je rumine sans fin,
L'aventure me passe, et j'y perds mon latin.
Car enfin, aux transports d'une bonne nouvelle
Jamais cœur ne s'ouvrit d'une façon plus belle,
De l'écrit obligeant le sien tout transporté,
Ne me donnait pas moins que de la déité:
Et cependant jamais, à cet autre message
Fille ne fut traitée avecque tant d'outrage.
Je ne sais, pour causer de si grands changements,
Ce qui s'est pu passer entre ces courts moments.

LUCILE.

Rien ne s'est pu passer dont il faille être en peine,
Puisque rien ne le doit défendre de ma haine.
Quoi! tu voudrais chercher hors de sa lâcheté,
La secrète raison de cette indignité?
Cet écrit malheureux, dont mon ame s'accuse,
Peut-il à son transport souffrir la moindre excuse?

MARINETTE.

En effet; je comprends que vous avez raison,
Et que cette querelle est pure trahison.
Nous en tenons, madame: et puis, prêtons l'oreille
Aux bons chiens de pendards qui nous chantent merveille,
Qui, pour nous accrocher, feignent tant de langueur;
Laissons à leurs beaux mots fondre notre rigueur;
Rendons-nous à leurs vœux, trop faibles que nous sommes!
Foin de notre sottise, et peste soit des hommes!

LUCILE.

Hé bien! bien! qu'il s'en vante et rie à nos dépens,
Il n'aura pas sujet d'en triompher longtemps:
Et je lui ferai voir qu'en une ame bien faite
Le mépris suit de près la faveur qu'on rejette.

MARINETTE.

Au moins, en pareil cas, est-ce un bonheur bien doux,
Quand on sait qu'on n'a point d'avantage sur vous.
Marinette eut bon nez, quoi qu'on en puisse dire,
De ne permettre rien un soir qu'on voulait rire.
Quelque autre, sous espoir du *matrimonion*,
Aurait ouvert l'oreille à la tentation;
Mais moi, *nescio vos*.

LUCILE.

Que tu dis de folies,
Et choisis mal ton temps pour de telles saillies!
Enfin je suis touchée au cœur sensiblement;
Et si jamais celui de ce perfide amant,

Par un coup de bonheur, dont j'aurais tort, je pense,
De vouloir à présent concevoir l'espérance,
(Car le ciel a trop pris plaisir à m'affliger,
Pour me donner celui de me pouvoir venger ;)
Quand, dis-je, par un sort à mes désirs propice,
Il reviendrait m'offrir sa vie en sacrifice,
Detester à mes pieds l'action d'aujourd'hui,
Je te défends, surtout, de me parler pour lui.
Au contraire, je veux que ton zèle s'exprime
A me bien mettre aux yeux la grandeur de son crime;
Et même si mon cœur était pour lui tenté
De descendre jamais à quelque lâcheté,
Que ton affection me soit alors sévère,
Et tienne comme il faut la main à ma colère.

MARINETTE.

Vraiment, n'ayez point peur, et laissez faire à nous;
J'ai pour le moins autant de colère que vous;
Et je serais plutôt fille toute ma vie,
Que mon gros traître aussi me redonnât envie.
S'il vient....

SCENE V.

ALBERT, LUCILE, MARINETTE.

ALBERT.

Rentrez, Lucile, et me faites venir
Le précepteur; je veux un peu l'entretenir,
Et m'informer de lui qui me gouverne Ascagne,
S'il sait point quel ennui depuis peu l'accompagne.

SCÈNE VI.

ALBERT, *seul.*

En quel gouffre de soins et de perplexité
Nous jette une action faite sans équité !
D'un enfant supposé par mon trop d'avarice,
Mon cœur depuis longtemps souffre bien le supplice;
Et quand je vois les maux où je me suis plongé,
Je voudrais à ce bien n'avoir jamais songé.
Tantôt je crains de voir, par la fourbe éventée,
Ma famille en opprobre et misère jetée;
Tantôt pour ce fils-là qu'il me faut conserver,
Je crains cent accidents qui peuvent arriver.
S'il advient que dehors quelque affaire m'appelle,
J'appréhende au retour cette triste nouvelle :
Las! vous ne savez pas? Vous l'a-t-on annoncé?
Votre fils a la fièvre, ou jambe, ou bras cassé:
Enfin, à tous moments, sur quoi que je m'arrête,
Cent sortes de chagrins me roulent par la tête.
Ah !...

SCENE VII.

ALBERT, METAPHRASTE.

METAPHRASTE.

Mandatum tuum curo diligenter.

ALBERT.

Maître, j'ai voulu....

METAPHRASTE.

Maître est dit *à magister.*
C'est comme qui dirait trois fois plus grand.

ALBERT.

Je meure,
Si je savais cela. Mais, soit, à la bonne heure.
Maître, donc...

METAPHRASTE.

Poursuivez.

ALBERT.

Je veux poursuivre aussi :
Mais ne poursuivez point, vous, d'interrompre ainsi.
Donc, encore une fois, maître, c'est la troisième,
Mon fils me rend chagrin, vous savez que je l'aime,
Et que soigneusement je l'ai toujours nourri.

METAPHRASTE.

Il est vrai; *Filio non potest præferri*
Nisi filius.

ALBERT.

Maître, en discourant ensemble,
Ce jargon n'est pas fort nécessaire, me semble;
Je vous crois grand latin, et grand docteur juré,
Je m'en rapporte à ceux qui m'en ont assuré :
Mais dans un entretien qu'avec vous je destine,
N'allez point déployer toute votre doctrine,
Faire le pédagogue, et cent mots me cracher,
Comme si vous étiez en chaire pour prêcher.
Mon père, quoiqu'il eût la tête des meilleures,
Ne m'a jamais rien fait apprendre que mes heures,
Qui, depuis cinquante ans, dites journellement,
Ne sont encor pour moi que du haut allemand.
Laissez donc en repos votre science auguste,
Et que votre langage à mon faible s'ajuste.

METAPHRASTE.

Soit.

ALBERT.

A mon fils, l'hymen semble lui faire peur;
Et sur quelque parti que je sonde son cœur,
Pour un pareil lien il est froid et recule.

MÉTAPHRASTE.

Peut-être a-t-il l'humeur du frère de Marc-Tulle,
Dont avec Atticus le même fait *sermon;*
Et comme aussi les Grecs disent, *Atanaton....*

ALBERT.

Mon Dieu ! maître éternel, laissez là, je vous prie
Les Grecs, les Albanais, avec l'Esclavonie,
Et tous ces autres gens dont vous voulez parler;
Eux et mon fils n'ont rien ensemble à démêler.

MÉTAPHRASTE.

Hé bien donc, votre fils?

ALBERT.

Je ne sais si dans l'ame
Il ne sentirait point une secrète flamme;
Quelque chose le trouble, ou je suis fort déçu;
Et je l'aperçus hier, sans en être aperçu,
Dans un recoin du bois où nul ne se retire.

MÉTAPHRASTE.

Dans un lieu reculé du bois, voulez-vous dire,
Un endroit écarté, *latinè*, *secessus;*
Virgile l'a dit, *Est in secessu locus...*

ALBERT.

Comment aurait-il pu l'avoir dit, ce Virgile,
Puisque je suis certain que dans ce lieu tranquille,
Ame du monde enfin n'était lors que nous deux.

MÉTAPHRASTE.

Virgile est nommé là comme un auteur fameux
D'un terme plus choisi que le mot que vous dites,
Et non comme témoin de ce qu'hier vous vîtes.

ALBERT.

Et moi, je vous dis, moi que je n'ai pas besoin
De terme plus choisi, d'auteur, ni de témoin,
Et qu'il suffit ici de mon seul témoignage.

MÉTAPHRASTE.

Il faut choisir pourtant les mots mis en usage
Par les meilleurs auteurs : *Tu vivendo, bonos,*
Comme on dit, *scribendo, sequare peritos.*

ALBERT.

Homme, ou démon, veux-tu m'entendre sans con- (teste?

MÉTAPHRASTE.

Quintilien en fait le précepte.

ALBERT.

La peste
Soit du causeur !

MÉTAPHRASTE.

Et dit là-dessus doctement.
Un mot que vous serez bien aise assurément
D'entendre.

ALBERT.

Je serai le diable qui t'emporte,
Chien d'homme ! Oh ! que je suis tenté d'étrange sorte
De faire sur ce muffle une application !

MÉTAPHRASTE.

Mais qui cause, seigneur, votre inflammation?
Que voulez-vous de moi?

ALBERT.

Je veux que l'on m'écoute,
Vous ai-je dit vingt fois, quand je parle.

METAPHRASTE.

Ah! sans doute;
Vous serez satisfait, s'il ne tient qu'à cela
Je me tais.

ALBERT

Vous ferez sagement.

MÉTAPHRASTE.

Me voilà
Tout prêt de vous ouïr.

ALBERT.

Tant mieux.

MÉTAPHRASTE.

Que je trépasse,
Si je dis plus mot.

ALBERT.

Dieu vous en fasse la grace !

MÉTAPHRASTE.

Vous n'accuserez point mon caquet désormais.

ALBERT.

Ainsi soit-il!

MÉTAPHRASTE.

Parlez quand vous voudrez.

ALBERT.

J'y vais.

MÉTAPHRASTE.

Et n'appréhendez plus l'interruption nôtre.

ALBERT.

C'est assez dit.

MÉTAPHRASTE.

Je suis exact plus qu'aucun autre.

ALBERT.

Je le crois.

MÉTAPHRASTE.

J'ai promis que je ne dirais rien.

ALBERT.

Suffit.

MÉTAPHRASTE.

Dès à présent je suis muet.

ALBERT.

Fort bien.

MÉTAPHRASTE.

Parlez; courage : au moins je vous donne audience.
Vous ne vous plaindrez pas de mon peu de silence :
Je ne desserre pas la bouche seulement.

ALBERT, *à part*.

Le traître !

MÉTAPHRASTE.

Mais, de grâce, achevez vitement :
Depuis longtemps j'écoute; il est bien raisonnable
Que je parle à mon tour.

ALBERT.

Donc, bourreau détestable..

MÉTAPHRASTE.

Hé! bon Dieu ! voulez-vous que j'écoute à jamais?
Partageons le parler au moins, ou je m'en vais.

ALBERT.

Ma patience est bien. .

MÉTAPHRASTE.

Quoi! voulez-vous poursuivre?
Ce n'est pas encor fait? *Per Jovem!* je suis ivre!

ALBERT.

Je n'ai pas dit...

MÉTAPHRASTE.

Encor? Bon dieu ! que de discours!
Rien n'est-il suffisant d'en arrêter le cours?

ALBERT.

J'enrage.

MÉTAPHRASTE.

De rechef? O l'étrange torture!
Hé! laissez-moi parler un peu, je vous conjure.
Un sot qui ne dit mot ne se distingue pas
D'un savant qui se tait.

ALBERT.

Parbleu! tu te tairas.

SCÈNE VIII.

MÉTAPHRASTE, *seul.*

D'où vient fort à propos cette sentence expresse
D'un philosophe : parle afin qu'on te connaisse.
Doncque, si de parler le pouvoir m'est ôté,
Pour moi, j'aime autant perdre aussi l'humanité,
Et changer mon essence en celle d'une bête.
Me voilà pour huit jours avec un mal de tête.
Oh ! que les grands parleurs par moi sont détestés!
Mais quoi ! si les savants ne sont pas écoutés,
Si l'on veut que toujours ils aient la bouche close,
Il faut donc renverser l'ordre de chaque chose ;
Que les poules dans peu dévorent les renards ;
Que les jeunes enfants remontrent aux vieillards ;
Qu'à poursuivre les loups les agnelets s'ébattent;
Qu'un fou fasse les lois; que les femmes combattent;
Que par les criminels les juges soient jugés,
Et par les écoliers les maîtres fustigés;
Que le malade au sain présente le remède ;
Que le lièvre craintif...

SCENE IX.

ALBERT, MÉTAPHRASTE.

Albert sonne aux oreilles de Métaphraste une cloche de mulet, qui le fait fuir.

MÉTAPHRASTE, *fuyant.*

Miséricorde! à l'aide!

FIN DU SECOND ACTE.

ACTE III.

SCÈNE PREMIÈRE.

MASCARILLE.

Le ciel parfois seconde un destin téméraire,
Et l'on sort, comme on peut, d'une méchante affaire.
Pour moi, qu'une imprudence a trop fait discourir,
Le remède plus prompt où j'ai su recourir,
C'est de pousser ma pointe, et dire en diligence
A notre vieux patron toute la manigance.
Son fils, qui m'embarrasse, est un évaporé :
L'autre, diable ! disant ce que j'ai déclaré,
Gare une irruption sur notre friperie !
Au moins, avant qu'on puisse échauffer sa furie,
Quelque chose de bon nous pourra succéder,
Et les vieillards entre eux se pourront accorder.
C'est ce qu'on va tenter; et de la part du nôtre,
Sans perdre un seul moment, je m'en vais trouver l'autre.
(*Il frappe à la porte d'Albert.*)

SCENE II.

ALBERT, MASCARILLE.

ALBERT.

Qui frappe?

MASCARILLE.

Amis.

ALBERT.

Oh ! oh ! qui te peut amener,
Mascarille?

MASCARILLE.

Je viens, monsieur, pour vous donner
Le bonjour.

ALBERT.

Ah! vraiment tu prends beaucoup de peine :
De tout mon cœur, bon jour.

(*Il s'en va.*)

MASCARILLE.

La réplique est soudaine.
Quel homme brusque!

(*Il heurte.*)

ALBERT.

Encor?

MASCARILLE.

Vous n'avez pas ouï,
Monsieur.

ALBERT.

Ne m'as-tu pas donné le bonjour?

MASCARILLE.

Oui.

ALBERT.

Hé bien! bon jour, te dis-je.

(*Il s'en va; Mascarille l'arrête.*)

MASCARILLE.

Oui ; mais je viens encore
Vous saluer au nom du seigneur Polidore.

ALBERT.

Ah! c'est un autre fait. Ton maître t'a chargé
De me saluer?

MASCARILLE.

Oui.

ALBERT.

Je lui suis obligé.
Va, que je lui souhaite une joie infinie

(*Il s'en va.*)

MASCARILLE.

Cet homme est ennemi de la cérémonie,

(*Il heurte.*)

Je n'ai pas achevé, monsieur, son compliment :
Il voudrait vous prier d'une chose instamment.

ALBERT.

Hé bien! quand il voudra je suis à son service.

MASCARILLE, *l'arrêtant.*

Attendez, et souffrez qu'en deux mots je finisse.
Il souhaite un moment, pour vous entretenir
D'une affaire importante, et doit ici venir.

ALBERT.

Eh! quelle est-elle encor l'affaire qui l'oblige
A me vouloir parler?

MASCARILLE.

Un grand secret, vous dis-je,
Qu'il vient de découvrir en ce même moment,
Et qui, sans doute, importe à tous deux grandement.
Voilà mon ambassade.

SCÈNE III.

ALBERT, *seul.*

O juste ciel! je tremble :
Car enfin nous avons peu de commerce ensemble.
Quelque tempête va renverser mes desseins,
Et ce secret, sans doute, est celui que je crains.
L'espoir de l'intérêt m'a fait quelque infidèle,
Et voilà sur ma vie une tache éternelle.
Ma fourbe est découverte. Oh! que la vérité
Se peut cacher longtemps avec difficulté!
Et qu'il eût mieux valu pour moi, pour mon estime,
Suivre les mouvements d'une peur légitime,
Par qui je me suis vu tenté plus de vingt fois
De rendre à Polidore un bien que je lui dois,
De prévenir l'éclat où ce coup-ci m'expose,
Et faire qu'en douceur passât toute la chose.
Mais, hélas! c'en est fait, il n'est plus de saison,
Et ce bien, par la fraude entré dans ma maison,
N'en sera point tiré, que dans cette sortie
Il n'entraîne du mien la meilleure partie.

SCENE IV.

ALBERT, POLIDORE.

POLIDORE, *les quatre premiers vers sans voir Albert.*

D'être ainsi marié sans qu'on en ait su rien!
Puisse cette action se terminer à bien!
Je ne sais qu'en attendre ; et je crains fort du père
Et la grande richesse et la juste colère.
Mais je l'aperçois seul.

ALBERT.

Dieu! Polidore vient!

POLIDORE.

Je tremble à l'aborder.

ALBERT.

La crainte me retient.

POLIDORE.

Par où lui débuter?

ALBERT.

Quel sera mon langage?

POLIDORE.

Son ame est tout émue.

ALBERT.

Il change de visage.

POLIDORE.

Je vois, seigneur Albert, au trouble de vos yeux,
Que vous savez déjà qui m'amène en ces lieux.

ALBERT.

Hélas! oui.

POLIDORE.

La nouvelle a droit de vous surprendre,
Et je n'eusse pas cru ce que je viens d'apprendre.

ALBERT.

J'en dois rougir de honte et de confusion.

POLIDORE.

Je trouve condamnable une telle action,
Et je ne prétends point excuser le coupable.

ALBERT.

Dieu fait miséricorde au pécheur miserable.

POLIDORE.

C'est ce qui doit par vous être considéré.

ALBERT.

Il faut être chrétien.

POLIDORE.

Il est très assuré.

ALBERT.

Grace, au nom de Dieu! grace, ô seigneur Polidore!

POLIDORE.

Hé! c'est moi qui de vous présentement l'implore.

ALBERT.

Afin de l'obtenir, je me jette à genoux.

POLIDORE.

Je dois en cet état être plutôt que vous.

ALBERT.

Prenez quelque pitié de ma triste aventure.

POLIDORE.

Je suis le suppliant dans une telle injure.

ALBERT.

Vous me fendez le cœur avec cette bonté.

POLIDORE.

Vous me rendez confus de tant d'humilité.

ALBERT.

Pardon encore un coup!

POLIDORE.

Hélas! pardon, vous même!

ALBERT.

J'ai de cette action une douleur extrême.

POLIDORE.

Et moi, j'en suis touché de même au dernier point.

ALBERT.

J'ose vous convier qu'elle n'éclate point.

POLIDORE.

Hélas! seigneur Albert, je ne veux autre chose.

ALBERT.

Conservons mon honneur.

POLIDORE.

Hé! oui, je m'y dispose.

ALBERT.

Quant au bien qu'il faudra, vous-même en résoudrez.

POLIDORE.

Je ne veux de vos biens que ce que vous voudrez ;
De tous ces intérêts je vous ferai le maître ;
Et je suis trop content si vous le pouvez être.

ALBERT.

Ah! quel homme de Dieu! Quel excès de douceur!

POLIDORE.

Quelle douceur, vous-même, après un tel malheur!

ALBERT.

Que puissiez-vous avoir toutes choses prospères !

POLIDORE.

Le bon Dieu vous maintienne !

ALBERT.

Embrassons-nous en frères.

POLIDORE.

J'y consens de grand cœur, et me réjouis fort
Que tout soit terminé par un heureux accord.

ALBERT.

J'en rends graces au ciel.

POLIDORE.

Il ne vous faut rien feindre,
Votre ressentiment me donnait lieu de craindre;
Et Lucile tombée en faute avec mon fils,
Comme on vous voit puissant et de biens et d'amis...

ALBERT.

Hé! que parlez-vous là de faute et de Lucile?

POLIDORE.

Soit, ne commençons point un discours inutile.
Je veux bien que mon fils y trempe grandement :
Même, si cela fait à votre allègement,
J'avouerai qu'à lui seul en est toute la faute;
Que votre fille avait une vertu trop haute
Pour avoir jamais fait ce pas contre l'honneur,
Sans l'incitation d'un méchant suborneur;
Que le traître a séduit sa pudeur innocente,
Et de votre conduite ainsi détruit l'attente.
Puisque la chose est faite, et que, selon mes vœux,
Un esprit de douceur nous met d'accord tous deux,
Ne ramentevons rien, et réparons l'offense
Par la solennité d'une heureuse alliance.

ALBERT, *à part.*

O Dieu! quelle méprise ! et qu'est-ce qu'il m'apprend !
Je rentre ici d'un trouble en un autre aussi grand.
Dans ces divers transports je ne sais que répondre,
Et, si je dis un mot, j'ai peur de me confondre.

POLIDORE.

A quoi pensez-vous là, seigneur Albert?

ALBERT.

A rien.
Remettons, je vous prie, à tantôt l'entretien.
Un mal subit me prend, qui veut que je vous laisse.

SCENE V.

POLIDORE, *seul.*

Je lis dedans son ame, et vois ce qui le presse.
A quoi que sa raison l'eût déjà disposé,
Son déplaisir n'est pas encor tout apaisé.
L'image de l'affront lui revient, et sa fuite
Tâche à me déguiser le trouble qui l'agite.
Je prends part à sa honte, et son deuil m'attendrit.
Il faut qu'un peu de temps remette son esprit.
La douleur trop contrainte aisément se redouble.
Voici mon jeune fou d'où nous vient tout ce trouble.

SCÈNE VI.

POLIDORE, VALÈRE.

POLIDORE.

Enfin, le beau mignon, vos beaux déportements
Troubleront les vieux jours d'un père à tous moments;
Tous les jours vous ferez de nouvelles merveilles,
Et nous n'aurons jamais autre chose aux oreilles.

VALÈRE.

Que fais-je tous les jours qui soit si criminel?
En quoi mériter tant le couroux paternel?

POLIDORE.

e suis un étrange homme, et d'une humeur terrible,
'accuser un enfant si sage et si paisible!
as ! il vit comme un saint, et dedans la maison
u matin jusqu'au soir il est en oraison !
ire qu'il pervertit l'ordre de la nature,
t fait du jour la nuit, ô la grande imposture !
u'il n'a considéré père, ni parenté
vingt occasions : horrible fausseté!
ue de fraîche mémoire un furtif hyménée
la fille d'Albert à joint sa destinée,
Sans craindre de la suite un désordre puissant :
On le prend pour un autre, et le pauvre innocent
Ne sait pas seulement ce que je lui veux dire.
Ah! chien, que j'ai reçu du ciel pour mon martyre !
Te croiras-tu toujours? et ne pourrai-je pas
Te voir être une fois sage avant mon trépas?

VALÈRE *seul et rêvant.*

D'où peut venir ce coup? mon ame embarrassée
Ne voit que Mascarille où jeter sa pensée.
Il ne sera pas homme à m'en faire un aveu.
Il faut user d'adresse et me contraindre un peu
Dans ce juste courroux.

SCENE VII.

VALÈRE, MASCARILLE.

VALÈRE

Mascarille, mon père,
Que je viens de trouver sait toute notre affaire.

MASCARILLE.

Il la sait?

VALÈRE.

Oui.

MASCARILLE.

D'où diantre a-t-il pu le savoir?

VALÈRE.

Je ne sais point sur qui ma conjecture asseoir;
Mais enfin d'un succès cette affaire est suivie,
Dont j'ai tous les sujets d'avoir l'âme ravie.
Il ne m'en a pas dit un mot qui fût fâcheux;
Il excuse ma faute, il approuve mes feux,
Et je voudrais savoir qui peut être capable
D'avoir pu rendre ainsi son esprit si traitable.
Je ne puis t'exprimer l'aise que j'en reçoi.

MASCARILLE.

Et que me diriez-vous, monsieur, si c'était moi
Qui vous eût procuré cette heureuse fortune ?

VALÈRE.

Bon! bon! tu voudrais bien ici m'en donner d'une.

MASCARILLE.

C'est moi, vous dis-je, moi, dont le patron le sait,
Et qui vous ai produit ce favorable effet.

VALÈRE.

Mais, là, sans te railler?

MASCARILLE.

Que le diable m'emporte
Si je fais raillerie, et s'il n'est de la sorte!

VALÈRE, *mettant l'épée à la main.*

Et qu'il m'entraîne, moi, si tout présentement
Tu n'en vas recevoir le juste payement.

MASCARILLE.

Ah! monsieur! qu'est ceci? Je défends la surprise.

VALÈRE.

C'est la fidélité que tu m'avais promise?
Sans ma feinte, jamais tu n'eusses avoué
Le trait que j'ai bien cru que tu m'avais joué.
Traître! de qui la langue, à causer trop habile,
D'un père contre moi vient d'échauffer la bile,
Qui me perds tout à fait, il faut, sans discourir,
Que tu meures.

MASCARILLE

Tout beau. Mon ame, pour mourir
N'est pas en bon état. Daignez, je vous conjure,
Attendre le succès qu'aura cette aventure.
J'ai de fortes raisons qui m'ont fait révéler
Un hymen que vous même aviez peine à céler.
C'était un coup d'état, et vous verrez l'issue
Condamner la fureur que vous avez conçue.
De quoi vous fâchez-vous, pourvu que vos souhaits
Se trouvent par mes soins pleinement satisfaits,
Et voyent mettre à fin la contrainte où vous êtes?

VALÈRE.

Et si tous ces discours ne sont que des sornettes ?

MASCARILLE.

Toujours serez-vous lors à temps pour me tuer.
Mais enfin mes projets pourront s'effectuer.
Dieu fera pour les siens, et, content dans la suite,
Vous me remercierez de ma rare conduite.

VALÈRE.
Nous verrons. Mais Lucile....

MASCARILLE.
Alte; son père sort.

SCÈNE VIII.

ALBERT, VALÈRE, MASCARILLE.

ALBERT, *les cinq premiers vers sans voir Valère.*
Plus je reviens du trouble où j'ai donné d'abord,
Plus je me sens piqué de ce discours etrange,
Sur qui ma peur prenait un si dangereux change:
Car Lucile soutient que c'est une chanson,
Et m'a parlé d'un air à m'ôter tout soupçon.
Ah! monsieur, est-ce vous de qui l'audace insigne
Met en jeu mon honneur, et fait ce conte indigne?

MASCARILLE.
Seigneur Albert, prenez un ton un peu plus doux,
Et contre votre gendre ayez moins de courroux.

ALBERT.
Comment, gendre, coquin! tu portes bien la mine
De pousser les ressorts d'une telle machine,
Et d'en avoir été le premier inventeur.

MASCARILLE.
Je ne vois ici rien à vous mettre en fureur.

ALBERT.
Trouves-tu beau, dis-moi, de diffamer ma fille,
Et faire un tel scandale à toute ma famille?

MASCARILLE.
Le voilà prêt à faire en tout vos volontés.

ALBERT.
Que voudrais-je, sinon qu'il dît des vérités?
Si quelque intention le pressait pour Lucile,
La recherche en pouvait être honnête et civile;
Il fallait l'attaquer du côté du devoir,
Il fallait de son père implorer le pouvoir,
Et non pas recourir à cette lache feinte,
Qui porte à la pudeur une sensible atteinte.

MASCARILLE.
Quoi! Lucile n'est pas sous des liens secrets
A mon maître?

ALBERT.
Non, traître! et n'y sera jamais.

MASCARILLE.
Tout doux: et s'il est vrai que ce soit chose faite,
Voulez-vous l'approuver cette chaîne secrète?

ALBERT.
Et s'il est constant, toi que cela ne soit pas,
Veux-tu te voir casser les jambes et les bras?

VALÈRE.
Monsieur, il est aisé de vous faire paraître
Qu'il dit vrai.

ALBERT.
Bon! voilà l'autre encor, digne maître
D'un semblable valet! O les menteurs hardis!

MASCARILLE.
D'homme d'honneur, il est ainsi que je le dis.

VALÈRE.
Quel serait notre but de vous en faire accroire!

ALBERT, *à part.*
Ils s'entendent tous deux comme larrons en foire.

MASCARILLE.
Mais venons à la preuve; et, sans nous quereller,
Faites sortir Lucile, et la laissez parler.

ALBERT.
Et si le démenti par elle vous en reste?

MASCARILLE.
Elle n'en fera rien, monsieur, je vous proteste.
Promettez à leurs vœux votre consentement,
Et je veux m'exposer au plus dur châtiment,
Si de sa propre bouche elle ne vous confesse
Et la foi qui l'engage, et l'ardeur qui la presse.

ALBERT.
Il faut voir cette affaire.
(*Il va frapper à sa porte.*)

MASCARILLE, *à Valère.*
Allez, tout ira bien.

ALBERT.
Holà, Lucile! un mot.

VALÈRE, *à Mascarille.*
Je crains....

MASCARILLE.
Ne craignez rien.

SCÈNE IX.

LUCILE, ALBERT, VALÈRE, MASCARILLE.

MASCARILLE.
Seigneur Albert, silence au moins. Enfin, madame,
Toute chose conspire au bonheur de votre ame;
Et monsieur votre père, averti de vos feux,
Vous laisse votre époux, et confirme vos vœux,
Pourvu que, bannissant toutes craintes frivoles,
Deux mots de votre aveu confirment nos paroles.

LUCILE.
Que me vient donc conter ce coquin assuré?

MASCARILLE.
Bon? me voilà déjà d'un beau titre honoré.

LUCILE.
Sachons un peu, monsieur, quelle belle saillie
Fait ce conte galant qu'aujourd'hui l'on publie.

VALÈRE.
Pardon, charmant objet: un valet a parlé;
Et j'ai vu, malgré moi, notre hymen révélé.

LUCILE.
Notre hymen?

VALÈRE.
On sait tout, adorable Lucile;
Et vouloir déguiser est un soin inutile;

LUCILE.
Quoi! l'ardeur de mes feux vous a fait mon époux?

VALÈRE.
C'est un bien qui me doit faire mille jaloux:
Mais j'impute bien moins ce bonheur de ma flamme
A l'ardeur de vos feux qu'aux bontes de votre ame.
Je sais que vous avez sujet de vous fâcher,
Que c'etait un secret que vous vouliez cacher;
Et j'ai de mes transports forcé la violence
A ne point violer votre expresse défense:
Mais...

MASCARILLE.
Hé bien! oui, c'est moi: le grand mal que voilà!

LUCILE.
Est-il une imposture égale à celle-là?
Vous l'osez soutenir en ma présence même,
Et pensez me tenir par ce beau stratagème?
O le plaisant amant, dont la galante ardeur
Veut blesser mon honneur au défaut de mon cœur,
Et que mon père, ému de l'éclat d'un sot conte,
Paye avec mon hymen qui me couvre de honte!
Quand tout contribuerait à votre passion,
Mon père, les destins, mon inclination,
On me verrait combattre, en ma juste colère
Mon inclination, les destins, et mon père,
Perdre même le jour, avant que de m'unir
A qui par ce moyen aurait cru m'obtenir.
Allez; et si mon sexe avecque bienséance
Se pouvait emporter à quelque violence,
Je vous apprendrais bien à me traiter ainsi.

VALÈRE, *à Mascarille.*
C'en est fait, son courroux ne peut être adouci.

MASCARILLE.
Laissez-moi lui parler. Hé, madame, de grace,
A quoi bon maintenant toute cette grimace?
Quelle est votre pensée? et quel bourru transport
Contre vos propres vœux vous fait roidir si fort?
Si monsieur votre père était homme farouche,
Passe: mais il permet que la raison le touche;
Et lui-même m'a dit qu'une confession
Vous va tout obtenir de son affection.
Vous sentez, je crois bien, quelque petite honte:
A faire un libre aveu de l'amour qui vous dompte;
Mais s'il vous a fait prendre un peu de liberté,
Par un bon mariage on voit tout rajusté;
Et, quoi que l'on reproche au feu qui vous consomme,
Le mal n'est pas si grand que de tuer un homme.

On sait que la chair est fragile quelquefois,
Et qu'une fille enfin n'est ni caillou ni bois.
Vous n'avez pas été sans doute la première,
Et vous ne serez pas, que je crois, la dernière.

LUCILE.

Quoi ! vous pouvez ouïr ces discours effrontés,
Et vous ne dites mot à ces indignités !

ALBERT.

Que veux-tu que je die? Une telle aventure
Me met tout hors de moi.

MASCARILLE.

Madame, je vous jure
Que déjà vous devriez avoir tout confessé.

LUCILE.

Et quoi donc confesser?

MASCARILLE.

Quoi? ce qui s'est passé
Entre mon maître et vous. La belle raillerie !

LUCILE.

Et que s'est-il passé, monstre d'effronterie,
Entre ton maître et moi?

MASCARILLE.

Vous devez, que je crois,
En savoir un peu plus de nouvelles que moi ;
Et pour vous cette nuit fut trop douce pour croire
Que vous puissiez si vîte en perdre la mémoire.

LUCILE.

C'est trop souffrir, mon père, un impudent valet.
(*Elle lui donne un soufflet.*)

SCÈNE X.

ALBERT, VALÈRE, MASCARILLE.

MASCARILLE.

Je crois qu'elle me vient de donner un soufflet.

ALBERT.

Va, coquin, scélérat, sa main vient sur ta joue
De faire une action dont son père la loue.

MASCARILLE.

Et, nonobstant cela qu'un diable en cet instant
M'emporte, si j'ai dit rien que de très constant!

ALBERT.

Et, nonobstant cela, qu'on me coupe une oreille,
Si tu portes fort loin une audace pareille!

MASCARILLE.

Voulez-vous deux témoins qui me justifieront?

ALBERT.

Veux-tu deux de mes gens qui te bâtonneront?

MASCARILLE.

Leur rapport doit au mien donner toute créance.

ALBERT.

Leurs bras peuvent du mien réparer l'impuissance.

MASCARILLE.

Je vous dis que Lucile agit par honte ainsi.

ALBERT.

Je te dis que j'aurai raison de tout ceci.

MASCARILLE.

Connaissez-vous Ormin, ce gros notaire habile?....

ALBERT.

Connais-tu bien Grimpant, le bourreau de la ville?.

MASCARILLE.

Et Simon le tailleur, jadis si recherché?

ALBERT.

Et la potence mise au milieu du marché?

MASCARILLE.

Vous verrez confirmer par eux cet hyménée.

ALBERT.

Tu verras achever par eux ta destinée.

MASCARILLE.

Ce sont eux qu'ils ont pris pour témoin de leur foi.

ALBERT.

Ce sont eux qui dans peu me vengeront de toi.

MASCARILLE.

Et ces yeux les ont vus s'entredonner parole.

ALBERT.

Et ces yeux te verront faire la cabriole.

MASCARILLE.

Et, pour signe, Lucile avait un voile noir.

ALBERT.

Et, pour signe, ton front nous le fait assez voir.

MASCARILLE.

O l'obstiné, vieillard!

ALBERT.

O le fourbe damnable!
Va, rends grace à mes ans qui me font incapable
De punir sur le champ l'affront que tu me fais :
Tu n'en perds que l'attente, et je te le promets.

SCÈNE XI.

VALÈRE, MASCARILLE.

VALÈRE

Hé bien? ce beau succès que tu devais produire?..

MASCARILLE.

J'entends à demi mot ce que vous voulez dire.
Tout s'arme contre moi; pour moi de tous côtés
Je vois coups de bâtons et gibets apprêtés,
Aussi, pour être en paix dans ce désordre extrême,
Je me vais d'un rocher précipiter moi-même,
Si, dans le désespoir dont mon cœur est outré,
Je puis en rencontrer d'assez haut à mon gré.
Adieu, monsieur.

VALÈRE.

Non, non, ta fuite est superflue ;
Si tu meurs, je prétends que ce soit à ma vue.

MASCARILLE.

Je ne saurais mourir quand je suis regardé,
Et mon trépas ainsi se verrait retardé.

VALÈRE.

Suis-moi, traître, suis-moi ; mon amour en furie
Te fera voir si c'est matière à raillerie.

MASCARILLE, *seul.*

Malheureux Mascarille, à quels maux aujourd'hui
Te vois-tu condamné pour le péché d'autrui !

FIN DU TROISIÈME ACTE.

ACTE IV.

—

SCÈNE PREMIÈRE.

ASCAGNE, FROSINE.

FROSINE.

L'AVENTURE est fâcheuse.

ASCAGNE.

Ah ! ma chère Frosine,
Le sort absolument a conclu ma ruine.
Cette affaire, venue au point où la voilà,
N'est pas assurément pour en demeurer là ;
Il faut qu'elle passe outre : et Lucile et Valère,
Surpris des nouveautés d'un semblable mystère,
Voudront chercher un jour dans ces obscurités,
Par qui tous mes projets se verront avortés.
Car enfin, soit qu'Albert ait part au stratagême,
Ou qu'avec tout le monde on l'ait trompé lui-même,
S'il arrive une fois que mon sort éclairci
Mette ailleurs tout le bien dont le sien a grossi
Jugez s'il aura lieu de souffrir ma présence :
Son intérêt détruit me laisse à ma naissance ;
C'est fait de sa tendresse et quelque sentiment
Où pour ma fourbe alors pût être mon amant,
Voudra-t-il avouer pour épouse une fille
Qu'il verra sans appui de biens et de famille ?

FROSINE.

Je trouve que c'est là raisonner comme il faut :
Mais ces réflexions doivent venir plus tôt,
Qui vous a jusqu'ici caché cette lumière?
Il ne fallait pas être une grande sorcière
Pour voir, dès le moment de vos desseins pour lui,
Tout ce que votre esprit ne voit que d'aujourd'hui :
L'action le disait ; et dès que je l'ai sue.
Je n'en ai prévu guère une meilleure issue.

ASCAGNE.

Que dois-je faire enfin? mon trouble est sans pareil:
Mettez-vous en ma place et me donnez conseil.

FROSINE.

Ce doit être à vous-même, en prenant votre place,
A me donner conseil dessus cette disgrace;
Car je suis maintenant vous, et vous êtes moi;
Conseillez-moi, Frosine. Au point où je me vois.
Quel remède trouver? Dites, je vous en prie.

ASCAGNE.

Hélas! ne traitez point ceci de raillerie;
C'est prendre peu de part à mes cuisants ennuis
Que de rire et de voir les termes où j'en suis.

FROSINE.

Ascagne, tout de bon, votre ennui m'est sensible,
Et pour vous en tirer je ferai mon possible.
Mais que puis-je, après tout? Je vois fort peu de jour
A tourner cette affaire au gré de votre amour.

ASCAGNE.

Si rien ne peut m'aider, il faut donc que je meure.

FROSINE.

Ah! pour cela toujours il est assez bonne heure:
La mort est un remède à trouver quand on veut,
Et l'on s'en doit servir le plus tard que l'on peut.

ASCAGNE

Non, non, Frosine, non; si vos conseils propices
Ne conduisent mon sort parmi ces précipices,
Je m'abandonne toute aux traits du désespoir.

FROSINE.

Savez-vous ma pensée? Il faut que j'aille voir
La... Mais Eraste vient, qui pourrait nous distraire.
Nous pourrons, en marchant parler de cette affaire,
Allons, retirons-nous.

SCENE II.

ERASTE, GROS-RENE.

ÉRASTE.

Encore rebuté?

GROS-RENÉ.

Jamais ambassadeur ne fut moins écouté.
A peine ai-je voulu lui porter la nouvelle
Du moment d'entretien que vous souhaitez d'elle,
Qu'elle m'a répondu, tenant son quant à moi,
Va, va, je fais état de lui comme de toi,
Dis-lui qu'il se promène; et sur ce beau langage,
Pour suivre son chemin m'a tourné le visage.
Et Marinette aussi, d'un dédaigneux museau
Lâchant un, Laisse nous, beau valet de carreau,
M'a planté là comme elle. Et mon sort et le vôtre
N'ont rien à se pouvoir reprocher l'un à l'autre.

ÉRASTE.

L'ingrate! recevoir avec tant de fierté
Le prompt retour d'un cœur justement emporté!
Quoi! le premier transport d'un pouvoir qu'on abuse
Sous tant de vraisemblance est indigne d'excuse?
Et ma plus vive ardeur en ce moment fatal
Devait être insensible au bonheur d'un rival?
Tout autre n'eût pas fait même chose en ma place,
Et se fût moins laissé surprendre à tant d'audace?
De mes justes soupçons suis-je sorti trop tard?
Je n'ai point attendu des serments de sa part;
Et lorsque tout le monde encor ne sait qu'en croire,
Ce cœur impatient lui rend toute sa gloire,
Il cherche à s'excuser: et le sien voit si peu
Dans ce profond respect la grandeur de mon feu!
Loin d'assurer une ame, et lui forcer des armes,
Contre ce qu'un rival lui vient donner d'alarmes,
L'ingrate m'abandonne à mon jaloux transport,
Et rejette de moi message, écrit, abord!
Ah! sans doute, un amour a peu de violence,
Qu'est capable d'éteindre une si faible offense;
Et ce dépit si prompt à s'armer de rigueur
Découvre assez pour moi tout le fond de son cœur.
Et de quel prix doit être à présent à mon ame
Tout ce dont son caprice a pu flatter ma flamme?
Non, je ne prétends plus demeurer engagé
Pour un cœur où je vois le peu de part que j'ai:
Et puisque l'on témoigne une froideur extrême
A conserver les gens, je veux faire de même.

GROS-RENÉ.

Et moi de même aussi. Soyons tous deux fâchés;
Et mettons notre amour au rang des vieux péchés.
Il faut apprendre à vivre à ce sexe volage,
Et lui faire sentir que l'on a du courage.
Qui souffre ses mépris les veut bien recevoir.
Si nous avions l'esprit de nous faire valoir,
Les femmes n'auroient pas la parole si haute.
Oh! qu'elles nous sont bien fières par notre faute!
Je veux être pendu, si nous ne les verrions
Sauter à notre cou plus que nous voudrions,
Sans tous ces vils devoirs dont la plupart des hommes
Les gâtent tous les jours dans le siècle où nous sommes.

ÉRASTE.

Pour moi, sur toute chose, un mépris me surprend;
Et, pour punir le sien par un autre aussi grand,
Je veux mettre en mon cœur une nouvelle flamme.

GROS-RENÉ.

Et moi, je ne veux plus m'embarrasser de femme;
A toutes je renonce, et crois, en bonne foi,
Que vous feriez fort bien de faire comme moi.
Car, voyez-vous, la femme est, comme on dit, mon maître,
Un certain animal difficile à connaître,
Et qui de la nature est fort encline au mal,
Et ne sera jamais qu'animal quand sa vie
Durerait cent mille ans; aussi sans repartie,
La femme est toujours femme, et jamais ne sera
Que femme, tant qu'entier le monde durera:
D'où vient qu'un certain Grec dit que sa tête passe
Pour un sable mouvant; car goûtez bien, de grace,
Ce raisonnement-ci, lequel est des plus forts:
Ainsi que la tête est comme le chef du corps,
Et que le corps sans chef est pire qu'une bête;
Si le chef n'est pas bien d'accord avec la tête,
Que tout ne soit pas bien réglé par le compas,
Nous voyons arriver de certains embarras;
La partie brutale alors veut prendre empire
Dessus la sensitive; et l'on voit que l'un tire
A *dia*, l'autre à *hurhaut*; l'un demande du mou,
L'autre du dur; enfin tout va sans savoir où:
Pour montrer qu'ici bas, ainsi qu'on l'interprète,
La tête d'une femme est comme une girouette
Au haut d'une maison, qui tourne au premier vent;
C'est pourquoi le cousin Aristote souvent
La compare à la mer; d'où vient qu'on dit qu'au monde
On ne peut rien trouver de si stable que l'onde.
Or, par comparaison, car la comparaison
Nous fait distinctement comprendre une raison;
Et nous aimons bien mieux, nous autres gens d'étude,
Une comparaison qu'une similitude:
Par comparaison donc, mon maître, s'il vous plaît,
Comme on voit que la mer, quand l'orage s'accroît,
Vient à se courroucer, le vent soufle et ravage,
Les flots contre les flots font un remue-ménage
Horrible; et le vaisseau, malgré le nautonnier,
Va tantôt à la cave et tantôt au grenier:
Ainsi quand une femme a sa tête fantasque,
On voit une tempête en forme de bourrasque,
Qui veut compétiter par de certains... propos;
Et lors un... certain vent, qui, par... de certains flots,
De... certaine façon, ainsi qu'un banc de sable...
Quand... Les femmes enfin ne valent pas le diable.

ÉRASTE.

C'est fort bien raisonner.

GROS-RENÉ.

Assez bien, Dieu merci.
Mais je les vois, monsieur, qui passent par ici:
Tenez-vous ferme au moins.

ÉRASTE.

Ne te mets pas en peine.

GROS-RENE.

J'ai bien peur que ses yeux resserrent votre chaîne.

SCÈNE III.

LUCILE, ERASTE, MARINETTE, GROS-RENE.

MARINETTE.

Je l'aperçois encor: mais ne vous rendez point.

LUCILE.

Ne me soupçonne pas d'être faible à ce point.

MARINETTE.

Il vient à nous.

ERASTE.

Non, non, ne croyez pas, madame,
Que je revienne encor vous parler de ma flamme.
C'en est fait ; je me veux guérir, et connais bien
Ce que de votre cœur a possédé le mien.
Un courroux si constant pour l'ombre d'une offense
M'a trop bien éclairci de votre indifférence ;
Et je dois vous montrer que les traits du mépris
Sont sensibles surtout aux généreux esprits.
Je l'avouerai, mes yeux observaient dans les vôtres
Des charmes qu'ils n'ont point trouvés dans tous les [autres
Et le ravissement où j'étais de mes fers
Les aurait préférés à des sceptres offerts.
Oui, mon amour pour vous, sans doute était extrême ;
Je vivais tout en vous; et, je l'avouerai même,
Peut-être qu'après tout, j'aurai quoique outragé,
Assez de peine encore à m'en voir dégagé:
Possible que, malgré la cure qu'elle essaie,
Mon ame saignera longtemps de cette plaie,
Et qu'affranchi d'un joug qui faisait tout mon bien,
Il faudra me résoudre à n'aimer jamais rien.
Mais enfin il n'importe ; et puisque votre haine
Chasse un cœur tant de fois que l'amour vous ramène,
C'est la dernière ici des importunités
Que vous aurez jamais de mes vœux rebutés.

LUCILE.

Vous pouvez faire aux miens la grace tout entière,
Monsieur, et m'épargner encor cette dernière.

ERASTE.

Hé bien ! madame, hé bien ! ils seront satisfaits.
Je romps avecque vous, et j'y romps pour jamais,
Puisque vous le voulez. Que je perde la vie
Lorsque de vous parler je reprendrai l'envie !

LUCILE.

Tant mieux ; c'est m'obliger.

ERASTE.

Non, non, n'ayez pas peur
Que je fausse parole ; eussè-je un faible cœur
Jusques à n'en pouvoir effacer votre image,
Croyez que vous n'aurez jamais cet avantage
De me voir revenir.

LUCILE.

Ce serait bien en vain.

ERASTE.

Moi-même de cent coups je percerais mon sein,
Si j'avais jamais fait cette bassesse insigne
De vous revoir après ce traitement indigne.

LUCILE.

Soit; n'en parlons donc plus.

ERASTE.

Oui, oui, n'en parlons plus ;
Et, pour trancher ici tout propos superflus,
Et vous donner, ingrate, une preuve certaine
Que je veux, sans retour, sortir de votre chaîne
Je ne veux rien garder qui puisse retracer
Ce que de mon esprit il me faut effacer.
Voici votre portrait ; il présente à la vue
Cent charmes merveilleux dont vous êtes pourvue
Mais il cache sous eux cent défauts aussi grands,
Et c'est un imposteur enfin que je vous rends.

GROS-RENE.

Bon.

LUCILE.

Et moi, pour vous suivre au dessein de tout rendre,
Voilà le diamant que vous m'aviez fait prendre.

MARINETTE.

Fort bien.

ERASTE

Il est à vous encor ce bracelet.

LUCILE.

cette agate à vous, qu'on fit mettre en cachet.

ERASTE *lit.*

« Vous m'aimez d'une amour extrême,
« Eraste, et de mon cœur voulez être éclairci ;
« Si je n'aime Eraste de même :
« Au moins aimè-je fort qu'Eraste m'aime ainsi.
« LUCILE. »
Vous m'assuriez par-là d'agréer mon service ;
C'est une fausseté digne de ce supplice.
(*Il déchire la lettre.*)

LUCILE *lit.*

« J'ignore le destin de mon amour ardente,
« Et jusqu'à quand je souffrirai :
« Mais je sais, ô beauté charmante,
« Que toujours je vous aimerai.
« ERASTE.
Voilà qui m'assurait à jamais de vos feux :
Et la main et la lettre ont menti toutes deux.
(*Elle déchire la lettre.*)

GROS-RENE.

Poussez.

ERASTE.

Elle est de vous. Suffit, même fortune.

MARINETTE, *à Lucile.*

Ferme.

LUCILE.

J'aurais regret d'en épargner aucune.

GROS-RENE, *à Eraste.*

N'ayez pas le dernier.

MARINETTE, *à Lucile.*

Tenez bon jusqu'au bout.

LUCILE.

Enfin, voilà le reste.

ERASTE.

Et, grace au ciel, c'est tout.
Je sois exterminé, si je ne tiens parole !

LUCILE.

Me confonde le ciel, si la mienne est frivole !

ERASTE.

Adieu donc.

LUCILE.

Adieu donc.

MARINETTE, *à Lucile.*

Voilà qui va des mieux.

GROS RENÉ, *à Erasté.*

Vous triomphez.

MARINETTE, *à Lucile*

Allons, ôtez-vous de ses yeux.

GROS RENÉ, *à Eraste.*

Retirez-vous après cet effort de courage.

MARINETTE, *à Lucile.*

Qu'attendez-vous encor?

GROS-RENÉ, *à Éraste.*

Que faut-il davantage?

ÉRASTE.

Ah ! Lucile ! Lucile? un cœur comme le mien
Se fera regretter, et je le sais fort bien.

LUCILE.

Éraste ! Éraste ! un cœur fait comme est fait le vôtré
Se peut facilement réparer par un autre.

ÉRASTE.

Non, non, cherchez par tout, vous n'en aurez jamais
De si passionné pour vous, je vous promets,
Je ne dis pas cela pour vous rendre attendrie ;
J'aurais tort d'en former encore quelque envie.
Mes plus ardents respects n'ont pu vous obliger ;
Vous avez voulu rompre : il n'y faut plus songer.
Mais personne, après moi, quoi qu'on vous fasse en- [tendre.
N'aura jamais pour vous de passion si tendre.

LUCILE.

Quand on aime les gens, on les traite autrement ;
On fait de leur personne un meilleur jugement.

ÉRASTE.

Quand on aime les gens, on peut de jalousie,
Sur beaucoup d'apparence, avoir l'ame saisie :
Mais alors qu'on les aime, on ne peut en effet
Se résoudre à les perdre ; et vous, vous l'avez fait.

LUCILE.

La pure jalousie est plus respectueuse.

ÉRASTE.

On voit d'un œil plus doux une offense amoureuse.

LUCILE.

Non, votre cœur, Éraste, était mal enflammé.

ÉRASTE.

Non, Lucile, jamais vous ne m'avez aimé.

LUCILE.

Hé! je crois que cela faiblement vous soucie.
Peut-être en serait-il beaucoup mieux pour ma vie,
Si je... Mais laissons là ces discours superflus :
Je ne dis point quels sont mes pensers là-dessus.

ÉRASTE.

Pourquoi?

LUCILE.

Par la raison que nous rompons ensemble,
Et que cela n'est plus de saison, ce me semble.

ÉRASTE.

Nous rompons?

LUCILE.

Oui, vraiment; quoi! n'en est-ce pas fait?

ÉRASTE.

Et vous voyez cela d'un esprit satisfait?

LUCILE.

Comme vous.

ÉRASTE.

Comme moi?

LUCILE.

Sans doute. C'est faiblesse
De faire voir aux gens que leur perte nous blesse.

ÉRASTE.

Mais, cruelle, c'est vous qui l'avez bien voulu.

LUCILE.

Moi? point du tout. C'est vous qui l'avez résolu.

ÉRASTE.

Moi? Je vous ai cru là faire un plaisir extrême.

LUCILE.

Point, vous avez voulu vous contenter vous-même.

ÉRASTE.

Mais si mon cœur encor revoulait sa prison,
Si, tout fâché qu'il est, il demandait pardon?...

LUCILE.

Non, non, n'en faites rien; ma faiblesse est trop grande,
J'aurais peur d'accorder trop tôt votre demande.

ÉRASTE.

Ah? vous ne pouvez pas trop tôt me l'accorder,
Ni moi sur cette peur trop tôt le demander.
Consentez-y, madame : une flamme si belle
Doit, pour votre intérêt, demeurer immortelle.
Je le demande enfin, me l'accorderez-vous,
Ce pardon obligeant?

LUCILE.

Remenez-moi chez nous.

SCENE IV.

MARINETTE, GROS-RENÉ.

MARINETTE.

O la lâche personne!

GROS-RENÉ.

Ah! le faible courage!

MARINETTE.

J'en rougis de dépit.

GROS-RENÉ.

J'en suis gonflé de rage
Ne t'imagine pas que je me rende ainsi.

MARINETTE.

Et ne pense pas, toi, trouver ta dupe aussi.

GROS-RENÉ.

Viens, viens frotter ton nez auprès de ma colère.

MARINETTE.

Tu nous prends pour une autre, et tu n'as pas affaire
A ma sotte maîtresse. Ardez le beau museau,
Pour nous donner envie encore de sa peau!
Moi, j'aurais de l'amour pour ta chienne de face?
Moi, je te chercherais? Ma foi, l'on t'en fricasse
Des filles comme nous.

GROS-RENÉ.

Oui! tu le prends par-là?
Tiens, tiens, sans y chercher tant de façon, voilà
Ton beau galant de neige, avec ta nompareille;
Il n'aura plus l'honneur d'être sur mon oreille.

MARINETTE.

Et toi, pour te montrer que tu m'es à mépris,
Voilà ton demi-cent d'épingles de Paris,
Que tu me donnas hier avec tant de fanfare.

GROS-RENÉ.

Tiens, encor ton couteau : la pièce est riche et rare;
Il te coûta six blancs lorsque tu m'en fis don.

MARINETTE.

Tiens, tes ciseaux avec ta chaîne de laiton.

GROS-RENÉ.

J'oubliais d'avant-hier ton morceau de fromage;
Tiens. Je voudrais pouvoir rejeter le potage
Que tu me fis manger, pour n'avoir rien à toi.

MARINETTE.

Je n'ai point maintenant de tes lettres sur moi;
Mais j'en ferai du feu jusques à la dernière.

GROS-RENÉ.

Et des tiennes tu sais ce que j'en saurai faire.

MARINETTE.

Prends garde à ne venir jamais me reprier.

GROS-RENÉ.

Pour couper tout chemin à nous rapatrier,
Il faut rompre la paille. Une paille rompue
Rend, entre gens d'honneur, une affaire conclue.
Ne fais point les doux yeux; je veux être fâché.

MARINETTE.

Ne me lorgne point, toi; j'ai l'esprit trop touché.

GROS-RENÉ.

Romps; voilà le moyen de ne s'en plus dédire;
Romps. Tu ris, bonne bête?

MARINETTE.

Oui, car tu me fais rire.

GROS-RENÉ.

La peste soit ton ris! voilà tout mon courroux
Déjà dulcifié. Qu'en dis-tu? romprons-nous,
Ou ne romprons-nous pas?

MARINETTE.

Vois.

GROS-RENÉ.

Vois, toi.

MARINETTE.

Vois, toi-même.

GROS-RENÉ.

Est-ce que tu consens que jamais je ne t'aime?

MARINETTE.

Moi? ce que tu voudras.

GROS-RENÉ.

Ce que tu voudras, toi;
Dis.

MARINETTE.

Je ne dirai rien.

GROS-RENÉ.

Ni moi non plus.

MARINETTE.

Ni moi.

GROS-RENÉ.

Ma foi, nous ferons mieux de quitter la grimace.
Touche, je te pardonne.

MARINETTE.

Et moi, je te fais grace.

GROS-RENÉ.

Mon Dieu! qu'à tes appas je suis accoquiné!

MARINETTE.

Que Marinette est sotte après son Gros-René!

FIN DU QUATRIÈME ACTE.

ACTE V.

SCENE PREMIÈRE.

MASCARILLE.

« Dès que l'obcurité règnera dans la ville,
« Je me veux introduire au logis de Lucile :
« Va vîte de ce pas préparer pour tantôt
« Et la lanterne sourde et les armes qu'il faut ».
Quand il m'a dit ces mots, il m'a semblé d'entendre :
Va vitement chercher un licou pour te pendre
Venez çà, mon patron ; car, dans l'étonnement
Où m'a jeté d'abord un tel commandement,
Je n'ai pas eu le temps de vous pouvoir répondre ;
Mais je vous veux ici parler, et vous confondre :
Défendez-vous donc bien ; et raisonnons sans bruit.
Vous voulez, dites-vous, aller voir, cette nuit,
Lucile? « Oui, Mascarille ». Et que pensez-vous faire?
« Une action d'amant qui se veut satisfaire ».
Une action d'un homme à fort petit cerveau,
Que d'aller sans besoin ainsi risquer sa peau.
« Mais tu sais quel motif à ce dessein m'appelle,
« Lucile est irritée ». Eh bien! tant pis pour elle.
« Mais l'amour veut que j'aille apaiser son esprit ».
Mais l'amour est un sot qui ne sait ce qu'il dit :
Nous garantira-t-il cet amour, je vous prie,
D'un rival, ou d'un père, ou d'un frère en furie?
« Penses-tu qu'aucun d'eux songe à nous faire mal » !
Oui, vraiment, je le pense, et surtout ce rival.
« Mascarille, en tout cas, l'espoir où je me fonde,
« Nous irons bien armés ; et si quelqu'un nous gronde,
« Nous nous chamaillerons ». Oui? Voilà justement
Ce que votre valet ne prétend nullement. [maître.
Moi, chamailler? Bon Dieu? suis-je un Roland, mon
Ou quelque Ferraguś? C'est fort mal me connaître.
Quand je viens à songer, moi, qui me suis si cher,
Qu'il ne faut que deux doigts d'un misérable fer
Dans le corps, pour vous mettre un humain dans la
Je suis scandalisé d'une étrange manière. (bière,
« Mais tu seras armé de pied en cap ». Tant pis :
J'en serai moins léger à gagner le taillis ;
Et de plus, il n'est point d'armure si bien jointe,
Où ne puisse glisser une vilaine pointe.
« Oh! tu seras ainsi tenu pour un poltron ».
Soit, pourvu que toujours je branle le menton.
A table comptez-moi, si vous voulez, pour quatre ;
Mais comptez-moi pour rien, s'il s'agit de se battre ;
Enfin, si l'autre monde à des charmes pour vous,
Pour moi je trouve l'air de celui-ci fort doux.
Je n'ai pas grand' faim de mort ni de blessure ;
Et vous ferez le sot tout seul, je vous assure.

SCÈNE II.

VALÈRE, MASCARILLE.

VALÈRE.

Je n'ai jamais trouvé de jour plus ennuyeux :
Le soleil semble s'être oublié dans les cieux :
Et jusqu'au lit qui doit recevoir sa lumière
Je vois rester encore une telle carrière
Que je crois que jamais il ne l'achèvera,
Et que de sa lenteur mon ame enragera.

MASCARILLE.

Et cet empressement, pour s'en aller dans l'ombre
Pêcher vite à tâtons quelque sinistre encombre...
Vous voyez que Lucile, entière en ces rebuts. .

VALÈRE.

Ne me fais point ici de contes superflus.
Quand j'y devrais trouver cent embûches mortelles,
Je sens de son courroux des gênes trop cruelles :
Et je veux l'adoucir ou terminer mon sort.
C'est un point résolu.

MASCARILLE.

J'approuve ce transport :
Mais le mal est, monsieur, qu'il faudra s'introduire
En cachette.

VALÈRE.

Fort bien.

MASCARILLE.

Et j'ai peur de vous nuire.

VALÈRE.

Et comment?

MASCARILLE.

Une toux me tourmente à mourir,
Dont le bruit importun vous fera découvrir.
(*Il tousse*)
De moment en moment.. vous voyez le supplice.

VALÈRE.

Ce mal se passera, prends du jus de réglisse.

MASCARILLE.

Je ne crois pas, monsieur, qu'il veuille se passer.
Je serais ravi, moi, de ne vous point laisser :
Mais j'aurais un regret mortel, si j'étais cause
Qu'il fût à mon cher maître arrivé quelque chose.

SCENE III.

VALÈRE, LA RAPIÈRE, MASCARILLE.

LA RAPIÈRE.

Monsieur, de bonne part je viens d'être informé
Qu'Éraste est contre vous fortement animé,
Et qu'Albert parle aussi de faire pour sa fille
Rouer jambes et bras à votre Mascarille.

MASCARILLE.

Moi? Je ne suis pour rien dans tout cet embarras.
Qu'ai-je fait pour me voir rouer jambes et bras?
Suis-je donc gardien, pour employer ce style,
De la virginité des filles de la ville?
Sur la tentation ai-je quelque crédit?
Et puis-je mais, chétif, si le cœur leur en dit?

VALÈRE.

Oh! qu'ils ne seront pas si méchants qu'ils le disent;
Et, quelque belle ardeur que ses feux lui produisent,
Éraste n'aura pas si bon marché de nous.

LA RAPIÈRE.

S'il vous faisait besoin, mon bras est tout à vous.
Vous savez de tout temps que je suis un bon frère.

VALÈRE.

Je vous suis obligé, monsieur de la Rapière.

LA RAPIÈRE

J'ai deux amis aussi que je puis vous donner,
Qui contre tout venant sont gens à dédaigner,
Et sur qui vous pourrez prendre toute assurance.

MASCARILLE.

Acceptez-les, monsieur.

VALÈRE.

C'est trop de complaisance.

LA RAPIÈRE.

Le petit Gille encore eût pu nous assister,
Sans le triste accident qui vient de nous l'ôter.
Monsieur, le grand dommage! et l'homme de service
Vous avez su le tour que lui fit la justice :
Il mourut en César ; et, lui cassant les os,
Le bourreau ne lui put faire lâcher deux mots.

VALÈRE.

Monsieur de la Rapière, un homme de la sorte
Doit être regretté. Mais, quant à votre escorte,
Je vous rends grace.

LA RAPIÈRE

Soit : mais soyez averti
Qu'il vous cherche, et vous peut faire un mauvais parti.

VALÈRE.

Et moi, pour vous montrer combien je l'appréhende,
Je lui veux, s'il me cherche, offrir ce qu'il demande,
Et par toute la ville aller présentement,
Sans être accompagné que de lui seulement.

SCENE IV.

VALERE, MASCARILLE.

MASCARILLE. [audace!

Quoi! monsieur, vous voulez tenter Dieu? Quelle
Las! vous voyez tous deux comme l'on nous menace,
Combien de tous côtés...

VALÈRE.

Que regardes-tu là?

MASCARILLE.

C'est qu'il sent le bâton du côté que voilà.
Enfin si maintenant ma prudence en est crue,
Ne nous obstinons plus à rester dans la rue :
Allons nous renfermer.

VALÈRE.

Nous renfermer! faquin,
Tu m'oses proposer un acte de coquin?
Sus; sans plus de discours, résous-toi de me suivre.

MASCARILLE.

Hé! monsieur, mon cher maître, il est si doux de vivre!
On ne meurt qu'une fois; et c'est pour si longtemps!...

VALÈRE.

Je m'en vais t'assommer de coups, si je t'entends.
Ascagne vient ici; laissons-le : il faut attendre
Quel parti de lui même il résoudra de prendre
Cependant avec moi viens prendre à la maison
Pour nous frotter....

MASCARILLE.

Je n'ai nulle démangeaison.
Que maudit soit l'amour, et les filles maudites
Qui veulent en tâter, puis font les chatemites!

SCENE V.

ASCAGNE, FROSINE.

ASCAGNE.

Est-il bien vrai, Frosine, et ne rêvè-je point?
De grace, contez-moi bien tout de point en point.

FROSINE.

Vous en saurez assez le détail, laissez faire;
Ces sortes d'incidents ne sont, pour l'ordinaire
Que redits trop de fois de moment en moment.
Suffit que vous sachiez qu'après ce testament
Qui voulait un garçon pour tenir sa promesse
De la femme d'Albert la dernière grossesse
N'accoucha que de vous; et que lui, dessous main,
Ayant depuis longtemps concerté son dessein,
Fit son fils de celui d'Ignès la bouquetière,
Qui vous donna pour sienne à nourrir à ma mère
La mort ayant ravi ce petit innocent
Quelques dix mois après, Albert étant absent,
La crainte d'un époux et l'amour maternelle
Firent l'évènement d'une ruse nouvelle.
Sa femme en secret lors se rendit son vrai sang,
Vous devîntes celui qui tenait votre rang;
Et la mort de ce fils mis dans votre famille
Se couvrit pour Albert de celle de sa fille.
Voilà de votre sort un mystère éclairci,
Que votre feinte mère a caché jusqu'ici;
Elle en dit des raisons, et peut en avoir d'autres
Par qui ses intérêts n'étaient pas tous les vôtres
Enfin cette visite, où j'espérais si peu,
Plus qu'on ne pouvait croire a servi votre feu.
Cette Ignès vous relâche; et par votre autre affaire
L'éclat de son secret devenu nécessaire,
Nous en avons nous deux votre père informé.
Un billet de sa femme a le tout confirmé;
Et poussant plus avant encore notre pointe,
Quelque peu de fortune à notre adresse jointe,
Aux intérêts d'Albert, de Polidore, après,
Nous avons ajusté si bien les intérêts,
Si doucement à lui déployé ces mystères,
Pour n'effaroucher pas d'abord trop les affaires;
Enfin, pour dire tout, mené si prudemment
Son esprit pas à pas à l'accommodement,
Qu'autant que votre père il montre de tendresse
A confirmer les nœuds qui font votre allégresse.

ASCAGNE.

Ah! Frosine, la joie où vous m'acheminez....
Hé! que ne dois-je point à vos soins fortunés!

FROSINE.

Au reste le bon homme est en humeur de rire,
Et pour son fils encor nous défend de rien dire.

SCENE VI.

POLIDORE, ASCAGNE, FROSINE.

POLIDORE.

Approchez-vous, ma fille, un tel nom m'est permis,
Et j'ai su le secret que cachaient ces habits.
Vous avez fait un trait qui, dans sa hardiesse,
Fait briller tant d'esprit, et tant de gentillesse,
Que je vous en excuse, et tiens mon fils heureux
Quand il saura l'objet de ses soins amoureux.
Vous valez tout au monde, et c'est moi qui l'assure.
Mais le voici; prenons plaisir de l'aventure.
Allez faire venir tous vos gens promptement.

ASCAGNE.

Vous obéir sera mon premier compliment.

SCENE VII.

POLIDORE, VALÈRE, MASCARILLE.

MASCARILLE, *à Valère.*

Les disgraces souvent sont du ciel révélées.
J'ai songé cette nuit de perles défilées
Et d'œufs cassés, monsieur : un tel songe m'abat.

VALÈRE.

Chien de poltron!

POLIDORE.

Valère, il s'apprête un combat
Où toute ta valeur te sera nécessaire :
Tu vas avoir en tête un puissant adversaire.

MASCARILLE.

Et personne, monsieur, qui se veuille bouger
Pour retenir des gens qui se vont égorger?
Pour moi, je le veux bien; mais au moins, s'il arrive
Qu'un funeste accident de votre fils vous prive,
Ne m'en accusez point.

POLIDORE.

Non, non; en cet endroit,
Je le pousse moi-même à faire ce qu'il doit.

MASCARILLE.

Père dénaturé!

VALÈRE.

Ce sentiment, mon père,
Est d'un homme de cœur, et je vous en révère.
J'ai dû vous offenser et je suis criminel
D'avoir fait tout ceci sans l'aveu paternel :
Mais, à quelque dépit que ma faute vous porte,
La nature toujours se montre la plus forte;
Et votre honneur fait bien, quand il ne veut pas voir.
Que le transport d'Eraste ait de quoi m'émouvoir.

POLIDORE.

On me faisait tantôt redouter sa menace :
Mais les choses depuis ont bien changé de face;
Et, sans le pouvoir fuir, d'un ennemi plus fort
Tu vas être attaqué.

MASCARILLE.

Point de moyen d'accord?

VALÈRE.

Moi, le fuir! Dieu m'en garde! Et qui donc pourrait-ce [être?

POLIDORE.

Ascagne.

VALÈRE.

Ascagne?

POLIDORE.

Oui, tu le vas voir paraître.

VALÈRE.

Lui, qui de me servir m'avait donné sa foi!

POLIDORE.

Oui c'est lui qui prétend avoir affaire à toi,
Et qui veut, dans le champ où l'honneur vous appelle,
Qu'un combat seul à seul vide votre querelle.

MASCARILLE.

C'est un brave homme; il sait que les cœurs généreux
Ne mettent point les gens en compromis pour eux.

POLIDORE.

Enfin, d'une imposture ils te rendent coupable,
Dont le ressentiment m'a paru raisonnable :
Si bien qu'Albert et moi sommes tombés d'accord
Que tu satisferais Ascagne sur ce tort,
Mais aux yeux d'un chacun, et sans nulles remises,
Dans les formalités en pareil cas requises.

VALÈRE.

Et Lucile, mon père, a d'un cœur endurci...

POLIDORE.

Lucile épouse Eraste, et te condamne aussi,
Et pour convaincre mieux tes discours d'injustice,
Veut qu'à tes propres yeux cet hymen s'accomplisse.

VALÈRE.

Ah! c'est une imprudence à me mettre en fureur!
Elle a donc perdu sens, foi, conscience, honneur!

SCENE VIII.

ALBERT, POLIDORE, LUCILE, ERASTE, VALÈRE, MASCARILLE.

ALBERT.

Hé bien! les combattants? on amène le nôtre?
Avez-vous disposé le courage du vôtre?

VALÈRE.

Oui, oui, me voilà prêt, puisqu'on m'y veut forcer,
Et si j'ai pu trouver sujet de balancer,
Un reste de respect en pouvait être cause,
Et non pas la valeur du bras que l'on m'oppose.
Mais c'est trop me pousser, ce respect est à bout,
A toute extrémité mon esprit se resout;
Et l'on fait voir un trait de perfidie étrange,
Dont il faut hautement que mon esprit se venge.
(*à Lucile.*)
Non pas que cet amour prétende encore à vous,
Tout son feu se résout en ardeur de courroux;
Et quand j'aurai rendu votre honte publique,
Votre coupable hymen n'aura rien qui me pique.
Allez, ce procédé, Lucile, est odieux;
A peine en puis-je croire au rapport de mes yeux :
C'est de toute pudeur se montrer ennemie,
Et vous devriez mourir d'une telle infamie.

LUCILE.

Un semblable discours me pourrait affliger,
Si je n'avais en main qui saura m'en venger.
Voici venir Ascagne; il aura l'avantage
De vous faire changer bien vîte de langage.
Et sans beaucoup d'effort.

SCENE IX.

ALBERT, POLIDORE, ASCAGNE, LUCILE, ERASTE, VALÈRE, FROSINE, MARINETTE, GROS-RENÉ, MASCARILLE.

VALÈRE.

Il ne le fera pas,
Quand il joindrait au sien encor vingt autres bras.
Je le plains de défendre une sœur criminelle :
Mais puisque son erreur me veut faire querelle,
Nous le satisferons, et vous, mon brave, aussi.

ERASTE.

Je prenais intérêt tantôt à tout ceci;
Mais enfin, comme Ascagne a pris sur lui l'affaire,
Je ne veux plus en prendre, et je le laisse faire.

VALÈRE.

C'est bien fait; la prudence est toujours de saison.
Mais...

ERASTE.

Il saura pour tous vous mettre à la raison.

VALÈRE.

Lui?

POLIDORE.

Ne t'y trompe pas, tu ne sais pas encore
Quel étrange garçon est Ascagne.

ALBERT.

Il l'ignore;
Mais il pourra dans peu le lui faire savoir.

VALÈRE.

Sus donc, que maintenant il me le fasse voir.

MARINETTE.

Aux yeux de tous?

GROS-RENÉ.

Cela ne serait pas honnête.

VALÈRE.

Se moque-t-on de moi? Je casserai la tête
A quelqu'un des rieurs. Enfin, voyons l'effet.

ASCAGNE.

Non, non, je ne suis pas si méchant qu'on me fait;
Et, dans cette aventure où chacun m'intéresse,
Vous allez voir plutôt éclater ma faiblesse,
Connaître que le ciel, qui dispose de nous,
Ne me fit pas un cœur pour tenir contre vous,
Et qu'il vous réservait pour victoire facile
De finir le destin du frère de Lucile.
Oui, bien loin de vanter le pouvoir de mon bras,
Ascagne va pour vous recevoir le trépas.
Mais il veut bien mourir, si sa mort nécessaire
Peut avoir maintenant de quoi vous satisfaire,
En vous donnant pour femme, en présence de tous,
Celle qui justement ne peut être qu'à vous.

VALÈRE.

Non, quand toute la terre, après sa perfidie
Et les traits effrontés...

ASCAGNE.

Ah! souffrez que je die,
Valère, que le cœur qui vous est engagé
D'aucun crime envers vous ne peut être chargé :
Sa flamme est toujours pure et sa constance extrême,
Et j'en prends à témoin votre père lui-même.

POLIDORE.

Oui, mon fils, c'est assez rire de ta fureur,
Et je vois qu'il est temps de te tirer d'erreur.
Celle à qui par serment ton ame est attachée,
Sous l'habit que tu vois à tes yeux est cachée :
Un intérêt de bien, dès ses plus jeunes ans,
Fit ce déguisement qui trompe tant de gens;
Et depuis peu l'amour en a su faire un autre,
Qui t'abusa, joignant leur famille à la nôtre.
Ne va point regarder à tout le monde aux yeux;
Je te fais maintenant un discours sérieux.
Oui, c'est elle, en un mot, dont l'adresse subtile,
La nuit, reçut ta foi sous le nom de Lucile,
Et qui, par ce ressort qu'on ne comprenait pas,
A semé parmi vous un si grand embarras.
Mais puisqu'Ascagne ici fait place à Dorothée,
Il faut voir de vos feux toute imposture ôtée,
Et qu'un nœud plus sacré donne force au premier.

ALBERT.

Et c'est là justement ce combat singulier
Qui devait envers nous réparer votre offense,
Et pour qui les édits n'ont point fait de défense.

POLIDORE.

Un tel évènement rend tes esprits confus :
Mais en vain tu voudrais balancer là-dessus.

VALÈRE.

Non, non, je ne veux pas songer à m'en défendre;
Et si cette aventure a lieu de me surprendre;
La surprise me flatte; et je me sens saisir
De merveille à la fois, d'amour, et de plaisir :
Se peut-il que ces yeux...?

ALBERT.

Cet habit, cher Valère,
Souffre mal les discours que vous lui pourriez faire.
Allons lui faire en prendre un autre, et cependant
Vous saurez le détail de tout cet incident.

VALÈRE.

Vous, Lucile, pardon si mon ame abusée...

LUCILE.

L'oubli de cette injure est une chose aisée.

ALBERT.

Allons, ce compliment se fera bien chez nous,
Et nous aurons loisir de nous en faire tous.

ERASTE.

Mais vous ne songez pas, en tenant ce langage,
Qu'il reste encore ici des sujets de carnage.
Voilà bien à tous deux notre amour couronné;
Mais, de son Mascarille et de mon Gros-René,
Par qui doit Marinette être ici possédée,
Il faut que par le sang l'affaire soit vidée.

MASCARILLE.

Nenni, nenni; mon sang dans mon corps sied trop bien.
Qu'il l'épouse en repos, cela ne me fait rien.
De l'humeur que je sais la chère Marinette,
L'hymen ne ferme pas la porte à la fleurette.

MARINETTE.

Et tu crois que de toi je ferais mon galant?
Un mari, passe encore, tel qu'il est on le prend;
On n'y va pas chercher tant de cérémonie :
Mais il faut qu'un galant soit fait à faire envie.

GROS-RENÉ.

Ecoute, quand l'hymen aura joint nos deux peaux,
Je prétends qu'on soit sourde à tous les damoiseaux.

MASCARILLE.

Tu crois te marier pour toi tout seul, compère?

GROS-RENÉ.

Bien entendu : je veux une femme sévère,
Ou je ferai beau bruit.

MASCARILLE.

Hé ! mon Dieu ! tu feras
Comme les autres font, et tu t'adouciras.
Ces gens avant l'hymen si fâcheux et critiques,
Dégénèrent souvent en maris pacifiques.

MARINETTE.

Va, va, petit mari, ne crains rien de ma foi;
Les douceurs ne feront que blanchir contre moi,
Et je te dirai tout.

MASCARILLE.

O la fine pratique,
Un mari confident!

MARINETTE.

Taisez-vous, as de pique.

ALBERT.

Pour la troisième fois, allons-nous-en chez nous
Poursuivre en liberté des entretiens si doux.

FIN DU DÉPIT AMOUREUX.

LES

PRÉCIEUSES RIDICULES.

COMÉDIE EN UN ACTE.

1659.

PERSONNAGES.

LA GRANGE, DU CROISY, } amants rebutés.

GORGIBUS, bon bourgeois.

MADELON, fille de Gorgibus, précieuse ridicule.

CATHOS, nièce de Gorgibus, précieuse ridicule.

MAROTTE, servante des précieuses ridicules.

ALMANZOR, laquais des précieuses ridicules.

Le marquis de MASCARILLE, valet de La Grange.

Le vicomte de JODELET, valet de Du Croisy.

LUCILE, voisine de Gorgibus.

CÉLIMÈNE, voisine de Gorgibus.

DEUX PORTEURS DE CHAISE.

VIOLONS.

La scène est à Paris, dans la maison de Gorgibus.

PRÉFACE.

C'est une chose étrange, qu'on imprime les gens malgré eux ! Je ne vois rien de si injuste, et je pardonnerais toute autre violence plutôt que celle-là.

Ce n'est pas que je veuille faire ici l'auteur modeste, et mépriser par honneur ma comédie : j'offenserais mal à propos tout Paris, si je l'accusais d'avoir pu applaudir à une sottise. Comme le public est le juge absolu de ces sortes d'ouvrages, il y aurait de l'impertinence à moi de le démentir ; et quand j'aurais eu la plus mauvaise opinion du monde de mes *Précieuses ridicules* avant leur représentation, je dois croire maintenant qu'elles valent quelque chose, puisque tant de gens ensemble en ont dit du bien. Mais comme une grande partie des graces qu'on y a trouvées dépendent de l'action et du ton de voix, il m'importait qu'on ne les dépouillât pas de ces ornements; et je trouvais que le succès qu'elles avaient eu, dans la représentation, était assez beau pour en demeurer là. J'avais résolu, dis-je, de ne les faire voir qu'à la chandelle, pour ne point donner lieu à quelqu'un de dire le proverbe; et je ne voulais pas qu'elles sautassent du théâtre de Bourbon dans la galerie du Palais. Cependant je n'ai pu l'éviter, et je suis tombé dans la disgrace de voir une copie dérobée de ma pièce entre les mains des libraires, accompagnée d'un privilège obtenu par surprise. J'ai eu beau crier, O temps! ô mœurs! on m'a fait voir une nécessité pour moi d'être imprimé, ou d'avoir un procès; et le dernier mal est encore pire que le premier. Il faut donc se laisser aller à la destinée, et consentir à une chose qu'on ne laisserait pas de faire sans moi.

Mon Dieu ! l'étrange embarras qu'un livre à mettre au jour! et qu'un auteur est neuf la première fois qu'on l'imprime! Encore, si l'on m'avait donné du temps, j'aurais pu mieux songer à moi, et j'aurais pris toutes les précautions que Messieurs les auteurs, à présent mes confrères, ont coutume de prendre en semblables occasions. Outre quelque grand seigneur que j'aurais été prendre malgré lui pour protecteur de mon ouvrage, et dont j'aurais tenté la libéralité par une épître dédicatoire bien fleurie, j'aurais tâché de faire une belle et docte préface; et je ne manque point de livres qui m'auraient fourni tout ce qu'on peut dire de savant sur la tragédie et la comédie, l'étymologie de toutes deux, leur origine, leur définition, et le reste. J'aurais parlé aussi à mes amis, qui, pour la recommandation de ma pièce, ne m'auraient pas refusé, ou des vers français, ou des vers latins. J'en ai même qui m'auraient loué en grec; et l'on n'ignore pas qu'une louange en grec est d'une merveilleuse efficace à la tête d'un livre. Mais on me met au jour sans me donner le loisir de me reconnaître ; et je ne puis même obtenir la liberté de dire deux mots pour justifier mes intentions sur le sujet de cette comédie. J'aurais voulu faire voir qu'elle se tient partout dans les bornes de la satyre honnête et permise; que les plus excellentes choses sont sujettes à être copiées par de mauvais singes qui méritent d'être bernés ; que ces vicieuses imitations de ce qu'il y a de plus parfait ont été de tout temps la matière de la comédie ; et que par la même raison que les veritables savants et les vrais braves ne se sont point encore avisés de s'offenser du docteur de la comédie, et du capitan, non plus que les juges, les princes et les rois, de voir Trivelin ou quelque autre, sur le théâtre, faire ridiculement le juge, le prince, ou le roi ; aussi les véritables précieuses auraient tort de se piquer lorsqu'on joue les ridicules qui les imitent mal. Mais enfin, comme j'ai dit, on ne me laisse pas le temps de respirer, et M. de Luynes veut m'aller faire relier de ce pas. A la bonne heure, puisque Dieu l'a voulu.

LES

PRÉCIEUSES RIDICULES.

ACTE PREMIER.

SCÈNE PREMIERE.

LA GRANGE, DU CROISY.

DU CROISY.

SEIGNEUR la Grange....

LA GRANGE.

Quoi?

DU CROISY.

Regardez-moi un peu sans rire.

LA GRANGE.

Hé bien?

DU CROISY.

Que dites-vous de notre visite? En êtes-vous fort satisfait?

LA GRANGE.

A votre avis, avons-nous sujet de l'être tous deux?

DU CROISY.

Pas tout à fait, à dire vrai.

LA GRANGE.

Pour moi, je vous avoue que j'en suis tout scandalisé. A-t-on jamais vu, dites-moi, deux pecques provinciales faire plus les renchéries que celles-là, et deux hommes traités avec plus de mépris que nous? A peine ont-elles pu se résoudre à nous faire donner des siéges. Je n'ai jamais vu tant parler à l'oreille qu'elles ont fait entre elles, tant bâiller, tant se frotter les yeux, et demander tant de fois, quelle heure est-il? Ont-elles répondu que oui et non, à tout ce que nous avons pu leur dire? Et ne m'avouerez-vous pas enfin que, quand nous aurions été les dernières personnes du monde, on ne pouvait nous faire pis qu'elles ont fait?

DU CROISY.

Il me semble que vous prenez la chose fort à cœur.

LA GRANGE.

Sans doute, je l'y prends, et de telle façon, que je me veux venger de cette impertinence. Je connais ce qui nous a fait mépriser. L'air précieux n'a pas seulement infecté Paris; il s'est aussi répandu dans les provinces, et nos donzelles ridicules en ont humé leur bonne part. En un mot, c'est un ambigu de précieuse et de coquette que leur personne. Je vois ce qu'il faut être pour en être bien reçu; et si vous m'en croyez, nous leur jouerons tous deux une pièce qui leur fera voir leur sottise, et pourra leur apprendre à connaître un peu mieux leur monde.

DU CROISY.

Et comment encore?

LA GRANGE.

J'ai un certain valet, nommé Mascarille, qui passe, au sentiment de beaucoup de gens, pour une manière de bel esprit; il n'y a rien à meilleur marché que le bel esprit maintenant. C'est un extravagant qui s'est mis dans la tête de vouloir faire l'homme de condition. Il se pique ordinairement de galanterie et de vers, et dédaigne les autres valets, jusqu'à les appeler brutaux.

DU CROISY.

Hé bien! qu'en prétendez-vous faire?

LA GRANGE.

Ce que j'en prétends faire? Il faut.... Mais sortons d'ici auparavant.

SCENE II.

GORGIBUS, DU CROISY, LA GRANGE.

GORGIBUS.

Hé bien! vous avez vu ma nièce et ma fille? Les affaires iront-elles bien? Quel est le résultat de cette visite?

LA GRANGE.

C'est une chose que vous pourrez mieux apprendre d'elles que de nous. Tout ce que nous pouvons vous dire, c'est que nous vous rendons grace de la faveur que vous nous avez faite, et demeurons vos très humbles serviteurs.

DU CROISY.

Vos très humbles serviteurs.

GORGIBUS, *seul.*

Ouais! il semble qu'ils sortent mal satisfaits d'ici. D'où pourrait venir leur mécontentement? Il faut savoir un peu ce que c'est. Holà.

SCÈNE III.

GORGIBUS, MAROTTE.

MAROTTE.

Que désirez-vous, monsieur?

GORGIBUS.

Où sont vos maîtresses?

MAROTTE.

Dans leur cabinet.

GORGIBUS.

Que font-elles?

MAROTTE.

De la pommade pour les lèvres.

GORGIBUS.

C'est trop pommadé: dites-leur qu'elles descendent.

SCÈNE IV.

GORGIBUS, *seul.*

Ces pendardes-là, avec leur pommade, ont, je pense, envie de me ruiner. Je ne vois partout que blancs d'œufs, lait virginal, et mille autres brimborions que je ne connais point. Elles ont usé, depuis que nous sommes ici, le lard d'une douzaine de cochons, pour le moins; et quatre valets vivraient tous les jours des pieds de mouton qu'elles emploient

SCENE V.

MADELON, CATHOS, GORGIBUS.

GORGIBUS.

Il est bien nécessaire, vraiment, de faire tant de dépense pour vous graisser le museau! Dites-moi un peu ce que vous avez fait à ces messieurs, que je les vois sortir avec tant de froideur. Vous avais-je pas commandé de les recevoir comme des personnes que je voulais vous donner pour maris?

MADELON.

Et quelle estime, mon père, voulez-vous que nous fassions du procédé irrégulier de ces gens-là?

CATHOS.

Le moyen, mon oncle, qu'une fille un peu raisonnable se pût accommoder de leur personne?

GORGIBUS.

Et qu'y trouvez-vous à redire?

MADELON.

La belle galanterie que la leur! Quoi! débuter d'abord par le mariage!

GORGIBUS.

Et par où veux-tu donc qu'ils débutent? par le concubinage? N'est-ce pas un procédé dont vous avez sujet de vous louer toutes deux, aussi bien que moi? Est-il rien de plus obligeant que cela? Et ce lien sacré où ils aspirent, n'est-il pas un témoignage de l'honnêteté de leurs intentions?

MADELON.

Ah! mon père, ce que vous dites là est du dernier bourgeois. Cela me fait honte de vous ouïr parler de la sorte; et vous devriez un peu vous faire apprendre le bel air des choses.

GORGIBUS.

Je n'ai que faire ni d'air ni de chanson. Je te dis que le mariage est une chose sainte et sacrée, et que c'est faire en honnêtes gens que de débuter par là.

MADELON.

Mon Dieu! que si tout le monde vous ressemblait.

un roman serait bientôt fini! La belle chose que ce serait si d'abord Cyrus épousait Mandane, et qu'Aronce de plain-pied fût mariée à Clélie !

GORGIBUS.

Que me vient conter celle-ci ?

MADELON.

Mon père, voilà ma cousine qui vous dira, aussi bien que moi, que le mariage ne doit jamais arriver qu'après les autres aventures. Il faut qu'un amant, pour être agréable, sache débiter les beaux sentiments, pousser le doux, le tendre et le passionné, et que sa recherche soit dans les formes. Premièrement, il doit voir au temple, ou à la promenade, ou dans quelque cérémonie publique, la personne dont il devient amoureux; ou bien être conduit fatalement chez elle par un parent ou un ami, et sortir de là tout rêveur et mélancolique. Il cache un temps sa passion à l'objet aimé, et cependant lui rend plusieurs visites, où l'on ne manque jamais de mettre sur le tapis une question galante qui exerce les esprits de l'assemblée. Le jour de la déclaration arrive, qui se doit faire ordinairement dans une allée de quelque jardin, tandis que la compagnie s'est un peu éloignée; et cette déclaration est suivie d'un prompt courroux qui paraît à notre rougeur, et qui, pour un temps, bannit l'amant de notre présence. Ensuite il trouve moyen de nous apaiser, de nous accoutumer insensiblement au discours de sa passion, et de tirer de nous cet aveu qui fait tant de peine. Après cela viennent les aventures, les rivaux qui se jettent à la traverse d'une inclination établie, les persécutions des pères, les jalousies conçues sur de fausses apparences, les plaintes, les désespoirs, les enlèvements, et ce qui s'ensuit. Voilà comme les choses se traitent dans les belles manières; et ce sont des règles dont, en bonne galanterie, on ne saurait se dispenser. Mais en venir de but en blanc à l'union conjugale, ne faire l'amour qu'en faisant le contrat de mariage, et prendre justement le roman par la queue; encore un coup, mon père, il ne se peut rien de plus marchand que ce procédé; et j'ai mal au cœur de la seule vision que cela me fait.

GORGIBUS.

Quel diable de jargon entends-je ici? Voici bien du haut style.

CATHOS.

En effet, mon oncle, ma cousine donne dans le vrai de la chose. Le moyen de bien recevoir des gens qui sont tout à fait incongrus en galanterie? Je m'en vais gager qu'ils n'ont jamais vu la carte de Tendre, et que Billets-doux, Petits-soins, Billets-galants et Jolis-vers, sont des terres inconnues pour eux. Ne voyez-vous pas que toute leur personne marque cela, et qu'ils n'ont point cet air qui donne d'abord bonne opinion des gens? Venir en visite amoureuse avec une jambe tout unie, un chapeau désarmé de plumes, une tête irrégulière en cheveux, et un habit qui souffre une indigence de rubans; mon Dieu! quels amants sont-ce là! Quelle frugalité d'ajustement, et quelle sécheresse de conversation! On n'y dure point, on n'y tient pas. J'ai remarqué encore que leurs rabats ne sont pas de la bonne faiseuse, et qu'il s'en faut plus d'un grand demi-pied que leurs hauts de chausses ne soient assez larges.

GORGIBUS.

Je pense qu'elles sont folles toutes deux, et je ne puis rien comprendre à ce baragouin. Cathos, et vous, Madelon...

MADELON.

Hé! de grace, mon père, défaites-vous de ces noms étranges, et nous appelez autrement.

GORGIBUS.

Comment, ces noms étranges! Ne sont-ce pas vos noms de baptême?

MADELON.

Mon Dieu! que vous êtes vulgaire! Pour moi, un de mes étonnements, c'est que vous ayez pu faire une fille si spirituelle que moi. A-t-on jamais parlé, dans le beau style, de Cathos ni de Madelon? et ne m'avouerez-vous pas que ce serait assez d'un de ces noms pour décrier le plus beau roman du monde?

CATHOS.

Il est vrai, mon oncle, qu'une oreille un peu délicate pâtit furieusement à entendre prononcer ces mots-là; et le nom de Polixène, que ma cousine a choisi, et celui d'Aminte, que je me suis donné, ont une grace dont il faut que vous demeuriez d'accord.

GORGIBUS.

Écoutez; il n'y a qu'un mot qui serve. Je n'entends point que vous ayez d'autres noms que ceux qui vous ont été donnés par vos parrains et marraines; et pour ces messieurs dont il est question, je connais leurs familles et leurs biens, et je veux résolument que vous vous disposiez à les recevoir pour maris. Je me lasse de vous avoir sur les bras, et la garde de deux filles est une charge un peu trop pesante pour un homme de mon âge.

CATHOS.

Pour moi, mon oncle, tout ce que je puis vous dire, c'est que je trouve le mariage une chose tout à fait choquante. Comment est-ce qu'on peut souffrir la pensée de coucher contre un homme vraiment nu?

MADELON.

Souffrez que nous prenions un peu haleine parmi le beau monde de Paris, où nous ne faisons que d'arriver. Laissez-nous faire à loisir le tissu de notre roman, et n'en pressez point tant la conclusion.

GORGIBUS, *à part.*

Il n'en faut point douter, elles sont achevées. (*haut.*) Encore un coup, je n'entends rien à toutes ces balivernes, je veux être maître absolu; et pour trancher toutes sortes de discours, où vous serez mariées toutes deux avant qu'il soit peu, ou, ma foi, vous serez religieuses; j'en fais un bon serment.

SCÈNE VI.

CATHOS, MADELON.

CATHOS.

Mon Dieu! ma chère, que ton père a la forme enfoncée dans la matière! que son intelligence est épaisse! et qu'il fait sombre dans son ame!

MADELON.

Que veux-tu, ma chère! je suis en confusion pour lui; j'ai peine à me persuader que je puisse être véritablement sa fille, et je crois que quelque aventure, un jour, me viendra développer une naissance plus illustre.

CATHOS.

Je le croirais bien; oui, il y a toutes les apparences du monde. Et pour moi, quand je me regarde aussi...

SCÈNE VII.

CATHOS, MADELON, MAROTTE.

MAROTTE.

Voilà un laquais qui demande si vous êtes au logis, et dit que son maître vous veut venir voir.

MADELON.

Apprenez, sotte, à vous énoncer moins vulgairement. Dites: Voilà un nécessaire qui demande si vous êtes en commodité d'être visibles.

MAROTTE.

Dame! je n'entends point le latin; et je n'ai pas appris, comme vous, la filophie dans le grand Cyre.

MADELON.

L'impertinente! Le moyen de souffrir cela! Et qui est-il, le maître de ce laquais?

MAROTTE.

Il me l'a nommé le marquis de Mascarille.

MADELON.

Ah! ma chère, un marquis! Oui, allez dire qu'on peut nous voir. C'est sans doute un bel esprit qui aura oui parler de nous.

CATHOS.

Assurément, ma chère.

MADELON.

Il faut le recevoir dans cette salle basse, plutôt qu'en notre chambre. Ajustons un peu nos cheveux au moins, et soutenons notre réputation. Vite, venez nous tendre ici dedans le conseiller des graces.

MAROTTE.

Par ma foi, je ne sais point quelle bête c'est là; il faut parler chrétien, si vous voulez que je vous entende.

CATHOS.

Apportez-nous le miroir, ignorante que vous êtes, et gardez-vous bien d'en salir la glace par la communication de votre image.

(*Elles sortent.*)

SCÈNE VIII.

MASCARILLE, DEUX PORTEURS.

MASCARILLE.

Holà, porteurs, holà. Là, là, là, là, là, là. Je pense que ces marauds-là ont le dessein de me briser à force de heurter contre les murailles et les pavés.

PREMIER PORTEUR.

Dame! c'est que la porte est étroite. Vous avez voulu aussi que nous soyons entrés jusqu'ici.

MASCARILLE.

Je le crois bien, voudriez-vous, faquins, que j'exposasse l'embonpoint de mes plumes aux inclémences de la saison pluvieuse, et que j'allasse imprimer mes souliers en boue? Allez, ôtez votre chaise d'ici.

DEUXIÈME PORTEUR.

Payez-nous donc, s'il vous plaît, monsieur.

MASCARILLE.

Hein?

DEUXIÈME PORTEUR.

Je dis, monsieur, que vous nous donniez de l'argent, s'il vous plaît.

MASCARILLE, *lui donnant un soufflet.*

Comment, coquin! demander de l'argent à une personne de ma qualité!

DEUXIÈME PORTEUR.

Est-ce ainsi qu'on paye les pauvres gens? et votre qualité nous donne-t-elle à dîner?

MASCARILLE.

Ah! ah! je vous apprendrai à vous connaître. Ces canailles-là s'osent jouer à moi!

PREMIER PORTEUR, *prenant un des bâtons de sa chaise.*

Çà, payez-nous vitement.

MASCARILLE.

Quoi?

PREMIER PORTEUR.

Je dis que je veux avoir de l'argent, tout à l'heure.

MASCARILLE.

Il est raisonnable celui-là.

PREMIER PORTEUR.

Vite donc.

MASCARILLE.

Oui-dà, tu parles comme il faut, toi; mais l'autre est un coquin qui ne sait ce qu'il dit. Tiens, es-tu content?

PREMIER PORTEUR.

Non, je ne suis pas content; vous avez donné un soufflet à mon camarade, et... (*levant son bâton.*)

MASCARILLE.

Doucement; tiens, voilà pour le soufflet. On obtient tout de moi quand on s'y prend de la bonne façon. Allez, venez me reprendre tantôt pour aller au Louvre, au petit coucher.

SCÈNE IX.

MAROTTE, MASCARILLE.

MAROTTE.

Monsieur, voilà mes maîtresses qui vont venir tout à l'heure.

MASCARILLE.

Qu'elles ne se pressent point; je suis ici posté commodément pour attendre.

MAROTTE.

Les voici.

SCENE X.

MADELON, CATHOS, MASCARILLE, ALMANZOR.

MASCARILLE, *après avoir salué.*

Mesdames, vous serez surprises, sans doute, de l'audace de ma visite; mais votre réputation vous attire cette méchante affaire, et le mérite a pour moi des charmes si puissants, que je cours partout après lui.

MADELON.

Si vous poursuivez le mérite, ce n'est pas sur nos terres que vous devez chasser.

CATHOS.

Pour avoir chez nous le mérite, il a fallu que vous l'y ayez amené.

MASCARILLE.

Ah! je m'inscris en faux contre vos paroles. La renommée accuse juste en contant ce que vous valez; et vous allez faire pic, repic et capot tout ce qu'il y a de galant dans Paris.

MADELON.

Votre complaisance pousse un peu trop avant la libéralité de ses louanges; et nous n'avons garde, ma cousine et moi, de donner de notre sérieux dans le doux de votre flatterie.

CATHOS.

Ma chère, il faudrait faire donner des sièges.

MADELON.

Holà! Almanzor.

ALMANZOR.

Madame?

MADELON.

Vite, voiturez-nous ici les commodités de la conversation.

MASCARILLE.

Mais, au moins, y a-t-il sûreté ici pour moi?

(*Almanzor sort.*)

CATHOS.

Que craignez-vous?

MASCARILLE.

Quelque vol de mon cœur, quelque assassinat de ma franchise. Je vois ici deux yeux qui ont la mine d'être de fort mauvais garçons, de faire insulte aux libertés, et de traiter une ame de Turc à More. Comment diable! d'abord qu'on les approche, ils se mettent sur leur garde meurtrière! Ah! par ma foi, je m'en défie; et je m'en vais gagner au pied, ou je veux caution bourgeoise qu'ils ne me feront point de mal.

MADELON.

Ma chère, c'est le caractère enjoué.

CATHOS.

Je vois bien que c'est un Amilcar.

MADELON.

Ne craignez rien, nos yeux n'ont point de mauvais desseins, et votre cœur peut dormir en assurance sur leur prud'homie.

CATHOS.

Mais, de grace, monsieur, ne soyez point inexorable à ce fauteuil qui vous tend les bras il y a un quart d'heure; contentez un peu l'envie qu'il a de vous embrasser.

MASCARILLE, *après s'être peigné et avoir ajusté ses canons.*

Hé bien! mesdames, que dites-vous de Paris!

MADELON.

Hélas! qu'en pourrions-nous dire? Il faudrait être l'antipode de la raison pour ne pas confesser que Paris est le grand bureau des merveilles, le centre du bon goût, du bel esprit, et de la galanterie.

MASCARILLE.

Pour moi, je tiens que hors de Paris il n'y a point de salut pour les honnêtes gens.

CATHOS.

C'est une vérité incontestable.

MASCARILLE.

Il y fait un peu crotté; mais nous avons la chaise.

MADELON.

Il est vrai que la chaise est un retranchement mervemens contre les insultes de la boue et du mauvais temps.

MASCARILLE.

Vous recevez beaucoup de visites ? Quel bel esprit est des vôtres?

MADELON.

Hélas! nous ne sommes pas encore connues, mais nous sommes en passe de l'être, et nous avons une amie particulière qui nous a promis d'amener ici tous ces messieurs du Recueil des pièces choisies.

CATHOS.

Et certains autres qu'on nous a nommés aussi pour être les arbitres souverains des belles choses.

MASCARILLE.

C'est moi qui ferai votre affaire mieux que personne : ils me rendent tous visite ; et je puis dire que je ne me lève jamais sans une demi-douzaine de beaux esprits.

MADELON.

Hé! mon Dieu! nous vous serons obligées de la dernière obligation, si vous nous faites cette amitié; car enfin il faut avoir la connaissance de tous ces messieurs-là, si l'on veut être du beau monde. Ce sont eux qui donnent le branle à la réputation dans Paris; et vous savez qu'il y en a tel dont il ne faut que la seule fréquentation pour vous donner bruit de connaisseuse, quand il n'y aurait rien autre chose que cela. Mais pour moi, ce que je considère particulièrement, c'est que, par le moyen de ces visites spirituelles, on est instruit de cent choses qu'il faut savoir de nécessité, et qui sont de l'essence du bel esprit. On apprend par là chaque jour les petites nouvelles galantes, les jolis commerces de prose ou de vers. On sait à point nommé : un tel a composé la plus jolie pièce du monde sur un tel sujet; une telle a fait des paroles sur un tel air : celui-ci a fait un madrigal sur une jouissance; celui-là a composé des stances sur une infidélité : monsieur un tel écrivit hier au soir un sixain à mademoiselle une telle, dont elle lui a envoyé la réponse ce matin sur les huit heures : un tel auteur a fait un tel dessein; celui-là est à la troisième partie de son roman, cet autre met ses ouvrages sous la presse. C'est là ce qui vous fait valoir dans les compagnies; et si l'on ignore ces choses, je ne donnerais pas un clou de tout l'esprit qu'on peut avoir.

CATHOS.

En effet, je trouve que c'est renchérir sur le ridicule, qu'une personne se pique d'esprit et ne sache pas jusqu'au moindre petit quatrain qui se fait chaque jour; et pour moi j'aurais toutes les hontes du monde, s'il fallait qu'on vînt à me demander si j'aurais vu quelque chose de nouveau que je n'aurais pas vu.

MASCARILLE.

Il est vrai qu'il est honteux de n'avoir pas des premiers tout ce qui se fait. Mais ne vous mettez pas en peine; je veux établir chez vous une académie de beaux esprits; et je vous promets qu'il ne se fera pas un bout de vers dans Paris que vous ne sachiez par cœur avant tous les autres. Pour moi, tel que vous me voyez, je m'en escrime un peu quand je veux; et vous verrez courir de ma façon, dans les belles ruelles de Paris, deux cents chansons, autant de sonnets, quatre cents épigrammes, et plus de mille madrigaux, sans compter les énigmes et les portraits.

MADELON.

Je vous avoue que je suis furieusement pour les portraits; je ne vois rien de si galant que cela.

MASCARILLE.

Les portraits sont difficiles, et demandent un esprit profond : vous en verrez de ma manière qui ne vous déplairont pas.

CATHOS.

Pour moi, j'aime terriblement les énigmes.

MASCARILLE.

Cela exerce l'esprit, et j'en ai fait quatre encore ce matin, que je vous donnerai à deviner.

MADELON.

Les madrigaux sont agréables, quand ils sont bien tournés.

MASCARILLE.

C'est mon talent particulier, et je travaille à mettre en madrigaux toute l'histoire romaine.

MADELON.

Ah! certes, cela sera du dernier beau ! j'en retiens un exemplaire au moins, si vous le faites imprimer.

MASCARILLE.

Je vous en promets à chacune un, et des mieux reliés. Cela est au-dessous de ma condition; mais je le fais seulement pour donner à gagner aux libraires qui me persécutent.

MADELON.

Je m'imagine que le plaisir est grand de se voir imprimer.

MASCARILLE.

Sans doute. Mais à propos, il faut que je vous die un impromptu que je fis hier chez une duchesse de mes amies que je fus visiter; car je suis diablement fort sur les impromptus.

CATHOS.

L'impromptu est justement la pierre de touche de l'esprit.

MASCARILLE.

Ecoutez donc.

MADELON.

Nous y sommes de toutes nos oreilles,

MASCARILLE.

Oh! oh! je n'y prenais pas garde :
Tandis que sans songer à mal, je vous regarde,
Votre œil en tapinois me dérobe mon cœur.
Au voleur! au voleur! au voleur! au voleur.

CATHOS.

Ah! mon Dieu! voilà qui est poussé dans le dernier galant.

MASCARILLE.

Tout ce que je fais a l'air cavalier; cela ne sent point le pédant.

MADELON.

Il en est éloigné de plus de deux mille lieues

MASCARILLE.

Avez-vous remarqué ce commencement *oh! oh!* Voilà qui est extraordinaire, *oh! oh!* comme un homme qui s'avise tout d'un coup, *oh! oh!* La surprise, *oh! oh!*

MADELON.

Oui, je trouve ce *oh! oh!* admirable.

MASCARILLE.

Il semble que cela ne soit rien.

CATHOS.

Ah! mon Dieu! que dites-vous? Ce sont là de ces sortes de choses qui ne se peuvent payer.

MADELON.

Sans doute; et j'aimerais mieux avoir fait ce *oh! oh!* qu'un poème épique.

MASCARILLE.

Tudieu! vous avez le goût bon.

MADELON.

Hé! je ne l'ai pas tout à fait mauvais.

MASCARILLE.

Mais n'admirez-vous pas aussi, *je n'y prenais pas garde? je n'y prenais pas garde*, je ne m'apercevais pas de cela; façon de parler naturelle, *je n'y prenais pas garde. Tandis que sans songer à mal*, tandis qu'innocemment, sans malice, comme un pauvre mouton, *je vous regarde*, c'est à dire je m'amuse à vous considérer, je vous observe, je vous contemple, *votre œil en tapinois...* Que vous semble de ce mot *tapinois*? n'est-il pas bien choisi?

CATHOS.

Tout à fait bien.

MASCARILLE.

Tapinois, en cachette; il semble que ce soit un chat qui vienne de prendre une souris, *tapinois*.

MADELON.

Il ne se peut rien de mieux.

MASCARILLE.

Me dérobe mon cœur, me l'emporte, me le ravit, *au voleur! au voleur! au voleur! au voleur!* Ne diriez vous-pas que c'est un homme qui crie et court après un voleur pour le faire arrêter? *au voleur! au voleur! au voleur! au voleur!*

MADELON.

Il faut avouer que cela a un tour spirituel et galant.

MASCARILLE.

Je veux vous dire l'air que j'ai fait dessus.

CATHOS.

Vous avez appris la musique?

MASCARILLE.

Moi? Point du tout.

CATHOS.

Et comment donc cela se peut-il.

MASCARILLE.

Les gens de qualité savent tout sans avoir jamais appris.

MADELON.

Assurément, ma chère.

MASCARILLE.

Ecoutez si vous trouverez l'air à votre goût. *Hem, hem, la, la, la, la, la.* La brutalité de la saison a furieusement outragé la délicatesse de ma voix: mais il n'importe, c'est à la cavalière. (*Il chante.*)

Oh! oh! je n'y prenais pas garde, etc.

CATHOS.

Ah! que voilà un air qui est passionné! Est-ce qu'on n'en meurt point?

MADELON.

Il y a de la chromatique là-dedans.

MASCARILLE.

Ne trouvez-vous pas la pensée bien exprimée dans le chant? *Au voleur! au voleur! au voleur!* Et puis comme si l'on criait bien fort, *au, au, au, au, au voleur!* Et tout d'un coup, comme une personne essoufflée, *au voleur!*

MADELON.

C'est là savoir le fin des choses, le grand fin, le fin du fin. Tout est merveilleux, je vous assure; je suis enthousiasmée de l'air et des paroles.

CATHOS.

Je n'ai encore rien vu de cette force-là.

MASCARILLE.

Tout ce que je fais me vient naturellement; c'est sans étude.

MADELON.

La nature vous a traité en vraie mère passionnée, et vous en êtes l'enfant gâté.

MASCARILLE.

A quoi donc passez-vous le temps, mesdames?

CATHOS.

A rien du tout.

MADELON.

Nous avons été jusqu'ici dans un jeûne effroyable de divertissements.

MASCARILLE.

Je m'offre à vous mener l'un de ces jours à la comédie, si vous voulez; aussi bien on en doit jouer une nouvelle que je serai bien aise que nous voyions ensemble.

MADELON.

Cela n'est pas de refus.

MASCARILLE.

Mais je vous demande d'applaudir comme il faut, quand nous serons là; car je me suis engagé de faire valoir la pièce, et l'auteur m'en est venu prier encore ce matin. C'est la coutume ici qu'à nous autres gens de condition, les auteurs viennent lire leurs pièces nouvelles pour nous engager à les trouver belles et leur donner de la réputation; et je vous laisse à penser si quand nous disons quelque chose, le parterre ose nous contredire. Pour moi j'y suis fort exact; et quand j'ai promis à quelque poëte, je crie toujours. Voilà qui est beau! devant que les chandelles soient allumées.

MADELON.

Ne m'en parlez point, c'est un admirable lieu que Paris; il s'y passe cent choses tous les jours qu'on ignore dans les provinces, quelque spirituelle qu'on puisse être.

CATHOS.

C'est assez; puisque nous sommes instruites, nous ferons notre devoir de nous écrier comme il faut sur tout ce qu'on dira.

MASCARILLE.

Je ne sais si je me trompe; mais vous avez toute la mine d'avoir fait quelque comédie.

MADELON.

Hé! il pourrait être quelque chose de ce que vous dites.

MASCARILLE.

Ah! ma foi, il faudra que nous la voyions. Entre nous j'en ai composé une que je veux faire représenter.

CATHOS.

Hé! à quels comédiens la donnerez-vous?

MASCARILLE.

Belle demande! Aux grands comédiens; il n'y a qu'eux qui soient capables de faire valoir les choses: les autres sont des ignorants qui récitent comme l'on parle; ils ne savent pas faire ronfler les vers, et s'arrêter au bel endroit. Et le moyen de connaître où est le beau vers, si le comédien ne s'y arrête, et ne vous avertit par là qu'il faut faire le brouhaha?

CATHOS.

En effet, il y a manière de faire sentir aux auditeurs les beautés d'un ouvrage; et les choses ne valent que ce qu'on les fait valoir.

MASCARILLE.

Que vous semble de ma petite oie? la trouvez-vous congruante à l'habit?

CATHOS.

Tout à fait.

MASCARILLE.

Le ruban est bien choisi.

MADELON.

Furieusement bien. C'est Perdrigeon tout pur.

MASCARILLE.

Que dites-vous de mes canons?

MADELON.

Ils ont tout à fait bon air.

MASCARILLE.

Je puis me vanter au moins qu'ils ont un grand quartier plus que tous ceux qu'on fait.

MADELON.

Il faut avouer que je n'ai jamais vu porter si haut l'élégance de l'ajustement.

MASCARILLE.

Attachez un peu sur ces gants la réflexion de votre odorat.

MADELON.

Ils sentent terriblement bon.

CATHOS.

Je n'ai jamais respiré une odeur mieux conditionnée.

MASCARILLE.

Et celle-là? (*Il donne à sentir les cheveux poudrés de sa perruque.*)

MADELON.

Elle est tout à fait de qualité; le sublime en est touché délicieusement.

MASCARILLE.

Vous ne me dites rien de mes plumes! Comment les trouvez-vous?

CATHOS.

Effroyablement belles.

MASCARILLE.

Savez-vous que le brin me coûte un louis d'or? Pour moi j'ai cette manie de vouloir donner généralement sur tout ce qu'il y a de plus beau.

MADELON.

Je vous assure que nous sympathisons vous et moi. J'ai une délicatesse furieuse pour tout ce que je porte; et jusqu'à mes chaussettes; je ne puis rien souffrir qui ne soit de la bonne faiseuse.

MASCARILLE, *s'écriant brusquement.*

Ahi! ahi! ahi! doucement. Dieu me damne, mesdames! c'est fort mal en user; j'ai à me plaindre de votre procédé: cela n'est pas honnête.

CATHOS.

Qu'est-ce donc? qu'avez-vous?

MASCARILLE

Quoi! toutes deux contre mon cœur en même temps? M'attaquer à droite et à gauche? Ah! c'est contre le droit des gens; la partie n'est pas égale, et je m'en vais crier au meurtre.

CATHOS.

Il faut avouer qu'il dit les choses d'une manière particulière.

MADELON.

Il a un tour admirable dans l'esprit.

CATHOS.

Vous avez plus de peur que de mal, et votre cœur crie avant qu'on l'écorche.

MASCARILLE.

Comment diable ! il est écorché depuis la tête jusqu'aux pieds.

SCENE XI.

CATHOS, MADELON, MASCARILLE, MAROTTE.

MAROTTE.

Madame, on demande à vous voir.

MADELON.

Qui ?

MAROTTE.

Le vicomte de Jodelet.

MASCARILLE.

Le vicomte de Jodelet?

MAROTTE.

Oui, monsieur.

CATHOS.

Le connaissez-vous ?

MASCARILLE.

C'est mon meilleur ami.

MADELON.

Faites entrer vitement.

MASCARILLE.

Il y a quelque temps que nous ne nous sommes vus, et je suis ravi de cette aventure.

CATHOS.

Le voici

SCENE XII.

CATHOS, MADELON, MASCARILLE, JODELET, MAROTTE, ALMANZOR.

MASCARILLE.

Ah ! vicomte !

JODELET, *s'embrassant l'un l'autre.*

Ah! marquis !

MASCARILLE.

Que je suis aise de te rencontrer !

JODELET.

Que j'ai de joie de te voir ici !

MASCARILLE.

Baise-moi donc encore un peu, je te prie.

MADELON, *à Cathos.*

Ma toute bonne, nous commençons d'être connues, voilà le beau monde qui prend le chemin de nous venir voir.

MASCARILLE.

Mesdames, agréez que je vous présente ce gentilhomme-ci ; sur ma parole, il est digne d'être connu de vous.

JODELET.

Il est juste de venir vous rendre ce qu'on vous doit; et vos attraits exigent leurs droits seigneuriaux sur toutes sortes de personnes.

MADELON.

C'est pousser vos civilités jusqu'aux derniers confins de la flatterie.

CATHOS.

Cette journée doit être marquée dans notre almanach comme une journée bien heureuse.

MADELON, *à Almanzor.*

Allons, petit garçon, faut-il toujours vous répéter les choses ? Voyez-vous pas qu'il faut le surcroît d'un fauteuil?

MASCARILLE.

Ne vous étonnez pas de voir le vicomte de la sorte ; il ne fait que sortir d'une maladie qui lui a rendu le visage pâle, comme vous le voyez.

JODELET.

Ce sont fruits des veilles de la cour, et des fatigues de la guerre.

MASCARILLE.

Savez-vous, mesdames, que vous voyez dans le vicomte un des vaillants hommes du siècle ! c'est un brave à trois poils.

JODELET.

Vous ne m'en devez rien, marquis ; et nous savons ce que vous savez faire aussi.

MASCARILLE.

Il est vrai que nous nous sommes vus tous deux dans l'occasion.

JODELET.

Et dans des lieux où il faisait fort chaud.

MASCARILLE *regardant Cathos et Madelon.*

Oui, mais non pas si chaud qu'ici. Hai ! hai ! hai !

JODELET.

Notre connaissance s'est faite à l'armée ; et la première fois que nous nous vîmes, il commandait un régiment de cavalerie sur les galères de Malte.

MASCARILLE.

Il est vrai : mais vous étiez pourtant dans l'emploi avant que j'y fusse ; et je me souviens que je n'étais que petit officier encore, que vous commandiez deux mille chevaux.

JODELET.

La guerre est une belle chose : mais, ma foi ! la cour récompense bien mal aujourd'hui les gens de service comme nous.

MASCARILLE.

C'est ce qui fait que je veux pendre l'épée au croc.

CATHOS.

Pour moi, j'ai un furieux tendre pour les hommes d'épée.

MADELON.

Je les aime aussi : mais je veux que l'esprit assaisonne la bravoure.

MASCARILLE.

Te souvient-il, vicomte, de cette demi-lune que nous emportâmes sur les ennemis au siège d'Arras.

JODELET.

Que veux-tu dire avec ta demi-lune? C'était bien une lune tout entière.

MASCARILLE.

Je pense que tu as raison.

JODELET.

Il m'en doit bien souvenir, ma foi ! j'y fus blessé à la jambe d'un coup de grenade, dont je porte encore les marques. Tâtez un peu, de grace ; vous sentirez quel coup c'était-là.

CATHOS, *après avoir touché l'endroit.*

Il est vrai que la cicatrice est grande.

MASCARILLE.

Donnez-moi un peu votre main, et tâtez celui-ci : là justement au derrière de la tête. Y êtes-vous.

MADELON.

Oui, je sens quelque chose.

MASCARILLE.

C'est un coup de mousquet que je reçus la dernière campagne que j'ai faite.

JODELET, *découvrant sa poitrine.*

Voici un coup qui me perça de part en part à l'attaque de Gravelines.

MASCARILLE, *mettant la main sur le bouton de son haut de chausse.*

Je vais vous montrer une furieuse plaie.

MADELON.

Il n'est pas nécessaire, nous le croyons sans y regarder.

MASCARILLE.

Ce sont des marques honorables qui font voir ce qu'on est.

CATHOS.

Nous ne doutons pas de ce que vous êtes.

MASCARILLE.

Vicomte, as-tu là ton carrosse ?

JODELET.

Pourquoi?

MASCARILLE.

Nous mènerions promener ces dames hors des portes, et leur donnerions un cadeau.

MADELON.

Nous ne saurions sortir aujourd'hui.

MASCARILLE.

Ayons donc les violons pour danser.

JODELET.

Ma foi, c'est bien avisé.

MADELON.

Pour cela nous y consentons : mais il faut donc quelque surcroît de compagnie.

MASCARILLE.

Holà, Champagne, Picard, Bourguignon, Cascaret, Basque, la Verdure, Lorrain, Provençal, la Violette. Au diable soient tous les laquais! Je ne pense pas qu'il y ait gentilhomme en France plus mal servi que moi. Ces canailles me laissent toujours seul.

MADELON.

Almanzor, dites aux gens de monsieur qu'ils aillent quérir des violons, et nous faites venir ces messieurs et ces dames d'ici près, pour peupler la solitude de notre bal. (*Almanzor sort.*)

MASCARILLE.

Vicomte, que dis-tu de ces yeux?

JODELET.

Mais toi-même, marquis, que t'en semble?

MASCARILLE.

Moi, je dis que nos libertés auront peine à sortir d'ici les braies nettes. Au moins, pour moi, je reçois d'étranges secousses, et mon cœur ne tient plus qu'à un filet.

MADELON.

Que tout ce qu'il dit est naturel! il tourne les choses le plus agréablement du monde.

CATHOS.

Il est vrai qu'il fait une furieuse dépense en esprit.

MASCARILL.

Pour vous montrer que je suis véritable, je veux faire un impromptu là-dessus. (*il médite.*)

CATHOS.

Hé! je vous en conjure de toute la dévotion de mon cœur, que nous oyions quelque chose qu'on ait fait pour nous.

JODELET.

J'aurais envie d'en faire autant, mais je me trouve un peu incommodé de la veine poétique pour la quantité des saignées que j'y ai faites ces jours passés.

MASCARILLE.

Que diable est-ce là! Je fais toujours bien le premier vers, mais j'ai peine à faire les autres. Ma foi, ceci est un peu trop pressé; je vous ferai un impromptu à loisir, que vous trouverez le plus beau du monde.

JODELET.

Il a de l'esprit comme un démon.

MADELON.

Et du galant, et du bien tourné.

MASCARILLE.

Vicomte, dis-moi un peu, y a-t-il longtemps que tu n'as vu la comtesse?

JODELET.

Il y a plus de trois semaines que je ne lui ai rendu visite.

MASCARILLE.

Sais-tu bien que le duc m'est venu voir ce matin, et m'a voulu mener à la campagne courir un cerf avec lui?

MADELON.

Voici nos amies qui viennent.

SCENE XIII.

LUCILE, CÉLIMÈNE, CATHOS, MADELON, MASCARILLE, JODELET, MAROTTE, ALMANZOR, VIOLONS.

MADELON.

Mon Dieu! mes chères, nous vous demandons pardon. Ces messieurs ont eu fantaisie de nous donner les ames des pieds, et nous vous avons envoyé quérir pour remplir les vides de notre assemblée.

LUCILE.

Vous nous avez obligées, sans doute.

MASCARILLE.

Ce n'est ici qu'un bal à la hâte; mais, l'un de ces jours, nous vous en donnerons un dans les formes. Les violons sont-ils venus?

ALMANZOR.

Oui, monsieur, ils sont ici.

CATHOS.

Allons donc, mes chères, prenez place.

MASCARILLE, *dansant lui seul comme par prélude.*

La, la la, la, la, la, la, la.

MADELON.

Il a la taille tout à fait élégante.

CATHOS.

Et a la mine de danser proprement.

MASCARILLE, *ayant pris Madelon pour danser.*

Ma franchise va danser la courante aussi bien que mes pieds. En cadence, violons; en cadence. O quels ignorants! Il n'y a pas moyen de danser avec eux. Le diable vous emporte! ne sauriez-vous jouer en mesure! La, la, la, la, la, la, la, la. Ferme! O violons de village!

JODELET, *dansant ensuite.*

Holà! ne pressez pas si fort la cadence, je ne fais que sortir de maladie.

SCENE XIV.

DU CROISY, LA GRANGE, CATHOS, MADELON, LUCILE, CÉLIMÈNE, JODELET, MASCARILLE, MAROTTE, VIOLONS.

LA GRANGE, *un bâton à la main.*

Ah! ah! coquins, que faites-vous ici? Il y a trois heures que nous vous cherchons.

MASCARILLE, *se sentant battre.*

Ahi! ahi! ahi! vous ne m'aviez pas dit que les coups en seraient aussi.

JODELET.

Ahi! ahi! ahi!

LA GRANGE.

C'est bien à vous, infame que vous êtes, à vouloir faire l'homme d'importance!

DU CROISY.

Voilà qui vous apprendra à vous connaître.

SCENE XV.

CATHOS, MADELON, LUCILE, CÉLIMÈNE, MASCARILLE, JODELET, MAROTTE, VIOLONS.

MADELON.

Que veut donc dire ceci?

JODELET.

C'est une gageure.

CATHOS.

Quoi! vous laisser battre de la sorte!

MASCARILLE.

Mon Dieu! je n'ai pas voulu faire semblant de rien, car je suis violent, et je me serais emporté.

MADELON.

Endurer un affront comme celui-là en notre présence.

MASCARILLE.

Ce n'est rien, ne laissons pas d'achever. Nous nous connaissons il y a longtemps, et entre amis on ne va pas se piquer pour si peu de chose.

SCENE XVI.

DU CROISY, LA GRANGE, MADELON, CATHOS, CÉLIMÈNE, LUCILE, MASCARILLE, JODELET, MAROTTE, VIOLONS.

LA GRANGE.

Ma foi, marauds, vous ne vous rirez pas de nous, je vous promets. Entrez, vous autres.

(*Trois ou quatre spadassins entrent.*)

MADELON.

Quelle est donc cette audace de venir nous troubler de la sorte dans notre maison?

DU CROISY.

Comment, mesdames! nous endurerons que nos laquais soient mieux reçus que nous, qu'ils viennent vous faire l'amour à nos dépens et vous donnent le bal?

MADELON.

Vos laquais?

LA GRANGE.

Oui, nos laquais; et cela n'est ni beau ni honnête de nous les débaucher comme vous faites.

MADELON.

O ciel! quelle insolence!

LA GRANGE.

Mais ils n'auront pas l'avantage de se servir de nos habits pour vous donner dans la vue; et si vous les voulez aimer, ce sera, ma foi, pour leurs beaux yeux. Vite, qu'on les dépouille sur le champ.

JODELET.

Adieu notre braverie.

MASCARILLE.

Voilà le marquisat et la vicomté à bas.

DU CROISY.

Ah! ah! coquins, vous avez l'audace d'aller sur nos brisees! Vous irez chercher autre part de quoi vous rendre agréables aux yeux de vos belles, je vous en assure.

LA GRANGE.

C'est trop de nous supplanter, et de nous supplanter avec nos propres habits.

MASCARILLE.

O fortune, quelle est ton inconstance!

DU CROISY.

Vite qu'on leur ôte jusqu'à la moindre chose.

LA GRANGE.

Qu'on emporte toutes ces hardes, dépêchez. Maintenant, mesdames, en l'état qu'ils sont, vous pouvez continuer vos amours avec eux tant qu'il vous plaira; nous vous laisserons toute sorte de liberté pour cela, et nous vous protestons, monsieur et moi, que nous n'en serons aucunement jaloux.

SCENE XVII.

MADELON, CATHOS, JODELET, MASCARILLE, VIOLONS.

CATHOS.

Ah! quelle confusion!

MADELON.

Je crève de dépit.

UN DES VIOLONS *à Mascarille.*

Qu'est-ce donc que ceci? Qui nous paiera, nous autres?

MASCARILLE.

Demandez à M. le vicomte.

UN DES VIOLONS *à Jodelet.*

Qui est-ce qui nous donnera de l'argent

JODELET.

Demandez à M. le marquis.

SCENE XVIII.

GORGIBUS, MADELON, CATHOS, JODELET, MASCARILLE, VIOLONS.

GORGIBUS.

Ah! coquines que vous êtes, vous nous mettez dans de beaux draps blancs, à ce que je vois! je viens d'apprendre de belles affaires, vraiment, de ces messieurs qui sortent!

MADELON.

Ah! mon père, c'est une pièce sanglante qu'ils nous ont faite.

GORGIBUS.

Oui, c'est une pièce sanglante, mais qui est un effet de votre impertinence, infames. Ils se sont ressentis du traitement que vous leur avez fait; et cependant, malheureux que je suis, il faut que je boive l'affront.

MADELON.

Ah! je jure que nous en serons vengées, ou que je mourrai en la peine. Et vous maraud, osez-vous vous tenir ici après votre insolence?

MASCARILLE.

Traiter comme cela un marquis! Voilà ce que c'est que du monde; la moindre disgrace nous fait mépriser de ceux qui nous chérissaient. Allons, camarade, allons chercher fortune autre part; je vois bien qu'on n'aime ici que la vaine apparence, et qu'on n'y considère point la vertu toute nue.

SCENE XIX.

GORGIBUS, MADELON, CATHOS, VIOLONS.

UN DES VIOLONS.

Monsieur, nous entendons que vous nous contentiez à leur défaut, pour ce que nous avons joué ici.

GORGIBUS, *les battant.*

Oui, oui, je vous vais contenter, et voici la monnaie dont je vous veux payer. Et vous, pendardes, je ne sais qui me tient que je ne vous en fasse autant. Nous allons servir de fable et de risée à tout le monde, et voilà ce que vous vous êtes attiré par vos extravagances. Allez vous cacher, vilaines; allez vous cacher pour jamais (*Seul.*) Et vous, qui êtes cause de leur folie, sottes billevesées, pernicieux amusements des esprits oisifs, romans, vers, chansons, sonnets et sonnettes, puissiez-vous être à tous les diables!

FIN DES PRÉCIEUSES RIDICULES

SGANARELLE,

OU

LE COCU IMAGINAIRE,

COMÉDIE EN UN ACTE.

1660

PERSONNAGES.

GORGIBUS, bourgeois.
CÉLIE, fille de Gorgibus.
LÉLIE, amant de Célie.
GROS-RENÉ, valet de Lélie.
SGANARELLE, bourgeois, et cocu imaginaire.
LA FEMME DE SGANARELLE.
VILLEBREQUIN, père de Valère.
LA SUIVANTE DE CÉLIE.
UN PARENT DE LA FEMME DE SGANARELLE.

La scène est dans une place publique

ACTE PREMIER.

SCÈNE PREMIÈRE.

GORCIBUS, CELIE, LA SUIVANTE DE CÉLIE.

CÉLIE, *sortant tout éplorée et son père la suivant.*
Ah ! n'espérez jamais que mon cœur y consente.

GORGIBUS.
Que marmottez-vous là, petite impertinente ?
Vous prétendez choquer ce que j'ai résolu ?
Je n'aurai pas sur vous un pouvoir absolu ?
Et, par sottes raisons, votre jeune cervelle
Voudrait régler ici la raison paternelle ?
Qui de nous deux à l'autre a droit de faire loi ?
A votre avis, qui mieux, ou de vous, ou de moi,
O sotte, peut juger ce qui vous est utile?
Par la corbleu ! gardez d'échauffer trop ma bile ;
Vous pourriez éprouver, sans beaucoup de longueur,
Si mon bras sait encor montrer quelque vigueur.
Votre plus court sera, madame la mutine,
D'accepter sans façon l'époux qu'on vous destine.
J'ignore, dites-vous, de quelle humeur il est
Et dois auparavant consulter s'il vous plaît
Informé du grand bien qui lui tombe en partage.
Dois-je prendre le soin d'en savoir davantage,
Et cet époux, ayant vingt mille bons ducats
Pour être aimé de vous doit-il manquer d'appas ?
Allez, tel qu'il puisse être avecque cette somme
Je vous suis caution qu'il est très honnête homme.

CÉLIE.
Hélas!

GORGIBUS.
Hé bien hélas ! Que veut dire ceci ?
Voyez le bel hélas qu'elle nous donne ici !
Hé !... Que si la colère une fois me transporte,
Je vous ferai chanter hélas de belle sorte.
Voilà, voilà le fruit de ces empressements
Qu'on vous voit nuit et jour à lire vos romans ;
De quolibets d'amour votre tête est remplie,
Et vous parlez de Dieu bien moins que de Clélie
Jetez-moi dans le feu tous ces méchants écrits
Qui gâtent tous les jours tant de jeunes esprits ;
Lisez-moi, comme il faut, au lieu de ces sornettes,
Les Quatrains de Pibrac, et les doctes Tablettes
Du conseiller Matthieu; l'ouvrage est de valeur,
Et plein de beaux dictons à réciter par cœur.
La Guide des Pécheurs est encore un bon livre :
C'est là qu'en peu de temps on apprend à bien vivre;
Et si vous n'aviez lu que ces moralités,
Vous sauriez un peu mieux suivre mes volontés.

CÉLIE.
Quoi ! vous prétendez donc, mon père, que j'oublie
La constante amitié que je dois à Lélie?
J'aurais tort, si sans vous je disposais de moi ;
Mais vous-même à ses vœux engageâtes ma foi.

GORGIBUS.
Lui fût-elle engagée encore davantage,
Un autre est survenu dont le bien l'en dégage.
Lélie est fort bien fait ; mais apprends qu'il n'est rien
Qui ne doive céder au soin d'avoir du bien,
Que l'or donne aux plus laids certain charme pour plaire
Et que sans lui le reste est une triste affaire.
Valère, je crois bien, n'est pas de toi chéri ;
Mais s'il ne l'est amant, il le sera mari
Plus que l'on ne le croit, ce nom d'époux engage,
Et l'amour est souvent le fruit du mariage.
Mais suis-je pas bien fat de vouloir raisonner,
Où de droit absolu j'ai pouvoir d'ordonner?
Trève donc, je vous prie, à vos impertinences.
Que je n'entende plus vos sottes doléances.
Ce gendre doit venir vous visiter ce soir,
Manquez un peu, manquez à le bien recevoir :
Si je ne vous lui vois faire un fort bon visage,
Je vous... Je ne veux pas en dire davantage.

SCENE II.

CÉLIE, LA SUIVANTE DE CÉLIE.

LA SUIVANTE.
Quoi ! refuser, madame, avec cette rigueur,
Ce que tant d'autres gens voudraient de tout leur cœur.
A des offres d'hymen répondre par des larmes,
Et tarder tant à dire un oui si plein de charmes !
Hélas ! que ne veut-on aussi me marier!
Ce ne serait pas moi qui se ferait prier ;
Et, loin qu'un pareil oui me donnât de la peine,
Croyez que j'en dirais bien vite une douzaine.
Le précepteur qui fait répéter la leçon
A votre jeune frère, a fort bonne raison
Lorsque, nous discourant des choses de la terre,
Il dit que la femelle est ainsi que le lierre,
Qui croît beau, tant qu'à l'arbre il se tient bien serré
Et ne profite point s'il en est séparé.
Il n'est rien de plus vrai, ma très chère maîtresse,
Et je l'éprouve en moi, chétive pécheresse!
Le bon Dieu fasse paix à mon pauvre Martin,
Mais j'avais, lui vivant, le teint d'un chérubin,
L'embonpoint merveilleux, l'œil gai, l'ame contente,
Et je suis maintenant ma commère dolente.
Pendant cet heureux temps, passé comme un éclair,
Je me couchais sans feu dans le fort de l'hiver ;
Sécher même les draps me semblait ridicule :
Et je tremble à présent dedans la canicule.
Enfin, il n'est rien tel, madame, croyez-moi.
Que d'avoir un mari la nuit auprès de soi.

Ne fût-ce que pour l'heur d'avoir qui vous salue
D'un : Dieu vous soit en aide, alors qu'on éternue.

CÉLIE.

Peux-tu me conseiller de commettre un forfait?
D'abandonner Lélie et prendre ce mal fait?

LA SUIVANTE.

Votre Lélie aussi n'est, ma foi, qu'une bête,
Puisque si hors de temps son voyage l'arrête;
Et la grande longueur de son éloignement
Me le fait soupçonner de quelque changement.

CÉLIE, *lui montrant le portrait de Lélie.*

Ah! ne m'accable point par ce triste présage.
Vois attentivement les traits de ce visage,
Ils jurent à mon cœur d'éternelles ardeurs :
Je veux croire, après tout, qu'ils ne sont pas menteurs,
Et que, comme c'est lui que l'art y représente,
Il conserve à mes feux une amitié constante.

LA SUIVANTE.

Il est vrai que ces traits marquent un digne amant,
Et que vous avez lieu de l'aimer tendrement.

CÉLIE.

Et cependant il faut... Ah! soutiens-moi.
(*Elle laisse tomber le portrait de Lélie.*)

LA SUIVANTE.

Madame,
D'où vous pourrait venir... Ah! bons Dieux! elle se [pâme!
Hé! vite, holà! quelqu'un!

SCENE III.

CÉLIE, SGANARELLE, LA SUIVANTE DE CÉLIE.

SGANARELLE.

Qu'est-ce donc? me voilà.

LA SUIVANTE.

Ma maîtresse se meurt.

SGANARELLE.

Quoi! n'est-ce que cela?
Je croyais tout perdu de crier de la sorte;
Mais approchons pourtant. Madame, êtes-vous morte
Ouais! Elle ne dit mot.

LA SUIVANTE.

Je vais faire venir
Quelqu'un pour l'emporter, veuillez la soutenir.

SCÈNE IV.

CÉLIE, SGANARELLE, LA FEMME DE SGANARELLE.

SGANARELLE, *en passant la main sur le sein de Célie.*

Elle est froide partout, et je ne sais qu'en dire.
Approchons-nous pour voir si sa bouche respire.
Ma foi! je ne sais pas: mais j'y trouve encor, moi,
Quelque signe de vie.

LA FEMME DE SGANARELLE, *regardant par la fenêtre.*

Ah! qu'est-ce que je voi?
Mon mari dans ses bras!... Mais je m'en vais descendre :
Il me trahit, sans doute, et je veux le surprendre.

SGANARELLE.

Il faut se dépêcher de l'aller secourir;
Certes, elle aurait tort de se laisser mourir.
Aller en l'autre monde est très grande sottise,
Tant que dans celui-ci l'on peut être de mise.

(*il la porte chez elle avec un homme que la suivante amène.*)

SCENE V.

LA FEMME DE SGANARELLE, *seule.*

Il s'est subitement éloigné de ces lieux,
Et sa fuite a trompé mon désir curieux :
Mais de sa trahison je ne fais plus de doute,
Et le peu que j'ai vu me la découvre toute.
Je ne m'étonne plus de l'étrange froideur
Dont je le vois répondre à ma pudique ardeur,
Il réserve, l'ingrat, ses caresses à d'autres,
Et nourrit leurs plaisirs par le jeûne des nôtres.
Voilà de nos maris le procédé commun;
Ce qui leur est permis, leur devient importun.
Dans les commencements ce sont toutes merveilles;
Ils témoignent pour nous des ardeurs nom pareilles;
Mais les traîtres bientôt se lassent de nos feux,
Et portent autre part ce qu'ils doivent chez eux.
Ah! que j'ai de dépit que la loi n'autorise
A changer de mari comme on fait de chemise!
Cela serait commode; et j'en sais telle ici
Qui, comme moi, ma foi, le voudrait bien aussi.
(*En ramassant le portrait que Célie avait laissé tomber.*)
Mais quel est ce bijou que le sort me présente?
L'émail en est fort beau, la gravure charmante.
Ouvrons.

SCÈNE VI.

SGANARELLE, LA FEMME DE SGANARELLE.

SGANARELLE, *se croyant seul.*

On la croyait morte, et ce n'était rien.
Il n'en faut plus qu'autant, elle se porte bien.
Mais j'aperçois ma femme.

LA FEMME DE SGANARELLE *se croyant seule.*

O ciel! c'est miniature!
Et voilà d'un bel homme une vive peinture!

SGANARELLE, *à part et regardant par dessus l'épaule de sa femme.*

Que considère-t-elle avec attention?
Ce portrait, mon honneur, ne nous dit rien de bon.
D'un fort vilain soupçon je me sens l'ame émue.

LA FEMME DE SGANARELLE, *sans apercevoir son mari.*

Jamais rien de plus beau ne s'offrit à ma vue;
Le travail plus que l'or s'en doit encor priser.
Oh! que cela sent bon!

SGANARELLE, *à part.*

Quoi! peste, le baiser!
Ah! j'en tiens!

LA FEMME DE SGANARELLE, *poursuit.*

Avouons qu'on doit être ravie
Quand d'un homme ainsi fait on se peut voir servie,
Et que, s'il en contait avec attention,
Le penchant serait grand à la tentation.
Ah! que n'ai-je un mari d'une aussi bonne mine!
Au lieu de mon pelé, de mon rustre...

SGANARELLE, *lui arrachant le portrait.*

Ah! mâtine
Nous vous y surprenons en faute contre nous,
Et diffamant l'honneur de votre cher époux.
Donc, à votre calcul, ô ma trop digne femme! [dame,
Monsieur, tout bien compté, ne vaut pas bien ma-
Et, de par Belzébut, qui vous puisse emporter!
Quel plus rare parti pourriez-vous souhaiter?
Peut-on trouver en moi quelque chose à redire?
Cette taille, ce port, que tout le monde admire,
Ce visage si propre à donner de l'amour,
Pour qui mille beautés soupirent nuit et jour;
Bref, en tout et partout ma personne charmante
N'est donc pas un morceau dont vous soyez contente
Et, pour rassasier votre appétit gourmand,
Il faut joindre au mari le ragoût d'un galant?

LA FEMME DE SGANARELLE.

J'entends à demi-mot où va la raillerie.
Tu crois par ce moyen...

SGANARELLE.

A d'autres, je vous prie:
La chose est avérée, et je tiens dans mes mains
Un bon certificat du mal dont je me plains.

LA FEMME DE SGANARELLE.

Mon courroux n'a déjà que trop de violence,
Sans le charger encor d'une nouvelle offense.
Ecoute, ne crois pas retenir mon bijou,
Et songe un peu...

SGANARELLE.

Je songe à te rompre le cou.
Que ne puis-je, aussi bien que je tiens la copie.
Tenir l'original!

LA FEMME DE SGANARELLE.

Pourquoi?

SGANARELLE.

Pour rien, ma mie.
Doux objet de mes vœux, j'ai grand tort de crier,
Et mon front de vos dons vous doit remercier.
(*Regardant le portrait de Lélie.*)
Le voilà! le beau fils, le mignon de couchette!
Le malheureux tison de ta flamme secrète,
Le drôle avec lequel...

LA FEMME DE SGANARELLE.

Avec lequel? Poursui...

SGANARELLE.

Avec lequel, te dis-je... et j'en crève d'ennui.

LA FEMME DE SGANARELLE.

Que me veut donc compter par-là ce maître ivrogne?

SGANARELLE.

Tu ne m'entends que trop, madame la carogne.
Saganarelle est un nom qu'on ne me dira plus,
Et l'on va m'appeler seigneur Cornelius.
J'en suis pour mon honneur; mais à toi, qui me l'ôtes,
Je t'en ferai du moins pour un bras et deux côtes.

LA FEMME DE SGANARELLE.

Et tu m'oses tenir de semblables discours?

SGANARELLE.

Et tu m'oses jouer de ces diables de tours?

LA FEMME DE SGANARELLE.

Et quels diables de tours? Parle donc sans rien feindre.

SGANARELLE.

Ah! cela ne vaut pas la peine de se plaindre!
D'un panache de cerf sur le front me pourvoir:
Hélas! voilà vraiment un beau venez-y voir!

LA FEMME DE SGANARELLE.

Donc, après m'avoir fait la plus sensible offense
Qui puisse d'une femme exciter la vengeance,
Tu prends d'un feint courroux le vain amusement
Pour prévenir l'effet de mon ressentiment?
D'un pareil procédé l'insolence est nouvelle!
Celui qui fait l'offense, est celui qui querelle.

SGANARELLE.

Hé! la bonne effrontée! A voir ce fier maintien,
Ne la croirait-on pas une femme de bien?

LA FEMME DE SGANARELLE.

Va, poursuis ton chemin, cajole tes maîtresses.
Adresse-leur tes vœux, et fais-leur des caresses:
Mais rends-moi mon portrait sans te jouer de moi.
(*Elle lui arrache le portrait, et s'enfuit.*)

SGANARELLE, *courant après elle.*

Oui, tu crois m'échapper; je l'aurai malgré toi.

SCÈNE VII.

LÉLIE, GROS-RENÉ.

GROS-RENÉ.

Enfin nous y voici. Mais, monsieur, si je l'ose,
Je voudrais vous prier de me dire une chose.

LÉLIE.

Hé bien! parle.

GROS-RENÉ.

Avez-vous le diable dans le corps
Pour ne point succomber à de pareils efforts?
Depuis huit jours entiers avec vos longues traites
Nous sommes à piquer des chiennes de mazettes,
De qui le train maudit nous a tant secoués,
Que je m'en sens pour moi tous les membres roués;
Sans préjudice encor d'un accident bien pire,
Qui m'afflige un endroit que je ne veux pas dire:
Cependant arrivé, vous sortez bien et beau,
Sans prendre de repos ni manger un morceau.

LÉLIE.

Ce grand empressement n'est pas digne de blâme;
De l'hymen de Célie on alarme mon ame:
Tu sais que je l'adore; et je veux être instruit,
Avant tout autre soin, de ce funeste bruit.

GROS-RENÉ.

Oui: mais un bon repas vous serait nécessaire,
Pour s'aller éclaircir, monsieur, de cette affaire;
Et votre cœur, sans doute, en deviendrait plus fort
Pour pouvoir résister aux attaques du sort,
J'en juge par moi-même; et la moindre disgrace,
Lorsque je suis à jeun, me saisit, me terrasse:
Mais quand j'ai bien mangé, mon ame est ferme à tout
Et les plus grands revers n'en viendraient pas à bout.
Croyez-moi, bourrez-vous, et sans réserve aucune,
Contre les coups que peut vous porter la fortune;
Et, pour fermer chez vous l'entrée à la douleur,
De vingt verres de vin entourez votre cœur.

LÉLIE.

Je ne saurais manger.

GROS-RENÉ, *bas, à part.*

Si ferai bien, je meure.
(*haut.*)
Votre dîné pourtant serait prêt tout-à-l'heure.

LÉLIE.

Tais-toi, je te l'ordonne.

GROS-RENÉ.

Ah! quel ordre inhumain!

LÉLIE.

J'ai de l'inquiétude, et non pas de la faim.

GROS-RENÉ.

Et moi, j'ai de la faim, et de l'inquiétude
De voir qu'un sot amour fait toute votre étude.

LÉLIE.

Laisse-moi m'informer de l'objet de mes vœux,
Et, sans m'importuner, va manger si tu veux.

GROS-RENÉ.

Je ne réplique point à ce qu'un maître ordonne.

SCENE VIII.

LÉLIE, *seul.*

Non, non, à trop de peur mon ame s'abandonne,
Le père m'a promis, et la fille a fait voir
Des preuves d'un amour qui soutient mon espoir.

SCENE IX.

SGANARELLE, LELIE.

SGANARELLE, *sans voir Lélie, et tenant dans ses mains le portrait.*

Nous l'avons, et je puis voir à l'aise la trogne
Du malheureux pendard qui cause ma vergogne;
Il ne m'est point connu.

LELIE, *à part.*

Dieux! qu'aperçois-je ici?
Et, si c'est mon portrait, que dois-je croire aussi?

SGANARELLE, *sans voir Lélie.*

Ah! pauvre Sganarelle, à quelle destinée
Ta réputation est-elle condamnée!
Faut...
(*Apercevant Lélie qui le regarde, il se tourne de l'autre côté.*)

LELIE, *à part.*

Ce gage ne peut, sans alarmer ma foi,
Etre sorti des mains qui le tenaient de moi.

SGANARELLE, *à part.*

Faut-il que désormais à deux doigts l'on te montre,
Qu'on te mette en chansons, et qu'en toute rencontre,
On te rejette au nez le scandaleux affront
Qu'une femme mal née imprime sur ton front?

LELIE, *à part.*

Me trompè-je?

SGANARELLE, *à part.*

Ah! truande! as-tu bien le courage
De m'avoir fait cocu dans la fleur de mon âge?
Et femme d'un mari qui peut passer pour beau,
Faut-il qu'un marmouset, un maudit étourneau...

LELIE, *à part, et regardant encore le portrait que tient Sganarelle.*

Je ne m'abuse point; c'est mon portrait lui-même.

SGANARELLE, *lui tourne le dos.*

Cet homme est curieux.

LELIE, *à part.*

Ma surprise est extrême.

SGANARELLE, *à part.*

A qui donc en a-t-il?

LELIE, *à part.*

Je le veux acoster.
(*haut.*) (*Sganarelle veut s'éloigner.*)
Puis-je...? Hé! de grace, un mot.

SGANARELLE, *à part, s'éloignant encore.*

Que me veut-il conter?

LELIE.

Puis-je obtenir de vous de savoir l'aventure
Qui fait dedans vos mains trouver cette peinture?

SGANARELLE, *à part.*

D'où lui vient ce désir? Mais je m'avise ici...
(*Il examine Lélie, et le portrait qu'il tient.*)
Ah! ma foi! me voilà de son trouble éclairci!

Sa surprise à présent n'étonne plus mon ame ;
C'est mon homme, ou plutôt c'est celui de ma femme.

LELIE.

Retirez-moi de peine, et dites d'où vous vient...

SGANARELLE.

Nous savons, Dieu merci, le souci qui vous tient;
Ce portrait qui vous fâche est votre ressemblance :
Il était en des mains de votre connaissance ;
Et ce n'est pas un fait qui soit secret pour nous
Que les douces ardeurs de la dame et de vous.
Je ne sais pas si j'ai, dans sa galanterie,
L'honneur d'être connu de votre seigneurie :
Mais faites-moi celui de cesser désormais
Un amour qu'un mari peut trouver fort mauvais;
Et songez que les nœuds sacrés du mariage..

LELIE.

Quoi! celle, dites-vous, dont vous tenez ce gage...

SGANARELLE.

Est ma femme, et je suis son mari.

LÉLIE.

Son mari?

SGANARELLE.

Oui, son mari, vous dis-je, et mari très-marri;
Vous en savez la cause, et je m'en vais l'apprendre
Sur l'heure à ses parents.

SCENE X.

LELIE, *seul.*

Ah! que viens-je d'entendre !
On me l'avait bien dit, et que c'était de tous
L'homme le plus mal fait qu'elle avait pour époux.
Ah! quand mille serments de ta bouche infidèle
Ne m'auraient pas promis une flamme éternelle,
Le seul mépris d'un choix si bas et si honteux
Devait bien soutenir l'intérêt de mes feux,
Ingrate ! et quelque bien... Mais ce sensible outrage,
Se mêlant aux travaux d'un assez long voyage,
Me donne tout à coup un choc si violent,
Que mon cœur devient faible, et mon corps chancelant.

SCENE XI.

LELIE, LA FEMME DE SGANARELLE.

LA FEMME DE SGANARELLE, *se croyant seule.*
(apercevant Lélie.)

Malgré moi. mon perfide. Hélas quel mal vous presse ?
Je vous vois prêt, monsieur, à tomber en faiblesse.

LÉLIE.

C'est un mal qui m'a pris assez subitement.

LA FEMME DE SGANARELLE.

Je crains ici pour vous l'évanouissement;
Entrez dans cette salle, en attendant qu'il passe.

LELIE.

Pour un moment ou deux j'accepte cette grace.

SCENE XII.

SGANARELLE, UN PARENT DE LA FEMME DE SGANARELLE.

LE PARENT.

D'un mari sur ce point j'approuve le souci :
Mais c'est prendre la chêvre un peu bien vite aussi ;
Et tout ce que de vous je viens d'ouïr contre elle,
Ne conclut point, parent, qu'elle soit criminelle:
C'est un point délicat ; et de pareils forfaits,
Sans les bien avérer ne s'imputent jamais.

SGANARELLE.

C'est à dire qu'il faut toucher au doigt la chose.

LE PARENT.

Le trop de promptitude à l'erreur nous expose.
Qui sait comme en ses mains ce portrait est venu,
Et si l'homme, après tout, lui peut être connu ?
Informez-vous-en donc; et, si c'est ce qu'on pense,
Nous serons les premiers à punir son offense.

SCENE XIII.

SGANARELLE, *seul.*

On ne peut pas mieux dire ; en effet, il est bon
D'aller tout doucement. Peut-être, sans raison,
Me suis-je en tête mis ces visions cornues,
Et les sueurs au front m'en sont trop tôt venues.
Par ce portrait enfin dont je suis alarmé,
Mon déshonneur n'est pas tout à fait confirmé.
Tâchons donc par nos soins...

SCENE XIV.

SGANARELLE, LA FEMME DE SGANARELLE, *sur la porte de sa maison, reconduisant Lélie;* LELIE.

SGANARELLE, *à part les voyant.*

Ah! que vois-je? Je meure!
Il n'est plus question de portrait à cette heure;
Voici, ma foi, la chose en propre original.

LA FEMME DE SGANARELLE.

C'est par trop vous hâter, monsieur ; et votre mal,
Si vous sortez sitôt, pourra bien vous reprendre.

LELIE.

Non, non, je vous rends grace, autant qu'on puisse rendre
De l'obligeant secours que vous m'avez prêté.

SGANARELLE, *à part.*

La masque encore après lui fait civilité!
(La femme de Sganarelle rentre dans sa maison.)

SCENE XV.

SGANARELLE, LÉLIE.

SGANARELLE, *à part.*

Il m'aperçoit; voyons ce qu'il me pourra dire.

LELIE, *à part.*

Ah ! mon ame s'émeut, et cet objet m'inspire...
Mais je dois condamner cet injuste transport,
Et n'imputer mes maux qu'aux rigueurs de mon sort.
Envions seulement le bonheur de sa flamme.
(en s'approchant de Sganarelle.)
O trop heureux d'avoir une si belle femme !

SCENE XVI.

SGANARELLE, CÉLIE, *à sa fenêtre, voyant Lélie qui s'en va.*

SGANARELLE, *seul.*

Ce n'est point s'expliquer en termes ambigus.
Cet étrange propos me rend aussi confus
Que s'il m'était venu des cornes à la tête!
(Regardant le côté par où Lélie est sorti.)
Allez, ce procédé n'est point du tout honnête.

CELIE, *à part, en entrant.*

Quoi ! Lélie a paru tout à l'heure à mes yeux!
Qui pourrait me cacher son retour en ces lieux?

SGANARELLE, *sans voir Célie.*

Oh ! trop heureux d'avoir une si belle femme!
Malheureux bien plutôt de l'avoir, cette infame!
Dont le coupable feu, trop bien vérifié,
Sans respect ni demi nous a cocufié!
Mais je le laisse aller après un tel indice,
Et demeure les bras croisés comme un Jocrisse!
Ah ! je devais du moins lui jeter son chapeau,
Lui ruer quelque pierre, ou crotter son manteau,
Et sur lui hautement, pour contenter ma rage,
Faire au larron d'honneur crier le voisinage.
(Pendant le discours de Sganarelle, Célie s'approche peu à peu, et attend, pour lui parler, que son transport soit fini.)

CELIE, *à Sganarelle.*

Celui qui maintenant devers vous est venu,
Et qui vous a parlé, d'où vous est-il connu?

SGANARELLE.

Hélas ! ce n'est pas moi qui le connais, madame ;
C'est ma femme.

CELIE.

Quel trouble agite ainsi votre ame?

SGANARELLE.

Ne me condamnez point d'un deuil hors de saison,
Et laissez-moi pousser des soupirs à foison.

CELIE.

D'où vous peuvent venir ces douleurs non communes?

SGANARELLE.

Si je suis affligé, ce n'est pas pour des prunes;
Et je le donnerais à bien d'autres qu'à moi
De se voir sans chagrin au point où je me voi.
Des maris malheureux vous voyez le modèle :
On dérobe l'honneur au pauvre Sganarelle :

Mais c'est peu que l'honneur dans mon affliction;
L'on me dérobe encor la réputation.

CELIE.

Comment?

SGANARELLE.

Ce damoiseau, parlant par révérence,
Me fait cocu, madame, avec toute licence;
Et j'ai su par mes yeux avérer aujourd'hui
Le commerce secret de ma femme et de lui.

CELIE.

Celui qui maintenant...

SGANARELLE.

Oui, oui, me déshonore;
Il adore ma femme, et ma femme l'adore.

CELIE.

Ah! j'avais bien jugé que ce secret retour
Ne pouvait me couvrir que quelque lâche tour;
Et j'ai tremblé d'abord, en le voyant paraître,
Par un pressentiment de ce qui devait être.

SGANARELLE.

Vous prenez ma défense avec trop de bonté,
Tout le monde n'a pas la même charité;
Et plusieurs qui tantôt ont appris mon martyre,
Bien loin d'y prendre part, n'en ont rien fait que rire.

CELIE.

Est-il rien de plus noir que ta lâche action?
Et peut-on lui trouver une punition?
Dois-tu ne te pas croire indigne de la vie,
Après t'être souillé de cette perfidie?
O ciel! est-il possible?

SGANARELLE.

Il est trop vrai pour moi.

CELIE.

Ah! traître! scélérat, ame double et sans foi!

SGANARELLE.

La bonne ame!

CELIE.

Non, non, l'enfer n'a point de gêne
Qui ne soit pour ton crime une trop douce peine.

SGANARELLE.

Que voilà bien parler!

CELIE.

Avoir ainsi traité
Et la même innocence et la même bonte.

SGANARELLE, *soupire haut.*

Hai!

CELIE.

Un cœur qui jamais n'a fait la moindre chose
A mériter l'affront où ton mépris l'expose!

SGANARELLE.

Il est vrai.

CELIE.

Qui bien loin... Mais c'est trop, et ce cœur
Ne saurait y songer sans mourir de douleur.

SGANARELLE.

Ne vous fâchez pas tant, ma très chère madame;
Mon mal vous touche trop, et vous me percez l'ame.

CELIE.

Mais ne t'abuse pas jusqu'à te figurer
Qu'à des plaintes sans fruit j'en veuille demeurer :
Mon cœur, pour se venger, sait ce qu'il te faut faire,
Et j'y cours de ce pas, rien ne m'en peut distraire.

SCENE XVII.

SGANARELLE, *seul.*

Que le ciel la préserve à jamais de danger!
Voyez quelle bonté de vouloir me venger!
En effet, son courroux, qu'excite ma disgrace,
M'enseigne hautement ce qu'il faut que je fasse;
Et l'on ne doit jamais souffrir, sans dire mot,
De semblables affronts, à moins qu'être un vrai sot.
Courons donc le chercher, ce pendard qui m'affronte;
Montrons notre courage à venger notre honte.
Vous apprendrez, marouffle, à rire à nos dépens,
Et, sans aucun respect, faire cocus les gens.

(*Il revient après avoir fait quelques pas.*)

Doucement, s'il vous plaît, cet homme a bien la mine
D'avoir le sang bouillant et l'ame un peu mutine;
Il pourrait bien, mettant affront dessus affront,
Charger de bois mon dos, comme il a fait mon front.
Je hais de tout mon cœur les esprits colériques,
Et porte grand amour aux hommes pacifiques;
Je ne suis point battant, de peur d'être battu,
Et l'humeur débonnaire est ma grande vertu.
Mais mon honneur me dit que d'une telle offense
Il faut absolument que je prenne vengeance :
Ma foi! laissons-le dire autant qu'il lui plaira,
Au diantre qui pourtant rien du tout en fera!
Quand j'aurai fait le brave, et qu'un fer, pour ma peine,
M'aura d'un vilain coup transpercé la bedaine,
Que par la ville ira le bruit de mon trépas?
Dites-moi, mon honneur, en serez vous plus gras?
La bière est un séjour par trop mélancolique,
Et trop malsain pour ceux qui craignent la colique.
Et quant à moi, je trouve, ayant tout compassé,
Qu'il vaut mieux être encor cocu que trépassé,
Quel mal cela fait-il? La jambe en devient-elle
Plus tortue, après tout, et la taille moins belle?
Peste soit qui premier trouva l'invention
De s'affliger l'esprit de cette vision,
Et d'attacher l'honneur de l'homme le plus sage
Aux choses que peut faire une femme volage!
Puisqu'on tient, à bon droit, tout crime personnel,
Que fait là notre honneur pour être criminel?
Des actions d'autrui on nous donne le blame :
Si nos femmes sans nous font un commerce infame,
Il faut que tout le mal tombe sur notre dos!
Elles font la sottise, et nous sommes les sots.
C'est un vilain abus, et les gens de police
Nous devraient bien régler une telle injustice.
N'avons-nous pas assez des autres accidents
Qui nous viennent happer en dépit de nos dents?
Les querelles, procès, faim, soif et maladie,
Troublent-ils pas assez le repos de la vie,
Sans s'aller, de surcroit, aviser sottement
De se faire un chagrin qui n'a nul fondement?
Moquons-nous de cela, méprisons les alarmes,
Et mettons sous nos pieds les soupirs et les larmes.
Si ma femme a failli, qu'elle pleure bien fort;
Mais pourquoi, moi, pleurer, puisque je n'ai point tort?
En tout cas, ce qui peut m'ôter ma fâcherie,
C'est que je ne suis pas seul de ma confrérie.
Voir cajoler sa femme, et n'en témoigner rien,
Se pratique aujourd'hui par force gens de bien.
N'allons donc point chercher à faire une querelle,
Pour un affront qui n'est que pure bagatelle.
L'on m'appellera sot de ne me venger pas,
Mais je le serais fort de courir au trépas.

(*Mettant la main sur sa poitrine.*)

Je me sens là pourtant remuer une bile
Qui veut me conseiller quelque action virile:
Oui, le courroux me prend; c'est être trop poltron :
Je veux résolument me venger du larron.
Déjà, pour commencer, dans l'ardeur qui m'enflamme,
Je vais dire partout qu'il couche avec ma femme.

SCENE XVIII.

GORGIBUS, CELIE, LA SUIVANTE DE CELIE.

CELIE.

Oui, je veux bien subir une si juste loi :
Mon père, disposez de mes vœux et de moi :
Faites, quand vous voudrez, signer cet hyménée :
A suivre mon devoir je suis déterminée;
Je prétends gourmander mes propres sentiments,
Et me soumettre en tout à vos commandements.

GORGIBUS.

Ah! voilà qui me plaît de parler de la sorte.
Parbleu! si grande joie à l'heure me transporte,
Que mes jambes sur l'heure en caprioleraient,
Si nous n'étions point vus de gens qui s'en riraient!
Approche-toi de moi; viens çà que je t'embrasse.
Une telle action n'a pas mauvaise grace;
Un père, quand il veut, peut sa fille baiser,
Sans que l'on ait sujet de s'en scandaliser.
Va, le contentement de te voir si bien née,
Me fera rajeunir de dix fois une année.

SCENE XIX.

CÉLIE, LA SUIVANTE DE CELIE.

LA SUIVANTE.

Ce changement m'étonne.

CELIE.

Et lorsque tu sauras
Par quels motifs j'agis, tu m'en estimeras.

LA SUIVANTE.

Cela pourrait bien être.

CELIE.

Apprends donc que Lélie
A pu blesser mon cœur par une perfidie;
Qu'il était en ces lieux sans.....

LA SUIVANTE.

Mais il vient à nous.

SCENE XX.

LÉLIE, CÉLIE, LA SUIVANTE DE CELIE.

LÉLIE.

Avant que pour jamais je m'éloigne de vous,
Je veux vous reprocher au moins en cette place.....

CELIE.

Quoi! me parler encore? avez-vous cette audace?

LELIE.

Il est vrai qu'elle est grande; et votre choix est tel,
Qu'à vous rien reprocher je serais criminel.
Vivez, vivez contente et bravez ma mémoire,
Avec le digne époux qui vous comble de gloire.

CÉLIE.

Oui, traître! j'y veux vivre; et mon plus grand désir,
Ce serait que ton cœur en eût du déplaisir.

LELIE.

Qui rend donc contre moi ce courroux légitime!

CELIE.

Quoi! tu fais le surpris et demandes ton crime?

SCENE XXI.

CÉLIE, LÉLIE, SGANARELLE, *armé de pied en cap*, LA SUIVANTE DE CELIE.

SGANARELLE.

Guerre, guerre mortelle à ce larron d'honneur!
Qui, sans miséricorde, à souillé notre honneur.

CELIE, *à Lélie, lui montrant Sganarelle.*

Tourne, tourne les yeux, sans me faire répondre.

LÉLIE.

Ah! je vois...

CELIE.

Cet objet suffit pour te confondre.

LELIE.

Mais pour vous obliger bien plutôt à rougir.

SGANARELLE, *à part.*

Ma colère à présent est en état d'agir;
Dessus ses grands chevaux est monté mon courage;
Et si je le rencontre on verra du carnage.
Oui, j'ai juré sa mort; rien ne peut l'empêcher:
Où je le trouverai, je le veux dépêcher.
(*Tirant son épée à demi, il approche de Lélie.*)
Au beau milieu du cœur il faut que je lui donne...

LÉLIE, *se retournant.*

A qui donc en veut-on?

SGANARELLE.

Je n'en veux à personne.

LÉLIE.

Pourquoi ces armes-là?

SGANARELLE.

C'est un habillement
(*à part.*)
Que j'ai pris pour la pluie. Ah! quel contentement
J'aurais à le tuer! Prenons-en le courage.

LÉLIE, *se retournant encore.*

Hai?

SGANARELLE.

Je ne parle pas.
(*à part, après s'être donné des soufflets pour s'exciter.*)
Ah! poltron, dont j'enrage,
Lâche! vrai cœur de poule!

CÉLIE, *à Lélie.*

Il t'en doit dire assez,
Cet objet dont tes yeux nous paraissent blessés.

LÉLIE.

Oui, je connais par là que vous êtes coupable
De l'infidélité la plus inexcusable,
Qui jamais d'un amant puisse outrager la foi.

SGANARELLE, *à part.*

Que n'ai-je un peu de cœur!

CÉLIE.

Ah! cesse devant moi,
Traître! de ce discours l'insolence cruelle!

SGANARELLE, *à part.*

Sganarelle, tu vois qu'elle prend ta querelle:
Courage, mon enfant, sois un peu vigoureux.
Là, hardi! tâche à faire un effort généreux,
En le tuant, tandis qu'il tourne le derrière.

LELIE, *faisant deux ou trois pas sans dessein, fait retourner Sganarelle qui s'approchait pour le tuer.*

Puisqu'un pareil discours émeut votre colère;
Je dois de votre cœur me montrer satisfait,
Et l'applaudir ici du beau choix qu'il a fait.

CÉLIE.

Oui, oui, mon choix est tel qu'on n'y peut rien reprendre.

LÉLIE.

Allez, vous faites bien de le vouloir défendre.

SGANARELLE.

Sans doute, elle fait bien de défendre mes droits.
Cette action, monsieur, n'est point selon les lois:
J'ai raison de m'en plaindre; et si je n'étais sage,
On verrait arriver un étrange carnage.

LÉLIE.

D'où vous naît cette plainte? et quel chagrin brutal?...

SGANARELLE.

Suffit. Vous savez bien où le bât me fait mal:
Mais votre conscience et le soin de votre ame [femme;
Vous devraient mettre aux yeux que ma femme est ma
Et vouloir à, ma barbe, en faire votre bien,
Que ce n'est pas du tout agir en bon chrétien.

LÉLIE.

Un semblable soupçon est bas et ridicule.
Allez, dessus ce point n'ayez aucun scrupule:
Je sais qu'elle est à vous; et bien loin de brûler...

CÉLIE.

Ah! qu'ici tu sais bien, traître, dissimuler!

LÉLIE.

Quoi! me soupçonnez-vous d'avoir une pensée
De qui son ame ait lieu de se croire offensée?
De cette lâcheté voulez-vous me noircir?

CÉLIE.

Parle, parle à lui-même, il pourra t'éclaircir?

SGANARELLE, *à Célie.*

Vous me défendez mieux que je ne saurais faire;
Et du biais qu'il faut vous prenez cette affaire.

SCENE XXII.

CÉLIE, LELIE, SGANARELLE, LA FEMME DE SGANARELLE, LA SUIVANTE DE CELIE.

LA FEMME DE SGANARELLE.

Je ne suis point d'humeur à vouloir contre vous
Faire éclater, madame, un esprit trop jaloux;
Mais je ne suis point dupe, et vois ce qui se passe:
Il est de certains feux de fort mauvaise grace;
Et votre ame devrait prendre un meilleur emploi,
Que de séduire un cœur qui doit n'être qu'à moi.

CÉLIE.

La déclaration est assez ingénue.

SGANARELLE, *à sa femme.*

L'on ne demandait pas, carogne, ta venue.
Tu la viens quereller lorsqu'elle me défend,
Et tu trembles de peur qu'on t'ôte ton galant.

CÉLIE.

Allez, ne croyez pas que l'on en ait envie.
(*Se tournant vers Lélie.*)
Tu vois si c'est mensonge; et j'en suis fort ravie.

LÉLIE.

Que me veut-on conter?

LA SUIVANTE.

Ma foi, je ne sais pas
Quand on verra finir ce galimatias;
Déjà depuis long-temps je tâche à le comprendre,
Et si, plus je l'écoute, et moins je puis l'entendre.
Je vois bien à la fin que je m'en dois mêler.
(*Elle se met entre Lélie et sa maîtresse.*)
Répondez-moi par ordre, et me laisser parler.
(*à Lélie.*)
Vous, qu'est-ce qu'à son cœur peut reprocher le vôtre?

LÉLIE.

Que l'infidèle a pu me quitter pour un autre;
Que lorsque, sur le bruit de son hymen fatal,
J'accours tout transporté d'un amour sans égal,
Dont l'ardeur résistait à se croire oubliée,
Mon abord en ces lieux la trouve mariée.

LA SUIVANTE.

Mariée! à qui donc?

LÉLIE, *montrant Sganarelle.*

A lui.

LA SUIVANTE.

Comment! à lui?

CÉLIE.

Oui-dà!

LA SUIVANTE.

Qui vous l'a dit?

LÉLIE.

C'est lui-même, aujourd'hui

LA SUIVANTE, *à Sganarelle.*

Est-il vrai?

SGANARELLE.

Moi? j'ai dit que c'était à ma femme
Que j'étais marié.

LÉLIE.

Dans un grand trouble d'ame,
Tantôt de mon portrait je vous ai vu saisi.

SGANARELLE.

Il est vrai, le voilà.

LÉLIE, *à Sganarelle.*

Vous m'avez dit aussi
Que celle aux mains de qui vous aviez pris ce gage
Était liée à vous des nœuds du mariage.

SGANARELEE.

(*montrant sa femme.*)
Sans doute. Et je l'avais de ses mains arraché,
Et n'eusse pas sans lui découvert son péché.

LA FEMME DE SGANARELLE.

Que me viens-tu conter par ta plainte importune?
Je l'avais sous mes pieds rencontré par fortune;
Et même, quand, après ton injuste courroux,
(*montrant Lélie.*)
J'ai fait, dans sa faiblesse, entrer monsieur chez nous,
Je n'ai pas reconnu les traits de sa peinture.

CELIE.

C'est moi qui du portrait ai causé l'aventure;
Et je l'ai laissé choir en cette pamoison,
à Sganarelle.
Qui m'a fait par vos soins remettre à la maison.

LA SUIVANTE.

Vous voyez que, sans moi vous y seriez encore:
Et vous aviez besoin de mon peu d'ellébore.

SGANARELLE, *à part.*

Prendrons-nous tout ceci pour de l'argent comptant?
Mon front, l'a sur mon ame, eu bien chaude pourtant!

LA FEMME DE SGANARELLE.

Ma crainte toutefois n'est pas trop dissipée,
Et, doux que soit le mal, je crains d'être trompée.

SGANARELLE, *à sa femme.*

Hé! mutuellement, croyons-nous gens de bien;
Je risque plus du mien que tu ne fais du tien;
Accepte sans façon le marché qu'on propose.

LA FEMME DE SGANARELLE.

Soit. Mais gare le bois si j'apprends quelque chose!

CELIE, *à Lélie, après avoir parlé bas ensemble.*

Ah dieux! s'il est ainsi, qu'est-ce donc que j'ai fait?
Je dois de mon courroux appréhender l'effet.
Oui, vous croyant sans foi, j'ai pris pour ma vengeance
Le malheureux secours de mon obéissance,
Et, depuis un moment mon cœur vient d'accepter
Un hymen que toujours j'eus lieu de rebuter.
J'ai promis à mon père; et ce qui me désole....
Mais je le vois venir.

LELIE.

Il me tiendra parole.

SCENE XXIII.

GORGIBUS, CÉLIE, LÉLIE, SGANARELLE, LA FEMME DE SGANARELLE, LA SUIVANTE DE CELIE.

LELIE.

Monsieur, vous me voyez en ces lieux de retour,
Brûlant des mêmes feux; et mon ardent amour
Verra, comme je crois, la promesse accomplie
Qui me donna l'espoir de l'hymen de Célie.

GORGIBUS.

Monsieur, que je revois en ces lieux de retour,
Brûlant des mêmes feux, et dont l'ardent amour
Verra, que vous croyez, la promesse accomplie
Qui vous donna l'espoir de l'hymen de Célie,
Très humble serviteur à votre seigneurie.

LELIE.

Quoi! monsieur, est-ce ainsi qu'on trahit mon espoir?

GORGIBUS.

Oui, monsieur, c'est ainsi que je fais mon devoir:
Ma fille en suit les lois.

CELIE.

Mon devoir m'intéresse,
Mon père, à dégager vers lui votre promesse.

GORGIBUS.

Est-ce répondre en fille à mes commandements?
Tu te démens bientôt de tes bons sentiments;
Pour Valère, tantôt. . Mais j'aperçois son père;
Il vient assurément pour conclure l'affaire.

SCENE XXIV.

VILLEBREQUIN, GORGIBUS, CELIE, LELIE SGANARELLE, LA FEMME DE SGANARELLE, LA SUIVANTE DE CELIE.

GORGIBUS.

Qui vous amène ici, seigneur Villebrequin?

VILLEBREQUIN.

Un secret important que j'ai su ce matin,
Qui rompt abolument ma parole donnée.
Mon fils, dont votre fille acceptait l'hymenée,
Sous des liens cachés trompant les yeux de tous,
Vit depuis quatre mois avec Lise en époux;
Et, comme des parents le bien et la naissance
M'ôtent tout le pouvoir de casser l'alliance,
Je vous viens....

GORGIBUS.

Brisons là. Si, sans votre congé,
Valère votre fils ailleurs s'est engagé,
Je ne vous puis céler que ma fille Célie
Dès longtemps par moi-même est promise à Lélie
Et que, riche en vertu, son retour aujourd'hui
M'empêche d'agréer un autre époux que lui.

VILLEBREQUIN.

Un tel choix me plaît fort.

LELIE.

Et cette juste envie
D'un bonheur éternel va couronner ma vie....

GORGIBUS.

Allons choisir le jour pour se donner la foi.

SGANARELLE, *seul.*

A-t-on mieux cru jamais être cocu que moi?
Vous voyez qu'en ce fait la plus forte apparence
Peut jeter dans l'esprit une fausse créance.
De cet exemple-ci ressouvenez-vous bien;
Et quand vous verriez tout, ne croyez jamais rien.

FIN.

D. GARCIE DE NAVARRE,

OU

LE PRINCE JALOUX,

COMÉDIE HÉROÏQUE EN CINQ ACTES.

1661.

PERSONNAGES.

DON GARCIE, prince de Navare, amant de done Elvire.

DONE ELVIRE, princesse de Léon.

DON ALPHONSE, prince de Léon, cru prince de Castille sous le nom de don Sylve.

DONE IGNÈS, comtesse, amante de don Sylve, aimée par Maurégat, usurpateur de l'état de Léon.

ÉLISE, confidente de done Elvire.

DON ALVAR, confident de don Garcie, amant d'Élise.

DON LOPE, autre confident de don Garcie, amant d'Élise.

DON PEDRE, écuyer d'Ignès.

UN PAGE de done Elvire.

La scène est dans Astorgue, ville d'Espagne, dans le royaume de Léon.

ACTE PREMIER.

—

SCENE PREMIÈRE.

DONE ELVIRE, ÉLISE.

D. ELVIRE.

Non, ce n'est point un choix qui, pour ces deux amants,
Sut régler de mon cœur les secrets sentiments;
Et le prince n'a point, dans tout ce qu'il peut être,
Ce qui fit préferer l'amour qu'il fait paraître.
Don Sylve, comme lui, fit briller à mes yeux
Toutes les qualités d'un héros glorieux;
Même éclat de vertus, joint à même naissance,
Me parlait en tous deux pour cette préférence;
Et je serais encore à nommer le vainqueur,
Si le mérite seul prenait droit sur un cœur :
Mais ces chaînes du ciel qui tombent sur nos ames,
Décidèrent en moi le destin de leurs flammes;
Et toute mon estime, égale entre les deux,
Laissa vers don Garcie entraîner tous mes vœux.

ÉLISE.

Cet amour que pour lui votre astre vous inspire,
N'a sur vos actions pris que bien peu d'empire,
Puisque nos yeux, madame, ont pu longtemps douter
Qui de ces deux amants vous vouliez mieux traiter.

D. ELVIRE.

De ces nobles rivaux l'amoureuse poursuite,
A de fâcheux combats, Elise, m'a réduite.
Quand je regardais l'un, rien ne me reprochait
Le tendre mouvement où mon ame penchait;
Mais je me l'imputais à beaucoup d'injustice,
Quand de l'autre à mes yeux s'offrait le sacrifice :
Et don Sylve, après tout, dans ses soins amoureux,
Me semblait mériter un destin plus heureux.
Je m'opposais encor ce qu'au sang de Castille
Du feu roi de Léon semble devoir la fille;
Et la longue amitié qui d'un étroit lien
Joignit les intérêts de son père et du mien.
Ainsi, plus dans mon ame un autre prenait place,
Plus de tous ses respects je plaignais la disgrace :
Ma pitié, complaisante à ses brulants soupirs,
D'un dehors favorable amusait ses désirs,
Et voulait réparer, par ce faible avantage,
Ce qu'au fond de mon cœur je lui faisais d'outrage.

ÉLISE.

Mais son premier amour que vous avez appris,
Doit de cette contrainte affranchir vos esprits;
Et, puisque avant ces soins où pour vous il s'engage
Done Ignès de son cœur avait reçu l'hommage,
Et que, par des liens aussi fermes que doux,
L'amitié vous unit cette comtesse et vous,
Son secret révélé vous est une matière
A donner à vos vœux liberté tout entière :
Et vous pouvez, sans crainte, à cet amant confus
D'un devoir d'amitié couvrir tous vos refus.

D. ELVIRE.

Il est vrai que j'ai lieu de chérir la nouvelle
Qui m'apprit que don Sylve était un infidèle,
Puisque par ses ardeurs mon cœur tyrannisé
Contre elles à présent se voit autorisé;
Qu'il en peut justement combattre les hommages,
Et, sans scrupule, ailleurs donner tous ses suffrages.
Mais enfin quelle joie en peut prendre ce cœur,
Si d'une autre contrainte il souffre la rigueur;
Si d'un prince jaloux l'éternelle faiblesse
Reçoit indignement les soins de ma tendresse,
Et semble préparer, dans mon juste courroux,
Un éclat à briser tout commerce entre nous?

ÉLISE.

Mais si de votre bouche il n'a point su sa gloire,
Est-ce un crime pour lui que de n'oser la croire?
Et ce qui d'un rival a pu flatter les feux
L'autorise-t-il pas à douter de vos vœux?

D. ELVIRE.

Non, non, de cette sombre et lâche jalousie
Rien ne peut excuser l'étrange frénésie;
Et par mes actions je l'ai trop informé
Qu'il peut bien se flatter du bonheur d'être aimé.
Sans employer la langue, il est des interprètes
Qui parlent clairement des atteintes secretes :
Un soupir, un regard, une simple rougeur,
Un silence est assez pour expliquer un cœur.
Tout parle dans l'amour; et sur cette matière
Le moindre jour doit être une grande lumière,
Puisque chez notre sexe, où l'honneur est puissant,
On ne montre jamais tout ce que l'on ressent.
J'ai voulu, je l'avoue, ajuster ma conduite,
Et voir d'un œil égal l'un et l'autre mérite :
Mais que contre ses vœux on combat vainement,
Et que la différence est connue aisément
De toutes ces faveurs qu'on fait avec étude,
A celles où du cœur fait pencher l'habitude!
Dans les unes toujours on paraît se forcer;
Mais les autres, hélas! se font sans y penser;
Semblables à ces eaux si pures et si belles,
Qui coulent sans effort des sources naturelles.
Ma pitié pour don Sylve avait beau l'émouvoir,
J'en trahissais les soins sans m'en apercevoir;
Et mes regards au prince, en un pareil martyre,
En disaient toujours plus que je n'en voulais dire.

ÉLISE.

Enfin si les soupçons de cet illustre amant,
Puisque vous le voulez, n'ont point de fondement,
Pour le moins font-ils foi d'une ame bien atteinte;
Et d'autres chériraient ce qui fait votre plainte.
De jaloux mouvements doivent être odieux,
S'ils partent d'un amour qui déplaît à nos yeux :
Mais tout ce qu'un amant nous peut montrer d'alarmes
Doit, lorsque nous l'aimons, avoir pour nous des charmes;
C'est par là que son feu se peut mieux exprimer
Et plus il est jaloux, plus nous devons l'aimer.
Ainsi, puisque en votre ame un prince magnanime...

D. ELVIRE.

Ah! ne m'avancez point cette étrange maxime!
Partout la jalousie est un monstre odieux;
Rien n'en peut adoucir les traits injurieux;
Et plus l'amour est cher qui lui donne naissance,
Plus on doit ressentir les coups de cette offense.
Voir un prince emporté, qui perd à tous moments
Le respect que l'amour inspire aux vrais amants;
Qui, dans les soins jaloux où son ame se noie,
Querelle également mon chagrin et ma joie,
Et dans tous mes regards ne peut rien remarquer,
Qu'en faveur d'un rival il ne veuille expliquer :
Non, non, par ces soupçons je suis trop offensée,
Et sans déguisement je te dis ma pensée.
Le prince don Garcie est cher à mes désirs;
Il peut d'un cœur illustre échauffer les soupirs;
Au milieu de Léon on a vu son courage
Me donner de sa flamme un noble témoignage,
Braver, en ma faveur, des périls les plus grands,
M'enlever aux desseins de nos lâches tyrans,
Et, dans ces murs forcés, mettre ma destinée
A couvert des horreurs d'un indigne hyménée :
Et je ne cèle point que j'aurais de l'ennui
Que la gloire en fût due à quelque autre qu'à lui;
Car un cœur amoureux prend un plaisir extrême
A se voir redevable, Elise, à ce qu'il aime;
Et sa flamme timide ose mieux éclater,
Lorsque en la favorisant elle croit s'acquitter.
Oui, j'aime qu'un secours qui hasarde sa tête,
Semble à sa passion donner droit de conquête;
J'aime que mon péril m'ait jetée en ses mains :
Et si les bruits communs ne sont pas des bruits vains,
Si la bonté du ciel nous ramène mon frère,
Les vœux les plus ardents que mon cœur puisse faire,
C'est que son bras encor sur un perfide sang
Puisse aider à ce frère à reprendre son rang,
Et par d'heureux succès d'une haute vaillance:
Mériter tous les soins de sa reconnaissance.
Mais, avec tout cela, s'il pousse mon courroux,
S'il ne purge ses feux de leurs transports jaloux,
Et ne les range aux lois que je veux lui prescrire,
C'est inutilement qu'il prétend done Elvire :
L'hymen ne peut nous joindre, et j'abhorre des nœuds
Qui deviendraient sans doute un enfer pour tous deux.

ELISE.

Bien que l'on pût avoir des sentiments tout autres,
C'est au prince, madame, à se régler aux vôtres;
Et dans votre billet ils sont si bien marqués,
Que quand il les verra de la sorte expliqués...

D. ELVIRE.

Je n'y veux point, Elise, employer cetté lettre,
C'est un soin qu'à ma bouche il me vaut mieux commettre.
La faveur d'un écrit laisse aux mains d'un amant
Des témoins trop constants de notre attachement;
Ainsi donc empêchez qu'au prince on ne la livre.

ELISE.

Toutes vos volontés sont des lois qu'on doit suivre.
J'admire cependant que le ciel ait jeté
Dans le goût des esprits tant de diversité,
Et que ce que les uns regardent comme outrage
Soit vu par d'autres yeux sous un autre visage.
Pour moi, je trouverais mon sort tout à fait doux,
Si j'avais un amant qui pût être jaloux;
Je saurais m'applaudir de son inquiétude:
Et ce qui pour mon ame est souvent un peu rude,
C'est de voir don Alvar ne prendre aucun souci...

D. ELVIRE.

Nous ne le croyions pas si proche, le voici.

SCENE II.

DONE ELVIRE, DON ALVAR, ELISE.

D. ELVIRE.

Votre retour surprend : qu'avez-vous à m'apprendre?
Don Alphonse vient-il? A-t-on lieu de l'attendre?

D. ALVAR.

Oui, madame, et ce frère, en Castille élevé,
De rentrer dans ses droits voit le temps arrivé.
Jusqu'ici don Louis, qui vit à sa prudence
Par le feu roi mourant commettre son enfance,
A caché ses destins aux yeux de tout l'État,
Pour l'ôter aux fureurs du traître Maurégat;
Et bien que le tyran, depuis sa lâche audace,
L'ait souvent demandé pour lui rendre sa place,
Jamais son zèle ardent n'a pris de sûreté
A l'appât dangereux de sa fausse équité:
Mais les peuples émus par cette violence
Que vous a voulu faire une injuste puissance,
Ce généreux vieillard a cru qu'il était temps
D'éprouver le succès d'un espoir de vingt ans :
Il a tenté Léon, et ses fidèles trames
Des grands, comme du peuple, ont pratiqué les ames;
Tandis que la Castille armait dix mille bras
Pour redonner ce prince aux vœux de ses états;
Il fait auparavant semer sa renommée,
Et ne veut le montrer qu'en tête d'une armée,
Que, tout prêt à lancer le foudre punisseur,
Sous qui doit succomber un lâche ravisseur.
On investit Léon, et don Sylve en personne
Commande le secours que son père vous donne.

D. ELVIRE.

Un secours si puissant doit flatter notre espoir;
Mais je crains que mon frère y puisse trop devoir.

D. ALVAR.

Mais, madame, admirez que, malgré la tempête
Que votre usurpateur voit gronder sur sa tête,
Tous les bruits de Léon annoncent pour certain
Qu'à la comtesse Ignès il va donner la main.

D. ELVIRE.

Il cherche dans l'hymen de cette illustre fille
L'appui du grand écrit où se voit sa famille;
Je ne reçois rien d'elle, et j'en suis en souci;
Mais son cœur au tyran fut toujours endurci.

ELISE.

De trop puissants motifs d'honneur et de tendresse
Opposent ses refus aux nœuds dont on la presse,
Pour....

D. ALVAR.

Le prince entre ici.

SCENE III.

DON GARCIE, DONE ELVIRE, DON ALVAR, ELISE.

D. GARCIE.

Je viens m'intéresser,
Madame, au doux espoir qu'il vous vient d'annoncer;
Ce frère qui menace un tyran plein de crimes
Flatte de mon amour les transports légitimes :
Son sort offre à mon bras des périls glorieux
Dont je puis faire hommage à l'éclat de vos yeux,
Et par eux m'acquérir, si le ciel m'est propice,
La gloire d'un revers que vous doit sa justice,
Qui va faire à vos pieds choir l'infidélité,
Et rendre à votre sang toute sa dignité.
Mais ce qui plus me plaît d'une attente si chère,
C'est que, pour être roi, le ciel vous rend ce frère;
Et qu'ainsi mon amour peut éclater au moins
Sans qu'à d'autres motifs on impute ses soins,
Et qu'il soit soupçonné que dans votre personne
Il cherche à me gagner les droits d'une couronne.
Oui, tout mon cœur voudrait montrer aux yeux de tous
Qu'il ne regarde en vous autre chose que vous;
Et cent fois, si je puis le dire sans offense,
Ses vœux se sont armés contre votre naissance
Leur chaleur indiscrète a d'un destin plus bas
Souhaité le partage à vos divins appas;

Afin que de ce cœur le noble sacrifice
Pût du ciel envers vous réparer l'injustice,
Et votre sort tenir des mains de mon amour
Tout ce qu'il doit au sang dont vous tenez le jour.
Mais puisque enfin les cieux de tout ce juste hommage,
A mes feux prévenus dérobent l'avantage,
Trouvez bon que ces feux prennent un peu d'espoir
Sur la mort que mon bras s'apprête à faire voir,
Et qu'ils osent briguer, par d'utiles services,
D'un frère et d'un État les suffrages propices.

D. ELVIRE.

Je sais que vous pouvez, prince, en vengeant nos [droits,
Faire pour votre amour parler cent beaux exploits:
Mais ce n'est pas assez pour le prix qu'il espère,
Que l'aveu d'un État, et la faveur d'un frère.
Done Elvire n'est pas au bout de cet effort,
Et je vous vois à vaincre un obstacle plus fort.

D. GARCIE.

Oui, madame, j'entends ce que vous voulez dire.
Je sais bien que pour vous mon cœur en vain soupire;
Et l'obstacle puissant qui s'oppose à mes feux,
Sans que vous le nommiez, n'est pas secret pour eux.

D. ELVIRE.

Souvent on entend mal ce qu'on croit bien entendre;
Et par trop de chaleur, prince, on se peut méprendre,
Mais puisqu'il faut parler désirez-vous savoir
Quand vous pourrez me plaire, et prendre quelque es- [poir?

D. GARCIE.

Ce me sera, madame, une faveur extrême.

D. ELVIRE.

Quand vous saurez m'aimer comme il faut que l'on [aime

D. GARCIE.

Eh! que peut-on, hélas! observer sous les cieux,
Qui ne cède à l'ardeur que m'inspirent vos yeux?

D. ELVIRE.

Quand votre passion ne fera rien paraître
Dont se puisse indigner celle qui l'a fait naître.

D. GARCIE.

C'est là son plus grand soin.

D. ELVIRE.

Quand tous ses mouvemens
Ne prendront point de moi de trop bas sentiments.

D. GARCIE.

Ils vous révèrent trop.

D. ELVIRE.

Quand d'un injuste ombrage
Votre raison saura me réparer l'outrage,
Et que vous bannirez enfin ce monstre affreux
Qui de son noir venin empoisonne vos feux,
Cette jalouse humeur dont l'importun caprice
Aux vœux que vous m'offrez rend un mauvais office,
S'oppose à leur attente, et contre eux, à tous coups,
Arme les mouvements de mon juste courroux.

D. GARCIE.

Ah! madame! il est vrai, quelque effort que je fasse,
Qu'un peu de jalousie en mon cœur trouve place,
Et qu'un rival, absent de vos divins appas,
Au repos de ce cœur vient livrer des combats.
Soit caprice ou raison, j'ai toujours la croyance
Que votre ame en ces lieux souffre de son absence,
Et que, malgré mes soins, vos soupirs amoureux
Vont trouver à tous coups ce rival trop heureux.
Mais, si de tels soupçons ont de quoi vous déplaire,
Il vous est bien facile, hélas! de m'y soustraire;
Et leur bannissement, dont j'accepte la loi,
Dépend bien plus de vous qu'il ne dépend de moi.
Oui, c'est vous qui pouvez, par deux mots pleins de [flamme,
Contre la jalousie armer toute mon ame,
Et, des pleines clartés d'un glorieux espoir,
Dissiper les horreurs que ce monstre y fait choir.
Daignez donc étouffer le doute qui m'accable,
Et faites qu'un aveu d'une bouche adorable
Me donne l'assurance, au fort de tant d'assauts,
Que je ne puis trouver dans le peu que je vaux.

D. ELVIRE.

Prince, de vos soupçons la tyrannie est grande:
Au moindre mot qu'il dit, un cœur veut qu'on l'en [tende,
Et n'aime point ces feux dont l'importunité
Demande qu'on s'explique avec plus de clarté.
Le premier mouvement qui découvre notre ame,
Doit d'un amant discret satisfaire la flamme;
Et c'est à s'en dédire autoriser nos vœux,
Que vouloir plus avant pousser de tels aveux.
Je ne dis point quel choix, s'il m'était volontaire,
Entre don Sylve et vous mon ame pourrait faire:
Mais vouloir vous contraindre à n'être point jaloux,
Aurait dit quelque chose à tout autre que vous;
Et je croyais cet ordre un assez doux langage,
Pour n'avoir pas besoin d'en dire davantage.
Cependant votre amour n'est pas encore content;
Il demande un aveu qui soit plus éclatant;
Pour l'ôter de scrupule, il me faut, à vous-même,
En des termes exprès, dire que je vous aime;
Et peut-être qu'encor, pour vous en assurer,
Vous vous obstineriez à m'en faire jurer.

D. GARCIE.

Hé bien! madame, hé bien! je suis trop téméraire;
De tout ce qui vous plaît je dois me satisfaire.
Je ne demande point de plus grande clarté;
Je crois que vous avez pour moi quelque bonté,
Que d'un peu de pitié mon feu vous sollicite,
Et je me vois heureux plus que je ne mérite.
C'en est fait, je renonce à mes soupçons jaloux;
L'arrêt qui les condamne est un arrêt bien doux,
Et je reçois la loi qu'il daigne me prescrire,
Pour affranchir mon cœur de leur injuste empire.

D. ELVIRE.

Vous promettez beaucoup, prince, et je doute fort
Si vous pourrez sur vous faire ce grand effort.

D. GARCIE.

Ah! madame! il suffit, pour me rendre croyable,
Que ce qu'on vous promet doit être inviolable;
Et que l'heur d'obéir à sa divinité
Ouvre aux plus grands efforts trop de félicité:
Que le ciel me déclare une éternelle guerre,
Que je tombe à vos pieds d'un éclat de tonnerre;
Ou, pour périr encor par de plus rudes coups,
Puissé-je voir sur moi fondre votre courroux,
Si jamais mon amour descend à la faiblesse
De manquer au devoir d'une telle promesse,
Si jamais dans mon ame aucun jaloux transport
Fait....

SCENE IV.

DONE ELVIRE, DON GARCIE, DON ALVAR, ELISE; UN PAGE, *présentant un billet à Done Elvire.*

D. ELVIRE.

J'en étais en peine, et tu m'obliges fort.
Que le courrier attende.

SCENE V.

DONE ELVIRE, DON GARCIE, DON ALVAR, ELISE

D. ELVIRE, *bas, à part.*

A ces regards qu'il jette,
Vois-je pas que déjà cet écrit l'inquiète?
Prodigieux effet de son tempérament!
(*haut.*)
Qui vous arrête, prince, au milieu du serment?

D. GARCIE.

J'ai cru que vous aviez quelque secret ensemble,
Et je ne voulais pas l'interrompre.

D. ELVIRE.

Il me semble,
Que vous me répondez d'un ton fort altéré.
Je vous vois tout à coup le visage égaré.
Ce changement soudain a lieu de me surprendre.
D'où peut-il provenir? le pourrait-on apprendre?

D. GARCIE.

D'un mal qui tout à coup vient d'attaquer mon cœur.

D. ELVIRE.

Souvent plus qu'on ne croit ces maux ont de rigueur,
Et quelque prompt secours vous serait nécessaire.
Mais encor, dites moi, vous prend-il d'ordinaire?

D. GARCIE.

Parfois.

D. ELVIRE.

Ah! prince faible! Hé bien! par cet écrit,
Guérissez-le, ce mal; il n'est que dans l'esprit.

D. GARCIE.

Par cet écrit, madame? Ah! ma main le refuse!
Je vois votre pensée, et de quoi l'on m'accuse.
Si....

D. ELVIRE.

Lisez-le, vous dis-je, et satisfaites-vous.

D. GARCIE.

Pour me traiter après de faible et de jaloux?
Non, non. Je dois ici vous rendre un témoignage
Qu'à mon cœur cet écrit n'a point donné d'ombrage;
Et, bien que vos bontés m'en laissent le pouvoir,
Pour me justifier, je ne veux point le voir.

D. ELVIRE.

Si vous vous obstinez à cette résistance,
J'aurais tort de vouloir vous faire violence;
Et c'est assez enfin que vous avoir pressé
De voir de quelle main ce billet m'est tracé.

D. GARCIE.

Ma volonté toujours vous doit être soumise:
Si c'est votre plaisir que pour vous je le lise,
Je consens volontiers a prendre cet emploi.

D. ELVIRE.

Oui, oui, prince, tenez, vous le lirez pour moi.

D. GARCIE.

C'est pour vous obéir, au moins, et je puis dire....

D. ELVIRE.

C'est ce que vous voudrez; dépêchez-vous de lire.

D. GARCIE.

Il est de done Ignès, à ce que je connoi.

D. ELVIRE.

Oui. Je m'en réjouis et pour vous et pour moi.

D. GARCIE, *lit.*

« Malgré l'effort d'un long mépris,
» Le tyran toujours m'aime, et, depuis votre absence,
» Vers moi, pour me porter au dessein qu'il a pris,
» Il semble avoir tourné toute sa violence,
» Dont il poursuivait l'alliance
» De vous et de son fils.
» Ceux qui sur moi peuvent avoir empire,
» Par de lâches motifs qu'un faux honneur inspire,
» Approuvent tous cet indigne lien.
» J'ignore encor par où finira mon martyre;
» Mais je mourrai plutôt que de consentir rien.
» Puissiez-vous jouir, belle Elvire,
» D'un destin plus doux que le mien!
à D. IGNÈS. »

Dans la haute vertu son ame est affermie.

D. ELVIRE.

Je vais faire réponse à cette illustre amie.
Cependant, apprenez, prince, à vous mieux armer
Contre ce qui prend droit de vous trop alarmer.
J'ai calmé votre trouble avec cette lumière,
Et la chose a passé d'une douce manière;
Mais, à n'en point mentir, il serait des moments
Où je pourrais entrer en d'autres sentiments.

D. GARCIE.

Hé quoi! vous croyez donc?...

D. ELVIRE.

Je crois ce qu'il faut croire.
Adieu. De mes avis conservez la mémoire;
Et, s'il est vrai pour moi que votre amour soit grand,
Donnez-en à mon cœur les preuves qu'il prétend.

D. GARCIE.

Croyez que désormais c'est toute mon envie,
Et qu'avant d'y manquer je veux perdre la vie.

FIN DU PREMIER ACTE.

ACTE II.

SCÈNE PREMIÈRE.

ÉLISE, DON LOPE.

ÉLISE.

Tout ce que fait le prince, à parler franchement,
N'est pas ce qui me donne un grand étonnement;
Car que d'un noble amour une ame bien saisie
En pousse les transports jusqu'à la jalousie;
Que de doutes fréquents ses vœux soient traversés;
Il est fort naturel, et je l'approuve assez:
Mais ce qui me surprend, don Lope, c'est d'entendre
Que vous lui préparez les soupçons qu'il doit prendre,
Que votre ame les forme, et qu'il n'est en ces lieux,
Fâcheux que par vos soins, jaloux que par vos yeux.
Encore un coup, don Lope, une ame bien éprise,
Des soupçons qu'elle prend ne me rend point surprise;
Mais qu'on ait sans amour tous les soins d'un jaloux,
C'est une nouveauté qui n'appartient qu'à vous.

D. LOPE.

Que sur cette conduite à son aise l'on glose,
Chacun règle la sienne au but qu'il se propose,
Et, rebuté par vous des soins de mon amour,
Je songe auprès du prince à bien faire ma cour.

ÉLISE.

Mais savez-vous qu'enfin il fera mal la sienne,
S'il faut qu'en cette humeur votre esprit l'entretienne?

D. LOPE.

Et quand, charmante Elise, a-t-on vu, s'il vous plaît,
Qu'on cherche auprès des grands que son propre intérêt?
Qu'un parfait courtisan veuille charger leur suite
D'un censeur des défauts qu'on trouve en leur conduite?
Et s'aille inquiéter si son discours leur nuit,
Pourvu que sa fortune en tire quelque fruit?
Tout ce qu'on fait ne va qu'à se mettre en leur grace;
Par la plus courte voie on y cherche une place,
Et les plus prompts moyens de gagner leur faveur,
C'est de flatter toujours le faible de leur cœur;
D'applaudir en aveugle à ce qu'ils veulent faire,
Et n'appuyer jamais ce qui peut leur déplaire:
C'est là le vrai secret d'être bien auprès d'eux.
Les utiles conseils font passer pour fâcheux,
Et vous laissent toujours hors de la confidence,
Où vous jette d'abord l'adroite complaisance.
Enfin, on voit partout que l'art des courtisans
Ne tend qu'à profiter des faiblesses des grands,
A nourrir leurs erreurs, et jamais dans leur ame
Ne porter les avis des choses qu'on y blâme.

ÉLISE.

Ces maximes un temps leur peuvent succéder:
Mais il est des revers qu'on doit appréhender;
Et dans l'esprit des grands, qu'on tâche de surprendre,
Un rayon de lumière à la fin peut descendre,
Qui sur tous ces flatteurs venge équitablement
Ce qu'a fait à leur gloire un long aveuglement.
Cependant je dirai que votre ame s'explique
Un peu bien librement sur votre politique;
Et ces nobles motifs, au prince rapportés,
Serviraient assez mal vos assiduités.

D. LOPE.

Outre que je pourrais désavouer sans blâme
Ces libres vérités sur quoi s'ouvre mon ame,
Je sais fort bien qu'Elise a l'esprit trop discret
Pour aller divulguer cet entretien secret.
Qu'ai-je dit, après tout, que sans moi l'on ne sache
Et dans mon procédé que faut-il que je cache?
On peut craindre une chute avec quelque raison,
Quand on met en usage ou ruse ou trahison.
Mais qu'ai-je à redouter, moi, qui partout n'avance
Que les soins approuvés d'un peu de complaisance,
Et qui suis seulement par d'utiles leçons
La pente qu'a le prince à de jaloux soupçons?
Son ame semble en vivre, et je mets mon étude
A trouver des raisons à son inquiétude,

A voir de tous côtés s'il se passe rien
A fournir le sujet d'un secret entretien;
Et quand je puis venir, enflé d'une nouvelle,
Donner à son repos une atteinte mortelle,
C'est lors que plus il m'aime, et je vois sa raison
D'une audience avide avaler ce poison,
Et m'en remercier comme d'une victoire
Qui comblerait ses jours de bonheur et de gloire.
Mais mon rival parait, je vous laisse tous deux:
Et bien que je renonce à l'espoir de vos vœux,
J'aurais un peu de peine à voir qu'en ma présence
Il reçût des effets de quelque préférence,
Et je veux, si je puis, m'épargner ce souci.

ELISE.

Tout amant de bons sens en doit user ainsi.

SCENE II.

DON ALVAR, ELISE.

D. ALVAR.

Enfin nous apprenons que le roi de Navarre
Pour les désirs du prince aujourd'hui se déclare,
Et qu'un nouveau renfort de troupes nous attend
Pour le fameux service où son amour prétend.
Je suis surpris, pour moi, qu'avec tant de vitesse
On ait fait avancer.. Mais...

SCÈNE III.

DON GARCIE, ELISE, DON ALVAR.

D. GARCIE.

Que fait la princesse?

ELISE.

Quelques lettres, seigneur; je le présume ainsi;
Mais elle va savoir que vous êtes ici.

D. GARCIE.

J'attendrai qu'elle ait fait.

SCENE IV.

DON GARCIE, *seul.*

Près de souffrir sa vue,
D'un trouble tout nouveau je me sens l'ame émue:
Et la crainte, mêlée à son ressentiment,
Jette par tout mon cœur un soudain tremblement.
Prince, prends garde au moins qu'un aveugle caprice
Ne te conduise ici dans quelque précipice,
Et que de ton esprit les désordres puissants
Ne donnent un peu trop au rapport de ses sens:
Consulte ta raison, prends sa clarté pour guide;
Vois si de tes soupçons l'apparence est solide.
Ne démens pas leur voix; mais aussi garde bien
Que, pour les croire trop, ils ne t'imposent rien;
Qu'à tes premiers transports ils n'osent trop permettre,
Et relis posément cette moitié de lettre.
Ah! qu'est-ce que mon cœur, trop digne de pitié,
Ne voudrait pas donner pour son autre moitié!
Mais, après tout, que dis-je? Il suffit bien de l'une,
Et n'en voilà que trop pour voir mon infortune.

« Quoique votre rival...
« Vous devez toutefois vous...
« Et vous avez en vous à...
« L'obstacle le plus grand...

« Je chéris tendrement ce...
« Pour me tirer des mains de...
« Son amour, ses devoirs...
« Mais il m'est odieux avec...

« Otez donc à vos feux ce...
« Méritez les regards que l'on...
« Et lorsqu'on vous oblige...
« Ne vous obstinez point à... »

Oui, mon sort par ces mots est assez éclairci;
Son cœur, comme sa main, se fait connaître ici;
Et les sens imparfaits de cet écrit funeste,
Pour s'expliquer à moi, n'ont pas besoin du reste.
Toutefois dans l'abord agissons doucement,
Couvrons à l'infidèle un vif ressentiment;
Et, de ce que je tiens ne donnant point d'indice,
Confondons son esprit par son propre artifice.
La voici. Ma raison, renferme mes transports,
Et rends-toi pour un temps maîtresse du dehors.

SCENE V.

DONE ELVIRE, DON GARCIE.

D. ELVIRE.

Vous avez bien voulu que je vous fisse attendre?

D. GARCIE, *bas, à part.*

Ah! qu'elle cache bien ...

D. ELVIRE.

On vient de nous apprendre
Que le roi votre père approuve vos projets,
Et veut bien que son fils nous rende nos sujets:
Et mon ame en a pris une allégresse extrême.

D. GARCIE.

Oui, madame, et mon cœur s'en réjouit de même;
Mais...

D. ELVIRE.

Le tyran sans doute aura peine à parer
Les foudres que partout il entend murmurer;
Et j'ose me flatter que le même courage
Qui put bien me soustraire à sa brutale rage,
Et, dans les murs d'Astorgue arraché de ses mains,
Me faire un sûr asile à braver ses desseins,
Pourra, de tout Léon achever la conquête,
Sous ses nobles efforts faire choir cette tête.

D. GARCIE.

Le succès en pourra parler dans quelques jours.
Mais, de grace, passons à quelque autre discours.
Puis-je, sans trop oser, vous prier de me dire
A qui vous avez pris, madame, soin d'écrire,
Depuis que le destin nous à conduits ici?

D. ELVIRE.

Pourquoi cette demande, et d'où vient ce souci?

D. GARCIE.

D'un désir curieux de pure fantaisie.

D. ELVIRE.

La curiosité naît de la jalousie.

D. GARCIE.

Non, ce n'est rien du tout de ce que vous pensez;
Vos ordres de ce mal me défendent assez.

D. ELVIRE.

Sans chercher plus avant quel intérêt vous presse,
J'ai deux fois à Léon écrit à la comtesse,
Et deux fois au marquis don Louis à Burgos.
Avec cette réponse êtes-vous en repos?

D. GARCIE.

Vous n'avez point écrit à quelque autre personne,
Madame?

D. ELVIRE.

Non, sans doute, et ce discours m'étonne,

D. GARCIE.

De grace, songez bien avant que d'assurer.
En manquant de mémoire on peut se parjurer.

D. ELVIRE.

Ma bouche, sur ce point, ne peut être parjure,

D. GARCIE.

Elle a dit toutefois une haute imposture.

D. ELVIRE.

Prince!

D. GARCIE.

Madame!

D. ELVIRE.

O ciel! quel est ce mouvement?
Avez-vous, dites-moi, perdu le jugement?

D. GARCIE.

Oui, oui, je l'ai perdu, lorsque dans votre vue
J'ai pris, pour mon malheur, le poison qui me tue,
Et que j'ai cru trouver quelque sincérité
Dans les traîtres appas dont je suis enchanté.

D. ELVIRE.

De quelle trahison pouvez-vous donc vous plaindre?

D. GARCIE.

Ah! que ce cœur est double, et sait bien l'art de feindre
Mais tous moyens de fuir lui vont être soustraits.
Jetez ici les yeux, et connaissez vos traits:
Sans avoir vu le reste, il m'est assez facile
De découvrir pour qui vous employez ce style.

D. ELVIRE

Voilà donc le sujet qui vous trouble l'esprit?

D. GARCIE.

Vous ne rougissez pas en voyant cet écrit?

D. ELVIRE.

L'innocence à rougir n'est point accoutumée.

D. GARCIE.

Il est vrai qu'en ces lieux on la voit opprimée.
Ce billet démenti pour n'avoir point de seing...

D. ELVIRE.

Pourquoi le démentir, puisqu'il est de ma main?

D. GARCIE.

Encore est-ce beaucoup que, de franchise pure,
Vous demeuriez d'accord que c'est votre écriture :
Mais ce sera, sans doute, et j'en serais garant,
Un billet qu'on envoie à quelque indifférent ;
Ou du moins, ce qu'il a de tendresse évidente,
Sera pour une amie, ou pour quelque parente.

D. ELVIRE.

Non, c'est pour un amant que ma main l'a formé :
Et, j'ajoute de plus, pour un amant aimé.

D. GARCIE.

Et je puis! ô perfide!...

D. ELVIRE.

Arrêtez, prince indigne,
De ce lâche transport l'égarement insigne.
Bien que de vous mon cœur ne prenne point de loi,
Et ne doive en ces lieux aucun compte qu'à soi,
Je veux bien me purger, pour votre seul supplice,
Du crime que m'impose un insolent caprice.
Vous serez éclairci, n'en doutez nullement.
J'ai ma défense prête en ce même moment.
Vous allez recevoir une pleine lumière.
Mon innocence ici paraîtra tout entière;
Et je veux, vous mettant juge en votre intérêt,
Vous faire prononcer vous-même votre arrêt.

D. GARCIE.

Ce sont propos obscurs qu'on ne saurait comprendre.

D. ELVIRE.

Bientôt à vos dépens vous me pourrez entendre.
Élise, holà.

SCÈNE VI.

DON GARCIE, DONE ELVIRE, ELISE.

ELISE.

Madame.

D. ELVIRE, *à D. Garcie.*

Observez bien au moins
Si j'ose à vous tromper employer quelques soins;
Si, par un seul coup d'œil, ou geste qui l'instruise,
Je cherche de ce coup à parer la surprise.
(*à Elise.*)
Le billet que tantôt ma main avait tracé,
Répondez promptement, où l'avez vous laissé?

ELISE.

Madame, j'ai sujet de m'avouer coupable.
Je ne sais comme il est demeuré sur ma table ;
Mais on vient de m'apprendre en ce même moment
Que don Lope, venant dans mon appartement,
Par une liberté qu'on lui voit se permettre,
A fureté partout, et trouvé cette lettre.
Comme il la dépliait, Léonor a voulu
S'en saisir promptement avant qu'il eût rien lu ;
Et, se jetant sur lui, la lettre contestée
En deux justes moitiés dans leurs mains est restée ;
Et don Lope, aussitôt prenant un prompt essor,
A dérobé la sienne aux soins de Léonor.

D. ELVIRE.

Avez-vous ici l'autre?

ELISE.

Oui, la voilà, madame.

D. ELVIRE.

(*à don Garcie*).
Donnez. Nous allons voir qui mérite le blâme.
Avec votre moitié rassemblez celle-ci,
Lisez, et hautement, je veux l'entendre aussi.

D. GARCIE.

Au prince don Garcie. Ah!

D. ELVIRE.

Achevez de lire,
Votre ame pour ce mot ne doit point s'interdire.

D. GARCIE *lit.*

« Quoique votre rival, prince, alarme votre ame,
« Vous devez toutefois vous craindre plus que lui ;
« Et vous avez en vous à détruire aujourd'hui
« L'obstacle le plus grand que trouve votre flamme.
« Je chéris tendrement ce qu'a fait don Garcie
« Pour me tirer des mains de mes fiers ravisseurs ;
« Son amour, ses devoirs, ont pour moi des douceurs;
« Mais il m'est odieux avec sa jalousie.

« Otez donc à vos feux ce qu'ils en font paraître,
« Méritez les regards que l'on jette sur eux;
« Et, lorsqu'on vous oblige à vous tenir heureux,
« Ne vous obstinez point à ne pas vouloir l'être. »

D. ELVIRE.

Hé bien! que dites-vous?

D. GARCIE.

Ah! madame! je dis
Qu'à cet objet mes sens demeurent interdits;
Que je vois dans ma plainte une horrible injustice,
Et qu'il n'est point pour moi d'assez cruel supplice

D. ELVIRE.

Il suffit. Apprenez que si j'ai souhaité
Qu'à vos yeux cet écrit pût être présenté,
C'est pour le démentir, et cent fois me dédire
De tout ce que pour vous vous y venez de lire.
Adieu, prince.

D. GARCIE.

Madame, hélas? où fuyez-vous?

D. ELVIRE.

Où vous ne serez point, trop odieux jaloux.

D. GARCIE.

Ah! madame, excusez un amant misérable,
Qu'un sort prodigieux a fait vers vous coupable,
Et qui, bien qu'il vous cause un courroux si puissant,
Eût été plus blâmable à rester innocent.
Car enfin, peut-il être une ame bien atteinte
Dont l'espoir le plus doux ne soit mêlé de crainte?
Et pourriez-vous penser que mon cœur eût aimé,
Si ce billet fatal ne l'eût point alarmé;
S'il n'avait point frémi des coups de cette foudre
Dont je me figurais tout mon bonheur en poudre?
Vous-même, dites-moi si cet évènement
N'eût pas dans mon erreur jeté tout autre amant;
Si d'une preuve, hélas! qui me semblait si claire,
Je pouvais démentir...

D. ELVIRE.

Oui, vous le pouviez faire;
Et dans mes sentiments, assez bien déclarés,
Vos doutes rencontraient des garants assurés :
Vous n'aviez rien à craindre ; et d'autres, sur ce gage,
Auraient du monde entier bravé le témoignage.

D. GARCIE.

Moins on mérite un bien qu'on nous fait espérer,
Plus notre ame a de peine à pouvoir s'assurer.
Un sort trop plein de gloire à nos yeux est fragile,
Et nous laisse aux soupçons une pente facile.
Pour moi, qui crois si peu mériter vos bontés,
J'ai douté du bonheur de mes témérités ;
J'ai cru que dans ces lieux rangés sous ma puissance,
Votre ame se forçait à quelque complaisance :
Que, déguisant pour moi votre sévérité...

D. ELVIRE.

Et je pourrais descendre à cette lâcheté?
Moi, prendre le parti d'une honteuse feinte!
Agir par les motifs d'une servile crainte!
Trahir mes sentiments! et, pour être en vos mains,
D'un masque de faveur vous couvrir mes dédains?
La gloire sur mon cœur aurait si peu d'empire!
Vous pouvez le penser, et vous me l'osez dire?
Apprenez que ce cœur ne sait point s'abaisser;
Qu'il n'est rien sous les cieux qui puisse l'y forcer;
Et, s'il vous a fait voir, par une erreur insigne,
Des marques de bonté dont vous n'étiez pas digne,
Qu'il saura bien montrer, malgré votre pouvoir,
La haine que pour vous il se résout d'avoir;
Braver votre furie, et vous faire connaître
Qu'il n'a point été lâche, et ne veut jamais l'être.

D. GARCIE.

Hé bien! je suis coupable, et ne m'en défends pas;
Mais je demande grace à vos divins appas ;
Je la demande au nom de la plus vive flamme
Dont jamais deux beaux yeux aient fait brûler une ame.

Que, si votre courroux ne peut être apaisé,
Si mon crime est trop grand pour se voir excusé,
Si vous ne regardez ni l'amour qui le cause,
Ni le vif repentir que mon cœur vous expose,
Il faut qu'un coup heureux, en me faisant mourir,
M'arrache à des tourments que je ne puis souffrir.
Non, ne présumez pas qu'ayant su vous déplaire,
Je puisse vivre une heure avec votre colère.
Déjà de ce moment la barbare longueur
Sous ses cuisants remords fait succomber mon cœur,
Et de mille vautours les blessures cruelles
N'ont rien de comparable à ses douleurs mortelles.
Madame, vous n'avez qu'à me le déclarer,
S'il n'est point de pardon que je doive espérer,
Cette épée aussitôt, par un coup favorable,
Va percer, à vos yeux, le cœur d'un misérable;
Ce cœur, ce traître cœur, dont les perplexités
Ont si fort outragé vos extrêmes bontés :
Trop heureux, en mourant, si ce coup légitime
Efface en votre esprit l'image de mon crime,
Et ne laisse aucuns traits de votre aversion :
Au faible souvenir de mon affection!
C'est l'unique faveur que demande ma flamme.

D. ELVIRE.

Ah! prince trop cruel!

D. GARCIE.

Dites, parlez, madame.

D. ELVIRE.

Faut-il encor pour vous conserver des bontés.
Et vous voir m'outrager par tant d'indignités?

D. GARCIE.

Un cœur ne peut jamais outrager quand il aime;
Et ce que fait l'amour, il l'excuse lui-même.

D. ELVIRE.

L'amour n'excuse point de tels emportements.

D. GARCIE.

Tout ce qu'il a d'ardeur passe en ses mouvements;
Et plus il devient fort, plus il trouve de peine...

D. ELVIRE.

Non, ne m'en parlez point, vous méritez ma haine.

D. GARCIE.

Vous me haïssez donc?

D. ELVIRE.

J'y veux tâcher, au moins.
Mais, hélas! je crains bien que j'y perde mes soins,
Et que tout le courroux qu'excite votre offense,
Ne puisse jusque-là faire aller ma vengeance.

D. GARCIE.

D'un supplice si grand ne tentez point l'effort,
Puisque pour vous venger je vous offre ma mort;
Prononcez-en l'arrêt, et j'obéis sur l'heure.

D. ELVIRE.

Qui ne saurait haïr ne peut vouloir qu'on meure.

D. GARCIE.

Et moi, je ne puis vivre, à moins que vos bontés
Accordent un pardon à mes témérités.
Résolvez l'un des deux, de punir, ou d'absoudre.

D. ELVIRE.

Hélas! j'ai trop fait voir ce que je puis résoudre.
Par l'aveu d'un pardon, n'est-ce pas se trahir,
Que dire au criminel qu'on ne le peut haïr?

D. GARCIE.

Ah! c'en est trop; souffrez, adorable princesse...

D. ELVIRE.

Laissez; je me veux mal d'une telle faiblesse.

D. GARCIE, *seul.*

Enfin je suis...

SCÈNE VII.

DON GARCIE, DON LOPE.

D. LOPE.

Seigneur, je viens vous informer
D'un secret dont vos feux ont droit de s'alarmer.

D. GARCIE.

Ne me viens point parler de secret ni d'alarme
Dans les doux mouvements du transport qui me charme.
Après ce qu'à mes yeux on vient de présenter,
Il n'est point de soupçons que je doive écouter;
Et d'un divin objet la bonté sans pareille
A tous ces vains rapports doit fermer mon oreille:
Ne m'en fais plus.

D. LOPE.

Seigneur, je veux ce qu'il vous plaît;
Mes soins en tout ceci n'ont que votre intérêt.
J'ai cru que le secret que je viens de surprendre,
Méritait bien qu'en hâte on vous le vint apprendre:
Mais puisque vous voulez que je n'en touche rien,
Je vous dirai, seigneur, pour changer d'entretien,
Que déjà dans Léon on voit chaque famille
Lever le masque au bruit des troupes de Castille,
Et que surtout le peuple y fait pour son vrai roi
Un éclat à donner au tyran de l'effroi.

D. GARCIE.

La Castille du moins n'aura pas la victoire,
Sans que nous essayions d'en partager la gloire;
Et nos troupes aussi peuvent être en état
D'imprimer quelque crainte au cœur de Mauregat.
Mais quel est ce secret dont tu voulais m'instruire?
Voyons un peu.

D. LOPE.

Seigneur, je n'ai rien à vous dire.

D. GARCIE.

Va, va, parle, mon cœur t'en donne le pouvoir.

D. LOPE.

Vos paroles, seigneur, m'en ont trop fait savoir;
Et, puisque mes avis ont de quoi vous déplaire,
Je saurai désormais trouver l'art de me taire.

D. GARCIE.

Enfin, je veux savoir la chose absolument.

D. LOPE.

Je ne réplique point à ce commandement.
Mais, seigneur, en ce lieu le devoir de mon zèle
Trahirait le secret d'une telle nouvelle.
Sortons pour vous l'apprendre; et sans rien embrasser,
Vous même vous verrez ce qu'on en doit penser.

FIN DU SECOND ACTE.

ACTE III.

SCÈNE PREMIÈRE.

DONE ELVIRE, ELISE.

D. ELVIRE.

Elise, que dis-tu de l'étrange faiblesse
Que vient de témoigner le cœur d'une princesse?
Que dis-tu de me voir tomber si promptement
De toute la chaleur de mon ressentiment?
Et, malgré tant d'éclat, relâcher mon courage
Au pardon trop honteux d'un si cruel outrage?

ELISE.

Moi, je dis que d'un cœur que nous pouvons chérir,
Une injure sans doute est bien dure à souffrir;
Mais que, s'il n'en est point qui davantage irrite,
Il n'en est point aussi qu'on pardonne si vite,
Et qu'un coupable aimé triomphe à vos genoux
De tous les prompts transports du plus bouillant courroux,
D'autant plus aisément, madame, quand l'offense
Dans un excès d'amour peut trouver sa naissance.
Ainsi, quelque dépit que l'on vous ait causé,
Je ne m'étonne point de le voir apaisé;
Et je sais quel pouvoir, malgré votre menace,
A de pareils forfaits donnera toujours grace.

D. ELVIRE.

Ah! sache, quelque ardeur qui m'impose des lois,
Que mon front a rougi pour la dernière fois;
Et que, si désormais on pousse ma colère,
Il n'est point de retour qu'il faille qu'on espère
Quand je pourrais reprendre un tendre sentiment,
C'est assez contre lui que l'éclat d'un serment:
Car enfin, un esprit qu'un peu d'orgueil inspire,
Trouve beaucoup de honte à se pouvoir dédire;

Et souvent, aux dépens d'un pénible combat,
Fait sur ses propres vœux un illustre attentat,
S'obstine par honneur, et n'a rien qu'il n'immole
A la noble fierté de tenir sa parole.
Ainsi, dans le pardon que l'on vient d'obtenir,
Ne prends point de clartés pour régler l'avenir;
Et, quoi qu'à mes destins la fortune prépare,
Crois que je ne puis être au prince de Navarre,
Que de ces noirs accès qui troublent sa raison,
Il n'ait fait éclater l'entière guérison,
Et réduit tout mon cœur, que ce mal persécute,
A n'en plus redouter l'affront d'une rechute.

ELISE.

Mais quel affront nous fait le transport d'un jaloux?

D. ELVIRE.

En est-il un qui soit plus digne de courroux?
Et, puisque notre cœur fait un effort extrême
Lorsqu'il se peut résoudre à confesser qu'il aime,
Puisque l'honneur du sexe, en tout temps rigoureux,
Oppose un fort obstacle à de pareils aveux,
L'amant qui voit pour lui franchir un tel obstacle,
Doit-il impunément douter de cet oracle?
Et n'est-il pas coupable, alors qu'il ne croit pas
Ce qu'on ne dit jamais qu'après de grands combats?

ELISE.

Moi, je tiens que toujours un peu de défiance
En ces occasions n'a rien qui nous offense;
Et qu'il est dangereux qu'un cœur qu'on a charmé
Soit trop persuadé, madame, d'être aimé:
Si....

D. ELVIRE.

N'en disputons plus. Chacun a sa pensée.
C'est un scrupule enfin dont mon ame est blessée,
Et, contre mes désirs, je sens je ne sais quoi
Me prédire un éclat entre le prince et moi,
Qui, malgré ce qu'on doit aux vertus dont il brille...
Mais, ô ciel! en ces lieux don Sylve de Castille!

SCÈNE II.

DONE ELVIRE, DON ALPHONSE, *cru* DON SYLVE;
ÉLISE.

D. ELVIRE.

Ah! seigneur, par quel sort vous vois-je maintenant?

D. ALPHONSE.

Je sais que mon abord, madame, est surprenant,
Et qu'être sans éclat entré dans cette ville,
Dont l'ordre d'un rival rend l'accès difficile;
Qu'avoir pu me soustraire aux yeux de ses soldats,
C'est un événement que vous n'attendiez pas.
Mais si j'ai dans ces lieux franchi quelques obstacles,
L'ardeur de vous revoir peut bien d'autres miracles;
Tout mon cœur a senti par de trop rudes coups
Le rigoureux destin d'être éloigné de vous,
Et je n'ai pu nier au tourment qui le tue,
Quelques moments secrets d'une si chère vue.
Je viens vous dire donc que je rends grace aux cieux
De vous voir hors des mains d'un tyran odieux:
Mais parmi les douceurs d'une telle aventure,
Ce qui m'est un sujet d'éternelle torture,
C'est de voir qu'à mon bras les rigueurs de mon sort
Ont envié l'honneur de cet illustre effort,
Et fait à mon rival, avec trop d'injustice,
Offrir les doux périls d'un si fameux service.
Oui, madame, j'avais, pour rompre vos liens,
Des sentiments sans doute aussi beaux que les siens;
Et je pouvais, pour vous, gagner cette victoire,
Si le ciel n'eût voulu m'en dérober la gloire.

D. ELVIRE.

Je sais, seigneur, je sais que vous avez un cœur
Qui des plus grands périls vous peut rendre vainqueur;
Et je ne doute point que ce généreux zèle,
Dont la chaleur vous pousse à venger ma querelle,
N'eût, contre les efforts d'un indigne projet,
Pu faire en ma faveur tout ce qu'un autre a fait.
Mais, sans cette action dont vous étiez capable,
Mon sort à la Castille est assez redevable;
On sait ce qu'en ami plein d'ardeur et de foi
Le comte votre père a fait pour le feu roi.
Après l'avoir aidé jusqu'à l'heure dernière,
Il donne en ses états un asyle à mon frère;
Quatre lustres entiers il y cache son sort
Aux barbares fureurs de quelque lâche effort,
Et, pour rendre à son front l'éclat d'une couronne,
Contre nos ravisseurs vous marchez en personne.
N'êtes-vous pas content? Et ces soins généreux
Ne m'attachent-ils point par d'assez puissants nœuds?
Quoi! votre ame, seigneur, serait-elle obstinée
A vouloir asservir toute ma destinée?
Et faut-il que jamais il ne tombe sur nous
L'ombre d'un seul bienfait, qu'il ne vienne de vous?
Ah! souffrez, dans les maux où mon destin m'expose,
Qu'aux soins d'un autre aussi je doive quelque chose;
Et ne vous plaignez point de voir un autre bras
Acquérir de la gloire où la vôtre n'est pas.

D. ALPHONSE.

Oui, madame, mon cœur doit cesser de s'en plaindre;
Avec trop de raison vous voulez m'y contraindre,
Et c'est injustement qu'on se plaint d'un malheur,
Quand un autre plus grand s'offre à notre douleur.
Ce secours d'un rival m'est un cruel martyre;
Mais, hélas! de mes maux ce n'est pas là le pire:
Le coup, le rude coup dont je suis atterré,
C'est de me voir par vous ce rival préféré.
Oui, je ne vois que trop que ces feux pleins de gloire,
Sur les miens dans votre ame emportent la victoire;
Et cette occasion de servir vos appas
Cet avantage offert de signaler mon bras,
Cet éclatant exploit qui vous fut salutaire,
N'est que le pur effet du bonheur de vous plaire;
Que le secret pouvoir d'un astre merveilleux,
Qui fait tomber la gloire où s'attachent vos veux.
Ainsi, tous mes efforts ne seront que fumée.
Contre vos fiers tyrans je conduis une armée:
Mais je marche en tremblant à cet illustre emploi,
Assuré que vos vœux ne seront pas pour moi;
Et que, s'ils sont suivis, la fortune prépare
L'heur des plus beaux succès aux soins de la Navarre.
Ah! madame, faut-il me voir précipité
De l'espoir glorieux dont je m'étais flatté!
Et ne puis-je savoir quels crimes on m'impute,
Pour avoir mérité cette effroyable chute?

D. ELVIRE.

Ne me demandez rien avant que regarder
Ce qu'à mes sentiments vous devez demander,
Et, sur cette froideur qui semble vous confondre,
Répondez-vous, seigneur, ce que je puis répondre:
Car enfin tous vos soins ne sauraient ignorer
Quels secrets de votre ame on m'a su déclarer;
Et je la crois, cette ame, et trop noble et trop haute,
Pour vouloir m'obliger à commettre une faute.
Vous-même, dites-vous s'il est de l'équité
De me voir couronner une infidélité;
Si vous pouviez m'offrir, sans beaucoup d'injustice,
Un cœur à d'autres yeux offert en sacrifice,
Vous plaindre avec raison, et blâmer mes refus,
Lorsqu'ils veulent d'un crime affranchir vos vertus;
Oui, seigneur, c'est un crime, et les premières flam-
Ont des droits si sacrés sur les illustres ames, [mes
Qu'il faut perdre grandeur, et renoncer au jour,
Plutôt que de pencher vers un second amour.
J'ai pour vous cette ardeur que peut prendre l'estime
Pour un courage haut, pour un cœur magnanime;
Mais n'exigez de moi que ce que je vous dois,
Et soutenez l'honneur de votre premier choix.
Malgré vos feux nouveaux, voyez quelle tendresse
Vous conserve le cœur de l'aimable comtesse.
Ce que pour un ingrat, car vous l'êtes seigneur,
Elle a d'un choix constant refusé de bonheur!
Quel mépris généreux, dans son ardeur extrême,
Elle a fait de l'éclat que donne un diadême!
Voyez combien d'efforts pour vous elle a bravés,
Et rendez à son cœur ce que vous lui devez.

D. ALPHONSE.

Ah ! madame, à mes yeux n'offrez point son mérite:
Il n'est que trop présent à l'ingrat qui la quitte;
Et si mon cœur vous dit ce que pour elle il sent,
J'ai peur qu'il ne soit pas envers vous innocent.
Oui, ce cœur l'ose plaindre, et ne suit pas sans peine
L'impérieux effort de l'amour qui l'entraîne ;
Aucun espoir pour vous n'a flatté mes désirs,
Qui ne m'ait arraché pour elle des soupirs;
Qui n'ait dans ses douceurs fait jeter à mon ame
Quelques tristes regards vers sa première flamme;
Se reprocher l'effet de vos divins attraits ,
Et mêler des remords à mes plus chers souhaits.
J'ai fait plus que cela, puisqu'il vous faut tout dire,
Oui, j'ai voulu sur moi vous ôter votre empire ,
Sortir de votre chaîne, et rejeter mon cœur
Sous le joug innocent de son premier vainqueur.
Mais, après mes efforts, ma constance abattue
Voit un cours nécessaire à ce mal qui me tue;
Et, dût être mon sort à jamais malheureux,
Je ne puis renoncer à l'espoir de mes vœux.
Je ne saurais souffrir l'épouvantable idée
De vous voir par un autre à mes yeux possédée;
Et le flambeau du jour, qui m'offre vos appas,
Doit avant cet hymen éclairer mon trépas,
Je sais que je trahis une princesse aimable ;
Mais, madame, après tout, mon cœur est-il coupable?
Et le fort ascendant que prend votre beauté,
Laisse-t-il aux esprits aucune liberté ?
Hélas ! je suis ici bien plus à plaindre qu'elle ;
Son cœur, en me perdant, ne perd qu'un infidèle ;
D'un pareil déplaisir on se peut consoler :
Mais moi, par un malheur, qui ne peut s'égaler,
J'ai celui de quitter une aimable personne,
Et tous les maux encor que mon amour me donne.

D. ELVIRE.

Vous n'avez que les maux que vous voulez avoir ,
Et toujours notre cœur est en notre pouvoir.
Il peut bien quelquefois montrer quelque faiblesse ;
Mais enfin sur nos sens la raison est maîtresse..

SCENE III.

DON GARCIE, DONE ELVIRE, DON ALPHONSE, *cru* D. SYLVE.

D. GARCIE.

Madame, mon abord, comme je connais bien,
Assez mal à propos trouble votre entretien ;
Et mes pas en ce lieu, s'il faut que je le die,
Ne croyaient pas trouver si bonne compagnie.

D. ELVIRE.

Cette vue, en effet, surprend au dernier point;
Et, de même que vous, je ne l'attendais point.

D. GARCIE.

Oui, madame, je crois, que de cette visite,
Comme vous l'assurez, vous n'étiez point instruite.
(*à don Sylve.*)
Mais, seigneur, vous deviez au moins nous faire l'honneur,
De nous donner avis de ce rare bonheur,
Et nous mettre en état, sans vouloir nous surprendre,
De vous rendre en ces lieux ce qu'on voudrait vous rendre.

D. ALPHONSE.

Les héroïques soins vous occupent si fort,
Que de vous en tirer, seigneur, j'aurais eu tort;
Et des grands conquérants les sublimes pensées
Sont aux civilités avec peine abaissées.

D. GARCIE.

Mais les grands conquérants, dont on vante les soins,
Loin d'aimer le secret, affectent les témoins:
Leur ame, dès l'enfance à la gloire élevée,
Les fait dans leurs projets aller tête levée ;
Et, s'appuyant toujours sur de hauts sentiments,
Ne s'abaisse jamais à des déguisements.
Ne commettez-vous point vos vertus héroïques,
En passant dans ces lieux par de sourdes pratiques ;
Et ne craignez-vous point qu'on puisse, aux yeux de tous
Trouver cette action trop indigne de vous ?

D. ALPHONSE.

Je ne sais si quelqu'un blâmera ma conduite,
Au secret que j'ai fait d'une telle visite ;
Mais je sais qu'aux projets qui veulent la clarté,
Prince, je n'ai jamais cherché l'obscurité :
Et, quand j'aurais sur vous à faire une entreprise ,
Vous n'aurez pas sujet de blâmer la surprise ;
Il ne tiendra qu'à vous de vous en garantir,
Et l'on prendra le soin de vous en avertir.
Cependant demeurons aux termes ordinaires,
Remettons nos débats après d'autres affaires :
Et, d'un sang un peu chaud réprimant les bouillons,
N'oublions pas tous deux devant qui nous parlons

D. ELVIRE, *à don Garcie.*

Prince, vous avez tort; et sa visite est telle
Que vous...

D. GARCIE.

Ah ! c'en est trop que prendre sa querelle,
Madame, et votre esprit devrait feindre un peu mieux,
Lorsqu'il veut ignorer sa venue en ces lieux.
Cette chaleur si prompte à vouloir la défendre.
Persuade assez mal qu'elle ait pu vous surprendre.

D. ELVIRE.

Quoi que vous soupçonniez, il importe si peu,
Que j'aurais du regret d'en faire un désaveu.

D. GARCIE.

Poussez donc jusqu'au bout cet orgueil héroïque,
Et que, sans hésiter, tout votre cœur s'explique;
C'est au déguisement donner trop de crédit,
Ne désavouez rien, puisque vous l'avez dit.
Tranchez, tranchez le mot, forcez toute contrainte ;
Dites que de ses feux vous ressentez l'atteinte,
Que pour vous sa présence a des charmes si doux...

D. ELVIRE.

Et si je veux l'aimer, m'en empêcherez-vous ?
Avez-vous sur mon cœur quelque empire à prétendre?
Et pour régler mes vœux, ai-je votre ordre à prendre?
Sachez que trop d'orgueil a pu vous décevoir,
Si votre cœur sur moi s'est cru quelque pouvoir,
Et que mes sentiments sont d'une ame trop grande
Pour vouloir les cacher lorsqu'on me les demande.
Je ne vous dirai point si le comte est aimé :
Mais apprenez de moi qu'il est fort estimé;
Que ses hautes vertus, pour qui je m'intéresse ;
Méritent mieux que vous les vœux d'une princesse;
Que je garde aux ardeurs, aux soins qu'il me fait voir,
Tout le ressentiment qu'une ame puisse avoir ;
Et que, si des destins la fatale puissance
M'ôte la liberté d'être sa récompense,
Au moins est-il en moi de promettre à ses vœux
Qu'on ne me verra point le butin de vos feux.
Et, sans vous amuser d'une atteinte frivole,
C'est à quoi je m'engage, et je tiendrai parole.
Voilà mon cœur ouvert, puisque vous le voulez,
Et mes vrais sentiments à vos yeux étalés.
Etes-vous satisfait? Et mon ame attaquée
S'est-elle, à votre avis, assez bien expliquée?
Voyez, pour vous ôter tout lieu de soupçonner,
S'il reste quelque jour encore à vous donner.
(*à don Sylve.*)
Cependant, si vos soins s'attachent à me plaire,
Songez que votre bras, comte, m'est nécessaire ;
Et, d'un capricieux quels que soient les transports,
Qu'à punir nos tyrans il doit tous ses efforts.
Fermez l'oreille enfin à toute sa furie,
Et pour vous y porter, c'est moi qui vous en prie.

SCENE IV.

DON GARCIE, DON ALPHONSE *cru* DON SYLVE.

D. GARCIE.

Tout vous rit, et votre ame en cette occasion
Jouit superbement de ma confusion.
Il vous est doux de voir un aveu plein de gloire,
Sur les feux d'un rival marquer votre victoire :
Mais c'est à votre joie un surcroît sans égal,
D'en avoir pour témoins les yeux de ce rival ;
Et mes prétentions hautement étouffées,
A vos vœux triomphants sont d'illustres trophées.
Goûtez à pleins transports ce bonheur éclatant :
Mais sachez qu'on n'est pas encore où l'on prétend.
La fureur qui m'anime a de trop justes causes,
Et l'on verra peut-être arriver bien des choses.

Un désespoir va loin quand il est échappé,
Et tout est pardonnable à qui se voit trompé.
Si l'ingrate à mes yeux, pour flatter votre flamme,
A jamais n'être à moi vient d'engager son ame,
Je saurai bien trouver, dans mon juste courroux,
Les moyens d'empêcher qu'elle ne soit à vous.

D. ALPHONSE.

Cet obstacle n'est pas ce qui me met en peine.
Nous verrons quelle atteinte en tout cas sera vaine;
Et chacun, de ses feux, pourra, par sa valeur,
Ou défendre la gloire, ou venger le malheur.
Mais comme, entre rivaux, l'ame la plus posée
A des termes d'aigreur trouve une pente aisée;
Et que je ne veux pas qu'un pareil entretien
Puisse trop échauffer votre esprit et le mien,
Prince, affranchissez-moi d'une gène secrète,
Et me donnez moyen de faire ma retraite.

D. GARCIE.

Non, non, ne craignez point qu'on pousse votre esprit
A violer ici l'ordre qu'on vous prescrit.
Quelque juste fureur qui me presse et vous flatte,
Je sais, comte, je sais quand il faut qu'elle éclate.
Ces lieux vous sont ouverts ; oui, sortez-en, sortez
Glorieux des douceurs que vous en remportez.
Mais, encore une fois, apprenez que ma tête
Peut seule dans vos mains mettre votre conquête;

D. ALPHONSE.

Quand nous en serons là, le sort en notre bras
De tous nos intérêts videra les débats.

FIN DU TROISIÈME ACTE.

ACTE IV.

SCENE PREMIÈRE.

DONE ELVIRE, DON ALVAR.

D. ELVIRE.

Retournez, don Alvar, et perdez l'espérance
De me persuader l'oubli de cette offense.
Cette plaie en mon cœur ne saurait se guérir,
Et les soins qu'on en prend ne font rien que l'aigrir.
A quelques faux respects croit-il que je défère?
Non, non : il a poussé trop avant ma colère;
Et son vain repentir qui porte ici vos pas,
Sollicite un pardon que vous n'obtiendrez pas.

D. ALVAR.

Madame, il fait pitié. Jamais cœur, que je pense,
Par un plus vif remords n'expia son offense;
Et, si dans sa douleur vous le considériez,
Il toucherait votre ame, et vous l'excuseriez.
On sait bien que le prince est dans un âge à suivre
Les premiers mouvements où son ame se livre,
Et qu'en un sang bouillant, toutes les passions
Ne laissent guère place à des réflexions.
Don Lope, prévenu d'une fausse lumière,
De l'erreur de son maître a fourni la matière.
Un bruit assez confus, dont le zèle indiscret
A de l'abord du comte éventé le secret,
Vous avait mise aussi de cette intelligence,
Qui, dans ces lieux gardés, a donné sa présence.
Le prince a cru l'avis, et son amour séduit
Sur une fausse alarme a fait tout ce grand bruit;
Mais d'une telle erreur son ame est revenue :
Votre innocence enfin lui vient d'être connue,
Et don Lope, qu'il chasse, est un visible effet
Du vif remords qu'il sent de l'éclat qu'il a fait.

D. ELVIRE.

Ah! c'est trop promptement qu'il croit mon innocence;
Il n'en a pas encore une entière assurance :
Dites-lui, dites-lui qu'il doit bien tout peser,
Et ne se hâter point, de peur de s'abuser.

D. ALVAR.

Madame, il sait trop bien...

D. ELVIRE.

Mais, don Alvar, de grace,
N'étendons pas plus loin un discours qui me lasse;
Il réveille un chagrin qui vient à contretemps,
En troubler dans mon cœur d'autres plus importants.
Oui, d'un trop grand malheur la surprise me presse;
Et le bruit du trépas de l'illustre comtesse
Doit s'emparer si bien de tout mon déplaisir,
Qu'aucun autre souci n'a droit de me saisir.

D. ALVAR.

Madame, ce peut être une fausse nouvelle;
Mais mon retour, au prince, en porte une cruelle.

D. ELVIRE.

De quelque grand ennui qu'il puisse être agité,
Il en aura toujours moins qu'il n'a mérité.

SCÈNE II.

DONE ELVIRE, ÉLISE.

ELISE.

J'attendais qu'il sortît, madame, pour vous dire
Ce qu'il veut maintenant que votre ame respire,
Puisque votre chagrin, dans un moment d'ici,
Du sort de done Ignès peut se voir éclairci.
Un inconnu, qui vient pour cette confidence,
Vous fait, par un des siens, demander audience.

D. ELVIRE.

Élise, il faut le voir; qu'il vienne promptement.

ELISE.

Mais il veut n'être vu que de vous seulement;
Et par cet envoyé, madame, il sollicite
Qu'il puisse, sans témoin, vous rendre sa visite.

D. ELVIRE.

Hé bien! nous serons seuls; et je vais l'ordonner,
Tandis que tu prendras le soin de l'amener.
Que mon impatience en ce moment est forte!
O destins! est-ce joie ou douleur qu'on m'apporte?

SCENE III.

DON PEDRE, ELISE.

ELISE.

Où. . . .

D. PÈDRE.

Si vous me cherchez, madame, me voici.

ELISE.

En quel lieu votre maître?

D. PEDRE.

Il est proche d'ici:
Le ferais-je venir?

ELISE.

Dites-lui qu'il s'avance,
Assuré qu'on l'attend avec impatience,
Et qu'il ne se verra d'aucuns yeux éclairé.
(*seule.*)
Je ne sais quel secret en doit être auguré.
Tant de précautions qu'il affecte de prendre.
Mais le voici déjà.

SCENE IV.

DONE IGNÈS, *déguisée en homme*, ÉLISE.

ELISE.

Seigneur, pour vous attendre
On a fait.. Mais que vois-je? Ah! madame! mes yeux..

D. IGNÈE.

Ne me découvrez point, Élise, dans ces lieux,
Et laissez respirer ma triste destinée,
Sous une feinte mort que je me suis donnée.
C'ést elle qui m'arrache à tous mes fiers tyrans,
Car je puis sous ce nom comprendre mes parents.
J'ai par elle évité cet hymen redoutable,
Pour qui j'aurais souffert une mort véritable;

Et, sous cet équipage et le bruit de ma mort,
Il faut cacher à tous le secret de mon sort,
Pour me voir à l'abri de l'injuste poursuite,
Qui pourrait dans ces lieux persécuter ma fuite.

ÉLISE.

Ma surprise en public eût trahi vos désirs,
Mais allez là-dedans étouffer des soupirs;
Et, des charmants transports d'une pleine allégresse,
Saisir à votre aspect le cœur de la princesse:
Vous la trouverez seule; elle-même a pris soin
Que votre abord fût libre, et n'eût aucun témoin.

SCENE V.

DON ALVAR, ELISE.

ELISE.

Vois-je pas don Alvar?

D. ALVAR.

Le prince me renvoie
Vous prier que pour lui votre crédit s'emploie.
De ses jours, belle Elise, on doit n'espérer rien,
S'il n'obtient par vos soins un moment d'entretien;
Son ame à des transports.... Mais le voici lui-même.

SCENE VI.

DON GARCIE, DON ALVAR, ELISE.

D. GARCIE.

Ah! sois un peu sensible à ma disgrace extrême,
Elise, et prends pitié d'un cœur infortuné,
Qu'aux plus vives douleurs tu vois abandonné.

ELISE.

C'est avec d'autres yeux que me fait la princesse,
Seigneur, que je verrais le tourment qui vous presse:
Mais nous avons du ciel, ou du tempérament,
Que nous jugeons de tout chacun diversement;
Et puisqu'elle vous blâme, et que sa fantaisie
Lui fait un monstre affreux de votre jalousie,
Je serais complaisant, et voudrais m'efforcer
De cacher à ses yeux ce qui peut les blesser.
Un amant suit sans doute une utile méthode,
S'il fait qu'à notre humeur la sienne s'accommode;
Et cent devoirs font moins que ces ajustements,
Qui font croire en deux cœurs les mêmes sentiments.
L'art de ces deux rapports fortement les assemble,
Et nous n'aimons rien tant que ce qui nous ressemble.

D. GARCIE.

Je le sais; mais, hélas! les destins inhumains
S'opposent à l'effet de ces justes desseins;
Et, malgré tous mes soins, viennent toujours me tendre
Un piége dont mon cœur ne saurait se défendre.
Ce n'est pas que l'ingrate aux yeux de mon rival
N'ait fait contre mes feux un aveu trop fatal,
Et témoigné pour lui des excès de tendresse,
Dont le cruel objet me reviendra sans cesse:
Mais comme trop d'ardeur enfin m'avait séduit,
Quand j'ai cru qu'en ces lieux elle l'ait introduit,
D'un trop cuisant ennui je sentirais l'atteinte
A lui laisser sur moi quelque sujet de plainte.
Oui, je veux faire au moins, si je m'en vois quitté,
Que ce soit de son cœur pure infidélité;
Et, venant m'excuser d'un trait de promptitude,
Dérober tout prétexte à son ingratitude.

ELISE.

Laissez un peu de temps à son ressentiment,
Et ne la voyez point, Seigneur, si promptement.

D. GARCIE.

Ah! si tu me chéris, obtiens que je la voie;
C'est une liberté qu'il faut qu'elle m'octroie:
Je ne pars point d'ici, qu'au moins son fier dédain...

ÉLISE.

De grace, différez l'effet de ce dessein.

D. GARCIE.

Non, ne m'oppose point une excuse frivole.

ÉLISE, *à part.*

Il faut que ce soit elle, avec une parole,
Qui trouve les moyens de le faire en aller.
(*à Don Garcie.*)
Demeurez donc, seigneur, je m'en vais lui parler.

D. GARCIE.

Dis-lui que j'ai d'abord banni de ma présence
Celui dont les avis ont causé mon offense,
Que don Lope jamais...

SCENE VII.

DON GARCIE, DON ALVAR.

D. GARCIE, *regardant par la porte qu'Élise a laissée entr'ouverte.*

Que vois-je! ô justes cieux!
Faut-il que je m'assure au rapport de mes yeux?
Ah! sans doute, ils me sont des témoins trop fidèles!
Voilà le comble affreux de mes peines mortelles!
Voici le coup fatal qui devait m'accabler:
Et quand par des soupçons je me sentais troubler!
C'était, c'était le ciel dont la sourde menace
Présageait à mon cœur cette horrible disgrace.

D. ALVAR.

Qu'avez-vous vu, seigneur, qui vous puisse émouvoir,

D. GARCIE.

J'ai vu ce que mon ame a peine à concevoir
Et le renversement de toute la nature
Ne m'étonnerait pas comme cette aventure.
C'en est fait... Le destin... Je ne saurais parler.

D. ALVAR.

Seigneur, que votre esprit tâche à se rappeler.

D. GARCIE.

J'ai vu... Vengeance, ô ciel!

D. ALVAR.

Quelle atteinte soudaine...

D. GARCIE.

J'en mourrai, don Alvar; la chose est bien certaine.

D. ALVAR.

Mais, seigneur, qui pourrait...

D. GARCIE.

Ah! tout est ruiné;
Je suis, je suis, trahi, je suis assassiné:
Un homme, sans mourir te le puis-je bien dire?
Un homme dans les bras de l'infidèle Elvire!

D. ALVAR.

Ah! seigneur, la princesse est vertueuse au point...

D. GARCIE.

Ah! sur ce que j'ai vu ne me contestez point,
Don Alvar; c'en est trop que soutenir sa gloire,
Lorsque mes yeux font foi d'une action si noire.

D. ALVAR.

Seigneur, nos passions nous font prendre souvent
Pour chose véritable un objet décevant;
Et de croire qu'une ame à la vertu nourrie
Se puisse...

D. GARCIE.

Don Alvar, laissez-moi, je vous prie.
Un conseiller me choque en cette occasion,
Et je ne prends avis que de ma passion.

D. ALVAR, *à part.*

Il ne faut rien répondre à cet esprit farouche.

D. GARCIE.

Ah! que sensiblement cette atteinte me touche!
Mais il faut voir qui c'est; et de ma main punir...
La voici... Ma fureur, te peux-tu retenir?

SCENE VIII.

DONE ELVIRE, DON GARCIE, DON ALVAR.

D. ELVIRE.

Hé bien! que voulez-vous? Et quel espoir de grace,
Après vos procédés, peut flatter votre audace?
Osez-vous à mes yeux encor vous présenter?
Et que me direz-vous que je doive écouter.

D. GARCIE.

Que toutes les horreurs dont une ame est capable
A vos déloyautés n'ont rien de comparable;
Que le sort, les démons, et le ciel en courroux,
N'ont jamais rien produit de si méchant que vous.

D. ELVIRE.

Ah! vraiment j'attendais l'excuse d'un outrage;
Mais, à ce que je vois, c'est un autre langage.

D. GARCIE.

Oui, oui, c'en est un autre; et vous n'attendiez pas
Que j'eusse découvert le traître dans vos bras;
Qu'un funeste hasard, par la porte entr'ouverte,
Eût offert à mes yeux votre honte et ma perte.

Est-ce l'heureux amant sur ses pas revenu,
Ou quelque autre rival qui m'était inconnu
O ciel! donne à mon cœur des forces suffisantes
Pour pouvoir supporter des douleurs si cuisantes
Rougissez maintenant, vous en avez raison :
Et le masque est levé de votre trahison;
Voilà ce que marquaient les troubles de mon ame;
Ce n'était pas en vain que s'alarmait ma flamme;
Par ces fréquents soupçons qu'on trouvait odieux,
Je cherchais le malheur qu'ont rencontré mes yeux;
Et, malgré tous vos soins et votre adresse à feindre
Mon astre me disait ce que j'avais à craindre;
Mais ne présumez pas que, sans être vengé,
Je souffre le dépit de me voir outragé.
Je sais que sur les vœux on n'a point de puissance;
Que l'amour veut partout naître sans dépendance;
Que jamais par la force on n'entra dans un cœur,
Et que toute ame est libre à nommer son vainqueur:
Aussi ne trouverais-je aucun sujet de plainte,
Si pour moi votre bouche avait parlé sans feinte;
Et, son arrêt livrant mon espoir à la mort,
Mon cœur n'aurait eu droit de s'en prendre qu'au sort.
Mais d'un aveu trompeur voir ma flamme applaudie,
C'est une trahison, c'est une perfidie,
Qui ne saurait trouver de trop grands châtiments,
Et je puis tout permettre à mes ressentiments.
Non, non, n'espérez rien après un tel outrage.
Je ne suis plus à moi; je suis tout à la rage.
Trahi de tous côtés, mis dans un triste état;
Il faut que mon amour se venge avec éclat;
Qu'ici j'immole tout à ma fureur extrême,
Et que mon désespoir achève par moi-même.

D. ELVIRE.

Assez paisiblement vous a-t-on écouté?
Et pourrai-je à mon tour parler en liberté?

D. GARCIE.

Et par quels beaux discours que l'artifice inspire...

D. ELVIRE.

Si vous avez encor quelque chose à me dire.
Vous pouvez l'ajouter, je suis prête à l'ouïr;
Sinon, faites au moins que je puisse jouir
De deux ou trois moments de paisible audience.

D. GARCIE.

Hé bien! j'ajoute. O ciel! quelle est ma patience!

D. ELVIRE.

Je force ma colère; et veux, sans nulle aigreur,
Répondre à ce discours si rempli de fureur.

D. GARCIE.

C'est que vous voyez bien....

D. ELVIRE.

Ah! j'ai prêté l'oreille
Autant qu'il vous a plu; rendez-moi la pareille.
J'admire mon destin, et jamais sous les cieux
Il ne fut rien, je crois, de si prodigieux,
Rien, dont la nouveauté soit plus inconcevable,
Et rien que la raison rende plus supportable.
Je me vois un amant, qui, sans me rebuter,
Applique tous ses soins à me persécuter;
Qui, dans tout cet amour que sa bouche m'exprime,
Ne conserve pour moi nul sentiment d'estime;
Rien, au fond de ce cœur qu'ont pu blesser mes yeux,
Qui fasse droit au sang que j'ai reçu des cieux,
Et de mes actions défende l'innocence
Contre le moindre effort d'une fausse apparence.
Oui, je vois...
(D. Garcie montre de l'impatience pour parler)
Ah! surtout ne m'interrompez point.
Je vois, dis-je, mon sort malheureux à ce point,
Qu'un cœur, qui dit qu'il m'aime, et qui doit faire croire
Que, quand tout l'univers douterait de ma gloire,
Il voudrait contre tous en être le garant,
Est celui qui s'en fait l'ennemi le plus grand.
On ne voit échapper aux soins que prend sa flamme
Aucune occasion de soupçonner mon ame :
Mais c'est peu des soupçons, il en fait des éclats
Que, sans être blessé, l'amour ne souffre pas.
Loin d'agir en amant, qui, plus que la mort même,
Appréhende toujours d'offenser ce qu'il aime;
Qui se plaint doucement, et cherche avec respect
A pouvoir s'éclaircir de ce qu'il croit suspect.
A toute extrémité dans ses doutes il passe;
Et ce n'est que fureur, qu'injure et que menace.
Cependant aujourd'hui je veux fermer les yeux
Sur tout ce qui devrait me le rendre odieux,
Et lui donner moyen, par une bonté pure,
De tirer son salut d'une nouvelle injure.
Ce grand emportement qu'il m'a fallu souffrir,
Part de ce qu'à vos yeux le hasard vient d'offrir.
J'aurais tort de vouloir démentir votre vue,
Et votre ame sans doute a dû paraître émue.

D. GARCIE.

Et n'est-ce pas...

D. ELVIRE.

Encore un peu d'attention,
Et vous allez savoir ma résolution.
Il faut que de nous deux le destin s'accomplisse;
Vous êtes maintenant sur un grand précipice,
Et ce que votre cœur pourra délibérer
Va vous y faire choir, ou bien vous en tirer.
Si, malgré cet objet qui vous a pu surprendre,
Prince, vous me rendez ce que vous devez rendre,
Et ne demandez point d'autre preuve que moi,
Pour condamner l'erreur du trouble où je vous voi,
Si de vos sentiments la prompte déférence
Veut sur ma seule foi croire mon innocence,
Et de tous vos soupçons démentir le crédit,
Pour croire aveuglément ce que mon cœur vous dit
Cette soumission, cette marque d'estime,
Du passé dans ce cœur efface tout le crime;
Je rétracte, à l'instant, ce qu'un juste courroux
M'a fait, dans la chaleur prononcer contre vous;
Et, si je puis un jour choisir ma destinée,
Sans choquer les devoirs du rang où je suis née,
Mon honneur, satisfait par ce respect soudain,
Promet à votre amour et mes vœux et ma main:
Mais, prêtez bien l'oreille à ce que je vais dire :
Si cette offre sur vous obtient si peu d'empire
Que vous me refusiez de me faire entre nous
Un sacrifice entier de vos soupçons jaloux;
S'il ne vous suffit pas de toute l'assurance
Que vous peuvent donner mon cœur et ma naissance,
Et que de votre esprit les ombrages puissants
Forcent mon innocence à convaincre vos sens,
Et porter à vos yeux l'éclatant témoignage
D'une vertu sincère à qui l'on fait outrage;
Je suis prête à le faire, et vous serez content :
Mais il vous faut de moi détacher à l'instant,
A mes vœux, pour jamais, renoncer de vous-même;
Et j'atteste du ciel la puissance suprême,
Que, quoique le destin puisse ordonner de nous,
Je choisirai plutôt d'être à la mort qu'à vous.
Voilà dans ces deux choix de quoi vous satisfaire :
Avisez maintenant celui qui peut vous plaire.

D. GARCIE.

Juste ciel! jamais rien peut-il être inventé
Avec plus d'artifice et de déloyauté
Tout ce que des enfers la malice étudie?
A-t-il rien de si noir que cette perfidie?
Et peut-elle trouver dans toute sa rigueur
Un plus cruel moyen d'embarrasser un cœur?
Ah! que vous savez bien ici contre moi-même,
Ingrate! vous servir de ma faiblesse extrême,
Et ménager pour vous l'effort prodigieux
De ce fatal amour né de vos traîtres yeux!
Parce qu'on est surprise, et qu'on manque d'excuse,
D'une offre de pardon on emprunte la ruse:
Votre feinte douceur forge un amusement
Pour divertir l'effet de mon ressentiment;
Et, par le nœud subtil du choix qu'elle embarrasse,
Veut soustraire un perfide au coup qui le menace.
Oui, vos dextérités veulent me détourner
D'un éclaircissement qui vous doit condamner;
Et votre ame, feignant une innocence entière,
Ne s'offre à m'en donner aucune lumière
Qu'à des conditions, qu'après d'ardents souhaits
Vous pensez que mon cœur n'acceptera jamais.

Mais vous serez trompée en me croyant surprendre.
Oui, oui, je prétends voir ce qui doit vous défendre,
Et quel fameux prodige, accusant ma fureur,
Peut de ce que j'ai vu justifier l'horreur.

D. ELVIRE.

Songez que par ce choix vous allez vous prescrire
De ne plus rien prétendre au cœur de done Elvire.

D. GARCIE.

Soit. Je souscris à tout : et mes vœux, aussi bien,
En l'état où je suis, ne prétendent plus rien.

D. ELVIRE.

Vous vous repentirez de l'éclat que vous faites.

D. GARCIE.

Non, non, tous ces discours sont de vaines défaites;
Et c'est moi bien plutôt qui doit vous avertir
Que quelque autre dans peu pourra se repentir :
Le traître, quel qu'il soit, n'aura pas l'avantage
De dérober sa vie à l'effort de ma rage.

D. ELVIRE.

Ah ! c'est trop en souffrir, et mon cœur irrité
Ne doit plus conserver une sotte bonté;
Abandonnons l'ingrat à son propre caprice;
Et, puisqu'il veut périr, consentons qu'il périsse.
(*à don Garcie.*)
Elise... A cet éclat vous voulez me forcer;
Mais je vous apprendrai que c'est trop m'offenser.

SCENE IX.

DONE ELVIRE, DON GARCIE, ELISE, DON ALVAR.

D. ELVIRE, *à Élise.*

Faites un peu sortir la personne chérie...
Allez, vous m'entendez, dites que je l'en prie.

D. GARCIE.

Et je puis....

D. ELVIRE.

Attendez, vous serez satisfait.

ELISE, *à part en sortant.*

Voici de son jaloux, sans doute, un nouveau trait.

D. ELVIRE.

Prenez garde qu'au moins cette noble colère
Dans la même fierté jusqu'au bout persévère;
Et surtout désormais songez bien à quel prix
Vous avez voulu voir vos soupçons éclaircis.

SCENE X.

DONE ELVIRE, DON GARCIE, DONE IGNÈS, *déguisée en homme*; ÉLISE, DON ALVAR.

D. ELVIRE *à D. Garcie, en lui montrant D. Ignès.*

Voici, graces au ciel, ce qui les a fait naître
Ces soupçons obligeants que l'on me fait paraître;
Voyez bien ce visage et si de done Ignès
Vos yeux au même instant n'y connaissent les traits.

D. GARCIE.

O ciel !

D. ELVIRE.

Si la fureur, dont votre ame est émue,
Vous trouble jusque-là l'usage de la vue,
Vous avez d'autres yeux à pouvoir consulter,
Qui ne vous laisseront aucun lieu de douter.
Sa mort est une adresse au besoin inventée
Pour fuir l'autorité qui l'a persécutée;
Et, sous un tel habit, elle cachait son sort,
Pour mieux jouir du fruit de cette feinte mort.
(*à done Ignès.*)
Madame, pardonnez, s'il faut que je consente
A trahir vos secrets et tromper votre attente :
Je me vois exposé à sa témérité,
Toutes mes actions n'ont plus de liberté,
Et mon honneur, en butte aux soupçons qu'il peut prendre,
Est réduit à toute heure aux soins de se défendre.
Nos doux embrassements, qu'a surpris ce jaloux,
De cent indignités m'ont fait souffrir les coups.
Oui, voilà le sujet d'une fureur si prompte,
Et l'assuré témoin qu'on produit de ma honte.
(*à don Garcie.*)
Jouissez à cette heure en tyran absolu
De l'éclaircissement que vous avez voulu :
Mais sachez que j'aurai sans cesse la mémoire
De l'outrage sanglant qu'on a fait à ma gloire;
Et, si je puis jamais oublier mes serments,
Tombent sur moi du ciel les plus grands châtiments;
Qu'un tonnerre éclatant mette ma tête en poudre,
Lorsqu'à souffrir vos feux je pourrai me résoudre !
Allons, madame, allons, ôtons-nous de ces lieux
Qu'infectent les regards d'un monstre furieux;
Fuyons-en promptement l'atteinte envenimée,
Evitons les efforts de sa rage animée,
Et ne faisons des vœux, dans nos justes desseins,
Que pour nous voir bientôt affranchir de ses mains.

D. IGNÈS, *à don Garcie*

Seigneur, de vos soupçons l'injuste violence
A la même vertu vient de faire une offense.

SCENE XI.

DON GARCIE, DON ALVAR.

D. GARCIE.

Quelles tristes clartés, dissipant mon erreur,
Enveloppent mes sens d'une profonde horreur,
Et ne laissent plus voir à mon ame abattue
Que l'effroyable objet d'un remords qui me tue !
Ah ! don Alvar, je vois que vous avez raison;
Mais l'enfer dans mon cœur a soufflé son poison,
Et, par un trait fatal d'une rigueur extrême,
Mon plus grand ennemi se rencontre en moi-même.
Que me sert-il d'aimer du plus ardent amour
Qu'une ame consumée ait jamais mis au jour,
Si, par ces mouvements qui font toute ma peine,
Cet amour à tout coup se rend digne de haine ?
Il faut, il faut venger par mon juste trépas
L'outrage que j'ai fait à ses divins appas;
Aussi bien quels conseils aujourd'hui puis-je suivre ?
Ah ! j'ai perdu l'objet pour qui j'aimais à vivre.
Si j'ai pu renoncer à l'espoir de ses vœux,
Renoncer à la vie est beaucoup moins fâcheux.

D. ALVAR.

Seigneur.....

D. GARCIE.

Non, don Alvar ma mort est nécessaire,
Il n'est soins ni raisons qui m'en puissent distraire;
Mais il faut que mon sort, en se précipitant,
Rende à cette princesse un service éclatant,
Et je veux me chercher, dans cette illustre envie
Les moyens glorieux de sortir de la vie;
Faire par un grand coup qui signale ma foi,
Qu'en expirant pour elle, elle ait regret à moi,
Et qu'elle puisse dire, en se voyant vengée :
« C'est par son trop d'amour qu'il m'avait outragée. »
Il faut que de ma main un illustre attentat
Porte une mort trop due au sein de Mauregat,
Que j'aille prévenir, par une belle audace
Le coup dont la Castille avec bruit le menace;
Et j'aurai des douceurs, dans mon instant fatal,
De ravir cette gloire à l'espoir d'un rival.

D. ALVAR.

Un service, seigneur, de cette conséquence
Aurait bien le pouvoir d'effacer votre offense;
Mais hasarder...

D. GARCIE.

Allons, par un juste devoir,
Faire à ce noble effort servir mon désespoir.

FIN DU QUATRIÈME ACTE.

ACTE V.

SCENE PREMIÈRE.

DON ALVAR, ÉLISE.

D. ALVAR.

Oui, jamais il ne fut de si rude surprise.
Il venait de former cette haute entreprise;
A l'avide désir d'immoler Maurégat,
De son prompt désespoir il tournait tout l'éclat;
Ses soins précipités voulaient à son courage
De cette juste mort assurer l'avantage,
Y chercher son pardon et prévenir l'ennui
Qu'un rival partageât cette gloire avec lui.
Il sortait de ces murs, quand un bruit trop fidèle
Est venu lui porter la fâcheuse nouvelle
Que ce même rival, qu'il voulait prévenir,
A remporté l'honneur qu'il pensait obtenir,
L'a prévenu lui-même en immolant le traître;
Et poussé dans ce jour don Alphonse à paraître,
Qui, d'un si prompt succès, va goûter la douceur,
Et vient prendre en ces lieux la princesse sa sœur:
Et, ce qui n'a pas peine à gagner la croyance,
On entend publier que c'est la récompense
Dont il prétend payer le service éclatant
Du bras qui lui fait jour au trône qui l''attend.

ELISE.

Oui, done Elvire a su ces nouvelles semées,
Et du vieux don Louis les trouve confirmées,
Qui vient de lui mander que Léon, dans ce jour,
De don Alphouse et d'elle attend l'heureux retour:
Et que c'est là qu'on doit, par un revers prospère,
Lui voir prendre un époux de la main de ce frère.
Dans ce peu qu'il en dit, il donne assez à voir
Que don Sylve est l'époux qu'elle doit recevoir.

D. ALVAR.

Ce coup au cœur du prince...

ELISE.

Est sans doute bien rude;
Et je le trouve à plaindre en son inquiétude.
Son intérêt pourtant, si j'en ai bien jugé,
Est encor cher au cœur qu'il a tant outragé;
Et je n'ai point connu qu'à ce succès qu'on vante,
Le princesse ait fait voir une ame fort contente
De ce frère qui vient, et de la lettre aussi;
Mais...

SCÈNE II.

DONE ELVIRE, DONE IGNÈS, *déguisée en homme*, ÉLISE, DON ALVAR.

D. ELVIRE.

Faites, don Alvar, venir le prince ici.
(*Don Alvar sort.*)
Souffrez que devant vous je lui parle, madame,
Sur cet évènement dont on surprend mon ame;
Et ne m'accusez point d'un trop prompt changement,
Si je perds contre lui tout mon ressentiment.
Sa disgrace imprévue a pris droit de l'éteindre;
Sans lui laisser ma haîne, il est assez à plaindre:
Et le ciel, qui l'expose à ce trait de rigueur,
N'a que trop bien servi les serments de mon cœur.
Un éclatant arrêt de ma gloire outragée
A jamais n'être à lui me tenait engagée:
Mais, quand par les destins il est exécuté,
J'y vois pour son amour trop de sévérité;
Et le triste succès de tout ce qu'il m'adresse
M'efface son offense, et lui rend ma tendresse,
Oui, mon cœur, trop vengé par de si rudes coups,
Laisse à leur cruauté désarmer son courroux,
Et cherche maintenant, par un soin pitoyable,
A consoler le sort d'un amant misérable;
Et je crois que sa flamme a bien pu mériter
Cette compassion que je lui veux prêter.

D. IGNÈS.

Madame, on aurait tort de trouver à redire
Aux tendres sentiments qu'on voit qu'il vous inspire;
Ce qu'il a fait pour vous... Il vient, et sa pâleur
De ce coup surprenant marque assez la douleur.

SCENE III.

DONE GARCIE, DON ELVIRE, DONE IGNÈS, *déguisée en homme*, ÉLISE.

D. GARCIE.

Madame, avec quel front faut-il que je m'avance,
Quand je viens vous offrir l'odieuse présence...?

D. ELVIRE.

Prince, ne parlons plus de mon ressentiment:
Votre sort dans mon ame a fait du changement;
Et, par le triste état où sa rigueur vous jette,
Ma colère est éteinte, et notre paix est faite.
Oui, bien que votre amour ait mérité les coups
Que fait sur lui du ciel éclater le courroux;
Bien que ces noirs soupçons aient offensé ma gloire
Par des indignités qu'on aurait peine à croire;
J'avouerai toutefois que je plains son malheur
Jusqu'à voir nos succès avec quelque douleur;
Que je hais les faveurs de ce fameux service,
Lorsqu'on veut de mon cœur lui faire un sacrifice.
Et voudrais bien pouvoir racheter les moments
Où le sort contre vous n'armait que mes serments.
Mais enfin vous savez comme nos destinées
Aux intérêts publics sont toujours enchaînées,
Et que l'ordre des cieux, pour disposer de moi,
Dans mon frère qui vient, me va montrer mon roi.
Cédez, comme moi, prince, à cette violence
Où la grandeur soumet celles de ma naissance;
Et, si de votre amour les déplaisirs sont grands,
Qu'il se fasse un secours de la part que j'y prends,
Et ne se serve point, contre un coup qui l'étonne,
Du pouvoir qu'en ces lieux votre valeur vous donne:
Ce vous serait, sans doute, un indigne transport
De vouloir dans vos maux lutter contre le sort;
Et, lorsque c'est en vain qu'on s'oppose à sa rage,
La soumission prompte est grandeur de courage.
Ne résistez donc point à ses coups éclatants;
Ouvrez les murs d'Astorgue au frère que j'attends;
Laissez-moi rendre aux droits qu'il peut sur moi prétendre
Ce que mon triste cœur a résolu de rendre;
Et ce fatal hommage, où mes vœux sont forcés
Peut-être n'ira pas si loin que vous pensez.

D. GARCIE.

C'est faire voir, madame, une bonté trop rare
Que vouloir adoucir le coup qu'on me prépare;
Sur moi, sans de tels soins, vous pouvez laisser choir
Le foudre rigoureux de tout votre devoir.
En l'état où je suis je n'ai rien à vous dire.
J'ai mérité du sort tout ce qu'il a de pire;
Et je sais, quelques maux qu'il me faille endurer,
Que je me suis ôté le droit d'en murmurer.
Par où pourrai-je, hélas! dans ma vaste disgrace,
Vers vous de quelque plainte autoriser l'audace?
Mon amour s'est rendu mille fois odieux;
Il n'a fait qu'outrager vos attraits glorieux;
Et, lorsque par un juste et fameux sacrifice,
Mon bras à votre sang cherche à rendre un service,
Mon astre m'abandonne au déplaisir fatal
De me voir prévenu par le bras d'un rival.
Madame, après cela je n'ai rien à prétendre;
Je suis digne du coup que l'on me fait attendre;
Et je le vois venir, sans oser contre lui
Tenter de votre cœur le favorable appui.
Ce qui peut me rester dans mon malheur extrême,
C'est de chercher alors mon remède en moi-même,
Et faire que ma mort, propice à mes désirs,
Affranchisse mon cœur de tous ses déplaisirs.
Oui, bientôt dans ces lieux don Alphonse doit être,
Et déjà mon rival commence de paraître:
De Léon vers ces murs il semble avoir volé
Pour recevoir le prix du tyran immolé.
Ne craignez point du tout qu'aucune résistance
Fasse valoir ici ce que j'ai de puissance;

Il n'est effort humain que, pour vous conserver,
Si vous y consentiez, je ne pusse braver.
Mais ce n'est pas à moi, dont on hait la mémoire,
A pouvoir espérer cet aveu plein de gloire;
Et je ne voudrais pas, par des efforts trop vains,
Jeter le moindre obstacle à vos justes desseins:
Non, je ne contrains point vos sentiments, madame;
Je vais en liberté laisser toute votre ame,
Ouvrir les murs d'Astorgue à cet heureux vainqueur,
Et subir de mon sort la dernière rigueur.

SCENE IV.

DONE ELVIRE; DONE IGNÈS, *déguisée en homme*; ELISE.

D. ELVIRE.

Madame, au désespoir où son destin l'expose
De tous mes déplaisirs n'imputez pas la cause.
Vous me rendrez justice, en croyant que mon cœur
Fait de vos intérêts sa plus vive douleur;
Que bien plus que l'amour l'amitié m'est sensible,
Et que, si je me plains d'une disgrace horrible,
C'est de voir que du ciel le funeste courroux
Ait pris chez moi les traits qu'il lance contre vous,
Et rendu mes regards coupables d'une flamme
Qui traite indignement les bontés de votre ame

D. IGNÈS.

C'est un évènement dont sans doute vos yeux
N'ont point pour moi, madame, à quereller les cieux,
Si les faibles attraits qu'étale mon visage
M'exposaient au destin de souffrir un volage,
Le ciel ne pouvait mieux m'adoucir de tels coups
Quand pour m'ôter ce cœur, il s'est servi de vous;
Et mon front ne doit point rougir d'une inconstance
Qui de vos traits aux miens marque la différence,
Si pour ce changement je pousse des soupirs,
Ils viennent de le voir fatal à vos désirs;
Et, dans cette douleur que l'amitié m'excite,
Je m'accuse pour vous de mon peu de mérite,
Qui n'a pu retenir un cœur dont les tributs
Causent un si grand trouble à vos vœux combattus.

D. ELVIRE.

Accusez-vous plutôt de l'injuste silence
Qui m'a de vos deux cœurs caché l'intelligence.
Ce secret, plus tôt su, peut-être à toutes deux
Nous aurait épargné des troubles si fâcheux;
Et mes justes froideurs, des désirs d'un volage
Au point de leur naissance ayant banni l'hommage,
Eussent pu renvoyer...

D. IGNÈS.

Madame, le voici.

D. ELVIRE.

Sans rencontrer ses yeux vous pouvez être ici:
Ne sortez point, madame, et, dans un tel martyre
Veuillez être témoin de ce que je vais dire.

D. IGNÈS.

Madame, j'y consens, quoique je sache bien
Qu'on fuirait en ma place un pareil entretien.

D. ELVIRE.

Son succès, si le ciel seconde ma pensée,
Madame, n'aura rien dont vous soyez blessée.

SCÈNE V.

DON ALPHONSE, *cru* D. SYLVE; DONE ELVIRE; DON IGNÈS, *déguisée en homme*; ELISE.

D. ELVIRE.

Avant que vous parliez, je demande instamment
Que vous daigniez, seigneur, m'écouter un moment.
Déjà la renommée a jusqu'à nos oreilles
Porté de votre bras les soudaines merveilles;
Et j'admire avec tous comme en si peu de temps
Il donne à nos destins ces succès éclatants.
Je sais bien qu'un bienfait de cette conséquence
Ne saurait demander trop de reconnaissance,
Et qu'on doit toute chose à l'exploit immortel
Qui replace mon frère au trône paternel.
Mais, quoi que de son cœur vous offrent les hommages,
Usez en généreux de tous vos avantages;
Et ne permettez pas que ce coup glorieux
Jette sur moi, seigneur, un joug impérieux;
Que votre amour, qui sait quel intérêt m'anime,
S'obstine à triompher d'un refus légitime,
Et veuille que ce frère, où l'on va m'exposer,
Commence d'être roi pour me tyranniser.
Léon à d'autres prix dont, en cette occurrence,
Il peut mieux honorer votre haute vaillance;
Et c'est à vos vertus faire un présent trop bas
Que vous donner un cœur qui ne se donne pas.
Peut-on être jamais satisfait en soi-même,
Lorsque par la contrainte on obtient ce qu'on aime?
C'est un triste avantage, et l'amant généreux
A ces conditions refuse d'être heureux:
Il ne veut rien devoir à cette violence
Qu'exercent sur nos cœurs les droits de la naissance,
Et pour l'objet qu'il aime est toujours trop zélé
Pour souffrir qu'en victime il lui soit immolé.
Ce n'est pas que ce cœur, au mérite d'un autre
Prétende réserver ce qu'il refuse au vôtre:
Non, seigneur, j'en réponds, et vous donne ma foi
Que personne jamais n'aura pouvoir sur moi;
Qu'une sainte retraite à toute autre poursuite...

D. ALPHONSE.

J'ai de votre discours assez souffert la suite,
Madame, et par deux mots je vous l'eusse épargné,
Si votre fausse alarme eût sur vous moins gagné.
Je sais qu'un bruit commun, qui partout se fait croire,
De la mort du tyran me veut donner la gloire;
Mais le seul peuple enfin, comme on nous fait savoir,
Laissant par don Louis échauffer son devoir,
A remporté l'honneur de cet acte héroïque
Dont mon nom est chargé par la rumeur publique.
Et ce qui d'un tel bruit a fourni le sujet,
C'est que, pour appuyer son illustre projet,
Don Louis fit semer, par une feinte utile,
Que, secondé des miens, j'avais saisi la ville;
Et, par cette nouvelle, il a poussé les bras
Qui d'un usurpateur ont hâté le trépas.
Par son zèle prudent il a su tout conduire,
Et c'est par un des siens qu'il vient de m'en instruire.
Mais dans le même instant un secret m'est appris,
Qui va vous étonner autant qu'il m'a surpris.
Vous attendez un frère, et Léon, son vrai maître;
A vos yeux maintenant le ciel le fait paraître:
Oui, je suis don Alphonse, et mon sort conservé,
Et sous le nom du sang de Castille élevé,
Est un fameux effet de l'amitié sincère
Qui fut entre son prince et le roi notre père.
Don Louis du secret a toutes les clartés
Et doit aux yeux de tous prouver ces vérités.
D'autres soins maintenant occupent ma pensée:
Non qu'à votre sujet elle soit traversée,
Que ma flamme querelle un tel évènement,
Et qu'en mon cœur le frère importune l'amant.
Mes feux par ce secret ont reçu sans murmure
Le changement qu'en eux a prescrit la nature;
Et le sang qui nous joint m'a si bien détaché
De l'amour dont pour vous mon cœur était touché,
Qu'il ne respire plus, pour faveur souveraine,
Que les chères douceurs de sa première chaîne
Et le moyen de rendre à l'adorable Ignès
Ce que de ses bontés a mérité l'excès.
Mais son sort incertain rend le mien misérable;
Et, si ce qu'on en dit se trouvait véritable,
En vain Léon m'appelle et le trône m'attend;
La couronne n'a rien à me rendre content,
Et je n'en veux l'éclat que pour goûter la joie
D'en couronner l'objet où le ciel me renvoie,
Et pouvoir réparer, par ces justes tributs,
L'outrage que j'ai fait à ses rares vertus,
Madame, c'est de vous que j'ai raison d'attendre
Ce que de son destin mon ame peut apprendre:
Instruisez-m'en, de grace; et, par votre discours,
Hâtez mon désespoir, ou le bien de mes jours.

D. ELVIRE.

Ne vous étonnez pas si je tarde à répondre,
Seigneur, ces nouveautés ont droit de me confondre;
Je n'entreprendrai point de dire à votre amour
Si done Ignès est morte, ou respire le jour;

Mais par ce cavalier, l'un de ses plus fidèles,
Vous en pourrez sans doute apprendre des nouvelles.

D. ALPHONSE, *reconnaissant done Ignès.*

Ah! madame! il m'est doux en ces perplexités
De voir ici briller vos célestes beautés.
Mais vous, avec quels yeux verrez-vous un volage
Dont le crime...?

D. IGNÈS.

Ah! gardez de me faire un outrage,
Et de vous hasarder de dire que vers moi
Un cœur dont je fais cas ait pu manquer de foi :
J'en refuse l'idée, et l'excuse me blesse.
Rien n'a pu m'offenser auprès de la princesse;
Et tout ce que d'ardeur elle vous a causé
Par un si haut mérite est assez excusé.
Cette flamme vers moi ne vous rend point coupable
Et, dans le noble orgueil dont je me sens capable,
Sachez, si vous l'étiez, que ce serait en vain
Que vous présumeriez de fléchir mon dédain,
Et qu'il n'est repentir, ni suprême puissance,
Qui gagnât sur mon cœur d'oublier cette offense.

D. ELVIRE.

Mon frère, d'un tel nom souffrez-moi la douceur,
De quel ravissement comblez-vous une sœur!
Que j'aime votre choix, et bénis l'aventure
Qui vous fait couronner une amitié si pure!
Et de deux nobles cœurs que j'aime tendrement....

SCENE VI.

DON GARCIE, DONE ELVIRE, DONE IGNÈS, *déguisée en homme*, D. ALPHONSE, *cru* D. SYLVE, ÉLISE.

D. GARCIE.

De grace, cachez-moi votre contentement,
Madame, et me laissez mourir dans la croyance
Que le devoir vous fait un peu de violence.
Je sais que de vos vœux vous pouvez disposer,
Et mon dessein n'est pas de leur rien opposer;
Vous le voyez assez, et quelle obéissance
De vos commandements m'arrache la puissance :
Mais je vous avouerai que cette gaieté
Surprend au dépourvu toute ma fermeté,
Et qu'un pareil objet dans mon ame fait naître
Un transport dont j'ai peur que je ne sois pas maître;
Et je me punirais, s'il m'avait pu tirer
De ce respect soumis où je veux demeurer.
Oui, vos commandements ont prescrit à mon ame
De souffrir sans éclat le malheur de ma flamme;
Cet ordre sur mon cœur doit être tout puissant
Et je prétends mourir en vous obéissant :
Mais, encore une fois, la joie ou je vous treuve
M'expose à la rigueur d'une trop rude épreuve,
Et l'âme la plus sage, en ces occasions,
Répond mal aisément de ses émotions.
Madame, épargnez-moi cette cruelle atteinte,
Donnez-moi, par pitié, deux moments de contrainte;
Et, quoi que d'un rival vous inspirent les soins,
N'en rendez pas mes yeux les malheureux témoins :
C'est la moindre faveur, qu'on peut, je crois, prétendre,
Lorsque dans ma disgrace un amant peut descendre
Je ne l'exige pas, madame, pour longtemps,
Et bientôt mon départ rendra vos vœux contents.
Je vais où de ses feux mon ame consumée
N'apprendra votre hymen que par la renommée :
Ce n'est pas un spectacle où je doive courir,
Madame, sans le voir, j'en saurai bien mourir,

D. IGNÈS.

Seigneur, permettez-moi de blâmer votre plainte.
De vos maux la princesse a su paraître atteinte;
Et cette joie encor, de quoi vous murmurez,
Ne lui vient que des biens qui vous sont préparés.
Elle goûte un succès à vos désirs prospère,
Et dans votre rival elle trouve son frère;
C'est don Alphonse, enfin, dont on a tant parlé,
Et ce fameux secret vient d'être dévoilé.

D. ALPHONSE.

Mon cœur, graces au ciel, après un long martyre,
Seigneur, sans vous rien prendre, a tout ce qu'il désire,
Et goûte d'autant mieux son bonheur en ce jour,
Qu'il se voit en état de servir votre amour.

D. GARCIE.

Hélas! cette bonté, seigneur, doit me confondre;
A mes plus chers désirs elle daigne répondre.
Le coup que je craignais, le ciel l'a détourné,
Et tout autre que moi se verrait fortuné;
Mais ces douces clartés d'un secret favorable
Vers l'objet adoré me découvrent coupable;
Et, tombé de nouveau dans ces traîtres soupçons
Sur quoi l'on m'a tant fait d'inutiles leçons,
Et par qui mon ardeur, si souvent odieuse,
Doit perdre tout espoir d'être à jamais heureuse.....
Oui, l'on doit me haïr avec trop de raison;
Moi-même je me trouve indigne de pardon;
Et, quelque heureux succès que le sort me présente,
La mort, la seule mort est toute mon attente.

D. ELVIRE.

Non, non de ce transport; le soumis mouvement,
Prince, jette en mon ame un plus doux sentiment.
Par lui de mes serments je me sens détachée :
Vos plaintes, vos respects, vos douleurs, m'ont touchée;
J'y vois partout briller un excès d'amitie,
Et votre maladie est digne de pitié.
Je vois, prince, je vois qu'on doit quelque indulgence
Aux défauts où du ciel fait pencher l'influence :
Et, pour tout dire enfin, jaloux ou non jaloux,
Mon roi, sans me gêner, peut me donner à vous.

D. GARCIE.

Ciel! dans l'excès des biens que cet aveu m'octroie,
Rends capable mon cœur de supporter sa joie!

D. ALPHONSE.

Je veux que cet hymen, après nos vains débats,
Seigneur, joigne à jamais nos cœurs et nos états.
Mais ici le temps presse, et Léon nous appelle;
Allons dans nos plaisirs satisfaire son zèle,
Et, par notre présence et nos soins différents,
Donner le dernier coup au parti des tyrans.

FIN DE DON GARCIE DE NAVARRE.

L'ÉCOLE DES MARIS.

COMÉDIE EN TROIS ACTES.

1661.

A MONSEIGNEUR

LE DUC D'ORLÉANS,

FRÈRE UNIQUE DU ROI.

MONSEIGNEUR,

Je fais voir ici à la France des choses bien peu proportionnées : il n'est rien de si grand et de si superbe que le nom que je mets à la tête de ce livre, et rien de plus bas que ce qu'il contient. Tout le monde trouvera cet assemblage étrange; et quelques uns pourront bien dire, pour en exprimer l'inégalité, que c'est poser une couronne de perles et de diamants sur une statue de terre, et faire entrer par des portiques magnifiques et des arcs triomphaux superbes, dans une méchante cabane. Mais, MONSEIGNEUR, ce qui doit me servir d'excuse, c'est qu'en cette aventure je n'ai eu aucun choix à faire, et que l'honneur que j'ai d'être à VOTRE ALTESSE ROYALE, m'a imposé une nécessité absolue de lui dédier le premier ouvrage que je mets de moi-même au jour. Ce n'est pas un présent que je lui fais, c'est un devoir dont je m'acquitte; et les hommages ne sont jamais regardés par les choses qu'ils portent. J'ai donc osé, MONSEIGNEUR, dédier une bagatelle à VOTRE ALTESSE ROYALE, parce que je n'ai pu m'en dispenser; et si je me dispense ici de m'étendre sur les belles et glorieuses vérités qu'on pourrait dire d'Elle, c'est par la juste appréhension que ces grandes idées ne fissent éclater encore davantage la bassesse de mon offrande. Je me suis imposé silence pour trouver un endroit plus propre à placer de si belles choses: et tout ce que j'ai prétendu dans cette épître, c'est de justifier mon action à toute la France, et d'avoir cette gloire de vous dire à vous-même, MONSEIGNEUR, avec toute la soumission possible, que je suis

DE VOTRE ALTESSE ROYALE

Le très humble, très obéissant
et tres fidèle serviteur,

MOLIÈRE.

PERSONNAGES.

SGANARELLE, frère d'Ariste.
ARISTE, frère de Sganarelle.
ISABELLE, sœur de Léonor.
LÉONOR, sœur d'Isabelle.
VALÈRE, amant d'Isabelle.
LISETTE, suivante de Léonor.
ERGASTE, valet de Valère.
UN COMMISSAIRE.
UN NOTAIRE.
DEUX LAQUAIS.

La scène est à Paris, dans une place publique.

L'ÉCOLE DES MARIS.

ACTE PREMIER.

SCÈNE PREMIÈRE.

SGANARELLE, ARISTE.

SGANARELLE.

Mon frère, s'il vous plaît, ne discourons point tant,
Et que chacun de nous vive comme il l'entend.
Bien que sur moi des ans vous ayez l'avantage,
Et soyez assez vieux pour devoir être sage,
Je vous dirai pourtant que mes intentions
Sont de ne prendre point de vos corrections;
Que j'ai pour tout conseil ma fantaisie à suivre,
Et me trouve fort bien de ma façon de vivre.

ARISTE.

Mais chacun la condamne.

SGANARELLE.

Oui, des fous comme vous,
Mon frère.

ARISTE.

Grand merci; le compliment est doux!

SGANARELLE.

Je voudrais bien savoir, puisqu'il faut tout entendre,
Ce que ces beaux censeurs en moi peuvent reprendre.

ARISTE.

Cette farouche humeur, dont la sévérité
Fuit toutes les douceurs de la société,
A tous vos procédés inspire un air bizarre,
Et, jusques à l'habit rend tout chez vous barbare.

SGANARELLE.

Il est vrai qu'à la mode il faut m'assujettir,
Et ce n'est pas pour moi que je me dois vêtir.
Ne voudriez-vous point, par vos belles sornettes,
Monsieur mon frère aîné, car, Dieu merci, vous l'êtes
D'une vingtaine d'ans, à ne vous rien céler,
Et cela ne vaut pas la peine d'en parler;
Ne voudriez-vous point, dis-je, sur ces matières,
De vos jeunes muguets m'inspirer les manières;
M'obliger à porter de ces petits chapeaux
Qui laissent éventer leurs débiles cerveaux,
Et de ces blonds cheveux, de qui la vaste enflure
Des visages humains offusque la figure;
De ces petits pourpoints sous les bras se perdants,
Et de ces grands collets jusqu'au nombril pendants;
De ces manches qu'à table on voit tâter les sauces,
Et de ces cotillons appelés hauts de chausses;
De ces souliers mignons, de rubans revêtus,
Qui vous font ressembler à des pigeons pattus,
Et de ces grands canons où, comme en des entraves,
On met, tous les matins, ses deux jambes esclaves,
Et par qui nous voyons ces messieurs les galants
Marcher écarquillés ainsi que des volants?
Je vous plairais, sans doute, équipé de la sorte,
Et je vous vois porter les sottises qu'on porte.

ARISTE.

Toujours au plus grand nombre on doit s'accommoder,
Et jamais il ne faut se faire regarder.
L'un et l'autre excès choque; et tout homme bien sage
Doit faire des habits ainsi que du langage,
N'y rien trop affecter, et, sans empressement,
Suivre ce que l'usage y fait de changement.
Mon sentiment n'est pas qu'on prenne la méthode
De ceux qu'on voit toujours renchérir sur la mode,
Et qui, dans cet excès dont ils sont amoureux,
Seraient fâchés qu'un autre eût été plus loin qu'eux.
Mais je tiens qu'il est mal, sur quoi que l'on se fonde,
De fuir obstinément ce que suit tout le monde,
Et qu'il vaut mieux souffrir d'être au nombre des fous,
Que du sage parti se voir seul contre tous.

SGANARELLE.

Cela sent son vieillard, qui, pour en faire accroire,
Cache ses cheveux blancs d'une perruque noire.

ARISTE.

C'est un étrange fait du soin que vous prenez
A me venir toujours jeter mon âge au nez,
Et qu'il faille qu'en moi sans cesse je vous voie
Blâmer l'ajustement aussi bien que la joie:
Comme si, condamnée à ne plus rien chérir,
La vieillesse devait ne songeait qu'à mourir,
Et d'assez de laideur n'est pas accompagnée
Sans se tenir encor malpropre et rechignée.

SGANARELLE.

Quoi qu'il en soit, je suis attaché fortement
A ne démordre point de mon habillement.
Je veux une coiffure, en dépit de la mode,
Sous qui toute ma tête ait un abri commode;
Un bon pourpoint bien long, et fermé comme il faut,
Qui, pour bien digérer, tienne l'estomac chaud;
Un haut de chausse fait justement pour ma cuisse;
Des souliers où mes pieds ne soient point au supplice,
Ainsi qu'en ont usé sagement nos aïeux:
Et qui me trouve mal n'a qu'à fermer les yeux.

SCENE II.

LÉONOR, ISABELLE, LISETTE; ARISTE ET SGANARELLE, *parlant bas ensemble sur le devant du théâtre, sans être aperçus.*

LÉONOR, *à Isabelle.*

Je me charge de tout, en cas que l'on vous gronde.

LISETTE, *à Isabelle.*

Toujours dans une chambre à ne point voir le monde!

ISABELLE.

Il est ainsi bâti

LÉONOR.

Je vous en plains, ma sœur.

LISETTE, *à Léonor.*

Bien vous prend que son frère ait tout une autre humeur,
Madame; et le destin vous fut bien favorable
En vous faisant tomber aux mains du raisonnable.

ISABELLE.

C'est un miracle encor qu'il ne m'ait aujourd'hui
Enfermée à la clef, ou menée avec lui.

LISETTE.

Ma foi, je l'enverrais au diable avec sa fraise,
Et...

SGANARELLE *heurté par Lisette, à Léonor.*

Où donc allez-vous, qu'il ne vous en déplaise?

LÉONOR.

Nous ne savons encore, et je pressais ma sœur
De venir du beau temps respirer la douceur:
Mais.....

SGANARELLE, *à Léonor.*

Pour vous, vous pouvez aller où bon vous semble.
(*montrant Lisette.*)
Vous n'avez qu'à courir, vous voilà deux ensemble.
(*à Isabelle.*)
Mais vous, je vous défends, s'il vous plaît, de sortir.

ARISTE.

Ah! laissez-les, mon frère, aller se divertir.

SGANARELLE.

Je suis votre valet, mon frère.

ARISTE.

La jeunesse
Veut...

SGANARELLE.

La jeunesse est sotte, et parfois la vieillesse...

ARISTE.

Croyez-vous qu'elle est mal d'être avec Léonor?

SGANARELLE.

Non pas; mais avec moi je la crois mieux encor.

ARISTE.

Mais...

SGANARELLE.

Mais ses actions de moi doivent dépendre,
Et je sais l'intérêt enfin que j'y dois prendre.

ARISTE.

A celles de sa sœur ai-je un moindre intérêt?

SGANARELLE.

Mon Dieu! chacun raisonne et fait comme il lui plaît,
Elles sont sans parents, et notre ami leur père
Nous commit leur conduite à son heure dernière;
Et nous chargeant tous deux, ou de les épouser,
Ou, sur notre refus, un jour d'en disposer.
Sur elles, par contrat, nous sut, dès leur enfance,
Et de père et d'époux donner pleine puissance.
D'élever celle-là vous prîtes le souci,
Et moi, je me chargeai du soin de celle-ci:
Selon vos volontés vous gouvernez la vôtre;
Laissez-moi, je vous prie, à mon gré régir l'autre.

ARISTE.

Il me semble....

SGANARELLE.

Il me semble, et je le dis tout haut,
Que sur un tel sujet c'est parler comme il faut.
Vous souffrez que la vôtre aille leste et pimpante,
Je le veux bien; qu'elle ait et laquais et suivante,
J'y consens; qu'elle coure, aime l'oisiveté;
Et soit des damoiseaux flairée en liberté,
J'en suis fort satisfait: mais j'entends que la mienne
Vive à ma fantaisie, et non pas à la sienne;
Que d'une serge honnête elle ait son vêtement,
Et ne porte le noir qu'aux bons jours seulement;
Qu'enfermée au logis, en personne bien sage,
Elle s'applique toute aux choses du ménage,
A recoudre mon linge aux heures de loisir,
Ou bien à tricoter quelques bas par plaisir;
Qu'aux discours des muguets elle ferme l'oreille,
Et ne sorte jamais sans avoir qui la veille.
Enfin la chair est faible, et j'entends tous les bruits,
Je ne veux point porter des cornes si je puis;
Et, comme à m'épouser sa fortune l'appelle,
Je prétends, corps pour corps, pouvoir répondre d'elle.

ISABELLE.

Vous n'avez pas sujet, que je crois...

SGANARELLE.

Taisez-vous.
Je vous apprendrai bien s'il faut sortir sans nous.

LÉONOR.

Quoi donc ! monsieur....

SGANARELLE.

Mon Dieu ! madame, sans langage,
Je ne vous parle pas, car vous êtes trop sage.

LÉONOR.

Voyez-vous Isabelle avec nous à regret?

SGANARELLE.

Oui, vous me la gâtez, puisqu'il faut parler net.
Vos visites ici ne font que me déplaire ;
Et vous m'obligerez de ne nous en plus faire.

LÉONOR.

Voulez-vous que mon cœur vous parle net aussi?
J'ignore de quel œil elle voit tout ceci ;
Mais je sais ce qu'en moi ferait la défiance:
Et, quoiqu'un même sang nous ait donné naissance,
Nous sommes bien peu sœurs, s'il faut que chaque [jour
Vos manières d'agir lui donnent de l'amour.

LISETTE.

En effet, tous ces soins sont des choses infames:
Sommes-nous chez les Turcs, pour renfermer les fem- [mes?
Car on dit qu'on les tient esclaves en ce lieu,
Et que c'est pour cela qu'ils sont maudits de Dieu.
Notre honneur est, monsieur, bien sujet à faiblesse,
S'il faut qu'il ait besoin qu'on le garde sans cesse.
Pensez-vous, après tout, que ces précautions
Servent de quelque obstacle à nos intentions?
Et, quand nous nous mettons quelque chose à la tête,
Que l'homme le plus fin ne soit pas une bête,
Toutes ces gardes-là sont visions des fous;
Le plus sûr est, ma foi, de se fier en nous :
Qui nous gêne, se met en un péril extrême,
Et toujours notre honneur veut se garder lui-même.
C'est nous inspirer presque un désir de pécher;
Que montrer tant de soins de nous en empêcher ;
Et, si par un mari je me voyais contrainte,
J'aurais fort grande pente à confirmer sa crainte.

SGANARELLE, *à Ariste.*

Voilà, beau precepteur, votre éducation;
Et vous souffrez cela sans nulle émotion?

ARISTE.

Mon frère, son discours ne doit que faire rire :
Elle a quelque raison en ce qu'elle veut dire.
Leur sexe aime à jouir d'un peu de liberté;
On le retient fort mal par tant d'austérité ;
Et les soins défiants, les verroux et les grilles,
Ne font pas la vertu des femmes ni des filles:
C'est l'honneur qui les doit tenir dans le devoir,
Non la sévérité que nous leur faisons voir.
C'est une étrange chose, à vous parler sans feinte,
Qu'une femme qui n'est sage que par contrainte.
En vain sur tous ses pas nous prétendons régner,
Je trouve que le cœur est ce qu'il faut gagner,
Et je ne tiendrais, moi, quelque soin qu'on se donne,
Mon honneur guère sûr aux mains d'une personne
A qui, dans les désirs qui pourraient l'assaillir,
Il ne manquerait rien qu'un moyen de faillir.

SGANARELLE.

Chansons que tout cela.

ARISTE.

Soit ; mais je tiens sans cesse
Qu'il nous faut en riant instruire la jeunesse,
Reprendre ses défauts avec grande douceur,
Et du nom de vertu ne lui point faire peur.
Mes soins pour Léonor ont suivi ces maximes ;
Des moindres libertés je n'ai point fait des crimes;
A ses jeunes désirs j'ai toujours consenti,
Et je ne m'en suis point, grace au ciel, repenti.
J'ai souffert qu'elle ait vu les belles compagnies,
Les divertissements, les bals, les comédies:
Ce sont choses, pour moi, que je tiens de tout temps
Fort propres à former l'esprit des jeunes gens ;
Et l'école du monde en l'air dont il faut vivre
Instruit mieux à mon gré que ne fait aucun livre.
Elle aime à dépenser en habits, linge et nœuds:
Que voulez-vous? je tache à contenter ses vœux ;
Et ce sont des plaisirs qu'on peut, dans nos familles,
Lorsque l'on a du bien, permettre aux jeunes filles.
Un ordre paternel l'oblige à m'épouser ;
Mais mon dessein n'est pas de la tyranniser.
Je sais bien que nos ans ne se rapportent guère,
Et je laisse à son choix liberté tout entière.
Si quatre mille écus de rente bien venants,
Une grande tendresse et des soins complaisants,
Peuvent, à son avis, pour un tel mariage,
Réparer entre nous l'inégalité d'âge,
Elle peut m'épouser; sinon, choisir ailleurs.
Je consens que sans moi ses destins soient meilleurs,
Et j'aime mieux la voir sous un autre hyménée,
Que si contre son gré sa main m'était donnée.

SGANARELLE.

Hé ! qu'il est doucereux ! c'est tout sucre et tout miel !

ARISTE.

Enfin, c'est mon humeur, et j'en rends grace au ciel.
Je ne suivrais jamais ces maximes sévères
Qui font que les enfants comptent les jours des pères.

SGANARELLE.

Mais ce qu'en la jeunesse on prend de liberté
Ne se retranche pas avec facilité;
Et tous ses sentiments suivront mal votre envie,
Quand il faudra changer sa manière de vie.

ARISTE.

Et pourquoi la changer?

SGANARELLE.

Pourquoi ?

ARISTE.

Oui.

SGANARELLE.

Je ne sai.

ARISTE.

Y voit-on quelque chose où l'homme soit blessé?

SGANARELLE.

Quoi ! si vous l'épousez, elle pourra prétendre
Les mêmes libertés que fille on lui voit prendre?

ARISTE.

Pourquoi non?

SGANARELLE.

Vos désirs lui seront complaisants
Jusques à lui laisser et mouches et rubans?

ARISTE.

Sans doute.

SGANARELLE.

A lui souffrir, en cervelle troublée,
De courir tous les bals et les lieux d'assemblée?

ARISTE.

Oui vraiment.

SGANARELLE.

Et chez vous iront les damoiseaux?

ARISTE.

Et quoi donc?

SGANARELLE.

Qui joueront et donneront cadeaux?

ARISTE.

D'accord.

SGANARELLE.

Et votre femme entendra les fleurettes?

ARISTE.

Fort bien.

SGANARELLE.

Et vous verrez ces visites muguettes
D'un œil à témoigner de n'en être point saoul?

ARISTE.

Cela s'entend.

SGANARELLE.

Allez, vous êtes un vieux fou.
(*à Isabelle.*)
Rentrez pour n'ouïr point cette pratique infame.

SCENE III.

ARISTE, SGANARELLE, LÉONOR, LISETTE.

ARISTE.

Je veux m'abandonner à la foi de ma femme,
Et prétends toujours vivre ainsi que j'ai vécu.

SGANARELLE.

Que j'aurai de plaisir si l'on le fait cocu!

ARISTE.

J'ignore pour quel sort mon astre m'a fait naître :
Mais je sais que pour vous, si vous manquez de l'être,

On ne vous en doit point imputer le défaut ;
Car vos soins pour cela font bien tout ce qu'il faut.

SGANARELLE.

Riez donc, beau rieur. Oh ! que cela doit plaire
De voir un goguenard presque sexagénaire !

LÉONOR.

Du sort dont vous parlez, je le garantis, moi,
S'il faut que par l'hymen il reçoive sa foi;
Il s'y peut assurer : mais sachez que mon ame
Ne répondrait de rien si j'étais votre femme.

LISETTE.

C'est conscience à ceux qui s'assu[illegible] en nous ;
Mais c'est pain béni, certe, à de[illegible] ans comme vous.

SGANARELLE.

Allez, langue maudite et des plu[illegible]al apprises.

ARISTE.

Vous vous êtes, mon frère, attiré ces sottises.
Adieu. Changez d'humeur, et soyez averti
Que renfermer sa femme est un mauvais parti.
Je suis votre valet.

SGANARELLE.

Je ne suis pas le vôtre.

SCENE IV

SGANARELLE, *seul.*

Oh ! que les voilà bien tous formés l'un pour l'autre !
Quelle belle famille ! un vieillard insensé,
Qui fait le dameret dans un corps tout cassé,
Une fille maîtresse et coquette suprême !
Des valets impudents ! Non, la sagesse même
N'en viendrait pas à bout, perdrait sens et raison
A vouloir corriger une telle maison.
Isabelle pourrait perdre dans ces hantises
Les semences d'honneur qu'avec nous elle a prises ;
Et, pour l'en empêcher, dans peu nous prétendons
Lui faire aller revoir nos choux et nos dindons.

SCENE V.

VALÈRE, SGANARELLE, ERGASTE.

VALÈRE, *dans le fond du théâtre.*

Ergaste, le voilà cet Argus que j'abhorre,
Le sévère tuteur de celle que j'adore.

SGANARELLE, *se croyant seul.*

N'est-ce pas quelque chose enfin de surprenant
Que la corruption des mœurs de maintenant?

VALÈRE.

Je voudrais l'accoster, s'il est en ma puissance,
Et tâcher de lier avec lui connaissance.

SGANARELLE, *se croyant seul.*

Au lieu de voir régner cette sévérité
Qui composait si bien l'ancienne honnêteté,
La jeunesse en ces lieux, libertine, absolue,
Ne prend...

(*Valère salue Sganarelle de loin.*)

VALÈRE.

Il ne voit pas que c'est lui qu'on salue.

ERGASTE.

Son mauvais œil peut-être est de ce côté-ci.
Passons du côté droit.

SGANARELLE *se croyant seul*

Il faut sortir d'ici.
Le séjour de la ville en moi ne peut produire
Que des...

VALÈRE, *en s'approchant peu à peu.*

Il faut chez lui tâcher de m'introduire.

SGANARELLE, *entendant quelque bruit.*

Hé!... j'ai cru qu'on parlait.

(*se croyant seul*).

Aux champs, graces aux cieux,
Les sottises du temps ne blessent point mes yeux.

ERGASTE, *à Valère.*

Abordez-le.

SGANARELLE, *entendant encore du bruit*

Plaît-il?

(*n'entendant plus rien.*)

Les oreilles me cornent.

(*se croyant seul.*)

Là tous les passetemps de nos filles se bornent...

(*Il aperçoit Valère qui le salue.*)

Est-ce à nous?

ERGASTE, *à Valère*

Approchez.

SGANARELLE, *sans prendre garde à Valère*

Là, nul godelureau

(*Valère le salue encore.*)

Ne vient... Que diable...?

Il se tourne, et voit Ergaste qui le salue de l'autre côté.)

Encor! Que de coups de chapeau!

VALÈRE.

Monsieur, un tel abord vous interrompt peut-être?

SGANARELLE.

Cela se peut.

VALÈRE.

Mais quoi ! l'honneur de vous connaître
Est un si grand bonheur, est un si doux plaisir,
Que de vous saluer j'avais un grand désir.

SGANARELLE.

Soit.

VALÈRE.

Et de vous venir, mais sans nul artifice,
Assurer que je suis tout à votre service.

SGANARELLE.

Je le crois.

VALÈRE.

J'ai le bien d'être de vos voisins,
Et j'en dois rendre grace à mes heureux destins.

SGANARELLE.

C'est bien fait.

VALÈRE.

Mais, monsieur, savez-vous les nouvelles
Que l'on dit à la cour, et qu'on tient pour fidèles?

SGANARELLE.

Que m'importe?

VALÈRE.

Il est vrai ; mais pour les nouveautés
On peut avoir parfois des curiosités.
Vous irez voir, monsieur, cette magnificence
Que de notre dauphin prépare la naissance !

SGANARELLE.

Si je veux.

VALÈRE.

Avouons que Paris nous fait part
De cent plaisirs charmants qu'on n'a point autre part.
Les provinces auprès sont des lieux solitaires.
A quoi donc passez-vous le temps?

SGANARELLE.

A mes affaires.

VALÈRE.

L'esprit veut du relâche, et succombe parfois
Par trop d'attachement aux sérieux emplois.
Que faites-vous les soirs avant qu'on se retire?

SGANARELLE.

Ce qui me plaît.

VALÈRE.

Sans doute, on ne peut pas mieux dire ;
Cette réponse est juste, et le bon sens paraît
A ne vouloir jamais faire que ce qui plaît
Si je ne vous croyais l'âme trop occupée,
J'irais parfois chez vous passer l'après-soupée.

SGANARELLE.

Serviteur.

SCENE VI.

VALÈRE, ERGASTE.

VALÈRE.

Que dis-tu de ce bizarre fou?

ERGASTE.

Il a le repart brusque, et l'accueil loup-garou.

VALÈRE.

Ah ! j'enrage !

ERGASTE.

Et de quoi?

VALÈRE.

De quoi? C'est que j'enrage
De voir celle que j'aime au pouvoir d'un sauvage,
D'un dragon surveillant, dont la sévérité
Ne lui laisse jouir d'aucune liberté.

ERGASTE.

C'est ce qui fait pour vous; et sur ces conséquences
Votre amour doit fonder de grandes espérances.
Apprenez, pour avoir votre esprit raffermi,
Qu'une femme qu'on garde est gagnée à demi,
Et que les noirs chagrins des maris ou des pères
Ont toujours du galant avancé les affaires.
Je coquette fort peu, c'est mon moindre talent,
Et de profession je ne suis point galant;
Mais j'en ai servi vingt de ces chercheurs de proie,
Qui disaient fort souvent que leur plus grande joie
Était de rencontrer de ces maris fâcheux
Qui jamais sans gronder ne reviennent chez eux,
De ces brutaux fieffés qui, sans raison ni suite,
De leurs femmes en tout contrôlent la conduite,
Et, du nom de mari fièrement se parant,
Leur rompent en visière aux yeux des soupirants.
On en sait, disent-ils, prendre ses avantages;
Et l'aigreur de la dame, à ces sortes d'outrages
Dont la plaint doucement le complaisant témoin,
Est un champ à pousser les choses assez loin.
En un mot, ce vous est une attente assez belle
Que la sévérité du tuteur d'Isabelle.

VALÈRE.

Mais, depuis quatre mois que je l'aime ardemment,
Je n'ai pour lui parler pu trouver un moment.

ERGASTE.

L'amour rend inventif; mais vous ne l'êtes guère,
Et si j'avais été...

VALÈRE.

Mais, qu'aurais-tu pu faire,
Puisque sans ce brutal on ne la voit jamais,
Et qu'il n'est là-dedans servantes ni valets,
Dont par l'appât flatteur de quelque récompense,
Je puisse pour mes feux ménager l'assistance?

ERGASTE.

Elle ne sait donc pas encor que vous l'aimez?

VALÈRE.

C'est un point dont mes vœux ne sont pas informés.
Partout où ce farouche a conduit cette belle,
Elle m'a toujours vu comme une ombre après elle;
Et mes regards aux siens ont tâché chaque jour
De pouvoir expliquer l'excès de mon amour.
Mes yeux ont fort parlé; mais qui me peut apprendre
Si leur langage enfin a pu se faire entendre?

ERGASTE.

Ce langage, il est vrai, peut être obscur parfois,
S'il n'a pour truchement l'écriture ou la voix.

VALÈRE.

Que faire pour sortir de cette peine extrême,
Et savoir si la belle a connu que je l'aime?
Dis-m'en quelque moyen.

ERGASTE.

C'est ce qu'il faut trouver.
Entrons un peu chez vous afin d'y mieux rêver.

FIN DU PREMIER ACTE.

ACTE II.

SCÈNE PREMIÈRE.

ISABELLE, SGANARELLE.

SGANARELLE.

Va, je sais la maison, et connais la personne
Aux marques seulement que ta bouche me donne.

ISABELLE, *à part.*

O ciel, sois-moi propice, et seconde en ce jour
Le stratagème adroit d'un innocent amour!

SGANARELLE.

Dis-tu pas qu'on t'a dit qu'il s'appelle Valère?

ISABELLE.

Oui.

SGANARELLE.

Va, sois en repos, rentre, et me laisse faire;
Je vais parler sur l'heure à ce jeune étourdi.

ISABELLE, *en s'en allant.*

Je fais, pour une fille, un projet bien hardi:
Mais l'injuste rigueur dont envers moi l'on use,
Dans tout esprit bien fait me servira d'excuse.

SCÈNE II.

SGANARELLE, *seul.*

(Il va frapper à sa porte, croyant que c'est celle de Valère.)

Ne perdons point de temps; c'est ici. Qui va là?
Bon! je rêve. Holà! dis-je, holà! quelqu'un, holà!
Je ne m'étonne pas, après cette lumière,
S'il y venait tantôt de si douce manière;
Mais je veux me hâter, et de son fol espoir...

SCENE III.

VALÈRE, SGANARELLE, ERGASTE.

SGANARELLE, *à Ergaste qui est sorti brusquement.*

Peste soit du gros bœuf, qui, pour me faire choir,
Se vient devant mes pas planter comme une perche!

VALÈRE.

Monsieur, j'ai du regret...

SGANARELLE.

Ah! c'est vous que je cherche.

VALÈRE.

Moi, monsieur?

SGANARELLE.

Vous. Valère est-il pas votre nom?

VALÈRE.

Oui.

SGANARELLE.

Je viens vous parler, si vous le trouvez bon.

VALÈRE.

Puis-je être assez heureux pour vous rendre service?

SGANARELLE.

Non. Mais je prétends, moi, vous rendre un bon office;
Et c'est ce qui chez vous prend droit de m'amener.

VALÈRE.

Chez moi, monsieur.

SGANARELLE.

Chez vous. Faut-il tant s'étonner?

VALÈRE.

J'en ai bien du sujet; et mon ame ravie
De l'honneur...

SGANARELLE.

Laissons-là cet honneur, je vous prie.

VALÈRE.

Voulez-vous pas entrer?

SGANARELLE.

Il n'en est pas besoin.

VALÈRE.

Monsieur, de grace.

SGANARELLE.

Non ; je n'irai pas plus loin.

VALÈRE.

Tant que vous serez là, je ne puis vous entendre.

SGANARELLE.

Moi, je n'en veux bouger.

VALÈRE.

Hé bien ! il faut se rendre
Vite, puisque monsieur à cela se résout,
Donnez un siége ici.

SGANARELLE.

Je veux parler debout.

VALÈRE.

Vous souffrir de la sorte?

SGANARELLE.

Ah ! contrainte effroyable !

VALÈRE.

Cette incivilité serait trop condamnable.

SGANARELLE.

C'en est une que rien ne saurait égaler,
De n'ouïr pas les gens qui veulent nous parler.

VALÈRE.

Je vous obéis donc.

SGANARELLE.

Vous ne sauriez mieux faire.
(*Ils font de grandes cérémonies pour se couvrir.*)
Tant de cérémonie est fort peu nécessaire.
Voulez-vous m'écouter?

VALÈRE.

Sans doute, et de grand cœur.

SGANARELLE.

Savez-vous, dites-moi, que je suis le tuteur
D'une fille assez jeune et passablement belle,
Qui loge en ce quartier, et qu'on nomme Isabelle?

VALÈRE.

Oui.

SGANARELLE.

Si vous le savez, je ne vous l'apprends pas.
Mais savez-vous aussi, lui trouvant des appas,
Qu'autrement qu'en tuteur sa personne me touche,
Et qu'elle est destinée à l'honneur de ma couche.

VALÈRE.

Non.

SGANARELLE.

Je vous l'apprends donc, et qu'il est à propos
Que vos feux, s'il vous plaît, la laissent en repos.

VALÈRE.

Qui moi, monsieur?

SGANARELLE.

Oui, vous. Mettons bas toute feinte.

VALÈRE.

Qui vous a dit que j'ai pour elle l'ame atteinte?

SGANARELLE.

Des gens à qui l'on peut donner quelque crédit.

VALÈRE.

Mais encore?

SGANARELLE.

Elle-même.

VALÈRE.

Elle?

SGANARELLE.

Elle. Est-ce assez dit?
Comme une fille honnête, et qui m'aime d'enfance,
Elle vient de m'en faire, entière confidence,
Et de plus, m'a chargé de vous donner avis
Que, depuis que par vous tous ses pas sont suivis,
Son cœur, qu'avec excès votre poursuite outrage,
N'a que trop de vos yeux entendu le langage ;
Que vos secrets désirs lui sont assez connus ;
Et que c'est vous donner des soucis superflus
De vouloir davantage expliquer une flamme
Qui choque l'amitié que me garde son ame.

VALÈRE.

C'est elle, dites-vous, qui de sa part vous fait...

SGANARELLE.

Oui, vous venir donner cet avis franc et net ;
Et qu'ayant vu l'ardeur dont votre ame est blessée,
Elle vous eût plus tôt fait savoir sa pensée,
Si son cœur avait eu, dans son émotion,
A qui pouvoir donner cette commission ;
Mais qu'enfin la douleur d'une contrainte extrême
L'a réduite à vouloir se servir de moi-même,
Pour vous rendre averti, comme je vous ai dit,
Qu'à tout autre que moi son cœur est interdit,
Que vous avez assez joué de la prunelle,
Et que, si vous avez tant soit peu de cervelle,
Vous prendrez d'autres soins. Adieu ! jusqu'au revoir.
Voilà ce que j'avais à vous faire savoir.

VALÈRE, *bas.*

Ergaste, que dis-tu d'une telle aventure?

SGANARELLE, *bas à part.*

Le voilà bien surpris !

ERGASTE, *bas à Valère.*

Selon ma conjecture,
Je tiens qu'elle n'a rien de déplaisant pour vous,
Qu'un mystère assez fin est caché là-dessous,
Et qu'enfin cet avis n'est pas d'une personne
Qui veuille voir cesser l'amour qu'elle vous donne.

SGANARELLE, *à part.*

Il en tient comme il faut.

VALÈRE, *bas à Ergaste.*

Tu crois mystérieux...

ERGASTE, *bas.*

Oui... Mais il nous observe, ôtons-nous de ses yeux.

SCENE IV.

SGANARELLE, *seul.*

Que sa confusion paraît sur son visage!
Il ne s'attendait pas sans doute à ce message.
Appelons Isabelle : elle montre le fruit
Que l'éducation dans une ame produit;
La vertu fait ses soins, et son cœur s'y consomme
Jusques à s'offenser des seuls regards d'un homme.

SCÈNE V.

ISABELLE, SGANARELLE.

ISABELLE, *bas, en entrant.*

J'ai peur que cet amant, plein de sa passion,
N'ait pas de mon avis compris l'intention ;
Et j'en veux, dans les fers où je suis prisonnière,
Hasarder un qui parle avec plus de lumière.

SGANARELLE.

Me voilà de retour.

ISABELLE.

Hé bien?

SGANARELLE.

Un plein effet
A suivi tes discours, et ton homme a son fait.
Il me voulait nier que son cœur fût malade :
Mais lorsque de ta part j'ai marqué l'ambassade,
Il est resté d'abord et muet et confus,
Et je ne pense pas qu'il y revienne plus.

ISABELLE.

Ah ! que me dites-vous? J'ai bien peur du contraire
Et qu'il ne nous prépare encor plus d'une affaire.

SGANARELLE.

Et sur quoi fondes-tu cette peur que tu dis?

ISABELLE.

Vous n'avez pas été plutôt hors du logis,
Qu'ayant, pour prendre l'air, la tête à ma fenêtre,
J'ai vu dans ce détour un jeune homme paraître
Qui d'abord, de la part de cet impertinent,
Est venu me donner un bonjour surprenant,
Et m'a, droit dans ma chambre, une boîte jetée
Qui renferme une lettre en poulet cachetée.
J'ai voulu sans tarder lui rejeter le tout;
Mais ses pas de la rue avaient gagné le bout,
Et je m'en sens le cœur tout gros de fâcherie.

SGANARELLE.

Voyez un peu la ruse et la friponnerie !

ISABELLE.

Il est de mon devoir de faire promptement
Reporter boîte et lettre à ce maudit amant;
Et j'aurais pour cela besoin d'une personne...
Car, d'oser à vous-même...

SGANARELLE.

Au contraire, mignonne,
C'est me faire mieux voir ton amour et ta foi,
Et mon cœur avec joie accepte cet emploi :
Tu m'obliges par là plus que je ne puis dire.

ISABELLE.

Tenez donc.

SGANARELLE.

Bon. Voyons ce qu'il a pu t'écrire.

ISABELLE.

Ah! ciel! gardez-vous bien de l'ouvrir.

SGANARELLE.

Et pourquoi?

ISABELLE.

Lui voulez-vous donner à croire que c'est moi?
Une fille d'honneur doit toujours se défendre
De lire les billets qu'un homme lui fait rendre.
La curiosité qu'on fait lors éclater
Marque un secret plaisir de s'en ouïr conter;
Et je trouve à propos que, toute cachetée
Cette lettre lui soit promptement reportée,
Afin que d'autant mieux il connaisse aujourd'hui
Le mépris éclatant que mon cœur fait de lui;
Que ses feux désormais perdent toute espérance,
Et n'entreprennent plus pareille extravagance.

SGANARELLE.

Certes, elle a raison lorsqu'elle parle ainsi.
Va, ta vertu me charme, et ta prudence aussi;
Je vois que mes leçons ont germé dans ton ame,
Et tu te montres digne enfin d'être ma femme.

ISABELLE.

Je ne veux pas pourtant gêner votre désir.
La lettre est dans vos mains et vous pouvez l'ouvrir.

SGANARELLE.

Non, je n'ai garde; hélas! tes raisons sont trop bonnes;
Et je vais m'aquitter du soin que tu me donnes;
A quatre pas de là dire ensuite deux mots,
Et revenir ici te remettre en repos.

SCENE VI.

SGANARELLE, *seul.*

Dans quel ravissement est-ce que mon cœur nage,
Lorsque je vois en elle une fille si sage!
C'est un trésor d'honneur que j'ai dans ma maison.
Prendre un regard d'amour pour une trahison!
Recevoir un poulet comme une injure extrême,
Et le faire au galant reporter par moi-même!
Je voudrais bien savoir, en voyant tout ceci,
Si celle de mon frère en userait ainsi.
Ma foi, les filles sont ce que l'on les fait être.
Holà.

(*Il frappe à la porte de Valère.*)

SCÈNE VII.

SGANARELLE, ERGASTE.

ERGASTE.

Qu'est-ce?

SGANARELLE.

Tenez, dites à votre maître
Qu'il ne s'ingère pas d'oser écrire encor
Des lettres qu'il envoie avec des boites d'or,
Et qu'Isabelle en est puissamment irritée.
Voyez, on ne l'a pas au moins décachetée;
Il connaîtra l'état que l'on fait de ses feux,
Et quel heureux succès il doit espérer d'eux.

SCENE VIII.

VALÈRE, ERGASTE.

VALÈRE.

Que vient de te donner cette farouche bête?

ERGASTE.

Cette lettre, monsieur, qu'avecque cette boîte
On pretend qu'ait reçue Isabelle de vous,
Et dont elle est, dit-il, en un fort grand courroux.
C'est sans vouloir l'ouvrir qu'elle vous la fait rendre.
Lisez vite, et voyons si je me puis méprendre.

VALÈRE *lit.*

« Cette lettre vous surprendra sans doute; et l'on
« peut trouver bien hardi pour moi, et le dessein de
» vous l'écrire, et la manière de vous la faire tenir;
« mais je me vois dans un état à ne plus garder
« de mesure. La juste horreur d'un mariage dont je
« suis menacée dans six jours, me fait hasarder toutes
« choses; et, dans la résolution de m'en affranchir
« par quelque voie que ce soit, j'ai cru que je devais
« plutôt vous choisir que le désespoir. Ne croyez pas
« pourtant que vous soyez redevable de tout à ma
« mauvaise destinée : ce n'est pas la contrainte où je
« me trouve qui a fait naître les sentiments que j'ai
« pour vous; mais c'est elle qui en précipite le témoi-
« gnage, et qui me fait passer sur des formalités où
« la bienséance du sexe oblige. Il ne tiendra qu'à vous
« que je sois à vous bientôt, et j'attends seulement
« que vous m'ayez marqué les intentions de votre
» amour pour vous faire savoir la résolution que j'ai
« prise : mais, surtout, songez que le temps presse,
« et que deux cœurs qui s'aiment doivent s'entendre
« à demi-mot. »

ERGASTE.

Hé bien! monsieur, le tour est-il original?
Pour une jeune fille elle n'en sait pas mal!
De ses ruses d'amour la croirait-on capable?

VALÈRE

Ah! je la trouve là tout à fait adorable.
Ce trait de son esprit et de son amitié
Accroît pour elle encor mon amour de moitié;
Et joint aux sentiments que sa beauté m'inspire...

ERGASTE.

La dupe vient : songez à ce qu'il faut dire.

SCENE IX.

SGANARELLE, VALÈRE, ERGASTE.

SGANARELLE, *se croyant seul.*

Oh! trois et quatre fois béni soit cet édit
Par qui des vêtements le luxe est interdit!
Les peines des maris ne seront plus si grandes,
Et les femmes auront un frein à leurs demandes.
Oh! que je sais au roi bon gré de ces décris
Et que, pour le repos de ces mêmes maris,
Je voudrais bien qu'on fît de la coquetterie
Comme de la guipure et de la broderie!
J'ai voulu l'acheter, l'édit, expressément,
Afin que d'Isabelle il soit lu hautement;
Et ce sera tantôt, n'étant plus occupée,
Le divertissement de notre après-soupée.

(*apercevant Valère.*)

Envoierez-vous encor, monsieur aux blonds cheveux,
Avec des boîtes d'or des billets amoureux?
Vous pensiez bien trouver quelque jeune coquette,
Friande de l'intrigue, et tendre à la fleurette?
Vous voyez de quel air on reçoit vos joyaux?
Croyez-moi, c'est tirer votre poudre aux moineaux :
Elle est sage, elle m'aime, et votre amour l'outrage.
Prenez visée ailleurs, et troussez-moi bagage.

VALÈRE.

Oui, oui, votre mérite, à qui chacun se rend,
Est à mes vœux, monsieur, un obstacle trop grand;
Et c'est folie, à moi, dans mon ardeur fidèle,
De prétendre avec vous à l'amour d'Isabelle.

SGANARELLE.

Il est vrai, c'est folie.

VALÈRE.

Aussi n'aurais-je pas
Abandonné mon cœur à suivre ses appas,
Si j'avais pu savoir que ce cœur misérable
Dût trouver un rival comme vous redoutable.

SGANARELLE.

Je le crois.

VALÈRE.

Je n'ai garde à présent d'espérer :
Je vous cède, monsieur, et c'est sans murmurer.

SGANARELLE.

Vous faites bien.

VALÈRE.

Le droit de la sorte l'ordonne ;
Et de tant de vertus brille votre personne,
Que j'aurais tort de voir d'un regard de courroux
Les tendres sentiments qu'Isabelle a pour vous.

SGANARELLE.

Cela s'entend.

VALÈRE.

Oui, oui, je vous quitte la place :
Mais je vous prie au moins, et c'est la seule grace,
Monsieur, que vous demande un misérable amant
Dont vous seul aujourd'hui causez tout le tourment,
Je vous conjure donc d'assurer Isabelle
Que, si depuis trois mois mon cœur brûle pour elle,
Cette amour est sans tache, et n'a jamais pensé
A rien dont son honneur ait lieu d'être offensé.

SGANARELLE.

Oui.

VALÈRE.

Que, ne dépendant que du choix de mon ame,
Tous mes desseins étaient de l'obtenir pour femme,
Si les destins, en vous qui captivez son cœur,
N'opposaient un obstacle à cette juste ardeur.

SGANARELLE.

Fort bien.

VALÈRE.

Que, quoi qu'on fasse, il ne lui faut pas croire
Que jamais ses appas sortent de ma mémoire ;
Que, quelque arrêt des cieux qu'il me faille subir,
Mon sort est de l'aimer jusqu'au dernier soupir ;
Et que, si quelque chose étouffe mes poursuites,
C'est le juste respect que j'ai pour vos mérites.

SGANARELLE.

C'est parler sagement ; et je vais de ce pas
Lui faire ce discours qui ne la choque pas :
Mais, si vous me croyez, tâchez de faire en sorte
Que de votre cerveau cette passion sorte.
Adieu.

ERGASTE, *à Valère.*

La dupe est bonne !

SCENE X.

SGANARELLE, *seul.*

Il me fait grand'pitié,
Ce pauvre malheureux trop rempli d'amitié ;
Mais c'est un mal pour lui de s'être mis en tête
De vouloir prendre un fort qui se voit ma conquête.
(*Sganarelle heurte à sa porte.*)

SCENE XI.

SGANARELLE, ISABELLE.

SGANARELLE.

Jamais amant n'a fait tant de trouble éclater,
Au poulet renvoyé sans le décacheter :
Il perd toute espérance enfin, et se retire ;
Mais il m'a tendrement conjuré de te dire :
« Que du moins en t'aimant, il n'a jamais pensé
« A rien dont ton honneur ait lieu d'être offensé,
« Et que, ne dépendant que du choix de son ame,
« Tous ses désirs étaient de t'obtenir pour femme,
« Si les destins, en moi qui captive ton cœur,
« N'opposaient un obstacle à cette juste ardeur ;
« Que, quoi qu'on puisse faire, il ne te faut pas croire
« Que jamais tes appas sortent de sa mémoire ;
« Que, quelque arrêt des cieux qu'il lui faille subir,
« Son sort est de t'aimer jusqu'au dernier soupir ;
« Et que, si quelque chose étouffe sa poursuite,
« C'est le juste respect qu'il a pour mon mérite. »
Ce sont ses propres mots ; et loin de le blâmer,
Je le trouve honnête homme, et le plains de t'aimer.

ISABELLE, *bas.*

Ses feux ne trompent point ma secrète croyance,
Et toujours ses regards m'en ont dit l'innocence.

SGANARELLE.

Que dis-tu ?

ISABELLE.

Qu'il m'est dur que vous plaigniez si fort
Un homme que je hais à l'égal de la mort :
Et que, si vous m'aimiez autant que vous le dites,
Vous sentiriez l'affront que me font ses poursuites.

SGANARELLE.

Mais il ne savait pas tes inclinations ;
Et, par l'honnêteté de ses intentions,
Son amour ne mérite....

ISABELLE.

Est-ce les avoir bonnes,
Dites-moi, de vouloir enlever les personnes ?
Est-ce être homme d'honneur de former des desseins
Pour m'épouser de force en m'ôtant de vos mains ?
Comme si j'étais fille à supporter la vie
Après qu'on m'aurait fait une telle infamie !

SGANARELLE.

Comment ?

ISABELLE.

Oui, oui ; j'ai su que ce traître d'amant
Parle de m'obtenir par un enlèvement ;
Et j'ignore, pour moi, les pratiques secrètes
Qui l'ont instruit sitôt du dessein que vous faites
De me donner la main dans huit jours au plus tard,
Puisque ce n'est que d'hier que vous m'en fîtes part :
Mais il veut prévenir, dit-on, cette journée
Qui doit à votre sort unir ma destinée.

SGANARELLE.

Voilà qui ne vaut rien.

ISABELLE.

Oh ! que pardonnez-moi !
C'est un fort honnête homme, et qui ne sent pour moi...

SGANARELLE.

Il a tort ; et ceci passe la raillerie.

ISABELLE.

Allez, votre douceur entretient sa folie ;
S'il vous eût vu tantôt lui parler vertement,
Il craindrait vos transports et mon ressentiment,
Car c'est encor depuis sa lettre méprisée,
Qu'il a dit ce dessein qui m'a scandalisée ;
Et son amour conserve, ainsi que je l'ai su,
La croyance qu'il est dans mon cœur bien reçu,
Que je fuis votre hymen, quoi que le monde en croie,
Et me verrais tirer de vos mains avec joie.

SGANARELLE.

Il est fou.

ISABELLE.

Devant vous il sait se déguiser ;
Et son intention est de vous amuser.
Croyez, par ses beaux mots, que le traître vous joue.
Je suis bien malheureuse, il faut que je l'avoue,
Qu'avecque tous mes soins pour vivre dans l'honneur
Et rebuter les vœux d'un lâche suborneur,
Il faille être exposée aux fâcheuses surprises
De voir faire sur moi d'infâmes entreprises !

SGANARELLE.

Va, ne redoute rien.

ISABELLE.

Pour moi, je vous le di,
Si vous n'éclatez fort contre un trait si hardi,
Et ne trouvez bientôt moyen de me défaire
Des persécutions d'un pareil téméraire,
J'abandonnerai tout, et renonce à l'ennui
De souffrir les affronts que je reçois de lui.

SGANARELLE.

Ne t'afflige point tant ; va, ma petite femme,
Je m'en vais le trouver et lui chanter sa gamme.

ISABELLE.

Dites-lui bien au moins qu'il le nierait en vain,
Que c'est de bonne part qu'on m'a dit son dessein ;
Et qu'après cet avis, quoi qu'il puisse entreprendre,
J'ose le défier de me pouvoir surprendre ;
Enfin que, sans plus perdre et soupirs et moments,
Il doit savoir pour vous quels sont mes sentiments ;
Et que, si d'un malheur il ne veut pas être cause,
Il ne se fasse pas deux fois dire une chose.

SGANARELLE.

Je dirai ce qu'il faut.

ISABELLE.

Mais tout cela d'un ton
Qui marque que mon cœur lui parle tout de bon.

SGANARELLE.

Va, je n'oublierai rien, je t'en donne assurance.

ISABELLE.

J'attends votre retour avec impatience;
Hatez-le, s'il vous plaît, de tout votre pouvoir.
Je languis quand je suis un moment sans vous voir.

SGANARELLE.

Va, pouponne, mon cœur, je reviens tout à l'heure.

SCENE XII.

SGANARELLE, *seul.*

Est-il une personne et plus sage et meilleure?
Ah! que je suis heureux! et que j'ai de plaisir
De trouver une femme au gré de mon désir!
Oui, voilà comme il faut que les femmes soient faites;
Et non, comme j'en sais, de ces franches coquettes
Qui s'en laissent conter, et font dans tout Paris
Montrer au bout du doigt leurs honnêtes maris.
(*Il frappe à la porte de Valère.*)
Holà, notre galant aux belles entreprises!

SCENE XIII.

VALÈRE, SGANARELLE, ERGASTE.

VALÈRE.

Monsieur, qui vous ramène en ces lieux?

SGANARELLE.

Vos sottises

VALÈRE.

Comment?

SGANARELLE.

Vous savez bien de quoi je veux parler.
Je vous croyais plus sage, à ne vous rien celer.
Vous venez m'amuser de vos belles paroles,
Et conservez sous main vos espérances folles.
Voyez-vous, j'ai voulu doucement vous traiter;
Mais vous m'obligerez à la fin d'éclater.
N'avez-vous point de honte, étant ce que vous êtes,
De faire en votre esprit les projets que vous faites?
De prétendre enlever une fille d'honneur,
Et troubler un hymen qui fait tout son bonheur.

VALÈRE.

Qui vous a dit, monsieur, cette étrange nouvelle?

SGANARELLE.

Ne dissimulons point, je la tiens d'Isabelle,
Qui vous mande par moi, pour la dernière fois,
Qu'elle vous a fait voir assez quel est son choix;
Que son cœur, tout à moi, d'un tel projet s'offense;
Qu'elle mourrait plutôt qu'en souffrir l'insolence;
Et que vous causerez de terribles éclats,
Si vous ne mettez fin à tout cet embarras.

VALÈRE.

S'il est vrai qu'elle ait dit ce que je viens d'entendre,
J'avouerai que mes feux n'ont rien plus à prétendre;
Par ces mots assez clairs je vois tout terminé,
Et je dois révérer l'arrêt qu'elle a donné.

SGANARELLE.

Si.. Vous en doutez donc, et prenez pour des feintes
Tout ce que de sa part je vous ai fait de plaintes?
Voulez-vous qu'elle-même elle explique son cœur?
J'y consens volontiers pour vous tirer d'erreur.
Suivez-moi, vous verrez s'il est rien que j'avance
Et si son jeune cœur entre nous deux balance.
(*Il va frapper à sa porte.*)

SCENE XIV.

ISABELLE, SGANARELLE, VALÈRE, ERGASTE.

ISABELLE.

Quoi! vous me l'amenez! Quel est votre dessein?
Prenez-vous contre moi ses intérêts en main?
Et voulez-vous, charmé de ses rares mérites,
M'obliger à l'aimer, et souffrir ses visites?

SGANARELLE.

Non, ma mie, et ton cœur pour cela m'est trop cher:
Mais il prend mes avis pour des contes en l'air,
Croit que c'est moi qui parle et te fais, par adresse,
Pleine pour lui de haine, et pour moi de tendresse;
Et par toi-même enfin j'ai voulu sans retour
Le tirer d'une erreur qui nourrit son amour.

ISABELLE, *à Valère.*

Quoi! mon ame à vos yeux ne se montre pas toute?
Et de mes vœux encor vous pouvez être en doute?

VALÈRE.

Oui, tout ce que monsieur de votre part m'a dit,
Madame a bien pouvoir de surprendre un esprit:
J'ai douté, je l'avoue; et cet arrêt suprême
Qui décide du sort de mon amour extrême
Doit m'être assez touchant pour ne pas s'offenser
Que mon cœur par deux fois le fasse prononcer.

ISABELLE.

Non, non, un tel arrêt ne doit pas vous surprendre:
Ce sont mes sentiments qu'il vous a fait entendre:
Et je les tiens fondés sur assez d'équité
Pour en faire éclater toute la vérité.
Oui, je veux bien qu'on sache, et j'en dois être crue,
Que le sort offre ici deux objets à ma vue,
Qui, m'inspirant pour eux différents sentiments,
De mon cœur agité font tous les mouvements.
L'un, par un juste choix où l'honneur m'intéresse,
A toute mon estime et toute ma tendresse;
Et l'autre, pour le prix de son affection,
A toute ma colère et mon aversion.
La présence de l'un m'est agréable et chère,
J'en reçois dans mon ame une allégresse entière;
Et l'autre, par sa vue, inspire dans mon cœur
Des secrets mouvements et de haine et d'horreur.
Me voir femme de l'un est toute mon envie;
Et, plutôt qu'être à l'autre, on m'ôterait la vie.
Mais c'est assez montrer mes justes sentiments,
Et trop longtemps languir dans ces rudes tourments:
Il faut que ce que j'aime usant de diligence,
Fasse à ce que je hais perdre toute espérance,
Et qu'un heureux hymen affranchisse mon sort
D'un supplice pour moi plus affreux que la mort.

SGANARELLE.

Oui, mignonne, je songe à remplir ton attente.

ISABELLE.

C'est l'unique moyen de me rendre contente.

SGANARELLE.

Tu la seras dans peu.

ISABELLE.

Je sais qu'il est honteux
Aux filles d'expliquer si librement leurs vœux.

SGANARELLE.

Point, point.

ISABELLE.

Mais en l'état où sont mes destinées,
De telles libertés doivent m'être données;
Et je puis sans rougir faire un aveu si doux
A celui que déjà je regarde en époux.

SGANARELLE.

Oui, ma pauvre fanfan, pouponne de mon ame.

ISABELLE.

Qu'il songe donc, de grace, à me prouver sa flamme.

SGANARELLE.

Oui, tiens, baise ma main.

ISABELLE.

Que sans plus de soupirs
Il conclue un hymen qui fait tous mes désirs,
Et reçoive en ce lieu la foi que je lui donne
De n'écouter jamais les vœux d'autre personne.
(*Elle fait semblant d'embrasser Sganarelle, et donne sa main à baiser à Valère*)

SGANARELLE.

Hai! hai! mon petit nez, pauvre petit bouchon,
Tu ne languiras pas longtemps, je t'en répond.
Va, chut.
(*à Valère.*
Vous le voyez je ne lui fais pas dire,
Ce n'est qu'après moi seul que son ame respire.

VALÈRE.

Hé bien! madame, hé bien! c'est s'expliquer assez:
Je vois par ce discours de quoi vous me pressez,
Et je saurai dans peu vous ôter la présence
De celui qui vous fait si grande violence.

ISABELLE.

Vous ne me sauriez faire un plus charmant plaisir ;
Car enfin cette vue est fâcheuse à souffrir,
Elle m'est odieuse ; et l'horreur est si forte....

SGANARELLE.

Hé ! hé !

ISABELLE.

Vous offensé-je en parlant de la sorte ?
Fais-je...

SGANARELLE.

Mon Dieu ! nenni, je ne dis pas cela :
Mais je plains, sans mentir, l'état où le voilà,
Et c'est trop hautement que ta haine se montre.

ISABELLE.

Je n'en puis trop montrer en pareille rencontre.

VALÈRE.

Oui, vous serez contente ; et dans trois jours vos yeux
Ne verront plus l'objet qui vous est odieux.

ISABELLE.

A la bonne heure. Adieu.

SGANARELLE, *à Valère.*

Je plains votre infortune :
Mais...

VALÈRE.

Non, vous n'entendrez de mon cœur plainte aucune :
Madame assurément rend justice à tous deux,
Et je vais travailler à contenter ses vœux.
Adieu.

SGANARELLE.

Pauvre garçon ! sa douleur est extrême ;
Tenez, embrassez-moi, c'est un autre elle-même.
(*Il embrasse Valère.*)

SCENE XV.

ISABELLE, SGANARELLE.

SGANARELLE.

Je le tiens fort à plaindre.

ISABELLE.

Allez il ne l'est point.

SGANARELLE.

Au reste ton amour me touche au dernier point,
Mignonette, et je veux qu'il ait sa récompense.
C'est trop que de huit jours pour ton impatience ;
Dès demain je t'épouse, et n'y veux appeler...

ISABELLE.

Dès demain ?

SGANARELLE.

Par pudeur tu feins d'y reculer :
Mais je sais bien la joie où ce discours te jette,
Et tu voudrais déjà que la chose fût faite.

ISABELLE.

Mais...

SGANARELLE.

Pour ce mariage allons tout préparer.

ISABELLE, *à part.*

O ciel ! inspire-moi ce qui peut le parer.

FIN DU SECOND ACTE.

ACTE III.

SCENE PREMIÈRE

ISABELLE, *seule.*

Oui, le trépas cent fois me semble moins à craindre
Que cet hymen fatal où l'on veut me contraindre ;
Et tout ce que je fais pour en fuir les rigueurs
Doit trouver quelque grace auprès de mes censeurs.
Le temps presse, il fait nuit ; allons, sans crainte aucune.
A la foi d'un amant commettre ma fortune.

SCÈNE II.

SGANARELLE, ISABELLE.

SGANARELLE, *parlant à ceux qui sont dans sa maison.*

Je reviens, et l'on va pour demain de ma part...

ISABELLE.

O ciel !

SGANARELLE.

C'est toi, mignonne ? Où vas-tu donc si tard ?
Tu disais qu'en ta chambre, étant un peu lassée,
Tu t'allais renfermer, lorsque je t'ai laissée ;
Et tu m'avais prié même que mon retour
T'y souffrît en repos jusques à demain jour.

ISABELLE.

Il est vrai ; mais....

SGANARELLE.

Hé quoi ?

ISABELLE.

Vous me voyez confuse
Et je ne sais comment vous en dire l'excuse.

SGANARELLE.

Quoi donc ! que pourrait-ce être ?

ISABELLE.

Un secret surprenant ;
C'est ma sœur qui m'oblige à sortir maintenant,
Et qui, pour un dessein dont je l'ai fort blâmée,
M'a demandé ma chambre, où je l'ai renfermée.

SGANARELLE.

Comment ?

ISABELLE.

L'eût-on pu croire ? Elle aime cet amant
Que nous avons banni.

SGANARELLE.

Valère ?

ISABELLE.

Éperdument.
C'est un transport si grand, qu'il n'en est point de même
Et vous pouvez juger de sa puissance extrême,
Puisque seule, à cette heure, elle est venue ici
Me découvrir à moi son amoureux souci,
Me dire absolument qu'elle perdra la vie
Si son ame n'obtient l'effet de son envie ;
Que depuis plus d'un an d'assez vives ardeurs
Dans un secret commerce entretenaient leurs cœurs ;
Et que même ils s'étaient, leur flamme étant nouvelle,
Donné de s'épouser une foi mutuelle...

SGANARELLE.

La vilaine !

ISABELLE.

Qu'ayant appris le désespoir
Où j'ai précipité celui qu'elle aime à voir,
Elle vient me prier de souffrir que sa flamme
Puisse rompre un départ qui lui percerait l'ame ;
Entretenir ce soir cet amant sous mon nom
Par la petite rue où ma chambre répond ;
Lui peindre, d'une voix qui contrefait la mienne,
Quelques doux sentiments dont l'appât le retienne,
Et ménager enfin pour elle adroitement
Ce que pour moi l'on sait qu'il a d'attachement.

SGANARELLE.

Et tu trouves cela...?

ISABELLE.

Moi! j'en suis courroucée.
Quoi! ma sœur, ai-je dit, êtes-vous insensée?
Ne rougissez-vous point d'avoir pris tant d'amour
Pour ces sortes de gens qui changent chaque jour,
D'oublier votre sexe, et tromper l'espérance
D'un homme dont le ciel vous donnait l'alliance;

SGANARELLE.

Il le mérite bien; et j'en suis fort ravi.

ISABELLE.

Enfin de cent raisons mon dépit s'est servi
Pour lui bien reprocher des bassesses si grandes,
Et pouvoir cette nuit rejeter ses demandes:
Mais elle m'a fait voir de si pressants désirs,
A tant versé de pleurs, tant poussé de soupirs,
Tant dit qu'au désespoir je porterais son ame
Si je lui refusais ce qu'exige sa flamme,
Qu'à céder malgré moi mon cœur s'est vu réduit;
Et pour justifier cette intrigue de nuit,
Où me faisait du sang relâcher la tendresse,
J'allais faire avec moi coucher Lucrèce,
Dont vous me vantez tant les vertus chaque jour:
Mais vous m'avez surprise avec ce prompt retour.

SGANARELLE.

Non, non, je ne veux point chez moi tout ce mystère.
J'y pourrais consentir à l'égard de mon frère:
Mais on peut être vu de quelqu'un du dehors;
Et celle que je dois honorer de mon corps
Non seulement doit être et pudique et bien née,
Il ne faut pas que même elle soit soupçonnée.
Allons chasser l'infâme; et de sa passion....

ISABELLE.

Ah! vous lui donneriez trop de confusion;
Et c'est avec raison qu'elle pourrait se plaindre
Du peu de retenue où j'ai su me contraindre:
Puisque de son dessein je dois me départir,
Attendez que du moins je la fasse sortir.

SGANARELLE.

Hé bien! fais.

ISABELLE.

Mais surtout cachez-vous, je vous prie,
Et sans lui dire rien, daignez voir sa sortie.

SGANARELLE.

Oui, pour l'amour de toi je retiens mes transports:
Mais, dès le même instant qu'elle sera dehors,
Je veux, sans différer, aller trouver mon frère:
J'aurai joie à courir lui dire cette affaire.

ISABELLE.

Je vous conjure donc de ne me point nommer.
Bon soir; car tout d'un temps je vais me renfermer.

SGANARELLE, *seul.*

Jusqu'à demain, ma mie.... En quelle impatience
Suis-je de voir mon frère, et lui conter sa chance!
Il en tient, le bon homme, avec tout son phébus.
Et je n'en voudrais pas tenir cent bons écus.

ISABELLE, *dans la maison.*

Oui, de vos déplaisirs l'atteinte m'est sensible:
Mais ce que vous voulez, ma sœur, m'est impossible;
Mon honneur, qui m'est cher, y court trop de hasard.
Adieu. Retirez-vous avant qu'il soit plus tard.

SGANARELLE.

La voilà qui, je crois, peste de belle sorte:
De peur qu'elle revînt, fermons à clef la porte.

ISABELLE, *en sortant.*

O ciel, dans mes desseins ne m'abandonnez pas!

SGANARELLE, *à part.*

Où pourra-t-elle aller? Suivons un peu ses pas.

ISABELLE, *à part.*

Dans mon trouble du moins la nuit me favorise.

SGANARELLE, *à part.*

Au logis du galant! Quelle est son entreprise?

SCÈNE III.

VALÈRE, ISABELLE, SGANARELLE.

VALÈRE, *sortant brusquemeet.*

Oui, oui, je veux tenter quelque effort cette nuit
Pour parler.... Qui va là?

ISABELLE, *à Valère.*

Ne faites point de bruit,
Valère; on vous prévient, et je suis Isabelle.

SGANARELLE.

Vous en avez menti, chienne; ce n'est pas elle.
De l'honneur que tu fuis elle suit trop les lois;
Et tu prends faussement et son nom et sa voix.

ISABELLE, *à Valère.*

Mais à moins de vous voir par un saint hyménée.

VALÈRE.

Oui, c'est l'unique but où tend ma destinée;
Et je vous donne ici ma foi que dès demain
Je vais où vous voudrez recevoir votre main.

SGANARELLE, *à part.*

Pauvre sot qui s'abuse!

VALÈRE.

Entrez en assurance:
De votre Argus dupé je brave la puissance;
Et, devant qu'il vous pût ôter à mon ardeur,
Mon bras de mille coups lui percerait le cœur.

SCÈNE IV.

SGANARELLE, *seul.*

Ah! je te promets bien que je n'ai pas envie
De te l'ôter, l'infâme à tes feux asservie,
Que du don de ta foi je ne suis point jaloux,
Et que, si j'en suis cru, tu seras son époux.
Oui, faisons-le surprendre avec cette effrontée:
La mémoire du père à bon droit respectée,
Jointe au grand intérêt que je prends à la sœur,
Veut que du moins l'on tâche à lui rendre l'honneur.
Holà.

(*Il frappe à la porte d'un commissaire.*)

SCENE V.

SGANARELLE, UN COMMISSAIRE, UN NOTAIRE, UN LAQUAIS *avec un flambeau.*

LE COMMISSAIRE.

Qu'est-ce?

SGANARELLE.

Salut, monsieur le commissaire.
Votre présence en robe est ici nécessaire;
Suivez-moi, s'il vous plaît, avec votre clarté.

LE COMMISSAIRE.

Nous sortions...

SGANARELLE.

Il s'agit d'un fait assez hâté.

LE COMMISSAIRE.

Quoi?

SGANARELLE.

D'aller là-dedans, et d'y surprendre ensemble
Deux personnes qu'il faut qu'un bon hymen assemble:
C'est une fille à nous, que, sous un don de foi,
Un Valère a séduite et fait entrer chez soi.
Elle sort de famille et noble et vertueuse,
Mais...

LE COMMISSAIRE.

Si c'est pour cela, la rencontre est heureuse,
Puisqu'ici nous avons un notaire.

SGANARELLE.

Monsieur?

LE NOTAIRE.

Oui, notaire royal.

LE COMMISSAIRE.

De plus homme d'honneur.

SGANARELLE.

Cela s'en va sans dire. Entrez dans cette porte,
Et sans bruit ayez l'œil que personne n'en sorte:
Vous serez pleinement contentés de vos soins;
Mais ne vous laissez pas graisser la patte, au moins

LE COMMISSAIRE.

Comment! Vous croyez donc qu'un homme de justice...

SGANARELLE.

Ce que j'en dis n'est pas pour taxer votre office.
Je vais faire venir mon frère promptement:
Faites que le flambeau m'éclaire seulement.

(*à part.*)
Je vais le réjouir cet homme sans colère.
Holà.

(*Il frappe à la porte d'Ariste.*)

SCÈNE VI.

ARISTE, SGANARELLE.

ARISTE.
Qui frappe? Ah! ah! que voulez-vous, mon frère?

SGANARELLE.
Venez, beau directeur, suranné damoiseau,
On veut vous faire voir quelque chose de beau.

ARISTE.
Comment?

SGANARELLE.
Je vous apporte une bonne nouvelle.

ARISTE.
Quoi?

SGANARELLE.
Votre Léonor, où, je vous prie, est-elle?

ARISTE.
Pourquoi cette demande? Elle est, comme je croi,
Au bal chez son amie.

SGANARELLE.
Eh! oui, oui; suivez-moi,
Vous verrez à quel bal la donzelle est allée.

ARISTE.
Que voulez-vous conter?

SGANARELLE.
Vous l'avez bien stylée :
Il n'est pas bon de vivre en sévère censeur;
On gagne les esprits par beaucoup de douceur;
Et les soins défiants, les verroux et les grilles,
Ne font pas la vertu des femmes ni des filles;
Nous les portons au mal par tant d'austérité,
Et leur sexe demande un peu de liberté.
Vraiment! elle en a pris tout son saoûl, la rusée;
Et la vertu chez elle est fort humanisée.

ARISTE.
Où veut donc aboutir un pareil entretien?

SGANARELLE.
Allez, mon frère aîné, cela vous sied fort bien;
Et je ne voudrais pas pour vingt bonnes pistoles
Que vous n'eussiez ce fruit de vos maximes folles :
On voit ce qu'en deux sœurs nos leçons ont produit;
L'une fuit le galant, et l'autre le poursuit.

ARISTE.
Si vous ne me rendez cette énigme plus claire...

SGANARELLE.
L'énigme est que son bal est chez monsieur Valère;
Que, de nuit, je l'ai vue y conduire ses pas,
Et qu'à l'heure présente elle est entre ses bras..

ARISTE.
Qui?

SGANARELLE.
Léonor.

ARISTE
Cessons de railler, je vous prie.

SGANARELLE.
Je raille... Il est fort bon avec sa raillerie!
Pauvre esprit! Je vous dis, et vous redis encor
Que Valère chez lui tient votre Léonor,
Et qu'ils s'étaient promis une foi mutuelle
Avant qu'il eût songé de poursuivre Isabelle.

ARISTE.
Ce discours d'apparence est si fort dépourvu...

SGANARELLE.
Il ne le croira pas encor en l'ayant vu :
J'enrage. Par ma foi! l'âge ne sert de guère
Quand on n'a pas cela.

(*Il met le doigt sur le front.*)

ARISTE.
Quoi! voulez-vous, mon frère...

SGANARELLE.
Mon Dieu! je ne veux rien. Suivez-moi seulement;
Votre esprit tout à l'heure aura contentement;
Vous verrez si j'impose, et si leur foi donnée
N'avait pas joint leurs cœurs depuis plus d'un année.

ARISTE.
L'apparence qu'ainsi, sans m'en faire avertir,
A cet engagement elle eût pu consentir?
Moi, qui dans toute chose ai, depuis son enfance,
Montré toujours pour elle entière complaisance,
Et qui cent fois ai fait des protestations
De ne jamais gêner ses inclinations!

SGANARELLE.
Enfin vos propres yeux jugeront de l'affaire.
J'ai fait venir déjà commissaire et notaire :
Nous avons intérêt que l'hymen prétendu
Repare sur le champ l'honneur qu'elle a perdu;
Car je ne pense pas que vous soyez si lâche
De vouloir l'épouser avecque cette tache,
Si vous n'avez encor quelques raisonnements
Pour vous mettre au-dessus de tous les bernements.

ARISTE.
Moi? Je n'aurai jamais cette faiblesse extrême
De vouloir posséder un cœur malgré lui-même.
Mais je ne saurais croire enfin...

SGANARELLE.
Que de discours!
Allons, ce procès-là continuerait toujours.

SCÈNE VII.

SGANARELLE, ARISTE, UN COMMISSAIRE, UN NOTAIRE.

LE COMMISSAIRE.
Il ne faut mettre ici nulle force en usage,
Messieurs; et si vos vœux ne vont qu'au mariage,
Vos transports en ce lieu se peuvent apaiser.
Tous deux également tendent à s'épouser;
Et Valère déjà, sur ce qui vous regarde,
A signé que pour femme il tient celle qu'il garde.

ARISTE.
La fille....

LE COMMISSAIRE.
Est renfermée, et ne veut point sortir
Que vos désirs aux leurs ne veuillent consentir.

SCÈNE VIII.

VALÈRE, UN COMMISSAIRE, UN NOTAIRE, SGANARELLE, ARISTE.

VALÈRE, *à la fenêtre de sa maison.*
Non, messieurs; et personne ici n'aura l'entrée
Que cette volonté ne m'ait été montrée.
Vous savez qui je suis, et j'ai fait mon devoir
En vous signant l'aveu qu'on peut vous faire voir.
Si c'est votre dessein d'approuver l'alliance,
Votre main peut aussi m'en signer l'assurance;
Sinon, faites état de m'arracher le jour,
Plutôt que de m'ôter l'objet de mon amour.

SGANARELLE.
Non, nous ne songeons pas à vous séparer d'elle.

(*bas, à part.*)
Il ne s'est point encor détrompé d'Isabelle :
Profitons de l'erreur.

ARISTE, *à Valère.*
Mais est-ce Léonor?

SGANARELLE, *à Ariste.*
Taisez-vous.

ARISTE.
Mais...

SGANARELLE.
Paix donc!

ARISTE.
Je veux savoir....

SGANARELLE.
Encor?
Vous tairez-vous? vous dis-je.

VALÈRE.
Enfin quoi qu'il avienne,
Isabelle a ma foi; j'ai de même la sienne,
Et ne suis point un choix, à tout examiner,
Que vous soyez reçus à faire condamner.

ARISTE, *à Sganarelle.*
Ce qu'il dit là n'est pas...

SGANARELLE.

Taisez-vous, et pour cause;
(*à Valère.*)
Vous saurez le secret. Oui, sans dire autre chose,
Nous consentons tous deux que vous soyez l'époux
De celle qu'à présent on trouvera chez vous.

LE COMMISSAIRE.

C'est dans ces termes-là que la chose est conçue,
Et le nom est en blanc pour ne l'avoir point vue.
Signez. La fille après vous mettra tous d'accord.

VALÈRE.

J'y consens de la sorte.

SGANARELLE.

Et moi je le veux fort.
(*à part.*) (*haut.*)
Nous rirons bien tantôt. Là, signez donc, mon frère;
L'honneur vous appartient.

ARISTE.

Mais quoi! tout ce mystère...

SGANARELLE.

Diantre! que de façons! signez, pauvre butor.

ARISTE.

Il parle d'Isabelle, et vous de Léonor.

SGANARELLE.

N'êtes-vous pas d'accord, mon frère, si c'est elle,
De les laisser tous deux à leur foi mutuelle?

ARISTE.

Sans doute.

SGANARELLE.

Signez donc; j'en fais de même aussi.

ARISTE.

Soit. Je n'y comprends rien.

SGANARELLE.

Vous serez eclairci.

LE COMMISSAIRE.

Nous allons revenir.

SGANARELLE, *à Ariste.*

Or çà je vais vous dire
La fin de cette intrigue.
(*Ils se retirent dans le fond du théâtre.*)

SCENE IX.

LÉONOR, SGANARELLE, ARISTE, LISETTE.

LÉONOR.

O l'étrange martyre!
Que tous ces jeunes fous me paraissent fâcheux!
Je me suis dérobée au bal pour l'amour d'eux.

LISETTE.

Chacun d'eux près de vous veut se rendre agréable,

LÉONOR.

Et moi, je n'ai rien vu de plus insupportable;
Et je préférerais le plus simple entretien
A tous les contes bleus de ces diseurs de rien.
Ils croyent que tout cède à leur perruque blonde,
Et pensent avoir dit le meilleur mot du monde
Lorsqu'ils viennent, d'un ton de mauvais goguenard,
Vous railler sottement sur l'amour d'un vieillard,
Et moi, d'un tel vieillard je prise plus le zèle,
Que tous les beaux transports d'une jeune cervelle.
Mais n'aperçois-je pas..?

SGANARELLE, *à Ariste.*

Oui l'affaire est ainsi.
(*Apercevant Léonor.*)
Ah! je la vois paraître et sa suivante aussi.

ARISTE.

Léonor, sans courroux, j'ai sujet de me plaindre.
Vous savez si jamais j'ai voulu vous contraindre,
Et si plus de cent fois je n'ai pas protesté
De laisser à vos vœux leur pleine liberté:
Cependant votre cœur, méprisant mon suffrage,
De foi comme d'amour à mon insu s'engage.
Je ne me repens pas de mon doux traitement:
Mais votre procédé me touche assurément;
Et c'est une action que n'a pas méritée
Cette tendre amitié que je vous ai portée.

LÉONOR.

Je ne sais pas sur quoi vous tenez ce discours,
Mais croyez que je suis de même que toujours,
Que rien ne peut pour vous altérer mon estime,
Que toute autre amitié me paraîtrait un crime,
Et que, si vous voulez satisfaire mes vœux,
Un saint nœud dès demain nous unira tous deux.

ARISTE.

Dessus quel fondement venez-vous donc, mon frère?...

SGANARELLE.

Quoi! vous ne sortez pas du logis de Valère?
Vous n'avez point conté vos amours aujourd'hui?
Et vous ne brûlez pas depuis un an pour lui?

LÉONOR.

Qui vous a fait de moi de si belles peintures,
Et prend soin de forger de telles impostures?

SCENE X.

ISABELLE, VALÈRE, LÉONOR, ARISTE, SGANARELLE, UN COMMISSAIRE, UN NOTAIRE, LISETTE, ERGASTE.

ISABELLE.

Ma sœur, je vous demande un généreux pardon,
Si de mes libertés j'ai taché votre nom.
Le pressant embarras d'une surprise extrême
M'a tantôt inspiré ce honteux stratagème:
Votre exemple condamne un tel emportement;
Mais le sort nous traita nous deux diversement.
(*à Sganarelle.*)
Pour vous, je ne veux point, monsieur, vous faire excuse,
Je vous sers beaucoup plus que je ne vous abuse.
Le ciel pour être joints ne nous fit pas tous deux:
Je me suis reconnue indigne de vos vœux;
Et j'ai bien mieux aimé me voir aux mains d'un autre,
Que ne pas mériter un cœur comme le vôtre.

VALÈRE, *à Sganarelle.*

Pour moi, je mets ma gloire et mon bien souverain
A la pouvoir, monsieur, tenir de votre main.

ARISTE.

Mon frère, doucement il faut boire la chose:
D'une telle action vos procédés sont cause;
Et je vois votre sort malheureux à ce point,
Que, vous sachant dupé, l'on ne vous plaindra point.

LISETTE.

Par ma foi! je lui sais bon gré de cette affaire;
Et ce prix de ses soins est un trait exemplaire.

LÉONOR.

Je ne sais si ce trait se doit faire estimer;
Mais je sais bien qu'au moins je ne le puis blâmer.

ERGASTE.

Au sort d'être cocu son ascendant l'expose;
Et ne l'être qu'en herbe est pour lui douce chose.

SGANARELLE, *sortant de l'accablement dans lequel il était plongé.*

Non, je ne puis sortir de mon étonnement.
Cette déloyauté confond mon jugement;
Et je ne pense pas que Satan en personne
Puisse être si méchant qu'une telle friponne.
J'aurais pour elle au feu mis la main que voilà.
Malheureux qui se fie à femme après cela!
La meilleure est toujours en malice féconde;
C'est un sexe engendré pour damner tout le monde.
J'y renonce à jamais, à ce sexe trompeur,
Et je le donne tout au diable de bon cœur.

ERGASTE.

Bon.

ARISTE.

Allons tous chez moi. Venez, seigneur Valère;
Nous tâcherons demain d'apaiser sa colère.

LISETTE, *au parterre.*

Vous, si vous connaissez des maris loups-garous,
Envoyez-les au moins à l'école chez nous.

FIN DE L'ÉCOLE DES MARIS.

LES FACHEUX,

COMÉDIE-BALLET, EN TROIS ACTES.

1661.

AU ROI.

SIRE,

J'ajoute une scène à la comédie, et c'est une espèce de fâcheux assez insupportable, qu'un homme qui dédie un livre. VOTRE MAJESTÉ en sait des nouvelles plus que personne de son royaume, et ce n'est pas d'aujourd'hui qu'elle se voit en butte à la furie des épîtres dédicatoires. Mais, bien que je suive l'exemple des autres, et me mette moi-même au rang de ceux que j'ai joués, j'ose dire toutefois à VOTRE MAJESTÉ que ce que j'en ai fait, n'est pas tant pour lui présenter un livre que pour avoir lieu de lui rendre graces du succès de cette comédie. Je le dois, SIRE, ce succes qui a passé mon attente, non seulement à cette glorieuse approbation dont VOTRE MAJESTÉ honora d'abord la pièce, et qui a entraîné si hautement celle de tout le monde, mais encore à l'ordre qu'elle me donna d'y ajouter un caractère de fâcheux, dont elle eut la bonté de m'ouvrir les idées elle-même, et qui a été trouvé partout le beau morceau de l'ouvrage. Il faut avouer, SIRE, que je n'ai jamais rien fait avec tant de facilité, ni si promptement que cet endroit où VOTRE MAJESTÉ me commanda de travailler. J'avais une joie à lui obéir, qui me valait bien mieux qu'Apollon et toutes les muses; et je conçois par-là ce que je serais capable d'exécuter pour une comédie entière, si j'étais inspiré par de pareils commandements. Ceux qui sont nés en un rang élevé peuvent se proposer l'honneur de servir VOTRE MAJESTÉ dans les grands emplois; mais pour moi, toute la gloire où je puis aspirer, c'est de la réjouir. Je borne là l'ambition de mes souhaits; et je crois qu'en quelque façon ce n'est pas être inutile à la France que de contribuer en quelque chose au divertissement de son roi. Quand je n'y réussirai pas, ce ne sera jamais par défaut de zèle ni d'étude, mais seulement par un mauvais destin qui suit assez souvent les meilleures intentions, et qui sans doute affligerait sensiblement,

SIRE,

DE VOTRE MAJESTÉ,

le très humble, très obéissant
et très fidèle serviteur,

J. B. P. MOLIÈRE.

AVERTISSEMENT.

Jamais entreprise au théâtre ne fut si précipitée que celle-ci; et c'est une chose, je crois, toute nouvelle, qu'une comédie ait été conçue, faite, apprise et représentée en quinze jours. Je ne dis pas cela pour me piquer de *l'impromptu*, et en prétendre de la gloire, mais seulement pour prévenir certaines gens qui pourraient trouver à redire que je n'aie pas mis ici toutes les espèces de fâcheux qui se trouvent. Je sais que le nombre en est grand, et à la cour et dans la ville; et que, sans épisodes, j'eusse bien pu en composer une comédie de cinq actes bien fournis, et avoir encore de la matière de reste. Mais, dans le peu de temps qui me fut donné, il m'était impossible de faire un grand dessin, et de rêver beaucoup sur le choix de mes personnages, et sur la disposition de mon sujet. Je me réduisis donc à ne toucher qu'un petit nombre d'importuns; et je pris ceux qui s'offrirent d'abord à mon esprit, et que je crus les plus propres à réjouir les augustes personnes devant qui j'avais à paraître: et, pour lier promptement toutes ces choses ensemble, je me servis du premier nœud que je pus trouver. Ce n'est pas mon dessein d'examiner maintenant si tout cela pouvait être mieux, et si tous ceux qui s'y sont divertis ont ri selon les règles. Le temps viendra de faire imprimer mes remarques sur les pièces que j'aurai faites, et je ne désespère pas de faire voir un jour, en grand auteur, que je puis citer Aristote et Horace. En attendant cet examen, qui peut-être ne viendra point, je m'en remets assez aux décisions de la multitude, et je tiens aussi difficile de combattre un ouvrage que le public approuve, que d'en défendre un qu'il condamne.

Il n'y a personne qui ne sache pour quelle réjouissance la pièce fut composée; et cette fête[1] a fait un tel éclat, qu'il n'est pas nécessaire d'en parler: mais il ne sera pas hors de propos de dire deux paroles des ornements qu'on a mêlés avec la comédie.

Le dessein était de donner un ballet aussi; et, comme il n'y avait qu'un petit nombre choisi de danseurs excellents, on fut contraint de séparer les entrées de ce ballet, et l'avis fut de les jeter dans les entr'actes de la comédie, afin que ces intervalles donnassent temps aux mêmes baladins de venir sous d'autres habits; de sorte que, pour ne point rompre aussi le fil de la pièce par ces manières d'intermèdes, on s'avisa de les coudre au sujet du mieux que l'on put, et de ne faire qu'une seule chose du ballet et de la comédie: mais comme le temps était fort précipité et que tout cela ne fut pas réglé entièrement par une même tête, on trouvera peut-être quelques endroits du ballet qui n'entrent pas dans la comédie aussi naturellement que d'autres. Quoi qu'il en soit, c'est un mélange qui est nouveau pour nos théâtres, et dont on pourrait chercher quelques autorités dans l'antiquité; et comme tout le monde l'a trouvé agréable, il peut servir d'idée à d'autres choses qui pourraient être méditées avec plus de loisir.

D'abord que la toile fut levée, un des acteurs, comme vous pourriez dire moi, parut sur le théâtre en habit de ville, et s'adressant au roi avec le visage d'un homme surpris, fit des excuses en désordre de ce qu'il se trouvait là seul, et manquait de temps et d'acteurs pour donner à sa majesté le divertissement qu'elle semblait attendre. En même temps, au milieu de vingt jets d'eau naturels, s'ouvrit cette coquille que tout le monde a vue, et l'agréable naïade qui parut dedans s'avança au bord du théâtre, et d'un air héroïque prononça les vers que M. Pellisson avait faits, et qui servent de prologue.

(1) Fête de Vaux donnée par Fouquet.

PROLOGUE.

Le théâtre représente un jardin orné de termes et de plusieurs jets d'eau.

UNE NAÏADE, *sortant des eaux dans une coquille.*

Pour voir en ces beaux lieux le plus grand roi du monde,
Mortels, je viens à vous de ma grotte profonde.
Faut-il, en sa faveur, que la terre ou que l'eau
Produisent à vos yeux un spectacle nouveau?
Qu'il parle ou qu'il souhaite, il n'est rien d'impossible;
Lui-même n'est-il pas un miracle visible?
Son règne, si fertile en miracles divers,
N'en demande-t-il pas à tout cet univers?
Jeune, victorieux, sage, vaillant, auguste,
Aussi doux que sévère, aussi puissant que juste;
Régler et ses états et ses propres désirs;
Joindre aux nobles travaux les plus nobles plaisirs;
En ses justes projets jamais ne se méprendre;
Agir incessamment, tout voir et tout entendre,
Qui peut cela peut tout : il n'a qu'à tout oser,
Et le ciel à ses vœux ne peut rien refuser.
Ces termes marcheront, et, si Louis l'ordonne,
Ces arbres parleront mieux que ceux de Dodone.
Hôtesses de leurs troncs, moindres divinités,
C'est Louis qui le veut, sortez, nymphes, sortez;
Je vous montre l'exemple : il s'agit de lui plaire.
Quittez pour quelque temps votre forme ordinaire,
Et paraissons ensemble aux yeux des spectateurs,
Pour ce nouveau théâtre, autant de vrais acteurs.

Plusieurs dryades, accompagnées de faunes et de satyres, sortent des arbres et des termes.

Vous, soin de ses sujets, sa plus charmante étude,
Héroïque souci, royale inquiétude,
Laissez-le respirer, et souffrez qu'un moment
Son grand cœur s'abandonne au divertissement :
Vous le verrez demain, d'une force nouvelle,
Sous le fardeau pénible où votre voix l'appelle,
Faire obéir les lois, partager les bienfaits,
Par ses propres conseils prévenir nos souhaits,
Maintenir l'univers dans une paix profonde,
Et s'ôter le repos pour le donner au monde.
Qu'aujourd'hui tout lui plaise, et semble consentir
A l'unique dessein de le bien divertir.
Fâcheux, retirez-vous, où, s'il faut qu'il vous voie,
Que ce soit seulement pour exciter sa joie.

La naïade emmène avec elle, pour la comédie, une partie des gens qu'elle a fait paraître, pendant que le reste se met à danser au son des hautbois, qui se joignent aux violons.

PERSONNAGES DE LA COMEDIE.

DAMIS, tuteur d'Orphise.
ORPHISE.
ÉRASTE, amoureux d'Orphise.
ALCIDOR, LISANDRE, ALCANDRE, ALCIPPE, ORANTE, CLIMÈNE, DORANTE, CARITIDÈS, ORMIN, FILINTE, fâcheux.
LA MONTAGNE, valet d'Éraste.
L'ÉPINE, valet de Damis.
LA RIVIÈRE, et deux camarades.

PERSONNAGES DU BALLET.

I. ACTE. JOUEUR DU MAIL. CURIEUX.
II. ACTE. JOUEURS DE BOULE. FRONDEURS. SAVETIERS ET SAVETIÈRES. UN JARDINIER.
III. ACTE. SUISSES. QUATRE BERGERS. UNE BERGÈRE.

La scène est à Paris.

ACTE PREMIER.

SCÈNE PREMIÈRE.

ÉRASTE, LA MONTAGNE.

ERASTE.

Sous quel astre, bon Dieu! faut-il que je sois né,
Pour être de fâcheux toujours assassiné!
Il semble que partout le sort me les adresse,
Et j'en vois chaque jour quelque nouvelle espèce;
Mais il n'est rien d'égal au fâcheux d'aujourd'hui :
J'ai cru n'être jamais débarrassé de lui,
Et cent fois j'ai maudit cette innocente envie
Qui m'a pris à dîner de voir la comédie,
Où, pensant m'égayer, j'ai misérablement
Trouvé de mes péchés le rude châtiment.
Il faut que je te fasse un récit de l'affaire,
Car je m'en sens encor tout ému de colère.
J'étais sur le théâtre en humeur d'écouter
La pièce, qu'à plusieurs j'avais ouï vanter;
Les acteurs commençaient, chacun prêtait silence,
Lorsque d'un air bruyant et plein d'extravagance,
Un homme à grands canons est entré brusquement
En criant : Holà! ho! un siége promptement!
Et, de son grand fracas surprenant l'assemblée,
Dans le plus bel endroit a la pièce troublée.
Hé! mon dieu! nos Français, si souvent redressés,
Ne prendront-ils jamais un air de gens sensés,
Ai-je dit, et faut-il, sur nos défauts extrêmes,
Qu'en théâtre public nous nous jouions nous-mêmes,

Et confirmions ainsi, par des éclats de fous,
Ce que chez nos voisins on dit partout de nous.
Tandis que là dessus je haussais les épaules,
Les acteurs ont voulu continuer leurs rôles;
Mais l'homme pour s'asseoir a fait nouveau fracas,
Et traversant encor le théâtre à grands pas,
Bien que dans les côtés il pût être à son aise,
Au milieu du devant il a planté sa chaise,
Et de son large dos morguant les spectateurs,
Aux trois quarts du parterre a caché les acteurs.
Un bruit s'est élevé, dont un autre eût eu honte;
Mais lui, ferme et constant, n'en a fait aucun compte,
Et se serait tenu comme il s'était posé,
Si, pour mon infortune, il ne m'eût avisé.
Ah! marquis! m'a-t-il dit, prenant près de moi place,
Comment te portes-tu? Souffre que je t'embrasse.
Au visage sur l'heure un rouge m'est monté
Que l'on me vît connu d'un pareil éventé.
Je l'étais peu pourtant; mais on en voit paraître,
De ces gens qui de rien veulent fort vous connaître,
Dont il faut au salut les baisers essuyer,
Et qui sont familiers jusqu'à vous tutoyer.
Il m'a fait à l'abord cent questions frivoles,
Plus haut que les acteurs élevant ses paroles.
Chacun le maudissait, et moi, pour l'arrêter,
Je serais, ai-je dit, bien aise d'écouter.
Tu n'as point vu ceci, marquis? Ah! Dieu me damne!
Je le trouve assez drôle, et je n'y suis pas âne;
Je sais par quelles lois un ouvrage est parfait,
Et Corneille me vient lire tout ce qu'il fait.
Là dessus de la pièce il m'a fait un sommaire,
Scène à scène averti de ce qui s'allait faire,
Et jusques à des vers qu'il en savait par cœur,
Il me les récitait tout haut avant l'acteur.
J'avais beau m'en défendre, il a poussé sa chance,
Et s'est devers la fin levé longtemps d'avance;
Car les gens du bel air, pour agir galamment,
Se gardent bien surtout d'ouïr le dénouement.
Je rendais grace au ciel, et croyais de justice,
Qu'avec la comédie eût fini mon supplice;
Mais, comme si c'en eût été trop bon marché,
Sur nouveaux frais mon homme à moi s'est attaché,
M'a conté ses exploits, ses vertus non communes,
Parlé de ses chevaux, de ses bonnes fortunes,
Et de ce qu'à la cour il avait de faveur,
Disant qu'à m'y servir il s'offrait de grand cœur.
Je le remerciais doucement de la tête,
Minutant à tous coups quelque retraite honnête;
Mais lui, pour le quitter me voyant ébranlé,
Sortons, ce m'a-t-il dit, le monde est écoulé:
Et, sortis de ce lieu, me la donnant plus sèche,
Marquis, allons au Cours faire voir ma calèche:
Elle est bien entendue, et plus d'un duc et pair
En fait à mon faiseur faire une du même air.
Moi de lui rendre grace, et pour mieux m'en défendre,
De dire que j'avais certain repas à rendre.
Ah! parbleu, j'en veux être, étant de tes amis,
Et manque au maréchal, à qui j'avais promis.
De la chère, ai-je fait, la dose est trop peu forte
Pour oser y prier des gens de votre sorte.
Non, m'a-t-il répondu, je suis sans compliment,
Et j'y vais pour causer avec toi seulement;
Je suis des grands repas fatigué, je te jure.
Mais si l'on vous attend, ai-je dit, c'est injure.
Tu te moques, marquis, nous nous connaissons tous,
Et je trouve avec toi des passetemps plus doux.
Je pestais contre moi, l'ame triste et confuse
Du funeste succès qu'avait eu mon excuse,
Et ne savais à quoi je devais recourir,
Pour sortir d'une peine à me faire mourir;
Lorsqu'un carrosse fait de superbe manière,
Et comblé de laquais et devant et derrière,
S'est, avec un grand bruit, devant nous arrêté,
D'où sautant un jeune homme amplement ajusté,
Mon importun et lui, courant à l'embrassade,
Ont surpris les passants de leur brusque incartade;
Et, tandis que tous deux étaient précipités
Dans les convulsions de leurs civilités,
Je me suis doucement esquivé sans rien dire;
Non sans avoir longtemps gémi d'un tel martyre,
Et maudit le fâcheux, dont le zèle obstiné
M'ôtait au rendez-vous qui m'est ici donné.

LA MONTAGNE.

Ce sont chagrins mêlés aux plaisirs de la vie.
Tout ne va pas, monsieur, au gré de notre envie.
Le ciel veut qu'ici bas chacun ait ses fâcheux,
Et les hommes seraient sans cela trop heureux.

ÉRASTE.

Mais, de tous mes fâcheux, le plus fâcheux encore,
C'est Damis, le tuteur de celle que j'adore,
Qui rompt ce qu'à mes vœux elle donne d'espoir,
Et fait qu'en sa présence elle n'ose me voir.
Je crains d'avoir déjà passé l'heure promise,
Et c'est dans cette allée où devait être Orphise.

LA MONTAGNE.

L'heure d'un rendez-vous d'ordinaire s'étend,
Et n'est pas resserrée aux bornes d'un instant.

ÉRASTE.

Il est vrai; mais je tremble, et mon amour extrême
D'un rien se fait un crime envers celle que j'aime.

LA MONTAGNE.

Si ce parfait amour que vous prouvez si bien,
Se fait vers votre objet un grand crime de rien,
Ce que son cœur pour vous sent de feux légitimes,
En revanche lui fait un rien de tous vos crimes.

ÉRASTE.

Mais, tout de bon, crois-tu que je sois d'elle aimé?

LA MONTAGNE.

Quoi! vous doutez encor d'un amour confirmé?

ÉRASTE.

Ah! c'est mal aisément qu'en pareille matière
Un cœur bien enflammé prend assurance entière:
Il craint de se flatter; et, dans ses divers soins,
Ce que plus il souhaite est ce qu'il croit le moins;
Mais songeons à trouver une beauté si rare.

LA MONTAGNE.

Monsieur, votre rabat pardevant se sépare.

ÉRASTE.

N'importe.

LA MONTAGNE.

Laissez-moi l'ajuster, s'il vous plaît.

ÉRASTE.

Ouf! tu m'étrangles; fat, laisse-le comme il est.

LA MONTAGNE.

Souffrez qu'on peigne un peu...

ÉRASTE.

Sottise sans pareille!
Tu m'as d'un coup de dent presque emporté l'oreille.

LA MONTAGNE.

Vos canons...

ÉRASTE.

Laisse-les, tu prends trop de souci.

LA MONTAGNE.

Ils sont tout chiffonnés.

ÉRASTE.

Je veux qu'ils soient ainsi.

LA MONTAGNE.

Accordez-moi du moins, pour grace singulière,
De frotter ce chapeau qu'on voit plein de poussière.

ÉRASTE.

Frotte donc, puisqu'il faut que j'en passe par là.

LA MONTAGNE.

Le voulez-vous porter fait comme le voilà?

ÉRASTE.

Mon Dieu! dépêche-toi.

LA MONTAGNE.

Ce serait conscience.

ÉRASTE, *après avoir attendu.*

C'est assez.

LA MONTAGNE.

Donnez-vous un peu de patience.

ÉRASTE.

Il me tue.

LA MONTAGNE.

En quel lieu vous êtes-vous fourré?

ÉRASTE.

T'es-tu de ce chapeau pour toujours emparé?

LA MONTAGNE.

C'est fait.

ÉRASTE.

Donne-moi donc.

LA MONTAGNE., *laissant tomber le chapeau.*

Hai!

ÉRASTE.

Le voilà par terre.
Je suis fort avancé. Que la fièvre te serre!

LA MONTAGNE.

Permettez qu'en deux coups j'ôte...

ÉRASTE.

Il ne me plaît pas.
Au diantre tout valet qui vous est sur les bras,
Qui fatigue son maître, et ne fait que déplaire
A force de vouloir trancher du nécessaire?

SCENE II.

ORPHISE, ALCIDOR, ÉRASTE, LA MONTAGNE.

(*Orphise traverse le fond du théâtre; Alcidor lui donne la main.*)

ÉRASTE.

Mais vois-je pas Orphise? Oui c'est elle qui vient.
Où va-t-elle si vite? et quel homme la tient?

(*Il la salue comme elle passe, et elle, en passant, détourne la tête.*)

SCÈNE III.

ÉRASTE, LA MONTAGNE.

ÉRASTE.

Quoi! me voir en ces lieux devant elle paraître,
Et passer en feignant de ne me pas connaître!
Que croire? Qu'en dis-tu? Parle donc, si tu veux.

LA MONTAGNE.

Monsieur, je ne dis rien de peur d'être fâcheux.

ÉRASTE.

Et c'est l'être en effet que de ne me rien dire
Dans les extrémités d'un si cruel martyre.
Fais donc quelque réponse à mon cœur abattu.
Que dois-je présumer? Parle, qu'en penses-tu?
Dis-moi ton sentiment.

LA MONTAGNE.

Monsieur, je veux me taire,
Et ne désire point trancher du nécessaire.

ÉRASTE.

Peste l'impertinent! Va-t-'en suivre leurs pas,
Vois ce qu'ils deviendront, et ne les quitte pas.

LA MONTAGNE, *revenant sur ses pas.*

Il faut suivre de loin?...

ÉRASTE.

Oui.

LA MONTAGNE, *revenant sur ses pas.*

Sans que l'on me voie,
Ou faire aucun semblant qu'après eux on m'envoie?

ÉRASTE.

Non, tu feras bien mieux de leur donner avis
Que par mon ordre exprès ils sont de toi suivis.

LA MONTAGNE, *revenant sur ses pas.*

Vous trouverai-je ici?

ÉRASTE.

Que le ciel te confonde,
Homme, à mon sentiment le plus fâcheux du monde.

SCENE IV.

ÉRASTE, *seul.*

Ah! que je sens de trouble, et qu'il m'eût été doux
Qu'on me l'eût fait manquer ce fatal rendez-vous!
Je pensais y trouver toutes choses propices,
Et mes yeux pour mon cœur y trouvent des supplices.

SCENE V.

LISANDRE, ÉRASTE.

LISANDRE.

Sous ces arbres de loin mes yeux t'ont reconnu,
Cher marquis, et d'abord je suis à toi venu.
Comme à de mes amis, il faut que je te chante
Certain air que j'ai fait de petite courante,
Qui de toute la cour contente les experts,
Et sur qui plus de vingt ont déjà fait des vers.
J'ai le bien, la naissance, et quelque emploi passable,
Et fais figure en France assez considérable;
Mais je ne voudrais pas, pour tout ce que je suis,
N'avoir point fait cet air qu'ici je te produis.

(*Il prélude.*)

La, la... hem, hem, écoute avec soin, je te prie.

(*Il chante sa courante.*)

N'est-elle pas belle?

ÉRASTE.

Ah!

LISANDRE.

Cette fin est jolie.

(*Il rechante la fin quatre ou cinq fois de suite.*)

Comment la trouves-tu?

ÉRASTE.

Fort belle, assurément.

LISANDRE.

Les pas que j'en ai faits, n'ont pas moins d'agrément
Et surtout la figure à merveilleuse grace.

(*Il chante, parle et danse tout ensemble.*)

Tiens, l'homme passe ainsi, puis la femme repasse:
Ensemble; puis on quitte, et la femme vient là.
Vois-tu ce petit trait de feinte que voilà?
Ce fleuret? ces coupés courant après la belle?
Dos à dos, face à face, en se pressant sur elle.
Que t'en semble, marquis?

ÉRASTE.

Tous ces pas-là sont fins:

LISANDRE.

Je me moque, pour moi, des maîtres baladins.

ÉRASTE.

On le voit.

LISANDRE.

Les pas donc?

ÉRASTE.

N'ont rien qui me surprenne.

LISANDRE.

Veux-tu, par amitié, que je te les apprenne?

ÉRASTE.

Ma foi, pour le présent, j'ai certain embarras...

LISANDRE.

Hébien donc! ce sera lorsque tu le voudras.
Si j'avais dessus moi ces paroles nouvelles,
Nous les lirions ensemble, et verrions les plus belles.

ÉRASTE.

Une autre fois.

LISANDRE.

Adieu; Baptiste le très-cher
N'a point vu ma courante, et je le vais chercher:
Nous avons pour les airs de grandes sympathies,
Et je veux le prier d'y faire des parties.

(*Il s'en va chantant toujours.*)

SCENE VI.

ÉRASTE, *seul.*

Ciel! faut-il que le rang dont on veut tout couvrir,
De cent sots tous les jours nous oblige à souffrir,
Et nous fasse abaisser jusques aux complaisances
D'applaudir bien souvent à leurs impertinences!

SCENE VII.

ÉRASTE, LA MONTAGNE.

LA MONTAGNE.

Monsieur, Orphise est seule, et vient de ce côté.

ÉRASTE.

Ah! d'un trouble bien grand je me sens agité!
J'ai de l'amour encor pour la belle inhumaine,
Et ma raison voudrait que j'eusse de la haine.

LA MONTAGNE.

Monsieur, votre raison ne sait ce qu'elle veut,
Ni ce que sur un cœur une maîtresse peut.
Bien que de s'emporter on ait de justes causes,
Une belle, d'un mot, rajuste bien des choses.

ÉRASTE.

Hélas! je te l'avoue, et déjà cet aspect
A toute ma colère imprime le respect.

SCENE VIII.

ORPHISE, ÉRASTE, LA MONTAGNE.

ORPHISE.

Votre front à mes yeux montre peu d'allégresse ;
Serait-ce ma présence, Éraste, qui vous blesse?
Qu'est-ce donc? Qu'avez-vous? Et sur quels déplaisirs,
Lorsque vous me voyez poussez-vous des soupirs?

ÉRASTE.

Hélas? pouvez-vous bien me demander, cruelle!
Ce qui fait de mon cœur la tristesse mortelle?
Et d'un esprit méchant n'est-ce pas un effet,
Que feindre d'ignorer ce que vous m'avez fait?
Celui dont l'entretien vous a fait à ma vue
Passer...

ORPHISE, *riant.*

C'est de cela que votre ame est émue?

ÉRASTE.

Insultez, inhumaine, encor à mon malheur :
Allez, il vous sied mal de railler ma douleur,
Et d'abuser, ingrate, à maltraiter ma flamme,
Du faible que pour vous vous savez qu'a mon ame.

ORPHISE.

Certes, il en faut rire, et confesser ici
Que vous êtes bien fou de vous troubler ainsi.
L'homme dont vous parlez, loin qu'il puisse me [plaire,
Est un homme fâcheux dont j'ai su me défaire,
Un de ces importuns et sots officieux
Qui ne pourraient souffrir qu'on soit seule en des lieux,
Et viennent aussitôt, avec un doux langage,
Vous donner une main contre qui l'on enrage.
J'ai feint de m'en aller pour cacher mon dessein,
Et jusqu'à mon carrosse il m'a prêté la main.
Je m'en suis promptement défaite de la sorte ;
Et j'ai, pour vous trouver, rentré par l'autre porte.

ÉRASTE.

A vos discours, Orphise, ajouterais-je foi?
Et votre cœur est-il tout sincère pour moi?

ORPHISE.

Je vous trouve fort bon de tenir ces paroles?
Quand je me justifie à vos plaintes frivoles.
Je suis bien simple encore, et ma sotte bonté...

ÉRASTE.

Ah! ne vous fâchez pas, trop sévère beauté ;
Je veux croire en aveugle, étant sous votre empire,
Tout ce que vous aurez la bonté de me dire.
Trompez, si vous voulez, un malheureux amant ;
J'aurai pour vous respect jusques au monument....
Maltraitez mon amour, refusez-moi le vôtre,
Exposez à mes yeux le triomphe d'un autre;
Oui; je souffrirai tout de vos divins appas.
J'en mourrai : mais enfin je ne m'en plaindrai pas.

ORPHISE.

Quand de tels sentiments règneront dans votre ame ;
Je saurai de ma part...

SCENE IX.

ALCANDRE, ORPHISE, ERASTE, LA MONTAGNE.

ALCANDRE.

(*à Orphise.*)

Marquis, un mot. Madame,
De grace, pardonnez si je suis indiscret,
En osant, devant vous, lui parler en secret.

(*Orphise sort.*)

SCENE X.

ALCANDRE, ÉRASTE, LA MONTAGNE.

ALCANDRE.

Avec peine, marquis, je te fais la prière :
Mais un homme vient là de me rompre en visière,
Et si je souhaite fort, pour ne rien reculer,
Qu'à l'heure, de ma part, tu l'ailles appeler,
Tu sais qu'en pareil cas ce serait avec joie
Que je te le rendrai en la même monnoie.

ÉRASTE, *après avoir été quelque temps sans parler.*

Je ne veux point ici faire le capitan :
Mais on m'a vu soldat avant que courtisan ;
J'ai servi quatorze ans, et je crois être en passe
De pouvoir d'un tel pas me tirer avec grace,
Et de ne craindre point qu'à quelque lâcheté
Le refus de mon bras me puisse être imputé.
Un duel met les gens en mauvaise posture ;
Et notre roi n'est pas un monarque en peinture.
Il sait faire obéir les plus grands de l'Etat,
Et je trouve qu'il fait en digne potentat.
Quand il faut le servir, j'ai du cœur pour le faire ;
Mais je ne m'en sens point, quand il faut lui déplaire.
Je me fais de son ordre une suprême loi :
Pour lui désobéir, cherche un autre que moi.
Je te parle, vicomte, avec franchise entière,
Et suis ton serviteur en toute autre matière.
Adieu.

SCENE XI.

ERASTE, LA MONTAGNE.

ÉRASTE.

Cinquante fois au diable les fâcheux!
Où donc s'est retiré cet objet de mes vœux?

LA MONTAGNE.

Je ne sais.

ÉRASTE.

Pour savoir où la belle est allée,
Va-t'en chercher par tout; j'attends, dans cette allée.

FIN DU PREMIER ACTE.

BALLET DU PREMIER ACTE.

PREMIERE ENTRÉE.

Des jouenrs de mail, en criant garo, obligent Éraste à se retirer, et comme il veut revenir lorsqu'ils ont fait.

SECONDE ENTRÉE.

Des curieux viennent qui tournent autour de lui pour le connaître, et font qu'il se retire encore pour un moment.

ACTE SECOND.

SCÈNE PREMIERE.

ERASTE.

Les fâcheux à la fin se sont-ils écartés?
Je pense qu'il en pleut ici de tous côtés.
Je les fuis, et les trouve ; et, pour second martyre,
Je ne saurais trouver celle que je désire.
Le tonnerre et la pluie ont promptement passé,
Et n'ont point de ces lieux le beau monde chassé.
Plût au ciel, dans les dons que ses soins y prodiguent,
Qu'ils en eussent chassé tous les gens qui fatiguent!
Le soleil baisse fort, et je suis étonné
Que mon valet encor ne soit point retourné.

SCÈNE II.

ALCIPPE, ERASTE.

ALCIPPE.

Bonjour.

ÉRASTE, *à part.*

Hé quoi! toujours ma flamme divertie!

ALCIPPE.

Console-moi, marquis, d'une étrange partie
Qu'au piquet je perdis hier contre un Saint-Bouvain
A qui je donnerais quinze points et la main.
C'est un coup enragé, qui depuis hier m'accable,
Et qui ferait donner tous les joueurs au diable ;
Un coup assurément à se pendre en public.
Il ne m'en faut que deux, l'autre a besoin d'un pic
Je donne, il en prend six, et demande à refaire ;
Moi, me voyant de tout, je n'en voulus rien faire.

Je porte l'as de trèfle (admire mon malheur!
L'as, le roi, le valet, le huit et dix de cœur;
Et quitte, comme au point allait la politique,
Dame et roi de carreau, dix et dame de pique.
Sur mes cinq cœurs portés la dame arrive encor.
Qui me fait justement une quinte major
Mais mon homme avec l'as, non sans surprise extrême,
Des bas carreaux sur table étale une sixième;
J'en avais écarté la dame avec le roi;
Mais lui fallant un pic, je sortis hors d'effroi;
Et croyais bien du moins faire deux points uniques.
Avec les sept carreaux il avait quatre piques,
Et, jetant le dernier, m'a mis dans l'embarras,
De ne savoir lequel garder de mes deux as.
J'ai jeté l'as de cœur, avec raison, me semble;
Mais il avait quitté quatre trèfles ensemble,
Et par un six de cœur je me suis vu capot,
Sans pouvoir, de dépit, proférer un seul mot.
Morbleu! fais-moi raison de ce coup effroyable:
A moins que l'avoir vu, peut-il être croyable?

ÉRASTE.

C'est dans le jeu qu'on voit les plus grands coups du [sort.

ALCIPPE.

Parbleu! tu jugeras toi-même si j'ai tort,
Et si c'est sans raison que ce coup me transporte;
Car voici nos deux jeux, qu'exprès sur moi je porte.
Tiens, c'est ici mon port, comme je te l'ai dit;
Et voici....

ÉRASTE.

J'ai compris le tout par ton récit,
Et vois de la justice au transport qui t'agite:
Mais pour certaine affaire il faut que je te quitte.
Adieu. Console-toi pourtant de ton malheur.

ALCIPPE.

Qui, moi? J'aurai toujours ce coup-là sur le cœur;
Et c'est pour ma raison pis qu'un coup de tonnerre.
Je le veux faire, moi, voir à toute la terre.
(*Il s'en va, et rentre en disant:*)
Un six de cœur! Deux points!

ÉRASTE.

En quel lieux sommes-nous?
De quelque part qu'on tourne, on ne voit que des fous.

SCENE III.

ÉRASTE, LA MONTAGNE.

ÉRASTE.

Ah! que tu fais languir ma juste impatience!

LA MONTAGNE.

Monsieur, je n'ai pu faire une autre diligence.

ÉRASTE.

Mais me rapportes-tu quelque nouvelle, enfin?

LA MONTAGNE.

Sans doute; et de l'objet qui fait votre destin,
J'ai, par un ordre exprès, quelque chose à vous dire.

ÉRASTE.

Et quoi? Déjà mon cœur après ce mot soupire.
Parle.

LA MONTAGNE.

Souhaitez-vous de savoir ce que c'est?

ÉRASTE.

Oui, dis vite.

LA MONTAGNE.

Monsieur, attendez, s'il vous plaît:
Je me suis, à courir, presque mis hors d'haleine.

ÉRASTE.

Prends-tu quelque plaisir à me tenir en peine?

LA MONTAGNE.

Puisque vous désirez de savoir promptement
L'ordre que j'ai reçu de cet objet charmant,
Je vous dirai... Ma foi! sans vous vanter mon zèle,
J'ai bien fait du chemin pour trouver cette belle;
Et si...

ÉRASTE.

Peste soit fait de tes digressions!

LA MONTAGNE.

Ah! il faut modérer un peu ses passions:
Et Sénèque...

ÉRASTE.

Senèque est un sot dans ta bouche,
Puisqu'il ne me dit rien de tout ce qui me touche.
Dis-moi ton ordre, tôt.

LA MONTAGNE.

Pour contenter vos vœux,
Votre Orphise.... Une bête est là dans vos cheveux.

ÉRASTE.

Laisse.

LA MONTAGNE.

Cette beauté, de sa part, vous fait dire...

ÉRASTE.

Quoi?

LA MONTAGNE.

Devinez.

ÉRASTE.

Sais-tu que je ne veux pas rire?

LA MONTAGNE.

Son ordre est qu'en ce lieu vous devez vous tenir,
Assuré que dans peu vous l'y verrez venir,
Lorsqu'elle aura quitté quelques provinciales,
Aux personnes de cour fâcheuses animales.

ÉRASTE.

Tenons-nous donc au lieu qu'elle a voulu choisir.
Mais, puisque l'ordre ici m'offre quelque loisir,
Laisse-moi méditer.
(*La Montagne sort.*)
J'ai dessein de lui faire
Quelques vers sur un air où je la vois se plaire.
(*Il rêve.*)

SCÈNE IV.

ORANTE, CLIMÈNE; ÉRASTE, *dans un coin du théâtre sans être aperçu.*

ORANTE.

Tout le monde sera de mon opinion.

CLIMÈNE.

Croyez-vous l'emporter par obstination?

ORANTE.

Je pense mes raisons meilleures que les vôtres.

CLIMÈNE.

Je voudrais qu'on ouït les unes et les autres.

ORANTE, *apercevant Éraste.*

J'avise un homme ici qui n'est pas ignorant:
Il pourra nous juger sur notre différent.
Marquis, de grace, un mot, souffrez qu'on vous appelle
Pour être entre nous deux juge d'une querelle,
D'un débat qu'ont ému nos divers sentiments
Sur ce qui peut marquer les plus parfaits amants.

ÉRASTE.

C'est une question à vider difficile,
Et vous devez chercher un juge plus habile.

ORANTE.

Non, vous nous dites-là d'inutiles chansons.
Votre esprit fait du bruit, et nous vous connaissons;
Nous savons que chacun vous donne à juste titre...

ÉRASTE.

Hé! de grace...

ORANTE.

En un mot, vous serez notre arbitre;
Et ce sont deux moments qu'il vous faut nous donner.

CLIMÈNE, *à Orante.*

Vous retenez ici qui doit vous condamner:
Car enfin, s'il est vrai ce que j'en ose croire,
Monsieur à mes raisons donnera la victoire.

ÉRASTE, *à part.*

Que ne puis-je à mon traître inspirer le souci
D'inventer quelque chose à me tirer d'ici!

ORANTE, *à Climène.*

Pour moi, de son esprit j'ai trop bon témoignage,
Pour craindre qu'il prononce à mon désavantage.
(*à Éraste.*)
Enfin, ce grand débat qui s'allume entre nous,
Est de savoir s'il faut qu'un amant soit jaloux.

CLIMÈNE.

Ou, pour mieux expliquer ma pensée et la vôtre,
Lequel doit plaire plus d'un jaloux ou d'un autre.

ORANTE.

Pour moi, sans contredit, je suis pour le dernier.

CLIMÈNE.

Et, dans mon sentiment, je tiens pour le premier.

ORANTE.

Je crois que notre cœur doit donner son suffrage
A qui fait éclater du respect davantage.

CLIMÈNE.

Et moi, que si nos vœux doivent paraître au jour,
C'est pour celui qui fait éclater plus d'amour.

ORANTE.

Oui; mais on voit l'ardeur dont une ame est saisie,
Bien mieux dans le respect que dans la jalousie.

CLIMÈNE.

Et c'est mon sentiment, que qui s'attache à nous
Nous aime d'autant plus, qu'il se montre jaloux.

ORANTE.

Fi! ne me parlez point, pour être amants, Climène,
De ces gens dont l'amour est fait comme la haine,
Et qui, pour tous respects et toute offre de vœux,
Ne s'appliquent jamais qu'à se rendre fâcheux;
Dont l'ame que sans cesse un noir transport anime,
Des moindres actions cherche à nous faire un crime,
En soumet l'innocence à son aveuglement,
Et veut sur un coup d'œil un éclaircissement;
Qui, de quelque chagrin nous voyant l'apparence,
Se plaignent aussitôt qu'il naît de leur présence,
Et, lorsque dans nos yeux brille un peu d'enjouement,
Veulent que leurs rivaux en soient le fondement;
Enfin, qui, prenant droit des fureurs de leur zèle,
Ne vous parlent jamais que pour faire querelle,
Osent défendre à tous l'approche de nos cœurs,
Et se font les tyrans de leurs propres vainqueurs.
Moi, je veux des amants que le respect inspire,
Et leur soumission marque mieux notre empire.

CLIMÈNE.

Fi! ne me parlez point, pour être vrais amants,
De ces gens qui pour nous n'ont nuls emportements,
De ces tièdes galants, de qui les cœurs paisibles
Tiennent déjà pour eux les choses infaillibles,
N'ont point peur de nous perdre, et laissent, chaque jour,
Sur trop de confiance, endormir leur amour;
Sont avec leurs rivaux en bonne intelligence,
Et laissent un champ libre à leur persévérance.
Un amour si tranquille excite mon courroux.
C'est aimer froidement que n'être point jaloux;
Et je veux qu'un amant, pour me prouver sa flamme,
Sur d'éternels soupçons laisse flotter son ame,
Et, par de prompts transports, donne un signe éclatant
De l'estime qu'il fait de celle qu'il prétend.
On s'applaudit alors de son inquiétude;
Et, s'il nous fait parfois un traitement trop rude,
Le plaisir de le voir, soumis à nos genoux,
S'excuser de l'éclat qu'il a fait contre nous,
Ses pleurs, son désespoir d'avoir pu nous déplaire,
Est un charme à calmer toute notre colère.

ORANTE.

Si, pour vous plaire, il faut beaucoup d'emportement,
Je sais qui vous pourrait donner contentement;
Et je connais des gens dans Paris plus de quatre,
Qui, comme ils le font voir, aiment jusques à battre.

CLIMÈNE.

Si, pour vous plaire, il faut n'être jamais jaloux,
Je sais certaines gens fort commodes pour vous;
Des hommes en amour d'une humeur si souffrante,
Qu'ils vous verraient sans peine entre les bras de trente.

ORANTE.

Enfin par votre arrêt vous devez déclarer
Celui de qui l'amour vous semble à préférer.

(*Orphise paraît dans le fond du théâtre, et voit Eraste entre Orante et Climène.*)

ÉRASTE.

Puisqu'à moins d'un arrêt je ne m'en puis défaire,
Toutes deux à la fois je vous veux satisfaire;
Et, pour ne point blâmer ce qui plaît à vos yeux,
Le jaloux aime plus, et l'autre aime bien mieux.

CLIMÈNE.

L'arrêt est plein d'esprit, mais....

ÉRASTE.

Suffit. J'en suis quitte.
Après ce que j'ai dit, souffrez que je vous quitte.

SCENE V.

ORPHISE, ÉRASTE.

ÉRASTE, *apercevant Orphise, et allant au devant d'elle.*

Que vous tardez, madame, et que j'éprouve bien!...

ORPHISE.

Non, non, ne quittez pas un si doux entretien.
A tort vous m'accusez d'être trop tard venue;
(*montrant Orante et Climène qui viennent de sortir.*)
Et vous avez de quoi vous passer de ma vue.

ÉRASTE.

Sans sujet contre moi voulez-vous vous aigrir?
Et me reprochez-vous ce qu'on me fait souffrir?
Ah! de grace, attendez...

ORPHISE.

Laissez-moi, je vous prie;
Et courez vous rejoindre à votre compagnie.

SCENE VI.

ÉRASTE, *seul.*

Ciel! faut-il qu'aujourd'hui fâcheuses et fâcheux
Conspirent à troubler les plus chers de mes vœux!
Mais allons sur ses pas malgré sa résistance,
Et faisons à ses yeux briller notre innocence.

SCENE VII.

DORANTE, ÉRASTE.

DORANTE.

Ah! marquis! que l'on voit de fâcheux tous les jours
Venir de nos plaisirs interrompre le cours!
Tu me vois enragé d'une assez belle chasse
Qu'un fat... C'est un récit qu'il faut que je te fasse.

ÉRASTE.

Je cherche ici quelqu'un, et ne puis m'arrêter.

DORANTE.

Parbleu! chemin faisant, je te le veux conter.
Nous étions une troupe assez bien assortie,
Qui pour courir un cerf, avions hier fait partie;
Et nous fûmes coucher sur le pays exprès,
C'est à dire, mon cher, en fin fond de forêts.
Comme cet exercice est mon plaisir suprême,
Je voulus, pour bien faire, aller aux bois moi-même,
Et nous conclûmes tous d'attacher nos efforts
Sur un cerf, qu'un chacun nous disait cerf dix-cors:
Mais, moi, mon jugement, sans qu'aux marques j'arrête,
Fut qu'il n'était que cerf à sa seconde tête.
Nous avions, comme il faut, séparé nos relais,
Et déjeûnions en hâte avec quelques œufs frais,
Lorsqu'un franc campagnard avec longue rapière,
Montant superbement sa jument poulinière
Qu'il honorait du nom de sa bonne jument,
S'en est venu nous faire un mauvais compliment,
Nous présentant aussi, pour surcroît de colère,
Un grand benêt de fils aussi sot que son père.
Il s'est dit grand chasseur, et nous a priés tous
Qu'il pût avoir le bien de courir avec nous.
Dieu préserve, en chassant, toute sage personne
D'un porteur de huchet, qui mal à propos sonne;
De ces gens qui, suivis de dix hourets galeux,
Disent, ma meute, et font les chasseurs merveilleux!
Sa demande reçue, et ses vertus prisées,
Nous avons tous été frapper à nos brisées.
A trois longueurs de trait, tayaut, voilà d'abord
Le cerf donné aux chiens. J'appuie, et sonne fort.
Mon cerf débûche, et passe une assez longue plaine;
Et mes chiens après lui, mais si bien en haleine,
Qu'on les aurait couverts tous d'un seul justaucorps.
Il vient à la forêt. Nous lui donnons alors
La vieille meute; et moi, je prends en diligence
Mon cheval alezan. Tu l'as vu?

ÉRASTE.

Non, je pense.

DORANTE.

Comment! c'est un cheval aussi bon qu'il est beau.
Et que ces jours passé, j'achetai de Gaveau [1]

[1] Fameux marchand de chevaux.

Je te laisse à penser si, sur cette matière,
Il voudrait me tromper, lui qui me considère;
Aussi je m'en contente; et jamais, en effet,
Il n'a vendu cheval ni meillenr ni mieux fait..
Une tête de barbe, avec l'étoile nette,
L'encolure d'un cygne, effilée et bien droite;
Point d'épaule, non plus qu'un lièvre, court jointé,
Et qui fait dans son port, voir sa vivacité;
Des pieds! morbleu, des pieds! le rein double : à vrai dire
J'ai trouvé le moyen, moi seul, de le réduire;
Et sur lui quoiqu'aux yeux il montât beau semblant,
Petit-Jean de Gaveau ne montait qu'en tremblant.
Une croupe en largeur à nulle autre pareille,
Et des gigots, Dieu sait! Bref, c'est une merveille;
Et j'en ai refusé cent pistoles, crois moi,
Au retour d'un cheval amené pour la roi.
Je monte donc dessus, et ma joie était plaine;
De voir filer de loin les coupeurs dans la pleine;
Je pousse, et je me trouve en un fort à l'écart,
A la queue de nos chiens, moi seul avec Drécar[1] :
Une heure là dedans notre cerf se fait battre.
J'appuie alors mes chiens, et fais le diable à quatre;
Enfin jamais chasseur ne se vit plus joyeux.
Je le relance seul et tout allait des mieux,
Lorsque d'un jeune cerf s'accompagne le nôtre :
Une part de mes chiens se sépare de l'autre;
Et je les vois, marquis, comme tu peux penser,
Chasser tous avec crainte, et Finaut balancer;
Il se rabat soudain, dont j'eus l'ame ravie;
Il empaume la voie; et moi, je sonne et crie :
A Finaut! à Finaut! J'en revois à plaisir
Sur une taupinière, et resonne à loisir.
Quelques chiens revenaient à moi, quand, pour disgrace
Le jeune cerf, marquis, à mon campagnard passe.
Mon étourdi se met à sonner comme il faut,
Et crie à pleine voix, tayaut! tayaut! tayaut!
Mes chiens me quittent tous, et vont à ma pécore:
J'y pousse, et j'en revois dans le chemin encore;
Mais à terre, mon cher, je n'eus pas jeté l'œil,
Que je connus le change, et sentis un grand deuil.
J'ai beau lui faire voir toutes les différences
Des pinces de mon cerf et de ses connaissances,
Il me soutient toujours, en chasseur ignorant,
Que c'est le cerf de meute; et par ce différent,
Il donne temps aux chiens d'aller loin. J'en enrage,
Et, pestant de bon cœur contre le personnage,
Je pousse mon cheval et par haut et par bas,
Qui pliait des gaulis aussi gros que les bras :
Je ramène les chiens à ma première voie,
Qui vont, en me donnant une excessive joie,
Requérir notre cerf, comme s'ils l'eussent vu.
Ils le relancent : mais ce coup est-il prévu!
A te dire le vrai, cher marquis, il m'assomme :
Notre cerf relancé va passer à notre homme,
Qui, croyant faire un trait de chasseur fort vanté,
D'un pistolet d'arçon qu'il avait apporté,
Lui donne justement au milieu de la tête,
Et de fort loin me crie: Ah! j'ai mis bas la bête!
A-t-on jamais parlé de pistolets, bon dieu!
Pour courre un cerf? Pour moi, venant dessus le lieu,
J'ai trouvé l'action tellement hors d'usage,
Que j'ai donné des deux à mon cheval, de rage,
Et m'en suis revenu chez moi toujours courant,
Sans vouloir dire un mot à ce sot ignorant,

ÉRASTE.

Tu ne pouvais mieux faire, et ta prudence est rare :
C'est ainsi des fâcheux qu'il faut qu'on se sépare.
Adieu.

DORANTE.

Quand tu voudras, nous irons quelque part,
Où nous ne craindrons pas de chasseur campagnard.

ÉRASTE, *seul.*

Fort bien. Je crois qu'enfin je perdrai patience.
Cherchons à m'excuser avecque diligence.

FIN DU SECOND ACTE.

[1] Fameux piqueur.

BALLET DU SECOND ACTE.

PREMIÈRE ENTRÉE.

Des joueurs de boule arrêtent Éraste pour mesurer un coup sur lequel ils sont en dispute. Il se défait d'eux avec peine, et leur laisse danser un pas composé de toutes les postures qui sont ordinaires à ce jeu.

SECONDE ENTRÉE.

De petits frondeurs les viennent interrompre, qui sont chassés ensuite.

TROISIÈME ENTRÉE.

Par des savetiers et des savetières, leurs pères, et autres, qui sont aussi chassés à leur tour.

QUATRIÈME ENTRÉE.

Par un jardinier qui danse seul, et se retire pour faire place au troisième acte.

ACTE III.

SCÈNE PREMIÈRE.

ÉRASTE, LA MONTAGNE.

ÉRASTE.

Il est vrai, d'un côté, mes soins ont réussi,
Cet adorable objet enfin s'est adouci;
Mais d'un autre on m'accable, et les astres sévères
Ont contre mon amour redoublé leurs colères.
Oui, Damis son tuteur, mon plus rude fâcheux,
Tout de nouveau s'oppose au plus doux de mes vœux,
A son aimable nièce a défendu ma vue,
Et veut d'un autre époux la voir demain pourvue.
Orphise toutefois, malgré son désaveu,
Daigne accorder ce soir une grace à mon feu;
Et j'ai fait consentir l'esprit de cette belle
A souffrir qu'en secret je la visse chez elle.
L'amour aime surtout les secrètes faveurs.
Dans l'obstacle qu'on force il trouve des douceurs;
Et le moindre entretien de la beauté qu'on aime,
Lorsqu'il est défendu, devient grace suprême.
Je vais au rendez-vous, c'en est l'heure à peu près.
Puis je veux m'y trouver plutôt avant qu'après.

LA MONTAGNE.

Suivrai-je vos pas?

ÉRASTE.

Non. Je craindrais que peut-être
A quelques yeux suspects tu me fisses connaître.

LA MONTAGNE.

Mais...

ÉRASTE.

Je ne le veux pas.

LA MONTAGNE.

Je dois suivre vos lois :
Mais au moins, si de loin...

ÉRASTE.

Te tairas-tu, vingt fois?
Et ne veux-tu jamais quitter cette méthode,
De te rendre à toute heure un valet incommode?

SCENE II.

CARITIDÈS, ÉRASTE.

CARITIDÈS.

Monsieur, le temps répugne à l'honneur de vous voir,
Le matin est plus propre à rendre un tel devoir :
Mais de vous rencontrer il n'est pas bien facile,
Car vous dormez toujours, ou vous êtes en ville :
Au moins, messieurs vos gens me l'assurent ainsi ;
Et j'ai, pour vous trouver, pris l'heure que voici.
Encore est-ce un grand heur dont le destin m'honore,
Car, deux moments plus tard, je vous manquais encore.

ÉRASTE.

Monsieur, souhaitez-vous quelque chose de moi?

CARITIDÈS.

Je m'acquitte, monsieur, de ce que je vous doi,
Et vous viens... Excusez l'audace qui m'inspire.
Si...

ÉRASTE.

Sans tant de façons, qu'avez-vous à me dire?

CARITIDÈS.

Comme le rang, l'esprit, la générosité,
Que chacun vante en vous...

ÉRASTE.

Oui, je suis fort vanté.
Passons, monsieur.

CARITIDÈS.

Monsieur, c'est une peine extrême,
Lorsqu'il faut à quelqu'un se produire soi-même ;
Et toujours près des grands on doit être introduit
Par des gens qui de nous fassent un peu de bruit,
Dont la bouche écoutée avecque poids débite
Ce qui peut faire voir notre petit mérite.
Enfin, j'aurais voulu que des gens bien instruits
Vous eussent pu, monsieur, dire ce que je suis.

ÉRASTE.

Je vois assez, monsieur, ce que vous pouvez être,
Et votre seul abord le peut faire connaître.

CARITIDÈS.

Oui, je suis un savant charmé de vos vertus,
Non pas de ces savants dont le nom n'est qu'en *us*,
Il n'est rien si commun qn'un nom à la latine :
Ceux qu'on habille en grec ont bien meilleure mine ;
Et, pour en avoir un qui se termine en *ès*,
Je me fais appeler monsieur Caritidès.

ÉRASTE.

Monsieur Caritidès, soit. Qu'avez-vous à dire?

CARITIDÈS.

C'est un placet, monsieur, que je voudrais vous lire,
Et que, dans la posture où vous met votre emploi,
J'ose vous conjurer de présenter au roi.

ÉRASTE.

Hé! monsieur, vous pouvez le présenter vous-même.

CARITIDÈS.

Il est vrai que le roi fait cette grace extrême;
Mais, par ce même excès de ses rares bontés,
Tant de méchants placets, monsieur, sont présentés,
Qu'ils étouffent les bons ; et l'espoir où je fonde
Est qu'on donne le mien quand le prince est sans monde.

ÉRASTE.

Hé bien! vous le pouvez, et prendre votre temps.

CARITIDÈS.

Ah! monsieur, les huissiers sont de terribles gens!
Ils traitent les savants de faquins à nasardes,
Et je n'en puis venir qu'à la salle des gardes.
Les mauvais traitements qu'il me faut endurer,
Pour jamais de la cour me feraient retirer,
Si je n'avais conçu l'espérance certaine,
Qu'auprès de notre roi vous serez un Mécène.
Oui, votre crédit m'est un moyen assuré...

ÉRASTE.

Hé bien! donnez-moi donc; je le présenterai.

CARITIDÈS.

Le voici. Mais au moins oyez-en la lecture.

ÉRASTE.

Non...

CARITIDÈS.

C'est pour être instruit, monsieur : je vous conjure.

AU ROI.

SIRE,

« Votre très humble, très obéissant, très fidèle et
» très savant sujet et serviteur Caritidès, Français de
» nation, grec de profession, ayant considéré les
» grands et notables abus qui se commettent aux in-
» scriptions des enseignes des maisons, boutiques,
» cabarets, jeux de boule, et autres lieux de votre
» bonne ville de Paris, en ce que certains igno-
» rants, compositeurs desdites inscriptions, renver-
» sent, par une barbare, pernicieuse et détestable
» orthographe, toute sorte de sens et de raison, sans
» aucun égard d'étymologie, analogie, énergie, ni al-
» légorie quelconque, au grand scandale de la répu-
» blique des lettres, et de la nation française, qui se
» décrie et se déshonore par lesdits abus et fautes
» grossières, envers les étrangers, notamment envers
» les Allemands, curieux lecteurs et spectateurs des-
» dites inscriptions...

ÉRASTE.

Ce placet est fort long, et pourrait bien fâcher...

CARITIDÈS.

Ah! monsieur, pas un mot ne s'en peut retrancher.

ÉRASTE.

Achevez promptement.

CARITIDÈS, *continue.*

» Supplie humblement VOTRE MAJESTÉ de créer, pour
» le bien de son Etat et la gloire de son empire, une
» charge de contrôleur, intendant, correcteur, reviseur
» et restaurateur général desdites inscriptions, et
» d'icelle honorer le suppliant, tant en considéra-
» tion de son rare et éminent savoir, que des grands et
» signalés services qu'il a rendus à l'Etat et à VOTRE
» MAJESTÉ, en faisant l'anagramme de VOTRE DITE
» MAJESTÉ, en français, latin, grec, hébreu, syriaque
» chaldéen, arabe... »

ÉRASTE, *l'interrompant.*

Fort bien. Donnez-le vite, et faites la retraite :
Il sera vu du roi; c'est une affaire faite.

CARITIDÈS.

Hélas! monsieur, c'est tout que montrer mon placet.
Si le roi le peut voir, je suis sûr de mon fait ;
Car, comme sa justice en toute chose est grande,
Il ne pourra jamais refuser ma demande.
Au reste, pour porter au ciel votre renom ;
Donnez-moi par écrit votre nom et surnom,
J'en veux faire un poème en forme d'acrostiche
Dans les deux bouts du vers et dans chaque hémisti- (che.

ÉRASTE.

Oui, vous l'aurez demain, monsieur Caritidès.
(*seul*).
Ma foi, de tels savants sont des ânes bien faits.
J'aurais dans d'autres temps bien ri de sa sottise.

SCENE III.

ORMIN, ÉRASTE.

ORMIN.

Bien qu'une grande affaire en ce lieu me conduise,
J'ai voulu qu'il sortît avant que vous parler.

ÉRASTE.

Fort bien. Mais dépêchons; car je veux m'en aller.

ORMIN.

Je me doute à peu près que l'homme qui vous quitte
Vous a fort ennuyé, monsieur, par sa visite.
C'est un vieux importun qui n'a pas l'esprit sain,
Et pour qui j'ai toujours quelque défaite en main.
Au Mail, à Luxembourg, et dans les Tuileries,
Il fatigue le monde avec ses rêveries;

Et des gens comme vous doivent fuir l'entretien
De tous ces savantas qui ne sont bons à rien.
Pour moi, je ne crains pas que je vous importune,
Puisque je viens, monsieur, faire votre fortune.

ÉRASTE, *bas, à part.*

Voici quelque souffleur, de ces gens qui n'ont rien,
Et vous viennent toujours promettre tant de bien.
(*haut*).
Vous avez fait, monsieur, cette bénite pière,
Qui peut seul enrichir tous les rois de la terre?

ORMIN.

La plaisante pensée, hélas! où vous voilà!
Dieu me garde, monsieur, d'être de ces fous là!
Je ne me repais point de visions frivoles,
Et je vous porte ici les solides paroles
D'un avis que par vous je veux donner au roi,
Et que tout cacheté je conserve sur moi:
Non de ces sots projets, de ces chimères vaines,
Dont les surintendants ont les oreilles pleines;
Non de ces gueux d'avis, dont les prétentions
Ne parlent que de vingt ou trente millions;
Mais un qui, tous les ans, à si peu qu'on le monte,
En peut donner au roi quatre cents de bon compte,
Avec facilité, sans risque, ni soupçon,
Et sans fouler le peuple en aucune façon;
Enfin c'est un avis d'un gain inconcevable,
Et que du premier mot on trouvera faisable.
Oui, pourvu que par vous je puisse être poussé...

ÉRASTE.

Soit, nous en parlerons. Je suis un peu pressé.

ORMIN.

Si vous me promettiez de garder le silence,
Je vous découvrirais cet avis d'importance.

ÉRASTE.

Non, non, je ne veux point savoir votre secret

ORMIN.

Monsieur, pour le trahir, je vous crois trop discret,
Et veux, avec franchise, en deux mots vous l'ap-[prendre.
Il faut voir si quelqu'un ne peut point nous entendre.
(*Après avoir regardé si personne ne l'écoute, il s'approche de l'oreille d'Eraste.*)
Cet avis merveilleux dont je suis l'inventeur,
Est que...

ÉRASTE.

D'un peu plus loin, et pour cause, monsieur,

ORMIN.

Vous voyez le grand gain, sans qu'il faille le dire,
Que de ses ports de mer le roi tous les ans tire,
Or l'avis, dont encor nul ne s'est avisé,
Est qu'il faut de la France, et c'est un coup aisé,
En fameux ports de mer mettre toutes les côtes.
Ce serait pour monter à des sommes très hautes;
Et si...

ÉRASTE.

L'avis est bon, et plaira fort au roi.
Adieu. Nous nous verrons.

ORMIN.

Au moins, appuyez-moi
Pour en avoir ouvert les premières paroles.

ÉRASTE.

Oui, oui.

ORMIN.

Si vous vouliez me prêter deux pistoles,
Que vous reprendriez sur le droit de l'avis,
Monsieur...

ÉRASTE.

(*Il donne de l'argent à Ormin.*) (*seul.*)
Oui, volontiers. Plût à Dieu qu'à ce prix
De tous les importuns je pusse me voir quitte!
Voyez quel contretemps prend ici leur visite!
Je pense qu'à la fin je pourrai bien sortir.
Viendra-t-il point quelqu'un encor me divertir?

SCÈNE IV.

FILINTE, ÉRASTE.

FILINTE.

Marquis, je viens d'apprendre une étrange nouvelle.

ÉRASTE.

Quoi?

FILINTE.

Qu'un homme tantôt t'a fait une querelle.

ÉRASTE.

A moi?

FILINTE.

Que te sert-il de le dissimuler?
Je sais de bonne part qu'on t'a fait appeler;
Et, comme ton ami, quoi qu'il en réussisse,
Je te viens contre tous faire offre de service.

ÉRASTE.

Je te suis obligé; mais crois que tu me fais...

FILINTE.

Tu ne l'avoueras pas, mais tu sors sans valets.
Demeure dans la ville, ou gagne la campagne,
Tu n'iras nulle part que je ne t'accompagne.

ÉRASTE, *à part.*

Ah! j'enrage!

FILINTE.

A quoi bon de te cacher de moi?

ÉRASTE.

Je te jure, marquis, qu'on s'est moqué de toi.

FILINTE.

En vain tu t'en défends.

ÉRASTE.

Que le ciel me foudroie,
Si d'aucun démêlé...

FILINTE.

Tu penses qu'on te croie?

ÉRASTE.

Hé! mon Dieu! je te dis et ne déguise point
Que...

FILINTE.

Ne me crois pas dupe et crédule à ce point.

ÉRASTE.

Veux-tu m'obliger?

FILINTE.

Non.

ÉRASTE.

Laisse-moi je te prie.

FILINTE.

Point d'affaire, marquis.

ÉRASTE.

Une galanterie
En certain lieu, ce soit...

FILINTE.

Je ne te quitte pas.
En quel lieu que ce soit, je veux suivre tes pas.

ÉRASTE.

Parbleu! puisque tu veux que j'aie une querelle!
Je consens à l'avoir pour contenter ton zèle;
Ce seras contre toi, qui me fais enrager,
Et dont je ne me puis par douceur dégager.

FILINTE.

C'est fort mal d'un ami recevoir le service;
Mais puisque je vous rends un si mauvais office,
Adieu. Videz sans moi tout ce que vous aurez.

ÉRASTE.

Vous serez mon ami quand vous me quitterez.
(*seul.*)
Mais voyez quels malheurs suivent ma destinée!
Ils m'auront fait passer l'heure qu'on m'a donnée.

SCENE V.

DAMIS, L'ÉPINE, ERASTE, LA RIVIÈRE, *et ses compagnons.*

DAMIS, *à part.*

Quoi! malgré moi le traître espère l'obtenir!
Ah! mon juste courroux le saura prévenir.

ÉRASTE, *à part.*

J'entrevois là quelqu'un sur la porte d'Orphise.
Quoi! toujours quelque obstacle aux feux qu'elle au-[torise!

DAMIS, *à l'Épine.*

Oui, j'ai su que ma nièce, en dépit de mes soins,
Doit voir ce soir chez elle Eraste sans témoins.

LA RIVIÈRE, *à ses compagnons.*

Qu'entends-je à ces gens-là dire de notre maître?
Approchons doucement sans nous faire connaître.

DAMIS, *à l'Épine.*

Mais avant qu'il ait lieu d'achever son dessein,
Il faut de mille coups percer son traître sein.
Va-t'en faire venir ceux que je viens de dire
Pour les mettre en embûche au lieu que je désire,
Afin qu'au nom d'Eraste on soit prêt à venger
Mon honneur que ses feux ont l'orgueil d'outrager,
A rompre un rendez-vous qui dans ce lieu l'appelle,
Et noyer dans son sang sa flamme criminelle.

LA RIVIÈRE, *attaquant Damis avec ses compagnons.*

Avant qu'à tes fureurs l'on puisse l'immoler,
Traître! tu trouveras en nous à qui parler.

ÉRASTE.

Bien qu'il m'ait voulu perdre, un point d'honneur me [presse
De secourir ici l'oncle de ma maîtresse.
(*à Damis.*)
Je suis à vous, monsieur.
(*Il met l'épée à la main, contre La Rivière et ses compagnons qu'il met en fuite.*)

DAMIS.

O ciel! par quels secours,
D'un trépas assuré vois-je sauver mes jours?
A qui suis-je obligé d'un si rare service?

ÉRASTE, *revenant.*

Je n'ai fait, vous servant qu'un acte de justice.

DAMIS.

Ciel! puis-je à mon oreille ajouter quelque foi?
Est-ce la main d'Eraste?...

ÉRASTE.

Oui, oui, monsieur, c'est moi.
Trop heureux que ma main vous ait tiré de peine,
Trop malheureux d'avoir mérité votre haine.

DAMIS.

Quoi! celui dont j'avais résolu le trépas,
Est celui qui pour moi vient d'employer son bras!
Ah! c'en est trop; mon cœur est contraint de se rendre;
Et, quoi que votre amour ce soir ait pu prétendre,
Ce trait si surprenant de générosité
Doit étouffer en moi toute animosité.
Je rougis de ma faute, et blâme mon caprice.
Ma haine trop longtemps vous a fait injustice;
Et, pour la condamner par un éclat fameux,
Je vous joins dès ce soir à l'objet de vos vœux.

SCÈNE VI.

ORPHISE, DAMIS, ERASTE.

ORPHISE, *sortant de chez elle avec un flambeau.*

Monsieur, quelle aventure a d'un trouble effroyable..

DAMIS.

Ma nièce, elle n'a rien que de très agréable,
Puisqu'après tant de vœux que j'ai blâmés en vous,
C'est elle qui vous donne Eraste pour époux.
Son bras a repoussé le trépas que j'évite,
Et je veux envers lui que votre main m'acquite.

ORPHISE.

Si c'est pour lui payer ce que vous lui devez,
J'y consens, devant tout aux jours qu'il a sauvés.

ÉRASTE.

Mon cœur est si surpris d'une telle merveille,
Qu'en ce ravissement je doute si je veille.

DAMIS.

Célébrons l'heureux sort dont vous allez jouir,
Et que nos violons viennent nous réjouir.
(*On frappe à la porte de Damis.*)

ÉRASTE.

Qui frappe là si fort?

SCENE VII.

DAMIS, ORPHISE, ÉRASTE, L'EPINE.

L'ÉPINE.

Monsieur, ce sont des masques,
Qui portent des crincrins et des tambours de basques.
(*Les masques entrent qui occupent toute la place.*)

ÉRASTE.

Quoi! toujours des fâcheux! Holà! Suisses, ici;
Qu'on me fasse sortir ces gredins que voici.

BALLET DU TROISIÈME ACTE.

PREMIÈRE ENTRÉE.

Des Suisses, avec des hallebardes, chassent tous les masques fâcheux, et se retirent ensuite pour laisser danser, à leur aise.

SECONDE ENTRÉE.

Quatre bergers et une bergère qui, au sentiment de tous ceux qui l'ont vue, ferme le divertissement d'assez bonne grace.

FIN DES FACHEUX.

L'ÉCOLE DES FEMMES,

COMÉDIE EN CINQ ACTES.

1662.

A MADAME. [1]

MADAME,

Je suis le plus embarrassé homme du monde, lorsqu'il me faut dédier un livre; et je me trouve si peu fait au style d'épitre dédicatoire, que je ne sais par où sortir de celle-ci. Un auteur qui serait en ma place trouverait d'abord cent belles choses à dire de VOTRE A. R. sur ce titre de *l'Ecole des Femmes*, et l'offre qu'il vous en ferait. Mais, pour moi, MADAME, je vous avoue mon faible; je ne sais point cet art de trouver des rapports entre des choses si peu proportionnées; et quelques belles lumières que mes confrères les auteurs me donnent tous les jours sur de pareils sujets, je ne vois point ce que votre ALTESSE ROYALE pourrait avoir à démêler avec la comédie que je lui présente. On n'est pas en peine, sans doute, comment il faut faire pour vous louer. La matière, madame, ne saute que trop aux yeux; et de quelque côté qu'on vous regarde, on rencontre gloire sur gloire,

1 MADAME, première femme de Monsieur, frère de Louis XIV, était cette Henriette d'Angleterre, petite fille de Henri IV, dont tout le monde chérissait la bonté, l'esprit et les graces : dont la mort soudaine et prématurée fit naître des soupçons d'empoisonnement qui sont loin d'être encore détruits; et dont l'oraison funèbre, prononcée par Bossuet, est un des chefs-d'œuvre de ce grand oratenr. Elle mourut à Saint-Cloud le 30 juin 1670 à l'âge de vingt six ans.

qualités sur qualités. Vous en avez du côté du rang et de la naissance, qui vous font respecter de toute la terre. Vous en avez du côté des grâces et de l'esprit, et du corps, qui vous font admirer de toutes les personnes qui vous voient. Vous en avez du côté de l'ame, qui, si l'on ose parler ainsi, vous font aimer de tous ceux qui ont l'honneur d'approcher de vous : je veux dire cette douceur pleine de charmes dont vous daignez tempérer la fierté des grands titres que vous portez, cette bonté tout obligeante, cette affabilité généreuse que vous faites paraître pour tout le monde. Et ce sont particulièrement ces dernières pour qui je suis, et dont je sens fort bien que je ne me pourrai taire quelque jour. Mais, encore une fois, MADAME, je ne sais point le biais de faire entrer ici des vérités si éclatantes ; et ce sont choses, à mon avis, et d'une trop vaste étendue, et d'un mérite trop relevé, pour les vouloir renfermer dans une épître et les mêler avec des bagatelles. Tout bien considéré, MADAME, je ne vois rien à faire ici pour moi que de vous dédier simplement ma comédie et de vous assurer, avec tout le respect qu'il m'est possible, que je suis,

DE VOTRE ALTESSE ROYALE

MADAME,

le très humble, très obéissant,
et très obligé serviteur,

J. P. Molière.

PRÉFACE.

Bien des gens ont frondé d'abord cette comédie ; mais les rieurs ont été pour elle, et tout le mal qu'on en a pu dire, n'a pu faire qu'elle n'ait eu un succès dont je me contente. Je sais qu'on attend de moi dans cette impression quelque préface qui réponde aux censeurs, et rende raison de mon ouvrage ; et sans doute que je suis assez redevable à toutes les personnes qui lui ont donné leur approbation, pour me croire obligé de défendre leur jugement contre celui des autres ; mais il se trouve qu'une grande partie des choses que j'aurais à dire sur ce sujet est déjà dans une dissertation que j'ai faite en dialogue, et dont je ne sais encore ce que je ferai. L'idée de ce dialogue, ou, si l'on veut, de cette petite comédie, me vint après les deux ou trois premières représentations de ma pièce. Je la dis, cette idée, dans une maison où je me trouvai un soir; et d'abord une personne de qualité, dont l'esprit est assez connu dans le monde, et qui me fait l'honneur de m'aimer, trouva le projet assez à son gré, non seulement pour me solliciter d'y mettre la main, mais encore pour l'y mettre lui-même; et je fus étonné que, deux jours après, il me montra toute l'affaire exécutée d'une manière, à la vérité, beaucoup plus galante et plus spirituelle que je ne puis faire, mais où je trouvai des choses trop avantageuses pour moi ; et j'eus peur que, si je produisais cet ouvrage sur notre théâtre, on ne m'accusât d'avoir mendié les louanges qu'on m'y donnait. Cependant, cela m'empêcha, par quelque considération, d'achever ce que j'avais commencé. Mais tant de gens me pressent tous les jours de le faire, que je ne sais ce qui en sera ; et cette incertitude est cause que je ne mets point dans cette préface ce qu'on verra dans la Critique, en cas que je me résolve à la faire paraître. S'il faut que cela soit, je le dis encore, ce sera seulement pour venger le public du chagrin délicat de certaines gens ; car, pour moi, je m'en tiens assez vengé par la réussite de ma comédie ; et je souhaite que toutes celles que je pourrai faire soient traitées par eux comme celle-ci, pourvu que le reste suive de même.

PERSONNAGES.

Arnolphe, autrement M. de La Souche.
Agnès, fille d'Enrique élevée par Arnolphe.
Horace, amant d'Agnès, et fils d'Oronte.
Chrysalde, ami d'Arnolphe.
Enrique, beau frère de Chrysalde et père d'Agnès.
Oronte, père d'Horace et grand ami d'Arnolphe.
Alain, paysan, valet d'Arnolphe.
Georgette, paysanne, servante d'Arnolphe.
Un notaire.

La scène est dans une place de ville.

ACTE PREMIER.

SCÈNE PREMIÈRE.

CHRYSALDE, ARNOLPHE.

CHRYSALDE.
Vous venez, dites-vous, pour lui donner la main?
ARNOLPHE.
Oui. Je veux terminer la chose dans demain.
CHRYSALDE.
Nous sommes ici seuls, et l'on peut, ce me semble,
Sans craindre d'être ouïs, y discourir ensemble.
Voulez-vous qu'en ami je vous ouvre mon cœur?
Votre dessein pour vous me fait trembler de peur;
Et, de quelque façon que vous tourniez l'affaire,
Prendre femme est à vous un coup bien téméraire.
ARNOLPHE.
Il est vrai, mon ami. Peut-être que chez vous,
Vous trouvez des sujets de craindre pour chez nous;
Et votre front, je crois, veut que du mariage
Les cornes soient partout l'infaillible apanage.
CHRYSALDE.
Ce sont coups du hasard, dont on n'est point garant;
Et bien sot, ce me semble, est le soin qu'on en prend.
Mais quand je crains pour vous, c'est cette raillerie
Dont cent pauvres maris ont souffert la furie:
Car enfin vous savez qu'il n'est grands, ni petits,
Que de votre critique on ait vus garantis;
Que vos plus grands plaisirs sont, par tout où vous
De faire cent éclats des intrigues secrètes.... [êtes

ARNOLPHE.

Fort bien. Est-il au monde une autre ville aussi
Où l'on ait des maris si patients qu'ici?
Est-ce qu'on n'en voit pas de toutes les espèces,
Qui sont accommodés chez eux de toutes pièces?
L'un amasse du bien, dont sa femme fait part
A ceux qui prennent soin de le faire cornard : [fame,
L'autre un peu plus heureux, mais non pas moins in-
Voit faire tous les jours des présents à sa femme,
Et d'aucun soin jaloux n'a l'esprit combattu,
Parce qu'elle lui dit que c'est pour sa vertu.
L'un fait beaucoup de bruit qui ne lui sert de guères :
L'autre en toute douceur laisse aller les affaires,
Et, voyant arriver chez lui le damoiseau,
Prend fort honnêtement ses gants et son manteau.
L'une de son galant, en adroite femelle,
Fait fausse confidence à son époux fidèle,
Qui dort en sûreté sur un pareil appas,
Et le plaint, ce galant, des soins qu'il ne perd pas :
L'autre, pour se purger de sa magnificence,
Dit qu'elle gagne au jeu l'argent qu'elle dépense;
Et le mari benêt, sans songer a quel jeu,
Sur les gains qu'elle fait rend des graces à Dieu.
Enfin, ce sont partout des sujets de satyre;
Et, comme spectateur, ne puis-je pas en rire?
Puis-je pas de nos sots?...

CHRYSALDE.

Oui : mais qui rit d'autrui,
Doit craindre qu'en revanche on rie aussi de lui.
J'entends parler le monde; et des gens se délassent
A venir débiter les choses qui se passent :
Mais, quoi que l'on divulgue aux endroits où je suis,
Jamais on ne m'a vu triompher de ces bruits.
J'y suis assez modeste : et bien qu'aux occurrences
Je puisse condamner certaines tolérances,
Que mon dessein ne soit de souffrir nullement
Ce que quelques maris souffrent paisiblement,
Pourtant je n'ai jamais affecté de le dire;
Car enfin il faut craindre un revers de satyre,
Et l'on ne doit jamais jurer sur de tel cas
De ce qu'on pourra faire, ou bien ne faire pas.
Ainsi, quand à mon front, par un sort qui tout mène,
Il serait arrivé quelque disgrace humaine,
Après mon procédé, je suis presque certain
Qu'on se contentera de s'en rire sous main :
Et peut-être qu'encor j'aurai cet avantage,
Que quelques bonnes gens diront que c'est dommage,
Mais de vous, cher compère, il en est autrement;
Je vous le dis encor, vous risquez diablement.
Comme sur les maris accusés de souffrance
De tout temps votre langue a daubé d'importance,
Qu'on vous a vu contre eux un diable déchaîné,
Vous devez marcher droit pour n'être point berné;
Et s'il faut que sur vous on ait la moindre prise,
Gare qu'aux carrefours on ne vous tympanise,
Et...

ARNOLPHE.

Mon Dieu! mon ami, ne vous tourmentez point,
Bien huppé qui pourra m'attraper sur ce point.
Je sais les tours rusés et les subtiles trames
Dont pour nous en planter savent user les femmes;
Et, comme on est dupé par leurs dextérités,
Contre cet accident j'ai pris mes sûretés;
Et celle que j'épouse a toute l'innocence
Qui peut sauver mon front de maligne influence.

CHRYSALDE.

Et que prétendez-vous? qu'une sotte en un mot...

ARNOLPHE.

Épouser une sotte est pour n'être point sot.
Je crois, en bon chrétien, votre moitié fort sage :
Mais une femme habile est un mauvais présage;
Et je sais ce qu'il coûte à de certaines gens
Pour avoir pris les leurs avec trop de talents.
Moi, j'irais me charger d'une spirituelle
Qui ne parlerait rien que cercle et que ruelle;
Qui de prose et de vers ferait de doux écrits,
Et que visiteraient marquis et beaux esprits,
Tandis que, sous le nom du mari de madame,
Je serais comme un saint que pas un ne réclame!
Non, non, je ne veux point d'un esprit qui soit haut;
Et femme qui compose en sait plus qu'il ne faut.
Je prétends que la mienne, en clartés peu sublime,
Même ne sache pas ce que c'est qu'une rime;
Et s'il faut qu'avec elle on joue au corbillon,
Et qu'on vienne à lui dire à son tour. Qu'y met-on?
Je veux qu'elle réponde. Une tarte à la crême;
En un mot qu'elle soit d'une ignorance extrême :
Et c'est assez pour elle, à vous en bien parler,
De savoir prier Dieu, m'aimer, coudre, et filer.

CHRYSALDE.

Une femme stupide est donc votre marotte?

ARNOLPHE.

Tant, que j'aimerais mieux une laide bien sotte,
Qu'une femme fort belle avec beaucoup d'esprit

CHRYSALDE.

L'esprit et la beauté...

ARNOLPHE.

L'honnêteté suffit.

CHRYSALDE.

Mais comment voulez-vous, après tout, qu'une bête
Puisse jamais savoir ce que c'est qu'être honnête?
Outre qu'il est assez ennuyeux, que je croi,
D'avoir toute sa vie une bête avec soi,
Pensez-vous le bien prendre, et que sur votre idée
La sûreté d'un front puisse être bien fondée?
Une femme d'esprit peut trahir son devoir,
Mais il faut, pour le moins, qu'elle ose le vouloir;
Et la stupide au sien peut manquer d'ordinaire
Sans en avoir l'envie et sans penser le faire.

ARNOLPHE.

A ce bel argument, à ce discours profond,
Ce que Pantagruel à Panurge répond :
Pressez-moi de me joindre à femme autre que sotte
Prêchez, patrocinez jusqu'à la Pentecôte;
Vous serez ébahi quand vous serez au bout,
Que vous ne m'aurez rien persuadé du tout.

CHRYSALDE.

Je ne vous dis plus mot.

ARNOLPHE.

Chacun sa méthode.
En femme, comme en tout, je veux suivre ma mode :
Je me vois riche assez pour pouvoir, que je croi,
Choisir une moitié qui tienne tout de moi,
Et de qui la soumise et pleine dépendance
N'ait à me reprocher aucun bien ni naissance.
Un air doux et posé, parmi d'autres enfants,
M'inspira de l'amour pour elle dès quatre ans;
Sa mère se trouvant de pauvreté pressée,
De la lui demander il me vint en pensée;
Et la bonne paysanne, apprenant mon désir,
A s'ôter cette charge eut beaucoup de plaisir.
Dans un petit couvent, loin de toute pratique;
Je la fis élever selon ma politique;
C'est à dire, ordonnant quels soins on emploîerait
Pour la rendre idiote autant qu'il se pourrait.
Dieu merci, le succès a suivi mon attente :
Et grande, je l'ai vue à tel point innocente,
Que j'ai béni le ciel d'avoir trouvé mon fait,
Pour me faire une femme au gré de mon souhait.
Je l'ai donc retirée; et, comme ma demeure
A cent sortes de gens est ouverte à toute heure,
Je l'ai mise à l'écart, comme il faut tout prévoir,
Dans cette autre maison où nul ne me vient voir;
Et, pour ne pas gâter sa bonté naturelle,
Je n'y tiens que des gens tout aussi simples qu'elle.
Vous me direz, pourquoi cette narration?
C'est pour vous rendre instruit de ma précaution.
Le résultat de tout est qu'en ami fidèle
Ce soir je vous invite à souper avec elle;
Je veux que vous puissiez un peu l'examiner,
Et voir si de mon choix on doit me condamner.

CHRYSALDE.

J'y consens.

ARNOLPHE.

Vous pouvez, dans cette conférence;
Juger de la personne et de son innocence.

CHRYSALDE.
Pour cet article-là, ce que vous m'avez dit
Ne peut....

ARNOLPHE.
La vérité passe encor mon récit.
Dans ses simplicités à tous coups je l'admire,
Et parfois elle en dit dont je pâme de rire.
L'autre jour, pourrait-on se le persuader?
Elle était fort en peine, et vint me demander
Avec une innocence à nulle autre pareille,
Si les enfants qu'on fait se faisaient par l'oreille.

CHRYSALDE.
Je me réjouis fort seigneur Arnolphe....

ARNOLPHE.
Bon!
Me voulez-vous toujours appeler de ce nom!

CHRYSALDE.
Ah: malgré que j'en aie, il me vient à la bouche;
Et jamais je ne songe à monsieur de La Souche.
Qui diable vous a fait aussi vous aviser,
A quarante-deux ans de vous débaptiser,
Et d'un vieux tronc pourri de votre métairie
Vous faire dans le monde un nom de seigneurie?

ARNOLPHE.
Outre que la maison par ce nom se connaît,
La Souche plus qu'Arnolphe à mes oreilles plaît.

CHRYSALDE.
Quel abus de quitter le vrai nom de ses pères,
Pour en vouloir prendre un bâti sur des chimères!
De la plupart des gens c'est la démangeaison,
Et, sans vous embrasser dans la comparaison,
Je sais un paysan qu'on appelait Gros Pierre,
Qui, n'ayant pour tout bien qu'un seul quartier de [terre,
Y fit tout à l'entour faire un fossé bourbeux,
Et de monsieur de l'Isle en prit le nom pompeux.

ARNOLPHE.
Vous pourriez vous passer d'exemples de la sorte.
Mais enfin de La Souche est le nom que je porte:
J'y vois de la raison, j'y trouve des appas;
Et m'appeler de l'autre est ne m'obliger pas.

CHRYSALDE.
Cependant la plupart ont peine à s'y soumettre,
Et je vois même encor des adresses de lettre...

ARNOLPHE.
Je le souffre aisément de qui n'est pas instruit,
Mais vous...

CHRYSALDE.
Soit : là dessus nous n'aurons pas de bruit;
Et je prendrai le soin d'accoutumer ma bouche
A ne vous plus nommer que monsieur de La Souche.

ARNOLPHE.
Adieu. Je frappe ici pour donner le bon jour,
Et dire seulement que je suis de retour.

CHRYSALDE, *à part, en s'en allant.*
Ma foi, je le tiens fou de toutes les manières.

ARNOLPHE, *seul.*
Il est un peu blessé de certaines matières.
Chose étrange que de voir comme, avec passion,
Un chacun est chaussé de son opinion!
(*Il frappe à sa porte.*)
Holà!

SCENE II.

ARNOLPHE, ALAIN, GEORGETTE, *dans la maison.*

ALAIN.
Qui heurte?

ARNOLPHE.
à part.
Ouvrez. On aura, que je pense,
Grande joie à me voir après dix jours d'absence.

ALAIN.
Qui va là?

ARNOLPHE.
Moi.

ALAIN.
Georgette!

GEORGETTE.
Hé bien?

ALAIN.
Ouvre là bas.

GEORGETTE.
Vas-y, toi.

ALAIN.
Vas-y toi.

GEORGETTE.
Ma foi, je n'irai pas.

ALAIN.
Je n'irai pas aussi.

ARNOLPHE.
Belle cérémonie,
Pour me laisser dehors! Holà! ho! je vous prie.

GEORGETTE.
Qui frappe?

ARNOLPHE.
Votre maître.

GEORGETTE.
Alain!

ALAIN.
Quoi?

GEORGETTE.
C'est monsieur.
Ouvre vite.

ALAIN.
Ouvre, toi.

GEORGETTE.
Je souffle notre feu.

ALAIN.
J'empêche, peur du chat, que mon moineau ne sorte.

ARNOLPHE.
Quiconque de vous deux n'ouvrira pas la porte,
N'aura point à manger plus de quatre jours.
Ah!

GEORGETTE.
Par quelle raison y venir, quand j'y cours?

ALAIN.
Pourquoi plutôt que moi? Le plaisant stratagême!

GEORGETTE.
Ote-toi donc de là.

ALAIN.
Non, ôte-toi, toi-même.

GEORGETTE.
Je veux ouvrir la porte.

ALAIN.
Et je veux l'ouvrir, moi.

GEORGETTE.
Tu ne l'ouvriras pas.

ALAIN.
Ni toi non plus.

GEORGETTE.
Ni toi.

ARNOLPHE.
Il faut que j'aie ici l'ame bien patiente!

ALAIN, *en entrant.*
Au moins, c'est moi, monsieur.

GEORGETTE, *en entrant.*
Je suis votre servante;
C'est moi.

ALAIN.
Sans le respect de Monsieur que voilà,
Je te....

ARNOLPHE, *recevant un coup d'Alain.*
Peste!

ALAIN.
Pardon.

ARNOLPHE.
Voyez ce lourdaud-là!

ALAIN.
C'est elle aussi, monsieur.

ARNOLPHE.
Que tous deux on se taise.
Songez à me répondre, et laissons la fadaise.
Hé bien! Alain, comment se porte-t-on ici!

ALAIN.
Monsieur, nous nous...
Arnolphe ôte le chapeau de dessus la tête d'Alain.)
Monsieur, nous nous por...
(*Arnolphe l'ôte encore.*)
Dieu merci,
Nous nous...

ARNOLPHE, *ôtant le chapeau d'Alain pour la troisième fois, et le jetant par terre.*
Qui vous apprend, impertinente bête,
A parler devant moi le chapeau sur la tête?

ALAIN.
Vous faites bien, j'ai tort.

ARNOLPHE, *à Alain.*
Faites descendre Agnès.

SCENE III.

ARNOLPHE, GEORGETTE.

ARNOLPHE.
Lorsque je m'en allai, fut-elle triste après?

GEORGETTE.
Triste? Non.

ARNOLPHE.
Non!

GEORGETTE.
Si fait.

ARNOLPHE.
Pourquoi donc?...

GEORGETTE.
Oui, je meure,
Elle vous croyait voir de retour à toute heure;
Et nous n'oyions jamais passer devant chez nous
Cheval, âne, ou mulet, qu'elle ne prît pour vous.

SCENE IV.

ARNOLPHE, AGNÈS, ALAIN, GEORGETTE.

ARNOLPHE.
La besogne à la main! c'est un bon témoignage.
Hé bien! Agnès, je suis de retour du voyage;
En êtes-vous bien aise?

AGNÈS.
Oui, monsieur, dieu merci.

ARNOLPHE.
Et moi de vous revoir je suis bien aise aussi.
Vous vous êtes toujours, comme on voit, bien portée?

AGNÈS.
Hors les puces, qui m'ont la nuit inquiétée.

ARNOLPHE.
Ah! vous aurez dans peu quelqu'un pour les chasser.

AGNÈS.
Vous me ferez plaisir.

ARNOLPHE.
Je le puis bien penser.
Que faites-vous donc là?

AGNÈS.
Je me fais des cornettes.
Vos chemises de nuit et vos coiffes sont faites.

ARNOLPHE.
Ah! voilà qui va bien! Allez, montez là-haut:
Ne vous ennuyez point je reviendrai tantôt,
Et je vous parlerai d'affaires importantes.

SCENE V.

ARNOLPHE, *seul.*

Héroïnes du temps, mesdames les savantes,
Pousseuses de tendresse et de beaux sentiments,
Je défie à la fois tous vos vers, vos romans,
Vos lettres, billets doux, toute votre science,
De valoir cette honnête et pudique ignorance.
Ce n'est point par le bien qu'il faut être ébloui;
Et pourvu que l'honneur soit...

SCÈNE VI.

HORACE, ARNOLPHE,

ARNOLPHE.
Que vois-je! Est-ce...? Oui.
Je me trompe. Nenni. Si fait. Non, c'est lui-même
Hor...

HORACE.
Seigneur Ar...

ARNOLPHE.
Horace.

HORACE.
Arnolphe.

ARNOLPHE.
Ah! joie extrême!
Et depuis quand ici?

HORACE.
Depuis neuf jours.

ARNOLPHE.
Vraiment?

HORACE.
Je fus d'abord chez vous, mais inutilement.

ARNOLPHE.
J'étais à la campagne.

HORACE.
Oui, depuis dix journées.

ARNOLPHE.
Oh! comme les enfants croissent en peu d'années!
J'admire de le voir au point où le voilà,
Après que je l'ai vu pas plus grand que cela.

HORACE.
Vous voyez.

ARNOLPHE
Mais, de grace, Oronte votre père,
Mon bon et cher ami, que j'estime et revère,
Que fait-il à présent? Est-il toujours gaillard?
A tout ce qui le touche, il sait que je prends part:
Nous ne nous sommes vus depuis quatre ans ensemble,
Ni, qui plus est, écrit l'un à l'autre, me semble.

HORACE.
Il est, seigneur Arnolphe, encor plus gai que nous
Et j'avais de sa part une lettre pour vous;
Mais depuis, par une autre, il m'apprend sa venue,
Et la raison encor ne m'en est pas connue.
Savez-vous qui peut être un de vos citoyens,
Qui retourne en ces lieux avec beaucoup de biens,
Qu'il s'est en quatorze ans acquis dans l'Amérique?

ARNOLPHE.
Non. Vous a-t-on point dit comme on le nomme?

HORACE.
Enrique.

ARNOLPHE.
Non.

HORACE.
Mon père m'en parle, et qu'il est revenu,
Comme s'il devait m'être entièrement connu,
Et m'écrit qu'en chemin ensemble ils se vont mettre
Pour un fait important que ne dit point sa lettre.
(*Horace remet la lettre d'Oronte à Arnolphe.*)

ARNOLPHE.
J'aurai certainement grande joie à le voir,
Et pour le régaler je ferai mon pouvoir.
(*Après avoir lu la lettre.*)
Il faut pour des amis des lettres moins civiles,
Et tous ces compliments sont choses inutiles.
Sans qu'il prît le souci de m'en écrire rien,
Vous pouvez librement disposer de mon bien.

HORACE.
Je suis homme à saisir les gens par leurs paroles,
Et j'ai présentement besoin de cent pistoles.

ARNOLPHE.
Ma foi, c'est m'obliger que d'en user ainsi,
Et je me réjouis de les avoir ici.
Gardez aussi la bourse.

HORACE.
Il faut...

ARNOLPHE.
Laissons ce style.
Hé bien! comment encor trouvez-vous cette ville?

HORACE.
Nombreuse en citoyens, superbe en bâtiments;
Et j'en crois merveilleux les divertissements.

ARNOLPHE.
Chacun a ses plaisirs qu'il se fait à sa guise:
Mais pour ceux que du nom de galants on baptise,
Ils ont en ce pays de quoi se contenter,
Car les femmes y sont faites à coqueter:
On trouve d'humeur douce et la brune et la blonde,
Et les maris aussi les plus benins du monde;
C'est un plaisir de prince, et des tours que je voi
Je me donne souvent la comédie à moi.
Peut-être en avez-vous déjà féru quelqu'une.
Vous est-il point encore arrivé de fortune?

Les gens faits comme vous font plus que les écus
Et vous êtes de taille à faire des cocus.

HORACE.

A ne vous rien cacher de la vérité pure,
J'ai d'amour en ces lieux eu certaine aventure,
Et l'amitié m'oblige à vous en faire part.

ARNOLPHE, *à part.*

Bon ! Voici de nouveau quelque conte gaillard ;
Et ce sera de quoi mettre sur mes tablettes.

HORACE.

Mais, de grace, qu'au moins ces choses soient secrètes.

ARNOLPHE.

Oh !

HORACE.

Vous n'ignorez pas qu'en ces occasions,
Un secret éventé rompt nos prétentions.
Je vous avoûrai donc avec pleine franchise
Qu'ici d'une beauté mon ame s'est éprise.
Mes petits soins d'abord on eu tant de succès,
Que je me suis chez elle ouvert un doux accès,
Et, sans trop me vanter ni lui faire une injure,
Mes affaires y sont en fort bonne posture.

ARNOLPHE, *en riant.*

Et c'est?

HORACE, *lui montrant le logis d'Agnès.*

Un jeune objet qui loge en ce logis
Dont vous voyez d'ici que les murs sont rougis;
Simple, à la vérité, par l'erreur sans seconde
D'un homme qui la cache au commerce du monde,
Mais qui, dans l'ignorance où l'on veut l'asservir,
Fait briller des attraits capables de ravir;
Un air tout engageant, je ne sais quoi de tendre
Dont il n'est point de cœur qui se puisse défendre.
Mais peut-être il n'est pas que n'ayez bien vu
Ce jeune astre d'amour de tant d'attraits pourvu :
C'est Agnès qu'on l'appelle.

ARNOLPHE, *à part.*

Ah! je crève!

HORACE.

Pour l'homme,
C'est, je crois, de la Zousse, ou Source, qu'on le nomme;
Je ne me suis pas fort arrêté sur le nom :
Riche, à ce qu'on m'a dit, mais des plus sensés, non :
Et l'on m'en a parlé comme d'un ridicule.
Le connaissez-vous point?

ARNOLPHE, *à part.*

La fâcheuse pilule !

HORACE.

Hé ! vous ne dites mot?

ARNOLPHE.

Eh ! oui, je le connoi.

HORACE.

C'est un fou, n'est-ce pas?

ARNOLPHE.

He...

HORACE.

Qu'en dites-vous? Quoi !
Hé ! c'est à dire, oui? Jaloux à faire rire?
Sot? Je vois qu'il en est ce que l'on m'a pu dire.
Enfin l'aimable Agnès a su m'assujettir.
C'est un joli bijou, pour ne vous point mentir;
Et ce serait péché qu'une beauté si rare
Fût laissé au pouvoir de cet homme bizarre.
Pour moi, tous mes efforts, tous mes vœux les plus doux
Vont à m'en rendre maître en dépit du jaloux;
Et l'argent que de vous j'emprunte avec franchise
N'est que pour mettre à bout cette juste entreprise.
Vous savez mieux que moi, quels que soient nos efforts,
Que l'argent est la clef de tous les grands ressorts,
Et que ce doux métal qui frappe tant de têtes,
En amour, comme en guerre, avance les conquêtes.
Vous me semblez chagrin ! Serait-ce qu'en effet
Vous désapprouveriez le dessein que j'ai fait?

ARNOLPHE.

Non, c'est que je songeais...

HORACE.

Cet entretien vous lasse.
Adieu. J'irai chez vous tantôt vous rendre grace.

ARNOLPHE, *se croyant seul.*

Ah ! faut-il...

HORACE, *revenant.*

Derechef, veuillez être discret ;
Et n'allez pas, de grace, éventer mon secret.

ARNOLPHE, *se croyant seul.*

Que je sens dans mon ame !...

HORACE, *revenant.*

Et surtout à mon père,
Qui s'en ferait peut-être un sujet de colère.

ARNOLPHE, *croyant qu'Horace revient encore.*

Oh !...

SCENE VII.

ARNOLPHE, *seul.*

Oh ! que j'ai souffert durant cet entretien.
Jamais trouble d'esprit ne fut égal au mien.
Avec quelle imprudence et quelle hâte extrême
Il m'est venu conter cette affaire à moi-même !
Bien que mon autre nom le tienne dans l'erreur,
Étourdi montra-t-il jamais tant de fureur?
Mais, ayant tant souffert, je devais me contraindre
Jusques à m'éclaircir de ce que je dois craindre,
A pousser jusqu'au bout son caquet indiscert,
Et savoir pleinement leur commerce secret.
Tâchons de le rejoindre; il n'est pas loin, je pense :
Tirons-en de ce fait l'entière confidence.
Je tremble du malheur qui m'en peut arriver,
Et l'on cherche souvent plus qu'on ne veut trouver.

FIN DU PREMIER ACTE.

ACTE II.

—

SCENE PREMIÈRE.

ARNOLPHE.

Il m'est, lorsque j'y pense, avantageux, sans doute,
D'avoir perdu mes pas, et pu marquer sa route :
Car enfin de mon cœur le trouble impérieux
N'eût pu se renfermer tout entier à ses yeux ;
Il eût fait éclater l'ennui qui me dévore,
Et je ne voudrais pas qu'il sût ce qu'il ignore.
Mais je ne suis pas homme à gober le morceau,
Et laisser un champ libre aux vœux d'un damoiseau.
J'en veux rompre le cours, et, sans tarder, apprendre
Jusqu'où l'intelligence entre eux a pu s'étendre :
J'y prends pour mon honneur un notable intérêt ;
Je la regarde en femme au termes qu'elle en est ;
Elle n'a pu faillir sans me couvrir de honte,
Et tout ce qu'elle a fait enfin est sur mon compte.
Éloignement fatal ! voyage malheureux !

(*Il frappe à sa porte.*)

SCENE II.

ARNOLPHE, ALAIN, GEORGETTE.

ALAIN.

Ah ! monsieur, cette fois...

ARNOLPHE.

Paix. Venez çà, tous deux.
Passez là, passez là, Venez là, venez, dis-je.

GEORGETTE.

Ah ! vous me faites peur, et tout mon sang se fige.

ARNOLPHE.

C'est donc ainsi qu'absent vous m'avez obéi?
Et, tous deux de concert, vous m'avez donc trahi?

GEORGETTE, *tombant aux genoux d'Arnolphe.*
Hé! ne me mangez pas, monsieur, je vous conjure.
ALAIN, *à part.*
Quelque chien enragé l'a mordu, je m'assure.
ARNOLPHE, *à part.*
Ouf! je ne puis parler, tant je suis prévenu;
Je suffoque, et voudrais me pouvoir mettre nu,
(*à Alain et à Georgette.*)
Vous avez donc souffert, ô canaille maudite!
(*à Alain qui veut s'enfuir.*)
Qu'un homme soit venu?... Tu veux prendre la fuite!
(*à Gorgette.*)
Il faut que sur le champ... Si tu bouges... Je veux
(*à Alain.*)
Que vous me disiez... Hé! oui, je veux que tous deux...
(*Alain et Georgette se lèvent et veulent encore s'enfuir.*)
Quiconque remûra, par la mort! je l'assomme.
Comme est-ce que chez moi s'est introduit cet homme?
Hé! parlez. Dépêchez, vite, promptement, tôt,
Sans rêver. Veut-on dire?
ALAIN ET GEORGETTE.
Ah! Ah!
GEORGETTE, *retombant aux genoux d'Arnolphe.*
Le cœur me faut.
ALAIN, *retombant aux genoux d'Arnolphe.*
Je meurs.
ARNOLPHE, *à part.*
Je suis en eau: prenons un peu d'haleine;
Il faut que je m'évente et que je me promène.
Aurai-je deviné, quand je l'ai vu petit,
Qu'il croîtrait pour cela? Ciel! que mon cœur pâtit!
Je pense qu'il vaut mieux que de sa propre bouche
Je tire avec douceur l'affaire qui me touche.
Tâchons à modérer notre ressentiment.
Patience, mon cœur, doucement, doucement.
(*à Alain et à Georgette.*
Levez-vous, et, rentrent, faites qu'Agnès descende.
(*à part.*)
Arrêtez. Sa surprise en deviendrait moins grande:
Du chagrin qui me trouble ils iraient l'avertir,
Et moi-même je veux l'aller faire sortir.
(*à Alain et à Georgette.*)
Que l'on m'attende ici.

SCENE III.

ALAIN, GEORGETTE.

GEORGETTE.
Mon Dieu! qu'il est terrible!
Ses regards m'ont fait peur, mais une peur horrible;
Et jamais je ne vis un plus hideux chrétien.
ALAIN.
Ce monsieur l'a fâché; je te le disais bien.
GEORGETTE.
Mais que diantre est-ce là, qu'avec tant de rudesse
Il nous fait au logis garder notre maîtresse?
D'où vient qu'à tout le monde il veut tant la cacher,
Et qu'il ne saurait voir personne en approcher?
ALAIN.
C'est que cette action le met en jalousie.
GEORGETTE.
Mais d'où vient qu'il est pris de cette fantaise?
ALAIN.
Cela vient... Cela vient de ce qu'il est jaloux.
GEORGETTE.
Oui; mais pourquoi l'est-t-il? et pourquoi ce courroux?
ALAIN.
C'est que la jalousie... entends-tu bien Georgette?
Est une chose... là... qui fait qu'on s'inquiète...
Et qui chasse les gens d'autour d'une maison.
Je m'en vais te bailler une comparaison,
Afin de concevoir la chose davantage;
Dis-moi, n'est-il pas vrai, quand tu tiens ton potage,
Que, si quelque affamé venait pour en manger,
Tu serais en colère, et voudrais le charger?
GEORGETTE.
Oui, je comprends cela.
ALAIN.
C'est justement tout comme.
La femme est, en effet, le potage de l'homme;
Et quand un homme voit d'autres hommes parfois
Qui veulent dans sa soupe aller tremper leurs doigts,
Il en montre aussitôt une colère extrême.
GEORGETTE.
Oui; mais pourquoi chacun n'en fait-il pas de même,
Et que nous en voyons qui paraissent joyeux,
Lorsque leurs femmes sont avec les biaux monsieux?
ALAIN.
C'est que chacun n'a pas cette amitié goulue,
Qui n'en veut que pour soi.
GEORGETTE.
Si je n'ai la berlue,
Je le vois qui revient.
ALAIN.
Tes yeux sont bons, c'est lui.
GEORGETTE.
Vois comme il est chagrin.
ALAIN.
C'est qu'il a de l'ennui.

SCÈNE IV.

ARNOLPHE, ALAIN, GEORGETTE.

ARNOLPHE, *à part.*
Un certain Grec disait à l'empereur Auguste,
Comme une instruction utile autant que juste,
Que, lorsqu'une aventure en colère nous met,
Nous devons, avant tout, dire notre alphabet,
Afin que dans ce temps la bile se tempère,
Et qu'on ne fasse rien que l'on ne doive faire.
J'ai suivi sa leçon sur le sujet d'Agnès,
Et je la fais venir dans ce lieu tout exprès,
Sous prétexte d'y faire un tour de promenade,
Afin que les soupçons de mon esprit malade
Puissent sur le discours la mettre adroitement,
Et, lui sondant le cœur, s'éclaircir doucement.

SCÈNE V.

ARNOLPHE, AGNÈS, ALAIN, GEORGETTE.

ARNOLPHE.
Venez, Agnès.
(*à Alain et à Georgette.*)
Rentrez.

SCENE VI.

ARNOLPHE, AGNÈS.

ARNOLPHE.
La promenade est belle.
AGNÈS.
Fort belle.
ARNOLPHE.
Le beau jour!
AGNÈS.
Fort beau.
ARNOLPHE.
Quelle nouvelle?
AGNÈS.
Le petit chat est mort.
ARNOLPHE.
C'est dommage; mais quoi
Nous sommes tous mortels, et chacun est pour soi.
Lorsque j'étais aux champs, n'a-t-il point fait de pluie?
AGNÈS.
Non.
ARNOLPHE.
Vous ennuyait-il?
AGNÈS.
Jamais je ne m'ennuie.
ARNOLPHE.
Qu'avez-vous fait encor ces neuf ou dix jours-ci?
AGNÈS.
Six chemises, je pense, et six coiffes aussi.
ARNOLPHE, *après avoir un peu rêvé.*
Le monde, chère Agnès, est une étrange chose!
Voyez la médisance, et comme chacun cause!
Quelques voisins m'ont dit qu'un jeune homme in-
Etait en mon absence à la maison venu; [connu
Que vous aviez souffert sa vue et ses harangues;
Mais je n'ai point pris foi sur ces méchantes langues,
Et j'ai voulu gager que c'était faussement..

AGNÈS.

Mon Dieu ! ne gagez pas, vous perdriez vraiment.

ARNOLPHE.

Quoi ! c'est la vérité qu'un homme...?

AGNÈS.

Chose sûre.
Il n'a presque bougé de chez nous, je vous jure.

ARNOLPHE, *bas à part.*

Cet aveu qu'elle fait avec sincérité
Me marque pour le moins son ingénuité.
(*haut.*)
Mais il me semble, Agnès, si ma mémoire est bonne,
Que j'avais défendu que vous vissiez personne.

AGNÈS.

Oui : mais quand je l'ai vu, vous ignoriez pourquoi ;
Et vous en auriez fait, sans doute, autant que moi.

ARNOLPHE.

Peut-être. Mais enfin contez-moi cette histoire.

AGNÈS.

Elle est fort étonnante et difficile à croire.
J'étais sur le balcon à travailler au frais,
Lorsque je vis passer sous les arbres d'auprès
Un jeune homme bien fait, qui, rencontrant ma vue,
D'une humble révérence aussitôt me salue :
Moi, pour ne point manquer à la civilité,
Je fis la révérence aussi de mon côté.
Soudain il me refait une autre révérence ;
Moi, j'en refais de même une autre en diligence ;
Et lui d'une troisième aussitôt repartant,
D'une troisième aussi j'y repars à l'instant.
Il passe, vient, repasse, et toujours, de plus belle,
Me fait à chaque fois révérence nouvelle ;
Et moi, qui tous ses tours fixement regardais,
Nouvelle révérence aussi je lui rendais :
Tant que, si sur ce point la nuit ne fût venue,
Toujours comme cela je me serais tenue,
Ne voulant point céder, ni recevoir l'ennui
Qu'il me pût estimer moins civile que lui.

ARNOLPHE.

Fort bien.

AGNÈS.

Le lendemain, étant sur notre porte,
Une vieille m'aborde en parlant de la sorte :
« Mon enfant, le bon Dieu puisse-t-il vous bénir,
« Et dans tous vos attraits longtemps vous maintenir.
« Il ne vous a pas faite une belle personne
« Afin de mal user des choses qu'il vous donne ;
« Et vous devez savoir que vous avez blessé
« Un cœur qui de s'en plaindre est aujourd'hui forcé. »

ARNOLPHE, *à part.*

Ah ! suppôt de Satan ! exécrable damnée !

AGNÈS.

Moi, j'ai blessé quelqu'un ! fis-je tout étonnée.
« Oui, dit-elle, blessé, mais blessé tout de bon ;
« Et c'est l'homme qu'hier vous vîtes du balcon. »
Hélas ! qui pourrait, dis-je, en avoir été cause ?
Sur lui, sans y penser, fis-je choir quelque chose ?
« Non, dit-elle, vos yeux ont fait ce coup fatal,
« Et c'est de leurs regards qu'est venu tout son mal. »
Hé ! mon Dieu ! ma surprise est, fis-je, sans seconde ;
Mes yeux ont-ils du mal pour en donner au monde ?
« Oui, fit-elle, vos yeux, pour causer le trépas,
« Ma fille, ont un venin que vous ne savez pas.
« En un mot, il languit le pauvre misérable ;
« Et, s'il faut, poursuivit la vieille charitable,
« Que votre cruauté lui refuse un secours,
« C'est un homme à porter en terre dans deux jours. »
Mon Dieu ! j'en aurais, dis-je, une douleur bien gran-
Mais pour le secourir qu'est-ce qu'il me demande ? [de.
« Mon enfant, me dit-elle, il ne veut obtenir
« Que le bien de vous voir et vous entretenir ;
« Vos yeux peuvent eux seuls empêcher sa ruine,
« Et du mal qu'ils ont fait être la médecine. »
Hélas ! volontiers, dis-je ; et, puisqu'il est ainsi,
Il peut, tant qu'il voudra, me venir voir ici.

ARNOLPHE, *à part.*

Ah ! sorcière maudite, empoisonneuse d'âmes,
uisse l'enfer payer tes charitables trames !

AGNÈS.

Voilà comme il me vit, et reçut guérison.
Vous-même, à votre avis, n'ai-je pas eu raison ?
Et pouvais-je, après tout, avoir la conscience
De le laisser mourir, faute d'une assistance ?
Moi qui compâtis tant aux gens qu'on fait souffrir,
Et ne puis, sans pleurer, voir un poulet mourir !

ARNOLPHE, *bas, à part.*

Tout cela n'est parti que d'une âme innocente ;
Et j'en dois accuser mon absence imprudente,
Qui sans guide a laissé cette bonté de mœurs
Exposée aux aguets des rusés séducteurs.
Je crains que le pendard, dans ses vœux téméraires
Un peu plus fort que jeu ait poussé les affaires.

AGNÈS.

Qu'avez-vous ? Vous grondez, ce me semble, un petit ?
Est-ce que c'est mal fait ce que je vous ai dit ?

ARNOLPHE.

Non. Mais de cette vue apprenez-moi les suites,
Et comme le jeune homme a passé ses visites.

AGNÈS.

Hélas ! si vous saviez comme il était ravi,
Comme il perdit son mal sitôt que je le vi,
Le présent qu'il m'a fait d'une belle cassette,
Et l'argent qu'en ont eu notre Alain et Georgette,
Vous l'aimeriez sans doute, et diriez comme nous...

ARNOLPHE.

Oui, mais que faisait-il, étant seul avec vous ?

AGNÈS.

Il disait qu'il m'aimait d'une amour sans seconde,
Et me disait des mots les plus gentils du monde,
Des choses que jamais rien ne peut égaler,
Et dont, toutes les fois que je l'entends parler,
La douceur me chatouille, et là-dedans remue
Certain je ne sais quoi dont je suis tout émue.

ARNOLPHE, *bas, à part.*

O fâcheux examen d'un mystère fatal,
Où l'examinateur souffre seul tout le mal !
(*haut.*)
Outre tous ces discours, toutes ces gentillesses,
Ne vous faisait-il point aussi quelques caresses ?

AGNÈS.

Oh tant ! il me prenait et les mains et les bras,
Et de me les baiser il n'était jamais las.

ARNOLPHE.

Ne vous a-t-il point pris, Agnès, quelque autre chose ?
(*La voyant interdite.*)
Ouf !

AGNÈS.

Hé ! il m'a....

ARNOLPHE.

Quoi ?

AGNÈS.

Pris...

ARNOLPHE.

Hé !

AGNÈS.

Le...

ARNOLPHE.

Plaît-il ?

AGNÈS.

Je n'ose,
Et vous vous fâcherez peut-être contre moi.

ARNOLPHE.

Non.

AGNÈS.

Si fait.

ARNOLPHE.

Mon Dieu ! non.

AGNÈS.

Jurez donc votre foi.

ARNOLPHE.

Ma foi, soit.

AGNÈS.

Il m'a pris... Vous serez en colère.

ARNOLPHE.

Non.

AGNÈS.

Si.

ARNOLPHE.

Non, non, non, non. Diantre! que de mystère!
Qu'est-ce qu'il vous a pris?

AGNÈS.

Il...

ARNOLPHE, *à part.*

Je souffre en damné.

AGNÈS.

Il m'a pris le ruban que vous m'aviez donné.
A vous dire le vrai, je n'ai pu m'en défendre.

ARNOLPHE, *reprenant haleine.*

Passe pour le ruban. Mais je voulais apprendre
S'il ne vous a rien fait que vous baiser le bras.

AGNÈS.

Comment! est-ce qu'on fait d'autres choses?

ARNOLPHE.

Non pas.
Mais, pour guérir du mal qu'il dit qui le possède,
N'a-t-il pas exigé de vous d'autre remède?

AGNÈS.

Non. Vous pouvez juger s'il en eût demandé,
Que pour le secourir j'aurais tout accordé.

ARNOLPHE, *bas, à part.*

Grace aux bontés du ciel, j'en suis quitte à bon compte:
Si j'y retombe plus, je veux bien qu'on m'affronte.

(*haut.*)

Chut. De votre innocence, Agnès, c'est un effet;
Je ne vous en dis mot. Ce qui s'est fait est fait.
Je sais qu'en vous flattant le galant ne désire
Que de vous abuser, et puis après s'en rire.

AGNÈS.

Oh! point. Il me l'a dit plus de vingt fois à moi.

ARNOLPHE.

Ah! vous ne savez pas ce que c'est que sa foi.
Mais enfin apprenez qu'accepter des cassettes,
Et de ces beaux blondins écouter les sornettes;
Que se laisser par eux, à force de langueur,
Baiser ainsi les mains, et chatouiller le cœur,
Est un péché mortel des plus gros qu'il se fasse.

AGNÈS.

Un péché, dites-vous! Et la raison, de grace?

ARNOLPHE.

La raison? La raison est l'arrêt prononcé
Que par ces actions le ciel est courroucé.

AGNÈS.

Courroucé! Mais pourquoi faut-il qu'il s'en courrouce
C'est une chose, hélas! si plaisante et si douce.
J'admire quelle joie on goûte à tout cela;
Et je ne savais point encor ces choses là.

ARNOLPHE.

Oui, c'est un grand plaisir que toutes ces tendresses,
Ces propos si gentils et ces douces caresses;
Mais il faut le goûter en toute honnêteté,
Et qu'en se mariant le crime en soit ôté.

AGNÈS.

N'est-ce plus un péché, lorsque l'on se marie?

ARNOLPHE.

Non.

AGNÈS.

Mariez-moi donc promptement, je vous prie.

ARNOLPHE.

Si vous le souhaitez, je le souhaite aussi,
Et pour vous marier on me revoit ici.

AGNÈS.

Est-il possible?

ARNOLPHE.

Oui.

AGNÈS.

Que vous me ferez aise!

ARNOLPHE.

Oui, je ne doute point que l'hymen ne vous plaise.

AGNÈS.

Vous nous voulez nous deux...

ARNOLPHE.

Rien de plus assuré.

AGNÈS.

Que, si cela se fait, je vous caresserai!

ARNOLPHE.

Hé! la chose sera de ma part réciproque.

AGNÈS.

Je ne reconnais point, pour moi quand on se moque
Parlez-vous tout de bon?

ARNOLPHE.

Oui, vous le pourrez voir.

AGNÈS.

Nous serons mariés?

ARNOLPHE.

Oui.

AGNÈS.

Mais quand?

ARNOLPHE.

Dès ce soir.

AGNÈS, *riant.*

Dès ce soir?

ARNOLPHE.

Dès ce soir. Cela vous fait donc rire?

AGNÈS.

Oui.

ARNOLPHE.

Vous voir bien contente est ce que je désire.

AGNÈS.

Hélas! que je vous ai grande obligation,
Et qu'avec lui j'aurai de satisfaction!

ARNOLPHE.

Avec qui?

AGNÈS.

Avec... Là...

ARNOLPHE.

Là... Là n'est pas mon compte.
A choisir un mari vous êtes un peu prompte.
C'est un autre, en un mot, que je vous tiens tout prêt.
Et, quant au monsieur là, je prétends, s'il vous plaît,
Dût le mettre au tombeau le mal dont il vous berce,
Qu'avec lui désormais vous rompiez tout commerce;
Que, venant au logis, pour votre compliment,
Vous lui fermiez au nez la porte honnêtement;
Et, lui jetant, s'il heurte, un grès par la fenêtre,
L'obligiez tout de bon à ne plus y paraître.
M'entendez-vous, Agnès? Moi caché dans un coin,
De votre procédé je serai le témoin.

AGNÈS.

Las! il est si bien fait! C'est...

ARNOLPHE.

Ah! que de langage!

AGNÈS.

Je n'aurai pas le cœur...

ARNOLPHE.

Point de bruit davantage.
Montez là-haut.

AGNÈS.

Mais quoi! voulez-vous...

ARNOLPHE.

C'est assez
Je suis maître, je parle; allez, obéissez.

FIN DU SECOND ACTE.

ACTE TROISIÈME.

SCÈNE PREMIÈRE.

ARNOLPHE, AGNÈS, ALAIN, GEORGETTE.

ARNOLPHE.

Oui, tout a bien été, ma joie est sans pareille :
Vous avez là suivi mes ordres à merveille,
Confondu de tout point le blondin séducteur;
Et voilà de quoi sert un sage directeur.
Votre innocence, Agnès, avait été surprise:
Voyez, sans y penser où vous vous étiez mise.
Vous enfiliez tout droit sans mon instruction,
Le grand chemin d'enfer et de perdition.
De tous ces damoiseaux on sait trop les coutumes :
Ils ont des beaux canons, force rubans et plumes,
Grands cheveux, belles dents, et des propos fort doux;
Mais, comme je vous dis, la griffe est là-dessous;
Et ce sont vrais satans, dont la gueule altérée
De l'honneur féminin cherche à faire curée.
Mais, encore une fois, grace au soin apporté,
Vous en êtes sortie avec honnêteté.
L'air dont je vous ai vu lui jeter cette pierre,
Qui de tous ses desseins a mis l'espoir par terre,
Me confirme encor mieux à ne point différer
Les noces où je dis qu'il vous faut préparer.
Mais, avant toute chose, il est bon de vous faire
Quelque petit discours qui vous soit salutaire.
(*à Georgette et à Alain.*)
Un siège au frais ici. Vous, si jamais en rien...

GEORGETTE.

De toutes vos leçons nous nous souviendrons bien.
Cet autre monsieur-là nous en faisait accroire :
Mais...

ALAIN.

S'il entre jamais, je veux jamais ne boire.
Aussi bien est-ce un sot; il nous a l'autre fois
Donné deux écus d'or qui n'étaient pas de poids.

ARNOLPHE.

Ayez donc pour souper tout ce que je désire ;
Et pour notre contrat comme je viens dire,
Faites venir ici, l'un ou l'autre, au retour,
Le notaire qui loge au coin du carrefour.

SCENE II.

ARNOLPHE, AGNÈS.

ARNOLPHE, *assis.*

Agnès, pour m'écouter, laissez là votre ouvrage :
Levez un peu la tête, et tournez le visage :
(*mettant le doigt sur son front.*)
Là, regardez-moi là durant cet entretien;
Et, jusqu'au moindre mot, imprimez-le-vous bien.
Je vous épouse, Agnès; et, cent fois la journée,
Vous devez bénir l'heur de votre destinée,
Contempler la bassesse où vous avez été,
Et dans le même temps admirer ma bonté,
Qui, de ce vil état de pauvre villageoise
Vous, fait monter au rang d'honorable bourgeoise,
Et jouir de la couche et des embrassements
D'un homme qui fuyait tous ces engagements,
Et dont à vingt partis, fort capables de plaire,
Le cœur a refusé l'honneur qu'il vous veut faire.
Vous devez toujours, dis-je, avoir devant les yeux
Le peu que vous étiez sans ce nœud glorieux,
Enfin que cet objet d'autant mieux vous instruise
A mériter l'état où je vous aurai mise,
A toujours vous connaître, et faire qu'à jamais
Je puisse me louer de l'acte que je fais.
Le mariage, Agnès, n'est pas un badinage:
A d'austères devoirs le rang de femme engage :
Et vous n'y montez pas, à ce que je prétends,
Pour être libertine et prendre du bon temps.
Votre sexe n'est là que pour la dépendance :
Du côté de la barbe est la toute puissance.
Bien qu'on soit deux moitiés de la société,
Ces deux moitiés pourtant n'ont point d'égalité :
L'une est moitié suprême, et l'autre subalterne;
L'une en tout est soumise à l'autre qui gouverne;
Et ce que le soldat dans son devoir instruit ;
Montre d'obéissance au chef qui le conduit,
Le valet à son maître, un enfant à son père,
A son supérieur le moindre petit frère,
N'approche point encor de la docilité,
Et de l'obéissance, et de l'humilité,
Et du profond respect où la femme doit être
Pour son mari, son chef, son seigneur et son maître.
Lorsqu'il jette sur elle un regard sérieux,
Son devoir aussitôt est de baisser les yeux,
Et de n'oser jamais le regarder en face,
Que quand d'un doux regard il lui veut faire grace.
C'est ce qu'entendent mal les femmes d'aujourd'hui :
Mais ne vous gâtez pas sur l'exemple d'autrui.
Gardez-vous d'imiter ces coquettes vilaines
Dont par toute la ville on chante les fredaines.
Et de vous laisser prendre aux assauts du malin,
C'est à dire d'ouïr aucun jeune blondin.
Songez qu'en vous faisant moitié de ma personne,
C'est mon honneur, Agnès, que je vous abandonne;
Que cet honneur est tendre, et se blesse de peu;
Que sur un tel sujet il ne faut point de jeu ;
Et qu'il est aux enfers des chaudières bouillantes
Où l'on plonge à jamais les femmes mal vivantes.
Ce que je vous dis là ne sont pas des chansons ;
Et vous devez du cœur dévorer ses leçons.
Si votre ame les suit, et fuit d'être coquête,
Elle sera toujours, comme un lys, blanche et nette :
Mais s'il faut qu'à l'honneur elle fasse un faux bond,
Elle deviendra lors noire comme un charbon ;
Vous paraîtrez à tous un objet effroyable,
Et vous irez un jour, vrai partage du diable,
Bouillir dans les enfers à toute éternité,
Dont vous veuille garder la céleste bonté !
Faites la révérence. Ainsi qu'une novice
Par cœur dans le couvent doit savoir son office,
Entrant au mariage il en faut faire autant ;
Et voici dans ma poche un écrit important,
Qui vous enseignera l'office de la femme.
J'en ignore l'auteur; mais c'est quelque bonne ame,
Et je veux que ce soit votre unique entretien.
(*il se lève.*)
Tenez. Voyons un peu si vous le lirez bien.

AGNÈS, *lit.*

LES MAXIMES DU MARIAGE,

OU

LES DEVOIRS DE LA FEMME MARIÉE;

avec son exercice journalier.

PREMIÈRE MAXIME.

Celle qu'un lien honnête
Fait entrer au lit d'autrui,
Doit se mettre dans la tête,
Malgré le train d'aujourd'hui,
Que l'homme qui la prend ne la prend que pour lui.

ARNOLPHE.

Je vous expliquerai ce que cela veut dire ;
Mais pour l'heure présente il ne faut rien que lire.

AGNÈS, *poursuit.*

DEUXIÈME MAXIME.

Elle ne doit se parer
Qu'autant que peut désirer
Le mari qui la possède :
C'est lui que touche seul le soin de sa beauté ;
Et pour rien doit être compté
Que les autres la trouvent laide.

TROISIÈME MAXIME.

Loin ces études d'œillades,
Ces eaux, ces blancs, ces pommades,

Et mille ingrédients qui font des teints fleuris :
A l'honneur, tous les jours, ce sont drogues mortelles;
Et les soins de paraître belles
Se prennent peu pour les maris.

QUATRIÈME MAXIME.

Sous sa coiffe en sortant, comme l'honneur l'ordonne,
Il faut que de ses yeux elle étouffe les coups :
Car, pour bien plaire à son époux,
Elle ne doit plaire à personne.

CINQUIÈME MAXIME.

Hors ceux dont au mari la visite se rend,
La bonne règle défend
De recevoir aucune ame :
Ceux qui de galante humeur
N'ont affaire qu'à madame,
N'accommodent pas monsieur.

SIXIÈME MAXIME.

Il faut des présents des hommes
Qu'elle se défende bien :
Car, dans le siècle où nous sommes,
On ne donne rien pour rien.

SEPTIÈME MAXIME.

Dans ses meubles, dût-elle en avoir de l'ennui,
Il ne faut écritoire, encre, papier, ni plumes :
Le mari doit, dans les bonnes coutumes,
Ecrire tout ce qui s'écrit chez lui.

HUITIÈME MAXIME.

Ces sociétés déréglées,
Qu'on nomme belles assemblées,
Des femmes tous les jours corrompent les esprits :
En bonne politique on les doit interdire;
Car c'est là que l'on conspire
Contre les pauvres maris.

NEUVIÈME MAXIME.

Toute femme qui veut à l'honneur se vouer
Doit se défendre de jouer;
Comme d'une chose funeste :
Car le jeu, fort décevant,
Pousse une femme souvent
A jouer de tout son reste.

DIXIÈME MAXIME.

Des promenades du temps,
Ou repas qu'on donne aux champs,
Il ne faut point qu'elle essaie.
Selon les prudents cerveaux,
Le mari dans ses cadeaux
Est toujours celui qui paie.

ONZIÈME MAXIME.

. . . .

ARNOLPHE.

Vous achèverez seule; et, pas à pas, tantôt
Je vous expliquerai ces choses comme il faut.
Je me suis souvenu d'une petite affaire :
Je n'ai qu'un mot à dire, et ne tarderai guère.
Rentrez; et conservez ce livre chèrement.
Si le notaire vient, qu'il m'attende un moment.

SCENE III.

ARNOLPHE, *seul.*

Je ne puis faire mieux que d'en faire ma femme.
Ainsi que je voudrai, je tournerai cette ame;
Comme un morceau de cire entre mes mains elle est,
Et je lui puis donner la forme qu'il me plaît.
Il s'en est peu fallu que, durant mon absence,
On ne m'ait attrapé par son trop d'innocence;
Mais il vaut beaucoup mieux, à dire vérité,
Que la femme qu'on a pèche de ce côté.
De ces sortes d'erreurs le remède est facile.
Toute personne simple aux leçons est docile;
Et, si du bon chemin on la fait écarter,
Deux mots incontinent l'y peuvent rejeter.
Mais une femme habile est bien une autre bête;
Notre sort ne dépend que de sa seule tête,
De ce qu'elle s'y met rien ne la fait gauchir,
Et nos enseignements ne font là que blanchir :
Son bel esprit lui sert à railler nos maximes,
A se faire souvent des vertus de ses crimes,
Et trouver, pour venir à ses coupables fins,
Des détours à duper l'adresse des plus fins.
Pour se parer du coup en vain on se fatigue :
Une femme d'esprit est un diable en intrigue;
Et, dès que son caprice a prononcé tout bas
L'arrêt de notre honneur, il faut passer le pas :
Beaucoup d'honnêtes gens en pourraient bien que dire,
Enfin mon étourdi n'aura pas lieu d'en rire :
Par son trop de caquet, il a ce qu'il lui faut.
Voilà de nos Français l'ordinaire défaut :
Dans la possession d'une bonne fortune,
Le secret est toujours ce qui les importune;
Et la vanité sotte a pour eux tant d'appas,
Qu'ils se pendraient plutôt que de ne causer pas.
Oh! que les femmes sont du diable bien tentées
Lorsqu'elles vont choisir ces têtes éventées!
Et que... Mais le voici. Cachons-nous toujours bien,
Et découvrons un peu quel chagrin est le sien.

SCENE IV.

HORACE, ARNOLPHE.

HORACE.

Je reviens de chez vous, et le destin me montre
Qu'il n'a pas résolu que je vous y rencontre.
Mais j'irai tant de fois, qu'enfin quelque moment...

ARNOLPHE.

Hé! mon Dieu! n'entrons point dans ce vain compliment :
Rien ne me fâche tant que ces cérémonies.
Et, si l'on m'en croyait, elles seraient bannies,
C'est un maudit usage; et la plupart des gens
Y perdent sottement les deux tiers de leur temps.
(*Il se couvre.*)
Mettons donc sans façon. Hé bien! vos amourettes?
Puis-je, seigneur Horace, apprendre où en vous êtes?
J'étais tantôt distrait par quelque vision;
Mais depuis là-dessus j'ai fait réflexion.
De vos premiers progrès j'admire la vitesse,
Et dans l'évènement mon ame s'intéresse.

HORACE.

Ma foi, depuis qu'à vous s'est découvert mon cœur,
Il est à mon amour arrivé du malheur.

ARNOLPHE.

Oh! oh! comment cela?

HORACE.

La fortune cruelle
A ramené des champs le patron de la belle.

ARNOLPHE.

Quel malheur!

HORACE.

Et de plus, à mon très grand regret,
Il a su de nous deux le commerce secret.

ARNOLPHE.

D'où diantre a-t-il sitôt appris cette aventure?

HORACE.

Je ne sais; mais enfin c'est une chose sure.
Je pensais aller rendre, à mon heure à peu près,
Ma petite visite à ses jeunes attraits,
Lorsque, changeant pour moi de ton et de visage,
Et servante et valet m'ont bouché le passage,
Et d'un *Retirez-vous, vous nous importunez*,
M'ont assez rudement fermé la porte au nez.

ARNOLPHE.

La porte au nez!

HORACE.

Au nez.

ARNOLPHE.

La chose est un peu forte.

HORACE.

J'ai voulu leur parler au travers de la porte;
Mais à tous mes propos ce qu'ils ont répondu,
C'est *Vous n'entrerez point; monsieur l'a défendu.*

ARNOLPHE.

Ils n'ont donc point ouvert?

HORACE.

Non. Et de la fenêtre
Agnès m'a confirmé le retour de ce maître,
En me chassant de là plein d'un ton de fierté,
Accompagné d'un grès que sa main a jeté.

ARNOLPHE.

Comment! d'un grès!

HORACE.

D'un grès de taille non petite,
Dont on a par ses mains régalé ma visite.

ARNOLPHE.

Diantre! ce ne sont pas des prunes que cela!
Et je trouve fâcheux l'état où vous voilà.

HORACE.

Il est vrai, je suis mal par ce retour funeste.

ARNOLPHE.

Certes, j'en suis fâché pour vous, je vous proteste.

HORACE.

Cet homme me rompt tout.

ARNOLPHE.

Oui; mais cela n'est rien,
Et de vous raccrocher vous trouverez moyen.

HORACE.

Il faut bien essayer par quelque intelligence,
De vaincre du jaloux l'exacte vigilance.

ARNOLPHE.

Cela vous est facile; et la fille, après tout,
Vous aime.

HORACE.

Assurément.

ARNOLPHE.

Vous en viendrez à bout.

HORACE.

Je l'espère.

ARNOLPHE.

Le grès vous a mis en déroute;
Mais cela ne doit pas vous étonner.

HORACE.

Sans doute;
Et j'ai compris d'abord que mon homme était là,
Qui, sans se faire voir, conduisait tout cela.
Mais ce qui m'a surpris, et qui va vous surprendre,
C'est un autre incident que vous allez entendre;
Un trait hardi qu'a fait cette jeune beauté,
Et qu'on n'attendrait point de sa simplicité.
Il le faut avouer, l'amour est un grand maître:
Ce qu'on ne fut jamais il nous enseigne à l'être;
Et souvent de nos mœurs l'absolu changement
Devient par ses leçons l'ouvrage d'un moment.
De la nature en nous il force les obstacles,
Et ses effets soudains ont de l'air des miracles.
D'un avare à l'instant il fait un libéral,
Un vaillant d'un poltron, un civil d'un brutal;
Il rend agile à tout l'ame la plus pesante,
Et donne de l'esprit à la plus innocente.
Oui, ce dernier miracle éclate dans Agnès;
Car tranchant avec moi par ces termes exprès:
« Retirez-vous, mon ame aux visites renonce,
« Je sais tous vos discours; et voilà ma réponse: »
Cette pierre ou ce grès dont vous vous étonniez
Avec un mot de lettre est tombée à mes pieds:
Et j'admire de voir cette lettre ajustée
Avec le sens des mots, et la pierre jetée.
D'une telle action n'êtes-vous pas surpris?
L'amour sait-il pas l'art d'aiguiser les esprits?
Et peut-on me nier que ses flammes puissantes
Ne fassent dans un cœur des choses étonnantes?
Que dites-vous du tour et de ce mot d'écrit?
Euh! n'admirez vous point cette adresse d'esprit?
Trouvez-vous pas plaisant de voir quel personnage
A joué mon jaloux dans tous ce badinage?
Dites.

ARNOLPHE.

Oui, fort plaisant.

HORACE.

Riez-en donc un peu.
(*Arnolphe rit d'un air forcé.*)
Cet homme gendarmé d'abord contre mon feu,
Qui chez lui se retranche, et de grès fait parade,
Comme si j'y voulais entrer par escalade;
Qui, pour me repousser, dans son bizarre effroi,
Anime du dedans tous ses gens contre moi;
Et qu'abuse à ses yeux, par sa machine même,
Celle qu'il veut tenir dans l'ignorance extrême!
Pour moi, je vous l'avoue, encor que son retour
En un grand embarras jette ici mon amour,
Je tiens cela plaisant, autant qu'on saurait dire:
Je ne puis y songer sans de bon cœur en rire,
Et vous n'en riez pas assez, à mon avis.

ARNOLPHE, *avec un ris forcé.*

Pardonnez-moi, j'en ris tout autant que je puis.

HORACE.

Mais il faut qu'en ami je vous montre sa lettre.
Tout ce que son cœur sent, sa main a su l'y mettre;
Mais en termes touchants et tout pleins de bonté,
De tendresse innocente et d'ingénuité,
De la manière enfin que la pure nature
Exprime de l'amour la première blessure.

ARNOLPHE, *bas, à part.*

Voilà, friponne, à quoi l'écriture te sert
Et, contre mon dessein, l'art t'en fut découvert.

HORACE.

« Je veux vous écrire, et je suis bien en peine par « où je m'y prendrai. J'ai des pensées que je désire- « rais que vous sussiez; mais je ne sais comment faire « pour vous les dire, et je me défie de mes paroles. « Comme je commence à connaître qu'on m'a tou- « jours tenue dans l'ignorance, j'ai peur de mettre « quelque chose qui ne soit pas bien, et d'en dire « plus que je ne devrais. En vérité, je ne sais ce que « vous m'avez fait, mais je sens que je suis fâchée à « mourir de ce qu'on me fait faire contre vous, que « j'aurai toutes les peines du monde à me passer de « vous, et que je serais bien aise d'être à vous. Peut- « être qu'il y a du mal à dire cela; mais enfin je ne « puis m'empêcher de le dire, et je voudrais que cela « se pût faire sans qu'il y en eût. On me dit fort que « tous les jeunes hommes sont des trompeurs, qu'il « ne les faut point écouter, et que tout ce que vous « me dites n'est que pour m'abuser; mais je vous as- « sure que je n'ai pu encore me figurer cela de vous; « et je suis si touchée de vos paroles, que je ne sau- « rais croire qu'elles soient menteuses. Dites-moi « franchement ce qui en est; car enfin, comme je suis « sans malice, vous auriez le plus grand tort du « monde, si vous me trompiez; et je pense que j'en « mourrais de déplaisir. »

ARNOLPHE, *à part.*

Hon! chienne!

HORACE.

Qu'avez-vous?

ARNOLPHE.

Moi, rien, c'est que je tousse.

HORACE.

Avez-vous jamais vu d'expression plus douce?
Malgré les soins maudits d'un injuste pouvoir,
Un plus beau naturel se peut-il faire voir?
Et n'est-ce pas sans doute un crime punissable
De gâter méchamment ce fonds d'ame admirable,
D'avoir, dans l'ignorance et la stupidité,
Voulu de cet esprit étouffer la clarté?
L'amour a commencé d'en déchirer le voile;
Et si, par la faveur de quelque bonne étoile,
Je puis, comme j'espère, à ce franc animal.
Ce traître, ce bourreau, ce faquin, ce brutal...

ARNOLPHE.

Adieu.

HORACE.

Comment! si vite?

ARNOLPHE.

Il m'est dans la pensée
Venu tout maintenant une affaire pressée.

HORACE.

Mais ne sauriez-vous point, comme on la tient de près
Qui dans cette maison pourrait avoir accès?
J'en use sans scrupule; et ce n'est pas merveille
Qu'on se puisse, entre amis, servir à la pareille.
Je n'ai plus là dedans que gens pour m'observer;
Et servante et valet, que je viens de trouver,
N'ont jamais, de quelque air que je m'y sois pu prendre,
Adouci leur rudesse à me vouloir entendre.
J'avais pour de tels coups certaine vieille en main,
D'un génie, à vrai dire, au-dessus de l'humain:
Elle m'a dans l'abord servi de bonne sorte;
Mais, depuis quatre jours, la pauvre femme est morte.

Ne me pourriez-vous point ouvrir quelque moyen?

ARNOLPHE.

Non, vraiment; et sans moi vous en trouverez bien.

HORACE.

Adieu donc. Vous voyez ce que je vous confie.

SCENE V.

ARNOLPHE, *seul.*

Comme il faut devant lui que je me mortifie!
Quelle peine à cacher mon déplaisir cuisant!
Quoi! pour une innocente un esprit si présent!
Elle a feint d'être telle à mes yeux, la traîtresse;
Ou le diable à son ame a soufflé cette adresse.
Enfin me voilà mort par ce funeste écrit.
Je vois qu'il a, le traître, empaumé son esprit,
Qu'à ma suppression il s'est ancré chez elle;
Et c'est mon désespoir et ma peine mortelle.
Je souffre doublement dans le vol de son cœur;
Et l'amour y pâtit aussi bien que l'honneur.
J'enrage de trouver cette place usurpée,
Et j'enrage de voir ma prudence trompée.
Je sais que, pour punir son amour libertin,
Je n'ai qu'à laisser faire à son mauvais destin,
Que je serai vengé d'elle par elle-même;
Mais il est bien fâcheux de perdre ce qu'on aime.
Ciel! puisque pour un choix j'ai tant philosophé,
Faut-il de ses appas m'être si fort coiffé!
Elle n'a ni parents, ni support, ni richesse;
Elle trahit mes soins, mes bontés, ma tendresse;
Et cependant je l'aime, après ce lâche tour,
Jusqu'à ne me pouvoir passer de cet amour,
Sot, n'as-tu point de honte? Ah! je crève, j'enrage,
Et je soufflletterais mille fois mon visage.
Je veux entrer un peu, mais seulement pour voir
Quelle est sa contenance après un trait si noir.
Ciel, faites que mon front soit exempt de disgrace;
Ou bien, s'il est écrit qu'il faille que j'y passe,
Donnez-moi tout au moins, pour de tels accidents,
La constance qu'on voit à de certaines gens!

FIN DU TROISIÈME ACTE.

ACTE IV.

SCÈNE PREMIÈRE.

ARNOLPHE.

J'ai peine, je l'avoue, à demeurer en place,
Et de mille soucis mon esprit s'embarrasse,
Pour pouvoir mettre un ordre, et dedans et dehors,
Qui du godelureau rompe tous les efforts.
De quel œil la traîtresse a soutenu ma vue!
De tout ce qu'elle a fait elle n'est point émue;
Et, bien qu'elle me mette à deux doigts du trépas,
On dirait, à la voir, qu'elle n'y touche pas.
Plus, en la regardant, je la voyais tranquille.
Plus je sentais en moi s'échauffer une bile;
Et ces bouillants transports dont s'enflammait mon cœur,
Y semblaient redoubler mon amoureuse ardeur.
J'étais aigri, fâché, désespéré contre elle;
Et cependant jamais je ne la vis si belle,
Jamais ses yeux aux miens n'ont paru si perçants,
Jamais je n'eus pour eux des désirs si pressants;
Et je sens là-dedans qu'il faudra que je crève,
Si de mon triste sort la disgrace s'achève.
Quoi! j'aurai dirigé son éducation
Avec tant de tendresse et de précaution;
Je l'aurai fait passer chez moi dès son enfance,
Et j'en aurai chéri la plus tendre espérance,
Mon cœur aura bâti sur ses attraits naissants,
Et cru la mitonner pour moi durant treize ans,
Afin qu'un jeune fou dont elle s'amourache
Me la vienne enlever jusque sur la moustache,
Lorsqu'elle est avec moi mariée à demi!
Non, parbleu! non, parbleu! Petit sot, mon ami,
Vous aurez beau tourner, ou j'y perdrai mes peines,
Ou je rendrai, ma foi, vos espérances vaines
Et de moi tout à fait vous ne vous rirez point.

SCENE II.

UN NOTAIRE, ARNOLPHE.

LE NOTAIRE.

Ah! le voilà! Bon jour. Me voici tout à point
Pour dresser le contrat que vous souhaitez faire.

ARNOLPHE, *se croyant seul, et sans voir ni entendre le notaire.*

Comment faire?

LE NOTAIRE.

Il le faut dans la forme ordinaire.

ARNOLPHE, *se croyant seul.*

A mes précautions je veux songer de près.

LE NOTAIRE.

Je ne passerai rien contre vos intérêts.

ARNOLPHE, *se croyant seul.*

Il se faut garantir de toutes les surprises.

LE NOTAIRE.

Suffit qu'entre mes mains vos affaires soient mises.
Il ne vous faudra point, de peur d'être déçu,
Quittancer le contrat que vous n'ayez reçu.

ARNOLPHE, *se croyant seul.*

J'ai peur, si je vais faire éclater quelque chose,
Que de cet incident par la ville on ne cause.

LE NOTAIRE.

Hé bien! il est aisé d'empêcher cet éclat,
Et l'on peut en secret faire votre contrat.

ARNOLPHE, *se croyant seul.*

Mais comment faudra-t-il qu'avec elle j'en sorte?

LE NOTAIRE.

Le douaire se règle au bien qu'on vous apporte.

ARNOLPHE, *se croyant seul.*

Je l'aime, et cet amour est mon grand embarras.

LE NOTAIRE.

On peut avantager une femme en ce cas.

ARNOLPHE, *se croyant seul.*

Quel traitement lui faire en pareille aventure?

LE NOTAIRE.

L'ordre est que le futur doit douer la future
Du tiers de dot qu'elle a; mais cet ordre n'est rien,
Et l'on va plus avant lorsque l'on le veut bien.

ARNOLPHE, *se croyant seul.*

Si...

(*Il aperçoit le notaire.*)

LE NOTAIRE.

Pour le préciput, il les regarde ensemble.
Je dis que le futur peut, comme bon lui semble,
Douer la future.

ARNOLPHE.

Hé!

LE NOTAIRE.

Il peut l'avantager
Lorsqu'il l'aime beaucoup et qu'il veut l'obliger;
Et cela par douaire, ou préfix qu'on appelle,
Qui demeure perdu par le trépas d'icelle;
Ou sans retour, qui va de ladite à ses hoirs;
Ou coutumier, selon les différents vouloirs;
Ou par donation dans le contrat formelle,
Qu'on fait ou pure ou simple, ou qu'on fait mutuelle.
Pourquoi hausser le dos? Est-ce qu'on parle en fat,
Et que l'on ne sait pas les formes d'un contrat?
Qui me les apprendra? Personne, je présume.
Sais-je pas qu'étant joints on est par la coutume
Communs en meubles, biens, immeubles et conquêts,
A moins que par un acte on n'y renonce exprès?
Sais-je pas que le tiers du bien de la future
Entre en communauté pour?...

ARNOLPHE.

Oui, c'est chose sûre,
Vous savez tout cela: mais qui vous en dit mot?

LE NOTAIRE.

Vous, qui me prétendez faire passer pour sot,
En me haussant l'épaule et faisant la grimace.

ARNOLPHE.

La peste soit de l'homme, et sa chienne de face!
Adieu. C'est le moyen de vous faire finir.

LE NOTAIRE.

Pour dresser un contrat m'a-t-on pas fait venir?

ARNOLPHE.

Oui, je vous ai mandé : mais la chose est remise,
Et l'on vous mandera quand l'heure sera prise.
Voyez quel diable d'homme avec son entretien!

LE NOTAIRE, *seul.*

Je pense qu'il en tient; et je crois penser bien.

SCÈNE III.

LE NOTAIRE, ALAIN, GEORGETTE.

LE NOTAIRE, *allant au devant d'Alain et de Georgette.*

M'êtes-vous pas venus quérir pour votre maître?

ALAIN.

Oui.

LE NOTAIRE.

J'ignore pour qui, vous le pouvez connaître.
Mais allez de ma part lui dire de ce pas,
Que c'est un fou fieffé.

GEORGETTE.

Nous n'y manquerons pas.

SCENE IV.

ARNOLPHE, ALAIN, GEORGETTE.

ALAIN.

Monsieur...

ARNOLPHE.

Approchez-vous; vous êtes mes fideles,
Mes bons, mes vrais amis, et j'en sais des nouvelles.

ALAIN.

Le notaire...

ARNOLPHE.

Laissons, c'est pour quelque autre jour.
On veut à mon honneur jouer d'un mauvais tour;
Et quel affront pour vous, mes enfants, pourrait-ce [être,
Si l'on avait ôté l'honneur à votre maître !
Vous n'oseriez après paraître en nul endroit;
Et chacun, vous voyant, vous montrerait au doigt.
Donc, puisque autant que moi l'affaire vous regarde,
Il faut de votre part faire une telle garde,
Que ce galant ne puisse en aucune façon...

GEORGETTE.

Vous nous avez tantôt montré notre leçon.

ARNOLPHE.

Mais à ses beaux discours gardez bien de vous rendre.

ALAIN.

Oh vraiment !...

GEORGETTE.

Nous savons comme il faut s'en défendre.

ARNOLPHE.

S'il venait doucement : Alain, mon pauvre cœur,
Par un peu de secours soulage ma langueur...

ALAIN.

Vous êtes un sot.

ARNOLPHE.

(*à Georgette.*)

Bon. Georgette, ma mignonne,
Tu me parais si douce et si bonne personne...

GEORGETTE.

Vous êtes un nigaud.

ARNOLPHE.

(*à Alain.*)

Bon. Quel mal trouves-tu
Dans un dessein honnête et tout plein de vertu?

ALAIN.

Vous êtes un fripon.

ARNOLPHE.

(*à Georgette.*)

Fort bien. Ma mort est sûre,
Si tu ne prends pitié des peines que j'endure.

GEORGETTE.

Vous êtes un benêt, un impudent.

ARNOLPHE.

Fort bien.

(*à Alain.*)

Je ne suis pas un homme à vouloir rien pour rien;
Je sais, quand on me sert, en garder la mémoire:
Cependant, par avance, Alain voilà pour boire;
Et voilà pour l'avoir, Georgette, un cotillon.

(*Ils tendent tous deux la main, et prennent l'argent.*)

Ce n'est de mes bienfaits qu'un simple échantillon.
Toute la courtoisie enfin dont je vous presse,
C'est que je puisse voir votre belle maîtresse.

GEORGETTE, *le poussant.*

A d'autres.

ARNOLPHE.

Bon cela.

ALAIN, *le poussant.*

Hors d'ici.

ARNOLPHE.

Bon.

GEORGETTE, *le poussant*

Mais tôt.

ARNOLPHE.

Bon. Holà ! c'est assez.

GEORGETTE.

Fais-je pas comme il faut !

ALAIN.

Est-ce de la façon que vous voulez l'entendre?

ARNOLPHE.

Oui, fort bien, hors l'argent qu'il ne fallait pas prendre.

GEORGETTE.

Nous ne nous sommes pas souvenus de ce point.

ALAIN.

Voulez-vous qu'à l'instant nous recommencions?

ARNOLPHE.

Point.
Suffit. Rentrez tous deux.

ALAIN.

Vous n'avez rien qu'à dire.

ARNOLPHE.

Non, vous dis-je; rentrez, puisque je le désire.
Je vous laisse l'argent. Allez. Je vous rejoins.
Ayez bien l'œil à tout, et secondez mes soins.

SCÈNE V.

ARNOLPHE, *seul.*

Je veux, pour espion qui soit d'exacte vue,
Prendre le savetier du coin de notre rue.
Dans la maison toujours je prétends la tenir,
Y faire bonne garde, et surtout en bannir
Vendeuses de rubans, perruquières, coiffeuses,
Faiseuses de mouchoirs, gantières, revendeuses,
Tous ces gens qui sous mains travaillent chaque jour
A faire réussir les mystères d'amour.
Enfin j'ai vu le monde, et j'en sais les finesses.
Il faudra que mon homme ait de grandes adresses,
Si message ou poulet de sa part peut entrer.

SCENE VI.

HORACE, ARNOLPHE.

HORACE.

La place m'est heureuse à vous y rencontrer.
Je viens de l'échapper bien belle, je vous jure,
Au sortir d'avec vous, sans prévoir l'aventure,
Seule dans son balcon j'ai vu paraître Agnès,
Qui des arbres prochains prenaient un peu le frais.
Après m'avoir fait signe, elle a su faire en sorte:
Descendant au jardin, de m'en ouvrir la porte :
Mais à peine tous deux dans sa chambre étions-nous,
Qu'elle a sur les degrés entendu son jaloux;
Et tout ce qu'elle a pu, dans un tel accessoire,
C'est de me renfermer dans une grande armoire.
Il est entré d'abord : je ne le voyais pas,
Mais je l'oyais marcher, sans rien dire, à grands pas;
Poussant de temps en temps des soupirs pitoyables,
Et donnant quelquefois de grands coups sur les tables,
Frappant un petit chien qui pour lui s'émouvait.
Et jetant brusquement les hardes qu'il trouvait.
Il a même cassé, d'une main mutinée,
Des vases dont la belle ornait sa cheminée;
Et sans doute il faut bien qu'à ce becque-cornu
Du trait qu'elle a joué quelque jour soit venu.

Enfin, après cent tours, ayant de la manière
Sur ce qui n'en peut mais déchargé sa colère,
Mon jaloux inquiet, sans dire son ennui,
Est sorti de la chambre, et moi de mon étui.
Nous n'avons point voulu, de peur du personnage,
Risquer à nous tenir ensemble davantage ;
C'était trop hasarder : mais je dois cette nuit,
Dans sa chambre un peu tard m'introduire sans bruit.
En toussant par trois fois je me ferai connaître ;
Et je dois au signal voir ouvrir la fenêtre,
Dont, avec une échelle, et secondé d'Agnès,
Mon amour tâchera de me garder l'accès.
Comme à mon seul ami, je veux bien vous l'apprendre.
L'allégresse du cœur s'augmente à la répandre ;
Et, goûtât-on cent fois un bonheur tout parfait,
On n'en est pas content, si quelqu'un ne le sait.
Vous prendrez part, je pense, à l'heur de mes affaires.
Adieu. Je vais songer aux choses nécessaires.

SCÈNE VII.

ARNOLPHE, *seul.*

Quoi ? l'astre qui s'obstine à me désespérer
Ne me donnera pas le temps de respirer !
Coup sur coup je verrai, par leur intelligence,
De mes soins vigilants confondre la prudence !
Et je serai la dupe, en ma maturité,
D'une jeune innocente et d'un jeune éventé !
En sage philosophe on m'a vu, vingt années,
Contempler des maris les tristes destinées,
Et m'instruire avec soin de tous les accidents
Qui font dans le malheur tomber les plus prudents ;
Des disgraces d'autrui profitant dans mon ame,
J'ai cherché les moyens, voulant prendre une femme,
De pouvoir garantir mon front de tous affronts,
Et le tirer de pair d'avec les autres fronts ;
Pour ce noble dessein, j'ai cru mettre en pratique
Tout ce que peut trouver l'humaine politique :
Et, comme si du sort il était arrêté
Que nul homme ici bas n'en serait exempté,
Après l'expérience et toutes les lumières
Que j'ai pu m'acquérir sur de telles matières,
Après vingt ans et plus de méditation
Pour me conduire en tout avec précaution,
De tant d'autres maris j'aurais quitté la trace,
Pour me trouver après dans la même disgrace !
Ah ! bourreau de destin, vous en aurez menti ;
De l'objet qu'on poursuit je suis encor nanti ;
Si son cœur m'est volé par ce blondin funeste,
J'empêcherai du moins qu'on s'empare du reste ;
Et cette nuit, qu'on prend pour ce galant exploit,
Ne se passera pas si doucement qu'on croit.
Ce m'est quelque plaisir, parmi tant de tristesse,
Que l'on me donne avis du piège qu'on me dresse,
Et que cet étourdi, qui veut m'être fatal,
Fasse son confident de son propre rival.

SCENE VIII.

CHRYSALDE, ARNOLPHE.

CHRYSALDE.

Hé bien ! souperons-nous avant la promenade?

ARNOLPHE.

Non. Je jeûne ce soir.

CHRYSALDE.

D'où vient cette boutade?

ARNOLPHE.

De grace, excusez-moi, j'ai quelque autre embarras.

CHRYSALDE.

Votre hymen résolu ne se fera-t-il pas ?

ARNOLPHE.

C'est trop s'inquiéter des affaires des autres.

CHRYSALDE.

Oh ! oh ! si brusquement ! Quels chagrins sont les vôtres?
Serait-il point, compère, à votre passion
Arrivé quelque peu de tribulation?
Je le jurerais presque à voir votre visage.

ARNOLPHE.

Quoi qu'il m'arrive au moins aurais-je l'avantage
De ne pas ressembler à de certaines gens
Qui souffrent doucement l'approche des galants.

CHRYSALDE.

C'est un étrange fait, qu'avec tant de lumières,
Vous vous effarouchiez toujours sur ces matières,
Qu'en cela vous mettiez le souverain bonheur,
Et ne conceviez point au monde d'autre honneur.
Etre avare, brutal, fourbe, méchant et lâche,
N'est rien, à votre avis, auprès de cette tache,
Et, de quelque façon qu'on puisse avoir vécu,
On est homme d'honneur quand on n'est point cocu.
A le bien prendre au fond, pourquoi voulez-vous croire
Que de ce cas fortuit dépende notre gloire,
Et qu'une ame bien née ait à se reprocher
L'injustice d'un mal qu'on ne peut empêcher?
Pourquoi voulez-vous, dis-je, en prenant une femme,
Qu'on soit digne, à son choix, de louange ou de blâme,
Et qu'on s'aille former un monstre plein d'effroi
De l'affront que nous fait son manquement de foi?
Mettez-vous dans l'esprit qu'on peut du cocuage
Se faire en galant homme une plus douce image ;
Que, des coups du hasard aucun n'étant garant,
Cet accident de soi doit être indifférent,
Et qu'enfin tout le mal, quoique le monde glose,
N'est que dans la façon de recevoir la chose ;
Et, pour se bien conduire en ces difficultés,
Il y faut, comme en tout, fuir les extrémités,
N'imiter pas ces gens un peu trop débonnaires
Qui tirent vanité de ces sortes d'affaires,
De leurs femmes toujours vont citant les galants,
En font partout l'éloge et prônent leurs talents,
Témoignent avec eux d'étroites sympathies,
Sont de tous leurs cadeaux, de toutes leurs parties,
Et font qu'avec raison les gens sont étonnés
De voir leur hardiesse à montrer là leur nez.
Ce procédé, sans doute, est tout à fait blâmable ;
Mais l'autre extrémité n'est pas moins condamnable.
Si je n'approuve pas ces amis des galants,
Je ne suis pas aussi pour ces gens turbulents,
Dont l'impudent chagrin, qui tempête et qui gronde,
Attire au bruit qu'il fait les yeux de tout le monde,
Et qui, par cet éclat, semble ne pas vouloir
Qu'aucun puisse ignorer ce qu'ils peuvent avoir.
Entre ces deux partis il en est un honnête,
Où, dans l'occasion, l'homme prudent s'arrête ;
Et, quand on le sait prendre, on n'a point à rougir
Du pis dont une femme avec nous puisse agir.
Quoi qu'on en puisse dire enfin, le cocuage,
Sous des traits moins affreux, aisément s'envisage ;
Et, comme je vous dis, toute l'habileté
Ne va qu'à le savoir tourner du bon côté.

ARNOLPHE.

Après ce beau discours, toute la confrérie
Doit un remerciement à votre seigneurie ;
Et quiconque voudra vous entendre parler
Montrera de la joie à s'y voir enrôler.

CHRYSALDE.

Je ne dis pas cela ; car c'est ce que je blâme ;
Mais, comme c'est le sort qui nous donne une femme,
Je dis que l'on doit faire ainsi qu'au jeu de dés,
Où, s'il ne vous vient pas ce que vous demandez,
Il faut jouer d'adresse, et, d'une ame réduite,
Corriger le hasard par la bonne conduite.

ARNOLPHE.

C'est à dire, dormir et manger toujours bien,
Et se persuader que tout cela n'est rien.

CHRYSALDE.

Vous pensez vous moquer ; mais à ne vous rien feindre,
Dans le monde je vois cent choses plus à craindre,
Et dont je me ferais un bien plus grand malheur
Que de cet accident qui vous fait tant de peur.
Pensez-vous qu'à choisir de deux choses prescrites,
Je n'aimasse pas mieux être ce que vous dites,
Que de me voir mari de ces femmes de bien,
Dont la mauvaise humeur fait un procès sur rien,
Ces dragons de vertu, ces honnêtes diablesses,
Se retranchant toujours sur leurs sages prouesses,
Qui, pour un petit tort qu'elles ne nous font pas,
Prennent droit de traiter les gens de haut en bas,

Et veulent, sur le pied de nous être fidèles,
Que nous soyons tenus à tout endurer d'elles?
Encore un coup, compère, apprenez qu'en effet
Le cocuage n'est que ce que l'on le fait;
Qu'on peut le souhaiter pour de certaines causes,
Et qu'il a ses plaisirs comme les autres choses.

ARNOLPHE.

Si vous êtes d'humeur à vous en contenter,
Quant à moi, ce n'est pas la mienne d'en tâter;
Et plutôt que subir une telle aventure...

CHRYSALDE.

Mon Dieu! ne jurez point, de peur d'être parjure.
Si le sort l'a réglé, vos soins sont superflus,
Et l'on ne prendra pas votre avis là dessus.

ARNOLPHE.

Moi, je serais cocu!

CHRYSALDE.

Vous voilà bien malade!
Mille gens le sont bien, sans vous faire bravade,
Qui, de mine, de cœur, de biens et de maison,
Ne feraient avec vous nulle comparaison.

ARNOLPHE.

Et moi, je n'en voudrais avec eux faire aucune;
Mais cette raillerie, en un mot, m'importune;
Brisons là, s'il vous plaît.

CHRYSALDE.

Vous êtes en courroux!
Nous en saurons la cause. Adieu. Souvenez-vous,
Quoi que sur ce sujet votre honneur vous inspire,
Que c'est être à demi ce que l'on vient de dire,
Que de vouloir jurer qu'on ne le sera pas.

ARNOLPHE.

Moi, je le jure encore, et je vais de ce pas
Contre cet accident trouver un bon remède.

(*Il court heurter à sa porte.*)

SCENE IX.

ARNOLPHE, ALAIN, GEORGETTE.

ARNOLPHE.

Mes amis, c'est ici que j'implore votre aide.
Je suis édifié de votre affection:
Mais il faut qu'elle éclate en cette occasion;
Et, si vous m'y servez selon ma confiance,
Vous êtes assurés de votre récompense.
L'homme que vous savez (n'en faites point de bruit)
Veut, comme je l'ai su, m'attraper cette nuit,
Dans la chambre d'Agnès entrer par escalade;
Mais il lui faut, nous trois, dresser une embuscade,
Je veux que vous preniez chacun un bon bâton,
Et, quand il sera prêt du dernier échelon,
(Car dans le temps qu'il faut j'ouvrirai la fenêtre,)
Que tous deux à l'envi vous me chargiez ce traître,
Mais d'un air dont son dos garde le souvenir,
Et qui lui puisse apprendre à n'y plus revenir;
Sans me nommer pourtant en aucune manière,
Ni faire aucun semblant que je serai derrière.
Aurez-vous bien l'esprit de servir mon courroux?

ALAIN.

S'il ne tient qu'à frapper, monsieur! tout est à nous:
Vous verrez, quand je bats, si j'y vais de main morte.

GEORGETTE.

La mienne, quoiqu'aux yeux elle semble moins forte.
N'en quitte pas sa part à le bien étriller.

ARNOLPHE.

Rentrez donc; et surtout gardez de babiller.
(*seul.*)
Voilà pour le prochain une leçon utile;
Et, si tous les maris qui sont en cette ville
De leurs femmes ainsi recevaient le galant,
Le nombre des cocus ne serait pas si grand.

FIN DU QUATRIÈME ACTE.

ACTE V.

SCENE PREMIÈRE.

ARNOLPHE, ALAIN, GEORGETTE.

ARNOLPHE.

Traîtres, qu'avez-vous fait par cette violence?

ALAIN.

Nous vous avons rendu, monsieur, obéissance.

ARNOLPHE.

De cette excuse en vain vous voulez vous armer,
L'ordre était de le battre et non de l'assommer;
Et c'était sur le dos, et non pas sur la tête,
Que j'avais commandé qu'on fît choir la tempête.
Ciel! dans quel accident me jette ici le sort!
Et que puis-je résoudre à voir cet homme mort?
Rentrez dans la maison, et gardez de rien dire
De cet ordre innocent que j'ai pu vous prescrire.
(*seul.*)
Le jour s'en va paraître, et je vais consulter
Comment dans ce malheur je me dois comporter.
Hélas! que deviendrai-je? et que dira le père,
Lorsque inopinément il saura cette affaire?

SCENE II.

HORACE, ARNOLPHE.

HORACE, *à part.*

Il faut que j'aille un peu reconnaître qui c'est.

ARNOLPHE, *se croyant seul.*

Eût-on jamais prévenu...?
(*Heurté par Horace, qu'il ne reconnaît pas.*)
Qui va là, s'il vous plaît?

HORACE.

C'est vous, seigneur Arnolphe?

ARNOLPHE.

Oui. Mais vous...?

HORACE.

C'est Horace.
Je m'en allais chez vous vous prier d'une grace.
Vous sortez bien matin!

ARNOLPHE, *bas, à part.*

Quelle confusion!
Est-ce un enchantement? est-ce une illusion?

HORACE.

J'étais, à dire vrai, dans une grande peine;
Et je bénis du ciel la bonté souveraine
Qui fait qu'à point nommé je vous rencontre ainsi.
Je viens vous avertir que tout a réussi,
Et même beaucoup plus que je n'eusse osé dire,
Et par un incident qui devait tout détruire.
Je ne sais point par où l'on a pu soupçonner
Cette assignation qu'on m'avait su donner:
Mais, étant sur le point d'atteindre à la fenêtre,
J'ai, contre mon espoir, vu quelques gens paraître,
Qui, sur moi brusquement levant chacun le bras,
M'ont fait manquer le pied et tomber jusqu'en bas;
Et ma chute, aux dépens de quelque meurtrissure,
De vingt coups de bâton m'a sauvé l'aventure.
Ces gens-là, dont était, je pense, mon jaloux,
Ont imputé ma chute à l'effort de leurs coups;
Et, comme la douleur, un assez long espace,
M'a fait sans remuer demeurer sur la place,
Ils ont cru tout de bon qu'il m'avait assommé,
Et chacun d'eux s'en est aussitôt alarmé.
J'entendais tout le bruit dans leur profond silence:
L'un l'autre ils s'accusaient de cette violence:
Et, sans lumière aucune, en querellant le sort,
Sont venus doucement tâter si j'étais mort.
Je vous laisse à penser si, dans la nuit obscure,
J'ai d'un vrai trépassé su tenir la figure.
Ils se sont retirés avec beaucoup d'effroi;
Et, comme je songeais à me retirer, moi,
De cette feinte mort la jeune Agnès émue
Avec empressement est devers moi venue:

Car les discours qu'entre eux ces gens avaient tenus
Jusques à son oreille étaient d'abord venus,
Et, pendant tout ce trouble étant moins observée,
Du logis aisément elle s'était sauvée;
Mais, me trouvant sans mal, elle a fait éclater
Un transport difficile à bien représenter.
Que vous dirai-je? Enfin, cette aimable personne
A suivi les conseils que son amour lui donne,
N'a plus voulu songer à retourner chez soi,
Et de tout son destin s'est commise à ma foi.
Considérez un peu, par ce trait d'innocence,
Où l'expose d'un fou la haute impertinence,
Et quels fâcheux périls elle pourrait courir,
Si j'étais maintenant homme à la moins chérir.
Mais d'un trop pur amour mon ame est embrasée;
J'aimerais mieux mourir que la voir abusée:
Je lui vois des appas dignes d'un autre sort,
Et rien ne m'en saurait séparer que la mort.
Je prévois là-dessus l'emportement d'un père;
Mais nous prendrons le temps d'apaiser sa colère.
A des charmes si doux je me laisse emporter,
Et dans la vie, enfin, il se faut contenter.
Ce que je veux de vous, sous un secret fidèle,
C'est que je puisse mettre en vos mains cette belle;
Que dans votre maison, en faveur de mes feux,
Vous lui donniez retraite au moins un jour ou deux.
Outre qu'aux yeux du monde il faut cacher sa fuite,
Et qu'on en pourra faire une exacte poursuite,
Vous savez qu'une fille aussi de sa façon
Donne avec un jeune homme un étrange soupçon;
Et, comme c'est à vous, sûr de votre prudence,
Que j'ai fait de mes feux entière confidence,
C'est à vous seul aussi, comme ami généreux,
Que je puis confier ce dépôt amoureux.

ARNOLPHE.

Je suis, n'en doutez point, tout à votre service.

HORACE.

Vous voulez bien me rendre un si charmant office?

ARNOLPHE.

Très volontiers, vous dis-je; et je me sens ravir
De cette occasion que j'ai de vous servir.
Je rends graces au ciel de ce qu'il me l'envoie,
Et n'ai jamais rien fait avec si grande joie.

HORACE.

Que je suis redevable à toutes vos bontés!
J'avais de votre part craint des difficultés:
Mais vous êtes du monde, et, dans votre sagesse,
Vous savez excuser le feu de la jeunesse.
Un de mes gens la garde au coin de ce détour.

ARNOLPHE.

Mais comment ferons-nous! car il fait un peu jour.
Si je la prends ici, l'on me verra peut-être;
Et, s'il faut que chez moi vous veniez à paraître,
Des valets causeront. Pour jouer au plus sûr,
Il faut me l'amener dans un lieu plus obscur.
Mon allée est commode, et je l'y vais attendre.

HORACE.

Ce sont précautions qu'il est fort bon de prendre.
Pour moi, je ne ferai que vous la mettre en main,
Et chez moi, sans éclat, je retourne soudain.

ARNOLPHE, *seul.*

Ah! fortune, ce trait d'aventure propice
Répare tous les maux que m'a fait ton caprice.
(*Il s'enveloppe le nez dans son manteau.*)

SCENE III.

AGNÈS, HORACE, ARNOLPHE.

HORACE, *à Agnès.*

Ne soyez point en peine où je veux vous mener;
C'est un logement sûr que je vous fais donner.
Vous loger avec moi, ce serait tout détruire:
Entrez dans cette porte, et laissez-vous conduire.
(*Arnolphe lui prend la main sans qu'elle le reconnaisse.*)

AGNÈS, *à Horace.*

Pourquoi me quittez-vous?

HORACE.

Chère Agnès, il le faut.

AGNÈS.

Songez donc, je vous prie, à revenir bientôt.

HORACE.

J'en suis assez pressé par ma flamme amoureuse.

AGNÈS.

Quand je ne vous vois point, je ne suis point joyeuse.

HORACE.

Hors de votre présence, on me voit triste aussi.

AGNÈS.

Hélas! s'il était vrai, vous resteriez ici.

HORACE.

Quoi! vous pourriez douter de mon amour extrême!

AGNÈS.

Non, vous ne m'aimez pas autant que je vous aime.
(*Arnolphe la tire.*)
Ah! l'on me tire trop.

HORACE.

C'est qu'il est dangereux,
Chère Agnès, qu'en ce lieu nous soyons vus tous deux,
Et le parfait ami de qui la main vous presse
Suit le zèle prudent qui pour nous l'intéresse.

AGNÈS.

Mais suivre un inconnu que...

HORACE.

N'appréhendez rien:
Entre de telles mains vous ne serez que bien.

AGNÈS.

Je me trouverais mieux entre celles d'Horace,
Et j'aurais...
(*à Arnolphe qui la tire encore.*)
Attendez.

HORACE.

Adieu. Le jour me chasse.

AGNÈS.

Quand vous verrai-je donc?

HORACE.

Bientôt, assurément.

AGNÈS.

Que je vais m'ennuyer jusques à ce moment!

HORACE, *en s'en allant.*

Grace au ciel, mon bonheur n'est plus en concurrence;
Et je puis maintenant dormir en assurance.

SCENE IV.

ARNOLPHE, AGNÈS.

ARNOLPHE, *caché dans son manteau, et déguisant sa voix.*

Venez, ce n'est pas là que je vous logerai,
Et votre gîte ailleurs est par moi préparé.
Je prétends en lieu sûr mettre votre personne.
(*Se faisant connaître.*)
Me connaissez-vous?

AGNÈS.

Hai!

ARNOLPHE.

Mon visage, friponne,
Dans cette occasion rend vos sens effrayés,
Et c'est à contrecœur qu'ici vous me voyez;
Je trouble en ses projets l'amour qui vous possède.
(*Agnès regarde si elle ne verra point Horace.*)
N'appelez point des yeux le galant à votre aide;
Il est trop éloigné pour vous donner secours.
Ah! ah! si jeune encor, vous jouez de ces tours!
Votre simplicité, qui semble sans pareille,
Demande si l'on fait les enfants par l'oreille;
Et vous savez donner des rendez-vous la nuit,
Et pour suivre un galant vous évader sans bruit!
Tu-dieu! comme avec lui votre langue cajole!
Il faut qu'on vous ait mise à quelque bonne école!
Qui diantre tout d'un coup vous en a tant appris?
Vous ne craignez donc plus de trouver des esprits?
Et ce galant, la nuit, vous a donc enhardie?
Ah! coquine, en venir à cette perfidie!
Malgré tous mes bienfaits former un tel dessein!
Petit serpent que j'ai réchauffé dans mon sein,
Et qui, dès qu'il se sent, par une humeur ingrate
Cherche à faire du mal à celui qui le flatte!

AGNÈS.

Pourquoi me criez-vous?

ARNOLPHE.

J'ai grand tort en effet!

AGNÈS.

Je n'entends point de mal dans tout ce que j'ai fait.

ARNOLPHE.

Suivre un galant n'est pas une action infame?

AGNÈS.

C'est un homme qui dit qu'il me veut pour sa femme :
J'ai suivi vos leçons, et vous m'avez prêché
Qu'il se faut marier pour ôter le péché.

ARNOLPHE.

Oui. Mais pour femme, moi, je prétendais vous prendre;
Et je vous l'avais fait, me semble, assez entendre.

AGNÈS.

Oui. Mais, à vous parler franchement entre nous,
Il est plus pour cela selon mon goût que vous.
Chez vous le mariage est fâcheux et pénible,
Et vos discours en font une image terrible;
Mais, las! il le fait, lui, si rempli de plaisirs,
Que de se marier il donne des désirs.

ARNOLPHE.

Ah! c'est que vous l'aimez, traîtresse!

AGNÈS.

Oui, je l'aime.

ARNOLPHE.

Et vous avez le front de le dire à moi-même!

AGNÈS.

Et pourquoi, s'il est vrai, ne le dirais-je pas?

ARNOLPHE.

Le deviez-vous aimer, impertinente?

AGNÈS.

Hélas!
Est-ce que j'en puis mais? Lui seul en est la cause,
Et je n'y songeais pas lorsque se fit la chose.

ARNOLPHE.

Mais il fallait chasser cet amoureux désir.

AGNÈS.

Le moyen de chasser ce qui fait du plaisir?

ARNOLPHE.

Et ne saviez-vous pas que c'était me déplaire?

AGNÈS.

Moi? point du tout. Quel mal cela vous peut-il faire?

ARNOLPHE.

Il est vrai, j'ai sujet d'en être rejoui!
Vous ne m'aimez donc pas, à ce compte?

AGNÈS.

Vous?

ARNOLPHE.

Oui.

AGNÈS.

Hélas! non.

ARNOLPHE.

Comment, non!

AGNÈS.

Voulez-vous que je mente?

ARNOLPHE.

Pourquoi ne m'aimer pas, madame l'impudente?

AGNÈS.

Mon Dieu! ce n'est pas moi que vous devez blâmer :
Que ne vous êtes-vous, comme lui, fait aimer?
Je ne vous en ai pas empêché, que je pense.

ARNOLPHE.

Je m'y suis efforcé de toute ma puissance;
Mais les soins que j'ai pris, je les ai perdus tous.

AGNÈS.

Vraiment, il en sait donc là dessus plus que vous;
Car à se faire aimer il n'a point eu de peine.

ARNOLPHE, *à part.*

Voyez comme raisonne et répond la vilaine!
Peste! une précieuse en dirait-elle plus?
Ah! je l'ai mal connue; ou, ma foi, là-dessus
Une sotte en sait plus que le plus habile homme.
(*à Agnès.*)
Puisqu'en raisonnements votre esprit se consomme,
La belle raisonneuse; est-ce qu'un si longtemps
Je vous aurai pour lui nourrie à mes dépens?

AGNÈS.

Non. Il vous rendra tout jusques au dernier double.

ARNOLPHE, *bas, à part.*

Elle a de certains mots où mon dépit redouble.
(*haut.*)
Me rendra-t-il, coquine, avec tout son pouvoir,
Les obligations que vous pouvez m'avoir?

AGNÈS.

Je ne vous en ai pas de si grandes qu'on pense.

ARNOLPHE.

N'est-ce rien que les soins d'élever votre enfance?

AGNÈS.

Vous avez là-dedans bien opéré vraiment,
Et m'avez fait en tout instruire joliment!
Croit-on que je me flatte, et qu'enfin, dans ma tête,
Je ne juge pas bien que je suis une bête?
Moi-même j'en ai honte; et, dans l'âge où je suis,
Je ne veux plus passer pour sotte, si je puis.

ARNOLPHE.

Vous fuyez l'ignorance, et voulez, quoi qu'il coûte,
Apprendre du blondin quelque chose?

AGNÈS.

Sans doute.
C'est de lui que je sais ce que je puis savoir;
Et beaucoup plus qu'à vous je pense lui devoir.

ARNOLPHE.

Je ne sais qui me tient qu'avec une gourmade.
Ma main de ce discours ne venge la bravade.
J'enrage quand je vois sa piquante froideur;
Et quelques coups de poing satisferaient mon cœur.

AGNÈS.

Hélas! vous le pouvez, si cela vous peut plaire.

ARNOLPHE, *à part.*

Ce mot et ce regard désarme ma colère,
Et produit un retour de tendresse de cœur,
Qui de son action m'efface la noirceur.
Chose étrange d'aimer, et que, pour ces traîtresses,
Les hommes soient sujets à de telles faiblesses!
Tout le monde connaît leur imperfection;
Ce n'est qu'extravagance et qu'indiscrétion;
Leur esprit est méchant, et leur ame fragile;
Il n'est rien de plus faible et de plus imbécille,
Rien de plus infidèle : et malgré tout cela,
Dans le monde on fait tout pour ces animaux-là.
(*à Agnès.*)
Hé bien! faisons la paix. Va, petite traîtresse,
Je te pardonne tout et te rends ma tendresse;
Considère par-là l'amour que j'ai pour toi,
Et, me voyant si bon, en revanche aime-moi.

AGNÈS.

Du meilleur de mon cœur je voudrais vous complaire :
Que me coûterait-il si je le pouvais faire?

ARNOLPHE.

Mon pauvre petit bec, tu le peux, si tu veux.
Ecoute seulement ce soupir amoureux,
Vois ce regard mourant, contemple ma personne,
Et quitte ce morveux et l'amour qu'il te donne.
C'est quelque sort qu'il faut qu'il ait jeté sur toi,
Et tu seras cent fois plus heureuse avec moi.
Ta forte passion est d'être brave et leste,
Tu le seras toujours, va, je te le proteste;
Sans cesse, nuit et jour, je te caresserai,
Je te bouchonnerai, baiserai, mangerai;
Tout comme tu voudras, tu pourras te conduire :
Je ne m'explique point, et cela, c'est tout dire.
(*bas, à part.*)
Jusqu'où la passion peut-elle faire aller!
(*haut.*)
Enfin, à mon amour rien ne peut s'égaler :
Quelle preuve veux-tu que je t'en donne, ingrate?
Me veux-tu voir pleurer? Veux-tu que je me batte?
Veux-tu que je m'arrache un côté de cheveux?
Veux-tu que je me tue? Oui, dis si tu veux,
Je suis tout prêt, cruelle, à te prouver ma flamme.

AGNÈS.

Tenez, tous vos discours ne me touchent point l'ame
Horace avec deux mots en ferait plus que vous.

ARNOLPHE.

Ah! c'est trop me braver, trop pousser mon courroux.
Je suivrai mon dessein, bête trop indocile,
Et vous dénicherez à l'instant de la ville.

Vous rebutez mes vœux et me mettez à bout;
Mais un cul de couvent me vengera de tout.

SCENE V.

ARNOLPHE, AGNES, ALAIN.

ALAIN.

Je ne sais ce que c'est, monsieur, mais il me semble
Qu'Agnès et le corps mort s'en sont allés ensemble.

ARNOLPHE.

La voici. Dans ma chambre allez me la nicher.
(*à part.*)
Ce ne sera pas là qu'il la viendra chercher ;
Et puis, c'est seulement pour une demi-heure.
Je vais, pour lui donner une sûre demeure,
(*à Alain.*)
Trouver une voiture. Enfermez-vous des mieux;
Et surtout gardez-vous de la quitter des yeux.
(*seul.*)
Peut-être que son ame étant dépaysée,
Pourra de cet amour être désabusée.

SCENE VI.

HORACE, ARNOLPHE.

HORACE.

Ah! je viens vous trouver, accablé de douleur.
Le ciel, seigneur Arnolphe, a conclu mon malheur;
Et, par un trait fatal d'une injustice extrême,
On me veut arracher de la beauté que j'aime.
Pour arriver ici mon père a pris le frais;
J'ai trouvé qu'il mettait pied à terre ici près :
Et la cause, en un mot, d'une telle venue,
Qui, comme je disais, ne m'était pas connue,
C'est qu'il m'a marié sans m'en écrire rien,
Et qu'il vient en ces lieux célébrer ce lien.
Jugez, en prenant part à mon inquiétude,
S'il pouvait m'arriver un contretemps plus rude.
Cet Enrique, dont hier je m'informais à vous,
Cause tout le malheur dont je ressens les coups:
Il vient avec mon père achever ma ruine,
Et c'est sa fille unique à qui l'on me destine.
J'ai, dès leurs premiers mots, pensé m'évanouir :
Et d'abord, sans vouloir plus long-temps les ouïr,
Mon père ayant parlé de vous rendre visite,
L'esprit plein de frayeur, je l'ai devancé vite.
De grace, gardez-vous de lui rien découvrir
De mon engagement qui le pourrait aigrir;
Et tâchez, comme en vous il prend grande créance,
De le dissuader de cette autre alliance.

ARNOLPHE.

Oui-dà.

HORACE.

Conseillez-lui de différer un peu,
Et rendez, en ami, ce service à mon feu.

ARNOLPHE.

Je n'y manquerai pas.

HORACE.

C'est en vous que j'espère.

ARNOLPHE.

Fort bien.

HORACE.

Et je vous tiens mon véritable père.
Dites-lui que mon âge... Ah! je le vois venir!
Écoutez les raisons que je vous puis fournir.

SCENE VII.

ENRIQUE, ORONTE, CHRYSALDE, HORACE, ARNOLPHE.

(*Horace et Arnolphe se retirent dans un coin du théâtre, et parlent bas ensemble.*)

ENRIQUE, *à Chrysalde.*

Aussitôt qu'à mes yeux je vous ai vu paraître,
Quand on ne m'eût rien dit, j'aurais su vous connaître.
Je vous vois tous les traits de cette aimable sœur
Dont l'hymen autrefois m'avait fait possesseur;
Et je serais heureux, si la parque cruelle
M'eût laissé ramener cette épouse fidèle,
Pour jouir avec moi des sensibles douceurs
De revoir tous les siens après nos longs malheurs
Mais, puisque du destin la fatale puissance
Nous prive pour jamais de sa chère présence,
Tâchons de nous résoudre, et de nous contenter
Du seul fruit amoureux qui m'en est pu rester.
Il vous touche de près, et sans votre suffrage
J'aurais tort de vouloir disposer de ce gage.
Le choix du fils d'Oronte est glorieux de soi;
Mais il faut que ce choix vous plaise comme à moi.

CHRYSALDE.

C'est de mon jugement avoir mauvaise estime,
Que douter si j'approuve un choix si légitime.

ARNOLPHE, *à part, à Horace.*

Oui, je vais vous servir de la bonne façon.

HORACE, *à part, à Arnolphe.*

Gardez encore un coup...

ARNOLPHE *à Horace.*

N'ayez aucun soupçon.
(*Arnolphe quitte Horace pour aller embrasser Oronte.*)

ORONTE, *à Arnolphe.*

Ah! que cette embrassade est pleine de tendresse!

ARNOLPHE.

Que je sens à vous voir une grande allégresse!

ORONTE.

Je suis ici venu...

ARNOLPHE.

Sans m'en faire récit,
Je sais ce qui vous mène.

ORONTE.

On vous l'a déj dit?

ARNOLPHE.

Oui.

ORONTE.

Tant mieux.

ARNOLPHE.

Votre fils à cet hymen résiste,
Et son cœur prévenu n'y voit rien que de triste :
Il m'a même prié de vous en détourner.
Et moi, tout le conseil, que je vous puis donner,
C'est de ne pas souffrir que ce nœud se diffère,
Et de faire valoir l'autorité de père.
Il faut avec vigueur ranger les jeunes gens,
Et nous faisons contre eux à leur être indulgents.

HORACE, *à part.*

Ah! traître!

CHRYSALDE.

Si son cœur a quelque répugnance,
Je tiens qu'on ne doit pas lui faire violence.
Mon frère, que je crois, sera de mon avis.

ARNOLPHE.

Quoi! se laissera-t-il gouverner par son fils?
Est-ce que vous voulez qu'un père ait la mollesse
De ne savoir pas faire obéir la jeunesse?
Il serait beau, vraiment, qu'on le vît aujourd'hui
Prendre loi de qui doit la recevoir de lui!
Non, non: c'est mon intime, et sa gloire est la mienne:
Sa parole est donnée, il faut qu'il la maintienne;
Qu'il fasse voir ici de fermes sentiments,
Et force de son fils tous les attachements.

ORONTE.

C'est parler comme il faut; et dans cette alliance,
C'est moi qui vous réponds de son obéissance.

CHRYSALDE, *à Arnolphe.*

Je suis surpris, pour moi, du grand empressement
Que vous me faites voir pour cet engagement,
Et ne puis deviner quel motif vous inspire...

ARNOLPHE.

Je sais ce que je fais, et dis ce qu'il faut dire.

ORONTE.

Oui, oui, seigneur Arnolphe, il est...

CHRYSALDE.

Ce nom l'aigrit;
C'est monsieur de la Souche, on vous l'a déjà dit.

ARNOLPHE.

Il n'importe.

HORACE, *à part.*

Qu'entends-je?

ARNOLPHE, *se tournant vers Horace.*

Oui, c'est là le mystère;
Et vous pouvez juger ce que je devais faire.

HORACE, *à part.*

En quel trouble...

SCÈNE VIII.

ENRIQUE, ORONTE, CHRYSALDE, HORACE, ARNOLPHE, GEORGETTE.

GEORGETTE.

Monsieur, si vous n'êtes auprès,
Nous aurons de la peine à retenir Agnès ;
Elle veut à tous coups s'échapper, et peut-être
Qu'elle se pourrait bien jeter par la fenêtre.

ARNOLPHE.

Faites-la moi venir ; aussi bien de ce pas
(*à Horace.*)
Prétends-je l'emmener. Ne vous en fâchez pas :
Un bonheur continu rendrait l'homme superbe ;
Et chacun a son tour, comme dit le proverbe.

HORACE, *à part*

Quels maux peuvent, ô ciel ! égaler mes ennuis !
Et s'est-on jamais vu dans l'abyme où je suis !

ARNOLPHE, *à Oronte.*

Pressez vite le jour de la cérémonie,
J'y prends part ; et déjà moi-même je m'en prie.

ORONTE.

C'est bien notre dessein.

SCÈNE IX.

AGNÈS, ORONTE, ENRIQUE, ARNOLPHE, HORACE, CHRYSALDE, ALAIN, GEORGETTE.

ARNOLPHE, *à Agnès*

Venez, belle, venez,
Qu'on ne saurait tenir, et qui vous mutinez.
Voici votre galant, à qui, pour récompense,
Vous pouvez faire une humble et douce révérence.
(*à Horace.*)
Adieu. L'évènement trompe un peu vos souhaits ;
Mais tous les amoureux ne sont pas satisfaits.

AGNÈS.

Me laissez-vous, Horace, emmener de la sorte ?

HORACE.

Je ne sais où j'en suis, tant ma douleur est forte.

ARNOLPHE.

Allons, causeuse, allons.

AGNÈS.

Je veux rester ici.

ORONTE.

Dites-nous ce que c'est que ce mystère-ci .
Nous nous regardons tous, sans le pouvoir comprendre.

ARNOLPHE.

Avec plus de loisir je pourrai vous l'apprendre.
Jusqu'au revoir.

ORONTE.

Où donc prétendez-vous aller ?
Vous ne nous parlez point comme il nous faut parler.

ARNOLPHE.

Je vous ai conseillé, malgré tout son murmure,
D'achever l'hyménée.

ORONTE.

Oui , mais pour le conclure,
Si l'on vous a dit tout, ne vous a-t-on pas dit
Que vous avez chez vous celle dont il s'agit ;
La fille qu'autrefois, de l'aimable Angélique,
Sous des liens secrets, eut le seigneur Enrique ?
Sur quoi votre discours était-il donc fondé ?

CHRYSALDE.

Je m'étonnais aussi de voir son procédé.

ARNOLPHE.

Quoi ?...

CHRYSALDE.

D'un hymen secret ma sœur eut une fille,
Dont on cacha le sort à toute la famille.

ORONTE.

Et qui, sous de feints noms , pour ne rien découvrir ,
Par son époux, aux champs fut donnée à nourrir.

CHRYSALDE.

Et dans ce temps, le sort, lui déclarant la guerre,
L'obligea de sortir de sa natale terre.

ORONTE.

Et d'aller essuyer mille périls divers,
Dans ces lieux séparés de nous par tant de mers.

CHRYSALDE.

Où ses soins ont gagné ce que dans sa patrie
Avaient pu lui ravir l'imposture et l'envie.

ORONTE.

Et de retour en France , il a cherché d'abord
Celle à qui de sa fille il confia le sort.

CHRYSALDE.

Et cette paysanne a dit avec franchise ,
Qu'en vos mains à quatre ans elle l'avait remise.

ORONTE.

Et qu'elle l'avait fait, sur votre charité,
Par un accablement d'extrême pauvreté.

CHRYSALDE.

Et lui, plein de transport, et l'allégresse en l'ame
A fait jusqu'en ces lieux conduire cette femme.

ORONTE.

Et vous allez enfin la voir venir ici,
Pour rendre aux yeux de tous ce mystère éclairci.

CHRYSALDE , *à Arnolphe.*

Je devine à peu près quel est votre supplice :
Mais le sort en cela ne vous est que propice.
Si n'être point cocu vous semble un si grand bien ,
Ne vous point marier en est le vrai moyen.

ARNOLPHE, *s'en allant tout transporté, et ne pouvant parler.*

Ouf !

SCÈNE X.

ENRIQUE , ORONTE , CHRYSALDE, AGNÈS, HORACE.

ORONTE.

D'où vient qu'il s'enfuit sans rien dire ?

HORACE.

Ah ! mon père
Vous saurez pleinement ce surprenant mystère.
Le hasard en ces lieux avait exécuté
Ce que votre sagesse avait prémédité.
J'étais, par les doux nœuds d'une ardeur mutuelle,
Engagé de parole avecque cette belle ;
Et c'est elle, en un mot, que vous venez chercher,
Et pour qui mon refus a pensé vous fâcher.

ENRIQUE.

Je n'en ai point douté d'abord que je l'ai vue,
Et mon ame depuis n'a cessé d'être émue.
Ah ! ma fille, je cède à des transports si doux.

CHRYSALDE.

J'en ferais de mon cœur, mon frère, autant que vous ;
Mais ces lieux et cela ne s'accommodent guères.
Allons dans la maison débrouiller ces mystères,
Payer à notre ami ses soins officieux,
Et rendre grace au ciel qui fait tout pour le mieux.

FIN DE L'ÉCOLE DES FEMMES.

LA CRITIQUE

DE

L'ÉCOLE DES FEMMES,

COMÉDIE EN UN ACTE.

1662

PERSONNAGES.

URANIE.
ÉLISE.
CLIMÈNE.
LE MARQUIS.
DORANTE OU LE CHEVALIER.
LYSIDAS, poète.
GALOPIN, laquais.

La scène est à Paris dans la maison d'Uranie.

ACTE PREMIER.

SCÈNE PREMIÈRE.

URANIE, ÉLISE.

URANIE.

Quoi! cousine, personne ne t'est venue rendre visite?

ÉLISE.

Personne du monde.

URANIE.

Vraiment! voilà qui m'étonne, que nous ayons été seules l'une et l'autre tout aujourd'hui.

ÉLISE.

Cela m'étonne aussi : car ce n'est guère notre coutume; et votre maison, Dieu merci, est le refuge ordinaire de tous les fainéants de la cour.

URANIE.

L'après-dînée, à dire vrai, m'a semblé fort longue.

ÉLISE.

Et moi je l'ai trouvée fort courte.

URANIE.

C'est que les beaux esprits, cousine, aiment la solitude.

ÉLISE.

Ah! très humble servante au bel esprit! vous savez que ce n'est pas là que je vise.

URANIE.

Pour moi, j'aime la compagnie, je l'avoue.

ÉLISE.

Je l'aime aussi, mais je l'aime choisie; et la quantité des sottes visites qu'il vous faut essuyer parmi les autres, est cause bien souvent que je prends plaisir d'être seule.

URANIE.

La délicatesse est trop grande de ne pouvoir souffrir que des gens triés.

ÉLISE.

Et la complaisance est trop générale de souffrir indifféremment toutes sortes de personnes.

URANIE.

Je goûte ceux qui sont raisonnables, et me divertis des extravagants.

ÉLISE.

Ma foi, les extravagants ne vont guère loin sans vous ennuyer, et la plupart de ces gens-là ne sont plus plaisants dès la seconde visite. Mais, à propos d'extravagants, ne voulez-vous pas me défaire de votre marquis incommode? Pensez-vous me le laisser toujours sur les bras, et que je puisse durer à ses turlupinades perpétuelles?

URANIE.

Ce langage est à la mode, et l'on le tourne en plaisanterie à la cour.

ÉLISE.

Tant pis pour ceux qui le font, et qui se tuent tout le jour à parler ce jargon obscur. La belle chose de faire entrer aux conversations du Louvre, de vieilles équivoques ramassées parmi les boues des halles et de la place Maubert! La jolie façon de plaisanter pour des courtisans! et qu'un homme montre d'esprit lorsqu'il vient vous dire : Madame vous êtes dans la place Royale, et tout le monde vous voit de trois lieues de Paris, car chacun vous voit de bon œil! à cause que Bonneuil est un village à trois lieues d'ici. Cela n'est-il pas bien galant et bien spirituel? Et ceux qui trouvent ces belles rencontres n'ont-ils pas lieu de s'en glorifier?

URANIE.

On ne dit pas cela aussi comme une chose spirituelle; et la plupart de ceux qui affectent ce langage savent bien eux-mêmes qu'il est ridicule.

ÉLISE.

Tant pis encore de prendre peine à dire des sottises, et d'être mauvais plaisants de dessein formé. Je les en tiens moins excusables; et si j'en étais juge, je sais bien à quoi je condamnerais tous ces messieurs les turlupins.

URANIE.

Laissons cette matière qui t'échauffe un peu trop, et disons que Dorante vient bien tard, à mon avis, pour le souper que nous devons faire ensemble.

ÉLISE.

Peut-être l'a-t-il oublié, et que...

SCENE II.

URANIE, ELISE, GALOPIN.

GALOPIN.

Voilà Climène, madame, qui vient ici pour vous voir.

URANIE.

Hé! mon Dieu! quelle visite!

ÉLISE.

Vous vous plaignez d'être seule; aussi le ciel vous en punit.

URANIE.

Vite, qu'on aille dire que je n'y suis pas.

GALOPIN.

On a déjà dit que vous y étiez.

URANIE.

Et qui est le sot qui l'a dit?

GALOPIN.

Moi, madame.

URANIE.

Diantre soit le petit vilain! Je vous apprendrai à faire vos réponses de vous-même.

GALOPIN.

Je vais lui dire, madame, que vous voulez être sortie.

URANIE.

Arrêtez, animal, et la laissez monter, puisque la sottise est faite.

GALOPIN.

Elle parle encore à un homme dans la rue.

URANIE.

Ah! cousine, que cette visite m'embarrasse à l'heure qu'il est!

ÉLISE.

Il est vrai que la dame est un peu embarrassante de son naturel : j'ai toujours eu pour elle une furieuse aversion et, n'en déplaise à sa qualité, c'est la plus sotte bête qui se soit jamais mêlée de raisonner.

URANIE.

L'épithète est un peu forte.

ÉLISE.

Allez, allez, elle mérite bien cela, et quelque chose de plus si on lui faisait justice. Est-ce qu'il y a une personne qui soit plus véritablement qu'elle ce qu'on appelle précieuse, à prendre le mot dans sa plus mauvaise signification?

URANIE.

Elle se défend bien de ce nom pourtant.

ÉLISE.

Il est vrai, elle se défend du nom, mais non pas de la chose : car enfin elle l'est depuis les pieds jusqu'à la tête, et la plus grande façonnière du monde. Il semble que tout son corps soit démonté, et que les mouvements de ses hanches, de ses épaules et de sa tête, n'aille que par ressorts. Elle affecte toujours un ton de voix languissant et niais, fait la moue pour montrer une petite bouche, et roule les yeux pour les faire paraître grands.

URANIE.

Doucement donc. Si elle venait à entendre...

ÉLISE.

Point, point; elle ne monte pas encore. Je me souviens toujours du soir qu'elle eut envie de voir Damon, sur la réputation qu'on lui donne et les choses que le public a vues de lui. Vous connaissez l'homme et sa naturelle paresse à soutenir la conversation. Elle l'avait invité à souper comme bel esprit, et jamais il ne parut si sot parmi une demi douzaine de gens à qui elle avait fait fête de lui, et qui le regardaient avec de grands yeux, comme une personne qui ne devait pas être faite comme les autres. Ils pensaient tous qu'il était là pour défrayer la compagnie de bons mots; que chaque parole qui sortait de sa bouche devait être extraordinaire; qu'il devait faire des impromptus sur tout ce qu'on disait, et ne demander à boire qu'avec une pointe. Mais il les trompa fort par son silence; et la dame fut aussi mal satisfaite de lui que je le fus d'elle.

URANIE.

Tais-toi. Je vais la recevoir à la porte de la chambre.

ÉLISE.

Encore un mot. Je voudrais bien la voir mariée avec le marquis dont nous avons parlé: le bel assemblage que ce serait d'une précieuse et d'un turlupin.

URANIE.

Veux-tu te taire? La voici.

SCENE III.

CLIMENE, URANIE, ELISE, GALOPIN.

URANIE.

Vraiment, c'est bien tard que....

CLIMÈNE.

Hé! de grace, ma chère, faites-moi vite donner un siège.

URANIE, *à Galopin.*

Un fauteuil promptement.

CLIMÈNE.

Ah! mon Dieu!

URANIE.

Qu'est-ce donc?

CLIMÈNE.

Je n'en puis plus.

URANIE.

Qu'avez-vous?

CLIMÈNE.

Le cœur me manque.

URANIE.

Sont-ce vapeurs qui vous ont pris?

CLIMENE.

Non.

URANIE.

Voulez-vous qu'on vous délace?

CLIMÈNE.

Mon Dieu! non. Ah!

URANIE.

Quel est donc votre mal? et depuis quand vous a-t-il pris?

CLIMÈNE.

Il y a plus de trois heures, et je l'ai apporté du Palais-Royal.

URANIE.

Comment?

CLIMÈNE.

Je viens de voir, pour mes péchés, cette méchante rapsodie de l'Ecole des femmes. Je suis encore en défaillance du mal de cœur que cela m'a donné; et je pense que je n'en reviendrai de plus de quinze jours.

ÉLISE.

Voyez un peu comme les maladies arrivent sans qu'on y songe!

URANIE.

Je ne sais pas de quel tempérament nous sommes, ma cousine et moi; mais nous fûmes avant-hier à la même pièce, et nous en revînmes toutes deux saines et gaillardes.

CLIMÈNE.

Quoi! vous l'avez vue?

URANIE.

Oui, et écoutée d'un bout à l'autre.

CLIMÈNE.

Et vous n'en avez pas été jusques aux convulsions, ma chère?

URANIE.

Je ne suis pas si délicate, Dieu merci; et je trouve pour moi que cette comédie serait plutôt capable de guérir les gens que de les rendre malades.

CLIMÈNE.

Ah! mon Dieu! que dites-vous là? Cette proposition peut-elle être avancée par une personne qui ait du revenu en sens commun? Peut-on impunément, comme vous faites, rompre en visière à la raison? Et, dans le vrai de la chose, est-il un esprit si affamé de plaisanterie qu'il puisse tâter des fadaises dont cette comédie est assaisonnée? Pour moi, je vous avoue que je n'ai pas trouvé le moindre grain de sel dans tout cela. *Les enfants par l'oreille* m'ont paru d'un goût détestable; *la tarte à la crème* m'a affadi le cœur; et j'ai pensé vomir au *potage.*

ÉLISE.

Mon Dieu! que tout cela est dit élégamment! J'aurais cru que cette pièce était bonne: mais madame a une éloquence si persuasive, elle tourne les choses d'une manière si agréable, qu'il faut être de son sentiment malgré qu'on en ait.

URANIE.

Pour moi, je n'ai pas tant de complaisance; et pour dire ma pensée, je tiens cette comédie une des plus plaisantes que l'auteur ait produites.

CLIMÈNE.

Ah! vous me faites pitié de parler ainsi, et je ne saurais vous souffrir cette obscurité de discernement. Peut-on, ayant de la vertu, trouver de l'agrément dans une pièce qui tient sans cesse la pudeur en alarme, et salit à tout moment l'imagination?

ÉLISE.

Les jolies façons de parler que voilà! Que vous êtes, madame, une rude joueuse en critique! et que je plains le pauvre Molière de vous avoir pour ennemie!

CLIMÈNE.

Croyez-moi, ma chère, corrigez de bonne foi votre jugement; et, pour votre honneur, n'allez point dire par le monde que cette comédie vous ait plu.

URANIE.

Moi, je ne sais pas ce que vous y avez trouvé qui blesse la pudeur.

CLIMÈNE.

Hélas! tout; et je mets en fait qu'une honnête femme ne la saurait voir sans confusion, tant j'ai découvert d'ordures et de saletés.

URANIE.

Il faut donc que pour les ordures vous ayez des lumières que les autres n'ont pas; car, pour moi, je n'y en ai point vu.

CLIMÈNE.

C'est que vous ne voulez pas y en avoir vu, assurément; car enfin toutes ces ordures, Dieu merci, y sont à visage découvert. Elles n'ont pas la moindre enveloppe qui les couvre, et les yeux les plus hardis sont effrayés de leur nudité.

ÉLISE.

Ah!

CLIMÈNE.

Hai, hai, hai.

URANIE.

Mais encore, s'il vous plait, marquez-moi une de ces ordures que vous dites.

CLIMÈNE.

Hélas est-il nécessaire de vous les marquer

URANIÈ.

Oui. Je vous demande seulement un endroit qui vous ait choquée.

CLIMÈNE.

En faut-il d'autres que la scène de cette Agnès, lorsqu'elle dit ce qu'on lui a pris?

URANIE.

Et que trouvez-vous là de sale?

CLIMÈNE.

Ah!

URANIE.

De grace.

CLIMÈNE.

Fi!

URANIE.

Mais encore?

CLIMÈNE.

Je n'ai rien à vous dire.

URANIE.

Pour moi, je n'y entends point de mal.

CLIMÈNE.

Tant pis pour vous.

URANIE.

Tant mieux plutôt, ce me semble. Je regarde les choses du côté qu'on me les montre, et ne les tourne point pour y chercher ce qu'il ne faut pas voir.

CLIMÈNE.

L'honnêteté d'une femme...

URANIE.

L'honnêteté d'une femme n'est pas dans les grimaces. Il sied mal de vouloir être plus sage que celles qui sont sages. L'affectation en cette matière est pire qu'en toute autre, et je ne vois rien de si ridicule que cette délicatesse d'honneur qui prend tout en mauvaise part, donne un sens criminel aux plus innocentes paroles, et s'offense de l'ombre des choses. Croyez-moi: celles qui font tant de façons n'en sont pas estimées plus femmes de bien; au contraire, leur sévérité mystérieuse et leurs grimaces affectées irritent la censure de tout le monde contre les actions de leur vie. On est ravi de découvrir ce qu'il peut y avoir à redire: et, pour tomber dans l'exemple, il y avait l'autre jour des femmes à cette comédie vis à vis de la loge où nous étions, qui, par les mines qu'elles affectèrent durant toute la pièce, leurs détournements de tête, et leurs cachements de visages firent dire de tous côtés cent sottises de leur conduite, que l'on n'aurait pas dites sans cela; et quelqu'un même des laquais cria tout haut qu'elles étaient plus chastes des oreilles que de tout le reste du corps.

CLIMÈNE.

Enfin, il faut être aveugle dans cette pièce, et ne pas faire semblant d'y voir les choses.

URANIE.

Il ne faut pas y vouloir voir ce qui n'y est pas.

CLIMÈNE.

Ah! je soutiens, encore un coup, que les saletés y crèvent les yeux.

URANIE.

Et moi, je ne demeure pas d'accord de cela.

CLIMÈNE.

Quoi! la pudeur n'est pas visiblement blessée par ce que dit Agnès dans l'endroit dont nous parlons?

URANIE.

Non, vraiment. Elle ne dit pas un mot qui de soi ne soit fort honnête; et, si vous voulez entendre dessous quelque autre chose, c'est vous qui faites l'ordure, et non pas elle, puisqu'elle parle seulement d'un ruban qu'on lui a pris.

CLIMÈNE.

Ah! ruban, tant qu'il vous plaira; mais ce *le* où elle s'arrête n'est pas mis pour des prunes. Il vient sur ce *le* d'étranges pensées: ce *le* scandalise furieusement; et, quoi que vous puissiez dire, vous ne sauriez défendre l'insolence de ce *le*.

ÉLISE.

Il est vrai, ma cousine, je suis pour madame contre ce *le*. Ce *le* est insolent au dernier point, et vous avez tort de défendre ce *le*.

CLIMÈNE.

Il a une obscénité qui n'est pas supportable.

ÉLISE.

Comment dites-vous ce mot là, madame?

CLIMÈNE.

Obscénité, madame.

ÉLISE.

Ah! mon Dieu! obscénité. Je ne sais ce que ce mot veut dire; mais je le trouve le plus joli du monde.

CLIMÈNE.

Enfin vous voyez comme votre sang prend mon parti.

URANIE.

Hé! mon Dieu! c'est une causeuse qui ne dit pas ce qu'elle pense. Ne vous y fiez pas beaucoup, si vous m'en voulez croire.

ÉLISE.

Ah! que vous êtes méchante, de me vouloir rendre suspecte à madame. Voyez un peu où j'en serais, si elle allait croire ce que vous dites. Serais-je si malheureuse, madame, que vous eussiez de moi cette pensée?

CLIMÈNE.

Non, non, je ne m'arrête pas ses paroles, et je vous crois plus sincère qu'elle ne dit.

ÉLISE.

Ah! que vous avez bien raison, madame! et que vous me rendrez justice, quand vous croirez que je vous trouve la plus engageante personne du monde, que j'entre dans tous vos sentiments, et suis charmée de toutes les expressions qui sortent de votre bouche!

CLIMÈNE.

Hélas! je parle sans affectation.

ÉLISE.

On le voit bien, madame, et que tout est naturel en vous. Vos paroles, le ton de votre voix, vos regards, vos pas, votre action et votre ajustement, ont je ne sais quel air de qualité qui enchante les gens. Je vous étudie des yeux et des oreilles; et je suis si remplie de vous, que je tache d'être votre singe et de vous contrefaire en tout.

CLIMÈNE.

Vous vous moquez de moi, madame.

ÉLISE.

Pardonnez-moi, madame. Qui voudrait se moquer de vous?

CLIMÈNE.

Je ne suis pas un bon modèle, madame.

ÉLISE.

Oh! que si, madame.

CLIMÈNE.

Vous me flattez, madame.

ÉLISE.

Point du tout, madame.

CLIMÈNE.

Épargnez-moi, s'il vous plaît, madame.

ÉLISE.

Je vous épargne aussi, madame; et je ne dis pas la moitié de ce que je pense, madame.

CLIMÈNE.

Ah! mon Dieu! brisons là, de grace. Vous me jetteriez dans une confusion épouvantable. (*à Uranie.*) Enfin nous voilà deux contre vous; et l'opiniâtreté sied si mal aux personnes spirituelles...

SCENE IV.

LE MARQUIS, CLIMÈNE, URANIE, ELISE, GALOPIN.

GALOPIN, *à la porte de la chambre.*

Arrêtez, s'il vous plaît, monsieur.

LE MARQUIS.

Tu ne me connais pas, sans doute!

GALOPIN.

Si fait, je vous connais; mais vous n'entrerez pas.

LE MARQUIS.

Ah! que de bruit, petit laquais!

GALOPIN.

Cela n'est pas bien de vouloir entrer malgré les gens.

LE MARQUIS.

Je veux voir ta maîtresse.

GALOPIN.

Elle n'y est pas, vous dis-je.

LE MARQUIS.

La voilà dans sa chambre.

GALOPIN.

Il est vrai, la voilà; mais elle n'y est pas.

URANIE.

Qu'est-ce donc qu'il y a là?

LE MARQUIS.

C'est votre laquais, madame, qui fait le sot.

GALOPIN.

Je lui dis que vous n'y êtes pas, madame; et il ne veut pas laisser d'entrer.

URANIE.

Et pourquoi dire à monsieur que je n'y suis pas?

GALOPIN.

Vous me grondâtes l'autre jour de lui avoir dit que vous y étiez.

URANIE.

Voyez cet insolent! Je vous prie, monsieur, de ne pas croire ce qu'il dit. C'est un petit écervelé qui vous a pris pour un autre.

LE MARQUIS.

Je l'ai bien vu, madame; et, sans votre respect, je lui aurais appris à connaître les gens de qualité.

ÉLISE.

Ma cousine vous est fort obligée de cette déférence.

URANIE, *à Galopin.*

Un siège donc, impertinent.

GALOPIN.

N'en voilà-t-il pas un?

URANIE.

Approchez-le.

(*Galopin pousse le siège rudement, et sort.*)

SCENE V.

LE MARQUIS, CLIMENE, URANIE, ÉLISE.

LE MARQUIS.

Votre petit laquais, madame, a du mépris pour ma personne.

ÉLISE.

Il aurait tort, sans doute.

LE MARQUIS.

C'est peut-être que je paie l'intérêt de ma mauvaise mine: (*Il rit*) hai, hai, hai, hai.

ÉLISE.

L'âge le rendra plus éclairé en honnêtes gens.

LE MARQUIS.

Sur quoi en étiez-vous, mesdames, lorsque je vous ai interrompues?

URANIE.

Sur la comédie de l'Ecole des Femmes.

LE MARQUIS.

Je ne fais que d'en sortir.

CLIMÈNE.

Hé bien! monsieur, comment la trouvez-vous, s'il vous plaît?

LE MARQUIS.

Tout à fait impertinente.

CLIMÈNE.

Ah! que j'en suis ravie!

LE MARQUIS.

C'est la plus méchante chose du monde. Comment diable! à peine ai-je pu trouver place. J'ai pensé être étouffé à la porte, et jamais on ne m'a tant marché sur les pieds. Voyez comme mes canons et mes rubans en sont ajustés, de grace.

ÉLISE.

Il est vrai que cela crie vengeance contre l'École des femmes, et que vous la condamnez avec justice.

LE MARQUIS.

Il ne s'est jamais fait, je pense, une si méchante comédie.

URANIE.

Ah! voici Dorante que nous attendions.

SCÈNE VI.

DORANTE, CLIMÈNE, URANIE, ÉLISE, LE MARQUIS.

DORANTE.

Ne bougez, de grace, n'interrompez point votre discours. Vous êtes là sur une matière qui, depuis quatre jours, fait presque l'entretien de toutes les maisons de Paris; et jamais on n'a rien vu de si plaisant que la diversité des jugements qui se font là-dessus: car enfin j'ai ouï condamner cette comédie à certaines gens, par les mêmes choses que j'ai vu d'autres estimer le plus.

URANIE.

Voilà monsieur le marquis qui en dit force mal.

LE MARQUIS.

Il est vrai. Je la trouve détestable, morbleu! détestable, du dernier détestable, ce qu'on appelle détestable.

DORANTE.

Et moi, mon cher marquis, je trouve le jugement détestable.

LE MARQUIS.

Quoi! chevalier, est-ce que tu prétends soutenir cette pièce?

DORANTE.

Oui, je prétends la soutenir.

LE MARQUIS.

Parbleu! je la garantis détestable.

DORANTE.

La caution n'est pas bourgeoise. Mais, marquis, par quelle raison, de grace, cette comédie est-elle ce que tu dis?

LE MARQUIS.

Pourquoi elle est détestable?

DORANTE.

Oui.

LE MARQUIS.

Elle est détestable, parce qu'elle est détestable.

DORANTE.

Après cela il n'y a plus rien à dire; voilà son procès fait Mais encore, instruis-nous, et nous dis les défauts qui y sont.

LE MARQUIS.

Que sais-je, moi? Je ne me suis pas seulement donné la peine d'écouter. Mais enfin je sais bien que je n'ai jamais rien vu de si méchant. Dieu me sauve! et Dorilas, contre qui j'étais, a été de mon avis.

DORANTE.

L'autorité est belle, et te voilà bien appuyé?

LE MARQUIS.

Il ne faut que voir les continuels éclats de rire que le parterre y fait. Je ne veux point d'autre chose pour témoigner qu'elle ne vaut rien.

DORANTE.

Tu es donc, marquis, de ces messieurs du bel air qui ne veulent pas que le parterre ait du sens commun, et qui seraient fâchés d'avoir ri avec lui, fût-ce de la meilleure chose du monde? Je vis l'autre jour sur le théâtre un de nos amis qui se rendit ridicule par-là. Il écouta toute la pièce avec un sérieux le plus sombre du monde; et ce qui égayait les autres ridait son front. A tous les éclats de risée, il haussait les épaules, et regardait le parterre en pitié; et quelquefois aussi, le regardant avec dépit, il lui disait tout haut: *Ris donc, parterre, ris, donc*. Ce fut une seconde comédie que le chagrin de notre ami: il la donna en galant homme à toute l'assemblée, et chacun demeura d'accord qu'on ne pouvait pas mieux jouer qu'il fit. Apprends, marquis, je te prie, et les autres aussi, que le bon sens n'a point de place déterminée; que la différence du demi-louis d'or et de la pièce de 15 sous ne fait rien du tout au bon goût; que debout ou assis on peut donner un mauvais jugement; et qu'enfin, à le prendre en général, je me fierais assez à l'approbation du parterre, par la raison qu'entre ceux qui le composent il y en a plusieurs qui sont capables de juger d'une pièce selon les règles, et que les autres en jugent par la bonne façon d'en juger, qui est de se laisser prendre aux choses, et de n'avoir ni prévention aveugle, ni complaisance affectée, ni délicatesse ridicule.

LE MARQUIS.

Te voilà donc, chevalier, le défenseur du parterre? Parbleu! je m'en réjouis, et je ne manquerai pas de l'avertir que tu es de ses amis. Hai, hai, hai, hai, hai.

DORANTE.

Ris tant que tu voudras. Je suis pour le bon sens, et ne saurais souffrir les ébullitions de cerveau de nos marquis de Mascarille. J'enrage de voir de ces gens qui se traduisent en ridicule malgré leur qualité; de ces gens qui décident toujours, et parlent hardiment de toutes choses sans s'y connaître; qui dans une comédie, se récrieront aux méchants endroits, et ne branleront pas à ceux qui sont bons; qui, voyant un tableau, ou écoutant un concert de musique, blâment de même, et louent tout à contresens, prennent par où ils peuvent les termes de l'art qu'ils attrapent, et ne manquent jamais de les estropier et de les mettre hors de place. Hé! morbleu! messieurs, taisez-vous. Quand Dieu ne vous a pas donné la connaissance d'une chose, n'apprêtez point à rire à ceux qui vous entendent parler; et songez qu'en ne disant mot on croira peut-être que vous êtes d'habiles gens.

LE MARQUIS.

Parbleu! chevalier, tu le prends là...

DORANTE.

Mon Dieu! marquis, ce n'est pas à toi que je parle; c'est à une douzaine de messieurs qui déshonorent les gens de cour par leurs manières extravagantes, et font croire parmi le peuple que nous nous ressemblons tous. Pour moi, je m'en veux justifier le plus qu'il me sera possible; et je les dauberai tant en toutes rencontres, qu'à la fin ils se rendront sages.

LE MARQUIS.

Dis-moi un peu, chevalier: crois-tu que Lysandre ait de l'esprit?

DORANTE.

Oui, sans doute, et beaucoup.

URANIE.

C'est une chose qu'on ne peut pas nier.

LE MARQUIS.

Demande-lui ce qu'il lui semble de l'Ecole des femmes, tu verras qu'il te dira qu'elle ne lui plaît pas.

DORANTE.

Hé! mon Dieu! il y en a beaucoup que le trop d'esprit gâte, qui voient mal les choses à force de lumières, et même qui seraient bien fâchés d'être de l'avis des autres, pour avoir la gloire de décider.

URANIE.

Il est vrai. Notre ami est de ces gens-là, sans doute. Il veut être le premier de son opinion, et qu'on attende par respect son jugement. Toute approbation qui marche avant la sienne est un attentat sur ses lumières, dont il se venge hautement en prenant le contraire parti. Il veut qu'on le consulte sur toutes les affaires d'esprit; et je suis sûre que si l'auteur lui eût montré sa comédie avant que de la faire voir au public, il l'eût trouvée la plus belle du monde.

LE MARQUIS.

Et que direz-vous de la marquise Araminte, qui la publie partout pour épouvantable, et dit qu'elle n'a pu jamais souffrir les ordures dont elle est pleine?

DORANTE.

Je dirai que cela est digne du caractère qu'elle a pris, et qu'il y a des personnes qui se rendent ridicules pour vouloir avoir trop d'honneur. Bien qu'elle ait de l'esprit, elle a suivi le mauvais exemple de celles qui, étant sur le retour de l'âge, veulent remplacer de quelque chose ce qu'elles voient qu'elles perdent, et prétendent que les grimaces d'une pruderie scrupuleuse leur tiendront lieu de jeunesse et de beauté. Celle-ci pousse l'affaire plus avant qu'aucune; et l'habileté de son scrupule découvre des saletés où jamais personne n'en avait vu. On tient qu'il va, ce scrupule, jusques à défigurer notre langue, et qu'il n'y a presque point de mots dont la sévérité de cette dame ne veuille retrancher ou la tête ou la queue pour les syllabes déshonnêtes qu'elle y trouve.

URANIE.

Vous êtes bien fou, chevalier.

LE MARQUIS.

Enfin, chevalier, tu crois défendre ta comédie en faisant la satyre de ceux qui la condamnent.

DORANTE.

Non pas; mais je tiens que cette dame se scandalise à tort...

ÉLISE

Tout beau, monsieur le chevalier! il pourrait y en avoir d'autres qu'elle qui seraient dans les mêmes sentiments.

DORANTE.

Je sais bien que ce n'est pas vous, au moins; et que, lorsque vous avez vu cette représentation...

ÉLISE.

Il est vrai, mais j'ai changé d'avis, et madame *(montrant Climène)* sait appuyer le sien par des raisons si convaincantes, qu'elle m'a entraînée de son côté

DORANTE, *à Climène.*

Ah! madame, je vous demande pardon; et, si vous le voulez, je me dédirai, pour l'amour de vous, de tout ce que j'ai dit.

CLIMÈNE.

Je ne veux pas que ce soit pour l'amour de moi, mais pour l'amour de la raison: car enfin cette pièce, à bien prendre, est tout à fait indéfendable; et je ne conçois pas...

URANIE.

Ah! voici l'auteur monsieur Lysidas. Il vient tout à propos pour cette matière. Monsieur Lysidas, prenez un siège vous-même, et vous mettez là.

SCÈNE VII.

LYSIDAS, CLIMÈNE, URANIE, ÉLISE, DORANTE, LE MARQUIS.

LYSIDAS.

Madame, je viens un peu tard: mais il m'a fallu lire ma pièce chez madame la marquise dont je vous avais parlé; et les louanges qui lui ont été données m'ont retenu une heure plus que je ne croyais.

ÉLISE.

C'est un grand charme que les louanges pour arrêter un auteur.

URANIE.

Asseyez-vous donc, monsieur Lysidas; nous lirons votre pièce après souper.

LYSIDAS.

Tous ceux qui étaient là doivent venir à sa première représentation, et m'ont promis de faire leur devoir comme il faut.

URANIE.

Je le crois. Mais, encore une fois, asseyez-vous, s'il vous plaît. Nous sommes ici sur une matière que je serai bien aise que nous poussions.

LYSIDAS.

Je pense, madame, que vous retiendrez aussi une loge pour ce jour-là.

URANIE

Nous verrons. Poursuivons, de grace, notre discours.

LYSIDAS.

Je vous donne avis, madame, qu'elles sont presque toutes retenues.

URANIE.

Voilà qui est bien. Enfin j'avais besoin de vous, lorsque vous êtes venu, et tout le monde était ici contre moi.

ÉLISE, *à Uranie, montrant Dorante.*

Il s'est mis d'abord de votre côté : mais maintenant qu'il sait que madame (*montrant Climène*) est à la tête du parti contraire, je pense que vous n'avez qu'à chercher un autre secours.

CLIMÈNE.

Non, non, je ne voudrais pas qu'il fît mal sa cour auprès de madame votre cousine, et je permets à son esprit d'être du parti de son cœur.

DORANTE.

Avec cette permission, madame, je prendrai la hardiesse de me défendre.

URANIE.

Mais, auparavant, sachons un peu les sentiments de monsieur Lysidas.

LYSIDAS.

Sur quoi, madame?

URANIE.

Sur le sujet de l'Ecole des Femmes.

LYSIDAS.

Ah! ah!

DORANTE.

Que vous en semble?

LYSIDAS.

Je n'ai rien à dire là-dessus; et vous savez qu'entre nous autres auteurs, nous devons parler des ouvrages les uns des autres avec beaucoup de circonspection.

DORANTE.

Mais encore, entre nous, que pensez-vous de cette comédie?

LYSIDAS.

Moi, monsieur?

URANIE.

De bonne foi, dites-nous votre avis.

LYSIDAS.

Je la trouve fort belle.

DORANTE.

Assurément?

LYSIDAS.

Assurément. Pourquoi non? n'est-elle pas en effet la plus belle du monde?

DORANTE.

Hon, hon, vous êtes un méchant diable, monsieur Lysidas; vous ne dites pas ce que vous pensez.

LYSIDAS.

Pardonnez-moi.

DORANTE.

Mon Dieu! je vous connais. Ne dissimulons point.

LYSIDAS.

Moi, monsieur!

DORANTE.

Je vois bien que le bien que vous dites de cette pièce n'est que par honnêteté, et que, dans le fond du cœur, vous êtes de l'avis de beaucoup de gens qui la trouvent mauvaise.

LYSIDAS.

Hai, hai, hai.

DORANTE.

Avouez, ma foi, que c'est une méchante chose que cette comédie.

LYSIDAS.

Il est vrai qu'elle n'est pas approuvée par les connaisseurs.

LE MARQUIS.

Ma foi, chevalier, tu en tiens; et te voilà payé de ta raillerie. Ah, ah, ah, ah, ah

DORANTE.

Pousse, mon cher marquis, pousse.

LE MARQUIS.

Tu vois que nous avons les savants de notre côté.

DORANTE.

Il est vrai, le jugement de monsieur Lysidas est quelque chose de considérable; mais monsieur Lysidas veut bien que je ne me rende pas pour cela; et puisque j'ai bien l'audace de me défendre contre les sentiments de madame (*montrant Climène*), il ne trouvera pas mauvais que je combatte les siens.

ÉLISE.

Quoi! vous voyez contre vous madame, monsieur le marquis et monsieur Lysidas, et vous osez résister encore! Fi! que cela est de mauvaise grace!

CLIMÈNE.

Voilà qui me confond, pour moi, que des personnes raisonnables se puissent mettre en tête de donner protection aux sottises de cette pièce.

LE MARQUIS.

Dieu me damne! madame, elle est misérable depuis le commencement jusqu'à la fin.

DORANTE.

Cela est bientôt dit, marquis. Il n'est rien plus aisé que de trancher ainsi; et je ne vois aucune chose qui puisse être à couvert de la souveraineté de tes décisions.

LE MARQUIS.

Parbleu! tous les autres comédiens qui étaient là pour la voir en ont dit tous les maux du monde.

DORANTE.

Ah! je ne dis plus mot; tu as raison, marquis. Puisque les autres comédiens en disent du mal, il faut les en croire assurément : ce sont tous gens éclairés et qui parlent sans intérêt. Il n'y a plus rien à dire, je me rends.

CLIMÈNE.

Rendez-vous, ou ne vous rendez pas, je sais fort bien que vous ne me persuaderez point de souffrir les immodesties de cette pièce, non plus que les satyres désobligeantes qu'on y voit contre les femmes.

URANIE.

Pour moi, je me garderai bien de m'en offenser, et de prendre rien sur mon compte de tout ce qui s'y dit. Ces sortes de satyres tombent directement sur les mœurs, et ne frappent les personnes que par réflexion. N'allons point nous appliquer à nous-mêmes les traits d'une censure générale; et profitons de la leçon, si nous pouvons, sans faire semblant qu'on parle à nous. Toutes les peintures ridicules qu'on expose sur les théâtres doivent être regardées sans chagrin de tout le monde. Ce sont miroirs publics où il ne faut jamais témoigner qu'on se voie, et c'est se taxer hautement d'un défaut que se scandaliser qu'on le reprenne.

CLIMÈNE.

Pour moi, je ne parle pas de ces choses par la part que j'y puisse avoir, et je pense que je vis d'un air dans le monde à ne pas craindre d'être cherchée dans les peintures qu'on fait là des femmes qui se gouvernent mal.

ÉLISE.

Assurément, madame, on ne vous y cherchera point. Votre conduite est assez connue, et ce sont de ces sortes de choses qui ne sont contestées de personne.

URANIE, *à Climène.*

Aussi, madame, n'ai-je rien dit qui aille à vous; et mes paroles, comme les satyres de la comédie, demeurent dans la thèse générale.

CLIMÈNE.

Je n'en doute pas, madame. Mais enfin passons sur ce chapitre. Je ne sais pas de quelle façon vous recevez les injures qu'on dit à notre sexe dans un certain endroit de la pièce; et pour moi, je vous avoue que je suis dans une colère épouvantable de voir que cet auteur impertinent nous appelle *des animaux*.

URANIE.

Ne voyez-vous pas que c'est un ridicule qu'il fait parler?

DORANTE.

Et puis, madame, ne savez-vous pas que les injures des amants n'offensent jamais; qu'il est des amours emportés aussi bien que des doucereux; et qu'en pareilles occasions les paroles les plus étranges, et quelque chose de pis encore, se prennent bien souvent pour des marques d'affection par celles même qui les reçoivent.

ÉLISE.

Dites tout ce que vous voudrez, je ne saurais digérer cela, non plus que *le potage* et *la tarte à la crême* dont madame a parlé tantôt.

LE MARQUIS.

Ah! ma foi oui, *tarte à la crême*! Voilà ce que j'avais remarqué tantôt; *tarte à la crême!* Que je vous suis obligé, madame, de m'avoir fait souvenir de *tarte à la crême!* Y a-t-il assez de pommes en Normandie pour *tarte à la crême? Tarte à la crême!* morbleu, *tarte à la crême!*

DORANTE.

Hé bien! que veux-tu dire? *tarte à la crême!*

LE MARQUIS.

Parbleu! *tarte à la crême*, chevalier.

DORANTE.

Mais encore?

LE MARQUIS.

Tarte à la crême!

DORANTE.

Dis-nous un peu tes raisons.

LE MARQUIS.

Tarte à la crême!

URANIE.

Mais il faut expliquer sa pensée, ce me semble.

LE MARQUIS.

Tarte à la crême, madame.

URANIE.

Que trouvez-vous là à redire?

LE MARQUIS.

Moi, rien. *Tarte à la crême.*

URANIE.

Ah! je le quitte.

ÉLISE.

Monsieur le marquis s'y prend bien, et vous bourre de la belle manière. Mais je voudrais bien que monsieur Lysidas voulût les achever, et leur donner quelques petits coups de sa façon.

LYSIDAS.

Ce n'est pas ma coutume de rien blâmer, et je suis assez indulgent pour les ouvrages des autres. Mais enfin, sans choquer l'amitié que monsieur le chevalier témoigne pour l'auteur, on m'avouera que ces sortes de comédies ne sont pas proprement des comédies, et qu'il y a une grande différence de toutes ces bagatelles à la beauté des pièces sérieuses. Cependant tout le monde donne là-dedans aujourd'hui; on ne court plus qu'à cela; et l'on voit une solitude effroyable aux grands ouvrages, lorsque des sottises ont tout Paris. Je vous avoue que le cœur m'en saigne quelquefois, et cela est honteux pour la France.

CLIMÈNE.

Il est vrai que le goût des gens est étrangement gâté là-dessus, et que le siècle s'encanaille furieusement.

ÉLISE.

Celui-là est joli encore, *s'encanaille* ! Est-ce vous qui l'avez inventé, madame?

CLIMÈNE.

Hé!

ÉLISE.

Je m'en suis bien doutée.

DORANTE.

Vous croyez donc, monsieur Lysidas, que tout l'esprit et toute la beauté sont dans les poëmes sérieux, et que les pièces comiques sont des niaiseries qui ne méritent aucune louange?

URANIE.

Ce n'est pas mon sentiment, pour moi. La tragédie, sans doute, est quelque chose de beau quand elle est bien touchée; mais la comédie a ses charmes, et je tiens que l'une n'est pas moins difficile à faire que l'autre.

DORANTE.

Assurément, madame; et quand, pour la difficulté, vous mettriez un peu plus du côté de la comédie, peut-être que vous ne vous abuseriez pas: car enfin je trouve qu'il est bien plus aisé de se guinder sur de grands sentiments, de braver en vers la fortune, accuser les destins, et dire des injures aux dieux, que d'entrer comme il faut dans le ridicule des hommes, et de rendre agréablement sur le théâtre les défauts de tout le monde. Lorsque vous peignez des héros, vous faites ce que vous voulez; ce sont des portraits à plaisir, où l'on ne cherche point de ressemblance; et vous n'avez qu'à suivre les traits d'une imagination qui se donne l'essor, et qui souvent laisse le vrai pour attraper le merveilleux. Mais, lorsque vous peignez les hommes, il faut peindre d'après nature. On veut que ces portraits ressemblent; et vous n'avez rien fait, si vous n'y faites reconnaître les gens de votre siècle. En un mot, dans les pièces sérieuses, il suffit, pour n'être point blâmé, de dire des choses qui soient de bon sens et bien écrites: mais ce n'est pas assez dans les autres, il y faut plaisanter; et c'est une étrange entreprise que celle de faire rire les honnêtes gens.

CLIMÈNE.

Je crois être du nombre des honnêtes gens, et cependant je n'ai pas trouvé le mot pour rire dans tout ce que j'ai vu.

LE MARQUIS.

Ma foi, ni moi non plus.

DORANTE.

Pour toi, marquis, je ne m'en étonne pas: c'est que tu n'y as point trouvé de turlupinades.

LYSIDAS.

Ma foi, monsieur, ce que l'on y rencontre ne vaut guère mieux; et toutes les plaisanteries y sont assez froides, à mon avis.

DORANTE.

La cour n'a pas trouvé cela...

LYSIDAS.

Ah! monsieur, la cour!

DORANTE.

Achevez, monsieur Lysidas. Je vois bien que vous voulez dire que la cour ne se connaît pas à ces choses; et c'est le refuge ordinaire de vous autres messieurs les auteurs, dans le mauvais succès de vos ouvrages, que d'accuser l'injustice du siècle et le peu de lumières des courtisans. Sachez, s'il vous plaît, monsieur Lysidas, que les courtisans ont d'aussi bons yeux que d'autres; qu'on peut être habile avec un point de Venise et des plumes, aussi bien qu'avec une perruque courte et un petit rabat uni: que la grande épreuve de toutes vos comédies, c'est le jugement de la cour; que c'est son goût qu'il faut étudier pour trouver l'art de réussir; qu'il n'y a point de lieu où les décisions soient si justes; et, sans mettre en ligne de compte tous les gens savants qui y sont, que, du simple bon sens naturel et du commerce de tout le beau monde, on s'y fait une manière d'esprit qui, sans comparaison, juge plus finement des choses que tout le savoir enrouillé des pédants.

URANIE.

Il est vrai que pour peu qu'on y demeure, il vous passe là tous les jours assez de choses devant les yeux pour acquérir quelque habitude de les connaître, et surtout pour ce qui est de la bonne ou mauvaise plaisanterie.

DORANTE.

La cour a quelques ridicules, j'en demeure d'accord; et je suis, comme on voit, le premier à les fronder: mais, ma foi, il y en a un grand nombre parmi les beaux esprits de profession; et, si l'on joue quelques marquis, je trouve qu'il y a bien plus de quoi jouer les auteurs, et que ce serait une chose plaisante à mettre sur le théâtre, que leurs grimaces savantes et leurs raffinements ridicules, leur vicieuse coutume d'assassiner les gens de leurs ouvrages, leur friandise de louanges, leurs ménagements de pensées, leur trafic de réputation, et leurs ligues offensives et défensives, aussi bien que leurs guerres d'esprit et leurs combats de prose et de vers.

LYSIDAS.

Molière est bien heureux, monsieur, d'avoir un protecteur aussi chaud que vous. Mais enfin, pour venir au fait, il est question de savoir si sa pièce est bonne; et je m'offre d'y montrer partout cent défauts visibles.

URANIE.

C'est une étrange chose de vous autres messieurs les poëtes, que vous condamniez toujours les pièces où tout le monde court, et ne disiez jamais du bien que de celles où personne ne va! Vous montrez pour les unes une haine invincible, et pour les autres une tendresse qui n'est pas concevable.

DORANTE.

C'est qu'il est généreux de se ranger du côté des affligés.

URANIE.

Mais, de grace, monsieur Lysidas, faites-nous voir ces défauts dont je ne me suis point aperçue.

LYSIDAS.

Ceux qui possèdent Aristote et Horace voient d'abord, madame, que cette comédie pèche contre toutes les règles de l'art.

URANIE.

Je vous avoue que je n'ai aucune habitude avec ces messieurs-là, et que je ne sais point les règeles de l'art.

DORANTE.

Vous êtes de plaisantes gens avec vos règles dont vous embarrassez les ignorants et nous étourdissez tous les jours! Il semble à vous ouïr parler, que ces règles de l'art soient les plus grands mystères du monde; et cependant ce ne sont que quelques observations aisées que le bon sens a faites sur ce qui peut ôter le plaisir que l'on prend à ces sortes de poëmes, et le même bon sens qui a fait autrefois ces observations les fait tous les jours sans le secours d'Horace et d'Aristote. Je voudrais bien savoir si la grande règle de toutes les règles n'est pas de plaire, et si une pièce de théâtre qui a attrapé son but n'a pas suivi un bon chemin. Veut-on que tout un public s'abuse sur ces sortes de choses, et que chacun n'y soit pas juge du plaisir qu'il y prend?

URANIE.

J'ai remarqué une chose de ces messieurs-là; c'est que ceux qui parlent le plus des règles, et qui les savent mieux que les autres, font des comédies que personne ne trouve belles.

DORANTE.

Et c'est ce qui marque, madame, comme on doit s'arrêter peu à leurs disputes embarrassées. Car enfin, si les pièces qui sont selon les règles ne plaisent pas, et que celles qui plaisent ne soient pas selon les règles, il faudrait, de nécessité, que les règles eussent été mal faites. Moquons-nous donc de cette chicane où ils veulent assujettir le goût du public, et ne consultons dans une comédie que l'effet qu'elle fait sur nous. Laissons-nous aller de bonne foi aux choses qui nous prennent par les entrailles, et ne cherchons point de raisonnements pour nous empêcher d'avoir du plaisir.

URANIE.

Pour moi, quand je vois une comédie, je regarde seulement si les choses me touchent; et, lorsque je m'y suis bien divertie, je ne vais point demander si j'ai eu tort, et si les règles d'Aristote me défendaient de rire.

DORANTE.

C'est justement comme un homme qui aurait trouvé une sauce excellente, et qui voudrait examiner si elle est bonne, sur les préceptes du Cuisinier Français.

URANIE.

Il est vrai; et j'admire les raffinements de certaines gens sur des choses que nous devons sentir nous-mêmes.

DORANTE.

Vous avez raison, madame, de les trouver étranges, tous ces raffinements mystérieux. Car enfin, s'ils ont lieu, nous voilà réduits à ne nous plus croire, nos propres sens seront esclaves en toutes choses; et, jusqu'au manger et au boire, nous n'oserons plus trouver rien de bon sans le congé de messieurs les experts.

LYSIDAS.

Enfin, monsieur, toute votre raison, c'est que l'École des Femmes a plu, et vous ne vous souciez point qu'elle ne soit pas dans les règles, pourvu...

DORANTE.

Tout beau, monsieur Lysidas; je ne vous accorde pas cela. Je dis bien que le grand art est de plaire, et que, cette comédie ayant plu à ceux pour qui elle était faite, je trouve que c'est assez pour elle, et qu'elle doit peu se soucier du reste. Mais avec cela, je soutiens qu'elle ne pèche contre aucune des règles dont vous parlez: je les ai lues, Dieu merci, autant qu'un autre, et je ferais voir aisément que peut-être n'avons-nous point de pièce au théâtre plus régulière que celle-là.

ÉLISE.

Courage, monsieur Lysidas, nous sommes perdus si vous reculez.

LYSIDAS.

Quoi! monsieur, la protase, l'épitase, et la péripétie...

DORANTE.

Ah! monsieur Lysidas, vous nous assommez avec vos grands mots. Ne paraissez point si savant, de grace; humanisez vos discours, et parlez pour être entendu. Pensez-vous qu'un nom grec donne plus de poids à vos raisons? et ne trouveriez-vous pas qu'il fût aussi beau de dire l'exposition du sujet, que la protase; le nœud, que l'épitase; et le dénouement, que la péripétie?

LYSIDAS.

Ce sont termes de l'art, dont il est permis de se servir. Mais, puisque ces mots blessent vos oreilles, je m'expliquerai d'une autre façon, et je vous prie de répondre positivement à trois ou quatre choses que je vais dire. Peut-on souffrir une pièce qui pèche contre le nom propre des pièces de théâtre? Car enfin le nom de poème dramatique vient d'un mot grec qui signifie *agir*, pour montrer que la nature du poème consiste dans l'action; et, dans cette comédie-ci, il ne se passe point d'actions, et tout consiste en des récits que vient faire ou Agnès ou Horace.

LE MARQUIS.

Ah! ah, chevalier.

CLIMÈNE.

Voilà qui est spirituellement remarqué, et c'est prendre le fin des choses.

LYSIDAS.

Est-il rien de si peu spirituel, ou, pour mieux dire, rien de si bas, que quelques mots où tout le monde rit, et surtout celui *des enfants par l'oreille?*

CLIMÈNE.

Fort bien.

ÉLISE.

Ah!

LYSIDAS.

La scène du valet et de la servante au dedans de la maison n'est-elle pas d'une longueur ennuyeuse et tout à fait impertinente?

LE MARQUIS.

Cela est vrai.

CLIMÈNE.

Assurément.

ÉLISE.

Il a raison.

LYSIDAS.

Arnolphe ne donne-t-il pas trop librement son argent à Horace? Et puisque c'est le personnage ridicule de la pièce, fallait-il lui faire faire l'action d'un honnête homme?

LE MARQUIS.

Bon. La remarque est encore bonne.

CLIMÈNE.

Admirable.

ÉLISE.

Merveilleuse.

LYSIDAS.

Le sermon et les maximes ne sont-elles pas des choses ridicules, et qui choquent même le respect que l'on doit à nos mystères?

LE MARQUIS.

C'est bien dit.

CLIMÈNE.

Voilà parlé comme il faut.

ÉLISE.

Il ne se peut rien de mieux.

LYSIDAS.

Et ce monsieur de la Souche, enfin, qu'on nous fait un homme d'esprit, et qui paraît si sérieux en tant d'endroits, ne descend-il point dans quelque chose de trop outré au cinquième acte, lorsqu'il explique à Agnès la violence de son amour avec ces roulements d'yeux extravagants, ces soupirs ridicules et ces larmes niaises qui font rire tout le monde?

LE MARQUIS.

Morbleu! merveille!

CLIMÈNE.

Miracle!

ÉLISE.

Vivat monsieur Lysidas!

LYSIDAS.

Je laisse cent mille autres choses, de peur d'être ennuyeux.

LE MARQUIS.

Parbleu! chevalier, te voilà mal ajusté.

DORANTE.

Il faut voir.

LE MARQUIS.

Tu as trouvé ton homme.

DORANTE.

Peut-être.

LE MARQUIS.

Réponds, réponds, réponds, réponds.

DORANTE.

Volontiers. Il...

LE MARQUIS.

Réponds donc, je te prie.

DORANTE.

Laisse-moi donc faire. Si...

LE MARQUIS.

Parbleu! je te défie de répondre.

DORANTE.

Oui, si tu parles toujours.

CLIMÈNE.

De grace, écoutons ses raisons.

DORANTE.

Premièrement il n'est pas vrai de dire que toute la pièc n'est qu'en récits. On y voit beaucoup d'actions qui se passent sur la scène: et les récits eux-mêmes y sont des actions, suivant la constitution du sujet; d'autant qu'ils sont tous faits innocemment, ces récits, à la personne intéressée, qui, par là, entre à tous coups dans une confusion à réjouir les spectateurs, et prend, à chaque nouvelle, toutes les mesures qu'il peut pour se parer du malheur qu'il craint.

URANIE.

Pour moi, je trouve que la beauté du sujet de l'École des Femmes consiste dans cette confidence perpétuelle; et ce qui me paraît assez plaisant, c'est qu'un homme qui a de l'esprit, et qui est averti de tout par une innocente qui est sa maîtresse, et par un étourdi qui est son rival, ne puisse avec cela éviter ce qui lui arrive.

LE MARQUIS.

Bagatelle, bagatelle.

CLIMÈNE.

Faible réponse.

ÉLISE.

Mauvaises raisons.

DORANTE.

Pour ce qui est des *enfants par l'oreille*, ils ne sont plaisants que par réflexion à Arnolphe, et l'auteur n'a pas mis cela pour être de soi un bon mot, mais seulement pour une chose qui caractérise l'homme, et peint d'autant mieux son extravagance, puisqu'il rapporte une sottise triviale qu'a dite Agnès, comme la chose la plus belle du monde et qui lui donne une joie inconcevable.

LE MARQUIS.

C'est mal répondre.

CLIMÈNE.

Cela ne satisfait point.

ÉLISE.

C'est ne rien dire.

DORANTE.

Quant à l'argent qu'il donne librement, outre que la lettre de son meilleur ami lui est une caution suffisante, il n'est pas incompatible qu'une personne soit ridicule en de certaines choses et honnête homme en d'autres. Et, pour la scène d'Alain et de Georgette dans le logis, que quelques uns ont trouvée longue et froide, il est certain qu'elle n'est pas sans raison; et de même qu'Arnolphe se trouve attrapé pendant son voyage par la pure innocence de sa maîtresse, il demeure au retour longtemps à sa porte par l'innocence de ses valets, afin qu'il soit partout puni par les choses qu'il a cru faire la sûreté de ses précautions.

LE MARQUIS.

Voilà des raisons qui ne valent rien.

CLIMÈNE

Tout cela ne fait que blanchir.

ÉLISE.

Cela fait pitié.

DORANTE.

Pour le discours moral que vous appelez un sermon, il est certain que de vrais dévots qui l'ont ouï n'ont pas trouvé qu'il choquât ce que vous dites; et sans doute que ces paroles d'*enfer* et de *chaudières bouillantes* sont assez justifiées par l'extravagance d'Arnolphe et par l'innocence de celle à qui il parle. Et quant au transport amoureux du cinquième acte, qu'on accuse d'être trop outré et trop comique, je voudrais bien savoir si ce n'est pas faire la satyre des amants, et si les honnêtes gens même et les plus sérieux, en de pareilles occasions, ne font pas des choses...

LE MARQUIS.

Ma foi, chevalier tu ferais mieux de te taire.

DORANTE.

Fort bien. Mais enfin, si nous nous regardions nous-mêmes quand nous sommes bien amoureux...

LE MARQUIS.

Je ne veux pas seulement t'écouter.

DORANTE.

Ecoute-moi si tu veux. Est-ce que dans la violence de la passion...?

LE MARQUIS.

La, la, la, la, lare, la, la, la, la, la, la.

(*Il chante.*)

DORANTE.

Quoi!...

LE MARQUIS.

La, la, la, la, lare, la, la, la, la, la, la.

DORANTE.

Je ne sais pas si...

LE MARQUIS.

La, la, la, la, lare, la, la, la, la, la, la.

URANIE.

Il me semble que...

LE MARQUIS.

La, la, la, lare, la, la, la, la, la, la, la, la, la, la.

URANIE.

Il se passe des choses assez plaisantes dans notre dispute. Je trouve qu'on en pourrait bien faire une petite comédie, et que cela ne serait pas trop mal à la queue de l'École des Femmes.

DORANTE.

Vous avez raison.

LE MARQUIS.

Parbleu! chevalier, tu jouerais là-dedans un rôle qui ne te serait pas avantageux.

DORANTE.

Il est vrai, marquis.

CLIMÈNE.

Pour moi je souhaiterais que cela se fît, pourvu qu'on traitât l'affaire comme elle s'est passée.

ÉLISE.

Et moi, je fournirais de bon cœur mon personnage.

LYSIDAS.

Je ne refuserais pas le mien, que je pense.

URANIE.

Puisque chacun en serait content, chevalier, faites un mémoire de tout, et le donnez à Molière, que vous connaissez, pour le mettre en comédie.

CLIMÈNE.

Il n'aurait garde, sans doute, et ce ne serait pas des vers à sa louange.

URANIE.

Point, point : je connais son humeur; il ne se soucie pa qu'on fronde ses pièces, pourvu qu'il y vienne du monde.

DORANTE.

Oui. Mais quel dénouement pourrait-il trouver à ceci? car il ne saurait y avoir ni mariage ni reconnaissance, et je ne sais point par où l'on pourrait faire finir la dispute.

URANIE.

Il faudrait rêver à quelque incident pour cela.

SCENE VIII.

CLIMÈNE, URANIE, ELISE, DORANTE, LE MARQUIS, LYSIDAS, GALOPIN.

GALOPIN.

Madame, on a servi sur table.

DORANTE.

Ah! voilà justement ce qu'il faut pour le dénouement que nous cherchions, et l'on ne peut rien trouver de plus naturel. On disputera fort et ferme de part et d'autre, comme nous avons fait, sans que personne se rende; un petit laquais viendra dire qu'on a servi, on se lèvera, et chacun ira souper.

URANIE.

La comédie ne peut pas mieux finir, et nous ferons bien d'en demeurer là.

FIN DE LA CRITIQUE DE L'ÉCOLE DES FEMMES.

A LA REINE MÈRE.

MADAME,

Je sais bien que Votre Majesté n'a que faire de toutes nos dédicaces, et que ces prétendus devoirs dont on lui dit élégamment qu'on s'acquitte envers Elle sont des hommages, à dire vrai, dont elle nous dispenserait très volontiers : mais je ne laisse pas d'avoir l'audace de lui dédier *la Critique de l'École des Femmes*, et je n'ai pu refuser cette petite occasion de pouvoir témoigner ma joie à Votre Majesté sur cette heureuse convalescence qui redonne à nos vœux la plus grande et la meilleure princesse du monde, et nous promet en Elle de longues années d'une santé vigoureuse. Comme chacun regarde les choses du côté de ce qui le touche, je me réjouis, dans cette allégresse générale, de pouvoir encore avoir l'honneur de divertir Votre Majesté; Elle, MADAME, qui prouve si bien que la véritable dévotion n'est point contraire aux honnêtes divertissements; qui, de ses hautes pensées et de ses importantes occupations, descend si humainement dans le plaisir de nos spectacles, et ne dédaigne pas de rire de cette même bouche dont elle prie si bien Dieu : je flatte, dis-je, mon esprit de l'espérance de cette gloire; j'en attends le moment avec toutes les impatiences du monde; et, quand je jouirai de ce bonheur, ce sera la plus grande joie que puisse recevoir,

MADAME,

de Votre Majesté,

Le très humble, très obéissant
et très fidèle serviteur et sujet,

J.-B. P. Molière.

L'IMPROMPTU DE VERSAILLES.

REMERCIEMENT

AU ROI.

Votre paresse enfin me scandalise,
Ma muse, obéissez-moi :
Il faut ce matin, sans remise
Aller au lever du roi :
Vous savez bien pourquoi;
Et ce vous est une honte
De n'avoir pas été plus prompte
A le remercier de ses fameux bienfaits.
Mais il vaut mieux tard que jamais :
Faites donc votre compte
D'aller au Louvre accomplir mes souhaits.
Gardez-vous bien d'être en muse bâtie;
Un air de muse est choquant en ces lieux :
On y veut des objets à réjouir les yeux;
Vous en devez être avertie;
Et vous ferez votre cour beaucoup mieux;
Lorsqu'en marquis vous serez travestie.
Vous savez ce qu'il faut pour paraître marquis;
N'oubliez rien de l'air ni des habits;
Arborez un chapeau chargé de trente plumes
Sur une perruque de prix;
Que le rabat soit des plus grands volumes,
Et le pourpoint des plus petits :
Mais surtout je vous recommande
Le manteau d'un ruban sur le dos retroussé,
La galanterie en est grande;
Et parmi des marquis de la plus haute bande
C'est pour être placé,
Avec vos brillantes hardes
Et votre ajustement,
Faites tout le trajet de la salle des gardes;
Et, vous peignant galamment,
Portez de tous côtés vos regards brusquement;
Et ceux que vous pourrez connaître,
Ne manquez pas, d'un haut ton,
De les saluer par leur nom,
De quelque rang qu'ils puissent être.
Cette familiarité
Donne, à quiconque en use, un air de qualité.
Grattez du peigne à la porte,
De la chambre du roi;
Ou si, comme je prévoi,
La presse s'y trouve forte,
Montrez de loin votre chapeau,
Ou montez sur quelque chose
Pour faire voir votre museau;
Et criez, sans aucune pause,
D'un ton rien moins que naturel :
Monsieur l'huissier, pour le marquis un tel.
Jetez-vous dans la foule, et tranchez du notable;
Coudoyez un chacun, point du tout de quartier;
Pressez, poussez, faites le diable
Pour vous mettre le premier;
Et quand même l'huissier,
A vos désirs inexorable,
Vous trouverait en face un marquis repoussable,
Ne démordez point pour cela,
Tenez toujours ferme là :
A déboucher la porte il irait trop du vôtre;
Faites qu'aucun n'y puisse pénétrer,
Et qu'on soit obligé de vous laisser entrer
Pour faire entrer quelque autre.
Quand vous serez entré, ne vous relâchez pas;
Pour assiéger la chaise il faut d'autres combats;

Tâchez d'en être des plus proches,
En y gagnant le terrain pas à pas;
Et, si des assiégeants le prévenant amas
En bouche toutes les approches,
Prenez le parti doucement
D'attendre le prince au passage;
Il connaîtra votre visage
Malgré votre déguisement;
Et lors, sans tarder davantage,
Faites-lui votre compliment.
Vous pourriez aisément l'etendre,
Et parler des transports qu'en vous font éclater
Les surprenants bienfaits que, sans les mériter,
Sa libérale main sur vous daigne répandre,
Et des nouveaux efforts où s'en va vous porter
L'excès de cet honneur où vous n'osiez prétendre :
Lui dire comme vos désirs
Sont, après ses bontés qui n'ont point de pareilles,
D'employer à sa gloire, ainsi qu'à ses plaisirs,
Tout votre art et toutes vos veilles.
Et là-dessus lui promettre merveilles.
Sur ce chapitre on n'est jamais à sec :
Les muses sont de grandes prometteuses;
Et, comme vos sœurs les causeuses,
Vous ne manquerez pas, sans doute, par le bec.
Mais les grands princes n'aiment guères
Que les compliments qui sont courts;
Et le nôtre surtout a bien d'autres affaires
Que d'écouter tous vos discours.
La louange et l'encens n'est pas ce qui le touche :
Dès que vous ouvrirez la bouche
Pour lui parler de grace et de bienfait,
Il comprendra d'abord ce que vous voulez dire;
Et, se mettant doucement à sourire
D'un air qui sur les cœurs fait un charmant effet,
Il passera comme un trait,
Et cela doit vous suffire.
Voilà votre compliment fait.

ACTEURS.

MOLIÈRE, marquis ridicule.
BRÉCOURT, homme de qualité.
LA GRANGE, marquis ridicule.
DU CROISY, poete.
LA THORILLIÈRE, marquis facheux.
BÉJART, homme qui fait le nécessaire.
Mademoiselle DU PARC, marquise façonnière.
Mademoiselle BÉJART, prude.
Mademoiselle DE BRIE, sage coquette.
Mademoiselle MOLIÈRE, satyrique spirituelle.
Mademoiselle DU CROISY, peste doucereuse.
Mademoiselle HERVÉ, servante précieuse.
QUATRE NÉCESSAIRES.

La scène est à Versailles, dans la salle de la comédie.

ACTE PREMIER.

SCENE PREMIERE.

MOLIÈRE, BRÉCOURT, LA GRANGE, DU CROISY; MESDEMOISELLES DU PARC, BÉJART, DE BRIE, MOLIÈRE, DU CROISY, HERVÉ.

MOLIÈRE, *seul, parlant à ses camarades qui sont derrière le théâtre.*

Allons donc, messieurs et mesdames; vous moquez-vous avec votre longueur? et ne voulez-vous pas tous venir ici? La peste soit des gens! Hola, ho, monsieur de Brécourt.

BRÉCOURT, *derrière le théâtre.*

Quoi?

MOLIÈRE.

Monsieur de la Grange.

LA GRANGE, *derrière le théâtre.*

Qu'est-ce?

MOLIÈRE.

Monsieur du Croisy.

DU CROISY, *derrière le théâtre.*

Plaît-il?

MOLIÈRE.

Mademoiselle du Parc.

MADEMOISELLE DU PARC, *derrière le théâtre.*

Hé bien?

MOLIÈRE.

Mademoiselle Béjart.

MADEMOISELLE BÉJART, *derrière le théâtre.*

Qu'y a-t-il?

MOLIÈRE.

Mademoiselle de Brie.

MADEMOISELLE DE BRIE, *derrière le théâtre.*

Que veut-on?

MOLIÈRE.

Mademoiselle du Croisy.

MADEMOISELLE DU CROISY, *derrière le théâtre.*

Qu'est-ce que c'est?

MOLIÈRE.

Mademoiselle Hervé.

MADEMOISELLE HERVÉ, *derrière le théâtre.*

On y va.

MOLIÈRE.

Je crois que je deviendrai fou avec tous ces gens-ci. Hé! (*Brécourt, la Grange, du Croisy, entrent.*) Têtebleu! messieurs, me voulez-vous faire enrager aujourd'hui?

BRÉCOURT.

Que voulez-vous qu'on fasse? Nous ne savons pas nos rôles; et c'est nous faire enrager vous-même, que de nous obliger à jouer de la sorte.

MOLIÈRE.

Ah! les étranges animaux à conduire que des comédiens!

(*Mesdemoiselles Béjart, du Parc, de Brie, Molière, du Croisy et Hervé, arrivent.*)

MADEMOISELLE BÉJART.

Hé bien! nous voilà. Que prétendez-vous faire?

MADEMOISELLE DU PARC.

Quelle est votre pensée?

MADEMOISELLE DE BRIE.

De quoi est-il question?

MOLIÈRE.

De grace, mettons-nous ici; et puisque nous voilà tous habillés, et que le roi ne doit venir de deux heures, employons ce temps à répéter notre affaire, et voir la manière dont il faut jouer les choses.

LA GRANGE.

Le moyen de jouer ce qu'on ne sait pas?

MADEMOISELLE DU PARC.

Pour moi, je vous déclare que je ne me souviens pas d'un mot de mon personnage.

MADEMOISELLE DE BRIE.

Je sais bien qu'il me faudra souffler le mien d'un bout à l'autre.

MADEMOISELLE BÉJART.

Et moi, je me prépare fort à tenir mon rôle à la main.

MADEMOISELLE MOLIÈRE.

Et moi aussi.

MADEMOISELLE HERVÉ.

Pour moi, je n'ai pas grand'chose à dire.

MADEMOISELLE DU CROISY.

Ni moi non plus; mais, avec cela, je ne répondrais pas de ne point manquer.

DU CROISY.

J'en voudrais être quitte pour dix pistoles.

BRÉCOURT.

Et moi, pour vingt bons coups de fouet, je vous assure.

MOLIÈRE.

Vous voilà tous bien malades d'avoir un méchant rôle à jouer! Et que feriez-vous donc si vous étiez à ma place?

MADEMOISELLE BÉJART.

Qui? vous? Vous n'êtes pas à plaindre; car ayant fait la pièce, vous n'avez pas peur d'y manquer.

MOLIÈRE.

Et n'ai-je à craindre que le manquement de mémoire? Ne comptez-vous pour rien l'inquiétude d'un succès qui ne regarde que moi seul? Et pensez-vous que ce soit une petite affaire que d'exposer quelque chose de comique devant une assemblée comme celle-ci, que d'entreprendre de faire rire des personnes qui nous impriment le respect, et ne rient que quand elles veulent? Est-il auteur qui ne doive trembler, lorsqu'il en vient à cette épreuve? Et n'est-ce pas à moi de dire que je voudrais en être quitte pour toutes les choses du monde?

MADEMOISELLE BÉJART.

Si cela vous faisait trembler, vous prendriez mieux vos précautions, et n'auriez pas entrepris en huit jours ce que vous avez fait.

MOLIÈRE.

Le moyen de m'en défendre quand un roi me l'a commandé?

MADEMOISELLE BÉJART.

Le moyen? une respectueuse excuse fondée sur l'impossibilité de la chose dans le peu de temps qu'on vous donne; et tout autre en votre place ménagerait mieux sa réputation, et se serait bien gardé de se commettre comme vous faites. Où en serez-vous, je vous prie, si l'affaire réussit mal? et quel avantage pensez-vous qu'en prendront tous vos ennemis?

MADEMOISELLE DE BRIE.

En effet, il fallait s'excuser avec respect envers le roi, ou demander du temps davantage.

MOLIÈRE.

Mon Dieu! mademoiselle, les rois n'aiment rien tant qu'une prompte obéissance, et ne se plaisent point du tout à trouver des obstacles. Les choses ne sont bonnes que dans les temps qu'ils les souhaitent; et leur en vouloir reculer le divertissement est en ôter pour eux toute la grace. Ils veulent des plaisirs qui ne se fassent point attendre, et les moins préparés leur sont toujours les plus agréables. Nous ne devons jamais nous regarder dans ce qu'ils désirent de nous; nous ne sommes que pour leur plaire; et lorsqu'ils nous ordonnent quelque chose, c'est à nous à profiter vite de l'envie où ils sont. Il vaut mieux s'acquitter mal de ce qu'ils nous demandent, que de ne s'en acquitter pas assez tôt; et, si l'on a la honte de n'avoir pas bien réussi, on a toujours la gloire d'avoir obéi vite à leurs commandements. Mais songeons à répéter, s'il vous plaît.

MADEMOISELLE BÉJART.

Comment prétendez-vous que nous fassions, si nous ne savons pas nos rôles.

MOLIÈRE.

Vous les saurez, vous dis-je; et, quand même vous ne les sauriez pas tout à fait, pouvez-vous pas y suppléer de votre esprit, puisque c'est de la prose, et que vous savez votre sujet?

MADEMOISELLE BÉJART.

Je suis votre servante: la prose est pis encore que les vers.

MADEMOISELLE MOLIÈRE.

Voulez-vous que je vous le dise? vous deviez faire une comédie où vous auriez joué tout seul.

MOLIÈRE.

Taisez-vous, ma femme, vous êtes une bête.

MADEMOISELLE MOLIÈRE.

Grand merci, monsieur mon mari. Voilà ce que c'est! Le mariage change bien les gens; et vous ne m'auriez pas dit cela il y a dix-huit mois.

MOLIÈRE.

Taisez-vous, je vous prie.

MADEMOISELLE MOLIÈRE.

C'est une chose étrange, qu'une petite cérémonie soit capable de nous ôter toutes nos belles qualités, et qu'un mari et un galant regardent la même personne avec des yeux si différents!

MOLIÈRE.

Que de discours!

MADEMOISELLE MOLIÈRE.

Ma foi, si je faisais une comédie, je la ferais sur ce sujet. Je justifierais les femmes de bien des choses dont on les accuse; et je ferais craindre aux maris la différence qu'il y a de leurs manières brusques aux civilités des galants.

MOLIÈRE.

Ah! laissons cela. Il n'est pas question de causer maintenant, nous avons autre chose à faire.

MADEMOISELLE BÉJART.

Mais, puisqu'on vous a commandé de travailler sur le sujet de la critique qu'on a faite contre vous, que n'avez-vous fait cette comédie des comédiens dont vous nous avez parlé il y a longtemps? C'était une affaire toute trouvée, et qui venait fort bien à la chose; et d'autant mieux, qu'ayant entrepris de vous peindre, ils vous ouvraient l'occasion de les peindre aussi, et que cela aurait pu s'appeler leur portrait, à bien plus juste titre que tout ce qu'ils ont fait ne peut être appelé le vôtre; car vouloir contrefaire un comédien dans un rôle comique, ce n'est pas le peindre lui-même, c'est peindre d'après lui les personnages qu'il représente, et se servir des mêmes traits et des mêmes couleurs qu'il est obligé d'employer aux différents tableaux des caractères ridicules qu'il imite d'après nature; mais contrefaire un comédien dans des rôles sérieux, c'est le peindre par des défauts qui sont entièrement de lui, puisque ces sortes de personnages ne veulent ni les gestes ni les tons de voix ridicules dans lesquels on le reconnait.

MOLIÈRE.

Il est vrai: mais j'ai mes raisons pour ne le pas faire: et je n'ai pas cru entre nous que la chose en valût la peine. Et puis il fallait plus de temps pour exécuter cette idée. Comme leurs jours de comédie sont les mêmes que les nôtres, à peine ai-je été les voir trois ou quatre fois depuis que nous sommes à Paris: je n'ai attrapé de leur manière de réciter que ce qui m'a d'abord sauté aux yeux; et j'aurais eu besoin de les étudier davantage pour faire des portraits bien ressemblants.

MADEMOISELLE DU PARC.

Pour moi, j'en ai reconnu quelques uns dans votre bouche.

MADEMOISELLE DE BRIE.

Je n'ai jamais ouï parler de cela.

MOLIÈRE.

C'est une idée qui m'avait passé une fois par la tête, et que j'ai laissée là comme une bagatelle, une badinerie, qui peut être n'aurait pas fait rire.

MADEMOISELLE DE BRIE.

Dites-la moi un peu, puisque vous l'avez dite aux autres.

MOLIÈRE.

Nous n'avons pas le temps maintenant.

MADEMOISELLE DE BRIE.

Seulement deux mots.

MOLIÈRE.

J'avais songé une comédie où il y aurait eu un poète, que j'aurais représenté moi-même, qui serait venu pour offrir une pièce à une troupe de comédiens nouvellement arrivés de campagne. Avez-vous, aurait-il dit, des acteurs et des actrices qui soient capables de bien faire valoir un ouvrage? car ma pièce est une pièce... Hé! monsieur, auraient répondu les comédiens, nous avons des hommes et des femmes qui ont été trouvés raisonnables partout où nous avons passé. —Et qui fait les rois parmi vous?—Voilà un acteur qui s'en démêle parfois.—Qui? ce jeune homme bien fait? Vous moquez-vous? il faut un roi qui soit gros et gras comme quatre; un roi, morbleu! qui soit entripaillé comme il faut; un roi d'une vaste circonférence, et qui puisse remplir un trône de la belle manière. La belle chose qu'un roi d'une taille galante! Voilà déjà un grand défaut. Mais que je l'entende un peu réciter une douzaine de vers. Là-dessus le comédien aurait récité, par exemple, quelques vers du roi, de Nicomède.

Te le dirais-je, Araspe? il m'a trop bien servi,
Augmentant mon pouvoir...

le plus naturellement qu'il lui aurait été possible. Et le poète : Comment! vous appelez cela réciter? C'est se railler; il faut dire les choses avec emphase. Écoutez-moi.

(*Il contrefait Montfleury, comédien de l'hôtel de Bourgogne.*)

Te le dirai-je, Araspe?... etc.

Voyez-vous cette posture? Remarquez bien cela. Là, appuyez comme il faut le dernier vers. Voilà ce qui attire l'approbation et fait faire le brouhaha. Mais, monsieur, aurait répondu le comédien, il me semble qu'un roi qui s'entretient tout seul avec son capitaine des gardes, parle un peu plus humainement, et ne prend guère ce ton de démoniaque. Vous ne savez ce que c'est : allez-vous-en réciter comme vous faites, vous verrez si vous ferez faire aucun ah! Voyons un peu une scène d'amant et d'amante. Là-dessus une comédienne et un comédien auraient fait une scène ensemble, qui est celle de Camille et de Curiace,

Iras-tu, ma chère ame? et ce funeste honneur
Te plaît-il aux dépens de tout notre bonheur?
Hélas je vois trop bien... etc.

tout de même que l'autre, et le plus naturellement qu'ils auraient pu. Et le poète aussitôt : Vous vous moquez, vous ne faites rien qui vaille; et voici comme il faut réciter cela. (*Il imite mademoiselle de Beauchâteau, comédienne de l'hôtel de Bourgogne.*

Iras-tu, ma chère ame?..:
Non, je te connais mieux... etc.

Voyez-vous comme cela est naturel et passionné? Admirez ce visage riant qu'elle conserve dans les plus grandes afflictions. — Enfin voilà l'idée. Et il aurait parcouru de même tous les acteurs et toutes les actrices.

MADEMOISELLE DE BRIE.

Je trouve cette idée assez plaisante, et j'en ai reconnu là dès le premier vers. Continuez, je vous prie.

MOLIÈRE, *imitant Beauchateau, comédien de l'hôtel de Bourgogne, dans la statue du Cid.*

Percé jusques au fond du cœur, etc.

Et celui-ci, le reconnaîtrez-vous bien, dans Pompée, de Sertorius? (*Il contrefait Hauteroche, comédien de l'hôtel de Bourgogne.*)

L'inimitié qui règne entre les deux partis
N'y rend pas de l'honneur, etc.

MADEMOISELLE DE BRIE.

Je le reconnais un peu, je pense.

MOLIÈRE.

Et celui-ci? (*imitant de Viliers, comédien de l'hôtel de Bourgogne.*)

Seigneur, Polybe est mort, etc.

MADEMOISELLE DE BRIE.

Oui, je sais qui c'est. Mais il y en a quelques uns d'entre eux, je crois, que vous auriez peine à contrefaire.

MOLIÈRE.

Mon Dieu! il n'y en a point qu'on ne pût attraper par quelque endroit, si je les avais bien étudiés. Mais vous me faites perdre un temps qui nous est cher : songeons à nous, de grace, et ne nous amusons pas davantage à discourir. (*à la Grange*) Vous, prenez garde à bien représenter avec moi votre rôle de marquis.

MADEMOISELLE MOLIERE.

Toujours des marquis!

MOLIERE.

Oui, toujours des marquis. Que diable voulez-vous qu'on prenne pour un caractère agréable de théâtre? Le marquis aujourd'hui est le plaisant de la comédie; et comme dans toutes les comédies anciennes, on voit toujours un valet bouffon qui fait rire les auditeurs, de même dans toutes nos pièces de maintenant, il faut toujours un marquis ridicule qui divertisse la compagnie.

MADEMOISELLE BÉJART.

Il est vrai, on ne s'en saurait passer.

MOLIERE.

Pour vous, mademoiselle...

MADEMOISELLE DU PARC.

Mon Dieu! pour moi, je m'acquitterai fort mal de mon personnage, et je ne sais pas pourquoi vous m'avez donné ce rôle de façonnerie.

MOLIERE.

Mon Dieu! mademoiselle, voilà comme vous disiez lorsque l'on vous donna celui de la Critique de l'École des Femmes : cependant vous vous en êtes acquittée à merveille; et tout le monde est demeuré d'accord qu'on ne peut pas mieux faire que vous ayez fait. Croyez-moi, celui-ci sera de même, et vous le jouerez mieux que vous ne le pensez.

MADEMOISELLE DU PARC.

Comment cela se pourrait-il faire? car il n'y a point de personne au monde qui soit moins façonnière que moi.

MOLIERE.

Cela est vrai; et c'est en quoi vous faites mieux voir que vous êtes une excellente comédienne, de bien représenter un personnage qui est si contraire à votre humeur. Tâchez donc de bien prendre tous le caractère de vos rôles, et de vous figurer que vous êtes ce que vous représentez.

(*à du Croisy.*)

Vous faites le poète, vous; et vous devez vous remplir de ce personnage, marquer cet air pédant qui se conserve parmi le commerce du beau monde, ce ton de voix sentencieux, et cette exactitude de prononciation qui appuie sur toutes les syllabes et ne laisse échapper aucune lettre de la plus sévère orthographe.

(*à Brécourt.*

Pour vous, vous faites un honnête homme de cour, comme vous avez fait déjà dans la Critique de l'Ecole des Femmes; c'est à dire que vous devez prendre un air posé, un ton de voix naturel, et gesticuler le moins qu'il vous sera possible.

(*à la Grange.*)

Pour vous, je n'ai rien à vous dire.

(*à Mademoiselle Béjart.*)

Vous, vous représentez une de ces femmes qui, pourvu qu'elles ne fassent point l'amour, croient que tout le reste leur est permis; de ces femmes qui se retranchent toujours fièrement sur leur pruderie, regardent un chacun de haut en bas, et veulent que toutes les plus belles qualités que possèdent les autres ne soient rien en comparaison d'un misérable honneur dont personne ne se soucie. Ayez toujours ce caractère devant les yeux pour en bien faire les grimaces.

(*à mademoiselle de Brie.*)

Pour vous, vous faites une de ces femmes qui pensent être les plus vertueuses personnes du monde, pourvu qu'elles sauvent les apparences; de ces femmes qui croient que le péché n'est que dans le scandale, qui veulent conduire doucement les affaires qu'elles ont sur le pied d'attachement honnête, et appellent amis ce que les autres nomment galants. Entrez bien dans ce caractère.

(*à mademoiselle Molière.*)

Vous, vous faites le même personnage que dans la Critique, et je n'ai rien à vous dire non plus qu'à mademoiselle du Parc.

(*à mademoiselle du Croisy.*)

Pour vous, vous représentez une de ces personnes qui prêtent doucement des charités à tout le monde, de ces femmes qui donnent toujours le petit coup de langue en passant, et seraient bien fâchées d'avoir souffert qu'on eût dit du bien du prochain. Je crois que vous ne vous acquitterez pas mal de ce rôle.

(*à mademoiselle Hervé.*)

Et pour vous, vous êtes la soubrette de la précieuse, qui se mêle de temps en temps dans la conversation, et attrape, comme elle peut, tous les termes de sa maîtresse. Je vous dis tous vos caractères, afin que vous vous les imprimiez fortement dans l'esprit. Commençons maintenant à répéter, et voyons comme cela ira. Ah ! voici justement un fâcheux ! Il ne nous fallait plus que cela.

SCENE II.

LA THORILLIERE, MOLIERE, BRÉCOURT, LA GRANGE, DU CROISY; MESDEMOISELLES DU PARC, BÉJART, DE BRIE, MOLIERE, DU CROISY, HERVÉ.

LA THORILLIERE.

Bon jour, monsieur Molière.

MOLIERE.

Monsieur, votre serviteur. (*à part.*) La peste soit de l'homme !

LA THORILLIERE.

Comment vous en va?

MOLIERE.

Fort bien pour vous servir. (*aux actrices.*) Mesdemoiselles, ne...

LA THORILLIERE.

Je viens d'un lieu où j'ai bien dit du bien de vous...

MOLIERE.

Je vous suis obligé. (*à part.*) Que le diable t'emporte ! (*aux acteurs.*) Ayez un peu soin...

LA THORILLIERE.

Vous jouez une pièce nouvelle aujourd'hui ?

MOLIERE.

Oui, monsieur. (*aux actrices.*) N'oubliez pas...

LA THORILLIERE.

C'est le roi qui vous l'a fait faire?

MOLIERE.

Oui, monsieur. (*aux acteurs.*) De grace, songez...

LA THORILLIERE.

Comment l'appelez-vous?

MOLIERE.

Oui, monsieur.

LA THORILLIERE.

Je vous demande comment vous la nommez.

MOLIERE.

Ah ! ma foi, je ne sais. (*aux actrices.*) Il faut, s'il vous plaît, que vous...

LA THORILLIERE.

Comment serez-vous habillés?

MOLIERE.

Comme vous voyez. (*aux acteurs.*) Je vous prie...

LA THORILLIERE.

Quand commencerez-vous?

MOLIERE.

Quand le roi sera venu. (*à part.*) Au diantre le questionneur!

LA THORILLIERE.

Quand croyez-vous qu'il vienne?

MOLIÈRE.

La peste m'étouffe, monsieur, si je le sais !

LA THORILLIÈRE.

Savez-vous point...?

MOLIÈRE.

Tenez, monsieur, je suis le plus ignorant homme du monde. Je ne sais rien de tout ce que vous pourrez me demander, je vous jure. (*à part.*) J'enrage! Ce bourreau vient avec un air tranquille vous faire des questions, et ne se soucie pas qu'on ait en tête d'autres affaires.

LA THORILLIÈRE.

Mesdemoiselles, votre serviteur.

MOLIÈRE.

Ah ! bon ! le voilà d'un autre coté.

LA THORILLIERE, *à mademoiselle du Croisy.*

Vous voilà belle comme un petit ange. Jouez-vous toutes deux aujourd'hui ? (*en regardant mademoiselle Hervé.*)

MADEMOISELLE DU CROISY.

Oui, monsieur.

LA THORILLIERE.

Sans vous la comédie ne vaudrait pas grand'chose.

MOLIERE, *bas, aux actrices.*

Vous ne voulez pas faire en aller cet homme-là ?

MADEMOISELLE DE BRIE, *à la Thorilliere.*

Monsieur, nous avons ici quelque chose à répéter ensemble.

LA THORILLIERE.

Ah ! parbleu ! je ne veux pas vous empêcher; vous n'avez qu'à poursuivre.

MADEMOISELLE DE BRIE.

Mais...

LA THORILLIERE.

Non, non ; je serais fâché d'incommoder personne. Faites librement ce que vous avez à faire.

MADEMOISELLE DE BRIE.

Oui ; mais...

LA THORILLIERE.

Je suis homme sans cérémonie, vous dis-je; et vous pouvez répéter ce qu'il vous plaira.

MOLIERE.

Monsieur, ces demoiselles ont peine à vous dire qu'elles souhaiteraient fort que personne ne fût ici pendant cette répétition.

LA THORILLIERE.

Pourquoi ? il n'y a point de danger pour moi.

MOLIERE.

Monsieur, c'est une coutume qu'elles observent, et vous aurez plus de plaisir quand les choses vous surprendront.

LA THORILLIERE.

Je m'en vais donc dire que vous êtes prêts.

MOLIERE.

Point du tout, monsieur; ne vous hâtez pas, de grace.

SCENE III.

MOLIÉRE, BRÉCOURT, LA GRANGE, DU CROISY, MESDEMOISELLES DU PARC, BÉJART, DE BRIE, MOLIÈRE, DU CROISY, HERVÉ.

MOLIERE.

Ah ! que le monde est plein d'impertinents ! Or, sus, commençons. Figurez-vous donc premièrement que la scène est dans l'antichambre du roi ; car c'est un lieu où il se passe tous les jours des choses assez plaisantes. Il est aisé de faire venir là toutes les personnes qu'on veut, et qu'on peut trouver des raisons même pour y autoriser la venue des femmes que j'introduis. La comédie s'ouvre par deux marquis qui se rencontrent.

(*à la Grange.*)

Souvenez-vous bien, vous, de venir, comme je vous ai dit, là, avec cet air qu'on nomme le bel air, peignant votre perruque, et grondant une petite chanson entre vos dents. La, la, la, la, la, la. Rangez-vous donc, vous autres; car il faut du terrain à deux marquis, et ils ne sont pas gens à tenir leur personne dans un petit espace.

(*à la Grange.*)

Allons, parlez.

LA GRANGE.

« Bon jour, marquis. »

MOLIERE.

Mon Dieu! ce n'est point là le ton d'un marquis; il faut le prendre un peu plus haut; et la plupart de ces messieurs affectent une manière de parler particulière pour se distinguer du commun. « Bon jour, « marquis. » Recommencez donc.

LA GRANGE.

« Bon jour, marquis. »

MOLIERE.

« Ah! marquis, ton serviteur. »

LA GRANGE.

« Que fais-tu là? »

MOLIERE.

« Parbleu tu vois; j'attends que tous ces messieurs « aient débouché la porte, pour présenter là mon « visage. »

LA GRANGE.

« Têtebleu! quelle foule! Je n'ai garde de m'y « aller frotter, et j'aime bien mieux entrer des der-« niers. »

MOLIERE.

« Il y a là vingt gens qui sont fort assurés de n'en-« trer point, et qui ne laissent pas de se presser et « d'occuper toutes les avenues de la porte. »

LA GRANGE.

« Crions nos deux noms à l'huissier, afin qu'il « nous appelle. »

MOLIÈRE.

« Cela est bon pour toi; mais, pour moi, je ne veux « pas être joué par Molière. »

LA GRANGE.

« Je pense pourtant, marquis, que c'est toi qu'il « joue dans la Critique. »

MOLIÈRE.

« Moi? Je suis ton valet; c'est toi-même en propre « personne. »

LA GRANGE.

« Ah! ma foi, tu es bon de m'appliquer ton person-« nage.

MOLIERE.

« Parbleu! je te trouve plaisant de me donner ce « qui t'appartient. »

LA GRANGE, *riant.*

« Ah, ah, ah! Cela est drôle. »

MOLIERE, *riant.*

« Ah, ah, ah! Cela est bouffon. »

LA GRANGE.

« Quoi! tu veux soutenir que ce n'est pas toi qu'on « joue dans le marquis de la Critique? »

MOLIERE.

« Il est vrai: c'est moi. *Détestable, morbleu! dé-« testable; tarte à la crême.* C'est moi, c'est moi; as-« surément, c'est moi. »

LA GRANGE.

« Oui, parbleu! c'est toi, tu n'as que faire de rail-« ler; et, si tu veux, nous gagerons, et verrons qui a « raison des deux. »

MOLIERE.

« Et que veux-tu gager encore? »

LA GRANGE.

« Je gage cent pistoles que c'est toi. »

MOLIÈRE.

« Et moi, cent pistoles que c'est toi. »

LA GRANGE.

« Cent pistoles comptant. »

MOLIERE.

« Comptant. Quatre-vingt-dix pistoles sur Amyn-« tas, et dix pistoles comptant. »

LA GRANGE.

« Je le veux. »

MOLIERE.

« Cela est fait. »

LA GRANGE.

« Ton argent court grand risque. »

MOLIERE.

« Le tien est bien aventuré. »

LA GRANGE.

« A qui nous en rapporter? »

MOLIERE.

« Voici un homme qui nous jugera. (*à Brécourt.*) « Chevalier. »

BRÉCOURT.

« Quoi?

MOLIERE.

Bon! voilà l'autre qui prend le ton de marquis! Vous ai-je pas dit que vous faites un rôle où l'on doit parler naturellement?

BRÉCOURT.

Il est vrai.

MOLIERE.

Allons donc. « Chevalier. »

BRÉCOURT.

« Quoi? »

MOLIERE.

« Juge-nous un peu sur une gageure que nous « avons faite. »

BRÉCOURT.

« Et quelle? »

MOLIERE.

« Nous disputons qui est le marquis de la Critique « de Molière: il gage que c'est moi; et moi je gage « que c'est lui. »

BRÉCOURT.

« Et moi, je juge que ce n'est ni l'un ni l'autre. « Vous êtes fous tous deux de vouloir vous appliquer « ces sortes de choses; et voila de quoi j'ouïs l'autre « jour se plaindre Molière, parlant à des personnes « qui le chargeaient de même chose que vous. Il di-« sait que rien ne lui donnait du déplaisir comme « d'être accusé de regarder quelqu'un dans les por-« traits qu'il fait; que son dessein est de peindre les « mœurs sans vouloir toucher aux personnes, et que « tous les personnages qu'il représente sont des per-« sonnages en l'air, et des fantômes proprement, qu'il « habille à sa fantaisie, pour réjouir les spectateurs; « qu'il serait bien fâché d'y avoir jamais marqué qui « que ce soit; et que, si quelque chose était capable « de le dégoûter de faire des comédies, c'était les res-« semblances qu'on y voulait toujours trouver, et « dont ses ennemis tâchaient malicieusement d'ap-« puyer la pensée pour lui rendre de mauvais offices au-« près de certaines personnes à qui il n'a jamais pensé. « En effet, je trouve qu'il a raison; car pourquoi vou-« loir, je vous prie, appliquer tous ses gestes et toutes « ses paroles, et chercher à lui faire des affaires, en « disant hautement: Il joue un tel, lorsque ce sont « des choses qui peuvent convenir à cent personnes? « Comme l'affaire de la comédie est de représenter en « général tous les défauts des hommes, et principale-« ment des hommes de notre siècle, il est impossible « à Molière de faire aucun caractère qui ne rencontre « quelqu'un dans le monde; et, s'il faut qu'on l'accuse « d'avoir songé à toutes les personnes où l'on peut « trouver les défauts qu'il peint, il faut, sans doute, « qu'il ne fasse plus de comédies. »

MOLIERE.

« Ma foi, chevalier, tu veux justifier Molière, et « épargner notre ami que voilà. »

LA GRANGE.

« Point du tout, c'est toi qu'il épargne; et nous « trouverons d'autres juges. »

MOLIERE.

« Soit. Mais dis-moi, chevalier, crois-tu pas que « ton Molière est épuisé maintenant, et qu'il ne trou-« vera plus de matière pour...? »

BRÉCOURT.

« Plus de matière! Hé! mon pauvre marquis, nous « ne prenons guère le chemin de nous rendre sages, « pour tout ce qu'il fait et tout ce qu'il dit. »

MOLIERE.

Attendez. Il faut marquer davantage tout cet endroit. Écoutez-le moi dire un peu… « Et qu'il ne « trouvera plus de matière pour… — Plus de matière ! « Hé ! mon pauvre marquis, nous lui en fournirons « toujours assez ; et nous ne prenons guère le chemin « de nous rendre sages, pour tout ce qu'il fait et tout « ce qu'il dit. Crois-tu qu'il ait épuisé dans ses co- « médies tout le ridicule des hommes ? Eh ! sans sortir « de la cour, n'a-t-il pas encore vingt caractères de « gens où il n'a point touché ? N'a-t-il pas, par exem- « ple, ceux qui se font les plus grandes amitiés du « monde, et qui, le dos tourné, font galanterie de se « déchirer l'un l'autre ? N'a-t-il pas ces adulateurs à « outrance, ces flatteurs insipides qui n'assaisonnent « d'aucun sel les louanges qu'ils donnent, et dont « toutes les flatteries ont une douceur fade qui fait « mal au cœur à ceux qui les écoutent ? N'a-t-il pas « ces lâches courtisans de la faveur, ces perfides ado- « rateurs de la fortune, qui vous encensent dans la « prospérité, et vous accablent dans la disgrace ? N'a- « t-il pas ceux qui sont toujours mécontents de la « cour, ces suivants inutiles, ces incommodes assidus, « ces gens, dis-je, qui, pour services, ne peuvent « compter que des importunités, et qui veulent qu'on « les récompense d'avoir obsédé le prince dix ans du- « rant ? N'a-t-il pas ceux qui caressent également tout « le monde, qui promènent leurs civilités à droite et à « gauche, et courent à tous ceux qu'ils voient avec les « mêmes embrassades et les mêmes protestations d'a- « mitiés ? — Monsieur, votre très humble serviteur. « Monsieur, je suis tout à votre service. Tenez-moi « des vôtres, mon cher. Faites état de moi, monsieur, « comme du plus chaud de vos amis. Monsieur, je suis « ravi de vous embrasser. Ah ! monsieur, je ne vous « voyais pas. Faites-moi la grace de m'employer ; soyez « persuadé que je suis entièrement à vous. Vous êtes « l'homme du monde que je révère le plus. Il n'y a « personne que j'honore à l'égal de vous. Je vous con- « jure de le croire. Je vous supplie de n'en point dou- « ter. Serviteur. Très humble valet. — Va, va, marquis, « Molière aura toujours plus de sujets qu'il n'en vou- « dra ; et tout ce qu'il a touché jusqu'ici n'est rien que « bagatelle au prix de ce qui reste. »

Voilà à peu près comme cela doit être joué.

BRÉCOURT.

C'est assez.

MOLIERE.

Poursuivez.

BRÉCOURT.

« Voici Climène et Élise. »

MOLIERE, *à mesdemoiselles du Parc et Molière.*

Là-dessus vous arriverez toutes deux. (*à mademoiselle du Parc.*) Prenez bien garde, vous, à vous déhancher comme il faut et à faire bien des façons. Cela vous contraindra un peu ; mais qu'y faire ? Il faut parfois se faire violence.

MADEMOISELLE MOLIERE.

« Certes, madame, je vous ai reconnue de loin ; et « j'ai bien vu, à votre air, que ce ne pouvait être une « autre que vous. »

MADEMOISELLE DU PARC.

« Vous voyez, je viens attendre ici la sortie d'un « homme avec qui j'ai une affaire à démêler. »

MADEMOISELLE MOLIERE.

« Et moi de même. »

MOLIERE.

Mesdames, voilà des coffres qui vous serviront de fauteuils.

MADEMOISELLE DU PARC.

« Allons, madame, prenez place, s'il vous plaît. »

MADEMOISELLE MOLIERE.

« Après vous, madame. »

MOLIERE.

Bon. Après ces petites cérémonies muettes, chacun prendra place, et parlera assis, hors les marquis, qui tantôt se lèveront et tantôt s'assoieront, suivant leur inquiétude naturelle. « Parbleu ! chevalier, tu devrais « faire prendre médecine à tes canons. »

BRÉCOURT.

« Comment ? »

MOLIERE.

« Ils se portent fort mal. »

BRÉCOURT.

« Serviteur à la turlupinade. »

MADEMOISELLE MOLIERE.

« Mon Dieu ! madame, que je vous trouve le teint « d'une blancheur éblouissante, et les lèvres d'une « couleur de feu surprenante ! »

MADEMOISELLE DU PARC.

« Ah ! que dites-vous là, madame ? ne me regardez « point je suis du dernier laid aujourd'hui. »

MADEMOISELLE MOLIERE.

« Hé ! madame, levez un peu votre coiffe. »

MADEMOISELLE DU PARC.

« Fi ! je suis épouvantable, vous dis-je, et je me fais « peur à moi-même. »

MADEMOISELLE MOLIERE.

« Vous êtes si belle ! »

MADEMOISELLE DU PARC.

« Point, point. »

MADEMOISELLE MOLIERE.

« Montrez-vous. »

MADEMOISELLE DU PARC.

« Ah ! fi donc, je vous prie ! »

MADEMOISELLE MOLIERE.

« De grace. »

MADEMOISELLE DU PARC.

« Mon Dieu ! non. »

MADEMOISELLE MOLIERE.

« Si fait. »

MADEMOISELLE DU PARC.

« Vous me désespérez. »

MADEMOISELLE MOLIERE.

« Un moment. »

MADEMOISELLE DU PARC.

« Hai. »

MADEMOISELLE MOLIERE.

« Résolument, vous vous montrerez. On ne peut « point se passer de vous voir. »

MADEMOISELLE DU PARC.

« Mon Dieu ! que vous êtes une étrange personne ; « vous voulez furieusement ce que vous voulez. »

MADEMOISELLE MOLIERE.

« Ah ! madame, vous n'avez aucun désavantage à « paraître au grand jour, je vous jure. Les méchantes « gens, qui assuraient que vous mettiez quelque chose ! « Vraiment ! je les démentirai bien maintenant ! »

MADEMOISELLE DU PARC.

« Hélas ! je ne sais pas seulement ce qu'on appelle « mettre quelque chose. Mais où vont ces dames ? »

MADEMOISELLE DE BRIE.

« Vous voulez bien, mesdames, que nous vous don- « nions en passant la plus agréable nouvelle du mon- « de. Voilà monsieur Lysidas qui vient de nous aver- « tir qu'on a fait une pièce contre Molière, que les « grands comédiens vont jouer. »

MOLIÈRE.

« Il est vrai ; on me l'a voulu lire. C'est un nommé « Br… Brou… Brossaut qui l'a faite. »

DU CROISY.

« Monsieur, elle est affichée sous le nom de Bour « sault ; mais, à vous dire le secret, bien des gens on « mis la main à cet ouvrage, et l'on en doit conce- « voir une assez haute attente. Comme tous les au- « teurs et tous les comédiens regardent Molière com- « me leur plus grand ennemi, nous nous sommes tous « unis pour le desservir. Chacun de nous a donné un « coup de pinceau à son portrait ; mais nous nous « sommes bien gardés d'y mettre nos noms : il lui « aurait été trop glorieux de succomber, aux yeux du « monde, sous les efforts de tout le Parnasse ; et, « pour rendre sa défaite plus ignominieuse, nous « avons voulu choisir tout exprès un auteur sans « réputation. »

MADEMOISELLE DU PARC.

« Pour moi, je vous avoue que j'en ai toutes les « joies imaginables. »

MOLIÈRE.

« Et moi aussi. Par la sambleu ! le railleur sera « raillé; il aura sur les doigts, ma foi. »

MADEMOISELLE DU PARC.

« Cela lui apprendra à vouloir satyriser tout. Com- « ment ! cet impertinent ne veut pas que les femmes « aient de l'esprit ! Il condamne toutes nos expres- « sions élevées, et prétend que nous parlions toujours « terre à terre ! »

MADEMOISELLE DE BRIE.

« Le langage n'est rien : mais il censure tous nos « attachements, quelque innocents qu'ils puissent « être; et, de la façon qu'il en parle, c'est être crimi- « nelle que d'avoir du mérite. »

MADEMOISELLE DU CROISY.

« Cela est insupportable. Il n'y a pas une femme « qui puisse plus rien faire. Que ne laisse-t-il en repos « nos maris, sans leur ouvrir les yeux, et leur faire « prendre garde à des choses dont ils ne s'avisent « pas? »

MADEMOISELLE BÉJART.

« Passe pour tout cela; mais il satyrise même les « femmes de bien, et ce méchant plaisant leur donne « le titre d'honnêtes diablesses. »

MADEMOISELLE MOLIÈRE.

« C'est un impertinent. Il faut qu'il en ait tout le « saoul. »

DU CROISY.

« La représentation de cette comédie, madame, « aura besoin d'être appuyée; et les comédiens de « l'hôtel... »

MADEMOISELLE DU PARC.

« Mon Dieu ! qu'ils n'appréhendent rien; je leur « garantis le succès de leur pièce, corps pour corps. »

MADEMOISELLE MOLIÈRE.

« Vous avez raison, madame. Trop de gens sont in- « téressés à la trouver belle. Je vous laisse à penser « si tous ceux qui se croiront satyrisés par Molière, « ne prendront point l'occasion de se venger de lui « en applaudissant à cette comédie. »

BRÉCOURT, *ironiquement.*

« Sans doute; et pour moi je réponds de douze mar- « quis, de six précieuses, de vingt coquettes, et de « trente cocus, qui ne manqueront pas d'y battre des « mains. »

MADEMOISELLE MOLIÈRE.

« En effet, pourquoi aller offenser toutes ces per- « sonnes-là, et particulièrement les cocus, qui sont les « meilleures gens du monde. »

MOLIÈRE.

« Par la sambleu ! on m'a dit qu'on va le dauber, « lui et toutes ses comédies, de la belle manière, et « que les comédiens et les auteurs, depuis le cèdre « jusqu'à l'hyssope, sont diablement animés contre « lui. »

MADEMOISELLE MOLIÈRE.

« Cela lui sied fort bien. Pourquoi fait-il de mé- « chantes pièces que tout Paris va voir, où il peint « si bien les gens, que chacun s'y connaît? Que ne « fait-il des comédies comme celle de monsieur Ly- « sidas? Il n'aurait personne contre lui, et tous les « auteurs en diraient du bien. Il est vrai que de sem- « blables comédies n'ont pas ce grand concours de « monde: mais, en revanche, elles sont toujours bien « écrites; personne n'écrit contre elles, et tous ceux « qui les voient meurent d'envie de les trouver « belles. »

DU CROISY.

« Il est vrai que j'ai l'avantage de ne point faire « d'ennemis, et que tous mes ouvrages ont l'appro- « bation des savants. »

MADEMOISELLE MOLIÈRE.

« Vous faites bien d'être content de vous : cela vaut « mieux que tous les applaudissements du public, et « que tout l'argent qu'on saurait gagner aux pièces « de Molière. Que vous importe qu'il vienne du « monde à vos comédies, pourvu qu'elles soient ap- « prouvées par messieurs vos confrères? »

LA GRANGE.

« Mais quand jouera-t-on le Portrait du Peintre? »

DU CROISY.

« Je ne sais; mais je me prépare fort à paraître « des premiers sur les rangs, pour crier, Voilà qui « est beau ! »

MOLIÈRE.

« Et moi de même, parbleu ! »

LA GRANGE.

« Et moi aussi, Dieu me sauve ! »

MADEMOISELLE DU PARC.

« Pour moi, j'y payerai de ma personne comme il « faut; et je réponds d'une bravoure d'approbation « qui mettra en déroute tous les jugements ennemis. « C'est bien la moindre chose que nous devions faire, « que d'épauler de nos louanges le vengeur de nos « intérêts. »

MADEMOISELLE MOLIÈRE.

« C'est fort bien dit. »

MADEMOISELLE DE BRIE.

« Et ce qu'il nous faut faire toutes. »

MADEMOISELLE BÉJART.

« Assurément. »

MADEMOISELLE DU CROISY.

« Sans doute. »

MADEMOISELLE HERVÉ.

« Point de quartier à ce contrefaiseur de gens. »

MOLIÈRE.

« Ma foi, chevalier mon ami, il faudra que ton « Molière se cache. »

BRÉCOURT.

« Qui? lui? Je te promets, marquis, qu'il fait des- « sein d'aller sur le théâtre rire, avec tous les autres, « du portrait qu'on a fait de lui. »

MOLIÈRE.

« Parbleu ! ce sera donc du bout des dents qu'il y « rira. »

BRÉCOURT.

« Va, va, peut-être qu'il y trouvera plus de sujets « de rire que tu ne penses. On m'a montré la pièce; « et comme tout ce qu'il y a d'agréable sont effective- « ment les idées qui ont été prises de Molière, la joie « que cela pourra donner n'aura pas lieu de lui dé- « plaire, sans doute; car, pour l'endroit où l'on s'ef- « force de le noircir, je suis le plus trompé du mon- « de, si cela est approuvé de personne. Et quant à « tous les gens qu'ils ont tâché d'animer contre lui, « sur ce qu'il fait, dit-on, des portraits trop ressem- « blants, outre que cela est de fort mauvaise grace, « je ne vois rien de plus ridicule et de plus mal pris; « et je n'avais pas cru jusqu'ici que ce fût un sujet de « blame pour un comédien, que de peindre trop bien « les hommes. »

LA GRANGE.

« Les comédiens m'ont dit qu'ils l'attendaient sur « la réponse, et que... »

BRÉCOURT.

« Sur la réponse? Ma foi, je le trouverais un grand « fou, s'il se mettait en peine de répondre à leurs « invectives. Tout le monde sait assez de quel motif « elles peuvent partir; et la meilleure réponse qu'il « leur puisse faire, c'est une comédie qui réussisse « comme toutes ses autres : voilà le vrai moyen de se « venger d'eux comme il faut. Et de l'humeur dont « je les connais, je suis fort assuré qu'une pièce nou- « velle qui leur enlèvera le monde, les fâchera bien « plus que toutes les satyres qu'on pourrait faire de « leurs personnes. »

MOLIÈRE.

« Mais, chevalier... »

MADEMOISELLE BÉJART.

Souffrez que j'interrompe pour un peu la répéti- tion. (*à Molière.*) Voulez-vous que je vous dise? Si j'avais été en votre place, j'aurais poussé les cho- ses autrement. Tout le monde attend de vous une réponse vigoureuse; et, après la manière dont on m'a dit que vous étiez traité dans cette comédie, vous tiez en droit de tout dire contre les comédiens, et vous deviez n'en épargner aucun.

MOLIÈRE.

J'enrage de vous ouïr parler de la sorte. Et voilà votre manie à vous autres femmes : vous voudriez que je prisse feu d'abord contre eux, et qu'à leur exemple j'allasse éclater promptement en invectives et en injures. Le bel honneur que j'en pourrais tirer ! et le grand dépit que je leur ferais ! Ne se sont-ils pas préparés de bonne volonté à ces sortes de choses? et, lorsqu'ils ont délibéré s'ils joueraient le Portrait du Peintre, sur la crainte d'une riposte, quelques uns d'entre eux n'ont-ils pas répondu : Qu'il nous rende toutes les injures qu'il voudra, pourvu que nous gagnions de l'argent? N'est-ce pas là la marque d'une ame fort sensible à la honte? et ne me vengerai-je pas bien d'eux en leur donnant ce qu'ils veulent bien recevoir?

MADEMOISELLE DE BRIE.

Ils se sont fort plaints toutefois de trois ou quatre mots que vous avez dits d'eux dans la Critique et dans vos Précieuses.

MOLIÈRE.

Il est vrai, ces trois ou quatre mots sont fort offensants, et ils ont grande raison de les citer! Allez, allez, ce n'est pas cela. Le plus grand mal que je leur aie fait, c'est que j'ai eu le bonheur de plaire un peu plus qu'ils n'auraient voulu; et tout leur procédé, depuis que nous sommes venus à Paris, a trop marqué ce qui les touche. Mais laissons-les faire tant qu'ils voudront; toutes leurs entreprises ne doivent point m'inquiéter. Ils critiquent mes pièces, tant mieux; et Dieu me garde d'en faire jamais qui leur plaisent ! ce serait une mauvaise affaire pour moi.

MADEMOISELLE DE BRIE.

Il n'y a pas grand plaisir pourtant à voir déchirer ses ouvrages.

MOLIÈRE.

Et qu'est-ce que cela me fait? N'ai-je pas obtenu de ma comédie tout ce que j'en voulais obtenir, puisqu'elle a eu le bonheur d'agréer aux augustes personnes à qui particulièrement je m'efforce de plaire? N'ai-je pas lieu d'être satisfait de sa destinée? et toutes leurs censures ne viennent-elles pas trop tard? Est-ce moi, je vous prie, que cela regarde maintenant? et lorsqu'on attaque une pièce qui a eu du succès, n'est-ce pas attaquer plutôt le jugement de ceux qui l'ont approuvé, que l'art de celui qui l'a faite?

MADEMOISELLE DE BRIE.

Ma foi, j'aurais joué ce petit monsieur l'auteur qui se mêle d'écrire contre des gens qui ne songent pas à lui.

MOLIÈRE.

Vous êtes folle. Le beau sujet à divertir la cour que monsieur Boursault? Je voudrais bien savoir de quelle façon on pourrait l'ajuster pour le rendre plaisant, et si, quand on le bernerait sur le théâtre, il serait assez heureux pour faire rire le monde. Ce lui serait trop d'honneur que d'être joué devant une auguste assemblée, il ne demanderait pas mieux; et il m'attaque de gaîté de cœur pour se faire connaître de quelque façon que ce soit. C'est un homme qui n'a rien à perdre, et les comédiens ne me l'ont déchaîné que pour m'engager à une sotte guerre, et me détourner, par cet artifice, des autres ouvrages que j'ai à faire; et cependant vous êtes assez simples pour donner toutes dans ce panneau! Mais enfin, j'en ferai ma déclaration publiquement; je ne prétends faire aucune réponse à leurs critiques et leurs contrecritiques. Qu'ils disent tous les maux du monde de mes pièces, j'en suis d'accord. Qu'ils s'en saisissent après nous; qu'ils les retournent comme un habit pour les mettre sur leur théâtre, et tâchent à profiter de quelque agrément qu'on y trouve et d'un peu de bonheur que j'ai, j'y consens, ils en ont besoin, et je serai bien aise de contribuer à les faire subsister, pourvu qu'ils se contentent de ce que je puis leur accorder avec bienséance. La courtoisie doit avoir des bornes; et il y a des choses qui ne font rire ni les spectateurs ni celui dont on parle. Je leur abandonne de bon cœur mes ouvrages, ma figure, mes gestes, mes paroles, mon ton de voix et ma façon de réciter, pour en faire et dire tout ce qu'il leur plaira, s'ils en peuvent tirer quelque avantage. Je ne m'oppose point à toutes ces choses, et je serai ravi que cela puisse réjouir le monde; mais, en leur abandonnant tout cela, ils me doivent faire la grace de me laisser le reste, et de ne point toucher à des matières de la nature de celles sur lesquelles on m'a dit qu'ils m'attaquaient dans leurs comédies. C'est de quoi je prierai civilememt cet honnête monsieur qui se mêle d'écrire pour eux; et voilà toute la réponse qu'ils auront de moi.

MADEMOISELLE BÉJART.

Mais enfin...

MOLIÈRE.

Mais enfin vous me feriez devenir fou. Ne parlons point de cela davantage; nous nous amusons à faire des discours au lieu de répéter notre comédie. Où en étions-nous? Je ne m'en souviens plus.

MADEMOISELLE DE BRIE.

Vous en étiez à l'endroit...

MOLIÈRE.

Mon Dieu! J'entends du bruit : c'est le roi qui arrive assurément, et je vois bien que nous n'aurons pas le temps de passer outre. Voilà ce que c'est de s'amuser. Oh bien! faites donc, pour le reste, du mieux qu'il sera possible.

MADEMOISELLE BÉJART.

Par ma foi, la frayeur me prend, et je ne saurais aller jouer mon rôle, si je ne le répète tout entier.

MOLIÈRE.

Comment! vous ne sauriez aller jouer votre rôle?

MADEMOISELLE BÉJART.

Non.

MADEMOISELLE DU PARC.

Ni moi le mien.

MADEMOISELLE DE BRIE.

Ni moi non plus.

MADEMOISELLE MOLIÈRE.

Ni moi.

MADEMOISELLE HERVÉ.

Ni moi.

MADEMOISELLE DU CROISY.

Ni moi.

MOLIÈRE.

Que pensez-vous donc faire? Vous moquez-vous toutes de moi?

SCENE IV.

BÉJART, MOLIÈRE, LA GRANGE, DU CROISY; MESDEMOISELLES DU PARC; BÉJART, DE BRIE, MOLIÈRE, DU CROISY, HERVÉ.

BÉJART.

Messieurs, je viens vous avertir que le roi est venu, et qu'il attend que vous commenciez.

MOLIÈRE.

Ah! monsieur, vous me voyez dans la plus grande peine du monde: je suis désespéré à l'heure que je vous parle. Voici des femmes qui s'effrayent, et qui disent qu'il leur faut répéter leurs rôles avant que d'aller commencer. Nous demandons, de grace, encore un moment. Le roi a de la bonté, et il sait bien que la chose a été précipitée.

SCENE V.

MOLIÈRE *et les mêmes acteurs, à l'exception de Béjart.*

MOLIÈRE.

Hé! de grace, tachez de vous remettre; prenez courage, je vous prie.

MADEMOISELLE DU PARC.

Vous devez vous aller excuser.

MOLIÈRE.

Comment m'excuser?

SCENE VI.

MOLIÈRE, *et les mêmes acteurs*; **UN NÉCESSAIRE.**

LE NÉCESSAIRE.

Messieurs, commencez donc.

MOLIÈRE.

Tout à l'heure, monsieur. Je crois que je perdrai l'esprit de cette affaire-ci, et...

SCENE VII.

MOLIERE, *et les mêmes acteurs*, UN SECOND NECESSAIRE.

LE SECOND NÉCESSAIRE.

Messieurs, commencez donc.

MOLIÈRE.

Dans un moment, monsieur. (*à ses camarades.*) Hé quoi donc! voulez-vous que j'aie l'affront...?

SCENE VIII.

MOLIÈRE, *et les mêmes acteurs*, UN TROISIEME NÉCESSAIRE.

LE TROISIÈME NÉCESSAIRE.

Messieurs, commencez donc.

MOLIÈRE.

Oui, monsieur, nous y allons. Hé! que de gens se font de fête, et viennent dire: commencez donc, à qui le roi ne l'a pas commandé!

SCENE IX.

MOLIERE, *et les mêmes acteurs*; UN QUATRIÈME NECESSAIRE.

LE QUATRIÈME NÉCESSAIRE.

Messieurs, commencez donc.

MOLIÈRE.

Voilà qui est fait, monsieur. (*à ses camarades.*) Quoi donc! recevrai-je la confusion...?

SCENE X.

BÉJART, MOLIERE, *et les mêmes acteurs*

MOLIÈRE.

Monsieur, vous venez pour nous dire de commencer, mais...

BÉJART.

Non, messieurs, je viens pour vous dire qu'on a dit au roi l'embarras où vous vous trouviez, et que, par une bonté toute particulière, il remet votre nouvelle comédie à une autre fois, et se contente, pour aujourd'hui, de la première que vous pourrez donner.

MOLIÈRE.

Ah! monsieur, vous me redonnez la vie. Le roi nous fait la plus grande grace du monde de nous donner du temps pour ce qu'il a souhaité; et nous allons tous le remercier des extrêmes bontés qu'il nous fait paraître.

FIN DE L'IMPROMPTU DE VERSAILLES.

LA

PRINCESSE D'ÉLIDE,

COMÉDIE BALLET EN CINQ ACTES.

1664.

PERSONNAGES DU PROLOGUE.

L'AURORE.
LYCISCAS, valet de chiens.
TROIS VALETS DE CHIENS, chantants.
VALETS DE CHIENS, dansants.

PERSONNAGES DE LA COMÉDIE.

IPHITAS, prince d'Elide, père de la princesse.
LA PRINCESSE D'ÉLIDE.
EURYALE, prince d'Ithaque.
ARISTOMENE, prince de Messène.
THEOCLE, prince de Pyle.
AGLANTE, cousine de la princesse.
CYNTHIE, cousine de la princesse.
ARBATE, gouverneur du prince d'Ithaque.
PHILIS, suivante de la princesse.
MORON, plaisant de la princesse.
LYCAS, suivant d'Iphitas.

PERSONNAGES DES INTERMEDES.

PREMIER INTERMEDE.

MORON.
CHASSEURS, dansants.

SECOND INTERMEDE.

PHILIS.
MORON.
UN SATYRE, chantant.
SATYRES, dansants.

TROISIEME INTERMEDE.

PHILIS.
TIRCIS, berger, chantant.
MORON.

QUATRIEME INTERMEDE.

LA PRINCESSE.
PHILIS.
CLIMENE.

CINQUIEME INTERMEDE.

BERGERS et BERGÈRES chantants.
BERGERS et BERGÈRES, dansants.

La scène est en Élide.

PROLOGUE.

SCENE PREMIÈRE.

L'AURORE, LYCISCAS, ET PLUSIEURS AUTRES VALETS DE CHIENS, *endormis et couchés sur l'herbe.*

L'AURORE *chante.*

Quand l'amour à vos yeux offre un choix agréable,
Jeunes beautés, laissez-vous enflammer;
Moquez-vous d'affecter cet orgueil indomptable
Dont on vous dit qu'il est beau de s'armer:
Dans l'âge où l'on est aimable
Rien n'est si beau que d'aimer.

Soupirez librement pour un amant fidèle,
Et bravez ceux qui voudraient vous blâmer,
Un cœur tendre est aimable, et le nom de cruelle
N'est pas un nom à se faire estimer:
Dans le temps où l'on est belle
Rien n'est si beau que d'aimer.

SCENE II.

LYCISCAS, ET PLUSIEURS VALETS DE CHIENS, *endormis.*

TROIS VALETS DE CHIENS, *réveillés par le récit de l'Aurore.*

Holà! holà! Debout, debout, debout.
Pour la chasse ordonnée il faut préparer tout.
Holà ho! debout, vite debout.

PREMIER.

Jusqu'aux plus sombres lieux le jour se communique.

DEUXIÈME.

L'air sur les fleurs en perles se résout.

TROISIÈME.

Les rossignols commencent leur musique,
Et leurs petits concerts retentissent partout.

TOUS TROIS ENSEMBLE.

Sus, sus, debout, vite debout.

(à Lyciscas endormi.)

Qu'est ceci, Lyciscas? quoi! tu ronfles encore,
Toi, qui promettais tant de devancer l'Aurore!
Allons, debout, vite debout.
Pour la chasse ordonnée il faut préparer tout.
Debout, vite debout; dépêchons, ho, debout.

LYCISCAS, *en s'éveillant.*

Par la morbleu! vous êtes de grands braillards, vous autres; et vous avez la gueule ouverte de bon matin.

TOUS TROIS ENSEMBLE.

Ne vois-tu pas le jour qui se répand partout?
Allons, debout, Lyciscas, debout.

LYCISCAS.

Hé! laissez-moi dormir encore un peu, je vous conjure.

TOUS TROIS ENSEMBLE.

Non, non, debout, Lyciscas, debout.

LYCISCAS.

Je ne vous demande plus qu'un petit quart d'heure.

TOUS TROIS ENSEMBLE.

Point, point, debout, vite debout.

LYCISCAS.

Hé! je vous prie.

TOUS TROIS ENSEMBLE.

Debout.

LYCISCAS.

Un moment.

TOUS TROIS ENSEMBLE.

Debout.

LYCISCAS.

De grace.

TOUS TROIS ENSEMBLE.

Debout.

LYCISCAS.

Hé.

TOUS TROIS ENSEMBLE.

Debout.

LYCISCAS

Je...

TOUS TROIS ENSEMBLE.

Debout.

LYCISCAS.

J'aurai fait incontinent.

TOUS TROIS ENSEMBLE.

Non, non, debout, Lyciscas, debout.
Pour la chasse ordonnée il faut préparer tout.
Vite debout, dépêchons, debout.

LYCISCAS.

Hé bien! laissez-moi, je vais me lever. Vous êtes d'étranges gens de me tourmenter comme cela! Vous serez cause que je ne me porterai pas bien de toute la journée: car, voyez-vous, le sommeil est nécessaire à l'homme; et lorsqu'on ne dort pas sa réfection, il arrive que... on n'est... *(Il se rendort.)*

PREMIER.

Lyciscas.

DEUXIÈME.

Lyciscas.

TROISIÈME.

Lyciscas.

TOUS TROIS ENSEMBLE.

Lyciscas.

LYCISCAS.

Diable soient les brailleurs! Je voudrais que vous eussiez la gueule pleine de bouillie bien chaude.

TOUS TROIS ENSEMBLE.

Debout, debout.
Vite debout, dépêchons, debout.

LYCISCAS.

Ah! quelle fatigue de ne pas dormir son saoul!

PREMIER.

Holà! ho!

DEUXIÈME.

Holà! ho!

TROISIÈME.

Holà! ho!

TOUS TROIS ENSEMBLE.

Ho! ho! ho! ho!

LYCISCAS.

Ho! ho! La peste soit des gens avec leurs chiens de hurlements! je me donne au diable si je ne vous assomme. Mais voyez un peu quel diable d'enthousiasme il leur prend de me venir chanter aux oreilles comme cela Je...

TOUS TROIS ENSEMBLE.

Debout.

LYCISCAS.

Encore!

TOUS TROIS ENSEMBLE.

Debout.

LYCISCAS.

Le diable vous emporte!

TOUS TROIS ENSEMBLE.

Debout.

LYCISCAS, *en se levant.*

Quoi, toujours! A-t-on jamais vu une pareille furie de chanter? Par la sambleu! j'enrage. Puisque me voilà éveillé, il faut que j'éveille les autres, et que je les tourmente comme on m'a fait. Allons, ho, messieurs, debout, debout, vite; c'est trop dormir. Je vais faire un bruit du diable partout. *(Il crie de toute sa force.)* Debout, debout, debout. Allons vite, ho, ho, ho, debout, debout. Pour la chasse ordonnée il faut préparer tout. Debout, debout, Lyciscas, debout. Ho, ho, ho, ho, ho.

(Plusieurs cors et trompes de chasse se font entendre; les valets de chiens que Lyciscas a éveillés dansent une entrée.)

FIN DU PROLOGUE.

LA

PRINCESSE D'ÉLIDE.

ACTE PREMIER.

SCÈNE PREMIERE.

EURYALE, ARBATE.

ARBATE.

Ce silence rêveur dont la sombre habitude
Vous fait à tous moments chercher la solitude,
Ces longs soupirs que laisse échapper votre cœur,
Et ces fixes regards si chargés de langueur,
Disent beaucoup sans doute à des gens de mon âge;
Et je pense, seigneur, entendre ce langage:
Mais, sans votre congé, de peur de trop risquer,
Je n'ose m'enhardir jusques à l'expliquer.

EURYALE.

Explique, explique, Arbate, avec toute licence
Ces soupirs, ces regards, et ce morne silence.
Je te permets ici de dire que l'amour
M'a rangé sous ses lois, et me brave à son tour;
Et je consens encor que tu me fasse honte
Des faiblesses d'un cœur qui souffre qu'on le dompte.

ARBATE.

Moi, vous blamer, seigneur des tendres mouvements
Où je vois qu'aujourd'hui penchent vos sentiments!
Le chagrin des vieux jours ne peut aigrir mon ame
Contre les doux transports de l'amoureuse flamme;
Et, bien que mon sort touche à ses derniers soleils,
Je dirai que l'amour sied bien à vos pareils.

Que ce tribut qu'on rend aux traits d'un beau visage
De la beauté d'une ame est un clair témoignage,
Et qu'il est malaisé que, sans être amoureux,
Un jeune prince soit et grand et généreux.
C'est une qualité que j'aime en un monarque
La tendresse du cœur est une grande marque
Que d'un prince à votre âge on peut tout présumer,
Dès qu'on voit que son ame est capable d'aimer.
Oui, cette passion, de toutes la plus belle,
Traîne dans un esprit cent vertus après elle;
Aux nobles actions elle pousse les cœurs,
Et tous les grands héros ont senti ses ardeurs.
Devant mes yeux, seigneur, a passé votre enfance,
Et j'ai de vos vertus vu fleurir l'espérance ;
Mes regards observaient en vous des qualités
Où je reconnaissais le sang d'où vous sortez ;
J'y découvrais un fonds d'esprit et de lumière;
J'y trouvais fort bien fait, l'air grand et l'ame fière ;
Votre cœur, votre adresse, éclataient chaque jour :
Mais je m'inquiétais de ne point voir d'amour.
Et, puisque les langueurs d'une plaie invincible
Nous montrent que votre ame à ses traits est sensible,
Je triomphe ; et mon cœur, d'allégresse rempli,
Vous regarde à présent comme un prince accompli.

EURYALE.

Si de l'amour un temps j'ai bravé la puissance,
Hélas ! mon cher Arbate, il en prend bien vengeance;
Et, sachant dans quels maux mon cœur s'est abymé,
Toi-même tu voudrais qu'il n'eût jamais aimé,
Car enfin, vois le sort où mon astre me guide,
J'aime, j'aime ardemment la princessse d'Élide;
Et tu sais quel orgueil, sous des traits si charmants,
Arme contre l'amour ses jeunes sentiments,
Et comment elle fuit en cette illustre fête
Cette foule d'amants qui briguent sa conquête.
Ah ! qu'il est bien peu vrai que ce qu'on doit aimer,
Aussitôt qu'on le voit prend droit de nous charmer
Et qu'un premier coup d'œil allume en nous les flam-
Où le ciel en naissant a destiné nos ames ! [mes
A mon retour d'Argos je passai en ces lieux,
Et ce passage offrit la princesse à mes yeux;
Je vis tous les appas dont elle est revêtue,
Mais de l'œil dont on voit une belle statue :
Leur brillante jeunesse observée à loisir
Ne porta dans mon ame aucun secret désir;
Et d'Ithaque en repos je revis le rivage,
Sans m'en être en deux ans rappelé nulle image.
Un bruit vient cependant à répandre à ma cour
Le célèbre mépris qu'elle fait de l'amour,
On publie en tous lieux que son ame hautaine
Garde pour l'hyménée une invincible haine,
Et qu'un arc à la main, sur l'épaule un carquois,
Comme une autre Diane elle hante les bois,
N'aime rien que la chasse, et de toute la Grèce
Fait soupirer en vain l'héroïque jeunesse.
Admire nos esprits, et la fatalité !
Ce que n'avaient point fait sa vue et sa beauté,
Le bruit de ses fiertés en mon ame fit naître
Un transport inconnu dont je ne fus point maître:
Ce dédain si fameux eut des charmes secrets
A me faire avec soins rappeler tous ses traits;
Et mon esprit, jetant de nouveaux yeux sur elle,
M'en refit une image et si noble et si belle
Me peignit tant de gloire et de telles douceurs
A pouvoir triompher de toutes ses froideurs,
Que mon cœur, aux brillants d'une telle victoire,
Vit de sa liberté s'évanouir la gloire :
Contre une telle amorce il eut beau s'indigner,
Sa douceur sur mes sens prit tel droit de régner,
Qu'entraîné par l'effort d'une occulte puissance
J'ai d'Ithaque en ces lieux fait voile en diligence;
Et je couvre un effet de mes vœux enflammés;
Du désir de paraître à ces jeux renommés
Où l'illustre Iphitas, père de la princesse,
Assemble la plupart des princes de la Grèce.

ARBATE.

Mais à quoi bon, seigneur, les soins que vous prenez?
Et pourquoi ce secret où vous vous obstinez?
Vous aimez, dites-vous, cette illustre princesse,
Et venez à ses yeux signaler votre adresse;
Et nuls empressements, paroles ni soupirs,
Ne l'ont instruite encor de vos brûlants désirs !
Pour moi, je n'entends rien à cette politique
Qui ne veut point souffrir que votre cœur s'explique;
Et je ne sais quel fruit peut prétendre un amour
Qui fuit tous les moyens de se produire au jour.

EURYALE.

Et que ferais-je, Arbate, en déclarant ma peine.
Qu'attirer les dédains de cette ame hautaine,
Et me jeter au rang de ces princes soumis
Que le titre d'amants lui peint en ennemis?
Tu vois les souverains de Messène et de Pyle
Lui faire de leurs cœurs un hommage inutile,
Et de l'éclat pompeux des plus grandes vertus
En appuyer en vain les respects assidus :
Ce rebut de leurs soins sous un triste silence
Retient de mon amour toute la violence ;
Je me tiens condamné dans ces rivaux fameux,
Et je lis mon arrêt au mépris qu'on fait d'eux.

ARBATE.

Et c'est dans ce mépris et dans cette humeur fière
Que votre ame à ses vœux doit voir plus de lumière,
Puisque le sort vous donne à conquérir un cœur
Que défend seulement une simple froideur,
Et qui n'oppose point à l'ardeur qui vous presse
De quelque attachement l'invincible tendresse.
Un cœur préoccupé résiste puissamment :
Mais quand une ame est libre, on la force aisément;
Et toute la fierté de son indifférence
N'a rien dont ne triomphe un peu de patience.
Ne lui cachez donc plus le pouvoir de ses yeux,
Faites de votre flamme un éclat glorieux;
Et, bien loin de trembler de l'exemple des autres,
Du rebut de leurs vœux enflez l'espoir des vôtres.
Peut-être, pour toucher ses sévères appas,
Aurez-vous des secrets que ces princes n'ont pas;
Et, si de ses fiertés l'impérieux caprice
Ne vous fait éprouver un destin plus propice,
Au moins est-ce un bonheur, en ces extrémités,
Que de voir avec soi ses rivaux rebutés.

EURYALE.

J'aime à te voir presser cet aveu de ma flamme;
Combattant mes raisons, tu chatouilles mon ame ;
Et par ce que j'ai dit je voulais pressentir
Si de ce que j'ai fait tu pourrais m'applaudir.
Car enfin, puisqu'il faut t'en faire confidence,
On doit à la princesse expliquer mon silence;
Et peut-être, au moment où je t'en parle ici,
Le secret de mon cœur, Arbate, est éclairci.
Cette chasse où, pour fuir la foule qui l'adore,
Tu sais qu'elle est allée au lever de l'aurore,
Est le temps que Moron pour déclarer mon feu,
A pris.

ARBATE.

Moron, seigneur!

EURYALE.

Ce choix t'étonne un peu.
Par son titre de fou tu crois le bien connaître :
Mais sache qu'il l'est moins qu'il ne le veut paraître,
Et que, malgré l'emploi qu'il exerce aujourd'hui,
Il a plus de bon sens que tel qui rit de lui.
La princesse se plaît à ses bouffonneries :
Il s'en est fait aimer par cent plaisanteries,
Et peut, dans cet accès, dire et persuader
Ce que d'autres que lui n'oseraient hasarder.
Je le vois propre enfin à ce que j'en souhaite;
Il a pour moi, dit-il, une amitié parfaite,
Et veut, dans mes états ayant reçu le jour,
Contre tous mes rivaux appuyer mon amour.
Quelque argent mis en main pour soutenir ce zèle...

SCENE II.

EURYALE, ARBATE, MORON.

MORON, *derrière le théâtre.*

Au secours! Sauvez-moi de la bête cruelle!

EURYALE.

Je pense ouïr sa voix.

MORON, *derrière le théâtre.*

A moi, de grace, à moi!

EURYALE.

C'est lui-même. Où court-il avec un tel effroi?

MORON, *entrant sans voir personne.*

Où pourrai-je éviter ce sanglier redoutable?
Grands dieux, préservez-moi de sa dent effroyable!
Je vous promets, pourvu qu'il ne m'attrape pas,
Quatre livre d'encens et deux veaux des plus gras.
(Rencontrant Euryale, que dans sa frayeur il prend pour le sanglier qu'il évite.)
Ah! je suis mort.

EURYALE.

Qu'as-tu?

MORON.

Je vous croyais la bête
Dont à me diffamer j'ai vu la gueule prête,
Seigneur, et je ne puis revenir de ma peur.

EURYALE.

Qu'est-ce?

MORON.

Oh! que la princesse est d'une étrange humeur,
Et qu'à suivre la chasse et ses extravagances
Il nous faut essuyer de sottes complaisances!
Quel diable de plaisir trouvent tous les chasseurs
De se voir exposés à mille et mille peurs?
Encore si c'était qu'on ne fût qu'à la chasse
Des lièvres, des lapins, et des jeunes daims, passe:
Ce sont des animaux d'un naturel fort doux,
Et qui prennent toujours la fuite devant nous,
Mais d'aller attaquer de ces bêtes vilaines
Qui n'ont aucun respect pour les faces humaines,
Et qui courent les gens qui les veulent courir,
C'est un sot passetemps que je ne puis souffrir.

EURYALE.

Dis-nous donc ce que c'est.

MORON.

Le pénible exercice
Où de notre princesse a volé le caprice!
J'en aurais bien juré qu'elle aurait fait le tour;
Et, la course des chars se faisant en ce jour,
Il fallait affecter ce contretemps de chasse
Pour mépriser ses jeux avec meilleure grace,
Et faire voir... Mais chut. Achevons mon récit,
Et reprenons le fil de ce que j'avais dit.
Qu'ai-je dit?

EURYALE.

Tu parlais d'exercice pénible.

MORON.

Ah! oui. Succombant donc à ce travail horrible,
Car en chasseur fameux j'étais enharnaché,
Et dès le point du jour je m'étais découché,
Je me suis écarté de tous en galant homme;
Et, trouvant un lieu propre à dormir d'un bon somme,
J'essayais ma posture, et, m'ajustant bientôt,
Prenais déjà mon tour pour ronfler comme il faut,
Lorsqu'un murmure affreux m'a fait lever la vue;
Et j'ai d'un vieux buisson de la forêt touffue,
Vu sortir un sanglier d'une énorme grandeur
Pour...

EURYALE.

Qu'est-ce?

MORON.

Ce n'est rien. N'ayez point de frayeur:
Mais laissez-moi passer entre vous deux, pour cause,
Je serai mieux en main pour vous conter la chose.
J'ai donc vu ce sanglier qui, par nos gens chassé,
Avait, d'un air affreux tout son poil hérissé;
Ses deux yeux flamboyants ne lançaient que menace,
Et sa gueule faisait une laide grimace.
Qui, parmi de l'écume, à qui l'osait presser
Montrait de certains crocs.. je vous laisse à penser.
A ce terrible aspect, j'ai ramassé mes armes;
Mais le faux animal, sans en prendre d'alarmes,
Est venu droit à moi qui ne lui disais mot.

ADRASTE.

Et tu l'as de pied ferme attendu?

MORON.

Quelque sot...
J'ai jeté tout par terre, et couru comme quatre,

ADRASTE.

Fuir devant un sanglier, ayant de quoi l'abattre!
Ce trait, Moron, n'est pas généreux.

MORON.

J'y consens;
Il n'est pas généreux, mais il est de bon sens.

ADRASTE.

Mais par quelques exploits si l'on ne s'éternise...

MORON.

Je suis votre valet. J'aime mieux que l'on dise,
C'est ici qu'en fuyant, sans se faire prier,
Moron sauva ses jours des fureurs d'un sanglier;
Que si l'on y disait: Voilà l'illustre place
Où le brave Moron, d'un héroïque audace
Affrontant d'un sanglier l'impétueux effort,
Par un coup de ses dents vit terminer son sort.

ADRASTE.

Fort bien.

MORON.

Oui, j'aime mieux, n'en déplaise à la gloire,
Vivre au monde deux jours que mille ans dans l'histoire.

EURYALE.

En effet, ton trépas fâcherait tes amis.
Mais, si de ta frayeur ton esprit est remis,
Puis-je te demander si du feu qui me brûle...?

MORON.

Il ne faut pas, seigneur, que je vous dissimule;
Je n'ai rien fait encore, et n'ai point rencontré
De temps pour lui parler qui fût selon mon gré.
L'office de bouffon a des prérogatives;
Mais souvent on rabat nos libres tentatives.
Le discours de vos feux est un peu délicat,
Et c'est chez la princesse une affaire d'état.
Vous savez de quel titre elle se glorifie,
Et qu'elle a dans la tête une philosophie,
Qui déclare la guerre au conjugal lien,
Et vous traite l'amour de déité de rien.
Pour n'effaroucher point son humeur de tigresse,
Il me faut manier la chose avec adresse;
Car on doit regarder comme l'on parle aux grands,
Et vous êtes parfois d'assez fâcheuses gens.
Laissez-moi doucement conduire cette trame.
Je me sens là pour vous un zèle tout de flamme;
Vous êtes né mon prince, et quelques autres nœuds
Pourraient contribuer au bien que je vous veux.
Ma mère, dans son temps, passait pour assez belle,
Et naturellement n'était pas fort cruelle;
Feu votre père alors, ce prince généreux,
Sur la galanterie était fort dangereux;
Et je sais qu'Elpénor, qu'on appelait mon père,
A cause qu'il était le mari de ma mère,
Contait pour grand honneur aux pasteurs d'aujourd'hui
Que le prince autrefois était venu chez lui,
Et que, durant ce temps, il avait l'avantage
De se voir salué de tous ceux du village.
Baste: quoi qu'il en soit, je veux par mes travaux...
Mais voici la princesse et deux de nos rivaux.

SCENE III.

LA PRINCESSE, AGLANTE, CYNTHIE, ARISTOMENE, THEOCLE, EURYALE, PHILIS, ARBATE, MORON.

ARISTOMÈNE.

Reprochez-vous, madame, à nos justes alarmes
Ce péril dont tous deux avons sauvé vos charmes?
J'aurais pensé, pour moi, qu'abattre sous nos coups
Ce sanglier qui portait sa fureur jusqu'à vous,
Était une aventure, ignorant votre chasse,
Dont à nos bons destins nous dussions rendre grace
Mais à cette froideur je connais clairement
Que je dois concevoir un autre sentiment,
Et quereller du sort la fatale puissance,
Qui me fait avoir part à ce qui vous offense

THÉOCLE.

Pour moi, je tiens madame, à sensible bonheur
L'action où pour vous a volé tout mon cœur,
Et ne puis consentir, malgré votre murmure,
A quereller le sort d'une telle aventure.

D'un objet odieux je sais que tout déplaît;
Mais, dût votre courroux être plus grand qu'il n'est,
C'est extrême plaisir, quand l'amour est extrême,
De pouvoir d'un péril affranchir ce qu'on aime.

LA PRINCESSE.

Et pensez-vous, seigneur, puisqu'il me faut parler,
Qu'il eût eu, ce péril, de quoi tant m'ébranler; [mes,
Que l'arc et que le dard, pour moi si pleins de char-
Ne soient entre mes mains que d'inutiles armes,
Et que je fasse enfin mes plus fréquents emplois
De parcourir nos monts, nos plaines et nos bois,
Pour n'oser en chassant concevoir l'espérance
De suffire moi seule à ma propre défense?
Certes, avec le temps, j'aurais bien profité
De ces soins assidus dont je fais vanité;
S'il fallait que mon bras, dans une telle quête,
Ne pût pas triompher d'une chétive bête!
Du moins, si, pour prétendre à de sensibles coups,
Le commun de mon sexe est trop mal avec vous,
D'un étage plus haut accordez-moi la gloire,
Et me faites tous deux cette grace de croire,
Seigneurs, que, quel que fût le sanglier d'aujourd'hui,
J'en ai mis bas sans vous de plus méchants que lui.

THÉOCLE.

Mais, madame...

LA PRINCESSE.

Hé bien! soit. Je vois que votre envie
Est de persuader que je vous dois la vie;
J'y consens. Oui, sans vous c'était fait de mes jours.
Je rends de tout mon cœur grace à ce grand secours,
Et je vais de ce pas au prince pour lui dire
Les bontés que pour moi votre amour vous inspire.

SCENE IV.

EURYALE, ARBATE, MORON.

MORON.

Eh! a-t-on jamais vu de plus farouche esprit?
De ce vilain sanglier l'heureux trépas l'aigrit.
Oh! comme volontiers j'aurais d'un beau salaire
Récompensé tantôt qui m'en eût su défaire!

ARBATE, *à Euryale*.

Je vous vois tout pensif, seigneur, de ses dédains;
Mais ils n'ont rien qui doive empêcher vos desseins.
Son heure doit venir, et c'est à vous, possible,
Qu'est réservé l'honneur de la rendre sensible.

MORON.

Il faut qu'avant la course elle apprenne vos feux;
Et je...

EURYALE.

Non. Ce n'est plus, Moron, ce que je veux;
Garde-toi de rien dire et me laisse un peu faire.
J'ai résolu de prendre un chemin tout contraire.
Je vois trop que son cœur s'obstine à dédaigner
Tous ces profonds respects qui pensent la gagner;
Et le Dieu, qui m'engage à soupirer pour elle,
M'inspire pour la vaincre une adresse nouvelle.
Oui, c'est lui d'où me vient ce soudain mouvement,
Et j'en attends de lui l'heureux événement.

ARBATE.

Peut-on savoir, seigneur, par où votre espérance...?

EURYALE.

Tu le vas voir. Allons, et garde le silence.

FIN DU PREMIER ACTE.

PREMIER INTERMÈDE.

SCENE PREMIÈRE.

MORON.

Jusqu'au revoir; pour moi je reste ici, et, j'ai une petite conversation à faire avec ces arbres et ces rochers.

Bois, prés, fontaines, fleurs, qui voyez mon teint blême,
Si vous ne le savez, je vous apprends que j'aime.
Philis est l'objet charmant
Qui tient mon cœur à l'attache.
Et je devins son amant,
La voyant traire une vache.
Ses doigts tout pleins de lait, et plus blancs mille fois,
Pressaient les bouts du pis d'une grace admirable.
Ouf! cette idée est capable
De me réduire aux abois.

Ah! Philis! Philis! Philis!

SCENE II.

MORON, UN ECHO.

L'ÉCHO.

Philis!

MORON.

Ah!

L'ÉCHO.

Ah!

MORON.

Hem.

L'ÉCHO.

Hem.

MORON.

Ha, ha.

L'ÉCHO.

Ha.

MORON.

Hi, hi.

L'ÉCHO.

Hi.

MORON.

Oh!

L'ÉCHO.

Oh!

MORON.

Oh!

L'ÉCHO.

Oh!

MORON.

Voilà un écho qui est un bouffon.

L'ÉCHO.

On.

MORON.

Hon.

L'ÉCHO.

Hon.

MORON.

Ah!

L'ÉCHO.

Ah!

MORON.

Hu.

L'ÉCHO.

Hu.

MORON.

Voilà un écho qui est un bouffon.

SCENE III.

MORON, *apercevant un ours qui vient à lui.*

Ah! monsieur l'ours, je suis votre serviteur de tout mon cœur. De grace, épargnez-moi; je vous assure que je ne vaux rien du tout à manger, je n'ai que la peau et les os, et je vois de certaines gens là bas qui seraient bien mieux votre affaire. Hé, hé, hé, monseigneur, tout doux, s'il vous plaît. (*Il caresse l'ours, et tremble de frayeur.* La, la, la, Ah, monseigneur, que votre altesse est jolie et bien faite! Elle a tout à fait l'air galant, et la taille la plus mignonne du monde. Ah, beau poil, belle tête, beaux yeux brillants et bien fendus! Ah! beau petit nez! belle petite bouche! petites quenottes jolies! Ah! belle gorge! belles petites menottes! petits ongles bien faits. *L'ours se lève sur ses pattes de derrière.*) A l'aide! au secours! je suis mort! miséricorde! Pauvre Moron! Ah! mon Dieu! Hé! vite à moi! je suis perdu!

(*Moron monte sur un arbre.*)

SCÈNE IV.

MORON, CHASSEURS.

MORON, *monté sur un arbre, aux chasseurs.*)
Hé! messieurs, ayez pitié de moi. (*Les chasseurs combattent l'ours.* Bon, messieurs, tuez-moi ce vilain animal-là. O ciel daigne les assister! Bon! le voilà qui fuit. Le voilà qui s'arrête, et qui se jette sur eux. Bon! en voilà un qui vient de lui donner un coup dans la gueule. Les voilà tous à l'entour de lui. Courage, ferme, allons, mes amis! Bon! poussez fort! Encore! Ah! le voilà qui est à terre, c'en est fait, il est mort. Descendons maintenant pour lui donner cent coups. (*Moron descend de l'arbre.*) Serviteur, messieurs; je vous rends grace de m'avoir délivré de cette bête. Maintenant que vous l'avez tuée, je m'en vais l'achever, et en triompher avec vous.
(*Moron donne mille coups à l'ours qui est mort.*)

ENTRÉE DE BALLET

Les chasseurs dansent pour témoigner leur joie d'avoir remporté la victoire.

FIN DU PREMIER INTERMÈDE.

ACTE SECOND.

SCÈNE PREMIERE.

LA PRINCESSE, AGLANTE, CYNTHIE, PHILIS.

LA PRINCESSE.

Oui, j'aime à demeurer dans ces paisibles lieux;
On n'y découvre rien qui n'enchante les yeux,
Et de tous nos palais la savante structure
Cède aux simples beautés qu'y forme la nature.
Ces arbres, ces rochers, cette eau, ces gazons frais,
Ont pour moi des appas à ne lasser jamais.

AGLANTE.

Je chéris, comme vous, ces retraites tranquilles
Où l'on se vient sauver de l'embarras des villes
De mille objets charmants ces lieux sont embellis?
Et ce qui doit surprendre est qu'aux portes d'Elis
La douce passion de fuir la multitude
Rencontre une si belle et vaste solitude.
Mais, à vous dire vrai, dans ces jours éclatants,
Vos retraites ici me semblent hors du temps;
Et c'est fort mal traiter l'appareil magnifique
Que chaque prince a fait pour la fête publique.
Ce spectacle pompeux de la course des chars
Devrait bien mériter l'honneur de vos regards.

LA PRINCESSE.

Quel droit ont-ils chacun d'y vouloir ma présence?
Et que dois-je, après tout, à leur magnificence?
Ce sont soins que produit l'ardeur de m'acquérir,
Et mon cœur est le prix qu'ils veulent tous courir.
Mais, quelque espoir qui flatte un projet de la sorte
Je me tromperai fort, si pas un d'eux l'emporte.

CYNTHIE.

Jusques à quand ce cœur veut-il s'effaroucher
Des innocents desseins qu'on a de le toucher,
Et regarder les soins que pour vous on se donne
Comme autant d'attentats contre votre personne?
Je sais qu'en défendant le parti de l'amour
On s'expose chez vous à faire mal sa cour:
Mais ce que par le sang j'ai l'honneur de vous être
S'oppose aux duretés que vous faites paraître;
Et je ne puis nourrir d'un flatteur entretien
Vos résolutions de n'aimer jamais rien.
Est-il rien de plus beau que l'innocente flamme
Qu'un mérite éclatant allume dans une ame?
Et serait-ce un bonheur de respirer le jour,
Si d'entre les mortels on bannissait l'amour!
Non, non, tous les plaisirs se goûtent à le suivre;
Et vivre sans aimer n'est pas proprement vivre.[1]

AGLANTE.

Pour moi, je tiens que cette passion est la plus agréable affaire de la vie; qu'il est nécessaire d'aimer pour vivre heureusement; et que tous les plaisirs sont fades, s'il ne s'y mêle un peu d'amour.

LA PRINCESSE.

Pouvez-vous bien toutes deux, étant ce que vous êtes, prononcer ces paroles? et ne devez-vous pas rougir d'appuyer une passion qui n'est qu'erreur, que faiblesse et emportement, et dont tous les désordres ont tant de répugnance avec la gloire de notre sexe! J'en prétends soutenir l'honneur jusqu'au dernier moment de ma vie, et ne veux point du tout me commettre à ces gens qui font les esclaves auprès de nous pour devenir un jour nos tyrans. Toutes ces larmes, tous ces soupirs, tous ces hommages, tous ces respects, sont des embûches qu'on tend à notre cœur, et qui souvent l'engagent à commettre des lâchetés. Pour moi, quand je regarde certains exemples et les bassesses épouvantables où cette passion ravale les personnes sur qui elle étend sa puissance, je sens tout mon cœur qui s'émeut; et je ne puis souffrir qu'une ame qui fait profession d'un peu de fierté ne trouve pas une honte horrible à de telles faiblesses.

CYNTHIE.

Hé! madame, il est de certaines faiblesses qui ne sont point honteuses, et qu'il est beau même d'avoir dans les plus hauts degrés de gloire. J'espère que vous changerez un jour de pensée; et, s'il plaît au ciel, nous verrons votre cœur, avant qu'il soit peu...

LA PRINCESSE.

Arrêtez, n'achevez pas ce souhait étrange: j'ai une horreur trop invincible pour ces sortes d'abaissements; et, si jamais j'étais capable d'y descendre, je serais personne, sans doute, à ne me le point pardonner.

AGLANTE.

Prenez garde, madame: l'amour sait se venger des mépris que l'on fait de lui; et peut être...

LA PRINCESSE.

Non, non, je brave tous ses traits; et le grand pouvoir qu'on lui donne n'est rien qu'une chimère et qu'une excuse des faibles cœurs, qui le font invincible pour autoriser leur faiblesse.

CYNTHIE.

Mais enfin toute la terre reconnaît sa puissance, et vous voyez que les dieux mêmes sont assujétis à son empire. On nous fait voir que Jupiter n'a pas aimé pour une fois, et que Diane même, dont vous affectez tant l'exemple, n'a pas rougi de pousser des soupirs d'amour.

LA PRINCESSE.

Les croyances publiques sont toujours mêlées d'erreurs. Les dieux ne sont point faits comme les fait le vulgaire; et c'est leur manquer de respect que de leur attribuer les faiblesses des hommes.

1 Le dessein de l'auteur était de traiter toute la comédie en vers; mais un commandement du roi, qui pressait cette affaire, l'obligea de continuer le reste en prose, et de passer légèrement sur plusieurs scènes, qu'il aurait étendues davantage s'il avait eu plus de loisir.

SCENE II.

LA PRINCESSE, AGLANTE, CYNTHIE, PHILIS, MORON.

AGLANTE.

Viens, approche, Moron ; viens nous aider à défendre l'amour contre les sentiments de la princesse.

LA PRINCESSE.

Voilà votre parti fortifié d'un grand défenseur !

MORON.

Ma foi, madame, je crois qu'après mon exemple il n'y a plus rien à dire, et qu'il ne faut plus mettre en doute le pouvoir de l'amour. J'ai bravé ses armes assez longtemgs, et fait de mon drôle comme un autre : mais enfin ma fierté a baissé l'oreille, et vous avez une traîtresse (*il montre Philis*) qui m'a rendu plus doux qu'un agneau. Après cela on ne doit plus faire aucun scrupule d'aimer ; et puisque j'ai bien passé par là, il peut bien y en passer d'autres.

CYNTHIE.

Quoi ! Moron se mêle d'aimer !

MORON.

Fort bien.

CYNTHIE.

Et de vouloir être aimé !

MORON.

Et pourquoi non ? Est-ce qu'on n'est pas assez bien fait pour cela ? Je pense que ce visage est assez passable, et que pour le bel air, Dieu merci, nous ne le cédons à personne.

CYNTHIE.

Sans doute, on aurait tort...

SCENE III.

LA PRINCESSE AGLANTE, CYNTHIE, PHILIS, MORON, LYCAS.

LYCAS.

Madame, le prince votre père vient vous trouver ici, et conduit avec lui les princes de Pyle et d'Ithaque et celui de Messène.

LA PRINCESSE.

O ciel ! que prétend-il faire en me les amenant ? Aurait-il résolu ma perte ? et voudrait-il bien me forcer au choix de quelqu'un d'eux ?

SCENE IV.

IPHITAS, EURYALE, ARISTOMÈNE, THÉOCLE, LA PRINCESSE, AGLANTE, CYNTHIE, PHILIS, MORON.

LA PRINCESSE, *à Iphitas.*

Seigneur, je vous demande la licence de prévenir par deux paroles la déclaration des pensées que vous pouvez avoir. Il y a deux vérités, seigneur, aussi constantes l'une que l'autre, et dont je puis vous assurer également : l'une, que vous avez un absolu pouvoir sur moi, et que vous ne sauriez m'ordonner rien où je ne réponde aussitôt par une obéissance aveugle ; l'autre, que je regarde l'hyménée ainsi que le trépas, et qu'il m'est impossible de forcer cette aversion naturelle. Me donner un mari, et me donner la mort, c'est une même chose ; mais votre volonté va la première, et mon obéissance m'est bien plus chère que ma vie. Après cela, parlez, seigneur ; prononcez librement ce que vous voulez.

IPHITAS.

Ma fille, tu as tort de prendre de telles alarmes ; et je me plains de toi qui peux mettre dans ta pensée que je sois assez mauvais père pour vouloir faire violence à tes sentiments et me servir tyranniquement de la puissance que le ciel me donne sur toi. Je souhaite, à la vérité, que ton cœur puisse aimer quelqu'un. Tous mes vœux seraient satisfaits, si cela pouvait arriver ; et je ne propose les fêtes et les jeux que je fais célébrer ici qu'afin d'y pouvoir attirer tout ce que la Grèce a d'illustre, et que parmi cette noble jeunesse tu puisses enfin rencontrer où arrêter tes yeux et déterminer tes pensées. Je ne demande, dis-je, autre bonheur que celui de te voir un époux. J'ai, pour obtenir cette grace, fait encore ce matin un sacrifice à Vénus ; et si je sais bien expliquer le langage des dieux, elle m'a promis un miracle. Mais, quoi qu'il en soit, je veux en user avec toi en père qui chérit sa fille. Si tu trouves où attacher tes vœux, ton choix sera le mien, et je ne considérerai ni intérêt d'état ni avantages d'alliance ; si ton cœur demeure insensible, je n'entreprendrai point de le forcer ; mais au moins sois complaisante aux civilités qu'on te rend, et ne m'oblige point à faire les excuses de ta froideur ; traite ces princes avec l'estime que tu leur dois ; reçois avec reconnaissance les témoignages de leur zèle, et viens voir cette course où leur adresse va paraître.

THÉOCLE, *à la princesse.*

Tout le monde va faire des efforts pour remporter le prix de cette course ; mais, à vous dire vrai, j'ai peu d'ardeur pour la victoire, puisque ce n'est pas votre cœur qu'on y doit disputer.

ARISTOMÈNE.

Pour moi, madame, vous êtes le seul prix que je me propose partout. C'est vous que je crois disputer dans ces combats d'adresse ; et je n'aspire maintenant à remporter l'honneur de cette course que pour obtenir un degré de gloire qui m'approche de votre cœur.

EURYALE.

Pour moi, madame, je n'y vais point du tout avec cette pensée. Comme j'ai fait toute ma vie profession de ne rien aimer, tous les soins que je prends ne vont point où tendent les autres. Je n'ai aucune prétention sur votre cœur, et le seul honneur de la course est tout l'avantage où j'aspire.

SCENE V.

LA PRINCESSE, AGLANTE, CYNTHIE, PHILIS, MORON.

LA PRINCESSE.

D'où sort cette fierté où l'on ne s'attendait point ? Princesses, que dites-vous de ce jeune prince ? Avez-vous remarqué de quel ton il l'a pris ?

AGLANTE.

Il est vrai que cela est un peu fier.

MORON, *à part.*

Ah ! quelle brave botte il vient là de lui porter !

LA PRINCESSE.

Ne trouvez-vous pas qu'il y aurait plaisir d'abaisser son orgueil, et de soumettre un peu ce cœur qui tranche tant du brave ?

CYNTHIE.

Comme vous êtes accoutumée à ne jamais recevoir que des hommages et des adorations de tout le monde, un compliment pareil au sien doit vous surprendre, à la vérité.

LA PRINCESSE

Je vous avoue que cela m'a donné de l'émotion, et que je souhaiterais fort de trouver les moyens de châtier cette hauteur. Je n'avais pas beaucoup d'envie de me trouver à cette course ; mais j'y veux aller exprès, et employer toute chose pour lui donner de l'amour.

CYNTHIE.

Prenez garde, madame : l'entreprise est périlleuse ; et lorsqu'on veut de l'amour, on court risque d'en recevoir.

LA PRINCESSE.

Ah ! n'appréhendez rien, je vous prie. Allons, je vous réponds de moi.

FIN DU DEUXIÈME ACTE.

SECOND INTERMEDE.

SCENE PREMIÈRE.

PHILIS, MORON.

MORON.

Philis, demeure ici.

PHILIS.

Non, laisse-moi suivre les autres.

MORON.

Ah! cruelle, si c'était Tircis qui t'en priât, tu demeurerais bien vite.

PHILIS.

Cela se pourrait faire : et je demeure d'accord que je trouve bien mieux mon compte avec l'un qu'avec l'autre; car il me divertit avec sa voix, et toi, tu m'étourdis de ton caquet. Lorsque tu chanteras aussi bien que lui, je te promets de t'écouter.

MORON.

Hé! demeure un peu.

PHILIS.

Je ne saurais.

MORON.

De grace!

PHILIS.

Point, te dis-je.

MORON, *retenant Philis*.

Je ne te laisserai point aller...

PHILIS.

Ah! que de façons!

MORON.

Je ne demande qu'un moment à être avec toi

PHILIS.

Hé bien! oui, j'y demeurerai pourvu que tu me promettes une chose.

MORON.

Et quelle?

PHILIS.

De ne me parler point du tout.

MORON.

Hé! Philis!

PHILIS.

A moins que de cela, je ne demeurerai point avec toi,

MORON.

Veux-tu me...?

PHILIS.

Laisse-moi aller.

MORON.

Hé bien! oui, demeure: je ne te dirai mot.

PHILIS.

Prends-y bien garde au moins; car, à la moindre parole, je prends la fuite.

MORON.

Soit.

(*Après avoir fait une scène de gestes.*)

Ah! Philis!.. Hé!...

SCÈNE II.

MORON, *seul*.

Elle s'enfuit, et je ne saurais l'attraper. Voilà ce que c'est: si je savais chanter j'en ferais bien mieux mes affaires. La plupart des femmes aujourd'hui se laissent prendre par les oreilles : elles sont cause que tout le monde se mêle de musique, et l'on ne réussit auprès d'elles que par les petites chansons et les petits vers que l'on fait entendre. Il faut que j'apprenne à chanter pour faire comme les autres. Bon! voici justement mon homme.

SCENE III.

UN SATYRE, MORON.

LE SATYRE *chante*.

La, la, la.

MORON.

Ah! Satyre mon ami, tu sais bien ce que tu m'as promis il y a longtemps : apprends-moi à chanter, je te prie.

LE SATYRE, *en chantant*.

Je le veux. Mais auparavant écoute une chanson que je viens de faire.

MORON, *bas, à part*.

Il est si accoutumé à chanter qu'il ne saurait parler d'autre façon. (*haut*) Allons, chante, j'écoute.

LE SATYRE, *chante*.

Je portais...

MORON.

Une chanson, dis-tu?

LE SATYRE.

Je port...

MORON.

Une chanson à chanter.

LE SATYRE.

Je port....

MORON.

Chanson amoureuse? Peste!

LE SATYRE.

Je portais dans une cage
Deux moineaux que j'avais pris,
Lorsque la jeune Chloris
Fit, dans un sombre bocage,
Briller à mes yeux surpris
Les fleurs de son beau visage.
Hélas! dis-je aux moineaux en recevant les coups
De ces yeux si savants à faire des conquêtes,
Consolez-vous, pauvres petites bêtes.
Celui qui vous a pris est bien plus pris que vous.

(*Moron demande au Satyre une chanson plus passionnée, et le prie de lui dire celle qu'il avait ouï chanter quelques jours auparavant.*)

LE SATYRE, *chante*.

Dans vos chants si doux
Chantez à ma belle,
Oiseaux, chantez tous
Ma peine mortelle:
Mais si la cruelle
Se met en courroux
Au récit fidèle
Des maux que je sens pour elle,
Oiseaux, taisez-vous.

MORON.

Ah! qu'elle est belle! Apprends-la moi.

LE SATYRE.

La, la, la, la.

MORON.

La, la, la, la.

LE SATYRE.

Fa, fa, fa, fa:

MORON.

Fat, toi-même.

ENTRÉE DE BALLET.

Le Satyre en colère menace Moron, et plusieurs Satyres dansent une entrée plaisante.

FIN DU SECOND INTERMÈDE.

ACTE III.

SCÈNE PREMIERE.

LA PRINCESSE, AGLANTE, CYNTHIE, PHILIS.

CYNTHIE.

Il est vrai, madame, que ce jeune prince a fait voir une adresse non commune, et que l'air dont il a paru a été quelque chose de surprenant. Il sort vainqueur de cette course : mais je doute fort qu'il en sorte avec le même cœur qu'il y a porté; car enfin vous lui avez tiré des traits dont il est difficile de se défendre; et, sans parler de tout le reste, la grace de votre danse, et la douceur de votre voix ont eu des charmes aujourd'hui à toucher les plus insensibles.

LA PRINCESSE.

Le voici qui s'entretient avec Moron, nous saurons un peu de quoi il lui parle. Ne rompons point encore leur entretien, et prenons cette route pour revenir à leur rencontre.

SCENE II.

EURYALE, ARBATE, MORON.

EURYALE.

Ah! Moron, je te l'avoue, j'ai été enchanté, et jamais tant de charmes n'ont frappé tout ensemble mes yeux et mes oreilles. Elle est adorable en tout temps, il est vrai; mais ce moment l'a emporté sur tous les autres, et des graces nouvelles ont redoublé l'éclat de ses beautés. Jamais son visage ne s'est paré des plus vives couleurs, ni ses yeux ne se sont armés de traits plus vifs et plus perçants. La douceur de sa voix a voulu se faire paraître dans un air tout charmant qu'elle a daigné chanter; et les sons merveilleux qu'elle formait passaient jusqu'au fond de mon ame, et tenaient tous mes sens dans un ravissement à ne pouvoir en revenir. Elle a fait éclater ensuite une disposition toute divine; et ses pieds amoureux sur l'émail d'un tendre gazon traçaient d'aimables caractères qui m'enlevaient hors de moi-même, et m'attachaient par des nœuds invincibles aux doux et justes mouvements, dont tout son corps suivait les mouvements de l'harmonie. Enfin jamais ame n'a eu de plus puissantes émotions que la mienne; et j'ai pensé plus de vingt fois oublier ma résolution pour me jeter à ses pieds, et lui faire un aveu sincère de l'ardeur que je sens pour elle.

MORON.

Donnez-vous en bien de garde, seigneur, si vous m'en voulez croire. Vous avez trouvé la meilleure invention du monde; et je me trompe fort si elle ne vous réussit. Les femmes sont des animaux d'un naturel bizarre; nous les gâtons par nos douceurs; et je crois tout de bon que nous les verrions nous courir, sans tous ces respects et ces soumissions où les hommes les acoquinent.

ARBATE.

Seigneur, voici la princesse qui s'est un peu éloignée de sa suite.

MORON.

Demeurez ferme au moins dans le chemin que vous avez pris; je m'en vais voir ce qu'elle me dira. Cependant promenez-vous ici dans ces petites routes, sans faire aucun semblant d'avoir envie de la joindre; et, si vous l'abordez, demeurez avec elle le moins qu'il vous sera possible.

SCÈNE III.

LA PRINCESSE, MORON.

LA PRINCESSE.

Tu as donc familiarité, Moron, avec le prince d'Ithaque?

MORON.

Ah! madame, il y a longtemps que nous nous connaissons.

LA PRINCESSE.

D'où vient qu'il n'est pas venu jusqu'ici, et qu'il a pris cette autre route quand il m'a vue?

MORON.

C'est un homme bizarre, qui ne se plaît qu'à entretenir ses pensées.

LA PRINCESSE.

Étais tu tantôt au compliment qu'il m'a fait?

MORON.

Oui, madame, j'y étais; et je l'ai trouvé un peu impertinent, n'en déplaise à sa principauté.

LA PRINCESSE.

Pour moi, je le confesse, Moron, cette fuite m'a choquée; et j'ai toutes les envies du monde de l'engager, pour rabattre un peu son orgueil.

MORON.

Ma foi, madame, vous ne feriez pas mal; il le mériterait bien: mais, à vous dire vrai, je doute fort que vous puissiez réussir.

LA PRINCESSE.

Comment!

MORON.

Comment! c'est le plus orgueilleux petit vilain que vous ayez jamais vu. Il lui semble qu'il n'y a personne au monde qui le mérite, et que la terre n'est pas digne de le porter.

LA PRINCESSE.

Mais encore n'a-t-il point parlé de moi?

MORON.

Lui? non.

LA PRINCESSE.

Il ne t'a rien dit de ma voix et de ma danse?

MORON.

Pas le moindre mot.

LA PRINCESSE.

Certes, ce mépris est choquant, et je ne puis souffrir cette hauteur étrange de ne rien estimer.

MORON.

Il n'estime et n'aime que lui.

LA PRINCESSE.

Il n'y a rien que je ne fasse pour le soumettre comme il faut.

MORON.

Nous n'avons point de marbre dans nos montagnes qui soit plus dur et plus insensible que lui.

LA PRINCESSE.

Le voilà.

MORON.

Voyez-vous comme il passe sans prendre garde à vous.

LA PRINCESSE.

De grace, Moron, va le faire aviser que je suis ici, et l'oblige à me venir aborder.

SCÈNE IV.

LA PRINCESSE, EURYALE, ARBATE, MORON.

MORON, *allant au-devant d'Euryale, et lui parlant bas.*

Seigneur, je vous donne avis que tout va bien. La princesse souhaite que vous l'abordiez: mais songez bien à continuer votre rôle; et, de peur de l'oublier, ne soyez pas longtemps avec elle.

LA PRINCESSE.

Vous êtes bien solitaire, seigneur; et c'est une humeur bien extraordinaire que la vôtre de renoncer ainsi à notre sexe, et de fuir à votre âge cette galanterie dont se piquent tous vos pareils.

EURYALE.

Cette humeur, madame, n'est pas si extraordinaire qu'on n'en trouvât des exemples sans aller loin d'ici; et vous ne sauriez condamner la résolution que j'ai prise de n'aimer jamais rien, sans condamner aussi vos sentiments.

LA PRINCESSE.

Il y a grande différence; et ce qui sied bien à un sexe ne sied pas bien à l'autre. Il est beau qu'une femme soit insensible, et conserve son cœur exempt des flammes de l'amour: mais ce qui est vertu en elle, devient crime dans un homme; et comme la beauté est le partage de notre sexe, vous ne sauriez ne nous point aimer sans nous dérober les hommages qui nous sont dus, et commettre une offense dont nous devons nous ressentir.

EURYALE.

Je ne vois pas, madame, que celles qui ne veulent point aimer, doivent prendre aucun intérêt à ces sortes d'offenses.

LA PRINCESSE.

Ce n'est pas une raison, seigneur; et, sans vouloir aimer, on est toujours bien aise d'être aimée.

EURYALE.

Pour moi, je ne suis pas de même; et, dans le dessein où je suis de ne rien aimer, je serais fâché d'être aimé.

LA PRINCESSE.

Et la raison?

EURYALE.

C'est qu'on a obligation à ceux qui nous aiment, et que je serais fâché d'être ingrat.

LA PRINCESSE.

Si bien donc que, pour fuir l'ingratitude, vous aimeriez qui vous aimerait.

EURYALE.

Moi, madame, point du tout. Je dis bien que je serais fâché d'être ingrat; mais je me résoudrais plutôt de l'être que d'aimer.

LA PRINCESSE.

Telle personne vous aimerait peut-être, que votre cœur...

EURYALE.

Non, madame, rien n'est capable de toucher mon cœur. La liberté est la seule maîtresse à qui je consacre mes vœux; et quand le ciel emploierait ses soins à composer une beauté parfaite, quand il assemblerait en elle tous les dons les plus merveilleux et du corps et de l'ame, enfin quand il exposerait à mes yeux un miracle d'esprit, d'adresse et de beauté, et que cette personne m'aimerait avec toutes les tendresses imaginables; je vous l'avoue franchement, je ne l'aimerais pas.

LA PRINCESSE, *à part.*

A-t-on jamais vu rien de tel!

MORON, *à la princesse.*

Peste soit du petit brutal! J'aurais bien envie de lui bailler un coup de poing.

LA PRINCESSE, *à part.*

Cet orgueil me confond, et j'ai un tel dépit, que je ne me sens pas.

MORON, *bas, au prince.*

Bon! courage, seigneur! Voilà qui va le mieux du monde.

EURYALE, *bas, à Moron.*

Ah! Moron, je n'en puis plus, et je me suis fait des efforts étranges.

LA PRINCESSE, *à Euryale.*

C'est avoir une insensibilité bien grande, que de parler comme vous faites.

EURYALE.

Le ciel ne m'a pas fait d'une autre humeur. Mais, madame, j'interromps votre promenade, et mon respect doit m'avertir que vous aimez la sollitude.

SCENE V.

LA PRINCESSE, MORON.

MORON.

Il ne vous en doit rien, madame, en dureté de cœur.

LA PRINCESSE.

Je donnerais volontiers tout ce que j'ai au monde pour avoir l'avantage d'en triompher.

MORON.

Je le crois.

LA PRINCESSE.

Ne pourrais-tu, Moron, me servir dans un tel dessein.

MORON.

Vous savez bien, madame, que je suis tout à votre service.

LA PRINCESSE.

Parle-lui de moi dans tes entretiens, vante-lui adroitement ma personne et les avantages de ma naissance, et tâche d'ébranler ses sentiments par la douceur de quelque espoir. Je te permets de dire tout ce que tu voudras pour tâcher à me l'engager.

MORON.

Laissez-moi faire.

LA PRINCESSE.

C'est une chose qui me tient au cœur. Je souhaite ardemment qu'il m'aime.

MORON.

Il est bien fait, oui, ce petit pandard-là; il a bon air, bonne physionomie; et je crois qu'il serait assez le fait d'une jeune princesse.

LA PRINCESSE.

Enfin tu peux tout espérer de moi, si tu trouves moyen d'enflammer pour moi son cœur.

MORON.

Il n'y a rien qui ne se puisse faire. Mais, madame, s'il venait à vous aimer, que feriez-vous, s'il vous plaît?

LA PRINCESSE.

Ah! ce serait lors que je prendrais plaisir à triompher pleinement de sa vanité, à punir son mépris par mes froideurs, et à exercer sur lui toutes les cruautés que je pourrais imaginer.

MORON.

Il ne se rendra jamais.

LA PRINCESSE.

Ah! Moron, il faut faire en sorte qu'il se rende.

MORON.

Non, il n'en fera rien. Je le connais; ma peine serait inutile.

LA PRINCESSE.

Si faut-il pourtant tenter toute chose, et éprouver si son ame est entièrement insensible. Allons, je veux lui parler, et suivre une pensée qui vient de me venir.

FIN DU TROISIÈME ACTE.

TROISIEME INTERMEDE.

SCENE PREMIÈRE.

PHILIS, TIRCIS.

PHILIS.

Viens, Tircis; laissons-les aller; et me dis un peu ton martyre de la façon que tu sais faire. Il y a longtemps que tes yeux me parlent; mais je serais bien aise d'ouïr ta voix.

TIRCIS, *chante.*

Tu m'écoutes, hélas! dans ma triste langueur:
Mais je n'en suis pas mieux, ô beauté sans pareille;
Et je touche ton oreille
Sans que je touche ton cœur.

PHILIS.

Va, va, c'est déjà quelque chose que de toucher l'oreille; et le temps amène tout. Chante-moi cependant quelque plainte nouvelle que tu aies composée pour moi.

SCÈNE II.

MORON, PHILIS, TIRCIS.

MORON.

Ah! ah! je vous y prends, cruelle: vous vous écartez des autres pour ouïr mon rival!

PHILIS.

Oui, je m'écarte pour cela. Je te le dis encore, je me plais avec lui, et l'on écoute volontiers les amants, lorsqu'ils se plaignent aussi agréablement qu'il fait. Que ne chantes-tu comme lui? Je prendrais plaisir à t'écouter.

MORON.

Si je ne sais chanter, je sais faire autre chose; et quand...

PHILIS.

Tais-toi, je veux l'entendre. Dis, Tircis, ce que tu voudras.

MORON.

Ah! cruelle...

PHILIS.

Silence, dis-je, ou je me mettrai en colère.

TIRCIS, *chante.*

Arbres épais, et vous, prés émaillés,
La beauté dont l'hiver vous avait dépouillés.
Par le printemps vous est rendue,
Vous reprenez tous vos appas :
Mais mon ame ne reprend pas
La joie, hélas ! que j'ai perdue.

MORON.

Morbleu ! que n'ai-je de la voix ! Ah ! nature marâtre, pourquoi ne m'as-tu pas donné de quoi chanter comme à un autre ?

PHILIS.

En vérité, Tircis, il ne se peut rien de plus agréable, et tu l'emportes sur tous les rivaux que tu as.

MORON.

Mais pourquoi est-ce que je ne puis pas chanter ? N'ai-je pas un estomac, un gosier, une langue, comme un autre ? Oui, oui, allons. Je veux chanter aussi, et te montrer que l'amour fait faire toutes choses. Voici une chanson que j'ai faite pour toi.

PHILIS.

Oui ! dis. Je veux bien l'écouter pour la rareté du fait.

MORON.

Courage, Moron ! Il n'y a qu'à avoir de la hardiesse. (*Il chante.*)

Ton extrême rigueur
S'acharne sur mon cœur.
Ah ! Philis, je trépasse.
Daigne me secourir !
En seras-tu plus grasse.
De m'avoir fait mourir ?

Vivat ! Moron !

PHILIS.

Voilà qui est le mieux du monde. Mais, Moron, je souhaiterais bien d'avoir la gloire que quelque amant fût mort pour moi. C'est un avantage dont je n'ai pas encore joui ; et je trouve que j'aimerais de tout mon cœur une personne qui m'aimerait assez pour se donner la mort.

MORON.

Tu aimerais une personne qui se tuerait pour toi ?

PHILIS.

Oui.

MORON.

Il ne faut que cela pour te plaire ?

PHILIS.

Non.

MORON.

Voilà qui est fait. Je veux te prouver que je me sais tuer quand je veux.

TIRCIS, *chante.*

Ah ! quelle douceur extrême
De mourir pour ce qu'on aime !

MORON, *à Tircis.*

C'est un plaisir que vous aurez quand vous voudrez.

TIRCIS, *chante.*

Courage Moron ! meurs promptement,
En généreux amant.

MORON, *à Tircis.*

Je vous prie de vous mêler de vos affaires, et de me laisser tuer à ma fantaisie. Allons je vais faire honte à tous les amants. (*à Philis*) Tiens, je ne suis pas homme à faire tant de façons. Vois ce poignard ; prends bien garde comme je vais me percer le cœur... Je suis votre serviteur. Quelque niais...

PHILIS.

Allons, Tircis, viens-t'en redire à l'écho ce que tu m'as chanté.

FIN DU TROISIÈME INTERMÈDE.

ACTE IV.

SCENE PREMIERE.

LA PRINCESSE, EURYALE, MORON.

LA PRINCESSE.

Prince, comme jusqu'ici nous avons fait paraître une conformité de sentiments, et que le ciel a semblé mettre en nous mêmes attachements pour notre liberté et même aversion pour l'amour, je suis bien aise de vous ouvrir mon cœur, et de vous faire confidence d'un changement dont vous serez surpris. J'ai toujours regardé l'hymen comme une chose affreuse ; et j'avais fait serment d'abandonner plutôt la vie que de me résoudre jamais à perdre cette liberté pour qui j'avais des tendresses si grandes : mais enfin un moment a dissipé toutes ces résolutions. Le mérite d'un prince m'a frappé aujourd'hui les yeux ; et mon ame tout d'un coup, comme par un miracle, est devenue sensible aux traits de cette passion que j'avais toujours méprisée. J'ai trouvé d'abord les raisons pour m'autoriser à ce changement, et je puis l'appuyer de ma volonté de répondre aux ardentes sollicitations d'un père et aux vœux de tout un état : mais, à vous dire vrai, je suis en peine du jugement que vous ferez de moi, et je voudrais savoir si vous condamnerez ou non le dessein que j'ai de me donner un époux.

EURYALE.

Vous pourriez faire un tel choix, madame, que je l'approuverais sans doute.

LA PRINCESSE.

Qui croyez-vous, à votre avis, que je veuille choisir ?

EURYALE.

Si j'étais dans votre cœur, je pourrais vous le dire ; mais, comme je n'y suis pas, je n'ai garde de vous répondre.

LA PRINCESSE.

Devinez, pour voir, et nommez quelqu'un.

EURYALE.

J'aurais trop peur de me tromper.

LA PRINCESSE.

Mais encore, pour qui souhaiteriez-vous que je me déclarasse ?

EURYALE.

Je sais bien, à vous dire vrai, pour qui je le souhaiterais : mais avant que de m'expliquer, je dois savoir votre pensée.

LA PRINCESSE.

Hé bien ! prince, je veux bien vous la découvrir. Je suis sûre que vous allez approuver mon choix ; et, pour ne vous point tenir en suspens davantage, le prince de Messène est celui de qui le mérite s'est attiré mes vœux.

EURYALE, *à part.*

O ciel !

LA PRINCESSE, *bas, à Moron.*

Mon invention a réussi, Moron. Le voilà qui se trouble.

MORON, *à la princesse.*

Bon, madame. (*au prince.*) Courage, seigneur, (*à la princesse.*) Il en tient. (*au prince.*) Ne vous défaites pas.

LA PRINCESSE, *à Euryale.*

Ne trouvez-vous pas que j'ai raison, et que ce prince a tout le mérite qu'on peut avoir ?

MORON, *bas, au prince.*

Remettez-vous, et songez à répondre.

LA PRINCESSE.

D'où vient, prince, que vous ne dites mot, et semblez interdit ?

EURYALE.

Je le suis, à la vérité ; et j'admire, madame, comme

le ciel a pu former deux ames aussi semblables en tout que les nôtres, deux ames en qui l'on ait vu une plus grande conformité de sentiments, qui aient fait éclater dans le même temps une résolution à braver les traits de l'amour, et qui, dans le même moment, aient fait paraître une égale facilité à perdre le nom d'insensibles. Car enfin, madame, puisque votre exemple m'autorise, je ne feindrai point de vous dire que l'amour aujourd'hui s'est rendu maître de mon cœur, et qu'une des princesses vos cousines, l'aimable et belle Aglante, a renversé d'un coup d'œil tous les projets de ma fierté. Je suis ravi, madame, que, par cette égalité de défaite, nous n'ayons rien à nous reprocher l'un et l'autre; et je ne doute point que comme je vous loue infiniment de votre choix, vous n'approuviez aussi le mien. Il faut que ce miracle éclate aux yeux de tout le monde, et nous ne devons point différer à nous rendre tous deux contents. Pour moi, madame, je vous sollicite de vos suffrages pour obtenir celle que je souhaite, et vous trouverez bon que j'aille de ce pas en faire la demande au prince votre père.

MORON, *à Euryale.*

Ah! digne, ah! brave cœur!

SCENE II.

LA PRINCESSE, MORON.

LA PRINCESSE.

Ah! Moron, je n'en puis plus; et ce coup, que je n'attendais pas, triomphe absolument de toute ma fermeté.

MORON.

Il est vrai que le coup est surprenant, et j'avais cru d'abord que votre stratagème avait fait son effet.

LA PRINCESSE.

Ah! ce m'est un dépit à me désespérer, qu'une autre ait l'avantage de soumettre ce cœur que je voulais soumettre.

SCENE III.

LA PRINCESSE, AGLANTE, MORON.

LA PRINCESSE.

Princesse, j'ai à vous prier d'une chose qu'il faut absolument que vous m'accordiez. Le prince d'Ithaque vous aime, et veut vous demander au prince mon père.

AGLANTE.

Le prince d'Ithaque, madame!

LA PRINCESSE.

Oui. Il vient de m'en assurer lui-même, et m'a demandé mon suffrage pour vous obtenir; mais je vous conjure de rejeter cette proposition, et de ne point prêter l'oreille à tout ce qu'il pourra vous dire.

AGLANTE.

Mais, madame, s'il était vrai que ce prince m'aimât effectivement, pourquoi, n'ayant aucun dessein de vous engager, ne voudriez-vous pas souffrir...?

LA PRINCESSE.

Non, Aglante, je vous le demande; faites-moi ce plaisir, je vous prie; et trouvez bon que n'ayant pu avoir l'avantage de le soumettre, je lui dérobe la joie de vous obtenir.

AGLANTE.

Madame, il faut vous obéir; mais je croirais que la conquête d'un tel cœur ne serait pas une victoire à dédaigner.

LA PRINCESSE.

Non, non, il n'aura pas la joie de me braver entièrement.

SCENE IV.

LA PRINCESSE, ARISTOMÈNE, AGLANTE, MORON.

ARISTOMÈNE.

Madame, je viens à vos pieds rendre grace à l'amour de mes heureux destins, et vous témoigner avec transport le ressentiment où je suis des bontés surprenantes dont vous daignez favoriser le plus soumis de vos captifs.

LA PRINCESSE.

Comment?

ARISTOMÈNE.

Le prince d'Ithaque, madame, vient de m'assurer tout à l'heure que votre cœur avait eu la bonté de s'expliquer en ma faveur sur ce célèbre choix qu'attend toute la Grèce.

LA PRINCESSE.

Il vous a dit qu'il tenait cela de ma bouche?

ARISTOMÈNE.

Oui, madame.

LA PRINCESSE.

C'est un étourdi; et vous êtes un peu trop crédule, prince, d'ajouter foi si promptement à ce qu'il vous a dit. Une pareille nouvelle mériterait bien, ce me semble, qu'on en doutât un peu de temps, et c'est tout ce que vous pourriez faire de la croire, si je vous l'avais dite moi-même.

ARISTOMÈNE.

Madame, si j'ai été trop prompt à me persuader...

LA PRINCESSE.

De grace, prince, brisons-là ce discours; et si vous voulez m'obliger, souffrez que je puisse jouir de deux moments de solitude.

SCENE V.

LA PRINCESSE, AGLANTE, MORON.

LA PRINCESSE.

Ah! qu'en cette aventure le ciel me traite avec une rigueur étrange! Au moins, princesse, souvenez-vous de la prière que je vous ai faite.

AGLANTE.

Je vous l'ai dit, madame, il faut vous obéir.

SCÈNE VI.

LA PRINCESSE, MORON.

MORON.

Mais, madame, s'il vous aimait, vous n'en voudriez point; et cependant vous ne voulez pas qu'il soit à un autre. C'est faire justement comme le chien du jardinier.

LA PRINCESSE.

Non, je ne puis souffrir qu'il soit heureux avec une autre; et, si la chose était, je crois que j'en mourrais de déplaisir.

MORON.

Ma foi, madame, avouons la dette: vous voudriez qu'il fût à vous; et dans toutes vos actions il est aisé de voir que vous aimez un peu ce jeune prince.

LA PRINCESSE.

Moi, je l'aime? O ciel? je l'aime! Avez-vous l'insolence de prononcer ces paroles? Sortez de ma vue, impudent, et ne vous présentez jamais devant moi.

MORON.

Madame...

LA PRINCESSE.

Retirez-vous d'ici, vous dis-je, ou je vous en ferai retirer d'une autre manière.

MORON, *bas, à part.*

Ma foi, son cœur en a sa provision, et...

(*Il rencontre un regard de la princesse, qui l'oblige à se retirer.*)

SCENE VII.

LA PRINCESSE, *seule.*

De quelle émotion inconnue sens-je mon cœur atteint? et quelle inquiétude secrète est venue troubler tout d'un coup la tranquillité de mon ame? Ne serait-ce point aussi ce qu'on vient de me dire? et, sans en rien savoir, n'aimerais-je point ce jeune prince? Ah, si cela était, je serais personne à me désespérer. Mais il est impossible que cela soit, et je vois bien que je ne puis pas l'aimer. Quoi ! je serais capable de cette lâcheté ! J'ai vu toute la terre à mes pieds avec la plus grande insensibilité du monde ; les respects, les hommages et les soumissions n'ont jamais pu toucher mon ame : et la fierté et le dédain en auraient triomphé ! J'ai méprisé tous ceux qui m'ont aimée ; et j'aimerais le seul qui me méprise ! Non, non, je sais bien que je ne l'aime pas. Il n'y a pas de raison à cela. Mais si ce n'est pas de l'amour que ce que je sens maintenant, qu'est-ce donc que ce peut être ? et d'où vient ce poison qui me court par toutes les veines, et ne me laisse point en repos avec moi-même ? Sors de mon cœur, qui que tu sois, ennemi qui te caches ; attaque-moi visiblement, et deviens à mes yeux la plus affreuse bête de tous nos bois, afin que mon dard et mes flèches me puissent défaire de toi.

FIN DU QUATRIÈME ACTE.

QUATRIEME INTERMEDE.

SCENE PREMIÈRE.

LA PRINCESSE.

O vous ! admirables personnes qui, par la douceur de vos chants, avez l'art d'adoucir les plus fâcheuses inquiétudes, approchez-vous d'ici, de grace, et tâchez de charmer avec votre musique les chagrins où je suis.

SCENE II.

LA PRINCESSE, CLIMENE, PHILIS.

CLIMENE, *chante.*

Chère Philis, dis-moi que crois-tu de l'amour ?

PHILIS, *chante.*

Toi même, qu'en crois-tu, ma compagne fidèle ?

CLIMENE.

On m'a dit que sa flamme est pire qu'un vautour,
Et qu'on souffre, en aimant, une peine cruelle.

PHILIS.

On m'a dit qu'il n'est pas de passion plus belle,
Et que ne pas aimer, c'est renoncer au jour.

CLIMENE.

A qui des deux donnerons-nous victoire.

PHILIS.

Qu'en croirons-nous, ou le mal, ou le bien ?

TOUTES DEUX ENSEMBLE.

Aimons, c'est le vrai moyen
De savoir ce qu'on en doit croire.

PHILIS.

Chloris vante partout l'amour et ses ardeurs.

CLIMENE.

Amarante pour lui verse en tous lieux des larmes.

PHILIS.

Si de tant de tourments il accable les cœurs,
D'où vient qu'on aime à lui rendre les armes ?

CLIMENE.

Si sa flamme, Philis, est si pleine de charmes,
Pourquoi nous defend-on d'en goûter les douceurs ?

PHILIS.

A qui des deux donnerons-nous victoire ?

CLIMENE.

Qu'en croirons-nous, ou le mal, ou le bien ?

TOUTES DEUX ENSEMBLE.

Aimons, c'est le vrai moyen
De savoir ce qu'on en doit croire.

LA PRINCESSE.

Achevez seules, si vous voulez. Je ne saurais demeurer en repos ; et quelque douceur qu'aient vos chants, ils ne font que redoubler mon inquiétude.

FIN DU QUATRIEME INTERMEDE.

ACTE V.

SCENE PREMIÈRE.

IPHITAS, EURYALE, AGLANTE, CYNTHIE, MORON.

MORON, *à Iphitas.*

Oui, seigneur, ce n'est point raillerie ; j'en suis ce qu'on appelle disgracié. Il m'a fallu tirer mes chausses au plus vite, et jamais vous n'avez vu un emportement plus brusque que le sien.

IPHITAS, *à Euryale.*

Ah, prince, que je devrai des graces à ce stratagème amoureux, s'il faut qu'il ait trouvé le secret de toucher son cœur !

EURYALE.

Quelque chose, seigneur, que l'on vienne de vous en dire, je n'ose encore, pour moi, me flatter de ce doux espoir : mais enfin, si ce n'est pas à moi trop de témérité que d'oser aspirer à l'honneur de votre alliance, si ma personne et mes états...

IPHITAS.

Prince, n'entrons point dans ces compliments. Je trouve en vous de quoi remplir tous les souhaits d'un père, et, si vous avez le cœur de ma fille, il ne vous manque rien.

SCENE II.

LA PRINCESSE, IPHITAS, EURYALE, AGLANTE, CYNTHIE, MORON.

LA PRINCESSE.

O ciel ! que vois-je ici ?

IPHITAS, *à Euryale.*

Oui, l'honneur de votre alliance m'est d'un prix très considérable, et je souscris aisément de tous mes suffrages à la demande que vous me faites.

LA PRINCESSE, *à Iphitas.*

Seigneur, je me jette à vos pieds pour vous demander une grace. Vous m'avez toujours témoigné une tendresse extrême, et je crois vous devoir bien plus par les bontés que vous m'avez fait voir, que par le jour que vous m'avez donné. Mais, si jamais vous avez eu de l'amitié pour moi, je vous en demande aujourd'hui la plus sensible preuve que vous me puissiez accorder ; c'est de n'écouter point, seigneur, la demande de ce prince, et de ne pas souffrir que la princesse Aglante soit unie avec lui.

IPHITAS.

Et par quelle raison, ma fille, voudrais-tu t'opposer à cette union ?

LA PRINCESSE.

Par la raison que je hais ce prince, et que je veux si je puis, traverser ses desseins.

IPHITAS.

Tu le hais, ma fille ?

LA PRINCESSE.

Oui, et de tout mon cœur, je vous l'avoue.

IPHITAS.

Et que t'a-t-il fait ?

LA PRINCESSE.

Il m'a méprisée.

IPHITAS.

Et comment ?

LA PRINCESSE.

Il ne m'a pas trouvée assez bien faite pour m'adresser ses vœux.

IPHITAS.

Et quelle offense te fait cela ? tu ne veux accepter personne.

LA PRINCESSE.

N'importe : il me devait aimer comme les autres, et me laisser au moins la gloire de le refuser. Sa déclaration me fait un affront ; et ce m'est une honte sensible qu'à mes yeux et au milieu de votre cour il ait recherché une autre que moi.

IPHITAS.

Mais quel intérêt dois-tu prendre à lui?

LA PRINCESSE.

J'en prends, seigneur, à me venger de son mépris ; et comme je sais bien qu'il aime Aglante avec beaucoup d'ardeur, je veux empêcher, s'il vous plait, qu'il ne soit heureux avec elle.

IPHITAS.

Cela te tient donc bien au cœur?

LA PRINCESSE.

Oui, seigneur, sans doute; et, s'il obtient ce qu'il demande, vous me verrez expirer à vos yeux.

IPHITAS.

Va, va, ma fille, avoue franchement la chose, le mérite de ce prince t'a fait ouvrir les yeux, et tu l'aimes, enfin, quoi que tu puisses dire.

LA PRINCESSE.

Moi, seigneur?

IPHITAS.

Oui, tu l'aimes.

LA PRINCESSE.

Je l'aime, dites-vous? et vous m'imputez cette lâcheté ! O ciel ! quelle est mon infortune ! Puis-je bien, sans mourir, entendre ces paroles? et faut-il que je sois si malheureuse qu'on me soupçonne de l'aimer? Ah ! si c'était un autre que vous, seigneur, qui me tînt ce discours, je ne sais pas ce que je ne ferais point.

IPHITAS.

Hé bien ! oui, tu ne l'aimes pas : tu le hais, j'y consens : et je veux bien pour te contenter, qu'il n'épouse pas la princesse Aglante.

LA PRINCESSE.

Ah ! seigneur, vous me donnez la vie.

IPHITAS.

Mais, afin d'empêcher qu'il ne puisse être jamais à elle, il faut que tu le prennes pour toi.

LA PRINCESSE.

Vous vous moquez, seigneur, et ce n'est pas ce qu'il demande.

EURYALE.

Pardonnez-moi, madame, je suis assez téméraire pour cela, et je prends à témoin le prince votre père si ce n'est pas vous que j'ai demandée. C'est trop vous tenir dans l'erreur, il faut lever le masque, et, dussiez-vous vous en prévaloir contre moi, découvrir à vos yeux les véritables sentiments de mon cœur. Je n'ai jamais aimée que vous, et jamais je n'aimerai que vous. C'est vous, madame, qui m'avez enlevé cette qualité d'insensible que j'avais toujours affectée ; et tout ce que j'ai pu vous dire n'a été qu'une feinte qu'un mouvement secret m'a inspirée, et que je n'ai suivie qu'avec toutes les violences imaginables. Il fallait qu'elle cessât bientôt sans doute, et je m'étonne seulement qu'elle ait pu durer la moitié d'un jour ; car, enfin, je mourais, je brûlais dans l'ame, quand je vous déguisais mes sentiments ; et jamais cœur n'a souffert une contrainte égale à la mienne. Que si cette feinte, madame, a quelque chose qui vous offense, je suis tout prêt de mourir pour vous en venger ; vous n'avez qu'à parler, et ma main sur le champ fera gloire d'exécuter l'arrêt que vous prononcerez.

LA PRINCESSE.

Non, non, prince, je ne vous sais point mauvais gré de m'avoir abusée ; et tout ce que vous m'avez dit, je l'aime bien mieux une feinte que non pas une vérité.

IPHITAS.

Si bien donc, ma fille, que tu veux bien accepter ce prince pour époux?

LA PRINCESSE.

Seigneur, je ne sais pas encore ce que je veux. Donnez-moi le temps d'y songer, je vous prie, et m'épargnez un peu la confusion où je suis.

IPHITAS.

Vous jugez, prince, ce que cela veut dire, et vous vous pouvez fonder là-dessus.

EURYALE.

Je l'attendrai tant qu'il vous plaira, madame, cet arrêt de ma destinée ; et s'il me condamne à la mort, je le suivrai sans murmure.

IPHITAS.

Viens, Moron. C'est ici un jour de paix, et je te remets en grace avec la princesse.

MORON.

Seigneur, je serai meilleur courtisan une autre fois, et je me garderai bien de dire ce que je pense.

SCÈNE III.

ARISTOMÈNE, THÉOCLE, IPHITAS, LA PRINCESSE, EURYALE, AGLANTE, CYNTHIE, MORON.

IPHITAS, *aux princes de Messène et de Pyle.*

Je crains bien, princes, que le choix de ma fille ne soit pas en votre faveur ; mais voilà deux princesses qui peuvent bien vous consoler de ce petit malheur.

ARISTOMÈNE.

Seigneur, nous savons prendre notre parti ; et si ces aimables princesses n'ont point trop de mépris pour des cœurs qu'on a rebutés, nous pouvons revenir par elles à l'honneur de votre alliance.

SCÈNE IV.

IPHITAS, LA PRINCESSE, AGLANTE, CYNTHIE, PHILIS, EURYALE, ARISTOMÈNE, THÉOCLE, MORON.

PHILIS, *à Iphitas.*

Seigneur, la déesse Vénus vient d'annoncer partout le changement du cœur de la princesse. Tous les pasteurs et toutes les bergères en témoignent leur joie par des danses et des chansons ; et si ce n'est un spectacle que vous méprisiez, vous allez voir l'allégresse publique se répandre jusqu'ici.

FIN DU CINQUIÈME ACTE.

CINQUIEME INTERMEDE.

BERGERS ET BERGERES.

QUATRE BERGERS ET DEUX BERGÈRES.
alternativement avec le chœur.

Usez mieux, ô beautés fières,
Du pouvoir de tout charmer :
Aimez, aimables bergères ;
Nos cœurs sont faits pour aimer.
Quelque fort qu'on s'en défende,
Il faut venir un jour ;
Il n'est rien qui ne se rende
Aux doux charmes de l'amour.

Songez de bonne heure à suivre
Le plaisir de s'enflammer :
Un cœur ne commence à vivre
Que du jour qu'il sait aimer.
Quelque fort qu'on s'en défende,
Il y faut venir un jour ;
Il n'est rien qui ne se rende
Aux doux charmes de l'amour.

ENTREE DE BALLET.

Quatre bergers et quatre bergères dansent au chant du chœur.

FIN DE LA PRINCESSE D'ELIDE.

LE

MARIAGE FORCÉ,

COMÉDIE EN UN ACTE.

1664.

PERSONNAGES.

SGANARELLE, amant de Dorimène.
GERONIMO, ami de Sganarelle.
DORIMÈNE, fille d'Alcantor, promise à Sganarelle.
ALCANTOR, père de Dorimène.
ALCIDAS, frère de Dorimène.
LYCASTE, amant de Dorimène.
PANCRACE, docteur aristotéliciec.
MARPHURIUS, docteur pyrrhonien.
DEUX BOHÉMIENNES.

La scène est dans une place publique.

ACTE PREMIER.

—

SCENE PREMIÈRE.

SGANARELLE, *parlant à ceux qui sont dans sa maison.*

Je suis de retour dans un moment. Que l'on ait bien soin du logis, et que tout aille comme il faut. Si l'on m'apporte de l'argent, que l'on vienne me quérir vite, chez le seigneur Géronimo ; et, si l'on vient m'en demander, qu'on dise que je suis sorti, et que je ne dois revenir de toute la journée.

SCÈNE II.

SGANARELLE, GÉRONIMO.

GÉRONIMO, *ayant entendu les dernières paroles de Sganarelle.*

Voilà un ordre fort prudent.

SGANARELLE.

Ah! seigneur Géronimo, je vous trouve à propos; et j'allais chez vous vous chercher.

GÉRONIMO.

Et pour quel sujet, s'il vous plaît?

SGANARELLE.

Pour vous communiquer une affaire que j'ai en tête, et vous prier de m'en dire votre avis.

GÉRONIMO.

Très volontiers. Je suis bien aise de cette rencontre, et nous pouvons parler ici en toute liberté.

SGANARELLE.

Mettez donc dessus, s'il vous plaît, il s'agit d'une chose de conséquence que l'on m'a proposée ; et il est bon de ne rien faire sans le conseil de ses amis.

GÉRONIMO.

Je vous suis obligé de m'avoir choisi pour cela. Vous n'avez qu'à me dire ce que c'est.

SGANARELLE.

Mais auparavant je vous conjure de ne me point flatte du tout, et de me dire nettement votre pensée.

GÉRONIMO.

Je le ferai, puisque vous le voulez.

SGANARELLE.

Je ne vois rien de plus condamnable qu'un ami qu ne vous parle point franchement.

GÉRONIMO.

Vous avez raison.

SGANARELLE.

Et, dans ce siècle, on trouve peu d'amis sincère.

GÉRONIMO.

Cela est vrai.

SGANARELLE.

Promettez-moi donc, seigneur Géronimo, de me parler avec toute sorte de franchise.

GÉRONIMO.

Je vous le promets.

SGANARELLE.

Jurez-en votre foi.

GÉRONIMO.

Oui, foi d'ami. Dites-moi seulement votre affaire.

SGANARELLE.

C'est que je veux savoir de vous si je ferai bien de me marier.

GÉRONIMO.

Qui? vous?

SGANARELLE.

Oui, moi-même, en propre personne. Quel est votre avis là dessus?

GÉRONIMO.

Je vous prie auparavant de me dire une chose.

SGANARELLE.

Et quoi?

GÉRONIMO.

Quel âge pouvez-vous bien avoir maintenant?

SGANARELLE.

Moi?

GÉRONIMO.

Oui.

SGANARELLE.

Ma foi, je ne sais; mais je me porte bien.

GÉRONIMO.

Quoi! vous ne savez pas à peu près votre âge?

SGANARELLE.

Non. Est-ce qu'on songe à cela?

GÉRONIMO.

Hé! dites-moi un peu, s'il vous plaît; combien aviez-vous d'années lorsque nous fîmes connaissance?

SGANARELLE.

Ma foi, je n'avais que vingt ans alors.

GÉRONIMO.

Combien fûmes-nous ensemble à Rome?

SGANARELLE.

Huit ans.

GÉRONIMO.

Quel temps avez-vous demeuré en Angleterre?

SGANARELLE.

Sept ans.

GÉRONIMO.

Et en Hollande, où vous fûtes ensuite?

SGANARELLE.

Cinq ans et demi.

GÉRONIMO.

Combien y a-t-il que vous êtes revenu ici?

SGANARELLE.

Je revins en cinquante-deux.

GÉRONIMO.

De cinquante-deux à soixante-quatre, il y a douze ans, ce me semble; cinq ans en Hollande font dix-sept, sept ans en Angleterre font vingt-quatre, huit dans notre séjour à Rome font trente deux, et vingt que vous aviez lorsque nous nous connûmes, cela fait justement cinquante-deux : si bien, seigneur Sganarelle, que, sur votre propre confession, vous êtes environ à votre cinquante-deuxième ou cinquante-troisième année.

SGANARELLE.

Quoi? moi? cela ne se peut pas.

GÉRONIMO.

Mon Dieu! le calcul est juste; et là dessus je vous dirai franchement et en ami, comme vous m'avez fait promettre de vous parler, que le mariage n'est guère votre fait. C'est une chose à laquelle il faut que les jeunes gens pensent bien mûrement avant que de la faire : mais les gens de votre âge n'y doivent point penser du tout; et si l'on dit que la plus grande de toutes les folies est celle de se marier; je ne vois rien de plus mal à propos que de la faire, cette folie, dans la saison où nous devons être plus sages. Enfin je vous en dis nettement ma pensée : je ne vous conseille point de songer au mariage; et je vous trouverais le plus ridicule du monde, si, ayant été libre jusqu'à cette heure, vous alliez vous charger maintenant de la plus pesante des chaînes.

SGANARELLE.

Et moi, je vous dis que je suis résolu de me marier, et que je ne serai point ridicule en épousant la fille que je recherche.

GÉRONIMO.

Ah! c'est une autre chose. Vous ne m'aviez pas dit cela.

SGANARELLE.

C'est une fille qui me plaît, et que j'aime de tout mon cœur.

GÉRONIMO.

Vous l'aimez de tout votre cœur!

SGANARELLE.

Sans doute; et je l'ai demandée à son père.

GÉRONIMO.

Vous l'avez demandée?

SGANARELLE.

Oui. C'est un mariage qui se doit conclure ce soir; et j'ai donné ma parole.

GÉRONIMO.

Oh! mariez-vous donc; je ne dis plus mot.

SGANARELLE.

Je quitterais le dessein que j'ai fait! Vous semble-t-il seigneur Géronimo, que je ne sois plus propre à songer à une femme? Ne parlons point de l'âge que je puis avoir; mais regardons seulement les choses. Y a-t-il homme de trente ans qui paraisse plus frais et plus vigoureux que vous me voyez? N'ai-je pas tous les mouvements de mon corps aussi bons que jamais? et voit-on que j'aie besoin de carrosse ou de chaise pour cheminer? N'ai-je pas encore toutes mes dents les meilleures du monde? (*Il montre ses dents.*) Ne fais-je pas vigoureusement mes quatre repas par jour? et peut-on voir un estomac qui ait plus de force que le mien? (*Il tousse.*) Hem, hem, hem. Hé! qu'en dites-vous?

GÉRONIMO.

Vous avez raison, je m'étais trompé. Vous ferez bien de vous marier.

SGANARELLE.

J'y ai répugné autrefois; mais, j'ai maintenant de puissantes raisons pour cela. Outre la joie que j'aurai de posséder une belle femme qui me fera mille caresses, qui me dorlotera, et me viendra frotter lorsque je serai las; outre cette joie, dis-je, je considère qu'en demeurant comme je suis, je laisse périr dans le monde la race des Sganarelle, et qu'en me mariant je pourrai me voir revivre en d'autres moi-même; que j'aurai le plaisir de voir des créatures qui seront sorties de moi, de petites figures qui me ressembleront comme deux gouttes d'eau, qui se joueront continuellement dans la maison, qui m'appelleront leur papa quand je reviendrai de la ville, et me diront des petites folies les plus agréables du monde. Tenez, il me semble déjà que j'y suis, et que j'en vois une demi-douzaine autour de moi.

GÉRONIMO.

Il n'y a rien de plus agréable que cela; et je vous conseille de vous marier le plus vite que vous pourrez.

SGANARELLE.

Tout de bon, vous me le conseillez?

GÉRONIMO.

Assurément. Vous ne saurez mieux faire.

SGANARELLE.

Vraiment, je suis ravi que vous me donniez ce conseil en véritable ami.

GÉRONIMO.

Hé! quelle est la personne, s'il vous plaît, avec qui vous allez vous marier?

SGANARELLE.

Dorimène.

GÉRONIMO.

Cette jeune Dorimène si galante et si bien parée?

SGANARELLE.

Oui.

GÉRONIMO.

Fille du seigneur Alcantor?

SGANARELLE.

Justement.

GÉRONIMO.

Et sœur d'un certain Alcidas qui se mêle de porter l'épée?

SGANARELLE.

C'est cela.

GÉRONIMO.

Vertu de ma vie!

SGANARELLE.

Qu'en dites-vous?

GÉRONIMO.

Bon parti! mariez-vous promptement.

SGANARELLE.

N'ai-je pas raison d'avoir fait ce choix?

GÉRONIMO.

Sans doute. Ah! que vous serez bien marié! Dépêchez-vous de l'être.

SGANARELLE.

Vous me comblez de joie de me dire cela. Je vous remercie de votre conseil, et je vous invite ce soir à mes noces.

GÉRONIMO.

Je n'y manquerai pas, et je veux y aller en masque, afin de les mieux ignorer.

SGANARELLE.

Serviteur.

GÉRONIMO, *à part.*

La jeune Dorimène, fille du seigneur Alcantor, avec le seigneur Sganarelle, qui n'a que cinquante-trois ans! O le beau mariage! ô le beau mariage!

(*Ce qu'il répète plusieurs fois en s'en allant.*)

SCENE III.

SGANARELLE, *seul.*

Ce mariage doit être heureux; car il donne de la joie à tout le monde, et je fais rire tous ceux à qui j'en parle. Me voilà maintenant le plus content des hommes.

SCENE IV.

DORIMÈNE, SGANARELLE.

DORIMÈNE, *dans le fond du théâtre, à un petit laquais qui la suit.*

Allons, petit garçon, qu'on tienne ma queue, et qu'on ne s'amuse pas à badiner.

SGANARELLE, *à part, apercevant Dorimène.*

Voici ma maîtresse qui vient. Ah! qu'elle est agréable! Quel air et quelle taille! Peut-il y avoir un homme qui n'ait, en le voyant des démangeaisons de se marier? (*à Dorimène.*) Où allez-vous, belle mignonne, chère épouse future de votre époux futur?

DORIMÈNE.

Je vais faire quelques emplettes.

SGANARELLE.

Hé bien ! ma belle, c'est maintenant que nous allons être heureux l'un et l'autre. Vous ne serez plus en droit de me rien refuser ; et je pourrai faire avec vous tout ce qu'il me plaira, sans que personne s'en scandalise. Vous allez être à moi depuis la tête jusqu'aux pieds : et je serai maître de tout ; de vos petits yeux éveillés, de votre petit nez fripon, de vos lèvres appétissantes, de vos oreilles amoureuses, de votre petit menton joli, de vos petits tétons rondelets, de votre... enfin toute votre personne sera à ma discrétion, et je serai à même pour vous caresser comme je voudrai. N'êtes-vous pas bien aise de ce mariage, mon aimable pouponne?

DORIMÈNE.

Tout à fait aise, je vous jure. Car enfin la sévérité de mon père m'a tenue jusque ici dans une sujétion la plus fâcheuse du monde. Il y a je ne sais combien que j'enrage du peu de liberté qu'il me donne ; et j'ai cent fois souhaité qu'il me mariât, pour sortir promptement de la contrainte où j'étais avec lui, et me voir en état de faire ce que je voudrai. Dieu merci, vous êtes venu heureusement pour cela ; et je me prépare désormais à me donner du divertissement, et à réparer comme il faut le temps que j'ai perdu. Comme vous êtes un fort galant homme, et que vous savez comme il faut vivre, je crois que nous ferons le meilleur ménage du monde ensemble, et que vous ne serez point de ces maris incommodes qui veulent que leurs femmes vivent comme des loups-garous. Je vous avoue que je ne m'accommoderais pas de cela, et que la solitude me désespère. J'aime le jeu, les visites, les assemblées, les cadeaux et les promenades, en un mot toutes les choses de plaisir ; et vous devez être ravi d'avoir une femme de mon humeur. Nous n'aurons jamais aucun démêlé ensemble : je ne vous contraindrai point dans vos actions, comme j'espère que, de votre côté, vous ne me contraindrez point dans les miennes ; car, pour moi, je tiens qu'il faut avoir une complaisance mutuelle, et qu'on ne se doit point marier pour se faire enrager l'un l'autre. Enfin nous vivrons, étant mariés, comme deux personnes qui savent leur monde : aucun soupçon jaloux ne nous troublera la cervelle ; c'est assez que vous serez assuré de ma fidélité, comme je serai persuadé de la vôtre. Mais qu'avez-vous ? je vous vois tout changé de visage.

SGANARELLE.

Ce sont quelques vapeurs qui me viennent de monter à la tête.

DORIMÈNE.

C'est un mal aujourd'hui qui attaque beaucoup de gens ; mais notre mariage vous dissipera tout cela. Adieu. Il me tarde déjà que je n'aie des habits raisonnables pour quitter vite ces guenilles. Je m'en vais de ce pas achever d'acheter toutes les choses qu'il me faut, et je vous enverrai les marchands.

SCENE V.

GÉRONIMO, SGANARELLE.

GÉRONIMO.

Ah ! seigneur Sganarelle, je suis ravi de vous trouver encore ici ; et j'ai rencontré un orfèvre qui, sur le bruit que vous cherchiez quelque beau diamant en bague pour faire un présent à votre épouse, m'a fort prié de vous venir parler pour lui, et de vous dire qu'il en a un à vendre, le plus parfait du monde.

SGANARELLE.

Mon Dieu ! cela n'est pas pressé.

GÉRONIMO.

Comment ! que veut dire cela ! Où est l'ardeur que vous montriez tout à l'heure ?

SGANARELLE.

Il m'est venu, depuis un moment, de petits scrupules sur le mariage. Avant que de passer plus avant, je voudrais bien agiter à fond cette matière, et que l'on m'expliquât un songe que j'ai fait cette nuit, et qui vient tout à l'heure de me revenir dans l'esprit. Vous savez que les songes sont comme des miroirs où l'on découvre quelquefois tout ce qui nous doit arriver. Il me semblait que j'étais dans un vaisseau, sur une mer bien agitée, et que...

GÉRONIMO.

Seigneur Sganarelle, j'ai maintenant quelque petite affaire qui m'empêche de vous ouïr. Je n'entends rien du tout aux songes ; et, quant au raisonnement du mariage, vous avez deux savants, deux philosophes vos voisins, qui sont gens à vous débiter tout ce qu'on peut dire sur ce sujet. Comme ils sont de sectes différentes, vous pouvez examiner leurs diverses opinions là-dessus. Pour moi, je me contente de ce que je vous ai dit tantôt, et demeure votre serviteur.

SGANARELLE, *seul.*

Il a raison : il faut que je consulte un peu ces gens-là sur l'incertitude où je suis.

SCÈNE VI.

PANCRACE, SGANARELLE.

PANCRACE, *se tournant du côté par où il est entré et sans voir Sganarelle.*

Allez, vous êtes un impertinent, mon ami, un homme ignare de toute bonne discipline, bannissable de la république des lettres.

SGANARELLE.

Ah ! bon. En voici un fort à propos.

PANCRACE, *de même, sans voir Sganarelle.*

Oui, je te soutiendrai par vives raisons, je te montrerai par Aristote, le philosophe des philosophes, que tu es un ignorant, un ignorantissime, ignorantifiant et ignorantifié, par tous les cas et modes imaginables.

SGANARELLE, *à part.*

Il a pris querelle contre quelqu'un. (*à Pancrace.*) Seigneur...

PANCRACE, *de même, sans voir Sganarelle.*

Tu te veux mêler de raisonner, et tu ne sais pas seulement les éléments de la raison.

SGANARELLE, *à part.*

La colère l'empêche de me voir. (*à Pancrace*) Seigneur...

PANCRACE, *de même, sans voir Sganarelle.*

C'est une proposition condamnable dans toutes les terres de la philosophie.

SGANARELLE, *à part.*

Il faut qu'on l'ait fort irrité. (*à Pancrace.*) Je...

PANCRACE, *de même, sans voir Sganarelle.*

Toto cœlo, totâ viâ aberras.

SGANARELLE.

Je baise les mains à monsieur le docteur.

PANCRACE.

Serviteur.

SGANARELLE.

Peut-on...?

PANCRACE, *se retournant vers l'endroit par où il est entré.*

Sais-tu bien ce que tu as fait ! un syllogisme *in balordo.*

SGANARELLE.

Je vous...

PANCRACE, *de même.*

La majeure en est inepte, la mineure impertinente, et la conclusion ridicule.

SGANARELLE.

Je...

PANCRACE, *de même.*

Je crèverais plutôt que d'avouer ce que tu dis ; et je soutiendrai mon opinion jusqu'à la dernière goutte de mon encre.

SGANARELLE.

Puis-je...?

PANCRACE, *de même.*

Oui, je défendrai cette proposition, *pugnis et calcibus, unguibus et rostro.*

SGANARELLE.

Seigneur Aristote, peut-on savoir ce qui vous met si fort en colère?

PANCRACE.

Un sujet le plus juste du monde.

SGANARELLE.

Et quoi encore?

PANCRACE.

Un ignorant m'a voulu soutenir une proposition erronnée, une proposition épouvantable, effroyable, exécrable.

SGANARELLE.

Puis-je demander ce que c'est?

PANCRACE.

Ah! seigneur Sganarelle, tout est renversé aujourd'hui, et le monde est tombé dans une corruption générale : une licence épouvantable règne partout; et les magistrats qui sont établis pour maintenir l'ordre dans cet état, devraient mourir de honte en souffrant un scandale aussi intolérable que celui dont je veux parler.

SGANARELLE.

Quoi donc?

PANCRACE.

N'est-ce pas une chose horrible, une chose qui crie vengeance au ciel, que d'endurer qu'on dise publiquement la forme d'un chapeau?

SGANARELLE.

Comment?

PANCRACE.

Je soutiens qu'il faut dire la figure d'un chapeau, et non pas la forme : d'autant qu'il y a cette différence entre la forme et la figure, que la forme est la disposition extérieure des corps qui sont animés; et la figure, la disposition extérieure des corps qui sont inanimés; et puisque le chapeau est un corps inanimé, il faut dire la figure d'un chapeau, et non pas la forme. (*Se retournant encore du côté par où il est entré.*) Oui, ignorant que vous êtes, c'est ainsi qu'il faut parler; et ce sont les termes exprès d'Aristote dans le chapitre de la qualité.

SGANARELLE, *à part.*

Je pensais que tout fût perdu. (*à Pancrace.*) Seigneur docteur, ne songez plus à tout cela. Je...

PANCRACE.

Je suis dans une colère que je ne me sens pas.

SGANARELLE.

Laissez la forme et le chapeau en paix. J'ai quelque chose à vous communiquer. Je...

PANCRACE.

Impertinent!

SGANARELLE.

De grace, remettez-vous. Je...

PANCRACE.

Ignorant!

SGANARELLE.

Eh! mon Dieu! Je...

PANCRACE.

Me vouloir soutenir une proposition de la sorte!

SGANARELLE.

Il a tort. Je...

PANCRACE.

Une proposition condamnée par Aristote!

SGANARELLE.

Cela est vrai. Je...

PANCRACE.

En termes exprès.

SGANARELLE.

Vous avez raison. (*Se tournant du côté par où Pancrace est entré.*) Oui, vous êtes un sot et un impudent de vouloir disputer contre un docteur qui sait lire et écrire. Voilà qui est fait : je vous prie de m'écouter. Je viens vous consulter sur une affaire qui m'embarrasse. J'ai dessein de prendre une femme pour me tenir compagnie dans mon ménage. La personne est belle et bien faite; elle me plaît beaucoup, et est ravie de m'épouser. Son père me l'a accordée; mais je crains un peu ce que vous savez, la disgrace dont on ne plaint personne; et je voudrais bien vous prier, comme philosophe, de me dire votre sentiment. Eh! quel est votre avis là-dessus?

PANCRACE.

Plutôt que d'accorder qu'il faille dire la forme d'un chapeau, j'accorderais que *datur vacuum in rerum natura*, et que je ne suis qu'une bête.

SGANARELLE, *à part.*

La peste soit de l'homme! (*à Pancrace.*) Eh! monsieur le docteur, écoutez un peu les gens. On vous parle une heure durant, et vous ne répondez point à ce qu'on vous dit.

PANCRACE.

Je vous demande pardon. Une juste colère m'occupe l'esprit.

SGANARELLE.

Eh! laissez tout cela, et prenez la peine de m'écouter.

PANCRACE.

Soit. Que voulez-vous me dire?

SGANARELLE.

Je veux vous parler de quelque chose.

PANCRACE.

Et de quelle langue voulez-vous vous servir avec moi?

SGANARELLE.

De quelle langue?

PANCRACE.

Oui.

SGANARELLE.

Parbleu! de la langue que j'ai dans la bouche. Je crois que je n'irai pas emprunter celle de mon voisin.

PANCRACE.

Je vous dis, de quel idiôme, de quel langage?

SGANARELLE.

Ah! c'est une autre affaire.

PANCRACE.

Voulez-vous me parler italien?

SGANARELLE.

Non.

PANCRACE.

Espagnol?

SGANARELLE.

Non.

PANCRACE.

Allemand?

SGANARELLE.

Non.

PANCRACE.

Anglais?

SGANARELLE.

Non.

PANCRACE.

Latin?

SGANARELLE.

Non.

PANCRACE.

Grec?

SGANARELLE.

Non.

PANCRACE.

Hébreu?

SGANARELLE.

Non.

PANCRACE.

Syriaque?

SGANARELLE.

Non.

PANCRACE.

Turc?

SGANARELLE.

Non.

PANCRACE.

Arabe?

SGANARELLE.

Non, non; français, français, français.

PANCRACE.

Ah! français.

SGANARELLE.

Fort bien.

PANCRACE.

Passez donc de l'autre côté; car cette oreille-ci est destinée pour les langues scientifiques et étrangères, et l'autre est pour la vulgaire et la maternelle.

SGANARELLE, *à part.*

Il faut bien des cérémonies avec ces sortes de gens-ci.

PANCRACE.

Que voulez-vous?

SGANARELLE.

Vous consulter sur une difficulté.

PANCRACE.

Ah! ah! sur une difficulté de philosophie, sans doute.

SGANARELLE.

Pardonnez-moi. Je...

PANCRACE.

Vous voulez peut-être savoir si la substance et l'accident sont termes synonymes ou équivoques à l'égard de l'être?

SGANARELLE.

Point du tout. Je.

PANCRACE.

Si la logique est un art ou une science.

SGANARELLE.

Ce n'est pas cela. Je. .

PANCRACE.

Si elle a pour objet les trois opérations de l'esprit, ou la troisième seulement?

SGANARELLE.

Non. Je...

PANCRACE.

S'il y a dix catégories, ou s'il n'y en a qu'une?

SGANARELLE.

Point. Je...

PANCRACE.

Si la conclusion est de l'essence du syllogisme?

SGANARELLE.

Nenni. Je...

PANCRACE.

Si l'essence du bien est mise dans l'appétibilité, ou dans la convenance?

SGANARELLE.

Non. Je...

PANCRACE.

Si le bien se réciproque avec la fin?

SGANARELLE.

Hé! non. Je...

PANCRACE.

Si la fin nous peut émouvoir par son être réel, ou par son être intentionnel?

SGANARELLE.

Non, non, non, non, non, de par tous les diables, non.

PANCRACE.

Expliquez donc votre pensée; car je ne puis pas la deviner.

SGANARELLE.

Je vous la veux expliquer aussi; mais il faut m'écouter. (*Pendant que Sganarelle dit:*) L'affaire que j'ai à vous dire, c'est que j'ai envie de me marier avec une fille qui est jeune et belle. Je l'aime fort, et l'ai demandée à son père; mais comme j'appréhende. . .

PANCRACE, *dit en même temps, sans écouter Sganarelle.*

La parole a été donnée à l'homme pour expliquer ses pensées; et tout ainsi que les pensées sont les portraits des choses, de même nos paroles sont-elles les portraits de nos pensées.

(*Sganarelle impatienté ferme la bouche du docteur avec sa main à plusieurs reprises, et le docteur continue de parler d'abord que Sganarelle ôte sa main.*)

Mais ces portraits diffèrent des autres portraits en ce que les autres portraits sont distingués partout de leurs originaux, et que la parole enferme en soi son original, puisqu'elle n'est autre chose que la pensée expliquée par un signe extérieur; d'où vient que ceux qui pensent bien, sont aussi ceux qui parlent le mieux Expliquez-moi donc votre pensée par la parole, qui est le plus intelligible de tous les signes.

SGANARELLE, *pousse le docteur dans sa maison, et tire la porte pour l'empêcher de sortir.*

Peste de l'homme!

PANCRACE, *au dedans de sa maison.*

Oui, la parole est *animi index et speculum*. C'est le truchement du cœur, c'est l'image de l'ame. (*Il monte à la fenêtre, et continue.*) C'est un miroir qui nous présente naïvement les secrets les plus arcanes de nos individus; et, puisque vous avez la faculté de ratiociner et de parler tout ensemble, à quoi tient-il que vous ne vous serviez de la parole pour me faire entendre votre pensée?

SGANARELLE.

C'est ce que je veux faire, mais vous ne voulez pas m'écouter.

PANCRACE.

Je vous écoute, parlez.

SGANARELLE.

Je dis donc, monsieur le docteur, que...

PANCRACE.

Mais surtout soyez bref.

SGANARELLE.

Je le serai.

PANCRACE.

Evitez la prolixité.

SGANARELLE.

Hé! monsi...

PANCRACE.

Tranchez-moi votre discours d'un apophthegme à la laconienne.

SGANARELLE.

Je ...

PANCRACE.

Point d'ambages, de circonlocution.

(*Sganarelle, de dépit de ne pouvoir parler, ramasse des pierres pour en casser la tête du docteur.*)

PANCRACE.

Hé quoi! Vous vous emportez au lieu de vous expliquer? Allez, vous êtes plus impertinent que celui qui m'a voulu soutenir qu'il faut dire la forme d'un chapeau; et je vous prouverai en toute rencontre, par raisons démonstratives et convaincantes, et par arguments *in Barbara*, que vous n'êtes et ne serez jamais qu'une pécore, et que je suis et serai toujours *in utroque jure* le docteur Pancrace.

SGANARELLE.

Quel diable de babillard!

PANCRACE, *en rentrant sur le théâtre.*

Homme de lettres, homme d'érudition.

SGANARELLE.

Encore!

PANCRACE.

Homme de suffisance, homme de capacité. (*s'en allant.*) Homme consommé dans toutes les sciences, naturelles, morales et politiques. (*revenant*) Homme savant, savantissime, *per omnes modos et casus*; *s'en allant*) Homme qui possède, *superlative*, fables, mythologies et histoires; (*revenant*) grammaire, poésie, rhétorique, dialectique et sophistique, (*s'en allant.*) mathématiques, arithmétique, optique, onirocritique, physique et mathématique, (*revenant.*) cosmométrie, géométrie, architecture, spéculoire et spéculatoire, (*s'en allant.*) médecine, astronomie, astrologie, physionomie, métoposcopie, chiromancie, géomancie, etc.

SCÈNE VII.

SGANARELLE, *seul.*

Au diable les savants qui ne veulent point écouter les gens! On me l'avait bien dit que son maître Aristote n'était rien qu'un bavard. Il faut que j'aille trouver l'autre; il est plus posé et plus raisonnable. Holà!

SCENE VIII.

MARPHURIUS, SGANARELLE.

MARPHURIUS.

Que voulez-vous de moi, seigneur Sganarelle?

SGANARELLE.

Seigneur docteur, j'aurais besoin de votre conseil sur une petite affaire dont il s'agit, et je suis venu ici pour cela. (*à part.*) Ah ! voilà qui va bien. Il écoute le monde, celui-ci.

MARPHURIUS.

Seigneur Sganarelle, changez, s'il vous plaît, cette façon de parler. Notre philosophie ordonne de ne point énoncer de proposition décisive, de parler de tout avec incertitude, de suspendre toujours son jugement ; et, par cette raison, vous ne devez pas dire, Je suis venu, mais, il me semble que je suis venu.

SGANARELLE.

Il me semble?

MARPHURIUS.

Oui.

SGANARELLE.

Parbleu ! il faut bien qu'il me le semble, puisque cela est.

MARPHURIUS.

Ce n'est pas une conséquence ; et il peut vous le sembler, sans que la chose soit véritable.

SGANARELLE.

Comment ! il n'est pas vrai que je suis venu?

MARPHURIUS.

Cela est incertain, et nous devons douter de tout.

SGANARELLE.

Quoi ! je ne suis pas ici, et vous ne me parlez pas?

MARPHURIUS.

Il m'apparaît que vous êtes là, et il me semble que je vous parle ; mais il n'est pas assuré que cela soit.

SGANARELLE.

Hé ! que diable, vous vous moquez ! Me voilà, et vous voilà bien nettement, et il n'y a point de *me semble* à tout cela. Laissons ces subtilités, je vous prie, et parlons de mon affaire. Je viens vous dire que j'ai envie de me marier.

MARPHURIUS.

Je n'en sais rien.

SGANARELLE.

Je vous le dis.

MARPHURIUS.

Il se peut faire.

SGANARELLE.

La fille que je veux prendre est fort jeune et fort belle.

MARPHURIUS.

Il n'est pas impossible.

SGANARELLE.

Ferai-je bien ou mal de l'épouser?

MARPHURIUS.

L'un ou l'autre.

SGANARELLE.

Ah ! ah ! voici un autre musique. (*A Marphurius.*) Je vous demande si je ferai bien d'épouser la fille dont je vous parle.

MARPHURIUS.

Selon la rencontre.

SGANARELLE, *à part.*

Ferai-je mal?

MARPHURIUS.

Par aventure.

SGANARELLE.

De grace, répondez-moi comme il faut.

MARPHURIUS.

C'est mon dessein.

SGANARELLE.

J'ai une grande inclination pour la fille.

MARPHURIUS.

Cela peut être.

SGANARELLE.

Le père me l'a accordée.

MARPHURIUS.

Il se pourrait.

SGANARELLE.

Mais, en l'épousant, je crains d'être cocu.

MARPHURIUS.

La chose est faisable.

SGANARELLE.

Qu'en pensez-vous?

MARPHURIUS.

Il n'y a pas d'impossibilité.

SGANARELLE.

Mais que feriez-vous si vous étiez à ma place?

MARPHURIUS.

Je ne sais.

SGANARELLE.

Que me conseillez-vous de faire?

MARPHURIUS.

Ce qui vous plaira.

SGANARELLE.

J'enrage.

MARPHURIUS.

Je m'en lave les mains.

SGANARELLE.

Au diable soit le vieux rêveur !

MARPHURIUS.

Il en sera ce qu'il pourra.

SGANARELLE, *à part.*

La peste du bourreau ! Je te ferai changer de note, chien de philosophe enragé.

(*Il donne des coups de bâton à Marphurius.*)

MARPHURIUS.

Ah ! ah ! ah !

SGANARELLE.

Te voilà payé de ton galimatias, et me voilà content.

MARPHURIUS.

Comment ! Quelle insolence ! M'outrager de la sorte! Avoir eu l'audace de battre un philosophe comme moi!

SGANARELLE.

Corrigez, s'il vous plaît, cette manière de parler. Il faut douter de toute chose ; et vous ne devez pas dire que je vous ai battu, mais qu'il vous semble que je vous ai battu.

MARPHURIUS.

Ah ! je m'en vais faire ma plainte au commissaire du quartier, des coups que j'ai reçus.

SGANARELLE.

Je m'en lave les mains.

MARPHURIUS.

J'en ai les marques sur ma personne.

SGANARELLE.

Il se peut faire.

MARPHURIUS.

C'est toi qui m'as traité ainsi.

SGANARELLE.

Il n'y a pas d'impossibilité.

MARPHURIUS.

J'aurai un décret contre toi.

SGANARELLE.

Je n'en sais rien.

MARPHURIUS.

Tu seras condamné, en justice

SGANARELLE.

Il en sera ce qu'il pourra.

MARPHURIUS.

Laisse-moi faire.

SCÈNE IX.

SGANARELLE, *seul.*

Comment ! on ne saurait tirer une parole positive de ce chien d'homme-là, et l'on est aussi savant à la fin qu'au commencement ! Que dois-je faire dans l'incertitude des suites de mon mariage? Jamais homme ne fut plus embarrassé que je suis. Ah ! voici des Egyptiennes ; il faut que je me fasse dire par elles ma bonne aventure.

SCENE X.

DEUX ÉGYPTIENNES, SGANARELLE.

(*Les deux Egyptiennes, avec leur tambour de basque, entrent en chantant et en dansant.*)

SGANARELLE

Elles sont gaillardes. Ecoutez, vous autres : y a-t-il moyen de me dire ma bonne fortune ?

PREMIÈRE ÉGYPTIENNE.

Oui, mon beau monsieur, nous voici deux qui te la dirons.

DEUXIÈME ÉGYPTIENNE.

Tu n'as seulement qu'à nous donner ta main, avec la croix dedans, et nous te dirons quelque chose pour ton bon profit.

SGANARELLE.

Tenez, les voilà toutes deux avec ce que vous demandez.

PREMIÈRE ÉGYPTIENNE.

Tu as une bonne physionomie, mon bon monsieur, une bonne physionomie.

DEUXIÈME ÉGYPTIENNE.

Oui, une bonne physionomie; physionomie d'un homme qui sera un jour quelque chose.

PREMIÈRE ÉGYPTIENNE.

Tu seras marié avant qu'il soit peu, mon bon monsieur; tu seras marié avant qu'il soit peu.

DEUXIÈME ÉGYPTIENNE.

Tu épouseras une femme gentille, une femme gentille.

PREMIÈRE ÉGYPTIENNE.

Oui, une femme qui sera chérie et aimée de tout le monde.

DEUXIÈME ÉGYPTIENNE.

Une femme qui te fera beaucoup d'amis, mon bon monsieur, qui te fera beaucoup d'amis.

PREMIÈRE ÉGYPTIENNE.

Une femme qui fera venir l'abondance chez toi.

DEUXIÈME ÉGYPTIENNE.

Une femme qui te donnera une grande réputation.

PREMIÈRE ÉGYPTIENNE.

Tu seras considéré par elle, mon bon monsieur; tu seras considéré par elle.

SGANARELLE.

Voilà qui est bien. Mais dites-moi un peu, suis-je menacé d'être cocu?

DEUXIÈME ÉGYPTIENNE.

Cocu?

SGANARELLE.

Oui.

PREMIÈRE ÉGYPTIENNE.

Cocu?

SGANARELLE.

Oui, si je suis menacé d'être cocu.

(*Les deux Egyptiennes dansent et chantent.*)

SGANARELLE.

Que diable! ce n'est pas là me répondre. Venez çà: je vous demande à toutes deux si je serai cocu?

DEUXIÈME ÉGYPTIENNE.

Cocu? vous?

SGANARELLE.

Oui, si je serai cocu.

PREMIÈRE ÉGYPTIENNE.

Vous? cocu?

SGANARELLE.

Oui, si je le serai ou non?

(*Les deux Egyptiennes sortent en chantant et en dansant.*)

SCENE XI.

SGANARELLE, *seul.*

Peste soit des carognes, qui me laissent dans l'inquiétude! Il faut absolument que je sache la destinée de mon mariage; et, pour cela, je veux aller trouver ce grand magicien dont tout le monde parle tant, et qui, par son art admirable, fait voir tout ce que l'on souhaite. Ma foi, je crois que je n'ai que faire d'aller au magicien, et voici qui me montre tout ce que je puis demander.

SCENE XII.

DORIMÈNE, LYCASTE, SGANARELLE, *retiré dans un coin du théâtre sans être vu.*

LYCASTE.

Quoi! belle Dorimène, c'est sans raillerie que vous parlez?

DORIMÈNE.

Sans raillerie.

LYCASTE.

Vous vous mariez tout de bon?

DORIMÈNE.

Tout de bon.

LYCASTE.

Et vos noces se feront dès ce soir?

DORIMÈNE.

Dès ce soir.

LYCASTE.

Et vous pouvez, cruelle que vous êtes, oublier de la sorte l'amour que j'ai pour vous, et les obligeantes paroles que vous m'aviez données?

DORIMÈNE.

Moi? Point du tout. Je vous considère toujours de même; et ce mariage ne doit point vous inquiéter; c'est un homme que je n'épouse point par amour, et sa seule richesse me fait résoudre à l'accepter. Je n'ai point de bien, vous n'en avez point aussi, et vous savez que sans cela on passe mal le temps au monde; et qu'à quelque prix que ce soit, il faut tâcher d'en avoir. J'ai embrassé cette occasion-ci de me mettre à mon aise; et je l'ai fait sur l'espérance de me voir bientôt délivrée du barbon que je prends. C'est un homme qui mourra avant qu'il soit peu, et qui n'a tout au plus que six mois dans le ventre. Je vous le garantis défunt dans le temps que je dis; et je n'aurai pas longuement à demander pour moi au ciel l'heureux état de veuve. (*à Sganarelle qu'elle aperçoit.*) Ah! nous parlions de vous, et nous en disions tout le bien qu'on en saurait dire.

LYCASTE.

Est-ce là, monsieur?

DORIMÈNE.

Oui, c'est monsieur qui me prend pour femme.

LYCASTE.

Agréez, monsieur, que je vous félicite de votre mariage, et vous présente en même temps mes très humbles services. Je vous assure que vous épousez là une très honnête personne; et vous, mademoiselle, je me réjouis avec vous aussi de l'heureux choix que vous avez fait. Vous ne pouviez pas mieux trouver; et monsieur a toute la mine d'être un fort bon mari. Oui, monsieur, je veux faire amitié avec vous, et lier ensemble un petit commerce de visites et de divertissements.

DORIMÈNE.

C'est trop d'honneur que vous nous faites à tous deux. Mais allons, le temps me presse, et nous aurons tout le loisir de nous entretenir ensemble.

SCENE XIII.

SGANARELLE, *seul.*

Me voilà tout à fait dégoûté de mon mariage; et je crois que je ne ferai pas mal de m'aller dégager de ma parole. Il m'en a coûté quelque argent; mais il vaut mieux encore perdre cela que de m'exposer à quelque chose de pis. Tâchons adroitement de nous débarrasser de cette affaire. Holà!

(*Il frappe à la porte de la maison d'Alcantor.*)

SCENE XIV.

ALCANTOR, SGANARELLE.

ALCANTOR.

Ah! mon gendre, soyez le bien venu.

SGANARELLE.

Monsieur, votre serviteur.

ALCANTOR.

Vous venez pour conclure le mariage?

SGANARELLE.

Excusez-moi.

ALCANTOR.

Je vous promets que j'en ai autant d'impatience que vous.

SGANARELLE.

Je viens ici pour un autre sujet.

ALCANTOR.

J'ai donné ordre à toutes les choses nécessaires pour cette fête.

SGANARELLE.

Il n'est pas question de cela.

ALCANTOR.

Les violons sont retenus, le festin est commandé, et une fille est parée pour vous recevoir.

SGANARELLE.

Ce n'est pas ce qui m'amène.

ALCANTOR.

Enfin, vous allez être satisfait; et rien ne peut retarder votre contentement.

SGANARELLE.

Mon Dieu! c'est autre chose.

ALCANTOR.

Allons. Entrez donc, mon gendre.

SGANARELLE.

J'ai un petit mot à vous dire.

ALCANTOR.

Ah! mon Dieu, ne faisons point de cérémonie, Entrez vite, s'il vous plaît.

SGANARELLE.

Non, vous dis-je. Je veux vous parler auparavant.

ALCANTOR.

Vous voulez me dire quelque chose?

SGANARELLE.

Oui.

ALCANTOR.

Et quoi?

SGANARELLE.

Seigneur Alcantor, j'ai demandé votre fille en mariage, il est vrai, et vous me l'avez accordée; mais je me trouve un peu avancé en âge pour elle, et je considère que je ne suis point du tout son fait.

ALCANTOR.

Pardonnez-moi, ma fille vous trouve bien comme vous êtes; et je suis sûr qu'elle vivra fort contente avec vous.

SGANARELLE.

Point. J'ai parfois des bizarreries épouvantables, et elle aurait trop à souffrir de ma mauvaise humeur.

ALCANTOR.

Ma fille a de la complaisance, et vous verrez qu'elle s'accommodera entièrement à vous.

SGANARELLE.

J'ai quelques infirmités sur mon corps qui pourraient la dégoûter.

ALCANTOR.

Cela n'est rien. Une honnête femme ne se dégoûte jamais de son mari.

SGANARELLE.

Enfin, voulez-vous que je vous dise? Je ne vous conseille point de me la donner.

ALCANTOR.

Vous moquez-vous? J'aimerais mieux mourir que d'avoir manqué à ma parole.

SGANARELLE.

Mon Dieu, je vous en dispense, et je...

ALCANTOR.

Point du tout. Je vous l'ai promise; et vous l'aurez en dépit de tous ceux qui y prétendent.

SGANARELLE, *à part.*

Que diable!

ALCANTOR.

Voyez-vous? J'ai une estime et une amitié pour vous toute particulière; et je refuserais ma fille à un prince pour vous la donner.

SGANARELLE.

Seigneur Alcantor, je vous suis obligé de l'honneur que vous me faites; mais je vous déclare que je ne veux point me marier.

ALCANTOR.

Qui, vous?

SGANARELLE.

Oui, moi.

ALCANTOR.

Et la raison?

SGANARELLE.

La raison? c'est que je ne me sens point propre pour le mariage, et que je veux imiter mon père, et tous ceux de ma race, qui ne se sont jamais voulu marier.

ALCANTOR.

Écoutez. Les volontés sont libres; et je suis homme à ne contraindre jamais personne. Vous vous êtes engagé avec moi pour épouser ma fille, et tout est préparé pour cela: mais, puisque vous voulez retirer votre parole, je vais voir ce qu'il y a à faire; et vous aurez bientôt de mes nouvelles.

SCENE XV.

SGANARELLE, *seul.*

Encore est-il plus raisonnable que je ne pensais, et je croyais avoir bien plus de peine à m'en dégager. Ma foi, quand j'y songe, j'ai fait fort sagement de me tirer de cette affaire; et j'allais faire un pas dont je me serais peut-être longtemps repenti. Mais voici le fils qui me vient rendre réponse.

SCENE XVI.

ALCIDAS, SGANARELLE.

ALCIDAS, *d'un ton doucereux.*

Monsieur, je suis votre serviteur très humble.

SGANARELLE.

Monsieur, je suis le vôtre de tout mon cœur.

ALCIDAS, *toujours sur le même ton.*

Mon père m'a dit, monsieur, que vous vous étiez venu dégager de la parole que vous aviez donnée.

SGANARELLE.

Oui, monsieur, c'est avec regret; mais...

ALCIDAS.

Oh! monsieur, il n'y a pas de mal à cela.

SGANARELLE.

J'en suis fâché, je vous assure; et je souhaiterais...

ALCIDAS.

Cela n'est rien, vous dis-je. (*Alcidas présente à Sganarelle deux épées.*) Monsieur, prenez la peine de choisir de ces deux épées laquelle vous voulez.

SGANARELLE.

De ces deux épées?

ALCIDAS.

Oui, s'il vous plaît.

SGANARELLE.

A quoi bon?

ALCIDAS.

Monsieur, comme vous refusez d'épouser ma sœur après la parole donnée, je crois que vous ne trouverez pas mauvais le petit compliment que je viens vous faire.

SGANARELLE.

Comment?

ALCIDAS.

D'autres gens feraient plus de bruit, et s'emporteraient contre vous: mais nous sommes personnes à traiter les choses dans la douceur; et je viens vous dire civilement qu'il faut, si vous le trouvez bon, que nous nous coupions la gorge ensemble.

SGANARELLE.

Voilà un compliment fort mal tourné.

ALCIDAS.

Allons, monsieur, choisissez, je vous prie.

SGANARELLE.

Je suis votre valet, je n'ai point de gorge à me couper. (*à part.*) La vilaine façon de parler que voilà!

ALCIDAS.

Monsieur, il faut que cela soit, s'il vous plaît.

SGANARELLE.

Hé! monsieur, rengaînez ce compliment, je vous prie.

ALCIDAS.

Dépêchons vite, monsieur. J'ai une petite affaire qui m'attend.

SGANARELLE.

Je ne veux point de cela, vous dis-je.

ALCIDAS.

Vous ne voulez pas vous battre?

SGANARELLE.

Nenni, ma foi.

ALCIDAS.

Tout de bon?

SGANARELLE.

Tout de bon.

ALCIDAS, *après lui avoir donné des coups de bâton.*

Au moins, monsieur, vous n'avez pas lieu de vous plaindre; et vous voyez que je fais les choses dans l'ordre. Vous nous manquez de parole, je me veux battre contre vous; vous refusez de vous battre, je vous donne des coups de bâton : tout cela est dans les formes; et vous êtes trop honnête homme pour ne pas approuver mon procédé.

SGANARELLE, *à part*

Quel diable d'homme est-ce ci?

ALCIDAS, *lui présentant encore les deux épées.*

Allons, monsieur, faites les choses galamment, et sans vous faire tirer l'oreille.

SGANARELLE.

Encore?

ALCIDAS.

Monsieur, je ne contrains personne; mais il faut que vous vous battiez, ou que vous épousiez ma sœur.

SGANARELLE.

Monsieur, je ne puis faire ni l'un ni l'autre, je vous assure.

ALCIDAS.

Assurément?

SGANARELLE.

Assurément.

ALCIDAS.

Avec votre permission donc...

(*Alcidas lui donne encore des coups de bâton.*)

SGANARELLE.

Ah! ah! ah!

ALCIDAS.

Monsieur, j'ai tous les regrets du monde d'être obligé d'en user ainsi avec vous; mais je ne cesserai point, s'il vous plaît, que vous n'ayez promis de vous battre, ou d'épouser ma sœur.

(*Alcidas lève le bâton.*)

SGANARELLE.

Hé bien! j'épouserai, j'épouserai.

ALCIDAS.

Ah! monsieur, je suis ravi que vous vous mettiez à la raison, et que les choses se passent doucement. Car enfin vous êtes l'homme du monde que j'estime le plus, je vous jure; et j'aurais été au désespoir que vous m'eussiez contraint à vous maltraiter. Je vais appeler mon père pour lui dire que tout est d'accord.

(*Il va frapper à la porte d'Alcantor.*)

SCENE XVII.

ALCANTOR, DORIMÈNE, ALCIDAS, SGANARELLE.

ALCIDAS.

Mon père, voilà monsieur qui est tout à fait raisonnable. Il a voulu faire les choses de bonne grace, et vous pouvez lui donner ma sœur.

ALCANTOR.

Monsieur, voilà sa main, vous n'avez qu'à donner la vôtre. Loué soit le ciel! M'en voilà déchargé; et c'est vous désormais que regarde le soin de sa conduite. Allons nous réjouir et célébrer cet heureux mariage.

FIN DU MARIAGE FORCÉ.

LE MARIAGE FORCÉ, BALLET.

AVERTISSEMENT

DE L'ÉDITION DE 1773.

La comédie du *Mariage forcé* parut pour la première fois au Louvre, le 29 janvier 1664, en trois actes, avec des récits de musique et des entrées de ballet, sous le titre de *Ballet du roi.* Le roi y dansait une entrée.

Quand l'auteur fit représenter cette comédie sur le théâtre du Palais-Royal au mois de novembre de la même année, il supprima les récits et les entrées de ballet, et réduisit sa pièce en un acte, en y faisant quelques changements.

Le plus considérable est la scène entre Lycaste et Dorimène, scène ajoutée pour suppléer à celle du magicien chantant et à l'entrée des démons qui déterminaient Sganarelle à rompre son mariage. Dans le ballet qui fut imprimé dans le temps (in-4°, par Robert Ballard), il ne nous reste des demandes de Sganarelle au magicien que ce qu'on appelle, en termes de théâtre, *les répliques;* on a ajouté deux ou trois mots pour y donner un sens.

En faisant imprimer les récits, les entrées de ballet, et la distribution des scènes de la comédie du *Mariage forcé* en trois actes, on a supprimé les arguments de la comédie comme étant inutiles, peu exacts, et assez mal faits.

BALLET.

ACTE PREMIER.

SCENE PREMIERE.

SGANARELLE, *seul.*

SCENE II.

SGANARELLE, GERONIMO.

SCENE III.

SGANARELLE, *seul.*

SCENE IV.

DORIMÈNE, SGANARELLE.

SCENE V.

SGANARELLE, *seul.*

(*Il se plaignait d'une pesanteur de tête insupportable, et se mettait dans un coin du théâtre pour dormir. Pendant son sommeil, il voyait en songe ce qui forme les deux premières entrées du ballet.*)

LA BEAUTÉ *chante.*

Si l'amour nous soumet à ses lois inhumaines,
Choisissez, en aimant, un objet plein d'appas :
Portez au moins de belles chaînes;
Et, puisqu'il faut mourir, mourez d'un beau trépas.
Si l'objet de vos feux ne mérite vos peines,
Sous l'empire d'amour ne vous engagez pas :
Portez au moins d'aimables chaînes,
Et, puisqu'il faut mourir, mourez d'un beau trépas.

PREMIÈRE ENTRÉE.

LA JALOUSIE, LES CHAGRINS, ET LES SOUPÇONS.

SECONDE ENTRÉE.

QUATRE PLAISANTS OU GOGUENARDS.

ACTE II.

Au commencement de cet acte, Géronimo venait éveiller Sganarelle.

SCÈNE PREMIÈRE.

SGANARELLE, GÉRONIMO.

SCENE II.

SGANARELLE, *seul.*

SCENE III.

SGANARELLE, PANCRACE.

SCENE IV.

SGANARELLE, *seul.*

SCENE V.

SGANARELLE, MARPHURIUS.

SCÈNE VI.

SGANARELLE, *seul.*

SCENE VII.

SGANARELLE, DEUX EGYPTIENNNES.

TROISIÈME ENTRÉE.

ÉGYPTIENS ET ÉGYPTIENNES, *dansants...*

SCÈNE VIII.

SGANARELLE, *seul.*

(Il allait frapper à la porte du magicien.)

SCENE IX.

SGANARELLE, UN MAGICIEN.

LE MAGICIEN *chante.*

Holà!
Qui va là?
Dis-moi vite quel souci
Te peut amener ici.

SGANARELLE.

(Il consultait le magicien sur son mariage.)

LE MAGICIEN.

Ce sont des grands mystères
Que ces sortes d'affaires.

SGANARELLE.

(Il demandait quelle serait sa destinée.)

LE MAGICIEN.

Je te vais, pour cela, par mes charmes profonds,
Faire venir quatre démons.

SGANARELLE.

(Il marquait la peur qu'il aurait de voir des démons.)

LE MAGICIEN.

Non, non, n'ayez aucune peur,
Je leur ôterai la laideur.

SGANARELLE.

(Il consentait à les voir.)

LE MAGICIEN.

Des puissances invincibles.
Rendent depuis longtemps tous les démons muets;
Mais par signes intelligibles,
Ils répondront à tes souhaits.

SCENE X.

SGANARELLE, LE MAGICIEN.

QUATRIEME ENTREE.

MAGICIENS ET DÉMONS.

Sganarelle interroge les démons : ils répondent par signes, et sortent en lui faisant les cornes.

ACTE TROISIÈME.

SCÈNE PREMIÈRE.

SGANARELLE, *seul.*

SCENE II.

SGANARELLE, ALCANTOR.

SCENE III.

SGANARELLE, *seul.*

SCENE IV.

SGANARELLE, ALCIDAS.

SCENE V.

SGANARELLE, ALCANTOR, DORIMENE, ALCIDAS.

SCENE VI.

CINQUIÈME ENTRÉE.

UN MAITRE A DANSER *venait enseigner une courante à Sganarelle.*

SCENE VII.

SGANARELLE, GERONIMO.

Géronimo venait se réjouir avec Sganarelle, et lui disait que les jeunes gens de la ville avaient préparé une mascarade, pour honorer ses noces.

CONCERT ESPAGNOL.

Ciego me tienes, Belisa
Mas bien tus rigores veo,
Porque ès tu desden tan claro,
Que pueden verle los ciegos.

Aunque mi amor ès tan grande,
Como mi dolor no ès menos,
Si calla el uno dormido,
Sé que ya ès el otro despierto.

Favores tuyos, Belisa,
Tuvieralos yo secretos;
Mas ya de dolores mios
No puedo hazer lo que quiero.

SIXIEME ENTREE.

DEUX ESPAGNOLS, DEUX ESPAGNOLES.

SEPTIÈME ENTREE.

UN CHARIVARI GROTESQUE.

HUITIÈME ENTRÉE.

QUATRE GALANTS *cajolent la femme de Sganarelle.*

FIN DU BALLET.

DON JUAN,

OU

LE FESTIN DE PIERRE,

COMÉDIE EN CINQ ACTES.

1665.

PERSONNAGES.

DON JUAN, fils de don Louis.
ELVIRE, femme de don Juan.
DON CARLOS, DON ALONSE, frères d'Elvire.
DON LOUIS, père de don Juan.
FRANCISQUE, pauvre.
CHARLOTTE, MATHURINE, paysannes.
PIERROT, paysan.
LA STATUE DU COMMANDEUR.
GUSMAN, écuyer d'Elvire.
SGANARELLE, LA VIOLETTE, RAGOTIN, valets de don Juan.
Monsieur DIMANCHE, marchand.
LA RAMÉE, spadassin.
UN SPECTRE.

La scène est en Sicile.

ACTE PREMIER.

Le théâtre représente un palais.

SCÈNE PREMIÈRE.

SGANARELLE, GUSMAN.

SGANARELLE, *tenant une tabatière.*

Quoi que puisse dire Aristote et toute la philosophie, il n'est rien d'égal au tabac : c'est la passion des honnêtes gens; et qui vit sans tabac n'est pas digne de vivre. Non seulement il réjouit et purge les cerveaux humains, mais encore il instruit les ames à la vertu, et l'on apprend avec lui à devenir honnête homme. Ne voyez-vous pas bien, dès qu'on en prend, de quelle manière obligeante on en use avec tout le monde, et comme on est ravi d'en donner à droite et à gauche, partout où l'on se trouve? On n'attend pas même que l'on en demande, et l'on court au-devant du souhait des gens : tant il est vrai que le tabac inspire des sentiments d'honneur et de vertu à tous ceux qui en prennent. Mais c'est assez de cette matière ; reprenons un peu notre discours. Si bien donc, cher Gusman, que done Elvire ta maîtresse, surprise de notre départ, s'est mise en campagne après nous; et son cœur, que mon maître a su toucher trop fortement, n'a pu vivre, dis-tu, sans le venir chercher ici. Veux-tu qu'entre nous je te dise ma pensée? J'ai peur qu'elle ne soit mal payée de son amour, que son voyage en cette ville ne produise peu de fruit, et que vous n'eussiez autant gagné à ne bouger de là.

GUSMAN.

Et la raison encore? Dis-moi, je te prie, Sganarelle, qui peut t'inspirer une peur d'un si mauvais augure? Ton maître t'a-t-il ouvert son cœur là-dessus? et t'a-t-il dit qu'il eût pour nous quelque froideur qui l'ait obligé à partir?

SGANARELLE.

Non pas; mais, à vue de pays, je connais à peu près le train des choses, et, sans qu'il m'ait encore rien dit, je gagerais presque que l'affaire va là. Je pourrais peut-être me tromper; mais enfin, sur de tels sujets, l'expérience m'a pu donner quelques lumières.

GUSMAN.

Quoi! ce départ si peu prévu serait une infidélité de don Juan? Il pourrait faire cette injure aux chastes feux de done Elvire?

SGANARELLE.

Non; c'est qu'il est jeune encore, et qu'il n'a pas le courage...

GUSMAN.

Un homme de sa qualité ferait une action si lâche?

SGANARELLE.

Hé! oui, sa qualité! La raison en est belle! et c'est par là qu'il s'empêcherait des choses!...

GUSMAN.

Mais les saints nœuds du mariage le tiennent engagé.

SGANARELLE.

Hé! mon pauvre Gusman, mon ami, tu ne sais pas encore, crois-moi, quel homme est don Juan.

GUSMAN.

Je ne sais pas, de vrai, quel homme il peut être, s'il faut qu'il nous ait fait cette perfidie; et je ne comprends point comme, après tant d'amour et tant d'impatience témoignée, tant d'hommages pressants, de vœux, de soupirs et de larmes, tant de lettres passionnées, de protestations ardentes et de serments réitérés, tant de transports, enfin, et tant d'emportements qu'il a fait paraître, jusqu'à forcer dans sa passion, l'obstacle sacré d'un couvent pour mettre done Elvire en sa puissance; je ne comprends pas, dis-je, comme, après tout cela, il aurait le cœur de pouvoir manquer à sa parole.

SGANARELLE.

Je n'ai pas grande peine à le comprendre, moi; et si tu connaissais le pèlerin, tu trouverais la chose assez facile pour lui. Je ne dis pas qu'il ait changé de sentiments pour done Elvire, je n'en ai point de certitude encore. Tu sais que, par son ordre, je partis avant lui; et, depuis son arrivée, il ne m'a point entretenu : mais, par précaution, je t'apprends *inter nos*, que tu vois en don Juan mon maître le plus grand scélérat que la terre ait jamais porté, un enragé, un chien, un démon, un turc, un hérétique, qui ne croit ni ciel, ni enfer, ni diable, qui passe cette vie en véritable bête brute, un pourceau d'Epicure, un vrai Sardanaple, qui ferme l'oreille à toutes les remontrances qu'on peut lui faire, et traite de billevesées tout ce que nous croyons. Tu me dis qu'il a épousé ta maîtresse; crois qu'il aurait plus fait pour sa passion, et qu'avec elle il aurait encore épousé toi, son chien et son chat. Un mariage ne lui coûte rien à contracter; il ne se sert point d'autres pièges pour attraper les belles, et c'est un épouseur à toutes mains. Dame, demoiselle, bourgeoise, paysanne, il ne trouve rien de trop chaud ni de trop froid pour lui; et si je te disais le nom de toutes celles qu'il a épousées en divers lieux, ce serait un chapitre à durer jusqu'au soir. Tu demeures surpris, et changes de couleur à ce discours : ce n'est là qu'une ébauche du personnage; et, pour en achever le portrait, il faudrait bien d'autres coups de pinceau. Suffit qu'il faut que le courroux du ciel l'accable quelque jour; qu'il me vaudrait bien mieux d'être au diable que d'être à lui; et qu'il me fait voir tant d'horreurs, que je souhaiterais qu'il fût déjà je ne sais où. Mais un grand seigneur méchant homme est une terrible chose : il faut que je lui sois fidèle en dépit que j'en aie; la crainte en moi fait l'office du zèle, bride mes sentiments, et me réduit d'applaudir bien souvent à ce que mon ame déteste. Le voilà qui vient se promener dans ce palais, séparons-nous. Ecoute au moins : je t'ai fait cette confidence avec franchise, et cela m'est sorti un peu bien vite de la bouche; mais s'il fallait qu'il en vînt quelque chose à ses oreilles, je dirais hautement que tu aurais menti.

SECNE II.

DON JUAN, SGANARELLE.

DON JUAN.

Quel homme te parlait là? Il a bien de l'air, ce me semble, du bon Gusman de done Elvire.

SGANARELLE.

C'est quelque chose aussi à peu près de cela.

DON JUAN.

Quoi! c'est lui?

SGANARELLE.

Lui-même.

DON JUAN.

Et depuis quand est-il en cette ville?

SGANARELLE.

D'hier au soir.

DON JUAN.

Et quel sujet l'amène?

SGANARELLE.

Je crois que vous jugez assez ce qui le peut inquiéter.

DON JUAN.

Notre départ, sans doute?

SGANARELLE.

Le bonhomme en est tout mortifié, et m'en demandait le sujet.

DON JUAN.

Et quelle réponse as-tu faite?

SGANARELLE.

Que vous ne m'en aviez rien dit.

DON JUAN.

Mais encore, quelle est ta pensée là-dessus? Que t'imagines-tu de cette affaire?

SGANARELLE.

Moi? je crois, sans vous faire tort, que vous avez quelque nouvel amour en tête.

DON JUAN.

Tu le crois?

SGANARELLE.

Oui.

DON JUAN.

Ma foi, tu ne te trompes pas, et je dois t'avouer qu'un autre objet a chassé Elvire de ma pensée.

SGANARELLE.

Hé! mon Dieu! je sais mon don Juan sur le bout du doigt, et connais votre cœur pour le plus grand coureur du monde; il se plaît à se promener de liens en liens, et n'aime guère à demeurer en place.

DON JUAN.

Et ne trouves-tu pas, dis-moi, que j'ai raison d'en user de la sorte?

SGANARELLE.

Hé! monsieur...

DON JUAN.

Quoi? Parle.

SGANARELLE.

Assurément que vous avez raison, si vous le voulez; on ne peut pas aller là contre. Mais, si vous ne le vouliez pas, ce serait peut-être une autre affaire.

DON JUAN.

Hé bien! je te donne la liberté de parler, et de me dire tes sentiments.

SGANARELLE.

En ce cas, monsieur, je vous dirai franchement que je n'approuve point votre méthode, et que je trouve fort vilain d'aimer de tous côtés comme vous faites.

DON JUAN.

Quoi! tu veux qu'on se lie à demeurer au premier objet qui nous prend, qu'on renonce au monde pour lui, et qu'on n'ait plus d'yeux pour personne. La belle chose de vouloir se piquer d'un faux honneur d'être fidèle, de s'ensevelir pour toujours dans une passion, et d'être mort dès sa jeunesse à toutes les autres beautés qui nous peuvent frapper les yeux!

Non, non, la constance n'est bonne que pour des ridicules; toutes les belles ont droit de nous charmer, et l'avantage d'être rencontrée la première, ne doit point dérober aux autres les justes prétentions qu'elles ont toutes sur nos cœurs. Pour moi, la beauté me ravit partout où je la trouve, et je cède facilement à cette douce violence dont elle nous entraîne. J'ai beau être engagé, l'amour que j'ai pour une belle n'engage point mon ame à faire injustice aux autres; je conserve des yeux pour voir le mérite de toutes, et rends à chacune les hommages et les tributs où la nature nous oblige. Quoi qu'il en soit, je ne puis refuser mon cœur à tout ce que je vois d'aimable; et dès qu'un beau visage me le demande, si j'en avais dix mille, je les donnerais tous. Les inclinations naissantes, après tout, ont des charmes inexplicables, et tout le plaisir de l'amour est dans le changement. On goûte une douceur extrême à réduire par cent hommages le cœur d'une jeune beauté; à voir de jour en jour les petits progrès qu'on y fait; à combattre par des transports, par des larmes et des soupirs, l'innocente pudeur d'une ame qui a peine à rendre les armes, à forcer pied à pied toutes les petites résistances qu'elle nous oppose; à vaincre les scrupules dont elle se fait un honneur; et à la mener doucement où nous avons envie de la faire venir. Mais lorsqu'on en est maître une fois, il n'y a plus rien à dire ni rien à souhaiter; tout le beau de la passion est fini et nous nous endormons dans la tranquillité d'un tel amour, si quelque objet nouveau ne vient réveiller nos désirs, et présenter à notre cœur les charmes attrayants d'une conquête à faire. Enfin, il n'est rien de si doux que de triompher de la résistance d'une belle personne; et j'ai sur ce sujet l'ambition des conquérants, qui volent perpétuellement de victoire en victoire, et ne peuvent se résoudre à borner leurs souhaits. Il n'est rien qui puisse arrêter l'impétuosité de mes désirs, je me sens un cœur à aimer toute la terre : et, comme Alexandre, je souhaiterais qu'il y eût d'autres mondes pour y pouvoir étendre mes conquêtes amoureuses.

SGANARELLE.

Vertu de ma vie, comme vous débitez! Il semble que vous ayez appris cela par cœur, et vous parlez tout comme un livre.

DON JUAN.

Qu'as-tu à dire là-dessus?

SGANARELLE.

Ma foi, j'ai à dire... Je ne sais que dire; car vous tournez les choses d'une manière, qu'il semble que vous avez raison; et cependant il est vrai que vous ne l'avez pas. J'avais les plus belles pensées du monde, et vos discours m'ont brouillé tout cela. Laissez faire, une autre fois je mettrai mes raisonnements par écrit pour disputer avec vous.

DON JUAN.

Tu feras bien.

SGANARELLE.

Mais, monsieur, cela serait-il de la permission que vous m'avez donnée, si je vous disais que je suis tant soit peu scandalisé de la vie que vous menez?

DON JUAN.

Comment! quelle vie est-ce que je mène?

SGANARELLE.

Fort bonne. Mais, par exemple, de vous voir tous les mois vous marier comme vous faites...

DON JUAN.

Y a-t-il rien de plus agréable?

SGANARELLE.

Il est vrai, je conçois que cela est fort agréable et fort divertissant, et je m'en accommoderais assez, moi, s'il n'y avait point de mal; mais, monsieur, se jouer ainsi du mariage, qui...

DON JUAN.

Va, va, c'est une affaire que je saurai bien démêler, sans que tu t'en mettes en peine.

SGANARELLE.

Ma foi, monsieur, j'ai toujours ouï dire que c'est une méchante raillerie, que de se railler du ciel, et que les libertins ne font jamais une bonne fin.

DON JUAN.

Holà! maître sot. Vous savez que je vous ai dit que je n'aime pas les faiseurs de remontrances.

SGANARELLE.

Je ne parle pas aussi à vous, Dieu m'en garde. Vous savez ce que vous faites, vous; et, si vous ne croyez rien, vous avez vos raisons; mais il y a de certains petits impertinents dans le monde qui sont libertins sans savoir pourquoi, qui font les esprits forts, parce qu'ils croient que cela leur sied bien; et; si j'avais un maître comme cela, je lui dirais fort nettement, le regardant en face : Osez-vous bien ainsi vous jouer au ciel, et ne tremblez-vous point de vous moquer comme vous faites des choses les plus saintes? c'est bien à vous, petit ver de terre, petit mirmidon que vous êtes (je parle au maître que j'ai dit); c'est bien à vous à vouloir vous mêler de tourner en raillerie ce que tous les hommes révèrent! Pensez-vous que pour être de qualité, pour avoir une perruque blonde et bien frisée, des plumes à votre chapeau, un habit bien doré, et des rubans couleur de feu (ce n'est pas à vous que je parle, c'est à l'autre); pensez-vous, dis-je, que vous en soyez plus habile homme, que tout vous soit permis, et qu'on n'ose vous dire vos vérités. Apprenez de moi, qui suis votre valet, que le ciel punit tôt ou tard les impies, qu'une méchante vie amène une méchante mort, et que...

DON JUAN.

Paix!

SGANARELLE.

De quoi est-il question?

DON JUAN.

Il est question de te dire qu'une beauté me tient au cœur, et qu'entraîné par ses appas je l'ai suivie jusqu'en cette ville.

SGANARELLE.

Et ne craignez-vous rien, monsieur, de la mort de ce commandeur que vous tuâtes il y a six mois?

DON JUAN.

Et pourquoi craindre? Ne l'ai-je pas bien tué?

SGANARELLE.

Fort bien, le mieux du monde, et il aurait tort de se plaindre.

DON JUAN.

J'ai eu ma grace de cette affaire.

SGANARELLE.

Oui : mais cette grace n'éteint pas peut-être le ressentiment des parents et des amis, et...

DON JUAN.

Ah! n'allons point songer au mal qui nous peut arriver, et songeons seulement à ce qui peut donner du plaisir. La personne dont je te parle est une jeune fiancée, la plus agréable du monde, qui a été conduite ici par celui même qu'elle y vient épouser, et le hasard me fit voir ce couple d'amants trois ou quatre jours avant leur voyage. Jamais je n'ai vu deux personnes être si contents l'une de l'autre, et faire éclater plus d'amour. La tendresse visible de leurs mutuelles ardeurs me donna de l'émotion; j'en fus frappé au cœur, et mon amour commença par la jalousie. Oui, je ne pus souffrir d'abord de les voir si bien ensemble; le dépit alluma mes désirs, et je me figurai un plaisir extrême à pouvoir troubler leur intelligence, et rompre cet attachement dont la délicatesse de mon cœur se tenait offensée : mais jusqu'ici tous mes efforts ont été inutiles, et j'ai recours au dernier remède. Cet époux prétendu doit aujourd'hui régaler sa maîtresse d'une promenade sur mer. Sans t'en avoir rien dit, toutes choses sont préparées pour satisfaire mon amour, et j'ai une petite barque et des gens, avec quoi fort facilement je prétends enlever la belle.

SGANARELLE.

Ah! monsieur...

DON JUAN.

Hé?

SGANARELLE.

C'est fort bien fait à vous, et vous le prenez comme il faut. Il n'est rien tel en ce monde que de se contenter.

DON JUAN.

Prépare-toi donc à venir avec moi, et prends soin toi-même d'apporter toutes mes armes, afin que... (*Apercevant done Elvire.*) Ah! rencontre fâcheuse. Traître! tu ne m'avais pas dit qu'elle était ici elle-même.

SGANARELLE.

Monsieur, vous ne me l'avez pas demandé.

DON JUAN.

Est-elle folle de n'avoir pas changé d'habit, et de venir en ce lieu-ci avec son équipage de campagne?

SCÈNE III.

DONE ELVIRE, DON JUAN, SGANARELLE.

DONE ELVIRE.

Me ferez-vous la grace, don Juan, de vouloir bien me reconnaître? Et puis-je au moins espérer que vous daigniez tourner le visage de ce côté?

DON JUAN.

Madame, je vous avoue que je suis surpris, et que je ne vous attendais pas ici.

DONE ELVIRE.

Oui, je vois bien que vous ne m'y attendiez pas; et vous êtes surpris, à la vérité, mais tout autrement que je ne l'espérais; et la manière dont vous le paraissez me persuade pleinement ce que je refusais de croire. J'admire ma simplicité, et la faiblesse de mon cœur à douter d'une trahison que tant d'apparences me confirmaient. J'ai été assez bonne, je le confesse, ou plutôt assez sotte, pour me vouloir tromper moi-même, et travailler à démentir mes yeux et mon jugement. J'ai cherché des raisons pour excuser à ma tendresse le relâchement d'amitié qu'elle voyait en vous; et je me suis forgé exprès cent sujets légitimes d'un départ si précipité, pour vous justifier du crime dont ma raison vous accusait. Mes justes soupçons chaque jour avaient beau me parler, j'en rejetais la voix qui vous rendait criminel à mes yeux, et j'écoutais avec plaisir mille chimères ridicules qui vous peignaient innocent à mon cœur; mais enfin cet abord ne me permet plus de douter; et le coup d'œil qui m'a reçue m'apprend bien plus de choses que je ne voudrais en savoir. Je serai bien aise pourtant d'ouïr de votre bouche les raisons de votre départ. Parlez, don Juan, je vous prie, et voyons de quel air vous saurez vous justifier.

DON JUAN.

Madame, voilà Sganarelle qui sait pourquoi je suis parti.

SGANARELLE, *bas, à don Juan.*

Moi, monsieur? Je n'en sais rien, s'il vous plaît.

DONE ELVIRE.

Hé bien! Sganarelle, parlez. Il n'importe de quelle bouche j'entende ses raisons.

DON JUAN *faisant signe à Sganarelle d'approcher.*

Allons, parle donc à madame.

SGANARELLE, *bas, à don Juan.*

Que voulez-vous que je dise?

DONE ELVIRE.

Approchez, puisqu'on le veut ainsi, et me dites un peu les causes d'un départ si prompt.

DON JUAN.

Tu ne répondras pas?

SGANARELLE, *bas, à don Juan.*

Je n'ai rien à répondre. Vous vous moquez de votre serviteur.

DON JUAN.

Veux-tu répondre, te dis-je?

SGANARELLE.

Madame...

DONE ELVIRE.

Quoi ?

SGANARELLE, *se tournant vers son maître.*

Monsieur...

DON JUAN, *en le menaçant.*

Si...

SGANARELLE.

Madame, les conquérants, Alexandre, et les autres mondes, sont cause de notre départ. Voilà, monsieur, tout ce que je puis dire.

DONE ELVIRE.

Vous plaît-il, don Juan, nous éclaircir ces beaux mystères ?

DON JUAN.

Madame, à vous dire la vérité...

DONE ELVIRE.

Ah ! que vous savez mal vous défendre pour un homme de cour, et qui doit être accoutumé à ces sortes de choses ! J'ai pitié de vous voir la confusion que vous avez. Que ne vous armez-vous le front d'une noble effronterie ? Que ne me jurez-vous que vous êtes toujours dans les mêmes sentiments pour moi, que vous m'aimez toujours avec une ardeur sans égale, et que rien n'est capable de vous détacher de moi que la mort ? Que ne me dites-vous que des affaires de la dernière conséquence vous ont obligé à partir sans m'en donner avis ; qu'il faut que malgré vous, vous demeuriez ici quelque temps, et que je n'ai qu'à m'en retourner d'où je viens, assurée que vous suivrez mes pas le plutôt qu'il vous sera possible ; qu'il est certain que vous brûlez de me rejoindre, et qu'éloigné de moi vous souffrez ce que souffre un corps qui est séparé de son ame ? Voilà comme il faut vous défendre, et non pas être interdit comme vous êtes.

DON JUAN.

Je vous avoue, madame, que je n'ai point le talent de dissimuler, et que je porte un cœur sincère. Je ne vous dirai point que je suis toujours dans les mêmes sentiments pour vous, et que je brûle de vous rejoindre, puisque enfin il est assuré que je ne suis parti que pour vous fuir ; non point par les raisons que vous pouvez vous figurer, mais par un pur motif de conscience, et pour ne croire pas qu'avec vous davantage je puisse vivre sans péché. Il m'est venu des scrupules, madame, et j'ai ouvert les yeux de l'ame sur ce que je faisais. J'ai fait réflexion que, pour vous épouser, je vous ai dérobée à la clôture d'un couvent, que vous avez rompu des vœux qui vous engageaient autre part, et que le ciel est fort jaloux de ces sortes de choses. Le repentir m'a pris, et j'ai craint le courroux céleste. J'ai cru que notre mariage n'était qu'un adultère déguisé, qu'il nous attirerait quelque disgrace d'en haut, et qu'enfin je devais tâcher de vous oublier et vous donner un moyen de retourner à vos premières chaînes. Voudriez-vous, madame, vous opposer à une si sainte pensée, et que j'allasse, en vous retenant, me mettre le ciel sur les bras ; que par ?...

DONE ELVIRE.

Ah ! scélérat ! C'est maintenant que je te connais tout entier ; et, pour mon malheur, je te connais lorsqu'il n'en est plus temps, et qu'une telle connaissance ne peut plus me servir qu'à me désespérer : mais sache que ton crime ne demeurera pas impuni, et que le même ciel dont tu te joues me saura venger de ta perfidie.

DON JUAN.

Sganarelle, le ciel.

SGANARELLE.

Vraiment oui, nous nous moquons bien de cela, nous autres.

DON JUAN.

Madame...

DONE ELVIRE.

Il suffit. Je n'en veux pas ouïr davantage, et je m'accuse même d'en avoir trop entendu. C'est une lâcheté que de se faire expliquer trop sa honte ; et, sur de tels sujets, un noble cœur au premier mot doit prendre son parti. N'attends pas que j'éclate ici en reproches et en injures ; non, non, je n'ai point un courroux à s'exhaler en paroles vaines, et toute sa chaleur se réserve pour sa vengeance. Je te le dis encore, le ciel te punira, perfide, de l'outrage que tu me fais ; et, si le ciel n'a rien que tu puisses appréhender, appréhende du moins la colère d'une femme offensée.

SCENE IV.

DON JUAN, SGANARELLE.

SGANARELLE, *à part.*

Si le remords le pouvait prendre !

DON JUAN, *après un moment de réflexion.*

Allons songer à l'exécution de notre entreprise amoureuse.

SGANARELLE, *seul.*

Ah ! quel abominable maître me vois-je obligé de servir !

FIN DU PREMIER ACTE.

ACTE II.

Le théâtre représente une campagne, au bord de la mer.

SCÈNE PREMIÈRE.

CHARLOTTE, PIERROT.

CHARLOTTE.

NOTRE dinse, Piarrot, tu t'es trouvé là bien à point.

PIERROT.

Parguienne, il ne s'en est pas fallu l'époisseur d'une éplingue qu'il ne se sayant nayés tous deux.

CHARLOTTE.

C'est donc le coup de vent d'à matin qui les avait renvarsés dans la mar ?

PIERROT.

Aga, quien, Charlotte, je m'en va te conter tout fin drait comme cela est venu : car, comme dit l'autre, je les ai le premier avisés, avisés le premier je les ai. Enfin donc, j'étions sur le bord de la mar, moi et le gros Lucas, et je nous amusions à batifoler avec des mottes de tarre que je nous jesquions à la tête ; car, comme tu sais bian, le gros Lucas aime à batifoler, et moi, par fouas, je batifole itou. En batifolant donc, pisque batifoler y a, j'ai aparçu de tout loin queuque chose qui grouillait dans gliau, et qui venait comme envars nous par secousse. Je voyais cela fixiblement, pis tout d'un coup je voyais que je ne voyais plus rian. Hé ! Lucas, ç'ai-je fait, je pense que v'là deux hommes qui nageant là-bas. Voire, ce m'a-t-il fait, t'as été au trépassement d'un chat, t'as la vue trouble. Palsanguienne ! ç'ai-je fait, je n'ai point la vue trouble, ce sont des hommes. Point du tout, ce m'a-t-il fait, t'as la barlue. Veux-tu gager, ç'ai-je fait, que je n'ai point la barlue, ç'ai-je fait, et que ce sont deux hommes, ç'ai-je fait, qui nageant droit ici, ç'ai-je fait ? Morguienne! ce m'a-t-il fait, je gage que non. Oh! çà, ç'ai-je fait, veux-tu gager dix sous que si? Je le veux bian, ce m'a-t-il fait; et pour te montrer, vlà argent sur jeu, ce m'a-t-il fait. Moi, je n'ai point été ni fou ni étourdi, j'ai bravement bouté à tarre pièces tapées, et cinq sous en doubles, jerniguienne, aussi hardiment que si j'avais avalé un varre de vin; car je sis hasardeux, moi, et je vas à la débandade. Je savais bian ce que je faisais pourtant. Queuque gniais!.. Enfin donc je n'avons pas putôt eu gagé, que j'avons vu les deux hommes tout à plain, qui nous faisiant signé de les aller quérir; et moi de tirer auparavant les enjeux. Allons, Lucas, ç'ai-je dit, tu vois bian qu'ils nous appelont; allons vite à leu secours. Non, ce m'a-t-il dit, ils m'ont fait pardre. Oh, donc, tanquia qu'à la parfin, pour le faire court, je l'ai tant sarmonné, que je nous sommes boutés dans une barque, et pis j'avons tant fait cahin caha, que je les avons tirés de gliau, et pis je les avons menés cheux nous auprès du feu, et pis ils se sant dépouillés tout nuds pour se sécher, et pis il y en est venu encore deux de la même bande qui s'équiant sauvés tout seuls, et pis Mathurine est arrivée là, à qui l'en a fait les doux yeux. Vlà justement, Charlotte, comme tout ça s'est fait

CHARLOTTE.

Ne m'as-tu pas dit, Piarrot, qu'il y en a un qu'est bien pu mieux fait que les autres?

PIERROT.

Oui, c'est le maître. Il faut que ce soit queuque gros, gros monsieu, car il a du d'or à son habit tout depis le haut jusqu'en bas; et ceux qui le servont sont des monsieux eux-mêmes, et stapandant, tout gros monsieur qu'il est, il serait, par ma fiqué, nayé si je n'aviomme été là.

CHARLOTTE.

Ardez un peu!

PIERROT.

Oh! parguienne! sans nous, il en avait pour semaine de fèves.

CHARLOTTE.

Est-il encore cheux toi tout nu, Piarrot?

PIERROT.

Nannain, ils l'avont r'habillé tout devant nous. Mon guieu, je n'en avais jamais vu s'habiller. Que d'histoires et d'engigorniaux boutont ces messieux-là les courtisans! Je me pardrais là-dedans, pour moi, et j'étais tout ébobi de voir ça. Quien, Charlette, ils avont de cheveux qui ne tenont point à leu tête; et ils boutent ça, après tout, comme un gros bonnet de filace. Ils ant des chemises qui ant des manches où j'entrerions tout brandis, toi et moi. En glieu d'haut-de-chausse, ils portont une garde robe aussi large que d'ici à Pâques; en glieu de pourpoint, de petites brassières qui ne leu venont pas jusqu'au brichet; et, en glieu de rabats, un grand mouchoir de cou à résiau, aveuc quatre grosses houpes de linge qui leu pendont sur l'estomaque. Ils avont itou d'autres petits rabats au bout des bras, et grands entonnois de passement aux jambes, et, parmi tout ça, tant de rubans, que c'est une vraie piquié. Ignia pas jusqu'aux souliers qui n'en soyont farcis tout depis un bout jusqu'à l'autre; et ils sont faits d'eune façon que je me romprais le cou aveuc.

CHARLOTTE.

Par ma fi, Piarrot, il faut que j'aille voir un peu ça.

PIERROT.

Oh! acoute un peu auparavant, Charlotte. J'ai queuque autre chose à te dire, moi.

CHARLOTTE.

Hé bian, dis; qu'est-ce que c'est?

PIERROT.

Vois-tu, Charlotte? il faut, comme dit l'autre, que je débonde mon cœur. Je t'aime, tu le sais bian, et je sommes pour être mariés ensemble; mais, marguienne, je ne suis point satisfait de toi.

CHARLOTTE.

Quement? qu'est-ce que c'est donc qu'iglia?

PIERROT.

Iglia que tu me chagraines l'esprit, franchement.

CHARLOTTE.

Et quement donc?

PIERROT.

Tétiguienne, tu ne m'aimes point.

CHARLOTTE.

Ah! ah! n'est-ce que ça?

PIERROT.

Oui, ce n'est que ça, et c'est bian assez.

CHARLOTTE.

Mon guieu, Piarrot, tu me viens toujou dire la même chose.

PIERROT.

Je te dis toujou la même chose, parce que c'est toujou la même chose; et, si ce n'était pas toujou la même chose, je ne te dirais pas toujou la même chose.

CHARLOTTE.

Mais qu'est-ce qu'il te faut? Que veux-tu?

PIERROT.

Jerniguienne! je veux que tu m'aimes.

CHARLOTTE.

Est-ce que je ne t'aime pas?

PIERROT.

Non, tu ne m'aimes pas, et si, je fais tout ce que je pis pour ça. Je t'achète, sans reproche, des rubans à tous les marciers qui passont; je me romps le cou à t'aller dénicher des marles; je fais jouer pour toi les vielleux quand ce vient ta fête: et tout ça comme si je me frappais la tête contre un mur. Vois-tu, ça n'est ni biau ni honnête de n'aimer pas les gens qui nous aimont.

CHARLOTTE.

Mais, mon gueiu, je t'aime aussi.

PIERROT.

Oui, tu m'aimes d'une belle dégaîne!

CHARLOTTE.

Quement veux-tu donc qu'on fasse?

PIERROT.

Je veux que l'en fasse comme l'en fait quand l'en aime comme il faut.

CHARLOTTE.

Ne t'aimè-je pas aussi comme il faut?

PIERROT.

Non. Quand ça est, ça se voit, et l'en fait mille petites singeries aux parsonnes quand on les aime du bon du cœur. Regarde la grosse Thomasse, comme alle est assottée du jeune Robain: alle est toujou autour de li à l'agacer, et ne le laisse jamais en repos. Toujou alle li fait queuque niche, ou li baille queuque taloche en passant; et, l'autre jour qu'il était assis sur un escabiau, al fut le tirer de dessous li, et le fit choir tout de son long par tarre. Jarni v'là où l'en voit les gens qui aimont; mais toi, tu ne me dis jamais mot, t'es toujou là comme eune vraie souche de bois; et je passerais vingt fois devant toi, que tu ne te grouillerais pas pour me bailler le moindre coup, ou me dire la moindre chose. Ventreguienne! ça n'est pas bian, après tout; et t'est trop froide pour les gens.

CHARLOTTE.

Que veux-tu que j'y fasse? C'est mon himeur, et je ne me pis refondre.

PIERROT.

Ignia himeur qui quienne. Quand en a de l'amiquié pour les parsonnes, l'en en baille toujou queuque petite signifiance.

CHARLOTTE.

Enfin, je t'aime tout autant que je pis, et, si tu n'es pas content de ça, tu n'as qu'à en aimer queuque autre.

PIERROT.

Hé bian! v'là pas mon compte? Tétigué! si tu m'aimais, me dirais-tu ça?

CHARLOTTE.

Pourquoi me viens-tu aussi tarabuster l'esprit?

PIERROT.

Morgué! queu mal te fais-je? Je ne te demande qu'un peu d'amiquié.

CHARLOTTE.

Hé bian! laisse faire aussi, et ne me presse poin

tant. Peu être que ça viendra tout d'un coup sans y songer.

PIERROT.

Touche donc là, Charlotte.

CHARLOTTE, *donnant sa main.*

Hé bien ! quien.

PIERROT.

Promets-moi donc que tu tâcheras de m'aimer davantage.

CHARLOTTE.

J'y ferai tout ce que je pourrai ; mais il faut que ça vienne de lui-même. Piarrot, est-ce là ce monsieu?

PIERROT.

Oui, le vlà.

CHARLOTTE.

Ah! mon guieu qu'il est genti, et que c'aurait été dommage qu'il eût été nayé!

PIERROT.

Je revians tout à l'heure ; je m'en vais boire chopaine pour me rebouter tant soit peu de la fatigue que j'ai eue.

SCENE II.

DON JUAN, SGANARELLE ; CHARLOTTE, *dans le fond du théâtre.*

DON JUAN.

Nous avons manqué notre coup, Sganarelle, et cette bourrasque imprévue a renversé avec notre barque le projet que nous avions fait : mais, à te dire vrai, la paysanne que je viens de quitter, répare ce malheur, et je lui ai trouvé des charmes qui effacent de mon esprit tout le chagrin que me donnait le mauvais succès de notre entreprise. Il ne faut pas que ce cœur m'échappe ; et j'y ai déjà jeté des dispositions à ne pas me souffrir longtemps de pousser des soupirs.

SGANARELLE.

Monsieur, j'avoue que vous m'étonnez. A peine sommes-nous échappés d'un péril de mort, qu'au lieu de rendre grace au ciel de la pitié qu'il a daigné prendre de nous, vous travaillez tout de nouveau à attirer sa colère par vos fantaisies accoutumées, et vos amours cr... (*Don Juan prend un air menaçant.*) Paix! coquin que vous êtes! vous ne savez ce que vous dites, et monsieur sait ce qu'il fait. Allons.

DON JUAN, *apercevant Charlotte.*

Ah! ah! d'où sort cette autre paysanne, Sganarelle? As-tu rien vu de plus joli? et ne trouves-tu pas, dis-moi, que celle-ci vaut bien l'autre ?

SGANARELLE.

Assurement. (*à part.*) Autre pièce nouvelle.

DON JUAN, *à Charlotte.*

D'où me vient, la belle, une rencontre si agréable? Quoi! dans ces lieux champêtres, parmi ces arbres et ces rochers, on trouve des personnes faites comme vous êtes?

CHARLOTTE.

Vous voyez, monsieu.

DON JUAN.

Êtes-vous de ce village?

CHARLOTTE.

Oui, monsieu.

DON JUAN.

Et vous y demeurez?

CHARLOTTE.

Oui, monsieu.

DON JUAN.

Vous vous appelez?

CHARLOTTE.

Charlotte, pour vous sarvir.

DON JUAN.

Ah! la belle personne, et que ses yeux sont pénétrants!

CHARLOTTE.

Monsieu, vous me rendez toute honteuse.

DON JUAN.

Ah! n'ayez point de honte d'entendre dire vos vérités. Sganarelle, qu'en dis-tu? Peut-on rien voir de plus agréable? Tournez-vous un peu, s'il vous plaît. Ah ! que cette taille est jolie! Haussez un peu la tête, de grace. Ah! que ce visage est mignon ! Ouvrez vos yeux entièrement. Ah ! qu'ils sont beaux! Que je voie un peu vos dents, je vous prie. Ah! qu'elles sont amoureuses, et ces lèvres appétissantes! Pour moi, je suis ravi, et je n'ai jamais vu une si charmante personne.

CHARLOTTE.

Monsieu, cela vous plaît à dire, et je ne sais pas si c'est pour vous railler de moi.

DON JUAN.

Moi, me railler de vous? Dieu m'en garde! Je vou aime trop pour cela, c'est du fond du cœur que je vous parle.

CHARLOTTE.

Je vous suis bien obligée, si ça est.

DON JUAN.

Point du tout, vous ne m'êtes point obligée de tout ce que je dis; et ce n'est qu'à votre beauté que vous en êtes redevable.

CHARLOTTE.

Monsieu, tout ça est trop bien dit pour moi, et je n'ai pas d'esprit pour vous répondre.

DON JUAN.

Sganarelle, regarde un peu ses mains.

CHARLOTTE.

Fi, monsieu! elles sont noires comme je ne sais quoi.

DON JUAN.

Ah! que dites-vous là? Elles sont les plus belles du monde : souffrez que je les baise, je vous prie.

CHARLOTTE.

Monsieu, c'est trop d'honneur que vous me faites ; et, si j'avais su ça tantôt, je n'aurais pas manqué de les laver avec du son.

DON JUAN.

Hé! dites-moi un peu, belle Charlotte, vous n'êtes pas mariée, sans doute?

CHARLOTTE.

Non, monsieur; mais je dois bientôt l'être avec Piarrot, le fils de la voisine Simonette.

DON JUAN.

Quoi! une personne comme vous serait la femme d'un simple paysan! Non, non, c'est profaner tant de beautés, et vous n'êtes pas née pour demeurer dans un village. Vous méritez, sans doute, une meilleure fortune; et le ciel, qui le connaît bien, m'a conduit ici tout exprès pour empêcher ce mariage, et rendre justice à vos charmes; car, enfin, belle Charlotte, je vous aime de tout mon cœur, et il ne tiendra qu'à vous que je vous arrache de ce misérable lieu, et que je vous mette dans l'état où vous méritez d'être. Cet amour est bien prompt, sans doute; mais quoi! c'est un effet, Charlotte, de votre grande beauté, et l'on vous aime autant en un quart d'heure qu'on ferait une autre en six mois.

CHARLOTTE.

Aussi vrai, monsieu, je ne sais comment fair quand vous parlez. Ce que vous dites me fait aise, et j'aurais toutes les envies du monde de vous croire ; mais on m'a toujou dit qu'il ne faut jamais croire les monsieux, et que vous autres courtisans êtes des enjoleux, qui ne songez qu'à abuser les filles.

DON JUAN.

Je ne suis pas de ces gens-là.

SGANARELLE, *à part.*

Il n'a garde.

CHARLOTTE.

Voyez-vous, monsieu? Il n'y a pas plaisir à se laisser abuser. Je suis une pauvre paysanne; mais j'ai l'honneur en recommandation, et j'aimerais mieux me voir morte que de me voir déshonorée.

DON JUAN.

Moi, j'aurais l'ame assez méchante pour abuser une personne comme vous? Je serais assez lâche pour vous déshonorer? Non, non, j'ai trop de conscience pour cela. Je vous aime, Charlotte, en tout bien et en tout honneur ; et, pour vous montrer que je vous dis vrai, sachez que je n'ai point d'autre dessein que de vous epouser. En voulez-vous un plus grand témoignage? M'y voilà prêt, quand vous voudrez; et je prends à témoin l'homme que voilà de la parole que je vous donne.

SGANARELLE.

Non, non, ne craignez point; il se mariera avec vous tant que vous voudrez.

DON JUAN.

Ah! Charlotte, je vois bien que vous ne me connaissez pas encore. Vous me faites grand tort de juger de moi par les autres; et s'il y a des fourbes dans le monde, des gens qui ne cherchent qu'à abuser des filles, vous devez me tirer du nombre, et ne pas mettre en doute la sincérité de ma foi; et puis votre beauté vous assure de tout. Quand on est faite comme vous, on doit être à couvert de toutes ces sortes de craintes: vous n'avez point l'air, croyez-moi, d'une personne qu'on abuse; et, pour moi, je l'avoue, je me percerais le cœur de mille coups, si j'avais eu la moindre pensée de vous trahir.

CHARLOTTE.

Mon dieu! je ne sais si vous dites vrai, ou non; mais vous faites que l'on vous croit.

DON JUAN.

Lorsque vous me croirez, vous me rendrez justice assurément; et je vous réitère encore la promesse que je vous ai faite. Ne l'acceptez-vous pas? et ne voulez-vous pas consentir à être ma femme?

CHARLOTTE.

Oui, pourvu que ma tante le veuille.

DON JUAN.

Touchez donc là, Charlotte, puisque vous le voulez bien de votre part.

CHARLOTTE.

Mais, au moins, monsieu, ne m'allez pas tromper, je vous prie; il y aurait de la conscience à vous, et vous voyez comme j'y vais à la bonne foi.

DON JUAN.

Comment! Il semble que vous doutiez encore de ma sincérité! Voulez-vous que je fasse des serments épouvantables? Que le ciel....

CHARLOTTE.

Mon dieu,! ne jurez point, je vous crois.

DON JUAN.

Donnez-moi donc un petit baiser, pour gage de votre parole.

CHARLOTTE.

Oh! monsieu, attendez que je soyons mariés, je vous prie. Après ça, je vous baiserai tant que vous voudrez.

DON JUAN.

Hé bien! belle Charlotte, je veux tout ce que vous voulez; abandonnez-moi seulement votre main, et souffrez que, par mille baisers, je lui exprime le ravissement où je suis.

SCENE III.

DON JUAN, SGANARELLE, PIERROT, CHARLOTTE.

PIERROT, *poussant don Juan qui baise la main de Charlotte.*

Tout doucement, monsieu: tenez-vous, s'il vous plaît. Vous vous échauffez trop, et vous pourriez gagner la puresie.

DON JUAN, *repoussant rudement Pierrot.*

Qui m'amène cet impertinent?

PIERROT, *se mettant entre don Juan et Charlotte.*

Je vous dis qu'ous vous tegniez, et qu'ous ne caressiais point nos accordées.

DON JUAN, *repoussant encore Pierrot.*

Ah! que de bruit!

PIERROT.

Jerniguienne! ce n'est pas comme ça qu'il faut pousser les gens.

CHARLOTTE, *prenant Pierrot par le bras.*

Et laisse-le faire aussi, Piarrot.

PIERROT.

Quement! que je le laisse faire? Je ne veux pas, moi.

DON JUAN.

Ah!

PIERROT.

Tétiguienne! parce qu'ous êtes monsieu, ous viendrez caresser nos femmes à notre barbe? Allez-v's-en caresser les vôtres.

DON JUAN.

Heu?

PIERROT.

Heu! (*don Juan lui donne un soufflet.*) Tétigué! ne me frappez pas. (*autre soufflet.*) Oh! jernigué! (*autre soufflet.*) Ventregué! (*autre soufflet.*) ! Palsangué! morguienne! ça n'est pas bian de battre les gens, et ce n'est pas là la récompense de v's avoir sauvé d'être nayé.

CHARLOTTE.

Piarrot, ne te fâche point.

PIERROT.

Je me veux fâcher; et t'es une vilaine, toi, d'endurer qu'on te cajole.

CHARLOTTE.

Oh! Piarrot, ce n'est pas ce que tu penses. Ce monsieu veut m'épouser, et tu ne dois pas te bouter en colère.

PIERROT.

Quement? jerni! tu m'es promise.

CHARLOTTE.

Ça n'y fait rien, Piarrot. Si tu m'aimes, ne dois-tu pas être bien aise que je devienne madame?

PIERROT.

Jerniguié! non. J'aime mieux te voir crevée que de te voir à un autre.

CHARLOTTE.

Va, va, Piarrot, ne te mets point en peine. Si je sis madame, je te ferai gagner queuque chose, et tu apporteras du beurre et du fromage cheux nous.

PIERROT.

Ventreguienne! je gni en porterai jamais, quand tu m'en paierais deux fois autant. Est-ce donc comme ça que t'écoutes ce qu'il te dit? Morguienne! si j'avais su ça tantôt, je me serais bian gardé de le tirer de gliau, et je gli aurais baillé un bon coup d'aviron sur la tête.

DON JUAN, *s'approchant de Pierrot pour le frapper.*

Qu'est-ce que vous dites?

PIERROT, *se mettant derrière Charlotte.*

Jerniguienne! je ne crains personne.

DON JUAN, *passant du côté où est Pierrot.*

Attendez-moi un peu.

PIERROT, *repassant de l'autre côté.*

Je me moque de tout, moi.

DON JUAN, *courant après Pierrot.*

Voyons cela.

PIERROT, *se sauvant encore derrière Charlotte.*

J'en avons bian vu d'autres.

DON JUAN.

Ouais.

SGANARELLE.

Hé! monsieur, laissez là ce pauvre misérable. C'est conscience de le battre. (*à Pierrot, en se mettant entre lui et don Juan.*) Écoute, mon pauvre garçon retire-toi, et ne lui dis rien.

PIERROT, *passant devant Sganarelle et regardant fièrement don Juan.*

Je veux lui dire, moi.

DON JUAN, *levant la main pour donner un soufflet à Pierrot.*

Ah! je vous apprendrai...

(*Pierrot baisse la tête, et Sganarelle reçoit le soufflet.*)

SGANARELLE, *regardant Pierrot.*

Peste soit du maroufle!

DON JUAN, *à Sganarelle.*

Te voilà payé de ta charité.

PIERROT.

Jarni! je vas dire à sa tante tout ce ménage ci.

SCENE IV.

DON JUAN, CHARLOTTE, SGANARELLE.

DON JUAN, *à Charlotte.*

Enfin, je m'en vais être le plus heureux de tous les hommes, et je ne changerais pas mon bonheur contre toutes les choses du monde. Que de plaisirs quand vous serez ma femme, et que...

SCÈNE V.

DON JUAN, MATHURINE, CHARLOTTE, SGANARELLE.

SGANARELLE, *apercevant Mathurine.*

Ah! ah!

MATHURINE, *à don Juan.*

Monsieu, que faites-vous donc là avec Charlotte? Est-ce que vous lui parlez d'amour aussi?

DON JUAN, *bas, à Mathurine.*

Non. Au contraire, c'est elle qui me témoignait une envie d'être ma femme, et je lui répondais que j'étais engagé à vous.

CHARLOTTE, *à don Juan.*

Qu'est-ce que c'est donc que vous veut Mathurine?

DON JUAN, *bas, à Charlotte.*

Elle est jalouse de me voir vous parler, et voudrait bien que je l'épousasse; mais je lui dis que c'est vous que je veux.

MATHURINE.

Quoi! Charlotte....

DON JUAN, *bas, à Mathurine.*

Tout ce que vous lui direz sera inutile; elle s'est mis cela dans la tête.

CHARLOTTE.

Quement donc? Mathurine....

DON JUAN, *bas, à Charlotte.*

C'est en vain que vous lui parlerez, vous ne lui ôterez pas cette fantaisie.

MATHURINE.

Est-ce que?...

DON JUAN, *bas, à Mathurine.*

Il n'y a pas moyen de lui faire entendre raison.

CHARLOTTE.

Je voudrais...

DON JUAN, *bas, à Charlotte.*

Elle est obstinée comme tous les diables.

MATHURINE.

Vrament?...

DON JUAN, *bas, à Mathurine.*

Ne lui dites rien, c'est une folle.

CHARLOTTE.

Je pense...

DON JUAN, *bas, à Charlotte.*

Laissez-la là, c'est une extravagante.

MATHURINE.

Non, non, il faut que je lui parle.

CHARLOTTE.

Je veux voir un peu ses raisons.

MATHURINE.

Quoi!...

DON JUAN, *bas, à Mathurine.*

Je gage qu'elle va vous dire que je lui ai promis de l'épouser.

CHARLOTTE.

Je...

DON JUAN, *bas, à Charlotte.*

Gageons qu'elle vous soutiendra que je lui ai donné parole de la prendre pour femme...

MATHURINE.

Holà! Charlotte! ça n'est pas bian de courir su le marché des autres.

CHARLOTTE.

Ce n'est pas honnête, Mathurine, d'être jalouse que monsieu me parle.

MATHURINE.

C'est moi que monsieu a vue la première.

CHARLOTTE.

S'il vous a vue la première il m'a vue la seconde, et m'a promis de m'épouser.

DON JUAN, *bas, à Mathurine.*

Hé bien! que vous ai-je dit?

MATHURINE, *à Charlotte.*

Je vous baise les mains; c'est moi et non pas vous, qu'il a promis d'épouser.

DON JUAN, *bas, à Charlotte.*

N'ai-je pas deviné?

CHARLOTTE.

A d'autres, je vous prie; c'est moi, vous dis-je.

MATHURINE.

Vous vous moquez des gens; c'est moi, encore un coup.

CHARLOTTE.

Le vlà qui est pour le dire, si je n'ai pas raison.

MATHURINE.

Le vlà qui est pour me démentir, si je ne dis pas vrai.

CHARLOTTE.

Est-ce, monsieu, que vous lui avez promis de l'épouser?

DON JUAN, *bas, à Charlotte.*

Vous vous raillez de moi.

MATHURINE.

Est-il vrai, monsieu, que vous lui avez donné parole d'être son mari?

DON JUAN, *bas, à Mathurine.*

Pouvez-vous avoir cette pensée?

CHARLOTTE.

Vous voyez qu'al le soutient.

DON JUAN, *bas, à Charlotte.*

Laissez-la faire.

MATHURINE.

Vous êtes témoin comme al l'assure.

DON JUAN, *bas, à Mathurine.*

Laissez-la dire.

CHARLOTTE.

Non, non, il faut savoir la vérité.

MATHURINE.

Il est question de juger ça.

CHARLOTTE.

Oui, Mathurine, je veux que monsieu vous montre votre bec jaune.

MATHURINE.

Oui, Charlotte, je veux que monsieu vous rende un peu camuse.

CHARLOTTE.

Monsieu, videz la querelle, s'il vous plaît.

MATHURINE.

Mettez-nous d'accord, monsieu.

CHARLOTTE, *à Mathurine.*

Vous allez voir.

MATHURINE. *à Charlotte.*

Vous allez voir vous-même.

CHARLOTTE, *à don Juan.*

Dites.

MATHURINE, *à don Juan.*

Parlez.

DON JUAN.

Que voulez-vous que je dise? Vous soutenez également toutes deux que je vous ai promis de vous prendre pour femmes. Est-ce que chacune de vous ne sait pas ce qui en est, sans qu'il soit nécessaire que je m'explique davantage? Pourquoi m'obliger là-dessus à des redites? Celle à qui j'ai promis effectivement n'a-t-elle pas en elle-même de quoi se moquer des discours de l'autre, et doit-elle se mettre en peine, pourvu que j'accomplisse ma promesse? Tous les discours n'avancent point les choses. Il faut faire et non pas dire; et les effets décident mieux que les paroles. Aussi n'est-ce rien que par-là que je vous veux mettre d'accord; et l'on verra, quand je me marierai, laquelle des deux a mon cœur. (*bas à Mathurine.*) Laissez-lui croire ce qu'elle voudra. (*bas à Charlotte.*) Laissez-la se flatter dans son imagination. (*bas à Mathurine.*) Je vous adore. (*bas à Charlotte.*) Je suis tout à vous (*bas à Mathurine.*) Tous les visages sont laids auprès du vôtre. (*bas à Charlotte.*) On ne peut

plus souffrir les autres quand on vous a vue. (*haut.*) **J'ai un petit ordre à donner; je viens vous retrouver dans un quart d'heure.**

SCENE VI.

CHARLOTTE, MATHURINE, SGANARELLE.

CHARLOTTE, *à Mathurine.*

Je suis celle qu'il aime, au moins.

MATHURINE, *à Charlotte.*

C'est moi qu'il épousera.

SGANARELLE, *arrêtant Charlotte et Mathurine.*

Ah! pauvres filles que vous êtes, j'ai pitié de votre innocence, et je ne puis souffrir de vous voir courir à votre malheur. Croyez-moi, l'une et l'autre : ne vous amusez point à tous les contes qu'on vous fait, et demeurez dans votre village.

SCENE VII.

DON JUAN, CHARLOTTE, MATHURINE, SGNARELLE.

DON JUAN, *dans le fond du théâtre, à part.*

Je voudrais bien savoir pourquoi Sganarelle ne me suit pas.

SGANARELLE.

Mon maître est un fourbe; il n'a dessein que de vous abuser, et en a bien abusé d'autres : c'est l'épouseur du genre humain, et... (*apercevant don Juan.*) Cela est faux; et quiconque vous dira cela, vous lui devez dire qu'il en a menti. Mon maître n'est point l'épouseur du genre humain, il n'est point fourbe; il n'a pas dessein de vous tromper, et n'en a point abusé d'autres. Ah! tenez, le voilà; demandez-le plutôt à lui même.

DON JUAN, *regardant Sganarelle et le soupçonnant d'avoir parlé.*

Oui!

SGANARELLE.

Monsieur, comme le monde est plein de médisants, je vais au-devant des choses; et je leur disais que, si quelqu'un leur venait dire du mal de vous, elles se gardassent bien de le croire, et ne manquassent pas de lui dire qu'il en aurait menti.

DON JUAN.

Sganarelle!

SGANARELLE, *à Charlotte et à Mathurine.*

Oui, monsieur est homme d'honneur; je le garantis tel.

DON JUAN.

Hon!

SGANARELLE.

Ce sont des impertinents.

SCÈNE VIII.

DON JUAN, LA RAMÉE, CHARLOTTE, MATHURINE, SGANARELLE.

LA RAMÉE, *bas à don Juan.*

Monsieur, je viens vous avertir qu'il ne fait pas bon ici pour vous.

DON JUAN.

Comment?

LA RAMÉE.

Douze hommes à cheval vous cherchent, qui doivent arriver ici dans un moment; je ne sais par quel moyen ils peuvent vous avoir suivi; mais j'ai appris cette nouvelle d'un paysan qu'ils ont interrogé, et auquel ils vous ont dépeint. L'affaire presse; et le plus tôt que vous pourrez sortir d'ici sera le meilleur.

SCENE IX.

DON JUAN, CHARLOTTE, MATHURINE, SGANARELLE.

DON JUAN, *à Charlotte et à Mathurine.*

Une affaire pressante m'oblige de partir d'ici; mais je vous prie de vous ressouvenir de la parole que je vous ai donnée, et de croire que vous aurez de mes nouvelles avant qu'il soit demain au soir.

SCENE X.

DON JUAN, SGANARELLE.

DON JUAN.

Comme la partie n'est pas égale, il faut user de stratagème, et éluder adroitement le malheur qui me cherche. Je veux que Sganarelle se revête de mes habits, et moi...

SGANARELLE.

Monsieur, vous vous moquez. M'exposer à êt tué sous vos habits, et...

DON JUAN.

Allons vite, c'est trop d'honneur que je vous fais; et bienheureux est le valet qui peut avoir la gloire de mourir pour son maître.

SGANARELLE.

Je vous remercie d'un tel honneur. (*seul.*) O ciel! puisqu'il s'agit de mort, fais-moi la grace de n'être point pris pour un autre!

FIN DU SECOND ACTE.

ACTE III.

Le théâtre représente une forêt.

SCENE PREMIERE.

DON JUAN, *en habit de campagne*, **SGANARELLE,** *en médecin.*

SGANARELLE.

Ma foi, monsieur, avouez que j'ai eu raison, et que nous voilà l'un et l'autre déguisés à merveille. Votre premier dessein n'était point du tout à propos, et ceci nous cache bien mieux que tout ce que vous vouliez faire.

DON JUAN.

Il est vrai que te voilà bien; et je ne sais où tu as été déterrer cet attirail ridicule.

SGANARELLE.

Oui? C'est l'habit d'un vieux médecin, qui a été laissé en gage au lieu où je l'ai pris, et il m'en a coûté de l'argent pour l'avoir. Mais savez-vous, monsieur, que cet habit me met déjà en considération, que je suis salué des gens que je rencontre, et que l'on me vient consulter ainsi qu'un habile homme?

DON JUAN.

Comment donc?

SGANARELLE.

Cinq ou six paysans et paysannes, en me voyant passer, me sont venus demander mon avis sur différentes maladies.

DON JUAN.

Tu leur as répondu que tu n'y entendais rien?

SGANARELLE.

Moi? Point du tout. J'ai voulu soutenir l'honneur de mon habit; j'ai raisonné sur le mal, et leur ai fait des ordonnances à chacun.

DON JUAN.

Et quels remèdes encore leur as-tu ordonnés?

SGANARELLE.

Ma foi, monsieur, j'en ai pris par où j'en ai pu attraper; j'ai fait mes ordonnances à l'aventure; et ce serait une chose plaisante, si les malades guérissaient et qu'on m'en vint remercier.

DON JUAN.

Et pourquoi non! Par quelle raison n'aurais-tu pas les mêmes priviléges qu'ont tous les autres médecins? Ils n'ont pas plus de part que toi aux guérisons des malades, et tout leur art est pure grimace. Ils ne font rien que recevoir la gloire des heureux succès, et tu peux profiter comme eux du bonheur du malade, et voir attribuer à tes remèdes tout ce qui peut venir des faveurs du hasard et des forces de la nature.

SGANARELLE.

Comment! monsieur, vous êtes aussi impie en medecine?

DON JUAN.

C'est une des grandes erreurs qui soient parmi les hommes.

SGANARELLE.

Quoi! vous ne croyez pas au séné, ni à la casse, ni au vin émétique?

DON JUAN.

Et pourquoi veux-tu que j'y croie?

SGANARELLE.

Vous avez l'ame bien mécréante. Cependant vous voyez depuis un temps que le vin émétique fait bruire ses fuseaux. Ses miracles ont converti les plus incrédules esprits; et il n'y a pas trois semaines que j'en ai vu, moi qui vous parle, un effet merveilleux.

DON JUAN.

Et quel?

SGANARELLE.

Il y avait un homme qui, depuis six jours, était à l'agonie; on ne savait plus que lui ordonner, et tous les remèdes ne faisaient rien; on s'avisa à la fin de lui donner de l'émétique.

DON JUAN.

Il réchappa, n'est-ce pas?

SGANARELLE.

Non, il mourut.

DON JUAN.

L'effet est admirable.

SGANARELLE.

Comment! il y avait six jours entiers qu'il ne pouvait mourir, et cela le fit mourir tout d'un coup. Voulez-vous rien de plus efficace?

DON JUAN.

Tu as raison.

SGANARELLE.

Mais, laissons-là la médecine où vous ne croyez point, et parlons des autres choses; car cet habit me donne de l'esprit, et je me sens en humeur de disputer contre vous. Vous savez bien que vous me permettez les disputes, et que vous ne me défendez que les remontrances.

DON JUAN.

Hé bien?

SGANARELLE.

Je veux savoir vos pensées à fond, et vous connaître un peu mieux que je ne fais. Çà, quand voulez-vous mettre fin à vos débauches, et mener la vie d'un honnête homme?

DON JUAN *lève la main pour lui donner un soufflet.*

Ah! maître sot, vous allez d'abord aux remontrances.

SGANARELLE, *en se reculant.*

Morbleu! je suis bien sot en effet de vouloir m'amuser à raisonner avec vous: faites tout ce que vous voudrez; il m'importe bien que vous vous perdiez ou non, et que...

DON JUAN

Tais-toi. Songeons à notre affaire. Ne serions-nous point égarés? Appelle cet homme que voilà là-bas, pour lui demander le chemin.

SCENE II.

DON JUAN, SGANARELLE, UN PAUVRE

SGANARELLE.

Holà! ho! l'homme! ho! mon compère! ho! l'ami, un petit mot, s'il vous plaît. Enseignez-nous un peu le chemin qui mène à la ville.

LE PAUVRE.

Vous n'avez qu'à suivre cette route, messieurs, et détourner à main droite quand vous serez au bout de la forêt; mais je vous donne avis que vous devez vous tenir sur vos gardes, et que, depuis quelque temps, il y a des voleurs ici autour.

DON JUAN.

Je te suis bien obligé, mon ami, et je te rends grace de tout mon cœur.

SCÈNE III.

DON JUAN, SGANARELLE.

SGANARELLE.

Ah! monsieur, quel bruit! quel cliquetis!

DON JUAN, *regardant dans la forêt.*

Que vois-je là! Un homme attaqué par trois autres. La partie est trop inégale, et je ne dois pas souffrir cette lâcheté.

(*Il met l'épée à la main et court au lieu du combat.*)

SCENE IV.

SGANARELLE, *seul.*

Mon maître est un vrai enragé d'aller se présenter à un péril qui ne le cherche pas; mais, ma foi, le secours a servi, et les deux ont fait fuir les trois.

SCÈNE V.

DON JUAN, DON CARLOS, SGANARELLE, *au fond du théâtre.*

DON CARLOS, *remettant son épée.*

On voit, par la fuite de ces voleurs, de quel secours est votre bras. Souffrez, monsieur, que je vous rende grace d'une action si généreuse, et que...

DON JUAN.

Je n'ai rien fait, monsieur, que vous n'eussiez fait à ma place. Notre propre honneur est intéressé dans de pareilles aventures; et l'action de ces coquins était si lâche, que c'eût été y prendre part que de ne s'y pas opposer. Mais par quelle rencontre vous êtes-vous trouvé entre leurs mains?

DON CARLOS.

Je m'étais, par hasard, égaré d'un frère et de tous ceux de notre suite; et, comme je cherchais à les rejoindre, j'ai fait rencontre de ces voleurs, qui, d'abord ont tué mon cheval, et qui, sans votre valeur, en auraient fait autant de moi.

DON JUAN.

Votre dessein est-il d'aller du côté de la ville?

DON CARLOS.

Oui, mais sans y vouloir entrer; et nous nous voyons obligés, mon frère et moi, à tenir la campagne pour une de ces fâcheuses affaires qui réduisent les gentilshommes à se sacrifier, eux et leur famille, à la sévérité de leur honneur, puisqu'enfin le plus doux succès en est toujours funeste, et que, si l'on ne quitte pas la vie, on est contraint de quitter le royaume; et c'est en quoi je trouve la condition d'un gentilhomme malheureuse, de ne pouvoir point s'assurer sur toute la prudence et toute l'honnêteté de sa conduite, d'être asservi par les lois de l'honneur au déréglement de la conduite d'autrui, et de voir sa vie, son repos et ses biens, dépendre de la fantaisie du premier téméraire qui s'avisera de lui faire une de ces injures pour qui un honnête homme doit périr.

DON JUAN.

On a cet avantage, qu'on fait courir le même risque et passer aussi mal le temps à ceux qui prennent fantaisie de nous venir faire une offense de gaieté de cœur. Mais ne serait-ce point une indiscrétion que de vous demander quelle peut être votre affaire?

DON CARLOS.

La chose en est aux termes de n'en plus faire de secret; et, lorsque l'injure a une fois éclaté, notre honneur ne va point à vouloir cacher notre honte, mais à faire éclater notre vengeance, et à publier même le dessein que nous en avons. Ainsi, monsieur, je ne feindrai point de vous dire que l'offense que nous cherchons à venger, est une sœur séduite et enlevée d'un couvent, et que l'auteur de cette offense est un don Juan Tenorio, fils de don Louis Tenorio. Nous le cherchons depuis quelques jours, et nous l'avons suivi ce matin sur le rapport d'un valet, qui nous a dit qu'il sortait à cheval, accompagné de quatre ou cinq, et qu'il avait pris le long de cette côte; mais tous nos soins ont été inutiles, et nous n'avons pu découvrir ce qu'il est devenu.

DON JUAN.

Le connaissez-vous, monsieur, ce don Juan dont vous parlez?

DON CARLOS.

Non, quant à moi. Je ne l'ai jamais vu, et je l'ai seulement ouï dépeindre à mon frère : mais la renommée n'en dit pas force bien, et c'est un homme dont la vie....

DON JUAN.

Arrêtez, monsieur, s'il vous plaît. Il est un peu de mes amis, et ce serait à moi une espèce de lâcheté que d'en ouïr dire du mal.

DON CARLOS.

Pour l'amour de vous, monsieur, je n'en dirai rien du tout, et c'est bien la moindre chose que je vous doive, après m'avoir sauvé la vie, que de me taire devant vous d'une personne que vous connaissez, lorsque je ne puis en parler sans en dire du mal : mais, quelque ami que vous lui soyez, j'ose espérer que vous n'approuverez pas son action, et ne trouverez pas étrange que nous cherchions d'en prendre vengeance.

DON JUAN.

Au contraire, je vous y veux servir, et vous épargner des soins inutiles. Je suis ami de don Juan, je ne puis pas m'en empêcher; mais il n'est pas raisonnable qu'il offense impunément des gentilshommes, et je m'engage à vous faire faire raison par lui.

DON CARLOS.

Et quelles raisons peut-on faire à ces sortes d'injures?

DON JUAN.

Toutes celles que votre honneur peut souhaiter; et, sans vous donner la peine de chercher don Juan davantage, je m'oblige à le faire trouver au lieu que vous voudrez, et quand il vous plaira.

DON CARLOS.

Cet espoir est bien doux, monsieur, à des cœurs offensés; mais, après ce que je vous dois, ce me serait une trop sensible douleur que vous fussiez de la partie.

DON JUAN.

Je suis si attaché à don Juan, qu'il ne saurait se battre que je ne me batte aussi. Mais enfin j'en réponds comme de moi-même; et vous n'avez qu'à dire quand vous voulez qu'il paraisse et vous donne satisfaction.

DON CARLOS.

Que ma destinée est cruelle! Faut-il que je vous doive la vie, et que don Juan soit de vos amis!

SCENE VI.

DON ALONSE, DON CARLOS, DON JUAN, SGANARELLE.

DON ALONSE, *parlant à ceux de sa suite, sans voir don Carlos, ni don Juan.*

Faites boire là mes chevaux, et qu'on les amène après nous; je veux un peu marcher à pied. (*les apercevant tout deux.*) O ciel! que vois-je ici? Quoi! mon frère, vous voilà avec notre ennemi mortel!

DON CARLOS.

Notre ennemi mortel?

DON JUAN, *mettant la main sur la garde de son épée.*

Oui, je suis don Juan moi-même, et l'avantage du nombre ne m'obligera pas à vouloir déguiser mon nom.

DON ALONSE, *mettant l'épée à la main.*

Ah! traître, il faut que tu périsses, et...

(*Sganarelle court se cacher.*)

DON CARLOS.

Ah! mon frère, arrêtez. Je lui suis redevable de la vie; et, sans le secours de son bras, j'aurais été tué par des voleurs que j'ai trouvés.

DON ALONSE.

Et voulez-vous que cette considération empêche notre vengeance? Tous les services que nous rend une main ennemie ne sont d'aucun mérite pour engager notre ame; et, s'il faut mesurer l'obligation à l'injure, votre reconnaissance, mon frère, est ici ridicule; et, comme l'honneur est infiniment plus précieux que la vie, c'est ne devoir rien proprement que d'être redevable de la vie à qui nous a ôté l'honneur.

DON CARLOS.

Je sais la différence, mon frère, qu'un gentilhomme doit toujours mettre entre l'un et l'autre; et la reconnaissance de l'obligation n'efface point en moi le ressentiment de l'injure : mais souffrez que je lui rende ici ce qu'il m'a prêté, que je m'acquitte sur le champ de la vie je lui dois, par un délai de notre vengeance, et lui laisse la liberté de jouir pendant quelques jours du fruit de son bienfait.

DON ALONSE.

Non, non, c'est hasarder notre vengeance que de la reculer, et l'occasion de la prendre peut ne plus revenir. Le ciel nous l'offre ici, c'est à nous d'en profiter. Lorsque l'honneur est blessé mortellement, on ne doit point songer à garder aucunes mesures; et si vous répugnez à prêter votre bras à cette action, vous n'avez qu'à vous retirer, et laisser à ma main la gloire d'un tel sacrifice.

DON CARLOS.

De grace, mon frère...

DON ALONSE.

Tous ces discours sont superflus; il faut qu'il meure.

DON CARLOS.

Arrêtez-vous, vous dis-je, mon frère; je ne souffrirai point du tout qu'on attaque ses jours; et je jure le ciel que je le défendrai ici contre qui que ce soit, et je saurai lui faire un rempart de cette même vie qu'il a sauvée; et, pour adresser vos coups, il faudra que vous me perciez.

DON ALONSE.

Quoi! vous prenez le parti de notre ennemi contre moi; et, loin d'être saisi à son aspect des mêmes transports que je sens, vous faites voir pour lui des sentiments pleins de douceur!

DON CARLOS.

Mon frère, montrons de la modération dans une action légitime, et ne vengeons point notre honneur avec cet emportement que vous témoignez. Ayons un cœur dont nous soyons les maîtres, une valeur qui n'ait rien de farouche, et qui se porte aux choses par une délibération de notre raison, et non point par le mouvement d'une aveugle colère. Je ne veux point, mon frère, demeurer redevable à mon ennemi, et je lui ai une obligation dont il faut que je m'acquitte avant toute chose. Notre vengeance, pour être différée, n'en sera pas moins éclatante : au contraire, elle en tirera de l'avantage; et cette occasion de l'avoir pu prendre, la fera paraître plus juste aux yeux de tout le monde.

DON ALONSE.

O l'étrange faiblesse, et l'aveuglement effroyable de hasarder ainsi les intérêts de son honneur pour la ridicule pensée d'une obligation chimérique!

DON CARLOS.

Non, mon frère, ne vous mettez pas en peine. Si je fais une faute, je saurai bien la réparer, et je me charge de tout le soin de notre honneur, je sais à quoi il nous oblige; et cette suspension d'un jour, que ma reconnaissance lui demande ne fera qu'augmenter l'ardeur que j'ai de le satisfaire. Don Juan, vous voyez que j'ai soin de vous rendre le bien que j'ai reçu de vous, et vous devez par là juger du reste, croire que je m'acquitte avec même chaleur de ce que je dois, et que je ne serai pas moins exact à vous payer l'injure que le bienfait. Je ne veux point vous obliger ici à expliquer vos sentiments, et je vous donne la liberté de penser à loisir aux résolutions que vous avez à prendre. Vous connaissez assez la grandeur de l'offense que vous nous avez faite, et je vous fais juge vous-même des réparations qu'elle demande. Il est des moyens doux pour nous satisfaire; il en est de violents et de sanglants; mais enfin, quelque choix que vous fassiez, vous m'avez donné parole de me faire faire raison par don Juan. Songez à me la faire, je vous prie, et vous ressouvenez que, hors d'ici, je ne dois plus qu'à mon honneur.

DON JUAN.

Je n'ai rien exigé de vous, et vous tiendrai ce que j'ai promis.

DON CARLOS.

Allons, mon frère, un moment de douceur ne fait aucune injure à la sévérité de notre devoir.

SCENE VII.

DON JUAN, SGANARELLE.

DON JUAN.

Holà! hé! Sganarelle!

SGANARELLE, *sortant de l'endroit où il était caché.*

Plaît-il?

DON JUAN.

Comment! coquin, tu fuis quand on m'attaque!

SGANARELLE.

Pardonnez-moi, monsieur, je viens seulement d'ici près. Je crois que cet habit est purgatif, et que c'est prendre médecine que de le porter.

DON JUAN.

Peste soit l'insolent! Couvre au moins ta poltronnerie d'un voile plus honnête. Sais-tu bien qui est celui à qui j'ai sauvé la vie?

SGANARELLE.

Moi? non.

DON JUAN.

C'est un frère d'Elvire.

SGANARELLE.

Un...

DON JUAN.

Il est assez honnête homme, il en a bien usé, et j'ai regret d'avoir démêlé avec lui.

SGANARELLE.

Il vous serait aisé de pacifier toutes choses.

DON JUAN.

Oui, mais ma passion est usée pour done Elvire, et l'engagement ne compâtit point avec mon humeur. J'aime la liberté en amour, tu le sais; et je ne saurais me résoudre à renfermer mon cœur entre quatre murailles. Je te l'ai dit vingt fois, j'ai une pente naturelle à me laisser aller à tout ce qui m'attire. Mon cœur est à toutes les belles; et c'est à elles à le prendre tour à tour, et à le garder tant qu'elles le pourront. Mais quel est le superbe édifice que je vois entre ces arbres.

SGANARELLE.

Vous ne le savez pas?

DON JUAN.

Non, vraiment.

SGANARELLE.

Bon! c'est le tombeau que le commandeur faisait faire lorsque vous le tuâtes.

DON JUAN.

Ah! tu as raison. Je ne savais pas que c'était de ce côté-ci qu'il était. Tout le monde m'a dit des merveilles de cet ouvrage, aussi bien que de la statue du commandeur, et j'ai envie de l'aller voir.

SGANARELLE.

Monsieur, n'allez point là?

DON JUAN.

Pourquoi?

SGANARELLE.

Cela n'est pas civil d'aller voir un homme que vous avez tué.

DON JUAN.

Au contraire, c'est une visite dont je lui veux faire civilité, et qu'il doit recevoir de bonne grace s'il est galant homme. Allons, entrons dedans.

(*Le tombeau s'ouvre, et l'on voit la statue du commandeur.*)

SGANARELLE.

Ah! que cela est beau! Les belles statues! le beau marbre! les beaux piliers! Ah! que cela est beau. Qu'en dites-vous, monsieur?

DON JUAN.

Qu'on ne peut voir aller plus loin l'ambition d'un homme mort; et ce que je trouve admirable, c'est qu'un homme qui s'est passé durant sa vie d'une assez simple demeure en veuille avoir une si magnifique pour quand il n'en a plus que faire.

SGANARELLE.

Voici la statue du commandeur.

DON JUAN.

Parbleu! le voilà bon, avec son habit d'empereur romain!

SGANARELLE.

Ma foi, monsieur, voilà qui est bien fait. Il semble qu'il est en vie, et qu'il s'en va parler. Il jette des regards sur nous qui me feraient peur si j'étais tout seul, et je pense qu'il ne prend pas plaisir de nous voir.

DON JUAN.

Il aurait tort; et ce serait mal recevoir l'honneur que je lui fais. Demande-lui s'il veut venir souper avec moi.

SGANARELLE.

C'est une chose dont il n'a pas besoin, je crois.

DON JUAN.

Demande-lui, te dis-je.

SGANARELLE.

Vous moquez-vous? Ce serait être fou que d'aller parler à une statue.

DON JUAN.

Fais ce que je te dis.

SGANARELLE.

Quelle bizarrerie! Seigneur commandeur...... (*A part.*) Je ris de ma sottise; mais c'est mon maître qui me la fait faire. (*Haut.*) Seigneur commandeur, mon maître don Juan vous demande si vous voulez lui faire l'honneur de venir souper avec lui. (*La statue baisse la tête.*) Ah!

DON JUAN.

Qu'est-ce? Qu'as-tu? Dis donc. Veux-tu parler?

SGANARELLE, *baissant la tête comme la statue.*

La statue...

DON JUAN.

Hé bien! que veux-tu dire, traître?

SGANARELLE.

Je vous dis que la statue...

DON JUAN.

Hé bien! la statue? Je t'assomme, si tu ne parles.

SGANARELLE.

La statue m'a fait signe.

DON JUAN.

La peste! le coquin!

SGANARELLE.

Elle m'a fait signe, vous dis-je; il n'est rien de plus vrai. Allez-vous-en lui parler vous-même pour voir. Peut-être...

DON JUAN.

Viens, maraud, viens. Je te veux bien faire toucher au doigt ta poltronnerie: prends garde. Le Seigneur commandeur voudrait-il venir souper avec moi?

(*La statue baisse encore la tête.*)

SGANARELLE.

Je ne voudrais pas en tenir dix pistoles. Hé bien, monsieur?

DON JUAN.

Allons, sortons d'ici.

SGANARELLE, *seul.*

Voilà de mes esprits forts qui ne veulent rien croire.

FIN DU TROISIÈME ACTE.

ACTE IV.

Le théâtre représente l'appartement de Don Juan.

—

SCÈNE PREMIÈRE.

DON JUAN, SGANARELLE, RAGOTIN.

DON JUAN, *à Sganarelle.*

Quoi qu'il en soit, laissons cela : c'est une bagatelle ; et nous pouvons avoir été trompés par un faux jour, ou surpris de quelque vapeur qui nous ait troublé la vue.

SGANARELLE.

Hé! monsieur, ne cherchez point à démentir ce que nous avons vu des yeux que voilà. Il n'est rien de plus véritable que ce signe de tête ; et je ne doute point que le ciel, scandalisé de votre vie, n'ait produit ce miracle pour vous convaincre, et pour vous retirer de...

DON JUAN.

Écoute. Si tu m'importunes davantage de tes sottes moralités, si tu me dis encore le moindre mot là-dessus, je vais appeler quelqu'un, demander un nerf de bœuf, te faire tenir par trois ou quatre, et te rouer de mille coups. M'entends-tu bien?

SGANARELLE.

Fort bien, monsieur, le mieux du monde. Vous vous expliquez clairement ; c'est ce qu'il y a de bon en vous, que vous n'allez point chercher de détours ; vous dites les choses avec une netteté admirable.

DON JUAN.

Allons, qu'on me fasse souper le plus tôt que l'on pourra. Une chaise, petit garçon.

SCENE II.

DON JUAN, LA VIOLETTE, SGANARELLE, RAGOTIN.

LA VIOLETTE.

Monsieur, voilà votre marchand, monsieur Dimanche, qui demande à vous parler.

SGANARELLE.

Bon! voilà ce qu'il nous faut, qu'un compliment de créancier. De quoi s'avise-t-il de nous venir demander de l'argent? et que ne lui disais-tu que monsieur n'y est pas?

LA VIOLETTE.

Il y a trois quarts d'heure que je lui dis ; mais il ne veut pas le croire, et s'est assis là-dedans pour attendre.

SGANARELLE.

Qu'il attende tant qu'il voudra.

DON JUAN.

Non ; au contraire, faites-le entrer. C'est une for mauvaise politique que de se faire céler aux créanciers. Il est bon de les payer de quelque chose ; et j'ai le secret de les renvoyer satisfaits, sans leur donner un double.

SCENE III.

DON JUAN, M. DIMANCHE, SGANARELLE, LA VIOLETTE, RAGOTIN.

DON JUAN.

Ah ! monsieur Dimanche, approchez. Que je suis ravi de vous voir ! et que je veux de mal à mes gens de ne vous pas faire entrer d'abord ! J'avais donné ordre qu'on ne me fît parler à personne : mais cet ordre n'est pas pour vous, et vous êtes en droit de ne trouver jamais de porte fermée chez moi.

M. DIMANCHE.

Monsieur, je vous suis fort obligé.

DON JUAN, *parlant à la Violette et à Ragotin.*

Parbleu ! coquins, je vous apprendrai à lais monsieur Dimanche dans une antichambre, et je vous ferai connaître les gens.

M. DIMANCHE.

Monsieur, cela n'est rien.

DON JUAN, *à M. Dimanche*

Comment! vous dire que je n'y suis pas, à monsieur Dimanche, au meilleur de mes amis!

M. DIMANCHE.

Monsieur, je suis votre serviteur. J'étais venu...

DON JUAN.

Allons vite, un siège pour monsieur Dimanche.

M. DIMANCHE.

Monsieur, je suis bien comme cela.

DON JUAN.

Point, point ; je veux que vous soyez assis comme moi.

M. DIMANCHE.

Cela n'est point nécessaire.

DON JUAN.

Otez ce pliant, et apportez un fauteuil.

M. DIMANCHE.

Monsieur, vous vous moquez, et...

DON JUAN.

Non, non, je sais ce que je vous dois ; et je ne veux point qu'on mette de différence entre nous deux.

M. DIMANCHE.

Monsieur...

DON JUAN.

Allons, asseyez-vous.

M. DIMANCHE.

Il n'est pas besoin, monsieur ; et je n'ai qu'un mot à vous dire. J'étais...

DON JUAN.

Mettez-vous là, vous dis-je.

M. DIMANCHE.

Non, monsieur ; je suis bien. Je viens pour...

DON JUAN.

Non, je ne vous écoute point, si vous n'êtes point assis.

M. DIMANCHE.

Monsieur, je fais ce que vous voulez. Je...

DON JUAN.

Parbleu ! monsieur Dimanche, vous vous portez bien.

M. DIMANCHE.

Oui, monsieur, pour vous rendre service. Je suis venu...

DON JUAN.

Vous avez un fonds de santé admirable, des lèvres fraîches, un teint vermeil, et des yeux vifs.

M. DIMANCHE.

Je voudrais bien...

DON JUAN.

Comment se porte madame Dimanche, votre épouse?

M. DIMANCHE.

Fort bien, monsieur, Dieu merci.

DON JUAN.

C'est une brave femme.

M. DIMANCHE.

Elle est votre servante, monsieur. Je venais...

DON JUAN.

Et votre petite fille Claudine, comment se porte-t-elle?

M. DIMANCHE.

Le mieux du monde.

DON JUAN.

La jolie petite fille que c'est ! je l'aime de tout mon cœur.

M. DIMANCHE.

C'est trop d'honneur que vous lui faites, monsieur. Je vous...

DON JUAN.

Et le petit Colin, fait-il toujours bien du bruit avec son tambour?

M. DIMANCHE.

Toujours de même, monsieur. Je...

DON JUAN.

Et votre petit chien Brusquet, gronde-t il toujours

aussi fort, et mord-il toujours bien aux jambes les gens qui vont chez vous?

M. DIMANCHE.

Plus que jamais, monsieur, et nous ne saurions en chevir.

DON JUAN, *lui tendant la main.*

Ne vous étonnez pas si je m'informe des nouvelles de toute la famille, car j'y prends beaucoup d'intérêt.

M. DIMANCHE.

Nous vous sommes, monsieur, infiniment obligés. Je...

DON JUAN.

Touchez donc là, monsieur Dimanche. Êtes-vous bien de mes amis?

M. DIMANCHE.

Monsieur, je suis votre serviteur.

DON JUAN.

Parbleu! je suis à vous de tout mon cœur.

M. DIMANCHE.

Vous m'honorez trop. Je...

DON JUAN.

Il n'y a rien que je ne fisse pour vous.

M. DIMANCHE.

Monsieur, vous avez trop de bonté pour moi.

DON JUAN.

Et cela sans intérêt, je vous prie de le croire.

M. DIMANCHE.

Je n'ai point mérité cette grace, assurément. Mais monsieur...

DON JUAN.

Oh çà, monsieur Dimanche, sans façon, voulez-vous souper avec moi?

M. DIMANCHE.

Non, monsieur, il faut que je m'en retourne tout à l'heure. Je...

DON JUAN, *se levant.*

Allons, vite, un flambeau pour conduire monsieur Dimanche; et que quatre ou cinq de mes gens prennent des mousquetons pour l'escorter.

M. DIMANCHE, *se levant aussi.*

Monsieur, il n'est pas nécessaire, et je m'en irai bien tout seul. Mais...

(*Sganarelle ôte les sièges promptement.*)

DON JUAN.

Comment! je veux qu'on vous escorte, et je m'intéresse trop à votre personne. Je suis votre serviteur, et de plus, votre débiteur.

M. DIMANCHE.

Ah! monsieur...

DON JUAN.

C'est une chose que je ne cache pas; je le dis à tout le monde.

M. DIMANCHE.

Si...

DON JUAN.

Voulez-vous que je vous reconduise?

M. DIMANCHE.

Ah! monsieur, vous vous moquez. Monsieur...

DON JUAN.

Embrassez-moi donc, s'il vous plaît. Je vous prie, encore une fois, d'être persuadé que je suis tout à vous, et qu'il n'y a rien au monde que je ne fisse pour votre service. (*Il sort.*)

SCENE IV.

M. DIMANCHE, SGANARELLE.

SGANARELLE.

Il faut avouer que vous avez en monsieur un homme qui vous aime bien.

M. DIMANCHE.

Il est vrai, il me fait tant de civilités et tant de compliments, que je ne saurais jamais lui demander de l'argent.

SGANARELLE.

Je vous assure que toute sa maison périrait pour vous; et je voudrais qu'il vous arrivât quelque chose, que quelqu'un s'avisât de vous donner des coups de bâton; vous verriez de quelle manière...

M. DIMANCHE.

Je le crois. Mais, Sganarelle, je vous prie de lui dire un petit mot de mon argent.

SGANARELLE.

Oh! ne vous mettez pas en peine, il vous paiera le mieux du monde.

M. DIMANCHE.

Mais vous, Sganarelle, vous me devez quelque chose en votre particulier.

SGANARELLE.

Fi! ne parlez pas de cela.

M. DIMANCHE.

Comment! je...

SGANARELLE.

Ne sais-je pas bien que je vous dois?

M. DIMANCHE.

Oui. Mais...

SGANARELLE.

Allons, monsieur Dimanche, je vais vous éclairer

M. DIMANCHE.

Mais mon argent?

SGANARELLE, *prenant M. Dimanche par le bras.*

Vous moquez-vous?

M. DIMANCHE.

J'entends...

SGANARELLE, *le tirant.*

Hé!

M. DIMANCHE.

Je veux...

SGANARELLE, *le poussant vers la porte.*

Bagatelle!

M. DIMANCHE.

Mais...

SGANARELLE, *le poussant encore.*

Fi!

M. DIMANCHE.

Je...

SGANARELLE, *le poussant tout à fait hors du théâtre.*

Fi! vous dis-je.

SCENE V.

DON JUAN, LA VIOLETTE, SGANARELLE.

LA VIOLETTE, *à don Juan.*

Monsieur, voilà monsieur votre père.

DON JUAN.

Ah! me voici bien! Il me fallait cette visite pour me faire enrager.

SCENE VI.

DON LOUIS, DON JUAN, SGANARELLE.

DON LOUIS.

Je vois bien que je vous embarrasse, et que vous vous passeriez fort aisément de ma venue. A dire vrai, nous nous incommodons étrangement l'un et l'autre: si vous êtes las de me voir, je suis bien las aussi de vos déportements. Hélas! que nous savons peu ce que nous faisons, quand nous ne laissons pas au ciel le soin des choses qu'il nous faut, quand nous voulons être plus avisés que lui, et que nous venons à l'importuner par nos souhaits aveugles et nos demandes inconsidérées! J'ai souhaité un fils avec des ardeurs nompareilles, je l'ai demandé sans relâche avec des transports incroyables; et ce fils, que j'obtiens en fatiguant le ciel de vœux, est le chagrin et le supplice de cette vie même, dont je croyais qu'il devait être la joie et la consolation. De quel œil, à votre avis, pensez-vous que je puisse voir cet amas d'actions indignes dont on a peine, aux yeux du monde, d'adoucir le mauvais visage, cette suite continuelle de méchantes affaires qui nous réduisent, à toute heure, à lasser les bontés du souverain, et qui ont épuisé auprès de lui le mérite de mes services et le crédit de mes amis! Ah! quelle bassesse est la vôtre! Ne rougissez-vous point de mériter si peu votre naissance? Etes-vous en droit, dites-moi, d'en tirer quelque vanité? et qu'avez-vous fait dans le monde pour être gentilhomme! Croyez-vous qu'il suffise d'en porter le nom et les armes, et que ce nous soit une gloire d'être sortis d'un sang noble, lorsque nous vivons en infames? Non, non, la naissance n'est rien où la vertu n'est pas. Aussi nous n'avons part à la gloire de nos ancêtres qu'autant que nous nous efforçons de leur ressembler; et cet éclat de leurs actions qu'ils répandent sur nous, nous impose un engagement de leur faire le même honneur, de suivre les pas qu'ils nous tracent, et de ne point dégénérer de leur vertu, si nous voulons être estimés leurs véritables descendants. Ainsi vous descendez en vain des aïeux dont vous êtes né, ils vous désavouent pour leur sang; et tout ce qu'ils ont fait d'illustre ne vous donne aucun avantage : au contraire, l'éclat n'en rejaillit sur vous qu'à votre déshonneur, et leur gloire est un flambeau qui éclaire aux yeux d'un chacun la honte de vos actions. Apprenez enfin qu'un gentilhomme qui vit mal est un monstre dans la nature; que la vertu est le premier titre de noblesse; que je regarde bien moins au nom qu'on signe, qu'aux actions qu'on fait; et que je ferais plus d'état du fils d'un crocheteur qui serait honnête homme, que du fils d'un monarque qui vivrait comme vous.

DON JUAN.

Monsieur, si vous étiez assis, vous en seriez mieux pour parler.

DON LOUIS

Non, insolent, je ne veux point m'asseoir, ni parler davantage; et je vois bien que toutes mes paroles ne font rien sur ton ame : mais sache, fils indigne, que la tendresse paternelle est poussée à bout par tes actions; que je saurai, plutôt que tu ne penses, mettre une borne à tes dérèglements, prévenir sur toi le courroux du ciel, et laver, par ta punition, la honte de t'avoir fait naître.

SCENE VII.

DON JUAN, SGANARELLE.

DON JUAN, *adressant encore des paroles à son père quoiqu'il soit sorti.*

Hé! mourez le plutôt que vous pourrez, c'est le mieux que vous puissiez faire. Il faut que chacun ait son tour, et j'enrage de voir des pères qui vivent autant que leurs fils.

(*Il se met dans un fauteuil.*)

SGANARELLE.

Ah! monsieur, vous avez tort.

DON JUAN, *se levant.*

J'ai tort!

SGANARELLE, *tremblant.*

Monsieur...

DON JUAN.

J'ai tort!

SGANARELLE.

Oui, monsieur, vous avez tort d'avoir souffert ce qu'il vous a dit, et vous le deviez mettre dehors par les épaules. A-t-on jamais rien vu de plus impertinent? un père venir faire des remontrances à son fils, et lui dire de corriger ses actions, de se ressouvenir de sa naissance, de mener une vie d'honnête homme, et cent autres sottises de pareille nature! Cela se peut-il souffrir à un homme comme vous, qui savez comme il faut vivre? J'admire votre patience; et, si j'avais été en votre place, je l'aurais envoyé promener. (*bas à part.*) O complaisance maudite, à quoi me réduis-tu!

DON JUAN.

Me fera-t-on souper bientôt?

SCENE VIII.

DON JUAN, SGANARELLE, RAGOTIN.

RAGOTIN.

Monsieur, voici une dame voilée qui vient vous parler.

DON JUAN.

Que pourrait-ce être?

SGANARELLE.

Il faut voir.

SCENE IX.

DONE ELVIRE, *voilée*; DON JUAN, SGANARELLE.

DONE ELVIRE.

Ne soyez point surpris, don Juan, de me voir à cette heure et dans cet équipage. C'est un motif pressant qui m'oblige à cette visite; et ce que j'ai à vous dire ne veut point du tout de retardement. Je ne viens point ici pleine de ce courroux que j'ai tantôt fait éclater; et vous me voyez bien changée de ce que j'étais ce matin. Ce n'est plus cette done Elvire qui faisait des vœux contre vous, et dont l'ame irritée ne jetait que menaces et ne respirait que vengeance. Le ciel a banni de mon ame toutes ces indignes ardeurs que je sentais pour vous, tous ces honteux emportements d'un amour terrestre et grossier; et il n'a laissé dans mon cœur pour vous qu'une flamme epurée de tout le commerce des sens, une tendresse toute sainte, un amour détaché de tout, qui n'agit point pour soi, et ne se met en peine que de votre intérêt.

DON JUAN, *bas, à Sganarelle.*

Tu pleures, je pense?

SGANARELLE.

Pardonnez-moi.

DONE ELVIRE.

C'est ce parfait et pur amour qui me conduit ici pour votre bien, pour vous faire part d'un avis du ciel, et tâcher de vous retirer du précipice où vous courez. Oui, don Juan, je sais tous les dérèglements de votre vie; et ce même ciel, qui m'a touché le cœur et fait jeter les yeux sur les égarements de ma conduite, m'a inspiré de vous venir trouver et de vous dire de sa part que vos offenses ont épuisé sa miséricorde, que sa colère redoutable est prête à tomber sur vous, qu'il est en vous de l'éviter par un prompt repentir, et que peut-être vous n'avez pas encore un jour à vous pouvoir soustraire au plus grand de tous les malheurs. Pour moi, je ne tiens plus à vous par aucun attachement du monde. Je suis revenue, grace au ciel, de toutes mes folles pensées; ma retraite est résolue, et je ne demande qu'assez de vie pour pouvoir expier la faute que j'ai faite, et mériter par une austère pénitence le pardon de l'aveuglement où m'ont plongée les transports d'une passion condamnable. Mais, dans cette retraite, j'aurais une douleur extrême qu'une personne que j'ai chérie tendrement devînt un exemple funeste de la justice du ciel, et ce me sera une joie incroyable, si je puis vous porter à détourner de dessus votre tête l'épouvantable coup qui vous menace. De grace, don Juan, accordez-moi, pour dernière faveur, cette douce consolation; ne me refusez point votre salut, que je vous demande avec larmes; et, si vous n'êtes point touché de votre intérêt, soyez-le au moins de mes prières, et m'épargnez le cruel déplaisir de vous voir condamner à des supplices éternels.

SGANARELLE, *à part.*

Pauvre femme!

DONE ELVIRE.

Je vous ai aimé avec une tendresse extrême, rien au monde ne m'a été si cher que vous, j'ai oublié mon devoir pour vous, j'ai fait toutes choses pour vous; et toute la récompense que je vous en demande, c'est de corriger votre vie, et de prévenir votre perte. Sauvez-vous, je vous prie, où pour l'amour de vous, ou pour l'amour de moi. Encore une fois, don Juan, je vous le demande avec larmes; et si ce n'est assez des larmes d'une personne que vous avez aimée, je vous en conjure par tout ce qui est le plus capable de vous toucher.

SGANARELLE, *à part, regardant don Juan.*

Cœur de tigre!

DONE ELVIRE.

Je m'en vais après ce discours; et voilà tout ce que j'avais à vous dire.

DON JUAN.

Madame, il est tard, demeurez ici; on vous y logera le mieux qu'on pourra.

DONE ELVIRE.

Non, don Juan, ne me retenez pas davantage.

DON JUAN.

Madame, vous me ferez plaisir de demeurer, je vous assure.

DONE ELVIRE.

Non, vous dis-je, ne perdons point de temps en discours superflus. Laissez-moi vite aller, ne faites aucune instance pour me conduire, et songez seulement à profiter de mon avis.

SCENE X.

DON JUAN, SGANARELLE.

DON JUAN.

Sais-tu bien que j'ai encore senti quelque peu d'émotion pour elle, que j'ai trouvé de l'agrément dans cette nouveauté bizarre, et que son habit négligé, son air languissant, et ses larmes, ont réveillé en moi quelques petits restes d'un feu éteint?

SGANARELLE.

C'est à dire que ses paroles n'ont fait aucun effet sur vous?

DON JUAN.

Vite, à souper.

SGANARELLE.

Fort bien.

SCENE XI.

DON JUAN, SGANARELLE, LA VIOLETTE, RAGOTIN.

DON JUAN, *se mettant à table.*

Sganarelle, il faut songer à s'amender, pourtant.

SGANARELLE.

Oui-dà.

DON JUAN.

Oui, ma foi, il faut s'amender. Encore vingt ou trente ans de cette vie-ci, et puis nous songerons à nous.

SGANARELLE.

Oh!

DON JUAN.

Qu'en dis-tu?

SGANARELLE.

Rien. Voilà le souper.

(*Il prend un morceau d'un des plats qu'on apporte, et le met dans sa bouche.*)

DON JUAN.

Il me semble que tu as la joue enflée, qu'est ce que c'est? Parle donc; qu'as-tu là?

SGANARELLE.

Rien.

DON JUAN.

Montre un peu. Parbleu! c'est une fluxion qui lui est tombée sur la joue. Vite, une lancette pour percer cela. Le pauvre garçon n'en peut plus, et cet abcès le pourrait étouffer. Attends. Voyez comme il était mûr. Ah! coquin que vous êtes!...

SGANARELLE.

Ma foi, monsieur, je voulais voir si votre cuisinier n'avait point mis trop de sel ou trop de poivre.

DON JUAN.

Allons, mets-toi là, et mange. J'ai affaire de toi, quand j'aurai soupé. Tu as faim, à ce que je vois.

SGANARELLE, *se mettant à table.*

Je le crois bien, monsieur; je n'est point mangé depuis ce matin. Tâtez de cela, voilà qui est le meilleur du monde. (*à Ragotin qui, à mesure que Sganarelle met quelque chose sur son assiette, la lui ôte, dès que Sganarelle tourne la tête.*) Mon assiette! mon assiette! Tout doux, s'il vous plaît. Vertubleu! petit compère, que vous êtes habile à donner des assiettes nettes! Et vous, petit la Violette, que vous savez présenter à boire à propos!

(*Pendant que la Violette donne à boire à Sganarelle, Ragotin ôte encore son assiette.*)

DON JUAN.

Qui peut frapper de cette sorte?

SGANARELLE.

Qui diable nous vient troubler dans notre repas?

DON JUAN.

Je veux souper en repos au moins, et qu'on ne laisse entrer personne.

SGANARELLE.

Laissez-moi faire; je m'y en vais moi-même.

DON JUAN, *voyant venir Sganarelle effrayé.*

Qu'est-ce donc? Qu'y a-t-il?

SGANARELLE, *baissant la tête comme la statue.*

Le... qui est là.

DON JUAN.

Allons voir, et montrons que rien ne me saurait ébranler.

SGANARELLE.

Ah! pauvre Sganarelle, où te cacheras-tu?

SCENE XII.

DON JUAN, LA STATUE DU COMMANDEUR, SGANARELLE, LA VIOLETTE, RAGOTIN.

DON JUAN, *à ses gens.*

Une chaise et un couvert. Vite donc.

(*Don Juan et la statue se mettent à table.*)

(*à Sganarelle.*) Allons, mets-toi à table.

SGANARELLE.

Monsieur, je n'ai plus faim.

DON JUAN.

Mets-toi là, te dis-je. A boire. A la santé du commandeur. Je te la porte, Sganarelle. Qu'on lui donne du vin.

SGANARELLE.

Monsieur, je n'ai pas soif.

DON JUAN.

Bois, et chante ta chanson, pour régaler le commandeur.

SGANARELLE.

Je suis enrhumé, monsieur.

DON JUAN.

Il n'importe. Allons. (*à ses gens.*) Vous autres, venez; accompagnez sa voix.

LA STATUE.

Don Juan, c'est assez. Je vous invite à venir demain souper avec moi. En aurez-vous le courage?

DON JUAN.

Oui, j'irai accompagné du seul Sganarelle.

SGANARELLE.

Je vous rends grace; il est demain jeûne pour moi.

DON JUAN *à Sganarelle.*

Prends ce flambeau.

LA STATUE.

On n'a pas besoin de lumière, quand on est conduit par le ciel.

FIN DU QUATRIÈME ACTE.

ACTE V.

SCENE PREMIÈRE.

DON LOUIS, DON JUAN, SGANARELLE.

DON LOUIS.

Quoi ! mon fils, serait-il possible que la bonté du ciel eût exaucé mes vœux? Ce que vous me dites est-il bien vrai? Ne m'abusez-vous point d'un faux espoir? et puis-je prendre quelque assurance sur la nouveauté surprenante d'une telle conversion?

DON JUAN.

Oui, vous me voyez revenu de toutes mes erreurs: je ne suis plus le même d'hier au soir, et le ciel tout d'un coup a fait en moi un changement qui va surprendre tout le monde. Il a touché mon ame et dessillé mes yeux; et je regarde avec horreur le long aveuglement où j'ai été, et les désordres criminels de la vie que j'ai menée. J'en repasse dans mon esprit toutes les abominations, et m'étonne comme le ciel les a pu souffrir si long-temps, et n'a pas vingt fois sur ma tête laissé tomber les coups de sa justice redoutable. Je vois les graces que sa bonté m'a faites en ne me punissant point de mes crimes; et je prétends en profiter comme je dois, faire éclater aux yeux du monde un soudain changement de vie, réparer par là le scandale de mes actions passées, et m'efforcer d'en obtenir du ciel une pleine rémission. C'est à quoi je vais travailler : et je vous prie, monsieur, de vouloir bien contribuer à ce dessein, et de m'aider vous-même à faire choix d'une personne qui me serve de guide, et sous la conduite de qui je puisse marcher sûrement dans le chemin où je m'en vais entrer.

DON LOUIS.

Ah ! mon fils, que la tendresse d'un père est aisément rappelée, et que les offenses d'un fils s'évanouissent vite au moindre mot de repentir! Je ne me souviens plus déjà de tous les déplaisirs que vous m'avez donnés, et tout est effacé par les paroles que vous venez de me faire entendre. Je ne me sens pas, je l'avoue; je jette des larmes de joie, tous mes vœux sont satisfaits, et je n'ai plus rien désormais à demander au ciel. Embrassez-moi, mon fils; et persistez, je vous conjure, dans cette louable pensée. Pour moi, j'en vais tout de ce pas porter l'heureuse nouvelle à votre mère, partager avec elle les doux transports du ravissement où je suis, et rendre graces au ciel des saintes résolutions qu'il a daigné vous inspirer.

SCENE II.

DON JUAN, SGANARELLE.

SGANARELLE.

Ah ! monsieur, que j'ai de joie de vous voir converti ! Il y a long-temps que j'attendais cela ; et voilà grace au ciel, tous mes souhaits accomplis.

DON JUAN.

La peste le benêt !

SGANARELLE.

Comment le benêt?

DON JUAN.

Quoi ! tu prends pour de bon argent ce que je viens de dire? et tu crois que ma bouche était d'accord avec mon cœur ?

SGANARELLE.

Quoi ! ce n'est pas... Vous ne... Votre... (*à part.*) O quel homme ! quel homme ! quel homme !

DON JUAN.

Non, non, je ne suis point changé, et mes sentiments sont toujours les mêmes.

SGANARELLE.

Vous ne vous rendez pas à la surprenante merveille de cette statue mouvante et parlante?

DON JUAN.

Il y a bien quelque chose là-dedans que je ne comprends pas : mais quoi que ce puisse être, cela n'est pas capable ni de convaincre mon esprit ni d'ébranler mon ame ; et si j'ai dit que je voulais corriger ma conduite, et me jeter dans un train de vie exemplaire, c'est un dessein que j'ai formé par pure politique, un stratagème utile, une grimace nécessaire où je veux me contraindre, pour ménager un père dont j'ai besoin, et me mettre à couvert, du côté des hommes, de cent fâcheuses aventures qui pourraient m'arriver. Je veux bien, Sganarelle, t'en faire confidence, et je suis bien aise d'avoir un témoin des véritables motifs qui m'obligent à faire les choses.

SGANARELLE.

Quoi! toujours libertin et débauché, vous voulez cependant vous ériger en homme de bien?

DON JUAN.

Et pourquoi non? il y en a tant d'autres comme moi qui se mêlent de ce métier, et qui se servent du même masque pour abuser le monde !

SGANARELLE, *à part.*

Ah! quel homme! quel homme!

DON JUAN.

Il n'y a plus de honte maintenant à cela : l'hypocrisie est un vice à la mode, et tous les vices à la mode passent pour vertus. La profession d'hypocrite a de merveilleux avantages. C'est un art de qui l'imposture est toujours respectée; et, quoiqu'on la découvre, on n'ose rien dire contre elle. Tous les autres vices des hommes sont exposés à la censure, et chacun a la liberté de les attaquer hautement; mais l'hypocrisie est un vice privilégié qui de sa main ferme la bouche à tout le monde, et jouit en repos d'une impunité souveraine. On lie, à force degrimaces, une société étroite avec tous les gens du parti. Qui en choque un se les attire tous sur les bras ; et ceux que l'on sait même agir de bonne foi là-dessus, et que chacun connaît pour être véritablement touchés, ceux-là, dis-je, sont le plus souvent les dupes des autres : ils donnent bonnement dans le panneau des grimaciers, et appuient aveuglément les singes de leurs actions. Combien crois-tu que j'en connaisse qui, par ce stratagême ont rhabillé adroitement les désordres de la jeunesse, et, sous un dehors respecté, ont la permission d'être les plus méchants hommes du monde? On a beau savoir leurs intrigues, et les connaître pour ce qu'ils sont : ils ne laissent pas pour cela d'être en crédit parmi les gens ; et quelque baissement de tête, un soupir mortifié, deux roulements d'yeux, rajustent dans le monde tout ce qu'ils peuvent faire. C'est sous cet abri favorable que je veux mettre en sûreté mes affaires. Je ne quitterai point mes douces habitudes ; mais j'aurai soin de me cacher, et me divertirai à petit bruit. Que si je viens à être découvert, je verrai, sans me remuer, prendre mes intérêts à toute ma cabale, et je serai défendu par elle envers et contre tous. Enfin c'est là le vrai moyen de faire impunément tout ce que je voudrai. Je m'érigerai en censeur des actions d'autrui, jugerai mal de tout le monde, et n'aurai bonne opinion que de moi. Dès qu'une fois on m'aura choqué tant soit peu, je ne pardonnerai jamais, et garderai tout doucement une haine irréconciliable. Je ferai le vengeur de la vertu opprimée; et, sous ce prétexte commode, je pousserai mes ennemis, je les accuserai d'impiété, et saurai déchaîner contre eux des zélés indiscrets, qui les accableront d'injures, et les damneront hautement de leur autorité privée. C'est ainsi qu'il faut profiter des faiblesses des hommes, et qu'un sage esprit s'accommode aux vices de son siècle.

SGANARELLE.

O ciel! qu'entends-je ici ! Il ne vous manquait plus que d'être hypocrite pour vous achever de tout point, et voilà le comble des abominations. Monsieur, cette dernière-ci m'emporte, et je ne puis m'empêcher de parler. Faites-moi tout ce qu'il vous plaira ; battez-moi, assommez-moi de coups, tuez-moi, si vous voulez, il faut que je décharge mon cœur, et qu'en v let fidèle je vous dise ce que je dois. Sachez, monsieur, que tant va la cruche à l'eau qu'enfin elle se brise; et, comme dit fort bien cet auteur que je ne connais pas, l'homme est en ce monde ainsi que l'oiseau sur la branche; la branche est attachée à l'arbre; qui s'attache à l'arbre suit de bons préceptes; les bons préceptes valent mieux que les belles paroles; les belles paroles se trouvent à la cour; à la cour sont les courtisans; les courtisans suivent la mode; la mode vient de la fantaisie; la fantaisie est une faculté de l'ame; l'ame est ce qui nous donne la vie; la vie finit par la mort; la mort nous fait penser au ciel; le ciel est au-dessus de la terre; la terre n'est point la mer; la mer est sujette aux orages; les orages tourmentent les vaisseaux; les vaisseaux ont besoin d'un bon pilote; un bon pilote a de la prudence; la prudence n'est point dans les jeunes gens; les jeunes gens doivent obéissance aux vieux; les vieux aiment les richesses; les richesses font les riches; les riches ne sont pas pauvres; les pauvres ont de la nécessité; la nécessité n'a pas de loi; qui n'a pas de loi, vit en bête brute; et par conséquent vous serez damné à tous les diables.

DON JUAN.

O le beau raisonnement!

SGANARELLE.

Après cela, si vous ne vous rendez, tant pis pour vous.

SCENE III.

DON CARLOS, DON JUAN, SGANARELLE.

DON CARLOS.

Don Juan, je vous trouve à propos, et suis bien aise de vous parler ici plutôt que chez vous, pour vous demander vos résolutions. Vous savez que ce soin me regarde, et que je me suis en votre présence chargé de cette affaire. Pour moi, je ne le cèle point, je souhaite fort que les choses aillent dans la douceur; et il n'y a rien que je ne fasse pour porter votre esprit à vouloir prendre cette voie, et pour vous voir publiquement confirmer à ma sœur le nom de votre femme.

DON JUAN, *d'un ton hypocrite.*

Hélas! je voudrais bien de tout mon cœur vous donner la satisfaction que vous souhaitez; mais le ciel s'y oppose directement, il a inspiré à mon ame le dessein de changer de vie; et je n'ai point d'autres pensées maintenant que de quitter entièrement tous les attachements du monde, de me dépouiller au plus tôt de toutes sortes de vanités, et de corriger désormais par une austère conduite tous les dérèglements criminels où m'a porté le feu d'une aveugle jeunesse.

DON CARLOS.

Ce dessein, don Juan, ne choque point ce que je dis; et la compagnie d'une femme légitime peut bien s'accommoder avec les louables pensées que le ciel vous inspire.

DON JUAN.

Hélas! point du tout. C'est un dessein que votre sœur elle-même a pris; elle a résolu sa retraite, et nous avons été touchés tous deux en même temps.

DON CARLOS.

Sa retraite ne peut nous satisfaire, pouvant être imputée au mépris que vous feriez d'elle, et de notre famille; et notre honneur demande qu'elle vive avec vous.

DON JUAN.

Je vous assure que cela ne se peut. J'en avais, pour moi, toutes les envies du monde; et je me suis, même encore aujourd'hui, conseillé au ciel pour cela: mais lorsque je l'ai consulté, j'ai entendu une voix qui m'a dit que je ne devais point songer à votre sœur, et qu'avec elle assurément je ne ferais point mon salut.

DON CARLOS.

Croyez vous, don Juan, nous éblouir par ces belles excuses?

DON JUAN.

J'obéis à la voix du ciel.

DON CARLOS.

Quoi! vous voulez que je me paye d'un semblable discours?

DON JUAN.

C'est le ciel qui le veut ainsi.

DON CARLOS.

Vous aurez fait sortir ma sœur d'un couvent, pour la laisser ensuite?

DON JUAN.

Le ciel l'ordonne de la sorte.

DON CARLOS.

Nous souffrirons cette tache en notre famille?

DON JUAN.

Prenez-vous-en au ciel.

DON CARLOS.

Hé quoi! toujours le ciel.

DON JUAN.

Le ciel le souhaite comme cela.

DON CARLOS.

Il suffit, don Juan; je vous entends. Ce n'est pas ici que je veux vous prendre, et le lieu ne le souffre pas; mais, avant qu'il soit peu, je saurai vous trouver

DON JUAN.

Vous ferez ce que vous voudrez. Vous savez que je ne manque point de cœur, et que je sais me servir de mon épée quand il le faut. Je m'en vais passer tout à l'heure dans cette petite rue écartée qui mène au grand couvent. Mais je vous déclare, pour moi, que ce n'est pas moi qui me veux battre; le ciel m'en défend la pensée: et, si vous m'attaquez nous verrons ce qui en arrivera.

DON CARLOS.

Nous verrons, de vrai, nous verrons.

SCENE IV.

DON JUAN, SGANARELLE.

SGANARELLE.

Monsieur, quel diable de style prenez-vous là Ceci est bien pis que le reste, et je vous aimerais bien mieux encore comme vous étiez auparavant. J'espérais toujours de votre salut: mais c'est maintenant que j'en désespère; et je crois que le ciel, qui vous a souffert jusqu'ici, ne pourra souffrir du tout cette dernière horreur.

DON JUAN.

Va, va, le ciel n'est pas si exact que tu penses; et si toutes les fois que les hommes...

SCENE V.

DON JUAN, SGANARELLE, UN SPECTRE *en femme voilée.*

SGANARELLE, *apercevant le spectre.*

Ah! monsieur, c'est le ciel qui vous parle, et c'est un avis qu'il vous donne.

DON JUAN.

Si le ciel me donne un avis, il faut qu'il parle un peu plus clairement, s'il veut que je l'entende.

LE SPECTRE.

Don Juan n'a plus qu'un moment à pouvoir profiter de la miséricorde du ciel, et s'il ne se repent ici, sa perte est résolue.

SGANARELLE.

Entendez-vous, monsieur?

DON JUAN.

Qui ose tenir ces paroles? Je crois connaître cette voix.

SGANARELLE.

Ah! monsieur, c'est un spectre; je le reconnais au marcher.

DON JUAN.

Spectre, fantôme, ou diable, je veux voir ce que c'est.

(*Le spectre change de figure, et représente le Temps avec sa faux à la main.*)

SGANARELLE.

O ciel! voyez-vous, monsieur, ce changement de figure?

DON JUAN.

Non, non, rien n'est capable de m'imprimer de la terreur, et je veux éprouver avec mon épée si c'est un corps ou un esprit.

(*Le spectre s'envole dans le temps que don Juan veut le frapper.*)

SGANARELLE.

Ah! monsieur, rendez-vous à tant de preuves, et jetez-vous vite dans le repentir.

DON JUAN.

Non, non, il ne sera pas dit, quoi qu'il arrive, que je suis capable de me repentir. Allons, suis-moi.

SCENE VI.

LA STATUE DU COMMANDEUR, DON JUAN, SGANARELLE.

LA STATUE.

Arrêtez, don Juan. Vous m'avez hier donné parole de venir manger avec moi.

DON JUAN.

Oui. Où faut-il aller?

LA STATUE.

Donnez-moi la main.

DON JUAN.

La voilà.

LA STATUE.

Don Juan, l'endurcissement au péché traîne une mort funeste; et les graces du ciel que l'on renvoie ouvrent un chemin à sa foudre.

DON JUAN.

O ciel! que sens-je! Un feu invisible me brûle, je n'en puis plus, et tout mon corps devient un brasier ardent. Ah!

(*Le tonnerre tombe avec un grand bruit et de grands éclairs sur don Juan. La terre s'ouvre et l'abyme; et il sort de grands feux de l'endroit où il est tombé.*)

SCENE VII.

SGANARELLE, *seul.*

Voilà par sa mort un chacun satisfait. Ciel offensé, lois violées, filles séduites, familles déshonorées, parents outragés, femmes mises à mal, maris poussés à bout, tout le monde est content. Il n'y a que moi seul de malheureux, qui, après tant d'années de service, n'ai point d'autre récompense que de voir à mes yeux l'impiété de mon maître punie par le plus épouvantable châtiment du monde.

FIN DU FESTIN DE PIERRE.

L'AMOUR MÉDECIN,

COMÉDIE-BALLET, EN TROIS ACTES.

1665.

PERSONNAGES DE LA COMÉDIE

SGANARELLE, père de Lucinde.
LUCINDE, fille de Sganarelle.
CLITANDRE, amant de Lucinde.
AMINTE, voisine de Sganarelle.
LUCRÈCE, nièce de Sganarelle.
LISETTE, suivante de Lucinde.
M. GUILLAUME, marchand de tapisseries.
M. JOSSE, orfèvre.
M. TOMÈS, M. DESFONANDRÈS, M. MACROTON, M. BAHIS, M. FILERIN, } médecins.
UN NOTAIRE.
CHAMPAGNE, valet de Sganarelle.

PERSONNAGES DU BALLET.

Première entrée.

CHAMPAGNE, valet de Sganarelle, dansant.
Quatre médecins, dansants.

Seconde entrée.

UN OPÉRATEUR, chantant.
TRIVELINS ET SCARAMOUCHES, dansants, de la suite de l'opérateur.

Troisième entrée.

LA COMÉDIE.
LA MUSIQUE.
LE BALLET.
JEUX, RIS, PLAISIRS, dansants.

La scène est à Paris.

ACTE PREMIER.

SCÈNE PREMIERE.

SGANARELLE, AMINTE, LUCRÈCE, M. GUILLAUME, M. JOSSE.

SGANARELLE.

Ah! l'étrange chose que la vie! et que je puis bien dire, avec ce grand philosophe de l'antiquité, que *qui terre a, guerre a*, et qu'un malheur ne vient jamais sans l'autre! Je n'avais qu'une seule femme, qui est morte.

M. GUILLAUME.

Et combien donc en vouliez-vous avoir?

SGANARELLE.

Elle est morte, monsieur Guillaume, mon ami. Cette perte m'est très sensible, et je ne puis m'en ressouvenir sans pleurer. Je n'étais pas fort satisfait de sa conduite, et nous avions le plus souvent dispute ensemble: mais enfin, la mort rajuste toutes choses. Elle est morte, je la pleure. Si elle était en vie, nous nous querellerions. De tous les enfants que le ciel m'avait donnés, il ne m'a laissé qu'une fille, et cette fille est toute ma peine. Car enfin, je la vois dans une mélancolie la plus sombre du monde, dans une tristesse épouvantable, dont il n'y a pas moyen de la retirer, et dont je ne saurais même apprendre la cause. Pour moi, j'en perds l'esprit, et j'aurais besoin d'un bon conseil sur cette matière. (*à Lucrèce*) Vous êtes ma nièce; (*à Aminte*) vous, ma voisine; (*à M. Guillaume et à M. Josse*) et vous, mes compères et mes amis : je vous, prie de me conseiller tout ce que je dois faire.

M. JOSSE.

Pour moi, je tiens que la braverie, que l'ajustement est la chose qui réjouit le plus les filles : et, si j'étais que de vous, je lui achèterais dès aujourd'hui une belle garniture de diamants, ou de rubis, ou d'émeraudes.

M. GUILLAUME.

Et moi, si j'étais en votre place, j'achèterais une belle tenture de tapisserie de verdure, ou à personnages, que je ferais mettre dans sa chambre, pour lui réjouir l'esprit et la vue.

AMINTE.

Pour moi, je ne ferais pas tant de façons ; je la marierais fort bien, et le plutôt que je pourrais, avec cette personne qui vous la fit, dit-on, demander il y a quelque temps.

LUCRÈCE.

Et moi, je tiens que votre fille n'est point du tout propre pour le mariage. Elle est d'une complexion trop délicate et trop peu saine ; c'est la vouloir envoyer bientôt en l'autre monde, que de l'exposer, comme elle est, à faire des enfants. Le monde n'est point du tout son fait ; et je vous conseille de la mettre dans un couvent, où elle trouvera des divertissements qui seront mieux de son humeur.

SGANARELLE.

Tous ces conseils sont admirables, assurément ; mais je les tiens un peu intéressés, et trouve que vous me conseillez fort bien pour vous. Vous êtes orfèvre, monsieur Josse, et votre conseil sent son homme qui a envie de se défaire de sa marchandise. Vous vendez des tapisseries, monsieur Guillaume ; et vous avez la mine d'avoir quelque tenture qui vous incommode. Celui que vous aimez, ma voisine, a, dit-on, quelque inclination pour ma fille, et vous ne seriez pas fâchée de la voir la femme d'un autre. Et quant à vous, ma chère nièce, ce n'est pas mon dessein, comme on sait, de marier ma fille avec qui que ce soit, et j'ai mes raisons pour cela ; mais le conseil que vous me donnez de la faire religieuse, est d'une femme qui pourrait bien souhaiter charitablement d'être mon héritière universelle. Ainsi, messieurs et mesdames, quoique tous vos conseils soient les meilleurs du monde, vous trouverez bon, s'il vous plaît, que je n'en suive aucun. (*seul.*) Voilà de mes donneurs de conseils à la mode.

SCÈNE II.

LUCINDE, SGANARELLE.

SGANARELLE.

Ah ! voilà ma fille qui prend l'air. Elle ne me voit pas. Elle soupire ; elle lève les yeux au ciel. (*à Lucinde.*) Dieu vous garde ! Bon jour, ma mie. Hé bien ! qu'est-ce ? Comme vous en va ? Hé quoi ! toujours triste et mélancolique comme cela ! et tu ne veux pas me dire ce que tu as ! Allons donc, découvre-moi ton petit cœur. Là, ma pauvre mie, dis, dis ; dis tes petites pensées à ton petit papa mignon. Courage ! Veux-tu que je te baise ? Viens. (*à part.*) J'enrage de la voir de cette humeur-là. (*à Lucinde.*) Mais, dis-moi, me veux-tu faire mourir de déplaisir ? et ne puis-je savoir d'où vient cette grande langueur ? Découvre-m'en la cause, et je te promets que je ferai toutes choses pour toi. Oui, tu n'as qu'à me dire le sujet de ta tristesse : je t'assure ici et te fais serment qu'il n'y a rien que je ne fasse pour te satisfaire ; c'est tout dire. Est-ce que tu es jalouse de quelqu'une de tes compagnes que tu voies plus brave que toi ? et serait-il quelque étoffe nouvelle dont tu voulusses avoir un habit ? Non. Est-ce que ta chambre ne te semble pas assez parée, et que tu souhaiterais quelque cabinet de la foire Saint-Laurent ? Ce n'est pas cela. Aurais-tu envie d'apprendre quelque chose ! et veux-tu que je te donne un maître pour te montrer à jouer du clavecin ? Nenni. Aimerais-tu quelqu'un, et souhaiterais-tu d'être mariée ? (*Lucinde fait signe qu'oui.*)

SCÈNE III.

SGANARELLE, LUCINDE, LISETTE.

LISETTE.

Hé bien ! monsieur, vous venez d'entretenir votre fille : avez-vous su la cause de sa mélancolie ?

SGANARELLE.

Non. C'est une coquine qui me fait enrager.

LISETTE.

Monsieur, laissez-moi faire, je m'en vais la sonder un peu.

SGANARELLE.

Il n'est pas nécessaire ; et puisqu'elle veut être de cette humeur, je suis d'avis qu'on l'y laisse.

LISETTE.

Laissez-moi faire, vous dis-je : peut-être qu'elle se découvrira plus librement à moi qu'à vous. Quoi ! madame, vous ne nous direz point ce que vous avez, et vous voulez affliger ainsi tout le monde ? Il me semble qu'on n'agit point comme vous faites, et que si vous avez quelque répugnance à vous expliquer à un père, vous n'en deviez avoir aucune à me découvrir votre cœur. Dites-moi, souhaitez-vous quelque chose de lui ? Il nous a dit plus d'une fois qu'il n'épargnerait rien pour vous contenter. Est-ce qu'il ne vous donne pas toute la liberté que vous souhaiteriez ? et les promenades et les cadeaux ne tenteraient-ils point votre ame ? Hé ! avez-vous reçu quelque déplaisir de quelqu'un ? Hé ! n'auriez-vous point quelque secrète inclination avec qui vous souhaiteriez que votre père vous mariât ? Ah ! je vous entends, voilà l'affaire. Que diable ! pourquoi tant de façons ? Monsieur, le mystère est découvert ? et....

SGANARELLE.

Va, fille ingrate, je ne te veux plus parler, et je te laisse dans ton obstination.

LUCINDE.

Mon père, puisque vous voulez que je vous dise la chose...

SGANARELLE.

Oui, je perds toute l'amitié que j'avais pour toi.

LISETTE.

Monsieur, sa tristesse...

SGANARELLE.

C'est une coquine qui me veut faire mourir.

LUCINDE.

Mon père, je veux bien...

SGANARELLE.

Ce n'est pas là la récompense de t'avoir élevée comme j'ai fait.

LISETTE.

Mais, monsieur...

SGANARELLE.

Non, je suis contre elle d'une colère épouvantable.

LUCINDE.

Mais, mon père...

SGANARELLE.

Je n'ai plus aucune tendresse pour toi.

LISETTE.

Mais...

SGANARELLE.

C'est une friponne...

LUCINDE.

Mais...

SGANARELLE.

Une ingrate...

LISETTE.

Mais...

SGANARELLE.

Une coquine qui ne me veut pas dire ce qu'elle a.

LISETTE.

C'est un mari qu'elle veut.

SGANARELLE, *faisant semblant de ne pas entendre.*

Je l'abandonne.

LISETTE.

Un mari.

SGANARELLE.

Je la déteste.

LISETTE.

Un mari.

SGANARELLE.

Et la renonce pour ma fille.

LISETTE.

Un mari.

SGANARELLE.

Non, ne m'en parlez point.

LISETTE.

Un mari.

SGANARELLE.

Ne m'en parlez point.

LISETTE.

Un mari.

SGANARELLE.

Ne m'en parlez point.

LISETTE.

Un mari, un mari, un mari.

SCENE IV.

LUCINDE, LISETTE.

LISETTE.

On dit bien vrai qu'il n'y a point de pires sourds que ceux qui ne veulent pas entendre.

LUCINDE.

Hé bien! Lisette, j'avais tort de cacher mon déplaisir, et je n'avais qu'à parler, pour avoir tout ce que je souhaitais de mon père! Tu le vois.

LISETTE.

Par ma foi, voilà un vilain homme, et je vous avoue que j'aurais un plaisir extrême à lui jouer quelque tour. Mais, d'où vient donc, madame, que jusqu'ici vous m'avez caché votre mal?

LUCINDE.

Hélas! de quoi m'aurait servi de te le découvrir plus tôt; et n'aurais-je pas autant gagné à le tenir caché toute ma vie? Crois-tu que je n'aie pas bien prévu tout ce que tu vois maintenant, que je ne susse pas à fond tous les sentiments de mon père, et que le refus qu'il a fait porter à celui qui m'a demandée par un ami, n'ait pas étouffé dans mon ame toute sorte d'espoir?

LISETTE.

Quoi! c'est cet inconnu qui vous a fait demander pour qui vous...?

LUCINDE.

Peut-être n'est-il pas honnête à une fille de s'expliquer si librement; mais enfin, je t'avoue que, s'il m'était permis de vouloir quelque chose, ce serait lui que je voudrais. Nous n'avons eu ensemble aucune conversation, et sa bouche ne m'a point déclaré la passion qu'il a pour moi; mais, dans tous les lieux où il m'a pu voir, ses regards et ses actions m'ont toujours parlé si tendrement, et la demande qu'il a fait faire de moi m'a paru d'un si honnête homme, que mon cœur n'a pu s'empêcher d'être sensible à ses ardeurs, et cependant tu vois où la dureté de mon père réduit toute cette tendresse.

LISETTE.

Allez, laissez-moi faire. Quelque sujet que j'aie de me plaindre de vous du secret que vous m'avez fait, je ne veux pas laisser de servir votre amour; et pourvu que vous ayez assez de résolution...

LUCINDE.

Mais que veux-tu que je fasse contre l'autorité d'un père? Et s'il est inexorable à mes vœux...

LISETTE.

Allez, allez, il ne faut pas se laisser mener comme un oison; et pourvu que l'honneur n'y soit pas offensé, on se peut libérer un peu de la tyrannie d'un père. Que prétend-il que vous fassiez? N'êtes vous pas en âge d'être mariée? et croit-il que vous soyez de marbre? Allez, encore un coup, je veux servir votre passion, je prends dès à présent sur moi tout le soin de ses intérêts, et vous verrez que je sais des détours... Mais je vois votre père. Rentrons, et me laissez agir.

SCENE V.

SGANARELLE, *seul.*

Il est bon quelquefois de ne point faire semblant d'entendre les choses qu'on n'entend que trop bien; et j'ai fait sagement de parer la déclaration d'un désir que je ne suis pas résolu de contenter. A-t-on jamais rien vu de plus tyrannique que cette coutume où l'on veut assujettir les pères; rien de plus impertinent et de plus ridicule que d'amasser du bien avec de grands travaux, et d'élever une fille avec beaucoup de soin et de tendresse, pour se dépouiller de l'un et de l'autre entre les mains d'un homme qui ne nous touche de rien? Non, non, je me moque de cet usage, et je veux garder mon bien et ma fille pour moi.

SCÈNE VI.

SGANARELLE, LISETTE.

LISETTE, *courant sur le théâtre et feignant de ne pas voir Sganarelle.*

Ah! malheur! ah! disgrace! ah! pauvre seigneur Sganarelle, où pourrai-je te rencontrer?

SGANARELLE, *à part.*

Que dit-elle là?

LISETTE, *courant toujours.*

Ah! misérable père! que feras-tu quand tu sauras cette nouvelle?

SGANARELLE, *à part.*

Que sera-ce?

LISETTE.

Ma pauvre maîtresse!

SGANARELLE, *à part.*

Je suis perdu.

LISETTE.

Ah!

SGANARELLE, *courant après Lisette.*

Lisette.

LISETTE.

Quelle infortune!

SGANARELLE.

Lisette.

LISETTE.

Quel accident!

SGANARELLE.

Lisette.

LISETTE.

Quelle fatalité!

SGANARELLE.

Lisette.

LISETTE, *s'arrêtant.*

Ah! monsieur.

SGANARELLE.

Qu'est-ce?

LISETTE.

Monsieur...

SGANARELLE.

Qu'y a-t-il?

LISETTE.

Votre fille...

SGANARELLE.

Ah! ah!

LISETTE.

Monsieur, ne pleurez donc point comme cela, car vous me feriez rire.

SGANARELLE.

Dis donc vite.

LISETTE.

Votre fille, toute saisie des paroles que vous lui avez dites, et de la colère effroyable où elle vous a vu contre elle, est montée vite dans sa chambre, et, pleine de désespoir, a ouvert la fenêtre qui regarde sur la rivière.

SGANARELLE.

Hé bien!

LISETTE.

Alors levant les yeux au ciel: Non, a-t-elle dit, il m'est impossible de vivre avec le courroux de mon père; et, puisqu'il me renonce pour sa fille, je veux mourir.

SGANARELLE.

Elle s'est jetée?

LISETTE.

Non, monsieur: elle a fermé tout doucement la

fenêtre, et s'est allée mettre sur son lit. Là, elle s'est prise à pleurer amèrement; et tout d'un coup son visage a pali, ses yeux se sont tournés, le cœur lui a manqué, et elle est demeurée entre mes bras.

SGANARELLE.

Ah! ma fille! [Elle est morte?

LISETTE.

Non, monsieur.] A force de la tourmenter, je l'ai fait revenir; mais cela lui reprend de moment en moment, et je crois qu'elle ne passera pas la journée.

SGANARELLE.

Champagne! Champagne! Champagne!

SCENE VII.

SGANARELLE, CHAMPAGNE, LISETTE.

SGANARELLE.

Vite, qu'on m'aille quérir des médecins, et en quantité. On n'en peut trop avoir dans une pareille aventure. Ah! ma fille! ma pauvre fille!

SCÈNE VIII.

PREMIÈRE ENTREE.

Champagne, valet de Sganarelle, frappe en dansant aux portes des quatre médecins.

SCENE IX.

Les quatre médecins dansent, et entrent avec cérémonie chez Sganarelle.

FIN DU PREMIER ACTE.

ACTE SECOND.

SCÈNE PREMIÈRE.

SGANARELLE, LISETTE.

LISETTE.

Que voulez-vous donc faire, monsieur, de quatre médecins? N'est-ce pas assez d'un pour tuer une personne?

SGANARELLE.

Taisez-vous. Quatre conseils valent mieux qu'un.

LISETTE.

Est-ce que votre fille ne peut pas bien mourir sans le secours de ces messieurs-là?

SGANARELLE.

Est-ce que les médecins font mourir?

LISETTE.

Sans doute; et j'ai connu un homme qui prouvait, par de bonnes raisons, qu'il ne faut jamais dire, une telle personne est morte, d'une fièvre et d'une fluxion sur la poitrine; mais, elle est morte de quatre médecins et de deux apothicaires.

SGANARELLE.

Chut! n'offensez pas ces messieurs-là.

LISETTE.

Ma foi, monsieur, notre chat est réchappé depuis peu d'un saut qu'il fit du haut de la maison dans la rue, et il fut trois jours sans manger, et sans pouvoir remuer ni pied ni patte; mais il est bienheureux de ce qu'il n'y a point de chats médecins, car ses affaires étaient faites, et ils n'auraient pas manqué de le purger et de le saigner.

SGANARELLE.

Voulez-vous vous taire? vous dis-je. Mais, voyez quelle impertinence? Les voici.

LISETTE.

Prenez garde, vous allez être bien édifié. Ils vous diront en latin que votre fille est malade.

SCÈNE II.

MM. TOMÈS, DESFONANDRÈS, MACROTON, BAHIS, SGANARELLE, LISETTE.

SGANARELLE.

Hé bien! messieurs?

M. TOMÈS.

Nous avons vu suffisamment la malade, et sans doute qu'il y a beaucoup d'impuretés en elle.

SGANARELLE.

Ma fille est impure!

M. TOMÈS.

Je veux dire qu'il y a beaucoup d'impuretés dans son corps, quantité d'humeurs corrompues.

SGANARELLE.

Ah! je vous entends.

M. TOMÈS.

Mais... Nous allons consulter ensemble.

SGANARELLE.

Allons, faites donner des sièges.

LISETTE, *à M. Tomès.*

Ah! monsieur, vous en êtes!

SGANARELLE, *à Lisette.*

De quoi donc connaissez-vous monsieur?

LISETTE.

De l'avoir vu l'autre jour chez la bonne amie de madame votre nièce.

M. TOMÈS.

Comment se porte son cocher?

LISETTE.

Fort bien. Il est mort.

M. TOMÈS.

Mort?

LISETTE.

Oui.

M. TOMÈS.

Cela ne se peut.

LISETTE.

Je ne sais pas si cela se peut, mais je sais bien que cela est.

M. TOMÈS.

Il ne peut pas être mort, vous dis-je.

LISETTE.

Et moi, je vous dis qu'il est mort et enterré.

M. TOMÈS.

Vous vous trompez.

LISETTE.

Je l'ai vu.

M. TOMÈS.

Cela est impossible. Hippocrate dit que ces sortes de maladies ne se terminent qu'au quatorze, ou au vingt-un; et il n'y a que six jours qu'il est tombé malade.

LISETTE.

Hippocrate dira ce qu'il lui plaira; mais le cocher est mort.

SGANARELLE.

Paix, discoureuse. Allons, sortons d'ici. Messieurs, je vous supplie de consulter de la bonne manière. Quoique ce ne soit pas la coutume de payer auparavant, toutefois, de peur que je ne l'oublie, et afin que ce soit une affaire faite, voici...

(*Il leur donne de l'argent, et chacun en le recevant fait un geste différent.*)

SCENE III.

MM. DESFONANDRÈS, TOMÈS, MACROTON, BAHIS.

(*Ils s'asseyent et toussent.*)

M. DESFONANDRÈS.

Paris est étrangement grand, et il faut faire de longs traiets quand la pratique donne un peu.

M. TOMÈS.

Il faut avouer que j'ai une mule admirable pour cela, et qu'on a peine à croire le chemin que je lui fais faire tous les jours.

M. DESFONANDRÈS.

J'ai un cheval merveilleux, et c'est un animal infatigable.

M. TOMÈS.

Savez-vous le chemin que ma mule a fait aujourd'hui. J'ai été, premièrement tout contre l'Arsenal; de l'Arsenal, au bout du faubourg Saint-Germain; du faubourg Saint-Germain, au fond du Marais; du fond du Marais, à la porte Saint-Honoré; de la porte Saint-Honoré, au faubourg Saint-Jacques; du faubourg Saint-Jacques, à la porte de Richelieu; de la porte de Richelieu, ici; d'ici, je dois aller encore à la Place Royale.

M. DESFONANDRÈS.

Mon cheval a fait tout cela aujourd'hui; et de plus, j'ai été à Ruel voir un malade.

M. TOMÈS.

Mais, à propos, quel parti prenez-vous dans la querelle des deux médecins Théophraste et Artémius? car c'est une affaire qui partage tout notre corps.

M. DESFONANDRÈS.

Moi, je suis pour Artémius.

M. TOMÈS.

Et moi aussi. Ce n'est pas que son avis, comme on a vu, n'ait tué le malade, et que celui de Théophraste ne fût beaucoup meilleur, assurément; mais enfin il a tort dans les circonstances, et il ne devait pas être d'un autre avis que son ancien. Qu'en dites-vous?

M. DESFONANDRÈS.

Sans doute. Il faut toujours garder les formalités, quoi qu'il puisse arriver.

M. TOMÈS.

Pour moi, j'y suis sévère en diable, à moins que ce ne soit entre amis; et l'on nous assembla un jour, trois de nous autres, avec un médecin de dehors, pour une consultation, où j'arrêtai toute l'affaire, et ne voulus point endurer qu'on opinât, si les choses n'allaient dans l'ordre. Les gens de la maison faisaient ce qu'ils pouvaient, et la maladie pressait; mais je n'en voulus point démordre, et la malade mourut bravement pendant cette contestation.

M. DESFONANDRÈS.

C'est fort bien fait d'apprendre aux gens à vivre, et de leur montrer leur becjaune.

M. TOMÈS.

Un homme mort n'est qu'un homme mort, et ne fait point de conséquence; mais une formalité négligée porte un notable préjudice à tout le corps des médecins.

SCENE IV.

SGANARELLE, MM. TOMÈS, DESFONANDRES, MACROTON, BAHIS.

SGANARELLE.

Messieurs, l'oppression de ma fille augmente; je vous prie de me dire vite ce que vous avez résolu.

M. TOMÈS *à M. Desfonandrès.*

Allons, monsieur.

M. DESFONANDRÈS.

Non, monsieur, parlez, s'il vous plaît.

M. TOMÈS.

Vous vous moquez,

M. DESFONANDRÈS.

Je ne parlerai pas le premier.

M. TOMÈS.

Monsieur.

M. DESFONANDRÈS.

Monsieur.

SGANARELLE.

Hé! de grace, messieurs, laissez toutes ces cérémonies, et songez que les choses pressent.

Ils parlent tous quatre à la fois.

M. TOMÈS.

La maladie de votre fille...

M. DESFONANDRÈS.

L'avis de tous ces messieurs tous ensemble...

M. MACROTON.

A-près a-voir bien con-sul-té...

M. BAHIS.

Pour raisonner...

SGANARELLE.

Hé! messieurs, parlez l'un après l'autre, de grace.

M. TOMÈS.

Monsieur, nous avons raisonné sur la maladie de votre fille, et mon avis, à moi, est que cela procède d'une grande chaleur de sang : ainsi je conclus à la saigner le plus tôt que vous pourrez.

M. DESFONANDRÈS.

Et moi, je dis que sa maladie est une pourriture d'humeurs causée par une trop grande réplétion : ainsi je conclus à lui donner de l'émétique

M. TOMÈS.

Je soutiens que l'émétique la tuera.

M. DESFONANDRÈS.

Et moi, que la saignée la fera mourir.

M. TOMÈS.

C'est bien à vous de faire l'habile homme!

M. DESFONANDRÈS.

Oui, c'est à moi; et je vous prêterai le collet en tout genre d'érudition.

M. TOMÈS.

Souvenez-vous de l'homme que vous fîtes crever ces jours passés.

M. DESFONANDRÈS.

Souvenez de la dame que vous avez envoyée en l'autre monde, il y a trois jours.

M. TOMÈS, *à Sganarelle.*

Je vous ai dit mon avis.

M. DESFONANDRÈS, *à Sganarelle.*

Je vous ai dit ma pensée.

M. TOMÈS.

Si vous ne faites saigner tout à l'heure votre fille, c'est une personne morte. (*Il sort.*)

M. DESFONANDRÈS.

Si vous la faites saigner, elle ne sera pas en vie dans un quart d'heure. (*Il sort.*)

SCENE V.

SGANARELLE, MM. MACROTON, BAHIS.

SGANARELLE.

A qui croire des deux? et quelle résolution prendre sur des avis si opposés? Messieurs, je vous conjure de déterminer mon esprit, et de me dire sans passion ce que vous croyez le plus propre à soulager ma fille.

M. MACROTON.

Mon-si-eur, dans ces ma-tiè-res-là, il faut pro-cé-der a-vec-que cir-con-spec-ti-on, et ne ri-en fai-re, com-me on dit, à la vo-lé-e, d'au-tant que les fau-tes qu'on y peut fai-re sont, se-lon no-tre maî-tre Hip-po-cra-te, d'u-ne dan-ge-reu-se con-sé-quen-ce

M. BAHIS, *bredouillant.*

Il est vrai, il faut bien prendre garde à ce qu'on fait; car ce ne sont point ici des jeux d'enfant; et quand on a failli, il n'est pas aisé de réparer le manquement et de rétablir ce qu'on a gâté. *Experimentum periculosum.* C'est pourquoi il s'agit de raisonner auparavant comme il faut, de peser mûrement les choses, de regarder le tempérament des gens, d'examiner les causes de la maladie, et voir les remèdes qu'on y doit apporter.

SGANARELLE, *à part.*

L'un va en tortue, et l'autre court la poste.

M. MACROTON.

Or, mon-si-eur, pour ve-nir au fait, je trou-ve que vo-tre fil-le a u-ne ma-la-di-e chro-ni-que, et qu'el-le peut pé-ri-cli-ter si on ne lui don-ne du se-cours, d'au-tant que les sym-ptô-mes qu'el-le a sont in-di-ca-tifs d'u-ne va-peur fu-li-gi-neu-se et mor-di-can-te qui lui pi-co-te les mem-bra-nes du cer-veau. Or cet-te va-peur, que nous nom-mons en grec *at-mos*, est cau-sé-e par des hu-meurs pu-tri-des, te-na-ces et con-glu-ti-neu-ses, qui sont con-te-nu-es dans le bas ven-tre.

M. BAHIS.

Et comme ces humeurs ont été là engendrées par une longue succession de temps, elles s'y sont recuites, et ont acquis cette malignité qui fume vers la région du cerveau.

M. MACROTON.

Si bi-en donc que, pour ti-rer, dé-ta-cher, ar-ra-cher, ex-pul-ser, é-va-cuer les-di-tes hu-meurs, il fau-dra u-ne pur-ga-ti-on vi-gou-reu-se. Mais, au pré-a-la-ble, je trou-ve à pro-pos, et il n'y a pas d'in-con-vé-ni-ent, d'u-ser de pe-tits re-mè-des a-no-dins, c'est-à-di-re de pe-tits la-ve-ments ré-mol-li-ents et dé-ter-sifs, de ju-leps et de si-rops ra-frai-chis-sants qu'on mê-le-ra dans sa ti-sa-ne.

M. BAHIS.

Après, nous en viendrons à la purgation et à la saignée, que nous réitérerons s'il en est besoin.

M. MACROTON.

Ce n'est pas qu'a-vec tout cela vo-tre fil-le ne puis-se mou-rir; mais au moins vous au-rez fait quel-que cho-se, et vous au-rez la con-so-la-tion qu'el-le se-ra mor-te dans les formes.

M. BAHIS.

Il vaut mieux mourir selon les règles, que de réchapper contre les règles.

M. MACROTON.

Nous vous di-sons sin-cè-re-ment no-tre pen-sé-e.

M. BAHIS.

Et vous avons parlé comme nous parlerions à notre frère.

SGANARELLE.

(*à M. Macroton, en allongeant ses mots.*)
Je vous rends très hum-bles gra-ces.
(*à M. Bahis, en bredouillant.*)
Et vous suis infiniment obligé de la peine que vous avez prise.

SCENE VI.

SGANARELLE, *seul.*

Me voilà justement un peu plus incertain que je n'étais auparavant. Morbleu! il me vient une fantaisie. Il faut que j'aille acheter de l'orviétan, et que je lui en fasse prendre; l'orviétan est un remède dont beaucoup de gens se sont bien trouvés. Holà!

SCENE VII.

DEUXIÈME ENTRÉE.

SGANARELLE, UN OPÉRATEUR.

SGANARELLE.

Monsieur, je vous prie de me donner une boîte de votre orviétan, que je m'en vais vous payer.

L'OPÉRATEUR *chante.*

L'or de tous les climats qu'entoure l'Océan
Peut-il jamais payer ce secret d'importance?
Mon remède guérit par sa rare excellence,
Plus de maux qu'on n'en peut nombrer dans tout un [an:
La gale,
La rogne,
La teigne,
La fièvre,
La peste,
La goutte,
Vérole,
Descente,
Rougeole.
O grande puissance
De l'orviétan,

SGANARELLE.

Monsieur, je crois que tout l'or du monde n'est pas capable de payer votre remède; mais pourtant voici une pièce de trente sous, que vous prendrez, s'il vous plaît.

L'OPÉRATEUR *chante.*

Admirez mes bontés, et le peu qu'on vous vende.
Ce trésor merveilleux que ma main vous dispense
Vous pouvez, avec lui braver en assurance
Tous les maux que sur nous l'ire du ciel répand:
La gale,
La rogne,
La teigne,
La fièvre,
La peste,
La goutte,
Vérole,
Descente,
Rougeole.
O grande puissance
De l'orviétan!

SCENE VIII.

Plusieurs Trivelins et plusieurs Scaramouches, valets de l'opérateur, se réjouissent en dansant.

FIN DU SECOND ACTE.

ACTE III.

SCÈNE PREMIERE.

MM. FILERIN, TOMÈS, DESFONANDRÈS.

M. FILERIN.

N'avez vous point de honte, messieurs, de montrer si peu de prudence, pour des gens de votre âge, et de vous être querellés comme de jeunes étourdis? Ne voyez-vous pas bien quel tort ces sortes de querelles nous font parmi le monde? et n'est-ce pas assez que les savants voient les contrariétés et les dissentions qui sont entre nos auteurs et nos anciens maîtres, sans découvrir encore au peuple, par nos débats et nos querelles, la forfanterie de notre art? Pour moi, je ne comprends rien du tout à cette méchante politique de quelques uns de nos gens, et il faut confesser que toutes ces contestations nous ont décriés depuis peu d'une étrange manière; et que, si nous n'y prenons garde, nous allons nous ruiner nous-mêmes. Je n'en parle pas pour mon intérêt; car, dieu merci, j'ai déjà établi mes petites affaires. Qu'il vente, qu'il pleuve, qu'il grêle; ceux qui sont morts sont morts, et j'ai de quoi me passer des vivants. Mais enfin toutes ces disputes ne valent rien pour la médecine. Puisque le ciel nous fait la grace que, depuis tant de siècles, on demeure infatué de nous, ne désabusons point les hommes avec nos cabales extravagantes, et profitons de leurs sottises le plus doucement que nous pourrons? Nous ne sommes pas les seuls, comme vous savez, qui tâchons à nous prévaloir de la faiblesse humaine. C'est là que va l'étude de la plupart du monde; et chacun s'efforce de prendre les hommes par leur faible pour en tirer quelque profit. Les flatteurs, par exemple, cherchent à profiter de l'amour que les hommes ont pour les louanges, en leur donnant tout le vain encens qu'ils souhaitent, et c'est un art où l'on fait, comme on voit, des fortunes considérables : les alchimistes tâchent à profiter de la passion que l'on a pour les richesses, en promettant des montagnes d'or à ceux qui les écoutent : les diseurs d'horoscopes, par leurs prédictions trompeuses, profitent de la vanité et de l'ambition des crédules esprits. Mais le plus grand faible des hommes, c'est l'amour qu'ils ont pour la vie; et nous en profitons, nous autres, par notre pompeux galimatias, et savons prendre nos avantages de cette vénération que la peur de mourir leur donne pour notre métier. Conservons-nous donc dans le degré d'estime où leur faiblesse nous a mis, et soyons de concert auprès des malades, pour nous attribuer les heureux succès de la maladie, et rejeter sur la nature toutes les bévues de notre art. N'allons point, dis-je, détruire sottement les heureuses préventions d'une erreur qui donne du pain à tant de personnes, et, de l'argent de ceux que nous mettons en terre, nous fait élever de tous côtés de si beaux héritages.

M. TOMÈS.

Vous avez raison en tout ce que vous dites ; mais ce sont chaleurs de sang dont parfois on n'est pas le maître.

M. FILERIN.

Allons donc, messieurs, mettez bas toute rancune, et faisons ici votre accommodement.

M. DESFONANDRÈS.

J'y consens. Qu'il me passe mon émétique pour la malade dont il s'agit, et je lui passerai tout ce qu'il voudra pour le premier malade dont il sera question.

M. FILERIN.

On ne peut pas mieux dire ; et voilà se mettre à la raison.

M. DESFONANDRÈS.

Cela est fait.

M. FILERIN.

Touchez donc là. Adieu. Une autre fois montrez plus de prudence.

SCENE II.

M. TOMÈS, M. DESFONANDRÈS, LISETTE.

LISETTE.

Quoi ! messieurs, vous voilà, et vous ne songez pas à réparer le tort qu'on vient de faire à la médecine !

M. TOMÈS.

Comment? Qu'est-ce ?

LISETTE.

Un insolent, qui a eu l'effronterie d'entreprendre sur votre métier; et, qui, sans votre ordonnance, vient de tuer un homme d'un grand coup d'épée au travers du corps.

M. TOMÈS.

Écoutez : vous faites la railleuse; mais vous passerez par nos mains quelque jour.

LISETTE.

Je vous permets de me tuer lorsque j'aurai recours à vous.

SCENE III.

CLITANDRE, *en habit de médecin;* LISETTE.

CLITANDRE.

Hé bien ! Lisette, que dis-tu de mon équipage? crois-tu qu'avec cet habit je puisse duper le bon homme? me trouves-tu bien ainsi?

LISETTE.

Le mieux du monde, et je vous attendais avec impatience. Enfin le ciel m'a fait d'un naturel le plus humain du monde, et je ne puis voir deux amants soupirer l'un pour l'autre, qu'il ne me prenne une tendresse charitable, et un désir ardent de soulager les maux qu'ils souffrent. Je veux, à quelque prix que ce soit, tirer Lucinde de la tyrannie où elle est, et la mettre en votre pouvoir. Vous m'avez plu d'abord ; je me connais en gens, et elle ne peut pas mieux choisir. L'amour risque des choses extraordinaires, et nous avons concerté ensemble une manière de stratagême qui pourra peut être nous réussir. Toutes nos mesures sont déjà prises ; l'homme à qui nous avons affaire, n'est pas des plus fins de ce monde ; et, si cette aventure nous manque, nous trouverons mille autres voies pour arriver à notre but. Attendez-moi là seulement, je reviens vous quérir.

(*Clitandre se retire dans le fond du théâtre.*)

SCENE IV.

SGANARELLE, LISETTE.

LISETTE.

Monsieur, allégresse ! allégresse !

SGANARELLE.

Qu'est-ce?

LISETTE.

Réjouissez-vous.

SGANARELLE.

De quoi?

LISETTE.

Réjouissez-vous, vous dis-je.

SGANARELLE.

Dis-moi donc ce que c'est, et puis je me réjouirai peut-être.

LISETTE.

Non. Je veux que vous vous réjouissiez auparavant, que vous chantiez, que vous dansiez.

SGANARELLE.

Sur quoi?

LISETTE.

Sur ma parole.

SGANARELLE.

(*Il chante et danse.*)

Allons donc. La lera la la, la, lera la. Que diable !

LISETTE.

Monsieur, votre fille est guérie.

SGANARELLE.

Ma fille est guérie !

LISETTE.

Oui. Je vous amène un médecin, mais un médecin d'importance, qui fait des cures merveilleuses, et qui se moque des autres médecins.

SGANARELLE.

Où est-il?

LISETTE.

Je vais le faire entrer.

SGANARELLE, *seul.*

Il faut voir si celui-ci fera plus que les autres.

SCÈNE V.

CLITANDRE, *en habit de médecin;* SGANARELLE, LISETTE.

LISETTE, *amenant Clitandre.*

Le voici.

SGANARELLE.

Voilà un médecin qui a la barbe bien jeune.

LISETTE.

La science ne se mesure pas à la barbe, et ce n'est pas par le menton qu'il est habile.

SGANARELLE.

Monsieur, on m'a dit que vous aviez des remèdes admirables pour faire aller à la selle.

CLITANDRE.

Monsieur, mes remèdes sont différents de ceux des autres. Ils ont l'émétique, les saignées, les médecines et les lavements; mais moi je guéris par des paroles, par des sons, par des lettres, par des talismans, et par des anneaux constellés.

LISETTE.

Que vous ai-je dit?

SGANARELLE.

Voilà un grand homme !

LISETTE.

Monsieur, comme votre fille est là tout habillée dans une chaise, je vais la faire passer ici.

SGANARELLE.

Oui. Fais.

CLITANDRE, *tâtant le pouls de Sganarelle.*

Votre fille est bien malade.

SGANARELLE.

Vous connaissez cela ici?

CLITANDRE.

Oui, par la sympathie qu'il y a entre le père et la fille.

SCENE VI.

SGANARELLE, LUCINDE, CLITANDRE, LISETTE.

LISETTE, *à Clitandre.*

Tenez, monsieur, voilà une chaise auprès d'elle. (*à Sganarelle.*) Allons, laissez-les là tous deux.

SGANARELLE.

Pourquoi? je veux demeurer là.

LISETTE.

Vous moquez-vous? il faut s'éloigner. Un médecin a cent choses à demander qu'il n'est pas honnête qu'un homme entende.

(*Sganarelle et Lisette s'éloignent.*)

CLITANDRE, *bas, à Lucinde.*

Ah! madame, que le ravissement où je me trouve est grand! et que je sais peu par où vous commencer mon discours! Tant que je ne vous ai parlé que des yeux, j'avais, ce me semblait, cent choses à vous dire; et maintenant que j'ai la liberté de vous parler de la façon que je souhaitais, je demeure interdit, et la grande joie où je suis, étouffe toutes mes paroles.

LUCINDE.

Je puis vous dire la même chose ; et je sens, comme vous, des mouvements de joie qui m'empêchent de pouvoir parler.

CLITANDRE.

Ah! madame, que je serais heureux s'il était vrai que vous sentissiez tout ce que je sens, et qu'il me fût permis de juger de votre ame par la mienne! Mais, madame, puis-je au moins croire que ce soit à vous à qui je doive la pensée de cet heureux stratagème qui me fait jouir de votre présence?

LUCINDE.

Si vous ne m'en devez pas la pensée, vous m'êtes redevable au moins d'en avoir approuvé la proposition avec beaucoup de joie.

SGANARELLE, *à Lisette.*

Il me semble qu'il lui parle de bien près.

LISETTE, *à Sganarelle.*

C'est qu'il observe sa physionomie et tous les traits de son visage.

CLITANDRE, *à Lucinde.*

Serez-vous constante, madame, dans ces bontés que vous me témoignez?

LUCINDE.

Mais vous, serez-vous ferme dans les résolutions que vous avez montrées?

CLITANDRE.

Ah! madame! jusqu'à la mort. Je n'ai point de plus forte envie que d'être à vous, et je vais le faire paraître dans ce que vous m'allez voir faire.

SGANARELLE, *à Clitandre.*

Hé bien! notre malade? elle nous semble un peu plus gaie.

CLITANDRE.

C'est que j'ai déjà fait agir sur elle un de ces remèdes que mon art m'enseigne. Comme l'esprit a grand empire sur le corps, et que c'est de lui bien souvent que procèdent les maladies, ma coutume est de courir à guérir les esprits avant que de venir au corps. J'ai donc observé ses regards, les traits de son visage, et les lignes de ses deux mains ; et, par la science que le ciel m'a donnée, j'ai reconnu que c'était de l'esprit qu'elle était malade, et que tout son mal ne venait que d'une imagination déréglée et d'un désir dépravé de vouloir être mariée. Pour moi je ne vois rien de plus extravagant et de plus ridicule que cette envie qu'on a du mariage.

SGANARELLE, *à part.*

Voilà un habile homme!

CLITANDRE.

Et j'ai eu, et aurai pour lui, toute ma vie une aversion effroyable.

SGANARELLE, *à part.*

Voilà un grand médecin!

CLITANDRE.

Mais, comme il faut flatter l'imagination des malades, et que j'ai vu en elle de l'aliénation d'esprit, et même qu'il y avait du péril à ne lui pas donner un prompt secours, je l'ai prise par son faible, et lui ai dit que j'étais venu ici pour vous la demander en mariage. Soudain son visage a changé, son teint s'est éclairci, ses yeux se sont animés; et si vous voulez, pour quelques jours, l'entretenir dans cette erreur, vous verrez que nous la tirerons d'où elle est.

SGANARELLE.

Oui-dà, je le veux bien.

CLITANDRE.

Après, nous ferons agir d'autres remèdes pour la guérir entièrement de cette fantaisie.

SGANARELLE.

Oui, cela est le mieux du monde. Hé bien! ma fille, voilà monsieur qui a envie de t'épouser, et je lui ai dit que je le voulais bien.

LUCINDE.

Hélas! est-il possible?

SGANARELLE.

Oui.

LUCINDE.

Mais tout de bon?

SGANARELLE.

Oui, oui.

LUCINDE, *à Clitandre.*

Quoi! vous êtes dans les sentiments d'être mon mari?

CLITANDRE.

Oui, madame.

LUCINDE.

Et mon père y consent?

SGANARELLE.

Oui, ma fille.

LUCINDE.

Ah! que je suis heureuse, si cela est véritable!

CLITANDRE.

N'en doutez point, madame. Ce n'est pas d'aujourd'hui que je vous aime, et que je brûle de me voir votre mari. Je ne suis venu ici que pour cela; et, si vous voulez que je vous dise nettement les choses comme elles sont, cet habit n'est qu'un pur prétexte inventé, et je n'ai fait le médecin que pour m'approcher de vous, et obtenir plus facilement ce que je souhaite.

LUCINDE.

C'est me donner des marques d'un amour bien tendre, et j'y suis sensible autant que je puis.

SGANARELLE, *à part.*

O la folle! ô la folle! ô la folle!

LUCINDE.

Vous voulez donc bien, mon père, me donner monsieur pour époux?

SGANARELLE.

Oui, çà, donne-moi ta main. Donnez-moi aussi un peu la vôtre, pour voir.

CLITANDRE.

Mais, monsieur....

SGANARELLE, *étouffant de rire.*

Non, non, c'est pour... pour lui contenter l'esprit. Touchez là. Voilà qui est fait.

CLITANDRE.

Acceptez, pour gage de ma foi, cet anneau que je vous donne. (*bas à Sganarelle.*) C'est un anneau constellé, qui guérit les égarements d'esprit.

LUCINDE.

Faisons donc le contrat, afin que rien n'y manque.

CLITANDRE.

Hélas! Je le veux bien, madame. (*bas à Sgana-*

relle.) Je vais faire monter l'homme qui écrit mes remèdes, et lui faire croire que c'est un notaire.

SGANARELLE.

Fort bien.

CLITANDRE.

Holà ! faites monter le notaire que j'ai amené avec moi.

LUCINDE.

Quoi vous aviez amené un notaire ?

CLITANDRE.

Oui, madame.

LUCINDE.

J'en suis ravie.

SGANARELLE.

O la folle ! ô la folle !

SCENE VII.

LE NOTAIRE, CLITANDRE, SGANARELLE, LUCINDE, LISETTE.

(*Clitandre parle bas au notaire.*)

SGANARELLE, *au notaire.*

Oui, monsieur, il faut faire un contrat pour ces deux personnes-là. Écrivez. (*à Lucinde.*) Voilà le contrat qu'on fait. (*au notaire.*) Je lui donne vingt mille écus en mariage. Écrivez.

LUCINDE.

Je vous suis bien obligée, mon père.

LE NOTAIRE.

Voilà qui est fait. Vous n'avez qu'à venir signer.

SGANARELLE.

Voilà un contrat bientôt bâti.

CLITANDRE, *à Sganarelle.*

Mais, au moins, monsieur...

SGANARELLE.

Hé ! non, vous dis-je. Sait-on pas bien...? (*au notaire.*) Allons, donnez-lui la plume pour signer. (*à Lucinde.*) Allons, signe, signe, signe. Va, va, je signerai tantôt, moi.

LUCINDE.

Non, non, je veux avoir le contrat entre mes mains.

SGANARELLE.

Hé bien ! tiens. (*après avoir signé.*) Es-tu contente ?

LUCINDE.

Plus qu'on ne peut s'imaginer.

SGANARELLE.

Voilà qui est bien, voilà qui est bien.

CLITANDRE.

Au reste, je n'ai pas eu seulement la précaution d'amener un notaire; j'ai eu celle encore de faire venir des voix, des instruments et des danseurs, pour célébrer la fête et pour nous réjouir. Qu'on les fasse venir. Ce sont des gens que je mène avec moi, et dont je me sers tous les jours pour pacifier, avec leur harmonie et leurs danses, les troubles de l'esprit.

SCÈNE VIII.

SGANARELLE, LUCINDE, CLITANDRE, LISETTE.

TROISIEME ENTRÉE.

LA COMÉDIE, LE BALLET, LA MUSIQUE, JEUX, RIS, PLAISIRS.

LA COMÉDIE, LE BALLET, LA MUSIQUE, *ensemble.*

Sans nous tous les hommes
Deviendraient malsains;
Et c'est nous qui sommes
Leurs grands médecins.

LA COMÉDIE.

Veut-on qu'on rabatte,
Par des moyens doux,
Les vapeurs de rate
Qui nous minent tous ?
Qu'on laisse Hippocrate,
Et qu'on vienne à nous.

TOUS TROIS ENSEMBLE.

Sans nous tous les hommes
Deviendraient malsains;
Et c'est nous qui sommes
Leurs grands médecins.

(Pendant que les jeux, les Ris et les Plaisirs dansent, Clitandre emmène Lucinde.)

SCÈNE IX.

SGANARELLE, LISETTE, LA COMÉDIE, LA MUSIQUE, LE BALLET, JEUX, RIS, PLAISIRS.

SGANARELLE.

Voilà une plaisante façon de guérir ! Où est donc ma fille et le médecin ?

LISETTE.

Ils sont allés achever le reste du mariage.

SGANARELLE.

Comment ! le mariage,

LISETTE.

Ma foi, monsieur, la bécasse est bridée, et vous avez cru faire un jeu, qui demeure une vérité.

SGANARELLE.

Comment diable ! (*Il veut aller après Clitandre et Lucinde, les danseurs le retiennent.*) Laissez-moi aller, laissez-moi aller, vous dis-je. (*Les danseurs le retiennent toujours.*) Encore ! *Ils veulent faire danser Sganarelle de force.*) Peste des gens !

FIN DE L'AMOUR MÉDECIN.

LE MISANTHROPE,

COMÉDIE EN CINQ ACTES ET EN VERS.

PERSONNAGES.

ALCESTE, amant de Célimène.
PHILINTE, ami d'Alceste.
ORONTE, amant de Célimène.
CÉLIMÈNE.
ÉLIANTE, cousine de Célimène.
ARSINOÉ, amie de Célimène.
ACASTE, } marquis.
CLITANDRE, } marquis.
DUBOIS, valet d'Alceste.
BASQUE, valet de Célimène.
UN GARDE de la maréchaussée de France.

La scène est à Paris, dans la maison de Célimène.

ACTE PREMIER.

SCÈNE PREMIÈRE.

PHILINTE, ALCESTE.

PHILINTE.

Qu'est-ce donc? qu'avez-vous?

ALCESTE, *assis.*

Laissez-moi, je vous prie.

PHILINTE.

Mais encor, dites-moi, quelle bizarrerie....

ALCESTE.

Laissez-moi là, vous dis-je, et courez vous cacher.

PHILINTE.

Mais on entend les gens, au moins, sans se fâcher.

ALCESTE.

Moi, je veux me fâcher, et ne veux point entendre.

PHILINTE.

Dans vos brusques chagrins je ne puis vous comprendre,
Et, quoique amis, enfin, je suis tout des premiers...

ALCESTE, *se levant brusquement.*

Moi, votre ami? Rayez cela de vos papiers.
J'ai fait jusques ici profession de l'être;
Mais, après ce qu'en vous je viens de voir paraître,
Je vous déclare net que je ne le suis plus,
Et ne veux nulle place en des cœurs corrompus.

PHILINTE.

Je suis donc bien coupable, Alceste à votre compte?

ALCESTE.

Allez, vous devriez mourir de pure honte;
Une telle action ne saurait s'excuser,
Et tout homme d'honneur s'en doit scandaliser.
Je vous vois accabler un homme de caresses,
Et témoigner pour lui les dernières tendresses;
De protestations, d'offres et de serments,
Vous chargez la fureur de vos embrassements;
Et, quand je vous demande après quel est cet homme,
A peine pouvez-vous dire comme il se nomme;
Votre chaleur pour lui tombe en vous séparant,
Et vous me le traitez, à moi, d'indifférent.
Morbleu! c'est une chose indigne, lâche, infame,
De s'abaisser ainsi jusqu'à trahir son ame;
Et si, par un malheur, j'en avais fait autant,
Je m'irais, de regret, pendre tout à l'instant.

PHILINTE.

Je ne vois pas, pour moi, que le cas soit pendable;
Et je vous supplierai d'avoir pour agréable,
Que je me fasse un peu grace sur votre arrêt,
Et ne me pende pas pour cela, s'il vous plaît.

ALCESTE.

Que la plaisanterie est de mauvaise grace!

PHILINTE.

Mais, sérieusement, que voulez-vous qu'on fasse?

ALCESTE.

Je veux qu'on soit sincère, et qu'en homme d'honneur,
On ne lâche aucun mot qui ne parte du cœur.

PHILINTE.

Lorsqu'un homme vous vient embrasser avec joie,
Il faut bien le payer de la même monnoie;
Répondre, comme on peut, à ses empressements,
Et rendre offre pour offre, et serments pour serments.

ALCESTE.

Non, je ne puis souffrir cette lâche méthode
Qu'affectent la plupart de vos gens à la mode;
Et je ne hais rien tant que les contorsions
De tous ces grands faiseurs de protestations,
Ces affables donneurs d'embrassades frivoles,
Ces obligeants diseurs d'inutiles paroles,
Qui de civilités avec tous font combat,
Et traitent du même air l'honnête homme et le fat.
Quel avantage a-t-on qu'un homme vous caresse,
Vous jure amitié, foi, zèle, estime, tendresse,
Et vous fasse de vous un éloge éclatant,
Lorsqu'au premier faquin il court en faire autant?
Non, non, il n'est point d'ame un peu bien située,
Qui veuille d'une estime ainsi prostituée,
Et la plus glorieuse a des régals peu chers,
Dès qu'on voit qu'on nous mêle avec tout l'univers:
Sur quelque préférence une estime se fonde,
Et c'est n'estimer rien qu'estimer tout le monde.
Puisque vous y donnez, dans ces vices du temps,
Morbleu! vous n'êtes pas pour être de mes gens;
Je refuse d'un cœur la vaste complaisance
Qui ne fait de mérite aucune différence:
Je veux qu'on me distingue, et, pour le trancher net,
L'ami du genre humain n'est point du tout mon fait.

PHILINTE.

Mais, quand on est du monde, il faut bien que l'on rende
Quelques dehors civils que l'usage demande.

ALCESTE.

Non, vous dis-je; on devrait châtier sans pitié
Ce commerce honteux de semblant d'amitié.
Je veux que l'on soit homme, et qu'en toute rencontre,
Le fond de notre cœur dans nos discours se montre,
Que ce soit lui qui parle; et que nos sentiments
Ne se masquent jamais sous de vains compliments.

PHILINTE.

Il est bien des endroits où la pleine franchise
Deviendrait ridicule et serait peu permise;
Et parfois, n'en déplaise à votre austère honneur,
Il est bon de cacher ce qu'on a dans le cœur.
Serait-il à propos, et de la bienséance,
De dire à mille gens tout ce que d'eux on pense?
Et, quand on a quelqu'un qu'on hait ou qui déplaît,
Lui doit-on déclarer la chose comme elle est?

ALCESTE.

Oui.

PHILINTE.

Quoi! vous iriez dire à la vieille Emilie,
Qu'à son âge il sied mal de faire la jolie,
Et que le blanc qu'elle a scandalise chacun?

ALCESTE.

Sans doute.

PHILINTE.

A Dorilas, qu'il est trop importun;
Et qu'il n'est, à la cour, oreille qu'il ne lasse
A conter sa bravoure et l'éclat de sa race?

ALCESTE.

Fort bien.

PHILINTE.

Vous vous moquez.

ALCESTE.

Je ne me moque point;
Et je vais n'épargner personne sur ce point.
Mes yeux sont trop blessés, et la cour et la ville
Ne m'offrent rien qu'objets à m'échauffer la bile;
J'entre en une humeur noire, en un chagrin profond,
Quand je vois vivre entre eux les hommes comme ils font;
Je ne trouve partout que lâche flatterie,
Qu'injustice, intérêt, trahison, fourberie :
Je n'y puis plus tenir, j'enrage; et mon dessein
Est de rompre en visière à tout le genre humain.

PHILINTE.

Ce chagrin philosophe est un peu trop sauvage.
Je ris des noirs accès où je vous envisage;
Et crois voir, en nous deux, sous mêmes soins nourris,
Ces deux frères que peint l'Ecole des Maris,
Dont...

ALCESTE.

Mon Dieu! laissons là vos comparaisons fades.

PHILINTE.

Non : tout de bon, quittez toutes ces incartades.
Le monde par vos soins ne se changera pas :
Et puisque la franchise a pour vous tant d'appas,
Je vous dirai, tout franc, que cette maladie,
Partout où vous allez, donne la comédie;
Et qu'un si grand courroux contre les mœurs du temps,
Vous tourne en ridicule auprès de bien des gens.

ALCESTE.

Tant mieux, morbleu? tant mieux, c'est ce que je de-[mande
Ce m'est un fort bon signe, et ma joie en est grande.
Tous les hommes me sont à tel point odieux,
Qe je serais fâché d'être sage à leurs yeux

PHILINTE.

Vous voulez un grand mal à la nature humaine!

ALCESTE.

Oui; j'ai conçu pour elle une effroyable haine.

PHILINTE.

Tous les pauvres mortels, sans nulle exception,
Seront enveloppés dans cette aversion?
Encore en est-il bien, dans le siècle où nous sommes...

ALCESTE.

Non, elle est générale, et je hais tous les hommes,
Les uns, parce qu'ils sont méchants et malfaisants,
Et les autres, pour être aux méchants complaisants,
Et n'avoir pas pour eux ces haines vigoureuses
Que doit donner le vice aux ames vertueuses.
De cette complaisance on voit l'injuste excès,
Pour le franc scélérat avec qui j'ai procès.
Au travers de son masque, on voit à plein le traître,
Partout il est connu pour tout ce qu'il peut être;
Et ses roulements d'yeux, et son ton radouci,
N'imposent qu'à des gens qui ne sont point d'ici.
On sait que ce pied-plat, digne qu'on le confonde,
Par de sales emplois s'est poussé dans le monde,
Et que par eux son sort, de splendeur revêtu,
Fait gronder le mérite et rougir la vertu;
Quelques titres honteux qu'en tous lieux on lui donne,
Son misérable honneur ne voit pour lui personne :
Nommez-le fourbe, infâme, et scélérat maudit,
Tout le monde en convient, et nul n'y contredit;
Cependant sa grimace est partout bien venue,
On l'accueille, on lui rit, partout il s'insinue;
Et, s'il est, par la brigue, un rang à disputer,
Sur le plus honnête homme on le voit l'emporter.
Têtebleu! ce me sont de mortelles blessures,
De voir qu'avec le vice on garde des mesures;
Et parfois il me prend des mouvements soudains
De fuir dans un désert l'approche des humains.

PHILINTE.

Mon Dieu! des mœurs du temps mettons-nous moins [en peine,
Et faisons un peu grace à la nature humaine;
Ne l'examinons point dans la grande rigueur.
Et voyons ses défauts avec quelque douceur,
Il faut, parmi le monde, une vertu traitable;
A force de sagesse on peut être blamable :
La parfaite raison fuit toute extrémité,
Et veut que l'on soit sage avec sobriété.
Cette grande raideur des vertus des vieux âges,
Heurte trop notre siècle et les communs usages;
Elle veut aux mortels trop de perfection :
Il faut fléchir aux temps, sans obstination;
Et c'est une folie, à nulle autre seconde,
De vouloir se mêler de corriger le monde.
J'observe, comme vous, cent choses tous les jours,
Qui pourraient mieux aller, prenant un autre cours;
Mais, quoi qu'à chaque pas je puisse voir paraître,
En courroux, comme vous, on ne me voit point être;
Je prends tout doucement les hommes comme ils sont,
J'accoutume mon ame à souffrir ce qu'ils font :
Et je crois qu'à la cour, de même qu'à la ville,
Mon flegme est philosophe autant que votre bile.

ALCESTE.

Mais ce flegme, Monsieur, qui raisonnez si bien,
Ce flegme pourra-t-il ne s'échauffer de rien?
Et s'il faut, par hasard, qu'un ami vous trahisse,
Que, pour avoir vos biens on dresse un artifice,
Ou qu'on tâche à semer de méchants bruits de vous,
Verrez-vous tout cela sans vous mettre en courroux?

PHILINTE.

Oui, je vois ces défauts dont votre ame murmure,
Comme vices unis à l'humaine nature;
Et mon esprit enfin n'est pas plus offensé
De voir un homme fourbe, injuste, intéressé,
Que de voir des vautours affamés de carnage,
Des singes malfaisants, et des loups pleins de rage.

ALCESTE.

Je me verrai trahir, mettre en pièces, voler,
Sans que je sois... Morbleu! je ne veux point parler,
Tant ce raisonnement est plein d'impertinence!

PHILINTE.

Ma foi, vous ferez bien de garder le silence.
Contre votre partie éclatez un peu moins,
Et donnez au procès une part de vos soins.

ALCESTE.

Je n'en donnerai point, c'est une chose dite.

PHILINTE.

Mais qui voulez-vous donc qui pour vous sollicite?

ALCESTE.

Qui, je veux? la raison, mon bon droit, l'équité.

PHILINTE.

Aucun juge par vous ne sera visité?

ALCESTE.

Non. Est-ce que ma cause est injuste ou douteuse?

PHILINTE.

J'en demeure d'accord; mais la brigue est fâcheuse,
Et...

ALCESTE.

Non. J'ai résolu de ne pas faire un pas.
J'ai tort, ou j'ai raison.

PHILINTE.

Ne vous y fiez pas.

ALCESTE.

Je ne remuerai point.

PHILINTE.

Votre partie est forte,
Et peut, par sa cabale, entraîner...

ALCESTE.

Il n'importe.

PHILINTE.

Vous vous tromperez.

ALCESTE.

Soit. J'en veux voir le succès.

PHILINTE.

Mais...

ALCESTE.

J'aurai le plaisir de perdre mon procès.

PHILINTE.

Mais enfin...

ALCESTE.

Je verrai dans cette plaiderie,
Si les hommes auront assez d'effronterie,
Seront assez méchants, scélérats et pervers,
Pour me faire injustice aux yeux de l'univers.

PHILINTE.

Quel homme!

ALCESTE.

Je voudrais, m'en coutât-il grand'chose,
Pour la beauté du fait, avoir perdu ma cause.

PHILINTE.

On se rirait de vous, Alceste, tout de bon
Si l'on vous entendait parler de la façon.

ALCESTE.

Tant pis pour qui rirait.

PHILINTE.

Mais cette rectitude
Que vous voulez en tout avec exactitude,
Cette pleine droiture, où vous vous renfermez,
La trouvez-vous ici dans ce que vous aimez?
Je m'étonne, pour moi, qu'étant, comme il le semble,
Vous et le genre humain, si fort brouillés ensemble,
Malgré tout ce qui peut vous le rendre odieux,
Vous ayez pris chez lui ce qui charme vos yeux;
Et ce qui me surprend encore davantage,
C'est cet étrange choix où votre cœur s'engage.
La sincère Eliante a du penchant pour vous,
La prude Arsinoé vous voit d'un œil fort doux;
Cependant à leurs vœux votre ame se refuse,
Tandis qu'en ses liens Célimène l'amuse,
De qui l'humeur coquette et l'esprit médisant
Semblent si fort donner dans les mœurs d'à présent.
D'où vient que, leur portant une haine mortelle,
Vous pouvez bien souffrir ce qu'en tient cette belle?
Ne sont-ce plus defauts dans un objet si doux?
Ne les voyons-vous pas, ou les excusez-vous?

ALCESTE.

Non; l'amour que je sens pour cette jeune veuve
Ne ferme point mes yeux aux défauts qu'on lui treuve (1).
Et je suis, quelque ardeur qu'elle m'ait pu donner,
Le premier à les voir, comme à les condamner.
Mais avec tout cela, quoi que je puisse faire,
Je confesse mon faible, elle a l'art de me plaire:
J'ai beau voir ses défauts, et j'ai beau l'en blâmer,
En dépit qu'on en ait, elle se fait aimer;
Sa grace est la plus forte; et, sans doute, ma flamme
De ces vices du temps pourra purger son ame.

PHILINTE.

Si vous faites cela, vous ne ferez pas peu.
Vous croyez être donc aimé d'elle?

ALCESTE.

Oui, parbleu!
Je ne l'aimerais pas si je ne croyais l'être.

(1) Le mot treuve, dont se servaient nos premiers poëtes, a vieilli et est devenu tout à fait inusité.

PHILINTE.

Mais si son amitié pour vous se fait paraître,
D'où vient que vos rivaux vous causent de l'ennui?

ALCESTE.

C'est qu'un cœur bien atteint veut qu'on soit tout à lui;
Et je ne viens ici qu'à dessein de lui dire
Tout ce que là-dessus ma passion m'inspire.

PHILINTE.

Pour moi, si je n'avais qu'à former des désirs,
Sa cousine Eliante aurait tous mes soupirs:
Son cœur, qui vous estime, est solide et sincère,
Et ce choix plus conforme était mieux votre affaire.

ALCESTE.

Il est vrai; ma raison me le dit chaque jour;
Mais la raison n'est pas ce qui règle l'amour.

PHILINTE.

Je crains fort pour vos feux, et l'espoir où vous êtes
Pourrait...

SCÈNE II.

ORONTE, ALCESTE, PHILINTE.

ORONTE, *à Alceste.*

J'ai su là-bas que, pour quelques emplettes,
Eliante est sortie, et Célimène aussi.
Mais comme l'on m'a dit que vous étiez ici,
J'ai monté pour vous dire, et d'un cœur véritable,
Que j'ai conçu pour vous une estime incroyable,
Et que depuis longtemps cette estime m'a mis
Dans un ardent désir d'être de vos amis.
Oui, mon cœur au mérite aime à rendre justice,
Et je brûle qu'un nœud d'amitié nous unisse.
Je crois qu'un ami chaud, et de ma qualité,
N'est pas assurément pour être rejeté.
(*Pendant le discours d'Oronte, Alceste est rêveur, sans faire attention que c'est à lui qu'on parle, et ne sort de sa rêverie que quand Oronte lui dit :*)
C'est à vous, s'il vous plaît, que ce discours s'adresse.

ALCESTE.

A moi, Monsieur?

ORONTE.

A vous : trouvez-vous qu'il vous blesse?

ALCESTE.

Non pas. Mais la surprise est fort grande pour moi,
Et je n'attendais pas l'honneur que je reçoi.

ORONTE.

L'estime où je vous tiens ne doit pas vous surprendre,
Et de tout l'univers vous la pouvez prétendre.

ALCESTE.

Monsieur...

ORONTE.

L'état n'a rien qui ne soit au dessous
Du mérite éclatant que l'on découvre en vous.

ALCESTE.

Monsieur...

ORONTE.

Oui, de ma part, je vous tiens préférable
A tout ce que j'y vois de plus considérable.

ALCESTE.

Monsieur...

ORONTE.

Sois-je du ciel écrasé, si je ments!
Et pour vous confirmer ici mes sentiments,
Souffrez qu'à cœur ouvert, Monsieur, je vous embrasse,
Et qu'en votre amitié je vous demande place.
Touchez-là, s'il vous plaît. Vous me la promettez,
Votre amitié!

ALCESTE.

Monsieur...

ORONTE.

Quoi! vous y résistez?

ALCESTE.

Monsieur, c'est trop d'honneur que vous me voulez faire,
Mais l'amitié demande un peu plus de mystère;

Et c'est assurément en profaner le nom,
Que de vouloir le mettre à toute occasion.
Avec lumière et choix cette union veut naître;
Avant que de nous lier il faut nous mieux connaître;
Et nous pourrions avoir telles complexions,
Que tous deux du marché nous nous repentirions.

ORONTE.

Parbleu! c'est là dessus parler en homme sage,
Et je vous en estime encore davantage.
Souffrons donc que le temps forme des nœuds si doux;
Mais cependant je m'offre entièrement à vous.
S'il faut faire à la cour pour vous quelque ouverture,
On sait qu'auprès du roi je fais quelque figure;
Il m'écoute, et dans tout il en use, ma foi,
Le plus honnêtement du monde avecque moi.
Enfin je suis à vous de toutes les manières;
Et comme votre esprit a de grandes lumières,
Je viens, pour commencer entre nous ce beau nœud,
Vous montrer un sonnet que j'ai fait depuis peu,
Et savoir s'il est bon qu'au public je l'expose.

ALCESTE.

Monsieur, je suis peu propre à décider la chose;
Veuillez m'en dispenser.

ORONTE.

Pourquoi?

ALCESTE.

J'ai le défaut
D'être un peu plus sincère en cela qu'il ne faut.

ORONTE.

C'est ce que je demande; et j'aurais lieu de plainte
Si, m'adressant à vous, pour me parler sans feinte,
Vous alliez me trahir, et me déguiser rien.

ALCESTE.

Puisqu'il vous plaît ainsi, Monsieur, je le veux bien.

ORONTE.

Sonnet. C'est un sonnet. *L'espoir*... C'est une dame
Qui de quelque espérance avait flatté ma flamme.
L'espoir... Ce ne sont point de ces grands vers pompeux,
Mais de petits vers doux, tendres et langoureux.

ALCESTE.

Nous verrons bien.

ORONTE.

L'espoir... Je ne sais si le style
Pourra vous en paraître assez net et facile,
Et si du choix des mots vous vous contenterez.

ALCESTE.

Nous allons voir, Monsieur.

ORONTE.

Au reste, vous saurez
Que je n'ai demeuré qu'un quart d'heure à le faire.

ALCESTE.

Voyons, Monsieur; le temps ne fait rien à l'affaire.

ORONTE *lit.*

« L'espoir, il est vrai, nous soulage,
« Et nous berce un temps notre ennui;
« Mais, Philis, le triste avantage,
« Lorsque rien ne marche après lui!

PHILINTE.

Je suis déjà charmé de ce petit morceau.

ALCESTE, *bas à Philinte.*

Quoi! vous avez le front de trouver cela beau?

ORONTE.

« Vous eûtes de la complaisance;
« Mais vous en deviez moins avoir,
« Et ne pas vous mettre en dépense,
« Pour ne me donner que l'espoir.

PHILINTE.

Ah! qu'en termes galants ces choses là sont mises!

ALCESTE, *bas à Philinte.*

Eh quoi! vil complaisant, vous louez des sottises!

ORONTE.

« S'il faut qu'une attente éternelle
« Pousse à bout l'ardeur de mon zèle,
« Le trépas sera mon recours.
« Vos soins ne m'en peuvent distraire;
« Belle Philis, on désespère
« Alors qu'on espère toujours. »

PHILINTE.

La chute en est jolie, amoureuse, admirable.

ALCESTE, *bas, à part.*

La peste de ta chute! empoisonneur au diable!
En eusses-tu fait une à te casser le nez!

PHILINTE.

Je n'ai jamais ouï de vers si bien tournés.

ALCESTE, *bas, à part.*

Morbleu!

ORONTE, *à Philinte.*

Vous me flattez, et vous croyez peut-être...

PHILINTE.

Non, je ne flatte point.

ALCESTE, *bas, à part.*

Eh! que fais-tu donc, traître?

ORONTE, *à Alceste.*

Mais, pour vous, vous savez quel est notre traité.
Parlez-moi, je vous prie, avec sincérité.

ALCESTE.

Monsieur, cette matière est toujours délicate,
Et sur le bel esprit nous aimons qu'on nous flatte.
Mais un jour à quelqu'un, dont je tairai le nom,
Je disais, en voyant des vers de sa façon,
Qu'il faut qu'un galant homme ait toujours grand empire
Sur les démangeaisons qui nous prennent d'écrire;
Qu'il doit tenir la bride aux grands empressements
Qu'on a de faire éclat de tels amusements;
Et que, par la chaleur de montrer ses ouvrages,
On s'expose à jouer de mauvais personnages.

ORONTE.

Est-ce que vous voulez me déclarer par là
Que j'ai tort de vouloir...

ALCESTE.

Je ne dis pas cela.
Mais je lui disais, moi, qu'un froid écrit assomme;
Qu'il ne faut que ce faible à décrier un homme;
Et qu'eût-on, d'autre part, cent belles qualités,
On regarde les gens par leurs méchants côtés.

ORONTE.

Est-ce qu'à mon sonnet vous trouvez à redire?

ALCESTE.

Je ne dis pas cela. Mais, pour ne point écrire,
Je lui mettais aux yeux comme dans notre temps
Cette soif a gâté de fort honnêtes gens.

ORONTE.

Est-ce que j'écris mal? et leur ressemblerais-je?

ALCESTE.

Je ne dis pas cela. Mais enfin, lui disais-je,
Quel besoin si pressant avez-vous de rimer,
Et qui diantre vous pousse à vous faire imprimer?
Si l'on peut pardonner l'essor d'un mauvais livre,
Ce n'est qu'aux malheureux qui composent pour vivre.
Croyez-moi, résistez à vos tentations;
Dérobez au public ces occupations,
Et n'allez point quitter, de quoi que l'on vous somme,
Le nom que dans la cour vous avez d'honnête homme,
Pour prendre, de la main d'un avide imprimeur,
Celui de ridicule et misérable auteur.
C'est ce que je tâchais de lui faire comprendre.

ORONTE.

Voilà qui va fort bien, et je crois vous entendre.
Mais ne puis-je savoir ce que dans mon sonnet...

ALCESTE.

Franchement, il est bon à mettre au cabinet.
Vous vous êtes réglé sur de méchants modèles,
Et vos expressions ne sont point naturelles.
Qu'est-ce que « nous berce un temps notre ennui? »
Et que « rien ne marche après lui? »

Que « ne vous pas mettre en dépense,
« Pour ne me donner que l'espoir? »
Et que « Philis, on désespère
« Alors qu'on espère toujours?
Ce style figuré, dont on fait vanité,
Sort du bon caractère et de la vérité.
Ce n'est que jeu de mots, qu'affectation pure,
Et ce n'est point ainsi que parle la nature.
Le méchant goût du siècle en cela me fait peur:
Nos pères, tout grossiers, l'avaient beaucoup meilleur;
Et je prise bien moins tout ce que l'on admire,
Qu'une vieille chanson que je m'en vais vous dire:

Si le roi m'avait donné
Paris sa grand'ville,
Et qu'il me fallût quitter
L'amour de ma mie,
Je dirais au roi Henri:
Reprenez votre Paris,
J'aime mieux ma mie, ô gué!
J'aime mieux ma mie.

La rime n'est pas riche, et le style en est vieux.
Mais ne voyez-vous pas que cela vaut bien mieux
Que ces colifichets dont le bon sens murmure,
Et que la passion parle là toute pure?

Si le roi m'avait donné
Paris sa grand'ville,
Et qu'il me fallût quitter
L'amour de ma mie,
Je dirais au roi Henri:
Reprenez votre Paris,
J'aime mieux ma mie, ô gué!
J'aime mieux ma mie.

Voilà ce que peut dire un cœur vraiment épris.
(*à Philinte, qui rit.*)
Oui, monsieur le rieur, malgré vos beaux esprits,
J'estime plus cela que la pompe fleurie
De tous ces faux brillants où chacun se récrie.

ORONTE.

Et moi, je vous soutiens que mes vers sont fort bons.

ALCESTE.

Pour les trouver ainsi vous avez vos raisons;
Mais vous trouverez bon que j'en puisse avoir d'autres
Qui se dispenseront de se soumettre aux vôtres.

ORONTE.

Il me suffit de voir que d'autres en font cas.

ALCESTE.

C'est qu'ils ont l'art de feindre, et moi, je ne l'ai pas.

ORONTE.

Croyez-vous donc avoir tant d'esprit en partage?

ALCESTE.

Si je louais vos vers, j'en aurais davantage.

ORONTE.

Je me passerai fort que vous les approuviez.

ALCESTE.

Il faut bien, s'il vous plaît, que vous vous en passiez.

ORONTE.

Je voudrais bien, pour voir, que de votre manière
Vous en composassiez sur la même matière.

ALCESTE.

J'en pourrais, par malheur, faire d'aussi méchants;
Mais je me garderais de les montrer aux gens.

ORONTE.

Vous me parlez bien ferme, et cette suffisance...

ALCESTE.

Autre part que chez moi cherchez qui vous encense.

ORONTE.

Mais, mon petit monsieur, prenez-le un peu moins haut.

ALCESTE.

Ma foi, mon grand monsieur, je le prends comme il faut.

PHILINTE, *se mettant entre eux.*

Eh! Messieurs, c'est trop. Laissez cela, de grace.

ORONTE.

Ah! j'ai tort, je l'avoue, et je quitte la place.
Je suis votre valet, Monsieur, de tout mon cœur.

ALCESTE.

Et moi je suis, Monsieur, votre humble serviteur.

SCÈNE III.

PHILINTE, ALCESTE.

PHILINTE.

Eh bien! vous le voyez. Pour être trop sincère,
Vous voilà sur les bras une facheuse affaire;
Et j'ai bien vu qu'Oronte, afin d'être flatté...

ALCESTE.

Ne me parlez pas.

PHILINTE.

Mais...

ALCESTE.

Plus de société.

PHILINTE.

C'est trop...

ALCESTE.

Laissez-moi là.

PHILINTE.

Si je...

ALCESTE.

Point de langage.

PHILINTE.

Mais quoi...

ALCESTE.

Je n'entends rien.

PHILINTE.

Mais...

ALCESTE.

Encore!

PHILINTE.

On outrage...

ALCESTE.

Ah! parbleu! c'en est trop. Ne suivez point mes pas.

PHILINTE.

Vous vous moquez de moi; je ne vous quitte pas.

FIN DU PREMIER ACTE.

ACTE II.

SCÈNE PREMIÈRE.

ALCESTE, CÉLIMÈNE.

ALCESTE.

Madame, voulez-vous que je vous parle net?
De vos façons d'agir je suis mal satisfait;
Contre elle dans mon cœur trop de bile s'assemble,
Et je sens qu'il faudra que nous rompions ensemble.
Oui; je vous tromperais de parler autrement,
Tôt ou tard nous romprons indubitablement;
Et je vous promettrais mille fois le contraire,
Que je ne serais pas en pouvoir de le faire.

CÉLIMENE.

C'est pour me quereller donc, à ce que je voi,
Que vous avez voulu me ramener chez moi?

ALCESTE.

Je ne querelle point. Mais votre humeur, Madame,
Offre au premier venu trop d'accès dans votre ame;
Vous avez trop d'amants qu'on voit vous obséder,
Et mon cœur de cela ne peut s'accommoder.

CÉLIMÈNE.

Des amants que je fais me rendez-vous coupable?
Puis-je empêcher les gens de me trouver aimable?
Et lorsque pour me voir ils font de doux efforts,
Dois-je prendre un bâton pour les mettre dehors.

ALCESTE.

Non, ce n'est pas, Madame, un bâton qu'il faut prendre,
Mais un cœur à leurs vœux moins facile et moins tendre.
Je sais que vos appas vous suivent en tous lieux:
Mais votre accueil retient ceux qu'attirent vos yeux;
Et sa douceur, offerte à qui vous rend les armes,
Achève sur les cœurs l'ouvrage de vos charmes.
Le trop riant espoir que vous leur présentez,
Attache autour de vous leurs assiduités;
Et votre complaisance un peu moins étendue,
De tant de soupirants chasserait la cohue.
Mais au moins dites-moi, Madame, par quel sort
Votre Clitandre a l'heur de vous plaire si fort?
Sur quel fonds de mérite et de vertu sublime
Appuyez-vous en lui l'honneur de votre estime?
Est-ce par l'ongle long qu'il porte au petit doigt, (1)
Qu'il s'est acquis chez vous l'estime où l'on le voit?
Vous êtes-vous rendue, avec tout le beau monde,
Au mérite éclatant de sa perruque blonde?
Sont-ce ses grands canons qui vous le font aimer?
L'amas de ses rubans a-t-il su vous charmer?
Est-ce par les appas de sa vaste rheingrave
Qu'il a gagné votre ame, en faisant votre esclave?
Ou sa façon de rire, ou son ton de fausset,
Ont-ils de vous toucher su trouver le secret?

CÉLIMENE.

Qu'injustement de lui vous prenez de l'ombrage!
Ne savez-vous pas bien pourquoi je le ménage,
Et que dans mon procès, ainsi qu'il m'a promis,
Il peut intéresser tout ce qu'il a d'amis?

ALCESTE.

Perdez votre procès, Madame, avec constance,
Et ne ménagez point un rival qui m'offense.

CÉLIMENE.

Mais de tout l'univers vous devenez jaloux.

ALCESTE.

C'est que tout l'univers est bien reçu de vous.

CÉLIMENE.

C'est ce qui doit rasseoir votre ame effarouchée,
Puisque ma complaisance est sur tous épanchée;
Et vous auriez plus lieu de vous en offenser,
Si vous me la voyiez sur un seul ramasser.

ALCESTE.

Mais moi, que vous blâmez de trop de jalousie,
Qu'ai-je de plus qu'eux tous, Madame, je vous prie?

CÉLIMENE.

Le bonheur de savoir si vous êtes aimé.

ALCESTE.

Et quel lieu de le croire a mon cœur enflammé?

CÉLIMENE.

Je pense qu'ayant pris le soin de vous le dire,
Un aveu de la sorte a de quoi vous suffire.

ALCESTE.

Mais qui m'assurera que dans le même instant,
Vous n'en disiez peut-être aux autres tout autant?

CELIMENE.

Certes, pour un amant, la fleurette est mignonne,
Et vous me traitez là de gentille personne?
Eh bien, pour vous ôter d'un semblable souci,
De tout ce que j'ai dit, je me dédis ici;
Et rien ne saurait plus vous tromper que vous-même;
Soyez content.

ALCESTE.

Morbleu! faut-il que je vous aime!
Ah! que si de vos mains je rattrape mon cœur,
Je bénirai le ciel de ce rare bonheur!
Je ne le cèle pas, je fais tout mon possible
A rompre de ce cœur l'attachement terrible;
Mais mes plus grands efforts n'ont rien fait jusqu'ici,
Et c'est pour mes péchés que je vous aime ainsi.

CELIMENE.

Il est vrai, votre ardeur est pour moi sans seconde.

ALCESTE.

Oui, je puis là-dessus défier tout le monde.
Mon amour ne se peut concevoir, et jamais
Personne n'a, Madame, aimé comme je fais.

CELIMENE.

En effet la méthode en est toute nouvelle,
Car vous aimez les gens pour leur faire querelle:
Ce n'est qu'en mots fâcheux qu'éclate votre ardeur,
Et l'on n'a vu jamais un amant si grondeur.

ALCESTE.

Mais il ne tient qu'à vous que son chagrin ne passe.
A tous nos démêlés coupons chemin de grace:
Parlons à cœur ouvert et voyons d'arrêter...

SCÈNE II.

CELIMENE, ALCESTE, BASQUE.

CELIMENE.

Qu'est-ce?

BASQUE.

Acaste est là-bas.

CELIMENE.

Eh bien, faites monter.

SCÈNE III.

CÉLIMENE, ALCESTE.

ALCESTE.

Quoi! l'on ne peut jamais vous parler tête à tête!
A recevoir le monde on vous voit toujours prête!
Et vous ne pouvez pas, un seul moment de tous,
Vous résoudre à souffrir de n'être pas chez vous!

CÉLIMENE.

Voulez-vous qu'avec lui je me fasse une affaire?

ALCESTE.

Vous avez des égards qui ne sauraient me plaire.

CÉLIMENE.

C'est un homme à jamais ne me le pardonner,
S'il savait que sa vue eût pu m'importuner.

ALCESTE.

Et que vous fait cela, pour vous gêner de sorte...

(1) Ce vers désigne une mode en usage à cette époque. Quelques agréables de la cour laissaient croître l'ongle du petit doigt d'une grandeur démesurée. Peu de personnes connaissent à présent l'existence de ce ridicule.

CÉLIMÈNE.

Mon Dieu! de ses pareils la bienveillance importe;
Et ce sont de ces gens, qui, je ne sais comment,
Ont gagné, dans la cour, de parler hautement,
Dans tous les entretiens on les voit s'introduire;
Il ne sauraient servir, mais ils peuvent vous nuire;
Et jamais, quelque appui qu'on puisse avoir d'ailleurs,
On ne doit se brouiller avec ces grands brailleurs.

ALCESTE.

Enfin, quoi qu'il en soit, et sur quoi qu'on se fonde,
Vous trouvez des raisons pour souffrir tout le monde;
Et les précautions de votre jugement...

SCÈNE IV.

ALCESTE, CÉLIMENE, BASQUE.

BASQUE.

Voici Clitandre encor, Madame.
(*il sort.*)

ALCESTE.

Justement.

CÉLIMENE.

Où courez-vous?

ALCESTE.

Je sors.

CÉLIMENE.

Demeurez.

ALCESTE.

Pourquoi faire

CÉLIMENE.

Demeurez.

ALCESTE.

Je ne puis.

CÉLIMENE.

Je le veux.

ALCESTE.

Point affaire:
Ces conversations ne font que m'ennuyer,
Et c'est trop que vouloir me les faire essuyer.

CÉLIMENE.

Je le veux, je le veux.

ALCESTE.

Non, il m'est impossible.

CÉLIMÈNE.

Eh bien, allez, sortez, il vous est tout loisible.

SCÈNE V.

ÉLIANTE, PHILINTE, ACASTE, CLITANDRE, ALCESTE, CÉLIMÈNE, BASQUE.

ÉLIANTE, *à Célimène.*

Voici les deux marquis qui montent avec nous;
Vous l'est-on venu dire?

CÉLIMENE.

à Basque.
Oui. Des siéges pour tous.
(*Basque donne des siéges et sort.*)
(*à Alceste.*)
Vous n'êtes pas sorti?

ALCESTE.

Non; mais je veux, madame,
Ou pour eux, ou pour moi, faire expliquer votre ame

CÉLIMENE.

Taisez-vous.

ALCESTE.

Aujourd'hui, vous vous expliquerez.

CÉLIMÈNE.

Vous perdez le sens.

ALCESTE.

Point. Vous vous déclarerez.

CÉLIMÈNE.

Ah!

ALCESTE.

Vous prendrez parti.

CÉLIMÈNE.

Vous vous moquez, je pense.

ALCESTE.

Non: mais vous choisirez. C'est trop de patience.
(*Ils s'asseyent tous.*)

CLITANDRE.

Parbleu! je viens du Louvre, où Cléonte, au levé,
Madame, a bien paru ridicule achevé.
N'a-t-il point quelque ami qui pût, sur ses manières,
D'un charitable avis lui prêter les lumières?

CÉLIMÈNE.

Dans le monde, à vrai dire, il se barbouille fort:
Partout il porte un air qui saute aux yeux d'abord;
Et lorsqu'on le revoit après un peu d'absence,
On le retrouve encor plus plein d'extravagance.

ACASTE.

Parbleu! s'il faut parler des gens extravagants,
Je viens d'en essuyer un des plus fatigants;
Damon, le raisonneur, qui m'a, ne vous déplaise,
Une heure au grand soleil tenu hors de ma chaise.

CÉLIMÈNE.

C'est un parleur étrange, et qui trouve toujours
L'art de ne vous rien dire avec de grands discours:
Dans les propos qu'il tient on ne voit jamais goutte,
Et ce n'est que du bruit que tout ce qu'on écoute.

ÉLIANTE, *bas à Philinte.*

Ce début n'est pas mal; et contre le prochain
La conversation prend un assez bon train.

CLITANDRE.

Timante encor, Madame, est un bon caractère.

CÉLIMÈNE.

C'est, de la tête aux pieds, un homme tout mystère,
Qui vous jette en passant un coup d'œil égaré,
Et, sans aucune affaire, est toujours affairé.
Tout ce qu'il vous débite en grimaces abonde;
A force de façons il assomme le monde;
Sans cesse il a tout bas, pour rompre l'entretien,
Un secret à vous dire, et ce secret n'est rien;
De la moindre vétille il fait une merveille,
Et, jusques au bonjour, il dit tout à l'oreille.

ACASTE.

Et Géralde, Madame!

CELIMENE.

O l'ennuyeux conteur!
Jamais on ne le voit sortir du grand seigneur.
Dans le brillant commerce il se mêle sans cesse,
Et ne cite jamais que duc, prince ou princesse.
La qualité l'entête; et tous ses entretiens
Ne sont que de chevaux, d'équipage et de chiens;
Il tutoie, en parlant, ceux du plus haut étage,
Et le nom de monsieur est chez lui hors d'usage.

CLITANDRE.

On dit qu'avec Bélise il est du dernier bien.

CELIMENE.

Le pauvre esprit de femme, et le sec entretien!
Lorsqu'elle vient me voir je souffre le martyre:
Il faut suer sans cesse à chercher que lui dire;
Et la stérilité de son expression
Fait mourir à tous coups la conversation.
En vain, pour attaquer son stupide silence,
De tous les lieux communs vous prenez l'assistance,
Le beau temps et la pluie, et le froid et le chaud,
Sont des fonds qu'avec elle on épuise bientôt.
Cependant sa visite, assez insupportable,
Traine en une longueur encore épouvantable;
Et l'on demande l'heure, et l'on bâille vingt fois,
Qu'elle s'émeut autant qu'une pièce de bois.

ACASTE.

Que vous semble d'Adraste?

CELIMENE.

Ah! quel orgueil extrême!
C'est un homme gonflé de l'amour de soi-même:

Son mérite jamais n'est content de la cour;
Contre elle il fait métier de pester chaque jour;
Et l'on ne donne emploi, charge, ni bénéfice,
Qu'à tout ce qu'il se croit on ne fasse injustice.

CLITANDRE.

Mais le jeune Cléon, chez qui vont aujourd'hui
Nos plus honnêtes gens, que dites-vous de lui?

CÉLIMENE.

Que de son cuisinier il s'est fait un mérite,
Et que c'est à sa table à qui l'on rend visite.

ÉLIANTE.

Il prend soin d'y servir des mets fort délicats.

CÉLIMENE.

Oui; mais je voudrais bien qu'il ne s'y servît pas :
C'est un fort méchant plat que sa sotte personne,
Et qui gâte, à mon goût, tous les repas qu'il donne.

PHILINTE.

On fait assez de cas de son oncle Damis.
Qu'en dites-vous, Madame?

CÉLIMENE.

Il est de mes amis.

PHILINTE.

Je le trouve honnête homme, et d'un air assez sage.

CÉLIMENE.

Oui; mais il veut avoir trop d'esprit, dont j'enrage.
Il est guindé sans cesse; et, dans tous ses propos,
On voit qu'il se travaille à dire de bons mots.
Depuis que dans sa tête il s'est mis d'être habile,
Rien ne touche son goût, tant il est difficile!
Il veut voir des défauts à tout ce qu'on écrit,
Et pense que louer n'est pas d'un bel esprit,
Que c'est être savant que trouver à redire,
Qu'il n'appartient qu'aux sots d'admirer et de rire;
Et qu'en n'approuvant rien des ouvrages du temps,
Il se met au dessus de tous les autres gens.
Aux conversations même il trouve à reprendre :
Ce sont propos trop bas pour y daigner descendre
Et, les deux bras croisés, du haut de son esprit,
Il regarde en pitié tout ce que chacun dit.

ACASTE.

Dieu me damne! voilà son portrait véritable.

CLITANDRE, *à Célimène.*

Pour bien peindre les gens vous êtes admirable.

ALCESTE.

Allons, ferme! poussez, mes bons amis de cour.
Vous n'en épargnez point, et chacun a son tour :
Cependant aucun d'eux à vos yeux ne se montre,
Qu'on ne vous voie, en hâte, aller à sa rencontre,
Lui présenter la main, et d'un baiser flatteur
Appuyer les serments d'être son serviteur.

CLITANDRE.

Pourquoi s'en prendre à nous? Si ce qu'on dit vous [blesse.
Il faut que le reproche à Madame s'adresse.

ALCESTE.

Non, morbleu! c'est à vous; et vos ris complaisants
Tirent de son esprit tous ces traits médisants.
Son humeur satirique est sans cesse nourrie
Par le coupable encens de votre flatterie;
Et son cœur à railler trouverait moins d'appas,
S'il avait observé qu'on ne l'applaudît pas.
C'est ainsi qu'aux flatteurs on doit partout se prendre
Des vices où l'on voit les humains se répandre.

PHILINTE.

Mais pourquoi pour ces gens un intérêt si grand,
Vous qui condamneriez ce qu'en eux on reprend?

CÉLIMENE.

Et ne faut-il pas bien que Monsieur contredise?
A la commune voix veut-on qu'il se réduise,
Et qu'il ne fasse pas éclater en tous lieux
L'esprit contrariant qu'il a reçu des cieux?
Le sentiment d'autrui n'est jamais pour lui plaire :
Il prend toujours en main l'opinion contraire,
Et penserait paraître un homme du commun,
Si l'on voyait qu'il fût de l'avis de quelqu'un.
L'honneur de contredire a pour lui tant de charmes,
Qu'il prend contre lui-même assez souvent les armes;
Et ses vrais sentiments sont combattus par lui
Aussitôt qu'il les voit dans la bouche d'autrui.

(*Tous rient.*)

ALCESTE.

Les rieurs sont pour vous, Madame, c'est tout dire;
Et vous pouvez pousser contre moi la satire.

PHILINTE.

Mais il est véritable aussi que votre esprit
Se gendarme toujours contre tout ce qu'on dit;
Et que, par un chagrin que lui-même il avoue,
Il ne saurait souffrir qu'on blâme ni qu'on loue.

ALCESTE.

C'est que jamais, morbleu! les hommes n'ont raison,
Que le chagrin contre eux est toujours de saison,
Et que je vois qu'ils sont, sur toutes les affaires,
Loueurs impertinents, ou censeurs téméraires.

CELIMENE.

Mais...

ALCESTE.

Non, Madame, non, quand j'en devrais mourir,
Vous avez des plaisirs que je ne puis souffrir;
Et l'on a tort ici de nourrir dans votre ame
Ce grand attachement aux défauts qu'on y blame.

CLITANDRE.

Pour moi, je ne sais pas, mais j'avouerai tout haut
Que j'ai cru jusqu'ici madame sans défaut.

ACASTE.

De graces et d'attraits je vois qu'elle est pourvue;
Mais les défauts qu'elle a ne frappent point ma vue.

ALCESTE.

Ils frappent tous la mienne; et loin de m'en cacher,
Elle sait que j'ai soin de les lui reprocher.
Plus on aime quelqu'un, moins il faut qu'on le flatte:
A ne rien pardonner le pur amour éclate;
Et je bannirais, moi, tous ces lâches amants
Que je verrais soumis à tous mes sentiments,
Et dont, à tout propos, les molles complaisances
Donneraient de l'encens à mes extravagances.

CELIMENE.

Enfin, s'il faut qu'à vous s'en rapportent les cœurs,
On doit, pour bien aimer, renoncer aux douceurs,
Et du parfait amour mettre l'honneur suprême
A bien injurier les personnes qu'on aime.

ELIANTE.

L'amour, pour l'ordinaire, est peu fait à ces lois,
Et l'on voit les amants vanter toujours leur choix.
Jamais leur passion n'y voit rien de blâmable,
Et dans l'objet aimé tout lui devient aimable;
Ils comptent les défauts pour des perfections,
Et savent y donner de favorables noms.
La pâle est aux jasmins en blancheur comparable;
La noire à faire peur, une brune adorable;
La maigre a de la taille et de la liberté;
La grasse est, dans son port, pleine de majesté;
La malpropre sur soi, de peu d'attraits chargée;
Est mise sous le nom de beauté négligée;
La géante paraît une déesse aux yeux;
La naine, un abrégé des merveilles des cieux;
L'orgueilleuse a le cœur digne d'une couronne;
La fourbe a de l'esprit; la sotte est toute bonne;
La trop grande parleuse est d'agréable humeur;
Et la muette garde une honnête pudeur.
C'est ainsi qu'un amant, dont l'amour est extrême,
Aime jusqu'aux défauts des personnes qu'il aime.

ALCESTE.

Et moi, je soutiens, moi...

(*Célimène se lève. Tous en font autant.*)

CELIMENE.

Brisons là ces discours,
Et dans la galerie allons faire deux tours.
Quoi! vous vous en allez, Messieurs?

CLITANDRE et ACASTE.

Non pas, Madame.

ALCESTE.

La peur de leur départ occupe fort votre ame.
Sortez quand vous voudrez, Messieurs ; mais j'avertis
Que je ne sors qu'après que vous serez sortis.

ACASTE.

Ap ins de voir madame en être importunée,
Rien ne m'appelle ailleurs de toute la journée.

CLITANDRE.

Moi, pourvu que je puisse être au petit couché,
Je n'ai point d'autre affaire où je sois attaché.

CÉLIMÈNE, *à Alceste.*

C'est pour rire, je crois.

ALCESTE.

Non, en aucune sorte :
Nous verrons si c'est moi que vous voudrez qui sorte.

SCENE VI.

ALCESTE, CÉLIMÈNE, ÉLIANTE, ACASTE, PHILINTE, CLITANDRE, BASQUE.

BASQUE, *à Alceste.*

Monsieur, un homme est là qui voudrait vous parler,
Pour affaire, dit-il, qu'on ne peut reculer.

ALCESTE.

Dis-lui que je n'ai point d'affaires si pressées.

BASQUE.

Il porte une jaquette à grand'basques plissées
Avec du dor dessus (1).

CÉLIMÈNE, *à Alceste.*

Allez voir ce que c'est,
Ou bien faites-le entrer.

(*Basque fait entrer le garde, et sort.*)

(1) C'était alors l'habillement des gardes de la maréchaussée.

SCÈNE VII.

ALCESTE, CÉLIMÈNE, ELIANTE, ACASTE, PHILINTE, CLITANDRE, UN GARDE DE LA MARÉCHAUSSÉE.

ALCESTE, *allant au devant du garde.*

Qu'est-ce donc qu'il vous plaît?
Venez, Monsieur.

LE GARDE.

Monsieur, j'ai deux mots à vous dire.

ALCESTE.

Vous pouvez parler haut, Monsieur, pour m'en instruire.

LE GARDE.

Messieurs les maréchaux, dont j'ai commandement,
Vous mandent de venir les trouver promptement,
Monsieur.

ALCESTE.

Qui? moi, Monsieur?

LE GARDE.

Vous-même.

ALCESTE.

Et pourquoi faire?

PHILINTE, *à Alceste.*

C'est d'Oronte et de vous la ridicule affaire.

CÉLIMÈNE, *à Philinte.*

Comment?

PHILINTE.

Oronte et lui se sont tantôt bravés
Sur certains petits vers qu'il n'a pas approuvés;
Et l'on veut assoupir la chose en sa naissance.

ALCESTE.

Moi, je n'aurai jamais de lâche complaisance.

PHILINTE.

Mais il faut suivre l'ordre : allons, disposez-vous.

ALCESTE.

Quel accommodement veut-on faire entre nous?
La voix de ces messieurs me condamnera-t-elle
A trouver bons les vers qui font notre querelle?
Je ne me dédis point de ce qu'en j'en ai dit,
Je les trouve méchants.

PHILINTE.

Mais, d'un plus doux esprit....

ALCESTE.

Je n'en démordrai point, les vers sont exécrables.

PHILINTE.

Vous devez faire voir des sentiments traitables.
Allons, venez.

ALCESTE.

J'irai, mais rien n'aura pouvoir
De me faire dédire.

PHILINTE.

Allons vous faire voir.

ALCESTE.

Hors qu'un commandement exprès du roi me vienne
De trouver bons les vers dont on se met en peine,
Je soutiendrai toujours, morbleu! qu'ils sont mauvais,
Et qu'un homme est pendable après les avoir faits.
(*à Clitandre et à Acaste, qui rient.*)
Par la sambleu! Messieurs, je ne croyais pas être
Si plaisant que je suis.

CÉLIMÈNE.

Allez vite paraître
Où vous devez.

ALCESTE.

J'y vais, Madame, et sur mes pas
Je reviens en ce lieu pour vider nos débats.

FIN DU SECOND ACTE.

ACTE III.

SCÈNE PREMIERE.

CLITANDRE, ACASTE.

CLITANDRE.

Cher marquis, je te vois l'ame bien satisfaite ;
Toute chose t'égaie, et rien ne t'inquiète.
En bonne foi, crois-tu, sans t'éblouir les yeux,
Avoir de grands sujets de paraître joyeux?

ACASTE.

Parbleu! je ne vois pas, lorsque je m'examine,
Où prendre aucun sujet d'avoir l'ame chagrine.
J'ai du bien, je suis jeune, et sort d'une maison
Qui se peut dire noble avec quelque raison;
Et je crois, par le rang que me donne ma race,
Qu'il est fort peu d'emplois dont je ne sois en passe.
Pour le cœur, dont surtout nous devons faire cas,
On sait, sans vanité, que je n'en manque pas;
Et l'on m'a vu pousser, dans le monde, une affaire
D'une assez vigoureuse et gaillarde manière.
Pour de l'esprit, j'en ai, sans doute; et du bon goût,
A juger sans étude et raisonner de tout;
A faire aux nouveautés, dont je suis idolâtre,
Figure de savant, sur les bancs du théâtre;
Y décider en chef, et faire du fracas
A tous les beaux endroits qui méritent des has!
Je suis assez adroit; j'ai bon air, bonne mine,
Les dents belles surtout, et la taille fort fine.
Quant à se mettre bien, je crois, sans me flatter,
Qu'on serait mal venu de me le disputer.
Je me vois dans l'estime autant qu'on y puisse être,
Fort aimé du beau sexe, et bien auprès du maître.
Je crois qu'avec cela, mon cher marquis, je croi
Qu'on peut par tout pays être content de soi.

CLITANDRE.

Oui. Mais trouvant ailleurs des conquêtes faciles,
Pourquoi pousser ici des soupirs inutiles?

ACASTE.

Moi? Parbleu! je ne suis de taille ni d'humeur
A pouvoir d'une belle essuyer la froideur.
C'est aux gens mal tournés, aux mérites vulgaires,
A brûler constamment pour des beautés sévères,
A languir à leurs pieds et souffrir leurs rigueurs,
A chercher les secours des soupirs et des pleurs,
Et tâcher par des soins d'une très longue suite,
D'obtenir ce qu'on nie à leur peu de mérite.
Mais les gens de mon air, marquis, ne sont pas faits
Pour aimer à crédit, et faire tous les frais.
Quelque rare que soit le mérite des belles,
Je pense, Dieu merci, qu'on vaut son prix comme elles;
Que, pour se faire honneur d'un cœur comme le mien,
Ce n'est pas la raison qu'il ne leur coûte rien;
Et qu'au moins, à tout mettre dans de justes balances,
Il faut qu'à frais communs se fassent les avances.

CLITANDRE.

Tu penses donc, marquis, être fort bien ici?

ACASTE.

J'ai quelque lieu, marquis, de le penser ainsi.

CLITANDRE.

Crois-moi, détache-toi de cette erreur extrême:
Tu te flattes, mon cher, et t'aveugles toi-même.

ACASTE.

Il est vrai, je me flatte, et m'aveugle en effet.

CLITANDRE.

Mais, qui te fait juger ton bonheur si parfait?

ACASTE.

Je me flatte.

CLITANDRE.

Sur quoi fonder tes conjectures?

ACASTE.

Je m'aveugle.

CLITANDRE.

En as-tu des preuves qui soient sûres?

ACASTE.

Je m'abuse, te dis-je.

CLITANDRE.

Est-ce que, de ses vœux,
Célimène t'a fait quelques secrets aveux?

ACASTE.

Non, je suis maltraité.

CLITANDRE.

Réponds-moi, je te prie.

ACASTE.

Je n'ai que des rebuts.

CLITANDRE.

Laissons la raillerie,
Et me dis quel espoir on peut t'avoir donné.

ACASTE.

Je suis le misérable, et toi le fortuné;
On a pour ma personne une aversion grande,
Et, quelqu'un de ces jours, il faut que je me pende.

CLITANDRE.

Oh! çà, veux-tu, marquis, pour ajuster nos vœux,
Que nous tombions d'accord d'une chose tous deux?
Que, qui pourra montrer une marque certaine
D'avoir meilleure part au cœur de Célimène,
L'autre ici fera place au vainqueur prétendu,
Et le délivrera d'un rival assidu?

ACASTE.

Ah! parbleu! tu me plais avec un tel langage,
Et, du bon de mon cœur, à cela je m'engage.
Mais, chut.

SCÈNE II.

CÉLIMÈNE, ACASTE, CLITANDRE.

CÉLIMÈNE.

Encore ici?

CLITANDRE.

L'amour retient nos pas.

CÉLIMÈNE.

Je viens d'ouïr entrer un carrosse là-bas:
Savez-vous qui c'est?

CLITANDRE.

Non.

SCÈNE III.

CÉLIMÈNE, ACASTE, CLITANDRE, BASQUE.

BASQUE.

Arsinoé, Madame,
Monte ici pour vous voir.

CÉLIMÈNE.

Que me veut cette femme?

BASQUE.

Eliante là-bas est à l'entretenir.
(*Il sort.*)

CÉLIMÈNE.

De quoi s'avise-t-elle? et qui la fait venir?

ACASTE.

Pour prude consommée en tous lieux elle passe,
Et l'ardeur de son zèle...

CÉLIMÈNE.

Oui, oui, franche grimace!
Dans l'ame elle est du monde; et ses soins tentent tout
Pour accrocher quelqu'un, sans en venir à bout.
Elle ne saurait voir qu'avec un œil d'envie
Les amants déclarés dont une autre est suivie,
Et son triste mérite, abandonné de tous,
Contre le siècle aveugle est toujours en courroux.
Elle tâche à couvrir d'un faux voile de prude,
Ce que chez elle on voit d'affreuse solitude;
Et, pour sauver l'honneur de ses faibles appas,
Elle attache du crime au pouvoir qu'ils n'ont pas.
Cependant un amant plairait fort à la dame,
Et même, pour Alceste, elle a tendresse d'ame.
Ce qu'il me rend de soins outrage ses attraits;
Elle veut que ce soit un vol que je lui fais;
Et son jaloux dépit, qu'avec peine elle cache,
En tous endroits sous main contre moi se détache.
Enfin, je n'ai rien vu de si sot, à mon gré:
Elle est impertinente au suprême degré,
Et...

SCÈNE IV.

CLITANDRE, ACASTE, CÉLIMÈNE, ARSINOÉ.

CÉLIMÈNE, *allant au devant d'Arsinoé.*

Ah! quel heureux sort en ce lieu vous amène?
Madame, sans mentir, j'étais de vous en peine.

ARSINOÉ.

Je viens pour quelque avis que j'ai cru vous devoir.

CÉLIMÈNE.

Ah! mon Dieu! que je suis contente de vous voir!
(*Clitandre et Acaste sortent en riant.*)

SCÈNE V.

ARSINOÉ, CÉLIMÈNE.

ARSINOÉ.

Leur départ ne pouvait plus à propos se faire.

CÉLIMÈNE.

Voulons-nous nous asseoir?

ARSINOÉ.

Il n'est pas nécessaire.
Madame, l'amitié doit surtout éclater
Aux choses qui le plus nous peuvent importer;
Et, comme il n'en est point de plus grande importance
Que celles de l'honneur et de la bienséance,
Je viens, par un avis qui touche votre honneur,
Témoigner l'amitié que pour vous a mon cœur.
Hier j'étais chez des gens de vertu singulière,
Où, sur vous, du discours on tourna la matière;

Et là, votre conduite, avec ses grands éclats,
Madame, eut le malheur qu'on ne la loua pas.
Cette foule de gens dont vous souffrez visite,
Votre galanterie, et les bruits qu'elle excite,
Trouvèrent des censeurs plus qu'il n'aurait fallu,
Et bien plus rigoureux que je n'eusse voulu.
Vous pouvez bien penser quel parti je sus prendr
Je fis ce que je pus pour vous pouvoir défendre,
Je vous excusai fort sur votre intention,
Et voulus de votre ame être la caution.
Mais vous savez qu'il est des choses dans la vie
Qu'on ne peut excuser, quoiqu'on en ait envie;
Et je me vis contrainte à demeurer d'accord,
Que l'air dont vous viviez vous faisait un peu tort;
Qu'il prenait dans le monde une méchante face;
Qu'il n'est conte fâcheux que partout on n'en fasse;
Et que, si vous vouliez, tous vos déportements
Pourraient moins donner prise aux mauvais jugements.
Non que j'y croie au fond l'honnêteté blessée;
Me préserve le ciel d'en avoir la pensée!
Mais aux ombres du crime on prête aisément foi,
Et ce n'est pas assez de bien vivre pour soi.
Madame, je vous crois l'ame trop raisonnable
Pour ne pas prendre bien cet avis profitable,
Et pour l'attribuer qu'aux mouvements secrets
D'un zèle qui m'attache à tous vos intérêts.

CÉLIMENE.

Madame, j'ai beaucoup de graces à vous rendre,
Un tel avis m'oblige; et, loin de le mal prendre,
J'en prétends reconnaître à l'instant la faveur
Par un avis aussi qui touche votre honneur;
Et, comme je vous vois vous montrer mon amie,
En m'apprenant les bruits que de moi l'on publie,
Je veux suivre, à mon tour, un exemple si doux,
En vous avertissant de ce qu'on dit de vous.
En un lieu, l'autre jour, où je faisais visite,
Je trouvai quelques gens d'un très rare mérite,
Qui, parlant des vrais soins d'une ame qui vit bien,
Firent tomber sur vous, Madame, l'entretien.
Là, votre pruderie et vos éclats de zèle
Ne furent pas cités comme un fort bon modèle;
Cette affectation d'un grave extérieur,
Vos discours éternels de sagesse et d'honneur,
Vos mines et vos cris aux ombres d'indécence
Que d'un mot ambigu peut avoir l'innocence,
Cette hauteur d'estime où vous êtes de vous,
Et ces yeux de pitié que vous jetez sur tous,
Vos fréquentes leçons et vos aigres censures
Sur des choses qui sont innocentes et pures;
Tout cela, si je puis vous parler franchement,
Madame, fut blamé d'un commun sentiment.
« A quoi bon, disaient-ils, cette mine modeste,
« Et ce sage dehors que dément tout le reste?
« Elle est à bien prier exacte au dernier point;
« Mais elle bat ses gens, et ne les paie point.
« Dans tous les lieux dévots elle étale un grand zèle;
« Mais elle met du blanc et veut paraître belle.
« Elle fait des tableaux couvrir les nudités;
« Mais elle a de l'amour pour les réalités. »
Pour moi, contre chacun, je pris votre défense,
Et leur assurai fort que c'était médisance;
Mais tous les sentiments combattirent le mien,
Et leur conclusion fut que vous feriez bien
De prendre moins de soin des actions des autres,
Et de vous mettre un peu plus en peine des vôtres;
Qu'on doit se regarder soi-même un fort long temps
Avant que de songer à condamner les gens;
Qu'il faut mettre le poids d'une vie exemplaire,
Dans les corrections qu'aux autres on veut faire;
Et qu'encor vaut-il mieux s'en remettre, au besoin,
A ceux à qui le ciel en a commis le soin.
Madame, je vous crois aussi trop raisonnable,
Pour ne pas prendre bien cet avis profitable,
Et pour l'attribuer qu'aux mouvements secrets
D'un zèle qui m'attache à tous vos intérêts.

ARSINOÉ.

A quoi qu'en reprenant on soit assujettie,
Je ne m'attendais pas à cette repartie,
Madame; et je vois bien, par ce qu'elle a d'aigreur,
Que mon sincère avis vous a blessée au cœur.

CÉLIMENE.

Au contraire, Madame; et, si l'on était sage,
Ces avis naturels seraient mis en usage.
On detruirait par là, traitant de bonne foi,
Ce grand aveuglement où chacun est pour soi.
Il ne tiendra qu'à vous, qu'avec le même zèle,
Nous ne continuions cet office fidèle,
Et ne prenions grand soin de nous dire, entre nous,
Ce que nous entendrons, vous de moi, moi de vous.

ARSINOÉ.

Ah! Madame, de vous je ne puis rien entendre;
C'est en moi que l'on peut trouver fort à reprendre.

CÉLIMENE.

Madame, on peut, je crois, louer et blâmer tout;
Et chacun a raison suivant l'âge ou le goût.
Il est une saison pour la galanterie,
Il en est une aussi propre à la pruderie;
On peut, par politique, en prendre le parti,
Quand de nos jeunes ans l'éclat est amorti:
Cela sert à couvrir de fâcheuses disgraces.
Je ne dis pas qu'un jour je ne suive vos traces,
L'âge amènera tout; et ce n'est pas le temps,
Madame, comme on sait, d'être prude à vingt ans.

ARSINOÉ.

Certes, vous vous targuez d'un bien faible avantage,
Et vous faites sonner terriblement votre âge.
Ce que de plus que vous on en pourrait avoir,
N'est pas un si grand cas pour s'en tant prévaloir;
Et je ne sais pourquoi votre ame ainsi s'emporte,
Madame, à me pousser de cette étrange sorte.

CÉLIMENE.

Et moi, je ne sais pas, Madame, aussi pourquoi
On vous voit en tous lieux vous déchaîner sur moi.
Faut-il de vos chagrins sans cesse à moi vous prendre?
Et puis-je mais des soins qu'on ne va pas vous rendre?
Si ma personne aux gens inspire de l'amour,
Et si l'on continue à m'offrir chaque jour
Des vœux que votre cœur peut souhaiter qu'on m'ôte,
Je n'y saurais que faire, et ce n'est pas ma faute;
Vous avez le champ libre, et je n'empêche pas,
Que, pour les attirer, vous n'ayez des appas.

ARSINOÉ.

Hélas! et croyez-vous que l'on se mette en peine
De ce nombre d'amants dont vous faites la vaine?
Et qu'il ne nous soit pas fort aisé de juger
A quel prix aujourd'hui on peut les engager?
Pensez-vous faire croire, à voir comme tout roule,
Que votre seul mérite attire cette foule?
Qu'ils ne brûlent pour vous que d'un honnête amour,
Et que pour vos vertus, ils vous font tous la cour?
On ne s'aveugle point par de vaines défaites,
Le monde n'est point dupe; et j'en vois qui sont faites
A pouvoir inspirer de tendres sentiments,
Qui, chez elles pourtant, ne fixent point d'amants,
Et, de là, nous pouvons tirer des conséquences,
Qu'on n'acquiert point leur cœur sans de grandes avances;
Qu'aucun, pour nos beaux yeux, n'est notre soupirant,
Et qu'il faut acheter tous les soins qu'on nous rend.
Ne vous enflez donc point d'une si grande gloire,
Pour les petits brillants d'une faible victoire;
Et corrigez un peu l'orgueil de vos appas,
De traiter pour cela les gens de haut en bas.
Si nos yeux enviaient les conquêtes des vôtres,
Je pense qu'on pourrait faire comme les autres,
Ne se point ménager, et vous faire bien voir
Que l'on a des amants, quand on en veut avoir.

CÉLIMENE.

Ayez-en donc, Madame, et voyons cette affaire:
Par ce rare secret efforcez-vous de plaire;
Et sans...

ARSINOÉ.

Brisons, Madame, un pareil entretien,
Il pousserait trop loin votre esprit et le mien;

Et j'aurais pris déjà le congé qu'il faut prendre,
Si mon carrosse encor ne m'obligeait d'attendre

CÉLIMÈNE.

Autant qu'il vous plaira, vous pouvez arrêter,
Madame, et, là-dessus, rien ne doit vous hâter.
Mais, sans vous fatiguer de ma cérémonie,
Je m'en vais vous donner meilleure compagnie;
Et Monsieur, qu'à propos le hasard fait venir,
Remplira mieux ma place à vous entretenir.

(*Alceste salue Célimène.*)

SCÈNE VI.

CÉLIMÈNE, ALCESTE, ARSINOÉ.

CÉLIMÈNE.

Alceste, il faut que j'aille écrire un mot de lettre
Que, sans me faire tort, je ne saurais remettre.
Soyez avec Madame; elle aura la bonté
D'excuser aisément mon incivilité.

SCÈNE VII.

ALCESTE, ARSINOÉ.

ARSINOÉ.

Vous voyez, elle veut que je vous entretienne,
Attendant un moment que mon carrosse vienne;
Et jamais tous ses soins ne pouvaient m'offrir rien
Qui me fût plus charmant qu'un pareil entretien.
En vérité, les gens d'un mérite sublime
Entraînent de chacun et l'amour et l'estime;
Et le vôtre, sans doute, a des charmes secrets
Qui font entrer mon cœur dans tous vos intérêts.
Je voudrais que la cour, par un regard propice,
A ce que vous valez rendît plus de justice.
Vous avez à vous plaindre; et je suis en courroux
Quand je vois, chaque jour, qu'on ne fait rien pour vous.

ALCESTE.

Moi, Madame? Et sur quoi pourrais-je en rien prétendre?
Quel service à l'état est-ce qu'on m'a vu rendre?
Qu'ai-je fait, s'il vous plaît, de si brillant en soi,
Pour me plaindre à la cour qu'on ne fait rien pour moi?

ARSINOÉ.

Tous ceux sur qui la cour jette des yeux propices,
N'ont pas toujours rendu de ces fameux services.
Il faut l'occasion, ainsi que le pouvoir;
Et le mérite enfin que vous nous faites voir,
Devrait...

ALCESTE.

Mon Dieu! laissons mon mérite, de grace;
De quoi voulez-vous là que la cour s'embarrasse?
Elle aurait fort à faire, et ses soins seraient grands
D'avoir à déterrer le mérite des gens.

ARSINOÉ.

Un mérite éclatant se déterre lui-même.
Du vôtre en bien des lieux on fait un cas extrême:
Et vous saurez de moi qu'en deux fort bons endroits,
Vous fûtes hier loué par des gens d'un grand poids.

ALCESTE.

Eh! Madame, l'on loue aujourd'hui tout le monde,
Et le siècle par-là n'a rien qu'on ne confonde.
Tout est d'un grand mérite également doué;
Ce n'est plus un honneur que de se voir loué;
D'éloges on regorge, à la tête on les jette.
Et mon valet de chambre est mis dans la gazette.

ARSINOÉ.

Pour moi, je voudrais bien que, pour vous montrer [mieux,
Une charge à la cour vous pût frapper les yeux.
Pour peu que d'y songer vous nous fassiez les mines,
On peut, pour vous servir, remuer des machines;
Et j'ai des gens en mains que j'emploierai pour vous,
Qui vous feront à tout un chemin assez doux.

ALCESTE.

Et que voudriez-vous, Madame, que j'y fisse?
L'humeur dont je me sens veut que je m'en bannisse;
Le ciel ne m'a point fait, en me donnant le jour,
Une ame compatible avec l'air de la cour.
Je ne me trouve point les vertus nécessaires
Pour y bien réussir, et faire mes affaires.
Etre franc et sincère est mon plus grand talent,
Je ne sais point jouer les hommes en parlant;
Et qui n'a pas le don de cacher ce qu'il pense,
Doit faire en ce pays fort peu de résidence.
Hors de la cour, sans doute, on n'a pas cet appui,
Et ces titres d'honneur qu'elle donne aujourd'hui;
Mais on n'a pas aussi, perdant ces avantages,
Le chagrin de jouer de fort sots personnages.
On n'a point à souffrir mille rebuts cruels,
On n'a point à louer les vers de messieurs tels,
A donner de l'encens à madame une telle,
Et de nos francs marquis essuyer la cervelle.

ARSINOÉ.

Laissons, puisqu'il vous plaît, ce chapitre de cour:
Mais il faut que mon cœur vous plaigne en votre amour;
Et, pour vous découvrir là-dessus mes pensées,
Je souhaiterais fort vos ardeurs mieux placées.
Vous méritez, sans doute, un sort beaucoup plus doux,
Et celle qui vous charme est indigne de vous.

ALCESTE.

Mais en disant cela, songez-vous, je vous prie,
Que cette personne est, Madame, votre amie?

ARSINOÉ.

Oui. Mais ma conscience est blessée en effet
De souffrir plus longtemps le tort que l'on vous fait.
L'état où je vous vois afflige trop mon ame,
Et je vous donne avis qu'on trahit votre flamme.

ALCESTE.

C'est me montrer, Madame, un tendre mouvement,
Et de pareils avis obligent un amant.

ARSINOÉ.

Oui, toute mon amie, elle est, et je la nomme
Indigne d'asservir le cœur d'un galant homme;
Et le sien n'a pour vous que de feintes douceurs.

ALCESTE.

Cela se peut, Madame, on ne voit pas les cœurs:
Mais votre charité se serait bien passée
De jeter dans le mien une telle pensée.

ARSINOÉ.

Si vous ne voulez pas être désabusé,
Il ne faut vous rien dire, il est assez aisé.

ALCESTE.

Non. Mais sur ce sujet quoi que l'on nous expose,
Les doutes sont fâcheux plus que toute autre chose;
Et je voudrais, pour moi, qu'on ne me fît savoir
Que ce qu'avec clarté l'on peut me faire voir.

ARSINOÉ.

Hé bien! c'est assez dit; et, sur cette matière,
Vous allez recevoir une pleine lumière.
Oui, je veux que de tout vos yeux vous fassent foi
Donnez-moi seulement la main jusque chez moi:
Là, je vous ferai voir une preuve fidèle
De l'infidélité du cœur de votre belle;
Et, si pour d'autres yeux le vôtre peut brûler,
On pourra vous offrir de quoi vous consoler.

FIN DU TROISIÈME ACTE.

ACTE IV.

SCÈNE PREMIÈRE.

ELIANTE, PHILINTE.

PHILINTE.

Non, l'on n'a point vu d'ame à manier si dure,
Ni d'accommodement plus pénible à conclure;
En vain de tous côtés on l'a voulu tourner,
Hors de son sentiment on n'a pu l'entraîner;
Et jamais différent si bizarre, je pense,
N'avait de ces messieurs occupé la prudence.
« Non, Messieurs, disait-il, je ne me dédis point,
« Et tomberai d'accord de tout, hors de ce point.
« De quoi s'offense-t-il? et que veut-il me dire?
« Y va-t-il de sa gloire à ne pas bien écrire?
« Que lui fait mon avis qu'il a pris de travers?
« On peut être honnête homme, et faire mal des vers;
« Ce n'est point à l'honneur que touchent ces matières.
« Je le tiens galant homme en toutes les manières,
« Homme de qualité, de mérite et de cœur,
« Tout ce qu'il vous plaira, mais fort méchant auteur.
« Je louerai, si l'on veut, son train et sa dépense,
« Son adresse à cheval, aux armes, à la danse;
« Mais, pour louer ses vers, je suis son serviteur;
« Et, lorsque d'en mieux faire on n'a pas le bonheur,
« On ne doit de rimer n'avoir aucune envie,
« Qu'on n'y soit condamné sur peine de la vie. »
Enfin toute la grace et l'accommodement
Où s'est avec effort plié son sentiment,
C'est de dire, croyant adoucir bien son style:
« Monsieur, je suis fâché d'être si difficile;
« Et pour l'amour de vous, je voudrais, de bon cœur,
« Avoir trouvé tantôt votre sonnet meilleur. »
Et, dans une embrassade, on leur a, pour conclure,
Fait vite envelopper toute la procédure.

ÉLIANTE.

Dans ses façons d'agir il est fort singulier,
Mais j'en fais, je l'avoue, un cas particulier;
Et la sincérité dont son ame se pique,
A quelque chose en soi de noble et d'héroïque.
C'est une vertu rare au siècle d'aujourd'hui,
Et je la voudrais voir partout comme chez lui.

PHILINTE.

Pour moi, plus je le vois, plus surtout je m'étonne
De cette passion où son cœur s'abandonne.
De l'humeur dont le ciel a voulu le former,
Je ne sais pas comment il s'avise d'aimer;
Et je sais moins encor comment votre cousine
Peut être la personne où son penchant l'incline.

ELIANTE.

Cela fait assez voir que l'amour, dans les cœurs,
N'est pas toujours produit par un rapport d'humeurs;
Et toutes ces raisons de douces sympathies,
Dans cet exemple-ci, se trouvent démenties.

PHILINTE.

Mais croyez-vous qu'on l'aime, aux choses qu'on peut [voir?

ELIANTE.

C'est un point qu'il n'est pas fort aisé de savoir.
Comment pouvoir juger s'il est vrai qu'elle l'aime?
Son cœur de ce qu'il sent n'est pas bien sûr lui-même;
Il aime quelquefois sans qu'il le sache bien,
Et croit aimer aussi, parfois qu'il n'en est rien.

PHILINTE.

Je crois que notre ami, près de cette cousine,
Trouvera des chagrins plus qu'il ne s'imagine;
Et, s'il avait mon cœur, à dire vérité,
Il tournerait ses vœux tout d'un autre côté;
Et par un choix plus juste, on le verrait, Madame,
Profiter des bontés que lui montre votre ame.

ELIANTE.

Pour moi, je n'en fais point de façons, et je croi
Qu'on doit sur de tels points être de bonne foi.
Je ne m'oppose point à toute sa tendresse;
Au contraire, mon cœur pour elle s'intéresse;
Et, si c'était qu'à moi la chose pût tenir,
Moi-même à ce qu'il aime on me verrait l'unir.
Mais, si dans un tel choix, comme tout se peut faire,
Son amour éprouvait quelque destin contraire,
S'il fallait que d'un autre on couronnât les feux,
Je pourrais me résoudre à recevoir ses vœux;
Et le refus souffert en pareille occurrence
Ne m'y ferait trouver aucune répugnance.

PHILINTE.

Et moi, de mon côté, je ne m'oppose pas,
Madame, à ces bontés qu'ont pour lui vos appas;
Et lui-même, s'il veut, il peut bien vous instruire
De ce que là-dessus j'ai pris soin de lui dire.
Mais si, par un hymen qui les joindrait eux deux,
Vous étiez hors d'état de recevoir ses vœux,
Tous les miens tenteraient la faveur éclatante
Qu'avec tant de bonté votre ame lui présente.
Heureux si, quand son cœur s'y pourra dérober,
Elle pouvait sur moi, Madame, retomber.

ELIANTE.

Vous vous divertissez, Philinte.

PHILINTE.

Non, Madame,
Et je vous parle ici du meilleur de mon ame.
J'attends l'occasion de m'offrir hautement,
Et, de tous mes souhaits, j'en presse le moment.

SCÈNE II.

ALCESTE, ÉLIANTE, PHILINTE.

ALCESTE.

Ah! faites-moi raison, Madame, d'une offense
Qui vient de triompher de toute ma constance.

ÉLIANTE.

Qu'est-ce donc? qu'avez-vous qui vous puisse émouvoir?

ALCESTE.

J'ai ce que, sans mourir, je ne puis concevoir,
Et le déchaînement de toute la nature
Ne m'accablerait pas comme cette aventure.
C'en est fait... Mon amour... Je ne saurais parler.

ÉLIANTE.

Que votre esprit un peu tâche à se rappeler.

ALCESTE.

O juste ciel! faut-il qu'on joigne à tant de graces
Les vices odieux des ames les plus basses?

ÉLIANTE.

Mais encor, qui vous peut...

ALCESTE.

Ah! tout est ruiné;
Je suis, je suis trahi, je suis assassiné.
Célimène... Eût-on pu croire cette nouvelle?
Célimène me trompe, et n'est qu'une infidèle.

ÉLIANTE.

Avez-vous, pour le croire, un juste fondement?

PHILINTE.

Peut-être est-ce un soupçon conçu légèrement;
Et votre esprit jaloux prend parfois des chimères...

ALCESTE.

Ah! morbleu! mêlez-vous, Monsieur, de vos affaires.
(*à Eliante.*)
C'est de sa trahison n'être que trop certain,
Que l'avoir, dans ma poche, écrite de sa main.
Oui, Madame, une lettre écrite pour Oronte
A produit à mes yeux ma disgrace et ma honte;
Oronte, dont j'ai cru qu'elle fuyait les soins,
Et que de mes rivaux je redoutais le moins.

PHILINTE.

Une lettre peut bien tromper par l'apparence;
Et n'est pas quelquefois si coupable qu'on pense.

ALCESTE.

Monsieur, encore un coup, laissez-moi, s'il vous plaît,
Et ne prenez souci que de votre intérêt.

ÉLIANTE.

Vous devez modérer vos transports, et l'outrage...

ALCESTE.

Madame, c'est à vous qu'appartient cet ouvrage;
C'est à vous que mon cœur a recours aujourd'hui
Pour pouvoir s'affranchir de son cuisant ennui.
Vengez-moi d'une ingrate et perfide parente,
Qui trahit lâchement une ardeur si constante,
Vengez-moi de ce trait qui doit vous faire horreur.

ÉLIANTE.

Moi, vous venger? comment?

ALCESTE.

En recevant mon cœur.
Acceptez-le, Madame, au lieu de l'infidèle;
C'est par là que je puis prendre vengeance d'elle;
Et je la veux punir par les sincères vœux,
Par le profond amour, les soins respectueux,
Les devoirs empressés et l'assidu service,
Dont ce cœur va vous faire un ardent sacrifice!

ÉLIANTE.

Je compatis, sans doute, à ce que vous souffrez,
Et ne méprise point le cœur que vous m'offrez :
Mais peut-être le mal n'est pas si grand qu'on pense,
Et vous pourrez quitter ce désir de vengeance.
Lorsque l'injure part d'un objet plein d'appas,
On fait force desseins qu'on n'exécute pas :
On a beau voir, pour rompre, une raison puissante,
Une coupable aimée est bientôt innocente :
Tout le mal qu'on lui veut se dissipe aisément,
Et l'on sait ce que c'est qu'un courroux d'un amant.

ALCESTE.

Non, non, Madame, non; l'offense est trop mortelle,
Il n'est point de retour, et je romps avec elle;
Rien ne saurait changer le dessein que j'en fais,
Et je me punirais de l'estimer jamais.
La voici. Mon courroux redouble à cette approche,
Je vais de sa noirceur lui faire un vif reproche,
Pleinement la confondre, et vous porter après
Un cœur tout dégagé de ses trompeurs attraits.

(*Eliante, en sortant, parle bas à Célimène.*)

SCÈNE III.

CÉLIMÈNE, ALCESTE.

ALCESTE, *à part.*

O ciel? de mes transports puis-je être ici le maître?

CÉLIMÈNE, *à part.*

(*à Alceste.*)

Ouais! Quel est donc le trouble où je vous vois paraître?
Et que me veulent dire, et ces soupirs poussés,
Et ces sombres regards que sur moi vous lancez?

ALCESTE.

Que toutes les horreurs dont une ame est capable,
A vos déloyautés n'ont rien de comparable;
Que le sort, les démons, et le ciel en courroux,
N'ont jamais rien produit de si méchant que vous.

CÉLIMÈNE.

Voilà certainement des douceurs que j'admire.

ALCESTE.

Ah! ne plaisantez point, il n'est pas temps de rire.
Rougissez bien plutôt, vous en avez raison;
Et j'ai de sûrs témoins de votre trahison.
Voilà ce que marquaient les troubles de mon ame;
Ce n'était pas en vain que s'alarmait ma flamme.
Par ces fréquents soupçons, qu'on trouvait odieux,
Je cherchais le malheur qu'ont rencontré mes yeux;
Et, malgré tous vos soins et votre adresse à feindre,
Mon astre me disait ce que j'avais à craindre :
Mais ne présumez pas que, sans être vengé,
Je souffre le dépit de me voir outragé.
Je sais que sur les vœux on n'a point de puissance,
Que l'amour veut partout naître sans dépendance;
Que jamais par la force on n'entra dans un cœur,
Et que toute ame est libre à nommer son vainqueur.
Aussi ne trouverais-je aucun sujet de plainte,
Si, pour moi, votre bouche avait parlé sans feinte;
Et, rejetant mes vœux dès le premier abord,
Mon cœur n'aurait eu droit de s'en plaindre qu'au sort.
Mais d'un aveu trompeur voir ma flamme applaudie,
C'est une trahison, c'est une perfidie,
Qui ne saurait trouver de trop grands châtiments;
Et je puis tout permettre à mes ressentiments.
Oui, oui, redoutez tout après un tel outrage,
Je ne suis plus à moi, je suis tout à la rage.
Percé du coup mortel dont vous m'assassinez,
Mes sens par la raison ne sont plus gouvernés :
Je cède aux mouvements d'une juste colère,
Et je ne réponds pas de ce que je puis faire.

CÉLIMÈNE.

D'où vient donc, je vous prie, un tel emportement?
Avez-vous, dites-moi, perdu le jugement?

ALCESTE.

Oui, oui, je l'ai perdu, lorsque dans votre vue
J'ai pris, pour mon malheur, le poison qui me tue,
Et que j'ai cru trouver quelque sincérité
Dans les traîtres appas dont je fus enchanté.

CÉLIMÈNE.

De quelle trahison pouvez-vous donc vous plaindre.

ALCESTE.

Ah! que ce cœur est double, et sait bien l'art de feindre!
Mais, pour le mettre à bout, j'ai des moyens tout prêts.
Jetez ici les yeux, et connaissez vos traits;
Ce billet découvert suffit pour vous confondre,
Et contre ce témoin on n'a rien à répondre.

CÉLIMÈNE.

Voilà donc le sujet qui vous trouble l'esprit?

ALCESTE.

Vous ne rougissez pas en voyant cet écrit!

CÉLIMÈNE.

Et par quelle raison faut-il que j'en rougisse?

ALCESTE.

Quoi! vous joignez ici l'audace à l'artifice.
Le désavouerez-vous, pour n'avoir point de seing?

CÉLIMÈNE.

Pourquoi désavouer un billet de ma main?

ALCESTE.

Et vous pouvez le voir, sans demeurer confuse
Du crime dont vers moi son style vous accuse!

CÉLIMÈNE.

Vous êtes, sans mentir, un grand extravagant.

ALCESTE.

Quoi! vous bravez ainsi ce témoin convaincant!
Et ce qu'il m'a fait voir de douceur pour Oronte,
N'a donc rien qui m'outrage, et qui vous fasse honte?

CÉLIMÈNE.

Oronte! qui vous dit que la lettre est pour lui?

ALCESTE.

Les gens qui dans mes mains l'ont remise aujourd'hui.
Mais je veux consentir qu'elle soit pour un autre,
Mon cœur en a-t-il moins à se plaindre du vôtre?
En serez-vous vers moi moins coupable en effet?

CÉLIMÈNE.

Mais si c'est une femme à qui va ce billet,
En quoi vous blesse-t-il, et qu'a-t-il de coupable?

ALCESTE.

Ah! le détour est bon, et l'excuse admirable.
Je ne m'attendais pas, je l'avoue, à ce trait;
Et me voilà, par là, convaincu tout-à-fait.
Osez-vous recourir à ces ruses grossières?
Et croyez-vous les gens si privés de lumières?
Voyons, voyons un peu par quel biais, de quel air,
Vous voulez soutenir un mensonge si clair;
Et comment vous pourrez tourner, pour une femme,
Tous les mots du billet qui montre tant de flamme :
Ajustez, pour couvrir un manquement de foi,
Ce que je m'en vais lire...

CÉLIMÈNE.

Il ne me plaît pas, moi.

Je vous trouve plaisant d'user d'un tel empire,
Et de me dire au nez ce que vous m'osez dire.

ALCESTE.

Non, non, sans s'emporter, prenez un peu souci
De me justifier les termes que voici.

CÉLIMÈNE.

Non, je n'en veux rien faire; et dans cette occurrence,
Tout ce que vous croirez m'est de peu d'importance.

ALCESTE.

De grace, montrez-moi, je serai satisfait,
Qu'on peut, pour une femme, expliquer ce billet.

CÉLIMÈNE.

Non, il est pour Oronte; et je veux qu'on le croie.
Je reçois tous ses soins avec beaucoup de joie,
J'admire ce qu'il dit, j'estime ce qu'il est,
Et je tombe d'accord de tout ce qu'il vous plait.
Faites, prenez parti, que rien ne vous arrête,
Et ne me rompez pas davantage la tête.

ALCESTE, *à part.*

Ciel! rien de plus cruel peut-il être inventé?
Et jamais cœur fut-il de la sorte traité?
Quoi! d'un juste courroux je suis ému contre elle,
C'est moi qui me viens plaindre, et c'est moi qu'on querelle!
On pousse ma douleur et mes soupçons à bout,
On me laisse tout croire, on fait gloire de tout;
Et cependant mon cœur est encore assez lâche
Pour ne pouvoir briser la chaîne qui l'attache,
Et pour ne pas s'armer d'un généreux mépris
Contre l'ingrat objet dont il est trop épris!
(*à Célimène.*)
Ah! que vous savez bien ici, contre moi-même,
Perfide, vous servir de ma faiblesse extrême,
Et ménager pour vous l'excès prodigieux
De ce fatal amour né de vos traîtres yeux!
Défendez-vous au moins du crime qui m'accable,
Et cessez d'affecter d'être envers moi coupable.
Rendez-moi, s'il se peut, ce billet innocent;
A vous prêter les mains ma tendresse consent
Efforcez-vous ici de paraître fidèle,
Et je m'efforcerai, moi, de vous croire telle.

CÉLIMÈNE.

Allez, vous êtes fou dans vos transports jaloux,
Et ne méritez pas l'amour qu'on a pour vous.
Je voudrais bien savoir qui pourrait me contraindre
A descendre pour vous aux bassesses de feindre;
Et pourquoi, si mon cœur penchait d'autre côté,
Je ne le dirais pas avec sincérité.
Quoi! de mes sentiments l'obligeante assurance,
Contre tous vos soupçons ne prend pas ma défense?
Auprès d'un tel garant sont-ils de quelque poids?
N'est-ce pas m'outrager que d'écouter leur voix?
Et, puisque notre cœur fait un effort extrême,
Lorsqu'il peut se résoudre à confesser qu'il aime;
Puisque l'honneur du sexe, ennemi de nos feux,
S'oppose fortement à de pareils aveux;
L'amant qui voit pour lui franchir un tel obstacle,
Doit-il impunément douter de cet oracle?
Et n'est-il point coupable en ne s'assurant pas
A ce qu'on ne dit point qu'après de grands combats?
Allez, de tels soupçons méritent ma colère,
Et vous ne valez pas que l'on vous considère.
Je suis sotte, et veux mal à ma simplicité
De conserver encor pour vous quelque bonté;
Je devrais autre part attacher mon estime,
Et vous faire un sujet de plainte légitime.

ALCESTE.

Ah! traîtresse! mon faible est étrange pour vous;
Vous me trompez, sans doute, avec des mots si doux;
Mais il n'importe, il faut suivre ma destinée;
A votre foi mon ame est tout abandonnée;
Je veux voir jusqu'au bout quel sera votre cœur,
Et si de me trahir il aura la noirceur.

CÉLIMÈNE.

Non, vous ne m'aimez point comme il faut que l'on aime.

ALCESTE.

Ah! rien n'est comparable à mon amour extrême;
Et, dans l'ardeur qu'il a de se montrer à tous,
Il va jusqu'à former des souhaits contre vous.
Oui, je voudrais qu'aucun ne vous trouvât aimable,
Que vous fussiez réduite en un sort misérable;
Que le ciel, en naissant, ne vous eût donné rien;
Que vous n'eussiez ni rang, ni naissance, ni bien;
Afin que de mon cœur l'éclatant sacrifice
Vous pût, d'un pareil sort, réparer l'injustice;
Et que j'eusse la joie et la gloire en ce jour
De vous voir tenir tout des mains de mon amour.

CÉLIMÈNE.

C'est me vouloir du bien d'une étrange manière!
Me préserve le ciel que vous ayez matière....
Voici monsieur Dubois plaisamment figuré.

SCÈNE IV.

CÉLIMÈNE, ALCESTE, DUBOIS.

ALCESTE.

Que veut cet équipage et cet air effaré?
Qu'as-tu?

DUBOIS.

Monsieur...

ALCESTE.

Eh bien?

DUBOIS.

Voici bien des mystères.

ALCESTE.

Qu'est-ce?

DUBOIS.

Nous sommes mal, Monsieur, dans nos affaires.

ALCESTE.

Quoi?

DUBOIS.

Parlerai-je haut?

ALCESTE.

Oui, parle, et promptement

DUBOIS.

N'est-il point là quelqu'un?

ALCESTE.

Ah! que d'amusement.

Veux-tu parler?

DUBOIS.

Monsieur il faut faire retraite.

ALCESTE.

Comment?

DUBOIS.

Il faut d'ici déloger sans trompette.

ALCESTE.

Et pourquoi?

DUBOIS.

Je vous dis qu'il faut quitter ce lieu.

ALCESTE.

La cause?

DUBOIS.

Il faut partir, Monsieur, sans dire adieu.

ALCESTE.

Mais par quelle raison me tiens-tu ce langage?

DUBOIS.

Par la raison, Monsieur, qu'il faut plier bagage.

ALCESTE.

Ah! je te casserai la tête assurément,
Si tu ne veux, maraud, t'expliquer autrement.

DUBOIS.

Monsieur, un homme noir et d'habit et de mine,
Est venu nous laisser, jusque dans la cuisine,
Un papier griffonné d'une telle façon,
Qu'il faudrait, pour le lire, être pis que démon.
C'est de votre procès, je n'en fais aucun doute;
Mais, le diable d'enfer, je crois, n'y verrait goutte.

ALCESTE.

Eh bien! quoi? Ce papier, qu'a-t-il à démêler,
Traître, avec le départ dont tu viens me parler?

DUBOIS.

C'est pour vous dire ici, Monsieur, qu'une heure ensuite,
Un homme, qui souvent vient vous rendre visite,

Est venu vous chercher avec empressement,
Et, ne vous trouvant pas, m'a chargé doucement,
Sachant que je vous sers avec beaucoup de zèle,
De vous dire... Attendez, comme est-ce qu'il s'appelle?

ALCESTE.

Laisse-là son nom, traître, et dis ce qu'il t'a dit.

DUBOIS.

C'est un de vos amis; enfin, cela suffit.
Il m'a dit que d'ici votre péril vous chasse,
Et que d'être arrêté le sort vous y menace.

ALCESTE.

Mais quoi! n'a-t-il voulu te rien spécifier?

DUBOIS.

Non. Il m'a demandé de l'encre et du papier,
Et vous a fait un mot, où vous pourrez, je pense,
Du fond de ce mystère avoir la connaissance.

ALCESTE.

Donne-le donc.

(*Dubois cherche le billet dans toutes ses poches.*)

CÉLIMENE.

Que peut envelopper ceci?

ALCESTE.

Je ne sais; mais j'aspire à m'en voir éclairci.
Auras-tu bientôt fait, impertinent, au diable?

DUBOIS, *après avoir longtemps cherché le billet.*

Ma foi, je l'ai, Monsieur, laissé sur votre table.

ALCESTE.

Je ne sais qui me tient...

(*Dubois sort.*)

CÉLIMENE.

Ne vous emportez pas,
Et courez démêler un pareil embarras.

ALCESTE.

Il semble que le sort, quelque soin que je prenne,
Ait juré d'empêcher que je vous entretienne;
Mais, pour en triompher, souffrez à mon amour
De vous revoir, Madame, avant le fin du jour.

FIN DU QUATRIÈME ACTE.

ACTE V.

SCÈNE PREMIÈRE.

PHILINTE, ALCESTE.

ALCESTE.

La résolution en est prise, vous dis-je.

PHILINTE.

Mais, quel que soit ce coup, faut-il qu'il vous oblige...

ALCESTE.

Non, vous avez beau faire, et beau me raisonner,
Rien de ce que je dis ne me peut détourner:
Trop de perversité règne au siècle où nous sommes,
Et je veux me tirer du commerce et des hommes.
Quoi! contre ma partie on voit tout à la fois
L'honneur, la probité, la pudeur, et les lois;
On publie en tous lieux l'équité de ma cause;
Sur la foi de mon droit mon ame se repose;
Cependant je me vois trompé par le succès.
J'ai pour moi la justice, et je perds mon procès!
Un traître, dont on sait la scandaleuse histoire,
Est sorti triomphant d'une fausseté noire!
Toute la bonne foi cède à sa trahison!
Il trouve, en m'égorgeant, moyen d'avoir raison!
Le poids de sa grimace, où brille l'artifice,
Renverse le bon droit, et tourne la justice!
Il fait par un arrêt couronner son forfait!
Et, non content encor du tort que l'on me fait,
Il court parmi le monde un livre abominable,
Et de qui la lecture est même condamnable;
Un livre à mériter la dernière rigueur,
Dont le fourbe a le front de me faire l'auteur!
Et là dessus on voit Oronte qui murmure,
Et tâche méchamment d'appuyer l'imposture!
Lui, qui d'un honnête homme à la cour tient le rang,
A qui je n'ai rien fait qu'être sincère et franc,
Qui me vient, malgré moi, d'une ardeur empressée,
Sur des vers qu'il a faits demander ma pensée;
Et parce que j'en use avec honnêteté,
Et ne le veux trahir, lui, ni la vérité,
Il aide à m'accabler d'un crime imaginaire!
Le voilà devenu mon plus grand adversaire!
Et jamais de son cœur je n'aurai de pardon,
Pour n'avoir pas trouvé que son sonnet fût bon!
Et les hommes, morbleu! sont faits de cette sorte!
C'est à ces actions que la gloire les porte!
Voilà la bonne foi, le zèle vertueux,
La justice et l'honneur que l'on trouve chez eux!
Allons, c'est trop souffrir les chagrins qu'on nous forge:
Tirons-nous de ce bois et de ce coupe-gorge.
Puisqu'entre humains ainsi vous vivez en vrais loups,
Traîtres, vous ne m'aurez de ma vie avec vous.

PHILINTE.

Je trouve un peu bien prompt le dessein où vous êtes,
Et tout le mal n'est pas si grand que vous le faites.
Ce que votre partie ose vous imputer,
N'a point eu le crédit de vous faire arrêter;
On voit son faux rapport lui-même se détruire,
Et c'est une action qui pourrait bien lui nuire.

ALCESTE.

Lui! de semblables tours il ne craint point l'éclat:
Il a permission d'être franc scélérat;
Et, loin qu'à son crédit nuise cette aventure,
On l'en verra demain en meilleure posture.

PHILINTE.

Enfin il est constant qu'on n'a pas trop donné
Au bruit que contre vous sa malice a tourné;
De ce côté déjà vous n'avez rien à craindre;
Et pour votre procès, dont vous pouvez vous plaindre,
Il vous est en justice aisé d'y revenir,
Et contre cet arrêt...

ALCESTE.

Non, je veux m'y tenir.
Quelque sensible tort qu'un tel arrêt me fasse,
Je me garderai bien de vouloir qu'on le casse:
On y voit trop à plein le bon droit maltraité,
Et je veux qu'il demeure à la postérité,
Comme une marque insigne, un fameux témoignage
De la méchanceté des hommes de notre âge.
Ce sont vingt mille francs qu'il m'en pourra coûter;
Mais pour vingt mille francs j'aurai droit de pester
Contre l'iniquité de la nature humaine,
Et de nourrir pour elle une immortelle haine.

PHILINTE.

Mais enfin...

ALCESTE.

Mais enfin, vos soins sont superflus.
Que pouvez-vous, Monsieur, me dire là-dessus?
Aurez-vous bien le front de me vouloir, en face,
Excuser les horreurs de tout ce qui se passe?

PHILINTE.

Non, je tombe d'accord de tout ce qu'il vous plaît;
Tout marche par cabale et par pur intérêt:
Ce n'est plus que la ruse aujourd'hui qui l'emporte,
Et les hommes devraient être faits d'autre sorte.
Mais est-ce une raison que leur peu d'équité,
Pour vouloir se tirer de leur société?
Tous ces défauts humains nous donnent, dans la vie,
Des moyens d'exercer notre philosophie:
C'est le plus bel emploi que trouve la vertu;
Et, si de probité tout était revêtu,
Si tous les cœurs étaient francs, justes et dociles,
La plupart des vertus deviendraient inutiles,
Puisqu'on en met l'usage à pouvoir, sans ennui,
Supporter dans nos droits l'injustice d'autrui;
Et, de même qu'un cœur d'une vertu profonde...

ALCESTE.

Je sais que vous parlez, Monsieur, le mieux du monde:
En beaux raisonnements vous abondez toujours;
Mais vous perdez le temps et tous vos beaux discours.
La raison, pour mon bien, veut que je me retire;
Je n'ai point sur ma langue un assez grand empire;
De ce que je dirais je ne répondrais pas;
Et je me jetterais cent choses sur les bras.

Laissez-moi, sans dispute, attendre Célimène.
Il faut qu'elle consente au dessein qui m'amène;
Je vais voir si son cœur a de l'amour pour moi;
Et c'est ce moment-ci qui doit m'en faire foi.

PHILINTE.

Montons chez Eliante, attendant sa venue.

ALCESTE.

Non; de trop de souci je me sens l'ame émue.
Allez-vous-en la voir, et me laissez enfin
Dans ce petit coin sombre avec mon noir chagrin.

PHILINTE.

C'est une compagnie étrange pour attendre;
Et je vais obliger Eliante à descendre.

SCENE II.

CÉLIMÈNE, ORONTE, ALCESTE, *assis dans un coin.*

ORONTE.

Oui, c'est à vous de voir si par des nœuds si doux,
Madame, vous voulez m'attacher tout à vous.
Il me faut de votre ame une pleine assurance :
Un amant là-dessus n'aime point qu'on balance.
Si l'ardeur de mes feux a pu vous émouvoir,
Vous ne devez point feindre à me le faire voir;
Et la preuve, après tout, que je vous en demande,
C'est de ne plus souffrir qu'Alceste vous prétende;
De le sacrifier, Madame, à mon amour,
Et de chez vous enfin le bannir dès ce jour.

CÉLIMÈNE.

Mais quel sujet si grand contre lui vous irrite,
Vous à qui j'ai tant vu parler de son mérite?

ORONTE.

Madame, il ne faut point ces éclaircissements;
Il s'agit de savoir quels sont vos sentiments.
Choisissez, s'il vous plaît, de garder l'un ou l'autre :
Ma résolution n'attend rien que la vôtre.

ALCESTE, *sortant du coin où il était.*

Oui, Monsieur a raison, Madame, il faut choisir;
Et sa demande ici s'accorde à mon désir.
Pareille ardeur me presse, et même soin m'amène;
Mon amour veut du vôtre une marque certaine;
Les choses ne sont plus pour traîner en longueur,
Et voici le moment d'expliquer votre cœur.

ORONTE.

Je ne veux point, Monsieur, d'une flamme importune
Troubler aucunement votre bonne fortune.

ALCESTE.

Je ne veux point, Monsieur, jaloux ou non jaloux,
Partager de son cœur rien du tout avec vous.

ORONTE.

Si votre amour au mien lui semble préférable...

ALCESTE.

Si du moindre penchant elle est pour vous capable...

ORONTE.

Je jure de n'y rien prétendre désormais.

ALCESTE.

Je jure hautement de ne la voir jamais.

ORONTE.

Madame, c'est à vous de parler sans contrainte.

ALCESTE.

Madame, vous pouvez vous expliquer sans crainte.

ORONTE.

Vous n'avez qu'à nous dire où s'attachent vos vœux.

ALCESTE.

Vous n'avez qu'à trancher et choisir de nous deux.

ORONTE.

Quoi! sur un pareil choix vous semblez être en peine!

ALCESTE.

Quoi! votre ame balance, et paraît incertaine!

CÉLIMÈNE.

Mon Dieu! que cette instance est là hors de saison!
Et que vous témoignez tous deux peu de raison!
Je sais prendre parti sur cette préférence,
Et ce n'est pas mon cœur maintenant qui balance :
Il n'est point suspendu, sans doute, entre vous deux;
Et rien n'est sitôt fait que le choix de nos vœux.
Mais je souffre, à vrai dire, une gêne trop forte
A prononcer en face un aveu de la sorte :
Je trouve que ces mots, qui sont désobligeants,
Ne se doivent point dire en présence des gens;
Qu'un cœur de son penchant donne assez de lumière,
Sans qu'on nous fasse aller jusqu'à rompre en visière;
Et qu'il suffit enfin que de plus doux témoins
Instruisent un amant du malheur de ses soins.

ORONTE.

Non, non, un franc aveu n'a rien que j'appréhende,
J'y consens pour ma part.

ALCESTE.

Et moi, je le demande;
C'est son éclat surtout qu'ici j'ose exiger,
Et je ne prétends point vous voir rien ménager.
Conserver tout le monde est votre grande étude,
Mais plus d'amusement, et plus d'incertitude;
Il faut vous expliquer nettement là-dessus,
Ou bien pour un arrêt je prends votre refus;
Je saurai, de ma part, expliquer ce silence,
Et me tiendrai pour dit tout le mal que j'en pense.

ORONTE.

Je vous sais fort bon gré, Monsieur, de ce courroux,
Et je lui dis ici même chose que vous.

CÉLIMÈNE.

Que vous me fatiguez avec un tel caprice!
Ce que vous demandez a-t-il de la justice!
Et ne vous dis-je pas quel motif me retient?
J'en vais prendre pour juge Éliante qui vient.

SCENE III.

ELIANTE, PHILINTE, CELIMENE, ORONTE, ALCESTE.

CÉLIMÈNE.

Je me vois, ma cousine, ici persécutée
Par des gens dont l'humeur y paraît concertée.
Ils veulent, l'un et l'autre, avec même chaleur,
Que je prononce entre eux le choix que fait mon cœur;
Et que, par un arrêt qu'en face il me faut rendre,
Je défende à l'un deux tous les soins qu'il peut prendre.
Dites-moi si jamais cela se fait ainsi.

ÉLIANTE.

N'allez point là-dessus me consulter ici;
Peut-être y pourriez-vous être mal adressée,
Et je suis pour les gens qui disent leur pensée.

ORONTE.

Madame, c'est en vain que vous vous défendez.

ALCESTE.

Tous vos détours ici seront mal secondés.

ORONTE.

Il faut, il faut parler, et lâcher la balance.

ALCESTE.

Il ne faut que poursuivre à garder le silence.

ORONTE.

Je ne veux qu'un seul mot pour finir nos débats.

ALCESTE.

Et moi, je vous entends, si vous ne parlez pas.

SCÈNE IV.

ARSINOÉ, CÉLIMÈNE, ÉLIANTE, ALCESTE, PHILINTE, ACASTE, CLITANDRE, ORONTE.

ACASTE, *à Célimène.*

Madame, nous venons tous deux, sans vous déplaire
Éclaircir avec vous une petite affaire.

CLITANDRE, *à Oronte et à Alceste.*

Fort à propos, Messieurs, vous vous trouvez ici,
Et vous êtes mêlés dans cette affaire aussi.

ARSINOÉ, *à Célimène.*

Madame, vous serez surprise de ma vue;
Mais ce sont ces messieurs qui causent ma venue:
Tous deux ils m'ont trouvée, et se sont plaints à moi
D'un trait à qui mon cœur ne saurait prêter foi.
J'ai du fond de votre ame une trop haute estime
Pour vous croire jamais capable d'un tel crime;
Mes yeux ont démenti leurs témoins les plus forts,
Et, l'amitié passant sur de petits discords,
J'ai bien voulu chez vous leur faire compagnie,
Pour vous voir vous laver de cette calomnie.

ACASTE.

Oui, Madame, voyons, d'un esprit adouci,
Comment vous vous prendrez à soutenir ceci.
Cette lettre, par vous, est écrite à Clitandre.

CLITANDRE.

Vous avez, pour Acaste, écrit ce billet tendre.

ACASTE, *à Oronte et à Alceste.*

Messieurs, ces traits pour vous n'ont point d'obscurité,
Et je ne doute pas que sa civilité
A connaître sa main n'ait trop su vous instruire;
Mais ceci vaut assez la peine de le dire.

« Vous êtes un étrange homme, Clitandre, de con-
« damner mon enjouement, et de me reprocher que
« je n'ai jamais tant de joie que lorsque je ne suis pas
« avec vous. Il n'y a rien de plus injuste; et, si vous
« ne venez bien vite me demander pardon de cette of-
« fense, je ne vous la pardonnerai de ma vie. Notre
« grand flandrin de vicomte...

Il devrait être ici.

« Notre grand flandrin de vicomte, par qui vous com-
« mencez vos plaintes, est un homme qui ne saurait
« me revenir; et, depuis que je l'ai vu, trois quarts
« d'heure durant, cracher dans un puits pour faire
« des ronds, je n'ai pu jamais prendre bonne opinion
« de lui. Pour le petit marquis...

C'est moi-même, Messieurs, sans nulle vanité.

« Pour le petit marquis, qui me tint hier longtemps
« la main, je trouve qu'il n'y a rien de si mince que
« toute sa personne; et ce sont de ces mérites qui
« n'ont que la cape et l'épée. Pour l'homme aux rubans
« verts...

(*à Alceste.*)

A vous le dé, Monsieur.

« Pour l'homme aux rubans verts, il me divertit quel-
« quefois avec ses brusqueries et son chagrin bourru;
« mais il est cent moments où je le trouve le plus fâ-
« cheux du monde. Et pour l'homme au sonnet...

(*à Oronte.*)

Voici votre paquet.

« Et pour l'homme au sonnet, qui s'est jeté dans le
« bel esprit, et veut être auteur malgré tout le monde,
« je ne puis me donner la peine d'écouter ce qu'il dit;
« et sa prose me fatigue autant que ses vers. Mettez-
« vous donc en tête que je ne me divertis pas toujours
« si bien que vous pensez; que je vous trouve à dire,
« plus que je ne voudrais, dans toutes les parties où
« l'on m'entraîne, et que c'est un merveilleux assai-
« sonnement aux plaisirs qu'on goûte, que la présence
« des gens qu'on aime.

CLITANDRE.

Me voici maintenant, moi.

« Votre Clitandre, dont vous me parlez, et qui fait
« tant le doucereux, est le dernier des hommes pour
« qui j'aurais de l'amitié. Il est extravagant de se
« persuader qu'on l'aime; et vous l'êtes de croire
« qu'on ne vous aime pas. Changez, pour être rai-
« sonnable, vos sentiments contre les siens; et voyez-
« moi le plus que vous pourrez, pour m'aider à porter
« le chagrin d'en être obsédée. »

D'un fort beau caractère on voit là le modèle,
Madame, et vous savez comment cela s'appelle.
Il suffit. Nous allons, l'un et l'autre en tous lieux,
Montrer de votre cœur le portrait glorieux.

ACASTE.

J'aurais de quoi vous dire, et belle est la matière;
Mais je ne vous tiens pas digne de ma colère;
Et je vous ferai voir que les petits marquis
Ont, pour se consoler, des cœurs de plus haut prix.

(*Clitandre et Acaste sortent.*)

SCÈNE V.

CÉLIMÈNE, ÉLIANTE, ARSINOÉ, ALCESTE, ORONTE, PHILINTE.

ORONTE.

Quoi! de cette façon je vois qu'on me déchire,
Après tout ce qu'à moi je vous ai vu m'écrire!
Et votre cœur, paré de beaux semblants d'amour,
A tout le genre humain se promet tour à tour!
Allez, j'étais trop dupe, et je vais ne plus l'être;
Vous me faites un bien, me faisant vous connaître;
J'y profite d'un cœur qu'ainsi vous me rendez,
Et trouve ma vengeance en ce que vous perdez.

(*à Alceste.*)

Monsieur, je ne fais plus d'obstacle à votre flamme,
Et vous pouvez conclure affaire avec Madame.

(*Il sort.*)

SCÈNE VI.

CÉLIMÈNE, ÉLIANTE, ARSINOÉ, ALCESTE, PHILINTE.

ARSINOÉ, *à Célimène.*

Certes, voilà le trait du monde le plus noir,
Je ne me saurais taire, et me sens émouvoir.
Voit-on des procédés qui soient pareils aux vôtres?
Je ne prends point de part aux intérêts des autres;

(*Montrant Alceste.*)

Mais Monsieur, que chez vous fixait votre bonheur,
Un homme comme lui, de mérite et d'honneur,
Et qui vous chérissait avec idolatrie,
Devrait-il...

ALCESTE.

Laissez-moi, Madame, je vous prie,
Vider mes intérêts moi-même là-dessus,
Et ne vous chargez point de ces soins superflus.
Mon cœur a beau vous voir prendre ici sa querelle,
Il n'est point en état de payer ce grand zèle;
Et ce n'est pas à vous que je pourrai songer,
Si, par un autre choix, je cherche à me venger.

ARSINOÉ.

Eh! croyez-vous, Monsieur, qu'on ait cette pensée,
Et que de vous avoir on soit tant empressée?
Je vous trouve un esprit bien plein de vanité,
Si de cette créance il peut s'être flatté.
Le rebut de Madame est une marchandise
Dont on aurait grand tort d'être si fort éprise.
Détrompez-vous, de grace, et portez-le moins haut
Ce ne sont pas des gens comme moi qu'il vous faut;
Vous ferez bien encor de soupirer pour elle,
Et je brûle de voir une union si belle.

(*Elle sort.*)

SCÈNE VII.

CÉLIMÈNE, ÉLIANTE, ALCESTE, PHILINTE.

ALCESTE, *à Célimène.*

Eh bien! je me suis tu, malgré ce que je voi,
Et j'ai laissé parler tout le monde avant moi.
Ai-je pris sur moi-même un assez long empire?
Et puis-je maintenant...

CÉLIMÈNE.

Oui, vous pouvez tout dire;
Vous en êtes en droit, lorsque vous vous plaindrez,
Et de me reprocher tout ce que vous voudrez.
J'ai tort, je le confesse, et mon ame confuse
Ne cherche à vous payer d'aucune vaine excuse.
J'ai des autres ici méprisé le courroux;
Mais je tombe d'accord de mon crime envers vous.

Votre ressentiment, sans doute, est raisonnable;
Je sais combien je dois vous paraître coupable;
Que toute chose dit que j'ai pu vous trahir,
Et qu'enfin vous avez sujet de me haïr.
Faites-le, j'y consens.

ALCESTE.

Eh! le puis-je traîtresse?
Puis-je ainsi triompher de toute ma tendresse?
Et, quoique avec ardeur je veuille vous haïr,
Trouvé-je un cœur en moi tout prêt à m'obéir?
(*à Éliante et à Philinte.*)
Vous voyez ce que peut une indigne tendresse,
Et je vous fais tous deux témoins de ma faiblesse;
Mais, à vous dire vrai, ce n'est pas encor tout,
Et vous allez me voir la pousser jusqu'au bout;
Montrer que c'est à tort que sages on nous nomme,
Et que dans tous les cœurs il est toujours de l'homme.
(*à Célimène.*)
Oui, je veux bien, perfide, oublier vos forfaits;
J'en saurai, dans mon ame, excuser tous les traits,
Et me les couvrirai du nom d'une faiblesse,
Où le vice du temps porte votre jeunesse,
Pourvu que votre cœur veuille donner les mains
Au dessein que j'ai fait de fuir tous les humains;
Et que, dans mon désert, où j'ai fait vœu de vivre,
Vous soyez, sans tarder, résolue à me suivre.
C'est par là seulement que, dans tous les esprits,
Vous pouvez réparer le mal de vos écrits;
Et qu'après cet éclat qu'un noble cœur abhorre,
Il peut m'être permis de vous aimer encore.

CÉLIMÈNE.

Moi, renoncer au monde avant que de vieillir!
Et dans votre désert aller m'ensevelir!

ALCESTE.

Et, s'il faut qu'à mes feux votre flamme réponde,
Que vous doit importer tout le reste du monde?
Vos désirs avec moi ne sont-ils pas contents?

CÉLIMÈNE.

La solitude effraie une ame de vingt ans.
Je ne sens point la mienne assez grande, assez forte,
Pour me résoudre à prendre un dessein de la sorte.
Si le don de ma main peut contenter vos vœux,
Je pourrai me résoudre à serrer de tels nœuds.
Et l'hymen...

ALCESTE.

Non. Mon cœur à présent vous déteste,
Et ce refus lui seul fait plus que tout le reste.
Puisque vous n'êtes point, en des liens si doux,
Pour trouver tout en moi, comme moi tout en vous,
Allez, je vous refuse; et ce sensible outrage,
De vos indignes fers pour jamais me dégage.
(*Célimène sort.*)

SCENE VIII.

ALCESTE, ÉLIANTE, PHILINTE.

ALCESTE, *à Éliante.*

Madame, cent vertus ornent votre beauté,
Et je n'ai vu qu'en vous de la sincérité;
De vous, depuis longtemps je fais un cas extrême:
Mais laissez-moi toujours vous estimer de même;
Et souffrez que mon cœur, dans ses troubles divers,
Ne se présente point à l'honneur de vos fers:
Je m'en sens trop indigne, et commence à connaître
Que le ciel pour ce nœud ne m'avait point fait naître;
Que ce serait pour vous un hommage trop bas
Que le rebut d'un cœur qui ne vous valait pas;
Et qu'enfin...

ÉLIANTE.

Vous pouvez suivre votre pensée:
Ma main de se donner n'est pas embarrassée;
Et voilà votre ami, sans trop m'inquiéter,
Qui, si je l'en priais, la pourrait accepter.

PHILINTE.

Ah! cet honneur, Madame, est toute mon envie,
Et j'y sacrifierais et mon sang et ma vie.

ALCESTE.

Puissiez-vous, pour goûter de vrais contentements,
L'un pour l'autre, à jamais, garder ces sentiments.
Trahi de toutes parts, accablé d'injustice,
Je vais sortir d'un gouffre où triomphent les vices;
Et chercher sur la terre un endroit écarté
Où d'être homme d'honneur on ait la liberté.
(*Il sort.*)

SCÈNE IX et dernière.

ÉLIANTE, PHILINTE.

PHILINTE.

Allons, madame, allons employer toute chose
Pour rompre le dessein que son cœur se propose.

FIN DU MISANTHROPE.

LE

MÉDECIN MALGRÉ LUI,

COMÉDIE EN TROIS ACTES.

PERSONNAGES.

GÉRONTE, père de Lucinde.
LUCINDE, fille de Géronte.
LÉANDRE, amant de Lucinde.
SGANARELLE, mari de Martine.
MARTINE, femme de Sganarelle.
M. ROBERT, voisin de Sganarelle.
VALÈRE, domestique de Géronte.
LUCAS, mari de Jacqueline, domestique de Géronte.
JACQUELINE, nourrice chez Géronte, et femme de Lucas.
THIBAUT, père de Perrin. } paysans.
PERRIN, fils de Thibaut. }

La scène est à la campagne.

ACTE PREMIER.

SCENE PREMIÈRE.

SGANARELLE, MARTINE.

SGANARELLE.

Non, je te dis que je n'en veux rien faire, et que c'est à moi de parler et d'être le maître.

MARTINE.

Et je te dis, moi, que je veux que tu vives à ma fantaisie, et que je ne me suis point mariée avec toi pour souffrir tes fredaines.

SGANARELLE.

Oh! la grande fatigue que d'avoir une femme! et qu'Aristote a bien raison, quand il dit qu'une femme est pire qu'un démon.

MARTINE.

Voyez un peu l'habile homme, avec son benêt d'Aristote!

SGANARELLE.

Oui, habile homme. Trouve-moi un faiseur de fagots qui sache comme moi raisonner des choses, qui ait servi six ans un fameux médecin, et qui ait su dans son jeune âge son rudiment par cœur.

MARTINE.

Peste du fou fieffé!

SGANARELLE.

Peste de la carogne!

MARTINE.

Que maudits soient l'heure et le jour où je m'avisai d'aller dire oui!

SGANARELLE.

Que maudit soit le bec cornu de notaire qui me fit signer ma ruine!

MARTINE.

C'est bien à toi vraiment à te plaindre de cette affaire! Devrais-tu être un seul moment sans rendre graces au ciel de m'avoir pour ta femme? et méritais-tu d'épouser une personne comme moi?

SGANARELLE.

Il est vrai que tu me fis trop d'honneur, et que j'eus lieu de me louer la première nuit de nos noces! Hé? morbleu! ne me fait point parler là-dessus: je dirais de certaines choses...

MARTINE.

Quoi? Que dirais-tu?

SGANARELLE.

Baste, laissons là ce chapitre. Il suffit que nous savons ce que nous savons, et que tu fus bien heureuse de me trouver.

MARTINE.

Qu'appelles-tu bien heureuse de te trouver? Un homme qui me réduit à l'hôpital, un débauché, un traître, qui me mange tout ce que j'ai!...

SGANARELLE.

Tu as menti, j'en bois une partie.

MARTINE.

Qui me vend, pièce à pièce, tout ce qui est dans le logis!...

SGANARELLE.

C'est vivre de ménage.

MARTINE

Qui m'a ôté jusqu'au lit que j'avais!...

SGANARELLE.

Tu t'en lèveras plus matin.

MARTINE.

Enfin qui ne laisse aucun meuble dans toute la maison!...

SGANARELLE.

On en déménage plus aisément.

MARTINE.

Et qui, du matin jusqu'au soir, ne fait que jouer et que boire!

SGANARELLE.

C'est pour ne me point ennuyer.

MARTINE.

Et que veux-tu pendant ce temps que je fasse avec ma famille?

SGANARELLE.

Tout ce qu'il te plaira.

MARTINE.

J'ai quatre pauvres petits enfants sur les bras...

SGANARELLE.

Mets-les à terre.

MARTINE.

Qui me demandent à toute heure du pain.

SGANARELLE.

Donne-leur le fouet: quand j'ai bien bu et bien mangé, je veux que tout le monde soit saoul dans ma maison.

MARTINE.

Et tu prétends, ivrogne, que les choses aillent toujours de même?

SGANARELLE.

Ma femme, allons tout doucement, s'il vous plaît.

MARTINE.

Que j'endure éternellement tes insolences et tes débauches?...

SGANARELLE.

Ne nous emportons point, ma femme.

MARTINE.

Et que je ne sache pas trouver le moyen de te ranger à ton devoir.

SGANARELLE.

Ma femme, vous savez que je n'ai pas l'ame endurante, et que j'ai le bras assez bon.

MARTINE.

Je me moque de tes menaces.

SGANARELLE.

Ma petite femme, ma mie, votre peau vous démange à votre ordinaire.

MARTINE.

Je te montrerai que je ne te crains nullement.

SGANARELLE.

Ma chère moitié, vous avez envie de me dérober quelque chose.

MARTINE.

Crois-tu que je m'épouvante de tes paroles?

SGANARELLE.

Doux objet de mes vœux, je vous frotterai les oreilles.

MARTINE.

Ivrogne que tu es!

SGANARELLE.

Je vous battrai.

MARTINE.

Sac à vin.

SGANARELLE.

Je vous rosserai.

MARTINE.

Infame!

SGANARELLE.

Je vous étrillerai.

MARTINE.

Traître! insolent! trompeur! lâche! coquin! pendard! gueux! belitre! fripon! maraud! voleur!...

SGANARELLE.

Ah! vous en voulez donc?

(*Sganarelle prend un bâton, et bat sa femme.*)

MARTINE, *criant.*

Ah! ah! ah! ah!

SGANARELLE.

Voilà le vrai moyen de vous apaiser.

SCÈNE II.

M. ROBERT, SGANARELLE, MARTINE.

M. ROBERT.

Holà! holà! holà! Fi! Qu'est ceci? Quelle infamie! Peste soit le coquin, de battre ainsi sa femme!

MARTINE, *à Robert.*

Et je veux qu'il me batte, moi.

M. ROBERT.

Ah! j'y consens de tout mon cœur.

MARTINE.

De quoi vous mêlez-vous?

M. ROBERT.

J'ai tort.

MARTINE.

Est-ce là votre affaire?

M. ROBERT.

Vous avez raison.

MARTINE.

Voyez un peu cet impertinent, qui veut empêcher les maris de battre leurs femmes!

M. ROBERT.

Je me rétracte.

MARTINE.

Qu'avez-vous à voir là-dessus?

M. ROBERT.

Rien.

MARTINE.

Est-ce à vous d'y mettre le nez?

M. ROBERT.

Non.

MARTINE.

Mêlez-vous de vos affaires.

M. ROBERT.

Je ne dis plus mot.

MARTINE.

Il me plaît d'être battue.

M. ROBERT.

D'accord.

MARTINE.

Ce n'est pas à vos dépens.

M. ROBERT.

Il est vrai.

MARTINE.

Et vous êtes un sot de venir vous fourrer où vous n'avez que faire. (*Elle lui donne un soufflet.*)

M. ROBERT, *à Sganarelle.*

Compère, je vous demande pardon de tout mon cœur. Faites, rossez, battez comme il faut votre femme; je vous aiderai, si vous le voulez.

SGANARELLE.

Il ne me plaît pas, moi.

M. ROBERT.

Ah! c'est une autre chose.

SGANARELLE.

Je la veux battre, si je le veux; et ne la veux pas battre, si je ne le veux pas.

M. ROBERT.

Fort bien.

SGANARELLE.

C'est ma femme, et non pas la vôtre.

M. ROBERT.

Sans doute.

SGANARELLE.

Vous n'avez rien à commander.

M. ROBERT.

D'accord.

SGANARELLE.

Je n'ai que faire de votre aide.

M. ROBERT.

Très volontiers.

SGANARELLE.

Et vous êtes un impertinent de vous ingérer des affaires d'autrui. Apprenez que Cicéron dit qu'entre l'arbre et le doigt il ne faut point mettre l'écorce.

(*Il bat M. Robert, et le chasse.*)

SCÈNE III.

SGANARELLE, MARTINE.

SGANARELLE.

Oh çà! faisons la paix nous deux. Touche là.

MARTINE.

Oui, après m'avoir ainsi battue!

SGANARELLE.

Cela n'est rien. Touche.

MARTINE.

Je ne veux pas.

SGANARELLE.

Eh!

MARTINE.

Non.

SGANARELLE.

Ma petite femme.

MARTINE.

Point.

SGANARELLE.

Allons, te dis-je.

MARTINE.

Je n'en ferai rien.

SGANARELLE.

Viens, viens, viens.

MARTINE.

Non, je veux être en colère.

SGANARELLE.

Fi! c'est une bagatelle. Allons, allons.

MARTINE.

Laisse-moi là.

SGANARELLE.

Touche, te dis-je.

MARTINE.

Tu m'as trop maltraitée.

SGANARELLE.

Hé bien! va, je te demande pardon; mets là ta main.

MARTINE.

Je te pardonne; (*bas à part.*) mais tu le paieras.

SGANARELLE.

Tu es une folle de prendre garde à cela : ce sont petites choses qui sont de temps en temps nécessaires dans l'amitié; et cinq ou six coups de bâton, entre gens qui s'aiment, ne font que ragaillardir l'affection. Va, je m'en vais au bois, et je te promets aujourd'hui plus d'un cent de fagots.

SCENE IV.

MARTINE, *seule.*

Va, quelque mine que je fasse, je n'oublierai pas mon ressentiment; et je brûle en moi-même de trouver les moyens de te punir des coups que tu m'as donnés. Je sais bien qu'une femme a toujours dans les mains de quoi se venger d'un mari : mais c'est une punition trop délicate pour mon pendard : je veux une vengeance qui se fasse un peu mieux sentir; et ce n'est pas contentement pour l'injure que j'ai reçue.

SCENE V.

VALÈRE, LUCAS, MARTINE.

LUCAS, *à Valère sans voir Martine.*

Parguienne! j'avons pris là tous deux une gueble de commission; et je ne sais pas, moi, ce que je pensons attraper.

VALÈRE, *à Lucas, sans voir Martine.*

Que veux-tu, mon pauvre nourricier? il faut bien obéir à notre maître : et puis, nous avons intérêt l'un et l'autre à la santé de sa fille, notre maîtresse; et sans doute son mariage, différé par sa maladie, nous vaudra quelque récompense. Horace, qui est libéral, a bonne part aux prétentions qu'on peut avoir sur sa personne; et, quoiqu'elle ait fait voir de l'amitié pour un certain Léandre, tu sais bien que son père n'a jamais voulu consentir à le recevoir pour son gendre.

MARTINE, *rêvant à part, se croyant seule.*

Ne puis-je point trouver quelque invention pour me venger?

LUCAS, *à Valère.*

Mais quelle fantaisie s'est-il boutée là dans la tête, puisque les médecins y avont tous perdu leur latin?

VALÈRE, *à Lucas.*

On trouve quelquefois, à force de chercher, ce qu'on ne trouve pas d'abord; et souvent en de simples lieux...

MARTINE, *se croyant toujours seule.*

Oui, il faut que je m'en venge à quelque prix que ce soit. Ces coups de bâton me reviennent au cœur, je ne les saurais digérer; et... (*heurtant Valère et Lucas.*) Ah! messieurs, je vous demande pardon; je ne vous voyais pas, et cherchais dans ma tête quelque chose qui m'embarrasse.

VALÈRE.

Chacun a ses soins dans le monde, et nous cherchons aussi ce que nous voudrions bien trouver.

MARTINE.

Serait-ce quelque chose où je vous puisse aider?

VALÈRE.

Cela se pourrait faire; et nous tâchons de rencontrer quelque habile homme, quelque médecin particulier, qui pût donner quelque soulagement à la fille de notre maître, attaquée d'une maladie qui lui a ôté tout d'un coup l'usage de la langue. Plusieurs médecins ont déjà épuisé toute leur science après elle; mais on trouve parfois des gens avec des secrets admirables, de certains remèdes particuliers, qui font le plus souvent ce que les autres n'ont su faire; et c'est là ce que nous cherchons.

MARTINE, *bas, à part.*

Ah! que le ciel m'inspire une admirable invention pour me venger de mon pendard! (*haut.*) Vous ne pouviez jamais vous mieux adresser pour rencontrer ce que vous cherchez; et nous avons un homme, le plus merveilleux homme du monde, pour les maladies désespérées.

VALÈRE.

Et de grace? où pouvons-nous le rencontrer?

MARTINE.

Vous le trouverez maintenant vers ce petit lieu que voilà, qui s'amuse à couper du bois!

LUCAS.

Un médecin qui coupe du bois!

VALÈRE.

Qui s'amuse à cueillir des simples, voulez-vous dire?

MARTINE.

Non; c'est un homme extraordinaire qui se plaît à cela, fantasque, bizarre, quinteux, et que vous ne prendriez jamais pour ce qu'il est. Il va vêtu d'une façon extravagante, affecte quelquefois de paraître ignorant, tient sa science renfermée, et ne fuit rien tant, tous les jours, que d'exercer les merveilleux talents qu'il a eus du ciel pour la médecine.

VALÈRE.

C'est une chose admirable, que tous les grands hommes ont toujours du caprice, quelque petit grain de folie mêlé à leur science.

MARTINE.

La folie de celui-ci est plus grande qu'on ne peut

croire, car elle va parfois jusqu'à vouloir être battu pour demeurer d'accord de sa capacité; et je vous donne avis que vous n'en viendrez pas à bout, qu'il n'avouera jamais qu'il est médecin, s'il se le met en fantaisie, que vous ne preniez chacun un bâton, et ne le réduisiez, à force de coups, à vous confesser à la fin ce qu'il vous cachera d'abord. C'est ainsi que nous en usons quand nous avons besoin de lui.

VALÈRE.

Voilà une étrange folie!

MARTINE.

Il est vrai; mais, après cela, vous verrez qu'il fait des merveilles.

VALÈRE.

Comment s'appelle-t-il?

MARTINE.

Il s'appelle Sganarelle. Mais il est aisé à connaître : c'est un homme qui a une large barbe noire, et qui porte une fraise, avec un habit jaune et vert.

LUCAS.

Un habit jaune et vart! C'est donc le médecin des parroquets?

VALÈRE.

Mais est-il bien vrai qu'il soit si habile que vous le dites?

MARTINE.

Comment! c'est un homme qui fait des miracles. Il y a six mois qu'une femme fut abandonnée de tous les autres médecins : on la tenait morte il y avait déjà six heures, et l'on se disposait à l'ensevelir, lorsqu'on y fit venir de force l'homme dont nous parlons. Il lui mit, l'ayant vue, une petite goutte de je ne sais quoi dans la bouche; et, dans le même instant, elle se leva de son lit, et se mit aussitôt à se promener dans sa chambre comme si de rien n'eût été.

LUCAS.

Ah!

VALÈRE.

Il fallait que ce fût quelque goutte d'or potable.

MARTINE.

Cela pourrait bien être. Il n'y a pas trois semaines encore qu'un jeune enfant de douze ans tomba du haut du clocher en bas, et se brisa sur le pavé la tête, les bras et les jambes. On n'y eut pas plutôt amené notre homme, qu'il le frotta par tout le corps d'un certain onguent qu'il sait faire; et l'enfant aussitôt se leva sur ses pieds, et courut jouer à la fossette.

LUCAS.

Ah!

VALÈRE.

Il faut que cet homme-là ait la médecine universelle.

MARTINE.

Qui en doute?

LUCAS.

Têtigué! v'là justement l'homme qu'il nous faut. Allons vite le charcher.

VALÈRE.

Nous vous remercions du plaisir que vous nous faites.

MARTINE.

Mais souvenez-vous bien au moins de l'avertissement que je vous ai donné.

LUCAS.

Hé! morguenne! laissez-nous faire: s'il ne tient qu'à battre, la vache est à nous.

VALÈRE, *à Lucas.*

Nous sommes bienheureux d'avoir fait cette rencontre; et j'en conçois, pour moi, la meilleure espérance du monde.

SCÈNE VII.

SGANARELLE, VALÈRE, LUCAS.

SGANARELLE, *chantant derrière le théâtre.*

Là, là, là.

VALÈRE.

J'entends quelqu'un qui chante, et qui coupe du bois.

SGANARELLE, *entrant sur le théâtre avec une bouteille à sa main, sans apercevoir Valère ni Lucas.*

Là, là, là... Ma foi, c'est assez travailler pour boire un coup. Prenons un peu d'haleine. (*après avoir bu.*) Voilà du bois qui est salé comme tous les diables.

(*Il chante*)

Qu'ils sont doux,
Bouteille jolie,
Qu'ils sont doux,
Vos petits glougloux!
Mais mon sort ferait bien des jaloux,
Si vous étiez toujours remplie.
Ah! bouteille ma mie,
Pourquoi vous videz-vous?

Allons, morbleu! il ne faut point engendrer de mélancolie.

VALÈRE, *bas à Lucas.*

Le voilà lui-même.

LUCAS, *bas à Valère.*

Je pense que vous dites vrai, et que j'avons bouté le nez dessus.

VALÈRE.

Voyons de près.

SGANARELLE, *embrassant sa bouteille.*

Ah! ma petite friponne! que je t'aime, mon petit bouchon.! (*Il chante.*)

(*Apercevant Valère et Lucas qui l'examinent, il baisse la voix.*)

Mais mon sort... ferait.... bien... des jaloux,
Si...

(*Voyant qu'on l'examine de plus près.*)

Que diable, à qui en veulent ces gens-là?

VALÈRE, *à Lucas.*

C'est lui assurément.

LUCAS, *à Valère*

Le v'là tout craché comme on nous l'a défiguré.

(*Sganarelle pose la bouteille à terre; et Valère se baissant pour le saluer, comme il croit que c'est à dessein de la prendre, il la met de l'autre côté; Lucas faisant la même chose que Valère, Sganarelle reprend sa bouteille, et la tient contre son estomac, avec divers gestes qui font un jeu de théâtre.*

SGANARELLE, *à part.*

Ils consultent en me regardant. Quel dessein auraient-ils?

VALÈRE.

Monsieur, n'est-ce pas vous qui vous appelez Sganarelle.

SGANARELLE.

Hé! Quoi?

VALÈRE.

Je vous demande si ce n'est pas vous qui se nomme Sganarelle.

SGANARELLE, *se retournant vers Valère, puis vers Lucas.*

Oui et non, selon ce que vous lui voulez.

VALÈRE.

Nous ne voulons que lui faire toutes les civilités que nous pourrons.

SGANARELLE.

En ce cas, c'est moi qui se nomme Sganarelle.

VALÈRE.

Monsieur, nous sommes ravis de vous voir. On nous a adressés à vous, pour ce que nous cherchons; et nous venons implorer votre aide, dont nous avons besoin.

SGANARELLE.

Si c'est quelque chose, messieurs, qui dépende de mon petit négoce, je suis tout prêt à vous rendre service.

VALÈRE.

Monsieur, c'est trop de grace que vous nous faites. Mais, monsieur, couvrez-vous, s'il vous plaît; le soleil pourrait vous incommoder.

LUCAS.

Monsieu, boutez dessus.

SGANARELLE, *à part.*

Voici des gens bien pleins de cérémonies. (*Il se couvre*).

VALÈRE.

Monsieur, il ne faut pas trouver étrange que nous venions à vous; les habiles gens sont toujours recherchés; et nous sommes instruits de votre capacité.

SGANARELLE.

Il est vrai, messieurs, que je suis le premier homme du monde pour faire des fagots.

VALÈRE.

Ah! monsieur!...

SGANARELLE.

Je n'y épargne aucune chose, et les fais d'une façon qu'il n'y a rien à dire.

VALÈRE.

Monsieur, ce n'est pas cela dont il est question.

SGANARELLE.

Mais aussi, je les vends cent dix sous le cent.

VALÈRE.

Ne parlons point de cela, s'il vous plaît.

SGANARELLE.

Je vous promets que je ne saurais les donner à moins.

VALÈRE.

Monsieur, nous savons les choses.

SGANARELLE.

Si vous savez les choses, vous savez que je les vends cela.

VALÈRE.

Monsieur, c'est se moquer, que...

SGANARELLE.

Je ne me moque point, je n'en puis rien rabattre.

VALÈRE.

Parlons d'autre façon, de grace.

SGANARELLE.

Vous en pourrez trouver autre part à moins; il y a fagots et fagots: mais pour ceux que je fais...

VALÈRE.

Hé! monsieur! laissons là ce discours.

SGANARELLE.

Je vous jure que vous ne les auriez pas, s'il s'en fallait un double.

VALÈRE.

Hé! fi!

SGANARELLE.

Non, en conscience; vous en paierez cela. Je vous parle sincèrement, et ne suis pas homme à surfaire.

VALÈRE.

Faut-il, monsieur, qu'une personne comme vous s'amuse à ces grossières feintes, s'abaisse à parler de la sorte! qu'un homme si savant, un fameux médecin, comme vous êtes, veuille se déguiser aux yeux du monde, et tenir enterrés les beaux talents qu'il a!

SGANARELLE, *à part.*

Il est fou.

VALÈRE.

De grace, monsieur, ne dissimulez point avec nous.

SGANARELLE.

Comment?

LUCAS.

Tout ce tripotage ne sart de rien; je savons c'en que je savons.

SGANARELLE.

Quoi donc? que me voulez-vous dire? Pour qui me prenez-vous?

VALÈRE.

Pour ce que vous êtes, pour un grand médecin.

SGANARELLE.

Médecin vous-même; je ne le suis point et je ne l'ai jamais été.

VALÈRE, *bas.*

Voilà sa folie qui le tient. (*haut.*) Monsieur, ne veuillez point nier les choses davantage; et n'en venons point, s'il vous plaît, à de fâcheuses extrémités.

SGANARELLE.

A quoi donc?

VALÈRE.

A de certaines choses dont nous serions marris.

SGANARELLE.

Parbleu! venez-en à tout ce qu'il vous plaira; je ne suis point médecin, et ne sais ce que vous me voulez dire.

VALÈRE, *bas.*

Je vois bien qu'il faut se servir du remède (*haut.*) Monsieur, encore un coup je vous prie d'avouer ce que vous êtes.

LUCAS.

He! tetigue! ne lantiponnez point davantage, et confessez à la franquette que v's êtes médecin.

SGANARELLE, *à part.*

J'enrage.

VALÈRE.

A quoi bon nier ce qu'on sait?

LUCAS.

Pourquoi toutes ces fraimes-là? A quoi est-ce que ça vous sart?

SGANARELLE.

Messieurs, en un mot autant qu'en deux mille, je vous dis que je ne suis point médecin.

VALÈRE.

Vous n'êtes point médecin?

SGANARELLE.

Non.

LUCAS.

V'n'êtes pas médecin?

SGANARELLE.

Non, vous dis-je.

VALÈRE.

Puisque vous le voulez, il faut s'y résoudre.
(*Ils prennent chacun un bâton et le frappent.*)

SGANARELLE.

Ah! ah! ah! messieurs, je suis tout ce qu'il vous plaira.

VALÈRE.

Pourquoi, monsieur, nous obligez-vous à cette violence?

LUCAS.

A quoi bon nous bailler la peine de vous battre?

VALÈRE.

Je vous assure que j'en ai tous les regrets du monde.

LUCAS.

Par ma figué! j'en sis fâché, franchement.

SGANARELLE.

Que diable est ceci, messieurs? De grace, est-ce pour rire, ou si tous deux vous extravaguez, de vouloir que je sois médecin?

VALÈRE.

Quoi! vous ne vous rendez pas encore, et vous vous défendez d'être médecin?

SGANARELLE.

Diable emporte si je le sais?

LUCAS.

Il n'est pas vrai qu'vous sayez médecin?

SGANARELLE.

Non, la peste m'étouffe! (*Ils recommencent à le battre.*) Ah! ah! Hé bien! messieurs, oui, puisque vous le voulez, je suis médecin, je suis médecin; apothicaire encore, si vous le trouvez bon. J'aime mieux consentir à tout, que de me faire assommer.

VALÈRE.

Ah! voilà qui va bien, monsieur; je suis ravi de vous voir raisonnable.

LUCAS.

Vous me boutez la joie au cœur, quand je vous vois parler comme ça.

VALÈRE.

Je vous demande pardon de toute mon ame.

LUCAS.

Je vous demande pardon de la libarté que j'avons prise.

SGANARELLE, *à part.*

Ouais, serait-ce bien moi qui me tromperais, et serais-je devenu médecin sans m'en être aperçu?

VALÈRE.

Monsieur, vous ne vous repentirez pas de nous montrer ce que vous êtes; et vous verrez assurément que vous en serez satisfait.

SGANARELLE.

Mais, messieurs, dites-moi, ne vous trompez-vous point vous-mêmes? Est-il bien assuré que je sois médecin?

LUCAS.

Oui, par ma figué!

SGANARELLE.

Tout de bon?

VALÈRE.

Sans doute.

SGANARELLE.

Diable emporte, si je le savais !

VALERE.

Comment ! vous êtes le plus habile médecin du monde !

SGANARELLE.

Ah ! ah !

LUCAS.

Un médecin qui a gari je ne sais combien de maladies.

SGANARELLE.

Tudieu !

VALERE.

Une femme était tenue pour morte il y avait six heures; elle était prête à ensevelir, lorsqu'avec une goutte de quelque chose vous la fîtes revenir et marcher d'abord par la chambre.

SGANARELLE.

Peste !

LUCAS.

Un petit enfant de douze ans se laissit choir du haut d'un clocher; de quoi il eut la tête, les jambes et les bras cassés : et vous, avec je ne sais quel onguent, vous fîtes qu'aussitôt il se relevit sur ses pieds, et s'en fut jouer à la fossette.

SGANARELLE.

Diantre ?

VALERE.

Enfin, monsieur, vous aurez contentement avec nous, et vous gagnerez ce que vous voudrez, en vous laissant conduire où nous prétendons vous mener.

SGANARELLE.

Je gagnerai ce que je voudrai.

VALERE.

Oui.

SGANARELLE.

Ah ! je suis médecin, sans contredit. Je l'avais oublié; mais je m'en ressouviens. De quoi est-il question ? Où faut-il se transporter ?

VALERE.

Nous vous conduirons. Il est question d'aller voir une fille qui a perdu la parole.

SGANARELLE.

Ma foi, je ne l'ai pas trouvée.

VALERE, *bas à Lucas.*

Il aime à rire. (*à Sganarelle.*) Allons, monsieur.

SGANARELLE.

Sans une robe de médecin ?

VALERE.

Nous en prendrons une.

SGANARELLE, *presentant sa bouteille à Valère.*

Tenez cela, vous : voilà où je mets mes juleps. (*puis se tournant vers Lucas en crachant.* Vous, marchez là-dessus, par ordonnance du médecin.

LUCAS.

Palsanguenne ! v'là un médecin qui me plaît ; je pense qu'il réussira, car il est bouffon.

FIN DU PREMIER ACTE.

ACTE II.

—

SCÈNE PREMIÈRE.

GÉRONTE, VALÈRE, LUCAS, JACQUELINE.

VALERE.

Oui, monsieur, je crois que vous serez satisfait; et, nous vous avons amené le plus grand médecin du monde.

LUCAS.

Oh ! morguenne ! il faut tirer l'échelle après ceti-là; et tous les autres ne sont pas daignes de li déchausser ses souliés.

VALERE.

C'est un homme qui a fait des cures merveilleuses.

LUCAS.

Qui a gari des gens qui étiant morts.

VALERE.

Il est un peu capricieux, comme je vous ai dit; et parfois, il a des moments où son esprit s'échappe, et ne paraît pas ce qu'il est.

LUCAS.

Oui, il aime à bouffonner; et l'an dirait parfois, ne v's en déplaise, qu'il a quelque petit coup de hache à la tête.

VALERE.

Mais dans le fond, il est toutscience; et bien souvent il dit des choses tout à fait relevées.

LUCAS.

Quand il s'y boute, il parle tout fin drait comme s'il lisait dans un livre.

VALERE.

Sa réputation s'est déjà répandue ici; et tout le monde vient à lui.

GERONTE.

Je meurs d'envie de le voir ; faites-le moi vite venir.

VALERE.

Je le vais quérir.

SCENE II.

GÉRONTE, JACQUELINE, LUCAS.

JACQUELINE.

Par ma fi, monsieu, ceti-ci fera justement ce qu'ant fait les autres. Je pense que ce sera queussi queumi; et la meilleure médeçaine que l'an pourrait bailler à votre fille, ce serait, selon moi, un biau et bon mari, pour qui alle eût de l'amiquié.

GÉRONTE.

Ouais ! nourrice, ma mie, vous vous mêlez de bien des choses !

LUCAS.

Taisez-vous, notre minagère Jacquelaine; ce n'est pas à vous à bouter là votre nez.

JACQUELINE.

Je vous dis et vous douze que tous ces médecins n'y feront rian que de liau claire: que votre fille a besoin d'autre chose que de rhibarbe et de séné; et qu'un mari est un emplâtre qui garit tous les maux des filles.

GÉRONTE.

Est-elle en état maintenant qu'on s'en voulût charger avec l'infirmité qu'elle a ? et lorsque j'ai été dans le dessein de la marier, ne s'est-elle pas opposée à mes volontés ?

JACQUELINE

Je le crois bian ; vous l'y vouliez bailler eun homme qu'alle n'aime point. Que ne preniais-vous ce monsieu Liandre, qui li touchait au cœur ? Elle aurait été fort obéissante ; et je m'en vais gager qu'il la prendrait, li, comme alle est, si vous la li vouillais donner.

GÉRONTE.

Ce Léandre n'est pas ce qu'il lui faut ; il n'a pas du bien comme l'autre.

JACQUELINE.

Il a un oncle qui est riche, dont il est l'hériquié !

14

GÉRONTE.

Tous ces biens à venir me semblent autant de chansons. Il n'est rien tel que ce qu'on tient; et l'on court grand risque de s'abuser, lorsque l'on compte sur le bien qu'un autre vous garde. La mort n'a pas toujours les oreilles ouvertes aux vœux et aux prières de messieurs les héritiers; et l'on a le temps d'avoir les dents longues, lorsqu'on attend, pour vivre, le trépas de quelqu'un.

JACQUELINE.

Enfin, j'ai toujours ouï dire qu'en mariage, comme ailleurs, contentement passe richesse. Les pères et les mères ont cette maudite coutume de demander toujours : Qu'a-t-il? et Qu'a-t-elle? et le compère Piarre a marié sa fille Simonette au gros Thomas, pour un quarquié de vaigne qu'il avait davantage que le jeune Robin, où alle avait bouté son amiquié; et v'là que la pauvre creyature en est devenue jaune comme un coin, et n'a point profité tout depuis ce temps là. C'est un bel exemple pour vous, monsieu. On n'a que son plaisir en ce monde; et j'aimerais mieux bailler à ma fille eun bon mari qui li fût agriable, que toutes les rentes de la Biausse.

GÉRONTE.

Peste! madame la nourrice, comme vous dégoisez! Taisez-vous, je vous prie; vous prenez trop de soin, et vous échauffez votre lait.

LUCAS, *frappant à chaque phrase qu'il dit, sur l'épaule de Géronte.*

Morgué! tais-toi, t'es une impertinente. Monsieu n'a que faire de tes discours, et il sait ce qu'il a à faire. Mêle-toi de donner à teter à ton enfant, sans tant faire la raisonneuse. Monsieu est le père de sa fille; t il est bon et sage pour voir ce qu'il li faut.

GÉRONTE.

Tout doux! Oh! tout doux!

LUCAS, *frappant sur l'épaule de Géronte.*

Monsieu, je veux un peu la mortifier, et li apprendre le respect qu'alle vous doit.

GÉRONTE.

Oui. Mais ces gestes ne sont pas nécessaires.

SCENE III.

VALÈRE, SGANARELLE, GÉRONTE, LUCAS, JACQUELINE.

VALÈRE.

Monsieur, préparez-vous. Voici votre médecin qui entre.

GÉRONTE, *à Sganarelle.*

Monsieur, je suis ravi de vous voir chez moi, et nous avons grand besoin de vous.

SGANARELLE, *en robe de médecin avec un chapeau des plus pointus.*

Hippocrate dit..... que nous nous couvrions tous deux.

GÉRONTE.

Hippocrate dit cela?

SGANARELLE.

Oui.

GÉRONTE.

Dans quel chapitre, s'il vous plaît?

SGANARELLE.

Dans son chapitre... des chapeaux.

GÉRONTE.

Puisque Hippocrate le dit, il le faut faire.

SGANARELLE.

Monsieur le médecin, ayant appris les merveilleuses choses...

GÉRONTE.

A qui parlez-vous, de grace?

SGANARELLE.

A vous.

GÉRONTE.

Je ne suis pas médecin.

SGANARELLE.

Vous n'êtes pas médecin?

GÉRONTE.

Non, vraiment.

SGANARELLE.

Tout de bon?

GÉRONTE.

Tout de bon.

(*Sganarelle prend un bâton, et frappe Géronte.*)

Ah! ah! ah!

SGANARELLE.

Vous êtes médecin maintenant; je n'ai jamais eu d'autres licences.

GÉRONTE, *à Valère.*

Quel diable d'homme m'avez-vous là amené?

VALÈRE.

Je vous ai bien dit que c'était un médecin goguenard.

GÉRONTE.

Oui : mais je l'enverrais promener avec ses goguenarderies.

LUCAS.

Ne prenez pas garde à ça, monsieu; ce n'est que pour rire.

GÉRONTE.

Cette raillerie ne me plaît pas.

SGANARELLE.

Monsieur, je vous demande pardon de la liberté que j'ai prise.

GÉRONTE.

Monsieur, je suis votre serviteur.

SGANARELLE.

Je suis fâché...

GÉRONTE.

Cela n'est rien.

SGANARELLE.

Des coups de bâton.

GÉRONTE.

Il n'y a pas de mal.

SGANARELLE.

Que j'ai eu l'honneur de vous donner.

GÉRONTE.

Ne parlons plus de cela. Monsieur, j'ai une fille qui est tombée dans une étrange maladie.

SGANARELLE.

Je suis ravi, monsieur, que votre fille ait besoin de moi; et je souhaiterais, de tout mon cœur, que vous en eussiez besoin aussi, vous et toute votre famille, pour vous témoigner l'envie que j'ai de vous servir.

GÉRONTE.

Je vous suis obligé de ces sentiments.

SGANARELLE.

Je vous assure que c'est du meilleur de mon ame que je vous parle.

GÉRONTE.

C'est trop d'honneur que vous me faites.

SGANARELLE.

Comment s'appelle votre fille?

GÉRONTE.

Lucinde.

SGANARELLE.

Lucinde! Ah! beau nom à médicamenter! Lucinde!

GÉRONTE.

Je m'en vais voir un peu ce qu'elle fait.

SGANARELLE.

Qui est cette grande femme-là?

GÉRONTE.

C'est la nourrice d'un petit enfant que j'ai.

SCENE IV.

SGANARELLE, JACQUELINE, LUCAS.

SGANARELLE, *à part.*

Peste! le joli meuble que voilà! (*haut.*) Ah! nourrice, charmante nourrice, ma médecine est la très humble esclave de votre nourricerie, et je voudrais bien être le petit poupon fortuné qui tétât le lait de vos bonnes graces. (*Il lui porte la main sur le sein.*) Tous mes remèdes, toute ma science, toute ma capacité est à votre service; et...

LUCAS.

Avec votre parmission, monsieu le médecin, laissez-là ma femme, je vous prie.

SGANARELLE.

Quoi! elle est votre femme?

LUCAS.

Oui.

SGANARELLE.

Ah! vraiment je ne savais pas cela, et je m'en réjouis pour l'amour de l'un et de l'autre.

(*Il fait semblant de vouloir embrasser Lucas, et embrasse la nourrice.*)

LUCAS, *tirant Sganarelle, et se remettant entre lui et sa femme.*

Tout doucement, s'il vous plaît.

SGANARELLE.

Je vous assure que je suis ravi que vous soyez unis ensemble : je la félicite d'avoir un mari comme vous; et je vous félicite, vous, d'avoir une femme si belle, si sage, si bien faite comme elle est.

(*Il fait encore semblant d'embrasser Lucas, qui lui tend les bras; Sganarelle passe dessous, et embrasse encore la nourrice.*)

LUCAS, *le tirant encore*

Hé! tétigué! point tant de compliments, je vous supplie.

SGANARELLE.

Ne voulez-vous pas que je me réjouisse avec vous d'un si bel assemblage?

LUCAS.

Avec moi tant qu'il vous plaira; mais avec ma femme, trève de sarimonie.

SGANARELLE.

Je prends part également au bonheur de tous deux : et si je vous embrasse pour vous en témoigner ma joie, je l'embrasse de même pour lui en témoigner aussi. (*Il continue le même jeu.*)

LUCAS, *le tirant pour la troisième fois.*

A! vartigué, monsieu le médecin, que de lantiponnage!

SCENE V.

GÉRONTE, SGANARELLE, LUCAS, JACQUELINE.

GÉRONTE.

Monsieur, voici tout à l'heure ma fille qu'on va vous amener.

SGANARELLE.

Je l'attends, monsieur, avec toute la médecine.

GÉRONTE.

Où est-elle?

SGANARELLE, *se touchant le front.*

Là-dedans.

GÉRONTE.

Fort bien.

SGANARELLE.

Mais comme je m'intéresse à toute votre famille, il faut que j'essaie un peu le lait de votre nourrice, et que je visite son sein.

(*Il s'approche de Jacqueline.*)

LUCAS, *le tirant, et lui faisant faire la pirouette.*

Nannain, nannain; je n'avons que faire de ça.

SGANARELLE.

C'est l'office du médecin de voir les tétons des nourrices.

LUCAS.

Il gnia office qui quienne, je sis votre sarviteur.

SGANARELLE.

As-tu bien la hardiesse de t'opposer au médecin? Hors de là.

LUCAS.

Je me moque de ça.

SGANARELLE, *en le regardant de travers.*

Je te donnerai la fièvre.

JACQUELINE, *prenant Lucas par le bras, et lui faisant faire aussi la pirouette.*

Ote-toi de là aussi; est-ce que je ne sis pas assez grande pour me défendre moi-même, s'il me fait queuque chose qui ne soit pas à faire?

LUCAS.

Je ne veux pas qu'il te tâte, moi.

SGANARELLE.

Fi le vilain, qui est jaloux de sa femme!

GÉRONTE.

Voici ma fille.

SCENE VI.

LUCINDE, GÉRONTE, SGANARELLE, VALÈRE, LUCAS, JACQUELINE.

SGANARELLE.

Est-ce là la malade?

GÉRONTE.

Oui. Je n'ai qu'elle de fille; et j'aurais tous les regrets du monde, si elle venait à mourir.

SGANARELLE.

Qu'elle s'en garde bien! Il ne faut pas qu'elle meure sans l'ordonnance du médecin.

GÉRONTE.

Allons, un siège.

SGANARELLE, *assis entre Géronte et Lucinde.*

Voilà une malade qui n'est pas tant dégoûtante, et je tiens qu'un homme bien sain s'en accommoderait assez.

GÉRONTE.

Vous l'avez fait rire, monsieur.

SGANARELLE.

Tant mieux : lorsque le médecin fait rire la malade, c'est le meilleur signe du monde. (*à Lucinde.*) Hé bien! de quoi est-il question? Qu'avez-vous? Quel est le mal que vous sentez?

LUCINDE, *portant sa main à sa bouche à sa tête, et sous son menton.*

Han, hi, hon, han.

SGANARELLE.

Hé que dites-vous?

LUCINDE, *continue les mêmes gestes.*

Han, hi, hon, han, han, hi, hon.

SGANARELLE.

Quoi?

LUCINDE.

Han, hi, hon.

SGANARELLE.

Han, hi, hon, han, ha. Je ne vous entends point. Quel diable de langage est-ce là?

GÉRONTE.

Monsieur, c'est là sa maladie. Elle est devenue muette, sans que jusqu'ici on en ait pu savoir la cause; et c'est un accident qui a fait reculer son mariage.

SGANARELLE

Et pourquoi?

GÉRONTE.

Celui qu'elle doit épouser veut attendre sa guérison pour conclure les choses.

SGANARELLE.

Et qui est ce sot-là, qui ne veut pas que sa femme soit muette? Plut à Dieu que la mienne eût cette maladie! je me garderais bien de la vouloir guérir.

GÉRONTE.

Enfin, monsieur, nous vous prions d'employer tous vos soins, pour la soulager de son mal.

SGANARELLE.

Ah! ne vous mettez pas en peine. Dites-moi un peu : ce mal l'oppresse-t-il beaucoup?

GÉRONTE.

Oui, monsieur.

SGANARELLE.

Tant mieux. Sent-elle de grandes douleurs?

GÉRONTE.

Fort grandes.

SGANARELLE.

C'est fort bien fait. Va-t-elle où vous savez?

GÉRONTE.

Oui.

SGANARELLE.

Copieusement?

GÉRONTE.

Je n'entends rien à cela.

SGANARELLE.

La matière est-elle louable?

GÉRONTE.

Je ne me connais pas à ces choses.

SGANARELLE, (*à Lucinde.*)

Donnez-moi votre bras. (*à Géronte.*) Voilà un pouls qui marque que votre fille est muette.

GÉRONTE.

Hé! oui, monsieur, c'est là son mal; vous l'avez trouvé tout du premier coup.

SGANARELLE.

Ha! ha!

JACQUELINE.

Voyez comme il a deviné sa maladie.

SGANARELLE.

Nous autres grands médecins, nous connaissons d'abord les choses. Un ignorant aurait été embarrassé, et vous eût été dire: C'est ceci, c'est cela; mais moi, je touche au but du premier coup, et je vous apprends que votre fille est muette.

GÉRONTE.

Oui: mais je voudrais bien que vous me pussiez dire d'où cela vient.

SGANARELLE.

Il n'est rien de plus aisé; cela vient de ce qu'elle a perdu la parole?

GÉRONTE.

Fort bien. Mais la cause, s'il vous plaît, qui fait qu'elle a perdu la parole?

SGANARELLE.

Tous nos meilleurs auteurs vous diront que c'est empêchement de l'action de sa langue.

GÉRONTE.

Mais encore, vos sentiments sur cet empêchement de l'action de sa langue?

SGANARELLE.

Aristote, là-dessus, dit... de fort belles choses

GÉRONTE.

Je le crois.

SGANARELLE.

Ah! c'était un grand homme!

GÉRONTE.

Sans doute.

SGANARELLE.

Grand homme tout à fait; un homme qui était (*levant le bras depuis le coude*) plus grand que moi de tout cela. Pour revenir donc à notre raisonnement, je tiens que cet empêchement de l'action de sa langue est causé par de certaines humeurs qu'entre nous autres savants nous appelons humeurs peccantes; c'est-à-dire... humeurs peccantes; d'autant que les vapeurs formées par les exhalaisons des influences qui s'élèvent dans la région des maladies, venant... pour ainsi dire... à... Entendez-vous le latin?

GÉRONTE.

En aucune façon.

SGANARELLE, *se levant brusquement.*

Vous n'entendez point le latin?

GÉRONTE.

Non.

SGANARELLE, *avec enthousiasme.*

Cabricias arci thuram, catalamus, singulariter, nominativo, hæc musa, la muse, *bonus, bona, bonum. Deus sanctus, est-ne oratio latinas? Etiam*, oui. *Quare?* pourquoi? *Quia substantivo, et adjectivum, concordat in generi, numerum, et casus.*

GÉRONTE.

Ah! que n'ai-je étudié!

JACQUELINE.

L'habile homme que v'là!

LUCAS.

Oui, ça est si biau, que je n'y entends goutte.

SGANARELLE.

Or ces vapeurs, dont je vous parle, venant à passer du côté gauche où est le foie, au côté droit où est le cœur, il se trouve que le poumon, que nous appelons en latin *armyan*, ayant communication avec le cerveau, que nous nommons en grec *nasmus*, par le moyen de la veine cave, que nous appelons en hébreu *cubile*, rencontre en son chemin les dites vapeurs qui remplissent les ventricules de l'omoplate, et parce que lesdites vapeurs... Comprenez bien ce raisonnement, je vous prie... et parce que lesdites vapeurs ont une certaine malignité... Ecoutez bien ceci, je vous conjure...

GÉRONTE.

Oui.

SGANARELLE.

Ont une certaine malignité qui est causée... Soyez attentif, s'il vous plaît...

GÉRONTE.

Je le suis.

SGANARELLE.

Qui est causée par l'âcreté des humeurs engendrées dans la concavité du diaphrame, il arrive que ces vapeurs... *Ossabundus, nequeis, nequer, potarinum, quipsa milus.* Voilà justement ce qui fait que votre fille est muette.

JACQUELINE.

Ah! que ça est bian dit, notre homme!

LUCAS.

Que n'ai-je la langue aussi bian pendue!

GÉRONTE.

On ne peut pas mieux raisonner, sans doute. Il n'y a qu'une seule chose qui m'a choqué: c'est l'endroit du foie et du cœur. Il me semble que vous les placez autrement qu'ils ne sont; que le cœur est du côté gauche, et le foie du côté droit.

SGANARELLE.

Oui, cela était autrefois ainsi: mais nous avons changé tout cela, et nous faisons maintenant la médecine d'une méthode toute nouvelle.

GÉRONTE.

C'est ce que je ne savais pas, et je vous demande pardon de mon ignorance.

SGANARELLE.

Il n'y a pas de mal; et vous n'êtes pas obligé d'être aussi habile que nous.

GÉRONTE.

Assurément. Mais, monsieur, que croyez-vous qu'il faille faire à cette maladie?

SGANARELLE.

Ce que je crois qu'il faille faire.

GÉRONTE.

Oui.

SGANARELLE.

Mon avis est qu'on la remette sur son lit, et qu'on lui fasse prendre pour remède quantité de pain trempé dans du vin.

GÉRONTE.

Pourquoi cela, monsieur?

SGANARELLE.

Parce qu'il y a dans le vin et le pain, mêlés ensemble, une vertu sympathique qui fait parler. Ne voyez-vous pas bien qu'on ne donne autre chose aux perroquets, et qu'ils apprennent à parler en mangeant de cela?

GÉRONTE.

Cela est vrai. Ah! le grand homme! Vite, quantité de pain et de vin.

SGANARELLE.

Je reviendrai voir sur le soir en quel état elle sera.

SCÈNE VII.

GÉRONTE, SGANARELLE, JACQUELINE.

SGANARELLE, *à Jacqueline.*

Doucement, vous. (*à Géronte.*) Monsieur, voilà une nourrice à laquelle il faut que je fasse quelques petits remèdes.

JACQUELINE.

Qui? moi? Je me porte le mieux du monde.

SGANARELLE.

Tant pis, nourrice, tant pis. Cette grande santé est à craindre, et il ne sera pas mauvais de vous faire quelque petite saignée amiable, de vous donner quelque petit clystère dulcifiant.

GÉRONTE.

Mais, monsieur, voilà une mode que je ne comprends point. Pourquoi s'aller faire saigner quand on n'a point de maladie!

SGANARELLE.

Il n'importe, la mode en est salutaire; et, comme on boit pour la soif à venir, il faut aussi se faire saigner pour la maladie à venir.

JACQUELINE, *en s'en allant.*

Ma fi, je me moque de ça, et je ne veux point faire de mon corps une boutique d'apothicaire.

SGANARELLE.

Vous êtes rétive aux remèdes; mais nous saurons vous soumettre à la raison.

SCENE VIII.

GÉRONTE, SGANARELLE.

SGANARELLE.

Je vous donne le bon jour.

GÉRONTE.

Attendez-un peu, s'il vous plaît.

SGANARELLE.

Que voulez-vous faire ?

GÉRONTE.

Vous donner de l'argent, monsieur.

SGANARELLE, *tendant sa main par derrière, tandis que Géronte ouvre sa bourse.*

Je n'en prendrai pas, monsieur.

GÉRONTE.

Monsieur...

SGANARELLE.

Point du tout.

GÉRONTE.

Un petit moment.

SGANARELLE.

En aucune façon.

GÉRONTE.

De grace!

SGANARELLE.

Vous vous moquez.

GÉRONTE.

Voilà qui est fait.

SGANARELLE.

Je n'en ferai rien.

GÉRONTE.

Hé!

SGANARELLE.

Ce n'est pas l'argent qui me fait agir.

GÉRONTE.

Je le crois.

SGANARELLE, *après avoir pris l'argent.*

Cela est-il de poids?

GÉRONTE.

Oui, monsieur.

SGANARELLE.

Je ne suis pas un médecin mercenaire.

GÉRONTE.

Je le sais bien.

SGANARELLE.

L'intérêt ne me gouverne point.

GÉRONTE.

Je n'ai pas cette pensee.

SGANARELLE, *seul regardant l'argent qu'il a reçu.*

Ma foi, cela ne va pas mal; et pourvu que...

SCENE IX.

LÉANDRE SGANARELLE.

LÉANDRE.

Monsieur, il y a longtemps que je vous attends; et je viens implorer votre assistance.

SGANARELLE, *lui tâtant le pouls.*

Voilà un pouls qui est fort mauvais.

LÉANDRE.

Je ne suis point malade, monsieur; et ce n'est pas pour cela que viens à vous.

SGANARELLE.

Si vous n'êtes pas malade, que diable ne le dites-vous donc?

LÉANDRE.

Non. Pour vous dire la chose en deux mots, je m'appelle Léandre, qui suis amoureux de Lucinde que vous venez de visiter; et comme, par la mauvaise humeur de son père, toute sorte d'accès m'est fermé auprès d'elle, je me hasarde à vous prier de vouloir servir mon amour, et de me donner lieu d'exécuter un stratagème que j'ai trouve pour lui pouvoir dire deux mots d'où dependent absolument mon bonheur et ma vie.

SGANARELLE.

Pour qui me prenez-vous? Comment! oser vous adresser à moi pour vous servir dans votre amour, et vouloir ravaler la dignité de médecin à des emplois de cette nature!

LEANDRE.

Monsieur, ne faites point de bruit.

SGANARELLE, *en le faisant reculer.*

J'en veux faire, moi. Vous êtes un impertinent.

LÉANDRE.

Hé! monsieur, doucement.

SGANARELLE.

Un malavisé.

LÉANDRE.

De grace.

SGANARELLE.

Je vous apprendrai que je ne suis point homme à cela, et que c'est une insolence extrême...

LEANDRE, *tirant une bourse.*

Monsieur...

SGANARELLE.

De vouloir m'employer... (*Recevant une bourse.*) Je ne parle pas pour vous, car vous êtes honnête homme; et je serais ravi de vous rendre service mais il y a de certains impertinents au monde qui viennent prendre les gens pour ce qu'ils ne sont pas; et je vous avoue que cela me met en colère.

LÉANDRE.

Je vous demande pardon, monsieur, de la liberté que...

SGANARELLE.

Vous vous moquez. De quoi est-il question?

LÉANDRE.

Vous saurez donc, monsieur, que cette maladie que vous voulez guérir est une feinte maladie. Les médecins ont raisonné là-dessus comme il faut; et ils n'ont pas manqué de dire que cela procédait, qui du cerveau, qui des entrailles, qui de la rate, qui du foie : mais il est certain que l'amour en est la véritable cause, et que Lucinde n'a trouvé cette maladie que pour se délivrer d'un mariage dont elle était importunée. Mais, de crainte qu'on ne nous voie ensemble, retirons-nous d'ici; et je vous dirai en marchant ce que je souhaite de vous.

SGANARELLE.

Allons, monsieur : vous m'avez donné pour votre amour une tendresse qui n'est pas concevable; et j'y perdrai toute ma médecine, ou la malade crèvera, ou bien elle sera à vous.

FIN DU SECOND ACTE.

ACTE III.

SCÈNE PREMIÈRE.

LÉANDRE, SGANARELLE.

LÉANDRE.

Il me semble que je ne suis pas mal ainsi pour un apothicaire; et, comme le père ne m'a guère vu, ce changement d'habit et de perruque est assez capable, je crois, de me déguiser à ses yeux.

SGANARELLE.

Sans doute.

LÉANDRE.

Tout ce que je souhaiterais, serait de savoir cinq ou six grands mots de médecine, pour parer mon discours et me donner l'air d'habile homme.

SGANARELLE.

Allez, allez, tout cela n'est pas nécessaire; il suffit de l'habit : et je n'en sais pas plus que vous.

LÉANDRE.

Comment!

SGANARELLE.

Diable emporte si j'entends rien en médecine! Vous êtes honnête homme, et je veux bien me confier à vous, comme vous vous confiez à moi.

LÉANDRE.

Quoi! vous n'êtes pas effectivement...

SGANARELLE.

Non, vous dis-je; ils m'ont fait médecin malgré mes dents. Je ne m'étais jamais mêlé d'être si savant que cela; et toutes mes études n'ont été que jusqu'en sixième. Je ne sais pas sur quoi cette imagination leur est venue; mais quand j'ai vu qu'à toute force ils voulaient que je fusse médecin, je me suis résolu de l'être aux dépens de qui il appartiendra. Cependant vous ne sauriez croire comment l'erreur s'est répandue, et de quelle façon chacun est endiablé à me croire habile homme. On me vient chercher de tous côtés; et, si les choses vont toujours de même, je suis d'avis de m'en tenir toute ma vie à la médecine. Je trouve que c'est le métier le meilleur de tous; car, soit qu'on fasse bien, ou soit qu'on fasse mal, on est toujours payé de même sorte. La méchante besogne ne retombe jamais sur notre dos; et nous taillons, comme il nous plaît, sur l'étoffe où nous travaillons. Un cordonnier, en faisant des souliers, ne saurait gâter un morceau de cuir qu'il n'en paie les pots cassés; mais ici l'on peut gâter un homme sans qu'il en coûte rien. Les bévues ne sont point pour nous, et c'est toujours la faute de celui qui meurt. Enfin le bon de cette profession est qu'il y a parmi les morts une honnêteté, une discrétion la plus grande du monde; et jamais on n'en voit se plaindre du médecin qui l'a tué.

LÉANDRE.

Il est vrai que les morts sont fort honnêtes gens sur cette matière.

SGANARELLE, *voyant des hommes qui viennent à lui.*

Voilà des gens qui ont la mine de me venir consulter. (*à Léandre.*) Allez toujours m'attendre auprès du logis de votre maîtresse.

SCENE II.

THIBAULT, PERRIN, SGANARELLE.

THIBAULT.

Monsieu, je venons vous charcher, mon fils Perrin et moi.

SGANARELLE.

Qu'y a-t-il?

THIBAULT.

Sa pauvre mère, qui a nom Parrette, est dans un lit, malade, il y a six mois.

SGANARELLE, *tendant la main comme pour recevoir de l'argent.*

Que voulez-vous que j'y fasse!

THIBAULT.

Je voudrions, monsieu, que vous nous baillissiez queuque petite drôlerie pour la garir.

SGANARELLE.

Il faut voir. De quoi est-ce qu'elle est malade?

THIBAULT.

Alle est malade d'hypocrisie, monsieu.

SGANARELLE.

D'hypocrisie.

THIBAULT.

Oui, c'est à dire qu'alle est enflée partout; et l'an dit que c'est quantité de sériosités qu'alle a dans le corps, et que son foie, son ventre, ou sa rate, comme vous voudrais l'appeler, au glieu de faire du sang, ne fait plus que de l'iau. Alle a, de deux jours l'un, la fièvre quotiguienne, avec des lassitudes et des douleurs dans les mufles des jambes. On entend dans sa gorge des fleumes qui sont tout prêts à l'étouffer; et parfois il lui prend des syncoles et des conversions, que je crayons qu'alle est passée. J'avons dans notre village un apothicaire, révérence parler, qui li a donné je ne sais combien d'histoires ; et il m'en coûte plus d'eune douzaine de bons écus en lavements, ne v's en déplaise, en aposthumes qu'on li a fait prendre, en infections de jacinthe, et en portions cordales. Mais tout ça, comme dit l'autre, n'a été que de l'onguent miton-mitaine. Il velait li bailler d'une certaine drogue que l'on appelle du vin amétile; mais j'ai-z-eu peur franchement que ça l'envoyît *a patres*; et l'an dit que ces gros médecins tuont je ne sais combien de monde avec cette invention-là.

SGANARELLE, *tendant toujours la main.*

Venons au fait, mon ami, venons au fait.

THIBAULT.

Le fait est, monsieu, que je venons vous prier de nous dire ce qu'il faut que nous fassions.

SGANARELLE.

Je ne vous entends point du tout.

PERRIN.

Monsieu, ma mère est malade; et v'là deux écus que je vous apportons pour nous bailler queuque remède.

SGANARELLE.

Ah! je vous entends, vous. Voilà un garçon qui parle clairement, et qui s'explique comme il faut. Vous dites que votre mère est malade d'hydropisie, qu'elle est enflée par tout le corps, qu'elle a la fièvre, avec des douleurs dans les jambes, et qu'il lui prend parfois des syncopes et des convulsions, c'est à dire des évanouissements?

PERRIN.

Hé! oui, monsieu, c'est justement ça.

SGANARELLE.

J'ai compris d'abord vos paroles. Vous avez un père qui ne sait ce qu'il dit. Maintenant vous me demandez un remède?

PERRIN.

Oui, monsieu.

SGANARELLE.

Un remède pour la guérir?

PERRIN.

C'est comme je l'entendons.

SGANARELLE.

Tenez, voilà un morceau de fromage qu'il faut que vous lui fassiez prendre.

PERRIN.

Du fromage, monsieu?

SGANARELLE.

Oui ; c'est un fromage préparé, où il entre de l'or, du corail et des perles, et quantité d'autres choses précieuses.

PERRIN.

Monsieu, je vous sommes bien obligés et j'allons li faire prendre ça tout-à-l'heure.

SGANARELLE.

Allez. Si elle meurt, ne manquez pas de la faire enterrer du mieux que vous pourrez.

SCENE III.

JACQUELINE, SGANARELLE, LUCAS, *dans le fond du théâtre.*

SGANARELLE.

Voici la belle nourrice. Ah! nourrice de mon cœur, je suis ravi de cette rencontre; et votre vue est la rhubarbe, la casse, et le séné, qui purgent toute la mélancolie de mon ame.

JACQUELINE.

Par ma figué, monsieu le médecin, ça est trop bian dit pour moi, et je n'entends rian à tout votre latin.

SGANARELLE.

Devenez malade, nourrice, je vous prie; devenez malade pour l'amour de moi. J'aurais toutes les joies du monde de vous guérir.

JACQUELINE.

Je sis bien votre servante; j'aime bian mieux qu'an ne me guérisse pas.

SGANARELLE.

Que je vous plains, belle nourrice, d'avoir un mari jaloux et fâcheux, comme celui que vous avez!

JACQUELINE.

Que v'lez-vous, monsieu? C'est pour la pénitence de mes fautes; et là où la chèvre est bian liée, il faut qu'alle y broute.

SGANARELLE.

Comment! un rustre comme cela! un homme qui vous observe toujours et ne veut pas que personne vous parle!

JACQUELINE.

Hélas! vous n'avez rian vu encore; et ce n'est qu'un petit échantillon de sa mauvaise himeur.

SGANARELLE.

Est-il possible! et qu'un homme ait l'ame assez basse pour maltraiter une personne comme vous! Ah! que j'en sais, belle nourrice, et qui ne sont pas loin d'ici, qui se tiendraient heureux de baiser seulement les petits bouts de vos petons! Pourquoi faut-il qu'une personne si bien faite soit tombée en de pareilles mains! et qu'un franc animal, un brutal, un stupide, un sot... Pardonnez-moi, nourrice, si je parle ainsi de votre mari...

JACQUELINE.

He monsieu, je sais bian qu'il mérite tous ces noms là.

SGANARELLE.

Oui, sans doute, nourrice, il les mérite; et il méritcrait encore que vous lui missiez quelque chose sur la tête, pour le punir des soupçons qu'il a.

JACQUELINE.

Il est bian vrai que si je n'avais devant les yeux que son intérêt, il pourrait m'obliger à queuque etrange chose.

SGANARELLE.

Ma foi, vous ne feriez pas mal de vous venger de lui avec quelqu'un. C'est un homme, je vous le dis, qui mérite bien cela; et, si j'étais assez heureux, belle nourrice, pour être choisi pour...

(*Dans le temps que Sganarelle tend les bras pour embrasser Jacqueline, Lucas passe sa tête par dessous, et se met entre eux deux. Sganarelle et Jacqueline regardent Lucas, et sortent chacun de leur côté.*)

SCENE IV.

GÉRONTE, LUCAS.

GÉRONTE.

Holà! Lucas, n'as-tu point vu ici notre médecin?

LUCAS.

Et oui, de par tous les diantres, je l'ai vu; et ma femme aussi.

GÉRONTE.

Où est-ce qu'il peut être?

LUCAS.

Je ne sais; mais je voudrais qu'il fût à tous les guebles.

GÉRONTE.

Va-t'en voir un peu ce que fait ma fille.

SCENE V.

SGANARELLE, LÉANDRE, GÉRONTE.

GÉRONTE.

Ah! monsieur, je demandais où vous étiez.

SGANARELLE.

Je m'étais amusé, dans votre cour, à expulser le superflu de la boisson. Comment se porte la malade?

GÉRONTE.

Un peu plus mal depuis votre remède.

SGANARELLE.

Tant mieux; c'est signe qu'il opère.

GÉRONTE.

Oui! mais en opérant, je crains qu'il ne l'étouffe.

SGANARELLE.

Ne vous mettez pas en peine, j'ai des remèdes qu' se moquent de tout, et je l'attends à l'agonie.

GÉRONTE, *montrant Léandre.*

Qui est cet homme là que vous amenez?

SGANARELLE, *faisant des signes avec la main pour montrer que c'est un apothicaire.*

C'est . . .

GÉRONTE.

Quoi?

SGANARELLE.

Celui,

GÉRONTE.

Hé!

SGANARELLE.

Qui . . .

GÉRONTE.

Je vous entends.

SGANARELLE.

Votre fille en aura besoin.

SCÈNE VI.

LUCINDE, GERONTE, LÉANDRE, JACQUELINE, SGANARELLE.

JACQUELINE.

Monsieu, v'là votre fille qui veut un peu marcher.

SGANARELLE.

Cela lui fera du bien. Allez-vous-en, monsieur l apothicaire, tâter un peu son pouls, afin que je raisonne, tantôt avec vous, de sa maladie.

(*Sganarelle tire Géronte dans un coin du théâtre, et lui passe un bras sur les épaules pour l'empêcher de tourner la tête du côté où sont Léandre et Lucinde.*)

Monsieur, c'est une grande et subtile question entre les docteurs, de savoir si les femmes sont plus faciles à guérir que les hommes. Je vous prie d'écouter ceci, s'il vous plaît. Les uns disent que non, les autres disent que oui: et moi je dis qu'oui et non; d'autant que l'incongruité des humeurs opaques qui se rencontrent au tempérament naturel des femmes, étant cause que la partie brutale veut toujours prendre empire sur la sensitive, l'inégalité de leurs opinions dépend du mouvement oblique du cercle de la lune; et comme le soleil, qui darde ses rayons sur la concavité de la terre, trouve . . .

LUCINDE, *à Léandre.*

Non, je ne suis point du tout capable de changer de sentiment.

GÉRONTE.

Voilà ma fille qui parle! O grande vertu du remède! O admirable médecin? Que je vous suis obligé, monsieur, de cette guérison merveilleuse! et que puis-je faire pour vous après un tel service?

SGANARELLE, *se promenant sur le théâtre et s'éventant avec son chapeau.*

Voilà une maladie qui m'a bien donné de la peine!

LUCINDE.

Oui, mon père, j'ai recouvré la parole; mais je l'ai recouvrée pour vous dire que je n'aurai jamais d'autre époux que Léandre, et que c'est inutilement que vous voulez me donner Horace.

GÉRONTE.

Mais...

LUCINDE.

Rien n'est capable d'ébranler la résolution que j'ai prise.

GÉRONTE.

Quoi!...

LUCINDE.

Vous m'opposerez en vain de belles raisons.

GÉRONTE.

Si...

LUCINDE.

Tous vos discours ne serviront de rien.

GÉRONTE.

Je...

LUCINDE.

C'est une chose où je suis déterminée.

GÉRONTE.

Mais...

LUCINDE.

Il n'est puissance paternelle qui me puisse obliger à me marier malgré moi.

GÉRONTE.

J'ai...

LUCINDE.

Vous avez beau faire tous vos efforts.

GÉRONTE.

Il...

LUCINDE.

Mon cœur ne saurait se soumettre à cette tyrannie.

GÉRONTE.

La...

LUCINDE.

Et je me jetterai plutôt dans un couvent, que d'épouser un homme que je n'aime point.

GÉRONTE.

Mais...

LUCINDE, *avec vivacité.*

Non. En aucune façon. Point d'affaires. Vous perdez le temps. Je n'en ferai rien. Cela est résolu.

GÉRONTE.

Ah! quelle impétuosité de paroles! Il n'y a pas moyen d'y résister. (*à Sganarelle.*) Monsieur, je vous prie de la faire redevenir muette.

SGANARELLE.

C'est une chose qui m'est impossible. Tout ce que je puis faire pour votre service est de vous rendre sourd, si vous voulez.

GÉRONTE.

Je vous remercie. (à *Lucinde.*) Penses-tu donc...

LUCINDE.

Non, toutes vos raisons ne gagneront rien sur mon ame.

GÉRONTE.

Tu épouseras Horace dès ce soir.

LUCINDE.

J'épouserai plutôt la mort.

SGANARELLE, *à Géronte.*

Mon Dieu! arrêtez-vous, laissez-moi médicamenter cette affaire; c'est une maladie qui la tient, et je sais le remède qu'il faut y apporter.

GÉRONTE.

Serait-il possible, monsieur, que vous pussiez aussi guérir cette maladie d'esprit?

SGANARELLE.

Oui; laissez-moi faire, j'ai des remèdes pour tout; et notre apothicaire nous servira pour cette cure. (*à Léandre.*) Un mot. Vous voyez que l'ardeur qu'elle a pour ce Léandre est tout à fait contraire aux volontés du père; qu'il n'y a point de temps à perdre; que les humeurs sont fort aigries; et qu'il est nécessaire de trouver promptement un remède à ce mal, qui pourrait empirer par le retardement. Pour moi; je n'y en vois qu'un seul, qui est une prise de fuite purgative, que vous mêlerez comme il faut avec deux dragmes de matrimonium en pilules. Peut-être fera-t-elle quelque difficulté à prendre ce remède; mais comme vous êtes habile homme dans votre métier, c'est à vous de l'y résoudre, et de lui faire avaler la chose du mieux que vous pourrez. Allez-vous-en lui faire faire un petit tour de jardin, afin de préparer les humeurs, tandis que j'entretiendrai ici son père; mais surtout ne perdez point de temps. Au remède, vite! au remède spécifique!

SCENE VII.

GÉRONTE, SGANARELLE.

GÉRONTE.

Quelles drogues, monsieur, sont celles que vous venez de dire? Il me semble que je ne les ai jamais ouï nommer.

SGANARELLE.

Ce sont drogues dont on se sert dans les nécessités urgentes.

GÉRONTE.

Avez-vous jamais vu une insolence pareille à la sienne!

SGANARELLE.

Les filles sont quelquefois un peu têtues.

GÉRONTE.

Vous ne sauriez croire comme elle est affolée de ce Léandre.

SGANARELLE.

La chaleur du sang fait cela dans les jeunes esprits.

GÉRONTE.

Pour moi, dès que j'ai eu découvert la violence de cet amour, j'ai su tenir ma fille renfermée.

SGANARELLE.

Vous avez fait sagement.

GÉRONTE.

Et j'ai bien empêché qu'ils n'aient eu communication ensemble.

SGANARELLE.

Fort bien.

GÉRONTE.

Il serait arrivé quelque folie, si j'avais souffert qu'ils se fussent vus.

SGANARELLE.

Sans doute.

GÉRONTE.

Et je crois qu'elle aurait été fille à s'en aller avec lui.

SGANARELLE.

C'est prudemment raisonner.

GÉRONTE.

On m'avertit qu'il fait tous ses efforts pour lui parler.

SGANARELLE.

Quel drôle!

GÉRONTE.

Mais il perdra son temps.

SGANARELLE.

Ah! ah!

GÉRONTE.

Et j'empêcherai bien qu'il ne la voie.

SGANARELLE.

Il n'a pas affaire à un sot, et vous savez des rubriques qu'il ne sait pas. Plus fin que vous n'est pas bête.

SCENE VIII.

LUCAS, GÉRONTE, SGANARELLE.

LUCAS.

Ah! palsanguienne, monsieu, vaici bian du tintamare; votre fille s'en est enfuie avec son Liandre. C'était lui qui était l'apothicaire; et v'là monsieu le médecin qui a fait cette belle opération là.

GÉRONTE.

Comment! m'assassiner de la façon! Allons, un commissaire; et qu'on empêche qu'il ne sorte. Ah! traître, je vous ferai punir par la justice.

LUCAS.

Ah! par ma fi, monsieu le médecin, vous serez pendu: ne bougez de là seulement.

SCENE IX.

MARTINE, SGANARELLE, LUCAS.

MARTINE, *à Lucas.*

Ah! mon Dieu! que j'ai eu de peine à trouver ce logis! Dites-moi un peu des nouvelles du médecin que je vous ai donné.

LUCAS.

Le v'là qui va être pendu.

MARTINE.

Quoi! mon mari pendu! Hélas! et qu'a-t-il fait pour cela?

LUCAS.

Il a fait enlever la fille de notre maître.

MARTINE.

Quoi! mon cher mari, est-il bien vrai qu'on te va pendre?

SGANARELLE.

Tu vois. Ah!

MARTINE.

Faut-il que tu te laisses mourir en présence de tant de gens!

SGANARELLE.

Que veux-tu que j'y fasse?

MARTINE.

Encore, si tu avais achevé de couper notre bois, je prendrais quelque consolation.

SGANARELLE.

Retire-toi de là, tu me fends le cœur!

MARTINE.

Non, je veux demeurer pour t'encourager à la mort; et je ne te quitterai point que je ne t'aie vu pendu.

SGANARELLE.

Ah!

SCENE X.

GÉRONTE, SGANARELLE, MARTINE.

GÉRONTE, *à Sganarelle.*

Le commissaire viendra bientôt, et l'on s'en va vous mettre en lieu où l'on me répondra de vous.

SGANARELLE, *à genoux.*

Hélas! cela ne se peut-il point changer en quelques coups de bâton!

GÉRONTE.

Non, non la justice en ordonnera. Mais que vois-je?

SCENE XI.

GÉRONTE, LÉANDRE, LUCINDE, SGANARELLE, LUCAS, MARTINE.

LÉANDRE.

Monsieur, je viens faire paraître Léandre à vos yeux, et remettre Lucinde en votre pouvoir. Nous avons eu dessein de prendre la fuite nous deux, et de nous aller marier ensemble; mais cette entreprise a fait place à un procédé plus honnête. Je ne prétends point vous voler votre fille, et ce n'est que de votre main que je veux la recevoir. Ce que je vous dirai, monsieur, c'est que je viens, tout à l'heure, de recevoir des lettres par où j'apprends que mon oncle est mort, et que je suis héritier de tous ses biens.

GÉRONTE.

Monsieur, votre vertu m'est tout à fait considérable; et je vous donne ma fille avec la plus grande joie du monde.

SGANARELLE, *à part.*

La médecine l'a échappé belle!

MARTINE.

Puisque tu ne seras point pendu, rends-moi grace d'être médecin, car c'est moi qui t'ai procuré cet honneur.

SGANARELLE.

Oui, c'est toi qui m'as procuré je ne sais combien de coups de bâton.

LÉANDRE, *à Sganarelle.*

L'effet en est trop beau pour en garder du ressentiment.

SGANARELLE.

Soit. (*à Martine.*) Je te pardonne ces coups de bâton en faveur de la dignité où tu m'as élevé: mais prépare-toi désormais à vivre dans un grand respect avec un homme de ma conséquence; et songe que la colère d'un médecin est plus à craindre qu'on ne peut croire.

FIN DU MÉDECIN MALGRÉ LUI.

MÉLICERTE,

PASTORALE HÉROÏQUE EN DEUX ACTES.

1666.

PERSONNAGES.

MÉLICERTE, bergère.
DAPHNÉ, bergère.
EROXÈNE, bergère.
MYRTIL, amant de Mélicerte.
ACANTHE, amant de Daphné.
TYRÈNE, amant d'Éroxène.
LYCARSIS, pâtre, cru père de Myrtil.
CORINNE, confidente de Mélicerte.
NICANDRE, berger.
MOPSE, berger, cru oncle de Mélicerte.

La scène est en Thessalie, dans la vallée de Tempé.

ACTE PREMIER.

SCÈNE PREMIÈRE.

DAPHNÉ, ÉROXÈNE, ACANTHE, TYRÈNE.

ACANTHE.

Ah! charmante Daphné!

TYRÈNE.

Trop aimable Eroxène!

DAPHNÉ.

Acanthe, laisse-moi.

EROXÈNE.

Ne me suis point, Tyrène.

ACANTHE, *à Daphné.*

Pourquoi me chasses-tu?

TYRÈNE, *à Eroxène.*

Pourquoi fuis-tu mes pas?

DAPHNÉ, *à Acanthe.*

Tu me plais loin de moi.

ÉROXÈNE, *à Tyrène.*

Je t'aime où tu n'es pas.

ACANTHE.

Ne cesseras-tu point cette rigueur mortelle?

TYRÈNE.

Ne cesseras-tu point de m'être si cruelle?

DAPHNÉ.

Ne cesseras-tu point tes inutiles vœux?

EROXÈNE.

Ne cesseras-tu point de m'être si fâcheux?

ACANTHE.
Si tu n'en prends pitié, je succombe à ma peine.
TYRÈNE.
Si tu ne me secours, ma mort est trop certaine
DAPHNÉ.
Si tu ne veux partir, je vais quitter ce lieu.
ÉROXÈNE.
Si tu veux demeurer, je te vais dire adieu.
ACANTHE.
Hé bien! en m'éloignant, je te vais satisfaire.
TYRÈNE.
Mon départ va t'ôter ce qui peut te déplaire.
ACANTHE.
Généreuse Eroxène, en faveur de mes feux,
Daigne au moins, par pitié, lui dire un mot ou deux.
TYRÈNE.
Obligeante Daphné, parle à cette inhumaine,
Et sache d'où, pour moi, procède tant de haine.

SCÈNE II.

DAPHNÉ, ÉROXÈNE.

ÉROXÈNE.
Acanthe a du mérite, et t'aime tendrement;
D'où vient que tu lui fais un si dur traitement?
DAPHNÉ.
Tyrène vaut beaucoup, et languit pour tes charmes,
D'où vient que sans pitié tu vois couler ses larmes.
ÉROXÈNE.
Puisque j'ai fait ici la demande avant toi,
La raison te condamne à répondre avant moi.
DAPHNÉ.
Pour tous les soins d'Acanthe on me voit inflexible,
Parce qu'à d'autres vœux je me trouve sensible.
ÉROXÈNE.
Je ne fais, pour Tyrène, éclater que rigueur,
Parce qu'un autre choix est maître de mon cœur.
DAPHNÉ.
Puis-je savoir de toi ce choix qu'on te voit taire?
ÉROXÈNE.
Oui, si tu veux du tien m'apprendre le mystère.
DAPHNÉ.
Sans te nommer celui qu'amour m'a fait choisir,
Je puis facilement contenter ton désir;
Et de la main d'Atis, ce peintre inimitable,
J'en garde, dans ma poche, un portrait admirable,
Qui jusqu'au moindre trait lui ressemble si fort,
Qu'il est sûr que tes yeux le connaîtront d'abord.
ÉROXÈNE.
Je puis te contenter par une même voie,
Et payer ton secret en pareille monnoie.
J'ai de la main aussi de ce peintre fameux
Un aimable portrait de l'objet de mes vœux;
Si plein de tous ses traits et de sa grace extrême,
Que tu pourras d'abord te le nommer toi-même.
DAPHNÉ.
La boîte que le peintre a fait faire pour moi
Est tout à fait semblable à celle que je voi.
ÉROXÈNE.
Il est vrai, l'une à l'autre entièrement ressemble;
Et certe il faut qu'Atis les ait fait faire ensemble.
DAPHNÉ.
Faisons en même temps, par un peu de couleurs,
Confidence à nos yeux du secret de nos cœurs.
ÉROXÈNE.
Voyons à qui plus vite entendra ce langage,
Et qui parle le mieux, de l'un ou l'autre ouvrage.
DAPHNÉ.
La méprise est plaisante, et tu te brouilles bien;
Au lieu de ton portrait, tu m'as rendu le mien.
ÉROXÈNE.
Il est vrai; je ne sais comme j'ai fait la chose.
DAPHNÉ.
Donne. De cette erreur, ta rêverie est cause.
ÉROXÈNE.
Que veut dire ceci? Nous nous jouons, je croi:
Tu fais de ces portraits même chose que moi.
DAPHNÉ.
Certes, c'est pour en rire, et tu peux me le rendre.
ÉROXÈNE, *mettant les deux portraits l'un à côté de l'autre.*
Voici le vrai moyen de ne se point méprendre.
DAPHNÉ.
De mes sens prévenus est-ce une illusion?
ÉROXÈNE.
Mon ame sur mes yeux fait-elle impression?
DAPHNÉ.
Myrtil à mes regards s'offre dans cet ouvrage.
ÉROXÈNE.
De Myrtil dans ces traits je rencontre l'image.
DAPHNÉ.
C'est le jeune Myrtil qui fait naître mes feux.
ÉROXÈNE.
C'est au jeune Myrtil que tendent tous mes vœux.
DAPHNÉ.
Je venais aujourd'hui te prier de lui dire
Les soins que pour son sort son mérite m'inspire.
ÉROXÈNE.
Je venais te chercher pour servir mon ardeur
Dans le dessein que j'ai de m'assurer son cœur.
DAPHNÉ.
Cette ardeur qu'il t'inspire est-elle si puissante?
ÉROXÈNE.
L'aimes-tu d'une amour qui soit si violente?
DAPHNÉ.
Il n'est point de froideur qu'il ne puisse enflammer,
Et sa grace naissante a de quoi tout charmer.
ÉROXÈNE.
Il n'est nymphe en l'aimant qui ne se tînt heureuse;
Et Diane, sans honte, en serait amoureuse.
DAPHNÉ.
Rien que son air charmant ne me touche aujourd'hui,
Et si j'avais cent cœurs, ils seraient tous pour lui.
ÉROXÈNE.
Il efface à mes yeux tout ce qu'on voit paraître;
Et si j'avais un sceptre, il en serait le maître.
DAPHNÉ.
Ce serait donc en vain qu'à chacune, en ce jour,
On nous voudrait du sein arracher cet amour:
Nos ames dans leurs vœux sont trop bien affermies.
Ne tâchons, s'il se peut, qu'à demeurer amies;
Et puisque en même temps, pour le même sujet,
Nous avons toutes deux formé même projet,
Mettons dans ce débat la franchise en usage,
Ne prenons l'une et l'autre aucun lâche avantage,
Et courons nous ouvrir ensemble à Lycarsis
Des tendres sentiments où nous jette son fils.
ÉROXÈNE.
J'ai peine à concevoir, tant la surprise est forte,
Comme un tel fils est né d'un père de la sorte;
Et sa taille, son air, sa parole et ses yeux,
Feraient croire qu'il est issu du sang des dieux.
Mais enfin j'y souscris, courons trouver ce père,
Allons lui de nos cœurs découvrir le mystère;
Et consentons qu'après, Myrtil entre nous deux
Décide par son choix ce combat de nos vœux.
DAPHNÉ.
Soit. Je vois Lycarsis avec Mopse et Nicandre.
Ils pourront le quitter, cachons-nous pour attendre.

SCENE III.

LYCARSIS, MOPSE, NICANDRE.

NICANDRE, *à Lycarsis.*
Dis-nous donc ta nouvelle.
LYCARSIS.
Ah! que vous me pressez!
Cela ne se dit pas comme vous le pensez.
MOPSE.
Que de sottes façons, et que de badinage!
Ménalque pour chanter n'en fait pas davantage.
LYCARSIS.
Parmi les curieux des affaires d'état,
Une nouvelle à dire est d'un puissant éclat.
Je me veux mettre un peu sur l'homme d'importance.
Et jouir quelque temps de votre impatience.
NICANDRE.
Veux-tu par tes délais nous fatiguer tous deux?

MOPSE.

Prends-tu quelque plaisir à te rendre fâcheux?

NICANDRE.

De grace, parle, et mets ces mines en arrière.

LYCARSIS.

Priez-moi donc tous deux de la bonne manière,
Et me dites chacun quel don vous me ferez
Pour obtenir de moi ce que vous désirez.

MOPSE.

La peste soit du fat! Laissons-le là, Nicandre;
Il brûle de parler, bien plus que nous d'entendre.
Sa nouvelle lui pèse, il veut s'en décharger;
Et ne l'écouter pas est le faire enrager.

LYCARSIS.

Hé!

NICANDRE.

Te voilà puni de tes façons de faire.

LYCARSIS.

Je m'en vais vous le dire, écoutez.

MOPSE.

Point d'affaire.

LYCARSIS.

Quoi! vous ne voulez pas m'entendre?

NICANDRE.

Non.

LYCARSIS.

Hé bien!
Je ne dirai donc mot, et vous ne saurez rien.

MOPSE.

Soit.

LYCARSIS.

Vous ne saurez pas qu'avec magnificence
Le roi vient honorer Tempé de sa présence;
Qu'il entra dans Larisse hier sur le haut du jour;
Qu'à l'aise je l'y vis avec toute sa cour;
Que ces bois vont jouir aujourd'hui de sa vue,
Et qu'on raisonne fort touchant cette venue.

NICANDRE.

Nous n'avons pas envie aussi de rien savoir.

LYCARSIS.

Je vis cent choses là, ravissantes à voir:
Ce ne sont que seigneurs, qui, des pieds à la tête,
Sont brillants et parés comme au jour d'une fête;
Ils surprennent la vue; et nos prés au printemps,
Avec toutes leurs fleurs, sont bien moins éclatants.
Pour le prince, entre tous sans peine on le remarque,
Et d'une stade loin il sent son grand monarque:
Dans toute sa personne il a je ne sais quoi
Qui d'abord fait juger que c'est un maître roi.
Il le fait d'une grace à nulle autre seconde;
Et cela, sans mentir, lui sied le mieux du monde.
On ne croirait jamais comme de toutes parts
Toute sa cour s'empresse à chercher ses regards:
Ce sont autour de lui confusions plaisantes;
Et l'on dirait d'un tas de mouches reluisantes
Qui suivent en tous lieux un doux rayon de miel,
Enfin l'on ne voit rien de si beau sous le ciel;
Et la fête de Pan, parmi nous si chérie,
Auprès de ce spectacle est une gueuserie.
Mais puisque sur le fier vous vous tenez si bien,
Je garde ma nouvelle et ne veux dire rien.

MOPSE.

Et nous ne te voulons aucunement entendre.

LYCARSIS.

Allez vous promener.

MOPSE.

Va-t'en te faire pendre.

SCENE IV.

ÉROXÈNE, DAPHNÉ, LYCARSIS.

LYCARSIS, *se croyant seul.*

C'est de cette façon que l'on punit les gens,
Quand ils font les benêts et les impertinents.

DAPHNÉ.

Le ciel tienne, pasteur, vos brebis toujours saines!

ÉROXÈNE.

Cérès tienne de grains vos granges toujours pleines!

LYCARSIS.

Et le grand Pan vous donne à chacune un époux
Qui vous aime beaucoup, et soit digne de vous!

DAPHNÉ.

Ah! Lycarsis, nos vœux à même but aspirent.

ÉROXÈNE.

C'est pour le même objet que nos deux cœurs soupi-[rent.

DAPHNÉ.

Et l'Amour, cet enfant qui cause nos langueurs,
A pris chez vous le trait dont il blesse nos cœurs.

ÉROXÈNE.

Et nous venons ici chercher votre alliance,
Et voir qui de nous deux aura la préférence.

LYCARSIS.

Nymphes . .

DAPHNÉ.

Pour ce bien seul nous poussons des soupirs.

LYCARSIS.

Je suis.

ÉROXÈNE.

A ce bonheur tendent tous nos désirs.

DAPHNÉ.

C'est un peu librement exprimer sa pensée.

LYCARSIS.

Pourquoi?

ÉROXÈNE.

La bienséance y semble un peu blessée.

LYCARSIS.

Ah! point.

DAPHNÉ.

Mais quand le cœur brûle d'un noble feu,
On peut, sans nulle honte, en faire un libre aveu.

LYCARSIS.

Je...

ÉROXÈNE.

Cette liberté nous peut être permise,
Et du choix de nos cœurs la beauté l'autorise.

LYCARSIS.

C'est blesser ma pudeur que me flatter ainsi.

ÉROXÈNE.

Non, non, n'affectez point de modestie ici.

DAPHNÉ.

Enfin, tout notre bien est en votre puissance.

ÉROXÈNE.

C'est de vous que dépend notre unique espérance.

DAPHNÉ.

Trouverons-nous en vous quelques difficultés?

LYCARSIS.

Ah!

ÉROXÈNE.

Nos vœux, dites-moi, seront-ils rejetés?

LYCARSIS.

Non, j'ai reçu du ciel une ame peu cruelle:
Je tiens de feu ma femme; et je me sens, comme elle,
Pour les désirs d'autrui beaucoup d'humanité,
Et je ne suis point homme à garder de fierté.

DAPHNÉ.

Accordez donc Myrtil à notre amoureux zèle.

ÉROXÈNE.

Et souffrez que son choix règle notre querelle.

LYCARSIS

Myrtil!

DAPHNÉ.

Oui, c'est Myrtil que de vous nous voulons.

ÉROXÈNE.

De qui pensez-vous donc qu'ici nous vous parlons?

LYCARSIS.

Je ne sais; mais Myrtil n'est guère dans un âge
Qui soit propre à ranger au joug du mariage.

DAPHNÉ.

Son mérite naissant peut frapper d'autres yeux;
Et l'on veut s'engager un bien si précieux,
Prévenir d'autres cœurs, et braver la fortune
Sous les fermes liens d'une chaîne commune.

ÉROXÈNE.

Comme par son esprit et ses autres brillants
Il rompt l'ordre commun, et devance le temps,
Notre flamme pour lui veut en faire de même,
Et régler tous ses vœux sur son mérite extrême.

LYCARSIS.

Il est vrai qu'à son âge il surprend quelquefois ;
Et cet Athénien qui fut chez moi vingt mois,
Qui, le trouvant joli, se mit en fantaisie
De lui remplir l'esprit de sa philosophie,
Sur de certains discours l'a rendu si profond,
Que, tout grand que je suis, souvent il me confond.
Mais, avec tout cela, ce n'est encor qu'enfance,
Et son fait est mêlé de beaucoup d'innocence.

DAPHNÉ.

Il n'est point tant enfant, qu'à le voir chaque jour
Je ne le croie atteint déjà d'un peu d'amour ;
Et plus d'une aventure à mes yeux s'est offerte,
Où j'ai connu qu'il suit la jeune Mélicerte.

ÉROXÈNE.

Ils pourraient bien s'aimer, et je vois...

LYCARSIS.

Franc abus.

Pour elle passe encore, elle a deux ans de plus;
Et deux ans dans son sexe, est une grande avance.
Mais pour lui, le jeu seul l'occupe tout, je pense,
Et les petits désirs de se voir ajusté
Ainsi que les bergers de haute qualité.

DAPHNÉ.

Enfin, nous désirons par le nœud d'hyménée
Attacher sa fortune à notre destinée.

ÉROXÈNE.

Nous voulons l'une et l'autre, avec pareille ardeur,
Nous assurer de loin l'empire de son cœur.

LYCARSIS.

Je m'en tiens honoré plus qu'on ne saurait croire.
Je suis un pauvre pâtre, et ce m'est trop de gloire
Que deux nymphes d'un rang le plus haut du pays
Disputent à se faire un époux de mon fils.
Puisqu'il vous plaît qu'ainsi la chose s'exécute,
Je consens que son choix règle votre dispute ;
Et celle qu'à l'écart laissera cet arrêt
Pourra pour son recours m'épouser, s'il lui plaît.
C'est toujours même sang, et presque même chose.
Mais le voici. Souffrez qu'un peu je le dispose.
Il tient quelque moineau qu'il a pris franchement :
Et voilà ses amours et son attachement.

SCENE V.

ÉROXÈNE, DAPHNÉ ET LYCARSIS, *dans le fond du théâtre;* MYRTIL.

MYRTIL, *se croyant seul, et tenant un moineau dans une cage.*

Innocente petite bête,
Qui contre ce qui vous arrête
Vous débattez tant à mes yeux,
De votre liberté ne plaignez point la perte :
Votre destin est glorieux,
Je vous ai pris pour Mélicerte;

Elle vous baisera vous prenant dans sa main,
Et de vous mettre en son sein
Elle vous fera la grace.
Est-il un sort au monde et plus doux et plus beau?
Et qui des rois, hélas! heureux petit moineau,
Ne voudrait être en votre place?

LYCARSIS.

Myrtil! Myrtil! un mot. Laissons là ces joyaux,
Il s'agit d'autre chose ici que de moineaux.
Ces deux nymphes, Myrtil, à la fois te prétendent,
Et tout jeune déjà pour époux te demandent;
Je dois par un hymen t'engager à leurs vœux,
Et c'est toi que l'on veut qui choisisses des deux.

MYRTIL.

Ces nymphes?

LUCARSIS.

Oui. Des deux tu peux en choisir une.
Vois quel est ton bonheur, et bénis la fortune.

MYRTIL.

Ce choix qui m'est offert peut-il m'être un bonheur,
S'il n'est aucunement souhaité de mon cœur?

LYCARSIS.

Enfin, qu'on le reçoive; et que, sans se confondre,
A l'honneur qu'elles font on songe à bien répondre.

ÉROXÈNE.

Malgré cette fierté qui règne parmi nous,
Deux nymphes, ô Myrtil, viennent s'offrir à vous;
Et de vos qualités les merveilles écloses
Font que nous renversons ici l'ordre des choses.

DAPHNÉ.

Nous vous laissons, Myrtil, pour l'avis le meilleur,
Consulter sur ce choix vos yeux et votre cœur ;
Et nous n'en voulons point prévenir les suffrages
Par un récit paré de tous nos avantages.

MYRTIL.

C'est me faire un honneur dont l'éclat me surprend;
Mais cet honneur pour moi, je l'avoue, est trop grand.
A vos rares bontés il faut que je m'oppose :
Pour mériter ce sort, je suis trop peu de chose ;
Et je serais fâché, quels qu'en soient les appas,
Qu'on vous blâmât pour moi de faire un choix trop bas.

ÉROXÈNE.

Contentez nos désirs, quoi qu'on en puisse croire;
Et ne vous chargez point du soin de notre gloire.

DAPHNÉ.

Non, ne descendez point dans ces humilités,
Et laissez-nous juger ce que vous méritez.

MYRTIL.

Le choix qui m'est offert, s'oppose à votre attente,
Et peut seul empêcher que mon cœur vous contente.
Le moyen de choisir de deux grandes beautés,
Égales en naissance et rares qualités !
Rejeter l'une ou l'autre est un crime effroyable,
Et n'en choisir aucune est bien plus raisonnable.

ÉROXÈNE.

Mais en faisant refus de répondre à nos vœux,
Au lieu d'une, Myrtil, vous en outragez deux.

DAPHNÉ.

Puisque nous consentons à l'arrêt qu'on peut rendre ;
Ces raisons ne font rien à vouloir s'en défendre,

MYRTIL.

Hé bien! si ces raisons ne vous satisfont pas,
Celle-ci le fera : J'aime d'autres appas;
Et je sens bien qu'un cœur, qu'un bel objet engage,
Est insensible et sourd à tout autre avantage.

LYCARSIS.

Comment donc! Qu'est ceci? Qui l'eût pu présumer?
Et savez-vous, morveux, ce que c'est que d'aimer?

MYRTIL.

Sans savoir ce que c'est, mon cœur a su le faire.

LYCARSIS.

Mais cet amour me choque, et n'est pas nécessaire.

MYRTIL.

Vous ne deviez donc pas, si cela vous déplaît,
Me faire un cœur sensible et tendre comme il est.

LYCARSIS.

Mais ce cœur que j'ai fait, me doit obéissance.

MYRTIL.

Oui, lorsque d'obéir il est en sa puissance.

LYCARSIS.

Mais enfin, sans mon ordre, il ne doit point aimer.

MYRTIL.

Que n'empêchiez-vous donc que l'on pût le charmer?

LYCARSIS.

Hé bien! je vous défends que cela continue.

MYRTIL.

La défense, j'ai peur, sera trop tard venue.

LYCARSIS.

Quoi! les pères n'ont pas des droits supérieurs?

MYRTIL.

Les dieux qui sont bien plus, ne forcent point les cœurs.

LYCARSIS.

Les dieux... Paix, petit sot. Cette philosophie
Me...

DAPHNÉ.

Ne vous mettez point en courroux, je vous prie.

LYCARSIS.

Non, je veux qu'il se donne à l'une pour époux,
Ou je vais lui donner le fouet tout devant vous.
Ah! ah! je vous ferai sentir que je suis père.

DAPHNÉ.

Traitons, de grace, ici les choses sans colère,

EROXÈNE.
Peut-on savoir de vous cet objet si charmant,
Dont la beauté, Myrtil, vous a fait son amant?

MYRTIL.
Mélicerte, madame. Elle en peut faire d'autres.

EROXÈNE.
Vous comparez, Myrtil, ses qualités aux nôtres?

DAPHNÉ.
Le choix d'elle et de nous est assez inégal.

MYRTIL.
Nymphes, au nom des dieux, n'en dites point de mal!
Daignez considérer, de grace, que je l'aime;
Et ne me jetez point dans un désordre extrême.
Si j'outrage, en l'aimant, vos célestes attraits,
Elle n'a point de part au crime que je fais;
C'est de moi, s'il vous plaît, que vient toute l'offense.
Il est vrai, d'elle à vous je sais la différence:
Mais par sa destinée on se trouve enchaîné;
Et je sens bien enfin que le ciel m'a donné
Pour vous tout le respect, nymphes, imaginable,
Pour elle tout l'amour dont une ame est capable.
Je vois à la rougeur qui vient de vous saisir,
Que ce que je vous dis ne vous fait pas plaisir.
Si vous parlez, mon cœur appréhende d'entendre
Ce qui peut le blesser par l'endroit le plus tendre;
Et, pour me dérober à de semblables coups,
Nymphes, j'aime bien mieux prendre congé de vous.

LYCARSIS.
Myrtil! holà, Myrtil! Veux-tu revenir, traître?
Il fuit; mais on verra qui de nous est le maître.
Ne vous effrayez point de tous ces vains transports;
Vous l'aurez pour époux, j'en réponds corps pour corps.

FIN DU PREMIER ACTE.

ACTE II.

SCENE PREMIÈRE.

MÉLICERTE, CORINNE.

MÉLICERTE.
Ah! Corinne, tu viens de l'apprendre de Stelle,
Et c'est de Lycarsis qu'elle tient la nouvelle?

CORINNE.
Oui.

MÉLICERTE.
Que les qualités dont Myrtil est orné,
Ont su toucher d'amour Eroxène et Daphné?

CORINNE.
Oui.

MÉLICERTE.
Que pour l'obtenir leur ardeur est si grande,
Qu'ensemble elles en ont déjà fait la demande?
Et que, dans ce débat, elles ont fait dessein
De passer, dès cette heure, à recevoir sa main?
Ah! que tes mots ont peine à sortir de ta bouche!
Et que c'est faiblement que mon souci te touche!

CORINNE.
Mais quoi! Que voulez-vous? C'est là la vérité,
Et vous redites tout comme je l'ai conté.

MÉLICERTE.
Mais comment Lycarsis reçoit-il cette affaire?

CORINNE.
Comme un honneur, je crois, qui doit beaucoup lui plaire.

MÉLICERTE.
Et ne vois-tu pas bien, toi qui sais mon ardeur,
Qu'avec ces mots, hélas! tu me perces le cœur?

CORINNE.
Comment?

MÉLICERTE.
Me mettre aux yeux que le sort implacable
Auprès d'elles me rend trop peu considérable,
Et qu'à moi, par leur rang, on les va préférer,
N'est-ce pas une idée à me désespérer?

CORINNE.
Mais quoi! je vous réponds, et dis ce que je pense.

MÉLICERTE.
Ah! tu me fais mourir par ton indifférence.
Mais dis, quels sentiments Myrtil a-t-il fait voir?

CORINNE.
Je ne sais.

MÉLICERTE.
Et c'est là ce qu'il fallait savoir,
Cruelle!

CORINNE.
En vérité, je ne sais comment faire;
Et, de tous les côtés, je trouve à vous déplaire.

MÉLICERTE.
C'est que tu n'entres point dans tous les mouvements
D'un cœur, hélas! rempli de tendres sentiments.
Va-t'en, laisse-moi seule en cette solitude,
Passer quelques moments de mon inquiétude.

SCENE II.

MÉLICERTE, *seule.*

Vous le voyez, mon cœur, ce que c'est que d'aimer;
Et Bélise avait su trop bien m'en informer.
Cette charmante mère, avant sa destinée,
Me disait une fois, sur le bord du Pénée:
« Ma fille, songe à toi; l'amour aux jeunes cœurs
« Se présente toujours entouré de douceurs.
« D'abord il n'offre aux yeux que choses agréables;
« Mais il traîne après lui des troubles effroyables:
« Et, si tu veux passer tes jours dans quelque paix,
« Toujours comme d'un mal défends-toi de ses traits.»
De ses leçons, mon cœur, je m'étais souvenue;
Et quand Myrtil venait à s'offrir à ma vue,
Qu'il jouait avec moi, qu'il me rendait des soins,
Je vous disais toujours de vous y plaire moins.
Vous ne me crûtes point, et votre complaisance
Se vit bientôt changée en trop de bienveillance.
Dans ce naissant amour, qui flattait vos désirs,
Vous ne vous figuriez que joie et que plaisirs;
Cependant vous voyez la cruelle disgrace,
Dont en ce triste jour le destin vous menace,
Et la peine mortelle où vous voilà réduit.
Ah! mon cœur! ah! mon cœur! je vous l'avais bien dit.
Mais tenons, s'il se peut, notre douleur couverte.
Voici...

SCÈNE III.

MYRTIL, MELICERTE.

MYRTIL.
J'ai fait tantôt, charmante Mélicerte,
Un petit prisonnier que je garde pour vous,
Et dont peut-être un jour je deviendrai jaloux.
C'est un jeune moineau, qu'avec un soin extrême,
Je veux, pour vous l'offrir, apprivoiser moi-même.
Le présent n'est pas grand; mais les divinités
Ne jettent leurs regards que sur les volontés.
C'est le cœur qui fait tout; et jamais la richesse,
Des présents que... Mais, ciel! d'où vient cette tristesse?
Qu'avez-vous, Mélicerte, et quel sombre chagrin
Se voit dans vos beaux yeux répandu ce matin?
Vous ne répondez point, et ce morne silence
Redouble encor ma peine et mon impatience.
Parlez. De quel ennui ressentez-vous les coups?
Qu'est-ce donc?

MÉLICERTE.
Ce n'est rien.

MYRTIL.
Ce n'est rien, dites-vous?
Et je vois cependant vos yeux couverts de larmes.
Cela s'accorde-t-il, beauté pleine de charmes?
Ah! ne me faites point un secret dont je meurs,
Et m'expliquez, hélas! ce que disent ces pleurs.

MÉLICERTE.
Rien ne me servirait de vous le faire entendre.

MYRTIL.
Devez-vous rien avoir que je ne doive apprendre?
Et ne blessez-vous pas notre amour aujourd'hui,
De vouloir me voler la part de votre ennui?

Ah! ne le cachez point à l'ardeur qui m'inspire.

MÉLICERTE.

Hé bien! Myrtil, hé bien! il faut donc vous le dire.
J'ai su que, par un choix plein de gloire pour vous,
Eroxène et Daphné vous veulent pour époux;
Et je vous avouerai que j'ai cette faiblesse,
De n'avoir pu, Myrtil, le savoir sans tristesse,
Sans accuser du sort la rigoureuse loi,
Qui les rend dans leurs vœux préférables à moi.

MYRTIL.

Et vous pouvez l'avoir cette injuste tristesse!
Vous pouvez soupçonner mon amour de faiblesse,
Et croire qu'engagé par des charmes si doux,
Je puisse être jamais à quelque autre qu'à vous!
Que je puisse accepter une autre main offerte.
Hé! que vous ai-je fait, cruelle Mélicerte,
Pour traiter ma tendresse avec tant de rigueur,
Et faire un jugement si mauvais de mon cœur?
Quoi! faut-il que de lui vous ayez quelque crainte?
Je suis bien malheureux de souffrir cette atteinte;
Et que me sert d'aimer comme je fais, hélas!
Si vous êtes si prête à ne le croire pas?

MÉLICERTE.

Je pourrais moins, Myrtil, redouter ces rivales,
Si les choses étaient de part et d'autre égales;
Et, dans un rang pareil, j'oserais espérer
Que peut-être l'amour me ferait préférer;
Mais l'inégalité de bien et de naissance,
Qui peut, d'elles à moi, faire la différence...

MYRTIL.

Ah! leur rang de mon cœur ne viendra point à bout;
Et vos divins appas me tiennent lieu de tout.
Je vous aime, il suffit et, dans votre personne
Je vois rang, biens, trésors, états, sceptre, couronne;
Et des rois les plus grands m'offrît-on le pouvoir,
Je n'y changerais pas le bien de vous avoir.
C'est une vérité toute sincère et pure;
Et pouvoir en douter est me faire une injure.

MÉLICERTE.

Hé bien! je crois Myrtil, puisque vous le voulez,
Que vos vœux par leur rang ne sont point ébranlés,
Et que, bien qu'elles soient nobles, riches et belles,
Votre cœur m'aime assez pour me mieux aimer qu'elles;
Mais ce n'est pas l'amour dont vous suivez la voix;
Votre père, Myrtil, règlera votre choix;
Et, de même qu'à vous, je ne lui suis pas chère,
Pour préférer à tout une simple bergère.

MYRTIL.

Non, chère Mélicerte, il n'est père ni dieux
Qui me puissent forcer à quitter vos beaux yeux;
Et toujours de mes vœux reine comme vous êtes...

MÉLICERTE.

Ah! Myrtil, prenez garde à ce qu'ici vous faites:
N'allez point présenter un espoir à mon cœur,
Qu'il recevrait peut-être avec trop de douceur,
Et qui, tombant après comme un éclair qui passe,
Me rendrait plus cruel le coup de ma disgrace.

MYRTIL.

Quoi! faut-il des serments appeler le secours,
Lorsque l'on vous promet de vous aimer toujours?
Que vous vous faites tort par de telles alarmes,
Et connaissez bien peu le pouvoir de vos charmes!
Hé bien! puisqu'il le faut, je jure par les dieux,
Et, si ce n'est assez, je jure par vos yeux,
Qu'on me tuera plutôt que je vous abandonne.
Recevez-en ici la foi que je vous donne;
Et souffrez que ma bouche, avec ravissement,
Sur cette belle main en signe le serment.

MÉLICERTE.

Ah! Myrtil, levez-vous, de peur qu'on ne nous voie.

MYRTIL.

Est-il rien...? Mais, ô ciel on vient troubler ma joie.

SCENE IV.

LYCARSIS, MYRTIL, MÉLICERTE.

LYCARSIS.

Ne vous contraignez pas pour moi.

MÉLICERTE, *à part.*

Quel sort fâcheux!

LYCARSIS.

Cela ne va pas mal, continuez tous deux.
Peste! mon petit fils, que vous avez l'air tendre,
Et qu'en maître déjà vous savez vous y prendre!
Vous a-t-il, ce savant qu'Athènes exila,
Dans sa philosophie appris ces choses-là?
Et vous qui lui donnez, de si douce manière,
Votre main à baiser, la gentille bergère,
L'honneur vous apprend-il ces mignardes douceurs
Par qui vous débauchez ainsi les jeunes cœurs?

MYRTIL.

Ah! quittez de ces mots l'outrageante bassesse,
Et ne m'accablez point d'un discours qui la blesse.

LYCARSIS.

Je veux lui parler, moi. Toutes ces amitiés...

MYRTIL.

Je ne souffrirai point que vous la maltraitiez.
A du respect pour vous la naissance m'engage;
Mais je saurai, sur moi, vous punir de l'outrage.
Oui, j'atteste le ciel que si, contre mes vœux,
Vous lui dites encor le moindre mot fâcheux,
Je vais avec ce fer, qui m'en fera justice,
Au milieu de mon sein vous chercher un supplice;
Et, par mon sang versé, lui marquer promptement
L'éclatant désaveu de votre emportement.

MÉLICERTE.

Non, non, ne croyez pas qu'avec art je l'enflamme,
Et que mon dessein soit de séduire son ame.
S'il s'attache à me voir, et me veut quelque bien,
C'est de son mouvement, je ne l'y force en rien.
Ce n'est pas que mon cœur veuille ici se défendre
De répondre à ses vœux d'une ardeur assez tendre;
Je l'aime, je l'avoue, autant qu'on puisse aimer:
Mais cet amour n'a rien qui vous doive alarmer;
Et pour vous arracher toute injuste créance,
Je vous promets ici d'éviter sa présence,
De faire place au choix où vous vous résoudrez,
Et ne souffrir ses veux que quand vous le voudrez.

SCENE V.

LYCARSIS, MYRTIL.

MYRTIL.

Hé bien! vous triomphez avec cette retraite,
Et, dans ces mots, votre ame a ce qu'elle souhaite:
Mais apprenez qu'en vain vous vous réjouissez,
Que vous serez trompé dans ce que vous pensez,
Et qu'avec tous vos soins, toute votre puissance,
Vous ne gagnerez rien sur ma persévérance.

LYCARSIS.

Comment! à quel orgueil, fripon, vous vois-je aller?
Est-ce de la façon que l'on me doit parler?

MYRTIL.

Oui, j'ai tort, il est vrai; mon transport n'est pas sage;
Pour rentrer au devoir, je change de langage;
Et je vous prie ici, mon père, au nom des dieux,
Et par tout ce qui peut vous être précieux,
De ne vous point servir, dans cette conjoncture,
Des fiers droits que sur moi vous donne la nature.
Ne m'empoisonnez point vos bienfaits les plus doux.
Le jour est un présent que j'ai reçu de vous;
Mais de quoi vous serai-je aujourd'hui redevable,
Si vous me l'allez rendre, hélas! insupportable?
Il est, sans Mélicerte, un supplice à mes yeux;
Sans ses divins appas rien ne m'est précieux;
Ils font tout mon bonheur et toute mon envie;
Et, si vous me l'ôtez, vous m'arrachez la vie.

LYCARSIS, *à part.*

Aux douleurs de son ame il me fait prendre part.
Qui l'aurait jamais cru de ce petit pendard?
Quel amour! quels transports! quels discours pour son [âge!
J'en suis confus, et sens que cet amour m'engage.

MYRTIL, *se jetant aux genoux de Lycarsis.*

Voyez, me voulez-vous ordonner de mourir?
Vous n'avez qu'à parler, je suis prêt d'obéir.

LYCARSIS, *à part.*

Je n'y puis plus tenir: il m'arrache des larmes,
Et ses tendres propos me font rendre les armes.

MYRTIL.

Que si, dans votre cœur, un reste d'amitié
Vous peut de mon destin donner quelque pitié,
Accordez Mélicerte à mon ardente envie,
Et vous ferez bien plus que me donner la vie.

LYCARSIS.

Lève-toi.

MYRTIL.

Serez-vour sensible à mes soupirs?

LYCARSIS.

Oui.

MYRTIL.

J'obtiendrai de vous l'objet de mes désirs?

LYCARSIS.

Oui.

MYRTIL.

Vous ferez pour moi que son oncle l'oblige
A me donner sa main?

LYCARSIS.

Oui. Lève-toi, te dis-je.

MYRTIL.

O père! le meilleur qui jamais ait été!
Que je baise vos mains après tant de bonté!

LYCARSIS.

Ah! que pour ses enfants un père a de faiblesse!
Peut-on rien refuser à leurs mots de tendresse?
Et ne se sent-on pas certains mouvements doux,
Quand on vient à songer que cela sort de vous?

MYRTIL.

Me tiendrez-vous au moins la parole avancée?
Ne changerez-vous point, dites-moi, de pensée?

LYCARSIS.

Non.

MYRTIL.

Me permettez-vous de vous désobéir,
Si de ces sentiments on vous fait revenir?
Prononcez le mot.

LYCARSIS.

Oui. Ah! nature! nature!
Je m'en vais trouver Mopse, et lui faire ouverture
De l'amour que sa nièce et toi vous vous portez!

MYRTIL.

Ah! que ne dois-je point à vos rares bontés!
(*seul.*)
Quelle heureuse nouvelle à dire à Mélicerte!
Je n'accepterais pas une couronne offerte,
Pour le plaisir que j'ai de courir lui porter
Ce merveilleux succès qui la doit contenter.

SCÈNE VI.

ACANTHE, TYRÈNE, MYRTIL.

ACANTHE.

Ah! Myrtil, vous avez du ciel reçu des charmes
Qui nous ont préparé des matières de larmes;
Et leur naissant éclat, fatal à nos ardeurs,
De ce que nous aimons nous enlève les cœurs.

TYRÈNE.

Peut-on savoir, Myrtil, vers qui de ces deux belles,
Vous tournerez ce choix dont courent les nouvelles?
Et sur qui doit de nous tomber ce coup affreux,
Dont se voit foudroyé tout l'espoir de nos vœux?

ACANTHE.

Ne faites point languir deux amants davantage,
Et nous dites quel sort votre cœur nous partage.

TYRÈNE.

Il vaut mieux, quand on craint ces malheurs éclatants,
En mourir tout d'un coup, que traîner si longtemps.

MYRTIL.

Rendez, nobles bergers, le calme à votre flamme;
La belle Mélicerte a captivé mon ame.
Auprès de cet objet, mon sort est assez doux,
Pour ne pas consentir à rien prendre sur vous;
Et, si vos vœux enfin n'ont que les miens à craindre,
Vous n'aurez l'un ni l'autre aucun lieu de vous [plaindre.

ACANTHE.

Ah! Myrtil, se peut-il que deux tristes amants?..

TYRÈNE.

Est-il vrai que le ciel, sensible à nos tourments?

MYRTIL.

Oui, content de mes fers comme d'une victoire,
Je me suis excusé de ce choix plein de gloire;
J'ai de mon père encor changé les volontés,
Et l'ai fait consentir à mes félicités.

ACANTHE, *à Tyrène.*

Ah! que cette aventure est un charmant miracle,
Et qu'à notre poursuite elle ôte un grand obstacle.

TYRÈNE, *à Acanthe.*

Elle peut renvoyer ces nymphes à nos vœux,
Et nous donner moyen d'être contents tous deux.

SCENE VII.

NICANDRE, MYRTIL, ACANTHE, TYRÈNE.

NICANDRE.

Savez-vous en quel lieu Mélicerte est cachée?

MYRTIL.

Comment?

NICANDRE.

En diligence elle est partout cherchée.

MYRTIL.

Et pourquoi?

NICANDRE.

Nous allons perdre cette beauté.
C'est pour elle qu'ici le roi s'est transporté;
Avec un grand seigneur on dit qu'il la marie.

MYRTIL.

O ciel! Expliquez-moi ce discours, je vous prie.

NICANDRE.

Ce sont des incidents grands et mystérieux.
Oui, le roi vient chercher Mélicerte en ces lieux;
Et l'on dit qu'autrefois feu Bélise sa mère,
Dont tout Tempé croyait que Mopse était le frère.
Mais je me suis chargé de la chercher partout:
Vous saurez tout cela tantôt, de bout en bout.

MYRTIL.

Ah! dieux! quelle rigueur! Hé! Nicandre, Nicandre!

ACANTHE.

Suivons aussi ses pas, afin de tout apprendre.

FIN DE MÉLICERTE.

PASTORALE COMIQUE.

1666.

PERSONNAGES DE LA PASTORALE.

IRIS, jeune bergère.
LYCAS, riche pasteur, amant d'Iris.
PHILÈNE, riche pasteur, amant d'Iris.
CORYDON, jeune berger, confident de Lycas, amant d'Iris.
UN PATRE, ami de Philène.
UN BERGER.

PERSONNAGES DU BALLET.

MAGICIENS, dansants.
MAGICIENS, chantants.
DÉMONS, dansants.
PAYSANS.
UNE ÉGYPTIENNE, chantant, dansant.
ÉGYPTIENS dansants.

La scène est en Thessalie, dans un hameau de la vallée de Tempé.

PASTORALE COMIQUE.

ACTE PREMIER.

SCÈNE PREMIÈRE.

LYCAS, CORYDON.

SCENE II.

LYCAS, MAGICIENS, *chantants et dansants*, DEMONS.

PREMIÈRE ENTREE DE BALLET.

(Deux magiciens commencent, en dansant, un enchantement pour embellir Lycas : ils frappent la terre avec leurs baguettes, et en font sortir six démons, qui se joignent à eux. Trois magiciens sortent aussi de dessous terre.)

TROIS MAGICIENS CHANTANTS.

Déesse des appas,
Ne nous refuse pas
La grace qu'implorent nos bouches.
Nous t'en prions par tes rubans,
Par tes boucles de diamants,
Ton rouge, ta poudre, tes mouches,
Ton masque, ta coiffe et tes gants.

UN MAGICIEN, *seul.*

O toi! qui peux rendre agréable
Les visages les plus mal faits,
Répands, Vénus, de tes attraits
Deux ou trois doses charitables
Sur ce museau tondu tout frais.

LES TROIS MAGICIENS CHANTANTS.

Déesse des appas,
Ne nous refuse pas
La grace qu'implorent nos bouches.
Nous t'en prions par tes rubans,
Par tes boucles de diamants,
Ton rouge, ta poudre, tes mouches,
Ton masque, ta coiffe et tes gants.

DEUXIÈME ENTRÉE DE BALLET.

(Les six démons dansants habillent Lycas d'une manière ridicule et bizarre.)

LES TROIS MAGICIENS CHANTANTS.

Ah! qu'il est beau!
Le Jouvenceau!
Ah! qu'il est beau! ah! qu'il est beau!
Qu'il va faire mourir de belles!
Auprès de lui les plus cruelles
Ne pourront tenir dans leur peau.
Ah! qu'il est beau
Le Jouvenceau!
Ah! qu'il est beau! ah! qu'il est beau!
Ho, ho, ho, ho, ho, ho, ho, ho,

TROISIÈME ENTRÉE DE BALLET.

Les magiciens et les démons continuent leurs danses, tandis que les trois magiciens chantants continuent à se moquer de Lycas.

LES TROIS MAGICIENS CHANTANTS.

Qu'il est joli!
Gentil, poli!
Qu'il est joli! qu'il est joli!
Est-il des yeux qu'il ne ravisse?
Il passe en beauté feu Narcisse,
Qui fut un blondin accompli.
Qu'il est joli!
Gentil, poli!
Qu'il est joli! qu'il est joli!
Hi, hi, hi, hi, hi, hi, hi, hi,

(Les trois magiciens chantants s'enfoncent dans la terre, et les magiciens dansants disparaissent.)

SCENE III.

LYCAS, PHILÈNE.

PHILÈNE, *sans voir Lycas, chante.*

Paissez, chères brebis, les herbettes naissantes,
Ces prés et ces ruisseaux ont de quoi vous charmer;
Mais si vous désirez vivre toujours contentes,
Petites innocentes,
Gardez-vous bien d'aimer.

LYCAS, *sans voir Philène.*

(*Ce pasteur, voulant faire des vers pour sa maîtresse, prononce le nom d'Iris assez haut pour que Philène l'entende.*)

PHILÈNE, *à Lycas.*

Est-ce toi que j'entends, téméraire? Est-ce toi,
Qui nommes la beauté qui me tient sous sa loi?

LYCAS.

Oui, c'est moi; oui, c'est moi.

PHILÈNE.

Oses-tu bien, en aucune façon,
Proférer ce beau nom?

LYCAS.

Hé! pourquoi non? Hé! pourquoi non?

PHILÈNE.

Iris charme mon ame;
Et qui pour elle aura
Le moindre brin de flamme,
Il s'en repentira.

LYCAS.

Je me moque de cela,
Je me moque de cela.

PHILÈNE.

Je t'étranglerai, mangerai,
Si tu nommes jamais ma belle;
Ce que je dis, je le ferai,
Je t'étranglerai, mangerai,
Il suffit que j'en ai juré.
Quand les dieux prendraient ta querelle,
Je t'étranglerai, mangerai,
Si tu nommes jamais ma belle.

LYCAS.

Bagatelle, bagatelle.

SCÈNE IV.

IRIS, LYCAS.

SCÈNE V.

LYCAS, UN PATRE.

(Le Pâtre apporte à Lycas un cartel de la part de Philène.)

SCENE VI.

LYCAS, CORYDON.

SCENE VII.

PHILÈNE, LYCAS.

PHILÈNE, *chante.*

Arrête, malheureux:
Tourne, tourne visage,
Et voyons qui des deux
Obtiendra l'avantage.

LYCAS.

(*Lycas hésite à se battre.*)

PHILÈNE.

C'est par trop discourir,
Allons, il faut mourir.

SCENE VIII.

PHILÈNE, LYCAS, PAYSANS.

(Les paysans viennent pour séparer Philène et Lycas.)

QUATRIÈME ENTRÉE DE BALLET.

(Les paysans prennent querelle en voulant séparer les deux pasteurs, et dansent en se battant.)

SCENE IX.

CORYDON, LYCAS, PHILENE, PAYSANS.

(Corydon, par ses discours, trouve moyen d'apaiser la querelle des paysans.)

CINQUIEME ENTREE DE BALLET.

(Les paysans réconciliés dansent ensemble.)

SCENE X.

CORYDON, LYCAS, PHILENE.

SCENE XI.

IRIS, CORYDON.

SCENE XII.

PHILENE, LYCAS, IRIS, CORYDON.

(*Lycas et Philène, amants de la bergère, la pressent de décider lequel des deux aura la préférence.*)

PHILÈNE, *à Iris.*

N'attendez pas qu'ici je me vante moi-même,
Pour le choix que vous balancez ;
Vous avez des yeux, je vous aime,
C'est vous en dire assez.

(*La bergère décide en faveur de Corydon.*)

SCENE XIII.

PHILENE, LYCAS.

PHILÈNE, *chante.*

Hélas ! peut-on sentir de plus vive douleur ?
Nous préférer un servile pasteur !
O ciel !

LYCAS, *chante.*

O sort !

PHILÈNE.

Quelle rigueur !

LYCAS.

Quel coup !

PHILÈNE.

Quoi ! tant de pleurs,

LYCAS.

Tant de persévérance

PHILÈNE.

Tant de langueur,

LYCAS.

Tant de souffrance,

PHILÈNE.

Tant de vœux,

LYCAS.

Tant de soins,

PHILÈNE.

Tant d'ardeur,

LYCAS.

Tant d'amour ;

PHILÈNE.

Avec tant de mépris sont traités en ce jour !
Ah ! cruelle !

LYCAS.

Cœur dur !

PHILÈNE.

Tigresse !

LYCAS.

Inexorable !

PHILÈNE.

Inhumaine !

LYCAS.

Inflexible !

PHILÈNE.

Ingrate !

LYCAS.

Impitoyable !

PHILÈNE.

Tu veux donc nous faire mourir !
Il te faut contenter.

LYCAS.

Il te faut obéir.

PHILÈNE, *tirant son javelot.*

Mourons, Lycas.

LYCAS, *tirant son javelot.*

Mourons, Philène.

PHILÈNE.

Avec ce fer finissons notre peine.

LYCAS.

Pousse.

PHILÈNE.

Ferme.

LYCAS.

Courage.

PHILÈNE.

Allons, va le premier.

LYCAS.

Non, je veux marcher le dernier.

PHILÈNE.

Puisque même malheur aujourd'hui nous assemble,
Allons, partons ensemble.

SCENE XIV.

UN BERGER, LYCAS, PHILENE.

LE BERGER *chante.*

Ah ! quelle folie,
De quitter la vie
Pour une beauté
Dont on est rebuté !
On peut, pour un objet aimable,
Dont le cœur nous est favorable,
Vouloir perdre la clarté ;
Mais quitter la vie
Pour une beauté,
Dont on est rebuté,
Ah ! quelle folie !

SCENE XV.

UNE ÉGYPTIENNE, ÉGYPTIENS *dansants.*

L'ÉGYPTIENNE.

D'un pauvre cœur
Soulagez le martyre ;
D'un pauvre cœur
Soulagez la douleur.
J'ai beau vous dire
Ma vive ardeur.
Je vous vois rire
De ma langueur :
Ah ! cruelle, j'expire
Sous tant de rigueur
D'un pauvre cœur
Soulagez le martyre ;
D'un pauvre cœur
Soulagez la douleur.

SIXIEME ET DERNIERE ENTRÉE DE BALLET.

Douze Égyptiens, dont quatre jouent de la guitare, quatre des castagnettes, quatre des gnacares, dansent avec l'Égyptienne aux chansons qu'elle chante.

L'ÉGYPTIENNE.

Croyez-moi, hâtons-nous, ma Sylvie,
Usons bien des moments précieux,
Contentons ici notre envie,
De nos ans le feu nous y convie :
Nous ne saurions vous et moi, faire mieux.

Quand l'hiver a glacé nos guérets,
Le printemps vient reprendre sa place,
Et ramène à nos champs leurs attraits ;
Mais, hélas ! quand l'âge nous glace,
Nos beaux jours ne reviennent jamais.

Ne cherchons tous les jours qu'à nous plaire ;
Soyons-y l'un et l'autre empressés ;
Du plaisir faisons notre affaire :
Des chagrins songeons à nous défaire,
Il vient un temps où l'on en prend assez.

Quand l'hiver a glacé nos guérets,
Le printemps vient reprendre sa place,
Et ramène à nos champs leurs attraits ;
Mais, hélas ! quand l'âge nous glace,
Nos beaux jours ne reviennent jamais.

FIN DE LA PASTORALE COMIQUE.

LE SICILIEN

OU

L'AMOUR PEINTRE,

COMEDIE-BALLET.

1660.

PERSONNAGES DE LA COMEDIE.

DON PÈDRE, gentilhomme sicilien.
ADRASTE, gentilhomme français, amant d'Isidore.
ISIDORE, grecque, esclave de don Pèdre.
ZAÏDE, jeune esclave.
UN SÉNATEUR.
HALI, Turc, esclave d'Adraste.
DEUX LAQUAIS.

PERSONNAGES DU BALLET.

MUSICIENS.
ESCLAVE chantant.
ESCLAVES dansants.
MAURES et MAURESQUES dansants.

La scène est à Messine dans une place publique.

ACTE PREMIER.

SCENE PREMIÈRE.

HALI, MUSICIENS.

HALI, *aux musiciens.*

Chut. N'avancez-pas davantage, et demeurez dans cet endroit jusqu'à ce que je vous appelle.

SCENE II.

HALI, *seul.*

Il fait noir comme dans un four. Le ciel s'est habillé ce soir en Scaramouche, et je ne vois pas une étoile qui montre le bout de son nez. Sotte condition, que celle d'un esclave, de ne vivre jamais pour soi, et d'être toujours tout entier aux passions d'un maître, de n'être réglé que par ses humeurs, et de se voir réduit à faire ses propres affaires de tous les soucis qu'il peut prendre! Le mien me fait ici épouser ses inquiétudes; et parce qu'il est amoureux, il faut que nuit et jour je n'aie aucun repos. Mais voici des flambeaux; et sans doute c'est lui.

SCENE III.

ADRASTE, DEUX LAQUAIS, *portant chacun un flambeau,* HALI.

ADRASTE.

Est-ce toi, Hali?

HALI.

Et qui pourrait-ce être que moi? A ces heures de nuit, hors vous et moi, monsieur, je ne crois pas que personne s'avise de courir maintenant les rues.

ADRASTE.

Aussi ne crois-je pas qu'on puisse voir personne qui sente dans son cœur la peine que je sens. Car enfin, ce n'est rien d'avoir à combattre l'indifférence ou les rigueurs d'une beauté qu'on aime, on a toujours au moins le plaisir de la plainte et la liberté des soupirs: mais ne pouvoir trouver aucune occasion de parler à ce qu'on adore, ne pouvoir savoir d'une belle si l'amour qu'inspirent ses yeux, est pour lui plaire ou lui déplaire, c'est la plus fâcheuse, à mon gré, de toutes les inquiétudes; et c'est où me réduit l'incommode jaloux qui veille, avec tant de souci, sur ma charmante Grecque, et ne fait pas un pas sans la traîner à ses côtés.

HALI.

Mais il est, en amour, plusieurs façons de se parler; et il me semble, à moi, que vos yeux et les siens, depuis près de deux mois, se sont dit bien des choses.

ADRASTE.

Il est vrai qu'elle et moi souvent nous nous sommes parlé des yeux; mais comment reconnaître que chacun de notre côté nous ayons comme il faut expliqué ce langage? et que sais-je, après tout, si elle entend bien tout ce que mes regards lui disent, et si les siens me disent ce que je crois parfois entendre?

HALI.

Il faut chercher quelque moyen de se parler d'autre manière.

ADRASTE.

As-tu là tes musiciens?

HALI.

Oui.

ADRASTE.

Fais-les approcher. (*seul.*) Je veux, jusques au jour, les faire ici chanter, et voir si leur musique n'obligera point cette belle à paraître à quelque fenêtre.

SCENE IV.

ADRASTE, HALI, MUSICIENS.

HALI.

Les voici. Que chanteront-ils?

ADRASTE.

Ce qu'ils jugeront de meilleur.

HALI.

Il faut qu'ils chantent un trio qu'ils me chantèrent l'autre jour.

ADRASTE.

Non. Ce n'est pas ce qu'il me faut.

HALI.

Ah! monsieur, c'est du beau bécarre.

ADRASTE.

Que diantre veux-tu dire avec ton beau bécarre?

HALI.

Monsieur, je tiens pour le bécarre. Vous savez que je m'y connais. Le bécarre me charme; hors du bécarre, point de salut en harmonie. Ecoutez un peu ce trio.

ADRASTE.

Non. Je veux quelque chose de tendre et de passionné, quelque chose qui m'entretienne dans une douce rêverie.

HALI.

Je vois bien que vous êtes pour le bémol; mais il y a moyen de vous contenter l'un et l'autre. Il faut qu'ils vous chantent une certaine scène d'une petite comédie que je leur ai vu essayer. Ce sont deux bergers amoureux, tout remplis de langueur, qui, sur bémol, viennent séparément faire leurs plaintes dans un bois, puis se découvrent l'un à l'autre la cruauté de leurs maîtresses; et là dessus vient un berger joyeux avec un bécarre admirable, qui se moque de leur faiblesse.

ADRASTE.

J'y consens. Voyons ce que c'est.

HALI.

Voici, tout juste, un lieu propre à servir de scène; et voilà deux flambeaux pour éclairer la comédie.

ADRASTE.

Place-toi contre ce logis, afin qu'au moindre bruit que l'on fera dedans, je fasse cacher les lumières.

FRAGMENT DE COMEDIE,

chanté et accompagné par les musiciens qu'Hali a amenés.

SCENE PREMIÈRE.

PHILENE, TIRCIS.

PREMIER MUSICIEN, *représentant Philène.*

Si, du triste récit de mon inquiétude,
Je trouble le repos de votre solitude,
Rochers, ne soyez point fâchés:
Quand vous saurez l'excès de mes peines secrètes,
Tout rochers que vous êtes,
Vous en serez touchés.

DEUXIEME MUSICIEN, *représentant Tircis.*

Les oiseaux, réjouis dès que le jour s'avance,
Recommencent leurs chants dans ces vastes forêts;
Et moi, j'y commence
Mes soupirs languissants et mes tristes regrets.
Ah! mon cher Philène.

PHILÈNE.

Ah! mon cher Tircis.

TIRCIS.

Que je sens de peine!

PHILÈNE.

Que j'ai de soucis!

TIRCIS.

Toujours sourde à mes vœux est l'ingrate Climène.

PHILÈNE.

Chloris n'a point, pour moi, de regards adoucis.

TOUS DEUX ENSEMBLE.

O loi trop inhumaine!
Amour, si tu ne peux les contraindre d'aimer,
Pourquoi leur laisses-tu le pouvoir de charmer?

SCENE II.

PHILÈNE, TIRCIS, UN PATRE.

TROISIÈME MUSICIEN, *représentant un pâtre.*

Pauvres amants, quelle erreur
D'adorer des inhumaines!
Jamais les ames bien saines
Ne se payent de rigueur;
Et les faveurs sont les chaînes
Qui doivent lier un cœur.
On voit cent belles ici,
Auprès de qui je m'empresse;
A leur vouer ma tendresse
Je mets mon plus doux souci:
Mais, lorsque l'on est tigresse,
Ma foi, je suis tigre aussi.

PHILÈNE ET TIRCIS ENSEMBLE.

Heureux, hélas! qui peut aimer ainsi!

HALI.

Monsieur, je viens d'ouïr quelque bruit au dedans.

ADRASTE.

Qu'on se retire vite, et qu'on éteigne les flambeaux.

SCENE V.

DON PÈDRE, ADRASTE, HALI.

DON PÈDRE, *sortant de sa maison, en bonnet de nuit et en robe de chambre, avec une épée sous son bras.*

Il y a quelque temps que j'entends chanter à ma porte; et sans doute cela ne se fait pas pour rien. Il faut que dans l'obscurité je tâche à découvrir quelles gens ce peuvent être.

ADRASTE.

Hali.

HALI.

Quoi?

ADRASTE.

N'entends-tu plus rien?

HALI.

Non.

(*Don Pèdre est derrière eux qui les écoute.*)

ADRASTE.

Quoi! tous nos efforts ne pourront obtenir que je parle un moment à cette aimable Grecque! et ce jaloux maudit, ce traître de Sicilien, me fermera toujours tout accès auprès d'elle!

HALI.

Je voudrais de bon cœur que le diable l'eût emporté, pour le mal qu'il nous donne, le fâcheux, le bourreau qu'il est! Ah! si nous le tenions ici, que je prendrais de joie à venger, sur son dos, tous les pas inutiles que sa jalousie nous fait faire!

ADRASTE.

Si faut-il bien pourtant trouver quelque moyen, quelque invention, quelque ruse, pour attraper notre brutal. J'y suis trop engagé, pour en avoir le démenti; et quand j'y devrais employer...

HALI.

Monsieur, je ne sais pas ce que cela veut dire, mais la porte est ouverte; et, si vous voulez, j'entrerai doucement pour découvrir d'où cela vient.

(*Don Pèdre se retire sur sa porte.*)

ADRASTE.

Oui, fais; mais sans faire de bruit. Je ne m'éloigne pas de toi. Plût au ciel, que ce fût la charmante Isidore!

DON PÈDRE, *donnant un soufflet à Hali.*

Qui va là?

HALI, *rendant le soufflet à don Pèdre.*

Ami.

DON PÈDRE.

Holà! Francisque, Dominique, Simon, Martin, Pierre, Thomas, Georges, Charles, Barthélemi. Allons, promptement, mon épée, ma rondache, ma hallebarde, mes pistolets, mes mousquetons, mes fusils. Vite, dépêchez. Allons, tue, point de quartier.

SCENE VI.

ADRASTE, HALI.

ADRASTE.

Je n'entends remuer personne. Hali, Hali.

HALI, *caché dans un coin.*

Monsieur.

ADRASTE.

Où donc te caches-tu?

HALI.

Ces gens sont-ils sortis?

ADRASTE.

Non. Personne ne bouge.

HALI, *sortant d'où il était caché.*

S'ils viennent, ils seront frottés.

ADRASTE.

Quoi! tous nos soins seront donc inutiles! Et toujours ce fâcheux jaloux se moquera de nos desseins!

HALI.

Non. Le courroux du point d'honneur me prend; il ne sera pas dit qu'on triomphe de mon adresse; ma qualité de fourbe s'indigne de tous ces obstacles, et je prétends faire éclater les talents que j'ai eus du ciel.

ADRASTE.

Je voudrais seulement que, par quelque moyen, par un billet, par quelque bouche, elle fût avertie des sentiments qu'on a pour elle, et savoir les siens là-dessus. Après, on peut trouver facilement les moyens.

HALI.

Laissez-moi faire seulement. J'en essaierai tant de toutes les manières, que quelque chose enfin nous pourra réussir. Allons, le jour paraît, je vais chercher mes gens, et venir attendre en ce lieu que notre jaloux sorte.

SCENE VII.

DON PÈDRE, ISIDORE.

ISIDORE.

Je ne sais pas quel plaisir vous prenez à me réveiller si matin. Cela s'ajuste assez mal, ce me semble, au dessein que vous avez pris de me faire peindre aujourd'hui; et ce n'est guères pour avoir le teint frais et les yeux brillants, que se lever ainsi dès la pointe du jour.

DON PÈDRE.

J'ai une affaire qui m'oblige à sortir à l'heure qu'il est.

ISIDORE.

Mais l'affaire que vous avez, eût bien pu se passer, je crois, de ma présence; et vous pouviez, sans vous incommoder, me laisser goûter les douceurs du sommeil du matin.

DON PÈDRE.

Oui. Mais je suis bien aise de vous voir toujours avec moi. Il n'est pas mal de s'assurer un peu contre les soins des surveillants; et cette nuit encore on est venu chanter sous nos fenêtres.

ISIDORE.

Il est vrai : la musique en était admirable.

DON PÈDRE.

C'était pour vous que cela se faisait?

ISIDORE.

Je le veux croire ainsi, puisque vous me le dites.

DON PÈDRE.

Vous savez qui était celui qui donnait cette sérénade?

ISIDORE.

Non pas; mais, qui que ce puisse être, je lui suis obligée.

DON PÈDRE.

Obligée?

ISIDORE.

Sans doute, puisqu'il cherche à me divertir.

DON PÈDRE.

Vous trouvez donc bon qu'il vous aime?

ISIDORE.

Fort bon. Cela n'est jamais qu'obligeant.

DON PÈDRE.

Et vous voulez du bien à tous ceux qui prennent ce soin?

ISIDORE.

Assurement.

DON PÈDRE.

C'est dire fort net ses pensées.

ISIDORE.

A quoi bon de dissimuler? Quelque mine qu'on fasse, on est toujours bien aise d'être aimée. Ces hommages à nos appas ne sont jamais pour nous déplaire. Quoi qu'on en puisse dire, la grande ambition des femmes est, croyez-moi, d'inspirer de l'amour. Tous les soins qu'elles prennent ne sont que pour cela; et l'on n'en voit point de si fière, qui ne s'applaudisse en son cœur des conquêtes que font ses yeux.

DON PÈDRE.

Mais, si vous prenez, vous, du plaisir à vous voir aimée, savez-vous bien, moi, qui vous aime, que je n'y en prends nullement?

ISIDORE.

Je ne sais pas pourquoi cela; et si j'aimais quelqu'un, je n'aurais point de plus grand plaisir que de le voir aimé de tout le monde. Y a-t-il rien qui marque davantage la beauté du choix que l'on fait? et n'est-ce pas pour s'applaudir, que ce que nous aimons soit trouvé fort aimable?

DON PÈDRE.

Chacun aime à sa guise, et ce n'est pas là ma méthode. Je serai fort ravi qu'on ne vous trouve point si belle, et vous m'obligerez de n'affecter point tant de le paraître à d'autres yeux.

ISIDORE.

Quoi! jaloux de ces choses-là?

DON PÈDRE.

Oui, jaloux de ces choses-là; mais jaloux comme un tigre, et, si vous voulez, comme un diable. Mon amour vous veut toute à moi. Sa délicatesse s'offense d'un souris, d'un regard qu'on vous peut arracher; et tous les soins qu'on me voit prendre ne sont que pour fermer tout accès aux galants, et m'assurer la possession d'un cœur dont je ne puis souffrir qu'on me vole la moindre chose.

ISIDORE.

Certes, voulez-vous que je dise? vous prenez un mauvais parti; et la possession d'un cœur est fort mal assurée, lorsqu'on prétend le retenir par force. Pour moi, je vous l'avoue, si j'étais galant d'une femme qui fût au pouvoir de quelqu'un, je mettrais toute mon étude à rendre ce quelqu'un jaloux, et l'obligerais à veiller nuit et jour celle que je voudrais gagner. C'est un admirable moyen d'avancer ses affaires; et l'on ne tarde guère à profiter du chagrin et de la colère que donnent à l'esprit d'une femme la contrainte et la servitude.

DON PÈDRE.

Si bien donc que si quelqu'un vous en contait, il vous trouverait disposé à recevoir ses vœux?

ISIDORE.

Je ne vous dis rien là-dessus. Mais les femmes enfin n'aiment pas qu'on les gêne; et c'est beaucoup risquer que de leur montrer des soupçons, et de les tenir renfermées.

DON PÈDRE.

Vous reconnaissez peu ce que vous me devez; et il me semble qu'une esclave que l'on a affranchie, et dont on veut faire sa femme...

ISIDORE.

Quelle obligation vous ai-je, si vous changez mon esclavage en un autre beaucoup plus rude, si vous ne me laissez jouir d'aucune liberté, et me fatiguez, comme on voit, d'une garde continuelle?

DON PÈDRE.

Mais tout cela ne part que d'un excès d'amour.

ISIDORE.

Si c'est votre façon d'aimer, je vous prie de me haïr.

DON PÈDRE.

Vous êtes aujourd'hui dans une humeur désobligeante; et je pardonne ces paroles au chagrin où vous pouvez être, de vous être levée matin.

SCENE VIII.

DON PÈDRE, ISIDORE, HALI, *habillé en Turc, et faisant plusieurs révérences à don Pèdre.*

DON PÈDRE.

Trève aux cérémonies. Que voulez-vous?

HALI, *se mettant entre don Pèdre et Isidore.*

(*Il se tourne vers Isidore à chaque parole qu'il dit à don Pèdre, et lui fait des signes pour lui faire connaître le dessein de son maître.*)

Signor, (avec la permission de la signore), je vous dirai (avec la permission de la signore) que je viens vous trouver (avec la permission de la signore) pour vous prier (avec la permission de la signore) de vouloir bien (avec la permission de la signore)...

DON PÈDRE.

Avec la permission de la signore, passez un peu de ce côté.

(*Don Pèdre se met entre Hali et Isidore.*)

HALI.

Signor, je suis un virtuose.

DON PÈDRE.

Je n'ai rien à donner.

HALI.

Ce n'est pas ce que je demande. Mais, comme je me mêle un peu de musique et de danse, j'ai instruit quelques esclaves qui voudraient bien trouver un maître qui se plût à ces choses; et comme je sais que vous êtes une personne considérable, je voudrais vous prier de les voir et de les entendre, pour les acheter s'ils vous plaisent, ou pour leur enseigner quelqu'un de vos amis qui voulût s'en accommoder.

ISIDORE.

C'est une chose à voir, et cela nous divertira. Faites-les nous venir.

HALI.

Chala bala... Voici une chanson nouvelle qui est du temps. Écoutez bien. Chala bala.

SCENE IX.

DON PEDRE, ISIDORE, HALI, SCLAVES TURCS.

UN ESCLAVE, *chantant à Isidore.*

D'un cœur ardent, en tous lieux,
Un amant suit une belle;
Mais, d'un jaloux odieux,
La vigilance éternelle
Fait qu'il ne peut, que des yeux,
S'entretenir avec elle.
Est-il peine plus cruelle
Pour un cœur bien amoureux?

(*à don Pèdre.*)

Chiribirida ouch alla,
Star bon Turca,
Non aver danara:
Ti voler comprara?
Mi servir a ti,
Se pagar per mi;
Far bona cucina,
Mi levar matina,
Far boller caldara;
Parlara, parlara:
Ti voler comprara?

PREMIERE ENTRÉE DE BALLET.

(Danse des esclaves.)

L'ESCLAVE, *à Isidore.*

C'est un supplice, à tous coups,
Sous qui cet amant expire;
Mais, si d'un œil un peu doux,
La belle voit son martyre,
Et consent qu'aux yeux de tous,
Pour ses attraits il soupire,
Il pourrait bientôt se rire
De tous les soins du jaloux.

(*à don Pèdre.*)

Chiribirida ouch alla,
Star bon Turca,
Non aver danara,
Ti voler comprara?
Mi servir à ti,
Se pagar per mi;
Far bona cucina,
Mi levar matina,
Far boller caldara;
Parlara, parlara,
Ti voler comprara?

SECONDE ENTRÉE DE BALLET.

(Les esclaves recommencent leurs danses.

DON PÈDRE *chante.*

Savez-vous, mes drôles,
Que cette chanson
Sent, pour vos épaules,
Les coups de bâton?
Chiribirida ouch alla,
Mi ti non comprara,
Ma ti bastonara,
Si ti non andara,
Andara, andara,
O ti bastonara.

(*à Isidore.*)

Oh! oh! quels égrillards! Allons, rentrons ici: j'ai changé de pensée; et puis le temps se couvre un peu. (*à Hali qui paraît encore.*) Ah! fourbe, que je vous y trouve!

HALI.

Hé! bien oui, mon maître l'adore. Il n'a point de plus grand désir que de lui montrer son amour; et, s elle y consent, il la prendra pour femme.

DON PÈDRE.

Oui, oui. Je la lui garde.

HALI.

Nous l'aurons malgré vous.

DON PÈDRE.

Comment! coquin...

HALI.

Nous l'aurons, dis-je, en dépit de vos dents.

DON PÈDRE.

Si je prends...

HALI.

Vous avez beau faire la garde, j'en ai juré, elle sera à nous.

DON PÈDRE.

Laisse-moi faire, je t'attraperai sans courir.

HALI.

C'est nous qui vous attraperons. Elle sera notre femme; la chose est résolue. (*seul.*) Il faut que j'y périsse, ou que j'en vienne à bout.

SCENE X.

ADRASTE, HALI, DEUX LAQUAIS.

ADRASTE.

Hé bien! Hali, nos affaires avancent-elles?

HALI.

Monsieur, j'ai déjà fait quelque petite tentative: mais je...

ADRASTE.

Ne te mets point en peine, j'ai trouvé par hasard tout ce que je voulais; et je vais jouir du bonheur de voir chez elle cette belle. Je me suis rencontré chez le peintre Damon, qui m'a dit qu'aujourd'hui il venait faire le portrait de cette adorable personne; et, comme il est depuis longtemps de mes plus intimes amis, il a voulu servir mes feux, et m'envoie à sa place avec un petit mot de lettre pour me faire accepter. Tu sais que de tout temps je me suis plu à la peinture, et que parfois je manie le pinceau, contre la coutume de France, qui ne veut pas qu'un gentilhomme sache rien faire; ainsi j'aurai la liberté de voir cette belle à mon aise. Mais je ne doute pas que mon jaloux fâcheux ne soit toujours présent, et n'empêche tous les propos que nous pourrions avoir ensemble; et, pour te dire vrai, j'ai par le moyen d'une jeune esclave un stratagème prêt pour tirer cette belle Grecque des mains de son jaloux, si je puis obtenir qu'elle y consente.

HALI.

Laissez-moi faire, je veux vous faire un peu de jour à la pouvoir entretenir. Il ne sera pas dit que je ne serve de rien dans cette affaire-là. Quand y allez vous?

ADRASTE.

Tout de ce pas, et j'ai déjà préparé toutes choses.

HALI.

Je vais, de mon côté, me préparer aussi.

ADRASTE, *seul.*

Je ne veux point perdre de temps. Holà! Il me tarde que je ne goûte le plaisir de la voir.

SCENE XI.

DON PEDRE, ADRASTE, DEUX LAQUAIS.

DON PEDRE.

Que cherchez-vous, cavalier, dans cette maison?

ADRASTE.

J'y cherche le seigneur don Pèdre.

DON PEDRE.

Vous l'avez devant vous.

ADRASTE.

Il prendra, s'il lui plaît, la peine de lire cette lettre.

DON PÈDRE *lit.*

« Je vous envoie, au lieu de moi, pour le portrait
« que vous savez, ce gentilhomme français, qui,
« comme curieux d'obliger les honnêtes gens, a bien
« voulu prendre ce soin, sur la proposition que je lui
« en ai faite. Il est, sans contredit, le premier homme
« du monde, pour ces sortes d'ouvrages, et j'ai cru
« que je ne vous pouvais rendre un service plus
« agréable que de vous l'envoyer, dans le dessein
« que vous avez d'avoir un portrait achevé de la per-

« sonne que vous aimez. Gardez-vous bien surtout « de lui parler d'aucune récompense; car c'est un « homme qui s'en offenserait, et qui ne fait les choses « que pour la gloire et la réputation. »

Seigneur Français, c'est une grande grace que vous me voulez faire; et je vous vous suis fort obligé.

ADRASTE.

Toute mon ambition est de rendre service aux gens de nom et de mérite.

DON PEDRE.

Je vais faire venir la personne dont il s'agit.

SCÈNE XII.

ISIDORE, DON PEDRE, ADRASTE, DEUX LAQUAIS.

DON PEDRE, *à Isidore.*

Voici un gentilhomme que Damon nous envoie, qui se veut bien donner la peine de vous peindre. (*à Adraste qui embrasse Isidore en la saluant.*) Holà! seigneur Français, cette façon de saluer n'est point d'usage en ce pays.

ADRASTE.

C'est la manière de France.

DON PEDRE.

La manière de France est bonne pour vos femmes; mais pour les nôtres, elle est un peu trop familière.

ISIDORE.

Je reçois cet honneur avec beaucoup de joie. L'aventure me surprend fort; et, pour dire le vrai, je ne m'attendais pas d'avoir un peintre si illustre.

ADRASTE.

Il n'y a personne, sans doute, qui ne tînt à beaucoup de gloire de toucher un tel ouvrage. Je n'ai pas grande habileté; mais le sujet, ici, ne fournit que trop de lui-même, et il y a moyen de faire quelque chose de beau sur un original fait comme celui-là.

ISIDORE.

L'original est peu de chose; mais l'adresse du peintre en saura couvrir les défauts.

ADRASTE.

Le peintre n'y en voit aucun; et tout ce qu'il souhaite est d'en pouvoir représenter les graces aux yeux de tout le monde, aussi grandes qu'il les peut voir.

ISIDORE.

Si votre pinceau flatte autant que votre langue, vous allez me faire un portrait qui ne me ressemblera pas.

ADRASTE.

Le ciel, qui fit l'original, nous ôte le moyen d'en faire un portrait qui puisse flatter.

ISIDORE.

Le ciel, quoi que vous en disiez, ne...

DON PEDRE.

Finissons cela, de grace. Laissons les compliments, et songeons au portrait.

ADRASTE, *aux laquais.*

Allons, apportez tout.

(*On apporte tout ce qu'il faut pour peindre Isidore.*)

ISIDORE, *à Adraste.*

Où voulez-vous que je me place?

ADRASTE.

Ici. Voici le lieu le plus avantageux, et qui reçoit le mieux les vues favorables de la lumière que nous cherchons.

ISIDORE, *après s'être assise.*

Suis-je bien ainsi?

ADRASTE.

Oui. Levez-vous un peu, s'il vous plaît. Un peu plus de ce côté-là. Le corps tourné ainsi. La tête un peu levée, afin que la beauté du col paraisse. Ceci un peu plus découvert. (*Il découvre un peu plus sa gorge.*) Bon. Là, un peu davantage: encore tant soit peu.

DON PEDRE, *à Isidore.*

Il y a bien de la peine à vous mettre: ne sauriez-vous vous tenir comme il faut?

ISIDORE.

Ce sont ici des choses toutes neuves pour moi; et c'est à monsieur à me mettre de la façon qu'il veut.

ADRASTE, *assis.*

Voilà qui va le mieux du monde, et vous vous tenez à merveille. (*la faisant tourner un peu vers lui.*) Comme cela, s'il vous plaît. Le tout dépend des attitudes qu'on donne aux personnes qu'on peint.

DON PEDRE.

Fort bien.

ADRASTE.

Un peu plus de ce côté. Vos yeux toujours tournés vers moi, je vous en prie; vos regards attachés aux miens.

ISIDORE.

Je ne suis pas comme ces femmes, qui veulent, en se faisant peindre, des portraits qui ne sont point elles, et ne sont point satisfaites du peintre, s'il ne les fait toujours plus belles qu'elles ne sont. Il faudrait, pour les contenter, ne faire qu'un portrait pour toutes; car toutes demandent les mêmes choses: un teint tout de lis et de rose, un nez bien fait, une petite bouche, et de grands yeux vifs, bien fendus; et surtout le visage pas plus gros que le poing, l'eussent-elles d'un pied de large. Pour moi, je vous demande un portrait qui soit moi, et qui n'oblige point à demander qui c'est.

ADRASTE.

Il serait malaisé qu'on demandât cela du vôtre; et vous avez des traits à qui fort peu d'autres ressemblent. Qu'ils ont de douceurs et de charmes, et qu'on court de risque à les peindre!

DON PEDRE.

Le nez me semble un peu trop gros.

ADRASTE.

J'ai lu, je ne sais où, qu'Apelle peignit autrefois une maîtresse d'Alexandre d'une merveilleuse beauté, et qu'il en devint, la peignant, si éperdument amoureux, qu'il fut près d'en perdre la vie; de sorte qu'Alexandre, par générosité, lui céda l'objet de ses vœux. (*à don Pèdre.*) Je pourrais faire ici ce qu'Apelle fit autrefois; mais vous ne feriez pas peut-être ce que fit Alexaudre.

(*Don Pèdre fait la grimace.*)

ISIDORE, *à don Pèdre.*

Tout cela sent la nation; et toujours messieurs les Français ont un fonds de galanterie qui se répand partout.

ADRASTE.

On ne se trompe guère à ces sortes de choses, et vous avez l'esprit trop éclairé pour ne pas voir de quelle source partent les choses qu'on vous dit. Oui, quand Alexandre serait ici, et que ce serait votre amant, je ne pourrais m'empêcher de vous dire que je n'ai rien vu de si beau que ce que je vois maintenant, et que...

DON PEDRE.

Seigneur Français, vous ne devriez pas, ce me semble, tant parler; cela vous détourne de votre ouvrage.

ADRASTE.

Ah! point du tout. J'ai toujours coutume de parler quand je peins; et il est besoin, dans ces choses, d'un peu de conversation pour réveiller l'esprit et tenir les visages dans la gaité nécessaire aux personnes que l'on veut peindre.

SCENE XIII.

HALI, *vêtu en Espagnol;* DON PÈDRE, ADRASTE, ISIDORE.

DON PÈDRE.

Que veut cet homme-là? Et qui laisse monter les gens sans nous avertir?

HALI, *à don Pèdre.*

J'entre ici librement; mais entre cavaliers telle liberté est permise. Seigneur, suis-je connu de vous?

DON PÈDRE.

Non, seigneur.

HALI.

Je suis don Gilles d'Avalos ; et l'histoire d'Espagne vous doit avoir instruit de mon mérite.

DON PÈDRE.

Souhaitez-vous quelque chose de moi ?

HALI.

Oui, un conseil sur un fait d'honneur. Je sais qu'en ces matières il est malaisé de trouver un cavalier plus consommé que vous ; mais je vous demande pour grace que nous nous tirions à l'écart.

DON PÈDRE.

Nous voilà assez loin.

ADRASTE, *à don Pèdre qui le surprend parlant bas à Isidore.*

Elle a les yeux bleus.

HALI, *tirant don Pèdre pour l'éloigner d'Adraste et d'Isidore.*

Seigneur, j'ai reçu un soufflet. Vous savez ce qu'est un soufflet, lorsqu'il se donne à main ouverte sur le beau milieu de la joue. J'ai ce soufflet fort sur le cœur ; et je suis dans l'incertitude, si, pour me venger de l'affront, je dois me battre avec mon homme, ou bien le faire assassiner.

DON PÈDRE.

Assassiner, c'est le plus sûr et le plus court chemin. Quel est votre ennemi ?

HALI.

Parlons bas, s'il vous plaît.

(*Hali tient don Pèdre, en lui parlant, de façon qu'il ne peut voir Adraste.*)

ADRASTE, *aux genoux d'Isidore, pendant que don Pèdre et Hali parlent bas ensemble.*

Oui, charmante Isidore, mes regards vous le disent depuis plus de deux mois, et vous les avez entendus ; je vous aime plus que tout ce que l'on peut aimer, et je n'ai point d'autre pensée, d'autre but, d'autre passion, que d'être à vous toute ma vie.

ISIDORE.

Je ne sais si vous dites vrai ; mais vous persuadez.

ADRASTE.

Mais vous persuadè-je jusqu'à vous inspirer quelque peu de bonté pour moi ?

ISIDORE.

Je ne crains que d'en trop avoir.

ADRASTE.

En aurez-vous assez pour consentir, belle Isidore, au dessein que je vous ai dit ?

ISIDORE.

Je ne puis encore vous le dire.

ADRASTE.

Qu'attendez-vous pour cela ?

ISIDORE.

A me résoudre.

ADRASTE.

Ah ! quand on aime bien on se résout bientôt.

ISIDORE.

Hé bien ! allez, oui, j'y consens.

ADRASTE.

Mais, consentez-vous, dites-moi, que ce soit dès ce moment même ?

ISIDORE.

Lorsqu'on est une fois résolu sur la chose, s'arrête-t-on sur le temps ?

DON PÈDRE, *à Hali.*

Voilà mon sentiment, et je vous baise les mains.

HALI.

Seigneur, quand vous aurez reçu quelque soufflet, je suis homme aussi de conseil ; et je pourrais vous rendre la pareille.

DON PÈDRE.

Je vous laisse aller sans vous reconduire ; mais entre cavaliers cette liberté est permise.

ADRASTE, *à Isidore.*

Non, il n'est rien qui puisse effacer de mon cœur les tendres témoignages... (*à don Pèdre apercevant Adraste qui parle de près à Isidore.*) Je regardais ce petit trou qu'elle a au coté du menton ; et je croyais d'abord que ce fût une tache. Mais c'est assez pour aujourd'hui, nous finirons une autrefois. (*à don Pèdre, qui veut voir le portrait.*) Non, ne regardez rien encore ; faites serrer cela, je vous prie, (*à Isidore.*) et vous, je vous conjure de ne vous relâcher point, et de garder un esprit gai, pour le dessein que j'ai d'achever notre ouvrage.

ISIDORE.

Je conserverai pour cela toute la gaité qu'il faut.

SCENE XIV.

DON PÈDRE, ISIDORE.

ISIDORE.

Qu'en dites-vous ? Ce gentilhomme me paraît le plus civil du monde ; et l'on doit demeurer d'accord que les Français ont quelque chose en eux de poli, de galant, que n'ont point les autres nations.

DON PÈDRE.

Oui : mais ils ont cela de mauvais, qu'ils s'émancipent un peu trop, et s'attachent, en étourdis, à conter des fleurettes à toutes celles qu'ils rencontrent.

ISIDORE.

C'est qu'ils savent qu'on plaît aux dames par ces choses.

DON PÈDRE.

Oui ; mais s'ils plaisent aux dames, ils déplaisent fort aux messieurs ; et l'on n'est point bien aise de voir, sous sa moustache, cajoler hardiment sa femm ou sa maîtresse.

ISIDORE.

Ce qu'ils en font n'est que par jeu.

SCENE XV.

ZAIDE, DON PÈDRE, ISIDORE.

ZAÏDE.

h ! seigneur cavalier, sauvez-moi, s'il vous plaî des mains d'un mari furieux dont je suis poursuivi Sa jalousie est incroyable, et passe dans ses mouve ments tout ce qu'on peut imaginer. Il va jusqu'à vouloir que je sois toujours voilée ; et pour m'avoi trouvé le visage un peu découvert, il a mis l'épée la main, et m'a réduit à me jeter chez vous po vous demander votre appui contre son injustic Mais je le vois paraître. De grâce, seigneur cavalié sauvez-moi de sa fureur.

DON PÈDRE, *à Zaïde, lui montrant Isidore.*

Entrez là-dedans avec elle, et n'appréhendez ri

SCENE XVI.

ADRASTE, DON PÈDRE.

DON PÈDRE.

Hé quoi ! seigneur, c'est vous ! Tant de jalousie pour un Français ! je pensais qu'il n'y eût que nous qui en fussions capables.

ADRASTE.

Les Français excellent toujours dans toutes les choses qu'ils font ; et, quand nous nous mêlons d'être jaloux, nous le sommes vingt fois plus qu'un Sicilien. L'infame croit avoir trouvé chez vous un assuré refuge ; mais vous êtes trop raisonnable pour blâme mon ressentiment. Laissez-moi, je vous prie, la traiter comme elle le mérite.

DON PÈDRE.

Ah ! de grace, arrêtez. L'offense est trop petite pour un courroux si grand.

ADRASTE.

La grandeur d'une telle offense n'est pas dans l'importance des choses que l'on fait ; elle est à transgresser les ordres qu'on nous donne : et, sur de pareilles matières, ce qui n'est qu'une bagatelle, devient fort criminel lorsqu'il est défendu.

DON PÈDRE.

De la façon qu'elle a parlé, tout ce qu'elle en a fait a été sans dessein, et je vous prie enfin de vous remettre bien ensemble.

ADRASTE.

Hé quoi! vous prenez son parti, vous qui êtes si délicat sur ces sortes de choses

DON PEDRE.

Oui, je prends son parti, et, si vous voulez m'obliger, vous oublierez votre colère, et vous vous réconcilierez tous deux. C'est une grace que je vous demande; et je la recevrai comme un essai de l'amitié que je veux qui soit entre nous.

ADRASTE.

Il ne m'est pas permis, à ces conditions, de vous rien refuser. Je ferai ce que vous voudrez.

SCENE XVII.

ZAIDE, DON PÈDRE, ADRASTE, *dans un coin du théâtre.*

DON PEDRE, *à Zaïde.*

Holà! venez. Vous n'avez qu'à me suivre, et j'ai fait votre paix. Vous ne pouviez jamais mieux tomber que chez moi.

ZAÏDE.

Je vous suis obligée plus qu'on ne saurait croire; mais je m'en vais prendre mon voile; je n'ai garde, sans lui, de paraître à ses yeux.

SCENE XVIII.

DON PÈDRE, ADRASTE.

DON PEDRE.

La voici qui s'en va venir; et son ame, je vous assure, a paru toute réjouie lorsque je lui ai dit que j'avais raccommodé tout.

SCENE XIX.

ISIDORE, *sous le voile de Zaïde;* ADRASTE, DON PÈDRE.

DON PEDRE, *à Adraste.*

Puisque vous m'avez bien voulu abandonner votre ressentiment, trouvez bon qu'en ce lieu je vous fasse toucher dans la main l'un de l'autre, et que tous deux je vous conjure de vivre, pour l'amour de moi, dans une parfaite union.

ADRASTE.

Oui, je vous le promets que, pour l'amour de vous, je m'en vais, avec elle, vivre le mieux du monde.

DON PEDRE.

Vous m'obligez sensiblement, et j'en garderai la mémoire.

ADRASTE.

Je vous donne ma parole, seigneur don Pèdre, qu'à votre considération, je m'en vais la traiter du mieux qu'il me sera possible.

DON PEDRE.

C'est trop de grace que vous me faites. (*seul.*) Il est bon de pacifier et d'adoucir toujours les choses. Holà! Isidore, venez.

SCENE XX.

ZAIDE, DON PÈDRE.

DON PEDRE.

Comment! que veut dire celà?

ZAÏDE, *sans voile.*

Ce que cela veut dire? Qu'un jaloux est un monstre haï de tout le monde, et qu'il n'y a personne qui ne soit ravi de lui nuire, n'y eût-il point d'autre intérêt; que toutes les serrures et les verroux du monde ne retiennent point les personnes, et que c'est le cœur qu'il faut arrêter par la douceur et par la complaisance; qu'Isidore est entre les mains du cavalier qu'elle aime, et que vous êtes pris pour dupe.

DON PEDRE.

Don Pèdre souffrira cette injure mortelle! Non, non, j'ai trop de cœur, et je vais demander l'appui de la justice pour pousser le perfide à bout. C'est ici le logis d'un sénateur. Holà!

SCENE XXI.

UN SÉNATEUR, DON PÈDRE.

LE SÉNATEUR.

Serviteur, seigneur don Pèdre. Que vous venez à propos!

DON PEDRE.

Je viens me plaindre à vous d'un affront qu'on m'a fait.

LE SÉNATEUR.

J'ai fait une mascarade la plus belle du monde.

DON PEDRE.

Un traître de Français m'a joué une pièce.

LE SÉNATEUR.

Vous n'avez, dans votre vie, jamais rien vu de si beau.

DON PEDRE.

Il m'a enlevé une fille que j'avais affranchie.

LE SÉNATEUR.

Ce sont gens vêtus en Maures, qui dansent admirablement.

DON PEDRE.

Vous voyez si c'est une injure qui se doive souffrir

LE SÉNATEUR.

Les habits merveilleux, et qui sont faits exprès.

DON PEDRE.

Je demande l'appui de la justice contre cette action.

LE SÉNATEUR.

Je veux que vous voyiez cela. On va le répéter pour en donner le divertissement au peuple.

DON PEDRE.

Comment! de quoi parlez-vous là?

LE SÉNATEUR.

Je parle de ma mascarade.

DON PEDRE.

Je vous parle de mon affaire.

LE SÉNATEUR.

Je ne veux point aujourd'hui d'autres affaires que de plaisir. Allons, messieurs, venez. Voyons si cela ira bien.

DON PEDRE.

La peste soit du fou, avec sa mascarade!

LE SÉNATEUR.

Diantre soit le fâcheux avec son affaire!

SCENE XXII.

UN SÉNATEUR, TROUPE DE DANSEURS.

ENTRÉE DE BALLET.

Plusieurs danseurs, vêtus en Maures, dansent devant le sénateur, et finissent la comédie.

FIN DU SICILIEN.

LE TARTUFFE.

PRÉFACE.

Voici une comédie dont a fait beaucoup de bruit, qui a été longtemps persécutée ; et les gens qu'elle joue ont bien fait voir qu'ils étaient plus puissants en France que tous ceux que j'ai loués jusqu'ici. Les marquis, les précieuses, les cocus et les médecins ont souffert tout doucement qu'on les ait représentés ; et ils ont fait semblant de se divertir, avec tout le monde, des peintures que l'on a faites d'eux. Mais les hypocrites n'ont point entendu raillerie ; ils se sont effarouchés d'abord, et ont trouvé étrange que j'eusse la hardiesse de jouer leurs grimaces et de vouloir décrier un métier dont tant d'honnêtes gens se mêlent. C'est un crime qu'ils ne sauraient me pardonner, et ils se sont tous armés contre ma comédie avec une fureur épouvantable. Ils n'ont eu garde de l'attaquer par le côté qui les a blessés; ils sont trop politiques pour cela, et savent trop bien vivre pour découvrir le fond de leur ame. Suivant leur louable coutume, ils ont couvert leurs intérêts de la cause de Dieu; et le *Tartuffe*, dans leur bouche, est une pièce qui offense la piété. Elle est, d'un bout à l'autre, pleine d'abominations, et l'on n'y trouve rien qui ne mérite le feu : toutes les syllabes en sont impies ; les gestes même y sont criminels ; et le moindre coup d'œil, le moindre branlement de tête, le moindre pas à droite ou à gauche, y cachent des mystères qu'ils trouvent moyen d'expliquer à mon désavantage. J'ai eu beau la soumettre aux lumières de mes amis et à la censure de tout le monde ; les corrections que j'ai pu faire ; le jugement du roi et de la reine, qui l'ont vue, l'approbation des grands princes et de MM. les ministres, qui l'ont honorée publiquement de leur présence ; le témoignage des gens de bien qui l'ont trouvée profitable; tout cela n'a de rien servi : ils n'en veulent point démordre ; et tous les jours encore ils font crier en public de zélés indiscrets, qui me disent des injures pieusement, et me damnent par charité.

Je me soucierais fort peu de tout ce qu'ils peuvent dire, si ce n'était l'artifice qu'ils ont de me faire des ennemis que je respecte, et de jeter dans leur parti de véritables gens de bien, dont ils préviennent la bonne foi, et qui, par la chaleur qu'ils ont pour les intérêts du ciel, sont faciles à recevoir les impressions qu'on veut leur donner. Voilà ce qui m'oblige à me défendre. C'est aux vrais dévots que je veux partout me justifier sur la conduite de ma comédie ; et je les conjure de tout mon cœur de ne point condamner les choses avant que de les voir, de se défaire de toute prévention et de ne point servir la passion de ceux dont les grimaces les déshonorent.

Si l'on prend la peine d'examiner de bonne foi ma comédie, on verra sans doute que mes intentions y sont partout innocentes et qu'elle ne tend nullement à jouer les choses que l'on doit révérer ; que je l'ai traitée avec toutes les précautions que demandait la délicatesse de la matière ; et que j'ai mis tout l'art et tous les soins qu'il m'a été possible pour bien distinguer le personnage de l'hypocrite d'avec celui du vrai dévot. J'ai employé pour cela deux actes entiers à préparer la venue de mon scélérat. Il ne tient pas un seul moment l'auditeur en balance ; on le connaît d'abord aux marques que je lui donne ; et, d'un bout à l'autre, il ne dit pas un mot, il ne fait pas une action qui ne peigne aux spectateurs le caractère d'un méchant homme et ne fasse éclater celui du véritable homme de bien que je lui oppose.

Je sais bien que, pour réponse, ces messieurs tâchent d'insinuer que ce n'est point au théâtre à parler de ces matières ; mais je leur demande, avec leur permission, sur quoi ils fondent cette belle maxime. C'est une proposition qu'ils ne font que supposer et qu'ils ne prouvent en aucune façon ; et, sans doute, il ne serait pas difficile de leur faire voir que la comédie, chez les anciens, a pris son origine de la religion, et faisait partie de leurs mystères ; que les Espagnols nos voisins ne célèbrent guère de fête où la comédie ne soit mêlée, et que, même parmi nous, elle doit sa naissance aux soins d'une confrérie à qui appartient encore aujourd'hui l'hôtel de Bourgogne ; que c'est un lieu qui fut donné pour y représenter les plus importants mystères de notre foi ; qu'on en voit encore des comédies imprimées en lettres gothiques, sous le nom d'un docteur de Sorbonne ; et, sans aller chercher si loin, que l'on a joué, de notre temps, des pièces saintes de M. de Corneille, qui ont été l'admiration de toute la France.

Si l'emploi de la comédie est de corriger les vices des hommes, je ne vois pas par quelle raison il y en aura de privilégiés. Celui-ci est, dans l'état, d'une conséquence bien plus dangereuse que tous les autres, et nous avons vu que le théâtre a une grande vertu pour la correction. Les plus beaux traits d'une sérieuse morale sont moins puissants, le plus souvent, que ceux de la satyre ; et rien ne reprend mieux la plupart des hommes que la peinture de leurs défauts. C'est une grande atteinte aux vices que de les exposer à la risée de tout le monde. On souffre aisément des répréhensions, mais on ne souffre point la raillerie. On veut bien être méchant, mais on ne veut point être ridicule.

On me reproche d'avoir mis des termes de piété dans la bouche de mon imposteur. Hé! pouvais-je m'en empêcher pour bien représenter le caractère d'un hypocrite? Il suffit, ce me semble, que je fasse connaître les motifs criminels qui lui font dire les choses, et que j'en aie retranché les termes consacrés dont on aurait eu peine à lui entendre faire un mauvais usage. — Mais il débite au quatrième acte une morale pernicieuse. — Mais cette morale est-elle quelque chose dont tout le monde n'eût les oreilles rebattues? dit-elle rien de nouveau dans ma comédie? et peut-on craindre que des choses si généralement détestées fassent quelque impression dans les esprits, que je les rende dangereuses en les faisant monter sur le théâtre, qu'elles reçoivent quelque autorité de la bouche d'un scélérat? Il n'y a nulle apparence à cela, et l'on doit approuver la comédie du *Tartuffe*, ou condamner généralement toutes les comédies.

C'est à quoi l'on s'attache furieusement depuis un temps ; et jamais on ne s'était si fort déchaîné contre le théâtre. Je ne puis pas nier qu'il n'y ait eu des pères de l'Eglise qui ont condamné la comédie ; mais on ne peut pas me nier aussi qu'il n'y en ait eu quelques uns qui l'ont traitée un peu plus doucement. Ainsi l'autorité dont on prétend appuyer la censure est détruite par ce partage ; et toute la conséquence qu'on peut tirer de cette diversité d'opinions en des esprits éclairés des mêmes lumières, c'est qu'ils ont pris la comédie différemment, et que les uns l'ont considérée dans sa pureté, lorsque les autres l'ont regardée dans sa corruption, et confondue avec tous ces vilains spectacles qu'on a eu raison de nommer des spectacles de turpitude.

En effet, puisqu'on doit discourir des choses et non pas des mots, et que la plupart des contrariétés viennent de ne se pas entendre, et d'envelopper dans un même mot des choses opposées, il ne faut qu'ôter le voile de l'équivoque et regarder ce qu'est la comédie en soi, pour voir si elle est condamnable. On connaîtra, sans doute, que, n'étant autre chose qu'un poëme ingénieux, qui, par des leçons agréables, reprend les défauts des hommes, on ne saurait la censurer sans injustice. Et si nous voulions ouïr là-dessus le témoignage de l'antiquité, elle nous dira que ses plus célèbres philosophes ont donné des louanges à la comédie, eux qui faisaient profession d'une sagesse si austère et qui criaient sans cesse après les vices de leur siècle. Elle nous fera voir qu'Aristote a consacré des veilles au théâtre et s'est donné le soin de réduire en préceptes l'art de faire des comédies. Elle nous apprendra que ses plus grands hommes, et des premiers en dignité, ont fait gloire d'en composer eux-mêmes, qu'il y en a eu d'autres qui n'ont pas dédaigné de réciter en public celles qu'ils avaient composées; que la Grèce a fait pour cet art éclater son estime par les prix glorieux et par les superbes théâtres dont elle a voulu l'honorer; et que, dans Rome enfin, ce même art a reçu aussi des honneurs extraordinaires; je ne dis pas dans Rome débauchée, et sous la licence des empereurs, mais dans Rome disciplinée, sous la sagesse des consuls, et dans le temps de la vigueur de la vertu romaine.

J'avoue qu'il y a eu des temps où la comédie s'est corrompue. Et qu'est-ce que dans le monde on ne corrompt point tous les jours? il n'y a chose si innocente où les hommes ne puissent porter du crime, point d'art si salutaire dont ils ne soient capables de renverser les intentions, rien de si bon en soi qu'ils ne puissent tourner à de mauvais usages. La médecine est un art profitable, et chacun la révère comme une des plus excellentes choses que nous ayons; et cependant il y a eu des temps où elle s'est rendue odieuse, et souvent on en a fait un art d'empoisonner les hommes. La philosophie est un présent du ciel; elle nous a été donnée pour porter nos esprits à la connaissance d'un Dieu par la contemplation des merveilles de la nature : et pourtant on n'ignore pas que souvent on l'a détournée de son emploi, et qu'on l'a occupée publiquement à soutenir l'impiété. Les choses mêmes les plus saintes ne sont point à couvert de la corruption des hommes; et nous voyons des scélérats qui, tous les jours, abusent de la piété et la font servir méchamment aux crimes les plus grands. Mais on ne laisse pas pour cela de faire les distinctions qu'il est besoin de faire : on n'enveloppe point dans une fausse conséquence la bonté des choses que l'on corrompt avec la malice des corrupteurs : on sépare toujours le mauvais usage d'avec l'intention de l'art : et, comme on ne s'avise point de défendre la médecine pour avoir été bannie de Rome, ni la philosophie pour avoir été condamnée publiquement dans Athènes, on ne doit point aussi vouloir interdire la comédie pour avoir été censurée en de certains temps. Cette censure a eu ses raisons, qui ne subsistent point ici; elle s'est enfermée dans ce qu'elle a pu voir, et nous ne devons point la tirer des bornes qu'elle s'est données, l'étendre plus loin qu'il ne faut, et lui faire embrasser l'innocent avec le coupable. La comédie qu'elle a eu dessein d'attaquer n'est point du tout la comédie que nous voulons défendre : il se faut bien garder de confondre celle-là avec celle-ci. Ce sont deux personnes de qui les mœurs sont tout à fait opposées. Elles n'ont aucun rapport l'une avec l'autre que la ressemblance du nom; et ce serait une injustice épouvantable que de vouloir condamner Olimpe qui est femme de bien, parce qu'il y a une Olimpe qui a été une débauchée. De semblables arrêts, sans doute, feraient un grand désordre dans le monde; il n'y aurait rien par là qui ne fût condamné; et, puisque l'on ne garde point cette rigueur à tant de choses dont on abuse tous les jours, on doit bien faire la même grace à la comédie, et approuver les pièces de théâtre où l'on verra régner l'instruction et l'honnêteté.

Je sais qu'il y a des esprits dont la délicatesse ne peut souffrir aucune comédie; qui disent que les plus honnêtes sont les plus dangereuses; que les passions que l'on y dépeint sont d'autant plus touchantes qu'elles sont pleines de vertu, et que les ames sont attendries par ces sortes de représentations. Je ne vois pas quel grand crime c'est que de s'attendrir à la vue d'une passion honnête : et c'est un haut étage de vertu que cette pleine insensibilité où ils veulent faire monter notre ame. Je doute qu'une si grande perfection soit dans les forces de la nature humaine; et je ne sais s'il n'est pas mieux de travailler à rectifier et adoucir les passions des hommes que de vouloir les retrancher entièrement. J'avoue qu'il y a des lieux qu'il vaut mieux fréquenter que le théâtre; et, si l'on veut blâmer toutes les choses qui ne regardent pas directement Dieu et notre salut, il est certain que la comédie en doit être; et je ne trouve point mauvais qu'elle soit condamnée avec le reste : mais, supposé, comme il est vrai, que les exercices de la piété souffrent des intervalles, et que les hommes aient besoin de divertissement, je soutiens qu'on ne leur en peut trouver un qui soit plus innocent que la comédie. Je me suis étendu trop loin : finissons par le mot d'un grand prince sur la comédie du *Tartuffe*.

Huit jours après qu'elle eut été défendue, on représenta, devant la cour, une pièce intitulée : *Scaramouche ermite;* et le roi, en sortant, dit au grand prince que je veux dire : « Je voudrais bien savoir « pourquoi les gens qui se scandalisent si fort de la « comédie de Molière ne disent mot de celle de Sca- « ramouche. » A quoi le prince répondit : « La rai- « son de cela, c'est que la comédie de Scaramouche « joue le ciel et la religion, dont ces messieurs-là ne « se soucient point : mais celle de Molière les joue « eux-mêmes; c'est ce qu'ils ne peuvent souffrir. »

PREMIER PLACET

PRESENTÉ AU ROI,

Sur la comédie du Tartuffe, qui n'avait pas encore été représentée en public.

SIRE,

Le devoir de la comédie étant de corriger les hommes en les divertissant, j'ai cru que, dans l'emploi où je me trouve, je n'avais rien de mieux à faire que d'attaquer par des peintures ridicules les vices de mon siècle; et, comme l'hypocrisie, sans doute, en est un des plus en usage, des plus incommodes et des plus dangereux, j'avais eu, SIRE, la pensée que je ne rendrais pas un petit service à tous les honnêtes gens de votre royaume, si je faisais une comédie qui décriât les hypocrites, et mît en vue, comme il faut, toutes les grimaces étudiées de ces gens de bien à outrance, toutes les friponneries couvertes de ces faux monnayeurs en dévotion, qui veulent attraper les hommes avec un zèle contrefait et une charité sophistiquée.

Je l'ai faite, SIRE, cette comédie, avec tout le soin, comme je crois, et toutes les circonspections que pouvait demander la délicatesse de la matière; et, pour mieux conserver l'estime et le respect qu'on doit aux vrais dévots, j'en ai distingué, le plus que j'ai pu, le caractère que j'avais à toucher. Je n'ai point laissé d'équivoque, j'ai ôté ce qui pouvait confondre le bien avec le mal, et ne me suis servi dans cette peinture que des couleurs expresses et des traits essentiels qui font reconnaître d'abord un véritable et franc hypocrite.

Cependant toutes mes précautions ont été inutiles. On a profité, SIRE, de la délicatesse de votre âme sur les matières de religion, et l'on a su vous prendre par l'endroit seul que vous êtes prenable, je veux dire par le respect des choses saintes. Les tartuffes, sous main, ont eu l'adresse de trouver grace auprès de votre majesté; et les originaux enfin ont fait supprimer la copie, quelque innocente qu'elle fût et quelque ressemblante qu'on la trouvât.

Bien que ce m'ait été un coup sensible que la suppression de cet ouvrage, mon malheur pourtant était adouci par la manière dont votre majesté s'était expliquée sur ce sujet; et j'ai cru, SIRE, qu'elle m'ôtait tout lieu de me plaindre, ayant eu la bonté de déclarer qu'elle ne trouvait rien à dire dans cette comédie qu'elle me défendait de produire en public.

Mais malgré cette glorieuse déclaration du plus grand roi du monde et du plus éclairé, malgré l'approbation encore de M. le légat! et de la plus grande partie de nos prélats, qui tous, dans nos lectures particulières que je leur ai faites de mon ouvrage, se sont trouvés d'accord avec les sentiments de votre majesté; malgré tout cela, dis-je, on voit un livre composé par le curé de... qui donne hautement un démenti a tous ces augustes témoignages. Votre majesté a beau dire, et M. le legat et MM. les prélats ont beau donner leur jugement, ma comédie, sans l'avoir vue, est diabolique, et diabolique mon cerveau; je suis un démon vêtu de chair et habillé en homme, un libertin, un impie digne d'un supplice exemplaire. Ce n'est pas assez que le feu expie en public mon offense, j'en serais quitte à trop bon marché: le zèle charitable de ce galant homme de bien n'a garde de demeurer là; il ne veut point que j'aie de miséricorde auprès de Dieu, il veut absolument que je sois damné, c'est une affaire résolue.

Ce livre, SIRE, a été présenté à votre majesté: et sans doute, elle jugera bien elle-même combien il m'est fâcheux de me voir exposé tous les jours aux insultes de ces messieurs; quel tort me feront dans le monde de telles calomnies, s'il faut qu'elles soient tolérées; et quel intérêt j'ai enfin à me purger de son imposture, et à faire voir au public que ma comédie n'est rien moins que ce qu'on veut qu'elle soit. Je ne dirai point, SIRE, ce que j'aurais à demander pour ma réputation, et pour justifier à tout le monde l'innocence de mon ouvrage: les éclairés, comme vous, n'ont pas besoin qu'on leur marque ce qu'on souhaite; ils voient comme Dieu, ce qu'il nous faut, et savent mieux que nous ce qu'ils nous doivent accorder. Il me suffit de mettre mes intérêts entre les mains de votre majesté, et j'attends d'elle, avec respect, tout ce qu'il lui plaira d'ordonner là-dessus.

SECOND PLACET

Présenté au roi, dans son camp, devant la ville de Lille em Flandre, par les sieurs de la Thorillière et la Grange, comédiens de sa majesté, et compagnons du sieur Molière, sur la défense qui fut faite le 6 *août* 1667 *de représenter le Tartuffe, jusqu'à nouvel ordre de sa majesté.*

SIRE,

C'est une chose bien téméraire à moi que de venir importuner un grand monarque au milieu de ses glorieuses conquêtes; mais, dans l'état où je me vois, où trouver, SIRE, une protection qu'au lieu où je la viens chercher? Et qui puis-je solliciter contre l'autorité de la puissance qui m'accable, que la source de la puissance et de l'autorité, que le juste dispensateur des ordres absolus, que le souverain juge et le maître de toutes choses?

Ma comédie, SIRE, n'a pu jouir ici des bontés de votre majesté. En vain je l'ai produite sous le titre de l'*Imposteur*, et déguisé le personnage sous l'ajustement d'un homme du monde; j'ai eu beau lui donner un petit chapeau, de grands cheveux, un grand collet, une épée, et des dentelles sur tout l'habit, mettre en plusieurs endroits des adoucissements, et retrancher avec soin tout ce que j'ai jugé capable de fournir l'ombre d'un prétexte aux célèbres originaux du portrait que je voulais faire : tout cela n'a de rien servi. La cabale s'est réveillée aux simples conjectures qu'ils ont pu avoir de la chose. Ils ont trouvé moyen de surprendre des esprits qui, dans toute autre matière, font une haute profession de ne se point laisser surprendre. Ma comédie n'a pas plutôt paru, qu'elle s'est vue foudroyee par le coup d'un pouvoir qui doit imposer du respect; et tout ce que j'ai pu faire en cette rencontre pour me sauver moi-même de l'éclat de cette tempête, c'est de dire que votre majesté avait eu la bonté de m'en permettre la représentation, et que je n'avais pas cru qu'il fût besoin de demander cette permission à d'autres, puisqu'il n'y avait qu'elle seule qui me l'eût défendue.

Je ne doute point, SIRE, que les gens que je peins dans ma comédie ne remuent bien des ressorts auprès de votre majesté, et ne jettent dans leur parti, comme ils l'ont déjà fait, de véritables gens de bien, qui sont d'autant plus prompts à se laisser tromper, qu'ils jugent d'autrui par eux-mêmes. Ils ont l'art de donner de belles couleurs à toutes leurs intentions. Quelque mine qu'ils fassent, ce n'est point du tout l'intérêt de Dieu qui les peut émouvoir; ils l'ont assez montré dans les comédies qu'ils ont souffert qu'on ait jouées tant de fois en public, sans en dire le moindre mot. Celles-là n'attaquaient que la piété et la religion, dont ils se soucient fort peu : mais celle-ci les attaque et les joue eux-mêmes; c'est ce qu'ils ne peuvent souffrir. Ils ne sauraient me pardonner de dévoiler leurs impostures aux yeux de tout le monde; et, sans doute, on ne manquera pas de dire à votre majesté que chacun s'est scandalisé de ma comédie. Mais la vérité pure, SIRE, c'est que tout Paris ne s'est scandalisé que de la défense qu'on en a faite; que les plus scrupuleux en ont trouvé la représentation profitable, et qu'on s'est étonné que des personnes d'une probité si connue aient eu une si grande déférence pour des gens qui devraient être l'horreur de tout le monde, et sont si opposés à la véritable piété dont elles font profession.

J'attends, avec respect, l'arret que votre majesté daignera prononcer sur cette matière : mais il est très assuré, SIRE, qu'il ne faut plus que je songe à faire des comédies, si les tartuffes ont l'avantage;

qu'ils prendront droit par-là de me persécuter plus que jamais, et voudront trouver à redire aux choses les plus innocentes qui pourront sortir de ma plume.

Daignent vos bontés, SIRE, me donner une protection contre leur rage envenimée ! et puissè-je, au retour d'une campagne si glorieuse, délasser votre majesté des fatigues de ses conquêtes, lui donner d'innocents plaisirs après de si nobles travaux, et faire rire le monarque qui fait trembler toute l'Europe!

TROISIÈME PLACET

Présenté au roi le 5 février 1669.

SIRE,

Un fort honnête médecin, dont j'ai l'honneur d'être le malade, me promet et veut s'obliger pardevant notaires de me faire vivre encore trente années, si je puis lui obtenir une grace de votre majesté. Je lui ai dit, sur sa promesse, que je ne lui demandais pas tant, et que je serais satisfait de lui, pourvu qu'il s'obligeât de ne me point tuer. Cette grace, SIRE, est un canonicat de votre chapelle royale de Vincennes, vacant par la mort de...

Oserais-je demander encore cette grace à votre majesté le propre jour de la grande résurrection de Tartuffe, ressuscité par vos bontés ? Je suis par cette première faveur réconcilié avec les dévots, et je le serais par cette seconde avec les médecins. C'est pour moi, sans doute, trop de graces à la fois ; mais peut-être n'en est-ce pas trop pour votre majesté : et j'attends avec un peu d'espérance respectueuse la réponse de mon placet.

PERSONNAGES.

Madame PERNELLE, mère d'Orgon.
ORGON, mari d'Elmire.
ELMIRE, femme d'Orgon.
DAMIS, fils d'Orgon.
MARIANE, fille d'Orgon.
VALÈRE, amant de Mariane.
CLÉANTE, beau frère d'Orgon.
TARTUFFE, faux dévot.
DORINE, suivante de Mariane.
Monsieur LOYAL, sergent.
UN EXEMPT.
FLIPOTE, servante de madame Pernelle

La scène est à Paris, dans la maison d'Orgon.

LE TARTUFFE.

ACTE PREMIER.

SCENE PREMIÈRE.

MADAME PERNELLE, ELMIRE, MARIANE, CLÉANTE, DAMIS, DORINE, FLIPOTE.

MADAME PERNELLE.
Allons, Flipote, allons; que d'eux je me délivre.

ELMIRE.
Vous marchez d'un tel pas, qu'on a peine à vous suivre.

MADAME PERNELLE.
Laissez, ma bru, laissez ; ne venez pas plus loin :
Ce sont toutes façons dont je n'ai pas besoin.

ELMIRE.
De ce que l'on vous doit envers vous l'on s'acquitte.
Mais, ma mère, d'où vient que vous sortez si vite ?

MADAME PERNELLE.
C'est que je ne puis voir tout ce ménage-ci,
Et que de me complaire on ne prend nul souci.
Oui, je sors de chez vous fort mal édifiée :
Dans toutes mes leçons j'y suis contrariée ;
On n'y respecte rien, chacun y parle haut,
Et c'est tout justement la cour du roi Pétaud.

DORINE.
Si...

MADAME PERNELLE.
Vous êtes, ma mie, une fille suivante,
Un peu trop forte en gueule, et fort impertinente ;
Vous vous mêlez sur tout de dire votre avis.

DAMIS.
Mais..

MADAME PERNELLE.
Vous êtes un sot, en trois lettres, mon fils ;
C'est moi qui vous le dis, qui suis votre grand'mère ;
Et j'ai prédit cent fois à mon fils, votre père,
Que vous preniez tout l'air d'un méchant garnement,
Et ne lui donneriez jamais que du tourment.

MARIANE.
Je crois...

MADAME PERNELLE.
Mon Dieu ! sa sœur, vous faites la discrète,
Et vous n'y touchez pas, tant vous semblez doucette !
Mais il n'est, comme on dit, pire eau que l'eau qui dort;
Et vous menez, sous cape, un train que je hais fort.

ELMIRE.
Mais, ma mère...

MADAME PERNELLE.
Ma bru, qu'il ne vous en déplaise,
Votre conduite en tout est tout à fait mauvaise;
Vous devriez leur mettre un bon exemple aux yeux ;
Et leur défunte mère en usait beaucoup mieux.
Vous êtes dépensière ; et cet état me blesse,
Que vous alliez vêtue ainsi qu'une princesse.
Quiconque à son mari veut plaire seulement,
Ma bru, n'a pas besoin de tant d'ajustement.

CLÉANTE.
Mais, madame, après tout...

MADAME PERNELLE.
Pour vous, monsieur son frère,
Je vous estime fort, vous aime, et vous révère :
Mais enfin, si j'étais de mon fils, son époux,
Je vous prierais bien fort de n'entrer point chez nous.
Sans cesse vous prêchez des maximes de vivre,
Qui par d'honnêtes gens ne se doivent point suivre.
Je vous parle un peu franc ; mais c'est là mon humeur.
Et je ne mâche point ce que j'ai sur le cœur.

DAMIS
Votre monsieur Tartuffe est bien heureux, sans doute...

MADAME PERNELLE.
C'est un homme de bien qu'il faut que l'on écoute ;

Et je ne puis souffrir, sans me mettre en courroux,
De le voir querellé par un fou comme vous.

DAMIS.

Quoi, je souffrirai, moi, qu'un cagot de critique
Vienne usurper céans un pouvoir tyrannique;
Et que nous ne puissions à rien nous divertir,
Si ce beau monsieur-là n'y daigne consentir?

DORINE.

S'il le faut écouter et croire à ses maximes,
On ne peut faire rien qu'on ne fasse des crimes;
Car il contrôle tout, ce critique zélé.

MADAME PERNELLE.

Et tout ce qu'il contrôle est fort bien contrôlé.
C'est au chemin du ciel qu'il prétend vous conduire;
Et mon fils à l'aimer vous devrait tous induire.

DAMIS.

Non, voyez-vous, ma mère, il n'est père, ni rien,
Qui me puisse obliger à lui vouloir du bien :
Je trahirais mon cœur de parler d'autre sorte.
Sur ses façons de faire à tous coups je m'emporte :
J'en prévois une suite, et qu'avec ce pied-plat
Il faudra que j'en vienne à quelque grand éclat.

DORINE.

Certes, c'est une chose aussi qui scandalise,
De voir qu'un inconnu céans s'impatronise;
Qu'un gueux, qui, quand il vint n'avait pas de souliers,
Et dont l'habit entier valait bien six deniers,
En vienne jusque-là que de se méconnaître,
De contrarier tout, et de faire le maître.

MADAME PERNELLE.

Hé ! merci de ma vie ! il en irait bien mieux
Si tout se gouvernait par ses ordres pieux.

DORINE.

Il passe pour un saint dans votre fantaisie:
Tout son fait, croyez-moi, n'est rien qu'hypocrisie.

MADAME PERNELLE.

Voyez la langue !

DORINE.

A lui, non plus qu'à son Laurent,
Je ne me fierais moi que sur un bon garant.

MADAME PERNELLE.

J'ignore ce qu'au fond le serviteur peut-être ;
Mais pour homme de bien je garantis le maître.
Vous ne lui voulez mal et ne le rebutez
Qu'à cause qu'il vous dit à tous vos vérités.
C'est contre le péché que son cœur se courrouce,
Et l'intérêt du ciel est tout ce qui le pousse.

DORINE.

Oui; mais pourquoi, surtout depuis un certain temps,
Ne saurait-il souffrir qu'aucun hante céans ?
En quoi blesse le ciel une visite honnête,
Pour en faire un vacarme à nous rompre la tête?
Veut-on que là-dessus je m'explique entre nous !...
(*montrant Elmire.*)
Je crois que de madame il est, ma foi, jaloux.

MADAME PERNELLE.

Taisez-vous, et songez aux choses que vous dites.
Ce n'est pas lui tout seul qui blâme ces visites :
Tout ce tracas qui suit les gens que vous hantez,
Ces carrosses sans cesse à la porte plantés,
Et de tant de laquais le bruyant assemblage,
Font un éclat fâcheux dans tout le voisinage.
Je veux croire qu'au fond il ne se passe rien:
Mais enfin on en parle; et cela n'est pas bien.

CLÉANTE.

Hé ! voulez-vous, madame, empêcher qu'on ne [cause ?
Ce serait dans la vie une fâcheuse chose,
Si, pour les sots discours où l'on peut être mis,
Il fallait renoncer à ses meilleurs amis.
Et quand même on pourrait se résoudre à le faire,
Croiriez-vous obliger tout le monde à se taire?
Contre la médisance il n'est point de rempart.
A tous les sots caquets n'ayons donc nul égard :
Efforçons-nous de vivre avec toute innocence,
Et laissons aux causeurs une pleine licence.

DORINE.

Daphné, notre voisine, et son petit époux,
Ne seraient-ils point ceux qui parlent mal de nous?
Ceux de qui la conduite offre le plus à rire
Sont toujours sur autrui les premiers à médire :
Ils ne manquent jamais de saisir promptement
L'apparente lueur du moindre attachement,
D'en semer la nouvelle avec beaucoup de joie,
Et d'y donner le tour qu'ils veulent qu'on y croie·
Des actions d'autrui, teintes de leurs couleurs,
Ils pensent dans le monde autoriser les leurs,
Et, sous le faux espoir de quelque ressemblance,
Aux intrigues qu'ils ont donner de l'innocence,
Ou faire ailleurs tomber quelques traits partagés
De ce blâme public dont ils sont trop chargés.

MADAME PERNELLE.

Tous ces raisonnements ne font rien à l'affaire.
On sait qu'Orante mène une vie exemplaire ;
Tous ses soins vont au ciel ; et j'ai su par des gens
Qu'elle condamne fort le train qui vient céans.

DORINE.

L'exemple est admirable, et cette dame est bonne !
Il est vrai qu'elle vit en austère personne ;
Mais l'âge dans son ame a mis ce zèle ardent,
Et l'on sait qu'elle est prude à son corps défendant.
Tant qu'elle a pu des cœurs attirer les hommages,
Elle a fort bien joui de tous ses avantages :
Mais voyant de ses yeux tous les brillants baisser,
Au monde qui la quitte elle veut renoncer,
Et du voile pompeux d'une haute sagesse
De ses attraits usés déguiser la faiblesse.
Ce sont là les retours des coquettes du temps :
Il leur est dur de voir déserter les galants.
Dans un tel abandon, leur sombre inquiétude
Ne voit d'autre recours que le métier de prude ;
Et la sévérité de ces femmes de bien
Censure toute chose, et ne pardonne à rien ;
Hautement d'un chacun elles blâment la vie,
Non point par charité, mais par un trait d'envie
Qui ne saurait souffrir qu'un autre ait les plaisirs
Dont le penchant de l'âge a sevré leurs désirs.

MADAME PERNELLE, *à Elmire.*

Voilà les contes bleus qu'il vous faut pour vous plaire,
Ma bru. L'on est chez vous contrainte de se taire :
Car madame, à jaser, tient le dé tout le jour.
Mais enfin je prétends discourir à mon tour :
Je vous dis que mon fils n'a rien fait de plus sage
Qu'en recueillant chez soi ce dévot personnage ;
Que le ciel au besoin l'a céans envoyé
Pour redresser à tous votre esprit fourvoyé ;
Que, pour votre salut, vous le devez entendre ;
Et qu'il ne reprend rien qui ne soit à reprendre.
Ces visites, ces bals, ces conversations,
Sont du malin esprit toutes inventions.
Là, jamais on n'entend de pieuses paroles ;
Ce sont propos oisifs, chansons et fariboles :
Bien souvent le prochain en a sa bonne part,
Et l'on y sait médire et du tiers et du quart.
Enfin les gens sensés ont leurs têtes troublées
De la confusion de telles assemblées :
Mille caquets divers s'y font en moins de rien ;
Et, comme l'autre jour un docteur dit fort bien,
C'est véritablement la tour de Babylone,
Car chacun y babille, et tout du long de l'aune :
Et pour conter l'histoire où ce point l'engagea...
(*montrant Cléante.*)
Voilà-t-il pas monsieur qui ricane déjà !
Allez chercher vos fous qui vous donnent à rire,
(*à Elmire.*)
Et sans... Adieu, ma bru ; je ne veux plus rien dire.
Sachez que pour céans j'en rabats de moitié,
Et qu'il fera beau temps quand j'y mettrai le pied.
(*donnant un soufflet à Flipote.*)
Allons, vous, vous rêvez et bayez aux corneilles.
Jour de Dieu ! je saurai vous frotter les oreilles.
Marchons, gaupe, marchons.

SCENE II.

CLÉANTE, DORINE.

CLÉANTE.

Je n'y veux point aller,
De peur qu'elle ne vînt encor me quereller ;
Que cette bonne femme...

DORINE.

Ah! certes, c'est dommage
Qu'elle ne vous ouït tenir un tel langage;
Elle vous dirait bien qu'elle vous trouve bon,
Et qu'elle n'est point d'âge à lui donner ce nom,

CLÉANTE.

Comme elle s'est pour rien contre nous échauffée,
Et que de son Tartuffe elle paraît coiffée!

DORINE.

Oh! vraiment, tout cela n'est rien au prix du fils :
Et, si vous l'aviez vu, vous diriez : c'est bien pis!
Nos troubles l'avaient mis sur le pied d'homme sage,
Et, pour servir son prince, il montra du courage :
Mais il est devenu comme un homme hébêté,
Depuis que de Tartuffe on le voit entêté;
Il l'appelle son frère, et l'aime dans son ame
Cent fois plus qu'il ne fait mère, fils, fille, et femme.
C'est de tous ses secrets l'unique confident,
Et de ses actions le directeur prudent;
Il le choie, il l'embrasse; et pour une maîtresse
On ne saurait, je pense, avoir plus de tendresse.
A table, au plus haut bout il veut qu'il soit assis:
Avec joie il l'y voit manger autant que six;
Les bons morceaux de tout, il faut qu'on les lui cède;
Et, s'il vient à rotter, il lui dit, Dieu vous aide!
Enfin il en est fou; c'est son tout, son héros;
Il l'admire à tous coups, le cite à tous propos;
Ses moindres actions lui semblent des miracles,
Et tous les mots qu'il dit sont pour lui des oracles.
Lui, qui connaît sa dupe, et qui veut en jouir,
Par cent dehors fardés a l'art de l'éblouir;
Son cagotisme en tire, à toute heure, des sommes,
Et prend droit de gloser sur tous tant que nous sommes.
Il n'est pas jusqu'au fat qui lui sert de garçon
Qui ne se mêle aussi de nous faire leçon;
Il vient nous sermoner avec des yeux farouches,
Et jeter nos rubans, notre rouge et nos mouches.
Le traître, l'autre jour, nous rompit de ses mains
Un mouchoir qu'il trouva dans une Fleur des Saints,
Disant que nous mêlions, par un crime effroyable,
Avec la sainteté les parures du diable.

SCENE III.

ELMIRE, MARIANE, DAMIS, CLÉANTE, DORINE.

ELMIRE, *à Cléante.*

Vous êtes bien heureux de n'être point venu
Au discours qu'à la porte elle nous a tenu.
Mais j'ai vu mon mari, comme il ne m'a point vue,
Je veux aller là-haut attendre sa venue.

CLÉANTE.

Moi, je l'attends ici pour moins d'amusement;
Et je vais lui donner le bon jour seulement.

SCENE IV.

CLÉANTE, DAMIS, DORINE.

DAMIS.

De l'hymen de ma sœur touchez-lui quelque chose.
J'ai soupçon que Tartuffe à son effet s'oppose,
Qu'il oblige mon père à des détours si grands;
Et vous n'ignorez pas quel intérêt j'y prends.
Si même ardeur enflamme et ma sœur et Valère,
La sœur de cet ami, vous le savez, m'est chère?
Et s'il fallait...

DORINE.

Il entre.

SCENE V.

ORGON, CLÉANTE, DORINE.

ORGON.

Ah! mon frère, bon jour.

CLÉANTE.

Je sortais, et j'ai joie à vous voir de retour.
La campagne à présent n'est pas beaucoup fleurie.

ORGON.

(*à Cléante.*)
Dorine... Mon beau-frère, attendez, je vous prie.
Vous voulez bien souffrir, pour m'ôter de souci,
Que je m'informe un peu des nouvelles d'ici.
(*à Dorine.*)
Tout s'est-il, ces deux jours, passé de bonne sorte?
Qu'est-ce qu'on fait céans? comme est-ce qu'on s'y [porte?

DORINE.

Madame eut avant hier la fièvre jusqu'au soir,
Avec un mal de tête étrange à concevoir.

ORGON.

Et Tartuffe?

DORINE.

Tartuffe! il se porte à merveille,
Gros et gras, le teint frais, et la bouche vermeille.

ORGON.

Le pauvre homme!

DORINE.

Le soir, elle eût un grand dégoût,
Et ne put, au souper, toucher à rien du tout,
Tant sa douleur de tête était encore cruelle!

ORGON.

Et Tartuffe?

DORINE.

Il soupa, lui tout seul, devant elle;
Et fort dévotement il mangea deux perdrix,
Avec une moitié de gigot en hachis.

ORGON.

Le pauvre homme!

DORINE.

La nuit se passa tout entière
Sans qu'elle pût fermer un moment sa paupière,
Des chaleurs l'empêchaient de pouvoir sommeiller.
Et jusqu'au jour, près d'elle, il nous fallut veiller.

ORGON.

Et Tartuffe?

DORINE.

Pressé d'un sommeil agréable,
Il passa dans sa chambre au sortir de la table;
Et dans son lit bien chaud il se mit tout soudain,
Où, sans trouble, il dormit jusques au lendemain.

ORGON.

Le pauvre homme!

DORINE.

A la fin, par nos raisons gagnée,
Elle se résolut à souffrir la saignée,
Et le soulagement suivit tout aussitôt.

ORGON.

Et Tartuffe!

DORINE.

Il reprit courage comme il faut,
Et, contre tous les maux fortifiant son âme,
Pour réparer le sang qu'avait perdu madame,
But, à son déjeuner quatre grands coups de vin.

ORGON.

Le pauvre homme!

DORINE.

Tous deux se portent bien enfin
Et je vais à madame annoncer, par avance,
La part que vous prenez à sa convalescence.

SCENE VI.

ORGON, CLÉANTE.

CLÉANTE.

A votre nez, mon frère, elle se rit de vous
Et, sans avoir dessein de vous mettre en courroux,
Je vous dirai tout franc que c'est avec justice.
A-t-on jamais parlé d'un semblable caprice?
Et se peut-il qu'un homme ait un charme aujourd'hui
A vous faire oublier toutes choses pour lui,
Qu'après avoir chez vous réparé sa misère.
Vous en veniez au point...

ORGON.

Alte-là, mon beau-frère
Vous ne connaissez pas celui dont vous parlez.

CLÉANTE

Je ne le connais pas, puisque vous le voulez;
Mais enfin, pour savoir quel homme ce peut-être...

ORGON.

Mon frère, vous seriez charmé de le connaître.

Et vos ravissements ne prendraient point de fin.
C'est un homme... qui... ah! un homme... un [homme enfin...
Qui suit bien ses leçons, goûte une paix profonde,
Et comme du fumier regarde tout le monde.
Oui, je deviens tout autre avec son entretien;
Il m'enseigne à n'avoir affection pour rien,
De toutes amitiés il détache mon ame;
Et je verrais mourir frère, enfants, mère, et femme,
Que je m'en soucierais autant que de cela.

CLÉANTE.

Les sentiments humains, mon frère, que voilà!

ORGON.

Ah! si vous aviez vu comme j'en fis rencontre,
Vous auriez pris pour lui l'amitié que je montre.
Chaque jour à l'église il venait, d'un air doux,
Tout vis à vis de moi se mettre à deux genoux.
Il attirait les yeux de l'assemblée entière
Par l'ardeur dont au ciel il poussait sa prière;
Il faisait des soupirs, de grands élancements,
Et baisait humblement la terre à tous moments:
Et, lorsque je sortais, il me devançait vite
Pour m'aller, à la porte, offrir de l'eau bénite.
Instruit par son garçon, qui dans tout l'imitait,
Et de son indigence et de tout ce qu'il était,
Je lui faisais des dons: mais, avec modestie,
Il me voulait toujours en rendre une partie.
C'est trop, me disait-il, *c'est trop de la moitié;*
Je ne mérite pas de vous faire pitié.
Et quand je refusais de le vouloir reprendre,
Aux pauvres, à mes yeux, il allait le répandre.
Enfin le ciel chez moi me le fit retirer,
Et depuis ce temps-là tout semble y prospérer.
Je vois qu'il reprend tout, et qu'à ma femme même
Il prend pour mon honneur, un intérêt extrême;
Il m'avertit des gens qui lui font les yeux doux,
Et plus que moi six fois il s'en montre jaloux.
Mais vous ne croirez point jusqu'où monte son zèle:
Il s'impute à péché la moindre bagatelle;
Un rien presque suffit pour le scandaliser;
Jusques-là qu'il se vint, l'autre jour, accuser
D'avoir pris une puce en faisant sa prière,
Et de l'avoir tuée avec trop de colère.

CLÉANTE.

Parbleu! vous êtes fou, mon frère, que je croi.
Avec de tels discours vous moquez-vous de moi?
Et que prétendez-vous? Que tout ce badinage...

ORGON.

Mon frère, ce discours sent le libertinage:
Vous en êtes un peu dans votre ame entiché;
Et, comme je vous l'ai plus de dix fois prêché,
Vous vous attirerez quelque méchante affaire.

CLÉANTE.

Voilà de vos pareils le discours ordinaire:
Ils veulent que chacun soit aveugle comme eux.
C'est être libertin que d'avoir de bons yeux;
Et qui n'adore pas de vaines simagrées,
N'a ni respect ni foi pour les choses sacrées.
Allez: tous vos discours ne me font point de peur;
Je sais comme je parle, et le ciel voit mon cœur.
De tous vos façonniers on n'est point les esclaves.
Il est de faux dévots ainsi que de faux braves:
Et comme on ne voit pas qu'où l'honneur les conduit
Les vrais braves soient ceux qui font beaucoup de bruit,
Les bons et vrais dévots, qu'on doit suivre à la trace,
Ne sont pas ceux aussi qui font tant de grimace.
Hé quoi! vous ne ferez nulle distinction
Entre l'hypocrisie et la dévotion?
Vous les voulez traiter d'un semblable langage,
Et rendre même honneur au masque qu'au visage,
Egaler l'artifice à la sincérité,
Confondre l'apparence avec la vérité,
Estimer le fantôme autant que la personne,
Et la fausse monnaie à l'égal de la bonne?
Les hommes la plupart sont étrangement faits;
Dans la juste nature on ne les voit jamais:
La raison a pour eux des bornes trop petites
En chaque caractère il passe ses limites;
Et la plus noble chose, ils la gâtent souvent
Pour la vouloir outrer et pousser trop avant.
Que cela vous soit dit en passant, mon beau-frère.

ORGON.

Oui, vous êtes sans doute un docteur qu'on révère;
Tout le savoir du monde est chez vous retiré;
Vous êtes le seul sage et le seul éclairé,
Un oracle, un Caton dans le siècle où nous sommes;
Et près de vous ce sont des sots que tous les hommes.

CLÉANTE.

Je ne suis point, mon frère, un docteur révéré;
Et le savoir chez moi n'est pas tout retiré;
Mais, en un mot, je sais, pour toute ma science,
Du faux avec le vrai faire la différence.
Et comme je ne vois nul genre de héros
Qui soit plus à priser que les parfaits dévots,
Aucune chose au monde et plus noble et plus belle
Que la sainte ferveur d'un véritable zèle,
Aussi ne vois-je rien qui soit plus odieux
Que le dehors plâtré d'un zèle spécieux,
Que ces francs charlatans, que ces dévots de place,
De qui la sacrilège et trompeuse grimace
Abuse impunément, et se joue, à leur gré,
De ce qu'ont les mortels de plus saint et sacré;
Ces gens qui, par une ame à l'intérêt soumise,
Font de dévotion métier et marchandise,
Et veulent acheter crédit et dignités
A prix de faux clins d'yeux et d'élans affectés;
Ces gens, dis-je, qu'on voit d'une ardeur non commune
Par le chemin du ciel courir à leur fortune;
Qui, brûlants et priants, demandent chaque jour,
Et prêchent la retraite au milieu de la cour:
Qui savent ajuster leur zèle avec leurs vices,
Sont prompts, vindicatifs, sans foi, pleins d'artifices!
Et pour perdre quelqu'un couvrent insolemment
De l'intérêt du ciel leur fier ressentiment;
D'autant plus dangereux dans leur âpre colère,
Qu'ils prennent contre nous des armes qu'on révère,
Et que leur passion, dont on leur sait bon gré
Vient nous assassiner avec un fer sacré:
De ce faux caractère on en voit trop paraître.
Mais les dévots de cœur sont aisés à connaître.
Notre siècle, mon frère, en expose à nos yeux
Qui peuvent nous servir d'exemples glorieux
Regardez Ariston, regardez Périandre,
Oronte, Alcidamas, Polydore, Clitandre;
Ce titre par aucune ne leur est débattu;
Ce ne sont point du tout fanfarons de vertu;
On ne voit point en eux ce faste insupportable,
Et leur dévotion est humaine et traitable:
Ils ne censurent point toutes nos actions,
Ils trouvent trop d'orgueil dans ces corrections,
Et, laissant la fierté des paroles aux autres,
C'est par leurs actions qu'ils reprennent les nôtres,
L'apparence du mal a chez eux peu d'appui,
Et leur ame est portée à juger bien d'autrui.
Point de cabale en eux, point d'intrigues à suivre;
On les voit, pour tous soins, se mêler de bien vivre.
Jamais contre un pécheur ils n'ont d'acharnement,
Ils attachent leur haine au péché seulement,
Et ne veulent point prendre, avec un zèle extrême,
Les intérêts du ciel plus qu'il ne veut lui-même.
Voilà mes gens, voilà comme il en faut user,
Voilà l'exemple enfin qu'il se faut proposer.
Votre homme, à dire vrai, n'est pas de ce modèle:
C'est de fort bonne foi que vous vantez son zèle;
Mais par un faux éclat je vous crois ébloui.

ORGON.

Monsieur mon cher beau-frère, avez-vous tout dit!

CLÉANTE.

Oui.

ORGON, *s'en allant*

Je suis votre valet.

CLÉANTE.

De grace, un mot, mon frère,
Laissons-là ce discours. Vous savez que Valère
Pour être votre gendre, a parole de vous.

ORGON.

Oui.

CLÉANTE.

Vous aviez pris jour pour un lieu si doux.

ORGON.

Il est vrai.

CLÉANTE.

Pourquoi donc en différer la fête?

ORGON.

Je ne sais.

CLÉANTE.

Auriez-vous autre pensée en tête?

ORGON.

Peut-être.

CLÉANTE.

Vous voulez manquer à votre foi?

ORGON.

Je ne dis pas cela.

CLÉANTE.

Nul obstacle, je crois,
Ne vous peut empêcher d'accomplir vos promesses.

ORGON.

Selon.

CLÉANTE

Pour dire un mot faut-il tant de finesses?
Valère, sur ce point, me fait vous visiter.

ORGON.

Le ciel en soit loué?

CLÉANTE.

Mais que lui reporter?

ORGON.

Tout ce qu'il vous plaira.

CLÉANTE.

Mais il est nécessaire
De savoir vos desseins. Quels sont-ils donc?

ORGON.

De faire
Ce que le ciel voudra.

CLÉANTE.

Mais parlons tout de bon.
Valère a votre foi; la tiendrez-vous, ou non?

ORGON.

Adieu.

CLÉANTE.

Pour son amour je crains une disgrace,
Et je dois l'avertir de tout ce qui se passe.

FIN DU PREMIER ACTE.

ACTE SECOND.

SCÈNE PREMIERE.

ORGON, MARIANE.

ORGON.

Mariane.

MARIANE.

Mon père.

ORGON.

Approchez, j'ai de quoi
Vous parler en secret.

MARIANE, *à Orgon, qui regarde dans un cabinet.*

Que cherchez-vous?

ORGON.

Je voi
Si quelqu'un n'est point là qui pourrait nous entendre
Car ce petit endroit est propre pour surprendre.
Or sus, nous voilà bien. J'ai, Mariane, en vous
Reconnu de tout temps un esprit assez doux,
Et de tout temps aussi vous m'avez été chère.

MARIANE.

Je suis fort redevable à cet amour de père.

ORGON.

C'est fort bien dit, ma fille; et pour le mériter,
Vous devez n'avoir soin que de me contenter.

MARIANE.

C'est où je mets aussi ma gloire la plus haute.

ORGON.

Fort bien. Que dites-vous de Tartuffe notre hôte?

MARIANE.

Qui? moi?

ORGON.

Vous. Voyez bien comme vous répondrez.

MARIANE.

Hélas! j'en dirai, moi, tout ce que vous voudrez.

SCÈNE II.

ORGON, MARIANE, DORINE, *entrant doucement, et se tenant derrière Orgon, sans être vue.*

ORGON.

C'est parler sagement... Dites-moi donc, ma fille,
Qu'en toute sa personne un haut mérite brille,
Qu'il touche votre cœur, et qu'il vous serait doux
De le voir, par mon choix, devenir votre époux.
Hé!

MARIANE.

Hé!

ORGON.

Qu'est-ce?

MARIANE.

Plaît-il?

ORGON:

Quoi?

MARIANE.

Me suis-je méprise?

ORGON.

Comment?

MARIANE.

Qui voulez-vous, mon père, que je dis
Qui me touche le cœur, et qu'il me serait doux
De voir, par votre choix, devenir mon époux?

ORGON.

Tartuffe.

MARIANE.

Il n'en est rien, mon père, je vous jure.
Pourquoi me faire dire une telle imposture?

ORGON.

Mais je veux que cela soit une vérité;
Et c'est assez pour vous que je l'aie arrêté.

MARIANE.

Quoi! vous voulez, mon père...?

ORGON.

Oui, je prétends, ma fille,
Unir, par votre hymen, Tartuffe à ma famille.
Il sera votre époux j'ai résolu cela,

(*apercevant Dorine.*)
Et comme sur vos vœux je... Que faites-vous là?
La curiosité qui vous presse est bien forte,
Ma mie, à nous venir écouter de la sorte.

DORINE.

Vraiment, je ne sais pas si c'est un bruit qui part
De quelque conjecture, ou d'un coup de hasard;
Mais de ce mariage on m'a dit la nouvelle,
Et j'ai traité cela de pure bagatelle.

ORGON.

Quoi donc! la chose est-elle incroyable.

DORINE.

A tel point
Que vous même, monsieur, je ne vous en crois point.

ORGON.

Je sais bien le moyen de vous le faire croire.

DORINE.

Oui! oui! vous nous contez une plaisante histoire.

ORGON.

Je conte justement ce qu'on verra dans peu.

DORINE.

Chansons!

ORGON.

Ce que je dis, ma fille n'est point jeu.

DORINE.

Allez, ne croyez point à monsieur votre père;
Il raille.

ORGON.

Je vous dis...

DORINE.

Non; vous avez beau faire,
On ne vous croira point.

ORGON.

A la fin mon courroux...

DORINE.

Hé bien! on vous croit donc; et c'est tant pis pour vous.
Quoi! se peut-il, monsieur, qu'avec l'air d'homme sage,
Et cette large barbe au milieu du visage,
Vous soyez assez fou pour vouloir...?

ORGON.

Ecoutez.
Vous avez pris céans certaines privautés
Qui ne me plaisent point; je vous le dis, mamie.

DORINE.

Parlons sans nous fâcher, monsieur, je vous supplie.
Vous moquez-vous des gens d'avoir fait ce complot?
Votre fille n'est point l'affaire d'un bigot:
Il a d'autres emplois auxquels il faut qu'il pense.
Et puis, que vous apporte une telle alliance?
A quel sujet aller, avec tout votre bien,
Choisir un gendre gueux...?

ORGON.

Taisez-vous. S'il n'a rien,
Sachez que c'est par là qu'il faut qu'on le révère
Sa misère est sans doute une honnête misère;
Au-dessus des grandeurs elle doit l'élever;
Puisqu'enfin de son bien il s'est laissé priver
Par son trop peu de soin des choses temporelles,
Et sa puissante attache aux choses eternelles.
Mais mon secours pourra lui donner les moyens
De sortir d'embarras, et rentrer dans ses biens:
Ce sont fiefs qu'à bon titre au pays on renomme;
Et, tel que l'on le voit, il est bien gentilhomme.

DORINE.

Oui, c'est lui qui le dit; et cette vanité,
Monsieur, ne sied pas bien avec la piété
Qui d'une sainte vie embrasse l'innocence
Ne doit point tant prôner son nom et sa naissance:
Et l'humble procédé de la dévotion
Souffre mal les éclats de cette ambition.
A quoi bon cet orgueil?... Mais ce discours vous blesse:
Parlons de sa personne, et laissons sa noblesse.
Ferez-vous possesseur, sans quelque peu d'ennui,
D'une fille comme elle un homme comme lui?
Et ne devez-vous pas songer aux bienséances,
Et de cette union prévoir les conséquences?
Sachez que d'une fille on risque la vertu,
Lorsque dans son hymen son goût est combattu;
Que le dessein d'y vivre en honnête personne
Dépend des qualités du mari qu'on lui donne;
Et que ceux dont partout on montre au doigt le front
Font leurs femmes souvent ce qu'on voit qu'elles sont.
Il est bien difficile enfin d'être fidèle
A de certains maris faits d'un certain modèle;
Et qui donne à sa fille un homme qu'elle hait
Est responsable au ciel des fautes qu'elle fait.
Songez à quels périls votre dessein vous livre.

ORGON.

Je vous dis qu'il me faut apprendre d'elle à vivre!

DORINE.

Vous n'en feriez que mieux de suivre mes leçons.

ORGON.

Ne nous amusons point, ma fille, à ces chansons;
Je sais ce qu'il vous faut, et je suis votre père.
J'avais donné pour vous ma parole à Valère:
Mais outre qu'à jouer on dit qu'il est enclin,
Je le soupçonne encor d'être un peu libertin;
Je ne remarque point qu'il hante les églises.

DORINE.

Voulez-vous qu'il y coure à vos heures précises
Comme ceux qui n'y vont que pour être aperçus?

ORGON.

Je ne demande pas votre avis là-dessus.
Enfin avec le ciel l'autre est le mieux du monde,
Et c'est une richesse à nulle autre seconde.
Cet hymen de tous biens comblera vos désirs,
Il sera tout confit en douceurs et plaisirs.
Ensemble vous vivrez, dans vos ardeurs fidèles,
Comme deux vrais enfants, comme deux tourterelles
A nul fâcheux débat jamais vous n'en viendrez;
Et vous ferez de lui tout ce que vous voudrez.

DORINE.

Elle! elle n'en fera qu'un sot, je vous assure.

ORGON.

Ouais! quels discours!

DORINE.

Je dis qu'il en a l'encolure,
Et que son ascendant, monsieur, l'emportera
Sur toute la vertu que votre fille aura.

ORGON.

Cessez de m'interrompre, et songez à vous taire,
Sans mettre votre nez où vous n'avez que faire.

DORINE.

Je n'en parle, monsieur, que pour votre intérêt.

ORGON.

C'est prendre trop de soin; taisez-vous, s'il vous plaît.

DORINE.

Si l'on ne vous aimait...

ORGON.

Je ne veux pas qu'on m'aime.

DORINE.

Et je veux vous aimer, monsieur, malgré vous-même.

ORGON.

Ah!

DORINE.

Votre honneur m'est cher, et je ne puis souffrir
Qu'aux brocards d'un chacun vous alliez vous offrir.

ORGON.

Vous ne vous tairez point!

DORINE.

C'est une conscience
Que de vous laisser faire une telle alliance.

ORGON.

Te tairas-tu, serpent, dont les traits effrontés...?

DORINE.

Ah! vous êtes dévot, et vous vous emportez!

ORGON.

Oui, ma bile s'échauffe à toutes ces fadaises,
Et tout résolument je veux que tu te taises.

DORINE.

Soit, mais, ne disant mot, je n'en pense pas moins.

ORGON.

Pense, si tu le veux; mais applique tes soins
(*à sa fille.*)
A ne m'en point parler, ou... Suffit... Comme sage,
J'ai pesé mûrement toutes choses.

DORINE, *à part.*

J'enrage
De ne pouvoir parler.

ORGON.

Sans être damoiseau,
Tartuffe est fait de sorte...

DORINE, *à part.*

Oui, c'est un beau museau.

ORGON.

Que quand tu n'aurais même aucune sympathie
Pour tous les autres dons...

DORINE, *à part*.

La voilà bien lotie!

(*Orgon se tourne du coté de Dorine, et, les bras croisés, l'écoute et la regarde en face.*)

Si j'étais en sa place, un homme assurément
Ne m'épouserait pas de force impunément;
Et je lui ferais voir, bientôt après la fête,
Qu'une femme a toujours une vengeance prête.

ORGON, *à Dorine*.

Donc de ce que je dis on ne fera nul cas?

DORINE.

De quoi vous plaignez-vous? Je ne vous parle pas.

ORGON.

Qu'est-ce que tu fais donc?

DORINE.

Je me parle à moi-même.

ORGON, *à part*.

Fort bien. Pour châtier son insolence extrême,
Il faut que je lui donne un revers de ma main.

(*Il se met en posture de donner un soufflet à Dorine; et, à chaque mot qu'il dit à sa fille, il se tourne pour regarder Dorine, qui se tient droite sans parler.*)

Ma fille, vous devez approuver mon dessein...
Croire que le mari... que j'ai su vous élire..,

(*à Dorine.*)

Que ne te parles-tu?

DORINE.

Je n'ai rien à me dire.

ORGON.

Encore un petit mot.

DORINE.

Il ne me plaît pas, moi.

ORGON.

Certes je t'y guettais.

DORINE.

Quelle sotte, ma foi!..

ORGON.

Enfin, ma fille, il faut payer d'obéissance,
Et montrer pour mon choix entière déférence.

DORINE, *en s'enfuyant*.

Je me moquerais fort de prendre un tel époux.

ORGON, *après avoir manqué de donner un soufflet à Dorine*.

Vous avez là, ma fille, une peste avec vous,
Avec qui, sans péché, je ne saurais plus vivre.
Je me sens hors d'état maintenant de poursuivre.
Ses discours insolents m'on mis l'esprit en feu,
Et je vais prendre l'air pour me rasseoir un peu.

SCÈNE III.

MARIANE, DORINE.

DORINE.

Avez-vous donc perdu, dites-moi, la parole?
Et faut-il qu'en ceci je fasse votre rôle?
Souffrir qu'on vous propose un projet insensé,
Sans que du moindre mot vous l'ayez repoussé?

MARIANE.

Contre un père absolu que veux-tu que je fasse?

DORINE.

Ce qu'il faut pour parer une telle menace.

MARIANE.

Quoi?

DORINE.

Lui dire qu'un cœur n'aime pas par autrui;
Que vous vous mariez pour vous, non pas pour lui;
Qu'étant celle pour qui se fait toute l'affaire,
C'est à vous, non à lui, que le mari doit plaire;
Et que si son Tartuffe est pour lui si charmant,
Il le peut épouser sans nul empêchement.

MARIANE.

Un père, je l'avoue, a sur nous tant d'empire,
Que je n'ai jamais eu la force de rien dire.

DORINE.

Mais raisonnons. Valère a fait pour vous des pas:
L'aimez-vous, je vous prie, ou ne l'aimez-vous pas?

MARIANE.

Ah! qu'envers mon amour ton injustice est grande,
Dorine! me dois-tu faire cette demande?
T'ai-je pas là-dessus ouvert cent fois mon cœur?
Et sais-tu pas pour lui jusqu'où va mon ardeur?

DORINE.

Que sais-je si le cœur a parlé par la bouche,
Et si c'est tout de bon que cet amour vous touche?

MARIANE.

Tu me fais un grand tort, Dorine, d'en douter;
Et mes vrais sentiments ont su trop éclater.

DORINE.

Enfin, vous l'aimez donc?

MARIANE.

Oui d'une ardeur extrême.

DORINE.

Et selon l'apparence il vous aime de même?

MARIANE.

Je le crois.

DORINE.

Et tous deux brûlez également
De vous voir mariés ensemble?

MARIANE.

Assurément.

DORINE.

Sur cette autre union quelle est donc votre attente?

MARIANE.

De me donner la mort, si l'on me violente.

DORINE.

Fort bien. C'est un recours où je ne songeais pas.
Vous n'avez qu'à mourir pour sortir d'embarras.
Le remède sans doute est merveilleux. J'enrage
Lorsque j'entends tenir ces sortes de langage.

MARIANE.

Mon Dieu! de quelle humeur, Dorine, tu te rends?
Tu ne compatis point aux déplaisirs des gens.

DORINE.

Je ne compatis point à qui dit des sornettes,
Et dans l'occasion mollit comme vous faites.

MARIANE.

Mais que veux-tu? si j'ai de la timidité...

DORINE.

Mais l'amour dans un cœur veut de la fermeté.

MARIANE.

Mais n'en gardè-je point pour les feux de Valère?
Et n'est-ce pas à lui de m'obtenir d'un père?

DORINE.

Mais quoi! si votre père est un bourru fieffé,
Qui s'est de son Tartuffe entièrement coiffé,
Et manque à l'union qu'il avait arrêtée,
La faute à votre amant doit-elle être imputée?

MARIANE.

Mais, par un haut refus et d'éclatants mépris,
Ferai-je dans mon choix, voir un cœur trop épris?
Sortirai-je pour lui, quelque éclat dont il brille,
De la pudeur du sexe, et du devoir de fille?
Et veux-tu que mes feux par le monde étalés...?

DORINE.

Non, non, je ne veux rien. Je vois que vous voulez
Être à monsieur Tartuffe; et j'aurais, quand j'y pense,
Tort de vous détourner d'une telle alliance.
Quelle raison aurai-je à combattre vos vœux?
Le parti de soi-même est fort avantageux.
Monsieur Tartuffe! oh! oh! n'est-ce rien qu'on propose?
Certes, monsieur Tartuffe, à bien prendre la chose.
N'est pas un homme, non, qui se mouche du pied;
Et ce n'est pas peu d'heur que d'être sa moitié.
Tout le monde déjà de gloire le couronne;
Il est noble chez lui, bien fait de sa personne;
Il a l'oreille rouge et le teint bien fleuri:
Vous vivrez trop contente avec un tel mari.

MARIANE.

Mon Dieu!...

DORINE.

Quelle allégresse aurez-vous dans votre ame,
Quand d'un époux si beau vous vous verrez la femme!

MARIANE.

Ah! cesse, je te prie, un semblable discours;
Et contre cet hymen ouvre-moi du secours.
C'en est fait, je me rends, et suis prête à tout faire.

DORINE.

Non, il faut qu'une fille obéisse à son père,
Voulût-il lui donner un singe pour époux.
Votre sort est fort beau: de quoi vous plaignez-vous?
Vous irez par le coche en sa petite ville,
Qu'en oncles et cousins vous trouverez fertile,

Et vous vous plairez fort à les entretenir.
D'abord chez le beau monde on vous fera venir.
Vous irez visiter, pour votre bien venue,
Madame la baillive et madame l'élue,
Qui d'un siége pliant vous feront honorer.
Là, dans le carnaval, vous pourrez espérer
Le bal et la grand'bande, à savoir, deux musettes,
Et parfois Fagotin et les marionettes;
Si pourtant votre époux...

MARIANE.

Ah! tu me fais mourir
De tes conseils plutôt songe à me secourir.

DORINE.

Je suis votre servante.

MARIANE.

Hé! Dorine, de grace...

DORINE.

Il faut pour vous punir que cette affaire passe.

MARIANE.

Ma pauvre fille!

DORINE.

Non.

MARIANE.

Si mes vœux déclarés...

DORINE.

Point. Tartuffe est votre homme, et vous en tâterez.

MARIANE.

Tu sais qu'à toi toujours je me suis confiée:
Fais-moi...

DORINE.

Non, vous serez, ma foi, tartuffiée

MARIANE.

Hé bien! puisque mon sort ne saurait t'émouvoir,
Laisse-moi désormais toute à mon désespoir:
C'est de lui que mon cœur empruntera de l'aide;
Et je sais de mes maux l'infaillible remède.
(*Mariane veut s'en aller.*)

DORINE.

Hé! là, là, revenez. Je quitte mon courroux,
Il faut nonobstant tout avoir pitié de vous.

MARIANE.

Vois-tu, si l'on m'expose à ce cruel martyre,
Je te le dis, Dorine, il faudra que j'expire.

DORINE.

Ne vous tourmentez point. On peut adroitement
Empêcher... Mais voici Valère, votre amant.

SCÈNE IV.

VALÈRE, MARIANE, DORINE.

VALÈRE.

On vient de débiter, madame, une nouvelle
Que je ne savais pas, et qui sans doute est belle.

MARIANE.

Quoi?

VALÈRE.

Que vous épousez Tartuffe.

MARIANE.

Il est certain
Que mon père s'est mis en tête ce dessein.

VALÈRE.

Votre père, madame!...

MARIANE.

A changé de visée:
La chose vient par lui de m'être proposée.

VALÈRE.

Quoi! sérieusement?

MARIANE.

Oui, sérieusement.
Il s'est pour cet hymen déclaré hautement.

VALÈRE.

Et quel est le dessein où votre ame s'arrête,
Madame?

MARIANE.

Je ne sais.

VALÈRE.

La réponse est honnête.
Vous ne savez?

MARIANE.

Non.

VALÈRE.

Non?

MARIANE.

Que me conseillez-vous?

VALÈRE.

Je vous conseille, moi, de prendre cet époux.

MARIANE.

Vous me le conseillez?

VALÈRE

Oui.

MARIANE.

Tout de bon?

VALÈRE.

Sans doute.
Le choix est glorieux, et vaut bien qu'on l'écoute.

MARIANE.

Hé bien! c'est un conseil, monsieur, que je reçois.

VALÈRE.

Vous n'aurez pas gran'dpeine à le suivre, je crois.

MARIANE.

Pas plus qu'à le donner en a souffert votre ame.

VALÈRE.

Moi, je vous l'ai donné pour vous plaire, madame.

MARIANE.

Et moi, je le suivrai pour vous faire plaisir.

DORINE, *se retirant dans le fond du théâtre.*

Voyons ce qui pourra de ceci réussir.

VALÈRE.

C'est donc ainsi qu'on aime? et c'était tromperie
Quand vous...

MARIANE.

Ne parlons point de cela, je vous prie.
Vous m'avez dit tout franc que je dois accepter
Celui que pour époux on me veut présenter:
Et je déclare, moi, que je prétends le faire,
Puisque vous m'en donnez le conseil salutaire.

VALÈRE.

Ne vous excusez point sur mes intentions.
Vous aviez pris déjà vos résolutions;
Et vous vous saisissiez d'un prétexte frivole
Pour vous autoriser à manquer de parole.

MARIANE.

Il est vrai, c'est bien dit.

VALÈRE.

Sans doute; et votre cœur
N'a jamais eu pour moi de veritable ardeur.

MARIANE.

Hélas! permis à vous d'avoir cette pensée.

VALÈRE.

Oui, oui, permis à moi: mais mon ame offensée
Vous préviendra peut-être en un pareil dessein;
Et je sais où porter et mes vœux et ma main.

MARIANE.

Ah! je n'en doute point; et les ardeurs qu'excite
Le mérite...

VALÈRE.

Mon Dieu! laissons là le mérite;
J'en ai fort peu, sans doute, et vous en faites foi.
Mais j'espère aux bontés qu'une autre aura pour moi;
Et j'en sais de qui l'ame, à ma retraite ouverte,
Consentira sans honte à réparer ma perte.

MARIANE.

La perte n'est pas grande; et de ce changement
Vous vous consolerez assez facilement.

VALÈRE.

J'y ferai mon possible; et vous le pouvez croire.
Un cœur qui nous oublie engage notre gloire;
Il faut à l'oublier mettre aussi tous nos soins:
Si l'on n'en vient à bout, on le doit feindre au moins;
Et cette lâcheté jamais ne se pardonne,
De montrer de l'amour pour qui nous abandonne.

MARIANE.

Ce sentiment, sans doute, est noble et relevé.

VALÈRE.

Fort bien; et d'un chacun il doit être approuvé.
Hé quoi! vous voudriez qu'à jamais dans mon ame
Je gardasse pour vous les ardeurs de ma flamme,
Et vous visse, à mes yeux, passer en d'autres bras,
Sans mettre ailleurs un cœur dont vous ne voulez pas?

MARIANE.

Au contraire; pour moi, c'est ce que je souhaite;
Et je voudrais déjà que la chose fût faite.

VALÈRE.

Vous le voudriez?

MARIANE.

Oui.

VALÈRE.

C'est assez m'insulter,

M Jame, et, de ce pas, je vais vous contenter.

(*Il fait un pas pour s'en aller.*)

MARIANE.

Fort bien.

VALÈRE, *revenant.*

Souvenez-vous au moins que c'est vous-même
Qui contraignez mon cœur à cet effort extrême.

MARIANE.

Oui.

VALÈRE, *revenant encore.*

Et que le dessein que mon ame conçoit
N'est rien qu'à votre exemple.

MARIANE.

A mon exemple, soit.

VALÈRE, *en sortant.*

suffit : vous allez être à point nommé servie.

MARIANE.

Tant mieux.

VALERE, *revenant encore.*

Vous me voyez, c'est pour toute ma vie.

MARIANE.

la bonne heure.

VALÈRE, *se retournant lorsqu'il est prêt à sortir.*

Hé?

MARIANE.

Quoi?

VALÈRE.

Ne m'appelez-vous pas?

MARIANE.

Moi! Vous rêvez.

VALÈRE.

Hé bien! je poursuis donc mes pas.
Adieu, madame. (*Il s'en va lentement.*)

MARIANE.

Adieu, monsieur.

DORINE, *à Mariane.*

Pour moi je pense
ne vous perdez l'esprit par cette extravagance;
Et je vous ai laissés tout du long quereller,
Pour voir où tout cela pourrait enfin aller.
Holà, seigneur Valère.

(*Elle arrête Valère par le bras.*)

VALERE, *feignant de résister.*

Hé! que veux-tu, Dorine?

DORINE.

Venez ici.

VALÈRE.

Non, non, le dépit me domine.
Ne me détourne point de ce qu'elle a voulu.

DORINE.

Arrêtez.

VALÈRE.

Non, vois-tu, c'est un point résolu.

DORINE.

Ah!

MARIANE, *à part.*

Il souffre à me voir, ma présence le chasse;
Et je ferai bien mieux de lui quitter la place.

DORINE, *quittant Valère et courant après Mariane*

A l'autre! Où courez-vous?

MARIANE.

Laisse.

DORINE.

Il faut revenir.

MARIANE.

Non, non, Dorine; en vain tu me veux retenir.

VALERE, *à part.*

Je vois bien que ma vue est pour elle un supplice;
Et, sans doute, il vaut mieux que je l'en affranchisse.

DORINE, *quittant Mariane, et courant après Valère.*

Encor! Diantre soit fait de vous! Si... Je le veux.
Cessez ce badinage; et venez çà tous deux.
(*Elle prend Valère et Mariane par la main et les ramène.*)

VALERE, *à Dorine.*

Mais, quel est ton dessein?

MARIANE, *à Dorine.*

Qu'est-ce que tu veux faire?

DORINE.

Vous bie remettre ensemble, et vous tirer d'affaire.
(*à Valère.*)
Êtes-vous fou d'avoir un pareil démêlé?

VALERE.

N'as-tu pas entendu comme elle m'a parlé?

DORINE, *à Mariane.*

Êtes-vous folle, vous, de vous être emportée?

MARIANE.

N'as-tu pas vu la chose, et comme il m'a traitée?

DORINE.

(*à Valère.*)
Sottise des deux parts. Elle n'a d'autre soin
Que de se conserver à vous, j'en suis témoin.
(*à Mariane.*)
Il n'aime que vous seule, et n'a point d'autre envie
Que d'être votre époux, j'en réponds sur ma vie.

MARIANE, *à Valère*

Pourquoi donc me donner un semblable conseil?

VALERE, *à Mariane.*

Pourquoi m'en demander sur un sujet pareil?

DORINE.

Vous êtes fous tous deux. Ça, la main l'un et l'autre.
(*à Valère.*)
Allons, vous.

VALERE, *en donnant sa main à Dorine*

A quoi bon ma main?

DORINE, *à Mariane.*

Ah çà! la vôtre.

MARIANE, *en donnant aussi sa main.*

De quoi sert tout cela?

DORINE.

Mon Dieu! vite, avancez.
Vous vous aimez tous deux plus que vous ne pensez.
(*Valère et Mariane se tiennent quelque temps par la main, sans se regarder.*)

VALERE, *se tournant vers Mariane*

Mais ne faites donc point les choses avec peine;
Et regardez un peu les gens sans nulle haine.
(*Mariane se tourne du côté de Valère, en lui souriant.*)

DORINE.

A vous dire le vrai, les amants sont bien fous!

VALERE, *à Mariane.*

Oh ça! n'ai-je pas lieu de me plaindre de vous?
Et, pour n'en point mentir, n'êtes-vous pas méchante
De vous plaire à me dire une chose affligeante?

MARIANE.

Mais vous, n'êtes-vous pas l'homme le plus ingrat...?

DORINE.

Pour une autre saison laissons tout ce débat,
Et songeons à parer ce fâcheux mariage.

MARIANE.

Dis-nous donc quels ressorts il faut mettre en usage.

DORINE.

Nous en ferons agir de toutes les façons.
(*à Mariane.*) (*à Valère.*)
Votre père se moque; et ce sont des chansons.
(*à Mariane.*)
Mais, pour vous, il vaut mieux qu'à son extravagance,
D'un doux consentement vous prêtiez l'apparence,
Afin qu'en cas d'alarme il vous soit plus aisé
De tirer en longueur cet hymen proposé.
En attrapant du temps, à tout on remédie.
Tantôt vous payerez de quelque maladie,
Qui viendra tout à coup, et voudra des délais,
Tantôt vous payerez de présages mauvais;
Vous aurez fait d'un mort la rencontre fâcheuse,
Cassé quelque miroir, ou songé d'eau bourbeuse;
Enfin le bon de tout, c'est qu'à d'autres qu'à lui
On ne peut vous lier que vous ne disiez oui.
Mais, pour bien réussir, il est bon, ce me semble,
Qu'on ne vous trouve point tous deux parlant ensemble.
(*à Valère.*)
Sortez; et, sans tarder, employez vos amis
Pour vous faire tenir ce qu'on vous a promis.
Nous allons réveiller les efforts de son frère,
Et dans notre parti jeter la belle-mère.
Adieu.

VALERE, *à Mariane.*

Quelques efforts que nous préparions tous,
Ma plus grande espérance, à vrai dire, est en vous.

MARIANE, *à Valère.*
Je ne vous réponds pas des volontés d'un père;
Mais je ne serai point à d'autre qu'à Valère.

VALÈRE.
Que vous me comblez d'aise! Et quoi que puisse oser...

DORINE.
Ah! jamais les amants ne sont las de jaser.
Sortez, vous dis-je.

VALÈRE, *revenant sur ses pas.*
Enfin...

DORINE.
Quel caquet est le vôtre!
Tirez de cette part; et vous, tirez de l'autre.
(*Dorine les pousse chacun par l'épaule, et les oblige de se séparer.*)

FIN DU SECOND ACTE.

ACTE III.

SCENE PREMIÈRE

DAMIS, DORINE.

DAMIS.
Que la foudre, sur l'heure, achève mes destins,
Qu'on me traite partout du plus grand des faquins;
S'il est aucun respect ni pouvoir qui m'arrête,
Et si je ne fais pas quelque coup de ma tête!

DORINE.
De grace, modérez un tel emportement,
Votre père n'a fait qu'en parler simplement.
On n'exécute pas tout ce qui se propose,
Et le chemin est long du projet à la chose.

DAMIS.
Il faut que de ce fat j'arrête les complots,
Et qu'à l'oreille un peu je lui dise deux mots.

DORINE.
Ah! tout doux envers lui, comme envers votre père,
Laissez agir les soins de votre belle-mère.
Sur l'esprit de Tartuffe elle a quelque crédit;
Il se rend complaisant à tout ce qu'elle dit,
Et pourrait bien avoir douceur de cœur pour elle.
Plût à Dieu qu'il fût vrai! la chose serait belle.
Enfin, votre intérêt l'oblige à le mander;
Sur l'hymen qui vous trouble elle veut le sonder,
Savoir ses sentiments, et lui faire connaître
Quels fâcheux démêlés il pourra faire naître,
S'il faut qu'à ce dessein il prête quelque espoir.
Son valet dit qu'il prie; et je n'ai pu le voir;
Mais ce valet m'a dit qu'il s'en allait descendre.
Sortez donc, je vous prie, et me laissez l'attendre.

DAMIS.
Je puis être présent à tout cet entretien

DORINE.
Point. Il faut qu'ils soient seuls.

DAMIS.
Je ne lui dirai rien.

DORINE.
Vous vous moquez; on sait vos transports ordinaires;
Et c'est le vrai moyen de gâter les affaires.
Sortez.

DAMIS.
Non, je veux voir, sans me mettre en courroux.

DORINE.
Que vous êtes fâcheux! Il vient. Retirez-vous.
(*Damis va se cacher dans un cabinet qui est au fond du théâtre.*)

SCENE II.

TARTUFFE, DORINE.

TARTUFFE, *parlant haut a son valet qui est dans la maison, dès qu'il aperçoit Dorine.*
Laurent, serrez ma haire avec ma discipline,
Et priez que toujours le ciel vous illumine.
Si l'on vient pour me voir, je vais aux prisonniers,
Des aumônes que j'ai partager les deniers.

DORINE, *à part.*
Que d'affectation et de forfanterie!

TARTUFFE.
Que voulez-vous?

DORINE.
Vous dire...

TARTUFFE, *tirant un mouchoir de sa poche.*
Ah! mon Dieu! je vous prie,
Avant que de parler, prenez-moi ce mouchoir.

DORINE.
Comment!

TARTUFFE.
Couvrez ce sein que je ne saurais voir
Par de pareils objets les ames sont blessées,
Et cela fait venir de coupables pensées.

DORINE.
Vous êtes donc bien tendre à la tentation;
Et la chair sur vos sens fait grande impression!
Certes, je ne sais pas quelle chaleur vous monte
Mais à convoiter, moi, je ne suis pas si prompte;
Et je vous verrais nu, du haut jusques en bas,
Que toute votre peau ne me tenterait pas.

TARTUFFE.
Mettez dans vos discours un peu de modestie,
Ou je vais sur le champ vous quitter la partie.

DORINE.
Non, non, c'est moi qui vais vous laisser en repos,
Et je n'ai seulement qu'à vous dire deux mots.
Madame va venir dans cette salle basse,
Et d'un mot d'entretien vous demande la grace.

TARTUFFE.
Hélas! très volontiers.

DORINE, *à part.*
Comme il se radoucit!
Ma foi, j'en suis toujours pour ce que j'en ai dit.

TARTUFFE.
Viendra-t-elle bientôt?

DORINE.
Je l'entends, ce me semble.
Oui, c'est elle en personne, et je vous laisse ensemble.

SCENE III.

ELMIRE, TARTUFFE.

TARTUFFE.
Que le ciel à jamais, par sa toute bonté,
Et de l'ame et du corps vous donne la santé,
Et bénisse vos jours autant que le désire
Le plus humble de ceux que son amour inspire!

ELMIRE.
Je suis fort obligée à ce souhait précieux.
Mais prenons une chaise, afin d'être un peu mieux.

TARTUFFE, *assis.*
Comment de votre mal vous sentez-vous remise?

ELMIRE, *assise.*
Fort bien; et cette fièvre a bientôt quitté prise.

TARTUFFE.
Mes prières n'ont pas le mérite qu'il faut
Pour avoir attiré cette grace d'en haut.

Mais je n'ai fait au ciel nulle dévote instance
Qui n'ait eu pour objet votre convalescence.

ELMIRE.

Votre zèle pour moi s'est trop inquiété.

TARTUFFE.

On ne peut trop chérir votre chère santé ;
Et, pour la rétablir, j'aurais donné la mienne.

ELMIRE.

C'est pousser bien avant la charité chrétienne ;
Et je vous dois beaucoup pour toutes ces bontés.

TARTUFFE.

Je fais bien moins pour vous que vous ne méritez.

ELMIRE

J'ai voulu vous parler en secret d'une affaire,
Et suis bien aise ici qu'aucun ne nous éclaire.

TARTUFFE.

J'en suis ravi de même ; et, sans doute, il m'est doux,
Madame, de me voir seul à seul avec vous.
C'est une occasion qu'au ciel j'ai demandée,
Sans que, jusqu'à cette heure, il me l'ait accordée.

ELMIRE.

Pour moi, ce que je veux, c'est un mot d'entretien,
Où tout votre cœur s'ouvre, et ne me cache rien.

(Damis, sans se montrer, entr'ouvre la porte du cabinet dans lequel il s'était retiré, pour entendre la conversation.

TARTUFFE.

Et je ne veux aussi, pour grace singulière,
Que montrer à vos yeux mon ame tout entière,
Et vous faire serment que les bruits que j'ai faits
Des visites qu'ici reçoivent vos attraits
Ne sont pas envers vous l'effet d'aucune haine,
Mais plutôt d'un transport de zèle qui m'entraîne,
Et d'un pur mouvement. . .

ELMIRE.

Je le prends bien aussi,
Et crois que mon salut vous donne ce souci.

TARTUFFE, *prenant les mains d'Elmire, et lui serrant les doigts.*

Oui, madame, sans doute ; et ma ferveur est telle..

ELMIRE.

Ouf ! vous me serrez trop.

TARTUFFE.

C'est par excès de zèle.
De vous faire aucun mal je n'eus jamais dessein,
Et j'aurais bien plutôt. . .

(Il met la main sur les genoux d'Elmire.)

ELMIRE.

Que fait là votre main?

TARTUFFE.

Je tâte votre habit : l'étoffe en est moelleuse.

ELMIRE.

Ah ! de grace, laissez, je suis fort chatouilleuse.

(Elmire recule son fauteuil, et Tartuffe se rapproche d'elle.)

TARTUFFE, *maniant le fichu d'Elmire*

Mon Dieu ! que de ce point l'ouvrage est merveilleux !
On travaille aujourd'hui d'un air miraculeux!
Jamais, en toute chose, on n'a vu si bien faire.

ELMIRE.

Il est vrai. Mais parlons un peu de notre affaire.
On tient que mon mari veut dégager sa foi,
Et vous donner sa fille. Est-il vrai? dites-moi.

TARTUFFE

Il m'en a dit deux mots : mais, madame, à vrai dire.
Ce n'est pas le bonheur après quoi je soupire;
Et je vois autre part les merveilleux attraits
De la félicité qui fait tous mes souhaits.

ELMIRE.

C'est que vous n'aimez rien des choses de la terre.

TARTUFFE.

Mon sein n'enferme point un cœur qui soit de pierre.

ELMIRE.

Pour moi, je crois qu'au ciel tendent tous vos soupirs.
Et que rien ici-bas n'arrête vos désirs.

TARTUFFE.

L'amour qui nous attache aux beautés éternelles
N'étouffe pas en nous l'amour des temporelles
Nos sens facilement peuvent être charmés
Des ouvrages parfaits que le ciel a formés.
Ses attraits réfléchis brillent dans vos pareilles ;
Mais il étale en vous ses plus rares merveilles ;
Il a sur votre face épanché ses beautés
Dont les yeux sont surpris, et les cœurs transportés ;
Et je n'ai pu vous voir parfaite créature,
Sans admirer en vous l'auteur de la nature,
Et d'un ardent amour sentir mon cœur atteint,
Au plus beau des portraits où lui-même s'est peint.
D'abord j'appréhendai que cette ardeur secrète
Ne fût du noir esprit une surprise adroite ;
Et même à fuir vos yeux mon cœur se résolut,
Vous croyant un obstacle à faire mon salut.
Mais enfin je connus, ô beauté tout aimable,
Que cette passion peut n'être point coupable,
Que je puis l'ajuster avecque la pudeur;
Et c'est ce qui m'y fait abandonner mon cœur.
Ce m'est, je le confesse, une audace bien grande,
Que d'oser de ce cœur vous adresser l'offrande,
Mais j'attends en mes vœux tout de votre bonté,
Et rien des vains efforts de mon infirmité.
En vous est mon espoir, mon bien, ma quiétude;
De vous dépend ma peine ou ma béatitude;
Et je vais être enfin, par votre seul arrêt,
Heureux, si vous voulez, malheureux, s'il vous plaît.

ELMIRE.

La déclaration est tout à fait galante;
Mais elle est, à vrai dire, un peu bien surprenante,
Vous deviez, ce me semble, armer mieux votre sein,
Et raisonner un peu sur un pareil dessein.
Un dévot comme vous, et que partout on nomme...

TARTUFFE.

Ah ! pour être dévot, je n'en suis pas moins homme :
Et lorsqu'on vient à voir vos célestes appas,
Un cœur se laisse prendre, et ne raisonne pas.
Je sais qu'un tel discours de moi paraît étrange :
Mais, madame, après tout, je ne suis pas un ange;
Et, si vous condamnez l'aveu que je vous fais,
Vous devez vous en prendre à vos charmants attraits.
Dès que j'en vis briller la splendeur plus qu'humaine,
De mon intérieur vous fûtes souveraine ;
De vos regards divins l'ineffable douceur
Força la résistance où s'obstinait mon cœur;
Elle surmonta tout, jeûnes, prières, larmes,
Et tourna tous mes vœux du côté de vos charmes.
Mes yeux et mes soupirs vous l'ont dit mille fois,
Et, pour mieux m'expliquer, j'emploie ici la voix.
Que si vous contemplez, d'une ame un peu bénigne
Les tribulations de votre esclave indigne ;
S'il faut que vos bontés veuillent me consoler,
Et jusqu'à mon néant daignent se ravaler;
J'aurai toujours pour vous, ô suave merveille,
Une dévotion à nulle autre pareille.
Votre honneur avec moi ne court point de hasard,
Et n'a nulle disgrace à craindre de ma part.
Tous ces galants de cour, dont les femmes sont folles,
Sont bruyants dans leurs faits et vains dans leurs paro-
De leurs progrès sans cesse on les voit se targuer; [les;
Ils n'ont point de faveurs qu'ils n'aillent divulguer;
Et leur langue indiscrète, en qui l'on se confie,
Déshonore l'autel où leur cœur sacrifie.
Mais les gens comme nous brûlent d'un feu discret,
Avec qui, pour toujours, on est sûr du secret.
Le soin que nous prenons de notre renommée
Répond de toute chose à la personne aimée;
Et c'est en nous qu'on trouve, acceptant notre cœur,
De l'amour sans scandale, et du plaisir sans peur.

ELMIRE.

Je vous écoute dire, et votre rhétorique
En termes assez forts à mon ame s'explique.
N'appréhendez-vous point que je ne sois d'humeur
A dire à mon mari cette galante ardeur,
Et que le prompt avis d'un amour de la sorte
Ne pût bien altérer l'amitié qu'il vous porte?

TARTUFFE.

Je sais que vous avez trop de bénignité,
Et que vous ferez grace à ma témérité;
Que vous m'excuserez, sur l'humaine faiblesse,
Des violents transports d'un amour qui vous blesse,
Et, considérerez, en regardant votre air.
Que l'on n'est pas aveugle, et qu'un homme est de chair.

ELMIRE.

D'autres prendraient cela d'autre façon peut-être ;
Mais ma discrétion se veut faire paraître.
Je ne redirai point l'affaire à mon époux ;
Mais je veux, en revanche, une chose de vous :
C'est de presser tout franc, et sans nulle chicane,
L'union de Valère avecque Mariane,
De renoncer vous même à l'injuste pouvoir
Qui veut du bien d'un autre enrichir votre espoir ;
Et...

SCENE IV.

ELMIRE, DAMIS, TARTUFFE.

DAMIS, *sortant du cabinet où il s'était retiré.*

Non, madame, non ; ceci doit se répandre.
J'étais en cet endroit, d'où j'ai pu tout entendre ;
Et la bonté du ciel m'y semble avoir conduit
Pour confondre l'orgueil d'un traître qui me nuit,
Pour m'ouvrir une voie à prendre la vengeance
De son hypocrisie et de son insolence,
A détromper mon père, et lui mettre en plein jour
L'ame d'un scélérat qui vous parle d'amour.

ELMIRE.

Non, Damis ; il suffit qu'il se rende plus sage ;
Et tâche à mériter la grace où je m'engage.
Puisque je l'ai promis, ne m'en dédites pas.
Ce n'est point mon humeur de faire des éclats ;
Une femme se rit de sottises pareilles,
Et jamais d'un mari n'en trouble les oreilles.

DAMIS.

Vous avez vos raisons pour en user ainsi
Et pour faire autrement j'ai les miennes aussi
Le vouloir épargner est une raillerie;
Et l'incolent orgueil de sa cagoterie
N'a triomphé que trop de mon juste courroux,
Et que trop excité de désordres chez nous.
Le fourbe trop longtemps a gouverné mon père,
Et desservi mes feux avec ceux de Valère.
Il faut que du perfide il soit désabusé ;
Et le ciel pour cela m'offre un moyen aisé.
De cette occasion je lui suis redevable,
Et, pour la négliger, elle est trop favorable :
Ce serait mériter qu'il me la vînt ravir
Que de l'avoir en main et ne m'en pas servir.

ELMIRE.

Damis...

DAMIS.

Non, s'il vous plaît, il faut que je me croie.
Mon ame est maintenant au comble de sa joie ;
Et vos discours en vain prétendent m'obliger
A quitter le plaisir de me pouvoir venger.
Sans aller plus avant, je vais vider l'affaire ;
Et voici justement de quoi me satisfaire.

SCENE V.

ORGON, ELMIRE, DAMIS, TARTUFFE.

DAMIS.

Nous allons régaler, mon père, votre abord
D'un incident tout frais qui vous surprendra fort.
Vous êtes bien payé de toutes vos caresses,
Et monsieur d'un beau prix reconnaît vos tendresses.
Son grand zèle pour vous vient de se déclarer :
Il ne va pas à moins qu'à vous déshonorer ;
Et je l'ai surpris là qui faisait à madame
L'injurieux aveu d'une coupable flamme.
Elle est d'une humeur douce, et son cœur trop discret
Voulait à toute force en garder le secret ;
Mais je ne puis flatter une telle imprudence,
Et crois que vous la taire est vous faire une offense.

ELMIRE.

Oui, je tiens que jamais de tous ces vains propos
On ne doit d'un mari traverser le repos ;
Que ce n'est point de là que l'honneur peut dépendre ;
Et qu'il suffit pour nous de savoir nous défendre.
Ce sont mes sentiments ; et vous n'auriez rien dit,
Damis, si j'avais eu sur vous quelque crédit.

SCENE VI.

ORGON, DAMIS, TARTUFFE.

ORGON.

Ce que je viens d'entendre, ô ciel ! est-il croyable?

TARTUFFE.

Oui, mon frère, je suis un méchant, un coupable,
Un malheureux pécheur, tout plein d'iniquité,
Le plus grand scélérat qui jamais ait été.
Chaque instant de ma vie est chargé de souillures ;
Elle n'est qu'un amas de crimes et d'ordures ;
Et je vois que le ciel, pour ma punition,
Me veut mortifier en cette occasion.
De quelque grand forfait qu'on me puisse reprendre,
Je n'ai garde d'avoir l'orgueil de m'en défendre.
Croyez ce qu'on vous dit, armez votre courroux,
Et comme un criminel chassez-moi de chez vous ;
Je ne saurais avoir tant de honte en partage,
Que je n'en aie encor mérité davantage.

ORGON, *à son fils*

Ah ! traître, oses-tu bien, par cette fausseté,
Vouloir de sa vertu ternir la pureté?

DAMIS.

Quoi ! la feinte douceur de cette ame hypocrite
Vous fera démentir...

ORGON.

Tais-toi, peste maudite

TARTUFFE.

Ah ! laissez-le parler, vous l'accusez à tort,
Et vous ferez bien mieux de croire à son rapport.
Pourquoi sur un tel fait m'être si favorable?
Savez-vous, après tout, de quoi je suis capable?
Vous fiez-vous, mon frère, à mon extérieur?
Et, pour tout ce qu'on voit, me croyez-vous meilleur?
Non, non ; vous vous laissez tromper à l'apparence,
Et je ne suis rien moins, hélas ! que ce qu'on pense.
Tout le monde me prend pour un homme de bien ;
Mais la vérité pure est que je ne vaux rien.
(*s'adressant à Damis.*)
Oui, mon cher fils, parlez ; traitez-moi de perfide,
D'infâme, de perdu, de voleur, d'homicide;
Accablez-moi de noms encor plus détestés :
Je n'y contredis point, je les ai mérités,
Et j'en veux à genoux souffrir l'ignominie,
Comme une honte due aux crimes de ma vie.

ORGON. (*à son fils.*)

(*à Tartuffe.*)
Mon frère, c'en est trop. Ton cœur ne se rend point
Traître?

DAMIS.

Quoi ! ses discours vous séduiront au point.

ORGON.

(*relevant Tartuffe.*)
Tais-toi, pendard. Mon frère, hé ! levez-vous de grace
(*à son fils.*)
Infâme !

DAMIS.

Il peut...

ORGON.

Tais-toi.

DAMIS.

J'enrage. Quoi ! je passe...

ORGON.

Si tu dis un seul mot, je te romprai les bras.

TARTUFFE.

Mon frère, au nom de Dieu, ne vous emportez pas !
J'aimerais mieux souffrir la peine la plus dure,
Qu'il eût reçu pour moi la moindre égratignure.

ORGON, *à son fils.*

Ingrat !

TARTUFFE.

Laissez-le en paix. S'il faut, à deux genoux,
Vous demander sa grace...

ORGON, *se jetant aussi à genoux, et embrassant Tartuffe.*

Hélas ! vous moquez-vous ?
(*à son fils.*)
Coquin, vois sa bonté !

DAMIS.

Donc...

ORGON.

Paix.

DAMIS.

Quo.. je...

ORGON.

Paix, dis-je:
Je sais bien quel motif à l'attaquer t'oblige.
Vous le haïssez tous ; et je vois aujourd'hui
Femme, enfants et valets, déchaînés contre lui.
On met impudemment toute chose en usage,
Pour ôter de chez moi ce dévot personnage ;
Mais, plus on fait d'efforts afin de l'en bannir,
Plus j'en veux employer à l'y mieux retenir ;
Et je vais me hâter de lui donner ma fille,
Pour confondre l'orgueil de toute ma famille.

DAMIS.

A recevoir sa main on pense l'obliger?

ORGON.

Oui, traître, et dès ce soir, pour vous faire enrager.
Ah ! je vous brave tous, et vous ferai connaître
Qu'il faut qu'on m'obéisse, et que je suis le maître.
Allons, qu'on se rétracte, et qu'à l'instant, fripon,
On se jette à ses pieds pour demander pardon.

DAMIS.

Qui? moi! de ce coquin qui, par ses impostures...

ORGON.

Ah! tu résistes, gueux, et lui dis des injures!
(*à Tartuffe.*)
Un bâton! un bâton ! Ne me retenez pas.
(*à son fils.*)
Sus, que de ma maison on sorte de ce pas,
Et que d'y revenir on n'ait jamais l'audace.

DAMIS.

Oui, je sortirai ; mais...

ORGON.

Vite, quittons la place.
Je te prive, pendard, de ma succession,
Et te donne, de plus, ma malédiction.

SCENE VII.

ORGON, TARTUFFE.

ORGON.

Offenser de la sorte une sainte personne!

TARTUFFE.

O ciel, pardonne-lui, comme je lui pardonne.
(*à Orgon.*)
Si vous pouviez savoir avec quel déplaisir,
Je vois qu'envers mon frère on tâche à me noircir...

ORGON.

Hélas!

TARTUFFE.

Le seul penser de cette ingratitude
Fait souffrir à mon ame un supplice si rude...
L'horreur que j'en conçois. . J'ai le cœur si serré,
Que je ne puis parler, et crois que j'en mourrai.

ORGON, *courant tout en larmes à la porte par où il a chassé son fils.*

Coquin, je me repens que ma main t'ait fait grace,
Et ne t'ait pas d'abord assommé sur la place.
(*à Tartuffe.*)
mettez-vous, mon frère, et ne vous fâchez pas.

TARTUFFE.

mpons, rompons le cours de ces fâcheux débats.
Je regarde céans quel grand trouble j'apporte,
Et crois qu'il est besoin, mon frère, que j'en sorte.

ORGON.

Comment! vous moquez-vous?

TARTUFFE.

On m'y hait, et je voi
Qu'on cherche à vous donner des soupçons de ma foi.

ORGON.

Qu'importe? Voyez-vous que mon cœur les écoute?

TARTUFFE.

On ne manquera pas de poursuivre, sans doute;
Et ces mêmes rapports qu'ici vous rejetez
Peut-être une autre fois seront-ils écoutés.

ORGON.

Non, mon frère, jamais.

TARTUFFE.

Ah! mon frère, une femme
Aisément d'un mari peut bien surprendre l'ame.

ORGON.

Non, non.

TARTUFFE.

Laissez-moi vite, en m'éloignant d'ici,
Leur ôter tout sujet de m'attaquer ainsi.

ORGON.

Non, vous demeurerez ; il y va de ma vie.

TARTUFFE.

Hé bien ! il faudra donc que je me mortifie.
Pourtant, si vous vouliez...

ORGON.

Ah!

TARTUFFE.

Soit : n'en parlons plus.
Mais je sais comme il faut en user là-dessus.
L'honneur est délicat, et l'amitié m'engage
A prévenir les bruits et les sujets d'ombrage.
Je fuirai votre épouse, et vous ne me verrez...

ORGON.

Non, en dépit de tous vous la fréquenterez.
Faire enrager le monde est ma plus grande joie,
Et je veux qu'à toute heure avec elle on vous voie.
Ce n'est pas tout encor pour les mieux braver tous,
Je ne veux point avoir d'autre héritier que vous;
Et je vais, de ce pas, en fort bonne manière,
Vous faire de mon bien donation entière.
Un bon et franc ami, que pour gendre je prends. [rents
M'est bien plus cher que fils, que femme, et que pa-
N'accepterez-vous pas ce que je vous propose?

TARTUFFE.

La volonté du ciel soit faite en toute chose!

ORGON.

Le pauvre homme! Allons vite en dresser un écrit :
Et que puisse l'envie en crever de dépit!

FIN DU TROISIÈME ACTE.

ACTE IV.

SCENE PREMIÈRE.

CLÉANTE, TARTUFFE.

CLÉANTE. [croire.

Oui, tout le monde en parle, et vous m'en pouvez
L'éclat que fait ce bruit n'est point à votre gloire ;
Et je vous ai trouvé, monsieur, fort à propos
Pour vous en dire net ma pensée en deux mots.
Je n'examine point à fond ce qu'on expose;
Je passe là-dessus, et prends au pis la chose.
Supposons que Damis n'en ait pas bien usé,
Et que ce soit à tort qu'on vous ait accusé;
N'est-il pas d'un chrétien de pardonner l'offense,
Et d'éteindre en son cœur tout désir de vengeance?
Et devez-vous souffrir, pour votre démêlé,
Que du logis d'un père un fils soit exilé?
Je vous le dis encore, et parle avec franchise,
Il n'est petit ni grand qui ne s'en scandalise;
Et, si vous m'en croyez, vous pacifierez tout,
Et ne pousserez point les affaires à bout.
Sacrifiez à Dieu toute votre colère,
Et remettez le fils en grace avec le père.

TARTUFFE.

Hélas ! je le voudrais, quant à moi de bon cœur :
Je ne garde pour lui, monsieur, aucune aigreur ;
Je lui pardonne tout; de rien je ne le blâme,
Et voudrais le servir du meilleur de mon ame:
Mais l'intérêt du ciel n'y saurait consentir ;
Et, s'il rentre céans, c'est à moi d'en sortir.
Après son action, qui n'eut jamais d'égale,
Le commerce entre nous porterait du scandale:
Dieu sait ce que d'abord tout le monde en croirait !
A pure politique on me l'imputerait:

Et l'on dirait partout que, me sentant coupable,
Je feins pour qui m'accuse un zèle charitable;
Que mon cœur l'appréhende, et veut le ménager
Pour le pouvoir, sous main, au silence engager.

CLÉANTE.

Vous nous payez ici d'excuses colorées;
Et toutes vos raisons, monsieur, sont trop tirées.
Des intérêts du ciel pourquoi vous chargez-vous?
Pour punir le coupable a-t-il besoin de nous?
Laissez-lui, laissez-lui le soin de ses vengeances:
Ne songez qu'au pardon qu'il prescrit des offenses;
Et ne regardez point aux jugements humains,
Quand vous suivez du ciel les ordres souverains.
Quoi! le faible intérêt de ce qu'on pourra croire
D'une bonne action empêchera la gloire!
Non, non; faisons toujours ce que le ciel prescrit,
Et d'aucun autre soin ne nous brouillons l'esprit.

TARTUFFE.

Je vous ai déjà dit que mon cœur lui pardonne;
Et c'est faire, monsieur, ce que le ciel ordonne:
Mais, après le scandale et l'affront d'aujourd'hui,
Le ciel n'ordonne pas que je vive avec lui.

CLÉANTE.

Et vous ordonne-t-il, monsieur, d'ouvrir l'oreille
A ce qu'un pur caprice à son père conseille,
Et d'accepter le don qui vous est fait d'un bien
Où le droit vous oblige à ne prétendre rien?

TARTUFFE.

Ceux qui me connaîtront n'auront pas la pensée
Que ce soit un effet d'une ame intéressée.
Tous les biens de ce monde ont pour moi peu d'appas
De leur éclat trompeur je ne m'éblouis pas:
Et si je me résous à recevoir du père
Cette donation qu'il a voulu me faire,
Ce n'est, à dire vrai, que parce que je crains
Que tout ce bien ne tombe en de méchantes mains;
Qu'il ne trouve des gens qui, l'ayant en partage,
En fassent dans le monde un criminel usage,
Et ne s'en servent pas ainsi que j'ai dessein,
Pour la gloire du ciel et le bien du prochain.

CLÉANTE.

Hé! monsieur, n'ayez point ces délicates craintes,
Qui d'un juste héritier peuvent causer les plaintes.
Souffrez, sans vous vouloir embarrasser de rien,
Qu'il soit, à ses périls, possesseur de son bien;
Et songez qu'il vaut mieux encor qu'il en mésuse,
Que si de l'en frustrer il faut qu'on vous accuse.
J'admire seulement que, sans confusion,
Vous en ayez souffert la proposition.
Car enfin le vrai zèle a-t-il quelque maxime
Qui montre à dépouiller l'héritier légitime?
Et s'il faut que le ciel dans votre cœur ait mis
Un invincible obstacle à vivre avec Damis,
Ne vaudrait-il pas mieux qu'en personne discrète
Vous fissiez de céans une honnête retraite,
Que de souffrir ainsi, contre toute raison,
Qu'on en chasse pour vous le fils de la maison?
Croyez-moi, c'est donner de votre prud'homie,
Monsieur...

TARTUFFE.

Il est, monsieur, trois heures et demie:
Certain devoir pieux me demande là-haut,
Et vous m'excuserez de vous quitter si tôt,

CLÉANTE, *seul.*

Ah!

SCENE II.

ELMIRE, MARIANE, CLÉANTE, DORINE.

DORINE, *à Cléante.*

De grace, avec nous, employez-vous pour elle,
Monsieur: son ame souffre une douleur mortelle;
Et l'accord que son père a conclue pour ce soir
La fait à tous moments entrer en désespoir.
Il va venir. Joignons nos efforts, je vous prie;
Et tâchons d'ébranler, de force ou d'industrie,
Ce malheureux dessein qui nous a tous troublés.

SCENE III.

ORGON, ELMIRE, MARIANE, CLÉANTE, DORINE.

ORGON.

Ah! je me réjouis de vous voir assemblés.
(*à Mariane.*)
Je porte en ce contrat de quoi vous faire rire,
Et vous savez déjà ce que cela veut dire.

MARIANE, *aux genoux d'Orgon.*

Mon père, au nom du ciel qui connait ma douleur,
Et par tout ce qui peut émouvoir votre cœur,
Relachez-vous un peu des droits de la naissance,
Et dispensez mes vœux de cette obéissance.
Ne me réduisez point, par cette dure loi,
Jusqu'à me plaindre au ciel de ce que je vous doi;
Et cette vie, hélas! que vous m'avez donnée,
Ne me la rendez pas, mon père, infortunée.
Si, contre un doux espoir que j'avais pu former,
Vous me défendez d'être à ce que j'ose aimer;
Au moins, par vos bontés qu'à vos genoux j'implore,
Sauvez-moi du tourment d'être à ce que j'abhorre;
Et ne me portez point à quelque désespoir,
En vous servant sur moi de tout votre pouvoir.

ORGON, *se sentant attendrir.*

Allons, ferme, mon cœur! point de faiblesse humaine!

MARIANE.

Vos tendresses pour lui ne me font point de peine;
Faites-les éclater, donnez-lui votre bien,
Et, si ce n'est assez, joignez-y tout le mien;
J'y consens de bon cœur, et je vous l'abandonne:
Mais, au moins, n'allez pas jusques à ma personne;
Et souffrez qu'un couvent dans les austérités
Use les tristes jours que le ciel m'a comptés.

ORGON.

Ah! voilà justement de mes religieuses,
Lorsqu'un père combat leurs flammes amoureuses
Debout. Plus votre cœur répugne à l'accepter,
Plus ce sera pour vous matière à mériter.
Mortifiez vos sens avec ce mariage,
Et ne me rompez pas la tête davantage.

DORINE.

Mais quoi!...

ORGON.

Taisez-vous, vous. Parlez à votre écot.
Je vous défends, tout net, d'oser dire un seul mot.

CLÉANTE.

Si par quelque conseil vous souffrez qu'on réponde.

ORGON.

Mon frère, vos conseils sont les meilleurs du monde,
Ils sont bien raisonnés, et j'en fais un grand cas:
Mais vous trouverez bon que je n'en use pas.

ELMIRE, *à Orgon.*

A voir ce que je vois, je ne sais plus que dire;
Et votre aveuglement fait que je vous admire.
C'est être bien coiffé, bien prévenu de lui,
Que de nous démentir sur le fait d'aujourd'hui!

ORGON.

Je suis votre valet, et crois les apparences.
Pour mon fripon de fils je sais vos complaisances;
Et vous avez eu peur de le désavouer
Du trait qu'à ce pauvre homme il a voulu jouer.
Vous étiez trop tranquille, enfin, pour être crue;
Et vous auriez paru d'autre manière émue.

ELMIRE.

Est-ce qu'au simple aveu d'un amoureux transport
Il faut que notre honneur se gendarme si fort?
Et ne peut-on répondre à tout ce qui le touche,
Que le feu dans les yeux, et l'injure à la bouche?
Pour moi, de tels propos je me ris simplement;
Et l'éclat, là-dessus, ne me plaît nullement.
J'aime qu'avec douceur nous nous montrions sages;
Et ne suis point du tout pour ces prudes sauvages
Dont l'honneur est armé de griffes et de dents,
Et veut au moindre mot dévisager les gens.
Me préserve le ciel d'une telle sagesse!
Je veux une vertu qui ne soit point diablesse,
Et crois que d'un refus la discrète froideur
N'en est pas moins puissante à rebuter un cœur.

Et planter dans mon ame une constante foi
Des charmantes bontés que vous avez pour moi.

ELMIRE, *après avoir toussé pour avertir son mari.*

Quoi! vous voulez aller avec cette vitesse,
Et d'un cœur tout d'abord épuiser la tendresse?
On se tue à vous faire un aveu des plus doux;
Cependant ce n'est pas encore assez pour vous?
Et l'on ne peut aller jusqu'à vous satisfaire,
Qu'aux dernières faveurs on ne pousse l'affaire?

TARTUFFE.

Moins on mérite un bien, moins on l'ose espérer.
Nos vœux sur des discours ont peine à s'assurer.
On soupçonne aisément un sort tout plein de gloire,
Et l'on veut en jouir avant que de le croire.
Pour moi, qui crois si peu mériter vos bontés,
Je doute du bonheur de mes témérités;
Et je ne croirai rien, que vous n'ayez, madame,
Par des réalités, su convaincre ma flamme.

ELMIRE.

Mon Dieu! que votre amour en vrai tyran agit!
Et qu'en un trouble étrange il me jette l'esprit!
Que sur les cœurs il prend un furieux empire!
Et qu'avec violence il veut ce qu'il désire!
Quoi! de votre poursuite on ne peut se parer,
Et vous ne donnez pas le temps de respirer?
Sied-il bien de tenir une rigueur si grande,
De vouloir sans quartier les choses qu'on demande,
Et d'abuser ainsi par vos efforts pressants,
Du faible que pour vous vous voyez qu'ont les gens?

TARTUFFE.

Mais si d'un œil benin vous voyez mes hommages,
Pourquoi m'en refuser d'assurés témoignages?

ELMIRE.

Mais comment consentir à ce que vous voulez,
Sans offenser le ciel dont toujours vous parlez?

TARTUFFE.

Si ce n'est que le ciel qu'à mes yeux on oppose,
Lever un tel obstacle est à moi peu de chose;
Et cela ne doit point retenir votre cœur.

ELMIRE.

Mais des arrêts du ciel on nous fait tant de peur!

TARTUFFE.

Je puis vous dissiper ces craintes ridicules,
Madame; et je sais l'art de lever les scrupules.
Le ciel défend, de vrai, certains contentements,
Mais on trouve avec lui des accommodements.
Selon divers besoins, il est une science
D'étendre les liens de notre conscience,
Et de rectifier le mal de l'action
Avec la pureté de notre intention.
De ces secrets, madame, on saura vous instruire
Vous n'avez seulement qu'à vous laisser conduire.
Contentez mon désir, et n'ayez point d'effroi;
Je vous réponds de tout, et prends le mal sur moi.
(*Elmire tousse plus fort.*)
Vous toussez fort, madame.

ELMIRE.

Oui, je suis au supplice.

TARTUFFE.

Vous plaît-il un morceau de ce jus de réglisse?

ELMIRE.

C'est un rhume obstiné, sans doute; et je vois bien
Que tous les jus du monde ici ne feront rien.

TARTUFFE.

Cela, certe, est fâcheux.

ELMIRE.

Oui, plus qu'on ne peut dire.

TARTUFFE.

Enfin, votre scrupule est facile à détruire.
Vous êtes assurée ici d'un plein secret,
Et le mal n'est jamais que dans l'éclat qu'on fait.
Le scandale du monde est ce qui fait l'offense,
Et ce n'est pas pécher que pécher en silence.

ELMIRE, *après avoir encore toussé et frappé sur la table.*

Enfin je vois qu'il faut se résoudre a céder;
Qu'il faut que je consente à vous tout accorder;
Et qu'à moins de cela je ne dois point prétendre
Qu'on puisse être content et qu'on veuille se rendre.
Sans doute il est fâcheux d'en venir jusque là,
Et c'est bien malgré moi que je franchis cela;
Mais, puisque l'on s'obstine à m'y vouloir réduire,
Puisqu'on ne veut point croire à tout ce qu'on peut dire,
Et qu'on veut des témoins qui soient plus convaincants,
Il faut bien s'y résoudre, et contenter les gens.
Si ce contentement porte en soi quelque offense,
Tant pis pour qui me force à cette violence;
La faute assurément n'en doit point être à moi.

TARTUFFE.

Oui, madame, on s'en charge; et la chose de soi....

ELMIRE.

Ouvrez un peu la porte, et voyez, je vous prie,
Si mon mari n'est point dans cette galerie.

TARTUFFE.

Qu'est-il besoin pour lui du soin que vous prenez?
C'est un homme, entre nous, à mener par le nez.
De tous nos entretiens il est pour faire gloire,
Et je l'ai mis au point de voir tout sans rien croire.

ELMIRE.

Il n'importe. Sortez, je vous prie, un moment;
Et partout là-dehors voyez exactement.

SCENE VI.

ORGON, ELMIRE.

ORGON, *sortant de dessous la table.*

Voilà, je vous l'avoue, un abominable homme!
Je n'en puis revenir, et tout ceci m'assomme.

ELMIRE.

Quoi! vous sortez si tôt! Vous vous moquez des gens.
Rentrez sous le tapis, il n'est pas encor temps;
Attendez jusqu'au bout pour voir les choses sûres,
Et ne vous fiez point aux simples conjectures.

ORGON.

Non, rien de plus de méchant n'est sorti de l'enfer.

ELMIRE.

Mon Dieu! l'on ne doit point croire trop de léger.
Laissez-vous bien convaincre avant que de vous rendre;
Et ne vous hâtez pas, de peur de vous méprendre.
(*Elmire fait mettre Orgon derrière elle.*)

SCENE VII.

TARTUFFE, ELMIRE, ORGON.

TARTUFFE, *sans voir Orgon.*

Tout conspire, madame, à mon contentement.
J'ai visité de l'œil tout cet appartement:
Personne ne s'y trouve; et mon âme ravie...
(*Dans le temps que Tartuffe s'avance, les bras ouverts, pour embrasser Elmire, elle se retire, et Tartuffe aperçoit Orgon.*)

ORGON, *arrêtant Tartuffe.*

Tout doux! vous suivez trop votre amoureuse envie,
Et vous ne devez pas vous tant passionner.
Ah! ah! l'homme de bien, vous m'en vouliez donner!
Comme aux tentations s'abandonne votre ame!
Vous épousiez ma fille et convoitiez ma femme!
J'ai douté fort longtemps que ce fût tout de bon,
Et je croyais toujours qu'on changerait de ton:
Mais c'est assez avant pousser le témoignage;
Je m'y tiens, et n'en veux, pour moi, pas davantage.

ELMIRE, *à Tartuffe.*

C'est contre mon honneur que j'ai fait tout ceci;
Mais on m'a mise au point de vous traiter ainsi.

TARTUFFE, *à Orgon.*

Quoi! vous croyez...?

ORGON.

Allons, point de bruit, je vous prie.
Dénichons de céans, et sans cérémonie.

TARTUFFE.

Mon dessein...

ORGON.

Ces discours ne sont plus de saison.
Il faut tout sur le champ sortir de la maison.

TARTUFFE.

C'est à vous d'en sortir, vous qui parlez en maître:
La maison m'appartient, je le ferai connaître,
Et vous montrerai bien qu'en vain on a recours,
Pour me chercher querelle, à ces lâches détours;

ORGON.

Enfin je sais l'affaire, et ne prends point le change.

ELMIRE.

J'admire, encore un coup, cette faiblesse étrange ?
Mais que me répondrait votre incrédulité
Si je vous faisais voir qu'on vous dit vérité ?

ORGON.

Voir !

ELMIRE.

Oui.

ORGON.

Chansons.

ELMIRE.

Mais quoi ! si je trouvais manière
De vous le faire voir avec pleine lumière...?

ORGON.

Contes en l'air.

ELMIRE.

Quel homme ! Au moins, répondez-moi.
Je ne vous parle pas de nous ajouter foi ;
Mais supposons ici que, d'un lieu qu'on peut prendre,
On vous fit clairement tout voir et tout entendre,
Que diriez-vous alors de votre homme de bien ?

ORGON.

En ce cas, je dirais que... Je ne dirais rien,
Car cela ne se peut.

ELMIRE.

L'erreur trop longtemps dure,
Et c'est trop condamner ma bouche d'imposture.
Il faut que, par plaisir, et sans aller plus loin,
De tout ce qu'on vous dit je vous fasse témoin.

ORGON.

Soit. Je vous prends au mot. Nous verrons votre [adresse,
Et comment vous pourrez remplir cette promesse.

ELMIRE, *à Dorine.*

Faites-le moi venir.

DORINE, *à Elmire.*

Son esprit est rusé,
Et peut-être à surprendre il sera malaisé.

ELMIRE.

Non ; on est aisement dupé par ce qu'on aime,
Et l'amour propre engage à se tromper soi-même.
(*à Cléante et à Mariane.*)
Faites-le moi descendre. Et vous, retirez-vous.

SCENE IV.

ELMIRE, ORGON.

ELMIRE.

Approchons cette table, et vous mettez dessous.

ORGON.

Comment !

ELMIRE.

Vous bien cacher est un point nécessaire.

ORGON.

Pourquoi sous cette table ?

ELMIRE.

Ah ! mon Dieu ! laissez faire ;
J'ai mon dessein en tête et vous en jugerez.
Mettez-vous là, vous dis-je ; et quand vous y serez ;
Gardez qu'on ne vous voie et qu'on ne vous entende.

ORGON.

Je confesse qu'ici ma complaisance est grande :
Mais de votre entreprise il vous faut voir sortir.

ELMIRE.

Vous n'aurez, que je crois, rien à me repartir.
(*à Orgon, qui est sous la table.*)
Au moins, je vais toucher une étrange matière,
Ne vous scandalisez en aucune manière.
Quoi que je puisse dire, il doit m'être permis ;
Et c'est pour vous convaincre, ainsi que j'ai promis.
Je vais par des douceurs, puisque j'y suis réduite,
Faire poser le masque à cette âme hypocrite,
Flatter de son amour les désirs effrontés,
Et donner un champ libre à ses témérités.
Comme c'est pour vous seul, et pour mieux le confon- [dre,
Que mon ame à ses vœux va feindre de répondre,
J'aurai lieu de cesser dès que vous vous rendrez,
Et les choses n'iront que jusqu'où vous voudrez.
C'est à vous d'arrêter son ardeur insensée,
Quand vous croirez l'affaire assez avant poussée,
D'épargner votre femme, et de ne m'exposer
Qu'à ce qu'il vous faudra pour vous désabuser.
Ce sont vos intérêts, vous en serez le maître,
Et... L'on vient. Tenez-vous, et gardez de paraître.

SCENE V.

TARTUFFE, ELMIRE ; ORGON, *sous la table.*

TARTUFFE.

On m'a dit qu'en ce lieu vous me vouliez parler.

ELMIRE.

Oui. L'on a des secrets à vous y révéler.
Mais tirez cette porte avant qu'on vous les dise,
Et regardez partout, de crainte de surprise.
(*Tartuffe va fermer la porte, et revient.*)
Une affaire pareille à celle de tantôt
N'est pas assurément ici ce qu'il nous faut :
Jamais il ne s'est vu de surprise de même.
Damis m'a fait pour vous une frayeur extrême ;
Et vous avez bien vu que j'ai fait mes efforts
Pour rompre son dessein et calmer ses transports.
Mon trouble, il est bien vrai, m'a si fort possédée,
Que de le démentir je n'ai point eu l'idée ;
Mais par-là, grace au ciel, tout a bien mieux été,
Et les choses en sont en plus de sûreté.
L'estime où l'on vous tient a dissipé l'orage,
Et mon mari de vous ne peut prendre d'ombrage.
Pour mieux braver l'éclat des mauvais jugements,
Il veut que nous soyons ensemble à tous moments ;
Et c'est par où je puis, sans peur d'être blâmée,
Me trouver ici seule avec vous enfermée,
Et ce qui m'autorise à vous ouvrir un cœur
Un peu trop prompt peut-être à souffrir votre ardeur.

TARTUFFE.

Ce langage à comprendre est assez difficile,
Madame ; et vous parliez tantôt d'un autre style.

ELMIRE.

Ah ! si d'un tel refus vous êtes en courroux,
Que le cœur d'une femme est mal connu de vous !
Et que vous savez peu ce qu'il veut faire entendre,
Lorsque si faiblement on le voit se défendre !
Toujours notre pudeur combat, dans ces moments,
Ce qu'on peut nous donner de tendres sentiments.
Quelque raison qu'on trouve à l'amour qui vous dompte,
On trouve à l'avouer toujours un peu de honte.
On s'en défend d'abord : mais de l'air qu'on s'y prend
On fait connaître assez que notre cœur se rend ;
Qu'à nos yeux, par honneur, notre bouche s'oppose,
Et que de tels refus promettent toute chose.
C'est vous faire, sans doute, un assez libre aveu,
Et sur notre pudeur me ménager bien peu.
Mais, puisque la parole enfin en est lâchée,
A retenir Damis me serais-je attachée,
Aurais-je, je vous prie, avec tant de douceur
Ecouté tout au long l'offre de votre cœur,
Aurais-je pris la chose ainsi qu'on m'a vu faire,
Si l'offre de ce cœur n'eût eu de quoi me plaire ?
Et lorsque j'ai voulu moi-même vous forcer
A refuser l'hymen qu'on venait d'annoncer,
Qu'est-ce que cette instance a du vous faire entendre,
Que l'intérêt qu'en vous on s'avise de prendre,
Et l'ennui qu'on aurait que ce nœud qu'on résout
Vînt partager du moins un cœur que l'on veut tout ?

TARTUFFE.

C'est, sans doute, madame, une douceur extrême
Que d'entendre ces mots d'une bouche qu'on aime ;
Leur miel dans tous mes sens fait couler à longs traits
Une suavité qu'on ne goûta jamais.
Le bonheur de vous plaire est ma suprême étude,
Et mon cœur de vos vœux fait sa béatitude ;
Mais ce cœur vous demande ici la liberté
D'oser douter un peu de sa félicité.
Je puis croire ces mots un artifice honnête
Pour m'obliger à rompre un hymen qui s'apprête ;
Et, s'il faut librement m'expliquer avec vous,
Je ne me fierai point à des propos si doux,
Qu'un peu de vos faveurs, après quoi je soupire,
Ne vienne m'assurer tout ce qu'ils m'ont pu dire,

Qu'on n'est pas où l'on pense en me faisant injure;
Que j'ai de quoi confondre et punir l'imposture,
Venger le ciel qu'on blesse, et faire repentir
Ceux qui parlent ici de me faire sortir.

SCENE VIII.

ELMIRE, ORGON.

ELMIRE.

Quel est donc ce langage? et qu'est-ce qu'il veut dire?

ORGON.

Ma foi, je suis confus, et n'ai pas lieu de rire.

ELMIRE.

Comment?

ORGON.

Je vois ma faute, aux choses qu'il me dit;
Et la donation m'embarrasse l'esprit.

ELMIRE.

La donation!

ORGON.

Oui. C'est une affaire faite.
Mais j'ai quelque autre chose encor qui m'inquiète.

ELMIRE.

Et quoi?

ORGON.

Vous saurez tout. Mais voyons au plus tôt
Si certaine cassette est encore là-haut.

FIN DU QUATRIÈME ACTE.

ACTE V.

SCENE PREMIERE.

ORGON, CLÉANTE.

CLÉANTE.

Où voulez-vous courir?

ORGON.

Las! que sais-je?

CLÉANTE.

Il me semble
Que l'on doit commencer par consulter ensemble
Les choses qu'on peut faire en cet évènement.

ORGON.

Cette cassette-là me trouble entièrement.
Plus que le reste encore, elle me désespère.

CLÉANTE.

Cette cassette est donc un important mystère?

ORGON.

C'est un dépôt qu'Argas, cet ami que je plains,
Lui-même, en grand secret, m'a mis entre les mains.
Pour cela, dans sa fuite, il me voulut élire;
Et ce sont des papiers, à ce qu'il m'a pu dire,
Où sa vie et ses biens se trouvent attachés.

CLÉANTE.

Pourquoi donc les avoir en d'autres mains lâchés?

ORGON.

Ce fut par un motif de cas de conscience,
J'allai droit à mon traître en faire confidence:
Et son raisonnement me vint persuader
De lui donner plutôt la cassette à garder,
Afin que pour nier, en cas de quelque enquête,
J'eusse d'un faux-fuyant la faveur toute prête,
Par où ma conscience eût pleine sûreté
A faire des serments contre la vérité.

CLÉANTE.

Vous voilà mal, au moins si j'en crois l'apparence;
Et la donation, et cette confidence,
Sont, à vous en parler selon mon sentiment,
Des démarches par vous faites légèrement.
On peut vous mener loin avec de pareils gages:
Et cet homme sur vous ayant ses avantages,
Le pousser est encor grande imprudence à vous;
Et vous deviez chercher quelque biais plus doux.

ORGON.

Quoi! sur un beau semblant de ferveur si touchante
Cacher un cœur si double, une ame si méchante?
Et moi, qui l'ai reçu gueusant et n'ayant rien...
C'en est fait, je renonce à tous les gens de bien;
J'en aurai désormais une horreur effroyable,
Et m'en vais devenir, pour eux, pire qu'un diable.

CLÉANTE.

Hé bien! ne voilà pas de vos emportements!
Vous ne gardez en rien les doux tempéraments.
Dans la droite raison jamais n'entre la vôtre;
Et toujours d'un excès vous vous jetez dans l'autre.
Vous voyez votre erreur, et vous avez connu
Que par un zèle feint vous étiez prévenu;
Mais pour vous corriger, quelle raison demande
Que vous alliez passer dans une erreur plus grande,
Et qu'avecque le cœur d'un perfide vaurien,
Vous confondiez les cœurs de tous les gens de bien?
Quoi! parce qu'un fripon vous dupe avec audace
Sous le pompeux éclat d'une austère grimace,
Vous voulez que partout on soit fait comme lui,
Et qu'aucun vrai dévot ne se trouve aujourd'hui?
Laissez aux libertins ces sottes conséquences:
Démêlez la vertu d'avec ses apparences:
Ne hasardez jamais votre estime trop tôt,
Et soyez pour cela dans le milieu qu'il faut.
Gardez-vous, s'il se peut, d'honorer l'imposture;
Mais au vrai zèle aussi n'allez pas faire injure;
Et s'il vous faut tomber dans une extrémité,
Péchez plutôt encor de cet autre côté.

SCÈNE II.

ORGON, CLÉANTE, DAMIS.

DAMIS.

Quoi! mon père, est-il vrai qu'un coquin vous menace;
Qu'il n'est point de bienfait qu'en son ame il n'efface,
Et que son lâche orgueil, trop digne de courroux
Se fait de vos bontés des armes contre vous?

ORGON.

Oui, mon fils; et j'en sens des douleurs nonpareilles.

DAMIS

Laissez-moi, je lui veux couper les deux oreilles.
Contre son insolence on ne doit point gauchir:
C'est à moi, tout d'un coup de vous en affranchir:
Et pour sortir d'affaire, il faut que je l'assomme.

CLÉANTE.

Voilà tout justement parler en vrai jeune homme.
Modérez, s'il vous plaît, ces transports éclatants.
Nous vivons sous un règne et sommes dans un temps,
Ou par la violence on fait mal ses affaires.

SCENE III.

MADAME PERNELLE, ORGON, ELMIRE, CLÉANTE, MARIANE, DAMIS, DORINE.

MADAME PERNELLE.

Qu'est-ce? J'apprends ici de terribles mystères!

ORGON.

Ce sont des nouveautés dont mes yeux sont témoins,
Et vous voyez le prix dont sont payés mes soins.
Je recueille avec zèle un homme en sa misère,
Je le loge, et le tiens comme mon propre frère;
De bienfaits, chaque jour, il est par moi chargé;
Je lui donne ma fille et tout le bien que j'ai:
Et, dans le même temps, le perfide, l'infâme,
Tente le noir dessein de suborner ma femme;
Et, non content encor de ses lâches essais,
Il m'ose menacer de mes propres bienfaits,

Et veut, à ma ruine, user des avantages
Dont le viennent d'armer mes bontés trop peu sages
Me chasser de mes biens où je l'ai transféré,
Et me réduire au point d'où je l'ai retiré.

DORINE.

Le pauvre homme!

MADAME PERNELLE.

Mon fils, je ne puis du tout croire
Qu'il ait voulu commettre une action si noire.

ORGON.

Comment!

MADAME PERNELLE.

Les gens de bien sont enviés toujours.

ORGON.

Que voulez-vous donc dire, avec votre discours,
Ma mère?

MADAME PERNELLE.

Que chez vous on vit d'étrange sorte;
Et qu'on ne sait que trop la haine qu'on lui porte.

ORGON.

Qu'a cette haine à faire avec ce qu'on vous dit?

MADAME PERNELLE.

Je vous l'ai dit cent fois quand vous étiez petit:
La vertu dans le monde est toujours poursuivie;
Les envieux mourront, mais non jamais l'envie.

ORGON.

Mais que fait ce discours aux choses d'aujourd'hui?

MADAME PERNELLE.

On vous aura forgé cent sots contes de lui.

ORGON.

Je vous ai dit déjà que j'ai vu tout moi-même.

MADAME PERNELLE.

Des esprits médisants la malice est extrême.

ORGON.

Vous me feriez damner, ma mère. Je vous di
Que j'ai vu de mes yeux un crime si hardi.

MADAME PERNELLE.

Les langues ont toujours du venin à répandre;
Et rien n'est ici-bas qui s'en puisse défendre.

ORGON.

C'est tenir un propos de sens bien dépourvu.
Je l'ai vu, dis-je, vu, de mes propres yeux vu.
Ce qu'on appelle vu. Faut-il vous le rebattre
Aux oreilles cent fois, et crier comme quatre?

MADAME PERNELLE.

Mon Dieu! le plus souvent l'apparence déçoit:
Il ne faut pas toujours juger sur ce qu'on voit.

ORGON.

J'enrage!

MADAME PERNELLE.

Aux faux soupçons la nature est sujette,
Et c'est souvent à mal que le bien s'interprète.

ORGON.

Je dois interpréter à charitable soin
Le désir d'embrasser ma femme!

MADAME PERNELLE.

Il est besoin
Pour accuser les gens d'avoir de justes causes;
Et vous deviez attendre à vous voir sûr des choses.

ORGON.

Hé! diantre! le moyen de m'en assurer mieux?
Je devais donc, ma mère, attendre qu'à mes yeux
Il eût... Vous me feriez dire quelque sottise.

MADAME PERNELLE.

Enfin d'un trop pur zèle on voit son ame éprise;
Et je ne puis du tout me mettre dans l'esprit
Qu'il ait voulu tenter les choses que l'on dit.

ORGON.

Allez, je ne sais pas, si vous n'étiez ma mère,
Ce que je vous dirais, tant je suis en colère.

DORINE, *à Orgon.*

Juste retour, monsieur, des choses d'ici bas:
Vous ne vouliez point croire, et l'on ne vous croit [pas.

CLÉANTE.

Nous perdons des moments en bagatelles pures,
Qu'il faudrait employer à prendre des mesures.
Aux menaces du fourbe on doit ne dormir point.

DAMIS.

Quoi! son effronterie irait jusque à ce point?

ELMIRE.

Pour moi, je ne crois pas cette instance possible,
Et son ingratitude est ici trop visible.

CLÉANTE, *à Orgon.*

Ne vous y fiez pas, il aura des ressorts
Pour donner contre vous raison à ses efforts;
Et sur moins que cela le poids d'une cabale
Embarrasse les gens dans un fâcheux dédale.
Je vous le dis encore: armé de ce qu'il a,
Vous ne deviez jamais le pousser jusque-là.

ORGON.

Il est vrai: mais qu'y faire? A l'orgueil de ce traître,
De mes ressentiments je n'ai pas été maître.

CLÉANTE.

Je voudrais de bon cœur qu'on pût entre vous deux
De quelque ombre de paix raccommoder les nœuds.

ELMIRE.

Si j'avais su qu'en main il a de telles armes,
Je n'aurais pas donné matière à tant d'alarmes,
Et mes...

ORGON, *à Dorine, voyant entrer M. Loyal.*

Que veut cet homme? Allez tôt le savoir.
Je suis bien en état que l'on me vienne voir!

SCÈNE IV.

ORGON, MADAME PERNELLE, ELMIRE, MARIANE, CLÉANTE, DAMIS, DORINE, M. LOYAL.

M. LOYAL, *à Dorine dans le fond du théâtre.*

Bon jour, ma chère sœur; faites, je vous supplie,
Que je parle à monsieur.

DORINE.

Il est en compagnie;
Et je doute qu'il puisse à présent voir quelqu'un.

M. LOYAL.

Je ne suis pas pour être en ces lieux importun.
Mon abord n'aura rien, je crois, qui lui déplaise;
Et je viens pour un fait dont il sera bien aise.

DORINE.

Votre nom?

M. LOYAL.

Dites-lui seulement que je vien
De la part de monsieur Tartuffe, pour son bien.

DORINE, *à Orgon.*

C'est un homme qui vient, avec douce manière,
De la part de monsieur Tartuffe, pour affaire
Dont vous serez, dit-il, bien aise.

CLÉANTE, *à Orgon.*

Il vous faut voir
Ce que c'est que cet homme, et ce qu'il peut vouloir.

ORGON, *à Cléante.*

Pour nous raccommoder il vient ici peut-être:
Quels sentiments aurais-je à lui faire paraître?

CLÉANTE.

Votre ressentiment ne doit point éclater;
Et s'il parle d'accord, il le faut écouter.

M. LOYAL, *à Orgon.*

Salut, monsieur. Le ciel perde qui vous veut nuire,
Et vous soit favorable autant que je désire!

ORGON, *à Cléante.*

Ce doux début s'accorde avec mon jugement,
Et présage déjà quelque accommodement.

M. LOYAL.

Toute votre maison m'a toujours été chère,
Et j'étais serviteur de monsieur votre père.

ORGON.

Monsieur, j'ai grande honte et demande pardon
D'être sans vous connaître ou savoir votre nom.

M. LOYAL.

Je m'appelle Loyal, natif de Normandie,
Et suis huissier à verge, en dépit de l'envie.
J'ai, depuis quarante ans, grace au ciel, le bonheur
D'en exercer la charge avec beaucoup d'honneur;
Et je vous viens, monsieur, avec votre licence,
Signifier l'exploit de certaine ordonnance...

ORGON.

Quoi! vous êtes ici.

M. LOYAL.

Monsieur, sans passion.
Ce n'est rien seulement qu'une sommation,
Un ordre de vider d'ici vous et les vôtres,
Mettre vos meubles hors, et faire place à d'autres,
Sans délai ni remise, ainsi que besoin est.

ORGON.

Moi ! sortir de céans.

M. LOYAL.

Oui, monsieur, s'il vous plaît.
La maison à présent, comme savez de reste,
Au bon monsieur Tartuffe appartient sans conteste.
De vos biens désormais il est maître et seigneur
En vertu d'un contrat duquel je suis porteur.
Il est en bonne forme, et l'on n'y peut rien dire.

DAMIS, *à M. Loyal.*

Certes, cette impudence est grande, et je l'admire.

M. LOYAL, *à Damis.*

Monsieur, je ne dois point avoir affaire à vous ;
(*montrant Orgon.*)
C'est à monsieur, il est et raisonnable et doux,
Et d'un homme de bien il sait trop bien l'office
Pour se vouloir du tout opposer à justice.

ORGON.

Mais...

M. LOYAL.

Oui, monsieur, je sais que pour un million
Vous ne voudriez pas faire rébellion,
Et que vous souffrirez en honnête personne
Que j'exécute ici les ordres qu'on me donne.

DAMIS.

Vous pourriez bien ici sur votre noir jupon
Monsieur l'huissier à verge, attirer le bâton.

M. LOYAL, *à Orgon.*

Faites que votre fils se taise ou se retire,
Monsieur. J'aurais regret d'être obligé d'écrire,
Et de vous voir couché dans mon procès-verbal.

DORINE, *à part.*

Ce monsieur Loyal porte un air bien déloval.

M. LOYAL.

Pour tous les gens de bien j'ai de grandes tendresses,
Et ne me suis voulu, monsieur, charger des pièces
Que pour vous obliger et vous faire plaisir;
Que pour ôter par-là le moyen d'en choisir
Qui, n'ayant pas pour vous le zele qui me pousse,
Auraient pu procéder d'une façon moins douce.

ORGON.

Et que peut-on de pis que d'ordonner aux gens
De sortir de chez eux?

M. LOYAL.

On vous donne du temps;
Et jusques à demain je ferai surséance
A l'exécution, monsieur, de l'ordonnance.
Je viendrai seulement passer ici la nuit,
Avec dix de mes gens, sans scandale et sans bruit.
Pour la forme, il faudra, s'il vous plait qu'on m'apporte,
Avant que se coucher, les clefs de votre porte.
J'aurai soin de ne pas troubler votre repos,
Et de ne rien souffrir qui ne soit à propos.
Mais demain, du matin, il vous faut être habile
A vider de céans jusqu'au moindre ustensile;
Mes gens vous aideront, et je les ai pris forts.
Pour vous faire service à tout mettre dehors.
On n'en peut pas user mieux que je fais, je pense ;
Et, comme je vous traite avec grande indulgence,
Je vous conjure aussi, monsieur, d'en user bien,
Et qu'au du de ma charge on ne me trouble en rien,

ORGON, *à part.*

Du meilleur de mon cœur je donnerais sur l'heure,
Les cent plus beaux louis de ce qui me demeure,
Et pouvoir, à plaisir, sur ce mufle assener
Le plus grand coup de poing qui se puisse donner.

CLÉANTE, *bas, à Orgon.*

Laissez, ne gâtons rien.

DAMIS.

A cette audace étrange
J'ai peine à me tenir, et la main me démange.

DORINE.

Avec un si bon dos, ma foi, monsieur Loyal,
Quelques coups de bâton ne vous siéraient pas mal.

M. LOYAL.

On pourrait bien punir ces paroles infames,
Ma mie; et l'on décrète aussi contre les femmes.

CLÉANTE, *à M. Loyal.*

Finissons tout cela, monsieur; c'en est assez.
Donnez tôt ce papier, de grace, et nous laissez.

M. LOYAL.

Jusqu'au revoir. Le ciel vous tienne tous en joie!

ORGON.

Puisse-t-il te confondre, et celui qui t'envoie!

SCENE V.

ORGON, MADAME PERNELLE, ELMIRE, CLÉANTE, MARIANE, DAMIS, DORINE.

ORGON.

Hé bien! vous le voyez, ma mère, si j'ai droit,
Et vous pouvez juger du reste par l'exploit.
Ses trahisons enfin vous sont-elles connues?

MADAME PERNELLE.

Je suis tout ébaubie, et je tombe des nues.

DORINE, *à Orgon.*

Vous vous plaignez à tort; à tort vous le blâmez,
Et ses pieux desseins par-là sont confirmés.
Dans l'amour du prochain sa vertu se consomme :
Il sait que très souvent les biens corrompent l'homme
Et par charité pure, il veut vous enlever
Tout ce qui vous peut faire obstacle à vous sauver.

ORGON.

Taisez-vous. C'est le mot qu'il vous faut toujours dire.

CLÉANTE, *à Orgon.*

Allons voir quel conseil on doit vous faire élire.

ELMIRE.

Allez faire éclater l'audace de l'ingrat.
Ce procédé détruit la vertu du contrat;
Et sa loyauté va paraître trop noire
Pour souffrir qu'il en ait le succès qu'on veut croire.

SCENE VI.

VALÈRE, ORGON, MADAME PERNELLE, ELMIRE, CLÉANTE, MARIANE, DAMIS, DORINE.

VALÈRE.

Avec regret, monsieur, je viens vous affliger;
Mais je m'y vois contraint par le pressant danger.
Un ami, qui m'est joint d'une amitié fort tendre,
Et qui sait l'intérêt qu'en vous j'ai lieu de prendre,
A violé pour moi par un pas délicat
Le secret que l'on doit aux affaires d'état,
Et me vient d'envoyer un avis dont la suite
Vous réduit au parti d'une soudaine fuite.
Le fourbe qui longtemps a pu vous imposer
Depuis une heure au prince a su vous accuser,
Et remettre en ses mains, dans les traits qu'il vous [jette,
D'un criminel d'état l'importante cassette,
Dont, au mépris, dit-il, du devoir d'un sujet,
Vous avez conservé le coupable secret.
J'ignore le détail du crime qu'on vous donne :
Mais un ordre est donné contre votre personne;
Et lui-même est chargé, pour mieux l'exécuter,
D'accompagner celui qui vous doit arrêter.

CLÉANTE.

Voilà ses droits armés; et c'est par où le traître
De vos biens qu'il prétend cherche à se rendre maître.

ORGON.

L'homme est, je vous l'avoue, un méchant animal!

VALÈRE.

Le moindre amusement vous peut être fatal.
J'ai, pour vous emmener, mon carrosse à la porte,
Avec mille louis qu ici je vous apporte.
Ne perdons point de temps : le trait est foudroyant;
Et ce sont de ces coups que l'on pare en fuyant.
A vous mettre en lieu sûr je m'offre pour conduite,
Et veux accompagner jusqu'au bout votre fuite.

ORGON.

Las! que ne dois-je point à vos soins obligeants!
Pour vous en rendre grace, il faut un autre temps;

Et je demande au ciel de m'être assez propice
Pour reconnaître un jour ce généreux service.
Adieu : prenez le soin, vous autres...

CLÉANTE.

Allez tôt ;
Nous songerons, mon frère, à faire ce qu'il faut.

SCENE VII.

TARTUFFE, UN EXEMPT, MADAME PERNELLE, ORGON, ELMIRE, CLEANTE, MARIANE, VALÈRE, DAMIS, DORINE.

TARTUFFE, *arrêtant Orgon.*

Tout beau, monsieur, tout beau, ne courez point si vite :
Vous n'irez pas fort loin pour trouver votre gîte ;
Et de la part du prince on vous fait prisonnier.

ORGON.

Traître, tu me gardais ce trait pour le dernier :
C'est le coup, scélérat, par où tu m'expédies;
Et voilà couronner toutes tes perfidies.

TARTUFFE.

Vos injures n'ont rien à me pouvoir aigrir;
Et je suis, pour le ciel, appris à tout souffrir.

CLÉANTE.

La modération est grande, je l'avoue.

DAMIS.

Comme du ciel l'infame impudemment se joue !

TARTUFFE.

Tous vos emportements ne sauraient m'émouvoir ;
Et je ne songe à rien qu'à faire mon devoir.

MARIANE.

Vous avez de ceci grande gloire à prétendre ;
Et cet emploi pour vous est fort honnête à prendre.

TARTUFFE.

Un emploi ne saurait être que glorieux
Quand il part du pouvoir qui m'envoie en ces lieux.

ORGON.

Mais t'es-tu souvenu que ma main charitable,
Ingrat, t'a retiré d'un état misérable ?

TARTUFFE.

Oui, je sais quels secours j'en ai pu recevoir ;
Mais l'intérêt du prince est mon premier devoir.
De ce devoir sacré la juste violence
Etouffe dans mon cœur toute reconnaissance ;
Et je sacrifierais à de si puissants nœuds
Ami, femme, parents et moi-même avec eux.

ELMIRE.

L'imposteur !

DORINE.

Comme il sait, de traîtresse manière,
Se faire un beau manteau de tout ce qu'on révère !

CLÉANTE.

Mais s'il est si parfait que vous le déclarez,
Ce zèle qui vous pousse et dont vous vous parez,
D'où vient que pour paraître il s'avise d'attendre
Qu'à poursuivre sa femme il ait su vous surprendre,
Et que vous ne songez à l'aller dénoncer
Que lorsque son honneur l'oblige à vous chasser ?
Je ne vous parle point, pour devoir en distraire,
Du don de tout son bien qu'il venait de vous faire;
Mais, le voulant traiter en coupable aujourd'hui,
Pourquoi consentiez-vous à rien prendre de lui ?

TARTUFFE, *à l'exempt.*

Délivrez-moi, monsieur, de la criaillerie ;
Et daignez accomplir votre ordre, je vous prie.

L'EXEMPT.

Oui, c'est trop demeurer, sans doute, à l'accomplir ;
Votre bouche à propos m'invite à le remplir :
Et, pour l'exécuter, suivez-moi tout à l'heure
Dans la prison qu'on doit vous donner pour demeure.

TARTUFFE.

Qui ? moi, monsieur ?

L'EXEMPT.

Oui, vous.

TARTUFFE.

Pourquoi donc la prison ?

L'EXEMPT.

Ce n'est pas vous à qui j'en veux rendre raison,

Orgon.

Remettez-vous, monsieur, d'une alarme si chaude.
Nous vivons sous un prince ennemi de la fraude,
Un prince dont les yeux se font jour dans les cœurs,
Et que ne peut tromper tout l'art des imposteurs
D'un fin discernement sa grande ame pourvue
Sur les choses toujours jette une droite vue ;
Chez elle jamais rien ne surprend trop d'accès.
Et sa ferme raison ne tombe en nul excès,
Il donne aux gens de bien une gloire immortelle ;
Mais sans aveuglement il fait briller ce zèle,
Et l'amour pour les vrais ne ferme point son cœur
A tout ce que les faux doivent donner d'horreur.
Celui-ci n'était pas pour le pouvoir surprendre,
Et de piéges plus fins on le voit se défendre.
D'abord il a percé, par ses vives clartés,
Des replis de son cœur toutes les lâchetés.
Venant vous accuser, il s'est trahi lui-même,
Et, par un juste trait de l'équité suprême,
S'est découvert au prince un fourbe renommé,
Dont sous un autre nom il était informé ;
Et c'est un long détail d'actions toutes noires
Dont on pourrait former des volumes d'histoires.
Ce monarque, en un mot, a vers vous détesté
Sa lâche ingratitude et sa déloyauté ;
A ses autres horreurs il a joint cette suite,
Et ne m'a jusqu'ici soumis à sa conduite
Que pour voir l'impudence aller jusques au bout,
Et vous faire par lui faire raison de tout.
Oui, de tous vos papiers, dont il se dit le maître,
Il veut qu'entre vos mains je dépouille le traître.
D'un souverain pouvoir, il brise les liens
Du contrat qui lui fait un don de tous vos biens,
Et vous pardonne enfin cette offense secrète
Où vous a d'un ami fait tomber la retraite ;
Et c'est le prix qu'il donne au zèle qu'autrefois
On vous vit témoigner en appuyant ses droits,
Pour montrer que son cœur sait, quand moins on y
D'une bonne action verser la récompense; [pense,
Que jamais le mérite avec lui ne perd rien ;
Et que, mieux que du mal, il se souvient du bien.

DORINE.

Que le ciel soit loué !

MADAME PERNELLE.

Maintenant je respire.

ELMIRE.

Favorable succès.

MARIANE.

Qui l'aurait osé dire ?

ORGON, *à Tartuffe que l'exempt emmène.*

Hé bien ! te voilà, traître !...

SCENE VIII.

MADAME PERNELLE, ORGON, ELMIRE, MARIANE, CLEANTE, VALERE, DAMIS, DORINE.

CLÉANTE.

Ah ! mon frère, arrêtez,
Et ne descendez point à des indignités.
A son mauvais destin laissez un misérable,
Et ne vous joignez point au remords qui l'accable.
Souhaitez bien plutôt que son cœur, en ce jour,
Au sein de la vertu fasse un heureux retour ;
Qu'il corrige sa vie en détestant son vice,
Et puisse du grand prince adoucir la justice ;
Tandis qu'à sa bonté vous irez, à genoux,
Rendre ce que demande un traitement si doux.

ORGON.

Oui, c'est bien dit. Allons à ses pieds avec joie
Nous louer des bontés que son cœur nous déploie :
Puis, acquittés un peu de ce premier devoir,
Aux justes soins d'un autre il nous faudra pourvoir,
Et par un doux hymen couronner en Valère
La flamme d'un amant généreux et sincère.

FIN DU TARTUFFE.

AMPHITRYON,

COMÉDIE EN TROIS ACTES.

1668.

A S. A. S. Mgr LE PRINCE.

MONSEIGNEUR.

N'en déplaise à vos beaux esprits, je ne vois rien de plus ennuyeux que les épîtres dédicatoires; et V. A. S. trouvera bon, s'il lui plaît, que je ne suive point ici le style de ces messieurs-là, et refuse de me servir de deux ou trois misérables pensées qui ont été tournées et retournées tant de fois, qu'elles sont usées de tous les côtés. Le nom du grand CONDÉ est un nom trop glorieux pour le traiter comme on fait tous les autres noms. Il ne faut l'appliquer, ce nom illustre, qu'à des emplois qui soient dignes de lui; et, pour dire de belles choses, je voudrais parler de le mettre à la tête d'une armée plutôt qu'à la tête d'un livre; et je conçois bien mieux ce qu'il est capable de faire en l'opposant aux forces des ennemis de cet état, qu'en l'opposant à la critique des ennemis d'une comédie.

Ce n'est pas, Monseigneur, que la glorieuse approbation de V. A. S ne fût une puissante protection pour toutes ces sortes d'ouvrages, et qu'on ne soit persuadé des lumières de votre esprit autant que de l'intrépidité de votre cœur et de la grandeur de votre ame. On sait par toute la terre que l'éclat de votre mérite n'est point renfermé dans les bornes de cette valeur indomptable qui se fait des adorateurs chez ceux mêmes qu'il surmonte; qu'il s'étend ce mérite, jusqu'aux connaissances les plus fines et les plus relevées; et que les décisions de votre jugement sur tous les ouvrages d'esprit ne manquent point d'être suivies par le sentiment des plus délicats. Mais on sait aussi, Monseigneur, que toutes ces glorieuses approbations dont nous nous vantons au public ne nous coûtent rien à faire imprimer, et que ce sont des choses dont nous disposons comme nous voulons. On sait, dis-je, qu'une épître dédicatoire dit tout ce qu'il lui plaît, et qu'un auteur est en pouvoir d'aller saisir les personnes les plus augustes, et de parer de leurs grands noms les premiers feuillets de son livre; qu'il a la liberté de s'y donner, autant qu'il le veut, l'honneur de leur estime, et se faire des protecteurs qui n'ont jamais songé à l'être.

Je n'abuserai jamais, Monseigneur, ni de votre nom, ni de vos bontés, pour combattre les censeurs de l'Amphytrion, et m'attribuer une gloire que je n'ai peut-être pas méritée; et je ne prends la liberté de vous offrir ma comedie que pour avoir lieu de vous dire que je regarde incessamment avec une profonde vénération les grandes qualités que vous joignez au sang auguste dont vous tenez le jour, et que je suis, Monseigneur, avec tout le respect possible et tout le zèle imaginable,

DE VOTRE ALTESSE SÉRÉNISSIME,

le très humble, très obéissant
et très obligé serviteur,

MOLIÈRE.

PERSONNAGES DU PROLOGUE.

MERCURE.
LA NUIT.

PERSONNAGES DE LA COMÉDIE.

JUPITER, sous la figure d'Amphitryon.
MERCURE, sous la figure de Sosie.
AMPHITRYON, général des Thébains.
ALCMÈNE, femme d'Amphitryon.
CLÉANTE, suivante d'Alcmène, et femme de Sosie.
ARGATIPHONTIDAS, NAUCRATÈS, POLIDAS, PAUSICLÈS, capitaines thébains.
SOSIE, valet d'Amphitryon.

La scène est à Thèbes, dans la maison d'Amphitryon.

PROLOGUE.

MERCURE, *sur un nuage;* LA NUIT, *dans un char traîné dans l'air par deux chevaux.*

MERCURE.

Tout beau, charmante Nuit, daignez vous arrêter.
Il est certain secours que de vous on désire;
Et j'ai deux mots à vous dire
De la part de Jupiter.

LA NUIT.

Ah! ah! c'est vous, seigneur Mercure!
Qui vous eût deviné là dans cette posture?

MERCURE.

Ma foi, me trouvant las, pour ne pouvoir fournir
Aux différents emplois où Jupiter m'engage,
Je me suis doucement assis sur ce nuage
Pour vous attendre venir.

LA NUIT.

Vous vous moquez, Mercure, et vous n'y songez pas:
Sied-il bien à des dieux de dire qu'ils sont las?

MERCURE.

Les dieux sont-ils de fer?

LA NUIT.

Non, mais il faut sans cesse
Garder le décorum de la divinité.
Il est de certains mots dont l'usage rabaisse
Cette sublime qualité,
Et que, pour leur indignité,
Il est bon qu'aux hommes on laisse.

MERCURE.

A votre aise vous en parlez;
Et vous avez, la belle, une chaise roulante,
Où, par deux bons chevaux, en dame nonchalante,
Vous vous faites traîner partout où vous voulez.
Mais de moi ce n'est pas de même:
Et je ne puis vouloir, dans mon destin fatal,

Aux poètes assez de ma.
De leur impertinence extrême,
D'avoir, par une juste loi
Dont on veut maintenir l'usage,
A chaque dieu, dans son emploi,
Donné quelque allure en partage,
Et de me laisser à pied, moi.
Comme un messager de village;
Moi qui suis, comme on sait, en terre et dans les cieux
Le fameux messager du souverain des dieux;
Et qui sans rien exagérer.
Par tous les emplois qu'il me donne,
Aurais besoin plus que personne
D'avoir de quoi me voiturer.

LA NUIT.

Que voulez-vous faire à celà?
Les poètes font à leur guise.
Ce n'est pas la seule sottise
Qu'on voit faire à ces messieurs-là.
Mais contre eux toutefois votre ame à tort s'irrite,
Et vos ailes aux pieds sont un don de leurs soins.

MERCURE.

Oui; mais pour aller plus vite,
Est-ce qu'on s'en lasse moins?

LA NUIT.

Laissons cela, seigneur Mercure,
Et sachons ce dont il s'agit.

MERCURE.

C'est Jupiter, comme je vous l'ai dit,
Qui de votre manteau veut la faveur obscure
Pour certaine douce aventure
Qu'un nouvel amour lui fournit.
Ses pratiques, je crois, ne vous sont pas nouvelles:
Bien souvent pour la terre il néglige les cieux;
Et vous n'ignorez pas que ce maître des dieux
Aime à s'humaniser pour des beautés mortelles,
Et sait cent tours ingénieux
Pour mettre à bout les plus cruelles.
Des yeux d'Alcmène il a senti les coups;
Et tandis qu'au milieu des béotiques plaines
Amphitryon, son epoux,
Commande aux troupes thébaines,
Il en a pris la forme, et reçoit là-dessous
Un soulagement à ses peines
Dans la possession des plaisirs les plus doux.
L'état des mariés à ses feux est propice:
L'hymen ne les a joints que depuis quelques jours;
Et la jeune chaleur de leurs tendres amours
A fait que Jupiter à ce bel artifice
S'est avisé d'avoir recours.
Son stratagême ici se trouve salutaire:
Mais près de maint objet chéri
Pareil déguisement serait pour ne rien faire:
Et ce n'est pas partout un bon moyen de plaire
Que la figure d'un mari.

LA NUIT.

J'admire Jupiter, et je ne comprends pas
Tous les déguisements qui lui viennent en tête.

MERCURE.

Il veut goûter par-là toutes sortes d'états;
Et c'est agir en dieu qui n'est pas bête.
Dans quelque rang qu'il soit des mortels regardé,
Je le tiendrais fort misérable
S'il ne quittait jamais sa mine redoutable,
Et qu'au faîte des cieux il fût toujours guindé,
Il n'est point à mon gré de plus sotte méthode
Que d'être emprisonné toujours dans sa grandeur,
Et surtout aux transports de l'amoureuse ardeur
La haute qualité devient fort incommode.
Jupiter, qui, sans doute, en plaisirs se connait,
Sait descendre du haut de sa gloire suprême;
Et pour entrer dans tout ce qu'il lui plaît
Il sort tout à fait de lui-même,
Et ce n'est plus alors Jupiter qui paraît.

LA NUIT.

Passe encor de le voir de ce sublime étage
Dans celui des hommes venir,
Prendre les transports que leur cœur peut fournir,
Et se faire à leur badinage,
Si, dans les changements où son humeur l'engage
A la nature humaine il s'en voulait tenir.
Mais de voir Jupiter taureau,
Serpent, Cygne, ou quelque autre chose,
Je ne trouve point cela beau,
Et ne m'étonne pas si parfois on en cause.

MERCURE.

Laissons dire tous les censeurs:
Tels changements ont leurs douceurs
Qui passent leur intelligence.
Ce dieu sait ce qu'il fait aussi bien là qu'ailleurs;
Et dans tous les mouvements de leurs tendres ardeurs
Les bêtes ne sont pas si bêtes que l'on pense.

LA NUIT.

Revenons à l'objet dont il a les faveurs.
Si par son stratagême il voit sa flamme heureuse,
Que peut-il souhaiter, et qu'est-ce que je puis?

MERCURE.

Que vos chevaux par vous au petit pas réduits,
Pour satisfaire aux vœux de son ame amoureuse,
D'une nuit si délicieuse
Fassent la plus longue des nuits;
Qu'à ses transports vous donniez plus d'espace,
Et retardiez la naissance du jour
Qui doit avancer le retour
De celui dont il tient la place.

LA NUIT.

Voilà sans doute un bel emploi
Que le grand Jupiter m'apprête!
Et l'on donne un nom fort honnête
Au service qu'il veut de moi!

MERCURE.

Pour une jeune déesse,
Vous êtes bien du bon temps!
Un tel emploi n'est bassesse
Que chez les petits gens.
Lorsque dans un haut rang on a l'heur de paraître,
Tout ce qu'on fait est toujours bel et bon;
Et suivant ce qu'on peut être
Les choses changent de nom.

LA NUIT.

Sur de pareilles matières
Vous en savez plus que moi;
Et pour accepter l'emploi
J'en veux croire vos lumières.

MERCURE.

Hé! là, là, madame la nuit,
Un peu doucement, je vous prie;
Vous avez dans le monde un bruit
De n'être pas si renchérie.
On vous fait confidente, en cent climats divers,
De beaucoup de bonnes affaires;
Et je crois, à parler à sentiments ouverts,
Que nous ne nous en devons guères.

LA NUIT.

Laissons ces contrariétés,
Et demeurons ce que nous sommes.
N'apprêtons point à rire aux hommes
En nous disant nos vérités.

MERCURE.

Adieu. Je vais là-bas, dans ma commission,
Dépouiller promptement la fortune de Mercure,
Pour y vêtir la figure
Du valet d'Amphitryon.

LA NUIT.

Moi, dans cet hémisphère, avec ma suite obscure,
Je vais faire une station.

MERCURE.

Bon jour, la Nuit.

LA NUIT.

Adieu, Mercure.

(*Mercure descend de son nuage, et la Nuit traverse le théâtre.*)

FIN DU PROLOGUE.

AMPHITRYON.

ACTE PREMIER.

SCÈNE PREMIÈRE.

SOSIE.

Qui va là? Hé! ma peur à chaque pas s'accroît!
Messieurs, ami de tout le monde.
Ah! quelle audace sans seconde
De marcher à l'heure qu'il est!
Que mon maître, couvert de gloire,
Me joue ici un mauvais tour!
Quoi! si pour son prochain il avait quelque amour,
M'aurait-il fait partir par une nuit si noire?
Et, pour me renvoyer annoncer son retour
Et le détail de sa victoire,
Ne pouvait-il pas bien attendre qu'il fût jour?
Sosie, à quelle servitude
Tes jours sont-ils assujettis!
Notre sort est beaucoup plus rude
Chez les grands que chez les petits
Ils veulent que pour eux tout soit dans la nature,
Obligé de s'immoler.
Jour et nuit, grêle, vent, péril, chaleur, froidure,
Dès qu'ils parlent, il faut voler.
Vingt ans d'assidu service
N'en obtiennent rien pour nous:
Le moindre petit caprice
Nous attire leur courroux.
Cependant notre ame insensée
S'acharne au vain honneur de demeurer pres d'eux,
Et s'y veut contenter de la fausse pensée
Qu'ont tous les autres gens que nous sommes heureux
Vers la retraite enfin la raison nous appelle,
En vain notre dépit quelquefois y consent;
Leur vue a sur notre zèle
Un ascendant trop puissant,
Et la moindre faveur d'un coup d'œil caressant
Nous rengage de plus belle.
Mais enfin, dans l'obscurité,
Je vois notre maison, et ma frayeur s'évade.
Il me faudrait, pour l'ambassade,
Quelque discours prémédité.
Je dois aux yeux d'Alcmène un portrait militaire
Du grand combat qui met nos ennemis à bas;
Mais comment diantre le faire,
Si je ne m'y trouvai pas?
N'importe, parlons-en et d'estoc et de taille,
Comme oculaire témoin.
Combien de gens font-ils des récits de bataille
Dont ils se sont tenus loin!
Pour jouer mon rôle sans peine,
Je le veux un peu repasser.
Voici la chambre où j'entre en courrier que l'on mène.
Et cette lanterne est Alcmène,
A qui je dois m'adresser.
(*Sosie pose sa lanterne à terre.*)
Madame Amphitryon, mon maître et votre époux...
(Bon! beau début!) l'esprit toujours plein de vos [charmes
M'a voulu choisir entre tous
Pour vous donner avis du succès de ses armes,
Et du désir qu'il a de se voir près de vous.
« Ah! vraiment, mon pauvre Sosie,
« A te revoir j'ai de la joie au cœur. »
Madame, ce m'est trop d'honneur,
Et mon destin doit faire envie.
(Bien répondu!) « Comment se porte Amphitryon? »
Madame, en homme de courage,
Dans les occasions où la gloire l'engage.
(Fort bien! belle conception)
« Quand viendra-t-il, par son retour charmant,
« Rendre mon ame satisfaite »?
Le plus tôt qu'il pourra, madame, assurément,
Mais bien plus tard que son cœur ne souhaite.
(Ah!) « Mais quel est l'état où la guerre l'a mis!
« Que dit-il? que fait-il? Contente un peu mon ame. »
Il dit moins qu'il ne fait, madame,
Et fait trembler les ennemis.
(Peste! où prend mon esprit toutes ces gentillesses?)
« Que font les révoltés? dis-moi, quel est leur sort? »
Ils n'ont pu résister, madame, à notre effort;
Nous les avons taillés en pièces,
Mis Ptérélas leur chef à mort,
Pris Télèbe d'assaut; et déjà dans le port
Tout retentit de nos prouesses.
« Ah! quels succès! ô dieux? Qui l'eût pu jamais croire
« Raconte-moi, Sosie, un tel événement. »
Je le veux bien, madame; et, sans m'enfler de gloire,
Du détail de cette victoire
Je puis parler très savamment.
Figurez-vous donc que Télèbe,
Madame, est de ce côté;
(*Sosie marque les lieux sur sa main.*)
C'est une ville, en vérité,
Aussi grande quasi que Thèbe.
La rivière est comme là.
Ici nos gens se campèrent;
Et l'espace que voilà,
Nos ennemis l'occupèrent.
Sur un haut, vers cet endroit,
Etait leur infanterie;
Et plus bas, du côté droit,
Etait leur cavalerie.
Après avoir aux dieux adressé les prières,
Tous les ordres donnés, on donne le signal:
Les ennemis, pensant nous tailler des croupières,
Firent trois pelotons de leurs gens à cheval;
Mais leur chaleur par nous fut bientôt réprimée,
Et vous allez voir comme quoi.
Voilà notre avant-garde à bien faire animée;
Là, les archers de Créon, notre roi;
Et voici le corps d'armée,
(*On fait un peu de bruit.*)
Qui d'abord... Attendez, le corps d'armée a peur;
J'entends quelque bruit, ce me semble.

SCENE II.

MERCURE, SOSIE.

MERCURE, *sous la figure de Sosie, sortant de la maison d'Amphitryon.*

Sous ce minois qui lui ressemble,
Chassons de ces lieux ce causeur,
Dont l'abord importun troublerait la douceur
Que nos amants goûtent ensemble.

SOSIE, *sans voir Mercure.*

Mon cœur tant soit peu se rassure,
Et je pense que ce n'est rien.
Crainte pourtant de sinistre aventure,
Allons chez nous achever l'entretien.

MERCURE, *à part.*

Tu seras plus fort que Mercure,
Ou je t'en empêcherai bien.

SOSIE, *sans voir Mercure.*

Cette nuit en longueur me semble sans pareille.
Il faut, depuis le temps que je suis en chemin,
Ou que mon maître ait pris le soir pour le matin,
Ou que trop tard au lit le blond Phébus sommeille
Pour avoir pris trop de vin.

MERCURE, *à part.*

Comme avec irrévérence
Parle des dieux ce maraud!
Mon bras saura bientôt
Châtier cette insolence;
Et je vais m'égayer avec lui comme il faut,
En lui volant son nom avec sa ressemblance.

SOSIE, *apercevant Mercure d'un peu loin.*

Ah! par ma foi, j'avais raison:
C'est fait de moi, chétive créature!
Je vois devant notre maison
Certain homme dont l'encolure
Ne me presage rien de bon.
Pour faire semblant d'assurance,

Je veux chanter un peu d'ici.
(*Il chante.*)

MERCURE.

Qui donc est ce coquin qui prend tant de licence.
Que de chanter et m'étourdir ainsi?
(*A mesure que Mercure parle, la voix de Sosie s'affaiblit peu à peu.*)
Veut-il qu'à l'étriller ma main un peu s'applique?

SOSIE, *à part.*

Cet homme assurément n'aime pas la musique.

MERCURE.

Depuis plus d'une semaine
Je n'ai trouvé personne à qui rompre les os;
La vigueur de mon bras se perd dans le repos;
Et je cherche quelque dos
Pour me remettre en haleine.

SOSIE, *à part.*

Quel diable d'homme est-ce ci!
De mortelles frayeurs je sens mon ame atteinte.
Mais pourquoi trembler tant aussi?
Peut-être a-t-il dans l'ame autant que moi de crainte,
Et que le drôle parle ainsi
Pour me cacher sa peur sous une audace feinte.
Oui, oui, ne souffrons point qu'on nous croie un oi- [son:
Si je ne suis hardi, tâchons de le paraître.
Faisons-nous du cœur par raison :
Il est seul, comme moi; je suis fort, j'ai bon maître;
Et voilà notre maison.

MERCURE.

Qui va là?

SOSIE.

Moi.

MERCURE.

Qui moi?

SOSIE.

(*à part.*)
Moi. Courage, Sosie?

MERCURE.

Quel est ton sort? dis-moi.

SOSIE.

D'être homme et de parler.

MERCURE.

Es-tu maître, ou valet?

SOSIE.

Comme il me prend envie.

MERCURE.

Où s'adressent tes pas?

SOSIE.

Où j'ai dessein d'aller.

MERCURE.

Ah! ceci me déplaît.

SOSIE.

J'en ai l'ame ravie.

MERCURE.

Résolument, par force ou par amour,
Je veux savoir de toi, traître,
Ce que tu fais, d'où tu viens avant jour,
Où tu vas, à qui tu peux être.

SOSIE.

Je fais le bien et le mal tour à tour;
Je viens de là, vais là; j'appartiens à mon maître.

MERCURE.

Tu montres de l'esprit, et je te vois en train
De trancher avec moi de l'homme d'importance.
Il me prend un désir, pour faire connaissance,
De te donner un soufflet de ma main.

SOSIE.

A moi-même?

MERCURE.

A toi-même, et t'en voilà certain.
(*Mercure donne un soufflet à Sosie.*)

SOSIE.

Ah! ah! c'est tout de bon.

MERCURE.

Non, ce n'est que pour rire,
Et répondre à tes quolibets.

SOSIE.

Tudieu! l'ami, sans vous rien dire,
Comme vous baillez des soufflets!

MERCURE.

Ce sont là de mes moindres coups,
De petits soufflets ordinaires.

SOSIE.

Si j'étais aussi prompt que vous,
Nous ferions de belles affaires.

MERCURE.

Tout cela n'est encor rien.
Nous verrons bien autre chose;
Pour y faire quelque pause:
Poursuivons notre entretien.

SOSIE.

Je quitte la partie.
(*Sosie veut s'en aller.*)

MERCURE, *arrêtant Sosie.*

Où vas-tu?

SOSIE.

Que t'importe!

MERCURE.

Je veux savoir où tu vas.

SOSIE.

Me faire ouvrir cette porte.
Pourquoi retiens-tu mes pas?

MERCURE.

Si jusqu'à l'approcher tu pousses ton audace,
Je fais sur toi pleuvoir un orage de coups.

SOSIE.

Quoi! tu veux, par ta menace,
M'empêcher d'entrer chez nous?

MERCURE.

Comment! chez nous?

SOSIE.

Oui, chez nous.

MERCURE.

O le traître!
Tu te dis de cette maison?

SOSIE.

Fort bien. Amphytrion n'en est-il pas le maître?

MERCURE.

Hé bien! que fait cette raison?

SOSIE.

Je suis son valet.

MERCURE.

Toi?

SOSIE.

Moi.

MERCURE.

Son valet?

SOSIE.

Sans doute.

MERCURE.

Valet d'Amphitryon?

SOSIE.

D'Amphitryon, de lui.

MERCURE.

Ton nom est?...

SOSIE.

Sosie.

MERCURE.

Heu! comment?

SOSIE.

Sosie

MERCURE.

Écoute.
Sais-tu que de ma main je t'assomme aujourd'hui?

SOSIE.

Pourquoi? De quelle rage est ton ame saisie?

MERCURE.

Qui te donne, dis-moi, cette témérité
De prendre le nom de Sosie?

SOSIE.

Moi, je ne le prends point, je l'ai toujours porté.

MERCURE.

O le mensonge horrible, et l'impudence extrême!
Tu m'oses soutenir que Sosie est ton nom?

SOSIE.

Fort bien; je le soutiens, par la grande raison
Qu'ainsi l'a fait des dieux la puissance suprême;
Et qu'il n'est pas en moi de pouvoir dire non,
Et d'être un autre que moi-même.

MERCURE.

Mille coups de bâton doivent être le prix
D'une pareille effronterie.

SOSIE, *battu par Mercure.*

Justice, citoyens! Au secours, je vous prie!

MERCURE.

Comment! bourreau, tu fais des cris!

SOSIE.

De mille coups tu me meurtris,
Et tu ne veux pas que je crie?

MERCURE.

C'est ainsi que mon bras...

SOSIE.

L'action ne vaut rien.
Tu triomphes de l'avantage
Que te donne sur moi mon manque de courage;
Et ce n'est pas en user bien.
C'est pure fanfaronnerie
De vouloir profiter de la poltronnerie
De ceux qu'attaque notre bras.
Battre un homme à jeu sûr n'est pas d'une belle ame;
Et le cœur est digne de blâme
Contre les gens qui n'en ont pas.

MERCURE.

Hé bien! es-tu Sosie à présent? qu'en dis-tu?

SOSIE.

Tes coups n'ont point en moi fait de metamorphose
Et tout le changement que je trouve à la chose,
C'est d'être Sosie battu.

MERCURE, *menaçant Sosie.*

Encor! Cent autres coups pour cette autre impudence.

SOSIE.

De grace, fais trève à tes coups.

MERCURE.

Fais donc trève à ton insolence.

SOSIE.

Tout ce qu'il te plaira; je garde le silence.
La dispute est par trop inégale entre nous.

MERCURE.

Es-tu Sosie encor? dis, traître!

SOSIE.

Hélas! je suis ce que tu veux:
Dispose de mon sort tout au gré de tes vœux;
Ton bras t'en a fait le maître.

MERCURE.

Ton nom était Sosie, à ce que tu disais?

SOSIE.

Il est vrai, jusqu'ici j'ai cru la chose claire;
Mais ton bâton sur cette affaire
M'a fait voir que je m'abusais.

MERCURE.

C'est moi qui suis Sosie, et tout Thèbes l'avoue:
Amphitryon jamais n'en eut d'autre que moi.

SOSIE.

Toi, Sosie?

MERCURE.

Oui, Sosie? et si quelqu'un s'y joue,
Il peut bien prendre garde à soi.

SOSIE, *à part.*

Ciel! me faut-il ainsi renoncer à moi-même,
Et par un imposteur me voir voler mon nom?
Que son bonheur est extrême
De ce que je suis poltron!
Sans cela, par la mort...

MERCURE.

Entre tes dents, je pense
Tu murmures je ne sais quoi.

SOSIE.

Non. Mais, au nom des dieux, donne-moi la licence
De parler un moment à toi.

MERCURE.

Parle.

SOSIE.

Mais promets-moi, de grace,
Que les coups n'en seront point.
Signons une trève.

MERCURE.

Passe:
Va, je t'accorde ce point.

SOSIE.

Qui te jette, dis-moi, dans cette fantaisie?
Que te reviendra-t-il de m'enlever mon nom?
Et peux-tu faire enfin, quand tu serais démon,
Que je ne sois pas moi, que je ne sois Sosie.

MERCURE, *levant le bâton, sur Sosie.*

Comment! tu peux...?

SOSIE.

Ah! tout doux:
Nous avons fait trève aux coups.

MERCURE.

Quoi! pendard, imposteur, coquin...

SOSIE.

Pour des injures.
Dis-m'en tant que tu voudras;
Ce sont légères blessures,
Et je ne m'en fâche pas.

MERCURE.

Tu te dis Sosie?

SOSIE.

Oui. Quelque conte frivole...

MERCURE.

Sus, je romps notre trève, et reprends ma parole.

SOSIE.

N'importe. Je ne puis m'anéantir pour toi,
Et souffrir un discours si loin de l'apparence.
Être ce que je suis est-il en ta puissance?
Et puis-je cesser d'être moi?
S'avisa-t-on jamais d'une chose pareille?
Et peut-on démentir cent indices pressants?
Rêvè-je? Est-ce que je sommeille?
Ai-je l'esprit troublé par des transports puissants?
Ne sens-je pas bien que je veille?
Ne suis-je pas dans mon bon sens?
Mon maître Amphitryon ne m'a-t-il pas commis
A venir en ces lieux vers Alcmène sa femme?
Ne lui dois-je pas faire, en lui vantant sa flamme,
Un récit de ses faits contre nos ennemis?
Ne suis-je pas du port arrivé tout-à-l'heure?
Ne tiens-je pas une lanterne en main!
Ne te trouvè-je pas devant notre demeure?
Ne t'y parlè-je pas d'un esprit tout humain?
Ne te tiens-tu pas fort de ma poltronnerie?
Pour m'empêcher d'entrer chez nous,
N'as-tu pas sur mon dos exercé ta furie?
Ne m'as-tu pas roué de coups?
Ah! tout cela n'est que trop véritable;
Et! plût au ciel, le fût-il moins!
Cesse donc d'insulter au sort d'un misérable;
Et laisse à mon devoir s'acquitter de ses soins.

MERCURE.

Arrête, ou sur ton dos le moindre pas attire
Un assommant éclat de mon juste courroux.
Tout ce que tu viens de dire
Est à moi, hormis les coups.

SOSIE.

Ce matin du vaisseau, plein de frayeur en l'ame,
Cette lanterne sait comme je suis parti.
Amphitryon, du camp, vers Alcmène sa femme
M'a-t-il pas envoyé?

MERCURE.

Vous en avez menti.
C'est moi qu'Amphitryon député vers Alcmène,
Et qui du port persique arrive de ce pas;
Moi, qui viens annoncer la valeur de son bras
Qui nous fait remporter une victoire pleine,
Et de nos ennemis a mis le chef à bas.
C'est moi qui suis Sosie enfin, de certitude.,
Fils de Dave honnête berger;
Frère d'Arpage, mort en pays étranger,
Mari de Cléanthis la prude
Dont l'humeur me fait enrager,
Qui dans Thèbe ai reçu mille coups d'étrivière
Sans en avoir jamais dit rien,
Et jadis en public fus marqué par derrière
Pour être trop homme de bien.

SOSIE, *bas, à part.*

Il a raison. A moins d'être Sosie,
On ne peut pas savoir tout ce qu'il dit;
Et, dans l'étonnement dont mon ame est saisie,

Je commence, à mon tour, à le croire un petit.
En effet, maintenant que je le considère,
Je vois qu'il a de moi taille, mine, action.
Faisons-lui quelque question,
Afin d'éclaircir ce mystère.
(*haut.*)
Parmi tout le butin fait sur nos ennemis,
Qu'est-ce qu'Amphitryon obtint pour son partage?

MERCURE.

Cinq fort gros diamants en nœuds proprement mis,
Dont leur chef se parait comme d'un rare ouvrage.

SOSIE.

A qui destine-t-il un si riche présent?

MERCURE.

A sa femme; et sur elle il le veut voir paraître.

SOSIE.

Mais où, pour l'apporter, est-il mis à présent?

MERCURE.

Dans un coffret scellé des armes de mon maître.

SOSIE, *à part.*

Il ne ment pas d'un mot à chaque repartie;
Et de moi je commence à douter tout de bon.
Près de moi, par la force, il est déjà Sosie;
Il pourrait bien encor l'être par la raison.
Pourtant, quand je me tâte, et que je me rappelle,
Il me semble que je suis moi.
Où puis-je rencontrer quelque clarté fidèle
Pour démêler ce que je voi?
Ce que j'ai fait tout seul, et que n'a vu personne,
A moins d'être moi-même, on ne le peut savoir.
Par cette question, il faut que je l'étonne;
C'est de quoi le confondre; et nous allons le voir.
(*haut.*)
Lorsqu'on était aux mains, que fis-tu dans nos tentes,
Où tu courus seul te fourrer?

MERCURE.

D'un jambon...

SOSIE, *bas, à part.*

L'y voilà!

MERCURE.

Que j'allai déterrer.
Je coupai bravement deux tranches succulentes,
Dont je sus fort bien me bourrer.
Et joignant à cela d'un vin que l'on ménage,
Et dont, avant le goût, les yeux se contentaient,
Je pris un peu de courage
Pour nos gens qui se battaient.

SOSIE, *bas, à part.*

Cette preuve sans pareille
En sa faveur conclut bien;
Et l'on n'y peut dire rien,
S'il n'était dans la bouteille.
(*haut.*)
Je ne saurais nier, aux preuves qu'on m'expose,
Que tu ne sois, Sosie, et j'y donne ma voix.
Mais si tu l'es, dis-moi qui tu veux que je sois;
Car encor faut-il bien que je sois quelque chose.

MERCURE.

Quand je ne serai plus Sosie,
Sois-le, j'en demeure d'accord;
Mais tant que je le suis, je te garantis mort,
Si tu prends cette fantaisie.

SOSIE.

Tout cet embarras met mon esprit sur les dents,
Et la raison à ce qu'on voit s'oppose.
Mais il faut terminer enfin par quelque chose:
Et le plus court pour moi, c'est d'entrer là-dedans.

MERCURE.

Ah! tu prends donc, pendard, goût à la bastonnade?

SOSIE, *battu par Mercure.*

A! qu'est-ce ci, grands dieux! il frappe un ton plus fort,
Et mon dos, pour un mois, en doit être malade.
Laissons ce diable d'homme, et retournons au port.
O juste ciel! j'ai fait une belle ambassade!

MERCURE, *seul.*

Enfin je l'ai fait fuir; et, sous ce traitement,
De beaucoup d'actions il a reçu la peine.
Mais je vois Jupiter, que fort civilement
Reconduit l'amoureuse Alcmène.

SCENE III.

JUPITER, *sous la figure d'Amphitryon*; **ALCMÈNE, CLÉANTHIS, MERCURE.**

JUPITER.

Défendez, chère Alcmène, aux flambeaux d'approcher.
Ils m'offrent des plaisirs en m'offrant votre vue;
Mais ils pourraient ici découvrir ma venue,
Qu'il est à propos de cacher,
Mon amour, que gênaient tous ces soins éclatants,
Où me tenait lié la gloire de nos armes,
Aux devoirs de ma charge a volé les instants
Qu'il vient de donner à vos charmes.
Ce vol qu'à vos beautés mon cœur a consacré
Pourrait être blâmé dans la bouche publique,
Et j'en veux pour témoin unique
Celle qui peut m'en savoir gré.

ALCMÈNE.

Je prends, Amphitryon, grande part à la gloire
Que répandent sur vous vos illustres exploits;
Et l'éclat de votre victoire
Sait toucher de mon cœur les sensibles endroits;
Mais, quand je vois que cet honneur fatal
Éloigne de moi ce que j'aime,
Je ne puis m'empêcher, dans ma tendresse extrême,
De lui vouloir un peu de mal,
Et d'opposer mes vœux à cet ordre suprême
Qui des Thébains vous fait le général.
C'est une douce chose, après une victoire,
Que la gloire où l'on voit ce qu'on aime élevé;
Mais, parmi les périls mêlés à cette gloire,
Un triste coup, hélas! est bientôt arrivé
De combien de frayeurs a-t-on l'âme blessée
Au moindre choc dont on entend parler!
Voit-on, dans les horreurs d'une telle pensée,
Par où jamais se consoler
Du coup dont elle est menacée?
Et de quelque laurier qu'on couronne un vainqueur,
Quelque part que l'on ait à cet honneur suprême,
Vaut-il ce qu'il en coûte aux tendresses d'un cœur
Qui peut, à tout moment, trembler pour ce qu'il aime?

JUPITER.

Je ne vois rien en vous dont mon feu ne s'augmente,
Tout y marque à mes yeux un cœur bien enflammé;
Et c'est, je vous l'avoue, une chose charmante
De trouver tant d'amour dans un objet aimé.
Mais, si je l'ose dire, un scrupule me gêne
Aux tendres sentiments que vous me faites voir,
Et, pour les bien goûter, mon amour, chère Alcmène,
Voudrait n'y voir entrer rien de votre devoir;
Qu'à votre seule ardeur, qu'à ma seule personne,
Je dusse les faveurs que je reçois de vous;
Et que la qualité que j'ai de votre époux
Ne fût point ce qui me les donne.

ALCMÈNE.

C'est de ce nom pourtant que l'ardeur qui me brûle
Tient le droit de paraître au jour;
Et je ne comprends rien à ce nouveau scrupule
Dont s'embarrasse votre amour.

JUPITER.

Ah! ce que j'ai pour vous d'ardeur et de tendresse
Passe aussi celle d'un époux:
Et vous ne savez pas, dans des moments si doux,
Quelle en est la délicatesse.
Vous ne concevez point qu'un cœur bien amoureux
Sur cent petits égards s'attache avec étude,
Et se fait une inquiétude
De la manière d'être heureux.
En moi, belle et charmante Alcmène,
Vous voyez un mari, vous voyez un amant;
Mais l'amant seul me touche, à parler franchement,
Et je sens, près de vous, que le mari le gêne.
Cet amant, de vos vœux jaloux au dernier point,
Souhaite qu'à lui seul votre cœur s'abandonne;
Et sa passion ne veut point
De ce que le mari lui donne.
Il veut de pure source obtenir vos ardeurs,
Et ne veut rien tenir des nœuds de l'hyménée,
Rien d'un fâcheux devoir qui fait agir les cœurs.

Et par qui tous les jours des plus chères faveurs
La douceur est empoisonnée.
Dans le scrupule, enfin, dont il est combattu,
Il veut, pour satisfaire à sa délicatesse,
Que vous le sépariez d'avec ce qui le blesse,
Que le mari ne soit que pour votre vertu,
Et que de votre cœur de bonté revêtu
L'amant ait tout l'amour et toute la tendresse.

ALCMÈNE.

Amphitryon, en vérité,
Vous vous moquez de tenir ce langage;
Et j'aurais peur qu'on ne vous crût pas sage
Si de quelqu'un vous étiez écouté.

JUPITER.

Ce discours est plus raisonnable,
Alcmène, que vous ne pensez.
Mais un plus long séjour me rendrait trop coupable,
Et du retour au port les moments sont pressés.
Adieu. De mon devoir l'étrange barbarie
Pour un temps m'arrache de vous.
Mais, belle Alcmène, au moins, quand vous verrez l'époux,
Songez à l'amant je vous prie.

ALCMÈNE.

Je ne sépare point ce qu'unissent les dieux;
Et l'époux et l'amant me sont fort précieux.

SCÈNE IV.

CLÉANTHIS, MERCURE.

CLÉANTHIS, *à part.*

O ciel! que d'aimables caresses
D'un époux ardemment chéri!
Et que mon traître de mari
Est loin de toutes ces tendresses!

MERCURE, *à part.*

La Nuit, qu'il me faut avertir,
N'a plus qu'à plier tous ses voiles;
Et, pour effacer les étoiles,
Le Soleil de son lit peut maintenant sortir.

CLÉANTHIS, *arrêtant Mercure.*

Quoi! c'est ainsi que l'on me quitte!

MERCURE.

Et comment donc? ne veux-tu pas
Que de mon devoir je m'acquitte,
Et que d'Amphitryon j'aille suivre les pas?

CLÉANTHIS.

Mais avec cette brusquerie,
Traître, de moi te séparer!

MERCURE.

Le beau sujet de fâcherie!
Nous avons tant de temps ensemble à demeurer!

CLÉANTHIS.

Mais quoi! partir ainsi d'une façon brutale,
Sans me dire un seul mot de douceur pour régale!

MERCURE.

Diantre! où veux-tu que mon esprit
T'aille chercher des fariboles?
Quinze ans de mariage épuisent les paroles;
Et depuis un longtemps nous nous sommes tout dit.

CLÉANTHIS.

Regarde, traître, Amphitryon;
Vois combien pour Alcmène il étale de flamme,
Et rougis, là-dessus, du peu de passion
Que tu témoignes pour ta femme.

MERCURE.

Hé! mon Dieu! Cléanthis, ils sont encore amants.
Il est certain âge où tout passe;
Et ce qui leur sied bien dans ces commencements,
En nous, vieux mariés, aurait mauvaise grace.
Il nous ferait beau voir, attachés face à face,
A pousser les beaux sentiments!

CLÉANTHIS.

Quoi! suis-je hors d'etat, perfide d'espérer
Qu'un cœur auprès de moi soupire!

MERCURE.

Non, je n'ai garde de le dire;
Mais je suis trop barbon pour oser soupirer,
Et je ferais crever de rire.

CLÉANTHIS.

Mérites-tu, pendard, cet insigne bonheur
De te voir pour épouse une femme d'honneur?

MERCURE.

Mon Dieu! tu n'es que trop honnête;
Ce grand honneur ne me vaut rien.
Ne sois point si femme de bien,
Et me romps un peu moins la tête.

CLÉANTHIS.

Comment! de trop bien vivre on te voit me blâmer!

MERCURE.

La douceur d'une femme est tout ce qui me charme;
Et ta vertu fait un vacarme
Qui ne cesse de m'assommer.

CLÉANTHIS.

Il te faudrait des cœurs pleins de fausses tendresses,
De ces femmes aux beaux et louables talents,
Qui savent accabler leurs maris de caresses
Pour leur faire avaler l'usage des galants.

MERCURE.

Ma foi, veux-tu que je te dise?
Un mal d'opinion ne touche que les sots;
Et je prendrais pour ma devise:
Moins d'honneur et plus de repos.

CLÉANTHIS.

Comment! tu souffrirais, sans nulle répugnance,
Que j'aimasse un galant avec toute licence?

MERCURE.

Oui, si je n'étais plus de tes cris rebattu,
Et qu'on te vît changer d'humeur et de méthode.
J'aime mieux un vice commode
Qu'une fatigante vertu.
Adieu, Cléanthis, ma chère ame;
Il me faut suivre Amphitryon.

CLÉANTHIS.

Pourquoi, pour punir cet infame,
Mon cœur n'a-t-il assez de résolution?
Ah! que, dans cette occasion,
J'enrage d'être honnête femme!

FIN DU PREMIER ACTE.

ACTE SECOND.

SCÈNE PREMIÈRE.

AMPHITRYON.

Viens çà, bourreau, viens çà. Sais-tu, maître fripon,
Qu'à te faire assommer ton discours peut suffire,
Et que, pour te traiter comme je le désire,
Mon courroux n'attend qu'un bâton?

SOSIE.

Si vous le prenez sur ce ton,
Monsieur, je n'ai plus rien à dire;
Et vous aurez toujours raison.

AMPHITRYON.

Quoi! tu veux me donner pour des vérités, traître,
Des contes que je vois d'extravagance outrés?

SOSIE.

Non: je suis le valet, et vous êtes le maître;
Il n'en sera, monsieur, que ce que vous voudrez.

AMPHITRYON.

Çà, je veux étouffer le courroux qui m'enflamme,
Et, tout du long, t'ouïr sur ta commission.
Il faut, avant que voir ma femme,
Que je débrouille ici cette confusion.
Rappelle tous ses sens, rentre bien dans ton ame,
Et réponds mot pour mot à chaque question.

SOSIE.

Mais de peur d'incongruité,
Dites-moi, de grace, à l'avance,
De quel air il vous plaît que ceci soit traité,
Parlerai-je, monsieur, selon ma conscience,
Ou comme auprès des grands on le voit usité?
Faut-il dire la vérité,
Ou bien user de complaisance?

AMPHITRYON.

Non ; je ne te veux obliger
Qu'à me rendre de tout un compte fort sincère.

SOSIE.

Bon. C'est assez, laissez-moi faire ;
Vous n'avez qu'à m'interroger.

AMPHITRYON.

Sur l'ordre que tantôt je t'avais su prescrire...

SOSIE.

Je suis parti, les cieux d'un noir crêpe voilés,
Pestant fort contre vous dans ce fâcheux martyre,
Et maudissant vingt fois l'ordre dont vous parlez.

AMPHITRYON.

Comment, coquin !

SOSIE.

Monsieur, vous n'avez rien qu'à dire ;
Je mentirai, si vous voulez.

AMPHITRYON.

Voilà comme un valet montre pour nous de zèle !
Passons. Sur les chemins que t'est-il arrivé?

SOSIE.

D'avoir une frayeur mortelle
Au moindre objet que j'ai trouvé.

AMPHITRYON.

Poltron !

SOSIE.

En nous formant, nature a ses caprices ;
Divers penchants en nous elle fait observer :
Les uns à s'exposer trouvent mille délices ;
Moi, j'en trouve à me conserver.

AMPHITRYON.

Arrivant au logis...?

SOSIE.

J'ai, devant notre porte,
En moi-même voulu répéter un petit
Sur quel ton et de quelle sorte
Je ferais du combat le glorieux récit.

AMPHITRYON.

Ensuite?

SOSIE.

On m'est venu troubler et mettre en peine.

AMPHITRYON.

Et qui?

SOSIE.

Sosie ; un moi, de vos ordres jaloux,
Que vous avez du port envoyé vers Alcmène,
Et qui de nos secrets a connaissance pleine,
Comme le moi qui parle à vous.

AMPHITRYON.

Quels contes !

SOSIE.

Non, monsieur, c'est la vérité pure :
Ce moi plus tôt que moi s'est au logis trouvé ;
Et j'étais venu, je vous jure,
Avant que je fusse arrivé.

AMPHITRYON.

D'où peut procéder, je te prie,
Ce galimatias maudit?
Est-ce songe ? est-ce ivrognerie ,
Aliénation d'esprit,
Ou méchante plaisanterie?

SOSIE.

Non, c'est la chose comme elle est,
Et point du tout conte frivole.
Je suis homme d'honneur, j'en donne ma parole ;
Et vous m'en croirez s'il vous plaît.
Je vous dis que , croyant n'être qu'un seul Sosie,
Je me suis trouvé deux chez nous ;
Et que, de ces deux moi piqués de jalousie,
L'un est à la maison et l'autre est avec vous ;
Que le moi que voici, chargé de lassitude,
A trouvé l'autre moi frais, gaillard et dispos,
Et n'ayant d'autre inquiétude
Que de battre et de casser des os.

AMPHITRYON.

Il faut être, je le confesse,
D'un esprit bien posé, bien tranquille, bien doux,
Pour souffrir qu'un valet de chansons me repaisse !

SOSIE.

Si vous vous mettez en courroux,
Plus de conférence entre nous ;
Vous savez que d'abord tout cesse.

AMPHITRYON.

Non, sans emportement je te veux écouter,
Je l'ai promis. Mais dis ; en bonne conscience,
Au mystère nouveau que tu me viens conter
Est-il quelque ombre d'apparence?

SOSIE.

Non, vous avez raison, et la chose à chacun ;
Hors de créance doit paraître.
C'est un fait à n'y rien connaître ,
Un conte extravagant, ridicule, importun ;
Cela choque le sens commun ;
Mais cela ne laisse pas d'être.

AMPHITRYON.

Le moyen d'en rien croire, à moins qu'être insensé !

SOSIE.

Je ne l'ai pas cru, moi, sans une peine extrême.
Je me suis d'être deux sentit l'esprit blessé ;
Et longtemps d'imposteur j'ai traité ce moi-même.
Mais à me reconnaître enfin il m'a forcé ;
J'ai vu que c'était moi , sans aucun stratagême ;
Des pieds jusqu'à la tête, il est comme moi fait,
Beau, l'air noble, bien pris, les manières charmantes,
Enfin deux gouttes de lait
Ne sont pas plus ressemblantes ;
Et n'était que ses mains sont un peu trop pesantes,
J'en serait fort satifait.

AMPHITRYON.

A quelle patience il faut que je m'exhorte !
Mais enfin n'es-tu pas entré dans la maison?

SOSIE.

Bon, entré ! Hé ! Hé ! de quelle sorte?
Ai-je voulu jamais entendre de raison?
Et ne me suis-je pas interdit notre porte?

AMPHITRYON.

Comment donc !

SOSIE.

Avec un bâton,
Dont mon dos sent encore une douleur très forte.

AMPHITRYON.

On t'a battu.

SOSIE.

Vraiment.

AMPHITRYON.

Et qui?

SOSIE.

Moi.

AMPHITRYON.

Toi, te battre?

SOSIE.

Oui, moi; non pas le moi d'ici,
Mais le moi du logis, qui frappe comme quatre.

AMPHITRYON.

Te confonde le ciel de me parler ainsi !

SOSIE.

Ce ne sont point des badinages.
Le moi que j'ai trouvé tantôt
Sur le moi qui vous parle a de grands avantages ;
Il a le bras fort, le cœur haut :
J'en ai reçu des témoignages ;
Et ce diable de moi m'a rossé comme il faut ;
C'est un drôle qui fait des rages.

AMPHITRYON.

Achevons. As-tu vu ma femme?

SOSIE.

Non.

AMPHITRYON.

Pourquoi.

SOSIE.

Par une raison assez forte.

AMPHITRYON.

Qui t'a fait y manquer, maraud? Explique-toi.

SOSIE.

Faut-il le répéter vingt fois de même sorte?
Moi, vous dis-je ; ce moi plus robuste que moi ,
Ce moi qui s'est de force emparé de la porte ·

Ce moi qui m'a fait filer doux ;
Ce moi qui le seul moi veut être ;
Ce moi de moi même jaloux ;
Ce moi vaillant dont le courroux
Au moi poltron s'est fait connaître ;
Enfin ce moi qui suis chez nous ;
Ce moi qui s'est montré mon maître ;
Ce moi qui m'a roué de coups.

AMPHITRYON.

Il faut que ce matin, à force de trop boire,
Il se soit troublé le cerveau.

SOSIE.

Je veux être pendu si j'ai bu que de l'eau?
A mon serment on m'en peut croire.

AMPHITRYON.

Il faut donc qu'au sommeil tes sens se soient portés,
Et qu'un songe fâcheux, dans ses confus mystères,
T'ait fait voir toutes les chimères
Dont tu me fais des vérités.

SOSIE.

Tout aussi peu. Je n'ai point sommeillé,
Et n'en ai même aucune envie.
Je vous parle bien éveillé :
J'étais bien éveillé ce matin, sur ma vie ;
Et bien éveillé même était l'autre Sosie
Quand il m'a si bien étrillé.

AMPHITRYON.

Suis-moi, je t'impose silence.
C'est trop me fatiguer l'esprit ;
Et je suis un vrai fou d'avoir la patience
D'écouter d'un valet les sottises qu'il dit.

SOSIE, *à part.*

Tous les discours sont des sottises,
Partant d'un homme sans éclat ;
Ce seraient paroles exquises
Si c'était un grand qui parlât.

AMPHITRYON.

Entrons sans davantage attendre.
Mais Alcmène paraît avec tous ses appas ;
En ce moment, sans doute, elle ne m'attend pas
Et mon abord la va surprendre.

SCENE II.

ALCMÈNE, AMPHITRYON, CLÉANTHIS, SOSIE.

ALCMÈNE, *sans voir Amphitryon.*

Allons pour mon époux, Cléanthis, vers les dieux
Nous acquitter de nos hommages,
Et les remercier des succès glorieux
Dont Thèbes par son bras goûte les avantages.
(*apercevant Amphitryon.*)
O Dieux !

AMPHITRYON.

Fasse le ciel qu'Amphitryon vainqueur.
Avec plaisir soit revu de sa femme ;
Et que ce jour, favorable à ma flamme,
Vous redonne à mes yeux avec le même cœur,
Que j'y retrouve autant d'ardeur
Que vous en rapporte mon ame !

ALCMÈNE.

Quoi ! de retour sitôt !

AMPHITRYON.

Certes, c'est en ce jour
Me donner de vos feux un mauvais témoignage ;
Et ce *Quoi ! sitôt de retour !*
En ces occasions n'est guère le langage
D'un cœur bien enflammé d'amour.
J'osais me flatter en moi même
Que loin de vous j'aurais trop demeuré.
L'attente d'un retour ardemment désiré
Donne à tous les instants une longueur extrême,
Et l'absence de ce qu'on aime,
Quelque peu qu'elle dure, a toujours trop duré.

ALCMÈNE.

Je ne vois...

AMPHITRYON.

Non, Alcmène, à son impatience
On mesure le temps en de pareils états ;
Et vous comptez les moments de l'absence
En personne qui n'aime pas.
Lorsque l'on aime comme il faut,
Le moindre éloignement nous tue ;
Et ce dont on chérit la vue
Ne revient jamais assez tôt.
De votre accueil, je le confesse,
Se plaint ici mon amoureuse ardeur ;
Et j'attendais de votre cœur
D'autres transports de joie et de tendresse.

ALCMÈNE.

J'ai peine à comprendre sur quoi
Vous fondez les discours que je vous entends faire ;
Et, si vous vous plaignez de moi,
Je ne sais pas, de bonne foi,
Ce qu'il faut pour vous satisfaire.
Hier au soir, ce me semble, à votre heureux retour,
On me vit témoigner une joie assez tendre,
Et rendre aux soins de votre amour
Tout ce que de mon cœur vous aviez lieu d'attendre.

AMPHITRYON.

Comment?

ALCMÈNE.

Ne fis-je pas éclater à vos yeux
Les soudains mouvements d'une entière allégresse
Et le transport d'un cœur peut-il s'expliquer mieux
Au retour d'un époux qu'on aime avec tendresse?

AMPHITRYON.

Que me dites-vous là?

ALCMÈNE.

Que même votre amour
Montra de mon accueil une joie incroyable ;
Et que, m'ayant quittée à la pointe du jour,
Je ne vois pas qu'à ce soudain retour
Ma surprise soit si coupable.

AMPHITRYON.

Est-ce que du retour que j'ai précipité
Un songe, cette nuit, Alcmène, dans votre ame
A prévenu la vérité ;
Et que, m'ayant peut-être, en dormant bien traité,
Votre cœur se croit vers ma flamme
Assez amplement acquitté?

ALCMÈNE.

Est-ce qu'une vapeur par sa malignité,
Amphitryon, a dans votre ame
Du retour d'hier au soir brouillé la vérité ;
Et que du doux accueil duquel je m'acquittai
Votre cœur prétend à ma flamme
Ravir toute l'honnêteté

AMPHITRYON.

Cette vapeur dont vous me régalez,
Est un peu, ce me semble, étrange.

ALCMÈNE.

C'est ce qu'on peut donner pour change
Au songe dont vous me parlez.

AMPHITRYON.

A moins d'un songe, on ne peut pas, sans doute,
Excuser ce qu'ici votre bouche me dit.

ALCMÈNE.

A moins d'une vapeur qui vous trouble l'esprit,
On ne peut pas sauver ce que de vous j'écoute.

AMPHITRYON.

Laissons un peu cette vapeur, Alcmène.

ALCMÈNE.

Laissons un peu ce songe, Amphitryon.

AMPHITRYON.

Sur le sujet dont il est question,
Il n'est guère de jeu que trop loin on ne mène.

ALCMÈNE.

Sans doute ; et, pour marque certaine,
Je commence à sentir un peu d'émotion.

AMPHITRYON.

Est-ce donc que par-là vous voulez essayer
A réparer l'accueil dont je vous ai fait plainte?

ALCMÈNE.

Est-ce donc que par cette feinte
Vous désirez vous égayer?

AMPHITRYON.

Ah ! de grace, cessons, Alcmène, je vous prie,
Et parlons sérieusement.

ALCMÈNE.

Amphitryon, c'est trop pousser l'amusement,

Finissons cette raillerie.

AMPHITRYON.

Quoi! vous osez me soutenir en face
Que plus tôt qu'à cette heure on m'ait ici pu voir?

ALCMÈNE.

Quoi! vous voulez nier avec audace
Que dès hier en ces lieux vous vîntes sur le soir?

AMPHITRYON.

Moi, je vins hier?

ALCMÈNE.

Sans doute; et, dès devant l'aurore,
Vous vous en êtes retourné.

AMPHITRYON, *à part.*

Ciel! un pareil débat s'est-il pu voir encore?
Et qui de tout ceci ne serait étonné?
Sosie.

SOSIE.

Elle a besoin de six grains d'hellébore,
Monsieur; son esprit est tourné.

AMPHITRYON.

Alcmène, au nom de tous les dieux,
Ce discours a d'étranges suites!
Reprenez vos sens un peu mieux,
Et pensez à ce que vous dites.

ALCMÈNE.

J'y pense mûrement aussi;
Et tous ceux du logis ont vu votre arrivée
J'ignore quel motif vous fait agir ainsi;
Mais si la chose avait besoin d'être prouvée,
S'il était vrai qu'on pût ne s'en souvenir pas,
De qui puis-je tenir, que de vous, la nouvelle
Du dernier de tous vos combats,
Et les cinq diamants que portait Ptérelas
Qu'a fait dans la nuit éternelle
Tomber l'effort de votre bras?
En pourrait-on vouloir un plus sûr témoignage?

AMPHITRYON.

Quoi! je vous ai déjà donné
Le nœud de diamants que j'eus pour mon partage,
Et que je vous ai destiné?

ALCMÈNE.

Assurement. il n'est pas difficile
De vous en bien convaincre.

AMPHITRYON.

Et comment?

ALCMÈNE, *montrant le nœud de diamants à sa ceinture.*

Le voici.

AMPHITRYON.

Sosie!

SOSIE, *tirant de sa poche un coffret.*

Elle se moque, et je le tiens ici,
Monsieur, la feinte est inutile.

AMPHITRYON, *regardant le coffret.*

Le cachet est entier.

ALCMÈNE, *présentant à Amphitryon le nœud de diamants*

Est-ce une vision?
Tenez. Trouverez-vous cette preuve assez forte?

AMPHITRYON.

Ah! ciel! ô juste ciel!

ALCMÈNE.

Allez, Amphitryon,
Vous vous moquez d'en user de la sorte,
Et vous en devriez avoir confusion.

AMPHITRYON.

Romps vite ce cachet.

SOSIE, *ayant ouvert le coffret.*

Ma foi, la place est vide.
Il faut que, par magie, on ait su le tirer,
Ou bien que de lui-même il soit venu sans guide
Vers celle qu'il a su qu'on en voulait parer.

AMPHITRYON, *à part.*

O dieux, dont le pouvoir sur les choses préside,
Quelle est cette aventure, et qu'en puis-je augurer
Dont mon amour ne s'intimide?

SOSIE, *à Amphitryon.*

Si sa bouche dit vrai, nous avons même sort,
Et de même que moi, monsieur, vous êtes double.

AMPHITRYON.

Tais-toi.

ALCMÈNE.

Sur quoi vous étonner si fort?
Et d'où peut naître ce grand trouble?

AMPHITRYON, *à part.*

O ciel! quel étrange embarras!
Je vois des incidents qui passent la nature;
Et mon bonheur redoute une aventure
Que mon esprit ne comprend pas.

ALCMÈNE.

Songez-vous, en tenant cette preuve sensible,
A me nier encor votre retour pressé?

AMPHITRYON.

Non: mais, à ce retour, daignez, s'il est possible,
Me conter ce qui s'est passé.

ALCMÈNE.

Puisque vous demandez un récit de la chose,
Vous voulez dire donc que ce n'était pas vous?

AMPHITRYON.

Pardonnez-moi; mais j'ai certaine cause
Qui me fait demander ce récit entre nous.

ALCMÈNE.

Les soucis importants qui vous peuvent saisir
Vous ont-ils fait si vite en perdre la mémoire;

AMPHITRYON.

Peut-être: mais enfin vous me ferez plaisir.
De m'en dire toute l'histoire.

ALCMÈNE.

L'histoire n'est pas longue. A vous je m'avançai
Pleine d'une aimable surprise;
Tendrement je vous embrassai,
Et témoignai ma joie à plus d'une reprise.

AMPHITRYON, *à part.*

Ah! d'un si doux accueil je me serais passé.

ALCMÈNE.

Vous me fîtes d'abord ce présent d'importance,
Que du butin conquis vous m'aviez destiné.
Votre cœur avec véhémence
M'étala de ses feux toute la violence;
Et les soins importuns qui l'avaient enchaîné,
L'aise de me revoir, les tourments de l'absence,
Tout le souci que son impatience
Pour le retour s'était donné)
Et jamais votre amour, en pareille occurrence,
Ne me parut si tendre et si passionné.

AMPHITRYON, *à part.*

Peut-on plus vivement se voir assassiné!

ALCMÈNE.

Tous ces transports, toute cette tendresse,
Comme vous voyez bien, ne me déplaisent pas;
Et, s'il faut que je le confesse,
Mon cœur, Amphitryon, y trouvait mille appas.

AMPHITRYON.

Ensuite, s'il vous plaît?

ALCMÈNE.

Nous nous entrecoupâmes
De mille questions qui pouvaient nous toucher.
On servit. Tête à tête ensemble nous soupâmes;
Et, le souper fini, nous nous fûmes coucher.

AMPHITRYON.

Ensemble?

ALCMÈNE.

Assurément. Quelle est cette demande?

AMPHITRYON, *à part.*

Ah! c'est ici le coup le plus cruel de tous,
Et dont à s'assurer tremblait mon feu jaloux.

ALCMÈNE.

D'où vous vient, à ce mot, une rougeur si grande?
Ai-je fait quelque mal de coucher avec vous?

AMPHITRYON.

Non, ce n'était pas moi, pour ma douleur sensible;
Et qui dit qu'hier ici mes pas se sont portés,
Dit de toutes les faussetés
La fausseté la plus horrible.

ALCMÈNE.

Amphitryon!

AMPHITRYON.

Perfide!

ALCMÈNE.

Ah! quel emportement

AMPHITRYON.

Non, non, plus de douceur et plus de déférence.
Ce revers vient à bout de toute ma constance;
Et mon cœur ne respire, en ce fatal moment,
Et que fureur et que vengeance.

ALCMÈNE.

De qui donc vous venger? et quel manque de foi
Vous fait ici me traiter de coupable?

AMPHITRYON.

Je ne sais pas, mais ce n'était pas moi:
Et c'est un désespoir qui de tout rend capable.

ALCMÈNE.

Allez, indigne époux, le fait parle de soi,
Et l'imposture est effroyable.
C'est trop me pousser là-dessus,
Et d'infidélité me voir trop condamnée.
Si vous cherchez, dans ces transports confus,
Un prétexte à briser les nœuds d'un hyménée
Qui me tient à vous enchaînée,
Tous ces détours sont superflus;
Et me voilà déterminée
A souffrir qu'en ce jour nos liens soient rompus.

AMPHITRYON.

Après l'indigne affront que l'on me fait connaître,
C'est bien à quoi, sans doute, il faut vous préparer:
C'est le moins qu'on doit voir: et les choses peut-être
Pourront n'en pas là demeurer.
Le déshonneur est sûr, mon malheur est visible,
Et mon amour en vain voudrait me l'obscurcir;
Mais le détail encor ne m'en est pas sensible,
Et mon juste courroux prétend s'en éclaircir.
Votre frère déjà peut hautement répondre
Que, jusqu'à ce matin, je ne l'ai point quitté;
Je m'en vais le chercher, afin de vous confondre
Sur ce retour qui m'est faussement imputé.
Après, nous percerons jusqu'au fond d'un mystère
Jusqu'à présent inouï:
Et, dans les mouvements d'une juste colère,
Malheur à qui m'aura trahi!

SOSIE.

Monsieur...

AMPHITRYON.

Ne m'accompagne pas,
Et demeure ici pour m'attendre.

CLÉANTHIS, *à Alcmène.*

Faut-il...?

ALCMÈNE.

Je ne puis rien entendre:
Laisse-moi seule, et ne suis point mes pas.

SCENE III.

CLÉANTHIS, SOSIE.

CLÉANTHIS, *à part.*

Il faut que quelque chose ait brouillé sa cervelle.
Mais le frère, sur-le-champ,
Finira cette querelle.

SOSIE, *à part.*

C'est ici pour mon maître un coup assez touchant;
Et son aventure est cruelle.
Je crains fort pour mon fait quelque chose approchant;
Et je m'en veux tout doux éclaircir avec elle.

CLÉANTHIS, *à part.*

Voyez, s'il me viendra seulement aborder!
Mais je veux m'empêcher de rien faire paraître.

SOSIE, *à part.*

La chose quelquefois est fâcheuse à connaître,
Et je tremble à la demander.
Ne vaudrait-il pas mieux, pour ne rien hasarder,
Ignorer ce qu'il en peut être?
Allons, tout coup vaille, il faut voir,
Et je ne m'en saurais défendre.
La faiblesse humaine est d'avoir
Des curiosités d'apprendre
Ce qu'on ne voudrait pas savoir.
Dieu te gard', Cléanthis!

CLÉANTHIS.

Ah! ah! tu t'en avises.
Traître, de t'approcher de nous!

SOSIE.

Mon Dieu! qu'as-tu? toujours on te voit en courroux,
Et sur rien te formalises!

CLÉANTHIS.

Qu'appelles-tu sur rien? dis.

SOSIE.

J'appelle sur rien
Ce qui sur rien s'appelle en vers ainsi qu'en prose;
Et rien, comme tu le sais bien,
Veut dire rien ou peu de chose.

CLÉANTHIS.

Je ne sais qui me tient, infame,
Que je ne t'arrache les yeux,
Et ne t'apprenne où va le courroux d'une femme.

SOSIE.

Holà! D'où te vient donc ce transport furieux?

CLÉANTHIS.

Tu n'appelles donc rien le procédé peut-être
Qu'avec moi ton cœur a tenu?

SOSIE.

Et quel?

CLÉANTHIS.

Quoi! tu fais l'ingénu!
Est-ce qu'à l'exemple du maître
Tu veux dire qu'ici tu n'es pas revenu?

SOSIE.

Non, je sais fort bien le contraire;
Mais, je ne t'en fais pas le fin,
Nous avions bu de je ne sais quel vin
Qui m'a fait oublier tout ce que j'ai pu faire.

CLÉANTHIS.

Tu crois peut-être excuser par ce trait...

SOSIE.

Non, tout de bon, tu peux m'en croire.
J'étais dans un état où je puis avoir fait
Des choses dont j'aurais regret,
Et dont je n'ai nulle mémoire.

CLÉANTHIS.

Tu ne te souviens point du tout de la manière
Dont tu m'as su traiter étant venu du port?

SOSIE.

Non plus que rien: tu peux m'en faire le rapport,
Je suis équitable et sincère,
Et me condamnerai moi-même si j'ai tort.

CLÉANTHIS.

Comment! Amphitryon m'ayant su disposer,
Jusqu'à ce que tu vins j'avais poussé ma veille,
Mais je ne vis jamais une froideur pareille:
De ta femme il fallut moi-même t'aviser;
Et, lorsque je fus te baiser,
Tu détournas le nez, et me donnas l'oreille.

SOSIE.

Bon!

CLÉANTHIS.

Comment, bon?

SOSIE.

Mon Dieu! tu ne sais pas pourquoi,
Cléanthis, je tiens ce langage:
J'avais mangé de l'ail, et fis en homme sage
De détourner un peu mon haleine de toi.

CLÉANTHIS.

Je te sus exprimer des tendresses de cœur:
Mais à tous mes discours tu fus comme une souche;
Et jamais un mot de douceur
Ne te put sortir de la bouche.

SOSIE, *à part.*

Courage!

CLÉANTHIS.

Enfin, ma flamme eut beau s'émanciper,
Sa chaste ardeur en toi ne trouvas rien que glace,
Et, dans un tel retour, je te vis la tromper
Jusqu'à faire refus de prendre au lit la place
Que les lois de l'hymen t'obligent d'occuper.

SOSIE.

Quoi! je ne couchai point?

CLÉANTHIS.

Non, lâche.

SOSIE.

Est-il possible?

CLÉANTHIS.

Traître ! il n'est que trop assuré
C'est de tous les affronts l'affront le plus sensible;
Et, loin que ce matin ton cœur l'ait réparé,
Tu t'es d'avec moi séparé
Par des discours chargés d'un mépris tout visible.

SOSIE, *à part.*

Vivat Sosie !

CLÉANTHIS.

Hé quoi ! ma plainte a cet effet !
Tu ris après ce bel ouvrage !

SOSIE.

Que je suis de moi satisfait!

CLÉANTHIS.

Exprime-t-on ainsi le regret d'un outrage?

SOSIE.

Je n'aurais jamais cru que j'eusse été si sage.

CLÉANTHIS.

Loin de te condamner d'un si perfide trait,
Tu m'en fais éclater la joie en ton visage !

SOSIE.

Mon Dieu ! tout doucement ! Si je parais joyeux
Crois que j'en ai dans l'ame une raison très forte,
Et que, sans y penser, je ne fis jamais mieux
Que d'en user tantôt avec toi de la sorte.

CLÉANTHIS.

Traître, te moques-tu de moi?

SOSIE.

Non, je te parle avec franchise.
En l'état où j'étais, j'avais certain effroi
Dont, avec ton discours, mon ame s'est remise.
Je m'appréhendais fort, et craignais qu'avec toi
Je n'eusse fait quelque sottise.

CLÉANTHIS.

Quelle est cette frayeur? et sachons donc pourquoi?

SOSIE.

Les médecins disent quand on est ivre,
Que de sa femme on se doit abstenir;
Et que, dans cet état, il ne peut provenir
Que des enfants pesants et qui ne sauraient vivre.
Vois, si mon cœur n'eût se de froideur se munir,
Quels inconvénients auraient pu s'en ensuivre !

CLÉANTHIS.

Je me moque des médecins
Avec leurs raisonnements fades :
Qu'ils règlent ceux qui sont malades,
Sans vouloir gouverner les gens qui sont bien sains
Ils se mêlent de trop d'affaires,
De prétendre tenir nos chastes feux gênés;
Et sur les jours caniculaires
Ils nous donnent encore, avec leurs lois sévères,
De cent sots contes par le nez.

SOSIE.

Tout doux.

CLÉANTHIS.

Non, je soutiens que cela conclut mal ;
Ces raisons sont raisons d'extravagantes têtes.
Il n'est ni vin, ni temps, qui puisse être fatal
A remplir le devoir de l'amour conjugal ;
Et les médecins sont des bêtes,

SOSIE.

Contre eux, je t'en supplie, apaise ton courroux;
Ce sont d'honnêtes gens, quoi que le monde en dise.

CLÉANTHIS.

Tu n'es pas où tu crois; en vain tu files doux :
Ton excuse n'est point une excuse de mise;
Et je me veux venger tôt ou tard, entre nous,
De l'air dont chaque jour je vois qu'on me méprise.
Des discours de tantôt je garde tous les coups,
Et tâcherai d'user, lâche et perfide époux.
De cette liberté que ton cœur m'a permise.

SOSIE.

Quoi?

CLÉANTHIS.

Tu m'as dit tantôt que tu consentais fort
Lâche, que j'en aimasse un autre.

SOSIE.

Ah! pour cet article j'ai tort.
Je m'en dédis, il y va trop du nôtre.
Garde-toi bien de suivre ce transport.

CLÉANTHIS.

Si je puis une fois pourtant
Sur mon esprit gagner la chose...

SOSIE.

Fais à ce discours quelque pause.
Amphitryon revient, qui me paraît content.

SCENE IV.

JUPITER, CLÉANTHIS, SOSIE.

JUPITER, *à part.*

Je viens prendre le temps de rapaiser Alcmène
De bannir les chagrins que son cœur veut garder,
Et donner à mes feux, dans ce soin qui m'amène,
Le doux plaisir de se raccommoder.
(*à Cléanthis.*
Alcmène est là-haut, n'est-ce pas?

CLÉANTHIS.

Oui, pleine d'une inquiétude
Qui cherche de la solitude,
Et qui m'a défendu d'accompagner ses pas.

JUPITER.

Quelque défense qu'elle ait faite,
Elle ne sera pas pour moi.

SCENE V.

CLÉANTHIS, SOSIE.

CLÉANTHIS.

Son chagrin, à ce que je vois.
A fait une prompte retraite.

SOSIE.

Que dis-tu, Cléanthis, de ce joyeux maintien,
Après son fracas effroyable?

CLÉANTHIS.

Que si toutes nous faisions bien,
Nous donnerions tous les hommes au diable,
Et que le meilleur n'en vaut rien.

SOSIE.

Cela se dit dans le courroux :
Mais aux hommes par trop vous êtes accrochées;
Et vous seriez, ma foi, toutes bien empêchées,
Si le diable les prenait tous.

CLÉANTHIS.

Vraiment...

SOSIE.

Les voici. Taisons-nous.

SCÈNE VI.

JUPITER, ALCMÈNE, CLÉANTHIS, SOSIE.

JUPITER.

Voulez-vous me désespérer?
Hélas ! arrêtez, belle Alcmène.

ALCMÈNE.

Non, avec l'auteur de ma peine
Je ne puis du tout demeurer.

JUPITER.

De grace !..,

ALCMÈNE.

Laissez-moi.

JUPITER.

Quoi !...

ALCMÈNE.

Laissez-moi, vous dis-je.

JUPITER, *bas, à part.*

Ses pleurs touchent mon ame, et sa douleur m'afflige.
(*haut.*)
Souffrez que mon cœur...

ALCMÈNE.

Non, ne suivez point mes pas.

JUPITER.

Où voulez-vous aller?

ALCMÈNE.

Où vous ne serez pas.

JUPITER.

Ce vous est une attente vaine.
Je tiens à vos beautés par un nœud trop serré
Pour pouvoir un moment en être séparé.
Je vous suivrai partout, Alcmène.

ALCMÈNE.

Et moi, partout je vous fuirai.

JUPITER.

Je suis donc bien épouvantable!

ALCMÈNE.

Plus qu'on ne peut dire, à mes yeux.
Oui, je vous vois comme un monstre effroyable,
Un monstre cruel, furieux,
Et dont l'approche est redoutable;
Comme un monstre à fuir en tous lieux.
Mon cœur souffre, à vous voir, une peine incroyable :
C'est un supplice qui m'accable;
Et je ne vois rien sous les cieux
D'affreux, d'horrible, d'odieux,
Qui ne me fût plus que vous supportable.

JUPITER.

En voilà bien, hélas! que votre bouche dit.

ALCMÈNE.

J'en ai dans le cœur davantage;
Et, pour s'exprimer tout, ce cœur a du dépit
De ne point trouver de langage.

JUPITER.

Hé! que vous a donc fait ma flamme,
Pour me pouvoir, Alcmène, en monstre regarder?

ALCMÈNE.

Ah! juste ciel! cela se peut-il demander?
Et n'est-ce pas pour mettre à bout une ame?

JUPITER.

Ah! d'un esprit plus adouci...

ALCMÈNE.

Non, je ne veux du tout vous voir ni vous entendre.

JUPITER.

Avez-vous bien le cœur de me traiter ainsi?
Est-ce là cet amour si tendre
Qui devait tant durer quand je vins hier ici?

ALCMÈNE.

Non, non, ce ne l'est pas, et vos lâches injures
En ont autrement ordonné.
Il n'est plus, cet amour tendre et passionné;
Vous l'avez dans mon cœur par cent vives blessures
Cruellement assassiné :
C'est en sa place un courroux inflexible,
Un vif ressentiment, un dépit invincible,
Un désespoir d'un cœur justement animé,
Qui prétend vous haïr, pour cet affront sensible,
Autant qu'il est d'accord de vous avoir aimé;
Et c'est haïr autant qu'il est possible.

JUPITER.

Hélas! que votre amour n'avait guère de force,
Si de si peu de chose on le peut voir mourir!
Ce qui n'était que jeu doit-il faire un divorce?
Et d'une raillerie a-t-on lieu de s'aigrir?

ALCMÈNE.

Ah! c'est cela dont je suis offensée,
Et que ne peut pardonner mon courroux :
Des véritables traits d'un mouvement jaloux
Je me trouverais moins blessée.
La jalousie a des impressions
Dont bien souvent la force nous entraîne;
Et l'ame la plus sage, en ces occasions,
Sans doute avec assez de peine
Répond de ses émotions.
L'emportement d'un cœur qui peut s'être abusé
A de quoi ramener une ame qu'il offense;
Et, dans l'amour qui lui donne naissance,
Il trouve au moins malgré toute sa violence,
Des raisons pour être excusé.
De semblables transports contre un ressentiment
Pour défense toujours ont ce qui les fait naître;
Et l'on donne grace aisément
A ce dont on n'est pas le maître.
Mais que, de gayeté de cœur,
On passe aux mouvements d'une fureur extrême;
Que, sans cause, l'on vienne avec tant de rigueur,
Blesser la tendresse et l'honneur
D'un cœur qui chèrement nous aime;
Ah! c'est un coup trop cruel en lui-même,
Et que jamais n'oubliera ma douleur.

JUPITER.

Oui, vous avez raison, Alcmène; il se faut rendre.
Cette action, sans doute, est un crime odieux;
Je ne prétends plus la défendre :
Mais souffrez que mon cœur s'en défende à vos yeux,
Et donne au vôtre à qui se prendre
De ce transport injurieux.
A vous en faire un aveu véritable,
L'époux, Alcmène, a commis tout le mal;
C'est l'époux qu'il vous faut regarder en coupable :
L'amant n'a point de part à ce transport brutal,
Et de vous offenser son cœur n'est point capable.
Il a pour vous, ce cœur, pour jamais y penser,
Trop de respect et de tendresse;
Et, si de faire rien à vous pouvoir blesser
Il avait eu la coupable faiblesse,
De cent coups, à vos yeux, il voudrait le percer.
Mais l'époux est sorti de ce respect soumis
Où pour vous l'on doit toujours être;
A son dur procédé l'époux s'est fait connaître,
Et par le droit d'hymen, il s'est cru tout permis.
Oui, c'est lui qui, sans doute, est criminel vers vous,
Lui seul a maltraité votre aimable personne;
Haïssez, détestez l'époux,
J'y consens, et vous l'abandonne :
Mais, Alcmène, sauvez l'amant de ce courroux
Qu'une telle offense vous donne;
N'en jetez pas sur lui l'effet,
Démêlez-le un peu du coupable;
Et, pour être enfin équitable,
Ne le punissez point de ce qu'il n'a pas fait.

ALCMÈNE.

Ah! toutes ces subtilités
N'ont que des excuses frivoles;
Et, pour les esprits irrités,
Ce sont des contre temps que de telles paroles.
Ce détour ridicule est en vain pris par vous.
Je ne distingue rien en celui qui m'offense;
Tout y devient l'objet de mon courroux;
Et dans sa juste violence,
Sont confondus et l'amant et l'époux.
Tous deux de même sorte occupent ma pensée;
Et des mêmes couleurs, par mon ame blessée,
Tous deux ils sont peints à mes yeux :
Tous deux sont criminels, tous deux m'ont offensée,
Et tous deux me sont odieux

JUPITER.

Hé bien! puisque vous le voulez,
Il faut donc me charger du crime.
Oui, vous avez raison lorsque vous m'immolez
A vos ressentiments en coupable victime.
Un trop juste dépit contre moi vous anime;
Et tout ce grand courroux qu'ici vous étalez
Ne me fait endurer qu'un tourment légitime.
C'est avec droit que mon abord vous chasse,
Et que de me fuir en tous lieux
Votre colère me menace.
Je dois vous être un objet odieux;
Vous devez me vouloir un mal prodigieux.
Il n'est aucune horreur que mon forfait ne passe,
D'avoir offensé vos beaux yeux;
C'est un crime à blesser les hommes et les dieux;
Et je mérite enfin, pour punir cette audace,
Que contre moi votre haine ramasse
Tous ses traits les plus furieux.
Mais mon cœur vous demande grace :
Pour vous la demander je me jette à genoux,
Et la demande au nom de la plus vive flamme,
Du plus tendre amour dont une ame
Puisse jamais brûler pour vous.
Si votre cœur, charmante Alcmène,
Me refuse la grace où j'ose recourir,
Il faut qu'une atteinte soudaine
M'arrache, en me faisant mourir,
Aux dures rigueurs d'une peine
Que je ne saurais plus souffrir.
Oui, cet état me désespère.
Alcmène, ne présumez pas
Qu'aimant, comme je fais, vos célestes appas,
Je puisse vivre un jour avec votre colère.
Déjà de ces moments la barbare longueur
Fait sous des atteintes mortelles

Succomber tout mon triste cœur,
Et de mille vautours les blessures cruelles
N'ont rien de comparable à ma vive douleur.
Alcmène, vous n'avez qu'à me le déclarer :
S'il n'est point de pardon que je doive espérer,
Cette épée aussitôt, par un coup favorable,
Va percer à vos yeux le cœur d'un misérable ;
Ce cœur, ce traître cœur, trop digne d'expirer,
Puisqu'il a pu fâcher un objet adorable :
Heureux, en descendant au ténébreux séjour,
Si de votre courroux mon trépas vous ramène,
Et ne laisse en votre ame, après ce triste jour,
Aucune impression de haine
Au souvenir de mon amour !
C'est tout ce que j'attends pour faveur souveraine.

ALCMÈNE.

Ah ! trop cruel époux !

JUPITER.

Dites, parlez, Alcmène.

ALCMÈNE.

Faut-il encor pour vous conserver des bontés,
Et vous voir m'outrager par tant d'indignités ?

JUPITER.

Quelque ressentiment qu'un outrage nous cause,
Tient-il contre un remords d'un cœur bien enflammé ?

ALCMÈNE.

Un cœur bien plein de flamme à mille morts s'expose,
Plutôt que de vouloir fâcher l'objet aimé.

JUPITER.

Plus on aime quelqu'un, moins on trouve de peine...

ALCMÈNE.

Non, ne m'en parlez point ; vous méritez ma haine.

JUPITER.

Vous me haïssez donc ?

ALCMÈNE.

J'y fais tout mon effort,
Et j'ai dépit de voir que toute votre offense,
Ne puisse de mon cœur, jusqu'à cette vengeance,
Faire encore aller le transport.

JUPITER.

Mais pourquoi cette violence,
Puisque, pour vous venger, je vous offre ma mort ?
Prononcez-en l'arrêt, et j'obéis sur l'heure.

ALCMÈNE.

Qui ne saurait haïr peut-il vouloir qu'on meure ?

JUPITER.

Et moi, je ne puis vivre à moins que vous quittiez
Cette colère qui m'accable,
Et que vous m'accordiez le pardon favorable
Que je vous demande à vos pieds.
(*Sosie et Cléanthis se mettent aussi à genoux*)
Résolvez ici l'un des deux,
Ou de punir, ou bien d'absoudre.

ALCMÈNE.

Hélas ! ce que je puis résoudre
Paraît bien plus que je ne veux.
Pour vouloir soutenir le courroux qu'on me donne,
Mon cœur a trop su me trahir :
Dire qu'on ne saurait haïr,
N'est-ce pas dire qu'on pardonne ?

JUPITER.

Ah ! belle Alcmène, il faut que, comblé d'allégresse ..

ALCMÈNE.

Laissez, je me veux mal de mon trop de faiblesse.

JUPITER.

Va, Sosie, et dépêche-toi,
Voir, dans les doux transports dont mon ame est charmée,
Ce que tu trouveras d'officiers de l'armée.
Et les invite à dîner avec moi.
(*bas à part.*)
Tandis que d'ici je le chasse,
Mercure y remplira sa place.

SCENE VII.

CLÉANTHIS, SOSIE.

SOSIE.

Hé bien ! tu vois, Cléanthis, ce ménage.
Veux-tu qu'à leur exemple ici
Nous fassions entre nous un peu de paix aussi,
Quelque petit rapatriage ?

CLÉANTHIS.

C'est pour ton nez, vraiment ! cela se fait ainsi !

SOSIE.

Quoi ! tu ne veux pas ?

CLÉANTHIS.

Non.

SOSIE.

Il ne m'importe guère.
Tant pis pour toi.

CLÉANTHIS.

Là, là, reviens.

SOSIE.

Non, morbleu, je n'en ferai rien,
Et je veux être, à mon tour, en colère.

CLÉANTHIS.

Va, va, traître, laisse-moi faire ;
On se lasse parfois d'être femme de bien.

FIN DU SECOND ACTE.

ACTE III.

SCÈNE PREMIERE.

AMPHITRYON.

Oui, sans doute, le sort tout exprès me le cache,
Et des tours que je fais, à la fin, je suis las.
Il n'est point de destin plus cruel que je sache.
Je ne saurais trouver, portant partout mes pas,
Celui qu'à chercher je m'attache,
Et je trouve tous ceux que je ne cherche pas.
Mille fâcheux cruels, qui ne pensent pas l'être,
De nos faits avec moi, sans beaucoup me connaître,
Viennent se réjouir pour me faire enrager.
Dans l'embarras cruel du souci qui me blesse,
De leurs embrassements et de leur allégresse
Sur mon inquiétude ils viennent tous charger.
En vain à passer je m'apprête
Pour finir leurs persécutions,
Leur tuante amitié de tous côtés m'arrête ;
Et, tandis qu'à l'ardeur de leurs expressions
Je réponds d'un geste de tête,
Je leur donne tout bas cent malédictions.
Ah ! qu'on est peu flatté de louange, d'honneur,
Et de tout ce que donne une grande victoire,
Lorsque dans l'ame on souffre une vive douleur.
Et que l'on donnerait volontiers cette gloire
Pour avoir le repos du cœur !
Ma jalousie, à tout propos,
Me promène sur ma disgrace ;
Et plus mon esprit y repasse,
Moins j'en puis débrouiller le funeste chaos.
Le vol des diamants n'est pas ce qui m'étonne ;
On lève les cachets, qu'on ne l'aperçoit pas :
Mais le don qu'on veut qu'hier j'en vins faire en personne

Est ce qui fait ici mon cruel embarras.
La nature parfois produit des ressemblances
Dont quelques imposteurs ont pris droit d'abuser :
Mais il est hors de sens que, sous ces apparences,
Un homme pour époux se puisse supposer ;
Et dans tous ces rapports sont mille différences
Dont se peut une femme aisément aviser.
Des charmes de la Thessalie
On vante de tout temps les merveilleux effets :
Mais les contes fameux qui partout en sont faits
Dans mon esprit toujours ont passé pour folie;
Et ce serait du sort une étrange rigueur
Qu'au sortir d'une ample victoire
Je fusse contraint de les croire
Aux dépens de mon propre honneur.
Je veux la retâter sur ce fameux mystère,
Et voir si ce n'est point une vaine chimère
Qui sur ses sens troublés ait su prendre crédit.
Ah! fasse le ciel équitable
Que ce penser soit véritable,
Et que, pour mon bonheur, elle ait perdu l'esprit!

SCENE II.

MERCURE, AMPHITRYON.

MERCURE, *sur le balcon de la maison d'Amphitryon sans être vu ni entendu par Amphitryon.*

Comme l'amour ici ne m'offre aucun plaisir,
Je m'en veux faire au moins qui soient d'autre nature,
Et je vais égayer mon sérieux loisir
A mettre Amphitryon hors de toute mesure.
Cela n'est pas d'un dieu bien plein de charité :
Mais aussi n'est-ce pas ce dont je m'inquiète;
Et je me sens par ma planète
A la malice un peu porté.

AMPHITRYON.

D'où vient donc qu'à cette heure on ferme cette porte.

MERCURE.

Holà! tout doucement. Qui frappe?

AMPHITRYON, *sans voir Mercure.*

Moi?

MERCURE.

Qui, moi?

AMPHITRYON, *apercevant Mercure qu'il prend pour Sosie.*

Ah! ouvre!

MERCURE.

Comment, ouvre! Et qui donc es-tu, toi
Qui fais tant de vacarme et parles de la sorte?

AMPHITRYON.

Quoi! tu ne me connais pas?

MERCURE.

Non,
Et n'en ai pas la moindre envie.

AMPHITRYON, *à part.*

Tout le monde perd-il aujourd'hui la raison?
Est-ce un mal répandu? Sosie! holà, Sosie!

MERCURE.

Hé bien, Sosie! oui, c'est mon nom;
As-tu peur que je ne l'oublie?

AMPHITRYON.

Me vois-tu bien?

MERCURE.

Fort bien. Qui peut pousser ton bras.
A faire une rumeur si grande?
Et que demandes-tu là-bas?

AMPHITRYON.

Moi, pendard! ce que je demande?

MERCURE.

Que ne demandes-tu donc pas?
Parle, si tu veux qu'on t'entende.

AMPHITRYON.

Attends, traître: avec un bâton
Je vais là-haut me faire entendre,
Et de bonne façon t'apprendre
A m'oser parler sur ce ton.

MERCURE.

Tout beau! Si pour heurter tu fais la moindre instance,
Je t'enverrai d'ici des messages fâcheux.

AMPHITRYON.

O ciel! vit-on jamais une telle insolence?
La peut-on concevoir d'un serviteur, d'un gueux?

MERCURE.

Hé bien! qu'est-ce? M'as-tu tout parcouru par ordre?
M'as-tu de tes gros yeux assez considéré?
Comme il les écarquille, et paraît effaré!
Si des regards on pouvait mordre,
Il m'aurait déjà déchiré.

AMPHITRYON.

Moi-même je frémis de ce que tu t'apprêtes
Avec ces impudents propos,
Que tu grossis pour toi d'effroyables tempêtes!
Quels orages de coups vont fondre sur ton dos!

MERCURE.

L'ami, si de ces lieux tu ne veux disparaître,
Tu pourras y gagner quelque contusion.

AMPHITRYON.

Ah! tu sauras, maraud, à ta confusion,
Ce que c'est qu'un valet qui s'attaque à son maître.

MERCURE.

Toi, mon maître?

AMPHITRYON.

Oui, coquin. M'oses-tu méconnaître?

MERCURE.

Je n'en reconnais point d'autre qu'Amphitryon.

AMPHITRYON.

Et cet Amphitryon, qui, hors moi, le peut-être?

MERCURE.

Amphitryon?

AMPHITRYON.

Sans doute.

MERCURE.

Ah! quelle vision!
Dis-nous un peu. Quel est le cabaret honnête
Où tu t'es coiffé le cerveau?

AMPHITRYON.

Comment! encore?

MERCURE.

Était-ce un vin à faire fête

AMPHITRYON.

Ciel!

MERCURE.

Était-il vieux ou nouveau?

AMPHITRYON.

Que de coups.

MERCURE.

Le nouveau donne fort dans la tête,
Quand on le veut boire sans eau.

AMPHITRYON.

Ah! je t'arracherai cette langue, sans doute.

MERCURE.

Passe, mon pauvre ami, crois-moi,
Que quelqu'un ici ne t'écoute.
Je respecte le vin. Va-t'en, retire-toi,
Et laisse Amphitryon dans les plaisirs qu'il goûte.

AMPHITRYON.

Comment! Amphitryon est là-dedans?

MERCURE.

Fort bien;
Qui, couvert des lauriers d'une victoire pleine,
Est auprès de la belle Alcmène
A jouir des douceurs d'un aimable entretien.
Après le démêlé d'un amoureux caprice,
Ils goûtent le plaisir de s'être rajustés.
Garde-toi de troubler leurs douces privautés
Si tu veux qu'il ne punisse
L'excès de tes témérités.

SCENE III.

AMPHITRYON, *seul.*

Ah! quel étrange coup m'a-t-il porté dans l'ame!
En quel trouble cruel jette-t-il mon esprit!
Et si les choses sont comme le traître dit,
Où vois-je ici réduits mon honneur et ma flamme!
A quel parti me doit résoudre ma raison?
Ai-je l'éclat ou le secret à prendre?
Et dois-je en mon courroux, renfermer ou répandre
Le déshonneur de ma maison?

Ah ! faut-il consulter dans un affront si rude?
Je n'ai rien à prétendre, et rien à ménager;
Et toute mon inquiétude
Ne doit aller qu'à me venger.

SCÈNE IV.

AMPHITRYON, SOSIE, NAUCRATÈS ET POLIDAS, *dans le fond du théâtre.*

SOSIE, *à Amphitryon.*
Monsieur, avec mes soins tout ce que j'ai pu faire,
C'est de vous amener ces messieurs que voici.

AMPHITRYON.
Ah ! vous voilà !

SOSIE.
Monsieur.

AMPHITRYON.
Insolent ! téméraire !

SOSIE.
Quoi?

AMPHITRYON.
Je vous apprendrai de me traiter ainsi.

SOSIE.
Qu'est-ce donc? qu'avez-vous?

AMPHITRYON, *mettant l'épée à la main.*
Ce que j'ai, misérable !

SOSIE, *à Naucratès et à Polidas.*
Holà, messieurs, venez donc tôt.

NAUCRATÈS, *à Amphitryon.*
Ah ! de grace, arrêtez.

SOSIE.
De quoi suis-je coupable?

AMPHITRYON.
Tu me demandes, maraud !
(*à Naucratès.*)
Laissez-moi satisfaire un courroux légitime.

SOSIE.
Lorsque l'on pend quelqu'un, on lui dit pourquoi c'est.

NAUCRATÈS, *à Amphitryon.*
Daignez nous dire au moins quel peut-être son crime.

SOSIE.
Messieurs, tenez bon, s'il vous plaît.

AMPHITRYON.
Comment il vient d'avoir l'audace
De me fermer ma porte au nez,
Et de joindre encor la menace
A mille propos effrénés !
(*voulant le frapper.*)
Ah ! coquin !

SOSIE, *tombant à genoux.*
Je suis mort.

NAUCRATÈS, *à Amphitryon.*
Calmez cette colère.

SOSIE.
Messieurs.

POLIDAS, *à Sosie.*
Qu'est-ce?

SOSIE.
M'a-t-il frappé?

AMPHITRYON.
Non, il faut qu'il ait le salaire
Des mots où tout à l'heure il s'est émancipe.

SOSIE.
Comment cela se peut-il faire,
Si j'étais par votre ordre autre part occupé?
Ces messieurs sont ici pour rendre témoignage
Qu'à dîner avec vous je les viens d'inviter.

NAUCRATÈS.
Il est vrai qu'il nous vient de faire ce message,
Et n'a point voulu nous quitter.

AMPHITRYON.
Qui t'a donné cet ordre?

SOSIE.
Vous.

AMPHITRYON.
Et quand?

SOSIE.
Après votre paix faite.
Au milieu des transports d'une ame satisfaite
D'avoir d'Alcmène apaisé le courroux.
(*Sosie se relève.*)

AMPHITRYON.
O ciel ! chaque instant, chaque pas
Ajoute quelque chose à mon cruel martyre;
Et, dans ce fatal embarras,
Je ne sais plus que croire ni que dire.

NAUCRATÈS.
Tout ce que de chez vous il vient de nous conter
Surpasse si fort la nature,
Qu'avant que de rien faire et de vous emporter
Vous devez éclaircir toute cette aventure.

AMPHITRYON.
Allons; vous y pourrez seconder mon effort;
Et le ciel à propos ici vous a fait rendre.
Voyons quelle fortune en ce jour peut m'attendre
Hélas ! je brûle de l'apprendre,
Et je le crains plus que la mort.
(*Amphitryon frappe à la porte de sa maison.*)

SCÈNE V.

JUPITER, AMPHITRYON, NAUCRATÈS, POLIDAS, SOSIE.

JUPITER.
Quel bruit à descendre m'oblige?
Et qui frappe en maître où je suis?

AMPHITRYON.
Que vois-je? justes dieux !

NAUCRATÈS.
Ciel quel est ce prodige.
Quoi ! deux Amphitryons ici nous sont produits !

AMPHITRYON, *à part.*
Mon ame demeure transie !
Hélas ! je n'en puis plus, l'aventure est à bout;
Ma destinée est éclaircie,
Et ce que je vois me dit tout.

NAUCRATÈS.
Plus mes regards sur eux s'attachent fortement,
Plus je trouve qu'en tout l'un à l'autre est semblable.

SOSIE, *passant du côté de Jupiter.*
Messieurs, voici le véritable;
L'autre est un imposteur digne de châtiment.

POLIDAS.
Certes, ce rapport admirable
Suspend ici mon jugement.

AMPHITRYON.
C'est trop être éludé par un fourbe exécrable;
Il faut avec ce fer rompre l'enchantement.

NAUCRATÈS, *à Amphitryon qui a mis l'épée à la main.*
Arrêtez.

AMPHITRYON.
Laissez-moi.

NAUCRATÈS.
Dieux ! que voulez-vous faire?

AMPHITRYON.
Punir d'un imposteur les lâches trahisons.

JUPITER.
Tout beau ! l'emportement est fort peu nécessaire;
Et lorsque de la sorte on se met en colère,
On fait croire qu'on a de mauvaises raisons.

SOSIE.
Oui, c'est un enchanteur qui porte un caractère
Pour ressembler aux maîtres des maisons.

AMPHITRYON, *à Sosie.*
Je te ferai, pour ton partage,
Sentir par mille coups ces propos outrageants.

SOSIE.
Mon maître est homme de courage,
Et ne souffrira point que l'on batte ses gens.

AMPHITRYON.
Laissez-moi m'assouvir dans mon courroux extrême,
Et laver mon affront au sang d'un scélérat.

NAUCRATÈS, *arrêtant Amphitryon.*
Nous ne souffrirons point cet étrange combat
D'Amphitryon contre lui-même.

AMPHITRYON.
Quoi ! mon honneur de vous reçoit ce traitement !
Et mes amis d'un fourbe embrassent la défense !
Loin d'être les premiers à prendre ma vengeance,

Eux-mêmes font obstacle à mon ressentimen

NAUCRATÈS.

Que voulez-vous qu'à cette vue
Fassent nos résolutions,
Lorsque par deux Amphitryons
Toute notre chaleur demeure suspendue?
A vous faire éclater notre zèle aujourd'hui.
Nous craignons de faillir et de vous méconnaître.
Nous voyons bien en vous Amphitryon paraître,
Du salut des Thébains le glorieux appui;
Mais nous le voyons tous aussi paraître en lui,
Et ne saurions juger dans lequel il peut être.
Notre parti n'est point douteux,
Et l'imposteur par nous doit mordre la poussière:
Mais ce parfait rapport le cache entre vous deux;
Et c'est un coup trop hasardeux
Pour l'entreprendre sans lumière.
Avec douceur laissez-nous voir
De quel côté peut être l'imposture;
Et, dès que nous aurons démêlé l'aventure,
Il ne nous faudra point dire notre devoir.

JUPITER.

Oui, vous avez raison et cette ressemblance
A douter de tous deux vous peut autoriser.
Je ne m'offense point de vous voir en balance;
Je suis plus raisonnable, et sans vous excuser.
L'œil ne peut entre nous faire de différence,
Et je vois qu'aisément on s'y peut abuser.
Vous ne me voyez point témoigner de colère,
Point mettre l'épée à la main;
C'est un mauvais moyen d'éclaircir ce mystère,
Et j'en puis trouver un plus doux et plus certain.
L'un de nous est Amphitryon;
Et tous deux à vos yeux nous le pouvons paraître.
C'est à moi de finir cette confusion;
Et je prétends me faire à tous si bien connaître,
Qu'aux pressantes clartés de ce que je puis être
Lui-même soit d'accord du sang qui m'a fait naître,
Et n'ait plus de rien dire aucune occasion.
C'est aux yeux des Thebains que je veux avec vous
De la vérité pour ouvrir la connaissance;
Et la chose sans doute est assez d'importance
Pour affecter la circonstance
De l'éclaircir aux yeux de tous.
Alcmène attend de moi ce public témoignage;
Sa vertu que l'éclat de ce désordre outrage,
Veut qu'on la justifie, et j'en vais prendre soin.
C'est à quoi mon amour envers elle m'engage;
Et des plus nobles chefs je fais un assemblage
Pour l'éclaircissement dont sa gloire a besoin.
Attendant avec vous ces témoins souhaités,
Ayez, je vous prie, agréable
De venir honorer la table
Où vous a Sosie invités.

SOSIE.

Je ne me trompais pas, messieurs; ce mot termine
Toute l'irrésolution;
Le véritable Amphitryon
Est l'Amphitryon où l'on dîne.

AMPHITRYON.

O ciel! puis-je plus bas de me voir humilié!
Quoi! faut-il que j'entende ici pour mon martyre
Tout ce que l'imposteur à mes yeux vient de dire,
Et que, dans la fureur que ce discours m'inspire,
On me tienne le bras lié!

NAUCRATÈS, *à Amphitryon.*

Vous vous plaignez à tort. Permettez-nous d'attendre
L'éclaircissement qui doit rendre
Les ressentiments de saison.
Je ne sais pas s'il impose,
Mais il parle sur la chose
Comme s'il avait raison.

AMPHITRYON.

Allez, faibles amis, et flattez l'imposture
Thèbes en a pour moi de tout autres que vous;
Et je vais en trouver qui, partageant l'injure,
Sauront prêter la main à mon juste courroux.

JUPITER.

Hé bien! je les attends, et saurai décider
Le différent en leur presence.

AMPHITRYON.

Fourbe, tu crois par-là peut-être t'évader,
Mais rien ne te saurait priver de ma vengeance.

JUPITER.

A ces injurieux propos
Je ne daigne à présent répondre,
Et tantôt je saurai confondre
Cette fureur avec deux mots.

AMPHITRYON.

Le ciel même, le ciel ne t'y saurait soustraire;
Et jusques aux enfers j'irai suivre tes pas.

JUPITER.

Il ne sera pas nécessaire;
Et l'on verra tantôt que je ne fuirai pas.

AMPHITRYON, *à part.*

Allons, courons, avant que d'avec eux il sorte,
Assembler des amis qui suivent mon courroux;
Et chez moi venons à main forte
Pour le percer de mille coups

SCENE VI.

JUPITER, NAUCRATÈS, POLIDAS, SOSIE,

JUPITER.

Point de façon, je vous conjure;
Entrons vite dans la maison.

NAUCRATÈS.

Certes, toute cette aventure
Confond le sens et la raison.

SOSIE.

Faites trève, messieurs, à toutes vos surprises;
Et plein de joie allez tabler jusqu'à demain.
(*seul.*)
Que je vais m'en donner, et me mettre en beau train
De raconter nos vaillantises!
Je brûle d'en venir aux prises;
Et jamais je n'eus tant de faim

SCENE VII.

MERCURE, SOSIE.

MERCURE.

Arrête. Quoi! tu viens ici mettre ton nez,
Impudent flaireur de cuisine!

SOSIE.

Ah! de grace, tout doux!

MERCURE.

Ah! vous y retournez!
Je vous ajusterai l'échine.

SOSIE.

Hélas! brave et généreux moi,
Modère-toi, je t'en supplie.
Sosie, épargne un peu Sosie,
Et ne te plais pas tant à frapper dessus toi.

MERCURE.

Qui de t'appeler de ce nom
A pu te donner la licence?
Ne t'en ai-je pas fait une expresse défense,
Sous peine d'essuyer mille coups de bâton!

SOSIE.

C'est un nom que tous deux nous pouvons à la fois
Posséder sous un même maître.
Pour Sosie en tous lieux on sait me reconnaître,
Je souffre bien que tu le sois,
Souffre aussi que je le puisse être.
Laissons aux deux Amphitryons
Faire éclater des jalousies;
Et, parmi leurs contentions,
Faisons en bonne paix vivre les deux Sosies.

MERCURE.

Non, c'est assez d'un seul, et je suis obstiné
A ne point souffrir de partage.

SOSIE.

Du pas devant sur moi tu prendras l'avantage;
Je serai le cadet, et tu seras l'aîné.

MERCURE.

Non, un frère incommode et n'est pas de mon goût.

Et je veux être fils unique.

SOSIE.

O cœur barbare et tyrannique!
Souffre au moins que je sois ton ombre.

MERCURE.

Point du tout.

SOSIE.

Que d'un peu de pitié ton ame s'humanise!
En cette qualité souffre-moi près de toi:
Je te serai partout une ombre si soumise,
Que tu seras content de moi.

MERCURE.

Point de quartier; immuable est la loi.
Si d'entrer là-dedans tu prends encor l'audace,
Mille coups en seront le fruit.

SOSIE.

Las! à quelle étrange disgrace,
Pauvre Sosie, es-tu réduit!

MERCURE.

Quoi! ta bouche se licencie
A te donner encore un nom que je défends!

SOSIE.

Non, ce n'est pas moi que j'entends,
Et je parle d'un vieux Sosie
Qui fut jadis de mes parents,
Qu'avec très grande barbarie
A l'heure du dîner l'on chassa de céans.

MERCURE.

Prends garde de tomber dans cette frénésie,
Si tu veux demeurer au nombre des vivants.

SOSIE, *à part.*

Que je te rosserais, si j'avais du courage,
Double fils de putain, de trop d'orgueil enflé!

MERCURE.

Que dis-tu?

SOSIE.

Rien.

MERCURE.

Tu tiens, je crois, quelque langage.

SOSIE.

Demandez, je n'ai pas soufflé.

MERCURE

Certain mot de fils de putain
A pourtant frappé mon oreille,
Il n'est rien de plus certain.

SOSIE.

C'est donc un perroquet que le beau temps reveille.

MERCURE.

Adieu. Lorsque le dos pourra te démanger,
Voilà l'endroit où je demeure.

SOSIE, *seul.*

O ciel! que l'heure de manger
Pour être mis dehors est une maudite heure?
Allons, cédons au sort dans notre affliction,
Suivons-en aujourd'hui l'aveugle fantaisie;
Et par une juste union;
Joignons le malheureux Sosie
Au malheureux Amphitryon.
Je l'aperçois venir en bonne compagnie.

SCENE VIII.

AMPHITRYON, ARGATIPHONTIDAS, POSICLÈS, SOSIE *dans un coin du théâtre, sans être aperçu.*

AMPHITRYON, *à plusieurs autres officiers qui l'accompagnent.*

Arrêtez-là, messieurs; suivez-nous d'un peu loin
Et n'avancez tous, je vous prie,
Que quand il en sera besoin.

POSICLÈS.

Je comprends que ce coup doit fort toucher votre ame.

AMPHITRYON.

Ah! de tous les côtés mortelle est ma douleur,
Et je souffre pour ma flamme
Autant que pour mon honneur.

POSICLÈS.

Si cette ressemblance est telle que l'on dit,
Alcmene, ans être coupabie...

AMPHITRYON.

Ah! sur le fait dont il s'agit,
L'erreur simple devient un crime veritable,
Et sans consentement l'innocence y périt.
De semblables erreurs, quelque jour qu'on leur donne,
Touchent des endroits délicats;
Et la raison bien souvent les pardonne,
Que l'honneur et l'amour ne les pardonnent pas.

ARGATIPHONTIDAS.

Je n'embarrasse point là-dedans ma pensée:
Mais je hais vos messieurs de leurs honteux délais;
Et c'est un procédé dont j'ai l'ame blessée,
Et que les gens de cœur n'approuveront jamais.
Quand quelqu'un nous emploie, on doit, tête baissée,
Se jeter dans ses intérêts.
Argatiphontidas ne va point aux accords.
Ecouter d'un ami raisonner l'adversaire,
Pour des hommes d'honneur n'est point un coup à faire;
Il ne faut écouter que la vengeance alors.
Le procès ne me saurait plaire,
Et l'on doit commencer toujours, dans ses transports,
Par bailler, sans autre mystère,
De l'épée au travers du corps.
Oui, vous verrez, quoi qu'il avienne,
Qu'Argatiphontidas marche droit sur ce point;
Et de vous il faut que j'obtienne
Que le pendard ne meure point
D'une autre main que de la mienne.

AMPHITRYON.

Allons.

SOSIE, *à Amphitryon.*

Je viens, monsieur, subir, à deux genoux,
Le juste châtiment d'une audace maudite.
Frappez, battez, chargez, accablez-moi de coups;
Tuez-moi dans votre courroux,
Vous ferez bien, je le mérite;
Et je n'en dirai pas un seul mot contre vous.

AMPHITRYON.

Lève-toi. Que fait-on.

SOSIE.

on m'a chassé tout net;
Et, croyant à manger m'aller comme eux ébattre,
Je ne songeais pas qu'en effet
Je m'attendais là pour me battre.
Oui, l'autre moi, valet de l'autre vous, a fait
Tout de nouveau le diable à quatre.
La rigueur d'un pareil destin,
Monsieur, aujourd'hui nous talonne;
Et l'on me de-Sosie enfin
Comme on vous dés-Amphitryonne.

AMPHITRYON.

Suis-moi.

SOSIE.

N'est-il pas mieux de voir s'il vient personne?

SCENE IX.

CLÉANTHIS, AMPHITRYON, ARGATIPHONTIDAS, POLIDAS, NAUCRATES, POSICLÈS, SOSIE.

CLÉANTHIS.

O ciel!

AMPHITRYON.

Qui t'épouvante ainsi?
Quelle est la peur que je t'inspire?

CLÉANTHIS.

Las! vous êtes là-haut, et je vous vois ici!

NAUCRATÈS, *à Amphitryon.*

Ne vous pressez point, le voici
Pour donner devant tous les clartés qu'on désire,
Et qui, si l'on peut croire à ce qu'il vient de dire,
Sauront vous affranchir de trouble et de souci.

SCENE X.

MERCURE, AMPHITRYON, ARGATIPHONTIDAS, POLIDAS, NAUCRATES, POSICLÈS, CLÉANTHIS, SOSIE.

MERCURE.

Oui, vous l'allez voir tous et sachez par avance

Que c'est le grand maître des dieux,
Que sous les traits chéris de cette ressemblance
Alcmène a fait du ciel descendre dans ces lieux.
Et quant à moi, je suis Mercure,
Qui, ne sachant que faire, ait rossé tant soit peu
Celui dont j'ai pris la figure:
Mais de s'en consoler il a maintenant lieu ;
Et les coups de bâton d'un dieu
Font honneur à qui les endure.

SOSIE.

Ma foi, monsieur le dieu, je suis votre valet:
Je me serais passé de votre courtoisie.

MERCURE.

Je lui donne à présent congé d'être Sosie,
Je suis las de porter un visage si laid;
Et je m'en vais au ciel avec de l'ambroisie
M'en débarbouiller tout à fait.
(*Mercure s'envole dans le ciel.*)

SOSIE.

Le ciel de m'approcher t'ôte à jamais l'envie!
Ta fureur s'est par trop acharnée après moi;
Et je ne vis de ma vie
Un dieu plus diable que toi.

SCENE XI.

JUPITER, AMPHITRYON, NAUCRATÈS, ARGATIPHONTIDAS, POLIDAS, POSICLÈS, CLÉANTHIS, SOSIE.

JUPITER, *annoncé par le bruit du tonnerre, armé de son foudre, dans un nuage sur son aigle.*

Regarde, Amphitryon, quel est ton imposteur;
Et, sous tes propres traits, vois Jupiter paraître.
A ces marques tu peux aisément le connaître,
Et c'est assez, je crois, pour remettre ton cœur
Dans l'état auquel il doit être,
Et rétablir chez toi la paix et la douceur.
Mon nom, qu'incessamment toute la terre adore,
Étouffe ici les bruits qui pouvaient éclater.
Un partage avec Jupiter
N'a rien du tout qui déshonore;
Et, sans doute, il ne peut être que glorieux
De se voir le rival du souverain des dieux.
Je n'y vois pour ta flamme aucun lieu de murmure;
Et c'est moi, dans cette aventure,
Qui, tout dieu que je suis, dois en être jaloux.
Alcmène est toute à toi, quelque soin qu'on emploie;
Et ce doit à tes feux être un objet bien doux
De voir que, pour lui plaire, il n'est point d'autre voie
Que de paraître son époux;
Que Jupiter, orné de sa gloire immortelle,
Par lui-même n'a pu triompher de sa foi;
Et que ce qu'il a reçu d'elle
N'a, par son cœur ardent, été donné qu'à toi.

SOSIE.

Le seigneur Jupiter sait dorer la pilule.

JUPITER.

Sors donc des noirs chagrins que ton cœur a soufferts,
Et rends le calme entier à l'ardeur qui te brûle;
Chez toi doit naître un fils qui, sous le nom d'Hercule,
Remplira de ses faits tout le vaste univers.
L'éclat d'une fortune en mille biens féconde
Fera connaître à tous que je suis ton support;
Et je mettrai tout le monde
Au point d'envier ton sort.
Tu peux hardiment te flatter
De ces espérances données:
C'est un crime que d'en douter:
Les paroles de Jupiter
Sont des arrêts des destinées.
(*Il se perd dans les nues.*)

NAUCRATÈS.

Certes, je suis ravi de ces marques brillantes...

SOSIE.

Messieurs, voulez-vous bien suivre mon sentiment?
Ne vous embarquez nullement
Dans ces douceurs congratulantes,
C'est un mauvais embarquement;
Et d'une et d'autre part, pour un tel compliment,
Les phrases sont embarrassantes.
Le grand dieu Jupiter nous fait beaucoup d'honneur,
Et sa bonté, sans doute, est pour nous sans seconde;
Il nous promet l'infaillible bonheur
D'une fortune en mille biens féconde,
Et chez nous il doit naître un fils d'un très grand cœur.
Tout cela va le mieux du monde.
Mais enfin coupons aux discours,
Et que chacun chez soi doucement se retire.
Sur telles affaires toujours
Le meilleur est de ne rien dire.

FIN D'AMPHITRYON.

GEORGE DANDIN.

OU

LE MARI CONFONDU.

COMÉDIE EN TROIS ACTES.

1668.

PERSONNAGES

GEORGE DANDIN, riche paysan, mari d'Angélique.
ANGÉLIQUE, femme de George Dandin, fille de M. de Sotenville.
Monsieur de SOTENVILLE, gentilhomme campagnard, père d'Angélique
Madame de SOTENVILLE.
CLITANDRE, amant d'Angélique.
CLAUDINE, suivante d'Angélique.
LUBIN, paysan servant Clitandre.
COLIN, valet de George Dandin.

La scène est devant la maison de George Dandin, à la campagne.

GEORGE DANDIN,

OU

LE MARI CONFONDU.

ACTE PREMIER.

SCÈNE PREMIERE.

GEORGE DANDIN.

Ah! qu'une femme demoiselle est une étrange affaire! et que mon mariage est une leçon bien parlante à tous les paysans qui veulent s'élever au-dessus de leur condition, et s'allier, comme j'ai fait, à la maison d'un gentilhomme! La noblesse de soi est bonne, c'est une chose considérable assurément; mais elle est accompagnée de tant de mauvaises circontances, qu'il est très bon de ne s'y point frotter. Je suis devenu là-dessus savant à mes dépens, et connais le style des nobles lorsqu'ils nous font, nous autres, entrer dans leur famille. L'alliance qu'ils font est petite avec nos personnes, c'est notre bien seul qu'ils épousent; et j'aurais bien mieux fait, tout riche que je suis, de m'allier en bonne et franche paysannerie, que de prendre un femme qui se tient au dessus de moi, s'offense de porter mon nom, et pense qu'avec tout mon bien je n'ai pas assez acheté la qualité de son mari. George Dandin! George Dandin! vous avez fait une sottise, la plus grande du monde. Ma maison m'est effroyable maintenant, et je n'y rentre point sans y trouver quelque chagrin.

SCENE II.

GEORGE DANDIN, LUBIN.

GEORGE DANDIN, *à part, voyant sortir Lubin de chez lui.*

Que diantre ce drôle-là vient-il faire chez moi?

LUBIN, *à part, apercevant George Dandin.*

Voilà un homme qui me regarde!

GEORGE DANDIN, *à part.*

Il ne me connaît pas.

LUBIN, *à part.*

Il se doute de quelque chose.

GEORGE DANDIN, *à part.*

Ouais! il a grand'peine à saluer.

LUBIN, *à part.*

J'ai peur qu'il n'aille dire qu'il m'a vu sortir de là-dedans.

GEORGE DANDIN.

Bon jour.

LUBIN.

Serviteur.

GEORGE DANDIN.

Vous n'êtes pas d'ici, que je crois!

LUBIN.

Non; je n'y suis venu que pour voir la fête de demain.

GEORGE DANDIN.

Hé! dites-moi un peu, s'il vous plaît, vous venez de là-dedans?

LUBIN.

Chut!

GEORGE DANDIN.

Comment?

LUBIN.

Paix!

GEORGE DANDIN.

Quoi donc?

LUBIN.

Motus! il ne faut pas dire que vous m'ayez vu sortir de là.

GEORGE DANDIN.

Pourquoi?

LUBIN.

Mon Dieu! parce.

GEORGE DANDIN.

Mais encore?

LUBIN.

Doucement, j'ai peur qu'on ne nous écoute.

GEORGE DANDIN.

Point, point.

LUBIN.

C'est que je viens de parler à la maîtresse du logis, de la part d'un certain monsieur qui lui fait les doux yeux; et ne faut pas qu'on sache cela, entendez-vous?

GEORGE DANDIN.

Oui.

LUBIN.

Voilà la raison. On m'a chargé de prendre garde que personne ne me vît; et je vous prie au moins de ne pas dire que vous m'ayez vu.

GEORGE DANDIN.

Je n'ai garde.

LUBIN.

Je suis bien aise de faire les choses secrètement comme on m'a recommandé.

GEORGE DANDIN.

C'est bien fait.

LUBIN.

Le mari à ce qu'ils disent, est un jaloux qui ne veut pas qu'on fasse l'amour à sa femme; et il ferait le diable à quatre si cela venait à ses oreilles. Vous comprenez bien?

GEORGE DANDIN.

Fort bien.

LUBIN.

Il ne faut pas qu'il sache rien de tout ceci.

GEORGE DANDIN.

Sans doute.

LUBIN.

On le veut tromper tout doucement. Vous entendez bien?

GEORGE DANDIN.

Le mieux du monde.

LUBIN.

Si vous alliez dire que vous m'avez vu sortir de chez lui, vous gâteriez toute l'affaire. Vous comprenez bien?

GEORGE DANDIN.

Assurément. Hé! comment nommez-vous celui qui vous a envoyé là-dedans.

LUBIN.

C'est le seigneur de notre pays, monsieur le vicomte de... chose... Foin! je ne me souviens jamais comment diantre ils baragouinent ce nom-là; monsieur Cli... Clitandre.

GEORGE DANDIN.

Est-ce ce jeune courtisan qui demeure...

LUBIN.

Oui, auprès de ces arbres.

GEORGE DANDIN, *à part.*

C'est pour cela que depuis peu ce damoiseau poli s'est venu loger contre moi; j'avais bon nez, sans doute, et son voisinage m'avait déjà donné quelque soupçon.

LUBIN.

Tétigué! c'est le plus honnête homme que vous ayez jamais vu. Il m'a donné trois pièces d'or pour aller dire seulement à la femme qu'il est amoureux d'elle, et qu'il souhaite fort l'honneur de pouvoir lui parler. Voyez s'il y a là une grande fatigue pour me payer si bien; et ce qu'est, au prix de cela une journée de travail où je ne gagne que dix sous.

GEORGE DANDIN.

Hé bien! avez-vous fait votre message!

LUBIN.

Oui: j'ai trouvé là-dedans une certaine Claudine qui, tout du premier coup, a compris ce que je voulais, et qui m'a fait parler à sa maîtresse.

GEORGE DANDIN, *à part.*

Ah! coquine de servante!

LUBIN.

Morguienne! cette Claudine-là est tout à fait jolie; elle a gagné mon amitié, et il ne tiendra qu'à elle que nous soyons mariés ensemble.

GEORGE DANDIN.

Mais quelle réponse a faite la maîtresse à ce monsieur le courtisan.

LUBIN.

Elle m'a dit de lui dire... attendez, je ne sais si je me souviendrai bien de tout cela : qu'elle lui est tout à fait obligée de l'affection qu'il a pour elle; et qu'à cause de son mari, qui est fantasque, il garde d'en rien faire paraître; et qu'il faudra songer à chercher quelque invention pour se pouvoir entretenir tous deux.

GEORGE DANDIN, *à part.*

Ah! pendarde de femme!

LUBIN.

Tétiguienne! cela sera drôle, car le mari ne se doutera point de la manigance, voilà ce qui est de bon; et il aura un pied de nez avec sa jalousie, est-ce pas?

GEORGE DANDIN.

Cela est vrai.

LUBIN.

Adieu. Bouche cousue, au moins. Gardez bien le ecret, afin que le mari ne le sache pas.

GEORGE DANDIN.

Oui, oui.

LUBIN.

Pour moi, je vais faire semblant de rien. Je suis un fin matois, et l'on ne dirait pas que j'y touche.

SCENE III.

GEORGE DANDIN, *seul.*

Hé bien! George Dandin, vous voyez de quel air votre femme vous traite! Voilà ce que c'est que d'avoir voulu épouser une demoiselle! L'on vous accommode de toutes pièces, sans que vous puissiez vous venger, et la gentilhommerie vous tient les bras liés. L'égalité de condition laisse du moins à l'honneur d'un mari la liberté du ressentiment; et, si c'était une paysanne, vous auriez maintenant toutes vos coudées franches à vous en faire la justice à bons coups de bâton. Mais vous avez voulu tâter de la noblesse, et il vous ennuyait d'être maître chez vous. Ah! j'enrage de tout mon cœur, et je me donnerais volontiers des soufflets. Quoi! écouter impudemment l'amour d'un damoiseau, et y promettre en même temps de la correspondance! Morbleu! je ne veux point laisser passer une occasion de la sorte. Il me faut de ce pas aller faire mes plaintes au père et à la mère, et les rendre témoins, à telle fin que de raison, des sujets de chagrin et de ressentiment que leur fille me donne. Mais les voici l'un et l'autre fort à propos.

SCENE IV.

MONSIEUR DE SOTENVILLE, MADAME DE SOTENVILLE, GEORGE DANDIN.

M. DE SOTENVILLE.

Qu'est-ce, mon gendre? Vous me paraissez tout troublé.

GEORGE DANDIN.

Aussi en ai-je du sujet, et...

MADAME DE SOTENVILLE.

Mon Dieu! notre gendre, que vous avez peu de civilité de ne pas saluer les gens quand vous les approchez!

GEORGE DANDIN.

Ma foi, ma belle-mère, c'est que j'ai d'autres choses en tête; et...

MADAME DE SOTENVILLE.

Encore! Est-il possible, notre gendre, que vous sachiez si peu votre monde, et qu'il n'y ait pas moyen de vous instruire de la manière qu'il faut vivre parmi les personnes de qualité?

GEORGE DANDIN.

Comment?

MADAME DE SOTENVILLE.

Ne vous déferez-vous jamais avec moi de la familiarité de ce mot de ma belle-mère? et ne sauriez-vous vous accoutumer à me dire madame?

GEORGE DANDIN.

Parbleu! si vous m'appelez votre gendre, il me semble que je puis vous appeler ma belle-mère.

MADAME DE SOTENVILLE.

Il y a fort à dire, et les choses ne sont pas égales. Apprenez, s'il vous plaît, que ce n'est pas à vous à vous servir de ce mot-là avec une personne de ma condition; que tout notre gendre que vous soyez, il y a grande différence de vous à nous, et que vous devez vous connaître.

M. DE SOTENVILLE.

C'en est assez, m'amour; laissons cela.

MADAME DE SOTENVILLE.

Mon Dieu? monsieur de Sotenville, vous avez des indulgences qui n'appartiennent qu'à vous, et vous ne savez pas vous faire rendre par les gens ce qui vous est dû.

M. DE SOTENVILLE.

Corbleu? pardonnez-moi : on ne peut point me faire de leçons là-dessus; et j'ai su montrer en ma vie par vingt actions de vigueur, que je ne suis point homme à démordre jamais un pouce de mes prétentions : mais il suffit de lui avoir donné un petit avertissement. Sachons un peu, mon gendre, ce que vous avez dans l'esprit.

GEORGE DANDIN.

Puisqu'il faut donc parler catégoriquement, je vous dirai, monsieur de Sotenville, que j'ai lieu de...

M. DE SOTENVILLE.

Doucement, mon gendre; apprenez qu'il n'est pas respectueux d'appeler les gens par leur nom, et qu'à ceux qui sont au-dessus de nous il faut dire monsieur tout court.

GEORGE DANDIN.

Hé bien! monsieur tout court, et non plus monsieur de Sotenville, j'ai à vous dire que ma femme me donne...

M. DE SOTENVILLE.

Tout beau! apprenez aussi que vous ne devez pas dire ma femme quand vous parlez de notre fille.

GEORGE DANDIN.

J'enrage! Comment! ma femme n'est pas ma femme?

MADAME DE SOTENVILLE.

Oui, notre gendre, elle est votre femme; mais il ne vous est pas permis de l'appeler ainsi, et c'est tout ce que vous pourriez faire si vous aviez épousé une de vos pareilles.

GEORGE DANDIN, *à part.*

Ah! George Dandin, où t'es-tu fourré! (*haut.*) Hé! de grace, mettez pour un moment votre gentilhommerie à côté, et souffrez que je vous parle maintenant comme je pourrai. (*à part.*) Au diantre soit la tyrannie de toutes ces histoires-là! (*à M. de Sotenville.*) Je vous dis donc que je suis mal satisfait de mon mariage.

M. DE SOTENVILLE.

Et la raison, mon gendre?

MADAME DE SOTENVILLE.

Quoi! parler ainsi d'une chose dont vous avez tiré de si grands avantages!

GEORGE DANDIN.

Et quels avantages, madame? puisque madame y a. L'aventure n'a pas été mauvaise pour vous; car sans moi vos affaires, avec votre permission, étaient fort délabrées, et mon argent a servi à reboucher d'assez bons trous : mais moi, de quoi y ai-je profité, je vous prie, que d'un alongement de nom, et, au lieu de George Dandin, d'avoir reçu par vous le titre de M. de la Dandinière?

M. DE SOTENVILLE.

Ne comptez-vous pour rien, mon gendre, l'avantage d'être allié à la maison de Sotenville?

MADAME DE SOTENVILLE.

Et à celle de la Prudoterie, dont j'ai l'honneur d'être issue, maison où le ventre anoblit, et qui par ce beau privilège rendra vos enfants gentilshommes?

GEORGE DANDIN.

Oui, voilà qui est bien, mes enfants seront gentilshommes; mais je serai cocu, moi, si l'on n'y met ordre.

M. DE SOTENVILLE.

Que veut dire cela, mon gendre?

GEORGE DANDIN.

Cela veut dire que votre fille ne vit pas comme il faut qu'une femme vive, et qu'elle fait des choses qui sont contre l'honneur.

MADAME DE SOTENVILLE.

Tout beau! prenez garde à ce que vous dites. Ma fille est d'une race trop pleine de vertu pour se porter jamais à faire aucune chose dont l'honnêteté soit blessee; et, de la maison de la Prudoterie, il y a plus de trois cents ans qu'on n'a point remarqué qu'il y ait eu une femme, Dieu merci, qui ait fait parler d'elle.

M. DE SOTENVILLE.

Corbleu! dans la maison de Sôtenville on n'a jamais vu de coquette; et la bravoure n'y est pas plus héréditaire aux mâles, que la chasteté aux femelles.

MADAME DE SOTENVILLE.

Nous avons eu une Jacqueline de la Prudoterie qui ne voulut jamais être la maîtresse d'un duc et pair, gouverneur de notre province.

M. DE SOTENVILLE.

Il y a eu une Mathurine de Sotenville qui refusa vingt mille écus d'un favori du roi, qui ne demandait seulement que la faveur de lui parler!

GEORGE DANDIN.

Oh bien! votre fille n'est pas si difficile que cela, et elle s'est apprivoisée depuis qu'elle est chez moi.

M. DE SOTENVILLE.

Expliquez-vous, mon gendre. Nous ne sommes point gens à la supporter dans de mauvaises actions; et nous serons les premiers, sa mère et moi, à vous en faire la justice.

MADAME DE SOTENVILLE.

Nous n'entendons point raillerie sur les matières de l'honneur, et nous l'avons élevée dans toute la sévérité possible.

GEORGE DANDIN.

Tout ce que je vous puis dire, c'est qu'il y a ici un certain courtisan que vous avez vu, qui est amoureux d'elle à ma barbe, et qui lui a fait faire des protestations d'amour, qu'elle a très humainement écoutées.

MADAME DE SOTENVILLE.

Jour de Dieu! je l'étranglerais de mes propres mains, s'il fallait qu'elle forlignât de l'honnêteté de sa mère.

M. DE SOTENVILLE.

Corbleu! je lui passerais mon épée au travers du corps, à elle et au galant, si elle avait forfait à son honneur.

GEORGE DANDIN.

Je vous ai dit ce qui se passe, pour vous faire mes plaintes; et je vous demande raison de cette affaire-là.

M. DE SOTENVILLE.

Ne vous tourmentez point, je vous la ferai de tous deux? et je suis homme pour serrer le bouton à qui que ce puisse être. Mais êtes-vous bien sûr aussi de ce que vous nous dites?

GEORGE DANDIN.

Très sûr.

M. DE SOTENVILLE.

Prenez bien garde, au moins; car, entre gentilshommes, ce sont des choses chatouilleuses, et il n'est pas question d'aller faire ici un pas de clerc.

GEORGE DANDIN.

Je ne vous ai rien dit, vous dis-je, qui ne soit véritable.

M. DE SOTENVILLE.

M'amour, allez-vous-en parler à votre fille, tandis qu'avec mon gendre j'irai parler à l'homme.

MADAME DE SOTENVILLE.

Se pourrait-il, mon fils, qu'elle s'oubliât de la sorte, après le sage exemple que vous savez vous-même que je lui ai donné!

M. DE SOTENVILLE.

Nous allons éclaircir l'affaire. Suivez-moi, mon gendre, et ne vous mettez pas en peine. Vous verrez de quel bois nous nous chauffons, lorsqu'on s'attaque à ceux qui nous peuvent appartenir.

GEORGE DANDIN.

Le voici qui vient vers nous.

SCENE V.

MONSIEUR DE SOTENVILLE, CLITANDRE, GEORGE DANDIN.

M. DE SOTENVILLE.

Monsieur! suis-je connu de vous?

CLITANDRE.

Non pas, que je sache, monsieur.

M. DE SOTENVILLE.

Je m'appelle le baron de Sotenville.

CLITANDRE.

Je m'en réjouis fort.

M. DE SOTENVILLE.

Mon nom est connu à la cour; et j'eus l'honneur, dans ma jeunesse, de me signaler des premiers à l'arrière-ban de Nancy.

CLITANDRE.

A la bonne heure.

M. DE SOTENVILLE.

Monsieur mon père, Jean-Gilles de Sotenville, eut la gloire d'assister en personne au grand siége de Montauban.

CLITANDRE.

J'en suis ravi.

M. DE SOTENVILLE.

Et j'ai eu un aïeul, Bertrand de Sotenville, qui fut si considéré en son temps, que d'avoir permission de vendre tout son bien pour le voyage d'outre mer.

CLITANDRE.

Je le veux croire.

M. DE SOTENVILLE.

Il m'a été rapporté, monsieur, que vous aimez et poursuivez une jeune personne qui est ma fille, pour laquelle je m'intéresse, (*montrant Georges Dandin*) et pour l'homme que vous voyez, qui a l'honneur d'être mon gendre.

CLITANDRE.

Qui? moi?

M. DE SOTENVILLE.

Oui; et je suis bien aise de vous parler, pour tirer de vous, s'il vous plaît, un éclaircissement de cette affaire.

CLITANDRE.

Voilà une étrange médisance! Qui vous a dit cela, monsieur?

M. DE SOTENVILLE.

Quelqu'un qui croit le bien savoir.

CLITANDRE.

Ce quelqu'un-là en a menti. Je suis honnête homme. Me croyez-vous capable, monsieur, d'une action aussi lâche que celle-là? Moi, aimer une jeune et belle personne qui a l'honneur d'être la fille de monsieur le baron de Sotenville! je vous révère trop pour cela, et suis trop votre serviteur! Quiconque vous l'a dit est un sot.

M. DE SOTENVILLE.

Allons, mon gendre.

GEORGE DANDIN.

Quoi?

CLITANDRE.

C'est un coquin et un maraud.

M. DE SOTENVILLE, *à George Dandin.*

Répondez.

GEORGE DANDIN.

Répondez vous-même.

CLITANDRE.

Si je savais qui ce peut être, je lui donnerais, en votre présence, de l'epée dans le ventre.

M. DE SOTENVILLE, *à George Dandin.*

Soutenez donc la chose.

GEORGE DANDIN.

Elle est toute soutenue. Cela est vrai.

CLITANDRE.

Est-ce votre gendre, monsieur, qui...?

M. DE SOTENVILLE.

Oui, c'est lui-même qui s'en est plaint à moi.

CLITANDRE.

Certes, il peut remercier l'avantage qu'il a de vous appartenir; et sans cela je lui apprendrais bien à tenir de pareils discours d'une personne comme moi.

SCÈNE VI.

MONSIEUR ET MADAME DE SOTENVILLE, ANGÉLIQUE, CLITANDRE, GEORGE DANDIN, CLAUDINE.

MADAME DE SOTENVILLE.

Pour ce qui est de cela, la jalousie est une étrange chose! J'amène ici ma fille pour éclaircir l'affaire en présence de tout le monde.

CLITANDRE, *à Angélique.*

Est-ce donc vous, madame, qui avez dit à votre mari que je suis amoureux de vous?

ANGÉLIQUE

Moi? Hé! comment lui aurais-je dit? Est-ce que cela est? Je voudrais bien le voir, vraiment, que vous fussiez amoureux de moi. Jouez-vous-y, je vous en prie; vous trouverez à qui parler : c'est une chose que je vous conseille de faire. Ayez recours, pour voir, à tous les détours des amants : essayez un peu, par plaisir, à m'envoyer des ambassades, à m'écrire secrètement de petits billets doux, à épier les moments que mon mari n'y sera pas, ou le temps que je sortirai, pour me parler de votre amour; vous n'avez qu'à y venir, je vous promets que vous serez reçu comme il faut.

CLITANDRE.

Hé! là, là, madame, tout doucement. Il n'est pas nécessaire de me faire tant de leçons, et de vous tant scandaliser. Qui vous dit que je songe à vous aimer?

ANGÉLIQUE.

Que sais-je, moi, ce qu'on vient me conter ici?

CLITANDRE.

On dira ce que l'on voudra; mais vous savez si je vous ai parlé d'amour lorsque je vous ai rencontrée.

ANGÉLIQUE.

Vous n'aviez qu'à le faire, vous auriez été bien venu.

CLITANDRE.

Je vous assure qu'avec moi vous n'avez rien à craindre; que je ne suis point homme à donner du chagrin aux belles; et que je vous respecte trop, et vous, et messieurs vos parents, pour avoir la pensée d'être amoureux de vous.

MADAME DE SOTENVILLE, *à George Dandin.*

He bien! vous le voyez.

M. DE SOTENVILLE.

Vous voilà satisfait, mon gendre. Que dites-vous à cela?

GEORGE DANDIN.

Je dis que ce sont là des contes à dormir debout; que je sais bien ce que je sais; et que tantôt, puisqu'il faut parler net, elle a reçu une ambassade de sa part.

ANGÉLIQUE.

Moi? j'ai reçu une ambassade?

CLITANDRE.

J'ai envoyé une ambassade.

ANGÉLIQUE.

Claudine?

CLITANDRE, *à Claudine.*

Est-il vrai?

CLAUDINE.

Par ma foi, voilà une étrange fausseté.

GEORGE DANDIN.

Taisez-vous, carogne que vous êtes. Je sais de vos nouvelles; et c'est vous qui tantôt avez introduit le courrier.

CLAUDINE.

Qui? moi?

GEORGE DANDIN.

Oui, vous. Ne faites point tant la sucrée.

CLAUDINE.

Hélas! que le monde aujourd'hui est rempli de méchanceté, de m'aller soupçonner ainsi, moi qui suis l'innocence même!

GEORGE DANDIN.

Taisez-vous, bonne pièce. Vous faites la sournoise, mais je vous connais il y a long-temps; et vous êtes une dessalée.

CLAUDINE, *à Angélique.*

Madame, est-ce que...?

GEORGE DANDIN.

Taisez-vous, vous dis-je; vous pourriez bien porter la folle enchère de tous les autres, et vous n'avez point de père gentilhomme.

ANGÉLIQUE.

C'est une imposture si grande, qui me touche si fort au cœur, que je ne puis pas même avoir la force d'y répondre. Cela est bien horrible d'être accusée par un mari, lorsqu'on ne lui fait rien qui ne soit à faire! Hélas! si je suis blâmable de quelque chose, c'est d'en user trop bien avec lui.

CLAUDINE.

Assurément.

ANGÉLIQUE.

Tout mon malheur est de le trop considérer, et plût au ciel que je fusse capable de souffrir, comme il dit, les galanteries de quelqu'un! je ne serais point tant à plaindre. Adieu, je me retire; je ne puis plus endurer qu'on m'outrage de cette sorte.

SCÈNE VII.

MONSIEUR ET MADAME DE SOTENVILLE, CLITANDRE, GEORGE DANDIN, CLAUDINE.

MADAME DE SOTENVILLE, *à George Dandin.*

Allez, vous ne méritez pas l'honnête femme qu'on vous a donnée.

CLAUDINE.

Par ma foi, il mériterait qu'elle lui fît dire vrai : et, si j'étais en sa place, je n'y marchanderais pas. (*à Clitandre.*) Oui, Monsieur, vous devez, pour le punir, faire l'amour à ma maîtresse. Poussez, c'est moi qui vous le dis, ce sera fort bien employé; et je m'offre à vous y servir, puisqu'il m'en a déjà taxée.

(*Claudine sort.*)

M. DE SOTENVILLE.

Vous méritez, mon gendre, qu'on vous dise ces choses-là; et votre procédé met tout le monde contre vous.

MADAME DE SOTENVILLE.

Allez, songez à mieux traiter une demoiselle bien née; et prenez garde désormais à ne plus faire de pareilles bévues.

GEORGE DANDIN, *à part.*

J'enrage de bon cœur d'avoir tort lorsque j'ai raison.

SCÈNE VIII.

MONSIEUR DE SOTENVILLE, CLITANDRE, GEORGE DANDIN.

CLITANDRE, *à monsieur de Sotenville.*

Monsieur, vous voyez comme j'ai été faussement accusé : vous êtes homme qui savez les maximes du point d'honneur; et je vous demande raison de l'affront qui m'a été fait.

M. DE SOTENVILLE.

Cela est juste, et c'est l'ordre des procédés. Allons, mon gendre, faites satisfaction à monsieur.

GEORGE DANDIN.

Comment! satisfaction?

M. DE SOTENVILLE.

Oui, cela se doit dans les règles, pour l'avoir à tort accusé.

GEORGE DANDIN.

C'est une chose, moi, dont je ne demeure pas d'accord, de l'avoir à tort accusé; et je sais bien ce que j'en pense.

M. DE SOTENVILLE.

Il n'importe. Quelque pensée qui vous puisse rester, il a nié c'est satisfaire les personnes; et l'on n'a nul droit de se plaindre de tout homme qui se dédit.

GEORGE DANDIN.

Si bien donc que, si je le trouvais couché avec ma femme, il en serait quitte pour se dédire?

M. DE SOTENVILLE.

Point de raisonnement. Faites-lui les excuses que je vous dis.

GEORGE DANDIN.

Moi, je lui ferai encore des excuses après...!

M. DE SOTENVILLE.

Allons, vous dis-je, il n'y a rien à balancer; et vous n'avez que faire d'avoir peur d'en trop faire, puisque c'est moi qui vous conduis.

GEORGE DANDIN.

Je ne saurais...

M. DE SOTENVILLE.

Corbleu! mon gendre, ne m'échauffez pas la bile. Je me mettrais avec lui contre vous. Allons, laissez-vous gouverner par moi.

GEORGE DANDIN, *à part.*

Ah! George Dandin!

M. DE SOTENVILLE.

Votre bonnet à la main le premier; monsieur est gentilhomme, et vous ne l'êtes pas.

GEORGE DANDIN, *à part, le bonnet à la main.*

J'enrage!

M. DE SOTENVILLE.

Répétez après moi... Monsieur...

GEORGE DANDIN.

Monsieur...

M. DE SOTENVILLE.

Je vous demande pardon. (*voyant que George Dandin fait difficulté de lui obeir.*) Ah!

GEORGE DANDIN.

Je vous demande pardon...

M. DE SOTENVILLE.

Des mauvaises pensées que j'ai eues de vous.

GEORGE DANDIN.

Des mauvaises pensées que j'ai eues de vous.

M. DE SOTENVILLE.

C'est que je n'avais pas l'honneur de vous connaître.

GEORGE DANDIN.

C'est que je n'avais pas l'honneur de vous connaître.

M. DE SOTENVILLE.

Et je vous prie de croire...

GEORGE DANDIN.

Et je vous prie de croire...

M. DE SOTENVILLE.

Que je suis votre serviteur.

GEORGE DANDIN.

Voulez-vous que je sois le serviteur d'un homme qui me veut faire cocu!

M. DE SOTENVILLE, *le menaçant encore.*

Ah!

CLITANDRE.

Il suffit, monsieur.

M. DE SOTENVILLE.

Non, je veux qu'il achève, et que tout aille dans les formes... Que je suis votre serviteur.

GEORGE DANDIN.

Que je suis votre serviteur.

CLITANDRE, *à George Dandin.*

Monsieur, je suis le vôtre de tout mon cœur, et je ne songe plus à ce qui s'est passé. (*à M. de Sotenville.*) Pour vous, monsieur, je vous donne le bon jour, et suis fâché du petit chagrin que vous avez eu.

M. DE SOTENVILLE.

Je vous baise les mains; et, quand il vous plaira, je vous donnerai le divertissement de courre un lièvre.

CLITANDRE.

C'est trop de grace que vous me faites.

(*Clitandre sort.*)

M. DE SOTENVILLE.

Voilà, mon gendre, comme il faut pousser les choses. Adieu. Sachez que vous êtes entré dans une famille qui vous donnera de l'appui, et ne souffrira point que l'on vous fasse aucun affront.

SCENE IX.

GEORGE DANDIN, *seul.*

Ah! que je... Vous l'avez voulu, vous l'avez voulu, George Dandin, vous l'avez voulu; cela vous sied fort bien, et vous voilà ajusté comme il faut : vous avez justement ce que vous méritez. Allons, il s'agit seulement de désabuser le père et la mère; et je pourrai trouver quelque moyen d'y réussir.

FIN DU PREMIER ACTE.

ACTE II.

SCÈNE PREMIÈRE.

CLAUDINE, LUBIN.

CLAUDINE.

Oui, j'ai bien deviné qu'il fallait que cela vînt de toi, et que tu l'eusses dit à quelqu'un qui l'ait rapporté à notre maître.

LUBIN.

Par ma foi, je n'en ai touché qu'un petit mot en passant à un homme, afin qu'il ne dît point qu'il m'avait vu sortir; et il faut que les gens, en ce pays-ci, soient de grands babillards.

CLAUDINE.

Vraiment ce monsieur le vicomte a bien choisi son monde, que de te prendre pour son ambassadeur; et il s'est allé servir là d'un homme bien chanceux.

LUBIN.

Va, une autre fois je serai plus fin, et je prendrai mieux garde à moi.

CLAUDINE.

Oui, oui, il sera temps.

LUBIN.

Ne parlons plus de cela. Ecoute.

CLAUDINE.

Que veux-tu que j'écoute?

LUBIN.

Tourne un peu ton visage devers moi.

CLAUDINE.

Hé bien! qu'est-ce?

LUBIN.

Claudine.

CLAUDINE.

Quoi?

LUBIN.

là! ne sais-tu pas bien ce que je veux dire

CLAUDINE.

Non.

LUBIN.

Morgué! je t'aime.

CLAUDINE.

Tout de bon?

LUBIN.

Oui! le diable m'emporte! tu me peux croire, puisque j'en jure.

CLAUDINE.

A la bonne heure.

LUBIN.

Je me sens tout tribouiller le cœur quand je te regarde.

CLAUDINE.

Je m'en réjouis.

LUBIN.

Comment est-ce que tu fais pour être si jolie?

CLAUDINE.

Je fais comme font les autres.

LUBIN.

Vois-tu, il ne faut point tant de beurre pour faire un quarteron; si tu veux tu seras ma femme, je serai ton mari; et nous serons tous deux mari et femme.

CLAUDINE.

Tu serais peut-être jaloux comme notre maître.

LUBIN.

Point.

CLAUDINE.

Pour moi, je hais les maris soupçonneux, et j'en veux un qui ne s'épouvante de rien, un si plein de confiance et si sûr de ma chasteté, qu'il me vît sans inquiétude au milieu de trente hommes.

LUBIN.

Hé bien! je serai tout comme cela.

CLAUDINE.

C'est la plus sotte chose du monde que de se défier d'une femme, de la tourmenter. La vérité de l'affaire est qu'on n'y gagne rien de bon : cela nous fait songer à mal; ce sont souvent les maris qni, avec leurs vacarmes, se font eux-mêmes ce qu'ils sont.

LUBIN.

Hé bien. je te donnerai la liberté de faire tout ce qu'il te plaira.

CLAUDINE.

Voilà comme il faut faire pour n'être point trompé. Lorsqu'un mari se met à notre discrétion, nous ne prenons de liberté que ce qu'il nous en faut; et il en est comme avec ceux qui nous ouvrent leur bourse, et nous disent: Prenez : nous en usons honnêtement, et nous nous contentons de la raison. Mais ceux qui nous chicanent, nous nous efforçons de les tondre, et nous ne les épargnons point.

LUBIN.

Va, je serai de ceux qui ouvrent leur bourse, et tu n'as qu'à te marier avec moi.

CLAUDINE.

Hé bien! bien, nous verrons.

LUBIN.

Viens donc ici, Claudine.

CLAUDINE.

Que veux-tu?

LUBIN.

Viens, te dis-je.

CLAUDINE.

Ah! doucement. Je n'aime pas les patineurs.

LUBIN.

Hé! un petit brin d'amitié.

CLAUDINE.

Laisse-moi là, te dis-je, je n'entends pas raillerie.

LUBIN.

Claudine.

CLAUDINE, *repoussant Lubin.*

Hai!

LUBIN.

Ah! que tu es rude à pauvres gens! Fi! que cela est malhonnête de refuser les personnes! N'as-tu point de honte d'être belle, et de ne vouloir pas qu'on te caresse? Hé! là!

CLAUDINE.

Je te donnerai sur le nez.

LUBIN.

Oh! la farouche! la sauvage! Fi! pouas! la vilaine qui est cruelle!

CLAUDINE.

Tu t'émancipes trop.

LUBIN.

Qu'est-ce que cela te coûterait de me laisser un peu faire?

CLAUDINE.

Il faut que tu te donnes patience.

LUBIN.

Un petit baiser seulement, en rabattant sur notre mariage.

CLAUDINE.

Je suis votre servante.

LUBIN.

Claudine, je t'en prie, sur l'et tant moins.

CLAUDINE.

Hé! que nenni. J'y ai déjà été attrapée. Adieu. Va-t'en et dis à monsieur le vicomte que j'aurai soin de rendre son billet.

LUBIN.

Adieu, beauté, rude ânière.

CLAUDINE.

Le mot est amoureux.

LUBIN.

Adieu, rocher, caillou, pierre de taille, et tout ce qu'il y a de plus dure au monde.

CLAUDINE, *seule.*

Je vais remettre aux mains de ma maîtresse... Mais la voici avec son mari : éloignons-nous, et attendons qu'elle t seule.

SCENE II.

GEORGE DANDIN, ANGÉLIQUE.

GEORGE DANDIN.

Non, non, on ne m'abuse pas avec tant de facilité; et je ne suis que trop certain que le rapport que l'on m'a fait est véritable. J'ai de meilleurs yeux qu'on ne pense, et votre galimatias ne m'a point tantôt ébloui.

SCENE III.

CLITANDRE, ANGÉLIQUE, GEORGE DANDIN.

CLITANDRE, *à part, dans le fond du théâtre.*

Ah! la voilà; mais le mari est avec elle.

GEORGE DANDIN, *sans voir Clitandre.*

Au travers de toutes vos grimaces, j'ai vu la vérite de ce que l'on m'a dit, et le peu de respect que vous avez pour le nœud qui nous joint. (*Clitandre et Angélique se saluent.*) Mon Dieu ! laissez-là votre révérence; ce n'est pas de ces sortes de respects dont je vous parle, et vous n'avez que faire de vous moquer.

ANGÉLIQUE.

Moi, me moquer! en aucune façon.

GEORGE DANDIN.

Je sais votre pensée, et connais... (*Clitandre et Angélique se saluent encore.*) Encore! Ah! ne raillons point davantage. Je n'ignore pas qu'à cause de votre noblesse vous me tenez fort au dessous de vous : et le respect que je veux dire ne regarde point ma personne; j'entends parler de celui que vous devez à des nœuds aussi vénérables que le sont ceux du mariage. (*Angélique fait signe à Clitandre.*) Il ne faut point lever les épaules, et je ne dis point de sottises.

ANGÉLIQUE.

Qui songe à lever les épaules!

GEORGES DANDIN.

Mon Dieu! nous voyons clair. Je vous dis, encore

une fois, que le mariage est une chaîne à laquelle on doit porter tout le respect; et que c'est fort mal fait à vous d'en user comme vous le faites. (*Angélique fait signe à Clitandre.*) Oui, oui, mal fait à vous; et vous n'avez que faire de hocher la tête et de me faire la grimace.

ANGÉLIQUE.

Moi? je ne sais ce que vous voulez dire.

GEORGE DANDIN.

Je le sais fort bien, moi; et vos mépris me sont connus. Si je ne suis pas né noble, au moins suis-je d'une race où il n'y a point de reproche; et la famille des Daudins...

CLITANDRE, *derrière Angélique, sans être aperçu de George Dandin.*

Un moment d'entretien.

GEORGE DANDIN, *sans voir Clitandre.*

Hé!

ANGÉLIQUE.

Quoi? je ne dis mot.

(*George Dandin tourne autour de sa femme, et Clitandre se retire en faisant une grande révérence à George Dandin.*)

SCENE IV.

GEORGE DANDIN, ANGÉLIQUE.

GEORGE DANDIN.

Le voilà qui vient rôder autour de vous.

ANGÉLIQUE.

Hé bien! est-ce ma faute? Que voulez-vous que j'y fasse?

GEORGE DANDIN.

Je veux que vous y fassiez ce que fait une femme qui ne veut plaire qu'à son mari. Quoi qu'on en puisse dire, les galants n'obsèdent jamais que quand on le veut bien : il y a un certain air doucereux qui les attire, ainsi que le miel fait les mouches; et les honnêtes femmes ont des manières qui les savent chasser d'abord.

ANGÉLIQUE.

Moi, les chasser! et par quelle raison? Je ne me scandalise point qu'on me trouve bien faite; et cela me fait du plaisir.

GEORGE DANDIN.

Oui! Mais quel personnage voulez-vous que joue un mari pendant cette galanterie?

ANGÉLIQUE.

Le personnage d'un honnête homme, qui est bien aise de voir sa femme considérée.

GEORGE DANDIN.

Je suis votre valet. Ce n'est pas là mon compte, et les Dandins ne sont point accoutumés à cette mode-là.

ANGÉLIQUE.

Oh! les Dandins s'y accoutumeront s'ils veulent; car pour moi je vous déclare que mon dessein n'est pas de renoncer au monde et de m'enterrer toute vive dans un mari. Comment! parce qu'un homme s'avise de nous épouser, il faut d'abord que toutes choses soient finies pour nous, et que nous rompions tout commerce avec les vivants! c'est une chose merveilleuse que cette tyrannie de messieurs les maris; et je les trouve bons de vouloir qu'on soit morte à tous les divertissements, et qu'on ne vive que pour eux! Je me moque de cela, et ne veux point mourir si jeune.

GEORGE DANDIN.

C'est ainsi que vous satisfaites aux engagements de la foi que vous m'avez donnée publiquement?

ANGÉLIQUE.

Moi? je ne vous l'ai point donnée de bon cœur, et vous me l'avez arrachée. M'avez-vous avant le mariage demandé mon consentement, et si je voulais bien de vous? Vous n'avez consulté pour cela que mon père et ma mère : ce sont eux proprement qui vous ont épousé; et c'est pourquoi vous ferez bien de vous plaindre toujours à eux des torts que l'on pourra vous faire. Pour moi, qui ne vous ai point dit de vous marier avec moi, et que vous avez prise sans consulter mes sentiments, je prétends n'être point obligée à me soumettre en esclave à vos volontés; et je veux jouir, s'il vous plaît, de quelque nombre de beaux jours que m'offre la jeunesse, prendre les douces libertés que l'âge me permet, voir un peu le beau monde, et goûter le plaisir de m'ouïr dire des douceurs. Préparez-vous-y pour votre punition, et rendez graces au ciel de ce que je ne suis pas capable de quelque chose de pis.

GEORGE DANDIN.

Oui! c'est ainsi que vous le prenez! Je suis votre mari, et je vous dis que je n'entends pas cela.

ANGÉLIQUE.

Moi, je suis votre femme, et je vous dis que je l'entends.

GEORGE DANDIN, *à part.*

Il me prend des tentations d'accommoder tout son visage à la compote, et le mettre en état de ne plaire de sa vie aux diseurs de fleurettes. Ah! allons, George Dandin; je ne pourrais me retenir, et il vaut mieux quitter la place.

SCENE V.

ANGÉLIQUE, CLAUDINE.

CLAUDINE.

J'avais, madame, impatience qu'il s'en allât, pour vous rendre ce mot de la part que vous savez.

ANGÉLIQUE.

Voyons.

CLAUDINE, *à part.*

A ce que je puis remarquer, ce qu'on lui écrit ne lui déplaît pas trop.

ANGÉLIQUE.

Ah! Claudine, que ce billet s'explique d'une façon galante! Que dans tous leurs discours et dans toutes leurs actions les gens de cour ont un air agréable! et qu'est-ce que c'est auprès d'eux que nos gens de province?

CLAUDINE.

Je crois qu'après les avoir vus les Dandins ne vous plaisent guère.

ANGÉLIQUE.

Demeure ici, je m'en vais faire la réponse.

CLAUDINE, *seule.*

Je n'ai pas besoin, que je pense, de lui recommander de la faire agréable. Mais voici...

SCÈNE VI.

CLITANDRE, LUBIN, CLAUDINE.

CLAUDINE.

Vraiment, monsieur, vous avez pris là un habile messager!

CLITANDRE.

Je n'ai pas osé envoyer de mes gens. Mais, ma pauvre Claudine, il faut que je te récompense des bons offices que je sais que tu m'as rendus.

(*Il fouille dans sa poche.*)

CLAUDINE.

Hé! monsieur, il n'est pas nécessaire. Non, monsieur, vous n'avez que faire de vous donner cette peine-là; et je vous rends service parce que vous le méritez; et je me sens au cœur de l'inclination pour vous.

CLITANDRE, *donnant de l'argent à Claudine.*

Je te suis obligé.

LUBIN, *à Claudine.*

Puisque nous serons mariés, donne-moi cela que je le mette avec le mien.

CLAUDINE.

Je te le garde aussi bien que le baiser.

CLITANDRE, *à Claudine.*

Dis-moi, as-tu rendu mon billet à ta belle maîtresse?

CLAUDINE.

Oui; elle est allée y répondre.

CLITANDRE.

Mais, Claudine, n'y a-t-il pas moyen que je la puisse entretenir?

CLAUDINE.

Oui; venez avec moi, je vous ferai parler à elle.

CLITANDRE.

Mais le trouvera-t-elle bon? et n'y a-t-il rien à risquer?

CLAUDINE.

Non, non. Son mari n'est pas au logis : et puis, ce n'est pas lui qu'elle a le plus à ménager, c'est son père et sa mère; et pourvu qu'ils soient prévenus, tout le reste n'est point à craindre.

CLITANDRE.

Je m'abandonne à ta conduite.

LUBIN, *seul.*

Tétiguenne! que j'aurai là une habile femme! Elle a de l'esprit comme quatre.

SCENE VII.

GEORGE DANDIN, LUBIN.

GEORGE DANDIN, *bas, à part.*

Voici mon homme de tantôt. Plût au ciel qu'il ût se résoudre à vouloir rendre témoignage au père et à la mère de ce qu'ils ne veulent point croire!

LUBIN.

Ah! vous voilà, monsieur le babillard, à qui j'avais tant recommandé de ne point parler, et qui me l'aviez tant promis! Vous êtes donc un causeur, et vous allez redire ce que l'on vous dit en secret?

GEORGE DANDIN.

Moi?

LUBIN.

Oui; vous avez été tout rapporter au mari, et vous êtes cause qu'il a fait du vacarme. Je suis bien aise de savoir que vous avez de la langue, et cela m'apprendra à ne vous plus rien dire.

GEORGE DANDIN.

Écoute, mon ami.

LUBIN.

Si vous n'aviez point babillé, je vous aurais conté ce qui se passe à cette heure; mais, pour votre punition, vous ne saurez rien du tout.

GEORGE DANDIN.

Comment? qu'est-ce qui se passe?

LUBIN.

Rien, rien. Voilà ce que c'est d'avoir causé; vous n'en tâterez plus, et je vous laisse sur la bonne bouche.

GEORGE DANDIN.

Arrête un peu.

LUBIN.

Point.

GEORGE DANDIN.

Je ne te veux dire qu'un mot.

LUBIN.

Nennin, nennin. Vous avez envie de me tirer les vers du nez.

GEORGE DANDIN.

Non, ce n'est pas cela.

LUBIN.

Hé! quelque sot. . Je vous vois venir.

GEORGE DANDIN.

C'est autre chose. Écoute.

LUBIN.

Point d'affaire. Vous voudriez que je vous dise que monsieur le vicomte vient de donner de l'argent à Claudine, et qu'elle l'a mené chez sa maîtresse. Mais je ne suis pas si bête.

GEORGE DANDIN.

De grace.

LUBIN.

Non.

GEORGE DANDIN.

Je te donnerai. . .

LUBIN.

Tarare.

SCENE VIII.

GEORGE DANDIN, *seul.*

Je n'ai pu me servir, avec cet innocent, de la pensée que j'avais. Mais le nouvel avis qui lui est échappé ferait la même chose; et, si le galant est chez moi, ce serait pour avoir raison aux yeux du père et de la mère, et les convaincre pleinement de l'effronterie de leur fille. Le mal de tout ceci, c'est que je ne sais comment faire pour profiter d'un tel avis. Si je rentre chez moi, je ferai évader le drôle; et, quelque chose que je puisse voir moi-même de mon déshonneur, je n'en serai point cru à mon serment, et l'on me dira que je rêve. Si, d'autre part, je vais quérir beau père et belle-mère sans être sûr de trouver chez moi le galant, ce sera la même chose, et je retomberai dans l'inconvénient de tantôt. Pourrais-je point m'éclaircir doucement s'il y est encore? (*après avoir été regarder par le trou de la serrure.*) Ah, ciel! il n'en faut plus douter, et je viens de l'apercevoir par le trou de la porte. Le sort me donne ici de quoi confondre ma partie; et, pour achever l'aventure, il fait venir à point nommé les juges dont j'avais besoin.

SCÈNE IX.

MONSIEUR ET MADAME DE SOTENVILLE, GEORGE DANDIN.

GEORGE DANDIN.

Enfin, vous ne m'avez pas voulu croire tantôt, et votre fille l'a emporté sur moi: mais j'ai en main de quoi vous faire voir comme elle m'accommode; et, Dieu merci, mon déshonneur est si clair maintenant, que vous n'en pourrez plus douter.

M. DE SOTENVILLE.

Comment! mon gendre, vous en êtes encore là-dessus?

GEORGE DANDIN.

Oui, j'y suis, et jamais je n'eus tant de sujet d'y être.

MADAME DE SOTENVILLE.

Vous nous venez encore étourdir la tête?

GEORGE DANDIN.

Oui, madame, et l'on fait bien pis à la mienne.

M. DE SOTENVILLE.

Ne vous lassez-vous point de vous rendre importun?

GEORGE DANDIN.

Non; mais je me lasse fort d'être pris pour dupe.

MADAME DE SOTENVILLE.

Ne voulez-vous point vous défaire de vos pensées extravagantes?

GEORGE DANDIN.

Non, madame; mais je voudrais bien me défaire d'une femme qui me déshonore.

MADAME DE SOTENVILLE.

Jour de dieu! notre gendre, apprenez à parler.

M. DE SOTENVILLE.

Corbleu! cherchez des termes moins offensants que ceux-là.

GEORGE DANDIN.

Marchand qui perd ne peut rire.

MADAME DE SOTENVILLE.

Souvenez-vous que vous avez épousé une demoiselle.

GEORGE DANDIN.

Je m'en souviens assez, et ne m'en souviendrai que trop.

M. DE SOTENVILLE.

Si vous vous en souvenez, songez donc à parler d'elle avec plus de respect.

GEORGE DANDIN.

Mais que ne songe-t-elle plutôt à me traiter plus honnêtement? Quoi! parce qu'elle est demoiselle, il faut qu'elle ait la liberté de me faire ce qu'il lui plaît, sans que j'ose souffler?

M. DE SOTENVILLE.

Qu'avez-vous donc, et que pouvez-vous dire? N'avez-vous pas vu, ce matin, qu'elle s'est défendue de connaître celui dont vous m'étiez venu parler?

GEORGE DANDIN.

Oui; mais, vous, que pourrez-vous dire, si je vous fais voir maintenant que le galant est avec elle?

MADAME DE SOTENVILLE.

Avec elle?

GEORGE DANDIN.

Oui, avec elle, et dans ma maison.

M. DE SOTENVILLE.

Dans votre maison?

GEORGE DANDIN.

Oui, dans ma propre maison.

MADAME DE SOTENVILLE.

Si cela est, nous serons pour vous contre elle.

M. DE SOTENVILLE.

Oui; l'honneur de notre famille nous est plus cher que toute chose; et, si vous dites vrai, nous la renoncerons pour notre sang et l'abandonnerons à votre colère.

GEORGE DANDIN.

Vous n'avez qu'à me suivre.

MADAME DE SOTENVILLE.

Gardez de vous tromper.

M. DE SOTENVILLE.

N'allez pas faire comme tantôt.

GEORGE DANDIN.

Mon dieu! vous allez voir. (*montrant Clitandre qui sort avec Angélique.*) Tenez, ai-je menti?

SCENE X.

ANGÉLIQUE, CLITANDRE, CLAUDINE, MONSIEUR ET MADAME DE SOTENVILLE AVEC GEORGE DANDIN, *dans le fond du théâtre.*

ANGÉLIQUE, *à Clitandre.*

Adieu; j'ai peur qu'on vous surprenne ici, et j'a quelques mesures à garder.

CLITANDRE.

Promettez-moi donc, madame, que je pourrai vous parler cette nuit.

ANGÉLIQUE.

J'y ferai mes efforts.

GEORGE DANDIN, *à monsieur et à madame de Sotenville.*

Approchons doucement par derrière, et tâchons de n'être point vus.

CLAUDINE.

Ah! madame, tout est perdu! voilà votre père et votre mère accompagnés de votre mari.

CLITANDRE.

Ah! ciel!

ANGÉLIQUE, *bas, à Clitandre et à Claudine.*

Ne faites pas semblant de rien, et me laissez faire tous deux. (*haut à Clitandre.*) Quoi! vous osez en user de la sorte après l'affaire de tantôt, et c'est ainsi que vous dissimulez vos sentiments? On me vient rapporter que vous avez de l'amour pour moi, et que vous faites des desseins de me solliciter; j'en témoigne mon dépit, et m'explique à vous clairement en présence de tout le monde; vous niez hautement la chose, et me donnez parole de n'avoir aucune pensée de m'offenser; et cependant le même jour vous prenez la hardiesse de venir chez moi me rendre visite, de me dire que vous m'aimez, et de me faire cent sots contes, pour me persuader de répondre à vos extravagances, comme si j'étais femme à violer la foi que j'ai donnée à un mari, et m'éloigner jamais de la vertu que mes parents m'ont enseignée? Si mon père savait cela, il vous apprendrait bien à tenter de ces entreprises! Mais une honnête femme n'aime point les éclats; je n'ai garde de lui en rien dire; (*après avoir fait signe à Claudine d'apporter un bâton.*) et je veux vous montrer que, toute femme que je suis, j'ai assez de courage pour me venger moi-même des offenses que l'on me fait. L'action que vous avez faite n'est pas d'un gentilhomme, et ce n'est pas en gentilhomme que je veux vous traiter.

(*Angélique prend le bâton et le lève sur Clitandre, qui se range de façon que les coups tombent sur George Dandin.*)

CLITANDRE, *criant comme s'il avait été frappé.*

Ah! ah! ah! ah! ah! doucement!

SCENE XI.

MONSIEUR ET MADAME DE SOTENVILLE, ANGÉLIQUE, GEORGE DANDIN, CLAUDINE.

CLAUDINE.

Fort, madame! frappez comme il faut.

ANGÉLIQUE, *faisant semblant de parler à Clitandre.*

S'il vous demeure quelque chose sur le cœur, je suis pour vous répondre.

CLITANDRE.

Apprenez à qui vous vous jouez.

ANGÉLIQUE, *faisant l'étonnée.*

Ah! mon père, vous êtes là?

M. DE SOTENVILLE.

Oui, ma fille; et je vois qu'en sagesse et en courage tu te montres un digne rejeton de la maison de Sotenville. Viens çà, approche-toi que je t'embrasse.

MADAME DE SOTENVILLE.

Embrasse-moi aussi, ma fille. Las! je pleure de joie, et reconnais mon sang aux choses que tu viens de faire.

M. DE SOTENVILLE.

Mon gendre, que vous devez être ravi! et que cette aventure est pour vous pleine de douceurs! Vous aviez un juste sujet de vous alarmer; mais vos soupçons se trouvent dissipés le plus avantageusement du monde.

MADAME DE SOTENVILLE.

Sans doute, notre gendre, et vous devez maintenant être le plus content des hommes.

CLAUDINE.

Assurément. Voilà une femme, celle-là! vous êtes trop heureux de l'avoir, et vous devriez baiser les pas où elle passe.

GEORGE DANDIN, *à part.*

Hé! traîtresse!

M. DE SOTENVILLE.

Qu'est-ce, mon gendre? Que ne remerciez-vous un peu votre femme de l'amitié que vous voyez qu'elle montre pour vous?

ANGÉLIQUE.

Non, non, mon père, il n'est pas nécessaire: il ne m'a aucune obligation de ce qu'il vient de voir, et tout ce que j'en fais n'est que pour l'amour de moi-même.

M. DE SOTENVILLE.

Où allez-vous, ma fille?

ANGÉLIQUE.

Je me retire, mon père, pour ne me voir point obligée de recevoir ses compliments.

CLAUDINE, *à George Dandin.*

Elle a raison d'être en colère. C'est une femme qui mérite d'être adorée, et vous ne la traitez pas comme vous devriez.

GEORGE DANDIN, *à part.*

Scélérate!

SCENE XII.

MONSIEUR ET MADAME DE SOTENVILLE, GEORGE DANDIN.

M. DE SOTENVILLE.

C'est un petit ressentiment de l'affaire de tantôt, et cela se passera avec un peu de caresses que vous lui ferez. Adieu, mon gendre; vous voilà en état de ne vous plus inquiéter. Allez-vous-en faire la paix ensemble et tâchez de l'apaiser par des excuses de votre emportement.

MADAME DE SOTENVILLE.

Vous devez considérer que c'est une jeune fille élevée à la vertu, et qui n'est point accoutumée à se voir soupçonner d'aucune vilaine action. Adieu. Je suis ravie de voir vos désordres finis, et des transports de joie que vous doit donner sa conduite.

SCENE XIII.

GEORGE DANDIN, *seul.*

Je ne dis mot, car je ne gagnerais rien à parler : et jamais il ne s'est rien vu d'égal à ma disgrace. Oui, j'admire mon malheur, et la subtile adresse de ma carogne de femme pour se donner toujours raison et me faire avoir tort. Est-il possible que toujours j'aurai du dessous avec elle, que les apparences toujours tourneront contre moi, et que je ne parviendrai point à convaincre mon effrontée? O ciel! seconde mes desseins et m'accorde la grace de faire voir aux gens que l'on me déshonore!

FIN DU DEUXIÈME ACTE.

ACTE TROISIÈME.

SCÈNE PREMIÈRE.

CLITANDRE, LUBIN.

CLITANDRE.

La nuit est avancée, et j'ai peur qu'il ne soit trop tard. Je ne vois point à me conduire. Lubin?

LUBIN.

Monsieur?

CLITANDRE.

Est-ce par ici?

LUBIN.

Je pense que oui. Morgué! voilà une sotte nuit, d'être si noire que cela!

CLITANDRE.

Elle a tort, assurément; mais, si d'un côté elle nous empêche de voir, elle empêche de l'autre que nous ne soyons vus.

LUBIN.

Vous avez raison, elle n'a pas tant de tort. Je voudrais bien savoir, monsieur, vous qui êtes savant, pourquoi il ne fait point jour la nuit?

CLITANDRE.

C'est une grande question, et qui est difficile. Tu es curieux, Lubin.

LUBIN.

Oui. Si j'avais étudié, j'aurais été songer à des choses où on n'a jamais songé.

CLITANDRE.

Je le crois. Tu as la mine d'avoir l'esprit subtil et perçant.

LUBIN.

Cela est vrai. Tenez, j'explique du latin, quoique jamais je ne l'aie appris; et, voyant l'autre jour écrit sur une grande porte *collegium*, je devinai que cela voulait dire collège.

CLITANDRE.

Cela est admirable! Tu sais donc lire, Lubin?

LUBIN.

Oui, je sais lire la lettre moulée; mais je n'ai jamais su apprendre à lire l'écriture.

CLITANDRE.

Nous voici contre la maison. (*après avoir frappé dans ses mains.*) C'est le signal que m'a donné Claudine.

LUBIN.

Par ma foi, c'est une fille qui vaut de l'argent, et je l'aime de tout mon cœur.

CLITANDRE.

Aussi t'ai-je amené avec moi pour l'entretenir.

LUBIN.

Monsieur, je vous suis...

CLITANDRE.

Chut! J'entends quelque bruit.

SCENE II.

ANGÉLIQUE, CLAUDINE, CLITANDRE, LUBIN.

ANGÉLIQUE.

Claudine.

CLAUDINE.

Hé bien?

ANGÉLIQUE.

Laisse la porte entr'ouverte.

CLAUDINE.

Voilà qui est fait.

(*Scène de nuit. Les acteurs se cherchent les uns les autres dans l'obscurité.*)

CLITANDRE, *à Lubin.*

Ce sont elles. St.

ANGÉLIQUE.

St.

LUBIN.

St.

CLAUDINE.

St.

CLITANDRE, *à Claudine qu'il prend pour Angélique.*

Madame!

ANGÉLIQUE, *à Lubin, qu'elle prend pour Clitandre.*

Quoi?

LUBIN, *à Angélique qu'il prend pour Claudine.*

Claudine.

CLAUDINE, *à Clitandre, qu'elle prend pour Lubin.*

Qu'est-ce?

CLITANDRE, *à Claudine, croyant parler à Angélique.*

Ah! madame, que j'ai de joie!

LUBIN, *à Angélique, croyant parler à Claudine.*

Claudine? ma pauvre Claudine!

CLAUDINE, *à Clitandre.*

Doucement, monsieur.

ANGÉLIQUE, *à Lubin.*

Tout beau, Lubin.

CLITANDRE.

Est-ce toi, Claudine?

CLAUDINE.

Oui.

LUBIN.

Est-ce vous, Madame?

ANGÉLIQUE.

Oui.

CLAUDINE, *à Clitandre.*

Vous avez pris l'une pour l'autre.

LUBIN, *à Angélique.*

Ma foi, la nuit, on n'y voit goutte.

ANGÉLIQUE.

Est-ce pas vous, Clitandre?

CLITANDRE.

Oui, madame.

ANGÉLIQUE.

Mon mari ronfle, comme il faut, et j'ai pris ce temps pour nous entretenir ici.

CLITANDRE.

Cherchons quelque lieu pour nous asseoir.

CLAUDINE.

C'est fort bien avisé.

(*Angélique, Clitandre et Claudine vont s'asseoir au fond du théâtre.*)

LUBIN, *cherchant Claudine.*

Claudine ! où est-ce que tu es?

SCENE III.

ANGÉLIQUE, CLITANDRE, CLAUDINE, *assis au fond du théâtre*; GEORGE DANDIN, *à moitié déshabillé*, LUBIN.

GEORGE DANDIN, *à part.*

J'ai entendu descendre ma femme, et je me suis vite habillé pour descendre après elle. Où peut-elle être allée? Serait-elle sortie?

LUBIN, *cherchant Claudine.*

Où es-tu donc, Claudine? (*prenant George Dandin pour Claudine.*) Ah! te voilà. Par ma foi, ton maître est plaisamment attrapé, et je trouve ceci aussi drôle que les coups de bâton de tantôt, dont on m'a fait récit. Ta maîtresse dit qu'il ronfle à cette heure comme tous les diantres; et il ne sait pas que monsieur le vicomte et elle sont ensemble pendant qu'il dort. Je voudrais bien savoir quel songe il fait maintenant. Cela est tout à fait risible. De quoi s'avise-t-il aussi d'être jaloux de sa femme, et de vouloir qu'elle soit à lui tout seul? C'est un impertinent, et monsieur le vicomte lui fait trop d'honneur. Tu ne dis mot, Claudine? Allons, suivons-les, et me donne ta petite menotte, que je la baise. Ah! que cela est doux ! Il me semble que je mange des confitures. (*à George Dandin qu'il prend toujours pour Claudine, et qui le repousse rudement.*) Tudieu! comme vous y allez! voilà une petite menotte qui est un peu bien rude.

GEORGE DANDIN.

Qui va là ?

LUBIN.

Personne.

GEORGE DANDIN.

Il fuit, et me laisse informé de la nouvelle perfidie de ma coquine. Allons, il faut que, sans tarder, j'envoie appeler son père et sa mère, et que cette aventure me serve à me faire séparer d'elle. Holà! Colin ! Colin!

SCENE IV.

ANGÉLIQUE, CLITANDRE, CLAUDINE, LUBIN, *assis au fond du théâtre*; GEORGE DANDIN, COLIN.

COLIN, *à la fenêtre.*

Monsieur!

GEORGE DANDIN.

Allons, vite; ici bas.

COLIN, *sortant par la fenêtre.*

M'y voilà, on ne peut pas plus vite.

GEORGE DANDIN.

Tu es là?

COLIN.

Oui, monsieur.

(*Pendant que George Dandin va chercher Colin du côté où il a entendu sa voix, Colin passe de l'autre, et s'endort.*)

GEORGE DANDIN, *se tournant du côté où il croit qu'est Colin.*

Doucement. Parle bas. Ecoute. Va-t'en chez mon beau-père et ma belle-mère, et dis que je les prie très instamment de venir tout à l'heure ici. Entends-tu? Hé! Colin ! Colin!

COLIN, *de l'autre côté se réveillant.*

Monsieur !

GEORGE DANDIN.

Où diable es-tu?

COLIN.

Ici.

GEORGE DANDIN.

Peste soit du maroufle qui s'éloigne de moi! (*Pendant que George Dandin retourne au côté où il croit que Colin est resté, Colin, à moitié endormi, passe de l'autre côté et se rendort.*) Je te dis que tu ailles de ce pas trouver mon beau-père et ma belle-mère, et leur dire que je les conjure de se rendre ici tout à l'heure. M'entends-tu bien ? Réponds. Colin! Colin!

COLIN, *de l'autre côté, se réveillant.*

Monsieur!

GEORGE DANDIN.

Voilà un pendard qui me fera enrager. Viens-t'en à moi. (*Ils se rencontrent, et tombent tous deux.*) Ah! le traître! il m'a estropié. Où est-ce que tu es? Approche, que je te donne mille coups. Je pense qu'il me fuit.

COLIN.

Assurément.

GEORGE DANDIN.

Veux-tu venir?

COLIN.

Nenni, ma foi.

GEORGE DANDIN.

Viens, te dis-je.

COLIN.

Point. Vous me voulez battre.

GEORGE DANDIN.

Hé bien! non, je ne te ferai rien.

COLIN.

Assurément?

GEORGE DANDIN.

Oui. Approche. (*à Colin, qu'il tient par le bras.*) Bon. Tu es bien heureux de ce que j'ai besoin de toi. Va-t'en vite, de ma part, prier mon beau-père et ma belle-mère de se rendre ici le plus tôt qu'ils pourront, et leur dis que c'est pour une affaire de la dernière conséquence ; et, s'ils faisaient quelque difficulté à cause de l'heure, ne manque pas de les presser et de leur bien faire entendre qu'il est très important qu'ils viennent, en quelque état qu'ils soient. Tu m'entends bien maintenant?

COLIN.

Oui, monsieur.

GEORGE DANDIN.

Va vite, et reviens de même. (*se croyant seul.*) Et moi, je vais rentrer dans ma maison, attendant que... Mais j'entends quelqu'un. Ne serait-ce point ma femme? Il faut que j'écoute, et me serve de l'obscurité qu'il fait.

(*George Dandin se range près la porte de sa maison.*)

SCENE V.

ANGÉLIQUE, CLITANDRE, CLAUDINE, LUBIN, GEORGE DANDIN.

ANGÉLIQUE, *à Clitandre.*

Adieu, il est temps de se retirer.

CLITANDRE.

Quoi ! si tôt?

ANGÉLIQUE.

Nous nous sommes assez entretenus.

CLITANDRE.

Ah ! madame, puis-je assez vous entretenir, et trouver, en si peu de temps, toutes les paroles dont j'ai besoin? Il me faudrait des journées entières pour me bien expliquer à vous de tout ce que je sens; et je ne vous ai pas dit encore la moindre partie de ce que j'ai à vous dire.

ANGÉLIQUE.

Nous en écouterons une autre fois davantage.

CLITANDRE.

Hélas ! de quel coup me percez-vous l'ame, lorsque vous parlez de vous retirer; et avec combien de chagrin m'allez-vous laisser maintenant!

ANGÉLIQUE.

Nous trouverons moyen de nous revoir.

CLITANDRE.

Oui. Mais je songe qu'en me quittant vous allez

trouver un mari. Cette pensée m'assassine, et les privilèges qu'ont les maris sont des choses cruelles pour un amant qui aime bien.

ANGÉLIQUE.

Serez-vous assez faible pour avoir cette inquiétude, et pensez-vous qu'on soit capable d'aimer de certains maris qu'il y a? On les prend parce qu'on ne s'en peut défendre, et que l'on dépend de parents qui n'ont des yeux que pour le bien; mais on sait leur rendre justice, et l'on se moque fort de les considérer au-delà de ce qu'ils méritent.

GEORGE DANDIN, *à part.*

Voilà nos carognes de femmes!

CLITANDRE.

Ah! qu'il faut avouer que celui qu'on vous a donné était peu digne de l'honneur qu'il a reçu, et que c'est une étrange chose que l'assemblage qu'on a fait d'une personne comme vous avec un homme comme lui.

GEORGE DANDIN, *à part.*

Pauvres maris! voilà comme on vous traite.

CLITANDRE.

Vous méritez, sans doute, une tout autre destinée; et le ciel ne vous a point faite pour être la femme d'un paysan.

GEORGE DANDIN.

Plût au ciel! fût-elle la tienne! tu changerais bien de langage! Rentrons, c'en est assez.

(*George Dandin étant rentré, ferme la porte en dedans.*)

SCÈNE VI.

ANGÉLIQUE, CLITANDRE, CLAUDINE, LUBIN.

CLAUDINE.

Madame, si vous avez à dire du mal de votre mari, dépêchez-vous vite, car il est tard.

CLITANDRE.

Ah! Claudine, que tu es cruelle!

ANGÉLIQUE, *à Clitan*

Elle a raison, séparons-nous.

CLITANDRE.

Il faut donc s'y résoudre, puisque vous le voulez; mais au moins je vous conjure de me plaindre un peu des méchants moments que je vais passer.

ANGÉLIQUE.

Adieu.

LUBIN.

Où es-tu, Claudine, que je te donne le bon soir?

CLAUDINE.

Va, va, je le reçois de loin, et je t'en renvoie autant.

SCÈNE VII.

ANGÉLIQUE, CLAUDINE.

ANGÉLIQUE.

Entrons sans faire de bruit.

CLAUDINE.

La porte s'est fermée.

ANGÉLIQUE.

J'ai le passe-partout.

CLAUDINE.

Ouvrez donc doucement.

ANGÉLIQUE.

On a fermé en dedans; et je ne sais comment nous ferons.

CLAUDINE.

Appelez le garçon qui couche là.

ANGÉLIQUE.

Colin! Colin! Colin!

SCENE VIII.

GEORGE DANDIN, ANGÉLIQUE, CLAUDINE.

GEORGE DANDIN, *à la fenêtre.*

Colin! Colin! Ah! je vous y prends donc, madame ma femme; et vous faites des *escampativos* pendant que je dors! Je suis bien aise de cela, et de vous voir dehors à l'heure qu'il est.

ANGÉLIQUE.

Hé bien! quel grand mal est-ce qu'il y a à prendre le frais de la nuit?

GEORGE DANDIN.

Oui, oui, l'heure est bonne à prendre le frais! C'est bien plutôt le chaud, madame la coquine; et nous savons toute l'intrigue du rendez-vous et du damoiseau. Nous avons entendu votre galant entretien, et les beaux vers à ma louange que vous avez dits l'un et l'autre. Mais ma consolation, c'est que je vais être vengé, et que votre père et votre mère seront convaincus maintenant de la justice de mes plaintes et du dérèglement de votre conduite. Je les ai envoyé quérir, et ils vont être ici dans un moment.

ANGÉLIQUE, *à part.*

Ah! ciel!

CLAUDINE.

Madame!

GEORGE DANDIN.

Voilà un coup, sans doute, où vous ne vous attendiez pas. C'est maintenant que je triomphe, et j'ai de quoi mettre à bas votre orgueil et détruire vos artifices. Jusques ici vous avez joué mes accusations, ébloui vos parents, et plâtré vos malversations. J'ai eu beau voir et beau dire, et votre adresse toujours l'a emporté sur mon bon droit, et toujours vous avez trouvé moyen d'avoir raison; mais, à cette fois, dieu merci, les choses vont être éclaircies, et votre effronterie sera pleinement confondue.

ANGÉLIQUE.

Hé, je vous prie, faites-moi ouvrir la porte.

GEORGE DANDIN.

Non, non; il faut attendre la venue de ceux que j'ai mandés, et je veux qu'ils vous trouvent dehors à la belle heure qu'il est. En attendant qu'ils viennent, songez, si vous voulez, à chercher dans votre tête quelque nouveau détour pour vous tirer de cette affaire; à inventer quelque moyen de rhabiller votre escapade; à trouver quelque belle ruse pour éluder ici les gens et paraître innocente, quelque prétexte spécieux de pélerinage nocturne, ou d'amie en travail d'enfant que vous veniez de secourir.

ANGÉLIQUE.

Non. Mon intention n'est pas de vous rien déguiser. Je ne prétends point me défendre, ni vous nier les choses, puisque vous les savez.

GEORGE DANDIN.

C'est que vous voyez bien que tous les moyens vous en sont fermés, et, que dans cette affaire, vous ne sauriez inventer d'excuses qu'il ne me soit facile de convaincre de fausseté.

ANGÉLIQUE.

Oui, je confesse que j'ai tort, et que vous avez sujet de vous plaindre; mais je vous demande, par grace, de ne m'exposer point maintenant à la mauvaise humeur de mes parents, et de me faire promptement ouvrir.

GEORGE DANDIN.

Je vous baise les mains.

ANGÉLIQUE.

Hé! mon pauvre petit mari, je vous en conjure!

GEORGE DANDIN.

Hé! mon pauvre petit mari! Je suis votre petit mari, maintenant, parce que vous vous sentez prise. Je suis bien aise de cela; et vous ne vous étiez jamais avisée de me dire de ces douceurs.

ANGÉLIQUE.

Tenez, je vous promets de ne vous plus donner aucun déplaisir, et de me...

GEORGE DANDIN.

Tout cela n'est rien. Je ne veux point perdre cette aventure, et il m'importe qu'on soit une fois éclairci à fond de vos déportements.

ANGÉLIQUE.

De grace, laissez-moi vous dire. Je vous demande un moment d'audience.

GEORGE DANDIN.

Hé bien! quoi?

ANGÉLIQUE.

Il est vrai que j'ai failli, je vous avoue encore une

fois, que votre ressentiment est juste ; que j'ai pris le temps de sortir pendant que vous dormiez, et que cette sortie est un rendez-vous que j'avais donné a la personne que vous dites : mais enfin ce sont des actions que vous devez pardonner à mon âge, des emportements de jeune personne qui n'a encore rien vu, et ne fait que d'entrer dans le monde; des libertés où l'on s'abandonne sans y penser de mal, et qui, sans doute, dans le fond n'ont rien de...

GEORGE DANDIN.

Oui, vous le dites, et ce sont de ces choses qui ont besoin qu'on les croie pieusement.

ANGÉLIQUE.

Je ne veux point m'excuser par là d'être coupable envers vous, et je vous prie seulement d'oublier une offense dont je vous demande pardon de tout mon cœur; et de m'épargner, en cette rencontre, le déplaisir que me pourraient causer les reproches fâcheux de mon père et de ma mère. Si vous m'accordez généreusement la grace que je vous demande, ce procédé obligeant, cette bonté que vous me ferez voir, me gagnera entièrement; elle touchera tout à fait mon cœur, et y fera naître pour vous ce que tout le pouvoir de mes parents et les liens du mariage n'avaient pu y jeter; en un mot, elle sera cause que je renoncerai à toutes les galanteries, et n'aurai de l'attachement que pour vous. Oui, je vous en donne ma parole que vous m'allez voir désormais la meilleure femme du monde, et que je vous témoignerai tant d'amitié, que vous en serez satisfait.

GEORGE DANDIN.

Ah ! crocodile qui flatte les gens pour les étrangler !

ANGÉLIQUE.

Accordez-moi cette faveur.

GEORGE DANDIN.

Point d'affaire, je suis inexorable.

ANGÉLIQUE.

Montrez-vous généreux.

GEORGE DANDIN

Non.

ANGÉLIQUE.

De grace !

GEORGE DANDIN.

Point.

ANGÉLIQUE.

Je vous en conjure de tout mon cœur.

GEORGE DANDIN.

Non, non, non. Je veux qu'on soit détrompé de vous, et que votre confusion éclate.

ANGÉLIQUE.

Hé bien ! si vous me réduisez au désespoir, je vous avertis qu'une femme, en cet état, est capable de tout, et que je ferai quelque chose ici dont vous vous repentirez.

GEORGE DANDIN.

Et que ferez-vous, s'il vous plaît?

ANGÉLIQUE.

Mon cœur se portera jusqu'aux extrêmes résolutions ; et, de ce couteau que voici, je me tuerai sur la place.

GEORGE DANDIN.

Ah ! ah ! à la bonne heure.

ANGÉLIQUE.

Pas tant à la bonne heure pour vous que vous vous imaginez. On sait de tous côtés nos différents et les chagrins perpétuels que vous concevez contre moi. Lorsqu'on me trouvera morte, il n'y aura personne qui mette en doute que ce ne soit vous qui m'aurez tuée; et mes parents ne sont pas gens assurément à laisser cette mort impunie, et ils en feront sur votre personne toute la punition que leur pourront offrir et les poursuites de la justice, et la chaleur de leur ressentiment. C'est par là que je trouverai moyen de me venger de vous ; et je ne suis pas la première qui ait su recourir à de pareilles vengeances, qui n'ait pas fait difficulté de se donner la mort, pour perdre ceux qui ont la cruauté de nous pousser à la dernière extrémité.

GEORGE DANDIN.

Je suis votre valet. On ne s'avise plus de se tuer soi-même ; et la mode en est passée il y a longtemps.

ANGÉLIQUE.

C'est une chose dont vous pouvez vous tenir sûr ; et, si vous persistez dans votre refus ; si vous ne me faites ouvrir, je vous jure que, tout à l'heure, je vais vous faire voir jusqu'où peut aller la résolution d'une personne qu'on met au désespoir.

GEORGE DANDIN.

Bagatelles, bagatelles, c'est pour me faire peur.

ANGÉLIQUE.

Hé bien ! puisqu'il le faut, voici qui nous contentera tous deux, et montrera si je me moque. (*après avoir fait semblant de se tuer.*) Ah ! c'en est fait. Fasse le ciel que ma mort soit vengée comme je le souhaite, et que celui qui en est cause reçoive un juste châtiment de la dureté qu'il a eue pour moi !

GEORGE DANDIN.

Ouais, serait-elle bien si malicieuse, que de s'être tuée pour me faire pendre? Prenons un bout de chandelle pour aller voir.

SCENE IX.

ANGÉLIQUE, CLAUDINE.

ANGÉLIQUE, *à Claudine.*

St. Paix ! Rangeons-nous chacune immédiatement contre un des côtés de la porte.

SCENE X.

ANGÉLIQUE ET CLAUDINE *entrent dans la maison au moment que George Dandin en sort, et ferment la porte en dedans* ; GEORGE DANDIN, *une chandelle à la main.*

GEORGE DANDIN.

La méchanceté d'une femme irait-elle bien jusque-là? (*seul après avoir regardé partout.*) Il n'y a personne. Hé ! je m'en étais bien douté; et la pendarde s'est retirée, voyant qu'elle ne gagnait rien après moi, ni par prières, ni par menaces. Tant mieux ! cela rendra ses affaires encore plus mauvaises ; et le père et la mère, qui vont venir, en verront mieux son crime. (*après avoir été à la porte de la maison pour entrer.*) Ah ! ah ! la porte s'est fermée ! Holà ! hé ! quelqu'un ! qu'on m'ouvre promptement.

SCENE XI.

ANGÉLIQUE ET CLAUDINE, *à la fenêtre* ; GEORGE DANDIN.

ANGÉLIQUE.

Comment c'est toi ? D'où viens-tu, bon pendard ? Est-il l'heure de revenir chez soi, quand le jour est près de paraître? et cette manière de vie est-elle celle que doit suivre un honnête mari ?

CLAUDINE.

Cela est-il beau d'aller ivrogner toute la nuit, et de laisser ainsi toute seule une pauvre femme dans la maison ?

GEORGE DANDIN.

Comment ! vous avez...

ANGÉLIQUE.

Va, va, traître, je suis lasse de tes déportements, et je m'en veux plaindre sans plus tarder à mon père et à ma mère.

GEORGE DANDIN.

Quoi ! c'est ainsi que vous osez...

SCENE XII.

MONSIEUR ET MADAME DE SOTENVILLE, *en déshabillé de nuit* ; COLIN, *portant une lanterne* ; ANGÉLIQUE ET CLAUDINE, *à la fenêtre*; GEORGE DANDIN.

ANGÉLIQUE, *à M. et à madame de Sotenville.*

Approchez, de grace, et venez me faire raison de l'insolence la plus grande du monde, d'un mari à qui le vin et la jalousie ont troublé de telle sorte la cervelle, qu'il ne sait plus ce qu'il dit, ni ce qu'il fait, et vous a lui-même envoyé quérir pour vous faire témoins de l'extravagance la plus étrange dont on ait jamais ouï parler. Le voilà qui revient comme vous voyez, après s'être fait attendre toute la nuit : et, si vous voulez l'écouter, il vous dira qu'il a les plus grandes plaintes du monde à vous faire de moi ; que, durant qu'il dormait, je me suis dérobée d'auprès de lui pour m'en aller courir, et cent autres contes de même nature qu'il est allé rêver.

GEORGE DANDIN, *à part.*

Voilà une méchante carogne !

CLAUDINE.

Oui, il nous a voulu faire accroire qu'il était dans la maison, et que nous en étions dehors ; et c'est une folie qu'il n'y a pas moyen de lui ôter de la tête.

M. DE SOTENVILLE.

Comment ! Qu'est-ce à dire cela ?

MADAME DE SOTENVILLE.

Voilà une furieuse impudence que de nous envoyer quérir.

GEORGE DANDIN.

Jamais...

ANGÉLIQUE.

Non, mon père, je ne puis plus souffrir un mari de la sorte ; ma patience est poussée à bout : et il vient de me dire cent paroles injurieuses.

M. DE SOTENVILLE ; *à George Dandin.*

Corbleu ! vous êtes un mal honnête homme !

CLAUDINE.

C'est une conscience de voir une pauvre jeune femme traitée de la façon ; et cela crie vengeance au ciel.

GEORGE DANDIN.

Peut-on...?

M. DE SOTENVILLE.

Allez, vous devriez mourir de honte.

GEORGE DANDIN.

Laissez-moi vous dire deux mots.

ANGÉLIQUE.

Vous n'avez qu'à l'écouter, il va vous en conter de belles !

GEORGE DANDIN, *à part.*

Je désespère.

CLAUDINE.

Il a tant bu que je ne pense pas qu'on puisse durer contre lui ; et l'odeur du vin qu'il souffle est montée jusqu'à nous.

GEORGE DANDIN.

Monsieur mon beau père, je vous conjure...

M. DE SOTENVILLE.

Retirez-vous : vous puez le vin à pleine bouche.

GEORGE DANDIN.

Madame, je vous prie...

MADAME DE SOTENVILLE.

Fi ! ne m'approchez pas, votre haleine est empestée.

GEORGE DANDIN, *à M. de Sotenville.*

Souffrez que je vous...

M. DE SOTENVILLE.

Retirez-vous, vous dis-je : on ne peut vous souffrir.

GEORGE DANDIN, *à madame de Sotenville.*

Permettez, de grace, que...

MADAME DE SOTENVILLE.

Pouas ! vous m'engloutissez le cœur. Parlez de loin si vous voulez.

GEORGE DANDIN.

Hé bien ! oui, je parle de loin. Je vous jure que je n'ai bougé de chez moi, et que c'est elle qui est sortie.

ANGÉLIQUE.

Ne voilà pas ce que je vous ai dit ?

CLAUDINE.

Vous voyez quelle apparence il y a.

M. DE SOTENVILLE, *à George Dandin.*

Allez, vous vous moquez des gens. Descendez, ma fille, et venez ici.

SCENE XIII.

MONSIEUR ET MADAME DE SOTENVILLE, GEORGE DANDIN, COLIN.

GEORGE DANDIN.

J'atteste le ciel que j'étais dans la maison, et que...

M. DE SOTENVILLE.

Taisez-vous, c'est une extravagance qui n'est pas supportable.

GEORGE DANDIN.

Que la foudre m'écrase tout à l'heure, si...

M. DE SOTENVILLE.

Ne nous rompez pas davantage la tête, et songez à demander pardon à votre femme.

GEORGE DANDIN.

Moi ! demander pardon ?

M. DE SOTENVILLE.

Oui, pardon, et sur le champ.

GEORGE DANDIN.

Quoi ! je...

M. DE SOTENVILLE.

Corbleu ! si vous me répliquez, je vous apprendrai ce que c'est que de vous jouer à nous.

GEORGE DANDIN.

Ah ! George Dandin !

SCENE XIV.

MONSIEUR ET MADAME DE SOTENVILLE, ANGÉLIQUE, GEORGE DANDIN, CLAUDINE, COLIN.

M. DE SOTENVILLE.

Allons, venez, ma fille, que votre mari vous demande pardon.

ANGÉLIQUE.

Moi ! lui pardonner tout ce qu'il m'a dit ? Non, non, mon père, il m'est impossible de m'y résoudre ; et je vous prie de me séparer d'un mari avec lequel je ne saurais plus vivre.

CLAUDINE.

Le moyen d'y résister !

M. DE SOTENVILLE.

Ma fille, de semblables séparations ne se font point sans grand scandale ; et vous devez vous montrer plus sage que lui, et patienter encore cette fois.

ANGÉLIQUE.

Comment ! patienter après de telles indignités ? Non, mon père, c'est une chose où je ne puis consentir.

M. DE SOTENVILLE.

Il le faut, ma fille ; et c'est moi qui vous le commande.

ANGÉLIQUE.

Ce mot me ferme la bouche, et vous avez sur moi une puissance absolue.

CLAUDINE.

Quelle douceur !

ANGÉLIQUE.

Il est fâcheux d'être contrainte d'oublier de telles injures ; mais, quelque violence que je me fasse, c'est à moi de vous obéir.

CLAUDINE.

Pauvre mouton !

M. DE SOTENVILLE, *à Angélique.*

Approchez.

ANGÉLIQUE.

Tout ce que vous me faites faire ne servira de rien ; et vous verrez que ce sera dès demain à recommencer.

M. DE SOTENVILLE.

Nous y donnerons ordre. (*à George Dandin.*) Allons mettez-vous à genoux.

GEORGE DANDIN.

A genoux ?

M. DE SOTENVILLE.

Oui, à genoux, et sans tarder.

GEORGE DANDIN, *à genoux, une chandelle à la main.* (*à part.*) O ciel ! (*à M. de Sotenville.*) Que faut-il dire ?

M. DE SOTENVILLE.

Madame, je vous prie de me pardonner...

GEORGE DANDIN.

Madame, je vous prie de me pardonner...

M. DE SOTENVILLE.

L'extravagance que j'ai faite...

GEORGE DANDIN.

L'extravagance que j'ai faite... (*à part.*) de vous épouser.

M. DE SOTENVILLE.

Et je vous promets de mieux vivre à l'avenir.

GEORGE DANDIN.

Et je vous promets de mieux vivre à l'avenir.

M. DE SOTENVILLE, *à George Dandin.*

Prenez-y garde, et sachez que c'est ici la dernière de vos impertinences que nous souffrirons.

MADAME DE SOTENVILLE.

Jour de dieu! si vous y retournez, on vous apprendra le respect que vous devez à votre femme et à ceux de qui elle sort.

M. DE SOTENVILLE.

Voilà le jour qui va paraître. Adieu. (*à George Dandin.*) Rentrez chez vous, et songez bien à être sage. (*à madame de Sotenville.*) Et nous, m'amour, allons nous mettre au lit.

SCENE XV.

GEORGE DANDIN, *seul.*

Ah! je le quitte maintenant, et je n'y vois plus de remède. Lorsqu'on a, comme moi, épousé une méchante femme, le meilleur parti qu'on puisse prendre, c'est de s'aller jeter dans l'eau la tête la première.

FIN DE GEORGE DANDIN.

INTERMÈDES

DE

GEORGE DANDIN.

PERSONNAGES DES INTERMEDES.

GEORGE DANDIN.
BERGERS dansants, déguisés en valets de fête.
BERGERS jouant de la flûte.
CLIMENE, bergère chantante.
CHLORIS, bergère chantante.
TIRCIS, berger chantant, amant de Climène.
PHILENE, berger chantant, amant de Chloris.
UNE BERGERE.
BATELIERS dansants.
UN PAYSAN, ami de George Dandin.
CHOEURS DE BERGERS chantants.
BERGERS ET BERGERES dansants.
UN SATYRE chantant.
UN SUIVANT DE BACCHUS, chantant.
CHOEURS DE SUIVANTS DE BACCHUS, chantants.
CHOEUR DE SUIVANTS DE L'AMOUR, chantants.
UN BERGER chantant.
SUIVANTS DE BACCHUS ET BACCHANTES, dansants.
SUIVANTS DE L'AMOUR, dansants.

PREMIER INTERMÈDE.

—

SCENE PREMIÈRE.

GEORGE DANDIN, BERGERS *déguisés en valets de fête*, BERGERS *jouant de la flûte.*

PREMIERE ENTREE.

Quatre bergers déguisés en valets de fête, accompagnés de quatre bergers jouant de la flûte, entrent en dansant, et obligent George Dandin de danser avec eux.
George Dandin, mal satisfait de son mariage, et n'ayant l'esprit rempli que de fâcheuses pensées quitte bientôt les bergers, avec lesquels il n'a demeuré que par contrainte.

SCENE II.

CLIMÈNE, CHLORIS.

CLIMÈNE.

L'autre jour, d'Anette
J'entendis la voix,
Qui sur sa musette
Chantait dans nos bois:
Amour, que sous ton empire
On souffre de maux cuisants!
Je le puis bien dire,
Puisque je le sens.

CHLORIS.

La jeune Lisette,
Au même moment,
Sur le ton d'Anette
Reprit tendrement:
Amour, si sous ton empire
Je souffre des maux cuisants,
C'est de n'oser dire
Tout ce que je sens.

SCENE III.

TIRCIS, PHILÈNE, CLIMÈNE, CHLORIS

CHLORIS.

Laisse-nous en repos, Philène.

CLIMENE.

Tircis, ne viens point m'arrêter.

TIRCIS ET PHILENE ENSEMBLE.

Ah! belle inhumaine,
Daigne un moment m'écouter.

CLIMENE ET CHLORIS ENSEMBLE.

Mais que me veux-tu conter?

TIRCIS ET PHILENE ENSEMBLE.

Que d'une flamme immortelle
Mon cœur brûle sous tes lois.

CLIMENE ET CHLORIS ENSEMBLE.

Ce n'est pas une nouvelle,
Tu me l'a dis mille fois.

PHILENE, *à Chloris.*

Quoi! veux-tu, toute ma vie,
Que j'aime, et n'obtienne rien?

CHLORIS.

Non, ce n'est pas mon envie;
N'aime plus, je le veux bien.

TIRCIS, *à Climène.*

Le ciel me force à l'hommage
Dont tous ces bois sont témoins.

CLIMENE.

C'est au ciel, puisqu'il t'engage,
A te payer de tes soins.

PHILENE, *à Chloris.*

C'est par ton mérite extrême
Que tu captives mes vœux.

CHLORIS.

Si je mérite qu'on m'aime,
Je ne dois rien à tes feux.

TIRCIS ET PHILENE ENSEMBLE.

L'éclat de tes yeux me tue.

CLIMENE ET CHLORIS ENSEMBLE.

Détourne de moi tes pas.

TIRCIS ET PHILENE ENSEMBLE.

Je me plais dans cette vue.

CLIMENE ET CHLORIS ENSEMBLE.

Berger, ne t'en plains donc pas.

PHILENE.

Ah! belle Climène!

TIRCIS.

Ah! belle Chloris!

PHILENE, *à Climène.*

Rends-la pour moi plus humaine.

TIRCIS, *à Chloris.*
Dompte pour moi ses mépris.
CLIMENE, *à Chloris.*
Sois sensible à l'amour que te porte Philène.
CHLORIS, *à Climène.*
Sois sensible à l'ardeur dont Tircis est épris.
CLIMENE, *à Chloris.*
Si tu veux me donner ton exemple, bergère,
Peut-être je le recevrai.
CHLORIS, *à Climène.*
Si tu veux te résoudre à marcher la première,
Possible que je te suivrai.
CLIMENE ET CHLORIS ENSEMBLE.
Adieu, berger.
CLIMÈNE, *à Philène.*
Attends un favorable sort.
CHLORIS, *à Tircis.*
Attends un doux succès du mal qui te possède.
TIRCIS.
Je n'attends aucun remède.
PHILENE.
Et je n'attends que la mort.
TIRCIS ET PHILÈNE ENSEMBLE.
Puisqu'il nous faut languir en de tels déplaisirs,
Mettons fin, en mourant, à nos tristes soupirs.

FIN DU PREMIER INTERMÈDE.

SECOND INTERMEDE.

SCENE PREMIÈRE.

GEORGE DANDIN, UNE BERGERE.

La bergère vient apprendre à George Dandin le désespoir de Tircis et de Philène, qui se sont précipités dans les eaux. George Dandin, agité d'autres inquiétudes, la quitte en colère.

SCENE II.

CHLORIS.

Ah! mortelles douleurs!
Qu'ai-je plus à prétendre?
Coulez, coulez, mes pleurs:
Je n'en puis trop répandre.

Pourquoi faut-il qu'un tyrannique honneur
Tienne notre ame en esclave asservie?
Hélas! pour contenter sa barbare rigueur,
J'ai réduit mon amant à sortir de la vie!
Ah! mortelles douleurs!
Qu'ai-je plus à prétendre?
Coulez, coulez, mes pleurs:
Je n'en puis trop répandre.
Me puis-je pardonner dans ce funeste sort
Les sévères froideurs dont je m'étais armée?
Quoi donc! mon cher amant, je t'ai donné la mort
Est-ce le prix, hélas! de m'avoir tant aimée?
Ah! mortelles douleurs!
Qu'ai-je plus à prétendre?
Coulez, coulez, mes pleurs:
Je n'en puis trop répandre.

FIN DU SECOND INTERMÈDE.

TROISIEME INTERMEDE.

SCENE PREMIÈRE.

GEORGE DANDIN, UNE BERGERE, BATELIERS.

La bergère qui avait annoncé à George Dandin le malheur de Tircis et Philène, lui vient dire que ces bergers ne sont point morts, et lui montre les bateliers qui les ont sauvés. George Dandin n'écoute pas plus tranquillement ce second récit de la bergère qu'il n'avait fait le premier, et se retire.

SCENE II.

ENTREE DE BALLET.

Les bateliers qui ont sauvé Tircis et Philène, ravis de la récompense qu'ils ont reçue, expriment leur joie en dansant, et font une manière de jeu avec leurs crocs.

FIN DU TROISIÈME INTERMEDE.

QUATRIEME INTERMEDE.

SCENE PREMIÈRE.

GEORGE DANDIN, UN PAYSAN.

Ce paysan, ami de George Dandin, lui conseille de noyer dans le vin toutes ses inquiétudes, et l'emmène pour joindre sa troupe, voyant venir toute la foule des bergers amoureux, qui commencent à célébrer par des chants et des danses le pouvoir de l'Amour.

SCENE II.

Le théâtre change, et représente de grandes roches entremêlées d'arbres où l'on voit plusieurs bergers qui jouent des instruments.

CHLORIS, CLIMÈNE, TIRCIS, PHILÈNE, CHOEUR DE BERGERS CHANTANTS, BERGERS ET BERGÈRES DANSANTS.

CHLORIS.

Ici l'ombre des ormeaux
Donne un teint frais aux herbettes,
Et les bords de ces ruisseaux
Brillent de mille fleurettes
Qui se mirent dans les eaux.
Prenez, bergers, vos musettes,
Ajustez vos chalumeaux,
Et mêlons nos chansonnettes
Aux chants des petits oiseaux.
Le zéphyre entre ces eaux
Fait mille courses secrètes;
Et les rossignols nouveaux
De leurs douces amourettes
Parlent aux tendres rameaux.
Prenez, bergers, vos musettes,
Ajustez vos chalumeaux,
Et mêlons nos chansonnettes
Aux chants des petits oiseaux.

PREMIÈRE ENTRÉE DE BALLET.

Bergers et Bergères dansants.

CLIMENE.
Ah! qu'il est doux, belle Sylvie,
Ah! qu'il est doux de s'enflammer!
Il faut retrancher de la vie
Ce qu'on en passe sans aimer.

CHLORIS.
Ah! les beaux jours qu'Amour nous donne,
Lorsque sa flamme unit les cœurs!
Est-il ni gloire ni couronne
Qui vaille ses moindres douceurs?

TIRCIS.
Qu'avec peu de raison on se plaint d'un martyre
Que suivent de si doux plaisirs!

PHILENE.
Un moment de bonheur dans l'amoureux empire
Répare dix ans de soupirs.

TOUS ENSEMBLE.
Chantons tous de l'amour le pouvoir adorable;
Chantons tous dans ces lieux
Ses attraits glorieux:
Il est le plus aimable
Et le plus grand des dieux.

SCÈNE III.

Un grand rocher couvert d'arbres, sur lequel est assise toute la troupe de Bacchus, s'avance sur le bord du théâtre

UN SATYRE, UN SUIVANT DE BACCHUS, COEUR DE SATYRE CHANTANTS, SUIVANTS DE BACCHUS ET BACCHANTES DANSANTS; CHLORIS, CLIMÈNE, TIRCIS, PHILENE, CHOEURS DE BERGERS CHANTANTS; BERGERS ET BERGERES DANSANTS.

LE SATYRE.
Arrêtez, c'est trop entreprendre,
Un autre dieu, dont nous suivons les lois,
S'oppose à cet honneur qu'à l'Amour osent rendre
Vos musettes et vos voix:
A des titres si beaux Bacchus seul peut prétendre,
Et nous sommes ici pour défendre ses droits.

CHOEUR DE SATYRES.
Nous suivons de Bacchus le pouvoir adorble;
Nous suivons en tous lieux
Ses attraits glorieux
Il est le plus aimable
Et le plus grand des dieux.

DEUXIEME ENTREE DE BALLET.

Suivants de Bacchus et bacchantes dansants.

CHLORIS.
C'est le printemps qui rend l'ame
A nos champs semés de fleurs;
Mais c'est l'Amour et sa flamme
Qui font revivre nos cœurs.

UN SUIVANT DE BACCHUS.
Le soleil chasse les ombres
Dont le ciel est obscurci;
Et des ames les plus sombres
Bacchus chasse le souci.

CHOEUR DES SUIVANTS DE BACCHUS.
Bacchus est révéré sur la terre et sur l'onde.

CHOEUR DES SUIVANTS DE L'AMOUR.
Et l'Amour est un dieu qu'on adore en tous lieux

CHOEUR DES SUIVANTS DE BACCHUS.
Bacchus à son pouvoir a soumis tout le monde.

CHOEUR DES SUIVANTS DE L'AMOUR.
Et l'Amour a dompté les hommes et les dieux.

CHOEUR DES SUIVANTS DE BACCHUS.
Rien peut-il égaler sa force sans seconde?

CHOEUR DES SUIVANTS DE L'AMOUR.
Rien peut-il égaler ses charmes précieux?

CHOEUR DES SUIVANTS DE BACCHUS.
Fi de l'amour et de ses feux!

CHOEUR DES SUIVANTS DE L'AMOUR.
Ah! quel plaisir d'aimer!

CHOEUR DES SUIVANTS DE BACCHUS.
Ah! quel plaisir de boire!

CHOEUR DES SUIVANTS DE L'AMOUR.
A qui vit sans amour la vie est sans appas.

CHOEUR DES SUIVANTS DE BACCHUS.
C'est mourir que de vivre et de ne boire pas.

CHOEUR DES SUIVANTS DE L'AMOUR.
Aimables fers!

CHOEUR DES SUIVANTS DE BACCHUS.
Douce victoire!

CHOEUR DES SUIVANTS DE L'AMOUR.
Ah! quel plaisir d'aimer!

CHOEUR DES SUIVANTS DE BACCHUS.
Ah! quel plaisir de boire!

TOUS ENSEMBLE.
Non, non, c'est un abus:
Le plus grand dieu de tous...

CHOEUR DES SUIVANTS DE L'AMOUR
C'est l'Amour.

CHOEUR DES SUIVANTS DE BACCHUS.
C'est Bacchus.

SCENE IV.

UN BERGER, ET LES MÊMES ACTEURS.

LE BERGER.
C'est trop, c'est trop, bergers. Hé! pourquoi ces débats!
Souffrons qu'en un parti la raison nous assemble.
L'Amour a des douceurs, Bacchus a des appas:
Ce sont deux déités qui sont fort bien ensemble;
Ne les séparons pas.

LES DEUX CHOEURS.
Mêlons donc leurs douceurs aimables.
Mêlons nos voix dans ces lieux agréables,
Et faisons répéter aux échos d'alentour
Qu'il n'est rien de plus doux que Bacchus et l'Amour.

TROISIEME ENTREE DE BALLET.

Les bergers et bergères se mêlent avec les suivants de Bacchus et les bacchantes. Les suivants de Bacchus frappent avec leurs thyrses les espèces de tambours de basques que portent les bacchantes pour représenter ces cribles qu'elles portaient anciennement aux fêtes de Bacchus; les unes et les autres font différentes postures, pendant que les bergers et les bergères dansent plus sérieusement.

FIN DES INTERMÈDES.

L'AVARE,

COMÉDIE EN CINQ ACTES.

1667.

PERSONNAGES.

HARPAGON, père de Cléante et d'Elise, et amoureux d Mariane.
ANSELME, père de Valère et de Mariane.
CLEANTE, fils d'Harpagon, amant de Mariane.
ELISE, fille d'Harpagon, amante de Valère.
VALERE, fils d'Anselme, et amant d'Elise.
MARIANE, fille d'Anselme, amante de Cléante, et aimée d'Harpagon.
FROSINE, femme d'intrigue.
MAITRE SIMON, courtier.
MAITRE JACQUES, cuisinier et cocher d'Harpagon.
LA FLECHE, valet de Cléante.
DAME CLAUDE, servante d'Harpagon.
BRINDAVOINE, LA MERLUCHE, } laquais d'Harpagon.
UN COMMISSAIRE.

La scène est à Paris, dans la maison d'Harpagon.

L'AVARE.

ACTE PREMIER.

SCÈNE PREMIÈRE.

VALÈRE, ÉLISE.

VALÈRE.

Hé quoi! charmante Elise, vous devenez mélancolique, après les obligeantes assurances que vous avez eu la bonté de me donner de votre foi! Je vous vois soupirer, hélas! au milieu de ma joie! Est-ce du regret, dites-moi, de m'avoir fait heureux? et vous repentez-vous de cet engagement où mes feux ont pu vous contraindre?

ÉLISE.

Non, Valère, je ne puis pas me repentir de tout ce que je fais pour vous. Je m'y sens entraîner par une trop douce puissance, et je n'ai pas même la force de souhaiter que les choses ne fussent pas. Mais, à vous dire vrai, le succès me donne de l'inquiétude; et je crains fort de vous aimer un peu plus que je ne devrais.

VALÈRE.

Hé! que pouvez-vous craindre, Elise, dans les bontés que vous avez pour moi?

ÉLISE.

Hélas! cent choses à la fois : l'emportement d'un père, les reproches d'une famille, les censures du monde, mais plus que tout, Valère, le changement de votre cœur, et cette froideur criminelle dont ceux de votre sexe paient le plus souvent les témoignages trop ardents d'un innocent amour.

VALÈRE.

Ah! ne me faites pas ce tort de juger de moi par les autres! Soupçonnez-moi de tout, Élise, plutôt que de manquer à ce que je vous dois. Je vous aime trop pour cela, et mon amour pour vous durera autant que ma vie.

ÉLISE.

Ah! Valère, chacun tient les mêmes discours! Tous les hommes sont semblables par les paroles, et ce n'est que les actions qui les découvrent différents.

VALÈRE.

Puisque les seules actions font connaître ce que nous sommes, attendez donc, au moins, à juger de mon cœur par elles, et ne me cherchez point des crimes dans les injustes craintes d'une fâcheuse prévoyance. Ne m'assassinez point, je vous prie, par les sensibles coups d'un soupçon outrageux; et donnez-moi le temps de vous convaincre, par mille et mille preuves, de l'honnêté de mes feux.

ÉLISE.

Hélas! qu'avec facilité on se laisse persuader par les personnes que l'on aime! Oui, Valère, je tiens votre cœur incapable de m'abuser. Je crois que vous m'aimez d'un véritable amour, et que vous me serez fidèle; je n'en veux point du tout douter, et je retranche mon chagrin aux appréhensions du blâme qu'on pourra me donner.

VALÈRE.

Mais pourquoi cette inquiétude?

ÉLISE.

Je n'aurais rien à craindre, si tout le monde vous voyait des yeux dont je vous vois; et je trouve en votre personne de quoi avoir raison aux choses que je fais pour vous. Mon cœur, pour sa défense, a tout votre mérite, appuyé du secours d'une reconnaissance où le ciel m'engage envers vous. Je me représente, à toute heure, ce péril étonnant qui commença de nous offrir aux regards l'un de l'autre, cette générosité surprenante, qui vous fit risquer votre vie, pour dérober la mienne à la fureur des ondes, ce soins pleins de tendresse que vous me fîtes éclater après m'avoir tirée de l'eau, et les hommages assidus de cet ardent amour que ni le temps ni les difficultés n'ont rebuté, et qui, vous faisant négliger et parents et patrie, arrête vos pas en ces lieux, y tient en ma faveur votre fortune déguisée, et vous a réduit, pour me voir, à vous revêtir de l'emploi de domestique de mon père. Tout cela fait chez moi, sans doute, un merveilleux effet; et c'en est assez, à mes yeux, pour me justifier l'engagement où j'ai pu consentir : mais ce n'est pas assez, peut-être, pour le justifier aux autres, et je ne suis pas sûre qu'on entre dans mes sentiments.

VALÈRE.

De tout ce que vous avez dit, ce n'est que par mon seul amour que je prétends, auprès de vous, mériter quelque chose : et, quant aux scrupules que vous avez, votre père lui-même ne prend que trop de soin de vous justifier à tout le monde; et l'excès de son avarice, et la manière austère dont il vit avec ses enfants, pourraient autoriser des choses plus étranges. Pardonnez-moi, charmante Elise, si j'en parle ainsi devant vous. Vous savez que, sur ce chapitre, on n'en peut pas dire de bien. Mais enfin si je puis, comme je l'espère, retrouver mes parents, nous n'aurons pas beaucoup de peine à nous le rendre favorable. J'en attends des nouvelles avec impatience; et j'en irai chercher moi-même si elles tardent à venir.

ÉLISE.

Ah! Valère, ne bougez pas d'ici, je vous prie, et songez seulement à vous bien mettre dans l'esprit de mon père.

VALÈRE.

Vous voyez comme je m'y prends, et les adroites complaisances qu'il m'a fallu mettre en usage pour m'introduire à son service; sous quel masque de sympathie et de rapports de sentiments je me déguise pour lui plaire, et quel personnage je joue tous les jours avec lui afin d'acquérir sa tendresse. J'y fais des progrès admirables; et j'éprouve que, pour gagner les hommes, il n'est point de meilleure voie que de se parer, à leurs yeux, de leurs inclinations, que de donner dans leurs maximes, encenser leurs défauts, et applaudir à ce qu'ils font. On n'a que faire d'avoir peur de trop charger la complaisance, et la manière dont on les joue a beau être visible, les plus fins sont toujours de grandes dupes du côté de la flatterie; et il n'y a rien de si impertinent et de si ridicule, qu'on ne fasse avaler, lorsqu'on l'assaisonne en louanges. La sincérité souffre un peu au métier que je fais : mais, quand on a besoin des hommes, il faut bien s'ajuster à eux; et, puisqu'on ne saurait les gagner que par-là, ce n'est pas la faute de ceux qui flattent, mais de ceux qui veulent être flattés.

ÉLISE.

Mais que ne tâchez-vous aussi à gagner l'appui de mon frère, en cas que la servante s'avisât de révéler notre secret?

VALÈRE.

On ne peut pas ménager l'un et l'autre; et l'esprit du père et celui du fils sont des choses si opposées, qu'il est difficile d'accommoder ces deux confidences ensemble. Mais vous, de votre part, agissez auprès de votre frère, et servez-vous de l'amitié qui est entre vous deux, pour le jeter dans nos intérêts. Il vient. Je me retire. Prenez ce temps pour lui parler, et ne lui découvrez de notre affaire que ce que vous jugerez à propos.

ÉLISE.

Je ne sais si j'aurai la force de lui faire cette confidence.

SCÈNE II.

CLÉANTE, ÉLISE.

CLÉANTE.

Je suis bien aise de vous trouver seule, ma sœur; et je brûlais de vous parler, pour m'ouvrir à vous d'un secret.

ÉLISE.

Me voilà prête à vous ouïr, mon frère. Qu'avez-vous à me dire?

CLÉANTE.

Bien des choses, ma sœur, enveloppées dans un mot. J'aime.

ÉLISE.

Vous aimez?

CLÉANTE.

Oui, j'aime. Mais, avant que d'aller plus loin, je sais que je dépends d'un père, et que le nom de fils me soumet à ses volontés; que nous ne devons point engager notre foi sans le consentement de ceux dont nous tenons le jour; que le ciel les a faits les maîtres de nos vœux, et qu'il nous est enjoint de n'en disposer que par leur conduite; que, n'étant prévenus d'aucune folle ardeur, ils sont en état de se tromper bien moins que nous, et de voir beaucoup mieux ce qui nous est propre; qu'il en faut plutôt croire les lumières de leur prudence que l'aveuglement de notre passion; et que l'emportement de la jeunesse nous entraîne le plus souvent dans des précipices fâcheux. Je vous dis tout cela, ma sœur, afin que vous ne vous donniez pas la peine de me le dire; car enfin mon amour ne veut rien écouter, et je vous prie de ne me point faire de remontrances.

ÉLISE.

Vous êtes-vous engagé, mon frère, avec celle que vous aimez?

CLÉANTE.

Non; mais j'y suis résolu, et je vous conjure, encore une fois, de ne me point apporter de raisons pour m'en dissuader.

ÉLISE.

Suis-je, mon frère, une si étrange personne?

CLÉANTE.

Non, ma sœur; mais vous n'aimez pas. Vous ignorez la douce violence qu'un tendre amour fait sur nos cœurs, et j'appréhende votre sagesse.

ÉLISE.

Hélas! mon frere, ne parlons point de ma sagesse. Il n'est personne qui n'en manque, du moins une fois en sa vie; et, si je vous ouvre mon cœur, peut-être serai-je à vos yeux bien moins sage que vous.

CLÉANTE.

Ah! plût au ciel que votre ame, comme la mienne...

ÉLISE.

Finissons auparavant votre affaire, et me dites qui est celle que vous aimez.

CLÉANTE.

Une jeune personne qui loge depuis peu en ces quartiers, et qui semble être faite pour donner de l'amour à tous ceux qui la voient. La nature, ma sœur, n'a rien formé de plus aimable, et je me sentis transporté dès le moment que je la vis. Elle se nomme Mariane, et vit sous la conduite d'une bonne femme de mère qui est presque toujours malade, et pour qui cette aimable fille a des sentiments d'amitié qui ne sont pas imaginables. Elle la sert, la plaint, et la console, avec une tendresse qui vous toucherait l'ame. Elle se prend d'un air le plus charmant du monde aux choses qu'elle fait; et l'on voit briller mille graces en toutes ses actions, une douceur pleine d'attraits, une bonté tout engageante, une honnêteté adorable, une... Ah! ma sœur, je voudrais que vous l'eussiez vue!

ÉLISE.

J'en vois beaucoup, mon frère, dans les choses que vous me dites; et, pour comprendre ce qu'elle est, il me suffit que vous l'aimez.

CLÉANTE.

J'ai découvert sous main qu'elles ne sont pas fort accommodées, et que leur discrète conduite a de la peine à étendre à tous leurs besoins le bien qu'elles peuvent avoir. Figurez-vous, ma sœur, quelle joie ce peut-être que de relever la fortune d'une personne que l'on aime, que de donner adroitement quelques petits secours aux modestes nécessités d'une vertueuse famille; et concevez quel déplaisir ce m'est de voir que, par l'avarice d'un père, je sois dans l'impuissance de goûter cette joie, et de faire éclater à cette belle aucun témoignage de mon amour.

ÉLISE.

Oui, je conçois assez, mon frère, quel doit être votre chagrin.

CLÉANTE.

Ah! ma sœur, il est plus grand qu'on ne peut croire. Car enfin, peut-on rien voir de plus cruel que cette rigoureuse épargne qu'on exerce sur nous, que cette sécheresse étrange où l'on nous fait languir? Hé! que nous servira d'avoir du bien, s'il ne nous vient que dans le temps que nous ne serons plus dans le bel âge d'en jouir, et si, pour m'entretenir même, il faut que maintenant je m'engage de tous côtés; si je suis réduit avec vous à chercher tous les jours le secours des marchands pour avoir moyen de porter des habits raisonnables? Enfin, j'ai voulu vous parler pour m'aider à sonder mon père sur les sentiments où je suis; et si je l'y trouve contraire, j'ai résolu d'aller en d'autres lieux, avec cette aimable personne, jouir de la fortune que le ciel voudra nous offrir. Je fais chercher partout, pour ce dessein, de l'argent à emprunter; et si vos affaires, ma sœur, sont semblables aux miennes, et qu'il faille que notre père s'oppose à nos désirs, nous le quitterons là tous deux, et nous affranchirons de cette tyrannie où nous tient, depuis si longtemps, son avarice insupportable.

ÉLISE.

Il est bien vrai que tous les jours il nous donne de plus en plus sujet de regretter la mort de notre mère, et que...

CLÉANTE.

J'entends sa voix; éloignons-nous un peu pour achever notre confidence; et nous joindrons après nos forces pour venir attaquer la dureté de son humeur.

SCÈNE III.

HARPAGON, LA FLÈCHE.

HARPAGON.

Hors d'ici tout à l'heure, et qu'on ne réplique pas. Allons, que l'on détale de chez moi, maître juré filou, vrai gibier de potence.

LA FLÈCHE, *à part.*

Je n'ai jamais rien vu de si méchant que ce maudit vieillard; et je pense, sauf correction, qu'il a le diable au corps.

HARPAGON.

Tu murmures entre tes dents?

LA FLÈCHE.

Pourquoi me chassez-vous?

HARPAGON.

C'est bien à toi, pendard, à me demander des raisons! Sors vite que je ne t'assomme.

LA FLÈCHE.

Qu'est-ce que je vous ai fait?

HARPAGON.

Tu m'as fait que je veux que tu sortes.

LA FLÈCHE.

Mon maître, votre fils, m'a donné ordre de l'attendre.

HARPAGON.

Va-t'en l'attendre dans la rue, et ne sois point dans ma maison, planté tout droit comme un piquet, à observer ce qui se passe, et faire ton profit de tout. Je ne veux point voir sans cesse devant moi un espion de mes affaires, un traître, dont les yeux maudits assiègent toutes mes actions, dévorent ce que je possède, et furettent de tous côtés pour voir s'il n'y a rien à voler.

LA FLÈCHE.

Comment diantre voulez-vous qu'on fasse pour vous voler? Etes-vous un homme volable, quand vous renfermez toutes choses, et faites sentinelle jour et nuit?

HARPAGON.

Je veux renfermer ce que bon me semble, et faire sentinelle comme il me plaît. Ne voilà pas de mes mouchards qui prennent garde à ce qu'on fait! (*bas, à part.*) Je tremble qu'il n'ait soupçonné quelque chose de mon argent. (*haut.*) Ne serais-tu point homme à faire courir le bruit que j'ai chez moi de l'argent caché.

LA FLÈCHE.

Vous avez de l'argent caché?

HARPAGON.

Non, coquin, je ne dis pas cela. (*bas.*) J'enrage (*haut.*) Je demande si malicieusement tu n'irais point faire courir le bruit que j'en ai.

LA FLÈCHE.

Hé! que nous importe que vous en ayez ou que vous n'en ayez pas, si c'est pour nous la même chose?

HARPAGON, *levant la main pour donner un soufflet à La Flèche.*

Tu fais le raisonneur! Je te baillerai de ce raisonnement ci par les oreilles. Sors d'ici, encore une fois.

LA FLÈCHE.

Hé bien! je sors.

HARPAGON.

Attends; ne m'emportes-tu rien

LA FLÈCHE.

Que vous emporterais-je?

HARPAGON.

Tiens, viens ça, que je voie. Montre-moi tes mains.

LA FLÈCHE.

Les voilà.

HARPAGON.

Les autres.

LA FLÈCHE.

Les autres?

HARPAGON.

Oui.

LA FLÈCHE.

Les voilà.

HARPAGON, *montrant les hauts de chausses de La Flèche*

N'as-tu rien mis ici dedans?

LA FLÈCHE.

Voyez-vous-même.

HARPAGON, *tâtant le bas des chausses de La Flèche.*

Ces grands hauts de chausses sont propres à devenir les receleurs des choses qu'on dérobe, et je voudrais qu'on en eût fait pendre quelqu'un.

LA FLÈCHE, *à part.*

Ah! qu'un homme comme cela mériterait bien ce qu'il craint! et que j'aurais de joie à le voler?

HARPAGON.

Hé?

LA FLÈCHE.

Quoi?

HARPAGON.

Qu'est-ce que tu parles de voler.

LA FLÈCHE.

Je vous dis que vous fouillez bien partout, pour voir si je vous ai volé.

HARPAGON.

C'est ce que je veux faire.

(*Harpagon fouille dans les poches de la Flèche.*)

LA FLÈCHE, *à part.*

La peste soit de l'avarice et des avaricieux!

HARPAGON.

Comment? Que dis-tu?

LA FLÈCHE.

Ce que je dis?

HARPAGON.

Oui. Qu'est-ce que tu dis d'avarice et d'avaricieux?

LA FLÈCHE.

Je dis que la peste soit de l'avarice et des avaricieux.

HARPAGON.

De qui veux-tu parler?

LA FLÈCHE.

Des avaricieux.

HARPAGON.

Et qui sont-ils, ces avaricieux?

LA FLÈCHE.

Des vilains et des ladres.

HARPAGON.

Mais qui est-ce que tu entends par-là?

LA FLÈCHE.

De quoi vous mettez-vous en peine?

HARPAGON.

Je me mets en peine de ce qu'il faut.

LA FLÈCHE

Est-ce que vous croyez que je veux parler de vous?

HARPAGON.

Je crois ce que je crois; mais je veux que tu me dises à qui tu parles quand tu dis cela.

LA FLÈCHE.

Je parle... je parle à mon bonnet.

HARPAGON.

Et moi, je pourrais bien parler à ta barrette.

LA FLÈCHE.

M'empêcherez-vous de maudire les avaricieux?

HARPAGON.

Non; mais je t'empêcherai de jaser et d'être insolent. Tais-toi.

LA FLÈCHE.

Je ne nomme personne.

HARPAGON.

Je te rosserai si tu parles.

LA FLÈCHE.

Qui se sent morveux, qu'il se mouche.

HARPAGON.

Te tairas-tu?

LA FLÈCHE.

Oui, malgré moi.

HARPAGON.

Ah! ah!

LA FLÈCHE, *montrant à Harpagon une poche de son justaucorps.*

Tenez, voilà encore une poche: êtes-vous satisfait?

HARPAGON.

Allons, rends-le moi sans te fouiller.

LA FLÈCHE.

Quoi?

HARPAGON.

Ce que tu m'as pris.

LA FLÈCHE.

Je ne vous ai rien pris du tout.

HARPAGON.

Assurément?

LA FLÈCHE.

Assurément.

HARPAGON.

Adieu. Va-t'en à tous les diables.

LA FLÈCHE, *à part.*

Me voilà fort bien congédié!

HARPAGON.

Je te le mets sur ta conscience au moins.

SCENE IV.

HARPAGON, *seul.*

Voilà un pendard de valet qui m'incommode fort; et je ne me plais point à voir ce chien de boiteux là. Certes, ce n'est pas une petite peine que de garder chez soi une grande somme d'argent; et bien heureux qui a tout son fait bien placé, et ne conserve seulement que ce qu'il faut pour sa dépense. On n'est pas peu embarrassé à inventer dans toute une maison une cache fidèle; car, pour moi, les coffres forts, me sont suspects, et je ne veux jamais m'y fier. Je les tiens justement une franche amorce à voleurs: et c'est toujours la première chose que l'on va attaquer.

SCÈNE V.

HARPAGON, ÉLISE ET CLÉANTE, *parlant ensemble, et restant dans le fond du théâtre.*

HARPAGON, *se croyant seul.*

Cependant, je ne sais si j'aurai bien fait d'avoir enterré dans mon jardin, dix mille écus qu'on me rendit hier. Dix mille écus en or, chez soi, est une somme assez....... (*à part, apercevant Élise et Cléante.*) O Ciel! je me serai trahi moi-même! la chaleur m'aura emporté, et je crois que j'ai parlé haut, en raisonnant tout seul. (*à Cléante et à Élise.*) Qu'est-ce?

CLÉANTE.

Rien, mon père.

HARPAGON.

Y a-t-il long-temps que que vous êtes là?

ÉLISE.

Nous ne venons que d'arriver.

HARPAGON.

Vous avez entendu...

CLÉANTE.

Quoi? mon père.

HARPAGON.

Là...

ÉLISE.

Quoi?

HARPAGON.

Ce que je viens de dire.

CLÉANTE.

Non.

HARPAGON.

Si fait, si fait.

ÉLISE.

Pardonnez-moi.

HARPAGON.

Je vois bien que vous en avez ouï quelques mots. C'est que je m'entretenais en moi-même de la peine qu'il y a aujourd'hui à trouver de l'argent, et je disais qu'il est bien heureux qui peut avoir dix mille écus chez soi.

CLÉANTE.

Nous feignions à vous aborder, de peur de vous interrompre.

HARPAGON.

Je suis bien aise de vous dire cela, afin que vous n'alliez pas prendre les choses de travers, et vous imaginer que je dise que c'est moi qui ai dix mille écus.

CLÉANTE.

Nous n'entrons point dans vos affaires.

HARPAGON.

Plût à Dieu que je les eusse, les dix mille écus

CLÉANTE.

Je ne crois pas...

HARPAGON.

Ce serait une bonne affaire pour moi.

ÉLISE.

Ce sont des choses...

HARPAGON.

J'en aurais bon besoin.

CLÉANTE.

Je pense que...

HARPAGON.

Cela m'accommoderait fort.

ÉLISE.

Vous êtes...

HARPAGON.

Et je ne me plaindrais pas, comme je fais, que le temps est misérable.

CLÉANTE.

Mon dieu! mon père, vous n'avez pas lieu de vous plaindre, et l'on sait que vous avez assez de bien.

HARPAGON.

Comment! j'ai assez de bien? Ceux qui le disent, en ont menti. Il n'y a rien de plus faux; ce sont des coquins qui font courir tous ces bruits-là.

ÉLISE.

Ne vous mettez point en colère.

HARPAGON.

Cela est étrange, que mes propres enfans me trahissent, et deviennent mes ennemis.

CLÉANTE.

Est-ce être votre ennemi que de dire que vous avez du bien.

HARPAGON.

Oui. De pareils discours, et les dépenses que vous faites, seront cause qu'un de ces jours on me viendra chez moi couper la gorge, dans la pensée que je suis tout couvert de pistoles.

CLÉANTE.

Quelle grande dépense est-ce que je fais?

HARPAGON.

Quelle? est-il rien de plus scandaleux que ce somptueux équipage que vous promenez par la ville? Je querellais hier votre sœur; mais c'est encore pis. Voilà qui crie vengeance au ciel; et, à vous prendre depuis les pieds jusqu'à la tête, il y aurait là de quoi faire une bonne constitution. Je vous l'ai dit vingt fois, mon fils: toutes vos manières me déplaisent fort; vous donnez furieusement dans le marquis; et, pour aller ainsi vêtu, il faut bien que vous me dérobiez.

CLÉANTE.

Hé! comment vous dérober.

HARPAGON.

Que sais-je, moi? Où pouvez-vous donc prendre de quoi entretenir l'état que vous portez?

CLÉANTE.

Moi, mon père? c'est que je joue, et, comme je suis fort heureux, je mets sur moi tout l'argent que je gagne.

HARPAGON.

C'est fort mal fait. Si vous êtes heureux au jeu, vous en devriez profiter, et mettre à honnête intérêt l'argent que vous gagnez, afin de le trouver un jour. Je voudrais bien savoir, sans parler du reste, à quoi servent tous ces rubans dont vous voilà lardé depuis les pieds jusqu'à la tête, et si une demi-douzaine d'aiguillettes ne suffit pas pour attacher un haut-de-chausses. Il est bien nécessaire d'employer de l'argent à des perruques lorsque l'on peut porter des cheveux de son crû, qui ne coûtent rien! Je vais gager qu'en perruques et rubans il y a du moins vingt pistoles; et vingt pistoles rapportent par année dix-huit livres six sous huit deniers, à ne les placer qu'au denier douze.

CLÉANTE.

Vous avez raison.

HARPAGON.

Laissons cela, et parlons d'autres affaires. (*apercevant Cléante et Élise qui se font des signes.*) Hé! (*bas, à part.*) Je crois qu'ils se font signe l'un à l'autre de me voler ma bourse. (*haut.*) Que veulent dire ces gestes-là?

ÉLISE.

Nous marchandons, mon frère et moi, à qui parlera le premier: et nous avons tous deux quelque chose à vous dire.

HARPAGON.

Et moi, j'ai quelque chose aussi à vous dire à tous deux.

CLÉANTE.

C'est de mariage, mon père, que nous désirons vous parler.

HARPAGON.

Et c'est de mariage aussi que je veux vous entretenir.

ÉLISE.

Ah! mon père.

HARPAGON.

Pourquoi ce cri? Est-ce le mot, ma fille, ou la chose qui vous fait peur.

CLÉANTE.

Le mariage peut nous faire peur à tous deux de la façon que vous pouvez l'entendre, et nous craignons que nos sentiments ne soient pas d'accord avec votre choix.

HARPAGON.

Un peu de patience, ne vous alarmez point. Je sais ce qu'il faut à tous deux, et vous n'aurez, ni l'un ni l'autre, aucun lieu de vous plaindre de tout ce que je prétends faire? et pour commencer par un bout, (*à Cléante*) avez-vous vu, dites-moi, une jeune personne appelée Mariane, qui loge pas loin d'ici?

CLÉANTE.

Oui mon père.

HARPAGON.

Et vous?

ÉLISE.

J'en ai ouï parler.

HARPAGON.

Comment, mon fils, trouvez-vous cette fille?

CLÉANTE.

Une fort charmante personne.

HARPAGON.

Sa physionomie?

CLÉANTE.

Tout honnête et pleine d'esprit.

HARPAGON.

Son air et sa manière?

CLÉANTE.

Admirables, sans doute.

HARPAGON.

Ne croyez-vous pas qu'une fille comme cela mériterait assez que l'on songeât à elle.

CLÉANTE.

Oui, mon père.

HARPAGON.

Que ce serait un parti souhaitable?

CLÉANTE.

Très souhaitable.

HARPAGON.

Qu'elle a toute la mine de faire un bon ménage?

CLÉANTE.

Sans doute.

HARPAGON.

Et qu'un mari aurait satisfaction avec elle?

CLÉANTE.

Assurément.

HARPAGON.

Il y a une petite difficulté; c'est que j'ai peur qu'il n'y ait pas, avec elle, tout le bien qu'on pourrait prétendre.

CLÉANTE.

Ah! mon père, le bien n'est pas considérable lorsqu'il est question d'épouser une honnête personne.

HARPAGON.

Pardonnez-moi, pardonnez-moi. Mais ce qu'il y a à dire, c'est que, si l'on n'y trouve pas tout le bien qu'on souhaite, on peut tâcher de regagner sur autre chose.

CLÉANTE.

Cela s'entend.

HARPAGON.

Enfin, je suis bien aise de vous voir dans mes sentiments, car son maintien honnête et sa douceur m'ont gagné l'ame, et je suis résolu de l'épouser, pourvu que j'y trouve quelque bien.

CLÉANTE.

Euh?

HARPAGON.

Comment?

CLÉANTE.

Vous êtes résolu, dites-vous...

HARPAGON.

D'épouser Mariane.

CLÉANTE.

Qui? vous, vous?

HARPAGON.

Oui, moi, moi, moi. Que veut dire celà?

CLÉANTE.

Il m'a pris tout à coup un éblouissement, et je me retire d'ici.

HARPAGON.

Cela ne sera rien. Allez vite boire dans la cuisine un grand verre d'eau claire.

SCENE VI.

HARPAGON, ELISE.

HARPAGON.

Voilà de mes damoiseaux fluets, qui n'ont non plus de vigueur que des poules. C'est là, ma fille, ce que j'ai resolu pour moi. Quant à ton frère, je lui destine une certaine veuve dont ce matin on m'est venu parler; et, pour toi, je te donne au seigneur Anselme?

ÉLISE.

Au seigneur Anselme?

HARPAGON.

Oui, un homme mûr, prudent et sage, qui n'a pas plus de cinquante ans, et dont on vante les grands biens.

ÉLISE, *faisant la révérence.*

Je ne veux point me marier, mon père, s'il vous plaît.

HARPAGON, *contrefaisant Elise.*

Et moi, ma petite fille, ma mie, je veux que vous vous mariiez, s'il vous plaît.

ÉLISE, *faisant encore la révérence.*

Je vous demande pardon, mon père.

HARPAGON, *contrefaisant Elise.*

Je vous demande pardon, ma fille.

ÉLISE.

Je suis très-humble servante au seigneur Anselme; mais (*faisant encore la révérence*) avec votre permission, je ne l'épouserai point.

HARPAGON.

Je suis votre très humble valet; mais, (*contrefaisant encore Elise*) avec votre permission, vous l'épouserez dès ce soir.

ÉLISE.

Dès ce soir?

HARPAGON.

Dès ce soir.

ÉLISE, *faisant encore la révérence.*

Cela ne sera pas mon père.

HARPAGON, *contrefaisant encore Élise.*

Cela sera ma fille.

ÉLISE.

Non.

HARPAGON.

Si.

ÉLISE.

Non, vous dis-je.

HARPAGON.

Si, vous dis-je.

ÉLISE.

C'est une chose où vous ne me réduirez point.

HARPAGON.

C'est une chose où je te réduirai.

ÉLISE.

Je me tuerai plutôt que d'épouser un tel mari.

HARPAGON.

Tu ne te tueras point, et tu l'épouseras. Mais voyez quelle audace! A-t-on jamais vu une fille parler de la sorte à son père?

ÉLISE.

Mais a-t-on jamais vu père marier sa fille de la sorte?

HARPAGON.

C'est un parti où il n'y a rien à redire; et je gage que tout le monde approuvera mon choix.

ÉLISE.

Et moi, je gage qu'il ne saurait être approuvé d'aucune personne raisonnable.

HARPAGON, *apercevant Valère de loin.*

Voilà Valère. Veux-tu qu'entre nous deux nous le fassions juge de cette affaire?

ÉLISE.

J'y consens.

HARPAGON.

Te rendras-tu à son jugement?

ÉLISE.

Oui; j'en passerai par ce qu'il dira

HARPAGON.

Voilà qui est fait

SCENE VII.

VALÈRE, HARPAGON, ÉLISE.

HARPAGON.

Ici, Valère. Nous t'avons élu pour nous dire qui raison, de moi ou de ma fille.

VALÈRE.

C'est vous, monsieur, sans contredit.

HARPAGON.

Sais-tu bien de quoi nous parlons ?

VALÈRE.

Non. Mais vous ne sauriez avoir tort, et vous êtes toute raison.

HARPAGON.

Je veux ce soir lui donner pour époux un homme aussi riche que sage; et la coquine me dit au nez qu'elle se moque de le prendre. Que dis-tu de cela ?

VALÈRE.

Ce que j'en dis ?

HARPAGON.

Oui.

VALÈRE.

Hé ! hé !

HARPAGON.

Quoi?

VALÈRE.

Je dis que, dans le fond je suis de votre sentiment; et vous ne pouvez pas que vous n'ayez raison. Mais aussi n'a-t-elle pas tort tout à fait; et...

HARPAGON.

Comment ! le seigneur Anselme est un parti considérable; c'est un gentilhomme qui est noble, doux, posé, sage et fort accommodé, et auquel il ne reste aucun enfant de son premier mariage. Saurait-elle mieux rencontrer?

VALÈRE.

Cela est vrai; mais elle pourrait vous dire que c'est un peu précipiter les choses, et qu'il faudrait au moins quelque temps pour voir si son inclination pourrait s'accorder avec...

HARPAGON.

C'est une occasion qu'il faut prendre vite aux cheveux. Je trouve ici un avantage qu'ailleurs je ne trouverais pas, et s'il s'engage à la prendre sans dot.

VALÈRE.

Sans dot ?

HARPAGON.

Oui.

VALÈRE.

Ah ! je ne dis plus rien. Voyez-vous? voilà une raison tout à fait convaincante; il se faut rendre à cela.

HARPAGON.

C'est pour moi une epargne considérable.

VALÈRE.

Assurément, cela ne reçoit point de contradiction. Il est vrai que votre fille vous peut représenter que le mariage est une plus grande affaire qu'on ne peut croire; qu'il y va d'être heureux ou malheureux toute sa vie; et qu'un engagement qui doit durer jusqu'à la mort ne se doit jamais faire qu'avec de grandes précautions.

HARPAGON.

Sans dot.

VALÈRE.

Vous avez raison. Voilà qui décide tout, cela s'entend. Il y a des gens qui pourraient vous dire qu'en de telles occasions l'inclination d'une fille est une chose, sans doute, où l'on doit avoir de l'égard, et que cette grande inégalité d'âge, d'humeur et de sentiments, rend un mariage sujet à des accidents très-fâcheux.

HARPAGON.

Sans dot ?

VALÈRE.

Ah ! il n'y a pas de réplique à cela, on le sait bien. Qui diantre peut aller là contre? Ce n'est pas qu'il n'y ait quantité de pères qui aimeraient mieux ménager la satisfaction de leurs filles que l'argent qu'ils pourraient donner; et qui ne les voudraient point sacrifier à l'intérêt, et chercheraient plus que toute autre chose, à mettre dans un mariage cette douce conformité qui sans cesse y maintient l'honneur, la tranquilité et la joie; et que...

HARPAGON.

Sans dot.

VALÈRE.

Il est vrai, cela ferme la bouche à tout. Sans dot ! Le moyen de résister à une raison comme celle-là?

HARPAGON, *à part, regardant du côté du jardin.*

Ouais ! il me semble que j'entends un chien qui aboie. N'est-ce point qu'on en voudrait à mon argent? (*à Valère.*) Ne bougez, je reviens tout à l'heure.

SCENE VIII.

ELISE, VALERE.

ÉLISE.

Vous moquez-vous, Valère, de lui parler comme vous faites?

VALÈRE.

C'est pour ne point l'aigrir, et pour en venir mieux à bout. Heurter de front ses sentiments est le moyen de tout gâter; et il y a de certains esprits qu'il ne faut prendre qu'en biaisant, des tempéraments ennemis de toute résistance; des naturels rétifs, que la vérité fait cabrer, qui toujours se roidissent contre le droit chemin de la raison, et qu'on ne mène qu'en tournant où l'on veut les conduire. Faites semblant de consentir à ce qu'il veut, vous en viendrez mieux à vos fins, et...

ÉLISE.

Mais ce mariage, Valère.

VALÈRE.

On cherchera des biais pour le rompre.

ÉLISE.

Mais quelle invention trouver, s'il se doit conclure ce soir ?

VALÈRE.

Il faut demander un délai, et feindre quelque maladie.

ÉLISE.

Mais on découvrira la feinte, si on appelle des medecins

VALÈRE.

Vous moquez-vous ? Y connaissent-ils quelque chose? Allez, allez, vous pourriez avec eux avoir quel mal il vous plaira; ils vous trouveront des raisons pour vous dire d'où cela vient.

SCENE IX.

HARPAGON, ELISE, VALÈRE.

HARPAGON, *à part, dans le fond du théâtre.*

Ce n'est rien, dieu merci.

VALÈRE, *sans voir Harpagon.*

Enfin notre dernier recours, c'est que la fuite nous peut mettre à couvert de tout; et si votre amour, belle Elise, est capable d'une fermeté... (*apercevant Harpagon.*) Oui, il faut qu'une fille obéisse à son père. Il ne faut point qu'elle regarde comme un mari est fait; et lorsque la grande raison de sans dot, s'y rencontre, elle doit être prête à prendre tout ce qu'on lui donne.

HARPAGON.

Bon; voilà bien parler cela !

VALÈRE.

Monsieur, je vous demande pardon si je m'emporte un peu, et prends la hardiesse de lui parler comme je fais.

HARPAGON.

Comment ! j'en suis ravi, et je veux que tu prennes sur elle un pouvoir absolu. (*à Elise*) Oui, tu as beau fuir, je lui donne l'autorité que le ciel me donne sur toi, et j'entends que tu fasses tout ce qu'il te dira.

VALÈRE, *à Élise.*

Après cela, résistez à mes remontrances.

SCENE X.

HARPAGON, VALÈRE.

VALÈRE.

Monsieur, je vais la suivre, pour lui continuer les leçons que je lui faisais.

HARPAGON.

Oui; tu m'obligeras certes...

VALÈRE.

Il est bon de lui tenir un peu la bride haute.

HARPAGON.

Cela est vrai. Il faut...

VALÈRE.

Ne vous mettez pas en peine. Je crois que j'en viendrai à bout.

HARPAGON.

Fais, fais. Je m'en vais faire un petit tour en ville et reviens tout à l'heure.

VALÈRE, *adressant la parole à Élise, en s'en allant du côté par où elle est sortie.*

Oui, l'argent est plus précieux que toutes les choses du monde et vous devez rendre graces au ciel de l'honnête homme de père qu'il vous a donné. Il sait ce que c'est que de vivre. Lorsqu'on s'offre de prendre une fille sans dot, on ne doit point regarder plus avant. Tout est renfermé là-dedans; et sans dot, tient lieu de beauté, de jeunesse, de naissance, d'honneur, de sagesse et de probité.

HARPAGON, *seul.*

Ah! le brave garçon! voilà parlé comme un oracle. Heureux qui peut avoir un domestique de la sorte!

FIN DU PREMIER ACTE.

ACTE II.

SCÈNE PREMIERE.

CLÉANTE, LA FLECHE.

CLÉANTE.

Ah! traître que tu es, où t'es-tu donc allé fourrer? Ne t'avais-je pas donné ordre....

LA FLÈCHE.

Oui, monsieur, je m'étais rendu ici pour vous attendre de pied ferme; mais monsieur votre père, le plus mal gracieux des hommes, m'a chassé dehors malgré moi, j'ai couru risque d'être battu.

CLÉANTE.

Comment va notre affaire? Les choses pressent plus que jamais; et depuis que je t'ai vu, j'ai découvert que mon père est mon rival.

LA FLÈCHE.

Votre père amoureux?

CLEANTE.

Oui, et j'ai eu toutes les peines du monde à lui cacher le trouble où cette nouvelle m'a mis.

LA FLECHE.

Lui, se mêler d'aimer! De quoi diable s'avise-t-il? Se moque-t-il du monde? Et l'amour a-t-il été fait pour des gens bâtis comme lui?

CLÉANTE.

Il a fallu, pour mes péchés, que cette passion lui soit venue en tête.

LA FLÈCHE.

Mais par quelle raison lui faire un mystère de votre amour?

CLÉANTE.

Pour lui donner moins de soupçon, et me conserver, au besoin, des ouvertures plus aisées pour détourner ce mariage. Quell réponse t'a-t-on faite?

LA FLÈCHE.

Ma foi, monsieur, ceux qui empruntent sont bien malheureux; et il faut essuyer d'étranges choses, lorsqu'on en est réduit à passer, comme vous, par les mains des fesse-Mathieux.

CLÉANTE.

L'affaire ne se fera point?

LA FLÈCHE.

Pardonnez-moi. Notre maître Simon, le courtier qu'on nous a donné, homme agissant et plein de zèle, dit qu'il a fait rage pour vous, et il assure que votre seule physionomie lui a gagné le cœur.

CLÉANTE.

J'aurai les quinze mille francs que je demande?

LA FLÈCHE.

Oui, mais à quelques petites conditions qu'il faudra que vous acceptiez, si vous avez dessein que les choses se fassent.

CLÉANTE.

T'a-t-il fait parler à celui qui doit prêter l'argent?

LA FLECHE.

Ah! vraiment, cela ne va pas de la sorte. Il apporte encore plus de soin à se cacher que vous, et ce sont des mystères bien plus grands que vous ne pensez. On ne veut point du tout dire son nom; et l'on doit aujourd'hui l'aboucher avec vous dans une maison empruntée, pour être instruit par votre bouche, de votre bien et votre famille; et je ne doute point que le seul nom de votre père ne rende les choses faciles.

CLÉANTE.

Et principalement ma mère étant morte, dont on ne peut m'ôter le bien.

LA FLECHE.

Voici quelques articles qu'il a dictés lui-même à notre entremetteur, pour vous être montrés avant que de rien faire:

« Supposé que le prêteur voie toutes ses sûretés, « et que l'emprunteur soit majeur, et d'une famille « où le bien soit ample, solide, assuré, clair, et net de « tout embarras, on fera une bonne et exacte obliga- « tion pardevant un notaire, le plus honnête homme « qu'il se pourra, et qui, pour cet effet, sera choisi par « le prêteur, auquel il importe le plus que l'acte soit « dûment dressé. »

CLÉANTE.

Il n'y a rien à dire à cela.

LA FLECHE.

« Le prêteur, pour ne charger sa conscience d'au- « cun scrupule, prétend me donner son argent qu'au « denier dix-huit. »

CLÉANTE.

Au denier dix-huit? Parbleu! voilà qui est honnête. Il n'y a pas lieu de se plaindre.

LA FLECHE.

Cela est vrai.

« Mais comme ledit prêteur n'a pas chez lui la « somme dont il est question, et que, pour faire plai- « sir à l'emprunteur, il est contraint lui-même de « l'emprunter d'un autre, sur le pied du denier cinq, « il conviendra que ledit premier emprunteur paie cet « intérêt, sans préjudice du reste, attendu que ce n'est « que pour l'obliger que ledit prêteur s'engage à cet « emprunt. »

CLEANTE.

Comment diable! Quel juif! quel arabe est-ce là? C'est plus qu'au denier quatre.

LA FLECHE.

Il est vrai; c'est ce que j'ai dit. Vous avez à voir là-dessus.

CLÉANTE.

Que veux-tu que je voie? J'ai besoin d'argent, et il faut bien que je consente à tout.

LA FLECHE.

C'est la réponse que j'ai faite.

CLÉANTE.

Il y a encore quelque chose?

LA FLECHE.

Ce n'est plus qu'un petit article.

« Des quinze mille francs qu'on demande, le prê- « teur ne pourra compter en argent que douze mille li- « vres; et, pour les mille écus restants, il faudra que l'emprunteur prenne les hardes, nippes, bijoux « dont s'en suit le mémoire, et que ledit prêteur a mis, « de bonne foi, au plus modique prix qu'il lui a été « possible. »

CLÉANTE.

Que veut dire cela?

LA FLECHE.

Ecoutez le mémoire.

« Premièrement un lit de quatre pieds, à bande « de point de Hongrie, appliquées fort proprement « sur un drap de couleur d'olive, avec six chaises et « la courte-pointe de même; le tout bien condi- « tionne et doublé d'un petit taffetas changeant rouge « et bleu.

« Plus, un pavillon à queue, d'une bonne serge « d'Aumale rose sèche, avec le mollet et les franges de « soie. »

CLÉANTE.

Que veut-il que je fasse de cela?

LA FLECHE.

Attendez.

« Plus, une tenture de tapisserie des amours de « Gombaud et de Macée.

« Plus, une grande table de bois de noyer à douze « colonnes ou piliers tournés, qui se tire par les deux « bouts, et garnie, par le dessous, de ses six escabelles. »

CLÉANTE.

Qu'ai-je affaire, morbleu?...

LA FLECHE.

Donnez-vous patience.

« Plus, trois gros mousquets tout garnis de nacre « de perle, avec les trois fourchettes assortissantes.

« Plus, un fourneau de brique avec deux cornues et « deux récipients, fort utiles à ceux qui sont curieux « de distiller. »

CLEANTE.

J'enrage.

LA FLECHE.

Doucement.

« Plus, un luth de Bologne, garni de toutes ses cor- « des, ou peu s'en faut.

« Plus, un trou-madame et un damier, avec un jeu « de l'oie, renouvelé des Grecs, fort propre à passer le « temps lorsque l'on n'a que faire.

« Plus, une peau de lézard de trois pieds et demi, « remplie de foin; curiosité agréable pour pendre au « plancher d'une chambre.

« Le tout, ci-dessus mentionné, valant loyalement « plus de quatre mille cinq cents livres, et rabaissé à « la valeur de mille écus, par la discrétion du prê- « teur.

CLEANTE.

Que la peste l'étouffe avec sa discrétion, le traître, le bourreau qu'il est! A-t-on jamais parlé d'une usure semblable? et n'est-il pas content du furieux intérêt qu'il exige, sans vouloir encore m'obliger à prendre pour trois mille livres les vieux rogatons qu'il ramasse? Je n'aurai pas deux cents écus de tout cela; et cependant, il faut bien me résoudre à consentir à ce qu'il veut; car il est en état de me faire tout accepter, et il me tient, le scélérat, le poignard sur la gorge.

LA FLECHE.

Je vous vois, monsieur, ne vous en déplaise, dans le grand chemin justement que tenait Panurge pour se ruiner, prenant argent d'avance, achetant cher, vendant à bon marché, et mangeant son blé en herbe.

CLÉANTE.

Que veux-tu que j'y fasse? Voilà où les jeunes gens sont réduits par la maudite avarice des pères: et on s'étonne après cela que les fils souhaitent qu'ils meurent!

LA FLECHE.

Il faut avouer que le vôtre animerait contre sa vilenie le plus posé homme du monde. Je n'ai pas, dieu merci, les inclinations fort patibulaires; et, parmi mes confrères que je vois se mêler de beaucoup de petits commerces, je sais tirer adroitement mon épingle du jeu, et me démêler prudemment de toutes les galanteries qui sentent tant soit peu l'échelle: mais, à vous dire vrai, il me donnerait, par ses procédés, des tentations de le voler; et je croirais, en le volant, faire une action méritoire.

CLEANTE.

Donne-moi un peu ce mémoire, que je le voie encore.

SCENE II.

HARPAGON, MAÎTRE SIMON, CLÉANTE ET LA FLÈCHE, *dans le fond du théâtre.*

MAITRE SIMON.

Oui, monsieur, c'est un jeune homme qui a besoin d'argent: ses affaires le pressent d'en trouver, et il en passera par tout ce que vous prescrirez.

HARPAGON.

Mais, croyez-vous, maître Simon, qu'il n'y ait rien à péricliter? et savez-vous le nom, les biens et la famille de celui pour qui vous parlez?

MAITRE SIMON.

Non. Je ne puis pas bien vous en instruire à fond, et ce n'est que par aventure que l'on m'a adressé à lui: mais vous serez de toutes choses éclairci par lui-même, et son homme m'a assuré que vous serez content quand vous le connaîtrez. Tout ce que je saurais vous dire, c'est que sa famille est fort riche, qu'il n'a plus de mère déjà, et qu'il s'obligera, si vous voulez, que son père mourra avant qu'il soit huit mois.

HARPAGON.

C'est quelque chose que cela. La charité, maître Simon, nous oblige à faire plaisir aux personnes lorsque nous le pouvons.

MAITRE SIMON.

Cela s'entend.

LA FLECHE, *bas, à Cléante, reconnaissant maître Simon.*

Que veut dire ceci? Notre maître Simon qui parle à votre père!

CLEANTE, *bas à La Flèche.*

Lui aurait-on appris qui je suis? et serais-tu pour me trahir?

MAITRE SIMON, *à Cléante et à La Flèche.*

Ah! ah! vous êtes bien pressés! Qui vous a dit que c'était céans? (*à Harpagon*) Ce n'est pas moi, monsieur, au moins, qui leur ait découvert votre nom et votre logis: mais, à mon avis, il n'y a pas grand mal à cela; ce sont des personnes discrètes, et vous pouvez ici vous expliquer ensemble.

HARPAGON.

Comment?

MAITRE SIMON, *montrant Cléante.*

Monsieur est la personne qui veut vous emprunter les quinze mille livres dont je vous ai parlé.

HARPAGON.

Comment, pendard! c'est toi qui t'abandonnes à ces coupables extrémités!

CLEANTE.

Comment, mon père! c'est vous qui vous portez à ces honteuses actions!

(*Maître Simon s'enfuit, et La Flèche va se cacher.*)

SCENE III.

HARPAGON, CLEANTE.

HARPAGON.

C'est toi qui te veux ruiner par des emprunts si condamnables!

CLEANTE.

C'est vous qui cherchez à vous enrichir par des usures si criminelles!

HARPAGON.

Oses-tu bien, après cela, paraître devant moi?

CLEANTE.

Osez-vous bien, après cela, vous présenter aux yeux du monde?

HARPAGON.

N'as-tu point de honte, dis-moi d'en venir à ces débauches-là, de te précipiter dans des dépenses effroyables, et de faire une honteuse dissipation du bien que tes parents t'ont amassé avec tant de sueurs?

CLEANTE.

Ne rougissez-vous point de déshonorer votre condition par les commerces que vous faites, de sacrifier gloire et réputation au désir insatiable d'entasser écu sur écu, et de renchérir, en fait d'intérêt, sur les plus infames subtilités qu'aient jamais inventées les plus célèbres usuriers?

HARPAGON.

Ote-toi de mes yeux, coquin, ôte-toi de mes yeux.

CLEANTE.

Qui est le plus criminel, à votre avis, ou celui qui achète un argent dont il a besoin, ou bien celui qui vole un argent dont il n'a que faire?

HARPAGON.

Retire-toi, te dis-je, et ne m'échauffe pas les oreilles. (*seul*) Je ne suis pas fâché de cette aventure; et ce m'est un avis de tenir l'œil plus que jamais sur toutes ses actions.

SCENE IV.

FROSINE, HARPAGON.

FROSINE.

Monsieur..

HARPAGON.

Attendez un moment, je vais revenir vous parler. (*a part*) Il est à propos que je fasse un petit tour à mon argent.

SCENE V.

LA FLECHE, FROSINE.

LA FLECHE, *sans voir Frosine.*

L'aventure est tout à fait drôle. Il faut bien qu'il ait quelque part un ample magasin de hardes; car nous n'avons rien reconnu au mémoire que nous avons.

FROSINE.

Hé! c'est toi, mon pauvre La Flèche! D'où vient cette rencontre?

LA FLECHE.

Ah! ah! c'est toi, Frosine! Que viens-tu faire ici?

FROSINE.

Ce que je fais partout ailleurs; m'entremettre d'affaires; me rendre serviable aux gens, et profiter, du mieux qu'il m'est possible des petits talents que je puis avoir. Tu sais que, dans ce monde, il faut vivre d'adresse, et qu'aux personnes comme moi le ciel n'a donné d'autres rentes que l'intrigue et que l'industrie.

LA FLECHE.

As-tu quelque négoce avec le patron du logis

FROSINE.

Oui; je traite pour lui quelque petite affaire dont j'espère une récompense.

LA FLECHE.

De lui? Ah! ma foi, tu seras bien fine si tu en tires quelque chose; et je te donne avis que l'argent céans est fort cher.

FROSINE.

Il y a de certains services qui touchent merveilleusement.

LA FLECHE.

Je suis votre valet, et tu ne connais pas encore le seigneur Harpagon. Le seigneur Harpagon est de tous les humains l'humain le moins humain, le mortel de tous les mortels le plus dur et le plus serré. Il n'est point de service qui pousse sa reconnaissance jusqu'à lui faire ouvrir les mains. De la louange, de l'estime, de la bienveillance en paroles, et de l'amitié tant qu'il vous plaira; mais de l'argent, point d'affaires. Il n'est rien de plus sec, de plus aride que ses bonnes graces et ses caresses; et *donner* est un mot pour qui il a tant d'aversion, qu'il ne dit jamais, *Je vous donne*, mais, *Je vous prête le bon jour.*

FROSINE.

Mon Dieu! je sais l'art de traire les hommes; j'ai le secret de m'ouvrir leur tendresse, de chatouiller leurs cœurs, de trouver les endroits par où ils sont sensibles.

LA FLECHE.

Bagatelles ici. Je te défie d'attendrir, du côté de l'argent, l'homme dont il est question. Il est Turc là-dessus, mais d'une turquerie à désespérer tout le monde; et l'on pourrait crever, qu'il n'en branlerait pas. En un mot, il aime l'argent plus que réputation, qu'honneur et que vertu; et la vue d'un demandeur lui donne des convulsions : c'est le frapper par son endroit mortel, c'est lui percer le cœur, c'est lui arracher les entrailles; et si... Mais il revient, je me retire.

SCENE VI.

HARPAGON, FROSINE.

HARPAGON, *bas.*

Tout va comme il faut. (*haut.*) Hé bien qu'est-ce! Frosine?

FROSINE.

Ah! mon dieu, que vous vous portez bien; et que vous avez là un vrai visage de santé

HARPAGON.

Qui? moi?

FROSINE.

Jamais je ne vous vis un teint si frais et si gaillard.

HARPAGON.

Tout de bon?

FROSINE.

Comment! vous n'avez de votre vie été si jeune que vous êtes; et je vois des gens de vingt-cinq ans qui sont plus vieux que vous.

HARPAGON.

Cependant, Frosine, j'en ai soixante bien comptés.

FROSINE.

Hé bien! qu'est-ce que cela, soixante ans? Voilà bien de quoi! C'est la fleur de l'âge, cela; et vous entrez maintenant dans la belle saison de l'homme.

HARPAGON.

Il est vrai; mais vingt années de moins pourtant ne me feraient point de mal, je crois.

FROSINE.

Vous moquez-vous? Vous n'avez pas besoin de cela, et vous êtes d'une pâte à vivre jusqu'à cent ans.

HARPAGON.

Tu le crois?

FROSINE.

Assurément. Vous en avez toutes les marques. Tenez-vous un peu. Oh que voilà bien entre vos deux yeux, un signe de longue vie.

HARPAGON.

Tu te connais à cela?

FROSINE.

Sans doute, montrez-moi votre main. Ah! mon Dieu! quelle ligne de vie!

HARPAGON.

Comment?

FROSINE.

Ne voyez-vous pas jusqu'où va cette ligne là?

HARPAGON.

Hé bien? qu'est-ce que cela veut dire?

FROSINE.

Par ma foi? je disais cent ans mais vous passerez les six vingts.

HARPAGON.

Est-il possible?

FROSINE.

Il faudra vous assommer, vous dis-je; et vous mettrez en terre et vos enfants et les enfants de vos enfants.

HARPAGON.

Tant mieux. Comment va notre affaire?

FROSINE.

Faut-il le demander? et me voit-on mêler de rien dont je ne vienne à bout? J'ai, surtout pour les mariages, un talent merveilleux. Il n'est point de partis au monde que je ne trouve en peu de temps le moyen d'accoupler; et je crois que si je me l'étais mis en tête, que je marierais le grand Turc avec la république de Venise. Il n'y avait pas, sans doute, de si grandes difficultés à cette affaire-ci. Comme j'ai commerce chez elles, je les ai à fond l'une et l'autre entretenues de vous; et j'ai dit à la mère le dessein que vous aviez conçu pour Mariane, à la voir passer dans la rue et prendre l'air à sa fenêtre.

HARPAGON.

Qui a fait réponse...

FROSINE.

Elle a reçu la proposition avec joie; et quand je

lui ai témoigné que vous souhaitiez fort que sa fille assistât ce soir au contrat de mariage qui doit se faire de la vôtre, elle y a consenti sans peine, et me l'a confiée pour cela.

HARPAGON.

C'est que je suis obligé, Frosine, de donner à souper au seigneur Anselme; et je serais bien aise qu'elle soit du régal.

FROSINE.

Vous avez raison. Elle doit après dîner rendre visite à votre fille, d'où elle fait son compte d'aller faire un tour à la foire, pour venir ensuite au souper.

HARPAGON.

Hé bien! elles iront ensemble dans mon carrosse, que je leur prêterai.

FROSINE.

Voilà justement son affaire.

HARPAGON.

Mais, Frosine, as-tu entretenu la mère touchant le bien qu'elle peut donner à sa fille? Lui as-tu dit qu'il fallait qu'elle s'aidât un peu, qu'elle fît quelque effort, qu'elle se saignât pour une occasion comme celle-ci? Car enfin n'épouse-t-on point une fille sans qu'elle apporte quelque chose.

FROSINE.

Comment! c'est une fille qui vous apportera douze mille livres de rente?

HARPAGON.

Douze mille livres de rente!

FROSINE.

Oui. Premièrement, elle est nourrie et élevée dans une grande épargne de bouche : c'est une fille accoutumée à vivre de salade, de lait, de fromage et de pommes, et à laquelle, par conséquent, il ne faudra ni table bien servie, ni consommés exquis, ni orges mondés perpétuels, ni les autres délicatesses qu'il faudrait pour une autre femme; et cela ne va pas à si peu de chose, qu'il ne monte bien tous les ans à trois mille francs pour le moins. Outre cela, elle n'est curieuse que d'une propreté fort simple, et n'aime point les superbes habits, ni les riches bijoux, ni les meubles somptueux, où donnent ses pareilles avec tant de chaleur; et cet article-là vaut plus de quatre mille livres par an. De plus, elle a une aversion horrible pour le jeu; ce qui n'est pas commun aux femmes d'aujourd'hui; et j'en sais une de nos quartiers qui a perdu, à trente et quarante, vingt mille francs cette année. Mais n'en prenons rien que le quart. Cinq mille francs au jeu par an, quatre mille francs en habits et bijoux, cela fait neuf mille livres; et mille écus que nous mettons pour la nourriture: ne voilà-t-il pas par années vos douze mille francs bien comptés?

HARPAGON.

Oui, cela n'est pas mal; mais ce compte-là n'est rien de réel.

FROSINE.

Pardonnez-moi. N'est-ce pas quelque chose de réel que de vous apporter en mariage une grande sobriété, l'héritage d'un grand amour de simplicité de parure, et l'acquisition d'un grand fond de haine pour le jeu?

HARPAGON.

C'est une raillerie que de vouloir me constituer sa dot de toutes les dépenses qu'elle ne fera point. Je n'irai pas donner quittance de ce que je ne reçois pas; et il faut bien que je touche quelque chose.

FROSINE.

Mon dieu! vous toucherez assez; et elles m'ont parlé d'un certain pays où elles ont du bien dont vous serez le maître.

HARPAGON.

Il faut voir cela. Mais, Frosine, il y a encore une chose qui m'inquiète. La fille est jeune, comme tu vois; et les jeunes gens d'ordinaire n'aiment que leurs semblables, ne cherchent que leur compagnie. J'ai peur qu'un homme de mon âge ne soit pas de son goût, et que cela ne vienne à produire chez moi certains petits désordres qui ne m'accommoderaient pas.

FROSINE.

Ah! que vous la connaissez mal! C'est encore une particularité que j'avais à vous dire. Elle a une aversion épouvantable pour tous les jeunes gens, et n'a de l'amour que pour les vieillards.

HARPAGON.

Elle?

FROSINE.

Oui, elle. Je voudrais que vous l'eussiez entendue parler là-dessus. Elle ne peut souffrir du tout la vue d'un jeune homme; mais elle n'est point plus ravie, dit-elle, que lorsqu'elle peut voir un beau vieillard avec une barbe majestueuse. Les plus vieux sont pour elle les plus charmants; et je vous avertis de n'aller pas vous faire plus jeune que vous êtes. Elle veut tout au moins qu'on soit sexagénaire; et il n'y a pas quatre mois encore qu'étant prête d'être mariée elle rompit tout net le mariage, sur ce que son amant fit voir qu'il n'avait que cinquante-six ans, et qu'il ne prit point de lunettes pour signer le contrat.

HARPAGON.

Sur cela seulement?

FROSINE.

Oui. Elle dit que ce n'est pas contentement pour elle que cinquante-six ans; et surtout elle est pour le nez qui porte des lunettes.

HARPAGON.

Certes, tu me dis là une chose toute nouvelle.

FROSINE.

Cela va plus loin qu'on ne vous peut dire. On lui voit dans sa chambre quelques tableaux et quelques estampes. Mais que pensez-vous que ce soit? des Adonis, des Céphales, des Pâris et des Apollons? Non : de beaux portraits de Saturne, du roi Priam, du vieux Nestor, et du bon père Anchise sur les épaules de son fils.

HARPAGON.

Cela est admirable! voilà ce que je n'aurais jamais pensé, et je suis bien aise d'apprendre qu'elle est de cette humeur. En effet, si j'avais été femme, je n'aurais point aimé les jeunes hommes.

FROSINE.

Je le crois bien. Voilà de belles drogues que des jeunes gens, pour les aimer! ce sont de beaux morveux, de beaux godelureaux, pour donner envie de leur peau! et je voudrais bien savoir quel ragoût il y a à eux!

HARPAGON.

Pour moi, je n'y en comprends point, et je ne sais pas comment il y a des femmes qui les aiment tant

FROSINE.

Il faut être folle fieffée. Trouver la jeunesse aimable, est-ce avoir le sens commun? Sont-ce des hommes que de jeunes blondins? et peut-on s'attacher à ces animaux-là?

HARPAGON.

C'est ce que je dis tous les jours. Avec leur ton de poule laitée, leurs trois petits brins de barbe relevés en barbe de chat, leurs perruques d'étoupes, leurs hauts-de-chausses tombants et leurs estomacs débraillés!...

FROSINE.

Hé! cela est bien bâti auprès d'une personne comme vous. Voilà un homme, cela. Il y a de quoi satisfaire à la vue; et c'est ainsi qu'il faut être fait et vêtu pour donner de l'amour.

HARPAGON.

Tu me trouves bien?

FROSINE.

Comment! vous êtes à ravir, et votre figure est à peindre. Tournez-vous un peu, s'il vous plaît. Il ne se peut pas mieux. Que je vous voie marcher. Voilà un corps taillé, libre et dégagé comme il faut, et qui ne marque aucune incommodité.

HARPAGON.

Je n'en ai pas de grandes, dieu merci; il n'y a que ma fluxion qui me prend de temps en temps.

FROSINE.

Cela n'est rien; votre fluxion ne vous sied point mal, et vous avez grace à tousser.

HARPAGON.

Dis-moi un peu; Mariane ne m'a-t-elle point encore vu? N'a-t-elle point pris garde à moi en passant?

FROSINE.

Non; mais nous nous sommes fort entretenues de vous : je lui ai fait un portrait de votre personne, et je n'ai pas manqué de lui vanter votre mérite et l'avantage que ce lui serait d'avoir un mari comme vous.

HARPAGON.

Tu as bien fait, et je t'en remercie.

FROSINE.

J'aurais, monsieur, une petite prière à vous faire. J'ai un procès que je suis sur le point de perdre, faute d'un peu d'argent : (*Harpagon prend un air sérieux.*) et vous pourriez facilement me procurer le gain de ce procès, si vous aviez quelques bontés pour moi... Vous ne sauriez croire le plaisir qu'elle aura de vous voir. (*Harpagon reprend un air gai.*) Ah ! que vous lui plairez ! et que votre fraise à l'antique fera sur son esprit un effet admirable ! Mais surtout elle sera charmée de votre haut-de-chausses attaché au pourpoint avec des aiguillettes : c'est pour la rendre folle de vous, et un amant aiguilleté sera pour elle un ragoût merveilleux.

HARPAGON.

Certes, tu me ravis de me dire cela.

FROSINE.

En vérité, monsieur, ce procès m'est d'une conséquence tout à fait grande. (*Harpagon reprend son air sérieux.*) Je suis ruinée si je le perds ; et quelque petite assistance me rétablirait mes affaires... Je voudrais que vous eussiez vu le ravissement où elle était à m'entendre parler de vous. (*Harpagon reprend un air gai.*) La joie éclatait dans ses yeux au récit de vos qualités ; et je l'ai mise enfin dans une impatience extrême de voir ce mariage entièrement conclu.

HARPAGON.

Tu m'as fait grand plaisir, Frosine ; et je t'en ai, je te l'avoue, toutes les obligations du monde.

FROSINE.

Je vous prie, monsieur, de me donner le petit secours que je vous demande. (*Harpagon reprend son air sérieux.*) Cela me remettra sur pied, et je vous en serai éternellement obligée.

HARPAGON.

Adieu. Je vais achever mes dépêches.

FROSINE.

Je vous assure, monsieur, que vous ne sauriez jamais me soulager dans un plus grand besoin.

HARPAGON.

Je mettrai ordre que mon carrosse soit tout prêt pour vous mener à la foire.

FROSINE.

Je ne vous importunerais pas si je ne m'y voyais forcée par la nécessité.

HARPAGON.

Et j'aurai soin qu'on soupe de bonne heure, pour ne vous point faire malade.

FROSINE.

Ne me refusez point la grace dont je vous sollicite. Vous ne sauriez croire, monsieur, le plaisir que...

HARPAGON.

Je m'en vais. Voilà qu'on m'appelle. Jusqu'à tantôt.

FROSINE, *seule.*

Que la fièvre te serre, chien de vilain, à tous les diables ! Le ladre a été ferme à toutes mes attaques. Mais il ne me faut pas pourtant quitter la négociation ; et j'ai l'autre côté, en tout cas, d'où je suis assurée de tirer bonne récompense.

FIN DU SECOND ACTE.

ACTE III.

SCENE PREMIERE.

HARPAGON, CLÉANTE, ÉLISE, VALÈRE, DAME CLAUDE, *tenant un balai;* MAITRE JACQUES, LA MERLUCHE, BRINDAVOINE.

HARPAGON.

ALLONS, venez çà tous ; que je vous distribue mes ordres pour tantôt, et règle à chacun son emploi. Approchez, dame Claude ; commençons par vous. Bon, vous voilà les armes à la main. Je vous commets au soin de nettoyer partout ; et, surtout prenez garde de frotter les meubles trop fort, de peur de les user. Outre cela, je vous constitue pendant le souper au gouvernement des bouteilles ; et, s'il s'en écarte quelqu'une, et qu'il se casse quelque chose, je m'en prendrai à vous, et le rabattrai sur vos gages.

Me JACQUES, *à part.*

Châtiment politique.

HARPAGON, *à dame Claude.*

Allez.

SCENE II.

HARPAGON, CLÉANTE, ÉLISE, VALÈRE, MAITRE JACQUES, BRINDAVOINE, LA MERLUCHE.

HARPAGON.

Vous, Brindavoine, et vous, La Merluche, je vous établis dans la charge de rincer les verres et de donner à boire, mais seulement lorsqu'on aura soif, et non pas selon la coutume de certains impertinents de laquais qui viennent provoquer les gens, et les faire aviser de boire lorsqu'on n'y songe pas. Attendez qu'on vous en demande plus d'une fois, et vous ressouvenez de porter toujours beaucoup d'eau.

Me JACQUES, *à part.*

Oui. Le vin pur monte à la tête.

LA MERLUCHE.

Quitterons-nous nos souquenilles, monsieur?

HARPAGON.

Oui, quand vous verrez venir les personnes ; et gardez bien de gâter vos habits.

BRINDAVOINE.

Vous savez bien, monsieur, qu'un des devants de mon pourpoint est couvert d'une grande tache de l'huile de la lampe.

LA MERLUCHE.

Et moi, monsieur, que j'ai mon haut-de-chausses tout troué par derrière, et qu'on me voit, révérence parler...

HARPAGON, *à la Merluche.*

Paix : rangez cela adroitement du côté de la muraille, et présentez toujours le devant au monde. (*à Brindavoine, en lui montrant comme il doit mettre son chapeau au devant de son pourpoint pour cacher la tache d'huile.*) Et vous, tenez toujours votre chapeau ainsi, lorsque vous servirez.

SCENE III.

HARPAGON, CLÉANTE, ÉLISE, VALÈRE, MAITRE JACQUES.

HARPAGON.

Pour vous, ma fille, vous aurez l'œil sur ce que l'on desservira, et prenez garde qu'il ne s'en fasse aucun dégât. Cela sied bien aux filles. Mais cependant préparez-vous à bien recevoir ma maîtresse qui vous doit venir visiter, et vous mener avec elle à la foire. Entendez-vous ce que je vous dis?

ÉLISE.

Oui, mon père.

SCÈNE IV.

HARPAGON, CLÉANTE, VALÈRE, MAITRE JACQUES.

HARPAGON.

Et vous, mon fils le damoiseau, à qui j'ai la bonté de pardonner l'histoire de tantôt, ne vous allez pas aviser non plus de lui faire mauvais visage.

CLÉANTE.

Moi, mon père? mauvais visage! Et par quelle raison?

HARPAGON.

Mon dieu! nous savons le train des enfants dont les pères se remarient, et de quel œil ils ont coutume de regarder ce qu'on appelle belle-mère. Mais si vous souhaitez que je perde le souvenir de votre dernière fredaine, je vous recommande surtout de régaler d'un bon visage cette personne-là, et de lui faire enfin tout le meilleur accueil qu'il vous sera possible.

CLÉANTE.

A vous dire vrai, mon père, je ne puis pas vous promettre d'être bien aise qu'elle devienne ma belle-mère; je mentirais si je vous le disais : mais pour ce qui est de la bien recevoir et de lui faire bon visage, je vous promets de vous obéir ponctuellement sur ce chapitre.

HARPAGON.

Prenez-y garde, au moins.

CLÉANTE.

Vous verrez que vous n'aurez pas sujet de vous en plaindre.

HARPAGON.

Vous ferez sagement.

SCÈNE V.

HARPAGON, VALÈRE, MAITRE JACQUES.

HARPAGON.

Valère, aide-moi à ceci. Or çà! maître Jacques, je vous ai gardé pour le dernier.

Me JACQUES.

Est-ce à votre cocher, monsieur, ou bien à votre cuisinier, que vous voulez parler? car je suis l'un et l'autre.

HARPAGON.

C'est à tous les deux.

Me JACQUES.

Mais à qui des deux le premier?

HARPAGON.

Au cuisinier.

Me JACQUES.

Attendez donc, s'il vous plaît.

(Maître Jacques ôte sa casaque de cocher, et paraît vêtu en cuisinier.)

HARPAGON.

Quelle diantre de cérémonie est-ce là?

Me JACQUES.

Vous n'avez qu'à parler.

HARPAGON.

Je me suis engagé, maître Jacques, à donner ce soir à souper.

Me JACQUES, *à part.*

Grande merveille!

HARPAGON.

Dis-moi un peu, nous feras-tu bonne chère?

Me JACQUES.

Oui, si vous me donnez bien de l'argent.

HARPAGON.

Que diable, toujours de l'argent! Il semble qu'ils n'aient rien autre chose à dire; de l'argent, de l'argent, de l'argent. Ah! ils n'ont que ce mot à la bouche, de l'argent! toujours parler d'argent! Voilà leur épée de chevet, de l'argent.

VALÈRE.

Je n'ai jamais vu de réponse plus impertinente que celle-là. Voilà une belle merveille que de faire bonne chère avec bien de l'argent! C'est une chose la plus aisée du monde, et il n'y a si pauvre esprit qui n'en fît bien autant; mais, pour agir en habile homme, il faut parler de faire bonne chère avec peu d'argent.

Me JACQUES.

Bonne chère avec peu d'argent!

VALÈRE.

Oui.

Me JACQUES, *à Valère.*

Par ma foi, monsieur l'intendant, vous nous obligerez de nous faire voir ce secret, et de prendre mon office de cuisinier : aussi bien vous mêlez-vous céans d'être le factoton.

HARPAGON.

Taisez-vous. Qu'est-ce qu'il nous faudra?

Me JACQUES.

Voilà monsieur votre intendant qui vous fera bonne chère pour peu d'argent.

HARPAGON.

Haye! je veux que tu me répondes.

Me JACQUES.

Combien serez-vous de gens à table?

HARPAGON.

Nous serons huit ou dix; mais il ne faut prendre que huit. Quand il y a à manger pour huit, il y en a bien pour dix.

VALÈRE.

Cela s'entend.

Me JACQUES.

Hé bien! il faudra quatre grands potages et cinq assiettes... Potages... Entrées...

HARPAGON.

Que diable! voilà pour traiter une ville tout entière.

Me JACQUES.

Rôt...

HARPAGON, *mettant la main sur la bouche de maître Jacques.*

Ah! traître, tu manges tout mon bien.

Me JACQUES.

Entremets...

HARPAGON, *mettant encore la main sur la bouche de maître Jacques.*

Encore!

VALÈRE, *à maître Jacques.*

Est-ce que vous avez envie de faire crever le monde? et monsieur a-t-il invité des gens pour les assassiner à force de mangeaille? Allez-vous-en lire un peu les préceptes de la santé, et demander aux médecins s'il y a rien de plus préjudiciable à l'homme que de manger avec excès.

HARPAGON.

Il a raison.

VALÈRE.

Apprenez, maître Jacques, vous et vos pareils, que c'est un coupe-gorge qu'une table remplie de trop de viandes; que, pour se bien montrer ami de ceux que l'on invite, il faut que la frugalité règne dans les repas qu'on donne; et que, suivant le dire d'un ancien, *il faut manger pour vivre, et non pas vivre pour manger.*

HARPAGON.

Ah! que cela est bien dit! Approche, que je t'embrasse pour ce mot. Voilà la plus belle sentence que j'ai entendue de ma vie : *il faut vivre pour manger, et non pas manger pour vi...* Non, ce n'est pas cela, comment est-ce que tu dis?

VALÈRE.

Qu'*il faut manger pour vivre et non pas vivre pour manger.*

HARPAGON, *à maître Jacques.*

Oui. Entends-tu? (*à Valère.*) Qui est le grand homme qui a dit cela?

VALÈRE.

Je ne me souviens pas maintenant de son nom.

HARPAGON.

Souviens-toi de m'écrire ces mots : je les veux faire graver en lettres d'or sur la cheminée de ma salle.

VALÈRE.

Je n'y manquerai pas. Et, pour votre souper, vous n'avez qu'à me laisser faire, je réglerai tout cela comme il faut.

HARPAGON.

Fais donc.

Me JACQUES.

Tant mieux! j'en aurai moins de peine.

HARPAGON.

Il faudra de ces choses dont on ne mange guère, et qui rassasient d'abord; quelque bon haricot bien gras, avec quelque pâté en pot bien garni de marrons.

VALÈRE.

Reposez-vous sur moi.

HARPAGON.

Maintenant, maître Jacques, il faut nettoyer mon carrosse.

Me JACQUES.

Attendez; ceci s'adresse au cocher. (*Maître Jacques remet sa casaque.*) Vous dites....

HARPAGON.

Qu'il faut nettoyer mon carosse, et tenir mes chevaux tout prêts pour conduire à la foire...

Me JACQUES.

Vos chevaux, monsieur? Ma foi, ils ne sont point du tout en état de marcher. Je ne vous dirai point qu'ils sont sur la litière: les pauvres bêtes n'en ont point, et ce serait mal parler: mais vous leur faites observer des jeûnes si austères, que ce ne sont plus rien que des idées ou des fantômes, des façons de chevaux.

HARPAGON.

Les voilà bien malades! Ils ne font rien.

Me JACQUES.

Et pour ne faire rien, monsieur, est-ce qu'il ne faut rien manger? Il leur vaudrait bien mieux, les pauvres animaux, de travailler beaucoup, de manger de même. Cela me fend le cœur de les voir ainsi exténués; car enfin j'ai une tendresse pour mes chevaux, qu'il me semble que c'est moi-même, quand je les vois pâtir. Je m'ôte tous les jours pour eux les choses de la bouche; et c'est être, monsieur, d'un naturel trop dur, que de n'avoir nulle pitié de son prochain.

HARPAGON.

Le travail ne sera pas grand, d'aller jusqu'à la foire.

Me JACQUES.

Non, je n'ai point le courage de les mener, et je me ferais conscience de leur donner des coups de fouet en l'état où ils sont. Comment voudriez-vous qu'ils traînassent un carrosse? ils ne peuvent pas se traîner eux-mêmes.

VALÈRE.

Monsieur, j'obligerai le voisin Picard à se charger de les conduire; aussi bien nous fera-t-il ici besoin pour apprêter le souper.

Me JACQUES.

Soit. J'aime mieux encore qu'ils meurent sous la main d'un autre que sous la mienne.

VALÈRE.

Maître Jacques fait bien le raisonnable!

Me JACQUES.

Monsieur l'intendant fait bien le nécessaire!

HARPAGON.

Paix.

Me JACQUES.

Monsieur, je ne saurais souffrir les flatteurs; et je vois que ce qu'il en fait, que ses contrôles perpétuels sur le pain et le vin, le bois, le sel et la chandelle, ne sont rien que pour vous gratter et vous faire sa cour. J'enrage de cela, et je suis fâché tous les jours d'entendre ce qu'on dit de vous: car, enfin, je me sens pour vous de la tendresse, en dépit que j'en aie; et, après mes chevaux, vous êtes la personne que j'aime le plus.

HARPAGON.

Pourrais-je savoir de vous, maître Jacques, ce que l'on dit de moi?

Me JACQUES.

Oui, monsieur, si j'étais assuré que cela ne vous fâchât point.

HARPAGON.

Non, en aucune façon.

Me JACQUES.

Pardonnez-moi; je sais fort bien que je vous mettrais en colère.

HARPAGON.

Point du tout. Au contraire, c'est me faire plaisir, et je suis bien aise d'apprendre comme on parle de moi.

Me JACQUES.

Monsieur, puisque vous le voulez, je vous dirai franchement qu'on se moque partout de vous, qu'on nous jette de tous côtés cent brocards à votre sujet, et que l'on n'est point plus ravi que de vous tenir au cul et aux chausses, et de faire sans cesse des contes de votre lésine. L'un dit que vous faites imprimer des almanachs particuliers, où vous faites doubler les quatre-temps et les vigiles, afin de profiter des jeûnes où vous obligez votre monde; l'autre, que vous avez toujours une querelle toute prête à faire à vos valets dans le temps des étrennes, ou de leur sortie d'avec vous, pour vous trouver une raison de ne leur donner rien. Celui-là conte qu'une fois vous fîtes assigner le chat d'un de vos voisins, pour vous avoir mangé un reste de gigot de mouton; celui-ci, que l'on vous surprit une nuit, en venant dérober vous-même l'avoine de vos chevaux; et que votre cocher, qui était celui d'avant moi, vous donna dans l'obscurité je ne sais combien de coup de bâton dont vous ne voulûtes rien dire. Enfin, voulez-vous que je vous dise? on ne saurait aller nulle part où l'on ne vous entende accommoder de toutes pièces. Vous êtes la fable et la risée de tout le monde; et jamais on ne parle de vous que sous les noms d'avare, de ladre, de vilain et de fesse-Matthieu.

HARPAGON, *en battant maître Jacques.*

Vous êtes un sot, un maraud, un coquin, et un impudent.

Me JACQUES.

Hé bien! ne l'avais-je pas deviné? Vous ne m'avez pas voulu croire. Je vous avais bien dit que je vous fâcherais de vous dire la vérité.

HARPAGON.

Apprenez à parler.

SCENE VI.

VALERE, MAÎTRE JACQUES.

VALERE, *riant.*

A ce que je puis voir, maître Jacques, on paie mal votre franchise.

Me JACQUES.

Morbleu! monsieur le nouveau venu, qui faites l'homme d'importance, ce n'est pas votre affaire. Riez de vos coups de bâton quand on vous en donnera, et ne venez point rire des miens.

VALÈRE.

Ah! monsieur maître Jacques, ne vous fâchez pas, je vous prie.

Me JACQUES, *à part.*

Il file doux. Je veux faire le brave, et, s'il est assez sot pour me craindre, le frotter quelque peu. (*haut*) Savez-vous bien, monsieur le rieur, que je ne ris pas, moi, et que, si vous m'échauffez la tête, je vous ferai rire d'une autre sorte?

(*Maître Jacques pousse Valère jusqu'au bout du théâtre, en le menaçant.*)

VALÈRE.

Hé! doucement.

Me JACQUES.

Comment, doucement? il ne me plaît pas, moi.

VALÈRE.

De gr ce!

Me JACQUES.

Vous êtes un impertinent.

VALÈRE.

Monsieur maître Jacques...

Me JACQUES.

Il n'y a point de monsieur maître Jacques pour un double. Si je prends un bâton, je vous rosserai d'importance.

VALÈRE.

Comment! un bâton! *Valère fait reculer maître Jacques à son tour.*)

Me JACQUES.

Hé! je ne parle pas de cela.

VALERE.

Savez-vous bien, monsieur le fat, que je suis homme à vous rosser vous-même?

Me JACQUES.

Je n'en doute pas.

VALERE.

Que vous n'êtes, pour tout potage, qu'un faquin de cuisinier?

Mᵉ JACQUES.

Je le sais bien.

VALÈRE.

Et que vous ne me connaissez pas encore?

Mᵉ JACQUES.

Pardonnez-moi.

VALÈRE.

Vous me rosserez, dites-vous

Mᵉ JACQUES.

Je le disais en raillant.

VALÈRE.

Et moi, je ne prends point de goût à votre raillerie. (*donnant des coups de bâton à maître Jacques.*) Apprenez que vous êtes un mauvais railleur.

Mᵉ JACQUES, *seul.*

Peste soit la sincérité! c'est un mauvais métier; désormais j'y renonce, et je ne veux plus dire vrai. Passe encore pour mon maître; il a quelque droit de me battre; mais, pour ce monsieur l'intendant, je m'en vengerai, si je puis.

SCENE VII.

MARIANE, FROSINE, MAÎTRE JACQUES.

FROSINE.

Savez-vous, maître Jacques, si votre maître est au logis?

Mᵉ JACQUES.

Oui, vraiment, il y est; je ne le sais que trop.

FROSINE.

Dites-lui, je vous prie, que nous sommes ici.

SCENE VIII.

MARIANE, FROSINE.

MARIANE.

Ah! que je suis, Frosine, dans un étrange état, et, s'il faut dire ce que je sens, que j'appréhende cette vue!

FROSINE.

Mais pourquoi, et quelle est votre inquiétude?

MARIANE.

Hélas! me le demandez-vous? et ne vous figurez vous point les alarmes d'une personne toute prête à voir le supplice où l'on veut l'attacher?

FROSINE.

Je vois bien que, pour mourir agréablement, Harpagon n'est pas le supplice que vous voudriez embrasser; et je connais, à votre mine, que le jeune blondin dont vous m'avez parlé vous revient un peu dans l'esprit.

MARIANE.

Oui: c'est une chose, Frosine, dont je ne veux pas me défendre; et les visites respectueuses qu'il a rendues chez nous ont fait, je vous l'avoue, quelque effet dans mon ame.

FROSINE.

Mais avez-vous su quel il est?

MARIANE.

Non, je ne sais point quel il est: mais je sais qu'il est fait d'un air à se faire aimer; que, si l'on pouvait mettre les choses à mon choix, je le prendrais plutôt qu'un autre; et qu'il ne contribue pas peu à me faire trouver un tourment effroyable dans l'époux qu'on veut me donner.

FROSINE.

Mon dieu! tous ces blondins sont agréables, et débitent fort bien leur fait: mais la plupart sont gueux comme des rats; et il vaut mieux pour vous de prendre un vieux mari qui vous donne beaucoup de bien. Je vous avoue que les sens ne trouvent pas si bien leur compte du côté que je dis, et qu'il y a quelques petits dégoûts à essuyer avec un tel époux: mais cela n'est pas pour durer; et sa mort, croyez-moi, vous mettra bientôt en etat d'en prendre une plus aimable, qui réparera toutes choses.

MARIANE.

Mon dieu! Frosine, c'est une étrange affaire, lorsque, pour être heureuse, il faut souhaiter ou attendre le trépas de quelqu'un; et la mort ne suit pas tous les projets que nous faisons.

FROSINE.

Vous moquez-vous? Vous ne l'épousez qu'aux conditions de vous laisser veuve bientôt; et ce doit être là un des articles du contrat. Il serait bien impertinent de ne pas mourir dans trois mois. Le voici en propre personne.

MARIANE.

Ah! Frosine, quelle figure!

SCENE IX.

HARPAGON, MARIANE, FROSINE.

HARPAGON, *à Mariane.*

Ne vous offensez, pas, ma belle, si je viens à vous avec des lunettes. Je sais que vos appas frappent assez les yeux, sont assez visibles d'eux-mêmes, et qu'il n'est pas besoin de lunettes pour les apercevoir: mais enfin c'est avec des lunettes qu'on observe les astres, et je maintiens et garantis que vous êtes un astre, mais un astre, le plus bel astre qui soit dans le pays des astres. Frosine, elle ne répond mot, et ne témoigne, ce me semble, aucune joie de me voir.

FROSINE.

C'est qu'elle est encore toute surprise: et puis, les filles ont toujours honte à témoigner d'abord ce qu'elles ont dans l'ame.

HARPAGON, *à Frosine.*

Tu as raison. (*à Mariane.*) Voilà, belle mignonne, ma fille qui vient vous saluer.

SCENE X.

HARPAGON, ÉLISE, MARIANE, FROSINE.

MARIANE.

Je m'acquitte bien tard, madame, d'une telle visite.

ÉLISE.

Vous avez fait, madame, ce que je devais faire, et c'était à moi de vous prévenir.

HARPAGON.

Vous voyez qu'elle est grande; mais mauvaise herbe croît toujours.

MARIANE, *bas, à Frosine.*

Oh! l'homme déplaisant!

HARPAGON, *à Frosine.*

Que dit la belle?

FROSINE.

Qu'elle vous trouve admirable.

HARPAGON.

C'est trop d'honneur que vous me faites, adorable mignonne.

MARIANE, *à part.*

Quel animal!

HARPAGON.

Je vous suis trop obligé de ces sentiments.

MARIANE, *à part.*

Je n'y puis plus tenir.

SCENE XI.

HARPAGON, MARIANE, ÉLISE, CLÉANTE, VALÈRE, FROSINE, BRINDAVOINE.

HARPAGON.

Voici mon fils aussi qui vous vient faire la révérence.

MARIANE, *bas, à Frosine.*

Ah! Frosine, quelle rencontre! C'est justement celui dont je t'ai parlé.

FROSINE, *à Mariane.*

L'aventure est merveilleuse.

HARPAGON.

Je vois que vous vous étonnez de me voir de si grands enfants; mais je serai bientôt défait et de l'un et de l'autre.

CLÉANTE, *à Mariane.*

Madame, à vous dire le vrai, c'est ici une aventure où, sans doute, je ne m'attendais pas; et mon père ne m'a pas peu surpris, lorsqu'il m'a dit tantôt le dessein qu'il avait formé

MARIANE.

Je puis dire la même chose. C'est une rencontre imprévue, qui m'a surprise autant que vous; et je n'étais point préparée à une telle aventure.

CLEANTE.

Il est vrai que mon père, madame, ne peut pas faire un plus beau choix, et que ce m'est une sensible joie que l'honneur de vous voir; mais, avec tout cela, je ne vous assurerai point que je me réjouis du dessein où vous pourriez être de devenir ma belle-mère. Le compliment, je vous l'avoue, est trop difficile pour moi; et c'est un titre, s'il vous plaît, que je ne vous souhaite point. Ce discours paraîtra brutal aux yeux de quelques uns: mais je suis assuré que vous serez personne à le prendre comme il faudra; que c'est un mariage, madame, où vous vous imaginez bien que je dois avoir de la répugnance; que vous n'ignorez pas, sachant ce que je suis, comme il choque mes intérêts; et que vous voulez bien enfin que je vous dise, avec la permission de mon père, que, si les choses dépendaient de moi, cet hymen ne se ferait point.

HARPAGON.

Voilà un compliment bien impertinent! Quelle belle confession à lui faire!

MARIANE.

Et moi, pour vous répondre, j'ai à vous dire que les choses sont fort égales; et que, si vous auriez de la répugnance à me voir votre belle-mère, je n'en aurais pas moins, sans doute, à vous voir mon beau-fils. Ne croyez pas, je vous prie, que ce soit moi qui cherche à vous donner cette inquiétude. Je serais fort fâchée de vous causer du déplaisir; et, si je ne m'y vois forcée par une puissance absolue, je vous donne ma parole que je ne consentirai point au mariage qui vous chagrine.

HARPAGON.

Elle a raison: à sot compliment il faut une réponse de même. Je vous demande pardon, ma belle, de l'impertinence de mon fils; c'est un jeune sot qui ne sait pas encore la conséquence des paroles qu'il dit.

MARIANE.

Je vous promets que ce qu'il m'a dit ne m'a point du tout offensée; au contraire, il m'a fait plaisir de m'expliquer ainsi ses véritables sentiments. J'aime de lui un aveu de la sorte; et, s'il avait parlé d'autre façon, je l'en estimerais bien moins.

HARPAGON.

C'est beaucoup de bonté à vous de vouloir ainsi excuser ses fautes. Le temps le rendra plus sage, et vous verrez qu'il changera de sentiments.

CLEANTE.

Non, mon père, je ne suis point capable d'en changer, et je prie instamment madame de le croire.

HARPAGON.

Mais voyez quelle extravagance! il continue encore plus fort.

CLEANTE.

Voulez-vous que je trahisse mon cœur?

HARPAGON.

Encore? Avez-vous envie de changer de discours?

CLEANTE.

Hé bien! puisque vous voulez que je parle d'autre façon: souffrez, madame, que je me mette ici à la place de mon père, et que je vous avoue que je n'ai rien vu dans le monde de si charmant que vous; que je ne conçois rien d'égal au bonheur de vous plaire, et que le titre de votre époux est une gloire, une félicité que je préfèrerais aux destinées des plus grands princes de la terre. Oui, madame, le bonheur de vous posséder est, à mes regards, la plus belle de toutes les fortunes; c'est où j'attache toute mon ambition. Il n'y a rien que je ne sois capable de faire pour une conquête si précieuse; et les obstacles les plus puissants...

HARPAGON.

Doucement, mon fils, s'il vous plaît.

CLEANTE.

C'est un compliment que je fais pour vous à madame.

HARPAGON.

Mon dieu! j'ai une langue pour m'expliquer moi-même, et je n'ai pas besoin d'un interprète comme vous. Allons, donnez des sièges.

FROSINE.

Non, il vaut mieux que, de ce pas, nous allions à la foire, afin d'en revenir plus tôt et d'avoir tout le temps ensuite de nous entretenir.

HARPAGON, *à Brindavoine.*

Qu'on mette donc les chevaux au carrosse.

SCENE XII.

HARPAGON, MARIANE, ÉLISE, CLÉANTE, VALERE, FROSINE

HARPAGON, *à Mariane.*

Je vous prie de m'excuser, ma belle, si je n'ai pas songé à vous donner un peu de collation avant que de partir.

CLEANTE.

J'y ai pourvu, mon père, et j'ai fait apporter ici quelques bassins d'oranges de la Chine, de citrons doux et de confitures, que j'ai envoyé quérir de votre part.

HARPAGON, *bas, à Valère.*

Valère!

VALÈRE, *à Harpagon.*

Il a perdu le sens.

CLEANTE.

Est-ce que vous trouvez, mon père, que ce ne soit pas assez? Madame aura la bonté d'excuser cela, s'il lui plaît.

MARIANE.

C'est une chose qui n'était pas nécessaire.

CLEANTE.

Avez-vous jamais vu, madame, un diamant plus vif que celui que vous voyez que mon père a au doigt?

MARIANE.

Il est vrai qu'il brille beaucoup.

CLEANTE, *ôtant du doigt de son père le diamant, et le donnant à Mariane.*

Il faut que vous le voyiez de près.

MARIANE.

Il est fort beau, sans doute, et jette quantité de feux.

CLEANTE, *se mettant au devant de Mariane, qui veut rendre le diamant.*

Non, madame, il est en de trop belles mains; c'est un présent que mon père vous fait.

HARPAGON.

Moi?

CLEANTE.

N'est-il pas vrai, mon père, que vous voulez que madame le garde pour l'amour de vous?

HARPAGON, *bas, à son fils.*

Comment!

CLEANTE, *à Mariane.*

Belle demande! Il me fait signe de vous le faire accepter.

MARIANE.

Je ne veux point...

CLEANTE, *à Mariane.*

Vous moquez-vous? il n'a garde de le reprendre.

HARPAGON, *à part.*

J'enrage.

MARIANE.

Ce serait...

CLEANTE, *empêchant toujours Mariane de rendre le diamant.*

Non, vous dis-je; c'est l'offenser.

MARIANE.

De grace...

CLEANTE.

Point du tout.

HARPAGON, *à part.*

Peste soit...

CLEANTE.

Le voilà qui se scandalise de votre refus.

HARPAGON, *bas, à son fils.*

Ah! traître!

CLEANTE, *à Mariane.*

Vous voyez qu'il se désespère.

HARPAGON, *bas à son fils, en le menaçant.*

Bourreau que tu es!

CLEANTE.

Mon père, ce n'est pas ma faute; je fais ce je puis pour l'obliger à le garder; mais elle est obstinée.

HARPAGON, *bas, à son fils en le menaçant.*

Pendard !

CLÉANTE.

Vous êtes cause, madame, que mon père me querelle.

HARPAGON, *bas, à son fils, avec les mêmes gestes.*

Le coquin !

CLÉANTE, *à Mariane.*

Vous le ferez tomber malade. De grace, madame, ne résistez pas davantage.

FROSINE, *à Mariane.*

Mon dieu ! que de façon ! Gardez la bague, puisque monsieur le veut.

MARIANE, *à Harpagon.*

Pour ne vous point mettre en colère, je la garde maintenant, et je prendrai un autre temps pour vous la rendre.

SCENE XIII.

HARPAGON, MARIANE, ÉLISE, CLÉANTE, VALÈRE, FROSINE, BRINDAVOINE.

BRINDAVOINE.

Monsieur, il y a un homme qui veut vous parler

HARPAGON.

Dis-lui que je suis empêché, et qu'il revienne une autre fois.

BRINDAVOINE.

Il dit qu'il vous apporte de l'argent.

HARPAGON, *à Mariane.*

Je vous demande pardon, je reviens tout à l'heure.

SCENE XIV.

HARPAGON, MARIANE, ÉLISE, CLÉANTE, VALÈRE, FROSINE, LA MERLUCHE.

LA MERLUCHE, *courant et faisant tomber Harpagon.*

Monsieur...

HARPAGON.

Ah ! je suis mort.

CLÉANTE.

Qu'est-ce, mon père? Vous êtes vous fait mal?

HARPAGON.

Le traître, assurément, a reçu de l'argent de mes débiteurs pour me faire rompre le cou.

VALÈRE, *à Harpagon.*

Cela ne sera rien.

LA MERLUCHE, *à Harpagon.*

Monsieur, je vous demande pardon; je croyais bien faire d'accourir vite.

HARPAGON.

Que viens-tu faire ici, bourreau?

LA MERLUCHE.

Vous dire que vos deux chevaux sont déferrés.

HARPAGON.

Qu'on les mène promptement chez le maréchal.

CLÉANTE.

En attendant qu'ils soient ferrés, je vais faire pour vous, mon père, les honneurs de votre logis, et conduire madame dans le jardin, où je ferai porter la collation.

SCENE XV.

HARPAGON, VALÈRE.

HARPAGON.

Valère, aie un peu l'œil à tout cela, et prends soin, je te prie, de m'en sauver le plus que tu pourras pour le renvoyer au marchand.

VALÈRE.

C est assez.

HARPAGON, *seul.*

O fils impertinent ! As-tu envie de me ruiner?

FIN DU TROISIÈME ACTE.

ACTE IV.

SCENE PREMIERE.

CLÉANTE, MARIANE, ÉLISE, FROSINE.

CLÉANTE.

Rentrons ici, nous serons beaucoup mieux ; il n'y a plus autour de nous personne de suspect, et nous pouvons parler librement.

ÉLISE.

Oui, madame, mon frère m'a fait confidence de la passion qu'il a pour vous. Je sais les chagrins et les déplaisirs que sont capables de causer de pareilles traverses; et c'est, je vous assure, avec une tendresse extrême que je m'intéresse à votre aventure.

MARIANE.

C'est une douce consolation que de voir dans ses interêts une personne comme vous; et je vous conjure, madame, de me garder toujours cette généreuse amitié, si capable de m'adoucir les cruautés de la fortune.

FROSINE.

Vous êtes, par ma foi, de malheureuses gens, l'un et l'autre, de ne m'avoir point, avant tout ceci, avertie de votre affaire. Je vous aurais sans doute détourné cette inquiétude, et n'aurais point amené les choses où l'on voit qu'elles sont.

CLÉANTE.

Que veux-tu? c'est ma mauvaise destinée qui l'a voulu ainsi. Mais, belle Mariane, quelles résolutions sont les vôtres?

MARIANE.

Hélas! suis-je en pouvoir de faire des résolutions? Et, dans la dépendance où je me vois, ne puis-je former que des souhaits?

CLÉANTE.

Point d'autre appui pour moi dans votre cœur que de simples souhaits ? Point de pitié officieuse? Point de secourable bonté ? Point d'affection agissante ?

MARIANE.

Que saurais-je vous dire? mettez-vous en ma place, et voyez ce que je puis faire. Avisez, ordonnez vous-même, je m'en remets à vous; et je vous crois trop raisonnable pour vouloir exiger de moi que ce qui peut m'être permis par l'honneur et la bienséance?

CLÉANTE.

Hélas ! Où me réduisez-vous, que de renvoyer à ce que voudront permettre les fâcheux sentiments d'un rigoureux honneur et d'une scrupuleuse bienséance?

MARIANE.

Mais que voulez-vous que je fasse? Quand je pourrais passer sur quantité d'égards où notre sexe est obligé, j'ai de la considération pour ma mere : elle m'a toujours élevée avec une tendresse extrême; et je ne saurais me résoudre à lui donner du deplaisir. Faites, agissez auprès d'elle; employez tous vos soins à gagner son esprit; vous pouvez faire et dire tout ce que vous voudrez, je vous en donne la licence; et, s'il ne tient qu'à me declarer en votre faveur, je veux bien consentir à lui faire un aveu moi-même de tout ce que je sens pour vous.

CLÉANTE.

Frosine, ma pauvre Frosine, voudrais-tu nous servir?

FROSINE.

Par ma foi, faut-il le demander? je le voudrais de tout mon cœur. Vous savez que de mon naturel je suis assez humaine. Le ciel ne m'a point fait l'ame de bronze ; et je n'ai que trop de tendresse à rendre de petits services, quand je vois des gens qui s'entr'aiment en tout bien et en tout honneur. Que pourrions faire à ceci?

CLÉANTE.

Songe un peu, je te prie.

MARIANE.

Ouvre-nous des lumières.

ÉLISE.

Trouve quelque invention pour rompre ce que tu as fait.

FROSINE.

Ceci est assez difficile. (*à Mariane.*) Pour votre mère, elle n'est pas tout à fait déraisonnable, et peut-être pourrait-on la gagner et la résoudre à transporter au fils le don qu'elle veut faire au père. (*à Cléante.*) Mais le mal que j'y trouve, c'est que votre père est votre père.

CLÉANTE.

Cela s'entend.

FROSINE.

Je veux dire qu'il conservera du dépit si l'on montre qu'on le refuse, et qu'il ne sera point d'humeur ensuite à donner son consentement à votre mariage. Il faudrait, pour bien faire, que le refus vînt de lui-même, et tâcher par quelque moyen de le dégouter de votre personne.

CLÉANTE.

Tu as raison.

FROSINE.

Oui, j'ai raison, je le sais bien. C'est là ce qu'il faudrait; mais le diantre est d'en pouvoir trouver les moyens. Attendez : si nous avions quelque femme un peu sur l'âge, qui fût de mon talent, et jouât assez bien pour contrefaire une dame de qualité, par le moyen d'un train fait à la hâte, et d'un bizarre nom de marquise ou de vicomtesse, que nous supposerions de la basse Bretagne, j'aurais assez d'adresse pour faire accroire à votre père que ce serait une personne riche, outre ses maisons, de cent mille écus en argent comptant ; qu'elle serait éperduement amoureuse de lui, et souhaiterait de se voir sa femme, jusqu'à lui donner tout son bien par contrat de mariage : et je ne doute point qu'il ne prêtât l'oreille à la proposition. Car enfin il vous aime fort, je le sais; mais il aime un peu plus l'argent : et quand, ébloui de ce leurre, il aurait une fois consenti à ce qui vous touche, il importerait peu ensuite qu'il se désabusât, en venant à vouloir voir clair aux affaires de notre marquise.

CLÉANTE.

Tout cela est fort bien pensé.

FROSINE.

Laissez-moi faire. Je viens de me ressouvenir d'une de mes amies qui sera notre fait.

CLÉANTE.

Sois assurée, Frosine, de ma reconnaissance, si tu viens à bout de la chose. Mais, charmante Mariane, commençons, je vous prie, par gagner votre mère ; c'est toujours beaucoup faire que de rompre ce mariage. Faites-y de votre part, je vous conjure, tous les efforts qu'il vous sera possible. Servez-vous de tout le pouvoir que vous donne sur elle cette amitié qu'elle a pour vous : déployez sans réserve les graces éloquentes, les charmes tout puissants que le ciel a placés dans vos yeux et dans votre bouche; et n'oubliez rien, s'il vous plaît, de ces tendres paroles, de ces douces prières, et de ces caresses touchantes à qui je suis persuadé qu'on ne saurait rien refuser.

MARIANE.

J'y ferai tout ce que je puis, et n'oublierai aucune chose.

SCENE II.

HARPAGON, CLÉANTE, MARIANE, ÉLISE, FROSINE.

HARPAGON, *à part, sans être aperçu.*

Ouais! mon fils baise la main de sa prétendue belle-mère, et sa prétendue belle-mère ne s'en défend pas fort. Y aurait-il quelque mystère là-dessous?

ÉLISE.

Voilà mon père.

HARPAGON.

Le carrosse est tout prêt, vous pouvez partir quand il vous plaira.

CLÉANTE.

Puisque vous n'y allez pas, mon père, je m'en vais les conduire.

HARPAGON.

Non, demeurez; elles iront bien toutes seules, et j'ai besoin de vous.

SCÈNE III.

HARPAGON, CLEANTE.

HARPAGON.

Oh ça, intérêt de belle-mère à part, que te semble, à toi, de cette personne?

CLÉANTE.

Ce qu'il m'en semble ?

HARPAGON.

Oui, de son air, de sa taille, de sa beauté, de son esprit?

CLÉANTE.

Là, là.

HARPAGON.

Mais encore?

CLÉANTE.

A vous en parler franchement, je ne l'ai pas trouvée ici ce que je l'avais crue. Son air est de franche coquette, sa taille est assez gauche, sa beauté très médiocre, et son esprit des plus communs. Ne croyez pas que ce soit, mon père, pour vous en dégoûter; car belle-mère pour belle-mère, j'aime autant celle-là qu'une autre.

HARPAGON.

Tu lui disais tantôt pourtant...

CLÉANTE.

Je lui ai dit quelques douceurs en votre nom; mais c'était our vous plaire.

HARPAGON.

Si bien donc que tu n'aurais pas d'inclination pour elle?

CLÉANTE.

Moi? point du tout.

HARPAGON.

J'en suis fâché, car cela rompt une pensée qui m'était venue dans l'esprit. J'ai fait en la voyant ici, réflexion sur mon âge; et j'ai songé qu'on pourra trouver à redire de me voir marier à une si jeune personne. Cette considération m'en faisait quitter le dessein; et comme je l'ai fait demander, et que je suis pour elle engagé de parole, je te l'aurais donnée, sans l'aversion que tu témoignes.

CLÉANTE.

A moi?

HARPAGON.

A toi.

CLÉANTE.

En mariage?

HARPAGON.

En mariage.

CLÉANTE.

Ecoutez. Il est vrai qu'elle n'est pas fort à mon goût : mais, pour vous faire plaisir, mon père, je me résoudrai à l'épouser, si vous voulez.

HARPAGON.

Moi. Je suis plus raisonnable que tu ne penses, je ne veux point forcer ton inclination.

CLÉANTE.

Pardonnez-moi, je me ferai cet effort pour l'amour de vous.

HARPAGON.

Non, non; un mariage ne saurait être heureux où l'inclination n'est pas.

CLÉANTE.

C'est une chose, mon père, qui peut-être viendra ensuite; et l'on dit que l'amour est souvent un fruit du mariage.

HARPAGON.

Non, du côté de l'homme on ne doit point risquer affaire, et ce sont des suites fâcheuses où je n'ai garde de me commettre. Si tu avais senti quelque inclination pour elle, à la bonne heure; je te l'aurais fait épouser, au lieu de moi : mais, cela n'étant pas, je suivrai mon premier dessein, et je l'épouserai moi-même.

CLÉANTE.

Hé bien, mon père, puisque les choses sont ainsi, il faut vous découvrir mon cœur, il faut vous révéler notre secret. La vérité est que je l'aime, depuis un jour que je la vis dans une promenade ; que mon dessein était tantôt de vous la demander pour femme; et que rien ne m'a retenu que la déclaration de vos sentiments, et la crainte de vous déplaire.

HARPAGON.

Lui avez-vous rendu visite?

CLÉANTE.

Oui, mon père.

HARPAGON.

Beaucoup de fois?

CLÉANTE.

Assez, pour le temps qu'il y a.

HARPAGON.

Vous a-t-on bien reçu?

CLÉANTE.

Fort bien, mais sans savoir qui j'étais; et c'est ce qui a fait tantôt la surprise de Mariane.

HARPAGON.

Lui avez-vous déclaré votre passion, et le dessein où vous étiez de l'épouser?

CLÉANTE.

Sans doute; et même j'en avais fait à sa mère quelque peu d'ouverture.

HARPAGON.

A-t-elle écouté pour sa fille votre proposition?

CLÉANTE.

Oui, fort civilement.

HARPAGON.

Et la fille correspond-elle à votre amour?

CLÉANTE.

Si j'en dois croire les apparences, je me persuade, mon père qu'elle a quelque bonté pour moi.

HARPAGON, *bas, à part.*

Je suis bien aise d'avoir appris un tel secret; et voilà justement ce que je demandais. (*haut.*) Or sus, mon fils, savez-vous ce qu'il y a? C'est qu'il faut songer, s'il vous plaît, à vous défaire de votre amour, à cesser toutes vos poursuites auprès d'une personne que je prétends pour moi, et à vous marier dans peu avec celle qu'on vous destine.

CLÉANTE.

Oui, mon père; c'est ainsi que vous me jouez! Hé bien! puisque les choses en sont venues là, je vous déclare, moi, que je ne quitterai point la passion que j'ai pour Mariane; qu'il n'y a point d'extrémité où je ne m'abandonne pour vous disputer sa conquête; et que, si vous avez pour vous le consentement d'une mère, j'aurai d'autres secours peut-être qui combattront pour moi.

HARPAGON.

Comment, pendard! tu as l'audace d'aller sur mes brisées?

CLÉANTE.

C'est vous qui allez sur les miennes, et je suis le premier en date.

HARPAGON.

Ne suis-je pas ton père? et ne me dois-tu pas respect?

CLÉANTE.

Ce ne sont point ici des choses où les enfants soient obligés de déférer aux pères, et l'amour ne connait personne.

HARPAGON.

Je te ferai bien me connaître avec de bons coups de bâton.

CLÉANTE.

Toutes vos menaces ne feront rien.

HARPAGON.

Tu renonceras à Mariane.

CLÉANTE.

Point du tout.

HARPAGON.

Donnez-moi un bâton tout à l'heure.

SCENE IV.

HARPAGON, CLÉANTE, MAITRE JACQUES.

Me JACQUES.

Hé, hé, hé! messieurs, qu'est-ce ci? à quoi songez-vous?

CLÉANTE.

Je me moque de cela.

Me JACQUES, *à Cléante.*

Ah! monsieur, doucement.

HARPAGON.

Me parler avec cette impudence!

Me JACQUES, *à Harpagon.*

Ah! monsieur, de grace.

CLÉANTE.

Je n'en démordrai point.

Me JACQUES, *à Cléante.*

Hé quoi! à votre père?

HARPAGON.

Laisse-moi faire.

Me JACQUES, *à Harpagon.*

Hé quoi! à votre fils? Encore passe pour moi.

HARPAGON.

Je te veux faire toi-même, maître Jacques, juge de cette affaire, pour montrer comme j'ai raison.

Me JACQUES.

J'y consens, (*à Cléante*) Eloignez-vous un peu.

HARPAGON.

J'aime une fille que je veux épouser; et le pendard a l'insolence de l'aimer avec moi, et d'y prétendre malgré mes ordres.

Me JACQUES.

Il a tort.

HARPAGON.

N'est-ce pas une chose epouvantable, qu'un fils qui veut entrer en concurrence avec son père? et ne doit-il pas, par respect, s'abstenir de toucher à mes inclinations?

Me JACQUES.

Vous avez raison. Laissez-moi lui parler, et demeurez là.

CLÉANTE, *à maître Jacques qui s'approche de lui.*

Hé bien! oui, puisqu'il veut te choisir pour juge! je n'y recule point; il ne m'importe qui ce soit; et je veux bien aussi m'en rapporter à toi, maître Jacques, de notre different.

Me JACQUES.

C'est beaucoup d'honneur que vous me faites.

CLÉANTE.

Je suis épris d'une jeune personne qui répond a mes vœux, et reçoit tendrement les offres de ma foi; et mon père s'avise de venir troubler notre amour par la demande qu'il en fait faire.

Me JACQUES.

Il a tort assurément.

CLEANTE.

N'a-t-il point de honte à son âge de songer à se marier? Lui sied-il bien d'être encore amoureux? et ne devrait-il pas laisser cette occupation aux jeunes gens?

Me JACQUES.

Vous avez raison. Il se moque; laissez-moi lui dire deux mots. (*à Harpagon.*) Hé bien! votre fils n'est pas si étrange que vous le dites, et il se met a la raison : il dit qu'il sait le respect qu'il vous doit, qu'il ne s'est emporté que dans la première chaleur, et qu'il ne fera point refus de se soumettre à ce qu'il vous plaira, pourvu que vous vouliez le traiter mieux que vous ne faites, et lui donner quelque personne en mariage dont il ait lieu d'être content.

HARPAGON.

Ah! dis-lui, maître Jacques, que, moyennant cela, il pourra espérer toute choses de moi, et que, hors

Mariane, je lui laisse la liberté de choisir celle qu'il voudra.

Mᵉ JACQUES.

Laissez-moi faire. (*à Cléante.*) Hé bien! votre père n'est pas si déraisonnable que vous le faites, et il m'a témoigné que ce sont vos emportements qui l'ont mis en colère, et qu'il n'en veut seulement qu'à votre manière d'agir; et qu'il sera fort disposé à vous accorder ce que vous souhaitez, pourvu que vous vouliez vous y prendre par la douceur, et lui rendre les déférences, les respects et les soumissions qu'un fils doit à son père.

CLÉANTE.

Ah! maître Jacques tu peux lui assurer que, s'il m'accorde Mariane, il me verra toujours le plus soumis de tous les hommes, et que jamais je ne ferai aucune chose que par ses volontés.

Mᵉ JACQUES, *à Harpagon.*

Cela est fait; il consent à ce que vous dites.

HARPAGON.

Voilà qui va le mieux du monde.

Mᵉ JACQUES, *à Cléante.*

Tout est conclu; il est content de vos promesses.

CLÉANTE.

Le ciel en soit loué!

Mᵉ JACQUES.

Messieurs, vous n'avez qu'à parler ensemble, vous voilà d'accord maintenant, et vous alliez vous querelle, faute de vous entendre.

CLÉANTE.

Mon pauvre maître Jacques, je te serai oblige toute ma vie.

Mᵉ JACQUES.

Il n'y a pas de quoi, monsieur.

HARPAGON.

Tu m'as fait plaisir, maître Jacques, et cela mérite une recompense. (*Harpagon fouille dans sa poche, Maître Jacques tend la main; mais Harpagon ne tire que son mouchoir en disant:*) Va, je m'en souviendrai, je t'assure.

Mᵉ JACQUES.

Je vous baise les mains.

SCENE V.

HARPAGON, CLÉANTE.

CLÉANTE.

Je vous demande pardon, mon père, de l'emportement que j'ai fait paraître.

HARPAGON.

Cela n'est rien.

CLÉANTE.

Je vous assure que j'en ai tous les regrets du monde.

HARPAGON.

Et, moi toutes les joies du monde de te voir raisonnable.

CLÉANTE.

Quelle bonté à vous d'oublier si vite ma faute!

HARPAGON.

On oublie aisément les fautes des enfants lorsqu'ils rentrent dans leur devoir.

CLÉANTE.

Quoi! ne garder aucun ressentiment de toutes mes extravagances!

HARPAGON.

C'est une chose où tu m'obliges par la soumission et le respect où tu te ranges.

CLÉANTE.

Je vous promets, mon père, que, jusqu'au tombeau, je conserverai dans mon cœur le souvenir de vos bontés.

HARPAGON.

Et moi je te promets qu'il n'y aura aucune chose que de moi tu n'obtiennes.

CLÉANTE

Ah! mon père, je ne vous demande plus rien; et c'est m'avoir assez donné que de me donner Mariane.

HARPAGON.

Comment?

CLÉANTE.

Je dis, mon père, que je suis trop content de vous, et que je trouve toutes choses dans la bonté que vous avez de m'accorder Mariane.

HARPAGON.

Qui est-ce qui parle de t'accorder Mariane!

CLÉANTE.

Vous, mon père.

HARPAGON.

Moi?

CLÉANTE.

Sans doute.

HARPAGON.

Comment! c'est toi qui a promis d'y renoncer.

CLÉANTE.

Moi, y renoncer?

HARPAGON.

Oui.

CLÉANTE.

Point du tout.

HARPAGON.

Tu ne t'es pas departi d'y prétendre?

CLÉANTE.

Au contraire, j'y suis porté plus que jamais.

HARPAGON.

Quoi, pendard! derechef?

CLÉANTE.

Rien ne peut me changer.

HARPAGON.

Laisse-moi faire, traître.

CLÉANTE.

Faites tout ce qu'il vous plaira.

HARPAGON.

Je te défends de me jamais voir.

CLÉANTE.

A la bonne heure.

HARPAGON.

Je t'abandonne.

CLÉANTE.

Abandonnez.

HARPAGON.

Je te renonce pour mon fils.

CLÉANTE.

Soit.

HARPAGON.

Je te déshérite.

CLÉANTE.

Tout ce que vous voudrez.

HARPAGON.

Et je te donne ma malédiction.

CLÉANTE.

Je n'ai que faire de vos dons.

SCENE VI.

CLÉANTE, LA FLÈCHE.

LA FLÈCHE, *sortant du jardin avec une cassette.*

Ah! monsieur, que je vous trouve à propos! Suivez moi vite.

CLÉANTE.

Qu'y a-t-il?

LA FLÈCHE.

Suivez-moi, vous dis-je; nous sommes bien.

CLÉANTE.

Comment!

LA FLÈCHE.

Voici votre affaire.

CLÉANTE.

Quoi?

LA FLÈCHE.

J'ai guigné ceci tout le jour.

CLÉANTE.

Qu'est-ce que c'est?

LA FLÈCHE.

Le trésor de votre père, que j'ai attrapé.

CLÉANTE.

Comment as-tu fait?

LA FLÈCHE.

Vous saurez tout. Sauvons-nous, je l'entends crier.

SCENE VII.

HARPAGON, *criant au voleur dès le jardin.*

Au voleur! au voleur! à l'assassin! au meurtrier! Justice, juste ciel! je suis perdu, je suis assassiné; on m'a coupé la gorge, on m'a dérobé mon argent. Qui peut-ce être? Qu'est-il devenu? Où est-il? Où se cache-t-il? Que ferai-je pour le trouver? Où courir? Où ne pas courir? N'est-il point là? N'est-il point ici? Qui est-ce? Arrête. (*à lui même, se prenant par le bras.*) Rends moi mon argent, coquin... Ah? c'est moi... Mon esprit est troublé, et j'ignore où je suis, qui je suis, et ce que je fais. Hélas! mon pauvre argent, mon pauvre argent, mon cher ami, on m'a privé de toi! et puisque tu m'es enlevé, j'ai perdu mon support, ma consolation, ma joie; tout est fini pour moi, et je n'ai plus que faire au monde? Sans toi il m'est impossible de vivre. C'en est fait; je n'en puis plus, je me meurs, je suis mort, je suis enterré. N'y a-t-il personne qui veut me ressusciter, en me rendant mon cher argent, ou en m'apprenant qui l'a pris? Euh! que dites-vous? Ce n'est personne. Il faut, qui que ce soit qui ait fait le coup, qu'avec beaucoup de soin on ait épié l'heure; et l'on a choisi justement le temps que je parlais à mon traître de fils. Sortons. Je veux aller quérir la justice, et faire donner la question à toute ma maison, à servantes, à valets, à fils, à fille, et à moi aussi. Que de gens assemblés! Je ne jette mes regards sur personne qui ne me donne des soupçons, et tout me semble mon voleur. Hé! de quoi est-ce qu'on parle là? de celui qui m'a dérobé? Quel bruit fait-on là-haut? est-ce mon voleur qui y est? De grace, si l'on sait des nouvelles de mon voleur, je supplie que l'on m'en dise. N'est-il point caché là parmi vous? Ils me regardent tous, et se mettent à rire. Vous verrez qu'ils ont part, sans doute, au vol que l'on m'a fait. Allons vite, des commissaires, des archers, des prévôts, des juges, des gênes, des potences et des bourreaux. Je veux faire pendre tout le monde; et, si je ne retrouve mon argent, je me pendrai moi-même après.

FIN DU QUATRIEME ACTE.

ACTE V.

SCENE PREMIÈRE.

HARPAGON, UN COMMISSAIRE.

LE COMMISSAIRE.

Laissez-moi faire, je sais mon métier, dieu merci. Ce n'est pas d'aujourd'hui que je me mêle de découvrir des vols; et je voudrais avoir autant de sacs de mille francs que j'ai fait pendre de personnes.

HARPAGON.

Tous les magistrats sont intéressés à prendre cette affaire en main; et, si l'on ne me fait retrouver mon argent, je demanderai justice de la justice.

LE COMMISSAIRE.

Il faut faire toutes les poursuites requises. Vous dites qu'il y avait dans cette cassette...?

HARPAGON.

Dix mille écus bien comptés

LE COMMISSAIRE.

Dix mille écus.

HARPAGON.

Dix mille écus.

LE COMMISSAIRE.

Le vol est considérable.

HARPAGON.

Il n'y a point de supplice assez grand pour l'énormité de ce crime; et s'il demeure impuni, les choses les plus sacrées ne sont plus en sûreté.

LE COMMISSAIRE.

En quelles espèces était cette somme?

HARPAGON.

En bons louis d'or et pistoles bien trébuchantes.

LE COMMISSAIRE.

Qui soupçonnez-vous de ce vol?

HARPAGON.

Tout le monde; et je veux que vous arrêtiez prisonniers la ville et les faubourgs.

LE COMMISSAIRE.

Il faut, si vous m'en croyez, n'effaroucher personne, et tâcher doucement d'attraper quelques preuves afin de procéder après, par la rigueur, au recouvrement des deniers qui vous ont été pris.

SCENE II.

HARPAGON, LE COMMISSAIRE, MAÎTRE JACQUES.

Me JACQUES, *dans le fond du théâtre, en se retournant du côté par lequel il est entré.*

Je m'en vais revenir : qu'on me l'égorge tout-à-l'heure; qu'on me lui fasse griller les pieds; qu'on me le mette dans l'eau bouillante; et qu'on me le pende au plancher.

HARPAGON, *à maître Jacques.*

Qui? celui qui m'a dérobé?

Me JACQUES.

Je parle d'un cochon de lait que votre intendant me vient d'envoyer, et je veux vous l'accommoder à ma fantaisie.

HARPAGON.

Il n'est pas question de cela, et voilà monsieur à qui il faut parler d'autre chose.

LE COMMISSAIRE, *à maître Jacques.*

Ne vous épouvantez point. Je suis homme à ne vous point scandaliser, et les choses iront dans la douceur.

Me JACQUES.

Monsieur est de votre souper?

LE COMMISSAIRE.

Il faut ici, mon cher ami, ne rien cacher à votre maître.

Me JACQUES.

Ma foi, monsieur, je montrerai tout ce que je sais faire, et je vous traiterai du mieux qu'il me sera possible.

HARPAGON.

Ce n'est pas là l'affaire.

Me JACQUES.

Si je ne vous fais pas aussi bonne chère que je voudrais, c'est la faute de monsieur votre intendant, qui m'a rogné les ailes avec les ciseaux de son économie.

HARPAGON.

Traître! il s'agit d'autre chose que de souper; et je veux que tu me dises des nouvelles de l'argent qu'on m'a pris.

Me JACQUES.

On vous a pris de l'argent?

HARPAGON.

Oui, coquin; et je m'en vais te faire pendre si tu ne me le rends.

LE COMMISSAIRE, *à Harpagon.*

Mon dieu! ne le maltraitez point. Je vois à sa mine qu'il est honnête homme, et que, sans se faire mettre en prison, il vous découvrira ce que vous voulez savoir. Oui, mon ami, si vous nous confessez la chose, il ne vous sera fait aucun mal, et vous serez récompensé comme il faut par votre maître. On lui a pris aujourd'hui son argent, et il n'est pas que vous ne sachiez quelque nouvelle de cette affaire.

Me JACQUES, *bas, à part.*

Voici justement ce qu'il me faut pour me venger de notre intendant. Depuis qu'il est entré céans, il est le favori; on n'écoute que ses conseils; et j'ai aussi sur le cœur les coups de bâton de tantôt.

HARPAGON.

u'as-tu à ruminer?

LE COMMISSAIRE, *à Harpagon.*

Laissez-le faire. Il se prépare à vous contenter; et je vous ai bien dit qu'il était honnête homme.

Me JACQUES.

Monsieur, si vous voulez que je vous dise les choses, je crois que c'est monsieur votre cher intendant qui a fait le coup.

HARPAGON.

Valère?

Mᵉ JACQUES.

Oui.

HARPAGON.

Lui! qui me paraît si fidèle?

Mᵉ JACQUES.

Lui-même. Je crois que c'est lui qui vous a dérobé.

HARPAGON.

Et sur quoi le crois-tu?

Mᵉ JACQUES.

Sur quoi?

HARPAGON.

Oui.

Mᵉ JACQUES.

Je le crois... sur ce que je le crois.

LE COMMISSAIRE.

Mais il est nécessaire de dire les indices que vous avez.

HARPAGON.

L'as-tu vu rôder autour du lieu où j'avais mis mon argent?

Mᵉ JACQUES.

Oui, vraiment. Où était-il, votre argent?

HARPAGON.

Dans le jardin.

Mᵉ JACQUES.

Justement; je l'ai vu rôder dans le jardin. Et dans quoi est-ce que cet argent était?

HARPAGON.

Dans une cassette.

Mᵉ JACQUES.

Voilà l'affaire. Je lui ai vu une cassette.

HARPAGON.

Et cette cassette, comment est-elle faite? Je verrai bien si c'est la mienne.

Mᵉ JACQUES.

Comment elle est faite?

HARPAGON.

Oui.

Mᵉ JACQUES.

Elle est faite... Elle est fait comme une cassette.

LE COMMISSAIRE.

Cela s'entend. Mais dépeignez-la un peu, pour voir.

Mᵉ JACQUES.

C'est une grande cassette...

HARPAGON.

Celle qu'on m'a volée est petite.

Mᵉ JACQUES.

Hé! oui, elle est petite, si l'on le veut prendre par là; mais je l'appelle grande pour ce qu'elle contient.

LE COMMISSAIRE.

Et de quelle couleur est-elle?

Mᵉ JACQUES.

De quelle couleur?

LE COMMISSAIRE.

Oui.

Mᵉ JACQUES.

Elle est de couleur... là, d'une certaine couleur... Ne sauriez-vous m'aider à dire?

HARPAGON.

Euh?

Mᵉ JACQUES.

N'est-elle pas rouge?

HARPAGON.

Non, grise.

Mᵉ JACQUES.

Hé! oui, gris-rouge, c'est ce que je voulais dire.

HARPAGON.

Il n'y a point de doute, c'est elle assurément. Ecrivez, monsieur, écrivez sa déposition. Ciel! à qui désormais se fier? il ne faut plus jurer de rien; et je crois, après cela, que je suis homme à me voler moi-même.

Mᵉ JACQUES, *à Harpagon.*

Monsieur, le voici qui revient. Ne lui allez pas dire au moins que c'est moi qui ai découvert cela.

SCENE III.

HARPAGON, LE COMMISSAIRE, VALÈRE, MAÎTRE JACQUES.

HARPAGON.

Approche, viens confesser l'action la plus noire, l'attentat le plus horrible qui jamais ait été commis.

VALÈRE.

Que voulez-vous, monsieur?

HARPAGON.

Comment, traître! tu ne rougis pas de ton crime!

VALÈRE.

De quel crime voulez-vous donc parler?

HARPAGON.

De quel crime je veux parler, infame? comme si tu ne savais pas ce que je veux dire! C'est en vain que tu prétendrais de le déguiser; l'affaire est découverte, et l'on vient de m'apprendre tout. Comment abuser ainsi de ma bonté, et s'introduire exprès chez moi pour me trahir, pour me jouer un tour de cette nature?

VALÈRE.

Monsieur, puisqu'on vous a découvert tout, je ne veux point chercher de détours, et vous nier la chose.

Mᵉ JACQUES, *à part.*

Oh! oh! aurais-je deviné sans y penser?

VALÈRE.

C'était mon dessein de vous en parler, et je voulais attendre, pour cela, des conjectures favorables; mais puisqu'il est ainsi, je vous conjure de ne vous point fâcher, et de vouloir entendre mes raisons.

HARPAGON.

Et quelles belles raisons peux-tu me donner, voleur, infame?

VALÈRE.

Ah! monsieur, je n'ai pas mérité ces noms. Il est vrai que j'ai commis une offense envers vous; mais, après tout, ma faute est pardonnable.

HARPAGON.

Comment! pardonnable? un guet-apens, un assassinat de la sorte!

VALÈRE.

De grace, ne vous mettez point en colère. Quand vous m'aurez ouï, vous verrez que le mal n'est pas si grand que vous le faites.

HARPAGON.

Le mal n'est pas si grand que je le fais! Quoi! mon sang, mes entrailles, pendard!

VALÈRE.

Votre sang, monsieur, n'est pas tombé dans de mauvaises mains. Je suis d'une condition à ne lui point faire de tort: il n'y a rien en tout ceci que je ne puisse bien réparer.

HARPAGON.

C'est bien mon intention, et que tu me restitues ce que tu m'as ravi.

VALÈRE.

Votre honneur, monsieur, sera pleinement satisfait.

HARPAGON.

Il n'est pas question d'honneur là-dedans. Mais dis-moi, qui t'a porté à cette action?

VALÈRE.

Hélas! me le demandez-vous?

HARPAGON.

Oui, vraiment, je te le demande.

VALÈRE.

Un dieu qui porte les excuses de tout ce qu'il fait faire: l'Amour.

HARPAGON.

L'Amour!

VALÈRE.

Oui.

HARPAGON.

Bel amour! bel amour, ma foi! l'amour de mes louis d'or!

VALÈRE.

Non, monsieur, ce ne sont point vos richesses qui m'ont tenté, ce n'est pas cela qui m'a ébloui; et je proteste de ne rien prétendre à tous vos biens, pourvu que vous me laissiez celui que j'ai.

HARPAGON.

Non ferai, de par tous les diables ; je ne te le laisserai pas. Mais voyez quelle insolence, de vouloir retenir le vol qu'il m'a fait !

VALÈRE.

Appelez-vous cela un vol?

HARPAGON.

Si je l'appelle un vol? un trésor comme celui-là!

VALÈRE.

C'est un trésor, il est vrai, et le plus précieux que vous ayez, sans doute; mais ce ne sera pas le perdre que de me le laisser. Je vous le demande à genoux, ce trésor plein de charmes ; et, pour bien faire, il faut que vous me l'accordiez.

HARPAGON.

Je n'en ferai rien. Qu'est-ce à dire, cela?

VALÈRE.

Nous nous sommes promis une foi mutuelle, et avons fait serment de ne nous point abandonner.

HARPAGON.

Le serment est admirable, et la promesse plaisante !

VALÈRE.

Oui, nous nous sommes engagés d'être l'un à l'autre à jamais.

HARPAGON.

Je vous en empêcherai bien, je vous assure

VALÈRE.

Rien que la mort ne nous peut séparer.

HARPAGON.

C'est être bien endiablé après mon argent !

VALÈRE.

Je vous ai déjà dit, monsieur, que ce n'était point l'intérêt qui m'avait poussé à faire ce que j'ai fait. Mon cœur n'a point agi par les ressorts que vous pensez, et un motif plus noble m'a inspiré cette résolution.

HARPAGON.

Vous verrez que c'est par charité chrétienne qu'il veut avoir mon bien! Mais j'y donnerai bon ordre ; et la justice, pendard effronté, me va faire raison de tout.

VALÈRE.

Vous en userez comme vous voudrez, et me voilà prêt à souffrir toutes les violences qu'il vous plaira : mais je vous prie de croire au moins que, s'il y a du mal, ce n'est que moi qu'il en faut accuser, et que votre fille, en tout ceci, n'est aucunement coupable.

HARPAGON.

Je le crois bien, vraiment : il serait fort étrange que ma fille eût trempé dans ce crime. Mais je veux ravoir mon affaire, et que tu me confesses en quel endroit tu me l'as enlevée.

VALÈRE.

Moi? je ne l'ai point enlevée; et elle est encore chez vous.

HARPAGON, *à part.*

O ma chère cassette! (*haut.*) Elle n'est point sortie de ma maison.

VALÈRE.

Non, monsieur.

HARPAGON.

Hé! dis-moi un peu; tu n'y as point touché?

VALÈRE.

Moi, y toucher! ah! vous lui faites tort, aussi bien qu'à moi; et c'est d'une ardeur toute pure et respectueuse que j'ai brûlé pour elle.

HARPAGON, *à part.*

Brûlé pour ma cassette!

VALÈRE.

J'aimerais mieux mourir que de lui avoir fait paraître aucune pensée offensante; elle est trop sage et trop honnête pour cela.

HARPAGON, *à part.*

Ma cassette trop honnête!

VALÈRE.

Tous mes désirs se sont bornés à jouir de sa vue, et rien de criminel n'a profané la passion que ses beaux yeux m'ont inspirée.

HARPAGON, *à part.*

Les beaux yeux de ma cassette! Il parle d'elle comme un amant d'une maîtresse.

VALÈRE.

Dame Claude, monsieur sait la vérité de cette aventure, et elle vous peut rendre témoignage...

HARPAGON.

Quoi! ma servante est complice de l'affaire?

VALÈRE.

Oui, monsieur, elle a été témoin de notre engagement; et c'est après avoir connu l'honnêteté de ma flamme, qu'elle m'a aidé à persuader votre fille de me donner sa foi et de recevoir la mienne..

HARPAGON.

Hé! (*à part.*) Est-ce que la peur de la justice le fait extravaguer? (*à Valère.*) Que nous brouilles-tu ici de ma fille?

VALÈRE.

Je dis, monsieur, que j'ai eu toutes les peines du monde à faire consentir sa pudeur à ce que voulait mon amour.

HARPAGON.

La pudeur de qui?

VALÈRE.

De votre fille; et c'est seulement depuis hier qu'elle a pu se résoudre à nous signer mutuellement une promesse de mariage.

HARPAGON.

Ma fille t'a signé une promesse de mariage?

Me JACQUES, *au commissaire.*

Oui, monsieur, comme de ma part je lui en ai signé une.

HARPAGON.

O ciel! autre disgrace!

Me JACQUES, *au commissaire.*

Écrivez, monsieur, écrivez.

VALÈRE.

Rengrégement de mal! surcroît de désespoir! (*au commissaire.*) Allons, monsieur, faites le dû de votre charge, et dressez-lui-moi son procès comme larron et comme suborneur.

Me JACQUES.

Comme larron et comme suborneur.

VALÈRE.

Ce sont des noms qui ne me sont point dus; et quand on saura qui je suis...

SCENE IV.

HARPAGON, ÉLISE, MARIANE, VALÈRE, FROSINE, MAITRE JACQUES, LE COMMISSAIRE.

HARPAGON.

Ah! fille scélérate! fille indigne d'un père comme moi! c'est ainsi que tu pratiques les leçons que je t'ai données? Tu te laisses prendre d'amour pour un voleur infame, et tu lui engages ta foi sans mon consentement! Mais vous serez trompés l'un et l'autre. (*à Élise*) Quatre bonnes murailles me répondront de ta conduite; (*à Valère*) et une bonne potence, pendard effronté, me fera raison de ton audace.

VALÈRE.

Ce ne sera point votre passion qui jugera l'affaire, et l'on m'écoutera au moins avant que de me condamner.

HARPAGON.

Je me suis abusé de dire une potence, et tu seras roué tout vif.

ÉLISE, *aux genoux d'Harpagon.*

Ah! mon père, prenez des sentiments un peu plus humains, je vous prie, et n'allez point pousser les choses dans les dernières violences du pouvoir paternel. Ne vous laissez point entraîner aux premiers mouvements de votre passion, et donnez-vous le temps de considérer ce que vous voulez faire. Prenez la peine de mieux voir celui dont vous vous offensez. Il est tout autre que vos yeux ne le jugent; et vous trouverez moins étrange que je me sois donnée à lui, lorsque vous saurez que sans lui vous ne m'auriez plus il y a longtemps. Oui, mon père, c'est lui qui me sauva de ce grand péril que vous savez que je courus dans l'eau, et à qui vous devez la vie de cette même fille dont...

HARPAGON.

Tout cela n'est rien; et il valait bien mieux pour moi qu'il te laissât noyer que de faire ce qu'il a fait.

ÉLISE.

Mon père, je vous conjure par l'amour paternel de me...

HARPAGON.

Non, non, je ne veux rien entendre; et il faut que la justice fasse son devoir.

Me JACQUES, *à part.*

Tu me paieras mes coups de bâton

FROSINE, *à part.*

Voici un étrange embarras!

SCENE V.

ANSELME, HARPAGON, ÉLISE, MARIANE, FROSINE, VALERE, LE COMMISSAIRE, MAITRE JACQUES.

ANSELME.

Qu'est-ce, seigneur Harpagon? je vous vois tout ému.

HARPAGON.

Ah! seigneur Anselme, vous me voyez le plus infortuné de tous les hommes; et voici bien du trouble et du désordre au contrat que vous venez faire. On m'assassine dans le bien, on m'assassine dans l'honneur; et voilà un traître, un scélérat qui a violé tous les droits les plus saints, qui s'est coulé chez moi sous le titre de domestique pour me dérober mon argent et pour me suborner ma fille.

VALÈRE.

Qui songe à votre argent, dont vous me faites un galimatias?

HARPAGON.

Oui, ils se sont donné l'un à l'autre une promesse de mariage. Cet affront vous regarde, seigneur Anselme; et c'est vous qui devez vous rendre partie contre lui, et faire à vos dépens toutes les poursuites de la justice, pour vous venger de son insolence.

ANSELME.

Ce n'est pas mon dessein de me faire épouser par force et de rien prétendre à un cœur qui se serait donné; mais, pour vos intérêts, je suis prêt à les embrasser ainsi que les miens propres.

HARPAGON.

Voilà monsieur qui est un honnête commissaire, qui n'oubliera rien, à ce qu'il m'a dit, de la fonction de son office. (*au commissaire, montrant Valère*) Chargez-le comme il faut, monsieur, et rendez les choses bien criminelles.

VALÈRE.

Je ne vois pas quel crime on peut me faire de la passion que j'ai pour votre fille, et le supplice où vous croyez que je puisse être condamné pour notre engagement, lorsqu'on saura ce que je suis.

HARPAGON.

Je me moque de tous ces contes; et le monde aujourd'hui n'est plein que de ces larrons de noblesse, que de ces imposteurs qui tirent avantage de leur obscurité, et s'habillent insolemment du premier nom illustre qu'ils s'avisent de prendre.

VALÈRE.

Sachez que j'ai le cœur trop bon pour me parer de quelque chose qui ne soit point à moi, et que tout Naples peut rendre témoignage de ma naissance.

ANSELME.

Tout beau! prenez garde à ce que vous allez dire. Vous risquez ici plus que vous ne pensez; et vous parlez devant un homme à qui tout Naples est connu, et qui peut aisément voir clair dans l'histoire que vous ferez.

VALÈRE, *en mettant fièrement son chapeau.*

Je ne suis point homme à rien craindre; et, si Naples vous est connu, vous savez qui était don Thomas d'Alburci.

ANSELME.

Sans doute, je le sais; et peu de gens l'ont connu mieux que moi.

HARPAGON.

Je ne me soucie ni de don Thomas, ni de don Martin.

(*Harpagon voyant deux chandelles allumées en souffle une.*)

ANSELME.

De grace, laissez-le parler; nous verrons ce qu'il en veut dire

VALÈRE.

Je veux dire que c'est lui qui m'a donné le jour

ANSELME.

Lui!

VALÈRE.

Oui.

ANSELME.

Allez, vous vous moquez. Cherchez quelque autre histoire qui vous puisse mieux réussir, et ne prétendez pas vous sauver sous cette imposture.

VALÈRE.

Songez à mieux parler. Ce n'est point une imposture, et je n'avance rien qu'il ne me soit aisé de justifier.

ANSELME.

Quoi! vous osez vous dire fils de don Thomas d'Alburci?

VALÈRE.

Oui, je l'ose, et suis prêt de soutenir cette vérité contre qui que ce soit.

ANSELME.

L'audace est merveilleuse! Apprenez, pour vous confondre, qu'il y a seize ans, pour le moins, que l'homme dont vous nous parlez périt sur mer avec ses enfants et sa femme en voulant dérober leur vie aux cruelles persécutions qui ont accompagné les désordres de Naples, et qui en firent exiler plusieurs nobles familles.

VALÈRE.

Oui. Mais apprenez, pour vous confondre, vous, que son fils, âgé de sept ans, avec un domestique, fut sauvé de ce naufrage par un vaisseau espagnol, et que ce fils sauvé est celui qui vous parle. Apprenez que le capitaine de ce vaisseau, touché de mon infortune, prit amitié pour moi; qu'il me fit élever comme son propre fils, et que les armes furent mon emploi dès que je m'en trouvai capable; que j'ai su depuis peu que mon père n'était point mort, comme je l'avais toujours cru; que, passant ici pour l'aller chercher, une aventure par le ciel concertée me fit voir la charmante Elise; que cette vue me rendit esclave de ses beautés, et que la violence de mon amour et les sévérités de son père me firent prendre la résolution de m'introduire dans son logis, et d'envoyer un autre à la quête de mes parents.

ANSELME.

Mais quels témoignages encore, autres que vos paroles, nous peuvent assurer que ce ne soit point une fable que vous ayez bâtie sur une vérité?

VALÈRE.

Le capitaine espagnol, un cachet de rubis qui était à mon père, un bracelet d'agate que ma mère m'avait mis au bras, le vieux Pédro, ce domestique qui se sauva avec moi du naufrage.

MARIANE.

Hélas! vos paroles je puis ici répondre, moi, que vous n'imposez point; et tout ce que vous dites me fait connaître clairement que vous êtes mon frère.

VALÈRE.

Vous ma sœur!

MARIANE.

Oui. Mon cœur s'est ému dès le moment que vous avez ouvert la bouche; et notre mère, que vous allez ravir, m'a mille fois entretenu des disgraces de notre famille. Le ciel ne nous fit point aussi périr dans ce triste naufrage: mais il ne nous sauva la vie que par la perte de notre liberté; et ce furent des corsaires qui nous recueillirent, ma mère et moi, sur un débris de notre vaisseau. Après dix ans d'esclavage, une heureuse fortune nous rendit notre liberté; et nous retournâmes dans Naples, où nous trouvâmes tout notre bien vendu, sans y pouvoir trouver des nouvelles de notre père. Nous passâmes à Gênes, où ma mère alla ramasser quelques malheureux restes d'une succession qu'on avait déchirée; et de là, fuyant la barbare injustice de ses parents, elle vint en ces lieux, où elle n'a presque vécu que d'une vie languissante.

ANSELME.

O ciel! quels sont les traits de ta puissance! et que tu fais bien voir qu'il n'appartient qu'à toi de faire des miracles! Embrassez-moi mes enfants, et mêlez tous deux vos transports à ceux de votre père.

VALÈRE.

Vous êtes notre père?

MARIANE.

C'est vous que ma mère a tant pleuré?

ANSELME.

Oui, ma fille, oui, mon fils, je suis don Thomas d'Alburci, que le ciel garantit des ondes avec tout l'argent qu'il portait, et qui, vous ayant tous crus morts durant plus de seize ans, se préparait, après de longs voyages, à chercher dans l'hymen d'une douce et sage personne la consolation de quelque nouvelle famille. Le peu de sûreté que j'ai vu pour ma vie à retourner à Naples m'a fait y renoncer pour toujours; et ayant su trouver moyen d'y faire vendre ce que j'avais, je me suis habitué ici, où, sous le nom d'Anselme, j'ai voulu m'éloigner les chagrins de cet autre nom qui m'a causé tant de traverses.

HARPAGON, *à Anselme.*

C'est là votre fils?

ANSELME.

Oui.

HARPAGON.

Je vous prends à partie pour me payer dix mille écus qu'il m'a volés.

ANSELME.

Lui, vous avoir volé?

HARPAGON.

Lui-même.

VALÈRE.

Qui vous dit cela?

HARPAGON.

Maître Jacques.

VALÈRE, *à maître Jacques.*

C'est toi qui le dis?

Me JACQUES.

Vous voyez que je ne dis rien.

HARPAGON.

Oui, voilà monsieur le commissaire qui a reçu sa déposition.

VALÈRE.

Pouvez-vous me croire capable d'une action si lâche?

HARPAGON.

Capable ou non capable, je veux ravoir mon argent.

SCENE VI.

HARPAGON, ANSELME, ELISE, MARIANE, CLEANTE, VALÈRE, FROSINE, LE COMMISSAIRE, MAÎTRE JACQUES, LA FLECHE.

CLÉANTE.

Ne vous tourmentez point, mon père, et n'accusez personne. J'ai découvert des nouvelles de votre affaire; et je viens ici pour vous dire que, si vous voulez vous résoudre à me laisser épouser Mariane, votre argent vous sera rendu.

HARPAGON.

Où est-il?

CLÉANTE.

Ne vous en mettez point en peine. Il est en lieu dont je réponds, et tout ne dépend que de moi. C'est à vous de me dire à quoi vous vous déterminez; et vous pouvez choisir, ou de me donner Mariane, ou de perdre votre cassette.

HARPAGON.

N'en a-t-on rien ôté?

CLÉANTE.

Rien du tout. Voyez si c'est votre dessein de souscrire à ce mariage, et de joindre votre consentement à celui de sa mère, qui lui laisse la liberté de faire un choix entre nous deux.

MARIANE, *à Cléante.*

Mais vous ne savez pas que ce n'est pas assez que ce consentement, et que le ciel, (*montrant Valère*) avec un frère que vous voyez, vient de me rendre un père (*montrant Anselme*) dont vous avez à m'obtenir.

ANSELME.

Le ciel, mes enfants ne me redonne point à vous pour être contraire à vos vœux. Seigneur Harpagon, vous jugez bien que le choix d'une jeune personne tombera sur le fils plutôt que sur le père. Allons, ne vous faites point dire ce qu'il n'est point nécessaire d'entendre; et consentez ainsi que moi à ce double hyménée.

HARPAGON.

Il faut pour me donner conseil que je voie ma cassette.

CLÉANTE.

Vous la verrez saine et entière.

HARPAGON.

Je n'ai point d'argent à donner en mariage à mes enfants.

ANSELME.

He bien! j'en ai pour eux; que cela ne vous inquiète point.

HARPAGON.

Vous obligerez-vous à faire tous les frais de ces deux mariages?

ANSELME.

Oui, je m'y oblige. Êtes-vous satisfait?

HARPAGON.

Oui, pourvu que pour les noces vous me fassiez faire un habit.

ANSELME.

D'accord. Allons jouir de l'allégresse que cet heureux jour nous présente.

LE COMMISSAIRE.

Holà! messieurs, holà! Tout doucement, s'il vous plaît. Qui me paiera mes écritures.

HARPAGON.

Nous n'avons que faire de vos écritures.

LE COMMISSAIRE.

Oui! mais je ne prétends pas, moi, les avoir faites pour rien.

HARPAGON, *montrant maître Jacques.*

Pour votre paiement, voilà un homme que je vous donne à pendre.

Me JACQUES.

Hélas! comment faut-il donc faire? On me donne des coups de bâton pour dire vrai, et on me veut pendre pour mentir.

ANSELME.

Seigneur Harpagon, il faut lui pardonner cette imposture.

HARPAGON.

Vous paierez donc le commissaire?

ANSELME.

Soit. Allons vite faire part de notre joie à votre mère.

HARPAGON.

Et moi, voir ma chère cassette.

FIN DE L'AVARE.

MONSIEUR

DE

POURCEAUGNAC.

COMÉDIE-BALLET, EN TROIS ACTES.

1669.

PERSONNAGES DE LA COMÉDIE.

MONSIEUR DE POURCEAUGNAC.
ORONTE, père de Julie.
JULIE, fille d'Oronte.
ERASTE, amant de Julie.
NERINE, femme d'intrigue, feinte Picarde.
LUCETTE, feinte Languedocienne.
SBRIGANI, Napolitain, homme d'intrigue.
PREMIER MEDECIN
SECOND MEDECIN.
UN APOTHICAIRE.
UN PAYSAN,
UNE PAYSANNE.
PREMIER SUISSE.
SECOND SUISSE.
UN EXEMPT.
DEUX ARCHERS.

PERSONNAGES DU BALLET.

UNE MUSICIENNE.
DEUX MUSICIENS.
TROUPE DE DANSEURS.
DEUX MAITRES A DANSER.
DEUX PAGES dansants.
QUATRE CURIEUX DE SPECTACLES, dansants,
DEUX SUISSES dansants.
DEUX MEDECINS GROTESQUES.
MATASSINS, dansants.
DEUX AVOCATS chantants.
DEUX PROCUREURS dansants.
DEUX SERGENTS dansants.
TROUPE DE MASQUES.
UNE EGYPTIENNE chantante.
UN EGYPTIEN chantant.
UN PANTALON chantant.
CHOEUR DE MASQUES chantants.
SAUVAGES dansants.
BISCAYENS dansants.

La scène est à Paris.

MONSIEUR

DE

POURCEAUGNAC.

ACTE PREMIER.

SCENE PREMIÈRE.

ÉRASTE, UNE MUSICIENNE, DEUX MUSICIENS CHANTANTS; PLUSIEURS AUTRES, JOUANT DES INSTRUMENTS; TROUPE DE DANSEURS.

ÉRASTE, *aux musiciens et aux danseurs.*

Suivez les ordres que je vous ai donnés pour la sérénade. Pour moi, je me retire, et ne veux point paraître ici.

SCENE II.

UNE MUSICIENNE, DEUX MUSICIENS, CHANTANTS; PLUSIEURS AUTRES, JOUANT DES INSTRUMENTS; TROUPE DE DANSEURS.

Cette sérénade est composée de chants, d'instruments, et de danses. Les paroles qui s'y chantent ont rapport à la situation où Eraste se trouve avec Julie, et expriment les sentiments de deux amants qui sont traversé dans leur amour par le caprice de leurs parents.

UNE MUSICIENNE.

Répands, charmante nuit, répands sur tous les yeux
De tes pavots la douce violence;
Et ne laisse veiller en ces aimables lieux,
Que les cœurs que l'amour soumet à sa puissance.
Tes ombres et ton silence,
Plus beaux que le plus beau jour.
Offrent de doux moments à soupirer d'amour.

PREMIER MUSICIEN.

Que soupirer d'amour
Est une douce chose,
Quand rien à nos vœux ne s'oppose!
A d'aimables penchants notre cœur nous dispose;
Mais on a des tyrans à qui l'on doit le jour.
Que soupirer d'amour
Est une douce chose,
Quand rien à nos vœux ne s'oppose!

SECOND MUSICIEN.

Tout ce qu'à nos vœux on oppose,
Contre un parfait amour ne gagne jamais rien;
Et, pour vaincre toute chose,
Il ne faut que s'aimer bien.

TOUS TROIS ENSEMBLE.

Aimons-nous donc d'une ardeur éternelle;
Les rigueurs des parents, la contrainte cruelle,
L'absence, les travaux, la fortune rebelle,
Ne font que redoubler une amitié fidèle.
Aimons-nous donc d'une ardeur éternelle;
Quand deux cœurs s'aiment bien,
Tout le reste n'est rien.

PREMIÈRE ENTRÉE DE BALLET.

Danse de deux maîtres à danser.

DEUXIEME ENTREE DE BALLET.

Danse de deux pages.

TROISIÈME ENTRÉE DE BALLET.

Quatre curieux de spectacles, qui ont pris querelle pendant la danse des deux pages, dansent en se battant l'épée à la main.

QUATRIEME ENTREE DE BALLET.

Deux Suisses séparent les quatre combattants, et, après les avoir mis d'accord, dansent avec eux.

SCENE III.

JULIE, ÉRASTE, NÉRINE.

JULIE.

Mon dieu! Éraste, gardons d'être surpris. Je tremble qu'on ne nous voie ensemble; et tout serait perdu, après la défense que l'on m'a faite.

ÉRASTE.

Je regarde de tous côtés, et je n'aperçois rien.

JULIE, *à Nérine.*

Aie aussi l'œil au guet, Nérine; et prends bien garde qu'il ne vienne personne.

NÉRINE, *se retirant dans le fond du théâtre.*

Reposez-vous sur moi, et dites hardiment ce que vous avez à vous dire.

JULIE.

Avez-vous imaginé pour notre affaire quelque chose de favorable? et croyez-vous, Éraste, pouvoir venir à bout de détourner ce fâcheux mariage que mon père s'est mis en tête.

ÉRASTE.

Au moins y travaillons-nous fortement; et déjà nous avons préparé un bon nombre de batteries pour renverser ce dessein ridicule.

NÉRINE, *accourant à Julie.*

Par ma foi, voilà votre père.

JULIE.

Ah! séparons-nous vite.

NÉRINE.

Non, non, non, ne bougez; je m'étais trompée.

JULIE.

Mon dieu! Nérine, que tu es sotte de nous donner de ces frayeurs.

ÉRASTE.

Oui, belle Julie, nous avons dressé pour cela quantité de machines; et nous ne feignons point de mettre tout en usage, sur la permission que vous m'avez donnée. Ne nous demandez point tous les ressorts que nous ferons jouer, vous en aurez le divertissement; et, comme aux comédies, il est bon de vous laisser le plaisir de la surprise, et de ne vous avertir point de tout ce qu'on vous fera voir: c'est assez de vous dire que nous avons en main divers stratagèmes tout prêts à produire dans l'occasion, et que l'ingénieuse Nérine et l'adroit Sbrigani entreprennent l'affaire.

NÉRINE.

Assurément. Votre père se moque-t-il, de vouloir vous anger de son avocat de Limoges, monsieur de Pourceaugnac, qu'il n'a vu de sa vie, et qui vient par le coche vous enlever, à notre barbe? Faut-il que trois ou quatre mille écus de plus, sur la parole de votre oncle, vous fassent rejeter un amant qui vous agrée? et une personne comme vous est-elle faite pour un Limosin? S'il a envie de se marier, que ne prend-il une Limosine, et ne laisse-t-il en repos les chrétiens? Le seul nom de monsieur de Pourceaugnac m'a mis dans une colère effroyable. J'enrage de monsieur de Pourceaugnac. Quand il n'y aurait que ce nom-là, monsieur de Pourceaugnac, j'y brûlerai mes livres, ou je romprai ce mariage; et vous ne serez point madame de Pourceaugnac. Pourceaugnac! cela se peut-il souffrir? Non, Pourceaugnac est une chose que je ne saurais supporter; et nous lui jouerons tant de pièces, nous lui ferons tant de niches sur niches, que nous renverrons à Limoges monsieur de Pourceaugnac.

ÉRASTE.

Voici notre subtil Napolitain, qui nous dira des nouvelles.

SCENE IV.

JULIE, ÉRASTE, SBRIGANI, NÉRINE.

SBRIGANI.

Monsieur, votre homme arrive. Je l'ai vu à trois lieues d'ici, où a couché le coche; et, dans la cuisine, où il est descendu pour déjeûner, je l'ai étudié une bonne grosse demi-heure, et je le sais déjà par cœur. Pour sa figure, je ne veux point vous en parler; vous verrez de quel air la nature l'a dessinée, et si l'ajustement qui l'accompagne y répond comme il faut: mais pour son esprit, je vous avertis par avance qu'il est des plus épais qui se fassent; que nous trouvons en lui une matière tout à fait disposée pour ce que nous voulons, et qu'il est homme enfin à donner dans tous les panneaux qu'on lui présentera.

ÉRASTE.

Nous dis-tu vrai?

SBRIGANI.

Oui, si je me connais en gens.

NÉRINE.

Madame, voilà un illustre. Votre affaire ne pouvait être mise en de meilleures mains, et c'est le héros de notre siècle pour les exploits dont il s'agit; un homme qui vingt fois en sa vie, pour servir ses amis, a généreusement affronté les galères; qui, au péril de ses bras et de ses épaules, sait mettre noblement à fin les aventures les plus difficiles, et qui, tel que vous le voyez, est exilé de son pays pour je ne sais combien d'actions honorables qu'il a généreusement entreprises.

SBRIGANI.

Je suis confus des louanges dont vous m'honorez: et je pourrais vous en donner avec plus de justice sur les merveilles de votre vie, et principalement sur la gloire que vous acquîtes, lorsqu'avec tant d'honnêteté vous pipâtes au jeu, pour douze mille écus, ce jeune seigneur étranger que l'on mena chez vous; lorsque vous fîtes galamment ce faux contrat qui ruina toute une famille; lorsqu'avec tant de grandeur d'ame vous sûtes nier le dépôt qu'on vous avait confié; et que si généreusement on vous vit prêter votre témoignage à faire pendre ces deux personnes qui ne l'avaient pas mérité.

NÉRINE.

Ce sont petites bagatelles qui ne valent pas qu'on en parle; et vos éloges me font rougir.

SBRIGANI.

Je veux bien épargner votre modestie; laissons cela: et, pour commencer notre affaire, allons vite joindre notre provincial, tandis que de votre côté vous nous tiendrez prêts au besoin les autres acteurs de la comédie.

ÉRASTE.

Au moins, madame, souvenez-vous de votre rôle; et, pour mieux couvrir notre jeu, feignez, comme on vous a dit, d'être la plus contente du monde des résolutions de votre père.

JULIE.

S'il ne tient qu'à cela, les choses iront à merveille.

ÉRASTE.

Mais, belle Julie, si toutes nos machines venaient à ne pas réussir?

JULIE.

Je déclarerai à mon père mes véritables sentiments.

ÉRASTE.

Et si, contre vos sentiments, il s'obstinait à son dessein?

JULIE.

Je le menacerais de me jeter dans un couvent.

ÉRASTE.

Mais si malgré tout cela, il voulait vous forcer à ce mariage?

JULIE.

Que voulez-vous qne je vous dise?

ÉRASTE.

Ce que je veux que vous me disiez!

JULIE.

Oui.

ÉRASTE.

Ce qu'on dit quand on aime bien.

JULIE.

Mais quoi?

ÉRASTE.

Que rien ne pourra vous contraindre; et que, malgré tous les efforts d'un père, vous me promettez d'être à moi.

JULIE.

Mon dieu! Éraste, contentez-vous de ce que je fais maintenant; et n'allez point tenter sur l'avenir les résolutions de mon cœur; ne fatiguez point mon devoir par les propositions d'une fâcheuse extrémité dont peut-être n'aurons-nous pas besoin; et, s'il y faut venir, souffrez au moins que j'y sois entraînée par la suite des choses.

ÉRASTE.

Hé bien !...

SBRIGANI.

Ma foi ! voici notre homme ; songeons à nous.

NÉRINE.

Ah ! comme il est bâti !

SCENE V.

M. DE POURCEAUGNAC, SBRIGNANI.

M. DE POURCEAUGNAC, *se retournant du côté d'où il est venu, et parlant à des gens qui le suivent.*

Hé bien ! quoi ? Qu'est-ce ! Qu'y a-t-il ! Au diantre soient la sotte ville et les sottes gens qui y sont ! Ne pouvoir faire un pas, sans trouver des nigauds qui vous regardent et se mettent à rire ! Hé ! messieurs les badauds, faites vos affaires, et laissez passer les personnes sans leur rire au nez. Je me donne au diable, si je ne baille un coup de poing au premier que je verrai rire.

SBRIGANI, *parlant aux mêmes personnes.*

Qu'est-ce que c'est, messieurs ? Que veut dire cela ? A qui en avez-vous ? Faut-il se moquer ainsi des honnêtes étrangers qui arrivent ici ?

M. DE POURCEAUGNAC.

Voilà un homme raisonnable, celui-là.

SBRIGANI.

Quel procédé est le vôtre ! Et qu'avez-vous à rire ?

M. DE POURCEAUGNAC.

Fort bien.

SBRIGANI.

Monsieur a-t-il quelque chose de ridicule en soi ?

M. DE POURCEAUGNAC.

Oui

SBRIGANI.

Est-il autrement que les autres ?

M. DE POURCEAUGNAC.

Suis-je tortu ou bossu ?

SBRIGANI.

Apprenez à connaître les gens.

M. DE POURCEAUGNAC.

C'est bien dit.

SBRIGANI.

Monsieur est d'une mine à respecter.

M. DE POURCEAUGNAC.

Cela est vrai.

SBRIGANI.

Personne de condition.

M. DE POURCEAUGNAC.

Oui, gentilhomme Limosin.

SBRIGANI.

Homme d'esprit.

M. DE POURCEAUGNAC.

Qui a étudié en droit.

SBRIGANI.

Il vous fait trop d'honneur de venir dans votre ville.

M. DE POURCEAUGNAC.

Sans doute.

SBRIGANI.

Monsieur n'est point une personne à faire rire.

M. DE POURCEAUGNAC.

Assurément.

SBRIGANI.

Et quiconque rira de lui aura affaire à moi.

M. DE POURCEAUGNAC, *à Sbrigani.*

Monsieur, je vous suis infiniment obligé.

SBRIGANI.

Je suis fâché, monsieur, de voir recevoir de la sorte une personne comme vous, et je vous demande pardon pour la ville.

M. DE POURCEAUGNAC.

Je suis votre serviteur.

SBRIGANI.

Je vous ai vu ce matin, monsieur, avec le coche, lorsque vous avez déjeuné ; et la grace avec laquelle vous mangiez votre pain, m'a fait naître d'abord de l'amitié pour vous : et, comme je sais que vous n'êtes jamais venu en ce pays, et que vous y êtes tout neuf, je suis bien aise de vous avoir trouvé pour vous offrir mon service à cette arrivée, et vous aider à vous conduire parmi ce peuple, qui n'a pas, parfois, pour les honnêtes gens, toute la considération qu'il faudrait.

M. DE POURCEAUGNAC.

C'est trop de grace que vous me faites.

SBRIGANI.

Je vous l'ai déjà dit ; du moment que je vous ai vu, je me suis senti pour vous de l'inclination.

M. DE POURCEAUGNAC.

Je vous suis obligé.

SBRIGANI.

Votre physionomie m'a plu.

M. DE POURCEAUGNAC.

Ce m'est beaucoup d'honneur.

SBRIGANI.

J'y ai vu quelque chose d'honnête.

M. DE POURCEAUGNAC.

Je suis votre serviteur.

SBRIGANI.

Quelque chose d'aimable.

M. DE POURCEAUGNAC.

Ah ! ah !

SBRIGANI.

De gracieux.

M. DE POURCEAUGNAC.

Ah ! ah !

SBRIGANI.

De doux.

M. DE POURCEAUGNAC.

Ah ! ah !

SBRIGANI.

De majestueux...

M. DE POURCEAUGNAC.

Ah ! ah !

SBRIGANI.

De franc.

M. DE POURCEAUGNAC

Ah ! ah !

SBRIGANI.

Et de cordial.

M. DE POURCEAUGNAC.

Ah ! ah !

SBRIGANI.

Je vous assure que je suis tout à vous.

M. DE POURCEAUGNAC.

Je vous ai beaucoup d'obligation.

SBRIGANI.

C'est du fond du cœur que je parle.

M. DE POURCEAUGNAC.

Je le crois.

SBRIGANI.

Si j'avais l'honneur d'être connu de vous, vous sauriez que je suis un homme tout à fait sincère.

M. DE POURCEAUGNAC.

Je n'en doute point.

SBRIGANI.

Ennemi de la fourberie.

M. DE POURCEAUGNAC.

J'en suis persuadé.

SBRIGANI.

Et qui n'est pas capable de déguiser ses sentiments.

M. DE POURCEAUGNAC.

C'est ma pensée.

SBRIGANI.

Vous regardez mon habit, qui n'est pas fait comme les autres ; mais je suis originaire de Naples, à votre service, et j'ai voulu conserver un peu la manière de s'habiller, et la sincérité de mon pays.

M. DE POURCEAUGNAC.

C'est fort bien fait. Pour moi, j'ai voulu me mettre à la mode de la cour pour la campagne.

SBRIGANI.

Ma foi, cela vous va mieux qu'à tous nos courtisans.

M. DE POURCEAUGNAC.

C'est ce que m'a dit mon tailleur. L'habit est propre et riche, et il fera du bruit ici.

SBRIGANI.

Sans doute. N'irez-vous pas au Louvre ?

M. DE POURCEAUGNAC.

Il faudra bien aller faire ma cour.

SBRIGANI

Le roi sera ravi de vous voir.

M. DE POURCEAUGNAC.

Je le crois.

SBRIGANI.

Avez-vous arrêté un logis ?

M. DE POURCEAUGNAC.

Non ; j'allais en chercher un.

SCENE VI.

ÉRASTE, M. DE POURCEAUGNAC, SBRIGANI.

SBRIGANI.

Je serai bien aise d'être avec vous pour cela, et je connais tout ce pays-ci.

ÉRASTE.

Ah. Qu'est-ce ci? Que vois-je? Quelle heureuse rencontre! Monsieur de Pourceaugnac! Que je suis ravi de vous voir! Comment! il semble que vous ayez peine à me reconnaître!

M. DE POURCEAUGNAC.

Monsieur, je suis votre serviteur.

ÉRASTE.

Est-il possible que cinq ou six années m'aient ôté de votre mémoire, et que vous ne reconnaissiez pas le meilleur ami de toute la famille des Pourceaugnacs?

M. DE POURCEAUGNAC.

Pardonnez-moi. (*bas, à Sbrigani*) Ma foi, je ne sais qui il est.

ÉRASTE.

Il n'y a pas un Pourceaugnac à Limoges que je ne connaisse, depuis le plus grand jusques au plus petit; je ne fréquentais qu'eux dans le temps que j'y étais, et j'avais l'honneur de vous voir presque tous les jours.

M. DE POURCEAUGNAC.

C'est moi qui l'ai reçu, monsieur.

ÉRASTE.

Vous ne vous remettez point mon visage?

M. DE POURCEAUGNAC.

Si fait. (*à Sbrigani*) Je ne le connais point.

ÉRASTE

Vous ne vous ressouvenez pas que j'ai eu le bonheur de boire avec vous, je ne sais combien de fois?

M. DE POURCEAUGNAC.

Excusez-moi. (*à Sbrigani*) Je ne sais ce que c'est.

ÉRASTE.

Comment appelez-vous ce traiteur de Limoges qui fait si bonne chère?

M. DE POURCEAUGNAC.

Petit-Jean?

ÉRASTE

Le voilà. Nous allions le plus souvent ensemble chez lui nous rejouir. Comment est-ce que vous nommez à Limoges ce lieu où l'on se promène?

M. DE POURCEAUGNAC.

Le cimetière des Arènes.

ÉRASTE.

Justement. C'est où je passais de si douces heures à jouir de votre agréable conversation. Vous ne vous remettez pas tout cela?

M. DE POURCEAUGNAC.

Excusez-moi; je me le remets. (*à Sbrigani*) Diable emporte si je m'en souviens.

SBRIGANI, *bas, à M. de Pourceaugnac.*

Il y a cent choses comme cela qui passent de la tête.

ÉRASTE.

Embrassez-moi donc, je vous prie, et resserrons les nœuds de notre ancienne amitie.

SBRIGANI, *à M. de Pourceaugnac.*

Voilà un homme qui vous aime fort.

ÉRASTE.

Dites-moi un peu des nouvelles dela parenté. Comment se porte monsieur votre... là... qui est si honnête homme?

M. DE POURCEAUGNAC.

Mon frère le consul?

ÉRASTE.

Oui.

M. DE POURCEAUGNAC.

Il se porte le mieux du monde.

ÉRASTE.

Certes, j'en suis ravi. Et celui qui est de si bonne humeur? Là... monsieur votre...

M. DE POURCEAUGNAC.

Mon cousin l'assesseur?

ÉRASTE.

Justement.

M. DE POURCEAUGNAC.

Toujours gai et gaillard.

ÉRASTE.

Ma foi, j'en ai beaucoup de joie. Et monsieur votre oncle? Le...

M. DE POURCEAUGNAC.

Je n'ai point d'oncle.

ÉRASTE.

Vous aviez pourtant en ce temps-là...

M. DE POURCEAUGNAC.

Non: rien qu'une tante.

ÉRASTE.

C'est ce que je voulais dire, madame votre tante, comment se porte-t-elle?

M. DE POURCEAUGNAC.

Elle est morte depuis six mois.

ÉRASTE.

Hélas! la pauvre femme! Elle était si bonne personne!

M. DE POURCEAUGNAC.

Nous avons aussi mon neveu le chanoine, qui a pensé mourir de la petite vérole.

ÉRASTE.

Quel dommage c'aurait été!

M. DE POURCEAUGNAC.

Le connaissez-vous aussi?

ÉRASTE.

Vraiment, si je le connais! Un grand garçon bien fait.

M. DE POURCEAUGNAC.

Pas des plus grands.

ÉRASTE.

Non; mais de taille bien prise.

M. DE POURCEAUGNAC.

Hé! oui.

ÉRASTE.

Qui est votre neveu?...

M. DE POURCEAUGNAC.

Oui.

ÉRASTE.

Fils de votre frère ou de votre sœur.

M. DE POURCEAUGNAC.

Justement.

ÉRASTE.

Chanoine de l'église de... Comment l'appelez vous?

M. DE POURCEAUGNAC.

De Saint-Étienne.

ÉRASTE.

Le voilà; je ne connais autre.

M. DE POURCEAUGNAC, *à Sbrigani.*

Il dit toute la parenté.

SBRIGANI.

Il vous connait plus que vous ne croyez.

M DE POURCEAUGNAC.

A ce que je vois, vous avez demeuré longtemps dans notre ville?

ÉRASTE.

Deux ans entiers.

M. DE POUCEAUGNAC.

Vous étiez donc là quand mon cousin l'élu fit tenir son enfant à monsieur notre gouverneur?

ÉRASTE.

Vraiment oui, j'y fus convié des premiers.

M. DE POURCEAUGNAC.

Cela fut galant.

ÉRASTE.

Très galant.

M. DE POURCEAUGNAC.

C'était un repas bien troussé.

ÉRASTE.

Sans doute.

M. DE POURCEAUGNAC.

Vous vîtes donc aussi la querelle que j'eus avec ce gentilhomme Perigordin?

ÉRASTE.

Oui.

M. DE POURCEAUGNAC.

Parbleu! il trouva à qui parler.

ÉRASTE.

Ah! ah!

M. DE POURCEAUGNAC.

Il me donna un soufflet; mais je lui dis bien son fait.

ERASTE.

Assurément. Au reste, je ne prétends pas que vous preniez d'autre logis que le mien.

M. DE POURCEAUGNAC.

Je n'ai garde de...

ÉRASTE.

Vous moquez-vous? Je ne souffrirai point du tout que mon meilleur ami soit autre part que dans ma maison.

M. DE POURCEAUGNAC.

Ce serait vous...

ÉRASTE.

Non. Le diable m'emporte! vous logerez chez moi.

SBRIGANI, *à M. de Pourceaugnac.*

Puisqu'il le veut obstinément, je vous conseille d'accepter l'offre.

ÉRASTE.

Où sont vos hardes?

M. DE POURCEAUGNAC.

Je les ai laissées avec mon valet où je suis descendu.

ÉRASTE.

Envoyons-les quérir par quelqu'un.

M. DE POURCEAUGNAC.

Non. Je lui ai défendu de bouger, à moins que j'y fusse moi-même, de peur de quelque fourberie.

SBRIGANI.

C'est prudemment avisé.

M. DE POURCEAUGNAC.

Ce pays-ci est un peu sujet à caution.

ÉRASTE.

On voit les gens d'esprit en tout.

SBRIGANI.

Je vais accompagner monsieur, et le ramènerai où vous voudrez.

ÉRASTE.

Oui. Je serai bien aise de donner quelques ordres, et vous n'avez qu'à revenir à cette maison là.

SBRIGANI.

Nous sommes à vous tout à l'heure.

ÉRASTE, *à M. de Pourceaugnac.*

Je vous attends avec impatience.

M. DE POURCEAUGNAC, *à Sbrigani.*

Voilà une connaissance où je ne m'attendais point.

SBRIGANI.

Il a la mine d'être honnête homme.

ÉRASTE, *seul.*

Ma foi, monsieur de Pourceaugnac, nous vous en donnerons de toutes les façons: les choses sont préparées, et je n'ai qu'à frapper. Holà!

SCENE VII.

ÉRASTE, UN APOTHICAIRE.

ÉRASTE.

Je crois, monsieur, que vous êtes le médecin à qui l'on est venu parler de ma part.

L'APOTHICAIRE.

Non, monsieur; ce n'est pas moi qui suis le médecin; à moi n'appartient pas cet honneur; et je ne suis qu'apothicaire; apothicaire indigne, pour vous servir.

ÉRASTE.

Et monsieur le médecin est-il à la maison?

L'APOTHICAIRE.

Oui. Il est là embarrassé à expédier quelques malades; et je vais lui dire que vous êtes ici.

ÉRASTE.

Non, ne bougez; j'attendrai qu'il ait fait. C'est pour lui remettre entre les mains certain parent que nous avons, dont on lui a parlé, et qui se trouve attaqué de quelque folie, que nous serions bien aise qu'il pût guérir avant que de le marier.

L'APOTHICAIRE.

Je sais ce que c'est, je sais ce que c'est; et j'étais avec lui quand on lui a parlé de cette affaire. Ma foi, ma foi! vous ne pouviez pas vous adresser a un médecin plus habile. C'est un homme qui sait la médecine à fond, comme je sais ma croix de par Dieu; et qui, quand on devrait crever, ne démordrait pas d'un *iota* des règles des anciens. Oui, il suit toujours le grand chemin, le grand chemin, et ne va pas chercher midi à quatorze heures; et, pour tout l'or du monde, il ne voudrait pas avoir guéri une personne avec d'autres remèdes que ceux que la faculté permet.

ÉRASTE.

Il fait fort bien. Un malade ne doit point vouloir guérir, que la faculté n'y consente.

L'APOTHICAIRE.

Ce n'est pas parce que nous sommes grands amis que j'en parle; mais il y a plaisir d'être son malade: et j'aimerais mieux mourir de ses remèdes, que de guérir de ceux d'un autre, car, quoi qu'il puisse arriver, on est assuré que les choses sont toujours dans l'ordre; et quand on meurt sous sa conduite, vos héritiers n'ont rien à vous reprocher.

ÉRASTE.

C'est une grande consolation pour un défunt!

L'APOTHICAIRE.

Assurément on est bien aise au moins d'être mort méthodiquement. Au reste, il n'est pas de ces médecins qui marchandent les maladies: c'est un homme expéditif, qui aime à dépêcher ses malades; et expéditif quand on a à mourir, cela se fait avec lui le plus vite du monde.

ÉRASTE.

En effet, il n'est rien tel que de sortir promptement d'affaire.

L'APOTHICAIRE.

Cela est vrai. A quoi bon tant barguigner, et tant tourner autour du pot? Il faut savoir vîtement le court ou le long d'une maladie.

ÉRASTE.

Vous avez raison.

L'APOTHICAIRE.

Voilà déjà trois de mes enfants dont il m'a fait l'honneur de conduire la maladie, qui sont morts en moins de quatre jours, et qui, entre les mains d'un autre, auraient langui plus de trois mois.

ÉRASTE.

Il est bon d'avoir des amis comme cela.

L'APOTHICAIRE.

Sans doute. Il ne me reste plus que deux enfants dont il prend soin comme des siens; il les traite et gouverne à sa fantaisie, sans que je me mêle de rien; et le plus souvent quand je reviens de la ville, je suis tout étonné que je les trouve saignés ou purgés par son ordre.

ÉRASTE.

Voilà des soins fort obligeants.

L'APOTHICAIRE.

Le voici, le voici, le voici qui vient.

SCENE VIII.

ÉRASTE, PREMIER MÉDECIN, UN APOTHICAIRE, UN PAYSAN, UNE PAYSANNE.

LE PAYSAN, *au médecin.*

Monsieur, il n'en peut plus; et il dit qu'il sent dans la tête les plus grandes douleurs du monde.

PREMIER MÉDECIN.

Le malade est un sot; d'autant plus que, dans la maladie dont il est attaqué, ce n'est pas la tête, selon Galien, mais la rate, qui lui doit faire mal.

LE PAYSAN.

Quoi que c'en soit, monsieur, il a toujours avec cela son cours de ventre depuis six mois

PREMIER MÉDECIN.

Bon! c'est signe que le dedans se dégage. Je l'irai visiter dans deux ou trois jours: mais s'il mourait avant ce temps là, ne manquez pas de m'en donner avis; car il n'est pas de la civilité qu'un médecin visite un mort.

LA PAYSANNE, *au médecin.*

Mon père, monsieur, est toujours malade de plus en plus.

PREMIER MÉDECIN.

Ce n'est pas ma faute je lui donne des remèdes; que ne guérit-il? Combien a-t-il été saigné de fois?

LA PAYSANNE.

Quinze, monsieur, depuis vingt jours.

PREMIER MÉDECIN.

Quinze fois saigné?

LA PAYSANNE.

Oui.

PREMIER MÉDECIN.

Et il ne guérit point?

LA PAYSANNE.

Non, monsieur.

PREMIER MÉDECIN.

C'est signe que la maladie n'est pas dans le sang Nous le ferons purger autant de fois, pour voir si elle n'est pas dans les humeurs; et si, rien ne nous réussit, nous l'enverrons aux bains.

L'APOTHICAIRE.

Voilà le fin, cela ; voilà le fin de la médecine.

SCENE IX.

ERASTE, PREMIER MEDECIN, L'APOTHICAIRE.

ÉRASTE, *au médecin.*

C'est moi, monsieur, qui vous ai envoyé parler ces jours passés pour un parent un peu troublé d'esprit que je veux vous donner chez vous, afin, de le guérir avec plus de commodité, et qu'il soit vu de moins de monde.

PREMIER MÉDECIN.

Oui, monsieur ; j'ai déjà disposé tout, et promets d'en avoir tous les soins imaginables.

ÉRASTE.

Le voici.

PREMIER MEDECIN.

La conjoncture est tout à fait heureuse, et j'ai ici un ancien de mes amis avec lequel je serai bien aise de consulter sa maladie.

SCENE X.

M. DE POURCEAUGNACE, ERASTE, PREMIER MÉDECIN, L'APOTHICAIRE.

ÉRASTE, *à M. de Pourceaugnac.*

Une petite affaire m'est survenue qui m'oblige à vous quitter ; (*montrant le médecin*) mais voilà une personne entre les mains de qui je vous laisse, qui aura soin pour moi de vous traiter du mieux qu'il lui sera possible.

PREMIER MÉDECIN.

Le devoir de ma profession m'y oblige ; et c'est assez que vous me chargiez de ce soin.

M. DE POURCEAUGNAC, *à part.*

C'est son maître-d'hôtel, et il faut que ce soit un homme de qualité.

PREMIER MÉDECIN, *à Éraste.*

Oui, je vous assure que je traiterai monsieur méthodiquement, et dans toutes les régularités de notre art.

M. DE POURCEAUGNAC.

Mon dieu ! il ne faut point tant de cérémonies ; et e ne viens pas ici pour vous incommoder.

PREMIER MÉDECIN.

Un tel emploi ne me donne que de la joie.

ÉRASTE, *au médecin.*

Voilà toujours six pistoles d'avance, en attendant e que j'ai promis.

M. DE POURCEAUGNAC.

Non, s'il vous plaît, je n'entends pas que vous assiez de dépense, et que vous envoyiez rien acheer pour moi.

ÉRASTE.

Mon dieu ! laissez faire ; ce n'est pas pour ce que vous pensez.

M DE POURCEAUGNAC.

Je vous demande de ne me traiter qu'en ami.

ERASTE.

C'est ce que je veux faire. (*bas au médecin*) Je vous recommande surtout de ne le point laisser sortir de vos mains ; car parfois il veut s'échapper.

PREMIER MEDECIN.

Ne vous mettez pas en peine.

ERASTE, *à M. de Pourceaugnac.*

Je vous prie de m'excuser de l'incivilité que je commets.

M. DE POURCEAUGNAC.

Vous vous moquez, et c'est trop de grace que vous me faites.

SCENE XI.

M. DE POURCEAUGNAC, PREMIER MÉDECIN, SECOND MEDECIN, L'APOTHICAIRE.

PREMIER MEDECIN.

Ce m'est beaucoup d'honneur, monsieur, d'être choisi pour vous rendre service.

M. DE POURCEAUGNAC.

Je suis votre serviteur.

PREMIER MEDECIN.

Voici un habile homme, mon confrère, avec lequel je vais consulter la manière dont nous vous traiterons.

M. DE POURCEAUGNAC.

Il ne faut point tant de façons, vous dis-je ; je suis homme à me contenter de l'ordinaire.

PREMIER MÉDECIN.

Allons des sièges. (*Des laquais entrent et donnent des sièges.*)

M. DE POURCEAUGNAC, *à part.*

Voilà, pour un jeune homme, des domestiques bien lugubres.

PREMIER MEDECIN.

Allons, monsieur, prenez votre place, monsieur. (*Les deux médecins font asseoir M. de Pourceaugnac entre eux deux.*)

M. DE POURCEAUGNAC, *s'asseyant.*

Votre très humble valet. (*Les deux médecins lu prennent chacun une main pour lui tâter le pouls.*) Que veut dire cela ?

PREMIER MEDECIN.

Mangez-vous bien, monsieur?

M. DE POURCEAUGNAC.

Oui, et bois encore mieux?

PREMIER MEDECIN.

Tant pis. Cette grande appétition du froid et de l'humide est une indication de la chaleur et sécheresse qui est au dedans. Dormez-vous fort ?

M. DE POURCEAUGNAC.

Oui, quand j'ai bien soupé.

PRÉMIER MEDECIN.

Faites-vous des songes ?

M. DE POURCEAUGNAC.

Quelquefois.

PREMIER MEDECIN.

De quelle nature sont-ils?

M. DE POURCEAUGNAC.

De la nature des songes. Quelle diable de conversation est-ce là?

PREMIER MEDECIN.

Vos déjections, comment sont-elles?

M. DE POURCEAUGNAC.

Ma foi, je ne comprends rien à toutes ces questions; et je veux plutôt boire un coup.

PREMIER MEDECIN.

Un peu de patience : nous allons raisonner sur votre affaire devant vous ; et nous le ferons en français pour être plus intelligibles.

M. DE POURCEAUGNAC.

Quel grand raisonnement faut-il pour manger un morceau ?

PREMIER MEDECIN.

Comme ainsi soit, qu'on ne puisse guérir une maladie qu'on ne la connaisse parfaitement, et qu'on ne la puisse parfaitement connaître sans en bien établir l'idée particulière et la véritable espèce par ses signes diagnostiques et prognostiques, vous me permettrez, monsieur notre ancien, d'entrer en considération de la maladie dont il s'agit, avant que de toucher à la thérapeutique, et aux remèdes qu'il nous conviendra faire pour la parfaite curation d'icelle. Je dis donc, monsieur, avec votre permission, que notre malade ici présent est malheureusement attaqué, affecté, possédé, travaillé de cette sorte de folie que nous nommons fort bien mélancolie hypochondriaque ; espèce de folie très fâcheuse, et qui ne demande pas moins qu'un Esculape comme vous, consommé dans notre art; vous, dis-je, qui avez blanchi, comme on dit, sous le harnais, et auquel il en a tant passé par les mains de toutes les façons. Je l'appelle mélancolie hypochondriaque, pour la distinguer des deux autres; car le célèbre Galien établit doctement, à son ordinaire, trois espèces de cette maladie que nous nommons mélancolie, ainsi appelée non seulement par les Latins, mais encore par les Grecs; ce qui est bien à remarquer pour notre affaire : la première, qui vient du propre vice du cerveau; la seconde, qui vient de tout le sang fait et rendu atrabilaire; la troisième, appelée hypochondriaque, qui est la nôtre laquelle procède du vice de quelque partie du bas-ventre, et de la région inférieure, mais particulièrement de la rate, dont la chaleur et l'inflammation portent au cerveau de notre malade beaucoup de fuligines épaisses et crasses dont la vapeur noire et maligne cause dépravation aux fonctions de la faculté princesse, et fait la maladie dont, par notre raisonnement, il est manifestement atteint et convaincu. Qu'ainsi ne soit : pour diagnostic incontestable de ce que je dis, vous n'avez qu'à considérer ce grand sérieux que vous voyez, cette tristesse accompagnée de crainte et de défiance, signes pathognomoniques et individuels de cette maladie, si bien marqués chez le divin vieillard Hippocrate ; cette physionomie, ces yeux rouges et hagards, cette grande barbe, cette habitude du corps menue, grêle, noire, et velue ; lesquels signes le dénotent très affecté de cette maladie procédante du vice des hypochondres ; laquelle maladie, par laps de temps naturalisée, envieillie, habituée, et ayant pris droit de bourgeoisie chez lui, pourrait bien dégénérer ou en manie, ou en phthisie, ou en apoplexie, ou même en fine frénésie et fureur. Tout ceci supposé, puisqu'une maladie bien connue est à demi guérie, car *ignoti nulla est curatio morbi*, il ne vous sera pas difficile de convenir des remèdes que nous devons faire à monsieur. Premièrement, pour remédier à cette pléthore obturante, et à cette cacochymie luxuriante par tout le corps, je suis d'avis qu'il soit phlébotomisé libéralement, c'est à dire que les saignées soient fréquentes et plantureuses, en premier lieu de la basilique, puis de la céphalique, et même, si le mal est opiniâtre, de lui ouvrir la veine du front, et que l'ouverture soit large, afin que le gros sang puisse sortir, et en même temps de le purger, désopiler, et évacuer par purgatifs propres et convenables, c'est à dire par cholagogues, mélanogogues, *et cœtera;* et comme la véritable source de tout le mal est, ou une humeur crasse et féculente, ou une vapeur noire et grossière qui obscurcit, infecte et salit les esprits animaux, il est à propos ensuite qu'il prenne un bain d'eau pure et nette, avec force petit-lait clair, pour purifier par l'eau la féculence de l'humeur crasse, et éclaircir par le lait clair la noirceur de cette vapeur. Mais, avant toute chose, je trouve qu'il est bon de le réjouir par agréables conversations, chants et instruments de musique ; à quoi il n'y a pas d'inconvénient de joindre des danseurs, afin que leurs mouvements, disposition et agilité, puissent exciter et réveiller la paresse de ses esprits engourdis, qui occasionne l'épaisseur de son sang, d'où procède la maladie. Voilà les remèdes que j'imagine, auxquels pourront être ajoutés beaucoup d'autres meilleurs par monsieur notre maître et ancien, suivant l'expérience, jugement lumière et suffisance qu'il s'est acquis dans notre art. *Dixi*.

SECOND MEDECIN.

A Dieu ne plaise, monsieur, qu'il me tombe en pensée d'ajouter rien à ce que vous venez de dire! Vous avez si bien discouru sur tous les signes, les symptômes et les causes de la maladie de monsieur; le raisonnement que vous en avez fait est si docte et si beau, qu'il est impossible qu'il ne soit pas fou et mélancolique hypochondriaque; et, quand il ne le serait pas, il faudrait qu'il le devînt pour la beauté des choses que vous avez dites et la justesse du raisonnement que vous avez fait. Oui, monsieur, vous avez dépeint fort graphiquement, *graphice depinxisti*, tout ce qui appartient à cette maladie : il ne se peut rien de plus doctement, sagement, ingénieusement conçu, pensé, imaginé, que ce que vous avez prononcé au sujet de ce mal, soit pour la diagnose, ou la prognose, ou la thérapie; et il ne me reste rien ici que de féliciter monsieur d'être tombé entre vos mains, et de lui dire qu'il est trop heureux d'être fou, pour éprouver l'efficace et la douceur des remèdes que vous avez si judicieusement proposés. Je les approuve tous, *manibus et pedibus descendo in tuam sententiam*. Tout ce que j'y voudrais, c'est de faire les saignées et les purgations en nombre impair, *numero deus impare gaudet;* de prendre le lait clair avant le bain; de lui composer un fronteau où il entre du sel; le sel est symbole de la sagesse; de faire blanchir les murailles de sa chambre, pour dissiper les ténèbres de ses esprits, *album est disgregativum visus* ; et de lui donner tout à l'heure un petit lavement, pour servir de prélude et d'introduction à ces judicieux remèdes, dont, s'il a à guérir, il doit recevoir du soulagement. Fasse le ciel que ces remèdes, monsieur, qui sont les vôtres, réussissent au malade selon notre intention!

M. DE POURCEAUGNAC.

Messieurs, il y a une heure que je vous écoute. Est-ce que nous jouons ici une comédie?

PREMIER MEDECIN.

Non, monsieur, nous ne jouons point.

M. DE POURCEAUGNAC.

Qu'est-ce que tout ceci? et que voulez-vous dire avec votre galimatias et vos sottises?

PREMIER MEDECIN.

Bon. Dire des injures, voilà un diagnostic qui nous manquait pour la confirmation de son mal; et ceci pourrait bien tourner en manie.

M. DE POURCEAUGNAC, *à part*.

Avec qui m'a-t-on mis ici? (*Il crache deux ou trois fois.*)

PREMIER MEDECIN.

Autre diagnostic : la sputation fréquente.

M. DE POURCEAUGNAC.

Laissons cela, et sortons d'ici.

PREMIER MEDECIN.

Autre encore, l'inquiétude de changer de place.

M. DE POURCEAUGNAC.

Qu'est-ce donc que toute cette affaire? et que me voulez-vous?

PREMIER MEDECIN.

Vous guérir, selon l'ordre qui nous a été donné.

M. DE POURCEAUGNAC.

Me guérir!

PREMIER MEDECIN.

Oui.

M. DE POURCEAUGNAC.

Parbleu! je ne suis pas malade.

PREMIER MEDECIN.

Mauvais signe lorsqu'un malade ne sent pas son mal.

M. DE POURCEAUGNAC.

Je vous dis que je me porte bien.

PREMIER MEDECIN.

Nous savons mieux que vous comment vous vous portez, et nous sommes médecins qui voyons clair dans votre constitution.

M. DE POURCEAUGNAC.

Si vous êtes médecins, je n'ai que faire de vous, et je me moque de la médecine.

PREMIER MEDECIN.

Hon! hon! voici un homme plus fou que nous ne pensons.

M. DE POURCEAUGNAC.

Mon père et ma mère n'ont jamais voulu de remèdes, et ils sont morts tous deux sans l'assistance des médecins.

PREMIER MEDECIN.

Je ne m'étonne pas s'ils ont engendré un fils qui est insensé. (*au second médecin.*) Allons, procédons à la curation; et par la douceur exhilarante de l'harmonie, adoucissons, lénifions, et accoisons l'aigreur de ses esprits, que je vois prêts à s'enflammer.

SCENE XII.

M. DE POURCEAUGNAC, *seul.*

Que diable est-ce là? Les gens de ce pays-ci sont-ils insensés? Je n'ai jamais rien vu de tel, et je n'y comprends rien du tout.

SCENE XIII.

M. DE POURCEAUGNAC, DEUX MÉDECINS GROTESQUES.

Ils s'asseyent d'abord tous trois; les médecins se lèvent à différentes reprises pour saluer M. de Pourceaugnac, qui se lève autant de fois pour les saluer.

LES DEUX MEDECINS.

Buon dì, buon dì, buon dì.
Non vi lasciate uccidere
Dal dolor malinconico :
Noi vi faremo ridere
Col nostro canto armonico;

Sol per guarirvi
Siamo venuti qui.
Buon di, buon di, buon di.

PREMIER MÉDECIN.

Altro non è la pazzia
Che malinconia.
Il malato
Non è disperato,
Se vol pigliar un poco d'allegria,
Altro non è la pazzia
Che malinconia.

SECOND MÉDECIN.

Sù, cantate, ballate, ridete;
E, se far meglio volete,
Quando sentite il deliro vicino,
Pigliate del vino,
E qualche volta un poco di tabac.
Allegramente, monsu Pourceaugnac.

SCENE XIV.

M. DE POURCEAUGNAC, DEUX MÉDECINS GROTESQUES, MATASSINS.

ENTREE DE BALLET.

Danse des matassins autour de M. de Pourceaugnac.

SCENE XV.

M. DE POURCEAUGNAC, UN APOTHICAIRE, *tenant une seringue.*

L'APOTHICAIRE.

Monsieur, voici un petit remède, un petit remède qu'il vous faut prendre, s'il vous plaît, s'il vous plaît.

M. DE POURCEAUGNAC.

Comment! je n'ai que faire de cela!

L'APOTHICAIRE.

Il a été ordonné, monsieur, il a été ordonné.

M. DE POURCEAUGNAC.

Ah! que de bruit!

L'APOTHICAIRE.

Prenez-le, monsieur, prenez-le; il ne vous fera point de mal, il ne vous fera point de mal.

M. DE POURCEAUGNAC.

Ah!

L'APOTHICAIRE.

C'est un petit clystère, un petit clystère, benin, benin; il est benin, benin; là, prenez, prenez, monsieur; c'est pour déterger, pour déterger, déterger.

SCENE XVI.

M. DE POURCEAUGNAC, UN APOTHICAIRE, LES DEUX MÉDECINS GROTESQUES, ET LES MATASSINS AVEC DES SERINGUES.

LES DEUX MÉDECINS.

Piglialo sù,
Signor monsu;
Piglialo, piglialo, piglialo sù,
Che non ti fara male.
Piglialo sù questo serviziale;
Piglialo sù,
Signor monsu;
Piglialo, piglialo, piglialo sù.

M. DE POURCEAUGNAC.

Allez-vous-en au diable.

(M. de Pourceaugnac, mettant son chapeau pour se garantir des seringues, est suivi par les deux médecins et par les matassins; il passe par derrière le théâtre, et revient se mettre sur sa chaise, auprès de laquelle il trouve l'apothicaire qui l'attendait; les deux médecins et les matassins rentrent aussi.)

LES DEUX MÉDECINS.

Piglialo sù.
Signor monsu;
Piglialo, piglialo, piglialo sù,
Che non ti fara male.
Piglialo sù questo serviziale;
Piglialo sù,
Signor monsu;
Piglialo, piglialo, piglialo sù.

(M. de Pourceaugnac s'enfuit avec la chaise. L'apothicaire appuie sa seringue contre, et les médecins et les matassins le suivent.)

FIN DU PREMIER ACTE.

ACTE II.

SCÈNE PREMIERE.

PREMIER MÉDECIN, SBRIGANI.

PREMIER MÉDECIN.

Il a forcé tous les obstacles que j'avais mis, et s'est dérobé aux remèdes que je commençais de lui faire.

SBRIGANI.

C'est être bien ennemi de soi-même, que de fuir des remèdes aussi salutaires que les vôtres.

PREMIER MÉDECIN.

Marque d'un cerveau démonté, d'une raison dépravé, que de ne vouloir pas guérir.

SBRIGANI.

Vous l'auriez guéri haut la main.

PREMIER MÉDECIN.

Sans doute, quand il y aurait eu complication de douze maladies.

SBRIGANI.

Cependant voilà cinquante pistoles bien acquises qu'il vous fait perdre.

PREMIER MÉDECIN.

Moi, je n'entends point les perdre, et je prétends le guérir en dépit qu'il en ait. Il est lié et engagé à mes remèdes; et je veux le faire saisir où je le trouverai, comme déserteur de la médecine et infracteur de mes ordonnances.

SBRIGANI.

Vous avez raison. Vos remèdes étaient un coup sûr, et c'est de l'argent qu'il vous vole.

PREMIER MÉDECIN.

Où puis-je en avoir des nouvelles?

SBRIGANI.

Chez le bon homme Oronte, assurément, dont il vient épouser la fille, et qui, ne sachant rien de l'infirmité de son gendre futur, voudra peut-être se hâter de conclure le mariage.

PREMIER MÉDECIN.

Je vais lui parler tout à l'heure.

SBRIGANI.

Vous ne ferez point mal.

PREMIER MÉDECIN.

Il est hypothéqué à mes consultations; et un malade ne se moquera pas d'un médecin.

SBRIGANI.

C'est fort bien dit à vous: et, si vous m'en croyez; vous ne souffrirez point qu'il se marie, que vous ne l'ayez pansé tout votre saoul.

PREMIER MÉDECIN.

Laissez-moi faire.

SBRIGANI, *à part, en s'en allant.*

Je vais de mon côté, dresser une autre batterie; et le beau-père est aussi dupe que le gendre.

SCÈNE II.

ORONTE, PREMIER MÉDECIN.

PREMIER MÉDECIN.

Vous avez, monsieur, un certain monsieur de Pourceaugnac qui doit épouser votre fille.

ORONTE.

Oui; je l'attends de Limoges, et il devrait être arrivé.

PREMIER MÉDECIN.

Aussi l'est-il, et il s'en est fui de chez moi après y avoir été mis: mais je vous défends, de la part de la médecine, de procéder au mariage que vous avez conclu, que je ne l'aie dûment préparé pour cela, et mis en état de procréer des enfants bien conditionnés et de corps et d'esprit.

ORONTE.

Comment donc?

PREMIER MÉDECIN.

Votre prétendu gendre a été constitué mon malade: sa maladie, qu'on m'a donnée à guérir, est un meuble qui m'appartient, et que je compte entre mes effets, et je vous déclare que je ne prétends point qu'il se marie, qu'au préalable il n'ait satisfait à la médecine, et subi les remèdes que je lui ai ordonnés.

ORONTE.

Il a quelque mal?

PREMIER MÉDECIN.

Oui.

ORONTE.

Et quel mal, s'il vous plaît?

PREMIER MÉDECIN.

Ne vous en mettez pas en peine.

ORONTE.

Est-ce quelque mal...?

PREMIER MÉDECIN.

Les médecins sont obligés au secret. Il suffit que je vous ordonne, à vous et à votre fille, de ne point célébrer, sans mon consentement vos noces avec lui, sur peine d'encourir la disgrace de la faculté, et d'être accablés de toutes les maladies qu'il nous plaira.

ORONTE.

Je n'ai garde, si cela est, de faire le mariage.

PREMIER MÉDECIN.

On me l'a mis entre les mains; et il est obligé d'être mon malade.

ORONTE.

A la bonne heure.

PREMIER MÉDECIN.

Il a beau fuir, je le ferai condamner par arrêt à se faire guérir par moi.

ORONTE.

J'y consens.

PREMIER MÉDECIN.

Oui, il faut qu'il crève, ou que je le guérisse.

ORONTE.

Je le veux bien.

PREMIER MÉDECIN.

Et, si je ne le trouve, je m'en prendrai à vous, et je vous guérirai au lieu de lui.

ORONTE.

Je me porte bien.

PREMIER MÉDECIN.

Il n'importe, il me faut un malade; et je prendrai qui je pourrai.

ORONTE.

Prenez qui vous voudrez; mais ce ne sera pas moi. (*seul.*) Voyez un peu la belle raison!

SCENE III.

ORONTE, SBRIGANI, *en marchand flamand.*

SBRIGANI.

Montsir, afec le fôtre permission, je suisse un tranger marchand Flamane qui foudrait bienne fous temandair un petit nouvel.

ORONTE.

Quoi, monsieur?

SBRIGANI.

Mettez le fôtre chapeau sur le tête, montsir, si ve plaît.

ORONTE.

Dites-moi, monsieur, ce que vous voulez.

SBRIGANI.

Moi le dire rien, montsir, si fous le mettre pas le chapeau sur le tête.

ORONTE.

Soit. Qu'y a-t-il, monsieur?

SBRIGANI.

Fous connaître point en sti file un certe montsir Oronte?

ORONTE.

Oui, je le connais.

SBRIGANI.

Et quel homme est-il, montsir, si ve plaît?

ORONTE.

C'est un homme comme les autres.

SBRIGANI.

Je fous temande, montsir, s'il est un homme qui a du bienne?

ORONTE.

Oui.

SBRIGANI.

Mais riche beaucoup grandement, montsir?

ORONTE.

Oui.

SBRIGANI.

J'en suis aise beaucoup, montsir.

ORONTE.

Mais pourquoi cela?

SBRIGANI.

L'est, montsir, pour un petit raisonne de consequence pour nous.

ORONTE.

Mais encore, pourquoi?

SBRIGANI.

L'est, montsir, que sti montsir Oronte donne son fille en mariage à un certe montsir de Pourcegnac.

ORONTE.

Hé bien?

SBRIGANI.

Et sti montsir de Pourcegnac, montsir, l'est un homme que doivre beaucoup grandement à dix ou douze marchanes flamanes qui être venu ici.

ORONTE.

Ce monsieur de Pourceaugnac doit beaucoup à dix ou douze marchands?

SBRIGANI.

Oui, montsir; et, depuis huite mois, nous afoir obtenir un petit sentence contre lui; et lui à remettre à payer tou ce créanciers de sti mariage que sti montsir Oronte donne pour son fille.

ORONTE.

Hon, hon! il a remis là à payer ses créanciers?

SBRIGANI.

Oui, montsir; et avec un grant défotion nous tous attendre sti mariage.

ORONTE, *à part.*

L'avis n'est pas mauvais. (*haut*) Je vous donne le bon jour.

SBRIGANI.

Je remercie, montsir, de la faveur grande.

ORONTE.

Votre très humble valet.

SBRIGANI.

Je le suis, montsir, obliger plus que beaucoup du bon nouvel que montsir m'afoir donné. (*seul, après avoir ôté sa barbe, et dépouillé l'habit de Flamand qu'il a par dessus le sien.*)

Cela ne va pas mal. Quittons notre ajustement de Flamand, pour songer à d'autres machines; et tâchons de semer tant de soupçons et de division entre le beau-père et le gendre, que cela rompe le mariage prétendu. Tous deux également sont propres à gober les hameçons qu'on leur veut tendre; et, entre nous autres fourbes de la première classe, nous ne faisons que nous jouer, lorsque nous trouvons un gibier aussi facile que celui-là.

SCENE IV.

MONSIEUR DE POURCEAUGNAC, SBRIGANI.

M. DE POURCEAUGNAC, *se croyant seul.*

Piglialo sù, piglialo sù,
Signor monsu...

Que diable est-ce là? (*apercevant Sbrigani.*) Ah

SBRIGANI.

Qu'est-ce, monsieur? Qu'avez-vous?

M. DE POURCEAUGNAC.

Tout ce que je vois me semble lavement.

SBRIGANI.

Comment?

M. DE POURCEAUGNAC.

Vous ne savez pas ce qui m'est arrivé dans ce logis à la porte duquel vous m'avez conduit?

SBRIGANI.

Non, vraiment. Qu'est-ce que c'est?

M. DE POURCEAUGNAC.

Je pensais y être régalé comme il faut.

SBRIGANI.

Hé bien?

M. DE POURCEAUGNAC.

Je vous laisse entre les mains de monsieur. Des médecins habillés de noir. Dans une chaise. Tâter le pouls. Comme ainsi soit. Il est fou. Deux gros joufflus. Grands chapeaux, *Buon di, buon di.* Six pantalons. Ta, ra, ta, ta; ta, ra, ta, ta; *Allegramente monsu Pourceaugnac.* Apothicaire. Lavement. Prenez, monsieur; prenez, prenez. Il est benin, benin, benin. C'est pour deterger, pour déterger, déterger. *Piglialo sù, signor monsu; piglialo, piglialo, piglialo sù.* Jamais je n'ai été si saoul de sottises.

SBRIGANI.

Qu'est-ce que tout cela veut dire?

M. DE POURCEAUGNAC

Cela veut dire que cet homme là, avec ses grandes ambrassades, est un fourbe qui m'a mis dans une maison pour se moquer de moi, et me faire une pièce.

SBRIGANI.

Cela est-il possible?

M. DE POURCEAUGNAC.

Sans doute. Ils étaient une douzaine de possédés après mes chausses; et j'ai eu toutes les peines du monde à m'échapper de leurs pattes.

SBRIGANI.

Voyez un peu; les mines sont bien trompeuses! Je l'aurais cru le plus affectionné de vos amis. Voilà un de mes étonnements, comme il est possible qu'il y ait des fourbes comme cela dans le monde.

M. DE POURCEAUGNAC.

Ne sens-je point le lavement? Voyez, je vous prie.

SBRIGANI.

Hé! il y a quelque petite chose qui approche de cela.

M. DE POURCEAUGNAC.

J'ai l'odorat et l'imagination tout remplis de cela; et il me semble toujours que je vois une douzaine de lavements qui me couchent en joue.

SBRIGANI.

Voilà une méchanceté bien grande; et les hommes sont bien traîtres et scélérats!

M. DE POURCEAUGNAC.

Enseignez-moi, de grace, le logis de monsieur Oronte; je suis bien aise d'y aller tout à l'heure.

SBRIGANI.

Ah! ah! vous êtes donc de complexion amoureuse? et vous avez ouï parler que ce monsieur Oronte a une fille?..

M. DE POURCEAUGNAC.

Oui. Je viens l'épouser.

SBRIGANI.

L'é... l'epouser?

M. DE POURCEAUGNAC.

Oui.

SBRIGANI.

En mariage?

M. DE POURCEAUGNAC

De quelle façon, donc?

SBRIGANI.

Ah! c'est une autre chose; je vous demande pardon.

M. DE POURCEAUGNAC

Qu'est-ce que cela veut dire?

SBRIGANI.

Rien.

M. DE POURCEAUGNAC

Mais encore?

SBRIGANI.

Rien, vous dis-je. J'ai un peu parlé trop vite.

M. DE POURCEAUGNAC.

Je vous prie de me dire ce qu'il y a là dessous.

SBRIGANI.

Non: cela n'est pas nécessaire.

M. DE POURCEAUGNAC.

De grace.

SBRIGANI.

Point. Je vous prie de m'en dispenser.

M. DE POURCEAUGNAC.

Est-ce que vous n'êtes point de mes amis?

SBRIGANI.

Si fait. On ne peut pas l'être davantage.

M. DE POURCEAUGNAC.

Vous devez donc ne me rien cacher.

SBRIGANI.

C'est une chose où il y va de l'intérêt du prochain.

M. DE POURCEAUGNAC.

Afin de vous obliger à m'ouvrir votre cœur, voilà une petite bague que je vous prie de garder pour l'amour de moi.

SBRIGANI.

Laissez-moi consulter un peu si je puis le faire en conscience. (*après s'être un peu éloigné de monsieur de Pourceaugnac.*) C'est un homme qui cherche son bien, qui tâche de pourvoir sa fille le plus avantageusement qu'il est possible; et il ne faut nuire à personne. Ce sont des choses qui sont connues, à la vérité; mais j'irai les découvrir à un homme qui les ignore, et il est défendu de scandaliser son prochain. Cela est vrai, mais d'autre part voilà un étranger qu'on veut surprendre, et qui, de bonne foi, vient se marier avec une fille qu'il ne connaît pas et qu'il n'a jamais vue; un gentilhomme plein de franchise, pour qui je me sens de l'inclination, qui me fait l'honneur de me tenir pour son ami, prend confiance en moi, et me donne une bague à garder pour l'amour de lui. (*à M. de Pourceaugnac*) Oui; je trouve que je puis vous dire les choses sans blesser ma conscience; mais tâchons de vous les dire le plus doucement qu'il nous sera possible, et d'épargner les gens le plus que nous pourrons. De vous dire que cette fille là mène une vie déshonnête, cela serait un peu trop fort. Cherchons, pour nous expliquer, quelques termes plus doux. Le mot de galante aussi n'est pas assez; celui de coquette achevée me semble propre à ce que nous voulons, et je m'en puis servir pour vous dire honnêtement ce qu'elle est.

M. DE POURCEAUGNAC.

L'on me veut donc prendre pour dupe?

SBRIGANI.

Peut-être dans le fond n'y a-t-il pas tant de mal que tout le monde croit; et puis il y a des gens, après tout, qui se mettent au dessus de ces sortes de choses, et qui ne croient pas que leur honneur dépende...

M. DE POURCEAUGNAC.

Je suis votre serviteur; je ne me veux point mettre sur la tête un chapeau comme celui-là; et l'on aime a aller le front levé dans la famille des Pourceaugnacs.

SBRIGANI.

Voilà le père.

M. DE POURCEAUGNAC.

Ce vieillard là?

SBRIGANI.

Oui. Je me retire.

SCENE V.

ORONTE, M. DE POURCEAUGNAC.

M. DE POURCEAUGNAC.

Bon jour, monsieur, bon jour.

ORONTE.

Serviteur, monsieur, serviteur.

M. DE POURCEAUGNAC

Vous êtes monsieur Oronte, n'est-ce pas?

ORONTE.

Oui.

M. DE POURCEAUGNAC.

Et moi, monsieur de Pourceaugnac.

ORONTE.

A la bonne heure.

M. DE POURCEAUGNAC.

Croyez-vous, monsieur Oronte, que les Limosins soient des sots?

ORONTE.

Croyez-vous, monsieur de Pourceaugnac, que les Parisiens soient des bêtes?

M. DE POURCEAUGNAC.

Vous imaginez-vous, monsieur Oronte, qu'un homme comme moi soit si affamé de femme?

ORONTE.

Vous imaginez-vous, monsieur de Pourceaugnac, qu'une fille comme la mienne soit si affamée de mari?

SCENE VI.

M. DE POURCEAUGNAC, JULIE, ORONTE.

JULIE.

On vient de me dire, mon père, que monsieur de Pourceaugnac est arrivé. Ah! le voilà sans doute, et mon cœur me le dit. Qu'il est bien fait! Qu'il a bon air! et que je suis contente d'avoir un tel époux! Souffrez que je l'embrasse, et que je lui témoigne...

ORONTE.

Doucement, ma fille, doucement.

M. DE POURCEAUGNAC, *à part.*

Tudieu ! Quelle galante ! Comme elle prend feu d'abord !

ORONTE.

Je voudrais bien savoir, monsieur de Pourceaugnac, par quelle raison vous venez ...

JULIE *s'approche de M. Pourceaugnac, le regarde d'un air languissant, et lui veut prendre la main.*

Que je suis aise de vous voir ! et que je brûle d'impatience !..

ORONTE.

Ah ! ma fille ! ôtez-vous de là, vous dis-je.

M. DE POURCEAUGNAC, *à part.*

Oh ! oh ! quelle égrillarde !

ORONTE.

Je voudrais bien, dis-je, savoir par quelle raison, s'il vous plaît, vous avez la hardiesse de...

(*Julie continue le même jeu.*)

M. DE POURCEAUGNAC, *à part.*

Vertu de ma vie !

ORONTE, *à Julie.*

Encore? Qu'est-ce à dire, cela ?

JULIE.

Ne voulez-vous pas que je caresse l'époux que vous m'avez choisi?

ORONTE.

Non. Rentrez là-dedans.

JULIE.

Laissez-moi le regarder.

ORONTE

Rentrez, vous dis-je.

JULIE.

Je veux demeurer là, s'il vous plaît.

ORONTE.

Je ne veux pas, moi; et, si tu ne rentres tout à l'heure, je...

JULIE.

Hé bien ! je rentre.

ORONTE.

Ma fille est une sotte, qui ne sait pas les choses.

M. DE POURCEAUGNAC, *à part.*

Comme nous lui plaisons !

ORONTE, *à Julie qui est restée après avoir fait quelques pas pour s'en aller.*

Tu ne veux pas te retirer ?

JULIE.

Quand est-ce donc que vous me marierez avec monsieur ?

ORONTE.

Jamais; et tu n'es pas pour lui.

JULIE.

Je le veux avoir, moi, puisque vous me l'avez promis.

ORONTE.

Si je te l'ai promis, je te le dépromets.

M. DE POURCEAUGNAC, *à part.*

Elle voudrait bien me tenir.

JULIE.

Vous avez beau faire, nous serons mariés ensemble en dépit de tout le monde.

ORONTE.

Je vous en empêcherai bien tous deux, je vous assure. Voyez un peu quel vertigo lui prend !

SCENE VII.

ORONTE, M. DE POURCEAUGNAC.

M. DE POURCEAUGNAC.

Mon dieu ! notre beau-père prétendu, ne vous fatiguez point tant; on n'a pas envie de vous enlever votre fille, et vos grimaces n'attrapperont rien.

ORONTE.

Toutes les vôtres n'auront pas grand effet.

M. DE POURCEAUGNAC.

Vous êtes-vous mis dans la tête que Léonard de Pourceaugnac soit un homme à acheter chat en poche, et qu'il n'ait pas là-dedans quelque morceau de judiciaire pour se conduire, pour se faire informer de l'histoire du monde, et voir, en se mariant, si son honneur a bien toutes ses sûretés?

ORONTE.

Je ne sais pas ce que cela veut dire : mais vous êtes-vous mis dans la tête qu'un homme de soixante et trois ans ait si peu de cervelle, et considère si peu sa fille, que de la marier avec un homme qui a ce que vous savez, et qui a été mis chez un médecin pour être pansé?

M. DE POURCEAUGNAC.

C'est une pièce que l'on m'a faite ; et je n'ai aucun mal.

ORONTE.

Le médecin me l'a dit lui-même.

M. DE POURCEAUGNAC.

Le médecin en a menti. Je suis gentilhomme, et je le veux voir l'épée à la main.

ORONTE.

Je sais ce que j'en dois croire; et vous ne m'abuserez pas là-dessus, non plus que sur les dettes que vous avez assignées sur le mariage de ma fille.

M. DE POURCEAUGNAC.

Quelles dettes ?

ORONTE.

La feinte est ici inutile ; j'ai vu le marchand flamand, qui, avec les autres créanciers, a obtenu depuis huit mois sentence contre vous.

M. DE POURCEAUGNAC.

Quel marchand flamand ? Quels créanciers? Quelle sentence obtenue contre moi?

ORONTE.

Vous savez bien ce que je veux dire.

SCENE VIII.

M. DE POURCEAUGNAC, ORONTE, LUCETTE.

LUCETTE, *contrefaisant une Languedocienne.*

Ah ! tu es assi, et à la fi yeu te trobi après abé fait tant de passés ! Podes-tu, scélérat, podes-tu sousteni ma bisto?

M. DE POURCEAUGNAC.

Qu'est-ce que veut cette femme-là ?

LUCETTE.

Que te boli, infâme ! Tu fas sémblan de nou me pas connouisse, et nou rougisses pas, impudint que tu sios, tu ne rougisses pas de me beyre? (*à Oronte*) Nou sabi pas, moussur, saquos bous dont m'an dit que bouillo espousa la fillo; may yeu bous déclari que yeu soun sa fenno, et que y a set ans, moussur, qu'en passant à Pézénas, el auguet l'adresse, dambé sas mignardisos, commo sap tabla fayre, de me gagna lou cor, et m'oubligel pra quel mouyen à ly douna la main per l'espousa.

ORONTE.

Oh ! oh !

M. DE POURCEAUGNAC.

Que diable est-ce ci ?

LUCETTE.

Lou traité me quittel trés ans après, sul préteste de qualques affayres que l'apelabon dins soun pays, et despey noun l'y resçau put quaso de noubelo; may dins lou tens qu'y soungeabi lou mens, m'an dounat abist que begnio dins aquesto bilo per se remarida dambé un autro jouena fillo, que sous parens ly an proucurado sensse saupré res de son prumié mariatge. Yeu ai tout quittat en diligensso, et me souy rendudo dins aqueste loc lou pu leu qu'ay pouscut, per m'oupousa en aquel criminel mariatge, et confondre as elys de tout le mounde lou plus méchant day hommes.

M. DE POURCEAUGNAC.

Voilà une étrange effrontée !

LUCETTE.

Impudint ! n'as pas honte de m'injuria, alloc d'être confus day reproches secrets que ta consciensso te deu fayre ?

M. DE POURCEAUGNAC.

Moi, je suis votre mari?

LUCETTE.

Infame gausos-tu dire lou contrari ? Hé ! tu sabes bé, per ma peuno, que n'es que trop bertat; et plaguesso al cel qu'aco nou fougesso pas, et que m'auquesso layssado dins l'état d'innoussenço, et dins la tranquilitat oun moun amo bibic daban que tous charmes et ta trounpariés nou m'en benguesson malhurousoment je sourty; yeu nou serio pas réduito à fayre lou tristé persounatge que yeu favé presentomen; à beyre un marit cruel mespresa touto l'ardou que yeu ay per el, et me laissa sensse cap de piétat abandounado à las mourtéles doulous que yeu ressenti de sas perfidos acciûs.

ORONTE.

Je ne saurais m'empêcher de pleurer. (*à M. de Pourceaugnac.*) Allez, vous êtes un méchant homme.

M. DE POURCEAUGNAC.

Je ne connais rien à tout ceci.

SCENE IX.

M. DE POURCEAUGNAC, ORONTE, NERINE, LUCETTE.

NÉRINE, *contrefaisant une Picarde.*

Ah! je n'en pis plus, je sis tout essoflée! Ah! finfaron, tu m'as bien fait courir : tu ne m'écaperas mie. Justiche, justiche; je boute empêchement au mariage. (*à Oronte.*) Chés mon méri, monsieur, et je veux faire pindre che bon pindard-là.

M. DE POURCEAUGNAC.

Encore!

ORONTE, *à part.*

Quel diable d'homme est-ce ci?

LUCETTE.

Et que boulez-bous dire, ambé bostre empachomen, et bostro pendarie? Quaquel homo es bostre marit?

NÉRINE.

Oui, medéme, et je sis sa femme.

LUCETTE.

Aquo es faus, aquos yeu que soun sa fenno, et se deu estre pendut, aquos sera yeu que lou farai penjat.

NÉRINE.

Je n'entains mie che baragoin-là.

LUCETTE.

Yeu bous disi que yeu soun sa fenno.

NÉRINE.

Sa femme?

LUCETTE.

Oy.

NÉRINE.

Je vous dis que chest mi, encore in coup, qui le sis.

LUCETTE.

Et yeu bous sousteni, yeu, qu'aquos yeu.

NÉRINE.

Il y a quetre ans qu'il m'a éposée.

LUCETTE.

Et yeu set ans y a que m'a preso per fenno.

NÉRINE.

J'ai des gairants de tout cho que je di.

LUCETTE.

Tout mon pay lo sap.

NÉRINE.

No ville en est témoin.

LUCETTE.

Tout Pézénas a bist nostre mariatge.

NÉRINE.

Tout Chin-Quentin a assisté à no noche.

LUCETTE.

Non y a res de tant béritable.

NÉRINE.

Il gn'y a rien de plus chertain.

LUCETTE, *à M. de Pourceaugnac.*

Gausos-tu dire lou contrari, valisquos?

NÉRINE, *à M. de Pourceaugnac.*

Est-che que tu démaintiras, méchaint homme?

M. DE POURCEAUGNAC.

Il est aussi vrai l'un que l'autre.

LUCETTE.

Quaingn impudensso! Et coussy, misérable, nou te soubennes plus de la pauro Françon, et del pauré Jeannet, que soun lous fruits de nostre mariatge?

NÉRINE.

Bayez un peu l'insolence! Quoi! tu ne te souviens mie de chette pauvre ainfain, no petite Madelaine, que tu m'as laichée pour gaige de ta foi?

M. DE POURCEAUGNAC.

Voilà deux impudentes carognes!

LUCETTE.

Beni, Françon, beni, Jeannet; beni toustou, beni toustoune, beni fayre beyre à un payre dénaturat la duretat qu'el a per nautres.

NÉRINE.

Venez, Madelaine, men ainfain, venez-ves-en ichi faire honte à vo père de l'impudainche qu'il a.

SCENE X.

ORONTE, M. DE POURCEAUGNAC, LUCETTE, NÉRINE, PLUSIEURS ENFANTS.

LES ENFANTS.

Ah! mon papa! mon papa! mon papa!

M. DE POURCEAUGNAC.

Diantre soit des petits fils de putain!

LUCETTE.

Coussy, trayte, tu nou sios pas dins la darnière confusiu de ressaupre à tal tous enfants, et de ferma l'aureillo à la tendresso paternello? Tu nou m'escaperas pas, infame : yeu te boli seguy pertout, et te reproucha ton crime, jusquos à tant que me sio beniado, et que t'ayo fayt penjat, couquy, te boli fayre penjat.

NÉRINE.

Ne rougis-tu mie de dire ches mots là, et d'être insainsible aux cairesses de chette pauvre ainfaint? Tu ne te sauveras mie de mes pattes : et en dépit de tes dains, je ferai bien voir que je sis ta femme, et je te ferai pindre.

LES ENFANTS.

Mon papa! mon papa! mon papa!

M. DE POURCEAUGNAC.

Au secours! au secours! Où fuirai-je? je n'en puis plus.

ORONTE, *à Lucette et à Nérine.*

Allez, vous ferez bien de le faire punir; et il mérite d'être pendu.

SCENE XI.

SBRIGANI, *seul.*

Je conduis de l'œil toutes choses, et tout ceci ne va pas mal. Nous fatiguerons tant notre provincial, qu'il faudra, ma foi, qu'il déguerpisse.

SCENE XII.

M. DE POURCEAUGNAC, SBRIGANI.

M. DE POURCEAUGNAC.

Ah! je suis assommé. Quelle peine! quelle maudite ville! Assassiné de tous côtés!

SBRIGANI.

Qu'est-ce, monsieur? Est-il encore arrivé quelque chose?

M. DE POURCEAUGNAC.

Oui; il pleut en ce pays des femmes et des lavements.

SBRIGANI.

Comment donc?

M. DE POURCEAUGNAC.

Deux carognes de baragouineuses me sont venues accuser de les avoir épousées toutes deux, et me menacent de la justice.

SBRIGANI.

Voilà une méchante affaire; et la justice en ce pays-ci est rigoureuse en diable contre cette sorte de crime.

M. DE POURCEAUGNAC.

Oui; mais quand il y aurait information, ajournement, décret et jugement obtenu par surprise, défaut et contumace, j'ai la voie du conflit de juridiction pour temporiser et venir aux moyens de nullité qui seront dans les procédures.

SBRIGANI.

Voilà en parler dans tous les termes; et l'on voit bien, monsieur, que vous êtes du métier.

M. DE POURCEAUGNAC.

Moi! point du tout; je suis gentilhomme.

SBRIGANI.

Il faut bien, pour parler ainsi, que vous ayez étudié la pratique.

M. DE POURCEAUGNAC.

Point; ce n'est que le sens commun qui me fait juger que je serai toujours reçu à mes frais justificatifs, et qu'on ne me saurait condamner sur une simple accusation, sans un récolement et confrontation avec mes parties.

SBRIGANI.

En voilà de plus fin encore.

M. DE POURCEAUGNAC.

Ces mots-là me viennent sans que je les sache.

SBRIGANI.

Il me semble que le sens commun d'un gentilhomme peut bien aller à concevoir ce qui est du droit et de l'ordre de la justice, mais non pas à savoir les vrais termes de la chicane.

M. DE POURCEAUGNAC.

Ce sont quelques mots que j'ai retenus en lisant les romans.

SBRIGANI.

Ah! fort bien.

M. DE POURCEAUGNAC.

Pour vous montrer que je n'entends rien du tout à la chicane, je vous prie de me mener chez quelque avocat pour consulter mon affaire.

SBRIGANI.

Je le veux, et vais vous conduire chez deux hommes fort habiles: mais j'ai auparavant à vous avertir de n'être point surpris de leur manière de parler; ils ont contracté du barreau certaine habitude de déclamation, qui fait que l'on dirait qu'ils chantent, et vous prendrez pour musique tout ce qu'ils vous diront

M. DE POURCEAUGNAC.

Qu'importe comme ils parlent, pourvu qu'ils me disent ce que je veux savoir.

SCENE XIII.

M. DE POURCEAUGNAC, SBRIGANI, DEUX AVOCATS, DEUX PROCUREURS, DEUX SERGENTS.

PREMIER AVOCAT, *traînant ses paroles en chantant.*

La polygamie est un cas,
Est un cas pendable.

SECOND AVOCAT, *chantant fort vite et bredouillant.*

Votre fait
Est clair et net;
Et tout le droit,
Sur cet endroit,
Conclut tout droit.
Si vous consultez nos auteurs,
Législateurs et glossateurs,
Justinian, Papinian,
Ulpian et Tribonian,
Fernand, Rebuffe, Jean Imole,
Paul Castre, Julian, Barthole,
Jason, Alciat et Cujas
Ce grand homme si capable,
La polygamie est un cas,
Est un cas pendable.

ENTRÉE DE BALLET.

Danse de deux procureurs et de deux sergents, pendant que le SECOND AVOCAT chante les paroles qui suivent:

Tous les peuples policés,
Et bien sensés,
Les Français, Anglais, Hollandais,
Danois, Suédois, Polonais,
Portugais, Espagnols, Flamands,
Italiens, Allemands,
Sur ce fait tiennent loi semblable;
Et l'affaire est sans embarras.
La polygamie est un cas,
Est un cas pendable.

LE PREMIER AVOCAT *chante celles-ci :*

La polygamie est un cas,
Est un cas pendable.

(*M. de Pourceaugnac, impatienté, les chasse.*)

FIN DU SECOND ACTE.

ACTE III.

SCENE PREMIÈRE

ÉRASTE, SBRIGANI.

SBRIGANI.

Oui; les choses s'acheminent où nous voulons; et comme ses lumières sont fort petites, et son sens le plus borné du monde, je lui ai fait prendre une frayeur si grande de la sévérité de la justice de ce pays, et des apprêts qu'on fait déjà pour sa mort, qu'il veut prendre la fuite; et, pour se dérober avec plus de facilité aux gens que je lui ai dit qu'on avait mis pour l'arrêter aux portes de la ville, il s'est résolu à se déguiser, et le déguisement qu'il a pris est l'habit d'une femme.

ÉRASTE.

Je voudrais bien le voir en cet équipage.

SBRIGANI.

Songez de votre part à achever la comédie; et tandis que je jouerai mes scènes avec lui, allez vous-en. (*Il lui parle à l'oreille.*) Vous entendez bien!

ÉRASTE.

Oui.

SBRIGANI.

Et lorsque je l'aurai mis où je veux... (*Il lui parle à l'oreille.*)

ÉRASTE.

Fort bien.

SBRIGANI.

Et quand le père aura été averti par moi, (*Il lui parle encore à l'oreille.*)

ÉRASTE.

Cela va le mieux du monde.

SBRIGANI.

Voici notre demoiselle. Allez vite qu'il ne nous voie ensemble.

SCENE II.

M. DE POURCEAUGNAC, *en femme*; SBRIGANI.

SBRIGANI.

Pour moi, je ne crois pas qu'en cet état on puisse jamais vous connaître; et vous avez la mine comme cela d'une femme de condition.

M. DE POURCEAUGNAC.

Voilà qui m'étonne, qu'en ce pays-ci les formes de la justice ne soient point observées.

SBRIGANI.

Oui, je vous l'ai déjà dit, ils commencent ici par faire pendre un homme, et puis il lui font son procès.

M. DE POURCEAUGNAC.

Voilà une justice bien injuste.

SBRIGANI.

Elle est sévère comme tous les diables, particulièrement sur ces sortes de crimes.

M. DE POURCEAUGNAC.

Mais quand on est innocent?

SBRIGANI.

N'importe, ils ne s'enquêtent point de cela : et puis ils ont en cette ville une haine effroyable pour les gens de votre pays; et ils ne sont pas plus ravis que de voir pendre un Limosin.

M. DE POURCEAUGNAC.

Qu'est-ce que les Limosins leur ont donc fait?

SBRIGANI.

Ce sont des brutaux, ennemis de la gentillesse et du mérite des autres villes. Pour moi, je vous avoue que je suis pour vous dans une peur épouvantable; et je ne me consolerais de ma vie si vous veniez à être pendu.

M. DE POURCEAUGNAC.

Ce n'est pas tant la peur de la mort qui me fait fuir, que de ce qu'il est fâcheux à un gentilhomme d'être pendu, et qu'une preuve comme celle-là ferait tort à nos titres de noblesse.

SBRIGANI.

Vous avez raison; on vous contesterait après cela le titre d'écuyer. Au reste, étudiez-vous, quand je vous mènerai par la main, à bien marcher comme une femme, et à prendre le langage et toutes les manières d'une personne de qualité.

M. DE POURCEAUGNAC.

Laissez-moi faire; j'ai vu les personnes du bel air. Tout ce qu'il y a, c'est que j'ai un peu de barbe.

SBRIGANI.

Votre barbe n'est rien; il y a des femmes qui en ont autant que vous. Çà, voyons un peu comme vous ferez. (*après que M. de Pourceaugnac a contrefait la femme de condition*) Bon.

M. DE POURCEAUGNAC.

Allons donc, mon carrosse, où est-ce qu'est mon carrosse? Mon Dieu! qu'on est misérable d'avoir des gens comme cela! Est-ce qu'on me fera attendre toute la journée sur le pavé, et qu'on ne me fera point venir mon carrosse?

SBRIGANI.

Fort bien.

M. DE POURCEAUGNAC.

Holà! ho! cocher, petit laquais. Ah! petit fripon, que de coups de fouet je vous ferai donner tantôt! Petit laquais, petit laquais. Où est-ce donc qu'est ce petit laquais, ce petit laquais ne se trouvera-t-il point? ne me fera-t-on point venir ce petit laquais? Est-ce que je n'ai point un petit laquais dans le monde?

SBRIGANI.

Voilà qui va à merveille. Mais je remarque une chose : cette coiffe est un peu trop déliée : j'en vais quérir une plus épaisse, pour vous mieux cacher le visage en cas de quelque rencontre.

M. DE POURCEAUGNAC.

Que deviendrai-je cependant?

SBRIGANI.

Attendez-moi là, je suis à vous dans un moment; vous n'avez qu'à vous promener.

(*M. de Pourceaugnac fait plusieurs tours sur le théâtre, en continuant à contrefaire la femme de qualité.*)

SCENE III.

M. DE POURCEAUGNAC, DEUX SUISSES.

PREMIER SUISSE, *sans voir M. de Pourceaugnac.*

Allons, dépêchons, camerade; li faut allair tous deux nous à la Crève, pour regarter un peu choustidier sti monsiu de Pourcegnac, qui l'a été contané par ortonnance à lêtre pendu par son cou.

SECOND SUISSE, *sans voir M. de Pourceaugnac.*

Li faut nous loër un fenêtre pour foir sti choustice.

PREMIER SUISSE.

Li disent que l'on fait téjà planter un grand potence tout neuve, pour l'y accrocher sti Porcegnac.

SECOND SUISSE.

Li sira, mon foi, un grand plaisir d'y regarter pendre sti Limossin.

PREMIER SUISSE.

Oui, te li foir gambiller les pieds en haut tefant tout le monde.

SECOND SUISSE.

Li est un plaiçant trôle, oui: li disent que s'être marié troy foie.

PREMIER SUISSE.

Sti diable li fouloir trois femmes à ly tout seul; li être bien assez t'une.

SECOND SUISSE, *en apercevant M. de Pourceaugnac.*

A! pon chour, mameselle.

PREMIER SUISSE.

Que faire fous là tout seul?

M. DE POURCEAUGNAC.

J'attends mes gens, messieurs.

SECOND SUISSE.

Li être belle, par mon foi.

M. DE POURCEAUGNAC.

Doucement, messieurs.

PREMIER SUISSE.

Fous, mameselle, fouloir finir rechouir fous à la Crève? Nous faire foir à fous un petit pendement pien choli.

M. DE POURCEAUGNAC.

Je vous rends grace.

SECOND SUISSE.

L'être un gentilhomme limossin, qui sera pendu chentiment à un grand potence.

M. DE POURCEAUGNAC.

Je n'ai pas de curiosité.

PREMIER SUISSE.

Li être un petit teton qui l'est trôle.

M. DE POURCEAUGNAC.

Tout beau.

PREMIER SUISSE.

Mon foi, moi couchair pien afec fous.

M. DE POURCEAUGNAC.

Ah! c'en est trop; et ces sortes d'ordures-là ne se disent point à une femme de ma condition.

SECOND SUISSE.

Laisse, toi; l'être moi qui le veux couchair afec elle.

PREMIER SUISSE.

Moi, ne fouloir pas laisser.

SECOND SUISSE.

Moi, li fouloir moi.

(*Les deux Suisses tirent M. Pourceaugnac avec violence.*)

PREMIER SUISSE.

Moi, ne faire rien.

SECOND SUISSE.

Toi, l'afoir menti.

PREMIER SUISSE.

Toi, l'afoir menti toi-même.

M. DE POURCEAUGNAC.

Au secours! A la force!

SCENE IV.

M. DE POURCEAUGNAC, UN EXEMPT, DEUX ARCHERS, DEUX SUISSES.

L'EXEMPT.

Qu'est-ce? Quelle violence est-ce là? Et que voulez-vous faire à madame? Allons, que l'on sorte de là, si vous ne voulez que je vous mette en prison.

PREMIER SUISSE.

Parti, pon, toi ne l'afoir point.

SECOND SUISSE.

Parti, pon aussi, toi ne l'afoir point encore.

SCENE V.

M. DE POURCEAUGNAC, UN EXEMPT.

M. DE POURCEAUGNAC.

Je vous suis obligée, monsieur, de m'avoir délivrée de ces insolents.

L'EXEMPT.

Ouais! voilà un visage qui ressemble bien à celui que l'on m'a dépeint.

M. DE POURCEAUGNAC.

Ce n'est pas moi, je vous assure.

L'EXEMPT.

Ah! ah! qu'est-ce que veut dire...?

M. DE POURCEAUGNAC.

Je ne sais pas.

L'EXEMPT.

Pourquoi donc dites-vous cela?

M. DE POURCEAUGNAC.

Pour rien.

L'EXEMPT.

Voilà un discours qui marque quelque chose, et je vous arrête prisonnier.

M. DE POURCEAUGNAC.

Hé! monsieur, de grace!

L'EXEMPT.

Non, non; à votre mine et à vos discours, il faut que vous soyez ce monsieur de Pourceaugnac que nous cherchons, qui se soit déguisé de la sorte; et vous viendrez en prison tout à l'heure.

M. DE POURCEAUGNAC.

Hélas!

SCÈNE VI.

M. DE POURCEAUGNAC, SBRIGANI, UN EXEMPT, DEUX ARCHERS.

SBRIGANI, *à M. de Pourceaugnac.*

Ah ciel! que veut dire cela?

M. DE POURCEAUGNAC.

Ils m'ont reconnu.

L'EXEMPT.

Oui, oui; c'est de quoi je suis ravi.

SBRIGANI, *à l'exempt.*

Hé! monsieur, pour l'amour de moi! vous savez que nous sommes amis depuis longtemps; je vous conjure de ne point le mener en prison.

L'EXEMPT.

Non : il m'est impossible.

SBRIGANI.

Vous êtes homme d'accommodement. N'y a-t-il pas moyen d'ajuster cela avec quelques pistoles?

L'EXEMPT, *à ses archers.*

Retirez-vous un peu.

SCENE VII.

M. DE POURGEAUGNAC, SBRIGANI, UN EXEMPT.

SBRIGANI, *à M. de Pourceaugnac.*

Il faut lui donner de l'argent pour vous laisser aller Faites vite.

M. DE POURCEAUGNAC, *donnant de l'argent à Sbrigani.*

Ah! maudite ville!

SBRIGANI.

Tenez, monsieur.

L'EXEMPT.

Combien y a-t-il?

SBRIGANI.

Un, deux, trois, quatre, cinq, six, sept, huit, neuf, dix.

L'EXEMPT.

Non, mon ordre est trop exprès.

SBRIGANI, *à l'exempt qui veut s'en aller.*

Mon Dieu! attendez. (*à M. de Pourceaugnac*) Dépêchez, donnez-lui-en encore autant.

M. DE POURCEAUGNAC.

Mais...

SBRIGANI.

Dépêchez-vous; vous dis-je, et ne perdez point de temps. Vous auriez un grand plaisir quand vous seriez pendu!

M. DE POURCEAUGNAC.

Ah! (*Il donne encore de l'argent à Sbrigani.*)

SBRIGANI, *à l'exempt.*

Tenez, monsieur.

L'EXEMPT, *a Sbrigani.*

Il faut donc que je m'enfuie avec lui; car il n y aurait point ici de sûreté pour moi. Laissez-le-moi conduire, et ne bougez point d'ici.

SBRIGANI.

Je vous prie donc d'en avoir un grand soin.

L'EXEMPT.

Je vous promets de ne point le quitter que je ne l'aie mis en lieu de sûreté.

M. DE POURCEAUGNAC, *à Sbrigani.*

Adieu. Voilà le seul honnête homme que j'ai trouvé en cette ville.

SBRIGANI.

Ne perdez point de temps. Je vous aime tant, que je voudrais que vous fussiez déjà bien loin. (*seul.*) Que le ciel te conduise! Par ma foi voilà une grande dupe! Mais, voici....

SCENE VIII.

ORONTE, SBRIGANI.

SBRIGANI, *feignant de ne point voir Orgon.*

Ah! quelle étrange aventure! Quelle fâcheuse nouvelle pour un père! Pauvre Oronte que je te plains! Que diras-tu? et de quelle façon pourras-tu supporter cette douleur mortelle?

ORONTE.

Qu'est-ce? Quel malheur me présages-tu?

SBRIGANI.

Ah! monsieur! ce perfide Limosin, ce traître de monsieur de Pourceaugnac vous enlève votre fille!

ORONTE.

Il m'enlève ma fille?

SBRIGANI.

Oui. Elle en est devenue si folle, qu'elle vous quitte pour le suivre; et l'on dit qu'il a un caractère pour se faire aimer de toutes les femmes.

ORONTE.

Allons, vite à la justice. Des archers après eux.

SCENE IX.

ORONTE, ÉRASTE, JULIE, SBRIGANI.

ÉRASTE, *à Julie.*

Allons, vous viendrez malgré vous, et je veux vous remettre entre les mains de votre père. Tenez, monsieur, voilà votre fille que j'ai tirée de force d'entre les mains de l'homme avec qui elle s'enfuyait : non pas pour l'amour d'elle, mais pour votre seule considération. Car, après l'action qu'elle a faite, je dois la mépriser, et me guérir absolument de l'amour que j'avais pour elle.

ORONTE.

Ah! infame que tu es!

ÉRASTE, *à Julie.*

Comment? me traiter de la sorte après toutes les marques d'amitié que je vous ai données! Je ne vous blâme point de vous être soumise aux volontés de monsieur votre père; il est sage et judicieux dans les choses qu'il fait; et je ne me plains point de lui, de m'avoir rejeté pour un autre. S'il a manqué à la parole qu'il m'avait donnée, il a ses raisons pour cela. On lui a fait croire que cet autre est plus riche que moi de quatre à cinq mille écus; et quatre ou cinq mille écus est un denier considérable, et qui vaut bien la peine qu'un homme manque à sa parole; mais oublier en un moment toute l'ardeur que je vous ai montrée, vous laisser d'abord enflammer d'amour pour un nouveau venu, et le suivre honteusement, sans le consentement de monsieur votre père, après les crimes qu'on lui impute, c'est une chose condamnée de tout le monde, et dont mon cœur ne peut vous faire d'assez sanglants reproches.

JULIE.

Hé bien! oui. J'ai conçu de l'amour pour lui, et je l'ai voulu suivre, puisque mon père me l'avait choisi pour époux. Quoi que vous me disiez, c'est un fort honnête homme; et tous les crimes dont on l'accuse, sont faussetés épouvantables.

ORONTE.

Taisez-vous; vous êtes une impertinente, et je sais mieux que vous ce qui en est.

JULIE.

Ce sont sans doute, des pièces qu'on lui fait, et c'est peut-être lui (*montrant Eraste*) qui a trouvé cet artifice pour vous en dégoûter.

ÉRASTE.

Moi! je serais capable de cela!

JULIE.

Oui, vous.

ORONTE.

Taisez-vous, dis-je. Vous êtes une sotte.

ÉRASTE.

Non, non; ne vous imaginez pas que j'aie aucune envie de détourner ce mariage, et que ce soit ma passion qui m'ait forcé à courir après vous. Je vous l'ai, déjà dit, ce n'est que la seule considération que j'ai pour monsieur votre père; et je n'ai pu souffrir qu'un honnête homme comme lui fût exposé à la honte de tous les bruits qui pourraient suivre une action comme la vôtre.

ORONTE.

Je vous suis, seigneur Eraste, infiniment obligé.

ÉRASTE.

Adieu, monsieur. J'avais toutes les ardeurs du monde d'entrer dans votre alliance, j'ai fait tout ce que j'ai pu pour obtenir un tel honneur: mais j'ai été malheureux, et vous ne m'avez pas jugé digne de cette grace. Cela n'empêchera pas que je ne conserve pour vous les sentiments d'estime et de vénération où votre personne m'oblige; et, si je n'ai pu être votre gendre, au moins serai-je éternellement votre serviteur.

ORONTE.

Arrêtez, seigneur Eraste; votre procédé me touche l'ame, et je vous donne ma fille en mariage.

JULIE.

Je ne veux point d'autre mari que monsieur de Pourceaugnac.

ORONTE.

Et je veux, moi, tout à l'heure, que tu prennes le seigneur Eraste. Çà, la main.

JULIE.

Non, je n'en ferai rien.

ORONTE.

Je te donnerai sur les oreilles.

ÉRASTE.

Non, non, monsieur; ne lui faites point de violence, je vous en prie.

ORONTE.

C'est à elle à m'obéir, et je sais me montrer le maître.

ÉRASTE.

Ne voyez-vous pas l'amour qu'elle a pour cet homme-là? et voulez-vous que je possède un corps dont un autre possèdera le cœur?

ORONTE.

C'est un sortilège qu'il lui a donné; et vous verrez qu'elle changera de sentiment avant qu'il soit peu. Donnez-moi votre main. Allons.

JULIE.

Je ne...

ORONTE.

Ah! que de bruit! Çà, votre main, vous dis-je. Ah! ah! ah!

ÉRASTE, *à Julie*.

Ne croyez point que ce soit pour l'amour de vous que je vous donne la main; ce n'est que monsieur votre père dont je suis amoureux, et c'est lui que j'épouse.

ORONTE.

Je vous suis beaucoup obligé; et j'augmente de dix mille écus le mariage de ma fille. Allons, qu'on fasse venir le notaire pour dresser le contrat.

ÉRASTE.

En attendant qu'il vienne, nous pouvons jouir du divertissement de la saison, et faire entrer les masques que le bruit des noces de monsieur de Pourceaugnac a attirés ici de tous les endroits de la ville.

SCENE X.

TROUPE DE MASQUES DANSANTS ET CHANTANTS.

UN MASQUE, *en Egyptienne.*

Sortez, sortez de ces lieux,
Soucis, Chagrins, et Tristesse;
Venez, venez, Ris et Jeux,
Plaisirs, Amours et Tendresse.
Ne songeons qu'à nous réjouir,
La grande affaire est le plaisir.

CHOEUR DE MASQUES *chantant.*

Ne songeons qu'à nous réjouir,
La grande affaire est le plaisir.

L'ÉGYPTIENNE.

A me suivre tous ici
Votre ardeur est trop commune;
Et vous êtes en souci
De votre bonne fortune:
Soyez toujours amoureux,
C'est le moyen d'être heureux.

UN MASQUE, *en Égyptien.*

Aimons jusques au trépas,
La raison nous y convie.
Hélas! si l'on n'aimait pas,
Que serait-ce de la vie?
Ah! perdons plutôt le jour
Que de perdre notre amour.

L'ÉGYPTIEN.

Les biens,

L'ÉGYPTIENNE.

La gloire,

L'EGYPTIEN.

Les grandeurs,

L'ÉGYPTIENNE.

Les sceptres qui font tant d'envie,

L'ÉGYPTIEN.

Tout n'est rien, si l'amour n'y mêle ses ardeurs.

L'ÉGYPTIENNE.

Il n'est point, sans l'amour, de plaisirs dans la vie.

TOUS DEUX ENSEMBLE.

Soyons toujours amoureux,
C'est le moyen d'être heureux.

CHOEUR.

Sus, sus, chantons tous ensemble
Dansons, sautons, jouons-nous.

UN MASQUE, *en pantalon.*

Lorsque pour rire on s'assemble,
Les plus sages, ce me semble,
Sont ceux qui sont les plus fous.

TOUS ENSEMBLE.

Ne songeons qu'à nous réjouir,
La grande affaire est le plaisir.

PREMIERE ENTRÉE DE BALLET.

Danse de sauvages.

SECONDE ENTRÉE DE BALLET.

Danse de Biscayens.

FIN DE M. DE POURCEAUGNAC.

LES AMANTS MAGNIFIQUES,

COMÉDIE BALLET EN CINQ ACTES.

1670.

AVANT PROPOS.

Le roi, qui ne voit que des choses extraordinaires dans tout ce qu'il entreprend, s'est proposé de donner à sa cour un divertissement qui fût composé de tous ceux que le théâtre peut fournir; et, pour embrasser cette idée, et enchaîner ensemble tant de choses déréglées, Sa Majesté a choisi pour sujet deux princes rivaux, qui, dans le champêtre séjour de la vallée de Tempé où l'on doit célébrer la fête des jeux Pythiens, régalent à l'envi une jeune princesse et sa mère, de toutes les galanteries dont ils se peuvent aviser.

PERSONNAGES DE LA COMÉDIE.

ARISTIONE, princesse, mère d'Eriphile.
ERIPHILE, fille de la princesse.
IPHICRATE, prince, amant d'Eriphile.
TIMOCLÈS, prince, amant d'Eriphile.
SOSTRATE, genéral d'armée, amant d'Eriphile.
CLEONICE, confidente d'Eriphile.
ANAXARQUE, astrologue.
CLEON, fils d'Anaxarque.
CHOREBE, de la suite d'Aristione.
CLITIDAS, plaisant de cour, de la suite d'Eriphile.
UNE FAUSSE VÉNUS, d'intelligence avec Anaxarque.

PERSONNAGES DES INTERMEDES.

PREMIER INTERMEDE.

ÉOLE.
TRITONS, chantants.
FLEUVES, chantants.
AMOURS, chantants.
PÊCHEURS DE CORAIL, dansants.
NEPTUNE.
SIX DIEUX MARINS, dansants.

SECOND INTERMEDE.

TROIS PANTOMIMES, dansants.

TROISIEME INTERMEDE.

LA NYMPHE DE LA VALLEE DE TEMPÉ.

PERSONNAGES DE LA PASTORALE EN MUSIQUE.

TIRCIS, berger amant de Caliste.
CALISTE bergère.
LICASTE, berger, ami de Tircis.
MENANDRE, berger, ami de Tircis.
PREMIER SATYRE, amant de Caliste.
SECOND SATYRE, amant de Caliste.
SIX DRYADES, dansantes.
SIX FAUNES, dansants.
CLIMENE, bergère.
PHILINTE, berger.
TROIS PETITES DRYADES, dansantes.
TROIS PETITS FAUNES, dansants.

QUATRIEME INTERMEDE.

HUIT STATUES qui dansent.

CINQUIEME INTERMEDE.

QUATRE PANTOMIMES, dansants.

SIXIEME INTERMEDE.

Fête des jeux Pythiens.

LA PRÊTRESSE
DEUX SACRIFICATEURS, chantants.
SIX MINISTRES DU SACRIFICE, portant des haches, dansants.
CHOEUR DE PEUPLES.
SIX VOLTIGEURS, sautant sur des chevaux de bois.
QUATRE CONDUCTEURS D'ESCLAVES, dansants.
HUIT ESCLAVES dansants.
QUATRE HOMMES armés à la grecque.
QUATRE FEMMES armées à la grecque.
UN HERAULT.
SIX TROMPETTES.
UN TIMBALIER.
APOLLON.
SUIVANTS D'APOLLON, dansants.

La scène est en Thessalie dans la valleé de Tempé.

LES AMANTS MAGNIFIQUES.

PREMIER INTERMÈDE.

Le théâtre représente une vaste mer, bordée de chaque côté de quatre grands rochers dont le sommet de chacun porte un fleuve appuyé sur une urne. Au pied de ces rochers sont douze tritons, et, dans le milieu de la mer, quatre Amours sur des dauphins : Eole est élevé au dessus des ondes sur un nuage.

SCENE PREMIÈRE.

ÉOLE, FLEUVES, TRITONS, AMOURS.

ÉOLE.

Vents, qui troublez les plus beaux jours,
Rentrez dans vos grottes profondes;
Et laissez régner sur les ondes
Les zéphyrs et les amours.

SECNE II.

La mer se calme et du milieu des ondes, on voit s'élever une ville. Huit pêcheurs sortent du fond de la mer avec des nacres des perles et des branches de corail.

ÉOLE, FLEUVES, TRITONS, AMOURS, PECHEURS DE CORAIL.

UN TRITON.

Quels beaux yeux ont percé nos demeures humides?
Venez, venez, Tritons; cachez-vous, Néréides.

CHOEUR DE TRITONS.

Allons tous au devant de ces divinités;
Et rendons, par nos chants, hommage à leurs beautés.

UN AMOUR.

Ah ! que ces princesses sont belles !

UN AUTRE AMOUR.

Quels sont les cœurs qui ne s'y rendraient pas

UN AUTRE AMOUR.

La plus belle des immortelles,
Notre mère a bien moins d'appas.

CHOEUR.

Allons tous au-devant de ces divinités;
Et rendons, par nos chants, hommage à leurs beautés.

PREMIERE ENTRÉE DE BALLET.

Les pêcheurs forment une danse, après laquelle ils vont se placer chacun sur un rocher au dessous d'un fleuve.

UN TRITON.

Quel noble spectacle s'avance?
Neptune le grand dieu, Neptune, avec sa cour
Vient honorer ce beau séjour
De son auguste présence.

CHOEUR.

Redoublons nos concerts;
Et faisons retentir dans le vague des airs
Notre réjouissance.

SCENE III.

NEPTUNE, DIEUX MARINS, ÉOLE, TRITONS, FLEUVES, AMOURS, PECHEURS.

DEUXIEME ENTRÉE DE BALLET.

Neptune danse avec sa suite. Les tritons, les fleuves et les pêcheurs accompagnent ses pas de gestes différents, et de bruits de conques de perles.

FIN DU PREMIER INTERMEDE.

Vers pour LE ROI représentant Neptune.

Le ciel, entre les dieux les plus considérés,
Me donne pour partage un rang considérable,
Et, me faisant régner sur les flots azurés,
Rend à tout l'univers mon pouvoir redoutable.

Il n'est aucune terre, à me bien regarder,
Qui ne doive trembler que je ne m'y répande;
Point d'états qu'à l'instant je ne puisse inonder
Des flots impétueux que mon pouvoir commande.

Rien n'en peut arrêter le fier débordement;
Et d'une triple digue à leur force opposée
On les verrait forcer le ferme empêchement,
Et se faire en tous lieux une ouverture aisée.

Mais je sais retenir la fureur de ces flots
Par la sage équité du pouvoir que j'exerce,
Et laisser en tous lieux, au gré des matelots,
La douce liberté d'un paisible commerce.

On trouve des écueils parfois dans mes états;
On voit quelques vaisseaux y périr par l'orage;
Mais contre ma puissance on n'en murmure pas,
Et chez moi la vertu ne fait jamais naufrage.

POUR M. LE GRAND, représentant un dieu marin.

L'empire où nous vivons est fertile en trésors,
Tous les mortels en foule accourent sur ses bords;
Et, pour faire bientôt une haute fortune,
Il ne faut rien qu'avoir la faveur de Neptune.

Pour le marquis DE VILLEROI, représentant un dieu marin.

Sur la foi de ce dieu de l'empire flottant,
On peut bien s'embarquer avec toute assurance
Les flots ont de l'inconstance,
Mais le Neptune est constant.

Pour le marquis DE RASSENT, représentant un dieu marin.

Voguez sur cette mer d'un zèle inébranlable;
C'est le moyen d'avoir Neptune favorable.

ACTE PREMIER.

SCÈNE PREMIÈRE.

SOSTRATE, CLITIDAS.

CLITIDAS, *à part.*

Il est attaché à ses pensées.

SOSTRATE, *se croyant seul.*

Non, Sostrate, je ne vois rien où tu puisses avoir recours; et tes maux sont d'une nature à ne te laisser nulle espérance d'en sortir.

CLITIDAS, *à part.*

Il raisonne tout seul.

SOSTRATE, *se croyant seul.*

Hélas !

CLITIDAS, *à part.*

Voilà des soupirs qui veulent dire quelque chose, et ma conjecture se trouvera véritable.

SOSTRATE, *se croyant seul,*

Sur quelles chimères, dis-moi, pourrais-tu bâtir quelque espoir? et que peux-tu envisager, que l'affreuse longueur d'une vie malheureuse, et des ennuis à ne finir que par la mort?

CLITIDAS, *à part.*

Cette tête-là est plus embarrassée que la mienne.

SOSTRATE.

Ah ! mon cœur ! ah ! mon cœur ! où m'avez-vous jeté ?

CLITIDAS.

Serviteur, seigneur Sostrate.

SOSTRATE.

Où vas-tu, Clitidas?

CLITIDAS.

Mais, vous, plutôt, que faites-vous ici ? et quelle

secrète mélancolie, quelle humeur sombre, s'il vous plaît, vous peut retenir dans ce bois, tandis que tout le monde a couru en foule à la magnificence de la fête dont l'amour du prince Iphicrate vient de régaler sur la mer la promenade des princesses, tandis qu'elles y ont reçu des cadeaux merveilleux de musique et de danse, et qu'on a vu les rochers et les ondes se parer de divinités pour faire honneur à leurs attraits?

SOSTRATE.

Je me figure assez, sans la voir, cette magnificence; et tant de gens d'ordinaire s'empressent à porter de la confusion dans ces sortes de fêtes, que j'ai cru à propos de ne pas augmenter le nombre des importuns.

CLITIDAS.

Vous savez que votre présence ne gâte jamais rien, et que vous n'êtes point de trop en quelque lieu que vous soyez. Votre visage est bien venu partout, et il n'a garde d'être de ces visages disgraciés qui ne sont jamais bien reçus des regards souverains. Vous êtes également bien auprès des deux princesses; et la mère et la fille vous font assez connaître l'estime qu'elles font de vous, pour n'appréhender pas de fatiguer leurs yeux; et ce n'est pas cette crainte enfin qui vous a retenu.

SOSTRATE.

J'avoue que je n'ai pas naturellement grande curiosité pour ces sortes de choses.

CLITIDAS.

Mon dieu! quand on n'aurait nulle curiosité pour les choses, on en a toujours pour aller où l'on trouve tout le monde; et, quoi que vous puissiez dire, on ne demeure point tout seul, pendant une fête à rêver parmi des arbres comme vous faites, à moins d'avoir en tête quelque chose qui embarrasse.

SOSTRATE.

Que voudrais-tu que j'y pusse avoir?

CLITIDAS.

Ouais! je sais d'où cela vient; mais il sent ici l'amour. Ce n'est pas moi. Ah! par ma foi, c'est vous.

SOSTRATE.

Que tu es fou, Clitidas!

CLITIDAS.

Je ne suis point fou. Vous êtes amoureux; j'ai le nez délicat, et j'ai senti cela d'abord.

SOSTRATE.

Sur quoi prends-tu cette pensée?

CLITIDAS.

Sur quoi? vous seriez bien étonné si je vous disais encore de qui vous êtes amoureux.

SOSTRATE.

Moi?

CLITIDAS.

Oui. Je gage que je vais deviner tout à l'heure celle que vous aimez. J'ai mes secrets aussi bien que notre astrologue dont la princesse Aristione est entêtée; et s'il a la science de lire dans les astres la fortune des hommes, j'ai celle de lire dans les yeux le nom des personnes qu'on aime. Tenez-vous un peu, et ouvrez les yeux. E, par soi, é, r, i, ri, éri; p, h, i, phi; ériphi; l, e, le; Ériphile. Vous êtes amoureux de la princesse Ériphile.

SOSTRATE.

Ah! Clitidas, j'avoue que je ne puis cacher mon trouble, et tu me frappes d'un coup de foudre.

CLITIDAS.

Vous voyez si je suis savant!

SOSTRATE.

Hélas! si par quelque aventure tu n'as pu découvrir le secret de mon cœur, je te conjure au moins de ne le révéler à qui que ce soit, et surtout de le tenir caché à la belle princesse dont tu viens de me dire le nom.

CLITIDAS.

Et, sérieusement parlant, si dans vos actions j'ai bien pu connaître depuis un temps la passion que vous voulez tenir secrète, pensez-vous que la princesse Ériphile puisse avoir manqué de lumières pour s'en apercevoir? Les belles, croyez-moi, sont toujours les plus clairvoyantes à découvrir les ardeurs qu'elles causent; et le langage des yeux et des soupirs se fait entendre, mieux qu'à tout autre, à celles à qui il s'adresse.

SOSTRATE.

Laissons-la, Clitidas, laissons-la voir, si elle peut, dans mes soupirs et mes regards, l'amour que ses charmes m'inspirent; mais gardons bien que par nulle autre voie elle en apprenne jamais rien.

CLITIDAS.

Et qu'appréhendez-vous? Est-il possible que ce même Sostrate qui n'a pas craint ni Brennus ni tous les Gaulois, et dont le bras a si glorieusement contribué à nous défaire de ce déluge de barbares qui ravageraient la Grèce; est-il possible, dis-je, qu'un homme si assuré dans la guerre, soit si timide en amour, et que je le voie trembler à dire seulement qu'il aime?

SOSTRATE.

Ah! Clitidas, je tremble avec raison; et tous les Gaulois du monde ensemble sont bien moins redoutables que deux beaux yeux pleins de charmes.

CLITIDAS.

Je ne suis pas de cet avis; et je sais bien, pour moi, qu'un seul Gaulois, l'épée à la main, me ferait beaucoup plus trembler que cinquante beaux yeux ensemble les plus charmants du monde. Mais, dites-moi un peu, qu'espérez-vous faire?

SOSTRATE.

Mourir, sans déclarer ma passion.

CLITIDAS.

L'espérance est belle! Allez, allez, vous vous moquez; un peu de hardiesse réussit toujours aux amants: il n'y a en amour que les honteux qui perdent; et je dirais ma passion à une déesse, moi, si j'en devenais amoureux.

SOSTRATE.

Trop de choses, hélas! condamnent mes feux à un éternel silence.

CLITIDAS.

Et quoi?

SOSTRATE.

La bassesse de ma fortune, dont il plaît au ciel de rabattre l'ambition de mon amour; le rang de la princesse, qui met entre elle et mes désirs une distance si fâcheuse; la concurrence de deux princes appuyés de tous les grands titres qui peuvent soutenir les prétentions de leurs flammes; de deux princes qui, par mille et mille magnificences, se disputent à tous moments la gloire de sa conquête, et sur l'amour de qui l'on attend tous les jours de voir son choix se déclarer; mais plus que tout, Clitidas, le respect inviolable où ses beaux yeux assujettissent toute la violence de mon ardeur.

CLITIDAS.

Le respect bien souvent n'oblige pas tant que l'amour; et je me trompe fort, ou la jeune princesse a connu votre flamme, et n'y est pas insensible.

SOSTRATE.

Ah! ne t'avise point de vouloir flatter par pitié le cœur d'un misérable.

CLITIDAS.

Ma conjecture est bien fondée. Je lui vois reculer beaucoup le choix de son époux, et je veux éclaircir un peu cette petite affaire là. Vous savez que je suis auprès d'elle en quelque espèce de faveur, que j'y ai les accès ouverts, et qu'à force de me tourmenter je me suis acquis le privilége de me mêler à la conversation et de parler à tort et à travers de toutes choses. Quelquefois cela ne me réussit pas, mais quelquefois aussi cela me réussit. Laissez-moi faire, je suis de vos amis; les gens de mérite me touchent, et je veux prendre mon temps pour entretenir la princesse de...

SOSTRATE.

Ah! de grace, quelque bonté que mon malheur t'inspire, garde-toi bien de lui rien dire de ma flamme. J'aimerais mieux mourir, que de pouvoir être accusé par elle de la moindre témérité; et ce profond respect où ses charmes divins...

CLITIDAS.

Taisons-nous, voici tout le monde

SCENE II.

ARISTIONE, IPHICRATE, TIMOCLÈS, SOSTRATE, ANAXARQUE, CLÉON, CLITIDAS.

ARISTIONE, *à Iphicrate.*

Prince, je ne puis me lasser de le dire, il n'est point de spectacle au monde qui puisse le disputer en magnificence à celui que vous venez de nous donner. Cette fête a eu des ornements qui l'emportent sans doute sur tout ce que l'on saurait voir; et elle vient de produire à nos yeux quelque chose de si noble, de si grand et de si majestueux, que le ciel même ne saurait aller au delà; et je puis dire assurément qu'il n'y a rien dans l'univers qui s'y puisse égaler.

TIMOCLÈS.

Ce sont des ornements dont on ne peut pas espérer que toutes les fêtes soient embellies; et je dois fort trembler, madame, pour la simplicité du petit divertissement que je m'apprête à vous donner dans le bois de Diane.

ARISTIONE.

Je crois que nous n'y verrons rien que de fort agréable; et, certes, il faut avouer que la campagne a lieu de nous paraître belle, et que nous n'avons pas le temps de nous ennuyer dans cet agréable séjour qu'ont célébré tous les poëtes sous le nom de Tempé. Car enfin, sans parler des plaisirs de la chasse que nous y prenons à toute heure, et de la solennité des jeux Pythiens que l'on y célèbre tantôt, vous prenez soin l'un et l'autre de nous y combler de tous les divertissements qui peuvent charmer les chagrins les plus mélancoliques. D'où vient, Sostrate, qu'on ne vous a point vu dans notre promenade?

SOSTRATE.

Une petite indisposition, Madame, m'a empêché de m'y trouver.

IPHICRATE.

Sostrate est de ces gens, madame, qui croient qu'il ne sied pas bien d'être curieux comme les autres, et qu'il est beau d'affecter de ne pas courir où tout le monde court.

SOSTRATE.

Seigneur, l'affectation n'a guère de part à tout ce que je fais; et, sans vous faire compliment, il y avait des choses à voir dans cette fête qui pouvaient m'attirer, si quelque autre motif ne m'avait retenu.

ARISTIONE.

Et Clitidas a-t-il vu cela?

CLITIDAS.

Oui, madame, mais du rivage?

ARISTIONE.

Et pourquoi du rivage!

CLITIDAS.

Ma foi, madame, j'ai craint quelqu'un des accidents qui arrivent d'ordinaire dans ces confusions. Cette nuit j'ai songé de poisson mort et d'œufs cassés; et j'ai appris du seigneur Anaxarque que les œufs cassés et le poisson mort signifient malencontre.

ANAXARQUE.

Je remarque une chose, que Clitidas n'aurait rien à dire, s'il ne parlait de moi.

CLITIDAS.

C'est qu'il y a tant de choses à dire de vous, qu'on n'en saurait parler assez.

ANAXARQUE.

Vous pourriez prendre d'autres matières, puisque je vous en ai prié.

CLITIDAS.

Le moyen? Ne dites-vous pas que l'ascendant est plus fort que tout? et s'il est écrit dans les astres que je sois enclin à parler de vous, comment voulez-vous que je résiste à ma destinée?

ANAXARQUE.

Avec tout le respect, madame, que je vous dois, il y a une chose qui est fâcheuse dans votre cour, que tout le monde y prenne la liberté de parler, et que le plus honnête homme y soit exposé aux railleries du premier méchant plaisant.

CLITIDAS.

Je vous rends grace de l'honneur...

ARISTIONE, *à Anaxarque.*

Que vous êtes fou de vous chagriner de ce qu'il dit.

CLITIDAS.

Avec tout le respect que je dois à madame, il y a une chose qui m'étonne dans l'astrologie, que des gens qui savent tous les secrets des dieux, et qui possèdent des connaissances à se mettre au-dessus de tous les hommes, aient besoin de faire leur cour, et de demander quelque chose.

ANAXARQUE.

Vous devriez gagner un peu mieux votre argent, et donner à madame de meilleures plaisanteries.

CLITIDAS.

Ma foi, on les donne telles qu'on peut. Vous en parlez fort à votre aise; et le métier de plaisant n'est pas comme celui d'astrologue. Bien mentir et bien plaisanter, sont deux choses fort différentes; et il est bien plus facile de tromper les gens que de les faire rire.

ARISTIONE.

Hé! qu'est-ce donc que cela veut dire?

CLITIDAS, *se parlant à lui même.*

Paix, impertinent que vous êtes; ne savez-vous pas bien que l'astrologie est une affaire d'état, et qu'il ne faut point toucher à cette corde là? Je vous l'ai dit plusieurs fois, vous vous émancipez trop, et vous prenez de certaines libertés qui vous joueront un mauvais tour, je vous en avertis. Vous verrez qu'un de ces jours on vous donnera du pied au cul, et qu'on vous chassera comme un faquin. Taisez-vous, si vous êtes sage.

ARISTIONE.

Où est ma fille?

TIMOCLÈS.

Madame, elle s'est écartée ; et je lui ai présenté une main qu'elle a refusé d'accepter.

ARISTIONE.

Princes, puisque l'amour que vous avez pour Eriphile a bien voulu se soumettre aux lois que j'ai voulu vous imposer, puisque j'ai su obtenir de vous que vous fussiez rivaux sans devenir ennemis, et qu'avec pleine soumission aux sentiments de ma fille vous attendiez un choix dont je l'ai fait seule maîtresse, ouvrez-moi tous deux le fond de votre ame, et me dites sincèrement quel progrès vous croyez l'un et l'autre avoir fait sur son cœur.

TIMOCLÈS.

Madame, je ne suis point pour me flatter; j'ai fait tout ce que j'ai pu pour toucher le cœur de la princesse Eriphile, et je m'y suis pris, que je crois, de toutes les tendres manières dont un amant se peut servir; je lui ai fait des hommages soumis de tous mes vœux; j'ai montré des assiduités; j'ai rendu des soins chaque jour; j'ai fait chanter ma passion aux voix les plus touchantes, et l'ai fait exprimer en vers aux plumes les plus délicates; je me suis plaint de mon martyre en des termes passionnés; j'ai fait dire à mes yeux, aussi bien qu'à ma bouche, le désespoir de mon amour; j'ai poussé à ses pieds des soupirs languissants; j'ai même répandu des larmes : mais tout cela inutilement; et je n'ai point connu qu'elle ait dans l'ame aucun sentiment de mon ardeur.

ARISTIONE.

Et vous, prince?

IPHICRATE.

Pour moi, madame, connaissant son indifférence, et le peu de cas qu'elle fait des devoirs qu'on lui rend, je n'ai voulu perdre auprès d'elle ni plaintes, ni soupirs, ni larmes. Je sais qu'elle est toute soumise à vos volontés, et que ce n'est que de votre main seule qu'elle voudra prendre un époux : aussi n'est-ce qu'à vous que je m'adresse pour l'obtenir, à vous plutôt qu'à elle que je rends tous mes soins et tous mes hommages. Et plût au ciel, madame, que vous eussiez pu vous résoudre à tenir sa place; que vous eussiez voulu jouir des conquêtes que vous lui faites, et recevoir pour vous les vœux que vous lui renvoyez!

ARISTIONE.

Prince, le compliment est d'un amant adroit, et

vous avez entendu dire qu'il fallait cajoler les mères pour obtenir les filles ; mais ici, par malheur, tout cela devient inutile, et je me suis engagée à laisser le choix tout entier à l'inclination de ma fille.

IPHICRATE.

Quelque pouvoir que vous lui donniez pour ce choix, ce n'est point compliment, madame, que ce que je vous dis. Je ne recherche la princesse Eriphile que parcequ'elle est votre sang; je la trouve charmante par tout ce qu'elle tient de vous, et c'est vous que j'adore en elle.

ARISTIONE.

Voilà qui est fort bien.

IPHICRATE.

Oui, madame; toute la terre voit en vous des attraits et des charmes que je...

ARISTIONE.

De grace, prince, ôtons ces charmes et ces attraits : vous savez que ce sont des mots que je retranche des compliments qu'on me veut faire. Je souffre qu'on me loue de ma sincérite ; qu'on dise que je suis une bonne princesse ; que j'ai de la parole pour tout le monde, de la chaleur pour mes amis, et de l'estime pour le mérite et la vertu; je puis tâter de tout cela : mais pour les douceurs de charmes et d'attraits, je suis bien aise qu'on ne m'en serve point et quelque vérité qui s'y pût rencontrer, on doit faire quelque scrupule d'en goûter la louange, quand on est mère d'une fille comme la mienne.

IPHICRATE.

Ah! madame, c'est vous qui voulez être mère malgré tout le monde ; il n'est point d'yeux qui ne s'y opposent; et, si vous le vouliez, la princesse Eriphile ne serait que votre sœur.

ARISTIONE.

Mon dieu! prince, je ne donne point dans tous ces galimatias où donnent la plupart des femmes ; je veux être mère, parceque je le suis; et ce serait en vain que je ne le voudrais pas être. Ce titre n'a rien qui me choque, puisque de mon consentement je me suis exposée à le recevoir. C'est un faible de notre sexe, dont, grace au ciel, je suis exempte; et je ne m'embarrasse point de ces grandes disputes d'âge sur quoi nous voyons tant de folles. Revenons à notre discours. Est-il possible que jusqu'ici vous n'ayez pu connaître où penche l'inclination d'Eriphile?

IPHICRATE.

Ce sont obscurités pour moi.

TIMOCLÈS.

C'est pour moi un mystère impénétrable.

ARISTIONE.

La pudeur peut-être l'empêche de s'expliquer à vous et à moi. Servons-nous de quelque autre pour découvrir le secret de son cœur. Sostrate, prenez de ma part cette commission, et rendez cet office à ces princes, de savoir adroitement de ma fille vers qui des deux ses sentiments peuvent tourner.

SOSTRATE.

Madame, vous avez cent personnes dans votre cour sur qui vous pourriez mieux verser l'honneur d'un tel emploi ; et je me sens mal propre à bien exécuter ce que vous souhaitez de moi.

ARISTIONE.

Votre mérite, Sostrate, n'est point borné aux seuls emplois de la guerre : vous avez de l'esprit, de la conduite, de l'adresse, et ma fille fait cas de vous.

SOSTRATE.

Quelque autre mieux que moi, madame...

ARISTIONE.

Non, non ; en vain vous vous en défendez.

SOSTRATE.

Puisque vous le voulez, madame, il vous faut obéir ; mais je vous jure que dans toute votre cour vous ne pouviez choisir personne qui ne fût en état de s'acquitter beaucoup mieux que moi d'une telle commission.

ARISTIONE.

C'est trop de modestie, et vous vous acquitterez toujours bien de toutes les choses dont on vous chargera. Découvrez doucement les sentiments d'Eriphile, et faites la ressouvenir qu'il se faut rendre de bonne heure dans le bois de Diane.

SCENE III.

IPHICRATE, TIMOCLÈS, SOSTRATE, CLITIDAS.

IPHICRATE, *à Sostrate.*

Vous pouvez croire que je prends part à l'estime que la princesse vous témoigne.

TIMOCLÈS, *à Sostrate.*

Vous pouvez croire que je suis ravi du choix que l'on a fait de vous.

IPHICRATE.

Vous voilà en état de servir vos amis.

TIMOCLÈS.

Vous avez de quoi rendre de bons offices aux gens qu'il vous plaira.

IPHICRATE.

Je ne vous recommande point mes intérêts.

TIMOCLÈS.

Je ne vous dis point de parler pour moi.

SOSTRATE.

Seigneurs, il serait inutile. J'aurais tort de passer les ordres de ma commission ; et vous trouverez bon que je ne parle ni pour l'un ni pour l'autre.

IPHICRATE.

Je vous laisse agir comme il vous plaira.

TIMOCLÈS.

Vous en userez comme vous voudrez.

SCENE IV.

IPHICRATE, TIMOCLES, CLITIDAS.

IPHICRATE, *bas*, *à Clitidas.*

Clitidas se ressouvient bien qu'il est de mes amis, je lui recommande toujours de prendre mes intérêts auprès de sa maîtresse contre ceux de mon rival.

CLITIDAS, *bas*, *à Iphicrate.*

Laissez-moi faire. Il y a bien de la comparaison de lui à vous ! et c'est un prince bien bâti pour vous le disputer !

IPHICRATE, *bas*, *à Clitidas.*

Je reconnaîtrai ce service.

SCENE V.

TIMOCLÈS, CLITIDAS.

TIMOCLÈS

Mon rival fait sa cour à Clitidas; mais Clitidas sait bien qu'il m'a promis d'appuyer contre lui les prétentions de mon amour.

CLITIDAS.

Assurément; et il se moque de croire l'emporter sur vous. Voilà auprès de vous, un beau petit morveux de prince!

TIMOCLÈS.

Il n'y a rien que je ne fasse pour Clitidas.

CLITIDAS, *seul.*

Belles paroles de tous côtés ! Voici la princesse; prenons mon temps pour l'aborder.

SCENE VI.

ÉRIPHILE, CLÉONICE.

CLÉONICE.

On trouvera étrange, madame, que vous vous soyez ainsi écartée de tout le monde.

ÉRIPHILE.

Ah! qu'aux personnes comme nous, qui sommes toujours accablées de tant de gens, un peu de solitude est par fois agréable! et qu'après mille impertinents entretiens il est doux de s'entretenir avec ses pensées! Qu'on me laisse ici promener toute seule.

CLÉONICE.

Ne voudriez-vous pas, madame, voir un petit essai de la disposition de ces gens admirables qui veulent se donner à vous? Ce sont des personnes qui, par leurs pas, leurs gestes et leurs mouvements, expriment aux yeux toutes choses; et on appelle cela pantomimes. J'ai tremblé à vous dire ce mot ; et il y a des gens dans votre cour qui ne me le pardonneraient pas.

ÉRIPHILE.

Vous avez bien la mine, Cléonice, de me venir ici régaler d'un mauvais divertissement : car, grace au ciel, vous ne manquez pas de vouloir produire indifféremment tout ce qui présente à vous, et vous avez une affabilité qui ne rejette rien. Aussi est-ce à vous seule qu'on voit avoir recours toutes les muses nécessitantes ; vous êtes la grande protectrice du mérite incommodé ; et tout ce qu'il y a de vertueux indigents au monde va débarquer chez vous.

CLÉONICE.

Si vous n avez pas envie de les voir, madame, il ne faut que les laisser là.

ÉRIPHILE.

Non, non, voyons-les ; faites-les venir.

CLÉONICE.

Mais peut-être, madame, que leur danse sera méchante.

ÉRIPHILE.

Méchante ou non, il faut la voir. Ce ne serait avec vous que reculer la chose ; et il vaut mieux en être quitte.

CLÉONICE.

Ce ne sera ici, madame, qu'une danse ordinaire ; une autre fois...

ÉRIPHILE.

Point de préambule, Cléonice ; qu'ils dansent.

FIN DU PREMIER ACTE.

SECOND INTERMÈDE.

ENTREE DE BALLET.

Trois pantomimes dansent devant Eriphile.

FIN DU SECOND INTERMEDE.

ACTE II.

SCÈNE PREMIERE.

ERIPHILE, CLÉONICE.

ÉRIPHILE.

Voilà qui est admirable. Je ne crois pas qu'on puisse mieux danser qu'ils dansent, et je suis bien aise de les avoir à moi.

CLÉONICE.

Et moi, madame, je suis bien aise que vous ayez vu que je n'ai pas si méchant goût que vous avez pensé.

ÉRIPHILE.

Ne triomphez point tant ; vous ne tarderez guère à me faire avoir ma revanche. Qu'on me laisse ici.

SCENE II.

ÉRIPHILE, CLÉONICE, CLITIDAS.

CLÉONICE, *allant au devant de Clitidas.*

Je vous avertis, Clitidas, que la princesse veut être seule.

CLITIDAS.

Laissez-moi faire : je suis homme qui sais ma cour.

SCENE III.

ÉRIPHILE, CLITIDAS.

CLITIDAS, *en chantant.*

La, la, la, la. (*Faisant l'étonné en voyant Eriphile*) Ah!

ÉRIPHILE, *à Clitidas qui feint de vouloir s'éloigner.*

Clitidas.

CLITIDAS.

Je ne vous avais pas vue là, madame.

ÉRIPHILE.

Approche. D'où viens-tu ?

CLITIDAS.

De laisser la princesse votre mère, qui s'en allait vers le temple d'Apollon, accompagnée de beaucoup de gens.

ÉRIPHILE.

Ne trouves-tu pas ces lieux les plus charmants du monde ?

CLITIDAS.

Assurément. Les princes vos amants y étaient.

ÉRIPHILE.

Le fleuve Pénée fait ici d'agréables détours.

CLITIDAS.

Fort agréables. Sostrate y était aussi.

ÉRIPHILE.

D'où vient qu'il n'est pas venu à la promenade ?

CLITIDAS.

Il a quelque chose dans la tête qui l'empêche de prendre plaisir à tous ces beaux régals. Il m'a voulu entretenir ; mais vous m'avez défendu si expressément de me charger d'aucune affaire auprès de vous, que je n'ai point voulu lui prêter l'oreille ; et que je lui ai dit nettement que je n'avais pas le loisir de l'entendre.

ÉRIPHILE.

Tu as eu tort de lui dire cela ; et tu devais l'écouter.

CLITIDAS.

Je lui ai dit d'abord que je n'avais pas le loisir de l'entendre ; mais après, je lui ai donné audience.

ÉRIPHILE.

Tu as bien fait.

CLITIDAS.

En vérité, c'est un homme qui me revient, un homme fait comme je veux que les hommes soient faits, ne prenant point de manières bruyantes et des tons de voix assommants, sage et posé en toutes choses, ne parlant jamais que bien à propos, point prompt à décider, point du tout exagérateur incommode ; et, quelques beaux vers que nos poètes lui aient récités, je ne lui ai jamais ouï dire : Voilà qui est plus beau que tout ce qu'a jamais fait Homère. Enfin, c'est un homme pour qui je me sens de l'inclination ; et, si j'étais princesse, il ne serait point malheureux.

ÉRIPHILE.

C'est un homme d'un grand mérite, assurément. Mais de quoi a-t-il parlé ?

CLITIDAS.

Il m'a demandé si vous aviez témoigné grande joie au magnifique régal que l'on vous a donné, m'a parlé de votre personne avec des transports les plus grands du monde, vous a mise au dessus du ciel, et vous a donné toutes les louanges qu'on peut donner à la princesse la plus accomplie de la terre, entremêlant tout cela de plusieurs soupirs qui disaient plus qu'il ne voulait. Enfin, à force de le tourner de tous côtés, et de le presser sur la cause de cette profonde mélancolie, dont toute la cour s'aperçoit, il a été contraint de m'avouer qu'il était amoureux.

ÉRIPHILE.

Comment amoureux ? Quelle témérité est la sienne ? C'est un extravagant que je ne verrai de ma vie.

CLITIDAS.

De quoi vous plaignez-vous, madame ?

ÉRIPHILE.

Avoir l'audace de m'aimer ! et, de plus, avoir l'audace de le dire !

CLITIDAS.

Ce n'est pas de vous, madame, dont il est amoureux.

ÉRIPHILE

Ce n'est pas de moi ?

CLITIDAS.

Non, madame, il vous respecte trop pour cela, et est trop sage pour y penser.

ÉRIPHILE.

Et de qui donc, Clitidas ?

CLITIDAS.

D'une de vos filles, la jeune Arsinoé.

ÉRIPHILE.

A-t-elle tant d'appas, qu'il n'ait trouvé qu'elle digne de son amour?

CLITIDAS.

Il l'aime éperduement, et vous conjure d'honorer sa flamme de votre protection.

ÉRIPHILE.

Moi?

CLITIDAS.

Non, non, madame. Je vois que la chose ne vous plaît pas. Votre colère m'a obligé à prendre ce détour; et, pour vous dire la vérité, c'est vous qu'il aime éperdument.

ÉRIPHILE.

Vous êtes un insolent de venir ici surprendre mes sentiments. Allons, sortez d'ici; vous vous mêlez de vouloir lire dans les ames, de vouloir pénétrer dans les secrets du cœur d'une princesse! Otez-vous de mes yeux, et que je ne vous voie jamais. Clitidas...

CLITIDAS.

Madame?

ÉRIPHILE.

Venez ici. Je vous pardonne cette affaire là.

CLITIDAS.

Trop de bonté, madame!

ÉRIPHILE.

Mais à condition, prenez bien garde à ce que je vous dis, que vous n'en ouvrirez la bouche à personne du monde, sur peine de la vie.

CLITIDAS.

Il suffit.

ÉRIPHILE.

Sostrate t'a donc dit qu'il m'aimait?

CLITIDAS.

Non, madame. Il faut vous dire la vérité. J'ai tiré de son cœur, par surprise, un secret qu'il veut cacher à tout le monde, et avec lequel il est, dit-il, résolu de mourir. Il a eté au désespoir du vol subtil que je lui en ai fait; et, bien loin de me charger de vous le découvrir, il m'a conjuré, avec toutes les instantes prières qu'on ne saurait faire, de ne vous en rien révéler; et c'est trahison contre lui que ce que je viens de vous dire.

ÉRIPHILE.

Tant mieux! c'est par son seul respect qu'il peut me plaire; et, s'il était si hardi que de me déclarer son amour, il perdrait pour jamais et ma présence et mon estime.

CLITIDAS.

Ne craignez point, madame....

ÉRIPHILE.

Le voici. Souvenez-vous au moins, si vous êtes sage, de la défense que je vous ai faite.

CLITIDAS.

Cela est fait, madame. Il ne faut pas être courtisan indiscret.

SCENE IV.

ÉRIPHILE, SOSTRADE.

SOSTRATE.

J'ai une excuse, madame, pour oser interrompre votre solitude, et j'ai reçu de la princesse votre mère une commission qui autorise la hardiesse que je prends maintenant.

ÉRIPHILE.

Quelle commission, Sostrate?

SOSTRATE.

Celle, madame, de tâcher d'apprendre de vous vers lequel des deux princes peut incliner votre cœur.

ÉRIPHILE.

La princesse ma mère montre un esprit judicieux dans le choix qu'elle a fait de vous pour un pareil emploi. Cette commission, Sostrate, vous a été agréable, sans doute; et vous l'avez acceptée avec beaucoup de joie?

SOSTRATE.

Je l'ai acceptée, madame, par la nécessité que mon devoir m'impose d'obéir; et, si la princesse avait voulu recevoir mes excuses, elle aurait honoré quelque autre de cet emploi.

ÉRIPHILE.

Quelle cause, Sostrate, vous obligeait à le refuser?

SOSTRATE.

La crainte, madame, de m'en acquitter mal.

ÉRIPHILE.

Croyez-vous que je ne vous estime pas assez pour vous ouvrir mon cœur, et vous donner toutes les lumières que vous pourrez désirer de moi sur le sujet de ces deux princes?

SOSTRATE.

Je ne désire rien pour moi là dessus, madame, et je ne vous demande que ce que vous croirez devoir donner aux ordres qui m'amènent.

ÉRIPHILE.

Jusqu'ici je me suis défendue de m'expliquer, et la princesse ma mère a eu la bonté de souffrir que j'aie reculé toujours ce choix qui me doit engager: mais je serai bien aise de témoigner à tout le monde que je veux faire quelque chose pour l'amour de vous; et, si vous m'en pressez, je rendrai cet arrêt qu'on attend depuis si longtemps.

SOSTRATE.

C'est une chose, madame, dont vous ne serez point importunée par moi; et je ne saurais me résoudre à presser une princesse qui sait trop ce qu'elle a à faire.

ÉRIPHILE.

Mais c'est ce que la princesse ma mère attend de vous.

SOSTRATE.

Ne lui ai-je pas dit aussi que je m'acquitterais mal de cette commission?

ÉRIPHILE.

Or ça, Sostrate, les gens comme vous ont toujours les yeux pénétrants; et je pense qu'il ne doit y avoir guère de choses qui échappent aux vôtres. N'ont-ils pu découvrir, vos yeux, ce dont tout le monde est en peine? et ne vous ont-ils point donné quelques petites lumières du penchant de mon cœur? Vous voyez les soins qu'on me rend, l'empressement qu'on me témoigne. Quel est celui de ces deux princes que vous croyez que je regarde d'un œil plus doux?

SOSTRATE.

Les doutes que l'on forme sur ces sortes de choses ne sont réglés, d'ordinaire, que par les intérêts qu'on prend.

ÉRIPHILE.

Pour qui, Sostrate, pencheriez-vous des deux? Quel est celui, dites-moi, que vous souhaiteriez que j'épousasse?

SOSTRATE.

Ah! madame, ce ne seront pas mes souhaits, mais votre inclination qui décidera de la chose.

ÉRIPHILE.

Mais si je me conseillais à vous pour ce choix?

SOSTRATE.

Si vous vous conseilliez à moi, je serais fort embarrassé.

ÉRIPHILE.

Vous ne pourriez pas dire qui des deux vous semble plus digne de cette préférence?

SOSTRATE.

Si l'on s'en rapporte à mes yeux, il n'y aura personne qui soit digne de cet honneur. Tous les princes du monde seront trop peu de chose pour aspirer à vous; les dieux seuls y pourront prétendre; et vous ne souffrirez des hommes que l'encens et les sacrifices.

ÉRIPHILE.

Cela est obligeant, et vous êtes de mes amis. Mais je veux que vous me disiez pour qui des deux vous vous sentez plus d'inclination, quel est celui que vous mettez le plus au rang de vos amis.

SCÈNE V.

ÉRIPHILE, SOSTRATE, CHOREBE.

CHORÈBE.

Madame, voilà la princesse qui vient vous prendre ici pour aller au bois de Diane.

SOSTRATE, *à part.*

Hélas! petit garçon, que tu es venu à propos!

SCENE VI.

ARISTIONE, ÉRIPHILE, IPHICRATE, TIMOCLÈS, SOSTRATE, ANAXARQUE, CLITIDAS.

ARISTIONE.

On vous a demandée, ma fille, et il y a des gens que votre absence chagrine fort.

ÉRIPHILE.

Je pense, madame, qu'on m'a demandée par compliment; et on ne s'inquiète pas tant qu'on vous dit.

ARISTIONE.

On enchaîne pour nous ici tant de divertissements les uns aux autres, que toutes nos heures sont retenues; et nous n'avons aucun moment à perdre, si nous voulons les goûter tous. Entrons vite dans le bois, et voyons ce qui nous y attend. Ce lieu est le plus beau du monde, prenons vite nos places.

FIN DU SECOND ACTE.

TROISIÈME INTERMÈDE.

Le théâtre représente un bois consacré à Diane.

LA NYMPHE DE TEMPÉ.

Venez, grande princesse, avec tous vos appas
Venez prêter vos yeux aux innocents ébats
Que notre désert vous présente:
N'y cherchez point l'éclat des fêtes de la cour;
On ne sent ici que l'amour,
Ce n'est que l'amour qu'on y chante.

PASTORALE.

SCENE PREMIERE.

TIRCIS.

Vous chantez sous ces feuillages,
Doux rossignol plein d'amour·
Et de vos tendres ramages
Vous réveillez tour à tour
Les échos de ces bocages:
Hélas! petits oiseaux, hélas!
Si vous aviez mes maux, vous ne chanteriez pas.

SCENE II.

LICASTE, MENANDRE, TIRCIS.

LICASTE.

Hé quoi! toujours languissant, sombre et triste?

MÉNANDRE.

Hé quoi! toujours aux pleurs abandonné?

TIRCIS.

Toujours adorant Caliste,
Et toujours infortuné.

LICASTE.

Dompte, dompte, berger, l'ennui qui te possède.

TIRCIS.

Hé? le moyen, hélas!

MÉNANDRE.

Fais, fais-toi quelque effort.

TIRCIS.

Hé! le moyen, hélas! quand le mal est trop fort?

MÉNANDRE.

Ce mal trouvera son remède.

TIRCIS.

Je ne guérirai qu'à la mort.

LICASTE ET MÉNANDRE.

Ah! Tircis!

TIRCIS.

Ah! bergers!

LICASTE ET MÉNANDRE.

Prends sur toi plus d'empire.

TIRCIS.

Rien ne me peut secourir.

LICASTE ET MÉNANDRE.

C'est trop, c'est trop céder.

TIRCIS.

C'est trop, c'est trop souffrir.

LICASTE ET MÉNANDRE.

Quelle faiblesse!

TIRCIS.

Quel martyre.

LICASTE ET MÉNANDRE.

Il faut prendre courage.

TIRCIS.

Il faut plutôt mourir.

LICASTE.

Il n'est point de bergère,
Si froide et si sévère
Dont la pressante ardeur
D'un cœur qui persévère
Ne vainque la froideur.

MÉNANDRE.

Il est dans les affaires
Des amoureux mystères
Certains petits moments
Qui changent les plus fières
Et font d'heureux amants.

TIRCIS.

Je la vois, la cruelle,
Qui porte ici ses pas:
Gardons d'être vus d'elle;
L'ingrate, hélas!
N'y viendrait pas.

SCENE III.

CALISTE, *seule.*

Ah! que sûr notre cœur
La sévère loi de l'honneur
Prend un cruel empire!
Je ne fais voir que rigueurs pour Tircis;
Et cependant, sensible à ses cuisants soucis,
De sa langueur en secret je soupire,
Et voudrais bien soulager son martyre.
C'est à vous seuls que je le dis,
Arbres, n'allez pas le redire.
Puisque le ciel a voulu nous former
Avec un cœur qu'amour peut enflammer,
Quelle rigueur impitoyable
Contre des traits si doux nous force à nous armer?
Et pourquoi, sans être blâmable,
Ne peut-on pas aimer
Ce que l'on trouve aimable?
Hélas! que vous êtes heureux,
Innocents animaux, de vivre sans contrainte,
Et de pouvoir suivre sans crainte
Les doux emportements de vos cœurs amoureux!
Hélas! petits oiseaux, que vous êtes heureux
De ne sentir nul le contrainte,
Et de pouvoir suivre sans crainte
Les doux emportements de vos cœurs amoureux!
Mais le sommeil sur ma paupière
Verse de ses pavots l'agréable fraîcheur:
Donnons-nous à lui tout entière;
Nous n'avons point de loi sévère
Qui défende à nos cœurs d'en goûter la douceur.
(*Elle s'endort sur un lit de gazon.*)

SCENE IV.

CALISTE, *endormie*; TIRCIS, LICASTE, MENANDRE.

TIRCIS.

Vers ma belle ennemie
Portons sans bruit nos pas,
Et ne réveillons pas,
Sa rigueur endormie.

TOUS TROIS.

Dormez, dormez, beaux yeux, adorables vainqueurs;
Et goûtez le repos que vous ôtez aux cœurs.

Dormez, dormez, beaux yeux.

TIRCIS.

Silence, petits oiseaux;
Vents, n'agitez nulle chose.
Coulez doucement, ruisseaux
C'est Caliste qui repose.

TOUS TROIS.

Dormez, dormez, beaux yeux, adorables vainqueurs;
Et goûtez le repos que vous ôtez aux cœurs.
Dormez, dormez, beaux yeux.

CALISTE, *en se réveillant, à Tircis.*

Ah! quelle peine extrême!
Suivre partout mes pas!

TIRCIS.

Que voulez-vous qu'on suive, hélas!
Que ce qu'on aime?

CALISTE.

Berger, que voulez-vous?

TIRCIS.

Mourir, belle bergère,
Mourir à vos genoux,
Et finir ma misère.
Puisqu'en vain à vos pieds on me voit soupirer,
Il y faut expirer.

CALISTE.

Ah! Tircis, ôtez-vous; j'ai peur que dans ce jour
La pitié dans mon cœur n'introduise l'amour.

LICASTE ET MÉNANDRE, *l'un après l'autre.*

Soit amour, soit pitié,
Il sied bien d'être tendre.
C'est par trop vous défendre,
Bergère, il faut se rendre
A sa longue amitié.
Soit amour, soit pitié,
Il sied bien d'être tendre.

CALISTE, *à Tircis.*

C'est trop, c'est trop de rigueur.
J'ai maltraité votre ardeur,
Chérissant votre personne;
Vengez-vous de mon cœur,
Tircis, je vous le donne.

TIRCIS.

O ciel! bergers! Caliste! ah! je suis hors de moi!
Si l'on meurt de plaisir, je dois perdre la vie.

LICASTE.

Digne prix de ta foi!

MÉNANDRE.

O sort digne d'envie!

SCENE V.

DEUX SATYRES, CALISTE, TIRCIS, LICASTE, MENANDRE.

PREMIER SATYRE, *à Caliste.*

Quoi! tu me fuis, ingrate; et je te vois ici
De ce berger à moi faire une préférence!

SECOND SATYRE.

Quoi! mes soins n'ont rien pu sur ton indifférence?
Et pour ce langoureux ton cœur s'est adouci?

CALISTE.

Le destin le veut ainsi;
Prenez tous deux patience.

PREMIER SATYRE.

Aux amants qu'on pousse à bout
L'amour fait verser des larmes;
Mais ce n'est pas notre goût,
Et la bouteille a des charmes
Qui nous consolent de tout.

SECOND SATYRE.

Notre amour n'a pas toujours
Tout le bonheur qu'il désire;
Mais nous avons un secours,
Et le bon vin nous fait rire,
Quand on rit de nos amours.

TOUS.

Champêtres divinités,
Faunes, Dryades, sortez
De vos paisibles retraites;
Mêlez vos pas à nos sons,
Et tracez sur les herbettes
L'image de nos chansons.

SCENE VI.

CALISTE, TIRCIS, LICASTE, MÉNANDRE, FAUNES, DRYADES.

PREMIERE ENTREE DE BALLET.

Danse des faunes et des dryades.

SCENE VII.

CLIMÈNE, PHILINTE, CALISTE, TIRCIS, LICASTE, MENANDRE, FAUNES, DRYADES.

PHILINTE.

Quand je plaisais à tes yeux,
J'étais content de ma vie,
Et ne voyais rois ni dieux.
Dont le sort me fît envie.

CLIMÈNE.

Lorsqu'à toute autre personne
Me préférait ton ardeur,
J'aurais quitté la couronne
Pour régner dessus ton cœur.

PHILINTE.

Une autre a guéri mon ame
Des feux que j'avais pour toi.

CLIMÈNE.

Une autre a vengé ma flamme
Des faiblesses de ta foi.

PHILINTE.

Chloris, qu'on vante si fort,
M'aime d'une ardeur fidèle;
Si ses yeux voulaient ma mort,
Je mourrais content pour elle.

CLIMÈNE.

Myrtil, si digne d'envie,
Me chérit plus que le jour;
Et moi je perdrais la vie
Pour lui montrer mon amour.

PHILINTE.

Mais si d'une douce ardeur
Quelque renaissante trace.
Chassait Chloris de mon cœur
Pour te remettre en sa place?

CLIMÈNE.

Bien qu'avec pleine tendresse
Myrtil me puisse chérir,
Avec toi, je le confesse,
Je voudrais vivre et mourir.

TOUS DEUX ENSEMBLE.

Ah! plus que jamais aimons-nous,
Et vivons et mourons en des liens si doux.

TOUS LES PERSONNAGES DE LA PASTORALE.

Amants, que vos querelles
Sont aimables et belles!
Qu'on y voit succéder
De plaisir, de tendresse!
Querellez-vous sans cesse
Pour vous raccommoder.
Amants, que vos querelles
Sont aimables et belles! etc.

DEUXIEME ENTREE DE BALLET.

Les faunes et les dryades recommencent leur danse, tandis que trois petites dryades et trois petits faunes font paraître dans l'enfoncement du théâtre tout ce qui se passe sur le devant. Ces danses sont entremêlées des chansons des bergers.

CHOEUR DE BERGERS ET DE BERGÈRES.

Jouissons, jouissons des plaisirs innocents
Dont les feux de l'amour savent charmer nos sens.
Des grandeurs qui voudra se soucie:
Tous ces honneurs dont on a tant d'envie
Ont des chagrins qui sont trop cuisants.
Jouissons, jouissons des plaisirs innocents
Dont les feux de l'amour savent charmer nos sens.
En aimant, tout nous plaît dans la vie;
Deux cœurs unis de leur sort sont contents:
Cette ardeur, de plaisirs suivie,
De tous nos jours fait d'éternels printemps.
Jouissons, jouissons des plaisirs innocents
Dont les feux de l'amour savent charmer nos sens.

FIN DU TROISIÈME INTERMÈDE.

ACTE III.

SCÈNE PREMIERE.

ARISTIONÉ, IPHICRATE, TIMOCLÈS, ANAXARQUE, ERIPHILE, SOSTRATE, CLITIDAS.

ARISTIONE.

Les mêmes paroles toujours se présentent à dire, il faut toujours s'écrier : Voilà qui est admirable ! il ne se peut rien de plus beau ! cela passe tout ce qu'on a jamais vu !

TIMOCLÈS.

C'est donner de trop grandes paroles, madame, à de petites bagatelles.

ARISTIONE.

Des bagatelles comme celles-là peuvent occuper agréablement les plus sérieuses personnes. En vérité, ma fille, vous êtes bien obligée à ces princes, et vous ne sauriez assez reconnaître tous les soins qu'ils prennent pour vous.

ÉRIPHILE.

J'en ai, madame, tout le ressentiment qu'il est possible.

ARISTIONE.

Cependant vous les faites longtemps languir sur ce qu'ils attendent de vous. J'ai promis de ne vous point contraindre; mais leur amour vous presse de vous déclarer, et de ne plus traîner en longueur la récompense de leurs services. J'ai chargé Sostrate d'apprendre doucement de vous les sentiments de votre cœur; et je ne sais pas s'il a commencé à s'acquitter de cette commission.

ÉRIPHILE.

Oui, madame; mais il me semble que je ne puis assez reculer ce choix dont on me presse, et que je ne saurais le faire sans mériter quelque blâme. Je me sens également obligée à l'amour, aux empressements aux services de ces deux princes ; et je trouve une espèce d'injustice bien grande à me montrer ingrate, ou vers l'un, ou vers l'autre, par le refus qu'il m'en faudra faire dans la préférence de son rival.

IPHICRATE.

Cela s'appelle, madame, un fort honnête compliment pour nous refuser tous deux.

ARISTIONE.

Ce scrupule, ma fille, ne doit point vous inquiéter, et ces princes, tous deux, se sont soumis il y a longtemps à la préférence que pourra faire votre inclination.

ÉRIPHILE.

L'inclination, madame, est fort sujette à se tromper; et des yeux désintéressés sont beaucoup plus capables de faire un juste choix.

ARISTIONE.

Vous savez que je suis engagée de parole à ne rien prononcer là dessus; et, parmi ces deux princes, votre inclination ne peut point se tromper et faire un choix qui soit mauvais.

ÉRIPHILE.

Pour ne point violenter votre parole ni mon scrupule, agréez, madame, un moyen que j'ose proposer.

ARISTIONE.

Quoi, ma fille?

ÉRIPHILE.

Que Sostrate décide de cette préférence. Vous l'avez pris pour découvrir le secret de mon cœur, souffrez que je le prenne pour me tirer de l'embarras où je me trouve.

ARISTIONE.

J'estime tant Sostrate, que, soit que vous vouliez vous servir de lui pour expliquer vos sentiments, ou soit que vous vous en remettiez absolument à sa conduite; je fais, dis-je, tant d'estime de sa vertu et de son jugement, que je consens de tout mon cœur à la proposition que vous me faites.

IPHICRATE.

C'est à dire, madame, qu'il nous faut faire notre cour à Sostrate !

SOSTRATE.

Non, seigneur, vous n'aurez point de cour à me faire; et, avec tout le respect que je dois aux princesses, je renonce à la gloire où elles veulent m'élever.

ARISTIONE.

D'où vient cela, Sostrate?

SOSTRATE.

J'ai des raisons, madame, qui ne me permettent pas que je reçoive l'honneur que vous me présentez.

IPHICRATE.

Craignez-vous, Sostrate, de vous faire un ennemi?

SOSTRATE.

Je craindrais peu, seigneur, les ennemis que je pourrais me faire en obéissant à mes souveraines.

TIMOCLÈS.

Par quelle raison donc refusez-vous d'accepter le pouvoir qu'on vous donne, et vous acquérir l'amitié d'un prince qui vous devrait tout son bonheur?

SOSTRATE.

Par la raison que je ne suis pas en état d'accorder à ce prince ce qu'il souhaiterait de moi.

IPHICRATE.

Quelle pourrait être cette raison?

SOSTRATE.

Pourquoi me tant presser là-dessus? Peut-être ai-je, seigneur, quelque intérêt secret qui s'oppose aux prétentions de votre amour. Peut-être ai-je un ami qui brûle sans oser le dire, d'une flamme respectueuse pour les charmes divins dont vous êtes épris. Peut-être cet ami me fait-il tous les jours confidence de son martyre, qu'il se plaint à moi tous les jours des rigueurs de sa destinée, et regarde l'hymen de la princesse ainsi que l'arrêt redoutable qui le doit pousser au tombeau; et, si cela était, seigneur, serait-il raisonnable que ce fût de ma main qu'il reçut le coup de sa mort ?

IPHICRATE.

Vous auriez bien la mine, Sostrate, d'être vous même cet ami dont vous prenez les intérêts.

SOSTRATE.

Ne cherchez point, de grace, à me rendre odieux aux personnes qui vous écoutent. Je sais me connaître, seigneur; et les malheureux comme moi n'ignorent pas jusques où leur fortune leur permet d'aspirer.

ARISTIONE.

Laissons cela ; nous trouverons moyen de terminer l'irrésolution de ma fille.

ANAXARQUE.

En est-il un meilleur, madame, pour terminer les choses au contentement de tout le monde, que les lumières que le ciel peut donner sur ce mariage? J'ai commencé comme je vous ai dit, à jeter pour cela les figures mystérieuses que notre art nous enseigne; et j'espère vous faire voir tantôt ce que l'avenir garde à cette union souhaitée. Après cela, pourra-t-on balancer encore ? La gloire et les prospérités que le ciel promettra ou à l'un ou à l'autre choix, ne seront-elles pas suffisantes pour le déterminer; et celui qui sera exclus pourra-t-il s'offenser, quand ce sera le ciel qui décidera cette préférence?

IPHICRATE.

Pour moi, je m'y soumets entièrement, et je déclare que cette voix me semble la plus raisonnable.

TIMOCLÈS.

Je suis de même avis; et le ciel ne saurait rien faire où je ne souscrive sans répugnance.

ÉRIPHILE.

Mais, seigneur Anaxarque, voyez-vous si clair dans les destinées, que vous ne vous trompiez jamais? et ces prospérités et cette gloire que vous dites que le ciel nous promet, qui en sera caution, je vous prie?

ARISTIONE.

Ma fille, vous avez une petite incrédulité qui ne vous quitte point.

ANAXARQUE.

Les épreuves, madame, que tout le monde a vues de l'infaillibilité de mes prédictions sont les cautions suffisantes des promesses que je puis faire. Mais enfin quand je vous aurai fait voir ce que le ciel vous marque, vous vous réglerez là-dessus à votre fantaisie; et ce sera à vous à prendre la fortune de l'un ou de l'autre choix.

ÉRIPHILE.

Le ciel, Anaxarque, me marquera les deux fortunes qui m'attendent?

ANAXARQUE.

Oui, madame, les félicités qui vous suivront, si vous épousez l'un; et les disgraces qui vous accompagneront si vous épousez l'autre.

ÉRIPHILE.

Mais, comme il est impossible que je les épouse tous deux, il faut donc qu'on trouve écrit dans le ciel, non seulement ce qui doit arriver, mais aussi ce qui ne doit pas arriver.

CLITIDAS, *à part.*

Voilà mon astrologue embarrassé.

ANAXARQUE.

Il faudrait vous faire, madame, une longue discussion des principes de l'astrologie, pour vous faire comprendre cela.

CLITIDAS.

Bien répondu. Madame, je ne dis point de mal de l'astrologie: l'astrologie est une belle chose, et le seigneur Anaxarque est un grand homme.

IPHICRATE.

La vérité de l'astrologie est une chose incontestable; et il n'y a personne qui puisse disputer contre la certitude de ses prédictions.

CLITIDAS.

Assurément.

TIMOCLÈS.

Je suis assez incrédule pour quantité de choses; mais pour ce qui est de l'astrologie, il n'y a rien de plus sûr et de plus constant que le succès des horoscopes qu'elle tire.

CLITIDAS.

Ce sont des choses les plus claires du monde.

IPHICRATE.

Ces aventures prédites arrivent tous les jours, qui convainquent les plus opiniâtres.

CLITIDAS.

Il est vrai.

TIMOCLÈS.

Peut-on contester sur cette matière les incidents célèbres dont les historiens nous font foi?

CLITIDAS.

Il faut n'avoir pas le sens commun. Le moyen de contester ce qui est moulé?

ARISTIONE.

Sostrate n'en dit mot. Quel est son sentiment là-dessus?

SOSTRATE.

Madame, tous les esprits ne sont pas nés avec les qualités qu'il faut pour la délicatesse de ces belles sciences qu'on nomme curieuses; et il y en a de si matériels, qu'ils ne peuvent aucunement comprendre ce que d'autres conçoivent le plus facilement du monde. Il n'est rien de plus agréable, madame, que toutes les grandes promesses de ces connaissances sublimes. Transformer tout en or, faire vivre éternellement, guérir par des paroles, se faire aimer de qui l'on veut, savoir tous les secrets de l'avenir, faire descendre comme on veut du ciel sur des métaux des impressions du bonheur, commander aux démons, se faire des armées invisibles et des soldats invulnérables; tout cela est charmant sans doute; et il y a des gens qui n'ont aucune peine à en comprendre la possibilité, cela leur est le plus aisé du monde à concevoir. Mais pour moi je vous avoue que mon esprit grossier a quelque peine à le comprendre et à le croire; et j'ai trouvé cela trop beau pour être véritable. Toutes ces belles raisons de sympathie, de force magnétique, et de vertu occulte, sont si subtiles et délicates, qu'elles échappent à mon sens matériel; et, sans parler du reste, jamais il n'a été en ma puissance de concevoir comme on trouve écrit dans le ciel jusqu'aux plus petites particularités de la fortune du moindre homme. Quel rapport, quel commerce, quelle correspondance peut-il y avoir entre nous et des globes éloignés de notre terre d'une distance si effroyable? et d'où cette belle science, enfin, peut-elle être venue aux hommes? Quel dieu l'a révélé? quelle expérience l'a pu former de l'observation de ce grand nombre d'astres qu'on n'a pu voir encore deux fois dans la même disposition?

ANAXARQUE.

Il ne sera pas difficile de vous le faire concevoir.

SOSTRATE.

Vous serez plus habile que tous les autres.

CLITIDAS, *à Sostrate.*

Il vous fera une discussion de tout cela, quand vous voudrez.

IPHICRATE, *à Sostrate.*

Si vous ne comprenez pas les choses, au moins les pouvez-vous croire sur ce que l'on voit tous les jours.

SOSTRATE.

Comme mon sens est si grossier, qu'il n'a pu rien comprendre, mes yeux aussi sont si malheureux qu'ils n'ont jamais rien vu.

IPHICRATE.

Pour moi, j'ai vu, et des choses tout à fait convaincantes.

TIMOCLÈS.

Et moi aussi.

SOSTRATE.

Comme vous avez vu, vous faites bien de croire: et il faut que vos yeux soient faits autrement que les miens.

IPHICRATE.

Mais enfin la princesse croit à l'astrologie; et il me semble qu'on y peut bien croire après elle. Est-ce que madame, Sostrate, n'a pas de l'esprit et du sens?

SOSTRATE.

Seigneur, la question est un peu violente. L'esprit de la princesse n'est pas une règle pour le mien; et son intelligence peut l'élever à des lumières où mon sens ne peut atteindre.

ARISTIONE.

Non, Sostrate, je ne vous dirai rien sur quantité de choses auxquelles je ne donne guère plus de créance que vous; mais, pour l'astrologie, on m'a dit et fait voir des choses si positives, que je ne la puis mettre en doute.

SOSTRATE.

Madame, je n'ai rien à répondre à cela.

ARISTIONE.

Quittons ce discours, et qu'on nous laisse un moment. Dressons notre promenade, ma fille, vers cette belle grotte où j'ai promis d'aller. Des galanteries à chaque pas!

FIN DU TROISIÈME ACTE.

QUATRIÈME INTERMÈDE.

Le théâtre représente une grotte.

ENTRÉE DE BALLET.

Huit statues, portant chacun deux flambeaux, font une danse variée de plusieurs figures et de plusieurs attitudes, où elles demeurent par intervalles.

FIN DU QUATRIÈME INTERMÈDE.

ACTE IV.

SCENE PREMIÈRE.

ARISTIONE, ÉRIPHILE.

ARISTIONE.

De qui que cela soit, on ne peut rien de plus galant et de mieux entendu. Ma fille, j'ai voulu me séparer de tout le monde pour vous entretenir ; et je veux que vous ne me cachiez rien de la vérité. N'auriez-vous point dans l'ame quelque inclination secrète que vous ne voulez pas me dire?

ÉRIPHILE.

Moi, madame?

ARISTIONE.

Parlez à cœur ouvert, ma fille. Ce que j'ai fait pour vous, mérite bien que vous usiez avec moi de franchise. Tourner vers vous toutes mes pensées, vous préferer à toutes choses, et fermer l'oreille, en l'état où je suis, à toutes les propositions que cent princesses, en ma place, écouteraient avec bienséance ; tout cela vous doit assez persuader que je suis une bonne mère, et que je ne suis pas pour recevoir avec sévérité les ouvertures que vous pourriez me faire de votre cœur.

ÉRIPHILE.

Si j'avais si mal suivi votre exemple, que de m'être laissé aller à quelques sentiments d'inclination que j'eusse raison de cacher, j'aurais, madame, assez de pouvoir sur moi-même pour imposer silence à cette passion, et me mettre en état de ne rien faire voir qui fût indigne de votre sang.

ARISTIONE.

Non, non, ma fille; vous pouvez sans scrupule m'ouvrir vos sentiments. Je n'ai point renfermé votre inclination dans le choix de deux princes, vous pouvez l'étendre où vous voudrez· et le mérite, auprès de moi, tient un rang si considérable, que je l'égale à tout; et, si vous m'avouez franchement les choses, vous me verrez souscrire sans répugnance au choix qu'aura fait votre cœur.

ÉRIPHILE.

Vous avez des bontés pour moi, madame, dont je ne puis assez me louer : mais je ne les mettrai point à l'épreuve sur le sujet dont vous me parlez; et tout ce que je leur demande, c'est de ne point presser un mariage où je ne me sens pas encore bien résolue.

ARISTIONE.

Jusqu'ici je vous ai laissée assez maîtresse de tout ; et l'impatience des princes vos amants... Mais quel bruit est-ce que j'entends? Ah! ma fille, quel spectacle s'offre à nos yeux? Quelque divinité descend ici, et c'est la déesse Vénus qui semble nous vouloir parler.

SCENE II.

VÉNUS, *accompagnée de quatre petits Amours dans une machine*, ARISTIONE, ERIPHILE.

VÉNUS, *à Aristione*.

Princesse, dans tes soins brille un zèle exemplaire
Qui, par les Immortels, doit être couronné
Et, pour te voir un gendre illustre et fortuné,
Leur main te veut marquer le choix que tu dois faire.
Ils t'annoncent tous, par ma voix,
La gloire et les grandeurs que, par ce digne choix,
Ils feront pour jamais entrer dans ta famille.
De tes difficultés termine donc le cours,
Et pense à donner ta fille
A qui sauvera tes jours.

SCENE III.

ARISTIONE, ÉRIPHILE.

ARISTIONE.

Ma fille, les dieux imposent silence à tous nos raisonnements. Après cela nous n'avons plus rien à faire qu'à recevoir ce qu'ils s'apprêtent à nous donner; et vous venez d'entendre distinctement leur volonté. Allons dans le premier temple les assurer de notre obéissance, et leur rendre grace de leurs bontés.

SCENE IV.

ANAXARQUE, CLÉON.

CLÉON.

Voilà la princesse qui s'en va; ne voulez-vous pas lui parler?

ANAXARQUE.

Attendons que sa fille soit séparée d'elle. C'est un esprit que je redoute, il n'est pas de trempe à se laisser mener ainsi que celui de sa mère. Enfin, mon fils, comme nous venons de voir par cette ouverture, le stratagème a réussi. Notre Vénus a fait des merveilles, et l'admirable ingénieur qui s'est employé à cet artifice a si bien disposé tout, a coupé avec tant d'adresse le plancher de cette grotte, si bien caché ses fils de fer et tous ses ressorts, si bien ajusté ses lumières et habillé ses personnages, qu'il y a peu de gens qui n'y eussent été trompés; et, comme la princesse Aristione est fort superstitieuse, il ne faut point douter qu'elle ne donne à pleine tête dans cette tromperie. Il y a longtemps, mon fils, que je prépare cette machine; et me voilà tantôt au but de mes prétentions.

CLÉON.

Mais pour lequel des deux princes, au moins, traitez-vous tout cet artifice?

ANAXARQUE.

Tous deux ont recherché mon assistance, et je leur promets à tous deux la faveur de mon art. Mais les présens du prince Iphicrate, et les promesses qu'il m'a faites, l'emportent de beaucoup sur tout ce qu'a pu faire l'autre. Ainsi ce sera lui qui recevra les effets favorables de tous les ressorts que je fais jouer; et, comme son ambition me devra toute chose, voilà, mon fils, notre fortune est faite. Je vais prendre mon temps pour affermir dans son erreur l'esprit de la princesse, pour la mieux prévenir encore par le rapport que je lui ferai adroitement des paroles de Vénus avec les prédictions des figures célestes que je lui dis que j'ai jetées. Va-t'en tenir la main au reste de l'ouvrage, préparer nos six hommes à se bien cacher dans leur barque derrière le rocher, à posément attendre le temps que la princesse Aristione vient tous les soirs se promener seule sur le rivage, à se jeter bien à propos sur elle, ainsi que des corsaires, et donner lieu au prince Iphicrate de lui apporter ce secours, qui sur les paroles du ciel, doit mettre entre ses mains la princesse Ériphile. Ce prince est averti par moi, et, sur la foi de ma prédiction, il doit se tenir dans ce petit bois qui borde le rivage. Mais sortons de cette grotte, je te dirai en marchant toutes les choses qu'il faut bien observer. Voilà la princesse Ériphile, évitons sa rencontre.

SCENE V.

ÉRIPHILE, *seule*.

Hélas! quelle est ma destinée! et qu'ai-je fait aux dieux pour mériter les soins qu'ils veulent prendre de moi?

SCENE VI.

ÉRIPHILE, CLÉONICE.

CLÉONICE.

Le voici, madame, que j'ai trouvé; et, à vos premiers ordres, il n'a pas manqué de me suivre.

ÉRIPHILE.

Qu'il approche, Cléonice, et qu'on nous laisse seuls un moment.

SCENE VII.

ÉRIPHILE, SOSTRATE.

ÉRIPHILE.

Sostrate, vous m'aimez?

SOSTRATE.

Moi, madame?

ÉRIPHILE.

Laissons cela, Sostrate; je le sais, je l'approuve t vous permets de me le dire. Votre passion a paru à es yeux accompagnée de tout le mérite qui me la ouvait rendre agréable. Si ce n'était le rang où le ciel m'a fait naître, je puis vous dire que cette passion n'aurait pas été malheureuse, et que cent fois je lui ai souhaité l'appui d'une fortune qui pût mettre pour elle en pleine liberté les secrets sentiments de mon âme. Ce n'est pas, Sostrate, que le mérite seul n'ait à mes yeux tout le prix qu'il doit avoir, et que, dans mon cœur, je ne préfère les vertus qui sont en vous à tous les titres magnifiques dont les autres sont revêtus. Ce n'est pas même que la princesse ma mère ne m'ait assez laissé la disposition de mes vœux; je ne doute point, je vous l'avoue, que mes prières n'eussent pu tourner son consentement du côté que j'aurais voulu: mais il est des états, Sostrate, où il n'est pas honnête de vouloir tout ce qu'on peut faire. Il y a des chagrins à se mettre au dessus de toutes choses; et les bruits fâcheux de la renommée vous font trop acheter le plaisir qu'on trouve à contenter son inclination. C'est à quoi, Sostrate, je ne me serais jamais résolue; et j'ai cru faire assez de fuir l'engagement dont j'étais sollicitée. Mais enfin, les dieux veulent prendre eux mêmes le soin de me donner un époux; et tous ces longs délais avec lesquels j'ai reculé mon mariage, et que les bontés de la princesse ma mère ont accordés à mes désirs, ces délais, dis-je, ne me sont plus permis, et il me faut résoudre à subir cet arrêt du ciel. Soyez sûr, Sostrate, que c'est avec toutes les répugnances du monde que je m'abandonne à cet hyménée, et que, si j'avais pu être maîtresse de moi, où j'aurais été à vous, ou je n'aurais été à personne. Voilà, Sostrate, ce que j'avais à vous dire; voila ce que j'ai cru devoir à votre mérite, et la consolation que toute ma tendresse peut donner à votr flamme.

SOSTRATE.

Ah! madame, c'en est trop pour un malheureux! Je ne m'étais pas préparé à mourir avec tant de gloire; et je cesse dans ce moment de me plaindre des destinées. Si elles m'ont fait naître dans un rang beaucoup moins élevés que mes désirs, elles m'ont fait naître assez heureux pour attirer quelque pitié du cœur d'une grande princesse; et cette pitié glorieuse vaut des sceptres et des couronnes, vaut la fortune des plus grands princes de la terre. Oui, madame, dès que j'ai osé vous aimer (c'est vous, madame, qui voulez bien que je me serve de ce mot téméraire), dès que j'ai, dis-je, osé vous aimer, j'ai condamné d'abord l'orgueil de mes désirs; je me suis fait moi-même la destinée que je devais attendre. Le coup de mon trépas, madame, n'aura rien qui me surprenne, puisque je m'y étais préparé; mais vos bontés le comblent d'un honneur que mon amour jamais n'eût osé espérer; et je m'en vais mourir après cela le plus content et le plus glorieux de tous les hommes. Si je puis encore souhaiter quelque chose, ce sont deux graces, madame, que je prends la hardiesse de vous demander à genoux; de vouloir souffrir ma présence jusqu'à cet heureux hyménée qui doit mettre fin à ma vie; et, parmi cette grande gloire et ces longues prospérités que le ciel promet à votre union, de vous souvenir quelquefois de l'amoureux Sostrate. Puis-je, divine princesse, me promettre de vous cette précieuse faveur?

ÉRIPHILE.

Allez, Sostrate, sortez d'ici. Ce n'est pas aimer mon repos que de me demander que je me souvienne de vous.

SOSTRATE.

Ah! madame, si votre repos...

ÉRIPHILE.

Otez-vous, vous dis-je, Sostrate; épargnez ma faiblesse, et ne m'exposez point à plus que je n'ai résolu.

SCÈNE VIII.

ÉRIPHILE, CLÉONICE.

CLEONICE.

Madame, je vous vois l'esprit tout chagrin; vous plaît-il que vos danseurs qui expriment si bien toutes les passions, vous donnent maintenant quelque épreuve de leur adresse?

ÉRIPHILE.

Oui, Cleonice. Qu'ils fassent tout ce qu'ils voudront, pourvu qu'elles me laissent à mes pensées.

FIN DU QUATRIÈME ACTE.

CINQUIEME INTERMEDE.

uatre pantomimes pour épreuve de leur adresse ajustent leurs gestes et leurs pas aux inquiétudes de la jeune princesse Eriphile.

FIN DU CINQUIEME INTERMEDE.

ACTE V.

SCENE PREMIERE.

ÉRIPHILE, CLITIDAS.

CLITIDAS, *faisant semblant de ne point voir Ériphile.*

De quel côté porter mes pas? où m'aviserai-je d'aller? en quel lieu puis-je croire que je trouverai maintenant la princesse Eriphile? Ce n'est pas un petit avantage que d'être le premier à porter une nouvelle. Ah! la voilà! madame, je vous annonce que le ciel vient de vous donner l'époux qu'il vous destinait.

ÉRIPHILE.

Hé! laisse-moi, Clitidas, dans ma sombre mélancolie.

CLITIDAS.

Madame, je vous demande pardon; je pensais faire bien de vous venir dire que le ciel vient de vous donner Sostrate pour époux; mais puisque cela vous incommode, je rengaîne ma nouvelle et m'en retourne droit comme je suis venu.

ÉRIPHILE.

Clitidas! holà, Clitidas!

CLITIDAS.

Je vous laisse, madame, dans votre sombre mélancolie.

ÉRIPHILE.

Arrête, te dis-je; approche. Que viens-tu me dire?

CLITIDAS.

Rien, madame. On a parfois des empressements de venir dire aux grands de certaines choses dont ils ne se soucient pas; et je vous prie de m'excuser.

ÉRIPHILE.

Que tu es cruel!

CLITIDAS.

Une autre fois j'aurai la discrétion de ne vous pas venir interrompre.

ÉRIPHILE.

Ne me tiens point dans l'inquiétude. Qu'est-ce que tu viens m'annoncer?

CLITIDAS.

C'est une bagatelle de Sostrate, madame, que je vous dirai une autre fois, quand vous ne serez point embarrassée.

ÉRIPHILE.

Ne me fais pas languir davantage, te dis-je, et m'apprends cette nouvelle.

CLITIDAS.

Vous la voulez savoir, madame?

ÉRIPHILE.

Oui, dépêche. Qu'as-tu à me dire de Sostrate?

CLITIDAS.

Une aventure merveilleuse, où personne ne s'attendait.

ÉRIPHILE.

Dis-moi vite ce que c'est.

CLITIDAS.

Cela ne troublera-t-il point, madame, votre sombre mélancolie?

ÉRIPHILE.

Ah! parle promptement.

CLITIDAS.

J'ai donc à vous dire, madame, que la princesse votre mère passait presque seule dans la forêt par ces petites routes qui sont si agréables, lorsqu'un sanglier hideux (ces vilains sangliers-là font toujours du désordre, et l'on devrait les bannir des forêts bien policées); lors, dis-je, qu'un sanglier hideux, poussé, je crois, par des chasseurs, est venu traverser la route où nous etions. Je devrais vous faire peut être, pour orner mon récit, une description étendue du sanglier dont je parle; mais vous vous en passerez, s'il vous plaît, et je me contenterai de vous dire que c'était un fort vilain animal. Il passait son chemin, et il était bon de ne lui rien dire, de ne point chercher de noise avec lui; mais la princesse a voulu égayer sa dextérité, et de son dard, qu'elle lui a lancé un peu mal à propos, ne lui en déplaise, lui a fait au-dessus de l'oreille une assez petite blessure. Le sanglier, mal morigéné, s'est impertinemment détourné contre nous: nous étions là deux ou trois misérables, qui avons pâli de frayeur; chacun gagnait son arbre, et la princesse sans défense demeurait exposé à la furie de la bête, lorsque Sostrate a paru, comme si les dieux l'eussent envoyé.

ÉRIPHILE.

He bien, Clitidas?

CLITIDAS.

Si mon récit vous ennuie, madame, je remettrai le reste à une autre fois.

ÉRIPHILE.

Achève promptement.

CLITIDAS.

Ma foi, c'est promptement de vrai que j'achèverai, car un peu de poltronnerie m'a empêché de voir tout le détail de ce combat; et tout ce que je puis vous dire, c'est que retournant sur la place, nous avons vu le sanglier mort, tout vautré dans son sang, et la princesse, pleine de joie, nommant Sostrate son libérateur et l'époux digne et fortuné que les dieux lui marquaient pour vous. A ces paroles, j'ai cru que j'en avais assez entendu; et je me suis hâté de vous en apporter avant tous, la nouvelle.

ÉRIPHILE.

Ah! Clitidas, pouvais-tu m'en donner une qui me pût être plus agréable?

CLITIDAS.

Voilà qu'on vient vous trouver.

SCENE II.

ARISTIONE, SOSTRATE, ÉRIPHILE, CLITIDAS.

ARISTIONE.

Je vois, ma fille, que vous savez déjà tout ce que nous pourrions vous dire. Vous voyez que les dieux se sont expliqués bien plus tôt que nous n'eussions pensé: mon péril n'a guère tardé à nous marquer leurs volontés; et l'on connaît assez que ce sont eux qui se sont mêlés de ce choix, puisque le mérite tout seul brille dans cette préférence. Aurez-vous quelque répugnance à récompenser de votre cœur celui à qui je dois la vie? et refuserez-vous Sostrate pour époux?

ÉRIPHILE.

Et de la main des dieux et de la vôtre, madame, je ne puis rien recevoir qui ne me soit fort agréable.

SOSTRATE.

Ciel! n'est-ce point ici quelque songe tout plein de gloire dont les dieux me veulent flatter? et quelque réveil malheureux ne me replongera-t-il point dans la bassesse de ma fortune?

SCÈNE III.

ARISTIONE, ÉRIPHILE, SOSTRATE, CLÉONICE, CLITIDAS.

CLÉONICE.

Madame, je viens vous dire qu'Anaxarque a jusqu'ici abusé l'un et l'autre prince par l'espérance de ce choix qu'ils poursuivent depuis longtemps, et qu'au bruit qui s'est répandu de votre aventure, ils ont fait éclater tous deux leur ressentiment contre lui, jusques là que, de paroles en paroles, les choses se sont échauffées, et il en a reçu quelques blessures dont on ne sait pas bien ce qui arrivera. Mais les voici.

SCENE IV.

ARISTIONE, ÉRIPHILE, IPHICRATE, TIMOCLES, SOSTRATE, CLEONICE, CLITIDAS.

ARISTIONE.

Princes, vous agissez tous deux avec une violence bien grande, et si Anaxarque a pu vous offenser, j'étais pour vous en faire justice moi-même.

IPHICRATE.

Et quelle justice, madame, auriez-vous pu nous faire de lui, si vous la faites si peu à notre rang dans le choix que vous embrassez?

ARISTIONE.

Ne vous êtes-vous pas soumis l'un et l'autre à ce que pourraient décider, ou les ordres du ciel, ou l'inclination de ma fille?

TIMOCLÈS.

Oui, madame, nous nous sommes soumis à ce qu'ils pourraient décider entre le prince Iphicrate et moi, mais non pas à nous voir rebuter tous deux.

ARISTIONE.

Et si chacun de vous a bien pu se résoudre à souffrir une préférence, que vous arrive-t-il à tous deux où vous ne soyez préparés? Et que peuvent importer à l'un et à l'autre les intérêts de son rival?

IPHICRATE.

Oui, madame, il importe. C'est quelque consolation de se voir préférer un homme qui vous est égal; et votre aveuglement est une chose épouvantable.

ARISTIONE.

Prince, je ne veux pas me brouiller avec une personne qui m'a fait tant de grace que de me dire des douceurs: et je vous prie, avec toute l'honnêteté qu'il m'est possible, de donner à votre chagrin un fondement plus raisonnable; de vous souvenir, s'il vous plaît, que Sostrate est revêtu d'un mérite qui s'est fait connaître à toute la Grèce, et que le rang où le ciel l'élève aujourd'hui, va remplir toute la distance qui était entre lui et vous.

IPHICRATE.

Oui, oui, madame, nous nous en souviendrons. Mais peut-être aussi vous souviendrez-vous que deux princes outragés ne sont pas deux ennemis peu redoutables.

TIMOCLÈS.

Peut être, madame, qu'on ne goûtera pas longtemps la joie du mépris qu'on fait de nous.

ARISTIONE.

Je pardonne toutes ces menaces aux chagrins d'un amour qui se croit offensé ; et nous n'en verrons pas avec moins de tranquillité la fête des jeux pythiens. Allons-y de ce pas; et couronnons par ce pompeux spectacle cette merveilleuse journée.

FIN DU CINQUIEME ACTE.

SIXIÈME INTERMÈDE.

FÊTE DES JEUX PYTHIENS.

Le théâtre représente une grande salle, en manière d'amphithéâtre, avec une grande arcade dans le fond, au dessus de laquelle est une tribune fermée d'un rideau. Dans l'éloignement paraît un autel pour le sacrifice. Six ministres du sacrifice, habillés comme s'ils étaient presque nus, portant chacun une hache sur l'épaule, entrent par le portique, au son des violons ; ils sont suivis de deux sacrificateurs et de la prêtresse.

SCÈNE PREMIÈRE.

LA PRÊTRESSE, SACRIFICATEURS, MINISTRES DU SACRIFICE, CHOEUR DE PEUPLES.

LA PRÊTRESSE.

Chantez, peuples, chantez, en mille et mille lieux,
Du dieu que nous servons les brillantes merveilles;
Parcourez la terre et les cieux ;
Vous ne sauriez chanter rien de plus précieux,
Rien de plus doux pour les oreilles.

PREMIER SACRIFICATEUR.

A ce dieu plein de force, à ce dieu plein d'appas,
Il n'est rien qui ne résiste.

SECOND SACRIFICATEUR.

Il n'est rien ici bas
Qui par ses bienfaits ne subsiste.

LA PRETRESSE.

Toute la terre est triste.
Quand on ne le voit pas.

CHOEUR.

Poussons à sa mémoire
Des concerts si touchants
Que, du haut de sa gloire,
Il écoute nos chants.

PREMIERE ENTREE DE BALLET.

Les six ministres du sacrifice, portant des haches font entre eux une danse, ornée de toutes les attitudes que peuvent exprimer des gens qui étudient leurs forces; après quoi ils se retirent aux deux côtés du théâtre pour faire place à six voltigeurs.

SCÈNE II.

LA PRÊTRESSE, SACRIFICATEURS, MINISTRES DU SACRIFICE, VOLTIGEURS, CHOEUR DE PEUPLES.

DEUXIEME ENTREE DE BALLET.

Six voltigeurs font paraître en cadence leur adresse sur des chevaux de bois, qui sont apportés par des esclaves.

SCÈNE III.

LA PRÊTRESSE, SACRIFICATEURS, MINISTRES DU SACRIFICE, ESCLAVES, CONDUCTEURS D'ESCLAVES, CHOEUR DE PEUPLES.

TROISIÈME ENTRÉE DE BALLET.

Quatre conducteurs d'esclaves amènent en cadence huit esclaves qui dansent pour marquer la joie qu'ils ont d'avoir recouvré la liberté.

SCENE IV.

LA PRÊTRESSE, SACRIFICATEURS, MINISTRES DU SACRIFICE, HOMMES ET FEMMES *armés à la grecque,* CHOEUR DE PEUPLES.

QUATRIEME ENTREE DE BALLET.

Quatre hommes armés à la grecque avec des tambours, et quatre femmes armées à la grecque avec des timbres, font ensemble une manière de jeu pour les armes.

SCENE V.

LA PRÊTRESSE, SACRIFICATEURS, MINISTRES DU SACRIFICE, HOMMES ET FEMMES *armés à la grecque,* UN HERAUT, TROMPETTES, UN TIMBALIER, CHOEUR DE PEUPLES.

La tribune s'ouvre. Un héraut, six trompettes et un timbalier, se mêlant à tous les instruments, annoncent la venue d'Apollon.

CHOEUR.

Ouvrons tous nos yeux
A l'éclat suprême
Qui brille en ces lieux.

SCÈNE VI.

APOLLON, SUIVANTS D'APOLLON, LA PRÊTRESSE, SACRIFICATEURS, MINISTRES DU SACRIFICE, HOMMES ET FEMMES *armés à la grecque,* UN HERAUT, TROMPETTES, UN TIMBALIER, CHOEUR DE PEUPLES.

Apollon, au bruit des trompettes et des violons, entre par le portique précédé de six jeunes gens portant des lauriers entrelacés autour d'un bâton, et un soleil d'or au dessus, avec la devise royale en signe de trophée,

CHOEUR.

Quelle grace extrême!
Quel port glorieux !
Où voit-on des dieux
Qui soient faits de même?

CINQUIEME ENTREE DE BALLET.

Les suivants d'Apollon donnent leur trophée à tenir aux ministre du sacrifice qui portent les haches, et commencent avec Apollon une danse héroïque.

SIXIEME ENTREE DE BALLET.

Les six ministres du sacrifice portant les haches et les trophées, les quatre hommes et les quatre femmes armés à la grecque, se joignent en diverses manières à la danse d'Apollon et de ses suivants, tandis que la prêtresse, le sacrificateur et le chœur des peuples y mêlent leurs chants, à diverses reprises, au son des timbales et des trompettes.

Vers pour LE ROI, représentant Apollon.

Je suis la source des clartés;
Et les astres les plus vantés,
Dont le beau cercle m'environne,
Ne sont brillants et respectés
Que par l'éclat que je leur donne.

Du char où je me puis asseoir,
Je vois le désir de me voir
Posséder la nature entière ;
Et le monde n'a son espoir
Qu'aux seuls bienfaits de ma lumière.

Bienheureuses de toutes parts,
Et pleines d'exquises richesses,
Les terres où de mes regards
J'arrête les douces carresses?

Vers pour M. LE GRAND, suivant d'Apollon.

Bien qu auprès du soleil tout autre éclat s'efface,
S'en éloigner pourtant n'est pas ce que l'on veut ;
Et vous voyez bien, quoi qu'il fasse,
Que l'on s'en tient toujours le plus près que l'on peut?

Pour le marquis DE VILLEROI, suivant d'Apollon.

De notre maître incomparable
Vous me voyez inséparable :
Et le zèle puissant qui m'attache à ses vœux
Le suit parmi les eaux, le suit parmi les feux.

Pour le marquis DE RASSENT, suivant d'Apollon.

Je ne serai pas vain quand je ne croirai pas
Qu'un autre, mieux que moi, suive partout ses pas,

LE BOURGEOIS GENTILHOMME,

COMÉDIE-BALLET EN CINQ ACTES.

1670.

PERSONNAGES DE LA COMÉDIE.

MONSIEUR JOURDAIN, bourgeois.
MADAME JOURDAIN, sa femme.
LUCILE, fille de monsieur Jourdain.
CLEONTE, amant de Lucile.
DORIMENE, marquise.
DORANTE, comte, amant de Dorimène.
NICOLE, servante de monsieur Jourdain.
COVIELLE, valet de Cléonte.
UN MAITRE DE MUSIQUE.
UN ELEVE DU MAITRE DE MUSIQUE.
UN MAITRE A DANSER.
UN MAITRE D'ARMES.
UN MAITRE DE PHILOSOPHIE.
UN MAITRE TAILLEUR.
UN GARCON TAILLEUR.
DEUX LAQUAIS.

PERSONNAGES DU BALLET.

DANS LE PREMIER ACTE.

UNE MUSICIENNE.
DEUX MUSICIENS.
DANSEURS.

DANS LE SECOND ACTE.

GARCONS TAILLEURS dansants.

DANS LE TROISIEME ACTE.

CUISINIERS dansants.

DANS LE QUATRIEME ACTE.

CÉRÉMONIE TURQUE.

LE MUFTI.
TURCS ASSISTANTS DU MUFTI, chantants.
DERVIS chantants.
TURCS dansants.

DANS LE CINQUIEME ACTE

BALLET DES NATIONS.

UN DONNEUR DE LIVRES dansant.
IMPORTUNS dansants.
TROUPE DE SPECTATEURS chantants.
PREMIER HOMME DU BEL AIR.
SECOND HOMME DU BEL AIR.
PREMIERE FEMME DU BEL AIR.
SECONDE FEMME DU BEL AIR.
PREMIER GASCON.
SECOND GASCON.
UN SUISSE.
UN VIEUX BOURGEOIS BABILLARD.
UNE VIEILLE BOURGEOISE BABILLARDE.
ESPAGNOLS chantants.
ESPAGNOLS dansants.
UNE ITALIENNE.
UN ITALIEN.
DEUX SCARAMOUCHES.
DEUX TRIVELINS.
ARLEQUIN.
DEUX POITEVINS chantants et dansants.
POITEVINS ET POITEVINES dansants.

La scène est à Paris, dans la maison de M. Jourdain.

ACTE PREMIER.

L'ouverture se fait par un grand assemblage d'instruments et, dans le milieu du théâtre, on voit un élève du maître de musique, qui compose sur une table un air que le bourgeois a demandé pour une sérénade.

SCENE PREMIÈRE.

UN MAITRE DE MUSIQUE; TROIS MUSICIENS, DEUX VIOLONS, UN MAITRE A DANSER, QUATRE DANSEURS.

LE MAÎTRE DE MUSIQUE, *aux musiciens.*

Venez, entrez dans cette salle, et vous reposez là, en attendant qu'il vienne.

LE MAÎTRE A DANSER, *aux danseurs.*

Et vous aussi, de ce côté.

LE MAÎTRE DE MUSIQUE, *à son élève.*

Est-ce fait ?

L'ÉLÈVE.

Oui.

LE MAÎTRE DE MUSIQUE.

Voyons... Voilà qui est bien.

LE MAÎTRE A DANSER.

Est-ce quelque chose de nouveau ?

LE MAÎTRE DE MUSIQUE.

Oui. C'est pour moi une sérénade que je lui ai fait composer ici, en attendant que notre homme fût éveillé.

LE MAÎTRE A DANSER.

Peut-on voir ce que c'est ?

LE MAÎTRE DE MUSIQUE.

Vous l'allez entendre avec le dialogue, quand il viendra. Il ne tardera guère

LE MAÎTRE A DANSER.

Nos occupations, à vous et à moi, ne sont pas petites maintenant.

LE MAÎTRE DE MUSIQUE.

Il est vrai. Nous avons trouvé ici un homme comme il nous le faut à tous deux. Ce nous est une douce rente que ce monsieur Jourdain, avec les visions de noblesse et de galanterie qu'il est allé se mettre en tête; et votre danse et ma musique auraient à souhaiter que tout le monde lui ressemblât.

LE MAÎTRE A DANSER.

Non pas entièrement; et je voudrais, pour lui, qu'il se connût mieux qu'il ne fait aux choses que nous lui donnons.

LE MAÎTRE DE MUSIQUE.

Il est vrai qu'il les connait mal, mais il les paie bien; et c'est de quoi maintenant nos arts ont plus besoin que de toute autre chose.

LE MAÎTRE A DANSER.

Pour moi, je vous l'avoue, je me repais un peu de gloire. Les applaudissements me touchent; et je tiens que, dans tous les beaux arts, c'est un supplice assez fâcheux que de se produire à des sots, que d'essuyer sur des compositions la barbarie d'un stupide. Il y a plaisir, ne m'en parlez point, à travailler pour des personnes qui soient capables de sentir les délicatesses d'un art, qui sachent faire un doux accueil aux beautés d'un ouvrage, et, par de chatouillantes approbations, vous régaler de votre travail. Oui, la récompense la plus agréable qu'on puisse recevoir des choses que l'on fait, c'est de les voir connues, de les voir caressées d'un applaudissement qui vous honore, Il n'y a rien, à mon avis, qui nous paie mieux que cela de toutes nos fatigues; et ce sont des douceurs exquises que des louanges éclairées.

LE MAÎTRE DE MUSIQUE.

J'en demeure d'accord; et je les goûte comme vous. Il n'y a rien assurément qui chatouille davantage que les applaudissements que vous dites; mais cet encens ne fait pas vivre. Des louanges toutes pures ne mettent point un homme à son aise, il y faut mêter du solide; et la meilleure façon de louer, c'est de louer avec les mains. C'est un homme, à la vérité, dont les lumières sont petites, qui parle à tort et à travers de toutes choses, et n'applaudit qu'à contre-sens; mais son argent redresse les jugements de son esprit; il a du discernement dans sa bourse; ses louanges sont monnayées; et ce bourgeois ignorant nous vaut mieux, comme vous voyez, que le grand seigneur éclairé qui nous a introduits ici.

LE MAÎTRE A DANSER.

Il y a quelque chose de vrai dans ce que vous dites; mais je trouve que vous appuyez un peu trop sur l'argent; et l'intérêt est quelque chose de si bas, qu'il ne faut jamais qu'un honnête homme montre pour lui de l'attachement.

LE MAÎTRE DE MUSIQUE.

Vous recevez fort bien l'argent que notre homme vous donne.

LE MAÎTRE A DANSER.

Assurément; mais je n'en fais pas tout mon bonheur; et je voudrais qu'avec son bien, il eût encore quelque bon goût des choses.

LE MAÎTRE DE MUSIQUE.

Je le voudrais aussi, et c'est à quoi nous travaillons tout deux autant que nous pouvons. Mais, en tout cas, il nous donne moyen de nous faire connaître dans le monde.

LE MAÎTRE A DANSER.

Le voilà qui vient.

SCENE II.

M. JOURDAIN, *en robe de chambre et en bonnet de nuit*; LE MAITRE DE MUSIQUE, LE MAITRE A DANSER, L'ÉLEVE *du maître de musique*, UNE MUSICIENNE, DEUX MUSICIENS, DANSEURS, DEUX LAQUAIS.

M. JOURDAIN.

Hé bien, messieurs! Qu'est-ce? Me ferez-vous voir votre petite drôlerie?

LE MAÎTRE A DANSER.

Comment! Quelle petite drôlerie?

M. JOURDAIN.

Hé! là... Comment appelez-vous cela? Votre prologue ou dialogue de chansons et de danse.

LE MAÎTRE A DANSER.

Ah! ah!

LE MAÎTRE DE MUSIQUE.

Vous nous y voyez preparés.

M. JOURDAIN.

Je vous ai fait un peu attendre; mais c'est que je me fais habiller aujourd'hui comme les gens de qualité, et mon tailleur m'a envoyé des bas de soie que j'ai pensé ne mettre jamais.

LE MAÎTRE DE MUSIQUE.

Nous ne sommes ici que pour attendre votre loisir.

M. JOURDAIN.

Je vous prie tous deux de ne vous point en aller qu'on ne m'ait apporté mon habit, afin que vous me puissiez voir.

LE MAÎTRE A DANSER.

Tout ce qu'il vous plaira.

M. JOURDAIN.

Vous me verrez équipé comme il faut, depuis les pieds jusqu'à la tête.

LE MAÎTRE DE MUSIQUE.

Nous n'en doutons point.

M. JOURDAIN.

Je me suis fait faire cette indienne-ci.

LE MAÎTRE A DANSER.

Elle est fort belle.

M. JOURDAIN.

Mon tailleur m'a dit que les gens de qualité étaient comme cela le matin.

LE MAÎTRE DE MUSIQUE.

Cela vous sied à merveille.

M. JOURDAIN.

Laquais! holà, mes deux laquais!

PREMIER LAQUAIS.

Que voulez-vous monsieur?

M. JOURDAIN.

Rien. C'est pour voir si vous m'entendez bien. (*au maître de musique et au maître à danser*) Que dites-vous de mes livrées?

LE MAÎTRE A DANSER.

Elles sont magnifiques.

M. JOURDAIN, *entr'ouvrant sa robe et faisant voir son haut de chausse de velours rouge, et sa camisole de velours vert.*

Voici encore un petit déshabillé pour faire le matin mes exercices.

LE MAÎTRE DE MUSIQUE.

Il est galant.

M. JOURDAIN.

Laquais!

PREMIER LAQUAIS.

Monsieur.

M. JOURDAIN.

L'autre laquais.

SECOND LAQUAIS.

Monsieur.

M. JOURDAIN, *ôtant sa robe de chambre.*

Tenez ma robe. (*au maître de musique et au maître à danser.*) Me trouvez-vous bien comme cela?

LE MAÎTRE A DANSER.

Fort bien on ne peut pas mieux.

M. JOURDAIN.

Voyons un peu votre affaire.

LE MAÎTRE DE MUSIQUE.

Je voudrais bien auparavant vous faire entendre un air (*montrant son élève*) qu'il vient de composer pour la sérénade que vous m'avez demandée. C'est un de mes écoliers, qui a pour ces sortes de choses un talent admirable.

M. JOURDAIN

Oui, mais il ne fallait pas faire faire cela par un écolier; et vous n'étiez pas trop bon vous-même pour cette besogne-là.

LE MAÎTRE DE MUSIQUE.

Il ne faut pas, monsieur, que le nom d'écolier vous abuse. Ces sortes d'écoliers en savent autant que les plus grands maîtres; et l'air est aussi beau qu'il s'en puisse faire. Écoutez seulement.

M. JOURDAIN, *à ses laquais.*

Donnez-moi ma robe pour mieux entendre... Attendez, je crois que je serai mieux sans robe. Non, redonnez-la moi; cela ira mieux.

LA MUSICIENNE.

Je languis nuit et jour, et mon mal est extrême
Depuis qu'à vos rigueurs vos beaux yeux m'ont soumis.
Si vous traitez ainsi, belle Iris, qui vous aime,
Hélas! que pourriez-vous faire à vos ennemis?

M. JOURDAIN.

Cette chanson me semble un peu lugubre; elle endort; et je voudrais que vous la puissiez un peu ragaillardir par-ci, par-là.

LE MAÎTRE DE MUSIQUE.

Il faut, monsieur, que l'air soit accommodé aux paroles.

M. JOURDAIN.

On m'en apprit un tout à fait joli, il y a quelque temps. Attendez... là.. Comment est-ce qu'il dit.

LE MAÎTRE A DANSER.

Par ma foi, je ne sais.

M. JOURDAIN.

Il y a du mouton dedans.

LE MAÎTRE A DANSER.

Du mouton?

M. JOURDAIN.

Oui. Ah! (*Il chante*)

Je croyais Jeanneton
Aussi douce que belle;
Je croyais Jeanneton
Plus douce qu'un mouton.
Hélas! Hélas! elle est cent fois,
Mille fois plus cruelle
Que n'est le tigre aux bois.

N'est-il pas joli?

LE MAÎTRE DE MUSIQUE.

Le plus joli du monde.

LE MAÎTRE A DANSER.

Et vous le chantez bien.

M. JOURDAIN.

C'est sans avoir appris la musique.

LE MAÎTRE DE MUSIQUE.

Vous devriez l'apprendre, monsieur, comme vous

faites la danse. Ce sont deux arts qui ont une étroite liaison ensemble.

LE MAÎTRE A DANSER.

Et qui ouvrent l'esprit d'un homme aux belles choses.

M. JOURDAIN.

Est-ce que les gens de qualité apprennent aussi la musique?

LE MAÎTRE DE MUSIQUE.

Oui, monsieur.

M. JOURDAIN.

Je l'apprendrai donc. Mais je ne sais quel temps je pourrai prendre; car, outre le maître d'armes qui me montre, j'ai arrêté encore un maître de philosophie, qui doit commencer ce matin.

LE MAÎTRE DE MUSIQUE.

La philosophie est quelque chose; mais la musique, monsieur, la musique...

LE MAÎTRE A DANSER.

La musique et la danse... La musique et la danse, c'est là tout ce qu'il faut.

LE MAÎTRE DE MUSIQUE.

Il n'y a rien qui soit si utile dans un état que la musique.

LE MAÎTRE A DANSER.

Il n'y a rien qui soit si nécessaire aux hommes que la danse.

LE MAÎTRE DE MUSIQUE.

Sans la musique un état ne peut subsister.

LE MAÎTRE A DANSER.

Sans la danse, un homme ne saurait rien faire.

LE MAÎTRE DE MUSIQUE.

Tous les désordres, toutes les guerres qu'on voit dans le monde, n'arrivent que pour n'apprendre pas la musique.

LE MAÎTRE A DANSER.

Tous les malheurs des hommes, tous les revers funestes dont les histoires sont remplies, les bévues des politiques, les manquements des grands capitaines, tout cela n'est venu que faute de savoir danser.

M. JOURDAIN.

Comment cela?

LE MAÎTRE DE MUSIQUE.

La guerre ne vient-elle pas d'un manque d'union entre les hommes?

M. JOURDAIN.

Cela est vrai.

LE MAÎTRE DE MUSIQUE.

Et si tous les hommes apprenaient la musique, ne serait-ce pas le moyen de s'accorder ensemble, et de voir dans le monde la paix universelle?

M. JOURDAIN.

Vous avez raison.

LE MAÎTRE A DANSER.

Lorsqu'un homme a commis un manquement dans sa conduite, soit aux affaires de sa famille, ou au gouvernement d'un état, ou au commandement d'une armée, ne dit-on pas toujours : un tel a fait un mauvais pas dans une telle affaire?

M. JOURDAIN.

Oui, on dit cela.

LE MAÎTRE A DANSER.

Et faire un mauvais pas, peut-il procéder d'autre chose que de ne savoir pas danser?

M. JOURDAIN.

Cela est vrai, et vous avez raison tous deux.

LE MAÎTRE A DANSER.

C'est pour vous faire voir l'excellence et l'utilité de la danse et de la musique.

M. JOURDAIN.

Je comprends cela à cette heure.

LE MAÎTRE DE MUSIQUE.

Voulez-vous voir nos deux affaires?

M. JOURDAIN.

Oui.

LE MAÎTRE DE MUSIQUE.

Je vous l'ai déjà dit, c'est un petit essai que j'ai fait autrefois des diverses passions que peut exprimer la musique.

M. JOURDAIN.

Fort bien.

LE MAÎTRE DE MUSIQUE, *aux musiciens.*

Allons, avancez. (*à M. Jourdain*) Il faut vous figurer qu'ils sont habillés en bergers.

M. JOURDAIN.

Pourquoi toujours ces bergers? On ne voit que cela partout.

LE MAÎTRE A DANSER.

Lorsqu'on a des personnes à faire parler en musique, il faut bien que, pour la vraisemblance, on donne dans la bergerie. Le chant a été de tout temps affecté aux bergers; et il n'est guère naturel, en dialogue, que des princes ou des bourgeois chantent leurs passions.

M. JOURDAIN.

Passe, passe. Voyons.

DIALOGUE EN MUSIQUE.

UNE MUSICIENNE, DEUX MUSICIENS.

LA MUSICIENNE.

Un cœur, dans l'amoureux empire,
De mille soins est toujours agité.
On dit qu'avec plaisir on languit, on soupire;
Mais, quoi qu'on puisse dire,
Il n'est rien de si doux que notre liberté.

PREMIER MUSICIEN.

Il n'est rien de si doux que les tendres ardeurs,
Qui font vivre deux cœurs
Dans une même envie:
On ne peut être heureux sans amoureux désirs.
Otez l'amour de la vie,
Vous en ôtez les plaisirs.

SECOND MUSICIEN.

Il serait doux d'entrer sous l'amoureuse loi,
Si l'on trouvait en amour de la foi:
Mais, hélas! ô rigueurs cruelles!
On ne voit point de bergères fidèles.
Et ce sexe inconstant, trop indigne du jour,
Doit faire pour jamais renoncer à l'amour

PREMIER MUSICIE

Aimable ardeur!

LA MUSICIENNE.

Franchise heureuse!..

SECOND MUSICIEN.

Sexe trompeur!

PREMIER MUSICIEN.

Que tu m'es précieuse!

LA MUSICIENNE.

Que tu plais à mon cœur!

SECOND MUSICIEN.

Que tu me fais d'horreur!

PREMIER MUSICIEN.

Ah! quitte, pour aimer, cette haine mortelle.

LA MUSICIENNE.

On peut, on peut te montrer
Une bergère fidèle.

SECOND MUSICIEN.

Hélas! où la rencontrer?

LA MUSICIENNE.

Pour défendre notre gloire,
Je te veux offrir mon cœur.

SECOND MUSICIEN.

Mais, bergère, puis-je croire
Qu'il ne sera point trompeur?

LA MUSICIENNE.

Voyons, par expérience,
Qui des deux aimera mieux.

SECOND MUSICIEN.

Qui manquera de constance,
Le puissent perdre les dieux!

TOUS TROIS ENSEMBLE.

A des ardeurs si belles
Laissons-nous enflammer:
Ah! qu'il est doux d'aimer
Quand deux cœurs sont fidèles'

M. JOURDAIN

Est-ce tout?

LE MAÎTRE DE MUSIQUE.

Oui.

M. JOURDAIN.

Je trouve cela bien troussé; et il y a là-dedans de petits dictons assez jolis.

LE MAÎTRE A DANSER.

Voici, pour mon affaire, un petit essai des plus beaux mouvements et des plus belles attitudes dont une danse puisse être variée.

M. JOURDAIN.

Sont-ce encore des bergers?

LE MAÎTRE A DANSER.

C'est ce qu'il vous plaira. (*aux danseurs*) Allons.

ENTREE DE BALLET.

Quatre danseurs exécutent tous les mouvements différents et toutes les sortes de pas que le maître à danser leur commande.

FIN DU PREMIER ACTE.

ACTE II.

SCÈNE PREMIÈRE.

M. JOURDAIN, LE MAITRE DE MUSIQUE, LE MAITRE A DANSER.

M. JOURDAIN.

Voilà qui n'est point sot, et ces gens-là se trémoussent bien.

LE MAÎTRE DE MUSIQUE.

Lorsque la danse sera mêlée avec la musique, cela fera plus d'effet encore; et vous verrez quelque chose de galant dans le petit ballet que nous avons ajusté pour vous.

M. JOURDAIN.

C'est pour tantôt, au moins; et la personne pour qui j'ai fait faire tout cela me doit faire l'honneur de venir dîner céans.

LE MAÎTRE A DANSER.

Tout est prêt.

LE MAÎTRE DE MUSIQUE.

Au reste, monsieur, ce n'est pas assez; il faut qu'une personne comme vous, qui êtes magnifique, et qui avez de l'inclination pour les belles choses, ait un concert de musique chez soi tous les mercredis, ou tous les jeudis.

M. JOURDAIN.

Est-ce que les gens de qualité en ont?

LE MAÎTRE DE MUSIQUE

Oui, monsieur.

M. JOURDAIN.

J'en aurai donc. Cela sera-t-il beau?

LE MAÎTRE DE MUSIQUE.

Sans doute. Il vous faudra trois voix, un dessus, une haute-contre, et une basse, qui seront accompagnées d'une basse de viole, d'une théorbe, et d'un clavecin pour les basses continues, avec deux dessus de violon pour jouer les ritournelles.

M. JOURDAIN.

Il y faudra mettre aussi une trompette marine. La trompette marine est un instrument qui me plaît, et qui est harmonieux.

LE MAÎTRE DE MUSIQUE.

Laissez-nous gouverner les choses.

M. JOURDAIN.

Au moins, n'oubliez pas tantôt de m'envoyer des musiciens pour chanter à table.

LE MAÎTRE DE MUSIQUE.

Vous aurez tout ce qu'il vous faut.

M. JOURDAIN.

Mais, surtout que le ballet soit beau.

LE MAÎTRE DE MUSIQUE.

Vous en serez content, et entre autres choses, de certains menuets que vous y verrez.

M. JOURDAIN.

Ah! les menuets sont ma danse, et je veux que vous me le voyez danser. Allons mon maître!

LE MAÎTRE A DANSER.

Un chapeau, monsieur, s'il vous plaît. (*M. Jourdain va prendre le chapeau de son laquais, et le met par-dessus son bonnet de nuit. Son maître lui prend les mains, et le fait danser sur un air de menuet qu'il chante.*) La, la, la, la, la, la, la, la, la, la, la, la, la ,la, la, la, la, la, la, la, la, la, la, la, la, la, la, la la. En cadence, s'il vous plaît. La, la, la, la, la. La jambe droite. La, la, la. Ne remuez point tant les épaules. La, la, la, la, la, la, la, la, la la, Vos deux bras sont estropiés. La, la, la, la, la. Haussez la tête. Tournez la pointe du pied en dehors. La, la, la. Dressez votre corps.

M. JOURDAIN.

Hé!

LE MAÎTRE DE MUSIQUE.

Voilà qui est le mieux du monde.

M. JOURDAIN.

A propos, apprenez-moi comme il faut faire une révérence pour saluer une marquise, j'en aurai besoin tantôt.

LE MAÎTRE A DANSER.

Une révérenee pour saluer une marquise?

M. JOURDAIN.

Oui. Une marquise qui s'appelle Dorimène

LE MAÎTRE A DANSER.

Donnez-moi la main.

M. JOURDAIN.

Non. Vous n'avez qu'à faire, je le retiendrai bien.

LE MAÎTRE A DANSER.

Si vous voulez la saluer avec beaucoup de respect, il faut faire d'abord une révérence en arrière, puis marcher vers elle avec trois révérences en avant, et à la dernière vous baisser jusqu'à ses genoux.

M. JOURDAIN.

Faites un peu. (*après que le maître à danser a fait trois révérences*) Bon.

SCENE II.

M. JOURDAIN, LE MAITRE DE MUSIQUE, LE MAITRE A DANSER, UN LAQUAIS.

LE LAQUAIS.

Monsieur, voilà votre maître d'armes qui est là.

M. JOURDAIN.

Dis-lui qu'il entre ici pour me donner leçon. (*au maître de musique et au maître à danser*) Je veux que vous me voyiez faire.

SCENE III.

M. JOURDAIN, UN MAITRE D'ARMES, LE MAITRE DE MUSIQUE, LE MAITRE A DANSER; UN LAQUAIS, *tenant deux fleurets.*

LE MAÎTRE D'ARMES, *après avoir pris les deux fleurets de la main des laquais et en avoir présenté un à M. Jourdain.*

Allons, monsieur, la révérence. Votre corps droit. Un peu penché sur la cuisse gauche. Les jambes point tant écartées. Vos pieds sur une même ligne. Votre poignet à l'opposite de votre hanche. La pointe de votre épée vis-à-vis de votre épaule. Le bras pas tout à fait si étendu. La main gauche à la hauteur de l'œil. L'épaule gauche plus carrée. La tête droite. Le gard assuré. Avancez. Le corps ferme. Touchez-moi l'épée de quarte, et achevez de même. Une, deux. Remettez-vous. Redoublez de pied ferme. Une, deux. Un saut en arrière. Quand vous portez la botte, monsieur, il faut que l'épée parte la première, et que le corps soit bien effacé. Une, deux. Allons, touchez moi l'épée de tierce, et achevez de même. Avancez. Le corps ferme. Avancez. Partez de là. Une, deux. Remettez-vous. Redoublez. Une, deux. Un saut en arrière. En garde, monsieur, en garde. (*Le maître d'armes lui pousse deux ou trois bottes, en lui disant : en garde.*)

M. JOURDAIN.

Hé!

LE MAÎTRE DE MUSIQUE.

Vous faites des merveilles.

LE MAÎTRE D'ARMES.

Je vous l'ai déjà dit, tout le secret des armes ne consiste qu'en deux choses, à donner et à ne point recevoir : et, comme je vous fis voir l'autre jour par raison démonstrative, il est impossible que vous receviez, si vous savez détourner l'épée de votre ennemi de la ligne de votre corps; ce qui ne dépend seulement que d'un petit mouvement du poignet, ou en dedans, ou en dehors.

M. JOURDAIN.

De cette façon donc un homme, sans avoir du cœur, est sûr de tuer son homme, et de n'être point tué?

LE MAÎTRE D'ARMES.

Sans doute. N'en vîtes-vous pas la démonstration?

M. JOURDAIN.

Oui.

LE MAÎTRE D'ARMES.

Et c est en quoi l'on voit de quelle considération nous autres nous devons être dans un état; et combien la science des armes l'emporte hautement sur toutes les autres sciences inutiles, comme la danse, la musique, la...

LE MAÎTRE A DANSER.

Tout beau, monsieur le tireur d'armes, ne parlez de la danse qu'avec respect.

LE MAÎTRE DE MUSIQUE.

Apprenez je vous prie, à mieux traiter l'excellence de la musique.

LE MAÎTRE D'ARMES.

Vous êtes de plaisantes gens, de vouloir comparer vos sciences à la mienne!

LE MAÎTRE DE MUSIQUE.

Voyez un peu l'homme d'importance!

LE MAÎTRE A DANSER.

Voilà un plaisant animal avec son plastron!

LE MAÎTRE D'ARMES.

Mon petit maître à danser, je vous ferais danser comme il faut. Et vous, mon petit musicien, je vous ferais chanter de la belle manière.

LE MAÎTRE A DANSER.

Monsieur le batteur de fer, je vous apprendrai votre métier.

M. JOURDAIN, *au maître à danser.*

Êtes-vous fou, d'aller vous quereller, lui qui entend la tierce et la quarte, et qui sait tuer un homme par raison démonstrative?

LE MAÎTRE A DANSER.

Je me moque de sa raison démonstrative, et de sa tierce et de sa quarte.

M. JOURDAIN, *au maître à danser.*

Tout doux, vous dis-je.

LE MAÎTRE D'ARMES, *au maître à danser.*

Comment, petit impertinent!

M. JOURDAIN.

Hé! mon maître d'armes!

LE MAÎTRE A DANSER *au maître d'armes.*

Comment! grand cheval de carrosse!

M. JOURDAIN.

Hé! mon maître à danser!

LE MAÎTRE D'ARMES.

Si je me jette sur vous...

M. JOURDAIN, *au maître d'armes.*

Doucement!

LE MAÎTRE A DANSER.

Si je mets sur vous la main...

M. JOURDAIN, *au maître à danser.*

Tout beau!

LE MAÎTRE D'ARMES.

Je vous étrillerai d'un air.

M. JOURDAIN, *au maître d'armes.*

De grace!

LE MAÎTRE A DANSER.

Je vous rosserai d'une manière...

M. JOURDAIN, *au maître à danser.*

Je vous prie.

LE MAÎTRE DE MUSIQUE.

Laissez-nous lui apprendre à parler.

M. JOURDAIN, *au maître de musique.*

Mon dieu! arrêtez-vous!

SCENE IV.

UN MAITRE DE PHILOSOPHIE, M. JOURDAIN, LE MAITRE DE MUSIQUE, LE MAITRE A DANSER, LE MAITRE D'ARMES, UN LAQUAIS.

M. JOURDAIN.

Holà! monsieur le philosophe, vous arrivez tout à propos avec votre philosophie. Venez un peu mettre la paix entre ces personnes-ci.

LE MAÎTRE DE PHILOSOPHIE.

Qu'est-ce donc? Qu'y a-t-il, messieurs?

M. JOURDAIN.

Ils se sont mis en colère, pour la préférence de leurs professions, jusqu'à se dire des injures, et en vouloir venir aux mains.

LE MAÎTRE DE PHILOSOPHIE.

Hé quoi! messieurs, faut-il s'emporter de la sorte? Et n'avez-vous point lu le docte traité que Sénèque a composé de la colère? Y a-t-il rien de plus bas et de plus honteux que cette passion, qui fait d'un homme une bête féroce? Et la raison ne doit-elle pas être maîtresse de tous nos mouvements?

LE MAÎTRE A DANSER.

Comment, monsieur! il vient nous dire des injures à tous deux, en méprisant la danse que j'exerce, et la musique, dont il fait profession!

LE MAÎTRE DE PHILOSOPHIE.

Un homme sage est au dessus de toutes les injures qu'on lui peut dire; et la grande réponse qu'on doit faire aux outrages, c'est la modération et la patience.

LE MAÎTRE D'ARMES.

Ils ont tous deux l'audace de vouloir comparer leurs professions à la mienne!

LE MAÎTRE DE PHILOSOPHIE.

Faut-il que cela vous émeuve? Ce n'est pas de vaine gloire et de condition que les hommes doivent disputer entre eux; et ce qui nous distingue parfaitement les uns des autres, c'est la sagesse et la vertu.

LE MAÎTRE A DANSER.

Je lui soutiens que la danse est une science à laquelle on ne peut faire assez d'honneur.

LE MAÎTRE DE MUSIQUE.

Et moi, que la musique en est une que tous les siècles ont révérée.

LE MAÎTRE D'ARMES.

Et moi, je leur soutiens à tous deux que la science de tirer les armes est la plus belle et la plus nécessaire de toutes les sciences.

LE MAÎTRE DE PHILOSOPHIE.

Et que sera donc la philosophie? Je vous trouve tous trois bien impertinents de parler devant moi avec cette arrogance, et de donner impudemment le nom de science à des choses que l'on ne doit pas même honorer du nom d'art, et qui ne peuvent être comprises que sous le nom de métier misérable de gladiateur, de chanteur, et de baladin.

LE MAÎTRE D'ARMES.

Allez, philosophe de chien.

LE MAÎTRE DE MUSIQUE.

Allez, belître de pédant!

LE MAÎTRE A DANSER.

Allez, cuistre fieffé!

LE MAÎTRE DE PHILOSOPHIE.

Comment! marauds que vous êtes... (*Le philosophe se jette sur eux, et tous trois le chargent de coups.*)

M. JOURDAIN.

Monsieur le philosophe!

LE MAÎTRE DE PHILOSOPHIE.

Infames! Coquins, insolents!

M. JOURDAIN.

Monsieur le philosophe!

LE MAÎTRE D'ARMES

La peste! l'animal!

M. JOURDAIN.

Messieurs!

LE MAÎTRE DE PHILOSOPHIE.

Impudents!

M. JOURDAIN.

Monsieur le philosophe!

LE MAÎTRE A DANSER.

Diantre soit de l'âne bâté!

M. JOURDAIN.

Messieurs!

LE MAÎTRE DE PHILOSOPHIE.

Scélérats!

M. JOURDAIN.

Monsieur le philosophe!

LE MAÎTRE DE MUSIQUE.

Au diable l'impertinent!

M. JOURDAIN.

Messieurs!

LE MAÎTRE DE PHILOSOPHIE.

Fripons, gueux, traîtres, imposteurs!

M. JOURDAIN.

Monsieur le philosophe. Messieurs. Monsieur le philosophe. Messieurs. Monsieur le philosophe. (*Ils sortent en se battant.*)

SCENE V.

M. JOURDAIN, UN LAQUAIS.

M. JOURDAIN.

Oh! battez-vous tant qu'il vous plaira, je n'y saurais que faire, et je n'irai pas gâter ma robe, pour vous séparer. Je serais bien fou de m'aller fourrer parmi eux, pour recevoir quelque coup qui me ferait mal.

SCENE VI.

LE MAITRE DE PHILOSOPHIE, M. JOURDAIN, UN LAQUAIS.

LE MAÎTRE DE PHILOSOPHIE, *raccommodant son collet.*

Venons à notre leçon.

M. JOURDAIN.

Ah! monsieur, je suis fâché des coups qu'il vous ont donnés!

LE MAÎTRE DE PHILOSOPHIE.

Cela n'est rien. Un philosophe sait recevoir comme il faut les choses; et je vais composer contre eux une satyre du style de Juvénal, qui les déchirera de la belle façon. Laissons cela. Que voulez-vous apprendre?

M. JOURDAIN.

Tout ce que je pourrai; car j'ai toutes les envies du monde d'être savant; et j'enrage que mon père et ma mère ne m'aient pas fait bien étudier dans toutes les sciences, quand j'étais jeune.

LE MAÎTRE DE PHILOSOPHIE.

Ce sentiment est raisonnable; *nam, sine doctrina, vita est quasi mortis imago.* Vous entendez cela, et vous savez le latin, sans doute?

M. JOURDAIN.

Oui; mais faites comme si je ne le savais pas: expliquez-moi ce que cela veut dire.

LE MAÎTRE DE PHILOSOPHIE.

Cela veut dire que, *sans la science, la vie est presque l'image de la mort.*

M. JOURDAIN.

Ce latin-là a raison.

LE MAÎTRE DE PHILOSOPHIE.

N'avez-vous point quelques principes, quelques commencements des sciences?

M. JOURDAIN.

Oh! oui. Je sais lire et écrire.

LE MAÎTRE DE PHILOSOPHIE.

Par où vous plaît-il que nous commencions? Voulez-vous que je vous apprenne la logique?

M. JOURDAIN.

Qu'est-ce que c'est que cette logique?

LE MAÎTRE DE PHILOSOPHIE.

C'est elle qui enseigne les trois opérations de l'esprit.

M. JOURDAIN.

Qui sont-elles ces trois operations de l'esprit?

LE MAÎTRE DE PHILOSOPHIE.

La première, la seconde et la troisième. La première est de bien concevoir, par le moyen des universaux; la seconde, de bien juger, par le moyen des catégories; et la troisième, de bien tirer une conséquence par le moyen des figures, *Barbara, celarent, Dari, ferio, baralipton*, etc.

M. JOURDAIN.

Voilà des mots qui sont trop rébarbatifs. Cette logique là ne me revient point. Apprenons autre chose qui soit plus joli.

LE MAÎTRE DE PHILOSOPHIE.

Voulez-vous apprendre la morale?

M. JOURDAIN.

La morale?

LE MAÎTRE DE PHILOSOPHIE.

Oui.

M. JOURDAIN.

Qu'est-ce qu'elle dit, cette morale?

LE MAÎTRE DE PHILOSOPHIE.

Elle traite de la félicité, enseigne aux hommes à modérer leurs passions, et...

M. JOURDAIN.

Non, laissons cela. Je suis bilieux comme tous les diables, et il n'y a morale qui tienne; je me veux mettre en colère tout mon saoul, quand il m'en prend envie.

LE MAÎTRE DE PHILOSOPHIE.

Est-ce la physique que vous voulez apprendre?

M. JOURDAIN.

Qu'est-ce qu'elle chante, cette physique?

LE MAÎTRE DE PHILOSOPHIE.

La physique est celle qui explique les principes des choses naturelles, et des propriétés du corps; qui discourt de la nature des éléments, des métaux, des minéraux, des pierres, des plantes et des animaux, et nous enseigne les causes de tous les météores, l'arc en ciel, les feux volants, les comètes, les éclairs, le tonnerre, la foudre, la pluie, la neige, la grêle, les vents et les tourbillons.

M. JOURDAIN.

Il y a trop de tintamarre là dedans, trop de brouillamini.

LE MAÎTRE DE PHILOSOPHIE.

Que voulez-vous donc que je vous apprenne?

M. JOURDAIN.

Apprenez-moi l'orthographe.

LE MAÎTRE DE PHILOSOPHIE.

Très volontiers.

M. JOURDAIN

Après, vous m'apprendrez l'almanach pour savoir quand il y a de la lune, et quand il n'y en a point.

LE MAÎTRE DE PHILOSOPHIE.

Soit. Pour bien suivre votre pensée, et traiter cette matière en philosophe, il faut commencer, selon l'ordre des choses, par une exacte connaissance de la nature des lettres, et de la différente manière de les prononcer toutes. Et, là dessus, j'ai à vous dire que les lettres sont divisées en voyelles; ainsi dites voyelles, parce qu'elles expriment les voix; et en consonnes ainsi appelées consonnes, parce qu'elles sonnent avec les voyelles, et ne font que marquer les diverses articulations des voix. Il y a cinq voyelles, ou voix, A, E, I, O, U.

M. JOURDAIN.

J'entends tout cela.

LE MAÎTRE DE PHILOSOPHIE.

La voix A se forme en ouvrant fort la bouche, A.

M. JOURDAIN.

A, A. Oui.

LE MAÎTRE DE PHILOSOPHIE.

La voix E se forme en rapprochant la mâchoire d'en bas de celle d'en haut, A, E.

M. JOURDAIN.

A, E; A, E. Ma foi, oui. Ah! que cela est beau!

LE MAÎTRE DE PHILOSOPHIE.

Et la voix I, en rapprochant encore davantage les mâchoires l'une de l'autre, et écartant les deux coins de la bouche vers les oreilles; A, E, I.

M. JOURDAIN.

A, E, I, I, I, I. Cela est vrai. Vive la science!

LE MAÎTRE DE PHILOSOPHIE.

La voix O se forme en rouvrant les mâchoires et rapprochant les lèvres par les deux coins, le haut et le bas; O.

M. JOURDAIN.

O, O. Il n'y a rien de plus juste. A, E, I, O, I, O. Cela est admirable! I, O; I, O.

LE MAÎTRE DE PHILOSOPHIE.

L'ouverture de la bouche fait justement comme un petit rond qui représente un O.

M. JOURDAIN.

O, O, O. Vous avez raison; O. Ah! la belle chose que de savoir quelque chose!

LE MAÎTRE DE PHILOSOPHIE.

La voix U se forme en rapprochant les dents sans les joindre entièrement, et alongeant les deux lèvres en dehors, les approchant aussi l'une de l'autre sans les joindre tout à fait; U.

M. JOURDAIN.

U, U. Il n'y a rien de plus véritable: U.

LE MAÎTRE DE PHILOSOPHIE.

Vos deux lèvres s'alongent comme si vous faisiez la moue; d'où vient que, si vous la vouliez faire à quelqu'un et vous moquer de lui, vous ne sauriez lui dire que U.

M. JOURDAIN.

U, U. Cela est vrai. Ah! que n'ai-je étudié plus tôt pour savoir tout cela!

LE MAÎTRE DE PHILOSOPHIE.

Demain nous verrons les autres lettres, qui sont les consonnes.

M. JOURDAIN.

Est-ce qu'il y a des choses aussi curieuses qu'à celles-ci?

LE MAÎTRE DE PHILOSOPHIE.

Sans doute. La consonne D, par exemple, se prononce en donnant du bout de la langue au-dessus des dents d'en haut; DA.

M. JOURDAIN.

DA, DA. Oui. Ah! les belles choses! les belles choses!

LE MAÎTRE DE PHILOSOPHIE.

L'F, en appuyant les dents d'en haut sur la lèvre de dessous; FA.

M. JOURDAIN.

FA, FA. C'est la vérité. Ah! mon père et ma mère, que je vous veux de mal!

LE MAÎTRE DE PHILOSOPHIE.

Et l'R, en portant le bout de la langue jusqu'au haut du palais, de sorte qu'étant frôlée par l'air qui sort avec force, elle lui cède, et revient toujours au même endroit, faisant une manière de tremblement: R, RA.

M. JOURDAIN.

R, R, RA, R, R, R, R, R, RA. Cela est vrai. Ah! l'habile homme que vous êtes, et que j'ai perdu de temps! R, R, R, RA.

LE MAÎTRE DE PHILOSOPHIE.

Je vous expliquerai à fond toutes ces curiosités.

M. JOURDAIN.

Je vous en prie. Au reste, il faut que je vous fasse une confidence. Je suis amoureux d'une personne de grande qualité, et je souhaiterais que vous m'aidassiez à lui écrire quelque chose dans un petit billet que je veux laisser tomber à ses pieds.

LE MAÎTRE DE PHILOSOPHIE.

Fort bien!

M. JOURDAIN.

Cela sera galant, oui.

LE MAÎTRE DE PHILOSOPHIE.

Sans doute. Sont-ce des vers que vous lui voulez écrire?

M. JOURDAIN.

Non, non, point de vers.

LE MAÎTRE DE PHILOSOPHIE.

Vous ne voulez que de la prose.

M. JOURDAIN.

Non; je ne veux ni prose ni vers.

LE MAÎTRE DE PHILOSOPHIE.

Il faut bien que ce soit l'un ou l'autre.

M. JOURDAIN.

Pourquoi?

LE MAÎTRE DE PHILOSOPHIE.

Par la raison, monsieur, qu'il n'y a, pour s'exprimer que la prose et les vers.

M. JOURDAIN.

Il n'y a que la prose ou les vers?

LE MAÎTRE DE PHILOSOPHIE.

Non, monsieur. Tout ce qui n'est point prose est vers, et tout ce qui n'est point vers est prose.

M. JOURDAIN.

Et comme l'on parle, qu'est-ce que c'est donc que cela?

LE MAÎTRE DE PHILOSOPHIE.

De la prose.

M. JOURDAIN.

Quoi! quand je dis, Nicole, apportez-moi mes pantoufles et me donnez mon bonnet de nuit, c'est de la prose?

LE MAÎTRE DE PHILOSOPHIE.

Oui, monsieur.

M. JOURDAIN.

Par ma foi, il y a plus de quarante ans que je dis de la prose, sans que j'en susse rien; et je vous suis le plus obligé du monde, de m'avoir appris cela. Je voudrais donc lui mettre dans un billet: *Belle marquise, vos beaux yeux me font mourir d'amour;* mais je voudrais que cela fût mis d'une manière galante, que cela fût tourné gentiment.

LE MAÎTRE DE PHILOSOPHIE.

Mettre que les feux de ses yeux réduisent votre cœur en cendres; que vous souffrez nuit et jour pour elles les violences d'un...

M. JOURDAIN.

Non, non, non; je ne veux point tout cela. Je ne veux que ce que je vous ai dit: *Belle marquise, vos beaux yeux me font mourir d'amour.*

LE MAÎTRE DE PHILOSOPHIE.

Il faut bien étendre un peu la chose.

M. JOURDAIN.

Non, vous dis-je. Je ne veux que ces seules paroles-là dans le billet, mais tournées à la mode, bien arrangées comme il faut. Je vous prie de me dire un peu, pour voir, les diverses manières dont on les peut mettre.

LE MAÎTRE DE PHILOSOPHIE.

On peut les mettre premièrement comme vous avez dit: *Belle marquise, vos beaux yeux me font mourir d'amour.* Ou bien: *D'amour mourir me font, belle marquise, vos beaux yeux.* Ou bien: *Vos yeux beaux d'amour me font, belle marquise, mourir.* Ou bien: *Mourir vos beaux yeux, belle marquise, d'amour me font.* Ou bien: *Me font vos yeux beaux mourir, belle marquise, d'amour.*

M. JOURDAIN.

Mais, de toutes ces façons-là, laquelle est la meilleure?

LE MAÎTRE DE PHILOSOPHIE.

Celle que vous avez dite: *Belle marquise, vos beaux yeux me font mourir d'amour.*

M. JOURDAIN.

Cependant je n'ai point étudié, et j'ai fait cela tout du premier coup. Je vous remercie de tout mon cœur, et je vous prie de venir demain de bonne heure.

LE MAÎTRE DE PHILOSOPHIE.

Je n'y manquerai pas.

SCENE VII.

M. JOURDAIN, UN LAQUAIS.

M. JOURDAIN, *à son laquais.*

Comment! mon habit n'est point encore arrivé?

LE LAQUAIS.

Non, monsieur.

M. JOURDAIN

Ce maudit tailleur me fait bien attendre pour un jour où j'ai tant d'affaires. J'enrage. Que la fièvre quartaine puisse serrer bien fort le bourreau de tailleur! Au diable le tailleur! La peste étouffe le tailleur! Si je le tenais maintenant, ce tailleur détestable, ce chien de tailleur-là, ce traître de tailleur, je...

SCENE VIII.

M. JOURDAIN, UN MAITRE TAILLEUR, UN GARÇON TAILLEUR *portant l'habit de M. Jourdain*, UN LAQUAIS.

M. JOURDAIN.

Ah! vous voilà! Je m'allais mettre en colère contre vous.

LA MAITRE TAILLEUR.

Je n'ai pas pu venir plus tôt, et j'ai mis vingt garçons après votre habit.

M. JOURDAIN.

Vous m'avez envoyé des bas de soie si étroits, que j'ai eu toutes les peines du monde à les mettre; et il y a déjà deux mailles de rompues.

LE MAITRE TAILLEUR.

Ils ne s'élargiront que trop.

M. JOURDAN.

Oui, si je romps toujours des mailles. Vous m'avez aussi fait faire des souliers qui me blessent furieusement.

LE MAITRE TAILLEUR.

Point du tout, monsieur.

M. JOURDAIN.

Comment! point du tout.

LE MAITRE TAILLEUR.

Non, ils ne vous blessent point.

M. JOURDAIN.

Je vous dis qu'ils me blessent, moi.

LE MAITRE TAILLEUR.

Vous vous imaginez cela.

M. JOURDAIN.

Je me l'imagine, parce que je le sens. Voyez la belle raison!

LE MAITRE TAILLEUR.

Tenez, voilà le plus bel habit de la cour, et le mieux assorti. C'est un chef-d'œuvre que d'avoir inventé un habit sérieux qui ne fût pas noir; et je le donne en six coups aux tailleurs les plus éclairés.

M. JOURDAIN.

Qu'est-ce que c'est que ceci? Vous avez mis les fleurs en en-bas.

LE MAITRE TAILLEUR.

Vous ne m'avez pas dit que vous les vouliez en en-haut.

M. JOURDAIN.

Est-ce qu'il faut dire cela?

LE MAITRE TAILLEUR.

Oui vraiment. Toutes les personnes de qualité les portent de la sorte.

M. JOURDAIN.

Les personnes de qualité portent les fleurs en en-bas?

LE MAITRE TAILLEUR.

Oui, monsieur.

M. JOURDAIN.

Oh! voilà qui est donc bien?

LE MAITRE TAILLEUR.

Si vous voulez, je les mettrai en en-haut.

M. JOURDAIN.

Non, non.

LE MAITRE TAILLEUR.

Vous n'avez qu'à dire.

M. JOURDAIN.

Non, vous dis-je; vous avez bien fait. Croyez-vous que l'habit m'aille bien?

LE MAITRE TAILLEUR.

Belle demande! Je défie un peintre avec son pinceau de vous faire rien de plus juste. J'ai chez moi un garçon qui, pour monter une ringrave, est le plus grand génie du monde; et un autre qui, pour assembler un pourpoint, est le héros de notre temps.

M. JOURDAIN.

La perruque et les plumes sont-elles comme il faut?

LE MAITRE TAILLEUR.

Tout est bien.

M. JOURDAIN, *regardant l'habit du tailleur.*

Ah! ah! monsieur le tailleur, voilà de mon étoffe du dernier habit que vous m'avez fait! Je la reconnais bien.

LE MAITRE TAILLEUR.

C'est que l'étoffe me sembla si belle, que j'en ai voulu lever un habit pour moi.

M. JOURDAIN.

Oui: mais il ne fallait pas le lever avec le mien.

LE MAITRE TAILLEUR.

Voulez-vous mettre votre habit?

M. JOURDAIN.

Oui, donnez-le moi.

LE MAITRE TAILLEUR.

Attendez. Cela ne va pas comme cela. J'ai amene des gens pour vous habiller en cadence; et ces sortes d'habits se mettent avec cérémonie. Holà! entrez, vous autres.

SCENE IX.

M. JOURDAIN, LE MAITRE TAILLEUR, LE GARÇON TAILLEUR, GARÇONS TAILLEURS *dansants;* UN LAQUAIS.

LE MAITRE TAILLEUR, *à ses garçons.*

Mettez cet habit à monsieur, de la manière que vous faites aux personnes de qualité.

PREMIERE ENTREE DE BALLET.

Les quatre garçons tailleurs, dansant, s'approchent de M. Jourdain. Deux lui arrachent le haut-de-chausses de ses exercices, les deux autres lui ôtent la camisole; après quoi, toujours en cadence, ils lui mettent son habit neuf.

M. Jourdain se promène au milieu d'eux, et leur montre son habit pour voir s'il est bien fait.

GARÇON TAILLEUR.

Mon gentilhomme, donnez, s'il vous plaît, aux garçons quelque chose pour boire.

M. JOURDAIN.

Comment m'appelez-vous?

GARÇON TAILLEUR.

Mon gentilhomme.

M. JOURDAIN.

Mon gentilhomme! Voilà ce que c'est que de se mettre en personne de qualité! Allez-vous en demeurer toujours habillé en bourgeois, on ne vous dira point mon gentilhomme. (*donnant de l'argent*) Tenez, voilà pour, mon gentilhomme.

GARÇON TAILLEUR.

Monseigneur, nous vous sommes bien obligés.

M. JOURDAIN.

Monseigneur! Oh! oh! monseigneur! Attendez, mon ami; Monseigneur mérite quelque chose; et ce n'est pas une petite parole que Monseigneur! Tenez, voilà ce que monseigneur vous donne.

GARÇON TAILLEUR.

Monseigneur, nous allons boire tous à la sante de votre grandeur.

M. JOURDAIN.

Votre grandeur! Oh! oh! oh! Attendez; ne vous en allez pas. A moi, votre grandeur! (*bas, à part*) Ma foi, s'il va jusqu'à l'altesse. Il aura toute la bourse. (*haut*) Tenez, voilà pour ma grandeur.

GARÇON TAILLEUR.

Monseigneur, nous la remercions très humblement de ses libéralités.

M. JOURDAIN.

Il a bien fait, je lui allais tout donner.

SCENE X.

DEUXIEME ENTREE DE BALLET.

Les quatre garçons tailleurs se réjouissent en dansant, de la libéralité de M. Jourdain.

FIN DU SECOND ACTE.

ACTE III.

SCÈNE PREMIERE.

MONSIEUR JOURDAIN, DEUX LAQUAIS.

M. JOURDAIN.

Suivez-moi, que j'aille un peu montrer mon habit par la ville; et, surtout, ayez soin tous deux de marcher immédiatement sur mes pas, afin qu'on voie bien que vous êtes à moi.

LAQUAIS.

Oui, monsieur,

M. JOURDAIN.

Appelez-moi Nicole, que je lui donne quelques ordres. Ne bougez, la voilà.

SCENE II.

M. JOURDAIN, NICOLE, DEUX LAQUAIS.

M. JOURDAIN.

Nicole.

NICOLE.

Plaît-il?

M. JOURDAIN.

Ecoutez.

NICOLE, *riant.*

Hi, hi, hi, hi, hi.

M. JOURDAIN.

Qu'as-tu à rire?

NICOLE.

Hi, hi, hi, hi, hi.

M. JOURDAIN.

Que veut dire cette coquine-là?

NICOLE.

Hi, hi, hi. Comme vous voilà bâti! Hi, hi, hi.

M. JOURDAIN.

Comment donc?

NICOLE.

Ah! ah! mon Dieu! Hi, hi, hi, hi,

M. JOURDAIN.

Quelle friponne est-ce là? Te moques-tu de moi?

NICOLE.

Nenni, monsieur; j'en serais bien fâchee. Hi, hi, hi, hi, hi.

M. JOURDAIN.

Je te baillerai sur le nez, si tu ris davantage.

NICOLE.

Monsieur, je ne puis pas m'en empêcher. Hi, hi.

M. JOURDAIN.

Tu ne t'arrêteras pas.

NICOLE.

Monsieur, je vous demande pardon; mais vous êtes si plaisant que je ne me saurais tenir de rire. Hi, hi, hi.

M. JOURDAIN.

Mais voyez quelle insolence!

NICOLE.

Vous êtes tout à fait drôle comme cela. Hi, hi.

M. JOURDAIN.

Je te...

NICOLE.

Je vous prie de m'excuser. Hi, hi, hi, hi.

M. JOURDAIN.

Tiens si tu ris encore le moins du monde, je te jure que je t'appliquerai sur la joue le plus grand soufflet qui se soit jamais donné.

NICOLE.

Hé bien, monsieur, voilà qui est fait, je ne rirai plus.

M. JOURDAIN.

Prends-y bien garde. Il faut que pour tantôt, tu nettoies.

NICOLE.

Hi, hi.

M. JOURDAIN.

Que tu nettoies comme il faut...

NICOLE.

Hi, hi.

M. JOURDAIN.

Il faut, dis-je, que tu nettoies la salle, et...

NICOLE.

Hi, hi.

M. JOURDAIN.

Encore?

NICOLE, *tombant à force de rire.*

Tenez, monsieur, battez-moi plutôt, et me laisses rire tout mon saoul, cela fera plus de bien. Hi, hi, hi, hi.

M. JOURDAIN.

J'enrage.

NICOLE.

De grace, monsieur, je vous prie de me laisser rire. Hi, hi, hi.

M. JOURDAIN.

Si je te prends...

NICOLE.

Monsieur, eur, je crèverai, ai, si je ne ris. Hi, hi, hi.

M. JOURDAIN.

Mais a-t-on jamais vu une pendarde comme celle-là, qui me vient rire insolemment au nez, au lieu de recevoir mes ordres?

NICOLE.

Que voulez-vous que je fasse, monsieur.

M. JOURDAIN.

Que tu songes, coquine, à préparer ma maison pour la compagnie qui doit venir tantôt.

NICOLE, *se relevant.*

Ah! par ma foi, je n'ai plus envie de rire; et toutes vos compagnies font tant de désordres céans, que ce mot est assez pour me mettre en mauvaise humeur.

M. JOURDAIN.

Ne dois-je point pour toi fermer ma porte à tout le monde?

NICOLE.

Vous devriez au moins la fermer à certaines gens.

SCENE III.

MADAME ET M. JOURDAIN, NICOLE, DEUX LAQUAIS.

MADAME JOURDAIN.

Ah! ah! voici une nouvelle histoire. Qu'est-ce que c'est donc, mon mari, que cet équipage-là? Vous moquez-vous du monde, de vous être fait enharnacher de la sorte? et avez-vous envie qu'on se raille partout de vous?

M. JOURDAIN.

Il n'y a que des sots et des sottes, ma femme, qui se railleront de moi.

MADAME JOURDAIN.

Vraiment, on n'a pas attendu jusqu'à cette heure; et il y a longtemps que vos façons de faire donnent à rire à tout le monde.

M. JOURDAIN.

Qui est donc tout ce monde-là, s'il vous plaît?

MADAME JOURDAIN.

Tout ce monde-là est un monde qui a raison, et qui est plus sage que vous. Pour moi je suis scandalisée de la vie que vous menez. Je ne sais plus ce que c'est que notre maison: on dirait qu'il est céans carêmeprenant tous les jours; et dès le matin de peur d'y manquer, on y entend des vacarmes de violons et des chanteurs dont tout le voisinage se trouve incommodé.

NICOLE.

Madame parle bien. Je ne saurais plus voir mon ménage propre avec cet attirail de gens que vous faites venir chez vous. Ils ont des pieds qui vont chercher de la boue dans tous les quartiers de la ville pour l'apporter ici; et la pauvre Françoise est presque sur les dents à frotter les planchers que vos biaux maîtres viennent crotter régulièrement tous les jours.

M. JOURDAIN.

Ouais! notre servante Nicole, vous avez le caquet bien affilé pour une paysanne!

MADAME JOURDAIN.

Nicole a raison, et son sens est meilleur que le vôtre. Je voudrais bien savoir ce que vous pensez faire d'un maître à danser à l'âge que vous avez.

NICOLE.

Et d'un grand maître tireur d'armes qui vient, avec ces battements de pied, ébranler toute la maison, et nous déraciner tout les carriaux de notre salle.

M. JOURDAIN.

Taisez-vous, ma servante et ma femme.

MADAME JOURDAIN.

Est-ce que vous voulez apprendre à danser pour quand vous n'aurez plus de jambes ?

NICOLE.

Est-ce que vous avez envie de tuer quelqu'un ?

M. JOURDAIN.

Taisez-vous, vous dis-je : vous êtes des ignorantes l'une et l'autre; et vous ne savez pas les prerogatives de tout cela.

MADAME JOURDAIN.

Vous devriez bien plutôt songer à marier votre fille, qui est en âge d'être pourvue.

M. JOURDAIN.

Je songerai à marier ma fille quand il se présentera un parti pour elle ; mais je veux songer aussi à apprendre les belles choses.

NICOLE.

J'ai encore ouï dire, madame, qu'il a pris aujourd'hui, pour renfort de potage, un maître de philosophie.

M. JOURDAIN.

Fort bien. Je veux avoir de l'esprit, et savoir raisonner des choses parmi les honnêtes gens.

MADAME JOURDAIN.

N'irez-vous pas l'un de ces jours au collége vous faire donner le fouet à votre âge?

M. JOURDAIN.

Pourquoi non ? Plût à Dieu l'avoir tout à l'heure le fouet devant tout le monde, et savoir ce qu'on apprend au collége !

NICOLE.

Oui, ma foi, cela vous rendrait la jambe bien mieux faite.

M. JOURDAIN.

Sans doute.

MADAME JOURDAIN.

Tout cela est fort nécessaire pour conduire votre maison !

JOURDAIN.

Assurément. Vous parlez toutes deux comme des bêtes, et j'ai honte de votre ignorance. Par exemple (*à madame Jourdain*), savez-vous, vous, ce que c'est que vous dites à cette heure?

MADAME JOURDAIN.

Oui ; je sais que ce que je dis est fort bien dit, et que vous devriez songer à vivre d'autre sorte.

M. JOURDAIN.

Je ne parle pas de cela, je vous demande ce que c'est que les paroles que vous dites ici.

MADAME JOURDAIN.

Ce sont des paroles bien sensées, et votre conduite ne l'est guère.

M. JOURDAIN.

Je ne parle pas de cela, vous dis-je; je vous demande, ce que je parle avec vous, ce que je vous dis à cette heure, qu'est-ce que c'est ?

MADAME JOURDAIN.

Des chansons.

M. JOURDAIN.

Hé ! non, ce n'est pas cela. Ce que nous disons tous deux ? le langage que nous parlons à cette heure ?

MADAME JOURDAIN.

Hé bien ?

M. JOURDAIN.

Comment est-ce que cela s'appelle ?

MADAME JOURDAIN.

Cela s'appelle comme on veut l'appeler.

M. JOURDAIN.

C'est de la prose, ignorante.

MADAME JOURDAIN.

De la prose?

M. JOURDAIN.

Oui de la prose. Tout ce qui est prose n'est point vers ; et tout ce qui n'est point vers est prose. Hé ! voilà ce que c'est que d'étudier ! (*à Nicole.*) Et toi, sais-tu bien comme il faut faire pour dire un U?

NICOLE.

Comment ?

M. JOURDAIN.

Oui, qu'est-ce que tu fais quand tu dis un U?

NICOLE.

Quoi !

M. JOURDAIN.

Dis un peu U pour voir

NICOLE.

Hé bien, U.

M. JOURDAIN.

Qu'est-ce que tu fais ?

NICOLE.

Je dis U.

M. JOURDAIN.

Oui ; mais quand tu dis U, qu'est-ce que tu fais?

NICOLE.

Je fais ce que vous me dites.

M. JOURDAIN.

Oh ! l'étrange chose que d'avoir affaire à des bêtes! Tu allonges les lèvres en dehors, et approche la mâchoire d'en-haut de celle d'en-bas. U, vois-tu? je fais la moue, U.

NICOLE.

Oui, cela est biau.

MADAME JOURDAIN.

Voilà qui est admirable!

M. JOURDAIN.

C'est bien autre chose, si vous aviez vu O, et DA, DA, et FA, FA.

MADAME JOURDAIN.

Qu'est-ce que c'est donc que tout ce galimatias-là?

NICOLE.

De quoi est-ce que tout cela guérit?

M. JOURDAIN.

J'enrage, quand je vois des femmes ignorantes.

MADAME JOURDAIN.

Allez, vous devriez envoyer promener tous ces gens-là avec leurs fariboles.

NICOLE.

Et surtout ce grand escogriffe de maître d'armes, qui remplit de poudre tout mon ménage.

M. JOURDAIN.

Ouais! ce maître d'armes vous tient bien au cœur Je te veux faire voir ton impertinence tout à l'heure. (*après avoir fait apporter les fleurets, et en avoir donné un à Nicole*) Tiens; raison démonstrative, la ligne du corps. Quand on pousse en quarte, on n'a qu'à faire cela ; et, quand on pousse en tierce, on n'a qu'à faire cela. Voilà le moyen de n'être jamais tué; et cela n'est-il pas beau, d'être assuré de son fait quand on se bat contre quelqu'un? Là, pousse-moi un peu, pour voir.

NICOLE.

Hé bien! quoi! (*Nicole pousse plusieurs bottes à M. Jourdain.*)

M. JOURDAIN.

Tout beau ! Holà! ho! doucement. Diantre soit la coquine!

NICOLE.

Vous me dites de pousser.

M JOURDAIN.

Oui ; mais tu pousse en tierce, avant que de pousser en quarte, et tu n'as pas la patience que je pare.

MADAME JOURDAIN.

Vous êtes fou, mon mari, avec toutes vos fantaisies: et cela vous est venu depuis que vous vous mêlez de hanter la noblesse.

M. JOURDAIN.

Lorsque je hante la noblesse, je fais paraître mon jugement; et cela est plus beau que de hanter votre bourgeoisie.

MADAME JOURDAIN.

Çamon vraiment! il y a fort à gagner à fréquenter vos nobles, et vous avez bien opéré avec ce beau monsieur le comte, dont vous vous êtes embéguiné!

M. JOURDAIN.

Paix ; songez à ce que vous dites. Savez-vous bien, ma femme, que vous ne savez pas de qui vous parlez, quand vous parlez de lui? C'est une personne d'importance plus que vous ne pensez, un seigneur que l'on considère à la cour, et qui parle au roi tout comme je vous parle. N'est-ce pas une chose qui m'est tout à fait honorable, que l'on voie venir chez moi si souvent une personne de cette qualité, qui m'appelle son cher ami, et me traite comme si j'étais son egal? Il a pour moi des bontés qu'on ne devinerait jamais, et, devant tout le monde il me fait des caresses dont je suis moi-même confus.

MADAME JOURDAIN.

Oui, il a des bontes pour vous et vous fait des caresses; mais il vous emprunte votre argent.

M. JOURDAIN.

Hé bien! ne m'est-ce pas de l'honneur de prêter de l'argent à un homme de cette condition-la? et puis-je faire moins pour un seigneur qui m'appelle son cher ami?

MADAME JOURDAIN.

Et ce seigneur, que fait-il pour vous?

M. JOURDAIN.

Des choses dont on serait étonné si on les savait.

MADAME JOURDAIN.

Et quoi?

M. JOURDAIN.

Baste, je ne puis pas m'expliquer. Il suffit que si je lui ai prêté de l'argent il me le rendra bien, et avant qu'il soit peu.

MADAME JOURDAIN.

Oui, attendez-vous à cela.

M. JOURDAIN.

Assurément. Ne me l'a-t-il pas dit?

MADAME JOURDAIN.

Oui, oui; il ne manquera pas d'y faillir.

M. JOURDAIN.

Il m'a juré sa foi de gentilhomme.

MADAME JOURDAIN.

Chansons.

M. JOURDAIN.

Ouais! vous êtes bien obstinée, ma femme. Je vous dis qu'il me tiendra sa parole, j'en suis sûr.

MADAME JOURDAIN.

Et moi, je suis sûre que non, et que toutes les caresses qu'il vous fait ne sont que pour vous enjôler.

M. JOURDAIN.

Taisez-vous. Le voici.

MADAME JOURDAIN.

Il ne nous faut plus que cela. Il vient peut-être encore vous faire quelque emprunt, et il me semble que j'ai diné quand je le vois.

M. JOURDAIN.

Taisez-vous, vous dis-je.

SCENE IV.

DORANTE, M. ET MADAME JOURDAIN, NICOLE.

DORANTE.

Mon cher ami monsieur Jourdain, comment vous portez-vous?

M. JOURDAIN.

Fort bien, monsieur, pour vous rendre mes petits services.

DORANTE.

Et madame Jourdain que voilà, comment se porte-t-elle?

MADAME JOURDAIN.

Madame Jourdain se porte comme elle peut.

DORANTE

Comment! monsieur Jourdain, vous voilà le plus propre du monde.

M. JOURDAIN.

Vous voyez.

DORANTE.

Vous avez tout à fait bon air avec cet habit; nous n'avons point de jeunes gens à la cour qui soient mieux faits que vous.

M. JOURDAIN.

Hai, hai.

MADAME JOURDAIN, *à part.*

Il le gratte par où il se démange.

DORANTE.

Tournez-vous. Cela est tout à fait galant.

MADAME JOURDAIN, *à part.*

Oui, aussi sot par derrière que par devant.

DORANTE.

Ma foi, monsieur Jourdain, j'avais une impatience étrange de vous voir. Vous êtes l'homme du monde que j'estime le plus, et je parlais encore de vous ce matin dans la chambre du roi.

M. JOURDAIN.

Vous me faites beaucoup d'honneur, monsieur. (*à madame Jourdain*) Dans la chambre du roi!

DORANTE.

llons, mettez.

M. JOURDAIN.

Monsieur, je sais le respect que je vous dois.

DORANTE.

Mon dieu! mettez. Point de cérémonies entre nous, je vous prie.

M. JOURDAIN.

Monsieur...

DORANTE.

Mettez, vous dis-je, monsieur Jourdain; vous êtes mon ami.

M. JOURDAIN.

Monsieur, je suis votre serviteur.

DORANTE.

Je ne me couvrirai point si vous ne vous couvrez.

M. JOURDAIN, *se couvrant.*

J'aime mieux être incivil qu'importun.

DORANTE.

Je suis votre débiteur, comme vous le savez.

MADAME JOURDAIN, *à part.*

Oui, nous le savons que trop.

DORANTE.

Vous m'avez généreusement prêté de l'argent en plusieurs occasions; et vous m'avez obligé de la meilleure grace du monde, assurément.

M. JOURDAIN.

Monsieur, vous vous moquez.

DORANTE.

Mais je sais rendre ce qu'on me prête, et reconnaître les plaisirs qu'on me fait.

M. JOURDAIN.

Je n'en doute point monsieur.

DORANTE.

Je veux sortir d'affaire avec vous; et je viens ici pour faire nos comptes ensemble.

M. JOURDAIN, *bas, à madame Jourdain.*

Hé bien! vous voyez votre impertinence, ma femme.

DORANTE.

Je suis un homme qui aime a m'acquitter le plus tôt que je puis.

M. JOURDAIN, *bas, à madame Jourdain.*

Je vous le disais bien.

DORANTE.

Voyons un peu ce que je vous dois.

M. JOURDAIN, *bas, à madame Jourdain.*

Vous voilà avec vos soupçons ridicules!

DORANTE.

Vous souvenez-vous bien de tout l'argent que vous m'avez prêté?

M. JOURDAIN.

Je crois que oui. J'en ai fait un petit mémoire. Le voici. Donné à vous une fois deux cents louis.

DORANTE.

Cela est vrai.

M JOURDAIN.

Une autre fois, six vingts.

DORANTE.

Oui.

M JOURDAIN.

Une autre fois, cent quarante.

DORANTE

Vous avez raison.

M. JOURDAIN.

Ces trois articles font quatre cent soixante louis, qui valent cinq mille soixante livres.

DORANTE.

Le compte est fort bon. Cinq mille soixante livres.

M. JOURDAIN.

Mille huit cent trente-deux livres à votre plumassier.

DORANTE.

Justement.

M. JOURDAIN.

Deux mille sept cent quatre-vingts livres à votre tailleur.

DORANTE.

Il est vrai.

M. JOURDAIN.

Quatre mille trois cent septante-neuf livres douze sous huit deniers à votre marchand.

DORANTE.

Fort bien. Douze sous huit deniers, le compte est juste.

M. JOURDAIN.

Et mil sept cent quarante-huit livres sept sous quatre deniers à votre sellier.

DORANTE.

Tout cela est véritable. Qu'est-ce que cela fait ?

M. JOURDAIN.

Somme totale, quinze mille huit cents livres.

DORANTE.

Somme totale est juste. Quinze mille huit cents livres. Mettez encore deux cents louis que vous m'allez donner, cela fera justement dix-huit mille francs, que je vous paierai au premier jour.

MADAME JOURDAIN, *bas, à M. Jourdain.*

Hé bien ! ne l'avais-je pas bien deviné ?

M. JOURDAIN, *bas, à madame Jourdain.*

Paix.

DORANTE.

Cela vous incommodera-t-il de me donner ce que je vous dis?

M. JOURDAIN.

Hé ! non.

MADAME JOURDAIN, *bas, à M. Jourdain.*

Cet homme-là fait de vous une vache à lait.

M. JOURDAIN, *bas, à madame Jourdain.*

Taisez-vous.

DORANTE.

Si cela vous incommode, j'en irai chercher ailleurs

M. JOURDAIN.

Non, monsieur.

MADAME JOURDAIN, *bas, à M. Jourdain.*

Il ne sera pas content qu'il ne vous ait ruiné.

M. JOURDAIN, *bas, à Madame Jourdain.*

Taisez-vous, vous dis-je.

DORANTE.

Vous n'avez qu'à me dire si cela vous embarrasse.

M. JOURDAIN.

Point, monsieur.

MADAME JOURDAIN, *bas, à M. Jourdain.*

C'est un vrai enjôleur.

M. JOURDAIN, *bas, à madame Jourdain.*

Taisez-vous donc.

MADAME JOURDAIN, *bas, à M. Jourdain.*

Il vous sucera jusqu'au dernier sou.

M. JOURDAIN, *bas, à madame Jourdain.*

Vous tairez-vous !

DORANTE.

J'ai force gens qui m'en prêteraient avec joie : mais, comme vous êtes mon meilleur ami, j'ai cru que je vous ferais tort, si j'en demandais à quelque autre.

M. JOURDAIN.

C'est trop d'honneur, monsieur, que vous me faites. Je vais quérir votre affaire.

MADAME JOURDAIN, *bas, à M. Jourdain.*

Quoi ! Vous allez encore lui donner cela ?

M. JOURDAIN, *bas, à madame Jourdain.*

Que faire? Voulez-vous que je refuse un homme de cette condition-là, qui a parlé de moi ce matin dans la chambre du roi ?

MADAME JOURDAIN, *bas, à M. Jourdain.*

Allez, vous êtes une vraie dupe.

SCENE V.

DORANTE, MADAME JOURDAIN, NICOLE.

DORANTE.

Vous me semblez toute mélancolique. Qu'avez-vous, madame Jourdain?

MADAME JOURDAIN.

J'ai la tête plus grosse que le poing, et si elle n'est pas enflée.

DORANTE.

Mademoiselle votre fille où est elle, que je ne la vois point?

MADAME JOURDAIN.

Mademoiselle ma fille est bien où elle est.

DORANTE.

Comment se porte-t-elle?

MADAME JOURDAIN.

Elle se porte sur ses deux jambes.

DORANTE.

Ne voulez-vous point, un de ces jours, venir voir avec elle le ballet et la comédie que l'on fait chez le roi?

MADAME JOURDAIN.

Oui, vraiment ! nous avons fort envie de rire, fort envie de rire nous avons.

DORANTE.

Je pense, madame Jourdain, que vous avez eu bien des amants dans votre jeune âge, belle et d'agréable humeur comme vous étiez.

MADAME JOURDAIN.

Tredame ! monsieur, est-ce que madame Jourdain est décrépite, et la tête lui grouille-t-elle déjà?

DORANTE.

Ah ! ma foi, madame Jourdain, je vous demande pardon ! je ne songeais pas que vous êtes jeune; et je rêve le plus souvent. Je vous prie d'excuser mon impertinence.

SCENE VI.

M. JOURDAIN, MADAME JOURDAIN, DORANTE, NICOLE.

M. JOURDAIN, *à Dorante.*

Voilà deux cents louis bien comptés.

DORANTE.

Je vous assure, monsieur Jourdain, que je suis tout vous, et que je brûle de vous rendre un service à la cour.

M. JOURDAIN.

Je vous suis trop obligé.

DORANTE.

Si madame Jourdain veut voir le divertissement royal, je lui ferai donner les meilleures places de la salle.

MADAME JOURDAIN.

Madame Jourdain vous baise les mains.

DORANTE, *bas, à M. Jourdain.*

Notre belle marquise, comme je vous ai mandé par mon billet, viendra tantôt ici pour le ballet et le repas ; et je l'ai fait consentir enfin au cadeau que vous lui voulez donner.

M. JOURDAIN.

Tirons-nous un peu plus loin, pour cause.

DORANTE.

Il y a huit jours que je ne vous ai vu, et je ne vous ai point mandé de nouvelles du diamant que vous me mîtes entre les mains pour lui en faire présent de votre part : mais c'est que j'ai eu toutes les peines du monde à vaincre son scrupule : et ce n'est que d'aujourd'hui qu'elle s'est résolue à l'accepter.

M. JOURDAIN.

Comment l'a-t-elle trouvé?

DORANTE.

Merveilleux ; et je me trompe fort, ou la beauté de ce diamant fera pour vous sur son esprit un effet admirable.

M. JOURDAIN.

Plût au ciel !

MADAME JOURDAIN, *à Nicole.*

Quand il est une fois avec lui, il ne peut le quitter.

DORANTE.

Je lui ai fait valoir comme il faut la richesse de ce présent et la grandeur de votre amour.

M. JOURDAIN.

Ce sont, monsieur, des bontés qui m'accablent ; et je suis dans une confusion la plus grande du monde de voir une personne de votre qualité s'abaisser pour moi à ce que vous faites.

DORANTE.

Vous moquez-vous? est-ce qu'entre amis on s'arrête à ces sortes de scrupules? et ne feriez-vous pas pour moi la même chose si l'occasion s'en offrait?

M. JOURDAIN.

Oh ! assurément, et de très grand cœur !

MADAME JOURDAIN, *bas, à Nicole.*

Que sa présence me pèse sur les épaules !

DORANTE.

Pour moi, je ne regarde rien quand il faut servir un ami ; et, lorsque vous me fîtes confidence de l'ardeur que vous aviez prise pour cette marquise agréable, chez qui j'avais commerce, vous vîtes que d'abord je m'offris de moi-même à servir votre amour.

M. JOURDAIN.

Il est vrai. Ce sont des bontés qui me confondent.

MADAME JOURDAIN, *à Nicole.*

Est-ce qu'il ne s'en ira point?

NICOLE.

Ils se trouvent bien ensemble.

DORANTE.

Vous avez pris le bon biais pour toucher son cœur. Les femmes aiment surtout les dépenses qu'on fait pour elles; et vos fréquentes sérénades, et vos bouquets continuels, ce superbe feu d'artifice qu'elle trouva sur l'eau, le diamant qu'elle a reçu de votre part, et le cadeau que vous lui préparez, tout cela lui parle bien mieux en faveur de votre amour, que toutes les paroles que vous auriez pu lui dire vous-même.

M. JOURDAIN.

Il n'y a pas de dépense que je ne fisse, si par là je pouvais trouver le chemin de son cœur. Une femme de qualité a pour moi des charmes ravissants; et c'est un honneur que j'achèterais au prix de toutes choses.

MADAME JOURDAIN, *bas, à Nicole.*

Que peuvent-ils tant dire ensemble? Va-t'en un peu tout doucement prêter l'oreille.

DORANTE.

Ce sera tantôt que vous jouirez à votre aise du plaisir de sa vue; et vos yeux auront tout le temps de se satisfaire.

M. JOURDAIN.

Pour être en pleine liberté, j'ai fait en sorte que ma femme ira dîner chez ma sœur, où elle passera toute l'après-dînée.

DORANTE.

Vous avez fait prudemment, et votre femme aurait pu nous embarrasser. J'ai donné pour vous l'ordre qu'il faut au cuisinier, et à toutes les choses qui sont nécessaires pour le ballet. Il est de mon invention; et pourvu que l'exécution puisse répondre à l'idée, je suis sûr qu'il sera trouvé...

M. JOURDAIN, *s'apercevant que Nicole écoute, et lui donnant un soufflet.*

Ouais! vous êtes bien impertinente! (*à Dorante.*) Sortons, s'il vous plaît.

SCENE VII.

MADAME JOURDAIN, NICOLE.

NICOLE.

Ma foi, madame, la curiosité m'a coûté quelque chose : mais je crois qu'il y a quelque anguille sous roche; et ils parlent de quelque affaire où ils ne veulent pas que vous soyez.

MADAME JOURDAIN.

Ce n'est pas d'aujourd'hui, Nicole, que j'ai conçu des soupçons de mon mari. Je suis la plus trompée du monde, ou il y a quelque amour en campagne; et je travaille à découvrir ce que ce peut-être. Mais songeons à ma fille. Tu sais l'amour que Cléonte a pour elle : c'est un homme qui me revient, et je veux aider sa recherche, et lui donner Lucile, si je puis.

NICOLE.

En vérité, madame, je suis la plus ravie du monde, de vous voir dans ces sentiments : car, si le maître vous revient, le valet ne me revient pas moins; et je souhaiterais que notre mariage se pût faire à l'ombre du leur.

MADAME JOURDAIN.

Va-t'en lui parler de ma part, et lui dire que tout à l'heure il me vienne trouver, pour faire ensemble à mon mari la demande de ma fille.

NICOLE.

J'y cours, madame, avec joie, et je ne pouvais recevoir une commission plus agréable. (*seule*) Je vais, je pense, bien réjouir les gens.

SCENE VIII.

CLÉONTE, COVIELLE, NICOLE.

NICOLE, *à Cléonte.*

Ah! vous voilà tout à propos. Je suis une ambassadrice de joie, et je viens...

CLÉONTE.

Retire-toi, perfide, et ne me viens pas amuser avec tes traîtresses paroles.

NICOLE.

Est-ce ainsi que vous recevez...

CLÉONTE.

Retire-toi, te dis-je, et va-t'en de ce pas dire à ton infidèle maîtresse qu'elle n'abusera de sa vie le trop simple Cléonte.

NICOLE.

Quel vertigo est-ce donc là? Mon pauvre Covielle, dis-moi un peu ce que cela veut dire.

COVIELLE.

Ton pauvre Covielle, petite scélérate! Allons, vite, ôte-toi de mes yeux, vilaine, et me laisse en repos.

NICOLE.

Quoi! tu me viens aussi...

COVIELLE.

Ote-toi de mes yeux, te dis-je, et ne me parle de ta vie.

NICOLE, *à part.*

Ouais! Quelle mouche les a piqués tous deux? Allons de cette belle histoire informer ma maîtresse.

SCENE IX.

CLÉONTE, COVIELLE.

CLÉONTE.

Quoi! traiter un amant de la sorte, et un amant le plus fidèle et le plus passionné de tous les amants!

COVIELLE.

C'est une chose épouvantable, que ce qu'on nous fait à tous deux.

CLÉONTE.

Je fais voir pour une personne toute l'ardeur et toute la tendresse qu'on peut imaginer; je n'aime rien au monde qu'elle, et je n'ai qu'elle dans l'esprit; elle fait tous mes soins, tous mes désirs, toute ma joie; je ne parle que d'elle, je ne pense qu'à elle, je ne fais des songes que d'elle, je ne respire que par elle, mon cœur vit tout en elle : et voilà de tant d'amitié la digne récompense! Je suis deux jours sans la voir, qui sont pour moi deux siècles effroyables; je la rencontre par hasard; mon cœur à cette vue se sent tout transporté, ma joie éclate sur mon visage, je vole avec ravissement vers elle; et l'infidèle détourne de moi ses regards, et passe brusquement, comme si de sa vie elle ne m'avait vu.

COVIELLE.

Je dis les mêmes choses que vous.

CLÉONTE.

Peut-on rien voir d'égal, Covielle, à cette perfidie de l'ingrate Lucile?

COVIELLE.

Et à celle, monsieur, de la pendarde de Nicole?

CLÉONTE.

Après tant de sacrifices ardents, de soupirs et de vœux que j'ai faits à ses charmes!

COVIELLE.

Après tant d'assidus hommages, de soins et de services que je lui ai rendus dans sa cuisine!

CLÉONTE.

Tant de larmes que j'ai versées à ses genoux!

COVIELLE.

Tant de seaux d'eau que j'ai tirés au puits pour elle!

CLÉONTE.

Tant d'ardeur que j'ai fait paraître à la chérir plus que moi-même!

COVIELLE.

Tant de chaleur que j'ai soufferte à tourner la broche à sa place!

CLÉONTE.

Elle me fuit avec mépris!

COVIELLE.

Elle me tourne le dos avec effronterie!

CLÉONTE.

C'est une perfidie digne des plus grands châtiments.

COVIELLE.

C'est une trahison à mériter mille soufflets.

CLÉONTE.

Ne t'avise point, je te prie, de me jamais parler pour elle.

COVIELLE.

Moi, monsieur, Dieu m'en garde!

CLÉONTE

Ne vient point m'excuser l'action de cette infidèle.

COVIELLE.

N'ayez pas peur.

CLÉONTE.

Non, vois-tu, tous tes discours pour la défendre ne serviront de rien.

COVIELLE.

Qui songe à cela?

CLÉONTE.

Je veux, contre elle, conserver mon ressentiment, et rompre ensemble tout commerce.

COVIELLE.

J'y consens.

CLÉONTE.

Ce monsieur le comte qui va chez elle lui donne peut-être dans la vue; et son esprit, je le vois bien se laisse éblouir à la qualité. Mais il me faut, pour mon bonheur, prévenir l'éclat de son inconstance. Je veux faire autant de pas qu'elle au changement où je la vois courir, et ne lui laisser pas toute la gloire de me quitter.

COVIELLE.

C'est fort bien dit, et j'entre pour mon compte dans tous vos sentiments.

CLÉONTE.

Donne la main à mon dépit, et soutiens ma résolution contre tous les restes d'amour qui me pourraient parler pour elle. Dis-m'en, je t'en conjure, tout le mal que tu pourras; fais-moi de sa personne une peinture qui me la rende méprisable; et marque-moi bien, pour m'en dégoûter, tous les défauts que tu peux voir en elle.

COVIELLE.

Elle, monsieur? Voilà une belle mijauree, une pimpesouée bien bâtie, pour vous donner tant d'amour! Je ne lui vois rien que de très médiocre; et vous trouverez cent personnes qui seront plus dignes de vous. Premièrement, elle a les yeux petits.

CLÉONTE.

Cela est vrai, elle a les yeux petits; mais elle les a pleins de feu, les plus brillants, les plus perçants du monde, les plus touchants qu'on puisse voir.

COVIELLE.

Elle a la bouche grande.

CLÉONTE.

Oui; mais on y voit des graces qu'on ne voit point aux autres bouches: et cette bouche, en la voyant, inspire des désirs; elle est la plus attrayante, la plus amoureuse du monde.

COVIELLE.

Pour sa taille, elle n'est pas grande.

CLÉONTE.

Non; mais elle est aisée et bien prise.

COVIELLE.

Elle affecte une nonchalance dans son parler et dans ses actions....

CLÉONTE.

Il est vrai; mais elle a grace à tout cela; et ses manières sont engageantes, ont je ne sais quel charme à s'insinuer dans les cœurs.

COVIELLE.

Pour de l'esprit...

CLÉONTE.

Ah! elle en a, Covielle, du plus fin, du plus délicat.

COVIELLE.

Sa conversation...

CLÉONTE.

Sa conversation est charmante.

COVIELLE.

Elle est toujours sérieuse.

CLÉONTE.

Veux-tu de ces enjouements épanouis, de ces joies toujours ouvertes? Et vois-tu rien de plus impertinent que des femmes qui rient à tout propos?

COVIELLE.

Mais enfin, elle est capricieuse autant que personne du monde.

CLÉONTE.

Oui, elle est capricieuse, j'en demeure d'accord: mais tout sied bien aux belles; on souffre tout des belles.

COVIELLE.

Puisque cela va comme cela, je vois bien que vous avez l'envie de l'aimer toujours.

CLÉONTE.

Moi? j'aimerais mieux mourir; et je vais la haïr autant que je l'ai aimée.

COVIELLE.

Le moyen, si vous la trouvez si parfaite?

CLÉONTE.

C'est en quoi ma vengeance sera plus éclatante, en quoi je veux faire mieux voir la force de mon cœur à la haïr, à la quitter, toute belle, toute pleine d'attraits, tout aimable que je la trouve. La voici.

SCENE X.

LUCILE, CLÉONTE, COVIELLE, NICOLE.

NICOLE, *à Lucile.*

Pour moi, j'en ai été toute scandalisée.

LUCILE.

Ce ne peut être, Nicole, que ce que je dis. Mais le voilà.

CLÉONTE, *à Covielle.*

Je ne veux pas seulement lui parler.

COVIELLE.

Je veux vous imiter.

LUCILE.

Qu'est-ce donc Cléonte? qu'avez-vous?

NICOLE.

Qu'as-tu donc, Covielle?

LUCILE.

Quel chagrin vous possède?

NICOLE.

Quelle mauvaise humeur te tient?

LUCILE.

Êtes-vous muet, Cléonte?

NICOLE.

As-tu perdu la parole, Covielle?

CLÉONTE.

Que voilà qui est scélérat!

COVIELLE.

Que cela est Judas!

LUCILE.

Je vois bien que la rencontre de tantôt a troublé votre esprit.

CLÉONTE, *à Covielle.*

Ah! ah! on voit ce qu'on a fait.

NICOLE.

Notre accueil de ce matin t'a fait prendre la chèvre.

COVIELLE, *à Cléonte.*

On a deviné l'enclouure.

LUCILE.

N'est-il pas vrai, Cléonte, que c'est là le sujet de votre dépit?

CLÉONTE.

Oui, perfide, ce l'est, puisqu'il faut parler, et j'ai à vous dire que vous ne triompherez pas, comme vous le pensez, de votre infidélité; que je veux être le premier à rompre avec vous; et que vous n'aurez pas l'avantage de me chasser. J'aurai de la peine, sans doute, à vaincre l'amour que j'ai pour vous: cela me causera des chagrins; je souffrirai un temps: mais j'en viendrai à bout, et je me percerai plutôt le cœur, que d'avoir la faiblesse de retourner à vous.

COVIELLE, *à Nicole.*

Queussi, queumi.

LUCILE.

Voilà bien du bruit pour un rien! Je veux vous dire, Cléonte, le sujet qui m'a fait, ce matin, éviter votre abord.

CLÉONTE, *voulant s'en aller pour éviter Lucile.*

Non. Je ne veux rien écouter.

NICOLE, *à Covielle.*

Je te veux apprendre la cause qui nous a fait passer si vite.

COVIELLE, *voulant aussi s'en aller pour éviter Nicole.*

Je ne veux rien entendre.

LUCILE, *suivant Cléonte.*

Sachez que ce matin...

CLÉONTE, *marchant toujours sans regarder Lucile.*

Non, vous dis-je.

NICOLE, *suivant Covielle.*

Apprends que...

COVIELLE, *marchant aussi sans regarder Nicole.*

Non, traîtresse!

LUCILE.

Écoutez.

CLÉONTE.

Point d'affaire.

NICOLE.

Laissez-moi dire.

COVIELLE.

Je suis sourd.

LUCILE.

Cléonte!

CLÉONTE.

Non.

NICOLE.

Covielle!

COVIELLE.

Point.

LUCILE.

Arrêtez.

CLÉONTE.

Chansons

NICOLE.

Entends-moi.

COVIELLE.

Bagatelle.

LUCILE.

Un moment.

CLÉONTE.

Point du tout.

NICOLE.

Un peu de patience.

COVIELLE.

Tarare.

LUCILE.

Deux paroles.

CLÉONTE.

Non. C'en est fait.

NICOLE.

Un mot.

COVIELLE.

Plus de commerce.

LUCILE, *s'arrêtant.*

Hé bien! puisque vous ne voulez point m'écouter, demeurez dans votre pensée, et faites ce qu'il vous plaira.

NICOLE, *s'arrêtant aussi.*

Puisque tu fais comme cela, prends-le tout comme tu voudras.

CLÉONTE, *se tournant vers Lucile.*

Sachons donc le sujet d'un si bel accueil.

LUCILE, *s'en allant à son tour pour éviter Cléonte.*

Il ne me plaît plus de le dire.

COVIELLE, *se retournant vers Nicole.*

Apprends-nous un peu cette histoire.

NICOLE, *s'en allant aussi pour éviter Covielle.*

Je ne veux plus, moi, te l'apprendre.

CLÉONTE, *suivant Lucile.*

Dites-moi...

LUCILE, *marchant toujours sans regarder Cléonte.*

Non. Je ne veux rien dire.

COVIELLE, *suivant Nicole.*

Conte-moi...

NICOLE, *marchant aussi sans regarder Covielle.*

Non. Je ne conte rien.

CLÉONTE.

De grace.

LUCILE.

Non, vous dis-je.

COVIELLE.

Par charité.

NICOLE.

Point d'affaire.

CLÉONTE.

Je vous en prie.

LUCILE.

Laissez-moi.

COVIELLE.

Je t'en conjure.

NICOLE.

Ote-toi de là.

CLÉONTE.

Lucile!

LUCILE.

Non.

COVIELLE.

Nicole!

NICOLE.

Point.

CLÉONTE.

Au non des dieux!

LUCILE.

Je ne veux pas.

COVIELLE.

Parle-moi.

NICOLE.

Point du tout.

CLÉONTE.

Eclaircissez mes doutes.

LUCIELE.

Non. Je n'en ferai rien.

COVIELLE.

Guéris-moi l'esprit.

NICOLE.

Non: il ne me plait

CLÉONTE.

Hé bien! puisque vous vous souciez si peu de me tirer de peine, et de vous justifier du traitement indigne que vous avez fait à ma flamme, vous me voyez, ingrate, pour la dernière fois; et je vais, loin de vous mourir de douleur et d'amour.

COVIELLE, *à Nicole.*

Et moi, je vais suivre ses pas.

LUCILLE, *à Cléonte qui veut sortir.*

Cléonte!

NICOLE, *à Covielle qui suit son maître.*

Covielle!

CLÉONTE, *s'arrêtant.*

Hé?

COVIELLE, *s'arrêtant aussi.*

Plaît-il?

LUCILE.

Où allez-vous?

CLÉONTE.

Où je vous ai dit.

COVIELLE.

Nous allons mourir.

LUCILE.

Vous allez mourir Cléonte?

CLÉONTE.

Oui, cruelle, puisque vous le voulez.

LUCILE.

Moi, je veux que vous mouriez?

CLÉONTE.

Oui, vous le voulez.

LUCILE.

Qui vous le dit?

CLÉONTE, *s'approchant de Lucile.*

N'est-ce pas le vouloir, que de ne vouloir pas éclaircir mes soupçons?

LUCILE.

Est-ce ma faute? Et si vous aviez voulu m'écouter, ne vous aurais-je pas dit que l'aventure dont vous vous plaignez a été causée ce matin par la présence d'une vieille tante qui veut à toute force que la seule approche d'un homme déshonore une fille, qui perpétuellement nous sermonne sur ce chapitre, et nous figure tous les hommes comme des diables qu'il faut fuir?

NICOLE, *à Covielle.*

Voilà le secret de l'affaire.

CLÉONTE.

Ne me trompez-vous point, Lucile?

COVIELLE, *à Nicole.*

Ne m'en donnes-tu point à garder?

LUCILE, *à Cléonte.*

Il n'est rien de plus vrai.

NICOLE, *à Covielle.*

C'est la chose comme elle est.

COVIELLE, *à Cléonte.*

Nous rendrons-nous à cela?

CLÉONTE.

Ah! Lucile, qu'avec un mot de votre bouche vous savez apaiser de choses dans mon cœur! et que facilement on se laisse persuader aux personnes qu'on aime!

COVIELLE.

Qu'on est aisément amadoué par ces diantres d'animaux-là!

SCENE XI.

MADAME JOURDAIN, CLÉONTE, LUCILE, COVIELLE, NICOLE.

MADAME JOURDAIN.

Je suis bien aise de vous voir, Cléonte; et vous voilà tout à propos. Mon mari vient, prenez vite votre temps pour lui demander Lucile en mariage.

CLÉONTE.

Ah! madame, que cette parole m'est douce, et qu'elle flatte mes désirs! pouvais-je recevoir un ordre plus charmant, une faveur plus précieuse?

SCENE XII.

CLÉONTE, M. JOURDAIN, MADAME JOURDAIN, LUCILE, COVIELLE, NICOLE.

CLÉONTE.

Monsieur, je n'ai voulu prendre personne pour vous vous faire une demande que je médite il y a longtemps. Elle me touche assez pour m'en charger moi-même; et sans autre détour, je vous dirai que l'honneur d'être votre gendre est une faveur glorieuse que je vous prie de m'accorder.

M. JOURDAIN.

Avant que de vous rendre réponse, monsieur, je vous prie de me dire si vous êtes gentilhomme.

CLÉONTE.

Monsieur, la plupart des gens sur cette question n'hésitent pas beaucoup: on tranche le mot aisément. Ce nom ne fait aucun scrupule à prendre; et l'usage aujourd'hui semble en autoriser le vol. Pour moi, je vous l'avoue, j'ai les sentiments sur cette matière un peu plus délicats. Je trouve que toute imposture est indigne d'un honnête homme, et qu'il y a de la lâcheté à déguiser ce que le ciel nous a fait naître, à se parer aux yeux du monde d'un titre dérobé, à se vouloir donner pour ce qu'on n'est pas. Je suis né de parents, sans doute, qui ont tenu des charges honorables; je me suis acquis dans les armes l'honneur de six ans de service, et je me trouve assez de bien pour tenir dans le monde un rang assez passable: mais, avant tout cela, je ne veux pas me donner un nom où d'autres en ma place croiraient pouvoir prétendre; et je vous dirai franchement que je ne suis point gentilhomme.

M. JOURDAIN.

Touchez, là monsieur, ma fille n'est pas pour vous.

CLÉONTE.

Comment?

M. JOURDAIN.

Vous n'êtes point gentilhomme, vous n'aurez point ma fille.

MADAME JOURDAIN.

Que voulez-vous donc dire avec votre gentilhomme? Est-ce que nous sommes, nous autres, de la côte de Saint-Louis?

M. JOURDAIN.

Taisez-vous, ma femme; je vous vois venir.

MADAME JOURDAIN.

Descendons-nous tous deux que de bonne bourgeoisie?

M. JOURDAIN.

Voilà pas le coup de langue?

MADAME JOURDAIN.

Et votre père n'était-il pas marchand aussi bien que le mien?

M. JOURDAIN.

Peste soit de la femme! elle n'y a jamais manqué. Si votre père a été marchand, tant pis pour lui; mais, pour le mien, ce sont des mal avisés qui disent cela. Tout cela ce que j'ai à vous dire, moi c'est que je veux avoir un gendre gentilhomme.

MADAME JOURDAIN.

Il faut à votre fille un mari qui lui soit propre; et il vaut mieux pour elle un honnête homme riche et bien fait, qu'un gentilhomme gueux et mal bâti.

NICOLE.

Cela est vrai. Nous avons le fils d'un gentilhomme de notre village qui est le plus grand malitorne et le plus dadais que j'aie jamais vu.

M. JOURDAIN, *à Nicole.*

Taisez-vous, impertinente: vous vous fourrez toujours dans la conversation. J'ai du bien assez pour ma fille, je n'ai besoin que d'honneurs; et je la veux faire marquise.

MADAME JOURDAIN.

Marquise?

M. JOURDAIN.

Oui, marquise.

MADAME JOURDAIN.

Hélas! Dieu m'en garde!

M. JOURDAIN.

C'est une chose que j'ai résolue.

MADAME JOURDAIN.

C'est une chose, moi, où je ne consentirai point. Les alliances avec plus grand que soi sont sujettes toujours à de fâcheux inconvénients. Je ne veux point qu'un gendre puisse à ma fille reprocher ses parents, et qu'elle ait des enfants qui aient honte de m'appeler leur grand'maman. S'il fallait qu'elle me vînt visiter en équipage de grand'dame, et qu'elle manquât par mégarde à saluer quelqu'un du quartier, on ne manquerait pas aussitôt de dire cent sottises. « Voyez-
« vous, dirait-on, cette madame la marquise qui fait
« tant la glorieuse? c'est la fille de monsieur Jour-
« dain, qui était trop heureuse, étant petite, de jouer
« à la madame avec nous. Elle n'a pas toujours été si
« relevée que la voilà, et ses deux grands-pères ven-
« daient du drap auprès de la porte saint Innocent.
« Ils ont amassé du bien à leurs enfants, qu'il paient
« maintenant peut-être bien cher en l'autre monde;
« et l'on devient guère si riche à être honnêtes gens. »
Je ne veux point tous ces caquets; et je veux un homme, en un mot, qui m'ait obligation de ma fille, et à qui je puisse dire: Mettez-vous là, mon gendre, et dînez avec moi.

M. JOURDAIN.

Voilà bien les sentiments d'un petit esprit, de vouloir demeurer toujours dans la bassesse. Ne me répliquez pas davantage: ma fille sera marquise en dépit de tout le monde; et, si vous me mettez en colère, je la ferai duchesse.

SCENE XIII.

MADAME JOURDAIN, LUCILLE, CLÉONTE, NICOLE, COVIELLE.

MADAME JOURDAIN.

Cléonte, ne perdez point courage encore. (*à Lucile*) Suivez-moi, ma fille; et venez dire résolument à votre père que, si vous ne l'avez, vous ne voulez épouser personne.

SCENE XIV.

CLÉONTE, COVIELLE.

COVIELLE.

Vous avez fait de belles affaires avec vos beaux sentiments!

CLÉONTE.

Que veux-tu? J'ai un scrupule là-dessus que l'exemple ne saurait vaincre.

COVIELLE.

Vous moquez-vous de le prendre sérieusement avec un homme comme cela? Ne voyez-vous pas qu'il est fou? Et vous coûtait-il quelque chose de vous accommoder à ses chimères?

CLÉONTE.

Tu as raison; mais je ne croyais pas qu'il fallût faire ses preuves de noblesse pour être gendre de M. Jourdain.

COVIELLE, *riant.*

Ah! ah! ah!

CLÉONTE.

De quoi ris-tu?

COVIELLE.

D'une pensée qui me vient pour jouer votre homme, et vous faire obtenir ce que vous souhaitez.

CLÉONTE.

Comment?

COVIELLE.

L'idée est tout à fait plaisante.

CLEONTE.

Quoi donc?

COVIELLE.

Il s'est fait depuis peu une certaine mascarade qui vient le mieux du monde ici, et que je prétends faire entrer dans une bourde que je veux faire à notre ridicule. Tout cela sent un peu sa comédie; mais, avec lui, on peut hasarder toute chose, il n'y faut point chercher tant de façons; et il est homme à y jouer son rôle à merveille, à donner aisément dans toutes les fariboles qu'on s'avisera de lui dire. J'ai les acteurs, j'ai les habits tout prêts; laissez-moi faire seulement.

CLÉONTE.

Mais apprends-moi...

COVIELLE.

Je vais vous instruire de tout. Retirons-nous; le voilà qui revient.

SCENE XV.

M. JOURDAIN, *seul.*

Que diable est-ce là? Ils n'ont rien que les grands seigneurs à me reprocher; et moi, je ne vois rien de si beau que de hanter les grands seigneurs; il n'y a qu'honneur et civilité avec eux; et je voudrais qu'il m'eût coûté deux doigts de la main, et être né comte ou marquis.

SCENE XVI.

M. JOURDAIN, UN LAQUAIS.

LE LAQUAIS.

Monsieur, voici monsieur le comte et une dame qu'il mène par la main.

M. JOURDAIN.

Hé! mon dieu! j'ai quelques ordres à donner. Dis eur que je vais venir ici tout à l'heure.

SCENE XVII.

DORIMÈNE, DORANTE, UN LAQUAIS.

LE LAQUAIS.

Monsieur dit comme cela qu'il va venir ici tout à l'heure.

DORANTE.

Voilà qui est bien.

SCENE XVIII.

DORIMÈNE, DORANTE.

DORIMÈNE.

Je ne sais pas, Dorante; je fais encore ici une étrange démarche, de me laisser amener par vous dans une maison où je ne connais personne.

DORANTE.

Quel lieu voulez-vous donc, madame, que mon amour choisisse pour vous régaler, puisque, pour fuir l'éclat, vous ne voulez ni votre maison ni la mienne?

DORIMÈNE.

Mais vous ne me dites pas que je m'engage insensiblement chaque jour à recevoir de trop grands témoignages de votre passion. J'ai beau me défendre des choses, vous fatiguez ma résistance, et vous avez une civile opiniâtreté qui me fait venir doucement à tout ce qu'il vous plaît. Les visites fréquentes ont commencé, les déclarations sont venues ensuite, qui, après elles, ont traîné les sérénades et les cadeaux, que les présents ont suivis. Je me suis opposée à tout cela, mais vous ne vous rebutez point; et, pied à pied, vous gagnez mes résolutions. Pour moi, je ne puis plus répondre de rien; et je crois qu'à la fin vous me ferez venir au mariage, dont je me suis tant éloignée.

DORANTE.

Ma foi, madame, vous y devriez déjà être. Vous êtes veuve, et ne dépendez que de vous. Je suis maître de moi, et vous aime plus que ma vie. A quoi tient-il que, dès aujourd'hui, vous ne fassiez tout mon bonheur?

DORIMÈNE.

Mon dieu, Dorante, il faut des deux parts bien des qualités pour vivre heureusement ensemble; et les deux plus raisonnables personnes du monde ont souvent peine à composer une union dont ils soient satisfaits.

DORANTE.

Vous vous moquez, madame, de vous y figurer tant de difficultés; et l'expérience que vous avez faite ne conclut rien pour tous les autres.

DORIMÈNE.

Enfin, j'en reviens toujours là. Les dépenses que je vous vois faire pour moi m'inquiètent par deux raisons: l'une, qu'elles m'engagent plus que je ne voudrais; et l'autre, que je suis sûre, sans vous déplaire, que vous ne les faites point que vous ne vous incommodiez; et je ne veux point cela.

DORANTE.

Ah! madame, ce sont des bagatelles; et ce n'est pas par là.

DORIMÈN

Je sais ce que je dis; et, entre autres, le diamant que vous m'avez forcé à prendre est d'un prix...

DORANTE.

Hé! madame, de grace, ne faites point tant valoir une chose que mon amour trouve indigne de vous; et souffrez... Voici le maître du logis.

SCENE XIX.

M. JOURDAIN, DORIMÈNE, DORANTE.

M. JOURDAIN, *après avoir fait deux révérences, se trouvant trop près de Dorimène.*

Un peu plus loin, madame.

DORIMÈNE.

Comment?

M. JOURDAIN.

Un pas, s'il vous plaît.

DORIMÈNE.

Quoi donc?

M. JOURDAIN.

Reculez un peu pour la troisième.

DORANTE.

Madame, M. Jourdain sait son monde.

M. JOURDAIN.

Madame, ce m'est une gloire bien grande de me voir assez fortuné pour être si heureux, que d'avoir le bonheur, que vous ayez eu la bonté de m'accorder la grace de me faire l'honneur de m'honorer de la faveur de votre présence; et, si j'avais aussi le mérite pour mériter un mérite comme le vôtre, et que le ciel... envieux de mon bien... m'eût accordé... l'avantage de me voir digne... des...

DORANTE.

Monsieur Jourdain, en voilà assez. Madame n'aime pas les grands compliments; et elle sait que vous êtes homme d'esprit. (*bas à Dorimène*) C'est un bon bourgeois assez ridicule, comme vous voyez, dans toutes ses manières.

DORIMÈNE, *bas, à Dorante.*

Il n'est pas mal aisé de s'en apercevoir.

DORANTE.

Madame, voilà le meilleur de mes amis.

M. JOURDAIN.

C'est trop d'honneur que vous me faites.

DORANTE.

Galant homme tout à fait.

DORIMÈNE.

J'ai beaucoup d'estime pour lui.

M. JOURDAIN.

Je n'ai rien fait encore, madame, pour mériter cette grace.

DORANTE, *bas, à M. Jourdain.*

Prenez bien garde, au moins, à ne lui point parler du diamant que vous lui avez donné.

M. JOURDAIN, *bas, à Dorante.*

Ne pourrais-je pas seulement lui demander comment elle le trouve.

DORANTE, *bas, à M. Jourdain.*

Comment! gardez-vous-en bien. Cela serait vilain à vous; et, pour agir en galant homme, il faut que vous fassiez comme si ce n'était pas vous qui lui eussiez fait ce présent. (*haut*) M. Jourdain, madame, dit qu'il est ravi de vous voir chez lui.

DORIMÈNE.

Il m'honore beaucoup.

M. JOURDAIN, *bas, à Dorante.*

Que je vous suis obligé, monsieur, de lui parler ainsi pour moi!

DORANTE, *bas, à M. Jourdain.*

J'ai eu une peine effroyable à la faire venir ici.

M. JOURDAIN, *bas, à Dorante.*

Je ne sais quelles graces vous en rendre.

DORANTE.

Il dit, madame, qu'il vous trouve la plus belle personne du monde.

DORIMÈNE.

C'est bien de la grace qu'il me fait.

M. JOURDAIN.

Madame, c'est vous qui faites les graces, et..

DORANTE.

Songeons à manger.

SCENE XX.

M. JOURDAIN, DORIMENE, DORANTE.

LE LAQUAIS, *à M. Jourdain.*

Tout est prêt, monsieur.

DORANTE.

Allons donc nous mettre à table; et qu'on fasse venir les musiciens.

SCENE XXI.

ENTRÉE DE BALLET.

Six cuisiniers, qui ont préparé le festin, dansent ensemble; après quoi ils apportent une table couverte de plusieurs mets.

FIN DU TROISIÈME ACTE.

ACTE IV.

SCENE PREMIERE.

DORIMÈNE, M. JOURDAIN, DORANTE, TROIS MUSICIENS, UN LAQUAIS.

DORIMÈNE.

Comment! Dorante? voilà un repas tout à fait magnifique!

M. JOURDAIN.

Vous vous moquez, madame, et je voudrais qu'il fût plus digne de vous être offert.

(*Dorimène, monsieur Jourdain, Dorante et les trois musiciens se mettent à table.*)

DORANTE.

Monsieur Jourdain a raison, madame, de parler de la sorte, et il m'oblige de vous faire si bien les honneurs de chez lui. Je demeure d'accord avec lui que le repas n'est pas digne de vous. Comme c'est moi qui l'ai ordonné, et que je n'ai pas, sur cette matière, les lumières de nos amis, vous n'avez pas ici un repas fort savant, et vous y trouverez des incongruités de bonne chère, et des barbarismes de bon goût. Si Damis s'en était mêlé, tout serait dans les règles; il y aurait partout de l'élégance et de l'érudition, et il ne manquerait pas de vous exagérer lui-même toutes les pièces du repas qu'il vous donnerait, et de vous faire tomber d'accord de sa haute capacité dans la science des bons morceaux; de vous parler d'un pain de rive à biseau doré, relevé de croûte partout, croquant tendrement sous la dent; d'un vin à sève veloutée, armé d'un verre qui n'est point trop commandant; d'un carré de mouton gourmandé de persil; d'une longe de veau de rivière, longue comme cela, blanche, délicate, et qui, sous les dents, est une vraie pâte d'amande; de perdrix relevées d'un fumet surprenant; et pour son opéra, d'une soupe à bouillon perlé, soutenue d'un jeune gros dindon cantonné de pigeonneaux, et couronnée d'ognons blancs mariés avec la chicorée. Mais, pour moi, je vous avoue mon ignorance; et, comme M. Jourdain a fort bien dit, je voudrais que le repas fût plus digne de vous êtes offert.

DORIMÈNE.

Je ne réponds à ce compliment, qu'en mangeant comme je fais.

M. JOURDAIN.

Ah! que voilà de belles mains!

DORIMÈNE.

Les mains sont médiocres, monsieur Jourdain; mais vous voulez parler du diamant, qui est fort beau.

M. JOURDAIN.

Moi, madame, Dieu me garde d'en vouloir parler; ce ne serait pas agir en galant homme, et le diamant est fort peu de chose.

DORIMÈNE.

Vous êtes bien dégoûté.

M. JOURDAIN.

Vous avez trop de bonté....

DORANTE, *après avoir fait signe à M. Jourdain.*

Allons, qu'on donne du vin à M. Jourdain, et à ces messieurs, qui nous feront la grace de nous chanter un air à boire.

DORIMÈNE.

C'est merveilleusement assaisonner la bonne chère, que d'y mêler la musique, et je me vois ici admirablement régalée.

M. JOURDAIN.

Madame, ce n'est pas....

DORANTE.

Monsieur Jourdain, prêtons silence à ces messieurs; ce qu'ils nous diront vaudra mieux que tout ce que nous pourrions dire.

PREMIER ET SECOND MUSICIENS *ensemble, un verre à la main.*

Un petit doigt, Philis, pour commencer le tour:
Ah! qu'un verre en vos mains a d'agreables charmes!
Vous et le vin, vous vous prêtez des armes:
Et je sens pour tous deux redoubler mon amour.
Entre lui, vous et moi, jurons, jurons, ma belle,
Une ardeur éternelle.
Qu'en mouillant votre bouche il en reçoit d'attraits!
Et que l'on voit par lui votre bouche embellie!
Ah! l'un de l'autre ils me donnent envie;
Et de vous et de lui je m'enivre à longs traits.
Entre lui, vous et moi, jurons, jurons, ma belle,
Une ardeur éternelle.

SECOND ET TROISIEME MUSICIENS *ensemble.*

Buvons, chers amis, buvons;
Le temps qui fuit nous y convie.
Profitons de la vie
Autant que nous pouvons.

Quand on a passé l'onde noire,
Adieu le bon vin, nos amours.
Dépêchons nous de boire;
On ne boit pas toujours.

Laissons raisonner les sots
Sur le vrai bonheur de la vie;
Notre philosophie
Le met parmi les pots.

Les biens, le savoir et la gloire,
N'ôtent point les soucis fâcheux;
Et ce n'est qu'à bien boire
Que l'on peut être heureux.

TOUS TROIS ENSEMBLE.

Sus, sus; du vin partout; versez, garçon, versez,
Versez, versez, toujours, tant qu'on vous dise assez.

DORIMÈNE.

Je ne crois pas qu'on puisse mieux chanter, et cela est tout à fait beau.

M. JOURDAIN.

Je vois encore ici, madame, quelque chose de plus beau

DORIMÈNE.

Ouais! M. Jourdain est galant plus que je ne pensais.

DORANTE.

Comment! madame, pour qui prenez-vous M. Jourdain?

M. JOURDAIN.

Je voudrais bien qu'elle me prît pour ce que je dirais.

DORIMÈNE.

Encore?

DORANTE, *à Dorimène.*

Vous ne le connaissez pas.

M. JOURDAIN.

Elle me connaîtra quand il lui plaira.

DORIMÈNE.

Oh! je le quitte.

DORANTE.

Il est homme qui a toujours la riposte en main. Mais vous ne voyez pas que M. Jourdain, madame, mange tous les morceaux que vous avez touchés.

DORIMÈNE.

M. Jourdain est un homme qui me ravit.

M. JOURDAIN.

Si je pouvais ravir votre cœur, je serais.

SCENE II.

MADAME JOURDAIN, M. JOURDAIN, DORIMÈNE, DORANTE, MUSICIENS, LAQUAIS.

MADAME JOURDAIN.

Ah! ah! je trouve ici bonne compagnie, et je vois bien qu'on ne m'y attendait pas. C'est donc pour cette belle affaire-ci, monsieur mon mari, que vous avez eu tant d'empressement à m'envoyer dîner chez ma sœur? Je viens de voir un théâtre là, et je vois ici un banquet à faire noces. Voilà comme vous dépensez votre bien; c'est ainsi que vous festinez les dames en mon absence, et que vous leur donnez la musique et la comédie, tandis que vous m'envoyez promener.

DORANTE.

Que voulez-vous dire, madame Jourdain? et quelles fantaisies sont les vôtres, de vous aller mettre en tête que votre mari dépense son bien, et que c'est lui qui donne ce regal à madame? Apprenez que c'est moi, je vous prie; qu'il ne fait seulement que me prêter sa maison; et que vous devriez un peu mieux regarder aux choses que vous dites.

M. JOURDAIN.

Oui, impertinente, c'est monsieur le comte qui donne tout ceci à madame, qui est une personne de qualité. Il me fait l'honneur de prendre ma maison, et de vouloir que je sois avec lui.

MADAME JOURDAIN.

Ce sont des chansons que cela; je sais ce que je sais.

DORANTE.

Prenez, madame Jourdain, prenez de meilleures lunettes.

MADAME JOURDAIN.

Je n'ai que faire de lunettes, monsieur, et je vois assez clair. Il y a longtemps que je sens les choses, et je ne suis pas une bête. Cela est fort vilain à vous, pour un grand seigneur, de prêter la main, comme vous faites aux sottises de mon mari. Et vous, madame, pour une grand'dame, cela n'est ni beau, ni honnête à vous de mettre la dissension dans un ménage, et de souffrir que mon mari soit amoureux de vous.

DORIMÈNE.

Que veut donc dire tout ceci? Allez, Dorante, vous vous moquez de m'exposer aux sottes visions de cette extravagante.

DORANTE, *suivant Dorimène qui sort.*

Madame, hola! madame, où courez-vous?

M. JOURDAIN.

Madame..... Monsieur le comte, faites-lui mes excuses, et tâchez de la ramener.

SCENE III.

MADAME JOURDAIN, M. JOURDAIN, LAQUAIS.

M. JOURDAIN.

Ah! impertinente que vous êtes. Voilà de vos beaux faits! vous me venez faire des affronts devant tout le monde, et vous chassez de chez moi des personnes de qualité!

MADAME JOURDAIN.

Je me moque de leur qualité.

M. JOURDAIN.

Je ne sais qui me tient, maudite, que je ne vous fende la tête avec les pièces du repas que vous êtes venue troubler. (*Les laquais emporte la table.*)

MADAME JOURDAIN, *sortant.*

Je me moque de cela. Ce sont mes droits que je défends, et j'aurai pour moi toutes les femmes.

M. JOURDAIN.

Vous faites bien d'éviter ma colère.

SCENE IV.

M. JOURDAIN, *seul.*

Elle est arrivée là bien malheureusement. J'étais en humeur de dire de jolies choses, et jamais je ne m'étais senti tant d'esprit. Qu'est-ce que c'est que cela?

SCENE V.

M. JOURDAIN, COVIELLE, *déguisé.*

COVIELLE.

Monsieur, je ne sais pas si j'ai l'honneur d'être connu de vous.

M. JOURDAIN.

Non, monsieur.

COVIELLE, *étendant la main à un pied de terre.*

Je vous ai vu que vous n'étiez pas plus grand que cela.

M. JOURDAIN.

Moi?

COVIELLE.

Oui. Vous étiez le plus bel enfant du monde, et toutes les dames vous prenaient dans leurs bras pour vous baiser.

M. JOURDAIN.

Pour me baiser.

COVIELLE.

Oui. J'étais grand ami de feu monsieur votre père.

M. JOURDAIN.

De feu monsieur mon père?

COVIELLE.

Oui. C'était un fort honnête gentilhomme.

M. JOURDAIN.

Comment dites-vous?

COVIELLE.

Je dis que c'était un fort honnête gentilhomme.

M. JOURDAIN.

Mon père?

COVIELLE.

Oui.

M. JOURDAIN.

Vous l'avez fort connu?

COVIELLE.

Assurément.

M. JOURDAIN.

Et vous l'avez connu pour gentilhomme?

COVIELLE.

Sans doute.

M. JOURDAIN.

Je ne sais donc pas comment le monde est fait!

COVIELLE.

Comment?

M. JOURDAIN.

Il y a de sottes gens qui me veulent dire qu'il a été marchand.

COVIELLE.

Lui, marchand? c'est pure médisance, il ne l'a jamais été. Tout ce qu'il faisait, c'est qu'il était fort obligeant, fort officieux; et, comme il se connaissait fort bien en étoffes, il en allait choisir de tous les côtés, les faisait apporter chez lui, et en donnait à ses amis pour de l'argent.

M. JOURDAIN.

Je suis ravi de vous connaître, afin que vous rendiez ce témoignage-là, que mon père était gentilhomme.

COVIELLE.

Je le soutiendrai devant tout le monde.

M. JOURDAIN.

Vous m'obligerez. Quel sujet vous amène?

COVIELLE.

Depuis avoir connu feu monsieur votre père, honnête gentilhomme, comme je vous ai dit, j'ai voyagé par tout le monde.

M. JOURDAIN.

Par tout le monde?

COVIELLE.

Oui.

M. JOURDAIN.

Je pense qu'il y a bien loin en ce pays-là.

COVIELLE.

Assurément. Je ne suis revenu de tous mes longs voyages que depuis quatre jours; et, par l'intérêt que je prends à tout ce qui vous touche, je viens vous annoncer la meilleure nouvelle du monde.

M. JOURDAIN.

Quelle?

COVIELLE.

Vous savez que le fils du grand Turc est ici?

M. JOURDAIN.

Moi? non.

COVIELLE.

Comment! il a un train tout à fait magnifique; tout le monde le va voir, et il a été reçu en ce pays comme un seigneur d'importance.

M. JOURDAIN.

Par ma foi, je ne savais pas cela.

COVIELLE.

Ce qu'il y a d'avantageux pour vous, c'est qu'il est amoureux de votre fille.

M. JOURDAIN.

Le fils du grand Turc?

COVIELLE.

Oui; et il veut être votre gendre.

M. JOURDAIN.

Mon gendre, le fils du grand Turc?

COVIELLE.

Le fils du grand Turc votre gendre. Comme je le fus voir, et que j'entends parfaitement sa langue, il s'entretint avec moi; et, après quelques autres discours, il me dit : *Acciam croc soler onch alla moustaph gidelum amanahem varahini oussere carbulath*, c'est à dire : n'as-tu point vu une jeune belle personne, qui est la fille de monsieur Jourdain, gentilhomme parisien!

M. JOURDAIN.

Le fils du grand Turc dit cela de moi.

COVIELLE.

Oui. Comme je lui eus répondu que je vous connaissais particulièrement, et que j'avais vu votre fille! *Ah!* me dit-il, *marababa sahem!* c'est à dire : Ah! que je suis amoureux d'elle!

M. JOURDAIN.

Marababa sahem veut dire, Ah! que je suis amoureux d'elle!

COVIELLE.

Oui.

M. JOURDAIN.

Par ma foi, vous faites bien de me le dire, car, pour moi, je n'aurais jamais cru que *marababa sahem* eût voulu dire : Ah! que je suis amoureux d'elle! Voilà une langue admirable que ce turc!

COVIELLE.

Plus admirable qu'on ne peut croire. Savez-vous bien ce que veut dire *cacaracamouchen*?

M. JOURDAIN.

Cacaracamouchen? non.

COVIELLE.

C'est à dire, ma chère ame?

M. JOURDAIN.

Cacaracamouchen veut dire ma chère ame?

COVIELLE.

Oui.

M. JOURDAIN.

Voilà qui est merveilleux! *Cacaracamouchen*, ma chère ame! Dirait-on jamais cela? Voilà qui me confond.

COVIELLE.

Enfin, pour achever mon ambassade, il vient vous demander votre fille en mariage; et, pour avoir un beau père qui soit digne de lui, il veut vous faire *mamamouchi*, qui est une certaine grande dignité de son pays.

M. JOURDAIN.

Mamamouchi?

COVIELLE.

Oui, *mamamouchi* : c'est à dire, en notre langue, paladin. Paladin, ce sont de ces anciens... Paladin enfin. Il n'y a rien de plus noble que cela dans le monde; et vous irez de pair avec les plus grands seigneurs de la terre.

M. JOURDAIN.

Le fils du grand Turc m'honore beaucoup : et je vous prie de me mener chez lui pour lui en faire mes remerciements.

COVIELLE.

Comment! le voilà qui va venir ici.

M. JOURDAIN.

Il va venir ici?

COVIELLE.

Oui; et il amène toutes choses pour la cérémonie de votre dignité.

M. JOURDAIN.

Voilà qui est bien prompt.

COVIELLE.

Son amour ne peut souffrir aucun retardement.

M. JOURDAIN.

Tout ce qui m'embarasse ici, c'est que ma fille est une opiniâtre, qui s'est allée mettre dans la tête un certain Cléonte; et elle jure de n'épouser personne que celui-là.

COVIELLE.

Elle changera de sentiment, quand elle verra le fils du grand Turc: et puis il se rencontre ici une aventure merveilleuse, c'est que le fils du grand turc ressemble à ce Cléonte, à peu de chose près. Je viens de le voir, on me l'a montré; et l'amour qu'elle a pour l'un, pourra passer aisément à l'autre et... Je l'entends venir; le voilà.

SCENE VI.

CLÉONTE, *en turc;* TROIS PAGES *portant la veste de Cléonte;* M. JOURDAIN, COVIELLE.

CLÉONTE.

Ambousahim oqui boraf, Giourdina, salamalequis.

COVIELLE, *à Monsieur Jourdain.*

C'est à dire : Monsieur Jourdain, votre cœur soit toute l'année comme un rosier fleuri! Ce sont façons de parler obligeantes de ces pays-là.

M. JOURDAIN.

Je suis très humble serviteur de son altesse turque.

COVIELLE.

Carigar camboto oustin moraf.

CLÉONTE.

Oustin yoc catamalequi basum base alla moran.

COVIELLE.

Il dit: Que le ciel vous donne la force des lions et la prudence des serpents!

M. JOURDAIN.

Son altesse turque m'honore trop; et je lui souhaite toutes sortes de prospérités.

COVIELLE.

Ossa binanem sadoe baballi oracaf ouram.

CLÉONTE.

Bel-men.

COVIELLE.

Il a dit que vous alliez vite avec lui vous préparer pour la cérémonie, afin de voir ensuite votre fille, et de conclure le mariage.

M. JOURDAIN.

Tant de choses en deux mots.

COVIELLE.

Oui. La langue turque est comme cela, elle dit beaucoup en peu de paroles. Allez vite où il souhaite.

SCENE VII.

COVIELLE, *seul.*

Ah! ah! ah! ma foi, cela est tout à fait drôle. Quelle dupe! Quand il aurait appris son rôle par cœur, il ne pourrait pas le mieux jouer! Ah! ah!

SCENE VIII.

DORANTE, COVIELLE.

COVIELLE.

Je vous prie, monsieur, de nous vouloir aider céans dans une affaire qui s'y passe.

DORANTE.

Ah! ah! Covielle, qui t'aurait reconnu? Comme te voilà ajusté!

COVIELLE.

Vous voyez. Ah! ah!

DORANTE.

De quoi ris-tu?

COVIELLE.

D'une chose, monsieur, qui le mérite bien.

DORANTE.

Comment?

COVIELLE.

Je vous le donnerais en bien des fois, monsieur, à deviner le stratagème dont nous nous servons auprès de M. Jourdain, pour porter son esprit à donner sa fille à mon maître.

DORANTE.

Je ne devine point le stratagème; mais je devine qu'il ne manquera pas de faire son effet, puisque tu l'entreprends.

COVIELLE.

Je sais, monsieur, que la bête vous est connue.

DORANTE.

Apprends-moi ce que c'est.

COVIELLE.

Prenez la peine de vous tirer un peu plus loin pour faire place à ce que j'aperçois venir. Vous pourrez voir une partie de l'histoire, tandis que je vous conterai le reste.

SCENE IX.

CÉREMONIE TURQUE.

LE MUPHTI, DERVIS, TURCS, *assistants du muphti, chantants et dansants.*

Six Turcs entrent gravement, deux à deux, au son des instruments. Ils portent trois tapis qu'ils lèvent fort haut, après en avoir fait, en dansant plusieurs figures. Les Turcs chantants passent par-dessous ces tapis pour s'aller ranger aux deux côtés du théâtre. Le muphti, accompagné des dervis, ferme cette marche.

Alors les Turcs étendent les tapis par terre, et se mettent dessus à genoux. Le muphti et les dervis restent debout au milieu d'eux; et pendant que le muphti invoque Mahomet en faisant beaucoup de contorsions et de grimaces sans proférer une seule parole, les Turcs assistants se prosternent jusqu'à terre, en chantant *alli*, lèvent les bras au ciel en chantant *alla*, ce qu'ils continuent jusqu'à la fin de l'invocation, après lequel ils se lèvent tous en chantant *alla ekber*; et deux dervis vont chercher M. Jourdain.

SCENE X.

LE MUPHTI, DERVIS, TURCS, *chantants et dansants;* M. JOURDAIN, *vêtu à la turque, la tête rasée, sans turban et sans sabre.*

LE MUPHTI, *à M. Jourdain.*

Se ti sabir,
Ti respondir;
Se non sabir,
Tazir, tazir.
Mi star muphti,
Ti qui star si?
Non intendir;
Tazir, tazir.

(Deux dervis font retirer M. Jourdain.)

SCENE XI.

LE MUPHTI, DERVIS, TURCS, *chantants et dansants.*

LE MUPHTI.

Dice, Turque, qui star quista? Anabatista? anabatista?

LES TURCS.

Ioc.

LE MUPHTI.

Zuinglista?

LES TURCS.

Ioc.

LE MUPHTI.

Coffita?

LES TURCS.

Ioc.

LE MUPHTI.

Hussita? Morista? Fronista?

LES TURCS.

Ioc, ioc, ioc.

LE MUPHTI.

Ioc, ioc, ioc. Star pagana?

LES TURCS.

Ioc.

LE MUPHTI.

Luterana?

LES TURCS.

Ioc.

LE MUPHTI.

Puritana?

LES TURCS.

Ioc.

LE MUPHTI.

Bramina? Moffina? Zurina?

LES TURCS.

Ioc, ioc, ioc.

LE MUPHTI.

Ioc, ioc, ioc. Mahametana? Mahametana?

LES TURCS.

Hi valla. Hi valla.

LE MUPHTI.

Como chamara? Como chamara?

LES TURCS.

Giourdina, Giourdina.

LE MUPHTI, *sautant.*

Giourdina, Giourdina.

LES TURCS.

Giourdina, Giourdina.

LE MUPHTI.

Mahaméta, per Giourdina,
Mi prégar, séra é matina.
Voler far un paladina
De Giourdina, de Giourdina;
Dar turbanta, é dar scarrina,
Con galéra é brigantina,
Per deffender Palestina.
Mahaméta, per Giourdina,
Mi prégar, séra é matina.

(*aux Turcs.*)

Star bon Turca Giourdina?

LES TURCS.

Hi valla. Hi valla.

LE MUPHTI, *chantant et dansant.*

Ha la ba, ba la chou, ba la ba, ba la da.

LES TURCS.

Ha la ba, ba la chou, ba la ba, ba la da.

SCÈNE XII.

TURCS *chantants et dansants*

DEUXIEME ENTREE DE BALLET.

SCENE XIII.

LE MUPHTI, DERVIS, M. JOURDAIN; TURCS *chantants et dansants.*

Le muphti revient coiffé avec son turban de cérémonie, qu est d'une grosseur démesurée, et garni de bougies allumées à quatre ou cinq rangs; il est accompagné de deux dervis qui portent l'Alcoran, et qui ont des bonnets pointus, garnis aussi de bougies allumées.
Les deux autres dervis amènent M. Jourdain, et le font mettre à genoux les mains par terre, de façon que son dos, sur lequel est mis l'Alcoran, sert de pupitre au muphti, qui fait une seconde invocation burlesque, fronçant le sourcil, frappant de temps en temps sur l'Alcoran, et tournant les feuilles avec précipitation; après quoi, en lévant les bras au ciel, le muphti crie à haute voix, *hou.*
Pendant cette seconde invocation, les Turcs assistants, s'inclinant et se relevant alternativement, chantent aussi, *hou, hou, hou.*

M. JOURDAIN, *après qu'on lui a ôté l'Alcoran de dessus le dos.*

Ouf.

LE MUPHTI, *à M. Jourdain.*

Ti non star furba?

LES TURCS.

No, no, no.

LE MUPHTI.

Non star forfanta?

LES TURCS.

No, no, no.

LE MUPHTI, *aux Turcs.*

Donar turbanta.

LES TURCS.

Ti non star furba?
No, no, no.
Non star forfanta?
No, no, no.
Donar turbanta.

TROISIÈME ENTREE DE BALLET.

Les Turcs dansants mettent le turban sur la tête de M. Jourdain au son des instruments.

LE MUPHTI, *donnant le sabre à M. Jourdain.*

Ti star nobile, non star fabbola.
Pigliar schiabbola.

LES TURCS, *mettant le sabre à la main.*

Ti star nobile, non star fabbola.
Pigliar schiabbola.

QUATRIÈME ENTREE DE BALLET.

Les Turcs dansants donnent, en cadence, plusieurs coups de sabre à M. Jourdain.

LE MUPHTI.

Dara, dara
Bastonnara.

LES TURCS.

Dara, dara.
Bastonnara.

CINQUIEME ENTREE DE BALLET.

Les Turcs dansants donnent à M. Jourdain des coups de bâton en cadence.

LE MUPHTI.

Non tener honta,
Questa star l'ultima affronta.

LES TURCS.

Non tener honta,
Questa star l'ultima affronta.

Le muphti commence une troisième invocation. Les dervis le soutiennent par dessous les bras avec respect; après quoi les Turcs chantants et dansants, sautant autour du muphti, se retirent avec lui et emmènent M. Jourdain.

FIN DU QUATRIÈME ACTE.

ACTE V.

SCENE PREMIERE.

MADAME JOURDAIN, M. JOURDAIN.

MADAME JOURDAIN.

Ah! mon dieu! miséricorde! Qu'est-ce que c'est donc que cela? Quelle figure! Est-ce un momon que vous allez porter; est-il temps d'aller en masque? Parlez donc, et qu'est-ce que c'est que ceci? Qui vous a fagoté comme cela?

M. JOURDAIN.

Voyez l'impertinente, de parler de la sorte à un *mamamouchi*!

MADAME JOURDAIN.

Comment donc?

M. JOURDAIN.

Oui, il me faut porter du respect maintenant, et l'on vient de me faire *mamamouchi*.

MADAME JOURDAIN.

Que voulez-vous dire, avec votre *mamamouchi*?

M. JOURDAIN.

Mamamouchi, vous dis-je. Je suis *mamamouchi*.

MADAME JOURDAIN.

Quelle bête est-ce cela?

M. JOURDAIN.

Mamamouchi, c'est à dire, en notre langue, *paladin*.

MADAME JOURDAIN.

Baladin? Êtes-vous en âge de danser des ballets?

M. JOURDAIN.

Quelle ignorante! Je dis paladin; c'est une dignité dont on vient de me faire la cérémonie.

MADAME JOURDAIN.

Quelle cérémonie donc?

M. JOURDAIN.

Mahameta per Giourdina.

MADAME JOURDAIN.

Qu'est-ce que cela veut dire?

M. JOURDAIN.

Giourdina, c'est à dire Jourdain.

MADAME JOURDAIN.

Hé bien! quoi, Jourdain?

M. JOURDAIN.

Voler far un paladina de Giourdina.

MADAME JOURDAIN.

Comment?

M. JOURDAIN.

Dar turbanta con galera.

MADAME JOURDAIN.

Qu'est-ce à dire cela?

M. JOURDAIN.

Per deffender Palestina.

MADAME JOURDAIN.

Que voulez-vous donc dire?

M. JOURDAIN.

Dara, dara, bastonnara.

MADAME JOURDAIN.

Qu'est-ce donc que ce jargon là?

M. JOURDAIN.

Non tener honta, questa star l'ultima affronta.

MADAME JOURDAIN.

Qu'est-ce que c'est donc que tout cela?

M. JOURDAIN, *chantant et dansant.*

Hou la ba, ba la chou, ba la ba, ba la da.
(*Il tombe par terre.*)

MADAME JOURDAIN.

Hélas! mon dieu! Mon mari est devenu fou.

M. JOURDAIN, *se relevant et s'en allant.*

Paix, insolente. Portez respect à monsieur le *mamamouchi*.

MADAME JOURDAIN, *seule.*

Où est-ce donc qu'il a perdu l'esprit? Courons l'empêcher de sortir. (*apercevant Dorimène et Dorante*) Ah! ah! Voici justement le reste de notre écu. Je ne vois que chagrin de tous côtés.

SCENE II.

DORANTE, DORIMÈNE.

DORANTE.

Oui, madame, vous verrez la plus plaisante chose qu'on puisse voir; et je ne crois pas que dans tout le monde, il soit possible de trouver encore un homme aussi fou que celui-là. Et puis, madame, il faut tâcher de servir l'amour de Cléonte, et d'appuyer toute sa mascarade. C'est un fort galant homme, et qui mérite que l'on s'intéresse pour lui.

DORIMÈNE.

J'en fais beaucoup de cas, et il est digne d'une bonne fortune.

DORANTE.

Outre cela, nous avons ici, madame, un ballet qui nous revient, que nous ne devons pas laisser perdre; et il faut bien voir si mon idée pourra réussir.

DORIMÈNE.

J'ai vu là des apprêts magnifiques; et ce sont des choses, Dorante, que je ne puis plus souffrir. Oui, je veux enfin vous empêcher vos profusions; et, pour rompre le cours à toutes les dépenses que je vous vois faire pour moi, j'ai résolu de me marier promptement avec vous. C'en est le vrai secret; et toutes ces choses finissent avec le mariage.

DORANTE.

Ah! madame, est-il possible que vous ayez pu prendre, pour moi, une si douce résolution!

DORIMÈNE.

Ce n'est que pour vous empêcher de vous ruiner; et, sans cela, je vois bien qu'avant qu'il fût peu vous n'auriez pas un sou.

DORANTE.

Que j'ai d'obligation, madame, aux soins que vous avez de conserver mon bien! Il est entièrement à vous, aussi bien que mon cœur; et vous en userez de la façon qu'il vous plaira.

DORIMÈNE.

J'userai bien de tous les deux. Mais voici votre homme; la figure en est admirable.

SCENE III.

M. JOURDAIN, DORIMÈNE, DORANTE.

DORANTE.

Monsieur, nous venons rendre hommage, madame et moi, à votre nouvelle dignité, et nous réjouir avec vous du mariage que vous faites, de votre fille, avec le fils du grand Turc.

M. JOURDAIN, *après avoir fait la révérence à la turque.*

Monsieur, je vous souhaite la force des serpents et la prudence des lions.

DORIMÈNE.

J'ai été bien aise d'être des premières, monsieur, à venir vous féliciter du haut degré de gloire où vous êtes monté.

M. JOURDAIN.

Madame, je vous souhaite, toute l'année votre rosier fleuri. Je vous suis infiniment obligé de prendre part aux honneurs qui m'arrivent; et j'ai beaucoup de joie de vous voir revenue ici, pour vous faire les très humbles excuses de l'extravagance de ma femme.

DORIMÈNE.

Cela n'est rien, j'excuse en elle un pareil mouvement: votre cœur lui doit être précieux; et il n'est pas étrange que la possession d'un homme vous puisse inspirer quelques alarmes.

M. JOURDAIN.

La possession de mon cœur est une chose qui vous est toute acquise.

DORANTE.

Vous voyez, madame, que monsieur Jourdain n'est pas de ces gens que les prospérités aveuglent; et qu'il sait, dans sa grandeur, connaître encore ses amis.

DORIMÈNE.

C'est la marque d'une ame tout à fait généreuse.

DORANTE.

Où est donc son altesse turque? Nous voudrions bien, comme vos amis, lui rendre nos devoirs.

M. JOURDAIN.

Le voilà qui vient; et j'ai envoyé quérir ma fille pour lui donner la main.

SCENE IV.

M. JOURDAIN, DORIMÈNE, DORANTE; CLEONTE, *habillé en Turc.*

DORANTE, *à Cléonte.*

Monsieur, nous venons faire la révérence à votre altesse, comme amis de monsieur votre beau-père, et l'assurer, avec respect, de nos très humbles services.

M. JOURDAIN.

Où est le truchement, pour lui dire qui vous êtes, et lui faire entendre ce que vous dites? Vous verrez qu'il vous répondra, et il parle turc à merveille. (*à Cléonte.*) Holà! Où diantre est-il allé? *Strouf, strif, strof, straf*: monsieur est un *grande segnore, grande segnore, grande segnore*; et madame, une *granda dama, granda dama* (*voyant qu'il ne se fait point entendre.*) Ah! (*à Cléonte, montrant Dorante*) Monsieur, lui *mamamouchi* français; et madame, *mamamouchi* française. Je ne puis pas parler plus clairement. Bon, voici l'interprète.

SCÈNE V.

M. JOURDAIN, DORIMÈNE, DORANTE; CLEONTE, *habillé en Turc*; COVIELLE *déguisé.*

M. JOURDAIN.

Où allez-vous donc? Nous ne saurions rien dire sans vous. (*montrant Cléonte*) Dites lui un peu que monsieur et madame sont des personnes de grande qualité, qui lui viennent faire la révérence, comme mes amis, et l'assurer de leurs services. (*à Dorimène et à Dorante*) Vous allez voir comme il va repondre.

COVIELLE.

Adabala crociam acci boram alabamen.

CLÉONTE.

Catalequi tubal ourin soter amalouchan!

M. JOURDAIN, *à Dorimène et à Dorante.*

Voyez-vous?

COVIELLE.

Il dit que la pluie des prospérités arrose en tout temps le jardin de votre famille.

M. JOURDAIN.

Je vous l'avais bien dit qu'il parle turc.

DORIMÈNE.

Cela est admirable.

SCENE VI.

LUCILE, CLÉONTE, M. JOURDAIN, DORIMÈNE, DORANTE, COVIELLE.

M. JOURDAIN.

Venez, ma fille, approchez-vous, et venez donner la main à monsieur, qui vous fait l'honneur de vous demander en mariage.

LUCILE.

Comment! mon père! comme vous voilà fait! Est ce une comédie que vous jouez?

M. JOURDAIN.

Non, non, ce n'est pas une comédie; c'est une affaire fort sérieuse, et la plus pleine d'honneur pour vous qui se peut souhaiter. (*montrant Cléonte*) Voilà le mari que je vous donne.

LUCILE.

A moi, mon père?

M. JOURDAIN.

Oui, à vous. Allons, touchez-lui dans la main, et rendez grace au ciel de votre bonheur.

LUCILE.

Je ne veux point me marier.

M. JOURDAIN.

Je le veux, moi, qui suis votre père.

LUCILE.

Je n'en ferai rien.

M. JOURDAIN.

Ah! que de bruit! Allons, vous dis-je : çà, votre main.

LUCILE.

Non, mon père, je vous l'ai dit, il n'est point de pouvoir qui me puisse obliger à prendre un autre mari que Cléonte; et je me résoudrai plutôt à toutes les extrémités, que de... (*reconnaissant Cléonte.*) Il est vrai que vous êtes mon père, je vous dois entière obéissance; et c'est à vous à disposer de moi selon vos volontés.

M. JOURDAIN.

Ah! je suis ravi de vous voir si promptement revenue dans votre devoir; et voilà qui me plaît d'avoir une fille obéissante.

SCENE VII.

MADAME JOURDAIN, CLÉONTE, M. JOURDAIN, LUCILE, DORANTE, DORIMÈNE, COVIELLE.

MADAME JOURDAIN.

Comment donc? Qu'est-ce que c'est que ceci? On dit que vous voulez donner votre fille en mariage à un carême-prenant.

M. JOURDAIN.

Voulez-vous vous taire, impertinente? Vous venez toujours mêler vos extravagances à toutes choses, et il n'y a pas moyen de vous apprendre à être raisonnable.

MADAME JOURDAIN.

C'est vous qu'il n'y a pas moyen de rendre sage, et vous allez de folie en folie. Quel est votre dessein? et que voulez-vous faire avec cet assemblage?

M. JOURDAIN.

Je veux marier notre fille avec le fils du grand Turc.

MADAME JOURDAIN.

Avec le fils du grand turc.

M. JOURDAIN.

Oui. (*montrant Covielle*) Faites-lui faire vos compliments par le truchement que voilà.

MADAME JOURDAIN.

Je n'ai que faire du truchement; et je lui dirai bien moi-même, à son nez, qu'il n'aura point ma fille.

M. JOURDAIN.

Voulez-vous vous taire, encore une fois?

DORANTE.

Comment! madame Jourdain, vous vous opposez à un honneur comme celui-là? Vous refusez son altesse turque pour gendre?

MADAME JOURDAIN.

Mon dieu! monsieur, mêlez-vous de vos affaires.

DORIMÈNE.

C'est une grande gloire qui n'est pas à rejeter.

MADAME JOURDAIN.

Madame, je vous prie aussi de ne vous point embarrasser de ce qui ne vous touche pas.

DORANTE.

C'est l'amitié que nous avons pour vous qui nous fait intéresser dans vos avantages.

MADAME JOURDAIN.

Je me passerai bien de votre amitié.

DORANTE.

Voilà votre fille qui consent aux volontés de son père.

MADAME JOURDAIN.

Ma fille consent à épouser un turc?

DORANTE.

Sans doute.

MADAME JOURDAIN.

Elle peut oublier Cléonte?

DORANTE.

Que ne fait-on pas pour être grande dame?

MADAME JOURDAIN.

Je l'étranglerais de mes mains, si elle avait fait un coup comme celui-là.

M. JOURDAIN.

Voilà bien du caquet! Je vous dis que ce mariage-là se fera.

MADAME JOURDAIN.

Je vous dis, moi, qu'il ne se fera point.

M. JOURDAIN.

Ah! que de bruit!

LUCILE.

Ma mère!

MADAME JOURDAIN.

Allez. Vous êtes une coquine.

M. JOURDAIN, *à madame Jourdain.*

Quoi! vous la querellez de ce qu'elle m'obéit?

MADAME JOURDAIN.

Oui. Elle est à moi aussi bien qu'à vous.

COVIELLE, *à madame Jourdain.*

Madame!

MADAME JOURDAIN.

Que me voulez-vous conter, vous?

COVIELLE.

Un mot.

MADAME JOURDAIN.

Je n'ai que faire de votre mot.

COVIELLE, *à M. Jourdain.*

Monsieur, si elle veut écouter une parole en particulier, je vous promets de la faire consentir à ce que vous voulez.

MADAME JOURDAIN.

Je n'y consentirai point.

COVIELLE.

Ecoutez-moi, seulement.

MADAME JOURDAIN.

Non.

M. JOURDAIN, *à madame Jourdain.*

Ecoutez-le.

MADAME JOURDAIN.

Non : je ne veux pas l'écouter.

M. JOURDAIN

Il vous dira...

MADAME JOURDAIN.

Je ne veux point qu'il me dise rien.

M. JOURDAIN.

Voilà une grande obstination de femme ! Cela vous fera-t-il mal de l'entendre?

COVIELLE.

Ne faites que m'écouter; vous ferez après ce qu'il vous plaira.

MADAME JOURDAIN.

Hé bien, quoi?

COVIELLE, *bas, à madame Jourdain.*

Il y a une heure, madame, que nous vous faisons signe. Ne voyez-vous pas bien que tout ceci n'est fait que pour nous ajuster aux visions de votre mari; que nous l'abusons sous ce déguisement, et que c'est Cléonte lui-même qui est le fils du grand turc?

MADAME JOURDAIN, *bas, à Covielle.*

Ah ! ah !

COVIELLE, *bas, à madame Jourdain.*

Et moi, Covielle, qui suis le truchement.

MADAME JOURDAIN, *bas, à Covielle.*

Ah ! comme cela, je me rends.

COVIELLE, *bas, à madame Jourdain.*

Ne faites pas semblant de rien.

MADAME JOURDAIN, *haut.*

Oui, voilà qui est fait; je consens au mariage.

M. JOURDAIN.

Ah ! voilà tout le monde raisonnable. (*à madame Jourdain*) Vous ne vouliez pas l'écouter. Je savais bien qu'il vous expliquerait ce que c'est que le fils du grand turc.

MADAME JOURDAIN.

Il me l'a expliqué comme il faut, et j'en suis satisfaite. Envoyons quérir un notaire.

DORANTE.

C'est fort bien dit. Et afin, madame Jourdain, que vous puissiez avoir l'esprit tout à fait content, et que vous perdiez aujourd'hui toute la jalousie que vous pourriez avoir conçue de monsieur votre mari, c'est que nous nous servirons du même notaire pour nous marier madame et moi.

MADAME JOURDAIN.

Je consens aussi à cela.

M. JOURDAIN, *bas, à Dorante.*

C'est pour lui faire accroire.

DORANTE, *bas, à M. Jourdain.*

Il faut bien l'amuser avec cette feinte.

M. JOURDAIN, *bas.*

Bon, bon ! (*haut*) Qu'on aille quérir le notaire.

DORANTE.

Tandis qu'il viendra, et qu'il dressera les contrats, voyons notre ballet, et donnons-en le divertissement à son altesse turque.

M. JOURDAIN.

C'est fort bien avisé. Allons prendre nos places.

MADAME JOURDAIN.

Et Nicole?

M. JOURDAIN.

Je la donne au truchement; et ma femme, à qui la voudra.

COVIELLE.

Monsieur, je vous remercie. (*à part*) Si l'on en peut voir un plus fou, j'irai le dire à Rome.

La comédie finit par un petit ballet qui avait été préparé.

PREMIERE ENTREE.

Un homme vient donner les livres du ballet, qui d'abord est fatigué par une multitude de gens de provinces différentes, qui crient en musique pour en avoir, et par trois importuns qu'il trouve toujours sur ses pas.

DIALOGUES DES GENS QUI EN MUSIQUE DEMANDENT DES LIVRES.

CHOEUR DE SPECTATEURS, *au donneur de livres.*

A moi, monsieur, à moi, de grace, à moi, monsieur;
Un livre, s'il vous plaît, à votre serviteur.

PREMIER HOMME *du bel air.*

Monsieur, distinguez-nous parmi les gens qui crient :
Quelques livres ici : les dames vous en prient.

SECOND HOMME *du bel air.*

Holà ! monsieur ! monsieur, ayez la charité
D'en jeter de notre côté.

PREMIÈRE FEMME *du bel air.*

Mon dieu ! qu'aux personnes bien faites
On sait peu rendre honneur céans !

SECONDE FEMME *du bel air.*

Ils n'ont des livres et des bancs
Que pour mesdames les grisettes.

PREMIER GASCON.

Ah ! l'homme aux libres, qu'on m'en vaille.
J'ai déjà lé poulmon usé.
Bous boyez qué chacun mé raille.
Et jé suis escandalisé
Dé boir ès mains dé la canaille
Cé qui m'est par bous réfusé.

SECOND GASCON.

Hé ! cadédis, monseu, boyez qui l'on pût être.
Un libret, jé bous prie, au varon d'Asbarat.
Jé pensé, mordi, qué lé fat
N'a pas l'honnur dé mé connaître.

UN SUISSE.

Montsir le donner de papieir,
Que vuel dir sti façon de fifre?
Moi, l'écorchair tout mon gosieir
A crieir,
Sans que je pouvre afoir ein lifre
Pardi, mon foi, montsir, je pense fous l'être ifre.

(Le donneur de livres, fatigué par les importuns qu'il trouve toujours sur ses pas, se retire en colère.)

UN VIEUX BOURGEOIS, *babillard.*

De tout ceci, franc et net,
Je suis mal satisfait.
Et cela sans doute est laid,
Que notre fille,
Si bien faite et si gentille,
De tant d'amoureux l'objet,
N'ait pas à son souhait
Un livre de ballet,
Pour lire le sujet
Du divertissement qu'on fait;
Et que toute notre famille
Si proprement s'habille
Pour être placée au sommet
De la salle où l'on met
Les gens de l'entriguet!
De tout ceci, franc et net,
Je suis mal satisfait;
Et cela, sans doute est laid.

UNE VIEILLE BOURGEOISE, b

Il est vrai que c'est une h
Le sang au visage me m
Et ce jeteur de vers, qui man
L'entend fort ma
C'est un brutal
Un vrai cheval
Franc anima
De faire si pe
D'une fille qui fait l'

Du quartier du Palais royal,
Et que, ces jours passés, un comte
Fut prendre la première au bal.
Il l'entend mal:
C'est un brutal,
Un vrai cheval,
Franc animal.

HOMMES ET FEMMES *du bel air.*

Ah! quel bruit!
Quel fracas!
Quel chaos!
Quel mélange!
Quelle confusion!
Quelle cohue étrange!
Quel désordre!
Quel embarras
On y sèche.
L'on n'y tient pas.

PREMIER GASCON.

Dentré! jé suis à vout.

SECOND GASCON.

J'enragé, diou mé damne.

LE SUISSE.

Ah! que l'y faire saif dans sti sal de cians

PREMIER GASCON.

Jé murs.

SECOND GASCON.

Jé perds la tramontane!

LE SUISSE.

n foi, moi, le foudrais être hors de dedans.

LE VIEUX BOURGEOIS *babillard.*

Allons, ma mie,
Suivez mes pas,
Je vous en prie,
Et ne me quittez pas,
On fait de nous trop peu de cas,
Et je suis las
De ce tracas.
Tout ce fracas,
Cet embarras,
Me pèse par trop sur les bras.
S'il me prend jamais envie
De retourner de ma vie
A ballet ni comédie,
Je veux bien qu'on m'estropie.
Allons, ma mie,
Suivez mes pas
Je vous en prie,
Et ne me quittez pas:
On fait de nous trop peu de cas.

LA VIEILLE BOURGEOISE *babillarde.*

Allons, mon mignon, mon fils,
Regagnons notre logis,
Et sortons de ce taudis,
Où l'on ne peut être assis.
Ils seront bien ébaubis,
Quand ils nous verront partis.
Trop de confusion règne dans cette salle,
Et j'aimerais mieux être au milieu de la halle.
Si jamais je reviens à semblable régale,
Je veux bien recevoir des soufflets plus de six.
Allons, mon mignon, mon fils,
Regagnons notre logis,
Et sortons de ce taudis,
Où l'on ne peut être assis.

Le donneur de livres revient avec les importuns qui l'ont suivi.

CHOEUR DE SPECTATEURS.

A moi, monsieur, à moi, de grace, à moi, monsieur;
Un livre, s'il vous plaît, à votre serviteur.

Les importuns, ayant pris des livres des mains de celui qui les donne, les distribuent aux spectateurs, pendant que le donneur de livres danse: après quoi ils se joignent à lui, et forment la première entrée.

DEUXIEME ENTREE.

ESPAGNOLS.

TROIS ESPAGNOLS *chantants*, ESPAGNOLS *dansants.*

PREMIER ESPAGNOL.

Sé que me muero de amor
Y solicito el dolor.

Aun muriendo de querer,
De tan buen ayre adolezco
Que es mas de lo que padezco,
Lo que quiero padecer;
Y no pudiendo exceder
A mi deseo el rigor.

Sé que me muero de amor
Y solicito el dolor.

Lisonjeame la suerte
Con piedad tan avertida.
Que me asegura la vida
En el riesgo de la muerte.
Vivir de la golpe fuerte
Es de mi salud primor.

Sé que me muero de amor
Y solicito el dolor.

(Danse de six Espagnols, après laquelle deux autres Espagnols dansent ensemble.)

PREMIER ESPAGNOL.

Ay! que locura, con tanto rigor
Quexarse de amor,
Del niño bonito
Que todo es dulzura.
Ay! que locura!
Ay! que locura!

SECOND ESPAGNOL.

El dolor solicita,
El que al dolor se da:
Y nadie de amor muere,
Sino quien no sabe amar.

PREMIER ET SECOND ESPAGNOLS.

Dulce muerte es el amor
Con correspondencia igual;
Y si esta gozamos hoy,
Porque la quieres turbar?

TROISIÈME ESPAGNOL.

Alegrese enamorado
Y tome mi parecer,
Que en sto de querer,
Todo es hallar el vado

TOUS TROIS ENSEMBLE.

Vaya, vaya de fiestas,
Vaya de bayle!
Alegria, alegria, alegria!
Que esto de dolor es fantasia!

TROISIEME ENTREE.

ITALIENS.

UNE ITALIENNE *chantante*, UN ITALIEN *chantant*; ARLEQUIN, TRIVELINS ET SCARAMOUCHES *dansants.*

L'ITALIENNE.

Di rigori armata il seno,
Contro amor mi rebellai;
Ma fui vinta in un baleno,
In mirar due vaghi rai.
Ahi! che resiste puoco
Cor di gelo a stral di fuoco!
Ma si caro è'l mio tormeno,
Dolce è si la piaga mia,

Ch'il penare è mio contento,
E'l sanarmi è tirannia;
Ahi! che più giova e piace,
Quanto amor è più vivace!

Deux scaramouches et deux trivelins représentent avec Arlequin une nuit à la manière des comédiens italiens.

L'ITALIEN.

Bel tempo che vola
Rapisce il contento:
D'amor ne la scuola
Si coglie il momento.

L'ITALIENNE.

Insi che florida
Ride l'età,
Che pur tropp'horrida,
Da noi sen va:

TOUS TROIS ENSEMBLE.

Sù cantiamo,
Sù godiamo,
Ne' bei dì di gioventù:
Perduto ben non si racquista più.

L'ITALIEN.

Pupilla ch'é vaga
Mill'alme incatena,
Fà dolce la piaga.
Felice la pena.

L'ITALIENNE.

Ma poiche frigida
Langue l'età,
Più l'alma rigida
Fiamme non ha.

TOUS DEUX ENSEMBLE.

Sù cantiamo,
Sù godiamo,
Ne' bei dì di gioventu;
Perduto ben non si racquista più.

Les scaramouches et les trivelins finissent l'entrée par une danse.

QUATRIEME ENTREE.

FRANÇAIS.

DEUX POITEVINS *chantants et dansants*, POITEVINS ET POITEVINES *dansants*.

PREMIER POITEVIN.

Ah! qu'il fait beau dans ces bocages!
Ah! que le ciel donne un beau jour!

SECOND POITEVIN.

Le rossignol, sous ces tendres feuillages,
Chante aux échos son doux retour!
Ce beau séjour,
Ces doux ramages,
Ce beau séjour
Nous invite à l'amour.

TOUS DEUX ENSEMBLE.

Vois, ma Climène,
Vois, sous ce chêne,
S'entre-baiser ces oiseaux amoureux;
Ils n'ont rien dans leurs vœux
Qui les gêne;
De leurs doux feux
Leur ame est pleine.
Qu'ils sont heureux!
Nous pouvons tous deux,
Si tu le veux,
Être comme eux.

Trois Poitevins et trois Poitevines dansent ensemble.

CINQUIEME ENTREE.

Les Espagnols, les Italiens et les Français se mêlent ensemble, et forment la dernière entrée.

CHOEUR DES SPECTATEURS.

Quels spectacles charmants! quels plaisirs goûtons-[nous.
Les dieux mêmes, les dieux, n'en ont point de plus [doux.

FIN DU BOURGEOIS GENTILHOMME.

LES FOURBERIES DE SCAPIN,

COMÉDIE EN TROIS ACTES.

1671.

PERSONNAGES.

ARGANTE, père d'Octave et de Zerbinette.
GERONTE, père de Léandre et d'Hyacinte.
OCTAVE, fils d'Argante et amant d'Hyacinte.
LEANDRE, fils de Géronte et amant de Zerbinette.
ZERBINETTE, crue Egyptienne, et reconnue fille d'Argante amante de Léandre.
HYACINTE, fille de Géronte, et amante d'Octave.
SCAPIN, valet de Léandre, et fourbe.
SILVESTRE, valet d'Octave
NERINE, nourrice d'Hyacinte.
CARLE, ami de Scapin, fourbe.
DEUX PORTEURS.

La scène est à Naples.

ACTE PREMIER.

SCENE PREMIERE.

OCTAVE, SILVESTRE.

OCTAVE.

Ah! fâcheuses nouvelles pour un cœur amoureux Dures extrémités où je me vois réduit! Tu viens Silvestre, d'apprendre au port que mon père revient?

SILVESTRE.

Oui.

OCTAVE.

Qu'il arrive ce matin même?

SILVESTRE.

Ce matin même.

OCTAVE.

Et qu'il revient dans la résolution de me marier

SILVESTRE.

Oui.

OCTAVE.

Avec une fille du seigneur Géronte?

SILVESTRE.

Du seigneur Géronte.

OCTAVE.

Et que cette fille est mandée de Tarente ici pour cela?

SILVESTRE.

Oui.

OCTAVE.

Et tu tiens ces nouvelles de mon oncle?

SILVESTRE.

De votre oncle.

OCTAVE.

A qui mon père les a mandés par une lettre?

SILVESTRE.

Par une lettre.

OCTAVE.

Et cet oncle, dis-tu, sait toutes nos affaires?

SILVESTRE.

Toutes nos affaires.

OCTAVE.

Ah! parle si tu veux, et ne te fais point, de la sorte, arracher les mots de la bouche.

SILVESTRE.

Qu'ai-je à parler davantage? Vous n'oubliez aucune circonstance, et vous dites les choses tout justement comme elles sont.

OCTAVE.

Conseille-moi du moins, et me dis ce que je dois faire dans ces cruelles conjonctures.

SILVESTRE.

Ma foi, je m'y trouve autant embarrassé que vous; et j'aurais bon besoin que l'on me conseillât moi-même.

OCTAVE.

Je suis assassiné par ce maudit retour.

SILVESTRE.

Je ne le suis pas moins.

OCTAVE.

Lorsque mon père apprendra les choses, je vais voir fondre sur moi un orage soudain d'impétueuses réprimandes.

SILVESTRE.

Les réprimandes ne sont rien; et plût au ciel que j'en fusse quitte à ce prix! Mais j'ai bien la mine, pour moi, de payer plus cher vos folies; et je vois se former de loin un nuage de coups de bâton qui crèvera sur mes épaules.

OCTAVE.

O ciel! par où sortir de l'embarras où je me trouve.

SILVESTSE.

C'est à quoi vons deviez songer avant que de vous y jeter.

OCTAVE.

Ah! tu me fais mourir par tes leçons hors de saison.

SILVESTRE.

Vous me faites bien plus mourir par vos actions étourdies.

OCTAVE.

Que dois-je faire? Quelle résolution prendre? A quel remède recourir?

SCENE II.

OCTAVE, SCAPIN, SILVESTRE.

SCAPIN.

Qu'est-ce, seigneur Octave? Qu'avez-vous? Qu'y a-t-il? Quel désordre est-ce là! je vous vois tout troublé.

OCTAVE.

Ah! mon pauvre Scapin, je suis perdu, je suis désespéré, je suis le plus infortuné de tous les hommes.

SCAPIN.

Comment?

OCTAVE.

N'as-tu rien appris de ce qui me regarde?

SCAPIN.

Non.

OCTAVE.

Mon père arrive avec le seigneur Géronte, et ils me veulent marier.

SCAPIN.

Hé bien! qu'y a-t-il là de si funeste?

OCTAVE.

Hélas! tu ne sais pas la cause de mon inquiétude?

SCAPIN.

Non: mais il ne tiendra qu'à vous que je la sache bientôt; et je suis homme consolatif, homme à m'intéresser aux affaires des jeunes gens.

OCTAVE.

Ah! Scapin, si tu pouvais trouver quelque invention, forger quelque machine, pour me tirer de la peine où je suis, je croirais t'être redevable de plus que la vie.

SCAPIN.

A vous dire la vérité, il y a peu de choses qui me soient impossibles, quand je veux m'en mêler. J'ai sans doute reçu du ciel un génie assez beau pour toutes les fabriques de ces gentillesses d'esprit, de ces galanteries ingénieuses, à qui le vulgaire ignorant donne le nom de fourberies; et je puis dire sans vanité, qu'on n'a guère vu d'homme qui fût plus habile ouvrier de ressorts et d'intrigues, qui ait acquis plus de gloire que moi dans ce noble métier. Mais, ma foi, le mérite est trop maltraité aujourd'hui; et j'ai renoncé à toutes choses depuis certain chagrin d'une affaire qui m'arriva.

OCTAVE.

Comment? quelle affaire, Scapin?

SCAPIN.

Une aventure où je me brouillai avec la justice.

OCTAVE.

La justice?

SCAPIN.

Oui: nous eûmes un petit démêlé ensemble.

SILVESTRE.

Toi et la justice?

SCAPIN.

Oui. Elle en usa fort mal avec moi; et je me dépitai de telle sorte contre l'ingratitude du siècle, que je résolus de ne plus rien faire. Baste: ne laissez pas de me conter votre aventure.

OCTAVE.

Tu sais, Scapin, qu'il y a deux mois que le seigneur Géronte et mon père s'embarquèrent ensemble pour un voyage qui regarde certain commerce où leurs intérêts sont mêlés.

SCAPIN.

Je sais cela.

OCTAVE.

Et que Léandre et moi nous fûmes laissés par nos pères, moi sous la conduite de Silvestre, et Léandre sous ta direction.

SCAPIN.

Oui. Je me suis fort bien acquitté de ma charge.

OCTAVE.

Quelque temps après, Léandre fit rencontre d'une jeune Egyptienne dont il devint amoureux.

SCAPIN.

Je sais cela encore.

OCTAVE.

Comme nous sommes grands amis, il me fit aussitôt confidence de son amour, et me mena voir cette fille que je trouvai belle, à la vérité, mais non pas tant qu'il voulait que je la trouvasse. Il ne m'entretenait que d'elle chaque jour, m'exagérait à tous moments sa beauté et sa grace, me louait son esprit, et me parlait avec transport des charmes de son entretien, dont il me rapportait jusqu'aux moindres paroles, qu'il s'efforçait toujours de me faire trouver les plus spirituelles du monde. Il me querellait quelquefois de n'être pas assez sensible aux choses qu'il me venait dire, et me blâmait sans cesse de l'indifférence où j'étais pour les feux de l'amour.

SCAPIN.

Je ne vois pas encore où ceci veut aller.

OCTAVE.

Un jour que je l'accompagnais pour aller chez les gens qui gardent l'objet de ses vœux, nous entendîmes, dans une petite maison d'une rue écartée, quelques plaintes mêlées de beaucoup de sanglots. Nous demandons ce que c'est: une femme nous dit en soupirant que nous pouvions voir là quelque chose de pitoyable en des personnes étrangères, et qu'à moins que d'être insensibles, nous en serions touchés.

SCAPIN.

Où est-ce que cela nous mène?

OCTAVE.

La curiosité me fit presser Léandre de voir ce que c'était. Nous entrons dans une salle, où nous voyons une vieille femme mourante, assistée d'une servante qui faisait des regrets, et d'une jeune fille toute fondante en larmes, la plus belle et la plus touchante qu'on puisse jamais voir.

SCAPIN.

Ah! ah!

OCTAVE.

Une autre aurait paru effroyable en l'état où elle était; car elle n'avait pour habillement qu'une méchante petite jupe, avec des brassières de nuit qui étaient de simple futaine; et sa coiffure était une cornette jaune, retroussée en haut de sa tête, qui laissait tomber en désordre ses cheveux sur ses épaules : et cependant, faite comme cela, elle brillait de mille attraits, et ce n'était qu'agréments et que charmes que toute sa personne.

SCAPIN.

Je sens venir les choses.

OCTAVE.

Si tu l'avais vue, Scapin, en l'état que je dis, tu l'aurais trouvée admirable.

SCAPIN.

Oh! je n'en doute point; et, sans l'avoir vue, je vois bien qu'elle est tout à fait charmante.

OCTAVE.

Ses larmes n'étaient point de ces larmes désagréables qui défigurent un visage; elle avait, à pleurer, une grace touchante, et sa douleur était la plus belle du monde.

SCAPIN.

Je vois tout cela.

OCTAVE.

Elle faisait fondre chacun en larmes, en se jetant amoureusement sur le corps de cette mourante, qu'elle appelait sa chère mère; et il n'y avait personne qui n'eût l'ame percée de voir un si bon naturel.

SCAPIN.

En effet, cela est touchant; et je vois bien que ce bon naturel là vous la fit aimer.

OCTAVE.

Ah! Scapin, un barbare l'aurait aimée.

SCAPIN.

Assurément. Le moyen de s'en empêcher!

OCTAVE.

Après quelques paroles, dont je tâchai d'adoucir la douleur de cette charmante affligée, nous sortîmes de là; et demandant à Léandre ce qui lui semblait de cette personne, il me répondit froidement qu'il la trouvait assez jolie. Je fus piqué de la froideur avec laquelle il m'en parlait, et je ne voulus point lui découvrir l'effet que ses beautés avaient fait sur mon ame.

SILVESTRE, *à Octave.*

Si vous n'abrégez ce récit, nous en voilà pour jusqu'à demain. Laissez-le moi finir en deux mots. (*à Scapin*) Son cœur prend feu dès ce moment; il ne saurait plus vivre qu'il n'aille consoler son aimable affligée. Ses fréquentes visites sont rejetées de la servante, devenue la gouvernante par le trépas de la mère. Voilà mon homme au désespoir; il presse, supplie, conjure; point d'affaire. On lui dit que la fille, quoique sans bien et sans appui, est de famille honnête, et qu'à moins que de l'épouser, on ne peut souffrir ses poursuites. Voilà son amour augmenté par les difficultés. Il consulte dans sa tête, agite, raisonne, balance, prend sa résolution; le voilà marié avec elle depuis trois jours.

SCAPIN.

J'entends.

SILVESTRE.

Maintenant, mets avec cela le retour imprévu du père qu'on n'attendait que dans deux mois; la découverte que l'oncle a faite du secret de notre mariage, et l'autre mariage qu'on veut faire de lui avec la fille que le seigneur Géronte a eue d'une seconde femme, qu'on dit qu'il a épousée à Tarente.

OCTAVE.

Et, par dessus tout cela, mets encore l'indigence où se trouve cette aimable personne, et l'impuissance où je me vois d'avoir de quoi la secourir.

SCAPIN.

Est-ce là tout? Vous voilà bien embarrassés tous deux pour une bagatelle! C'est bien là de quoi se tant alarmer! N'as-tu point de honte, toi, de demeurer court à si peu de chose? Que diable! te voilà grand et gros comme père et mère, et tu ne saurais trouver dans ta tête, forger dans ton esprit, quelque ruse galante, quelque honnête petit stratagême, pour ajuster vos affaires! Fi! peste soit du butor! Je voudrais bien que l'on m'eût donné autrefois nos vieillards à duper; je les aurais joués tous deux par dessous la jambe; et je n'étais pas plus grand que cela, que je me signalais déjà par cent tours d'adresse jolis.

SILVESTRE.

J'avoue que le ciel ne m'a pas donné tes talents, et que je n'ai pas l'esprit, comme toi, de me brouiller avec la justice.

OCTAVE.

Voici mon aimable Hyacinte.

SCENE III.

HYACINTE, OCTAVE, SCAPIN, SILVESTRE.

HYACINTE.

Ah! Octave, est-il vrai que Silvestre vient de dire à Nérine que votre père est de retour, et qu'il veut vous marier?

OCTAVE.

Oui, belle Hyacinte; et ces nouvelles m'ont donné une atteinte cruelle. Mais que vois-je? vous pleurez! Pourquoi ces larmes? Me soupçonnez-vous, dites-moi, de quelque infidélité? et n'êtes-vous pas assurée de l'amour que j'ai pour vous?

HYACINTE.

Oui, Octave, je suis sûre que vous m'aimez; mais je ne le suis pas que vous m'aimiez toujours.

OCTAVE.

He! peut-on vous aimer, qu'on ne vous aime toute sa vie?

HYACINTE.

J'ai ouï dire, Octave, que votre sexe aime moins longtemps que le nôtre, et que les ardeurs que les hommes font voir, sont des feux qui s'éteignent aussi facilement qu'ils naissent.

OCTAVE.

Ah! ma chère Hyacinte, mon cœur n'est donc pas fait comme celui des autres hommes; et je sens bien pour moi, que je vous aimerai jusqu'au tombeau.

HYACINTE.

Je veux croire que vous sentez ce que vous dites, et je ne doute point que vos paroles ne soient sincères; mais je crains un pouvoir qui combattra, dans votre cœur, les tendres sentiments que vous pouvez avoir pour moi. Vous dépendez d'un père qui veut vous marier à une autre personne; et je suis sûr que j'y mourrai, si ce malheur m'arrive.

OCTAVE.

Non, belle Hyacinte, il n'y a point de père qui puisse me contraindre à vous manquer de foi; et je me résoudrai à quitter mon pays, et le jour même, s'il est besoin, plûtot qu'à vous quitter. J'ai déjà pris, sans l'avoir vue, une aversion effroyable pour celle que l'on me destine; et, sans être cruel, je souhaiterais que la mer l'écartât d'ici, pour jamais. Ne pleurez donc point, je vous prie, mon aimable Hyacinte; car vos larmes me tuent, et je ne les puis voir sans me sentir percer le cœur.

HYACINTE.

Puisque vous le voulez, je veux bien essuyer mes pleurs, et j'attendrai, d'un œil constant, ce qu'il plaira au ciel de résoudre de moi.

OCTAVE.

Le ciel nous sera favorable.

HYACINTE.

Il ne saurait m'être contraire, si vous m'êtes fidèle.

OCTAVE.

Je le serai, assurément.

HYACINTE.

Je serai donc heureuse.

SCAPIN, *à part.*

Elle n'est pas tant sotte, ma foi; et je la trouve assez passable.

OCTAVE, *montrant Scapin.*

Voici un homme qui pourrait bien, s'il le voulait, nous être, dans tous nos besoins, d'un secours merveilleux.

SCAPIN.

J'ai fait de grands serments de ne me mêler plus du monde; mais si vous m'en priez bien fort tous deux, peut-être...

OCTAVE.

Ah! s'il ne tient qu'à te prier bien fort, pour obtenir ton aide, je te conjure, de tout mon cœur, de prendre la conduite de notre barque.

SCAPIN, *à Hyacinte.*

Et vous, ne dites-vous rien?

HYACINTE.

Je vous conjure, à son exemple, par tout ce qui vous est le plus cher au monde, de vouloir servir notre amour.

SCAPIN.

Il faut se laisser vaincre, et avoir de l'humanité. Allez, je veux m'employer pour vous.

OCTAVE.

Crois que...

SCAPIN, *à Octave.*

Chut. (*à Hyacinte*) Allez-vous-en, vous; et soyez en repos.

SCENE IV.

OCTAVE, SCAPIN, SILVESTRE.

SCAPIN, *à Octave.*

Et vous, préparez-vous à soutenir avec fermeté l'abord de votre père.

OCTAVE.

Je t'avoue que cet abord me fait trembler par avance; et j'ai une timidité naturelle que je ne saurais vaincre.

SCAPIN.

Il faut pourtant paraître ferme au premier choc, de peur que, sur votre faiblesse, il ne prenne le pied de vous mener comme un enfant. Là, tâchez de vous composer par étude. Un peu de hardiesse; et songez à répondre résolument sur tout ce qu'il pourra vous dire.

OCTAVE.

Je ferai du mieux que je pourrai.

SCAPIN.

Çà, essayons un peu, pour vous accoutumer. Répétons un peu votre rôle, et voyons si vous ferez bien. Allons, la mine résolue, la tête haute, les regards assurés.

OCTAVE.

Comment cela?

SCAPIN.

Encore un peu davantage.

OCTAVE.

Ainsi?

SCAPIN.

Bon. Imaginez-vous que je suis votre père qui arrive, et répondez-moi fermement, comme si c'était à lui même. Comment! pendard, vaurien, infame, fils indigne d'un père comme moi, oses-tu bien paraître devant mes yeux après tes bons déportements, après le lâche tour que tu m'as joué pendant mon absence? Est-ce là le fruit de mes soins, maraud? est-ce là le fruit de mes soins? le respect qui m'est du? le respect que tu me conserves? (Allons donc.) Tu as l'insolence, fripon, de t'engager sans le consentement de ton père, de contracter un mariage clandestin! Réponds-moi, coquin, réponds-moi. Voyons un peu tes belles raisons... Oh! que diable! vous demeurez interdit.

OCTAVE.

C'est que je m'imagine que c'est mon père que j'entends.

SCAPIN.

Hé! oui; c'est par cette raison qu'il ne faut pas être comme un innocent.

OCTAVE.

Je m'en vais prendre plus de résolution, et je répondrai fermement.

SCAPIN.

Assurément?

OCTAVE.

Assurement.

SILVESTRE.

Voilà votre père qui vient.

OCTAVE.

O ciel! je suis perdu.

SCENE V.

SCAPIN, SILVESTRE.

SCAPIN.

Holà, Octave! Demeurez, Octave. Le voilà enfui! Quelle pauvre espèce d'homme! Ne laissons pas d'attendre le vieillard.

SILVESTRE.

Que lui dirai-je?

SCAPIN.

Laisse-moi dire, moi, et ne fais que me suivre.

SCÈNE VI.

ARGANTE, SCAPIN, ET SILVESTRE, *dans le fond du théâtre.*

ARGANTE, *se croyant seul.*

A-t-on jamais ouï parler d'une action pareille à celle-là?

SCAPIN, *à Silvestre.*

Il a déjà appris l'affaire; et elle lui tient si fort en tête, que, tout seul, il en parle haut.

ARGANTE, *se croyant seul.*

Voilà une témérité bien grande.

SCAPIN, *à Silvestre.*

Écoutons-le un peu.

ARGANTE, *se croyant seul.*

Je voudrais bien savoir ce qu'ils me pourront dire sur ce beau mariage.

SCAPIN, *à part.*

Nous y avons songé.

ARGANTE, *se croyant seul.*

Tâcheront-ils de me nier la chose?

SCAPIN, *à part.*

Non, nous n'y pensons pas.

ARGANTE, *se croyant seul.*

Ou s'ils entreprendront de l'excuser.

SCAPIN, *à part.*

Celui-là se pourra faire.

ARGANTE, *se croyant seul.*

Prétendront-ils m'abuser par des contes en l'air?

SCAPIN, *à part.*

Peut-être.

ARGANTE, *se croyant seul.*

Tous leurs discours seront inutiles.

SCAPIN, *à part.*

Nous allons voir.

ARGANTE, *se croyant seul.*

Ils ne m'en donneront point à garder.

SCAPIN, *à part.*

Ne jurons de rien.

ARGANTE, *se croyant seul.*

Je saurai mettre mon pendard de fils en lieu de sûreté.

SCAPIN, *à part.*

Nous y pourvoirons.

ARGANTE, *se croyant seul.*

Et pour le coquin de Silvestre, je le rouerai de coups.

SILVESTRE, *à Scapin.*

J'étais bien étonné, s'il m'oubliait.

ARGANTE, *apercevant Silvestre.*

Ah! ah! vous voilà donc, sage gouverneur de famille, beau directeur de jeunes gens!

SCAPIN.

Monsieur, je suis ravi de vous voir de retour.

ARGANTE.

Bon jour Scapin. (*à Silvestre*) Vous avez suivi mes ordres, vraiment d'une belle manière! et mon fils s'est comporté fort sagement pendant mon absence!

SCAPIN.

Vous vous portez bien à ce que je vois.

ARGANTE.

Assez bien. (*à Silvestre*) Tu ne dis mot, coquin, tu ne dis mot.

SCAPIN.

Votre voyage a-t-il été bon?

ARGANTE.

Mon dieu fort bon! Laissez-moi un peu quereller en repos.

SCAPIN.

Vous voulez quereller?

ARGANTE.

Oui, je veux quereller.

SCAPIN.

Hé qui, monsieur?

ARGANTE, *montrant Silvestre.*

Ce maraud-là.

SCAPIN.

Pourquoi?

ARGANTE.

Tu n'as pas ouï parler de ce qui s'est passé dans mon absence?

SCAPIN.

J'ai bien ouï parler de quelque petite chose.

ARGANTE.

Comment! quelque petite chose! Une action de cette nature!

SCAPIN.

Vous avez quelque raison.

ARGANTE.

Une hardiesse pareille à celle-là!

SCAPIN.

Cela est vrai.

ARGANTE.

Un fils qui se marie sans le consentement de son père!

SCAPIN.

Oui, il y a quelque chose à dire à cela. Mais je serais d'avis que vous ne fissiez point de bruit.

ARGANTE.

Je ne suis pas de cet avis, moi; et je veux faire du bruit tout mon saoul. Quoi! tu ne trouves pas que j'aie tous les sujets du monde d'être en colère?

SCAPIN.

Si fait. J'y ai d'abord été, moi, lorsque j'ai su la chose: et je me suis intéressé pour vous, jusqu'à quereller votre fils. Demandez-lui un peu quelles belles réprimandes je lui ai faites, et comme je l'ai chapitré sur le peu de respect qu'il gardait à un père dont il devait baiser les pas. On ne peut pas lui mieux parler, quand ce serait vous-même. Mais quoi! je me suis rendu à la raison, et j'ai considéré que, dans le fond, il n'a pas tant de tort qu'on pourrait croire.

ARGANTE.

Que me viens-tu conter? Il n'a pas tant de tort de s'aller marier le but en blanc avec une inconnue?

SCAPIN.

Que voulez-vous? Il y a été poussé par sa destinée.

ARGANTE.

Ah! ah! voici une raison la plus belle du monde. On n'a plus qu'à commettre tous les crimes imaginables, tromper, voler, assassiner, et dire pour excuse qu'on y a été poussé par sa destinée.

SCAPIN.

Mon dieu, vous prenez mes paroles trop en philosophe. Je veux dire qu'il s'est trouvé fatalement engagé dans cette affaire.

ARGANTE.

Et pourquoi s'y engageait-il?

SCAPIN.

Voulez-vous qu'il soit aussi sage que vous? Les jeunes gens sont jeunes, et n'ont pas toute la prudence qu'il leur faudrait pour ne rien faire que de raisonnable: témoin notre Léandre, qui, malgré toutes mes leçons, malgré toutes mes remontrances, est allé faire de son côté pis encore que votre fils. Je voudrais bien savoir si vous-même n'avez pas été jeune, et n'avez pas dans votre temps fait des fredaines comme les autres. J'ai ouï dire, moi, que vous avez été autrefois un compagnon parmi les femmes, que vous faisiez de votre drôle avec les plus galantes de ce temps-là, et que vous n'en approchiez point que vous ne poussassiez à bout.

ARGANTE.

Cela est vrai, j'en demeure d'accord; mais je m'en suis toujours tenu à la galanterie, et je n'ai point été jusqu'à faire ce qu'il a fait.

SCAPIN.

Que vouliez-vous qu'il fît? Il voit une jeune personne qui lui veut du bien (car il tient cela de vous, d'être aimé de toutes les femmes); il la trouve charmante, il lui rend des visites, lui conte des douceurs, soupire galamment, fait le passionné. Elle se rend à sa poursuite; il pousse sa fortune. Le voilà surpris avec elle par ses parents, qui, la force à la main, le contraignent de l'épouser.

SILVESTRE, *à part.*

L'habile fourbe que voilà!

SCAPIN.

Eussiez-vous voulu qu'il se fût laissé tuer? Il vaut mieux encore être marié qu'être mort.

ARGANTE.

On ne m'a pas dit que l'affaire se soit ainsi passée.

SCAPIN, *montrant Silvestre.*

Demandez-lui plutôt; il ne vous dira pas le contraire.

ARGANTE, *à Silvestre.*

C'est par force qu'il a été marié?

SILVESTRE.

Oui, monsieur.

SCAPIN.

Voudrais-je vous mentir?

ARGANTE.

Il devait donc aller tout aussitôt protester de violence chez un notaire.

SCAPIN.

C'est ce qu'il n'a pas voulu faire.

ARGANTE.

Cela m'aurait donné plus de facilité à rompre ce mariage.

SCAPIN.

Rompre ce mariage?

ARGANTE.

Oui.

SCAPIN.

Vous ne le romprez point.

ARGANTE.

Je ne le romprai point?

SCAPIN.

Non.

ARGANTE.

Quoi! je n'aurai pas pour moi les droits de père, et la raison de la violence qu'on a faite à mon fils?

SCAPIN.

C'est une chose dont il ne demeurera pas d'accord.

ARGANTE.

Il n'en demeurera pas d'accord?

SCAPIN.

Non.

ARGANTE.

Mon fils?

SCAPIN.

Votre fils. Voulez-vous qu'il confesse qu'il a été capable de crainte, et que ce soit par force qu'on lui ait fait faire les choses? Il n'a garde d'aller avouer cela, ce serait se faire tort, et se montrer indigne d'un père comme vous.

ARGANTE.

Je me moque de cela.

SCAPIN.

Il faut, pour son honneur et pour le vôtre, qu'il

dise dans le monde que c'est de bon gré qu'il l'a épousée.

ARGANTE.

Et je veux, moi, pour mon honneur et pour le sien, qu'il dise le contraire.

SCAPIN.

Non, je suis sûr qu'il ne le fera pas.

ARGANTE.

Je l'y forcerai bien.

SCAPIN.

Il ne le fera pas, vous dis-je.

ARGANTE.

Il le fera, ou je le déshériterai.

SCAPIN.

Vous?

ARGANTE.

Moi.

SCAPIN.

Bon!

ARGANTE.

Comment, bon?

SCAPIN.

Vous ne le déshériterez point.

ARGANTE.

Je ne le déshériterai point?

SCAPIN.

Non.

ARGANTE.

Non?

SCAPIN.

Non.

ARGANTE.

Ouais! voici qui est plaisant. Je ne déshériterai pas mon fils?

SCAPIN.

Non, vous dis-je.

ARGANTE.

Qui m'en empêchera?

SCAPIN.

Vous-même

ARGANTE.

Moi

SCAPIN.

Oui; vous n'aurez pas ce cœur-là.

ARGANTE.

Je l'aurai.

SCAPIN.

Vous vous moquez.

ARGANTE.

Je ne me moque point.

SCAPIN.

La tendresse paternelle fera son office.

ARGANTE.

Elle ne fera rien.

SCAPIN.

Oui, oui.

ARGANTE.

Je vous dis que cela sera.

SCAPIN.

Bagatelles.

ARGANTE.

Il ne faut point dire bagatelles.

SCAPIN.

Mon Dieu! je vous connais, vous êtes bon naturellement.

ARGANTE.

Je ne suis point bon, et je suis méchant quand je veux. Finissons ce discours qui m'échauffe la bile. (*à Silvestre.*) Va-t'en, pendard, va-t'en me chercher mon fripon, tandis que j'irai rejoindre le seigneur Géronte pour lui conter ma disgrace.

SCAPIN.

Monsieur, si je vous puis être utile à quelque chose, vous n'avez qu'à me commander.

ARGANTE.

Je vous remercie. (*à part*) Ah! pourquoi faut-il qu'il soit fils unique! et que n'ai-je à cette heure la fille que le ciel m'a ôtée, pour la faire mon héritière!

SCENE VII.

SCAPIN, SILVESTRE.

SILVESTRE.

J'avoue que tu es un grand homme, et voilà l'affaire en bon train : mais l'argent d'autre part nous presse pour notre subsistance; et nous avons de tous côtés des gens qui aboient après nous.

SCAPIN.

Laisse-moi faire, la machine est trouvée. Je cherche seulement dans ma tête un homme qui nous soit affidé, pour jouer un personnage dont j'ai besoin... Attends. Tiens-toi un peu, enfonce ton bonnet en méchant garçon, campe-toi sur un pied, mets la main au côté, fais les yeux furibonds, marche un peu en roi de théâtre... Voilà qui est bien. Suis-moi. J'ai des secrets pour déguiser ton visage et ta voix.

SILVESTRE.

Je te conjure au moins de ne m'aller point brouiller avec la justice.

SCAPIN.

Va, va, nous partagerons les périls en frères; et trois ans de galères de plus ou de moins ne sont pas pour arrêter un noble cœur.

FIN DU PREMIER ACTE.

ACTE II.

SCÈNE PREMIERE.

GÉRONTE, ARGANTE.

GÉRONTE.

Oui, sans doute, par le temps qu'il fait, nous aurons ici nos gens aujourd'hui; et un matelot qui vient de Tarente m'a assuré qu'il avait vu mon homme qui était près de s'embarquer. Mais l'arrivée de ma fille trouvera les choses mal disposées à ce que nous nous proposions; et ce que vous venez de m'apprendre de votre fils rompt étrangement les mesures que nous avons prises ensemble.

ARGANTE.

Ne vous mettez pas en peine; je vous réponds de renverser tout cet obstacle, et j'y vais travailler de ce pas.

GÉRONTE.

Ma foi, seigneur Argante, voulez-vous que je vous dise? l'éducation des enfants est une chose à quoi il faut s'attacher fortement.

ARGANTE.

Sans doute. A quel propos cela?

GÉRONTE.

A propos de ce que les mauvais déportements des jeunes gens viennent le plus souvent de la mauvaise éducation que leurs pères leur donnent.

ARGANTE.

Cela arrive parfois. Mais que voulez-vous dire par là?

GÉRONTE.

Ce que je veux dire par là?

ARGANTE.

Oui.

GÉRONTE.

Que si vous aviez, en brave père, bien morigéné votre fils, il ne vous aurait pas joué le tour qu'il vous a fait.

ARGANTE.

Fort bien. De sorte que vous avez bien mieux morigéné le vôtre?

GÉRONTE.

Sans doute; et je serais bien fâché qu'il m'eût rien fait approchant de cela.

ARGANTE.

Et si ce fils, que vous avez en brave père si bien morigéné, avait fait pis encore que le mien? Hé?

GÉRONTE.

Comment?

ARGANTE.

Comment?

GÉRONTE.

Qu'est-ce que cela veut dire?

ARGANTE.

Cela veut dire, seigneur Géronte, qu'il ne faut pas être si prompt à condamner la conduite des autres; et que ceux qui veulent gloser doivent bien regarder chez eux s'il n'y a rien qui cloche.

GÉRONTE.

Je n'entends point cette énigme.

ARGANTE.

On vous l'expliquera.

GÉRONTE.

Est-ce que vous auriez oui dire quelque chose de mon fils?

ARGANTE.

Cela se peut faire.

GÉRONTE.

Et quoi encore?

ARGANTE.

Votre Scapin, dans mon dépit, ne m'a dit la chose qu'en gros, et vous pourrez de lui, ou de quelque autre, être instruit du détail. Pour moi, je vais vite consulter un avocat, et aviser des biais que j'ai à prendre. Jusqu'au revoir.

SCENE II.

CLÉONTE, *seul.*

Que pourrait-ce être que cette affaire-ci? Pis encore que le sien? Pour moi, je ne vois pas ce que l'on peut faire de pis; et je trouve que se marier sans le consentement de son père est une action qui passe tout ce qu'on peut s'imaginer.

SCENE III.

GÉRONTE, LÉANDRE.

GÉRONTE.

Ah! vous voilà!

LÉANDRE, *courant à Géronte pour l'embrasser.*

Ah! mon père, que j'ai de joie de vous voir de retour!

GÉRONTE, *refusant d'embrasser Léandre.*

Doucement; parlons un peu d'affaire.

LÉANDRE.

Souffrez que je vous embrasse, et que...

GÉRONTE, *le repoussant encore.*

Doucement, vous dis-je.

LÉANDRE.

Quoi! vous me refusez, mon père, de vous exprimer mon transport par mes embrassements!

GÉRONTE.

Oui. Nous avons quelque chose à démêler ensemble.

LÉANDRE.

Et quoi?

GÉRONTE.

Tenez-vous, que je vous voie en face.

LÉANDRE.

Comment?

GÉRONTE.

Regardez-moi entre deux yeux.

LÉANDRE.

Hé bien!

GÉRONTE.

Qu'est-ce donc qui s'est passé ici?

LÉANDRE.

Ce qui s'est passé?

GÉRONTE.

Oui. Qu'avez-vous fait pendant mon absence

LÉANDRE.

Que voulez-vous, mon père, que j'aie fait?

GÉRONTE.

Ce n'est pas moi qui veux que vous ayez fait, mais qui demande ce que c'est que vous avez fait.

LÉANDRE.

Moi? Je n'ai fait aucune chose dont vous ayez lieu de vous plaindre.

GÉRONTE.

Aucune chose?

LÉANDRE.

Non.

GÉRONTE.

Vous êtes bien résolu.

LÉANDRE.

C'est que je suis sûr de mon innocence.

GÉRONTE.

Scapin pourtant a dit de vos nouvelles.

LÉANDRE.

Scapin?

GÉRONTE.

Ah! ah! ce mot vous fait rougir.

LÉANDRE.

Il vous a dit quelque chose de moi?

GÉRONTE.

Ce lieu n'est pas tout à fait propre à vider cette affaire, et nous allons l'examiner ailleurs. Qu'on se rende au logis; j'y vais revenir tout à l'heure. Ah! traître, s'il faut que tu me déshonores, je te renonce pour mon fils, et tu peux bien, pour jamais, te résoudre à fuir de ma présence.

SCENE IV.

LÉANDRE, *seul.*

Me trahir de cette manière! Un coquin qui doit, par cent raisons, être le premier à cacher les choses que je lui confie, est le premier à les aller découvrir à mon père. Ah! je jure le ciel que cette trahison ne demeurera pas impunie.

SCENE V.

OCTAVE, LÉANDRE, SCAPIN.

OCTAVE.

Mon cher Scapin, que ne dois-je point à tes soins! Que tu es un homme admirable! et que le ciel m'est favorable de t'envoyer à mon secours!

LÉANDRE.

Ah! ah! vous voilà, je suis ravi de vous trouver, monsieur le coquin.

SCAPIN.

Monsieur, votre serviteur. C'est trop d'honneur que vous me faite.

LÉANDRE, *mettant l'épée à la main.*

Vous faites le méchant plaisant! Ah! je vous apprendrai...

SCAPIN, *se mettant à genoux.*

Monsieur.

OCTAVE, *se mettant entre eux deux, pour empêcher Léandre de frapper Scapin.*

Ah! Léandre.

LÉANDRE.

Non, Octave, ne me retenez point, je vous prie.

SCAPIN, *à Léandre.*

Hé! monsieur!

OCTAVE, *retenant Léandre.*

De grace!

LÉANDRE, *voulant frapper Scapin.*

Laissez-moi contenter mon ressentiment.

OCTAVE.

Au nom de l'amitie, Léandre, ne le maltraitez point.

SCAPIN.

Monsieur, que vous ai-je fait?

LÉANDRE, *voulant frapper Scapin.*

Ce que tu m'as fait, traître!

OCTAVE, *retenant encore Léandre.*

Hé! doucement.

LÉANDRE.

Non, Octave, je veux qu'il me confesse lui-même, tout à l'heure, la perfidie qu'il m'a faite. Oui, coquin, je sais le trait que tu m'as joué; on vient de me l'apprendre, et tu ne croyais pas peut-être que l'on me dût révéler ce secret: mais je veux en avoir la confession de ta propre bouche, ou je vais te passer cette épée au travers du corps.

SCAPIN.

Ah! monsieur, auriez-vous bien ce cœur-là?

LÉANDRE.

Parle donc.

SCAPIN.

Je vous ai fait quelque chose, monsieur?

LÉANDRE.

Oui, coquin, et ta conscience ne te dit que trop ce que c'est.

SCAPIN.

Je vous assure que je l'ignore.

LÉANDRE, *s'avançant pour frapper Scapin.*

Tu l'ignores.

OCTAVE, *retenant Léandre.*

Léandre!

SCAPIN.

Hé bien, monsieur, puisque vous le voulez, je vous confesse que j'ai bu avec mes amis ce petit quartaut de vin d'Espagne dont on vous fit présent il y a quelques jours, et que c'est moi qui fis une fente au tonneau, et répandis de l'eau autour, pour faire croire que le vin s'était échappé.

LÉANDRE.

C'est toi, pendard, qui m'as bu mon bon vin d'Espagne, et qui as été cause que j'ai tant querellé la servante, croyant que c'était elle qui m'avait fait le tour?

SCAPIN.

Oui, monsieur, je vous en demande pardon.

LÉANDRE.

Je suis bien aise d'apprendre cela: mais ce n'est pas l'affaire dont il est question maintenant.

SCAPIN.

Ce n'est pas cela, monsieur.

LÉANDRE.

Non; c'est une autre affaire qui me touche bien plus, et je veux que tu me la dises.

SCAPIN.

Monsieur, je ne me souviens pas d'avoir fait autre chose.

LÉANDRE, *voulant frapper Scapin.*

Tu ne veux pas parler?

SCAPIN.

Hé!

OCTAVE, *retenant Léandre.*

Tout doux.

SCAPIN.

Oui, monsieur; il est vrai qu'il y a trois semaines que vous m'envoyâtes porter le soir une petite montre à la jeune Egyptienne que vous aimez; je revins au logis, mes habits tous couverts de boue, et le visage plein de sang, et vous dis que j'avais trouvé des voleurs qui m'avaient bien battu et m'avaient dérobé la montre. C'était moi, monsieur, qui l'avais retenue.

LÉANDRE.

C'est toi qui as retenu ma montre?

SCAPIN.

Oui, monsieur, afin de voir quelle heure il est.

LÉANDRE.

Ah! ah! j'apprends ici de jolies choses, et j'ai un serviteur fort fidèle, vraiment! Mais ce n'est pas encore cela que je demande.

SCAPIN.

Ce n'est pas cela?

LÉANDRE.

Non, infame; c'est une autre chose encore que je veux que tu me confesses.

SCAPIN, *à part.*

Peste!

LÉANDRE.

Parle vite, j'ai hâte.

SCAPIN.

Monsieur, voilà tout ce que j'ai fait.

LÉANDRE, *voulant frapper Scapin.*

Voilà tout?

OCTAVE, *se mettant au devant de Léandre.*

Hé!

SCAPIN.

Hé bien, oui, monsieur. Vous vous souvenez de ce loup-garou, il y a six mois, qui vous donna tant de coup de bâton la nuit, et vous pensa faire rompre le cou dans une cave où vous tombâtes en fuyant.

LÉANDRE.

Hé bien?

SCAPIN.

C'était moi, monsieur, qui faisais le loup-garou.

LÉANDRE.

C'était toi, traître, qui faisais le loup-garou?

SCAPIN.

Oui, monsieur, seulement pour vous faire peur, et vous ôter l'envie de nous faire courir toutes les nuits comme vous aviez de coutume.

LÉANDRE.

Je saurai me souvenir en temps et lieu, de tout ce que je viens d'apprendre. Mais je veux venir au fait, et que tu me confesses ce que tu as dit à mon père.

SCAPIN.

A votre père?

LÉANDRE.

Oui, fripon, à mon père.

SCAPIN.

Je ne l'ai pas seulement vu depuis son retour.

LÉANDRE.

Tu ne l'as pas vu?

SCAPIN.

Non, monsieur.

LÉANDRE.

Assurément?

SCAPIN.

Assurément. C'est une chose que je vais vous faire dire par lui-même.

LÉANDRE.

C'est de sa bouche que je le tiens pourtant.

SCAPIN.

Avec votre permission, il n'a pas dit la vérité.

SCENE VI.

LÉANDRE, OCTAVE, CARLE, SCAPIN.

CARLE.

Monsieur, je vous apporte une nouvelle qui est fâcheuse pour votre amour.

LÉANDRE.

Comment?

CARLE.

Vos Égyptiens sont sur le point de vous enlever Zerbinette; et elle-même, les larmes aux yeux, m'a chargé de venir promptement vous dire que, si dans deux heures vous ne songez à leur porter l'argent qu'ils vous ont demandé pour elle, vous l'allez perdre pour jamais.

LÉANDRE.

Dans deux heures?

CARLE.

Dans deux heures.

SCÈNE VII.

LÉANDRE, OCTAVE, SCAPIN.

LÉANDRE.

Ah! mon pauvre Scapin, j'implore ton secours.

SCAPIN, *se levant et passant fièrement devant Léandre.*

Ah! mon pauvre Scapin! Je suis mon pauvre Scapin à cette heure qu'on a besoin de moi.

LÉANDRE.

Va, je te pardonne tout ce que tu viens de me dire, et pis encore, si tu me l'as fait.

SCAPIN.

Non, non; ne me pardonnez rien; passez-moi votre épée au travers du corps. Je serai ravi que vous me tuiez.

LÉANDRE.

Non, je te conjure plutôt de me donner la vie en servant mon amour.

SCAPIN.

Point, point; vous ferez mieux de me tuer.

LÉANDRE.

Tu m'es trop précieux; et je te prie de vouloir em ployer pour moi ce génie admirable qui vient à bout de toutes choses.

SCAPIN.

Non. Tuez-moi, vous dis-je.

LÉANDRE.

Ah! de grace, ne songe plus à tout cela, et pense à me donner le secours que je te demande.

OCTAVE.

Scapin, il faut faire quelque chose pour lui.

SCAPIN.

Le moyen, après une avanie de la sorte?

LÉANDRE.

Je te conjure d'oublier mon emportement, et de me prêter ton adresse.

OCTAVE.

Je joins mes prières aux siennes.

SCAPIN.

J'ai cette insulte-là sur le cœur.

OCTAVE.

Il faut quitter ton ressentiment.

LÉANDRE.

Voudrais-tu m'abandonner, Scapin, dans la cruelle extrémité où se voit mon amour?

SCAPIN.

Me venir faire, à l'improviste, un affront comme celui-là!

LEANDRE.

J'ai tort, je le confesss

SCAPIN.

Me traiter de coquin, de fripon, de pendard, d'infame!

LÉANDRE.

J'en ai tous les regrets du monde.

SCAPIN.

Me vouloir passer son épée au travers du corps!

LÉANDRE.

Je t'en demande pardon de tout mon cœur; et s'il ne tient qu'à me jeter à tes genoux, tu m'y vois, Scapin, pour te conjurer encore une fois de ne me point abandonner.

OCTAVE.

Ah! ma foi, Scapin, il faut se rendre à cela.

SCAPIN.

Levez-vous. Une autre fois, ne soyez point si prompt.

LÉANDRE.

Me promets-tu de travailler pour moi?

SCAPIN.

On y songera.

LÉANDRE.

Mais tu sais que le temps presse.

SCAPIN.

Ne vous mettez pas en peine. Combien est-ce qu'il vous faut.

LÉANDRE.

Cinq cent écus.

SCAPIN.

Et à vous?

OCTAVE.

Deux cents pistoles.

SCAPIN.

Je veux tirer cet argent de vos pères. (*à Octave*) Pour ce qui est du vôtre, la machine est déjà toute trouvée. (*à Léandre*) Et, quant au vôtre, bien qu' vare au dernier degré, il y faudra moins de façons core : car vous savez que pour l'esprit, il n'en a grace à dieu, grande provision; et je le livre pour une espèce d'homme à qui l'on fera toujours croire tout ce que l'on voudra. Cela ne vous offense point, il ne tombe entre lui et vous aucun soupçon de ressemblance; et vous savez assez l'opinion de tout le monde, qui veut qu'il ne soit votre père que pour la forme.

LÉANDRE.

Tout beau, Scapin.

SCAPIN.

Bon, bon, on fait bien scrupule de cela. Vous moquez-vous? Mais j'aperçois venir le père d'Octave. Commençons par lui, puisqu'il se présente. Allez-vous en tous deux. (*à Octave*) Et vous, avertissez votre Silvestre de venir vite jouer son rôle.

SCÈNE VIII.

ARGANTE, SCAPIN.

SCAPIN, *à part.*

Le voilà qui rumine.

ARGANTE, *se croyant seul.*

Avoir si peu de conduite et de considération! S'aller jeter dans un engagement comme celui-là? Ah! ah! jeunesse impertinente!

SCAPIN.

Monsieur, votre serviteur.

ARGANTE.

Bonjour, Scapin.

SCAPIN.

Vous rêvez à l'affaire de votre fils.

ARGANTE.

Je t'avoue que cela me donne un furieux chagrin.

SCAPIN.

Monsieur, la vie est mêlée de traverses; il est bon de s'y tenir sans cesse préparé; et j'ai ouï dire, il y a longtemps une parole d'un ancien, que j'ai toujours retenue.

ARGANTE.

Quoi?

SCAPIN.

Que, pour peu qu'un père de famille ait été absent de chez lui, il doit promener son esprit sur tous les fâcheux accidents que son retour peut rencontrer, se figurer sa maison brûlée, son argent dérobé, sa femme morte, son fils estropié, sa fille subornée, et ce qu'il trouve qui ne lui est point arrivé, l'imputer à bonne fortune. Pour moi, j'ai pratiqué toujours cette leçon dans ma petite philosophie; et je ne suis jamais revenu au logis, que je ne me sois tenu prêt à la colère de mes maîtres, aux réprimandes, aux injures, aux coups de pied au cul, aux bastonnades, aux étrivières; et ce qui a manqué à m'arriver, j'en ai rendu graces à mon bon destin.

ARGANTE.

Voilà qui est bien : mais ce mariage impertinent qui trouble celui que nous voulons faire, est une chose que je ne puis souffrir, et je viens de consulter des avocats pour le faire casser.

SCAPIN.

Ma foi, monsieur, si vous m'en croyez, vous tâcherez, par quelque autre voie, d'accommoder l'affaire. Vous savez ce que c'est que les procès en ce pays-ci, et vous allez vous enfoncer dans d'étranges épines.

ARGANTE.

Tu as raison, je le vois bien. Mais quelle autre voie?

SCAPIN.

Je pense que j'en ai trouvé une. La compassion que m'a donnée tantôt votre chagrin m'a obligé à chercher dans ma tête quelque moyen pour vous tirer d'inquiétude : car je ne saurais voir d'honnêtes pères chagrinés par leurs enfants, que cela ne m'émeuve; et, de tout temps, je me suis senti pour votre personne une inclination particulière.

ARGANTE.

Je te suis obligé.

SCAPIN.

J'ai donc été trouver le frere de cette fille qui a été épousée. C'est un de ces braves de profession, de ces gens qui sont tout coups d'épée, qui ne parlent que d'échiner, et ne font non plus de conscience de tuer un homme, que d'avaler un verre de vin. Je l'ai mis sur ce mariage, lui ai fait voir quelle facilité offrait la raison de la violence pour le faire casser, vos prérogatives du nom de père, et l'appui que vous donneraient auprès de la justice, et votre droit, et votre argent, et vos amis; enfin, je l'ai tant tourné de tous les côtés, qu'il a prêté l'oreille aux propositions que je lui ai faites d'ajuster l'affaire pour quelque somme; et il donnera son consentement à rompre le mariage, pourvu que vous lui donniez de l'argent.

ARGANTE.

Et qu'a-t-il demandé?

SCAPIN.

Oh! d'abord des choses par dessus les maisons.

ARGANTE.

Et! quoi?

SCAPIN.

Des choses extravagantes.

ARGANTE.

Mais encore?

SCAPIN.

Il ne parlait pas moins que de cinq ou six cents pistoles.

ARGANTE.

Cinq ou six cents fièvres quartaines qui le puissent serrer! Se moque-t-il des gens?

SCAPIN.

C'est ce que je lui ai dit. J'ai rejeté bien loin de pareilles propositions, et je lui ai bien fait entendre que vous n'étiez point une dupe, pour vous demander cinq ou six cents pistoles. Enfin, après plusieurs discours, voici où s'est réduit le résultat de notre conférence. Nous voilà au temps, m'a-t-il dit, que je dois partir pour l'armée; je suis après à m'équiper, et le besoin que j'ai de quelque argent me fait consentir malgré moi à ce qu'on me propose. Il me faut un cheval de service, et je n'en saurais avoir un qui soit tant soit peu raisonnable, à moins de soixante pistoles.

ARGANTE.

Hé bien, pour soixante pistoles, je les donne.

SCAPIN.

Il faudra le harnais et les pistolets; et cela ira bien à vingt pistoles encore.

ARGANTE.

Vingt pistoles, et soixante, ce serait quatre-vingts!

SCAPIN.

Justement.

ARGANTE.

C'est beaucoup; mais soit, je consens à cela.

SCAPIN.

Il me faut aussi un cheval, pour monter mon valet, qui coûtera bien trente pistoles.

ARGANTE.

Comment, diantre! Qu'il se promène, il n'aura rien du tout.

SCAPIN.

Monsieur!

ARGANTE.

Non: c'est un impertinent.

SCAPIN.

Voulez-vous que son valet aille à pied?

ARGANTE.

Qu'il aille comme il lui plaira, et le maître aussi.

SCAPIN.

Mon dieu, monsieur! ne vous arrêtez point à peu de chose: n'allez point plaider, je vous prie; et donnez tout pour vous sauver des mains de la justice.

ARGANTE.

Hé bien! soit: je me résous à donner encore ces trentes pistoles.

SCAPIN.

Il me faut encore, a-t-il dit, un mulet pour porter...

ARGANTE.

Oh! qu'il aille au diable, avec son mulet! C'en est trop, et nous irons devant les juges.

SCAPIN.

De grace! monsieur...

ARGANTE.

Non, je n'en ferai rien.

SCAPIN.

Monsieur, un petit mulet.

ARGANTE.

Je ne lui donnerais pas seulement un âne.

SCAPIN.

Considérez...

ARGANTE.

Non, j'aime mieux plaider.

SCAPIN.

Eh! monsieur, de quoi parlez-vous là, et à quoi vous résolvez-vous? Jetez les yeux sur les détours de la justice. Voyez combien d'appels et de degrés de juridiction, combien de procédures embarrassantes, combien d'animaux ravissants, par les griffes desquels il vous faudra passer; sergents, procureurs, avocats, greffiers, substituts, rapporteurs, juges, et leurs clercs. Il n'y a pas un de tous ces gens-là qui, pour la moindre chose, ne soit capable de donner un soufflet au meilleur droit du monde. Un sergent baillera de faux exploits, sur quoi vous serez condamné sans que vous le sachiez. Votre procureur s'entendra avec votre partie, et vous vendra à beaux deniers comptants. Votre avocat, gagné de même, ne se trouvera point lorsqu'on plaidera votre cause, ou dira des raisons qui ne feront que battre la campagne, et n'iront point au fait. Le greffier délivrera par contumace des sentences et arrêts contre vous. Le clerc du rapporteur soustraira des pièces, ou le rapporteur même ne dira pas ce qu'il a vu; et quand, par les plus grandes précautions du monde, vous aurez paré tout cela, vous serez ébahi que vos juges auront été sollicités contre vous, ou par des gens dévots, ou par des femmes qu'ils aimeront. Eh! monsieur, si vous le pouvez, sauvez-vous de cet enfer-là. C'est être damné, dès ce monde, que d'avoir à plaider; et la seul pensée d'un procès serait capable de me faire fuir jusqu'aux Indes.

ARGANTE.

A combien est-ce qu'il fait monter le mulet?

SCAPIN.

Monsieur, pour le mulet, pour son cheval et celui de son homme, pour le harnais et les pistolets, et pour payer quelque petite chose qu'il doit à son hôtesse, il demande, en tout, deux cents pistoles.

ARGANTE.

Deux cents pistoles!

SCAPIN.

Oui.

ARGANTE, *se promenant en colère.*

Allons, allons; nous plaiderons.

SCAPIN.

Faites réflexion...

ARGANTE.

Je plaiderai.

SCAPIN.

Ne vous allez point jeter...

ARGANTE.

Je veux plaider.

SCAPIN.

Mais, pour plaider, il vous faudra de l'argent; il vous en faudra pour l'exploit; il vous en faudra pour le contrôle; il vous en faudra pour la procuration, pour la présentation, conseils, productions, et journées de procureur. Il vous en faudra pour les consultations et plaidoiries des avocats, pour le droit de retirer le sac, et pour les grosses d'écritures. Il vous en faudra pour le rapport des substituts, pour les épices de conclusion, pour l'enregistrement du greffier, façon d'appointement, sentences et arrêts, contrôles, signatures, et expéditions de leurs clercs, sans parler de tous les présents qu'il vous faudra faire. Donnez cet argent-là à cet homme-ci, vous voilà hors d'affaire.

ARGANTE.

Comment! deux cents pistoles!

SCAPIN.

Oui. Vous y gagnerez. J'ai fait un petit calcul, en moi-même, de tous les frais de la justice, et j'ai trouvé qu'en donnant deux cents pistoles à votre homme, vous en aurez de reste, pour le moins, cent cinquante, sans compter les soins, les pas et les chagrins que vous vous épargnerez. Quand il n'y aurait à essuyer que les sottises que disent, devant tout le monde, de méchants plaisants d'avocats, j'aimerais mieux donner trois cents pistoles, que de plaider

ARGANTE.

Je me moque de cela, et je défie les avocats de rien dire de moi.

SCAPIN.

Vous ferez ce qu'il vous plaira; mais, si j'étais que de vous, je fuirais les procès.

ARGANTE.

Je ne donnerai point deux cents pistoles.

SCAPIN.

Voici l'homme dont il s'agit.

SCENE IX.

ARGANTE, SCAPN, SILVESTRE, *déguisé en spadassin.*

SILVESTRE.

Scapin, fais-moi connaître un peu cet Argante qui est père d'Octave.

SCAPIN.

Pourquoi, monsieur?

SILVESTRE.

Je viens d'apprendre qu'il veut me mettre en procès, et faire rompre, par justice, le mariage de ma sœur.

SCAPIN.

Je ne sais pas s'il a cette pensee; mais il ne veut point consentir aux deux cents pistoles que vous voulez; et il dit que c'est trop.

SILVESTRE.

Par la mort! par la tête! par le ventre! si je le trouve, je le veux échiner, dussè-je être roué tout vif. (*Argante, pour n'être point vu, se tient en tremblant derrière Scapin.*)

SCAPIN.

Monsieur, ce pére d'Octave a du cœur, et peut-être ne vous craindra-t-il point.

SILVESTRE.

Lui, lui? par le sang, par la tête! s'il était là, je lui donnerais de l'épée dans le ventre. (*apercevant Argante*) Qui est cet homme-là?

SCAPIN.

Ce n'est pas lui, monsieur: ce n'est pas lui.

SILVESTRE.

N'est-ce point quelqu'un de ses amis?

SCAPIN.

Non, monsieur; au contraire, c'est son ennemi capital.

SILVESTRE.

Son ennemi capital?

SCAPIN.

Oui.

SILVESTRE.

Ah! parbleu, j'en suis ravi. (*à Argante*) Vous êtes ennemi, monsieur, de ce faquin d'Argante? Hé?

SCAPIN.

Oui, oui, je vous en réponds.

SILVESTRE, *secouant rudement la main d'Argante.*

Touchez là, touchez. Je vous donne ma parole, et vous jure sur mon honneur, par l'épée que je porte, par tous les serments que je saurais faire, qu'avant la fin du jour, je vous déferai de ce maraud fieffé, de ce faquin d'Argante. Reposez-vous sur moi.

SCAPIN.

Monsieur, les violences, en ce pays-ci, ne sont guère souffertes.

SILVESTRE.

Je me moque de tout, et je n'ai rien à perdre.

SCAPIN.

Il se tiendra sur ses gardes, assurément; et il a des parents, des amis et des domestiques, dont il se fera un secours contre votre ressentiment.

SILVESTRE.

C'est ce que je demande, morbleu! c'est ce que je demande. (*mettant l'épée à la main*) Ah, tête! ah, ventre! Que ne le trouvé-je à cette heure, avec tout son secours! Que ne paraît-il à mes yeux au milieu de trente personnes! Que ne les vois-je fondre sur moi, les armes à la main! (*se mettant en garde*) Comment! marauds, vous avez la hardiesse de vous attaquer à moi! Allons, morbleu, tue. (*poussant de tous les côtés, comme s'il avait plusieurs personnes à combattre*) Point de quartier. Donnons. Ferme. Poussons. Bon pied, bon œil. Ah, coquins! Ah, canaille! vous en voulez par là! je vous en ferai tâter votre saoul. Soutenez, marauds, soutenez. Allons. A cette botte. A cette autre. (*Se tournant du côté d'Argante et de Scapin*) A celle-ci. A celle-là. Comment, vous reculez! Pied ferme, morbleu, pied ferme!

SCAPIN.

Hé, hé, hé! monsieur, nous n'en sommes pas.

SILVESTRE.

Voilà qui vous apprendra à vous oser jouer à moi.

SCENE X.

ARGANTE, SCAPIN.

SCAPIN.

Hé bien! vous voyez combien de personnes tuees, pour deux cents pistoles. Or sus, je vous souhaite une bonne fortune.

ARGANTE, *tout tremblant.*

Scapin.

SCAPIN.

Plaît-il?

ARGANTE.

Je me résous à donner les deux cents pistoles.

SCAPIN.

J'en suis ravi pour l'amour de vous.

ARGANTE.

Allons le trouver; je les ai sur moi.

SCAPIN.

Vous n'avez qu'à me les donner. Il ne faut pas, pour votre honneur, que vous paraissiez là, après avoir passé ici pour autre que ce que vous êtes; et de plus, je craindrais qu'en vous faisant connaître il n'allât s'aviser de vous demander davantage.

ARGANTE.

Oui: mais j'aurais été bien aise de voir comme je donne mon argent.

SCAPIN.

Est-ce que vous vous défiez de moi?

ARGANTE.

Non pas: mais...

SCAPIN.

Parbleu, monsieur, je suis un fourbe, ou je suis honnête homme; c'est l'un des deux. Est-ce que je voudrais vous tromper, et que, dans tout ceci, j'ai d'autre intérêt que le vôtre, et celui de mon maître, à qui vous voulez vous allier? Si je vous suis suspect, je ne me mêle plus de rien, et vous n'avez qu'à chercher dès cette heure, qui accommodera vos affaires.

ARGANTE.

Tiens donc.

SCAPIN.

Non, monsieur, ne me confiez point votre argent. Je serai bien aise que vous vous serviez de quelque autre.

ARGANTE.

Mon dieu! tiens.

SCAPIN.

Non, vous dis-je; ne vous fiez point à moi. Que sait-on si je ne veux point vous attraper votre argent.

ARGANTE.

Tiens, te dis-je; ne me fais point contester davantage. Mais songe à bien prendre tes sûretés avec lui.

SCAPIN.

Laissez-moi faire; il n'a pas affaire à un sot.

ARGANTE.

Je vais t'attendre chez moi.

SCAPIN.

Je ne manquerai pas d'y aller. (*seul.*) Et un. Je n'ai qu'à chercher l'autre. Ah! ma foi, le voici. Il semble que le ciel, l'un après l'autre, les amène dans mes filets.

SCENE XI.

SCAPIN, GÉRONTE.

SCAPIN, *faisant semblant de ne pas voir Géronte.*

O ciel ! ô disgrace imprévue ! ô misérable père ! Pauvre Géronte, que feras-tu ?

GÉRONTE, *à part.*

Que dit-il là de moi, avec ce visage affligé ?

SCAPIN.

N'y a-t-il personne qui puisse me dire où est le gneur Géronte ?

GÉRONTE.

Qu'y a-t-il, Scapin ?

SCAPIN, *courant sur le théâtre, sans vouloir entendre ni voir Géronte.*

Où pourrai-je le rencontrer pour lui dire cette infortune ?

GÉRONTE, *courant après Scapin.*

Qu'est-ce que c'est donc ?

SCAPIN.

En vain je cours de tous côtés pour le pouvoir trouver.

GÉRONTE.

Me voici.

SCAPIN.

Il faut qu'il soit caché dans quelque endroit qu'on ne puisse point deviner.

GÉRONTE, *arrêtant Scapin.*

Holà. Es-tu aveugle, que tu ne me vois pas ?

SCAPIN.

Ah ! monsieur, il n'y a pas moyen de vous rencontrer.

GÉRONTE.

Il y a une heure que je suis devant toi. Qu'est-ce que c'est donc qu'il y a ?

SCAPIN.

Monsieur...

GÉRONTE.

Quoi ?

SCAPIN.

Monsieur votre fils...

GÉRONTE.

Hé bien ? mon fils...

SCAPIN.

Est tombé dans une disgrace la plus étrange du monde.

GÉRONTE.

Et quelle ?

SCAPIN.

Je l'ai trouvé tantôt tout triste de je ne sais quoi que vous lui avez dit, où vous m'avez mêlé assez mal à propos; et cherchant à dissiper cette tristesse, nous nous sommes allés promener sur le port. Là, entre autres plusieurs choses, nous avons arrêté nos yeux sur une galère turque assez bien équipée. Un jeune Turc de bonne mine nous a invités d'y entrer, et nous a présenté la main. Nous y avons passé, il nous a fait mille civilités, nous a donné la collation, où nous avons mangé des fruits les plus excellents qui se puissent voir, et bu du bon vin que nous avons trouvé le meilleur du monde.

GÉRONTE.

Qu'y a-t-il de si affligeant à tout cela?

SCAPIN.

Attendez, monsieur, nous y voici. Pendant que nous mangions, il a fait mettre la galère en mer; et se voyant éloigné du port, il m'a fait mettre dans un esquif, et m'envoie vous dire que, si vous ne lui envoyez par moi tout à l'heure cinq cents écus, il va vous emmener votre fils en Alger.

GÉRONTE.

Comment diantre ! cinq cents écus !

SCAPIN.

Oui, monsieur, et, de plus, il ne m'a donné pour cela que deux heures.

GÉRONTE.

Ah ! le pendard de Turc ! m'assassiner de la façon,

SCAPIN.

C'est à vous, monsieur, d'aviser promptement aux moyens de sauver des fers un fils que vous aimez avec tant de tendresse.

GÉRONTE.

Que diable allait-il faire dans cette galère ?

SCAPIN.

Il ne songeait pas à ce qui est arrivé.

GÉRONTE.

Va-t'en, Scapin, va-t'en vite dire à ce Turc que je vais envoyer la justice après lui.

SCAPIN.

La justice en pleine mer ! vous vous moquez des gens.

GÉRONTE.

Que diable allait-il faire dans cette galère ?

SCAPIN.

Une méchante destinée conduit quelquefois les personnes.

GÉRONTE.

Il faut, Scapin, il faut que tu fasses ici l'action d'un serviteur fidèle.

SCAPIN.

Quoi, monsieur?

GÉRONTE.

Que tu ailles dire à ce Turc qu'il me renvoie mon fils, et que tu te mettes à sa place, jusqu'à ce que j'aie amassé la somme qu'il me demande.

SCAPIN.

Hé ! monsieur, songez-vous à ce que vous dites ? et vous figurez-vous que ce Turc ait si peu de sens, que d'aller recevoir un misérable comme moi à la place de votre fils ?

GÉRONTE.

Que diable allait-il faire dans cette galère?

SCAPIN.

Il ne devinait pas ce malheur. Songez, monsieur, qu'il ne m'a donné que deux heures.

GÉRONTE.

Tu dis qu'il demande...

SCAPIN.

Cinq cents écus.

GÉRONTEE.

Cinq cents écus ! N'a-t-il point de conscience ?

SCAPIN.

Vraiment oui, de la conscience à un Turc !

GÉRONTE.

Sait-il bien ce que c'est que cinq cents écus?

SCAPIN.

Oui, monsieur, il sait que c'est mille cinq cents livres.

GÉRONTE.

Croit-il, le traître, que mille cinq cents livres se trouvent dans le pas d'un cheval ?

SCAPIN.

Ce sont des gens qui n'entendent point raison :

GÉRONTE.

Mais que diable allait-il faire dans cette galère ?

SCAPIN.

Il est vrai; mais quoi ! on ne prévoyait pas les choses. De grace, monsieur, dépêchez.

GÉRONTE.

Tiens, voilà la clef de mon armoire.

SCAPIN.

Bon.

GÉRONTE.

Tu l'ouvriras.

SCAPIN.

Fort bien.

GÉRONTE.

Tu trouveras une grosse clef du côté gauche, qui est celle de mon grenier.

SCAPIN.

Oui.

GÉRONTE.

Tu iras prendre toutes les hardes qui sont dans cette grande manne, et tu les vendras aux fripiers, pour aller racheter mon fils.

SCAPIN, *en lui rendant la clef.*

Eh ! monsieur, rêvez-vous ? Je n'aurais pas cent francs de tout ce que vous dites; et, de plus, vous savez le peu de temps qu'on m'a donné.

GÉRONTE.

Mais que diable allait-il faire dans cette galère ?

SCAPIN.

Oh ! que de paroles perdues ! Laissez là cette galère, et songez que le temps presse, et que vous courez risque de perdre votre fils. Hélas ! mon pauvre maître, peut-être que je ne te verrai de ma vie, et qu'à l'heure que je parle on t'emmène esclave en Alger ! Mais le ciel me sera témoin que j'ai fait pour toi tout ce que j'ai pu, et que, si tu manques à être racheté, il ne faut accuser que le peu d'amitié d'un père.

GERONTE.

Attends, Scapin, je m'en vais quérir cette somme.

SCAPIN.

Dépêchez donc vite, monsieur ; je tremble que l'heure ne sonne.

GÉRONTE.

N'est-ce pas quatre cents écus que tu dis ?

SCAPIN.

Non, cinq cents écus !

GÉRONTE.

Cinq cents écus !

SCAPIN.

Oui.

GÉRONTE.

Que diable allait-il faire dans cette galère ?

SCAPIN.

Vous avez raison : mais hâtez-vous.

GERONTE.

N'y avait-il point d'autre promenade ?

SCAPIN.

Cela est vrai : mais faites promptement.

GÉRONTE.

Ah ! maudite galère !

SCAPIN, *à part.*

Cette galère lui tient au cœur.

GÉRONTE.

Tiens, Scapin, je ne me souvenais pas que je viens justement de recevoir cette somme en or ; et je ne croyais pas qu'elle dût m'être si tôt ravie. (*tirant sa bourse de sa poche, et la présentant à Scapin*) Tiens va-t'en racheter mon fils.

SCAPIN, *tendant la main.*

Oui, monsieur.

GÉRONTE, *retenant sa bourse qu'il fait semblant de vouloir donner à Scapin.*

Mais dis à ce Turc que c'est un scélérat.

SCAPIN, *tendant encore la main.*

Oui.

GERONTE, *recommençant la même action.*

Un infâme.

SCAPIN, *tendant toujours la main.*

Oui.

GERONTE, *de même.*

Un homme sans foi, un voleur.

SCAPIN.

Laissez-moi faire.

GERONTE, *de même.*

Qu'il me tire cinq cents écus contre toute sorte de droit.

SCAPIN.

Oui.

GERONTE, *de même.*

Que je ne les lui donne ni à la mort, ni à la vie.

SCAPIN.

Fort bien.

GERONTE, *de même.*

Et que, si jamais je l'attrape, je saurai me venger de lui.

SCAPIN.

Oui.

GÉRONTE, *remettant sa bourse dans sa poche et s'en allant.*

Va, va vite requérir mon fils.

SCAPIN, *courant après Géronte.*

Holà, monsieur.

GERONTE.

Quoi ?

SCAPIN.

Où est donc cet argent ?

GÉRONTE.

Ne te l'ai-je pas donné ?

SCAPIN.

Non, vraiment, vous l'avez remis dans votre poche.

GÉRONTE.

Ah ! c'est la douleur qui me trouble l'esprit.

SCAPIN.

Je le vois bien.

GÉRONTE.

Que diable allait-il faire dans cette galère ? Ah ! maudite galère ! traître de Turc ! à tous les diables.

SCAPIN, *seul.*

Il ne peut digérer les cinq cents écus que je lui arrache ; mais il n'est pas quitte envers moi ; et je veux qu'il me paie en une autre monnaie l'imposture qu'il m'a faite auprès de son fils.

SCENE XII.

OCTAVE, LÉANDRE, SCAPIN.

OCTAVE.

Hé bien ! Scapin, as-tu réussi pour moi dans ton entreprise ?

LÉANDRE.

As-tu fait quelque chose pour tirer mon amour de la peine où il est ?

SCAPIN, *à Octave.*

Voilà deux cents pistoles que j'ai tirées de votre père

OCTAVE.

Ah ! que tu me donnes de joie !

SCAPIN, *à Léandre.*

Pour vous, je n'ai pu faire rien.

LÉANDRE, *voulant s'en aller.*

Il faut donc que j'aille mourir ; et je n'ai que faire de vivre, si Zerbinette m'est ôtée.

SCAPIN.

Holà ! holà ! tout doucement. Comme diantre vous allez vite !

LÉANDRE, *se retournant.*

Que veux-tu que je devienne ?

SCAPIN.

Allez, j'ai votre affaire ici.

LÉANDRE.

Ah ! tu me redonnes la vie.

SCAPIN.

Mais à condition que vous me permettrez, à moi, une petite vengeance contre votre père, pour le tour qu'il m'a fait.

LÉANDRE.

Tout ce que tu voudras.

SCAPIN.

Vous me le promettez devant témoin ?

LÉANDRE.

Oui.

SCAPIN.

Tenez, voilà cinq cents écus.

LÉANDRE.

Allons-en promptement acheter celle que j'adore.

FIN DU SECOND ACTE.

ACTE III.

SCÈNE PREMIERE.

ZERBINETTE, HYACINTE, SCAPIN, SILVESTRE.

SILVESTRE.

Oui, vos amants ont arrêté entre eux que vous fussiez ensemble, et nous nous acquittons de l'ordre qu'ils nous ont donné.

HYACINTE, *à Zerbinette.*

Un tel ordre n'a rien qui me soit fort agréable. Je reçois avec joie une compagne de la sorte; et il ne tiendra pas à moi que l'amitié qui est entre les personnes que nous aimons ne se répande entre nous deux.

ZERBINETTE.

J'accepte la proposition, et ne suis point personne à reculer, lorsqu'on m'attaque d'amitié.

SCAPIN.

Et lorsque c'est d'amour qu'on vous attaque?

ZERBINETTE.

Pour l'amour, c'est une autre chose : on y court un peu plus de risque, et je n'y suis pas si hardie.

SCAPIN.

Vous l'êtes, que je crois, contre mon maître, maintenant; et ce qu'il vient de faire pour vous doit vous donner du cœur pour répondre comme il faut à sa passion.

ZERBINETTE.

Je ne m'y fie encore que de la bonne sorte; et ce n'est pas assez pour m'assurer entièrement, que ce qu'il vient de faire. J'ai l'humeur enjouée, et sans cesse je ris : mais, tout en riant, je suis sérieuse sur de certains chapitres; et ton maître s'abusera, s'il croit qu'il lui suffise de m'avoir achetée pour me voir tout à lui. Il doit lui en coûter autre chose que de l'argent; et, pour répondre à son amour de la manière qu'il souhaite, il me faut un don de sa foi, qui soit assaisonné de certaines cérémonies qu'on trouve nécessaires.

SCAPIN.

C'est là aussi comme il l'entend. Il ne prétend à vous qu'en tout bien et en tout honneur; et je n'aurais pas été homme à me mêler de cette affaire, s'il avait une autre pensée.

ZERBINETTE.

C'est ce que je veux croire, puisque vous me le dites; mais, du côté du père, j'y prévois des empêchements

SCAPIN.

Nous trouverons moyen d'accommoder les choses.

HYACINTE, *à Zerbinette.*

La ressemblance de nos destins doit contribuer encore à faire naître notre amitié; et nous nous voyons toutes deux dans les mêmes alarmes, toutes deux exposées à la même infortune.

ZERBINETTE.

Vous avez cet avantage au moins, que vous savez de qui vous êtes née, et que l'appui de vos parents, que vous pouvez faire connaître, est capable d'ajuster tout, peut assurer votre bonheur, et faire donner un consentement au mariage qu'on trouve fait. Mais, pour moi, je ne rencontre aucun secours dans ce que je puis être; et l'on me voit dans un état qui n'adoucira pas les volontés d'un père qui ne regarde que le bien.

HYACINTE.

Mais aussi avez-vous cet avantage, que l'on ne tente point par un autre parti celui que vous aimez.

ZERBINETTE.

Le changement du cœur d'un amant n'est pas ce qu'on peut le plus craindre. On se peut naturellement croire assez de mérite pour garder sa conquête : et ce que je vois de plus redoutable dans ces sortes d'affaires, c'est la puissance paternelle, auprès de qui tout le mérite ne sert de rien.

HYACINTE.

Hélas! pourquoi faut-il que de justes inclinations se trouvent traversées? La douce chose que d'aimer, lorsque l'on ne voit point d'obstacle à ces aimables chaînes dont deux cœurs se lient ensemble!

SCAPIN.

Vous vous moquez; la tranquillité en amour est un calme désagréable. Un bonheur tout uni nous devient ennuyeux; il faut du haut et du bas dans la vie : et les difficultés qui se mêlent aux choses, réveillent les ardeurs, augmentent les plaisirs.

ZERBINETTE.

Mon dieu, Scapin, fais-nous un peu ce récit, qu'on m'a dit qui est si plaisant, du stratagème dont tu t'es avisé pour tirer de l'argent de ton vieillard avare. Tu sais qu'on ne perd point sa peine lorsqu'on me fait un conte, et que je paie assez bien par la joie qu'on m'y voit prendre.

SCAPIN.

Voilà Silvestre qui s'en acquittera aussi bien que moi. J'ai dans la tête certaine petite vengeance, dont je vais goûter le plaisir.

SILVESTRE.

Pourquoi, de gaité de cœur, veux-tu chercher à t'attirer de méchantes affaires?

SCAPIN.

Je me plais à tenter des entreprises hasardeuses.

SILVESTRE.

Je te l'ai déjà dit, tu quitterais le dessein que tu as, si tu m'en voulais croire.

SCAPIN.

Oui, mais c'est moi que j'en croirai.

SILVESTRE.

A quoi diable te vas-tu amuser?

SCAPIN.

Dequoi diable te mets-tu en peine?

SILVESTRE.

C'est que je vois que, sans nécessité, tu vas courir risque de t'attirer une venue de coups de bâton.

SCAPIN.

Hé bien! c'est aux dépens de mon dos, et non pas du tien.

SILVESTRE.

Il est vrai que tu es maître de tes épaules, et tu en disposeras comme il te plaira.

SCAPIN.

Ces sortes de périls ne m'ont jamais arrêté; et je hais ces cœurs pusillanimes qui, pour trop prévoir les suites des choses, n'osent rien entreprendre.

ZERBINETTE, *à Scapin.*

Nous aurons besoin de tes soins.

SCAPIN.

Allez. Je vous irai bientôt rejoindre. Il ne sera pas dit qu'impunément on m'ait mis en état de me trahir moi-même, et de découvrir des secrets qu'il était bon qu'on ne sût pas.

SCENE II.

GÉRONTE, SCAPIN.

GÉRONTE.

Hé bien! Scapin, comment va l'affaire de mon fils?

SCAPIN.

Votre fils, monsieur, est en lieu de sûreté : mais vous courez maintenant, vous, le péril le plus grand du monde, et je voudrais, pour beaucoup, que vous fussiez dans votre logis.

GÉRONTE.

Comment donc?

SCAPIN.

A l'heure que je parle, on vous cherche de toutes parts pour vous tuer.

GÉRONTE.

Moi?

SCAPIN.

Oui.

GÉRONTE.

Et qui?

SCAPIN.

Le frère de cette personne qu'Octave a épousée. Il croit que le dessein que vous avez de mettre votre fille à la place que tient sa sœur, est ce qui pousse le plus fort à rompre leur mariage; et, dans cette pensée, il a résolu hautement de décharger son désespoir sur vous, et de vous ôter la vie pour venger son honneur. Tous ses amis, gens d'épée comme lui, vous cherchent de tous les côtés, et demandent de vos nouvelles. J'ai vu même de çà et de là des soldats de sa compagnie qui interrogent ceux qu'ils trouvent, et occupent par pelotons toutes les avenues de votre maison; de sorte que vous ne sauriez aller chez vous, vous ne sauriez faire un pas ni à droite ni à gauche, que vous ne tombiez dans leurs mains.

GÉRONTE.

Que ferai-je, mon pauvre Scapin?

SCAPIN.

Je ne sais pas, monsieur, et voici une étrange affaire. Je tremble pour vous depuis les pieds jusqu'à la tête, et... Attendez. (*Scapin faisant semblant d'aller voir au fond du théâtre s'il n'y a personne.*)

GÉRONTE, *en tremblant.*

Hé!

SCAPIN.

Non, non, non, ce n'est rien.

GÉRONTE.

Ne saurais-tu me trouver quelque moyen pour me tirer de peine?

SCAPIN.

J'en imagine bien un; mais je courrais risque, moi, de me faire assommer.

GÉRONTE.

Hé! Scapin, montre-toi serviteur zélé. Ne m'abandonne pas, je te prie.

SCAPIN.

Je le veux bien. J'ai une tendresse pour vous qui ne saurait souffrir que je vous laisse sans secours.

GÉRONTE.

Tu en seras recompensé, je t'assure; et je te promets cet habit-ci, quand je l'aurai un peu usé.

SCAPIN.

Attendez. Voici une affaire que j'ai trouvee fort à propos pour vous sauver. Il faut que vous vous mettiez dans ce sac, et que...

GÉRONTE, *croyant voir quelqu'un.*

Ah!

SCAPIN.

Non, non, non, non, ce n'est personne. Il faut, dis-je, que vous vous mettiez là-dedans, et que vous vous gardiez de remuer en aucune façon. Je vous chargerai sur mon dos, comme un paquet de quelque chose, et je vous porterai ainsi, au travers des vos ennemis jusque dans votre maison, où, quand nous serons une fois, nous pourrons nous barricader, et envoyer quérir main-forte contre la violence.

GÉRONTE.

L'invention est bonne.

SCAPIN.

La meilleure du monde. Vous allez voir. (*à part*) Tu me paieras l'imposture.

ÉRONTE.

Hé?

SCAPIN.

Je dis que vos ennemis seront bien attrapés. Mettez-vous bien jusqu'au fond; et surtout prenez garde de ne vous point montrer, et de ne branler pas, quelque chose qui puisse arriver.

GÉRONTE.

Laisse-moi faire, je saurai me tenir.

SCAPIN.

Cachez-vous; voici un spadassin qui vous cherche. (*en contrefaisant sa voix.*) « Quoi! je n'aurai pas l'abantage de tuer cé Geronte, et quelqu'un, par charité, né m'enseignera pas où il est! » (*à Géronte avec sa voix ordinaire*) Ne branlez pas. « Cadédis, jé lé troubérai, se cachât-il au centre dé la terre. » (*à Géronte, avec son ton naturel*) Ne vous montrez pas. (*Tout le langage gascon est supposé de celui qu'il contrefait, et le reste de lui.*) « Oh! l'homme au sac? » Monsieur. « Jé té vaille un louis, et m'enseigne où put être Géronte. » Vous cherchez le seigneur Géronte? « Oui, mordi, jé lé cherche. » Et pour quelle affaire, monsieur? « Pour quelle affaire? » Oui. « Jé beux, cadédis, lé faire mourir sous les coups dé vaton. » Oh! monsieur, les coups de bâton ne se donnent point à des gens comme lui, et ce n'est pas un homme à être traité de la sorte? « Qui! cé fat dé Géronte, cé maraud, cé vélitre? » Le seigneur Géronte n'est ni fat, ni maraud, ni belître; et vous devriez, s'il vous plaît, parler d'autre façon. « Comment! tu mé traites, à moi, avec cette hauteur! » Je défends, comme je dois, un homme d'honneur qu'on offense. « Est-ce que tu es des amis dé cé Géronte? » Oui, monsieur, j'en suis. « Ah! cadédis, tu es dé ses amis: à la vonne hure. (*donnant plusieurs coups de bâton sur le sac*) Tiens, boilà cé qué je té baille pour lui. » (*criant, comme s'il recevait les coups de bâton*) Ah, ah, ah, ah! monsieur, ah, ah, monsieur. tout beau. Ah, doucement! Ah, ah, ah! « Va, porte-lui cela dé ma part, Adiusias. » Ah! diable soit le Gascon! Ah!

GÉRONTE, *mettant la tête hors du sac.*

Ah! Scapin, je n'en puis plus.

SCAPIN.

Ah! monsieur, je suis tout moulu, et les épaules me font un mal épouvantable.

GÉRONTE.

Comment! c'est sur les miennes qu'il a frappé.

SCAPIN.

Nenni, monsieur, c'était sur mon dos qu'il frappait

GÉRONTE.

Que veux-tu dire? J'ai bien senti les coups, et les sens bien encore.

SCAPIN.

Non, vous dis-je; ce n'est que le bout du bâton qui a été jusque sur vos épaules.

GÉRONTE.

Tu devais donc te retirer un peu plus loin pour m'épargner...

SCAPIN, *lui remettant la tête dans le sac.*

Prenez garde; en voici un autre qui a la mine d'un étranger. (*Cet endroit est de même que celui du gascon pour le changement de langage et le jeu de théâtre*) « Parti, moi courir comme une Basque, et moi ne pouvre point troufair de tout le jour sti diable de Gironte. » Cachez-vous bien. « Dites moi un peu, fous, monsir l'homme, s'il ve plaît, fous savoir point où l'est sti Gironte que moi cherchair? » Non, monsieur, je ne sais point où est Géronte. « Dites-moi-le, fous, franchemente, moi li fouloir pas grande chose, à lui. L'est seulemente pour li donnair une petite regale sur le dos d'une douzaine de coups de bâtonne, et de trois ou quatre petites coups d'épée au trafers de son poitrine. » Je vous assure, monsieur, que je ne sais pas où il est. « Il me semble que ji foi remuair quelque chose dans sti sac. » Pardonnez-moi, monsieur. « Li est assurémente quelque histoire là tetans. » Point du tout, monsieur. « Moi l'afoir enfie de tonner ain coup d'épée dans sti sac. » Ah! monsieur, gardez-vous-en bien. « Montre-le-moi un peu, fous, ce que c'être là. » Tout beau, monsieur. « Quement, tout beau. » Vous n'avez que faire de vouloir voir ce que je porte. « Et moi, je le fouloir foir, moi. » Vous ne le verrez point. « Ah que de badinemente! » Ce sont hardes qui m'appartiennent. « Montre-moi, fous, te dis-je. » Je n'en ferai rien « Toi ne faire rien! » Non. « Moi pailler de ste bâtonne dessus les épaules de toi. » Je me moque de cela. « Ah! toi faire le trôle! (*donnant des coups de bâton sur le sac, et criant comme s'il les recevait*) » Ahi, ahi, ahi, monsieur. Ah, ah, ah, « Jusqu'au refoir; l'être là un petit lecon pour li apprendre toi à parler insolentement. » Ah! peste soit du baragouineux! Ah!

GÉRONTE, *sortant sa tête hors du sac.*

Ah! je suis roué.

SCAPIN.

Ah! je suis mort.

GÉRONTE.

Pourquoi, diantre, faut-il qu'ils frappent sur mon dos?

SCAPIN, *lui remettant encore la tête dans le sac.*

Prenez garde, voici une demi-douzaine de soldats tous ensemble. (*contrefaisant la voix de plusieurs personnes*) Allons, tâchons à trouver ce Géronte, cherchons par-tout. N'épargnons point nos pas. Courons toute la ville. N'oublions aucun lieu. Visitons tout. Furetons de tous les côtés. Par où irons-nous? Tournons par-là. Non, par ici. A gauche. A droite. Nenni. Si fait. (*à Geronte, avec sa voix ordinaire.*) Cachez-vous bien. « Ah! camarades, voici son valet. Allons, coquin, il faut que tu nous enseignes où est ton maître. » Hé! messieurs, ne me maltraitez point « Allons, dis-nous où il est. Parle. Hâte-toi. Expédions. Dépêche vite. Tôt. » Hé! messieurs, doucement. (*Geronte met doucement la tête hors du sac, et aperçoit la fourberie de Scapin.*) « Si tu ne nous fais trouver ton maître tout à l'heure, nous allons faire pleuvoir sur toi une ondée de coups de bâton. » J'aime mieux souffrir toute chose que de vous découvrir mon maître. « Nous allons t'assommer. » Faites tout ce qu'il vous plaira. « Tu as envie d'être battu. » Je ne trahirai point mon maître. « Ah! tu en veux tâter! Voilà... » Oh! (*Comme il est près de frapper, Géronte sort du sac, et Scapin s'enfuit.*)

GERONTE, *seul.*

Ah! infâme! Ah! traître! Ah! scélérat! C'est ainsi que tu m'assassines?

SCENE III.

ZERBINETTE, GERONTE.

ZERBINETTE, *riant sans voir Géronte.*

Ah, ah! je veux prendre un peu l'air.

GERONTE, *à part, sans voir Zerbinette.*

Tu me le paieras, je te le jure.

ZERBINETTE, *sans voir Geronte.*

Ah, ah, ah, ah! la plaisante histoire! et la bonne dupe que ce vieillard!

GERONTE.

Il n'y a rien de plaisant à cela, et vous n'avez que faire d'en rire.

ZERBINETTE.

Quoi! Que voulez-vous dire, monsieur?

GÉRONTE.

Je veux dire que vous ne devez pas vous moquer de moi.

ZERBINETTE.

De vous?

GÉRONTE.

Oui.

ZERBINETTE.

Comment! qui songe à se moquer de vous

GÉRONTE.

Pourquoi venez-vous ici me rire au nez?

ZERBINETTE.

Cela ne vous regarde point, et je ris toute seule d'un conte qu'on vient de me faire, le plus plaisant qu'on puisse entendre. Je ne sais pas si c'est parce que je suis interressée dans la chose; mais je n'ai jamais trouvé rien de si drôle, qu'un tour qui vient d'être joué par un fils à son père, pour en attraper de l'argent.

GÉRONTE.

Par un fils à son père, pour en attraper de l'argent?

ZERBINETTE.

Oui. Pour peu que vous me pressiez, vous me trouverez assez disposée à vous dire l'affaire; et j'ai une démangeaison naturelle à faire part des contes que je sais.

GÉRONTE.

Je vous prie de me dire cette histoire.

ZERBINETTE.

Je le veux bien. Je ne risquerai pas grand'chose à vous le dire, et c'est une aventure qui n'est pas pour être longtemps secrète. La destinée a voulu que je me trouvasse parmi une bande de ces personnes qu'on appelle Egyptiens, et qui, rôdant de province en province, se mêlent de dire la bonne fortune, et quelquefois de beaucoup d'autres choses. En arrivant dans cette ville, un jeune homme me vit et conçut pour moi de l'amour. Dès ce moment, il s'attacha à mes pas; et le voilà d'abord comme tous les jeunes gens, qui croient qu'il n'y a qu'à parler, et qu'au moindre mot qu'ils nous disent, leurs affaires sont faites: mais il trouva une fierté qui lui fit un peu corriger ses premières pensées. Il fit connaître sa passion aux gens qui me tenaient, et il les trouva disposés à me laisser à lui, moyennant quelque somme. Mais le mal de l'affaire était que mon amant se trouvait dans l'état où l'on voit très souvent la plupart des fils de famille, c'est-à dire qu'il était un peu dénué d'argent. Il a un père qui, quoique riche, est un avaricieux fieffé, le plus vilain homme du monde. Attendez. Ne me saurais-je souvenir de son nom? Haie! Aidez-moi un peu. Ne pouvez-vous me nommer quelqu'un de cette ville qui soit connu pour être avare au dernier point?

GÉRONTE.

Non.

ZERBINETTE.

Il y a à son nom du ron... ronte... Or... Oronte. Non. Gé... Géronte. Oui, Géronte, justement; voilà mon vilain, je l'ai trouvé; c'est ce ladre-là que je dis. Pour venir à notre conte, nos gens ont voulu aujourd'hui partir de cette ville; et mon amant m'allait perdre, faute d'argent, si, pour en tirer de son père, il n'avait trouvé du secours dans l'industrie d'un serviteur qu'il a. Pour le nom du serviteur, je le sais à merveille: il s'appelle Scapin; c'est un homme incomparable, et il mérite toutes les louanges que l'on peut donner.

GÉRONTE, *à part.*

Ah! coquin que tu es!

ZERBINETTE.

Voici le stratagème dont il s'est servi pour attraper sa dupe. Ah, ah, ah, ah, je ne saurais m'en souvenir, que je ne rie de tout mon cœur. Ah, ah, ah. Il est allé trouver ce chien d'avare, ah, ah, ah, et lui a dit qu'en se promenant sur le port avec son fils, hi! hi! ils avaient vu une galère turque, où on les avait invités d'entrer; qu'un jeune Turc leur y avait donné la collation, ah! que, tandis qu'ils mangeaient, on avait mis la galère en mer, et que le Turc l'avait renvoyé lui seul à terre dans un esquif, avec ordre de dire au père de son maître qu'il emmenait son fils en Alger, s'il ne lui envoyait tout à l'heure cinq cents écus. Ah, ah, ah! Voilà mon ladre, mon vilain, dans de furieuses angoisses; et la tendresse qu'il a pour son fils fait un combat étrange avec son avarice. Cinq cents écus qu'on lui demande sont justement cinq cents coups de poignard qu'on lui donne. Ah, ah, ah! Il ne peut se résoudre à tirer cette somme de ses entrailles, et la peine qu'il souffre lui fait trouver cent moyens ridicules pour ravoir son fils. Ah, ah, ah! Il veut envoyer la justice en mer après la galère du Turc; ah, ah, ah! il sollicite son valet de s'aller offrir à tenir la place de son fils, jusqu'à ce qu'il ait amassé l'argent qu'il n'a pas envie de donner; ah, ah, ah! il abandonne, pour les cinq cents écus, quatre ou cinq vieux habits qui n'en valent pas trente. Ah, ah, ah! Le valet lui fait comprendre à tous coups l'impertinence de ses propositions, et chaque réflexion est douloureusement accompagnée d'un: Mais que diable allait-il faire dans cette galère? Ah! Maudite galère! Traître de Turc! Enfin, après plusieurs détours, après avoir longtemps gémi et soupiré... Mais il me semble que vous ne riez point de mon conte, qu'en dites-vous?

GÉRONTE.

Je dis que le jeune homme est un pendard, un insolent, qui sera puni par son père du tour qu'il lui a fait; que l'Egyptienne est une malavisée, une impertinente, de dire des injures à un homme d'honneur, qui saura lui apprendre à venir ici débaucher les enfants de famille; et que le valet est un scélérat qui sera par Géronte envoyé au gibet avant qu'il soit demain.

SCENE IV.

ZERBINETTE, SILVESTRE.

SILVESTRE.

Où est-ce d[illegible] que vous vous échappez?

vous bien que vous venez de parler là au père de votre amant?

ZERBINETTE.

Je viens de m'en douter, et je me suis adressée à lui-même, sans y penser, pour lui conter son histoire.

SILVESTRE.

Comment son histoire?

ZERBINETTE.

Oui; j'étais toute remplie du conte, et je brûlais de le redire. Mais qu'importe? Tant pis pour lui. Je ne vois pas que les choses, pour nous, en puissent être ni pis ni mieux.

SILVESTRE.

Vous aviez grande envie de babiller; et c'est avoir bien de la langue, que de ne pouvoir se taire de ses propres affaires.

ZERBINETTE.

N'aurait-il pas appris cela de quelque autre?

SCENE V.

ARGANTE, ZERBINETTE, SILVESTRE.

ARGANTE, *derrière le théâtre.*

Holà! Silvestre.

SILVESTRE, *à Zerbinette.*

Rentrez dans la maison. Voilà mon maître qui m'appelle.

SCENE VI.

ARGANTE, SILVESTRE.

ARGANTE.

Vous vous êtes donc accordés, coquins, vous vous êtes accordés, Scapin, vous et mon fils, pour me fourber; et vous croyez que je l'endure?

SILVESTRE.

Ma foi, monsieur, si Scapin vous fourbe, je m'en lave les mains, et vous assure que je n'y trempe en aucune façon.

ARGANTE.

Nous verrons cette affaire, pendard, nous verrons cette affaire, et je ne prétends pas qu'on me fasse passer la plume par le bec.

SCENE VII.

GÉRONTE, ARGANTE, SILVESTRE.

GÉRONTE.

Ah! seigneur Argante, vous me voyez accablé de disgrace.

ARGANTE.

Vous me voyez aussi dans un accablement horrible.

GÉRONTE.

Le pendard de Scapin, par une fourberie, m'a attrapé cinq cents écus.

ARGANTE.

Le même pendard de Scapin, par une fourberie aussi, m'a attrapé deux cents pistoles.

GERONTE.

Il ne s'est pas contenté de m'attraper cinq cents écus, il m'a traité d'une manière que j'ai honte de dire. Mais il me la paiera.

ARGANTE.

Je veux qu'il me fasse raison de la pièce qu'il jouée.

GERONTE.

Et je prétends faire de lui une vengeance exemplaire.

SILVESTRE, *à part.*

Plaise au ciel que, dans tout ceci, je n'aie point ma part!

GERONTE.

Mais ce n'est pas encore tout, seigneur Argante, et un malheur nous est toujours l'avant-coureur d'un autre. Je me réjouissais aujourd'hui de l'espérance d'avoir ma fille, dont je faisais toute ma consolation; et je viens d'apprendre de mon homme qu'elle est partie il y a longtemps de Tarente, et qu'on y croit qu'elle a péri dans le vaisseau où elle s'embarqua.

ARGANTE.

Mais pourquoi, s'il vous plaît, la tenir à Tarente et ne vous être pas donné la joie de l'avoir avec vous?

GÉRONTE.

J'ai eu mes raisons pour cela; et des intérêts de famille m'ont obligé, jusqu'ici, à tenir fort secret ce second mariage. Mais que vois-je!

SCENE VIII.

ARGANTE, GÉRONTE, NÉRINE, SILVESTRE.

GÉRONTE.

Ah! te voilà, Nérine?

NÉRINE, *se jetant aux genoux de Géronte.*

Ah! seigneur Pandolphe, que...

GÉRONTE.

Appelle-moi Géronte, et ne te sers plus de ce nom. Les raisons ont cessé qui m'avaient obligé à le prendre parmi vous à Tarente.

NÉRINE.

Las! que ce changement de nom nous a causé de troubles et d'inquiétudes dans les soins que nous avons pris de vous venir chercher ici!

GÉRONTE.

Où est ma fille et sa mère?

NERINE.

Votre fille, monsieur, n'est pas loin d'ici; mais, avant que de vous la faire voir, il faut que je vous demande pardon de l'avoir mariée, dans l'abandonnement où, faute de vous rencontrer, je me suis trouvée avec elle.

GÉRONTE.

Ma fille mariée?

NÉRINE.

Oui, monsieur.

GÉRONTE.

Et avec qui?

NERINE.

Avec un jeune homme nommé Octave, fils d'un certain seigneur Argante.

GERONTE.

O ciel!

ARGANTE.

Quelle rencontre!

GERONTE.

Mène-nous, mène-nous promptement où elle est.

NERINE.

Vous n'avez qu'à entrer dans ce logis.

GERONTE.

Passe devant. Suivez-moi, suivez-moi, seigneur Argante.

SILVESTRE, *seul.*

Voilà une aventure qui est tout à fait surprenante.

SCENE IX.

SCAPIN, SILVESTRE.

SCAPIN.

Hé bien! Silvestre, que font nos gens?

SILVESTRE.

J'ai deux avis à te donner. L'un, que l'affaire d'Octave est accommodée: notre Hyacinte s'est trouvée la fille du seigneur Géronte; et le hasard a fait ce que la prudence des pères avait délibéré. L'autre avis, c'est que les deux vieillards font contre toi des menaces épouvantables, et surtout le seigneur Géronte.

SCAPIN.

Cela n'est rien. Les menaces ne m'ont jamais fait mal; et ce sont des nuées qui passent bien loin sur nos têtes.

SILVESTRE.

Prends garde à toi. Les fils se pourraient bien raccommoder avec les pères, et toi demeurer dans la nasse.

SCAPIN.

Laisse-moi faire, je trouverai moyen d'apaiser leur courroux, et...

SILVESTRE.

Retire-toi, les voilà qui sortent.

SCENE X.

GÉRONTE, ARGANTE, HYACINTE, ZERBINETTE, NÉRINE, SILVESTRE.

GÉRONTE.

Allons, ma fille, venez chez moi. Ma joie aurait été parfaite, si j'avais pu voir votre mère avec vous.

ARGANTE.

Voici Octave tout à propos.

SCÈNE XI.

ARGANTE, GÉRONTE, OCTAVE, HYACINTHE, ZERBINETTE, NÉRINE, SILVESTRE.

ARGANTE.

Venez! mon fils, venez vous réjouir avec nous de l'heureuse aventure de votre mariage. Le ciel...

OCTAVE.

Non, mon père, toutes vos propositions de mariage ne serviront de rien. Je dois lever le masque avec vous, et l'on vous a dit mon engagement.

ARGANTE.

Oui. Mais tu ne sais pas...

OCTAVE.

Je sais tout ce qu'il faut savoir.

ARGANTE.

Je te veux dire que la fille du seigneur Géronte...

OCTAVE.

La fille du seigneur Géronte ne me sera jamais de rien.

GÉRONTE.

C'est elle...

OCTAVE, *à Géronte.*

Non, monsieur; je vous demande pardon: mes résolutions sont prises.

SILVESTRE, *à Octave.*

Écoutez...

OCTAVE.

Non, tais-toi, je n'écoute rien.

ARGANTE, *à Octave.*

Ta femme...

OCTAVE.

Non, vous dis-je, mon père; je mourrai plutôt que de quitter mon aimable Hyacinte. Oui, vous avez beau faire, la voilà celle à qui ma foi (*traversant le théâtre pour se mettre à côté d'Hyacinte*) est engagée; je l'aimerai toute ma vie, et je ne veux point d'autre femme.

ARGANTE.

Hé bien! C'est elle qu'on te donne. Quel diable d'étourdi qui suit toujours sa pointe!

HYACINTE, *montrant Géronte.*

Oui, Octave, voilà mon père que j'ai trouvé; et tous nous voyons hors de peine.

GERONTE.

Allons chez moi, nous serons mieux qu'ici pour nous entretenir.

HYACINTE, *montrant Zerbinette.*

Ah! mon père, je vous demande par grace que je ne sois point séparée de l'aimable personne que vous voyez. Elle a un mérite qui vous fera concevoir de l'estime pour elle, quand il sera connu de vous.

GÉRONTE

Tu veux que je tienne chez moi une personne qui est aimée de ton frère, et qui m'a dit tantôt au nez mille sottises de moi-même?

ZERBINETTE.

Monsieur, je vous prie de m'excuser. Je n'aurais pas parlé de la sorte, si j'avais su que c'était vous, et je ne vous connaissais que de réputation.

GERONTE.

Comment! que de réputation?

HYACINTE.

Mon père, la passion que mon frère a pour elle n'a rien de criminel, et je réponds de sa vertu.

GERONTE.

Voilà qui est fort bien. Ne voudrait-on point que je mariasse mon fils avec elle? une fille inconnue, qui fait le métier de coureuse!

SCÈNE XII.

ARGANTE, GÉRONTE, LÉANDRE, OCTAVE, HYACINTE, ZERBINETTE, NÉRINE, SILVESTRE.

LÉANDRE.

Mon père, ne vous plaignez point que j'aime une inconnue sans naissance et sans bien. Ceux de qui je l'ai rachetée viennent de me découvrir qu'elle est de cette ville, et d'honnête famille; que ce sont eux qui l'y ont dérobée à l'âge de quatre ans: et voici un bracelet qu'ils m'ont donné, qui pourra nous aider à trouver ses parents.

ARGANTE.

Hélas! à voir ce bracelet, c'est ma fille, que je perdis à l'âge que vous dites.

GERONTE.

Votre fille?

ARGANTE.

Oui, ce l'est; et j'y vois tous les traits qui m'en peuvent rendre assuré.

HYACINTE.

O ciel! que d'aventures extraordinaires!

SCENE XIII.

ARGANTE, GÉRONTE, LEANDRE, OCTAVE, HYACINTE, ZERBINETTE, NERINE, SILVESTRE, CARLE.

CARLE.

Ah! messieurs, il vient d'arriver un accident étrange.

GERONTE.

Quoi?

CARLE.

Le pauvre Scapin...

GERONTE.

C'est un coquin que je veux faire pendre.

CARLE.

Hélas! monsieur, vous ne serez pas en peine de cela. En passant contre un bâtiment, il lui est tombé sur la tête un marteau de tailleur de pierre, qui lui a brisé l'os et découvert toute la cervelle. Il se meurt, et il a prié qu'on l'apportât ici pour vous pouvoir parler avant que de mourir.

ARGANTE.

Où est-il?

CARLE.

Le voilà.

SCENE XIV.

ARGANTE, GÉRONTE, LÉANDRE, OCTAVE, HYACINTE, ZERBINETTE, NERINE, SCAPIN, SYLVESTRE, CARLE.

SCAPIN, *apporté par deux hommes, et la tête entourée de linge, comme s'il avait été blessé.*

Ahi, ahi, messieurs, vous me voyez... ahi, vous me voyez dans un étrange état?... Ah! je n'ai pas voulu mourir, sans venir demander pardon à toutes les personnes que je puis avoir offensées. Ahi. Oui, messieurs, avant que de rendre le dernier soupir, je vous conjure de tout mon cœur de vouloir me pardonner tout ce que je puis vous avoir fait, et principalement le seigneur Argante et le seigneur Géronte. Ahi!

ARGANTE.

Pour moi, je te pardonne; va, meurs en repos.

SCAPIN, *à Géronte.*

C'est vous, monsieur, que j'ai le plus offensé par les coups de bâton que...

GERONTE.

Ne parle point davantage, je te pardonne aussi.

SCAPIN.

C'a été une témérité bien grande à moi, que les coups de bâton que je...

GERONTE.

Laissons cela.

SCAPIN.

J'ai, en mourant, une douleur inconcevable des coups de bâton que...

GERONTE.

Mon dieu ! tais-toi.

SCAPIN.

Les malheureux coups de bâton que je vous...

GERONTE.

Tais-toi, te dis-je; j'oublie tout.

SCAPIN.

Hélas ! quelle bonté ! mais est-ce de bon cœur, monsieur, que vous me pardonnez ces coups de bâton que...

GERONTE.

Hé ! oui. Ne parlons plus de rien; je te pardonne tout, voilà qui est fait.

SCAPIN.

Ah ! monsieur, je me sens tout soulagé depuis cette parole.

GERONTE.

Oui; mais je te pardonne à la charge que tu mourras.

SCAPIN.

Comment ! monsieur?

GERONTE.

Je me dédis de ma parole, si tu réchappes.

SCAPIN.

Ah ! ah ! Voilà mes faiblesses qui me reprennent.

ARGANTE.

Seigneur Géronte, en faveur de notre joie, il faut lui pardonner sans condition.

GERONTE.

Soit.

ARGANTE.

Allons souper ensemble, pour mieux goûter notre plaisir.

SCAPIN.

Et moi, qu'on me porte au bout de la table, en attendant que je meure.

FIN DES FOURBERIES DE SCAPIN.

PSYCHÉ,

TRAGI-COMÉDIE ET BALLET EN CINQ ACTES.

1671.

PERSONNAGES DU PROLOGUE.

FLORE
VERTUMNE, dieu des jardins.
PALEMON, dieu des eaux.
VENUS.
L'AMOUR.
EGIALE, Grace.
PHAENE, Grace.
NYMPHES, de la suite de Flore chantantes
DRYADES et SYLVAINS, de la suite de Vertumne dansant
SYLVAINS dansants.
DIEUX DES FLEUVES de la suite de Palémon dansants.
DIEUX DES FLEUVES chantants.
NAIADES.
AMOURS de la suite de Venus, dansants.

PERSONNAGES DE LA TRAGI-COMÉDIE.

JUPITER.
VENUS.
L'AMOUR.
ZEPHYRE.
EGIALE, Grace.
PHAENE, Grace.
LE ROI, père de Psyché.
PSYCHE.
AGLAURE, sœur de Psyché.
CYDIPPE, sœur de Psyché.
CLEOMÈNE, prince, amant de Psyché.
AGENOR, prince, amant de Psyché.
LYCAS, capitaine des gardes.
DEUX AMOURS.
LE DIEU D'UN FLEUVE.
SUITE DU ROI.

PERSONNAGES DES INTERMEDES.

PREMIER INTERMEDE.

FEMME DESOLEE chantante.
DEUX HOMMES AFFLIGES chantants.
HOMMES AFFLIGES dansants.
FEMMES DESOLEES dansantes.

SECOND INTERMEDE.

VULCAIN.
CYCLOPES dansants.
FEES dansantes.

TROISIEME INTERMEDE.

UN ZEPHYRE chantant.
DEUX AMOURS chantants.
ZEPHYRES dansants.
AMOURS dansants.

QUATRIEME INTERMEDE.

FURIES dansantes.
LUTINS, faisant des sauts périlleux.

CINQUIEME INTERMEDE.

NOCES DE L'AMOUR ET DE PSYCHÉ.

APOLLON.
LES MUSES, chantantes.
ARTS, travestis en bergers galants, dansants.
BACCHUS.
EGIPANS dansants.
MENADES dansantes.
MOME.
POLICHINELLES dansant.
MATASSINS dansant.
MARS.
GUERRIERS portant des enseignes.
GUERRIERS portant des piques
GUERRIERS portant des masses de boucliers.
CHOEUR des divinités célestes.

PROLOGUE.

SCENE PREMIERE.

Le théâtre représente sur le devant, un lieu champêtre; et la la mer dans le fond.

FLORE, VERTUMNE, PALÉMON, NYMPHES DE FLORE, DRYADES, SYLVAINS, FLEUVES, NAIADES.

On voit des nuages suspendus en l'air, qui, en descendant, roulent, s'ouvrent, s'étendent, et, répandus dans toute la longueur du théâtre, laissent voir Vénus et l'Amour accompagnés de six Amours, et à leurs côtés Egiale et Phaene.

FLORE.

Ce n'est plus le temps de la guerre;
Le plus puissant des rois
Interrompt ses exploits,
Pour donner la paix à la terre.
Descendez, mère des amours,
Venez nous donner de beaux jours.

CHOEUR *des divinités de la terre et des eaux.*

Nous goûtons une paix profonde,
Les plus doux jeux sont ici-bas.
On doit ce repos plein d'appas
Au plus grand roi du monde.
Descendez, mère des amours,
Venez nous donner de beaux jours.

PREMIERE ENTRÉE DE BALLET.

Les dyrades, les sylvains, les dieux des fleuves et les naïades, se réunissent et dansent en l'honneur de Vénus

VERTUMNE.

Rendez-vous, beautés cruelles,
Soupirez à votre tour.

PALEMON.

Voici la reine des belles,
Qui vient inspirer l'amour.

VERTUMNE.

Un bel objet toujours sévère
Ne se fait jamais bien aimer.

PALEMON.

C'est la beauté qui commence de plaire;
Mais la douceur achève de charmer.

TOUS DEUX ENSEMBLE.

C'est la beauté qui commence de plaire,
Mais la douceur achève de charmer.

VERTUMNE.

Souffrons tous qu'Amour nous blesse;
Languissons, puisqu'il le faut.

PALEMON.

Que sert un cœur sans tendresse?
Est-il un plus grand défaut

VERTUMNE.

Un bel objet, toujours sévère,
Ne se fait jamais bien aimer.

PALEMON.

C'est la beauté qui commence de plaire;
Mais la douceur achève de charmer.

TOUS DEUX ENSEMBLE.

C'est la beauté qui commence de plaire;
Mais la douceur achève de charmer.

FLORE.

Est-on sage
Dans le bel âge,
Est-on sage
De n'aimer pas?
Que, sans cesse
L'on se presse
De goûter les plaisirs ici-bas.
La sagesse
De la jeunesse,
C'est de savoir jouir de ses appas.

DEUXIÈME ENTRÉE DE BALLET.

Les divinités de la terre et des eaux mêlent leurs danses aux chants de Flore.

FLORE.

L'amour charme
Ceux qu'il désarme
L'Amour charme,
Cédons-lui tous.
Notre peine
Serait vaine
De vouloir résister à ses coups.
Quelque chaîne
Qu'un amant prenne,
La liberté n'a rien qui soit si doux.

CHOEUR *des divinités de la terre et des eaux.*

Nous goûtons une paix profonde,
Les plus doux jeux sont ici-bas.
On doit ce repos plein d'appas
Au plus grand roi du monde.
Descendez, mère des Amours;
Venez nous donner de beaux jours.

TROISIÈME ENTRÉE DE BALLET.

Les dryades, les sylvains, les dieux des fleuves et les naïades, voyant rapprocher Vénus, continuent d'exprimer par leurs danses la joie que leur inspire sa présence.

VÉNUS, *dans sa machine.*

Cessez, cessez, pour moi tous vos chants d'allégresse;
De si rares honneurs ne m'appartiennent pas;
Et l'hommage qu'ici votre bonté m'adresse,
Doit être réservé pour de plus doux appas.
C'est une trop vieille méthode
De me venir faire sa cour;
Toutes les choses ont leur tour,
Et Vénus n'est plus à la mode.
Il est d'autres attraits naissants
Où l'on va porter ses encens.
Psyché, Psyché la belle, aujourd'hui tient ma place;
Déjà tout l'univers s'empresse à l'adorer,
Et c'est trop que, dans ma disgrace,
Je trouve encor quelqu'un qui me daigne honorer.
On ne balance point entre nos deux mérites;
A quitter mon parti tout s'est licencié;
Et du nombreux amas des Graces favorites,
Dont je traînais partout les soins et l'amitié,
Il ne m'en est resté que deux des plus petites,
Qui m'accompagnent par pitié.
Souffrez que ces demeures sombres.
Prêtent leur solitude aux troubles de mon cœur,
Et me laissez parmi leurs ombres,
Cacher ma honte et ma douleur.

(*Flore et les autres déités se retirent, et Vénus, avec sa suite, sort de sa machine.*)

SCENE II.

VÉNUS, *descendue sur la terre*, L'AMOUR, EGIALE, PHAENE, AMOURS.

ÉGIALE.

Nous ne savons, déesse, comment faire,
Dans ce chagrin qu'on voit vous accabler:
Notre respect veut se taire,
Notre zèle veut parler.

VENUS.

Parlez: mais, si vos soins aspirent à me plaire,
Laissez tous vos conseils pour une autre saison,
Et ne parlez de ma colère
Que pour dire que j'ai raison.
C'était là, c'était là la plus sensible offense
Que ma divinité pût jamais recevoir;
Mais j'en aurai la vengeance,
Si les dieux ont du pouvoir.

PHAENE.

Vous avez plus que nous de clartés, de sagesse,
Pour juger ce qui peut être digne de vous;
Mais, pour moi, j'aurais cru qu'une grande déesse
Devrait moins se mettre en courroux.

VENUS.

Et c'est là la raison de ce courroux extreme.

Plus mon rang a d'éclat, plus l'affront est sanglant;
Et, si je n'étais pas dans ce degré suprême,
Le dépit de mon cœur serait moins violent.
Moi, la fille du dieu qui lance le tonnerre;
Mère du dieu qui fait aimer;
Moi, les plus doux souhaits du ciel et de la terre,
Et qui ne suis venue au jour que pour charmer;
Moi, qui partout ce qui respire,
Ai vu tant de vœux encenser mes autels,
Et qui de la beauté, par des droits immortels,
Ai tenu de tout temps le souverain empire;
Moi, dont les yeux ont mis deux grandes déités
Au point de me céder le prix de la plus belle,
Je me vois ma victoire et mes droits disputés
Par une chétive mortelle!
Le ridicule excès d'un fol entêtement
Va jusqu'à m'opposer une petite fille!
Sur ses traits et les miens j'essuierai constamment
Un téméraire jugement;
Et, du haut des cieux, où je brille,
J'entendrai prononcer aux mortels prévenus:
Elle est plus belle que Vénus!

EGIALE.

Voilà comme l'on fait; c'est le style des hommes,
Ils sont impertinents dans leurs comparaisons.

PHAÈNE.

Ils ne sauraient louer, dans le siècle où nous sommes
Qu'ils n'outragent les plus grands noms.

VÉNUS.

Ah! que de ces trois mots la rigueur insolente
Venge bien Junon et Pallas,
Et console leurs cœurs de la gloire éclatante
Que la fameuse pomme acquit à mes appas!
Je les vois s'applaudir de mon inquiétude,
Affecter à toute heure an ris malicieux,
Et, d'un fixe regard, chercher avec étude
Ma confusion dans mes yeux.
Leur triomphante joie, au fort d'un tel outrage,
Semble me venir dire, insultant mon courroux
Vante, vante, Vénus, les traits de ton visage!
Au jugement d'un seul tu l'emportas sur nous;
Mais, par le jugement de tous,
Une simple mortelle a sur toi l'avantage.
Ah! ce coup-là m'achève, il me perce le cœur,
Je n'en puis plus souffrir les rigueurs sans égales,
Et c'est trop de surcroît à ma vive douleur,
Que le plaisir de mes rivales.
Mon fils, si j'eus jamais sur toi quelque crédit,
Et si jamais je te fus chère,
Si tu portes un cœur à sentir le dépit
Qui trouble le cœur d'une mère
Qui si tendrement te chérit,
Emploie, emploie ici l'effort de ta puissance
A soutenir mes intérêts;
Et fais à Psyché, par tes traits,
Sentir les traits de ma vengeance.
Pour rendre son cœur malheureux,
Prends celui de tes traits le plus propre à me plaire,
Le plus empoisonné de ceux
Que tu lances dans ta colère.
Du plus bas, du plus vil, du plus affreux mortel,
Fait que, jusqu'à la rage, elle soit enflammée,
Et qu'elle ait à souffrir le supplice cruel
D'aimer, et n'être point aimée.

L'AMOUR.

Dans le monde on n'entend que plaintes de l'Amour;
On m'impute partout mille fautes commises;
Et vous ne croiriez point le mal et les sottises
Que l'on dit de moi chaque jour.
Si pour servir votre colère. ...

VÉNUS.

Va, ne résiste point aux souhaits de ta mère,
N'applique tes raisonnements
Qu'à chercher les plus prompts moments
De faire un sacrifice à ma gloire outragée.
Pars, pour toute réponse à mes empressements,
Et ne me revois point que je ne sois vengée.
(*L'Amour s'envole.*)

FIN DU PROLOGUE.

PSYCHÉ.

ACTE PREMIER.

Le théâtre représente le palais du roi.

SCÈNE PREMIERE.

AGLAURE, CYDIPPE.

AGLAURE.

Il est des maux, ma sœur, que le silence aigrit;
Laissons, laissons parler mon chagrin et le vôtre,
Et de nos cœurs l'un à l'autre
Exhalons le cuisant dépit.
Nous nous voyons sœurs d'infortune;
Et la vôtre et la mienne ont un si grand rapport,
Que nous pouvons mêler toutes les deux en une,
Et, dans notre juste transport,
Murmurer à plainte commune
Des cruautés de notre sort.
Quelle fatalité secrète,
Ma sœur, soumet tout l'univers
Aux attraits de notre cadette,
Et, de tant de princes divers
Qu'en ces lieux la fortune jette,
N'en présente aucun à nos fers?
Quoi! voir de toutes parts, pour lui rendre les armes,
Les cœurs se précipiter,
Et passer devant nos charmes,
Sans s'y vouloir arrêter!
Quel sort ont nos yeux en partage,
Et qu'est-ce qu'ils ont fait aux dieux,
De ne jouir d'aucun hommage
Parmi tous ces tributs de soupirs glorieux,
Dont le superbe avantage
Fait triompher d'autres yeux?
Est-il pour nous, ma sœur, de plus rudes disgrâces,
Que de voir tous les cœurs mépriser nos appas,
Et l'heureuse Psyché jouir avec audace
D'une foule d'amants attachés à ses pas?

CYDIPPE.

Ah! ma sœur, c'est une aventure
A faire perdre la raison;
Et tous les maux de la nature
Ne sont rien en comparaison.

AGLAURE.

Pour moi, j'en suis souvent jusqu'à verser des larmes:
Tout plaisir, tout repos, par là m'est arraché;
Contre un pareil malheur ma constance est sans armes.
Toujours à ce chagrin mon esprit attaché,
Me tient devant les yeux la honte de nos charmes,
Et le triomphe de Psyché.
La nuit, il m'en repasse une idée éternelle,
Qui, sur toute chose, prévaut.
Rien ne me peut chasser cette image cruelle;
Et, dès qu'un doux sommeil me vient délivrer d'elle:
Dans mon esprit, aussitôt,
Quelque songe la rappelle,
Qui me réveille en sursaut.

CYDIPPE.

Ma sœur, voilà mon martyre
Dans vos discours je me vois;
Et vous venez là de dire
Tout ce qui se passe en moi.

AGLAURE.

Mais encor, raisonnons un peu sur cette affaire.
Quels charmes si puissants en elle sont épars?
Et par où, dites-moi, du grand secret de plaire,
L'honneur est-il acquis à ses moindres regards?
Que voit-on dans sa personne,
Pour inspirer tant d'ardeurs?
Quel droit de beauté lui donne
L'empire de tous les cœurs?

Elle a quelques attraits, quelque éclat de jeunesse;
On en tombe d'accord, je n'en disconviens pas:
Mais lui cède-t-on fort, pour quelque peu d'aînesse,
Et se voit-on sans appas?
Est-on d'une figure à faire qu'on se raille?
N'a-t-on point quelques traits et quelques agréments,
Quelque teint, quelques yeux, quelque air et quelque taille
A pouvoir, dans nos fers jeter quelques amants?
Ma sœur, faites-moi la grace
De me parler franchement :
Suis-je faite d'un air, à votre jugement,
Que mon mérite au sien doive céder la place?
Et dans quelque ajustement
Trouvez-vous qu'elle m'efface?

CYDIPPE.

Qui? vous, ma sœur? Nullement.
Hier, à la chasse, près d'elle,
Je vous regardai longtemps:
Et, sans vous donner d'encens,
Vous me parûtes plus belle.
Mais, moi, dites, ma sœur, sans me vouloir flatter,
Sont-ce des visions que je me mets en tête,
Quand je me crois taillée à pouvoir mériter
La gloire de quelque conquête?

AGLAURE.

Vous, ma sœur? Vous avez, sans nul déguisement,
Tout ce qui peut causer une amoureuse flamme.
Vos moindres actions brillent d'un agrément
Dont je me sens toucher l'ame;
Et je serais votre amant,
Si j'étais autre que femme.

CYDIPPE.

D'où vient donc qu'on la voit l'emporter sur nous deux;
Qu'à ses premiers regards les cœurs rendent les armes,
Et que d'aucun tribut de soupirs et de vœux
On ne fait honneur à nos charmes?

AGLAURE.

Toutes les dames, d'une voix,
Trouvent ses attraits peu de chose,
Et du nombre d'amants qu'elle tient sous ses lois,
Ma sœur, j'ai découvert la cause.

CYDIPPE.

Pour moi, je la devine; et l'on doit présumer
Qu'il faut que là dessous soit caché du mystère.
Ce secret de tout enflammer
N'est point de la nature un effet ordinaire:
L'art de la Thessalie entre dans cette affaire;
Et quelque main a su, sans doute, lui former
Un charme pour se faire aimer.

AGLAURE.

Sur un plus fort appui ma croyance se fonde
Et le charme qu'elle a pour attirer les cœurs,
C'est un air, en tout temps, désarmé de rigueurs,
Des regards caressants que la bouche seconde,
Un souris chargé de douceurs,
Qui tend les bras à tout le monde,
Et ne vous promet que faveurs.
Notre gloire n'est plus aujourd'hui conservée;
Et l'on n'est plus au temps de ces nobles fiertés
Qui, par un digne essai d'illustres cruautés,
Voulaient voir d'un amant la constance éprouvée.
De tout ce noble orgueil, qui nous seyait si bien,
On est bien descendu, dans le siècle où nous sommes;
Et l'on en est réduite à n'espérer plus rien,
A moins que l'on se jette à la tête des hommes.

CYDIPPE.

Oui, voilà le secret de l'affaire; et je voi
Que vous le prenez mieux que moi.
C'est pour nous attacher à trop de bienséance
Qu'aucun amant, ma sœur, à nous ne veut venir;
Et nous voulons trop soutenir
L'honneur de notre sexe et de notre naissance.
Les hommes, maintenant, aiment ce qui leur rit;
L'espoir, plus que l'amour, est ce qui les attire;
Et c'est par là que Psyché nous ravit
Tous les amants qu'on voit sous son empire.
Suivons, suivons l'exemple, ajustons-nous au temps:
Abaissons-nous, ma sœur, à faire des avances,
Et ne ménageons plus de tristes bienséances,
Qui nous ôtent les fruits du plus beau de nos ans.

AGLAURE.

J'approuve la pensée; et nous avons matière
D'en faire l'épreuve première
Aux deux princes qui sont les derniers arrivés.
Ils sont charmants, ma sœur, et leur personne entière
Me... Les avez-vous observés?

CYDIPPE.

Ah! ma sœur, ils sont faits tous deux d'une manière
Que mon ame... Ce sont deux princes achevés.

AGLAURE.

Je trouve qu'on pourrait rechercher leur tendresse
Sans se faire déshonneur.

CYDIPPE.

Je trouve que, sans honte, une belle princesse
Leur pourrait donner son cœur.

AGLAURE.

Les voici tous deux, et j'admire
Leur air et leur ajustement.

CYDIPPE.

Ils ne démentent nullement
Tout ce que nous venons de dire.

SCENE II.

CLÉOMÈNE, AGÉNOR, AGLAURE, CYDIPPE.

AGLAURE.

D'où vient, princes, d'où vient que vous fuyez ainsi?
Prenez-vous l'épouvante en nous voyant paraître?

CLÉOMÈNE.

On nous faisait croire qu'ici
La princesse Psyché, madame, pourrait être.

AGLAURE.

Tous ces lieux n'ont-ils rien d'agréable pour vous,
Si vous ne les voyez ornés de sa présence?

AGÉNOR.

Ces lieux peuvent avoir des charmes assez doux;
Mais nous cherchons Psyché, dans notre impatience.

CYDIPPE.

Quelque chose de bien pressant
Vous doit, à la chercher, pousser tous deux, sans doute.

CLÉOMÈNE.

Le motif est assez puissant,
Puisque notre fortune enfin en dépend toute.

AGLAURE.

Ce serait trop, à nous, que de nous informer
Du secret que ces mots nous peuvent enfermer.

CLÉOMÈNE.

Nous ne prétendons point en faire de mystère:
Aussi bien, malgré nous, paraîtrait-il au jour;
Et le secret ne dure guère,
Madame, quand c'est de l'amour.

CYDIPPE.

Sans aller plus avant, princes, cela veut dire
Que vous aimez Psyché tous deux.

AGÉNOR.

Tous deux, soumis à son empire,
Nous allons de concert lui découvrir nos feux.

AGLAURE.

C'est une nouveauté, sans doute, assez bizarre,
Que deux rivaux si bien unis.

CLÉOMÈNE.

Il est vrai que la chose est rare,
Mais non pas impossible à deux parfaits amis.

CYDIPPE.

Est-ce que dans ces lieux, il n'est qu'elle de belle?
Et n'y trouvez-vous point à séparer vos vœux?

AGLAURE.

Parmi l'éclat du sang vos yeux n'ont-ils vu qu'elle
A pouvoir mériter vos feux?

CLÉOMÈNE.

Est-ce que l'on consulte au moment qu'on s'enflamme?
Choisit-on qui l'on veut aimer?
Et, pour donner toute son ame,
Regarde-t-on quel droit on a de nous charmer?

AGÉNOR.

Sans qu'on ait le pouvoir d'élire,
On suit dans une telle ardeur
Quelque chose qui nous attire;
Et, lorsque l'amour touche un cœur,
On n'a point de raison à dire.

AGLAURE.

En vérité, je plains les fâcheux embarras
Où je vois que vos cœurs se mettent.
Vous aimez un objet dont les riants appas
Mêleront des chagrins à l'espoir qu'ils vous jettent;
Et son cœur ne vous tiendra pas
Tout ce que ses yeux vous promettent.

CYDIPPE.

L'espoir qui vous appelle au rang de ses amants,
Trouvera du mécompte aux douceurs qu'elle étale;
Et, c'est pour essuyer de très fâcheux moments,
Que les soudains retours de son ame inégale.

AGLAURE.

Un clair discernement de ce que vous valez
Nous fait plaindre le sort où cet amour vous guide;
Et vous pouvez trouver tous deux, si vous voulez,
Avec autant d'attraits, une ame plus solide.

CYDIPPE.

Par un choix plus doux de moitié,
Vous pouvez de l'amour sauver votre amitié,
Et l'on voit en vous deux un mérite si rare,
Qu'un tendre avis veut bien prévenir, par pitié.
Ce que votre cœur se prépare.

CLEOMÈNE.

Cet avis généreux fait, pour nous, éclater
Des bontés qui nous touchent l'ame;
Mais le ciel nous réduit à ce malheur, madame,
De ne pouvoir en profiter.

AGENOR.

Votre illustre pitié veut en vain nous distraire
D'un amour dont tous deux nous redoutons l'effet;
Ce que notre amitié, madame, n'a pas fait,
Il n'est rien qui le puisse faire.

CYDIPPE.

Il faut que le pouvoir de Psyche... La voici.

SCENE III.

PSYCHÉ, CYDIPPE, AGLAURE, CLÉOMÈNE, AGENOR.

CYDIPPE.

Venez jouir, ma sœur, de ce qu'on vous apprête.

AGLAURE.

Préparez vos attraits à recevoir ici
Le triomphe nouveau d'une illustre conquête.

CYDIPPE.

Ces princes ont tous deux si bien senti vos coups,
Qu'à vous le découvrir leur bouche se dispose.

PSYCHÉ.

Du sujet qui les tient si rêveurs parmi nous
Je ne me croyais pas la cause;
Et j'aurais cru toute autre chose,
En les voyant parler à vous.

AGLAURE.

N'ayant ni beauté, ni naissance
A pouvoir mériter leur amour et leurs soins,
Ils nous favorisent au moins
De l'honneur de la confidence.

CLEOMÈNE, *à Psyché.*

L'aveu qu'il nous faut faire à vos divins appas
Est sans doute, madame, un aveu téméraire;
Mais tant de cœurs, près du trépas,
Sont, par de tels aveux, forcés à vous déplaire,
Que vous êtes réduite à ne les punir pas
Des foudres de votre colère.
Vous voyez en nous deux amis
Qu'un doux rapport d'humeurs sut joindre dès l'enfance;
Et ces tendres liens se sont vus affermis
Par cent combats d'estime et de reconnaissance.
Du destin ennemi les assauts rigoureux,
Les mépris de la mort, et l'aspect des supplices,
Par d'illustres éclats de mutuels offices,
Ont de notre amitié signalé les beaux nœuds:
Mais, à quelques essais qu'elle se soit trouvée,
Son grand triomphe est en ce jour;
Et rien ne fait tant voir sa constance éprouvée,
Que de se conserver au milieu de l'amour.
Oui, malgré tant d'appas, son illustre constance,
Aux lois qu'elle nous fait, a soumis tous nos vœux;
Elle vient, d'une douce et pleine déférence,
Remettre à votre choix le succès de nos feux;
Et, pour donner un poids à notre concurrence,
Qui des raisons d'état entraîne la balance
Sur le choix de l'un de nous deux,
Cette même amitié s'offre, sans répugnance,
D'unir nos deux états au sort du plus heureux.

AGENOR.

Oui, de ces deux états, madame,
Que sous votre heureux choix nous nous offrons d'unir,
Nous voulons faire à notre flamme
Un secours pour vous obtenir.
Ce que, pour ce bonheur, près du roi votre père,
Nous nous sacrifions tous deux,
N'a rien de difficile à nos cœurs amoureux;
Et c'est au plus heureux faire un don nécessaire
D'un pouvoir dont le malheureux,
Madame, n'aura plus affaire.

PSYCHÉ.

Le choix que vous m'offrez, princes, montre à mes yeux
De quoi remplir les vœux de l'ame la plus fière;
Et vous me le parez tous deux d'une manière
Qu'on ne peut rien offrir qui soit plus précieux.
Vos feux, votre amitié, votre vertu suprême,
Tout me révèle en vous l'offre de votre foi,
Et j'y vois un mérite à s'opposer lui-même
A ce que vous voulez de moi.
Ce n'est pas à mon cœur qu'il faut que je défère,
Pour entrer sous de tels liens;
Ma main, pour se donner, attend l'ordre d'un père,
Et mes sœurs ont des droits qui vont devant les miens.
Mais, si l'on me rendait sur mes vœux absolue,
Vous y pourriez avoir trop de part à la fois;
Et toute mon estime, entre vous suspendue,
Ne pourrait sur aucun laisser tomber mon choix.
A l'ardeur de votre poursuite
Je répondrais assez de mes vœux les plus doux;
Mais c'est, parmi tant de mérite, pour vous,
Trop que deux cœurs pour moi, trop peu qu'un cœur
De mes plus doux souhaits j'aurais l'ame gênée
A l'effort de votre amitié;
Et j'y vois l'un de vous prendre une destinée
A me faire trop de pitié.
Oui, princes, à tous ceux dont l'amour suit le vôtre,
Je vous préférerais tous deux avec ardeur;
Mais je n'aurais jamais le cœur
De pouvoir préférer l'un de vous deux à l'autre.
A celui que je choisirais,
Ma tendresse ferait un trop grand sacrifice;
Et je m'imputerais à barbare injustice
Le tort qu'à l'autre je ferais.
Oui, tous deux vous brillez de trop de grandeur d'ame
Pour en faire aucun malheureux;
Et vous devez chercher dans l'amoureuse flamme,
Le moyen d'être heureux tous deux.
Si votre cœur me considère
Assez pour me souffrir de disposer de vous,
J'ai deux sœurs capables de plaire,
Qui peuvent bien vous faire un destin assez doux;
Et l'amitié me rend leur personne assez chère
Pour vous souhaiter leurs époux.

CLEOMÈNE.

Un cœur dont l'amour est extrême
Peut-il bien consentir, hélas!
D'être donné par ce qu'il aime?
Sur nos deux cœurs, madame, à vos divins appas
Nous donnons un pouvoir suprême:
Disposez-en pour le trépas;
Mais, pour une autre que vous-même,
Ayez cette bonté de n'en disposer pas.

AGENOR.

Aux princesses, madame, on ferait trop d'outrage;
Et c'est pour leurs attraits un indigne partage,
Que les restes d'une autre ardeur.
Il faut d'un premier feu la pureté fidèle,
Pour aspirer à cet honneur

Où votre bonté nous appelle;
Et chacune mérite un cœur
Qui n'ait soupiré que pour elle.

AGLAURE.

Il me semble, sans nul courroux,
Qu'avant que de vous en défendre,
Princes, vous deviez bien attendre
Qu'on se fût expliqué sur vous.
Nous croyez-vous un cœur si facile et si tendre?
Et, lorsqu'on parle ici de vous donner à nous,
Savez-vous si l'on veut vous prendre?

CYDIPPE.

Je pense que l'on a d'assez hauts sentiments
Pour refuser un cœur qu'il faut qu'on sollicite,
Et qu'on ne veut devoir qu'à son propre mérite
La conquête de ses amants.

PSYCHÉ.

J'ai cru pour vous, mes sœurs, une gloire assez grande,
Si la possession d'un mérite si haut...

SCENE IV.

PSYCHÉ, AGLAURE, CYDIPPE, CLEOMENE, AGÉNOR, LYCAS.

LYCAS, *à Psyché.*

Ah! madame!

PSYCHÉ.

Qu'as-tu?

LYCAS.

Le roi...

PSYCHÉ.

Quoi?

LYCAS.

Vous demande.

PSYCHÉ.

De ce trouble si grand que faut-il que j'attende?

LYCAS.

Vous ne le saurez que trop tôt.

PSYCHÉ.

Hélas! que pour le roi tu me donnes à craindre!

LYCAS.

Ne craignez que pour vous, c'est vous que l'on doit plaindre.

PSYCHÉ.

C'est pour louer le ciel, et me voir hors d'effroi,
De savoir que je n'aie à craindre que pour moi.
Mais apprends-moi, Lycas, le sujet qui te touche.

LYCAS.

Souffrez que j'obéisse à qui m'envoie ici,
Madame, et qu'on vous laisse apprendre de sa bouche
Ce qui peut m'affliger ainsi.

PSYCHÉ.

Allons savoir sur quoi l'on craint tant ma faiblesse.

SCÈNE V.

AGLAURE, CYDIPPE, LYCAS.

AGLAURE.

Si ton ordre n'est pas jusqu'à nous étendu,
Dis-nous quel grand malheur nous couvre ta tristesse.

LYCAS.

Hélas! ce grand malheur dans la cour répandu,
Voyez-le vous-même, princesse,
Dans l'oracle qu'au roi les destins ont rendu.
Voici ses propres mots, que la douleur, madame,
A gravés au fond de mon ame:

« Que l'on ne pense nullement
« A vouloir de Psyché conclure l'hyménée:
« Mais qu'au sommet d'un mont elle soit promptement
« En pompe funèbre menée,
« Et que de tous abandonnée,
« Pour époux elle attende en ces lieux constamment
« Un monstre dont on a la vue empoisonnée,
« Un serpent qui répand son venin en tous lieux,
« Et trouble dans sa rage et la terre et les cieux. »

Après un arrêt si sévère,
Je vous quitte, et vous laisse à juger entre vous
Si, par de plus cruels et plus sensibles coups,
Tous les dieux nous pouvaient expliquer leur colère.

SCENE VI.

AGLAURE, CYDIPPE.

CYDIPPE.

Ma sœur, que sentez-vous à ce soudain malheur
Où nous voyons Psyché par les destins plongée?

AGLAURE.

Mais vous que sentez-vous, ma sœur?

CYDIPPE.

A ne vous point mentir, je sens que, dans mon cœur,
Je n'en suis pas trop affligée.

AGLAURE.

Moi, je ressens quelque chose au mien
Qui ressemble assez à la joie.
Allons, le destin nous envoie
Un mal que nous pouvons regarder comme un bien.

FIN DU PREMIER ACTE.

PREMIER INTERMÈDE.

La scène est changée en des rochers affreux, et fait voir dans l'éloignement une effroyable grotte.
C'est dans ce désert que Psyché doit être exposée pour obéir à l'oracle. Une troupe de personnes affligées viennent déplorer sa disgrace.

FEMMES *désolées*, HOMMES *affligés, chantants et dansants.*

UNE FEMME *désolée.*

Deh! piangete al pianto mio,
Sassi duri, antiche selve;
Lagrimate, fonti, e belve,
D'un bel volto il fato rio.

PREMIER HOMME *affligé.*

Ahi dolore!

SECOND HOMME *affligé.*

Ahi martire!

PREMIER HOMME *affligé.*

Cruda morte!

FEMME *désolée*, et SECOND HOMME *affligé.*

Empia sorte!

Les deux HOMMES *affligés.*

Che condanni a morir tanta belta!

TOUS TROIS ENSEMBLE.

Cieli! stelle! Ahi crudelta!

UNE FEMME *désolée.*

Rispondete a miei lamenti,
Antri cavi, ascose rupi:
Deh! ridite, fondi cupi,
Del mio duolo i mesti accenti.

PREMIER HOMME *affligé.*

Ahi dolore!

SECOND HOMME *affligé.*

Ahi martire!

PREMIER HOMME *affligé.*

Cruda morte!

FEMME *désolée*, et SECOND HOMME *affligé.*

Empia sorte!

Les deux HOMMES *affligés.*
Che condanni a morir tanta beltà !
TOUS TROIS ENSEMBLE.
Cieli ! stelle ! Ahi crudeltà !
SECOND HOMME *affligé.*
Com'esser puo fra voi, o numi eterni,
Chi voglia estinta una beltà innocente?
Ahi ! che tanto rigor, cielo inclemente,
Vince di crudeltà gli stessi inferni.
PREMIER HOMME *affligé.*
Nume fiero!
SECOND HOMME *affligé.*
Dio severo!
Les deux HOMMES *affligés.*
Perche tanto rigor
Contro innocente cor?
Ahi ! sentenza inudita !
Dar morte a la beltà, ch'altrui da vita

ENTRÉE DE BALLET.

Six hommes affligés, et six femmes désolées, expriment, en dansant, leur douleur par leurs attitudes

UNE FEMME *désolée.*
Ahi ! ch'indarno si tarda!
Non resiste al i dei mortale affetto;
Alto impero ne sforza,
Ove comanda il ciel, l'uom cede a forza.
PREMIER HOMME *affligé.*
Ahi dolore!
SECOND HOMME *affligé.*
Ahi martire!
PREMIER HOMME *affligé,*
Cruda morte!
FEMME *désolée.*, et SECOND HOMME *affligé.*
Empia sorte !
Les deux HOMMES *affligés.*
Che condanni a morir tanta beltà !
TOUS TROIS ENSEMBLE.
Cieli ! stelle! Ahi crudeltà !

FIN DU PREMIER INTERMÈDE.

ACTE II.

SCÈNE PREMIÈRE.

LE ROI, PSYCHÉ, AGLAURE, CYDIPPE, LYCAS, SUITE.

PSYCHÉ.
De vos larmes, seigneur, la source m'est bien chère,
Mais c'est trop aux bontés que vous avez pour moi
Que de laisser régner les tendresses de père
Jusque dans les yeux d'un grand roi.
Ce qu'on vous voit ici donner dans la nature,
Au rang que vous tenez, seigneur, fait trop d'injure;
Et j'en dois refuser les touchantes faveurs.
Laissez moins sur votre sagesse
Prendre d'empire à vos douleurs,
Et cessez d'honorer mon destin par des pleurs
Qui, dans le cœur d'un roi, montrent de la faiblesse.
LE ROI.
Ah ! ma fille, à ces pleurs laisse mes yeux ouverts;
Mon deuil est raisonnable, encor qu'il soit extrême;
Et, lorsque pour toujours on perd ce que je perds,
La sagesse, crois-moi, peut pleurer elle-même.
En vain l'orgueil du diadême
Veut qu'on soit insensible à ces cruels revers;
En vain de la raison les secours sont offerts
Pour vouloir d'un œil sec voir mourir ce qu'on aime:
L'effort en est barbare aux yeux de l'univers;
Et c'est brutalité, plus que vertu suprême.
Je ne veux point, dans cette adversité,
Parer mon cœur d'insensibilité,
Et cacher l'ennui qui me touche.
Je renonce à la vanité
De cette dureté farouche
Que l'on appelle fermeté;
Et de quelque façon qu'on nomme
Cette vive douleur dont je ressens les coups,
Je veux bien l'étaler, ma fille, aux yeux de tous,
Et dans le cœur d'un roi montrer le cœur d'un homme.
PSYCHÉ.
Je ne mérite pas cette grande douleur :
Opposez, opposez un peu de résistance
Aux droits qu'elle prend sur un cœur
Dont mille évènements ont marqué la puissance.
Quoi, faut-il que pour moi vous renonciez, seigneur,
A cette royale constance
Dont vous avez fait voir, dans les coups du malheur,
Une fameuse expérience?
LE ROI.
La constance est facile en mille occasions.
Toutes les révolutions
Où nous peut exposer la fortune inhumaine,
La perte des grandeurs, les persécutions,
Le poison de l'envie et les traits de la haine,
N'ont rien que ne puissent sans peine
Braver les résolutions
D'une ame où la raison est un peu souveraine.
Mais ce qui porte des rigueurs
A faire succomber les cœurs
Sous le poids des douleurs amères,
Ce sont, ce sont les rudes traits
De ces fatalités sévères
Qui nous enlèvent pour jamais
Les personnes qui nous sont chères.
La raison contre de tels coups
N'offre point d'armes secourables;
Et voilà des dieux en courroux
Les foudres les plus redoutables
Qui se puissent lancer sur nous.
PSYCHÉ.
Seigneur, une douceur ici vous est offerte :
Votre hymen a reçu plus d'un présent des dieux.
Et, par une faveur ouverte,
Ils ne vous ôtent rien, en m'ôtant à vos yeux
Dont ils n'aient pris le soin de réparer la perte.
Il vous reste de quoi consoler vos douleurs ;
Et cette loi du ciel, que vous nommez cruelle,
Dans les deux princesses mes sœurs,
Laisse à l'amitié paternelle
Où placer toutes ses douceurs.
LE ROI.
Ah! de mes maux soulagement frivole !
Rien, rien ne s'offre à moi qui de toi me console.
C'est sur mes déplaisirs que j'ai les yeux ouverts,
Et dans un destin si funeste,
Je regarde ce que je perds,
Et ne vois point ce qui me reste.
PSYCHÉ.
Vous savez mieux que moi qu'aux volontés des dieux,
Seigneur, il faut régler les nôtres,
Et je ne puis vous dire, en ces tristes adieux,
Que ce que beaucoup mieux vous pouvez dire aux autres.
Ces dieux sont maîtres souverains
Des présents qu'ils nous daignent faire;
Ils ne les laissent dans nos mains
Qu'autant de temps qu'il peut leur plaire;
Lorsqu'ils viennent les retirer,
On n'a nul droit de murmurer
Des graces que leur main ne veut plus nous étendre.
Seigneur, je suis un don qu'ils ont fait à vos vœux :
Et quand, par cet arrêt, ils veulent me reprendre,
Ils ne vous ôtent rien que vous ne teniez d'eux,
Et c'est sans murmurer que vous devez me rendre.
LE ROI.
Ah ! cherche un meilleur fondement
Aux consolations que ton cœur me présente,
Et de la fausseté de ce raisonnement
Ne fais point un accablement
A cette douleur si cuisante
Dont je souffre ici le tourment.
Crois-tu là me donner une raison puissante
Pour ne me plaindre point de cet arrêt des cieux?
Et, dans le procédé des dieux
Dont tu veux que je me contente,
Une rigueur assassinante
Ne paraît-elle pas aux yeux?
Vois l'état où ces dieux me forcent à te rendre,

Et l'autre où te reçut mon cœur infortuné;
Tu connaîtras par là qu'ils me viennent reprendre
Bien plus que ce qu'ils m ont donné.
Je reçus d'eux en toi, ma fille,
Un présent que mon cœur ne leur demandait pas;
J'y trouvais alors peu d'appas,
Et leur en vis, sans joie, accroître ma famille.
Mais mon cœur, ainsi que mes yeux,
S'est fait de ce présent une douce habitude;
J'ai mis quinze ans de soins, de veilles et d'étude
A me le rendre précieux;
Je l'ai paré de l'aimable richesse
De mille brillantes vertus;
En lui j'ai renfermé, par des soins assidus,
Tous les plus beaux trésors que fournit la sagesse;
A lui j'ai de mon ame attaché la tendresse;
J'en ai fait de ce cœur le charme et l'allégresse,
La consolation de mes sens abattus,
Le doux espoir de ma vieillesse.
Ils m'ôtent tout cela, ces dieux!
Et tu veux que je n'aie aucun sujet de plainte
Sur cet affreux arrêt dont je souffre l'atteinte!
Ah! leur pouvoir se joue avec trop de rigueur
Des tendresses de notre cœur.
Pour m'ôter leur présent, leur fallait-il attendre
Que j'en eusse fait tout mon bien?
Ou plutôt, s'ils avaient dessein de le reprendre,
N'eût-il pas été mieux de ne me donner rien?

PSYCHÉ.

Seigneur, redoutez la colère
De ces dieux contre qui vous osez éclater.

LE ROI.

Après ce coup, que peuvent-ils me faire?
Ils m'ont mis en état de ne rien redouter.

PSYCHÉ.

Ah! seigneur, je tremble des crimes
Que je vous fais commettre; et je dois me haïr...

LE ROI.

Ah! qu'ils souffrent du moins mes plaintes légitimes;
Ce m'est assez d'effort que de leur obéir;
Ce doit leur être assez que mon cœur t'abandonne
Au barbare respect qu'il faut qu'on ait pour eux,
Sans prétendre gêner la douleur que me donne
L'épouvantable arrêt d'un sort si rigoureux.
Mon juste désespoir ne saurait se contraindre;
Je veux, je veux garder ma douleur à jamais;
Je veux sentir toujours la perte que je fais,
De la rigueur du ciel je veux toujours me plaindre;
Je veux jusqu'au trépas, incessamment pleurer
Ce que tout l'univers ne peut me réparer.

PSYCHÉ.

Ah! de grace, seigneur, épargnez ma faiblesse
J'ai besoin de constance en l'état où je suis.
Ne fortifiez point l'excès de mes ennuis
Des larmes de votre tendresse.
Seuls ils sont assez forts, et c'est trop pour mon cœur
De mon destin et de votre douleur.

LE ROI.

Oui, je dois t'épargner mon deuil inconsolable.
Voici l'instant fatal de m'arracher de toi:
Mais comment prononcer ce mot épouvantable?
Il le faut toutefois; le ciel m'en fait la loi;
Une rigueur inévitable
M'oblige à te laisser en ce funeste lieu.
Adieu, je vais... Adieu.

SCENE II. *

PSYCHÉ, AGLAURE, CYDIPPE.

PSYCHÉ.

Suivez le roi, mes sœurs, vous essuierez ses larmes,
Vous adoucirez ses douleurs;
Et vous l'accableriez d'alarmes,
Si vous vous exposiez encore à mes malheurs.
Conservez-lui ce qui lui reste;
Le serpent que j'attends peut vous être funeste,
Vous envelopper dans mon sort,
Et me porter en vous une seconde mort.
Le ciel m'a seule condamnée
A son haleine empoisonnée:
Rien ne saurait me secourir;
Et je n'ai pas besoin d'exemple pour mourir.

AGLAURE.

Ne nous enviez pas ce cruel avantage,
De confondre nos pleurs avec vos déplaisirs,
De mêler nos soupirs à vos derniers soupirs:
D'une tendre amitié souffrez ce dernier gage.

PSYCHÉ.

C'est vous perdre inutilement.

CYDIPPE.

C'est en votre faveur espérer un miracle,
Ou vous accompagner jusques au monument.

PSYCHÉ.

Que peut-on se promettre après un tel oracle?

AGLAURE.

Un oracle jamais n'est sans obscurité:
On l'entend d'autant moins, que mieux on croit l'entendre,
Et peut-être, après tout, n'en devez-vous attendre
Que gloire et que félicité.
Laissez-nous voir, ma sœur, par une digne issue,
Cette frayeur mortelle heureusement déçue,
Ou mourir du moins avec vous,
Si le ciel à nos vœux ne se montre plus doux.

PSYCHÉ.

Ma sœur, écoutez mieux la voix de la nature,
Qui vous appelle auprès du roi.
Vous m'aimez trop; le devoir en murmure,
Vous en savez l'indispensable loi.
Un père vous doit être encor plus cher que moi.
Rendez-vous toutes deux l'appui de sa vieillesse;
Vous lui devez chacune un gendre et des neveux;
Mille rois, à l'envi, vous gardent leur tendresse;
Mille rois, à l'envi, vous offriront leurs vœux.
L'oracle me veut seule, et seule aussi je veux
Mourir, si je puis, sans faiblesse,
Ou ne vous avoir pas pour témoins toutes deux,
De ce que, malgré moi, la nature m'en laisse.

AGLAURE.

Partager vos malheurs, c'est vous importuner

CYDIPPE.

J'ose dire un peu plus, ma sœur, c'est vous déplaire

PSYCHÉ.

Non; mais enfin c'est me gêner,
Et peut-être du ciel redoubler la colère.

AGLAURE.

Vous le voulez, et nous partons.
Daigne ce même ciel, plus juste et moins sévère,
Vous envoyer le sort que nous vous souhaitons,
Et que notre amitié sincère,
En dépit de l'oracle, et malgré vous, espère.

PSYCHÉ.

Adieu. C'est un espoir, ma sœur, et des souhaits
Qu'aucun des dieux ne remplira jamais.

SCENE III.

PSYCHÉ, *seule.*

Enfin, seule et toute à moi-même,
Je puis envisager cet affreux changement,
Qui, du haut d'une gloire extrême,
Me précipite au monument.
Cette gloire était sans seconde;
L'éclat s'en répandait jusqu'aux deux bouts du monde
Tout ce qu'il a de rois semblaient faits pour m'aimer
Tous leurs sujets, me prenant pour déesse,
Commençaient à m'accoutumer
Aux encens qu'ils m'offraient sans cesse.
Leurs soupirs me suivaient, sans qu'il m'en coûtât rien;
Mon ame restait libre en captivant tant d'ames;
Et j'étais, parmi tant de flammes,
Reine de tous les cœurs, et maîtresse du mien.
O ciel, m'auriez-vous fait un crime
De cette insensibilité?
Déployez-vous sur moi tant de sévérité,
Pour n'avoir à leurs vœux rendu que de l'estime;
Si vous m'imposiez cette loi,
Qu'il fallût faire un choix pour ne pas vous déplaire,
Puisque je ne pouvais le faire,
Que ne le faisiez-vous pour moi?
Que ne m'inspiriez-vous ce qu'inspire à tant d'autres

* Ce qui suit est de Corneille, sauf la première scène du troisième acte.

Le mérite, l'amour, et... Mais que vois-je ici?

SCÈNE IV.

CLEOMENE, AGENOR, PSYCHÉ.

CLEOMÈNE.

Deux amis, deux rivaux, dont l'unique souci
Est d'exposer leurs jours pour conserver les vôtres.

PSYCHÉ.

Puis-je vous écouter, quand j'ai chassé deux sœurs;
Princes, contre le ciel pensez-vous me défendre?
Vous livrer au serpent qu'ici je dois attendre,
Ce n'est qu'un désespoir qui sied mal aux grands cœurs;
Et mourir alors que je meurs,
C'est accabler une ame tendre
Qui n'a que trop de ses douleurs.

AGENOR.

Un serpent n'est pas invincible;
Cadmus, qui n'aimait rien, défit celui de Mars.
Nous aimons, et l'Amour sait rendre tout possible
Au cœur qui suit ses étendards,
A la main dont lui-même il conduit tous les dards.

PSYCHÉ.

Voulez-vous qu'il vous serve en faveur d'une ingrate
Que tous ses traits n'ont pu toucher;
Qu'il dompte sa vengeance au moment qu'elle éclate,
Et vous aide à m'en arracher?
Quand même vous m'auriez servie,
Quand vous m'auriez rendu la vie,
Quel fruit espérez-vous de qui ne peut aimer?

CLEOMÈNE.

Ce n'est point par l'espoir d'un si charmant salaire
Que nous nous sentons animer;
Nous ne cherchons qu'à satisfaire
Aux devoirs d'un amour qui n'ose présumer
Que jamais, quoi qu'il puisse faire,
Il soit capable de vous plaire,
Et digne de vous enflammer.
Vivez, belle princesse, et vivez pour un autre;
Nous le verrons d'un œil jaloux;
Nous en mourrons; mais d'un trépas plus doux
Que s'il nous fallait voir le vôtre:
Et, si nous ne mourons en vous sauvant le jour,
Quelque amour qu'à nos yeux vous préfériez au nôtre,
Nous voulons bien mourir de douleur et d'amour.

PSYCHÉ.

Vivez, princes, vivez, et de ma destinée
Ne songez plus à rompre ou partager la loi;
Je crois vous l'avoir dit, le ciel ne veut que moi;
Le ciel m'a seule condamnée.
Je pense ouïr déjà les mortels sifflements
De son ministre qui s'approche.
Ma frayeur me le peint, me l'offre à tous moments,
Et maîtresse qu'elle est de tous mes sentiments,
Elle me le figure au haut de cette roche.
J'en tombe de faiblesse; et mon cœur abattu
Ne soutient plus qu'à peine un reste de vertu.
Adieu, princes, fuyez, qu'il ne vous empoisonne

AGENOR.

Rien ne s'offre à nos yeux encor qui les étonne;
Et quand vous vous peignez un si proche trépas,
Si la force vous abandonne,
Nous avons des cœurs et des bras
Que l'espoir n'abandonne pas.
Peut-être qu'un rival a dicté cet oracle;
Que l'or a fait parler celui qui l'a rendu.
Ce ne serait pas un miracle
Que, pour un dieu muet, un homme eût répondu;
Et, dans tous les climats on n'a que trop d'exemples
Qu'il est, ainsi qu'ailleurs, des méchants dans les temples.

CLEOMÈNE.

Laissez-nous opposer au lâche ravisseur
A qui le sacrilége indignement vous livre,
Un amour qu'a le ciel choisi pour défenseur
De la seule beauté pour qui nous voulons vivre.
Si nous n'osons prétendre à sa possession,
Du moins en son péril, permettez-nous de suivre
L'ardeur et les devoirs de notre passion.

PSYCHÉ.

Portez-les à d'autres moi-mêmes,
Princes, portez-les à mes sœurs,
Ces devoirs, ces ardeurs extrêmes;
Dont pour moi sont remplis vos cœurs:
Vivez pour elles, quand je meurs;
Plaignez de mon destin les funestes rigueurs,
Sans leur donner en vous de nouvelles matières.
Ce sont mes volontés dernières;
Et l'on a reçu de tout temps
Pour souveraines lois les ordres des mourants.

CLEOMÈNE.

Princesse...

PSYCHÉ.

Encore un coup, princes, vivez pour elles.
Tant que vous m'aimerez vous devez m'obéir;
Ne me réduisez pas à vouloir vous haïr,
Et vous regarder en rebelles,
A force de m'être fidèles.
Allez, laissez-moi seule expirer en ce lieu,
Où je n'ai plus de voix que pour vous dire adieu.
Mais je sens qu'on m'enlève, et l'air m'ouvre une route
D'où vous n'entendrez plus cette mourante voix.
Adieu, princes, adieu pour la dernière fois.
Voyez si de mon sort vous pouvez être en doute.
(*Psyché est enlevée en l'air par deux Zéphyres.*)

AGENOR.

Nous la perdons de vue. Allons tous deux chercher,
Sur le faîte de ce rocher
Prince, les moyens de la suivre.

CLEOMÈNE.

Allons-y chercher ceux de ne lui point survivre.

SCÈNE V.

L'AMOUR, *en l'air.*

Allez mourir, rivaux d'un dieu jaloux,
Dont vous méritez le courroux,
Pour avoir eu le cœur sensible aux mêmes charmes.
Et toi, forge, Vulcain, mille brillants attraits
Pour orner un palais
Où l'Amour de Psyché veut essuyer les larmes,
Et lui rendre les armes.

FIN DU DEUXIÈME ACTE.

SECOND INTERMÈDE.

La scène se change en une cour magnifique, ornée de colonnes de lapis, enrichies de figures d'or, qui forment un palais pompeux et brillant, que l'Amour destine pour Psyché.

VULCAIN, CYCLOPES, FÉES.

VULCAIN.

Dépêchez, préparez ces lieux
Pour le plus aimable des dieux;
Que chacun pour lui s'intéresse:
N'oubliez rien des soins qu'il faut.
Quand l'Amour presse,
On n'a jamais fait assez tôt.

L'Amour ne veut point qu'on diffère:
Travaillez, hâtez-vous;
Frappez, redoublez vos coups:
Que l'ardeur de lui plaire
Fasse vos soins les plus doux.

PREMIÈRE ENTRÉE DE BALLET.

Les cyclopes achèvent en cadence de grands vases d'or que les fées leur apportent.

VULCAIN.

Servez bien un dieu si charmant;
Il se plaît dans l'empressement:
Que chacun pour lui s'intéresse;
N'oubliez rien des soins qu'il faut
Quand l'Amour presse
On n'a jamais fait assez tôt.

L'Amour ne veut point qu'on diffère:
Travaillez, hâtez-vous;
Frappez, redoublez vos coups;
Que l'ardeur de lui plaire
Fasse vos soins les plus doux.

DEUXIÈME ENTRÉE DE BALLET.

Les cyclopes et les fées placent en cadence les vases d'or qui doivent être de nouveaux ornements du palais de l'Amour.

FIN DU SECOND INTERMÈDE.

ACTE III.

SCENE PREMIÈRE

L'AMOUR, ZÉPHYRE.

ZÉPHYRE.

Oui, je me suis galamment acquitté
De la commission que vous m'avez donnée;
Et, du haut du rocher, je l'ai, cette beauté,
Par le milieu des airs, doucement amenée
Dans ce beau palais enchanté,
Où vous pouvez en liberté
Disposer de sa destinée.
Mais vous me surprenez par ce grand changement
Qu'en votre personne vous faites;
Cette taille, ces traits et cet ajustement,
Cachent tout à fait qui vous êtes;
Et je donne aux plus fins à pouvoir en ce jour
Vous reconnaître pour l'Amour.

L'AMOUR.

Aussi ne veux-je pas qu'on puisse me connaître:
Je ne veux à Psyché que découvrir mon cœur,
Rien que les beaux transports de cette vive ardeur
Que ses doux charmes y font naître;
Et, pour en exprimer l'amoureuse langueur,
Et cacher ce que je puis être
Aux yeux qui m'imposent des lois,
J'ai pris la forme que tu vois.

ZÉPHYRE.

En tout vous êtes un grand maître;
C'est ici que je le connais.
Sous des déguisements de diverse nature,
On a vu les dieux amoureux
Chercher à soulager cette douce blessure
Que reçoivent les cœurs de vos traits pleins de feux;
Mais en bon sens vous l'emportez sur eux;
Et voilà la bonne figure
Pour avoir un succès heureux
Près de l'aimable sexe où l'on porte ses vœux.
Oui, de ces formes-là l'assistance est bien forte;
Et, sans parler ni de rang ni d'esprit,
Qui peut trouver moyen d'être fait de la sorte
Ne soupire guère à crédit.

L'AMOUR.

J'ai résolu, mon cher Zéphyre,
De demeurer ainsi toujours;
Et l'on ne peut le trouver à redire
A l'aîné de tous les Amours.
Il est temps de sortir de cette longue enfance
Qui fatigue ma patience;
Il est temps désormais que je devienne grand.

ZÉPHYRE.

Fort bien: Vous ne pouvez mieux faire;
Et vous entrez dans un mystère
Qui ne demande rien d'enfant.

L'AMOUR.

Ce changement, sans doute, irritera ma mère.

ZÉPHYRE.

Je prévois là-dessus quelque peu de colère.
Bien que les disputes des ans
Ne doivent point régner parmi des immortelles,
Votre mère Vénus est de l'humeur des belles,
Qui n'aime point de grands enfants.
Mais où je la trouve outragée,
C'est dans le procédé que l'on vous voit tenir;
Et c'est l'avoir étrangement vengée,
Que d'aimer la beauté qu'elle voulait punir!
Cette haine, où ses vœux prétendent que réponde
La puissance d'un fils que redoutent les dieux...

L'AMOUR.

Laissons cela, Zéphyre, et me dis si tes yeux
Ne trouvent pas Psyché la plus belle du monde?
Est-il rien sur la terre, est-il rien dans les cieux
Qui puisse lui ravir le titre glorieux
De beauté sans seconde?
Mais je la vois, mon cher Zéphyre,
Qui demeure surprise à l'éclat de ces lieux.

ZÉPHYRE.

Vous pouvez vous montrer pour finir son martyre,
Lui découvrir son destin glorieux,
Et vous dire, entre vous, tout ce que peuvent dire
Les soupirs, la bouche et les yeux.
En confident discret, je sais ce qu'il faut faire
Pour ne pas interrompre un amoureux mystère.

SCENE II.

PSYCHÉ, *seule.*

Où suis-je? Et, dans un lieu que je croyais barbare,
Quelle savante main a bâti ce palais,
Que l'art, que la nature pare
De l'assemblage le plus rare
Que l'œil puisse admirer jamais?
Tout rit, tout brille, tout éclate
Dans ces jardins, dans ces appartements,
Dont les pompeux ameublements
N'ont rien qui n'enchante et ne flatte;
Et, de quelque côté que tournent mes frayeurs,
Je ne vois sous mes pas que de l'or ou des fleurs.

Le ciel aurait-il fait cet amas de merveilles
Pour la demeure d'un serpent?
Et, lorsque, par leur vue, il amuse et suspend
De mon destin jaloux les rigueurs sans pareilles,
Veut-il montrer qu'il s'en repent?
Non, non; c'est de sa haine, en cruauté féconde,
Le plus noir, le plus rude trait,
Qui, par une rigueur nouvelle et sans seconde,
N'étale ce choix qu'elle a fait
De ce qu'a de plus beau le monde,
Qu'afin que je le quitte avec plus de regret.

Que mon espoir est ridicule,
S'il croit par là soulager mes douleurs!
Tout autant de moments que ma mort se recule,
Sont autant de nouveaux malheurs;
Plus elle tarde, et plus de fois je meurs.

Ne me fais plus languir, viens prendre ta victime
Monstre qui doit me déchirer.
Veux-tu que je te cherche, et faut-il que j'anime
Tes fureurs à me dévorer?
Si le ciel veut ma mort, si ma vie est un crime,
De ce peu qui m'en reste ose enfin t'emparer;
Je suis lasse de murmurer
Contre un châtiment légitime.
Je suis lasse de soupirer:
Viens, que j'achève d'expirer.

SCENE III.

L'AMOUR, PSYCHÉ, ZÉPHYRE.

L'AMOUR.

Le voilà, ce serpent, ce monstre impitoyable,
Qu'un oracle étonnant pour vous a préparé,
Et qui n'est pas, peut-être, à tel point effroyable,
Que vous vous l'êtes figuré.

PSYCHÉ.

Vous, seigneur, vous seriez ce monstre dont l'oracle
A menacé mes tristes jours,
Vous qui semblez plutôt un dieu qui, par miracle,
Daigne venir lui-même à mon secours!

L'AMOUR.

Quel besoin de secours au milieu d'un empire
Où tout ce qui respire
N'attend que vos regards pour en prendre la loi,
Où vous n'avez à craindre autre monstre que moi?

PSYCHÉ.

Qu'un monstre tel que vous inspire peu de crainte!
Et que, s'il a quelque poison,
Une âme aurait peu de raison
De hasarder la moindre plainte
Contre une favorable atteinte,
Dont tout le cœur craindrait la guérison!
A peine je vous vois, que mes frayeurs cessées
Laissent évanouir l'image du trépas,
Et que je sens couler dans mes veines glacées,

Un je ne sais quel feu que je ne connais pas.
J'ai senti de l'estime et de la complaisance,
De l'amitié, de la reconnaissance;
De la compassion les chagrins innocents
M'en ont fait sentir la puissance:
Mais je n'ai point encor senti ce que je sens.
Je ne sais ce que c'est; mais je sais qu'il me charme,
Que je n'en conçois point d'alarme.
Plus j'ai les yeux sur vous, plus je m'en sens charmer.
Tout ce que j'ai senti n'agissait point de même,
Et je dirais que je vous aime,
Seigneur, si je savais ce que c'est que d'aimer.
Ne les détournez point, ces yeux qui m'empoisonnent,
Ces yeux tendres, ces yeux perçants, mais amoureux,
Qui semblent partager le trouble qu'ils me donnent.
Hélas! plus ils sont dangereux,
Plus je me plais à m'attacher sur eux.
Par quel ordre du ciel, que je ne puis comprendre,
Vous dis-je plus que je ne dois,
Moi, de qui la pudeur devrait du moins attendre
Que vous m'expliquassiez le trouble où je vous vois?
Vous soupirez, seigneur, ainsi que je soupire;
Vos sens, comme les miens, paraissent interdits.
C'est à moi de m'en taire, à vous de me le dire,
Et cependant c'est moi qui vous le dis.

L'AMOUR.

Vous avez eu, Psyché, l'ame toujours si dure,
Qu'il ne faut pas vous étonner
Si, pour en réparer l'injure,
L'Amour, en ce moment, se paie avec usure
De ceux qu'elle a dû lui donner.
Ce moment est venu, qu'il faut que votre bouche
Exhale des soupirs si longtemps retenus,
Et qu'en vous arrachant à cette humeur farouche,
Un amas de transports aussi doux qu'inconnus
Aussi sensiblement tout à la fois vous touche,
Qu'ils ont dû vous toucher durant tant de beaux jours,
Dont cette ame insensible a profané le cours.

PSYCHÉ.

N'aimer point, c'est donc un grand crime?

L'AMOUR.

En souffrez-vous un rude châtiment.

PSYCHÉ.

C'est punir assez doucement.

L'AMOUR.

C'est lui choisir sa peine légitime,
Et se faire justice, en ce glorieux jour,
D'un manquement d'amour par un excès d'amour.

PSYCHÉ.

Que n'ai-je été plus tôt punie!
J'y mets le bonheur de ma vie.
Je devrais en rougir, ou le dire plus bas:
Mais le supplice a trop d'appas.
Permettez que tout haut je le die et redie:
Je le dirais cent fois, et n'en rougirais pas.
Ce n'est point moi qui parle, et de votre présence
L'empire surprenant, l'aimable violence,
Dès que je veux parler, s'empare de ma voix.
C'est en vain qu'en secret ma pudeur s'en offense,
Que le sexe et la bienséance
Osent me faire d'autres lois;
Vos yeux, de ma réponse, eux-mêmes font le choix;
Et ma bouche asservie à leur toute-puissance,
Ne me consulte plus sur ce que je me dois.

L'AMOUR.

Croyez, belle Psyché, croyez ce qu'ils vous disent,
Ces yeux qui ne sont point jaloux:
Qu'à l'envi les vôtres m'instruisent
De tout ce qui se passe en vous.
Croyez-en ce cœur qui soupire,
Et qui, tant que le vôtre y voudra repartir,
Vous dira bien plus d'un soupir,
Que cent regards ne peuvent dire.
C'est le langage le plus doux;
C'est le plus fort, c'est le plus sûr de tous.

PSYCHÉ.

L'intelligence en était due
A nos cœurs, pour les rendre également contents.
J'ai soupiré, vous m'avez entendue;
Vous soupirez, je vous entends.
Mais ne me laissez plus en doute,
Seigneur, et dites-moi si, par la même route
Après moi, le Zéphyre ici vous a rendu
Pour me dire ce que j'écoute.
Quand j'y suis arrivée, étiez-vous attendu?
Et, quand vous lui parlez, êtes-vous entendu

L'AMOUR.

J'ai dans ce doux climat un souverain empire,
Comme vous l'avez sur mon cœur;
L'Amour m'est favorable, et c'est en sa faveur
Qu'à mes ordres Éole a soumis le Zéphyre.
C'est l'Amour qui, pour voir mes feux récompensés
Lui-même a dicté cet oracle
Par qui vos beaux jours menacés
D'une foule d'amants se sont débarrassés,
Et qui m'a délivré de l'éternel obstacle
De tant de soupirs empressés
Qui ne méritaient pas de vous être adressés.
Ne me demandez point quelle est cette province,
Ni le nom de son prince;
Vous le saurez quand il en sera temps.
Je veux vous acquérir, mais c'est par mes services,
Par des soins assidus, et par des vœux constants,
Par les amoureux sacrifices
De tout ce que je suis,
De tout ce que je puis,
Sans que l'éclat du rang, pour moi, vous sollicite,
Sans que de mon pouvoir je me fasse un mérite;
Et, bien que souverain, dans cet heureux séjour,
Je ne vous veux, Psyché, devoir qu'à mon amour.
Venez en admirer avec moi les merveilles,
Princesse, et préparez vos yeux et vos oreilles
A ce qu'il a d'enchantements;
Vous y verrez des bois et des prairies
Contester sur leurs agréments
Avec l'or et les pierreries;
Vous n'entendrez que des concerts charmants;
De cent beautés, vous y serez servie,
Qui vous adoreront sans vous porter envie,
Et brigueront à tous moments
D'une ame soumise et ravie,
L'honneur de vos commandements.

PSYCHÉ.

Mes volontés suivent les vôtres;
Je n'en saurais plus avoir d'autres:
Mais votre oracle, enfin, vient de me séparer
De deux sœurs et du roi, mon père,
Que mon trépas imaginaire
Réduit tout trois à me pleurer:
Pour dissiper l'erreur, dont leur ame accablée
De mortels déplaisirs se voit pour moi comblée,
Souffrez que mes sœurs soient témoins
Et de ma gloire et de vos soins.
Prêtez-leur, comme à moi, les ailes du Zéphyre,
Qui leur puissent, de votre empire,
Ainsi qu'à moi faciliter l'accès;
Faites-leur voir en quel lieu je respire;
Faites-leur de ma perte admirer le succès.

L'AMOUR.

Vous ne me donnez pas, Psyché, toute votre ame.
Ce tendre souvenir d'un père et de deux sœurs
Me vole une part des douceurs
Que je veux toutes pour ma flamme.
N'ayez d'yeux que pour moi, qui n'en ai que pour vous;
Ne songez qu'à m'aimer, ne songez qu'à me plaire;
Et quand de tels soucis osent vous en distraire...

PSYCHÉ.

Des tendresses du sang peut-on être jaloux?

L'AMOUR.

Je le suis, ma Psyché, de toute la nature.
Les rayons du soleil vous baisent trop souvent:
Vos cheveux souffrent trop les caresses du vent;
Dès qu'il les flatte, j'en murmure:
L'air même que vous respirez
Avec trop de plaisir passe par votre bouche:
Votre habit de trop près vous touche;
Et, sitôt que vous soupirez,
Je ne sais quoi, qui m'effarouche,
Craint, parmi vos soupirs, des soupirs

Mais vous voulez vos sœurs; allez, partez, Zéphyre;
Psyché le veut, je ne l'en puis dédire.
(*Zéphyre s'envole.*)

SCENE IV.

L'AMOUR, PSYCHÉ.

L'AMOUR.

Quand vous leur ferez voir ce bienheureux séjour,
De ces trésors faites-leur cent largesses,
Prodiguez-leur caresses sur caresses;
Et du sang, s'il se peut, épuisez les tendresses,
Pour vous rendre toute à l'amour.
Je n'y mêlerai point d'importune présence;
Mais ne leur faites pas de si longs entretiens;
Vous ne sauriez pour eux avoir de complaisance,
Que vous ne dérobiez aux miens.

PSYCHÉ.

Votre amour me fait une grace,
Dont je n'abuserai jamais.

L'AMOUR.

Allons voir cependant ces jardins, ce palais,
Où vous ne verrez rien que votre eclat n'efface.
Et vous, petits Amours, et vous, jeunes Zéphyres,
Qui, pour armes, n'avez que de tendres soupirs,
Montrez tous à l'envi ce qu'à voir ma princesse
Vous avez senti d'allégresse.

FIN DU TROISIÈME ACTE.

TROISIEME INTERMEDE.

L'AMOUR, PSYCHÉ.

UN ZÉPHYRE *chantant*, DEUX AMOURS *chantants*, TROUPE D'AMOURS ET DE ZEPHYRES *dansants*.

ENTRÉE DE BALLET.

Les amours et les zéphyres, pour obéir à l'Amour, marquent par leurs danses la joie qu'ils ont de voir Psyché.

UN ZEPHYRE.

Aimable jeunesse,
Suivez la tendresse;
Joignez aux beaux jours
La douceur des amours.
C'est pour vous surprendre
Qu'on vous fait entendre
Qu'il faut éviter leurs soupirs,
Et craindre leurs désirs;
Laissez-vous apprendre
Quels sont leurs plaisirs.

DEUX AMOURS ENSEMBLE.

Chacun est obligé d'aimer
A son tour;
Et plus on a de quoi charmer,
Plus on doit à l'Amour.

PREMIER AMOUR.

Un cœur jeune et tendre
Est fait de se rendre;
Il n'a point à prendre
De fâcheux détour.

LES DEUX AMOURS ENSEMBLE.

Chacun est obligé d'aimer
A son tour;
Et plus on a de quoi charmer,
Plus on doit à l'Amour.

SECOND AMOUR.

Pourquoi se défendre?
Que sert-il d'attendre?
Quand on perd un jour,
On le perd sans retour.

LES DEUX AMOURS ENSEMBLE.

Chacun est obligé d'aimer
A son tour;
Et plus on a de quoi charmer,
Plus on doit à l'Amour.

DEUXIEME ENTREE DE BALLET.

Les deux troupes d'amours et de zéphyres recommencent leurs danses.

ZÉPHYRE.

L'Amour a des charmes
Rendons-lui les armes;
Ses soins et ses pleurs
Ne sont pas sans douceurs.
Un cœur, pour le suivre,
A cent maux se livre.
Il faut, pour goûter ses appas,
Languir jusqu'au trépas;
Mais ce n'est pas vivre
Que de n'aimer pas.

LES DEUX AMOURS ENSEMBLE.

S'il faut des soins et des travaux
En aimant,
On est payé de mille maux
Par un heureux moment.

PREMIER AMOUR.

On craint, on espère,
Il faut du mystère;
Mais n'on obtient guère
Du bien sans tourment.

LES DEUX AMOURS ENSEMBLE.

S'il faut des soins et des travaux,
En aimant,
On est payé de mille maux
Par un heureux moment.

SECOND AMOUR.

Que peut-on mieux faire,
Qu'aimer et que plaire?
C'est un soin charmant
Que l'emploi d'un amant.

LES DEUX AMOURS ENSEMBLE.

S'il faut des soins et des travaux,
En aimant,
On est payé de mille maux,
Par un heureux moment.

FIN DU TROISIEME INTERMÈDE

ACTE IV.

Le théâtre représente un jardin superbe et charmant. On y voit des berceaux de verdure soutenus par des termes d'or, décorés par des vases d'orangers et par des arbres chargés de toutes sortes de fruits. Le milieu du théâtre est rempli des fleurs les plus belles et les plus rares. On découvre dans l'enfoncement plusieurs dômes de rocailles, ornés de coquillages, de fontaines et de statues ; et toute cette vue se termine par un magnifique palais.

SCENE PREMIÈRE.

AGLAURE, CYDIPPE.

AGLAURE.

Je n'en puis plus, ma sœur, j'ai vu trop de merveilles;
L'avenir aura peine à les bien concevoir ;
Le soleil qui voit tout, et qui nous fait tout voir,
N'en a jamais vu de pareilles.
Elles me chagrinent l'esprit ;
Et ce brillant palais, ce pompeux équipage
Font un odieux étalage
Qui m'accable de honte autant que de dépit,
Que la fortune indignement nous traite ,
Et que sa largesse indiscrète
Prodigue aveuglément , épuise, unit d'efforts,
Pour faire de tant de trésors
Le partage d'une cadette !

CYDIPPE.

J'entre dans tous vos sentiments,
J'ai les mêmes chagrins ; et dans ces lieux charmants
Tout ce qui vous déplaît me blesse;
Tout ce que vous prenez pour un mortel affront,
Comme vous, m'accable, et me laisse
L'amertume dans l'ame et la rougeur au front.

AGLAURE.

Non, ma sœur, il n'est point de reines
Qui, dans leur propre état, parlent en souveraines
Comme Psyché parle en ces lieux.
On l'y voit obéie avec exactitude;
Et de ses volontés une amoureuse étude
Les cherche jusque dans ses yeux.
Mille beautés s'empressent autour d'elle,
Et semblent dire à nos regards jaloux,
Quels que soient nos attraits, elle est encor plus belle;
Et nous, qui la servons, le sommes plus que vous.
Elle prononce, on exécute ;
Aucun ne s'en défend, aucun ne s'en rebute.
Flore, qui s'attache à ses pas,
Répand à pleines mains autour de sa personne
Ce qu'elle a de plus doux appas ,
Zéphyre vole aux ordres qu'elle donne ;
Et son amante et lui, s'en laissant trop charmer,
Quittent pour la servir les soins de s'entr'aimer.

CYDIPPE.

Elle a des dieux à son service ;
Elle aura bientôt des autels,
Et nous ne commandons qu'à de chétifs mortels
De qui l'audace et le caprice.
Contre nous à toute heure en secret révoltés ,
Opposent à nos volontés
Ou le murmure ou l'artifice.

AGLAURE.

C'était peu que dans notre cour
Tant de cœurs à l'envi nous l'eussent préférée ;
Ce n'était pas assez que de nuit et de jour
D'une foule d'amants elle y fût adorée :
Quand nous nous consolions de la voir au tombeau
Par l'ordre imprévu d'un oracle,
Elle a voulu de son destin nouveau
Faire en notre présence éclater le miracle,
Et choisir nos yeux pour témoins
De ce qu'au fond du cœur nous souhaitions le moins.

CYDIPPE.

Ce qui le plus me désespère,
C'est cet amant parfait et si digne de plaire,
Qui se captive sous ses lois.
Quand nous pourrions choisir entre nous les monarques,
En est-il un de tant de rois,
Qui porte de si nobles marques ?
Se voir du bien par-delà ses souhaits
N'est souvent qu'un bonheur qui fait des misérables
Il n'est ni trains pompeux, ni superbes palais
Qui n'ouvre quelque porte à des maux incurables;
Mais avoir un amant d'un mérite achevé,
Et s'en voir chèrement aimée,
C'est un bonheur si haut, si relevé,
Que sa grandeur ne peut être exprimée.

AGLAURE.

N'en parlons plus, ma sœur, nous en mourrions d'ennui:
Songeons plutôt à la vengeance ;
Et trouvons le moyen de rompre entre elle et lui
Cette adorable intelligence.
La voici. J'ai des coups tout prêts à lui porter
Qu'elle aura peine d'éviter.

SCENE II.

PSYCHÉ, AGLAURE, CYDIPPE.

PSYCHÉ.

Je viens vous dire adieu ; mon amant vous renvoie,
Et ne saurait plus endurer
Que vous lui retranchiez un moment de la joie
Qu'il prend de se voir seul à me considérer.
Dans un simple regard, dans la moindre parole,
Son amour trouve des douceurs.
Qu'en faveur du sang je lui vole
Quand je le partage à des sœurs,

AGLAURE.

La jalousie est assez fine ;
Et ces délicats sentiments
Méritent bien qu'on s'imagine
Que celui qui pour vous a ces empressements
Passe le commun des amants.
Je vous en parle ainsi, faute de le connaître.
Vous ignorez son nom et ceux dont il tient l'être;
Nos esprits en sont alarmes.
Je le tiens un grand prince, et d'un pouvoir suprême,
Bien au-delà du diadême ;
Ses trésors, sous vos pas confusément semés,
Ont de quoi faire honte à l'abondance même ;
Vous l'aimez autant qu'il vous aime ;
Il vous charme, et vous le charmez:
Votre félicité, ma sœur, serait extrême,
Si vous saviez qui vous aimez.

PSYCHÉ.

Que m'importe? j'en suis aimée,
Plus il me voit, plus je lui plais.
Il n'est point de plaisirs dont l'ame soit charmée
Qui ne préviennent mes souhaits ;
Et je vois mal de quoi la vôtre est alarmée
Quand tout me sert dans ce palais.

AGLAURE.

Qu'importe qu'ici tout vous serve,
Si toujours cet amant vous cache ce qu'il est?
Nous ne nous alarmons que pour votre intérêt.
En vain tout vous y rit, en vain tout vous y plaît,
Le veritable amour ne fait point de réserve;
Et qui s'obstine à se cacher
Sent quelque chose en soi qu'on lui peut reprocher.
Si cet amant devient volage,
Car souvent en amour le change est assez doux ;
Et j'ose le dire entre nous
Pour grand que soit l'éclat dont brille ce visage,
Il en peut être ailleurs d'aussi belles que vous ;
Si, dis-je, un autre objet sous d'autres lois l'engage,
Si, dans l'état où je vous voi,
Seule en ses mains et sans défense ,
Il va jusqu'à la violence,
Sur qui vous vengera le roi,
Ou de ce changemont, ou de cette insolence ?

PSYCHÉ.

Ma sœur, vous me faites trembler.
Juste ciel ! pourrais-je être assez infortunée...

CYDIPPE.

Que sait-on si déjà les nœuds de l'hyménée..

PSYCHÉ.

N'achevez pas, ce serait m'accabler.

AGLAURE.

Je n'ai plus qu'un mot à vous dire.
Ce prince qui vous aime, et qui commande aux vents
Qui nous donne pour char les ailes du Zéphyre,
Et de nouveaux plaisirs vous comble à tous moments
Quand il rompt à vos yeux l'ordre de la nature,
Peut-être a tant d'amour mêle un peu d'imposture;
Peut-être ce palais n'est qu'un enchantement;
Et ces lambris dorés, ces amas de richesses;
Dont il achète vos tendresses,
Dès qu'il sera lassé de souffrir vos caresses
Disparaîtront en un moment.
Vous savez comme nous ce que peuvent les charmes,

PSYCHÉ.

Que je sens à mon tour de cruelles alarmes!

AGLAURE.

Notre amitié ne veut que votre bien.

PSYCHÉ.

Adieu, mes sœurs, finissons l'entretien.
J'aime et je crains qu'on ne s'impatiente.
Partez; et demain, si puis,
Vous me verrez, ou plus contente,
Ou dans l'accablement des plus mortels ennuis.

AGLAURE.

Nous allons dire au roi quelle nouvelle gloire,
Quel excès de bonheur le ciel répand sur vous.

CYDIPPE.

Nous allons lui conter d'un changement si doux
La surprenante et merveilleuse histoire.

PSYCHÉ.

Ne l'inquiétez point, ma sœur, de vos soupçons;
Et quand vous lui peindrez un si charmant empire...

AGLAURE.

Nous savons toutes deux ce qu'il faut taire ou dire,
Et n'avons pas besoin sur ce point de leçons.

(*Un nuage descend, qui enveloppe les deux sœurs de Psyché; Zéphyre les enlève dans les airs*).

SCENE III.

L'AMOUR, PSYCHÉ.

L'AMOUR.

Enfin, vous êtes seule, et je puis vous redire,
Sans avoir pour témoins vos importunes sœurs,
Ce que des yeux si beaux ont pris sur moi d'empire,
Et quel excès ont les douceurs
Qu'une sincère ardeur inspire
Sitôt qu'elle assemble deux cœurs.
Je puis vous l'expliquer de mon ame ravie
Les amoureux empressements,
Et vous jurer qu'à vous seule asservie
Elle n'a pour objet de ses ravissements
Que de voir cette ardeur de même ardeur suivie,
Ne concevoir plus d'autre envie
Que de régler mes vœux sur vos désirs,
Et de ce qui vous plaît faire tous mes plaisirs.
Mais d'où vient qu'un triste nuage
Semble offusquer l'éclat de ces beaux yeux?
Vous manque-t-il quelque chose en ces lieux?
Des vœux qu'on vous y rend dédaignez-vous l'hom-
[mage?

PSYCHÉ.

Non, seigneur.

L'AMOUR.

Qu'est-ce donc? Et d'où vient mon malheur?
J'entends moins de soupirs d'amour que de douleur;
Je vois de votre teint les roses amorties
Marquer un déplaisir secret;
Vos sœurs à peine sont parties,
Que vous soupirez de regret.
Ah! Psyché, de deux cœurs quand l'ardeur est la même,
Ont-ils des soupirs différents?
Et, quand on aime bien, et qu'on voit ce qu'on aime,
Peut-on songer à des parents!

PSYCHÉ.

Ce n'est point là ce qui m'afflige.

L'AMOUR.

Est-ce l'absence d'un rival,
Et d'un rival aimé, qui fait qu'on me néglige?

PSYCHÉ.

Dans un cœur tout à vous que vous pénétrez mal!
Je vous aime, seigneur, et mon amour s'irrite
De l'indigne soupçon que vous avez formé.
Vous ne connaissez pas quel est votre mérite,
Si vous craignez de n'être pas aimé.
Je vous aime; et depuis que j'ai vu la lumière,
Je me suis montrée assez fière
Pour dédaigner les vœux de plus d'un roi;
Et s'il faut vous ouvrir mon ame tout entière,
Je n'ai trouvé que vous qui fût digne de moi.
Cependant j'ai quelque tristesse
Qu'en vain je voudrais vous cacher;
Un noir chagrin se mêle à toute ma tendresse,
Dont je ne la puis détacher.
Ne m'en demandez point la cause:
Peut-être, la sachant, voudrez-vous m'en punir;
Et si j'ose aspirer encore à quelque chose,
Je suis sûre du moins de ne point l'obtenir,

L'AMOUR.

Eh! ne craignez-vous point qu'à mon tour je m'irrite
Que vous connaissiez mal quel est votre mérite,
Ou feigniez de ne pas savoir
Quel est sur moi votre absolu pouvoir?
Ah! si vous en doutez, soyez désabusée.
Parlez.

PSYCHÉ.

J'aurai l'affront de me voir refusée.

L'AMOUR.

Prenez en ma faveur de meilleurs sentiments,
L'expérience en est aisée;
Parlez, tout se tient prêt à vos commandements.
Si pour m'en croire il vous faut des serments,
J'en jure vos beaux yeux, ces maîtres de mon ame,
Ces divins auteurs de ma flamme;
Et, si ce n'est assez d'en jurer vos beaux yeux,
J'en jure par le Styx, comme jurent les dieux.

PSYCHÉ.

J'ose craindre un peu moins, après cette assurance.
Seigneur, je vois ici la pompe et l'abondance,
Je vous adore, et vous m'aimez,
Mon cœur en est ravi, mes sens en sont charmés.
Mais, parmi ce bonheur suprême,
J'ai le malheur de ne savoir qui j'aime.
Dissipez cet aveuglement,
Et faites-moi connaître un si parfait amant.

L'AMOUR.

Psyché! que venez-vous de dire?

PSYCHÉ.

Que c'est le bonheur où j'aspire;
Et si vous ne me l'accordez...

L'AMOUR.

Je l'ai juré, je n'en suis plus le maître;
Mais vous ne savez pas ce que vous demandez.
Laissez-moi mon secret. Si je me fais connaître,
Je vous perds, et vous me perdez.
Le seul remède est de vous en dédire.

PSYCHÉ.

C'est là sur vous mon souverain empire?

L'AMOUR.

Vous pouvez tout, et je suis tout à vous.
Mais si nos feux vous semblent doux
Ne mettez point d'obstacle à leur charmante suite;
Ne me forcez point à la fuite:
C'est le moindre malheur qui nous puisse arriver
D'un souhait qui vous a séduite.

PSYCHÉ.

Seigneur, vous voulez m'éprouver;
Mais je sais ce que j'en dois croire.
De grace, apprenez-moi tout l'excès de ma gloire,
Et ne me cachez plus pour quel illustre choix
J'ai rejeté les vœux de tant de rois.

L'AMOUR.

Le voulez-vous?

PSYCHÉ.

Souffrez que je vous en conjure.

L'AMOUR.

Si vous saviez, Psyché, la cruelle aventure
Que par-là vous vous attirez...

PSYCHÉ.

Seigneur, vous me désespérez

L'AMOUR.

Pensez-y bien, je puis encor me taire.

PSYCHÉ.

Faites-vous des serments pour n'y point satisfaire?

L'AMOUR.

Hé bien! je suis le dieu le plus puissant des dieux,
Absolu sur la terre, absolu dans les cieux;
Dans les eaux, dans les airs, mon pouvoir est suprême;
En un mot, je suis l'Amour même
Qui de mes propres traits m'était blessé pour vous;
Et sans la violence, hélas! que vous me faites,
Et qui vient de changer mon amour en courroux,
Vous m'alliez avoir pour époux.
Vos volontés sont satisfaites,
Vous avez su qui vous aimiez;
Vous connaissez l'amant que vous charmiez,
Psyché, voyez où vous en êtes.
Vous me forcez vous-même à vous quitter
Vous me forcez vous-même à vous ôter.
Tout l'effet de votre victoire.
Peut-être vos beaux yeux ne me reverront plus.
Ce palais, ces jardins, avec moi disparus,
Vont faire évanouir votre naissante gloire.
Vous n'avez pas voulu m'en croire;
Et, pour tout fruit de ce doute éclairci,
Le Destin, sous qui le ciel tremble,
Plus fort que mon amour, que tous les dieux ensemble
Vous va montrer sa haine, et me chasse d'ici.
(*L'Amour s'envole, et le jardin s'évanouit.*)

SCENE IV.

Le théâtre représente un désert et les bords sauvages d'un fleuve.

PSYCHE, LE DIEU DU FLEUVE, *assis sur un amas de roseaux et appuyé sur une urne.*

PSYCHÉ.

Cruel destin! funeste inquiétude!
Fatale curiosité!
Qu'avez-vous fait, affreuse solitude,
De toute ma félicité?
J'aimais un dieu, j'en étais adorée,
Mon bonheur redoublait de moment en moment;
Et je me vois, seule, éplorée,
Au milieu d'un désert, où, pour accablement,
Et confuse et désespérée,
Je sens croître l'amour quand j'ai perdu l'amant.
Le souvenir m'en charme et m'empoisonne;
Sa douceur tyrannise un cœur infortuné
Qu'aux plus cuisants chagrins ma flamme a condamné.
O ciel! quand l'Amour m'abandonne,
Pourquoi me laisse-t-il l'amour qu'il m'a donné?
Source de tous les biens, inépuisable et pure,
Maître des hommes et des dieux,
Cher auteur des maux que j'endure,
Etes-vous pour jamais disparu de mes yeux?
Je vous en ai banni moi-même:
Dans un excès d'amour, dans un bonheur extrême,
D'un indigne soupçon mon cœur s'est alarmé:
Cœur ingrat! tu n'avais qu'un feu mal allumé;
Et l'on ne peut vouloir, du moment que l'on aime
Que ce que veut l'objet aimé.
Mourons, c'est le parti qui seul me reste à suivre
Après la perte que je fais:
Pour qui, grands dieux! voudrais-je vivre?
Et pour qui former des souhaits?
Fleuve, de qui les eaux baignent ces tristes sables,
Ensevelis mon crime dans les flots;
Et, pour finir des maux si déplorables,
Laisse-moi dans ton lit assurer mon repos.

LE DIEU DU FLEUVE.

Ton trépas souillerait mes ondes,
Psyché, le ciel te le défend;
Et peut-être qu'après des douleurs si profondes,
Un autre sort t'attend.
Fuis plutôt de Vénus l'implacable colère;
Je la vois qui te cherche et qui te veut punir:
L'amour du fils a fait la haine de la mère
Fuis, je saurai la retenir.

PSYCHÉ.

J'attends ses fureurs vengeresses;
Qu'auront-elles pour moi qui ne me soit trop doux?
Qui cherche le trépas ne craint dieux ni déesses,
Et peut braver tout leur courroux.

SCENE V.

VÉNUS, PSYCHÉ, LE DIEU DU FLEUVE.

VÉNUS.

Orgueilleuse Psyché, vous m'osez donc attendre,
Après m'avoir sur terre enlevé mes honneurs,
Après que vos traits suborneurs
Ont reçu les encens qu'aux miens seuls on doit rendre?
J'ai vu mes temples désertés;
J'ai vu tous les mortels, séduits par vos beautés,
Idolatrer en vous la beauté souveraine,
Vous offrir des respects jusqu'alors inconnus,
Et ne se mettre pas en peine
S'il était une autre Vénus:
Et je vous vois encor l'audace
De n'en pas redouter les justes sentiments,
Et de me regarder en face,
Comme si c'était peu que mes ressentiments.

PSYCHÉ.

Si de quelques mortels on m'a vue adorée,
Est-ce un crime pour moi d'avoir eu des appas,
Dont leur ame inconsidérée
Laissait charmer des yeux qui ne vous voyaient pas?
Je suis ce que le ciel m'a faite,
Je n'ai que les beautés qu'il m'a voulu prêter;
Si les vœux qu'on m'offrait vous ont mal satisfaite,
Pour forcer tous les cœurs à vous les reporter
Vous n'aviez qu'à vous présenter,
Qu'à ne leur cacher plus cette beauté parfaite.
Qui, pour les rendre à leur devoir,
Pour se faire adorer, n'a qu'à se faire voir.

VÉNUS.

Il fallait vous en mieux défendre.
Ces respects, ces encens, se doivent refuser;
Et, pour les mieux désabuser,
Il fallait à leurs yeux vous-même me les rendre.
Vous avez aimé cette erreur
Pour qui vous ne deviez avoir que de l'horreur.
Vous avez bien fait plus; votre humeur arrogante
Sur le mépris de mille rois
Jusques aux cieux a porté de son choix
L'ambition extravagante.

PSYCHÉ.

J'aurais porté mon choix, déesse, jusqu'aux cieux?

VÉNUS.

Votre insolence est sans seconde.
Dédaigner tous les rois du monde,
N'est-ce pas aspirer aux dieux?

PSYCHÉ.

Si l'Amour pour eux tous m'avait endurci l'ame,
Et me réservait toute à lui,
En puis-je être coupable? et faut-il qu'aujourd'hui,
Pour prix d'une si belle flamme,
Vous vouliez m'accabler d'un éternel ennui?

VÉNUS.

Psyché, vous deviez mieux connaître
Qui vous étiez, et quel était ce dieu.

PSYCHÉ.

Eh m'en a-t-il donné ni le temps ni le lieu,
Lui qui de tout mon cœur d'abord s'est rendu maître

VÉNUS.

Tout votre cœur s'en est laissé charmer,
Et vous l'avez aimé dès qu'il vous a dit: J'aime.

PSYCHÉ.

Pouvais-je n'aimer pas le dieu qui fait aimer,
Et qui me parlait pour lui-même?
C'est votre fils; vous savez son pouvoir;
Vous en connaissez le mérite.

VÉNUS.

Oui, c'est mon fils, mais un fils qui m'irrite
Un fils qui me rend mal ce qu'il sait me devoir,

Un fils qui fait qu'on m'abandonne,
Et qui, pour mieux flatter ses indignes amours,
Depuis que vous l'aimez ne blesse plus personne
Qui vienne à mes autels implorer mon secours.
Vous m'en avez fait un rebelle :
On m'en verra vengée, et hautement, sur vous;
Et je vous apprendrai s'il faut qu'une mortelle
Souffre qu'un dieu soupire à ses genoux.
Suivez-moi, vous verrez, par votre expérience,
A quelle folle confiance
Vous portait cette ambition.
Venez, et préparez autant de patience
Qu'on vous voit de présomption.

FIN DU QUATRIÈME ACTE.

QUATRIÈME INTERMÈDE.

La scène représente les enfers. On y voit une mer toute de feu, dont les flots sont dans une perpétuelle agitation. Cette mer effroyable est bornée par des ruines enflammées; et au milieu de ses flots agités, au travers d'une gueule affreuse, paraît le palais infernal de Pluton.

PREMIERE ENTREE DE BALLET.

Des furies se réjouissent d'avoir allumé la rage dans l'ame de la plus douce des divinités.

SECONDE ENTREE DE BALLET.

Des lutins faisant des sauts périlleux, se mêlent avec les furies, et essaient d'épouvanter Psyché; mais les charmes de sa beauté obligent les furies et les lutins à se retirer.

FIN DU QUATRIÈME INTERMÈDE.

ACTE V.

SCENE PREMIÈRE.

PSYCHÉ.

Effroyables replis des ondes infernales,
Noirs palais où Mégère et ses sœurs font leur cour,
Eternels ennemis du jour,
Parmi vos Ixions et parmi vos Tantales,
Parmi tant de tourments qui n'ont point d'intervalles
Est-il dans votre affreux séjour
Quelques peines qui soient égales
Aux travaux où Vénus condamne mon amour?
Elle n'en peut être assouvie;
Et depuis qu'à ses lois je me trouve asservie,
Depuis qu'elle me livre à ses ressentiments,
Il m'a fallu dans ces cruels moments
Plus d'une ame et plus d'une vie
Pour remplir ses commandements.
Je souffrirais tout avec joie,
Si, parmi les rigueurs que sa haine déploie,
Mes yeux pouvaient revoir, ne fût-ce qu'un moment,
Ce cher, cet adorable amant.
Je n'ose le nommer : ma bouche, criminelle
D'avoir trop exigé de lui,
S'en est rendue indigne; et, dans ce dur ennui,
La souffrance la plus mortelle,
Dont m'accable à toute heure un renaissant trépas
Est celle de ne le voir pas.
Si son courroux durait encore,
Jamais aucun malheur n'approcherait du mien;
Mais s'il avait pitié d'une ame qui l'adore,
Quoi qu'il fallût souffrir, je ne souffrirais rien.
Oui, Destins, s'il calmait cette juste colère,
Tous mes malheurs seraient finis :
Pour me rendre insensible aux fureurs de la mère,
Il ne faut qu'un regard du fils.
Je n'en veux plus douter, il partage ma peine;
Il voit ce que je souffre, et souffre comme moi;
Tout ce que j'endure le gêne,
Lui-même il s'impose une amoureuse loi.
En dépit de Vénus, en dépit de mon crime,
C'est lui qui me soutient, c'est lui qui me ranime
Au milieu des périls où l'on me fait courir;
Il garde la tendresse où son feu le convie,
Et prend soin de me rendre une nouvelle vie
Chaque fois qu'il me faut mourir.
Mais que me veulent ces deux ombres
Qu'à travers le faux jour de ces demeures sombres
J'entrevois s'avancer vers moi?

SCENE II.

PSYCHÉ, CLÉOMÈNE, AGÉNOR.

PSYCHÉ.

Cléomène, Agénor, est-ce vous que je voi?
Qui vous a ravi la lumière?

CLEOMÈNE.

La plus juste douleur qui d'un beau désespoir
Nous eût pu fournir la matière;
Cette pompe funèbre, où du sort le plus noir
Vous attendiez la rigueur la plus fière,
L'injustice la plus entière.

AGENOR.

Sur ce même rocher où le ciel en courroux
Vous promettait, au lieu d'époux,
Un serpent dont soudain vous seriez dévorée
Nous tenions la main préparée
A repousser sa rage, ou mourir avec vous.
Vous le savez, princesse; et, lorsqu'à notre vue,
Par le milieu des airs vous êtes disparue,
Du haut de ce rocher, pour suivre vos beautés,
Ou plutôt pour goûter cette amoureuse joie
D'offrir pour vous au monstre une première proie,
D'amour et de douleur l'un et l'autre emportés,
Nous nous sommes précipités.

CLEOMÈNE.

Heureusement déçus au sens de votre oracle,
Nous en avons ici reconnu le miracle,
Et su que le serpent prêt à vous dévorer
Etait le dieu qui fait qu'on aime,
Et qui, tout dieu qu'il est, vous adorant lui-même,
Ne pouvait endurer
Qu'un mortel comme nous osât vous adorer.

AGENOR.

Pour prix de vous avoir suivie,
Nous jouissons ici d'un trépas assez doux.
Qu'avions-nous affaire de vie,
Si nous ne pouvions être à vous?
Nous revoyons ici vos charmes,
Qu'aucun des dieux là-haut n'aurait revus jamais.
Heureux si nous voyons la moindre de vos larmes
Honorer des malheurs que vous nous avez faits!

PSYCHÉ.

Puis-je avoir des larmes de reste,
Après qu'on a porté les miens au dernier point?
Unissons nos soupirs dans un sort si funeste;
Les soupirs ne s'épuisent point :
Mais vous soupireriez, princes, pour une ingrate.
Vous n'avez point voulu survivre à mes malheurs;
Et, quelque douleur qui m'abatte,
Ce n'est point pour vous que je meurs.

CLEOMÈNE.

L'avons-nous mérité, nous dont toute la flamme,
N'a fait que vous lasser du récit de nos maux?

PSYCHÉ.

Vous pouviez mériter, princes, toute mon ame,
Si vous n'eussiez été rivaux.
Ces qualités incomparables,
Qui de l'un et de l'autre accompagnaient les vœux,
Vous rendaient tous deux trop aimables
Pour mépriser aucun des deux.

AGENOR.

Vous avez pu, sans être injuste ni cruelle,
Nous refuser un cœur réservé pour un dieu.
Mais revoyez Vénus. Le Destin nous rappelle,
Et nous force à vous dire adieu.

PSYCHÉ.

Ne vous donne-t-il point le loisir de me dire
Quel est ici votre séjour?

CLEOMÈNE.

Dans des bois toujours verts, où d'amour on respire,
Aussitôt qu'on est mort d'amour.
D'amour on y revit, d'amour on y soupire,
Sous les plus douces lois de son heureux empire;
Et l'éternelle nuit n'ose en chasser le jour
Que lui-même il attire
Sur nos fantômes qu'il inspire,
Et dont aux enfers même il se fait une cour.

AGENOR.

Vos envieuses sœurs, après nous descendues,
Pour vous perdre se sont perdues;
Et l'une et l'autre, tour à tour,
Pour le prix d'un conseil qui leur coûte la vie,
A côté d'Ixion, à côté de Tityc,
Souffrent tantôt la roue et tantôt le vautour.
L'Amour, par les zéphirs, s'est fait prompte justice
De leur envenimée et jalouse malice :
Ces ministres ailés de son juste courroux,
Sous couleur de les rendre encore auprès de vous,
Ont plongé l'une et l'autre au fond d'un précipice,
Où le spectacle affreux de leurs corps déchirés
N'étale que le moindre et le premier supplice
De ces conseils dont l'artifice
Fait les maux dont vous soupirez.

PSYCHÉ.

Que je les plains!

CLEOMÈNE.

Vous êtes seule à plaindre :
Mais nous demeurons trop à vous entretenir;
Adieu. Puissions-nous vivre en votre souvenir!
Puissiez-vous, et bientôt, n'avoir plus rien à craindre
Puisse, et bientôt, l'Amour vous enlever aux cieux,
Vous y mettre à côté des dieux,
Et, rallumant un feu qui ne se puisse éteindre,
Affranchir à jamais l'éclat de vos beaux yeux
D'augmenter le jour en ces lieux!

SCENE III.

PSYCHÉ, *seule.*

Pauvres amants! Leur amour dure encore.
Tout morts qu'ils sont, l'un et l'autre m'adore,
Moi, dont la dureté reçut si mal leurs vœux!
Tu n'en fais pas ainsi, toi qui seul m'a ravie,
Amant que j'aime encor cent fois plus que ma vie,
Et qui brises de si beaux nœuds!
Ne me fuis plus, et souffre que j'espère
Que tu pourras un jour rabaisser l'œil sur moi,
Qu'à force de souffrir j'aurai de quoi te plaire,
De quoi me rengager ta foi.
Mais ce que j'ai souffert m'a trop défigurée,
Pour rappeler un tel espoir.
L'œil abattu, triste, désespérée,
Languissante et décolorée,
De quoi puis-je me prévaloir,
Si, par quelque miracle, impossible à prévoir,
Ma beauté, qui t'a plu, ne se voit réparée?
Je porte ici de quoi la réparer :
Ce trésor de beauté divine,
Qu'en mes mains, pour Vénus, a remis Proserpine,
Enferme des appas dont je puis m'emparer;
Et l'éclat en doit être extrême,
Puisque Vénus, la beauté même,
Les demande pour se parer.
En dérober un peu, serait-ce un si grand crime?
Pour plaire aux yeux d'un dieu qui s'est fait mon amant,
Pour regagner son cœur et finir mon tourment,
Tout n'est-il pas légitime?
Ouvrons. Quelles vapeurs m'offusquent le cerveau?
Et que vois-je sortir de cette boîte ouverte?
Amour, si ta pitié ne s'oppose à ma perte,
Pour ne revivre plus, je descends au tombeau.

(*Psyché s'évanouit.*)

SCENE IV.

L'AMOUR, PSYCHÉ, *évanouie.*

L'AMOUR.

Votre péril, Psyché, dissipe ma colère,
Ou plutôt de mes feux l'ardeur n'a point cessé;
Et, bien qu'au dernier point vous m'ayez su déplaire,
Je ne me suis intéressé
Que contre celle de ma mère.
J'ai vu tous vos travaux, j'ai suivi vos malheurs.
Mes soupirs ont partout accompagné vos pleurs;
Tournez les yeux vers moi, je suis encor le même.
Quoi! je dis et redis tout haut que je vous aime,
Et vous ne dites point, Psyché, que vous m'aimez!
Est-ce que pour jamais vos beaux yeux sont fermés,
Qu'à jamais la clarté leur vient d'être ravie?
O Mort! devais-tu prendre un dard si criminel
Et, sans aucun respect pour mon être éternel,
Attenter à ma propre vie?
Combien de fois, ingrate déité,
Ai-je grossi ton noir empire
Par les mépris et par la cruauté
D'une orgueilleuse et farouche beauté!
Combien même, s'il le faut dire,
T'ai-je immolé de fidèles amants,
A force de ravissements!
Va, je ne blesserai plus d'ames,
Je ne percerai plus de cœurs
Qu'avec des dards trempés aux divines liqueurs,
Qui nourrissent du ciel les immortelles flammes,
Et n'en lancerai plus que pour faire à tes yeux
Autant d'amants, autant de dieux.
Et vous, impitoyable mère,
Qui la forcez à m'arracher
Tout ce que j'avais de plus cher,
Craignez, à votre tour, l'effet de ma colère.
Vous me voulez faire la loi,
Vous, qu'on voit si souvent la recevoir de moi;
Vous, qui portez un cœur sensible comme un autre.
Vous enviez au mien les delices du vôtre!
Mais dans ce même cœur j'enfoncerai des coups
Qui ne seront suivis que de chagrins jaloux;
Je vous accablerai de honteuses surprises,
Et choisirai partout, à vos vœux les plus doux,
Des Adonis et des Anchises
Qui n'auront que haine pour vous.

SCENE V.

VÉNUS, L'AMOUR, PSYCHÉ, *évanouie.*

VÉNUS.

La menace est respectueuse;
Et d'un enfant qui fait le révolté,
La colère présomptueuse...

L'AMOUR.

Je ne suis plus enfant, et je l'ai trop été;
Et ma colère est juste autant qu'impétueuse.

VÉNUS.

L'impétuosité s'en devrait retenir;
Et vous pourriez vous souvenir
Que vous me devez la naissance.

L'AMOUR.

Et vous pourriez n'oublier pas
Que vous avez un cœur et des appas
Qui relèvent de ma puissance;
Que mon arc de la vôtre est l'unique soutien;
Que, sans mes traits, elle n'est rien,
Et que, si les cœurs les plus braves
En triomphe, par vous, se sont laissé traîner,
Vous n'avez jamais fait d'esclaves,
Que ceux qu'il m'a plu d'enchaîner.
Ne me vantez donc plus ces droits de la naissanc
Qui tyrannisent mes désirs;
Et, si vous ne voulez perdre mille soupirs,
Songez en me voyant à la reconnaissance,
Vous qui tenez de ma puissance
Et votre gloire et vos plaisirs.

VÉNUS.

Comment l'avez-vous défendue,
Cette gloire dont vous parlez?
Comment me l'avez-vous rendue?
Et, quand vous avez vu mes autels désolés,
Mes temples violés,
Mes honneurs ravalés,
Si vous avez pris part à tant d'ignominie,
Comment en a-t-on vu punie
Psyché qui me les a volés?
Je vous ai commandé de la rendre charmée
Du plus vil des mortels,
Qui ne daignât répondre à son ame enflammée
Que par des rebuts éternels,
Par les mépris les plus cruels:
Et vous même l'avez aimée!
Vous avez contre moi séduit des immortels:
C'est pour vous qu'à mes yeux les Zéphyrs l'ont cachée,
Qu'Apollon même, suborné,
Par un oracle adroitement tourné,
Me l'avait si bien arrachée,
Que, si sa curiosité,
Par une aveugle défiance,
Ne l'eût rendue à ma vengeance,
Elle échappait à mon cœur irrité.
Voyez l'état où votre amour l'a mise,
Votre Psyché; son ame va partir:
Voyez; et, si la vôtre en est encore éprise,
Recevez son dernier soupir.
Menacez, bravez-moi, cependant qu'elle expire:
Tant d'insolence vous sied bien;
Et je dois endurer quoi qu'il vous plaise dire,
Moi qui, sans vos traits, ne puis rien.

L'AMOUR.

Vous ne pouvez que trop, déesse impitoyable;
Le Destin l'abandonne à tout votre courroux:
Mais soyez moins inexorable
Aux prières, aux pleurs d'un fils à vos genoux.
Ce doit vous être un spectacle assez doux
De voir d'un œil Psyché mourante,
Et de l'autre ce fils d'une voix suppliante,
Ne vouloir plus tenir son bonheur que de vous.
Rendez-moi ma Psyché, rendez-lui tous ses charmes.
Rendez-la, déesse, à mes larmes;
Rendez à mon amour, rendez à ma douleur,
Le charme de mes yeux et le choix de mon cœur.

VÉNUS.

Quelque amour que Psyché vous donne,
De ses malheurs par moi n'attendez pas la fin.
Si le Destin me l'abandonne,
Je l'abandonne à son destin.
Ne m'importunez plus, et dans cette infortune,
Laissez-la, sans Vénus, triompher ou périr.

L'AMOUR.

Hélas! si je vous importune,
Je ne le ferais pas, si je pouvais mourir.

VÉNUS.

Cette douleur n'est pas commune,
Qui force un immortel à souhaiter la mort.

L'AMOUR.

Voyez, par son excès, si mon amour est fort.
Ne lui ferez-vous grace aucune?

VÉNUS.

Je vous l'avoue, il me touche le cœur,
Votre amour; il désarme, il fléchit ma rigueur:
Votre Psyché recevra la lumière.

L'AMOUR.

Que je vous vais partout faire donner d'encens!

VÉNUS.

Oui, vous la reverrez dans sa beauté première:
Mais, de vos vœux reconnaissants
Je veux la déférence entière;
Je veux qu'un vrai respect laisse à mon amitie
Vous choisir une autre moitié.

L'AMOUR.

Et moi, je ne veux plus de grace;
Je reprends toute mon audace;
Je veux Psyché, je veux sa foi;
Je veux qu'elle revive, et revive pour moi;
Et tiens indifférent que votre haine lasse
En faveur d'une autre se passe.
Jupiter, qui paraît, va juger entre nous
De mes emportements et de votre courroux.

(*Après quelques éclairs et des roulements de tonnerre, Jupiter paraît en l'air sur son aigle, et descend sur terre.*)

SCÈNE VI.

JUPITER, VÉNUS, L'AMOUR, PSYCHÉ, *évanouie*

L'AMOUR.

Vous, à qui seul tout est possible,
Père des dieux, souverain des mortels,
Fléchissez la rigueur d'une mère inflexible,
Qui, sans moi, n'aurait point d'autels.
J'ai pleuré, j'ai prié, je soupire, menace,
Et perds menaces et soupirs.
Elle ne veut pas voir que de mes déplaisirs
Dépend du monde entier l'heureuse ou triste face;
Et que, si Psyché perd le jour,
Si Psyché n'est à moi, je ne suis plus l'Amour.
Oui, je romprai mon arc, je briserai mes flèches,
J'éteindrai jusqu'à mon flambeau,
Je laisserai languir la Nature au tombeau;
Ou, si je daigne aux cœurs faire encor quelques brèches
Avec ces pointes d'or qui me font obéir
Je vous blesserai tous là-haut pour des mortelles,
Et ne décocherai sur elles
Que des traits émoussés qui forcent à haïr,
Et qui ne font que des rebelles,
Des ingrates et des cruelles.
Par quelle tyrannique loi,
Tiendrai-je à vous servir mes armes toujours prêtes,
Et vous ferai-je à tous conquêtes sur conquêtes,
Si vous me défendez d'en faire une pour moi?

JUPITER, *à Vénus.*

Ma fille, sois-lui moins sévère;
Tu tiens de sa Psyché le destin en tes mains.
La Parque, au moindre mot, va suivre ta colère;
Parle, et laisse-toi vaincre aux tendresses de mère,
Ou redoute un courroux que moi-même je crains.
Veux-tu donner le monde en proie
A la haine, au désordre, à la confusion;
Et d'un dieu d'union,
D'un dieu de douceur et de joie,
Faire un dieu d'amertume et de division?
Considère ce que nous sommes;
Et si les passions doivent nous dominer.
Plus la vengeance a de quoi plaire aux hommes
Plus il sied bien aux dieux de pardonner.

VÉNUS.

Je pardonne à ce fils rebelle;

Mais voulez-vous qu'il me soit reproché
Qu'une misérable mortelle,
L'objet de mon courroux, l'orgueilleuse Psyché,
Sous ombre qu'elle est un peu belle,
Par un hymen dont je rougis,
Souille mon alliance, et le lit de mon fils?

JUPITER.

Hé bien! je la fais immortelle,
Afin d'y rendre tout égal.

VÉNUS.

Je n'ai plus de mépris ni de haine pour elle,
Et l'admets à l'honneur de ce nœud conjugal.
Psyché, reprenez la lumière
Pour ne la reperdre jamais.
Jupiter a fait votre paix
Et je quitte cette humeur fière
Qui s'opposait à vos souhaits.

PSYCHÉ, *sortant de son évanouissement.*

C'est donc vous, ô grande déesse,
Qui redonnez la vie à ce cœur innocent!

VÉNUS.

Jupiter vous fait grace, et ma colère cesse.
Vivez, Vénus l'ordonne; aimez, elle y consent.

PSYCHÉ, *à l'Amour.*

Je vous revois, enfin, cher objet de ma flamme

L'AMOUR *à Psyché.*

Je vous possède, enfin, délices de mon ame

JUPITER.

Venez, amants, venez aux cieux,
Achever un si grand et si digne hyménée.
Viens-y, belle Psyché, changer de destinée;
Viens prendre place au rang des dieux.

FIN DU CINQUIÈME ACTE.

CINQUIEME INTERMEDE.

Le théâtre représente le ciel. Le palais de Jupiter descend, et laisse voir dans l'éloignement, par trois suites de perspectives, les autres palais des dieux du ciel les plus puissants. Un nuage sort du théâtre, sur lequel l'amour et Psyché se placent, et sont enlevés par un second nuage, qui vient en descendant se joindre au premier; Jupiter et Vénus se croisent en l'air dans leurs machines, et se rangent près de l'Amour et de Psyché.

Les divinités qui avaient été partagées entre Vénus et son fils se réunissent en les voyant d'accord; et toutes ensembles, par des concerts; des chants, et des danses, célèbrent la fête des noces de l'Amour et de Psyché. Apollon paraît le premier, et comme le dieu de l'harmonie, commence à chanter pour imiter les autres dieux à se réjouir.

APOLLON.

Unissons-nous, troupe immortelle,
Le dieu d'amour devient heureux amant,
Et Vénus a repris sa douceur naturelle
En faveur d'un fils si charmant;
Il va goûter en paix, après un long tourment,
Une félicité qui doit être éternelle.

CHOEUR DE DIVINITÉS CÉLESTES.

Célébrons ce grand jour,
Célébrons tous une fête si belle;
Que nos chants, en tous lieux, en portent la nouvelle,
Qu'ils fassent retentir le céleste séjour.
Chantons, répétons tour à tour,
Qu'il n'est point d'ame si cruelle
Qui, tôt ou tard ne se rende à l'Amour.

APOLLON *continue.*

Le dieu qui nous engage
A lui faire la cour,
Défend qu'on soit trop sage.
Les plaisirs ont leur tour:
C'est leur plus doux usage
Que de finir les soins du jour.
La nuit est le partage
Des jeux et de l'amour.

Ce serait grand dommage
Qu'en ce charmant séjour
On eût un cœur sauvage.
Les plaisirs ont leur tour:
C'est leur plus doux usage
Que de finir les soins du jour;
La nuit est le partage
Des jeux et de l'amour.

DEUX MUSES.

Gardez-vous, beautés sévères,
Les amours font trop d'affaires;
Craignez toujours de vous laisser charmer.
Quand il faut que l'on soupire
Tout le mal n'est pas de s'enflammer;
Le martyre
De le dire
Coûte cent fois plus que d'aimer.

On ne peut aimer sans peines,
Il est peu de douces chaînes;
A tout moment on se sent alarmer.
Quand il faut que l'on soupire,
Tout le mal n'est pas de s'enflammer;
Le martyre
De le dire
Coûte cent fois plus que d'aimer.

BACCHUS.

Si quelquefois,
Suivant nos douces lois,
La raison se perd et s'oublie,
Ce que le vin nous cause de folie
Commence et finit en un jour;
Mais, quand un cœur est enivré d'amour,
Souvent c'est pour toute la vie.

Mome déclare qu'il n'a point de plus doux emploi que de médire, et que ce n'est qu'à l'amour seul qu'il n'ose se jouer.

MOME.

Je cherche à médire
Sur la terre et dans les cieux,
Je soumets à ma satyre
Les plus grands des dieux.
Il n'est dans l'univers que l'Amour qui m'étonne,
Il est le seul que j'épargne aujourd'hui;
Il n'appartient qu'à lui
De n'épargner personne.

PREMIERE ENTREE DE BALLET.

Composée de deux ménades et deux égypans qui suivent Bacchus.

DEUXIEME ENTREE DE BALLET.

BACCHUS.

Admirons le jus de la treille:
Qu'il est puissant, qu'il a d'attraits!
Il sert aux douceurs de la paix,
Et dans la guerre il fait merveille;
Mais surtout pour les amours
Le vin est d'un grand secours.

TROISIÈME ENTREE DE BALLET:

SUITE DE MOME:

Danse de polichinelles et de matassins.

MOME.

Folâtrons, divertissons-nous,
Raillons, nous ne saurions mieux faire
La raillerie est nécessaire
Dans les jeux les plus doux.
Sans la douceur que l'on goûte à médire,
On trouve peu de plaisirs sans ennui;

Rien n'est si plaisant que de rire,
Quand on rit aux dépens d'autrui.
Plaisantons, ne pardonnons rien,
Riens, rien n'est plus à la mode;
On court péril d'être incommode,
En disant trop de bien.
Sans la douceur que l'on goûte à médire,
On trouve peu de plaisirs sans ennui;
Rien n'est si plaisant que de rire,
Quand on rit aux dépens d'autrui.

QUATRIEME ENTREE DE BALLET.

Mars arrive au milieu du théâtre, suivi de sa troupe guerrière, qu'il excite à profiter de leur loisir, en prenant part aux divertissements.

MARS.

Laissons en paix toute la terre.
Cherchons de doux amusements,
Parmi les jeux les plus charmants
Mêlons l'image de la guerre.

Quatre guerriers portant des masses et des boucliers, quatre autres armés de piques et quatre autres avec des drapeaux, font, en dansant, une manière d'exercice.

CINQUIEME ET DERNIERE ENTREE DE BALLET

Les quatres troupes différentes de la suite d'Apollon, de Bacchus, de Mome, et de Mars, s'unissent et se mêlent ensemble.

CHOEUR DE DIVINITES CELESTES.

Chantons les plaisirs charmants
Des heureux amants;
Que tout le ciel s'empresse
A leur faire sa cour.
Célébrons ce beau jour.
Par mille doux chants d'allégresse,
Célébrons ce beau jour.
Par mille doux chants pleins d'amour.
Chantons les plaisirs charmants
Des heureux amants
Répondez nous, trompettes,
Timbales et tambours,
Accordez-vous toujours
Avec le doux son des musettes;
Accordez-vous toujours
Avec le doux chant des amours.

FIN DE PSYCHÉ.

LES

FEMMES SAVANTES,

COMÉDIE EN CINQ ACTES.

1672.

PERSONNAGES.

CHRYSALE, bourgeois.
PHILAMINTE, femme de Chrysale.
ARMANDE, fille de Chrysale et de Philaminte.
HENRIETTE, fille de Chrysale et de Philaminte.
ARISTE, frère de Chrysale.
BELISE, sœur de Chrysale.
CLITANDRE, amant d'Henriette.
TRISSOTIN, bel esprit.
VADIUS, savant.
MARTINE, servante de cuisine.
LEPINE, valet de Chrysale.
JULIEN, valet de Vadius.
UN NOTAIRE.

La scène est à Paris, dans la maison de Chrysale.

ACTE PREMIER

SCENE PREMIERE.

ARMANDE, HENRIETTE.

ARMANDE.

Quoi le beau nom de fille est un titre, ma sœur,
Dont vous voulez quitter la charmante douceur?
Et de vous marier vous osez faire fête?
Ce vulgaire dessein vous peut monter en tête?

HENRIETTE.

Oui, ma sœur.

ARMANDE.

Ah! ce oui se peut-il supporter?
Et sans un mal de cœur saurait-on l'écouter?

HENRIETTE.

Qu'a donc le mariage en soi qui vous oblige,
Ma sœur?...

ARMANDE.

Ah! mon Dieu! fi!

HENRIETTE.

Comment?

ARMANDE.

Ah! fi! vous dis-je.
Ne concevez-vous point ce que, dès qu'on l'entend,
Un tel mot à l'esprit offre de dégoûtant,
De quelle étrange image on est par lui blessé,
Sur quelle sale vue il traîne la pensée?
N'en frisonnez-vous point? et pouvez-vous, ma sœur,
Aux suites de ce mot résoudre votre cœur?

HENRIETTE.

Les suites de ce mot, quand je les envisage,
Me font voir un mari, des enfants, un ménage;
Et je ne vois rien là, si j'en puis raisonner,
Qui blesse la pensée, et fasse frissonner.

ARMANDE.

De tels attachements, ô ciel ! sont pour vous plaire?

HENRIETTE.

Et qu'est-ce qu'à mon âge on a de mieux à faire
Que d'attacher à soi, par le titre d'époux,
Un homme qui vous aime, et soit aimé de vous ;
Et, de cette union de tendresse suivie,
Se faire les douceurs d'une innocente vie?
Ce nœud bien assorti n'a-t-il pas des appas ?

ARMANDE.

Mon Dieu ! que votre esprit est d'un étage bas !
Que vous jouez au monde un petit personnage,
De vous claquemurer aux choses du ménage,
Et de n'entrevoir point des plaisirs plus touchants
Qu'une idole d'époux et des marmots d'enfants !
Laissez aux gens grossiers, aux personnes vulgaires,
Les bas amusements de ces sortes d'affaires.
A de plus hauts objets élevez vos désirs,
Songez à prendre un goût des plus nobles plaisirs ;
Et, traitant de mépris les sens et la matière,
A l'esprit, comme nous, donnez-vous tout entière.
Vous avez notre mère en exemple à vos yeux,
Que du nom de savante on honore en tous lieux ;
Tâchez, ainsi que moi, de vous montrer sa fille;
Aspirez aux clartés qui sont dans la famille,
Et vous rendez sensible aux charmantes douceurs
Que l'amour de l'étude épanche dans les cœurs.
Loin d'être aux lois d'un homme en esclave asservie,
Mariez-vous, ma sœur, à la philosophie,
Qui nous monte au-dessus de tout le genre humain,
Et donne à la raison l'empire souverain,
Soumettant à ses lois la partie animale,
Dont l'appétit grossier aux bêtes nous ravale.
Ce sont là les beaux feux, les doux attachements
Qui doivent de la vie occuper les moments ;
Et les soins où je vois tant de femmes sensibles
Me paraissent aux yeux des pauvretés horribles.

HENRIETTE.

Le ciel dont nous voyons que l'ordre est tout-puissant
Pour différents emplois nous fabrique en naissant;
Et tout esprit n'est pas composé d'une étoffe
Qui se trouve taillée à faire un philosophe.
Si le vôtre est né propre aux élévations
Où montent des savants les spéculations,
Le mien est fait, ma sœur, pour aller terre à terre ;
Et dans les petits soins son faible se resserre.
Ne troublons point du ciel les justes règlements ;
Et de nos deux instincts suivons les mouvements.
Habitez, par l'essor d'un grand et beau génie,
Les hautes régions de la philosophie ;
Tandis que mon esprit, se tenant ici-bas,
Goûtera de l'hymen les terrestres appas.
Ainsi, dans nos desseins l'une à l'autre contraire,
Nous saurons toutes deux imiter notre mère :
Vous du côté de l'ame et des nobles désirs ;
Moi, du côté des sens et des grossiers plaisirs:
Vous, aux productions d'esprit et de lumière ;
Moi, dans celles, ma sœur, qui sont dans la matière.

ARMANDE.

Quand sur une personne on prétend se régler,
C'est par les beaux côtés qu'il lui faut ressembler ;
Et ce n'est point du tout la prendre pour modèle,
Ma sœur, que de tousser et de cracher comme elle.

HENRIETTE.

Mais vous ne seriez pas ce dont vous vous vantez,
Si ma mère n'eût eu que de ces beaux côtés ;
Et bien vous prend, ma sœur, que son noble génie
N'ait pas vaqué toujours à la philosophie.
De grace, souffrez-moi, par un peu de bonté,
Des bassesses à qui vous devez la clarté;
Et ne supprimez point, voulant qu'on vous seconde,
Quelque petit savant qui veut venir au monde.

ARMANDE.

Je vois que votre esprit ne peut être guéri
Du fol entêtement de vous faire un mari :
Mais sachons, s'il vous plaît, qui vous songez à prendre:
Votre visée au moins n'est pas mise à Clitandre?

HENRIETTE.

Et par quelle raison n'y serait-elle pas?
Manque-t-il de mérite? Est-ce un choix qui soit bas?

ARMANDE.

Non ; mais c'est un dessein qui serait malhonnête
Que de vouloir d'une autre enlever la conquête;
Et ce n'est pas un fait dans le monde ignoré
Que Clitandre ait pour moi hautement soupiré.

HENRIETTE.

Oui : mais tous ces soupirs chez vous sont choses vaines
Et vous ne tombez point aux bassesses humaines ;
Votre esprit à l'hymen renonce pour toujours,
Et la philosophie a toutes vos amours.
Ainsi, n'ayant au cœur nul dessein pour Clitandre,
Que vous importe-t-il qu'on y puisse prétendre?

ARMANDE.

Cet empire que tient la raison sur les sens
Ne fait pas renoncer aux douceurs des encens,
Et l'on peut pour époux refuser un mérite
Que pour adorateur on veut bien à sa suite.

HENRIETTE.

Je n'ai pas empêché qu'à vos perfections
Il n'ait continué ses adorations ;
Et je n'ai fait que prendre, au refus de votre ame,
Ce qu'est venu m'offrir l'image de sa flamme.

ARMANDE.

Mais à l'offre des vœux d'un amant dépité
Trouvez-vous, je vous prie, entière sureté?
Croyez-vous pour vos yeux sa passion bien forte,
Et qu'en son cœur pour moi toute flamme soit morte?

HENRIETTE.

Il me le dit, ma sœur; et, pour moi, je le croi.

ARMANDE.

Ne soyez pas, ma sœur, d'une si bonne foi;
Et croyez, quand il dit qu'il me quitte et vous aime,
Qu'il ne songe pas bien, et se trompe lui-même.

HENRIETTE.

Je ne sais; mais enfin, si c'est votre plaisir,
Il nous est bien aisé de nous en éclaircir.
Je l'aperçois qui vient; et, sur cette matière,
Il pourra nous donner une pleine lumière.

SCENE II.

CLITANDRE, ARMANDE, HENRIETTE.

HENRIETTE.

Pour me tirer d un doute où me jette ma sœur,
Entre elle et moi, Clitandre, expliquez votre cœur;
Découvrez-en le fond, et nous daignez apprendre
Qui de nous à vos vœux est en droit de prétendre.

ARMANDE.

Non, non, je ne veux point à votre passion
Imposer la rigueur d'une explication :
Je ménage les gens, et sais comme embarrasse
Le contraignant effort de ces aveux en face.

CLITANDRE.

Non, madame, mon cœur qui dissimule peu.
Ne sent nulle contrainte à faire un libre aveu.
Dans aucun embarras un tel pas ne me jette;
Et j'avouerai tout haut, d'une ame franche et nette,
Que les tendres liens où je suis arrêté,
(*montrant Henriette*)
Mon amour et mes vœux sont tous de ce côté.
Qu'à nulle émotion cet aveu ne vous porte;
Vous avez bien voulu les choses de la sorte.
Vos attraits m'avaient pris, et mes tendres soupirs
Vous ont assez prouvé l'ardeur de mes désirs;
Mon cœur vous consacrait une flamme immortelle :
Mais vos yeux n'ont pas cru leur conquête assez belle;
J'ai souffert sous leur joug cent mépris différents
Ils régnaient sur mon ame en superbes tyrans ;
Et je me suis cherché, lassé de tant de peines,
Des vainqueurs plus humains et de moins rudes chaînes.
(*montrant Henriette*)
Je les ai rencontrés, madame, dans ces yeux,
Et leurs traits à jamais me seront précieux;

D'un regard pitoyable ils ont séché mes larmes,
Et n'ont pas dédaigné le rebut de vos charmes.
De si rares bontés m'ont si bien su toucher,
Qu'il n'est rien qu'il ne puisse à mes fers arracher :
Et j'ose maintenant vous conjurer, madame,
De ne vouloir tenter nul effort sur ma flamme,
De ne point essayer à rappeler un cœur
Résolu de mourir dans cette douce ardeur.

ARMANDE.

Hé! qui vous dit, monsieur, que l'on ait cette envie,
Et que de vous enfin si fort on se soucie?
Je vous trouve plaisant de vous le figurer,
Et bien impertinent de me le déclarer.

HENRIETTE.

Hé! doucement, ma sœur. Où donc est la morale
Qui sait si bien régir la partie animale,
Et retenir la bride aux efforts du courroux?

ARMANDE.

Mais vous, qui m'en parlez, où la pratiquez-vous,
De répondre à l'amour que l'on vous fait paraître,
Sans le congé de ceux qui vous ont donné l'être?
Sachez que le devoir vous soumet à leurs lois,
Qu'il ne vous est permis d'aimer que par leur choix,
Qu'ils ont sur votre cœur l'autorité suprême,
Et qu'il est criminel d'en disposer vous-même.

HENRIETTE.

Je rends grace aux bontés que vous me faites voir
De m'enseigner si bien les choses du devoir.
Mon cœur sur vos leçons veut régler sa conduite;
Et, pour vous faire voir, ma sœur, que j'en profite,
Clitandre, prenez soin d'appuyer votre amour
De l'agrément de ceux dont j'ai reçu le jour.
Faites-vous sur mes vœux un pouvoir légitime,
Et me donnez moyen de vous aimer sans crime.

CLITANDRE.

J'y vais de tous mes soins travailler hautement;
Et j'attendais de vous ce doux consentement.

ARMANDE.

Vous triomphez, ma sœur, et faites une mine
A vous imaginer que cela me chagrine.

HENRIETTE.

Moi, ma sœur? point du tout. Je sais que sur vos sens
Les droits de la raison sont toujours tout-puissants,
Et que, par les leçons qu'on prend dans la sagesse,
Vous êtes au-dessus d'une telle faiblesse.
Loin de vous soupçonner d'aucun chagrin, je croi
Qu'ici vous daignerez vous employer pour moi,
Appuyer sa demande, et, de votre suffrage,
Presser l'heureux moment de notre mariage.
Je vous en sollicite; et, pour y travailler...

ARMANDE.

Votre petit esprit se mêle de railler,
Et d'un cœur qu'on vous jette on vous voit toute fière

HENRIETTE.

Tout jeté qu'est ce cœur, il ne vous déplaît guere;
Et, si vos yeux sur moi le pouvaient ramasser,
Ils prendraient aisément le soin de se baisser.

ARMANDE.

A répondre à cela je ne daigne descendre,
Et ce sont sots discours qu'il ne faut pas entendre.

HENRIETTE.

C'est fort bien fait à vous, et vous nous faites voir
Des modérations qu'on ne peut concevoir.

SCENE III.

CLITANDRE, HENRIETTE.

HENRIETTE.

Votre sincère aveu ne l'a pas peu surprise.

CLITANDRE.

Elle mérite assez une telle franchise;
Et toutes les hauteurs de sa folle fierté
Sont dignes, tout au moins, de ma sincérité.
Mais, puisqu'il m'est permis, je vais à votre père,
Madame...

HENRIETTE.

Le plus sûr est de gagner ma mère.
Mon père est d'une humeur à consentir à tout;
Mais il met peu de poids aux choses qu'il résout;
Il a reçu du ciel certaine bonté d'ame
Qui le soumet d'abord à ce que veut sa femme;
C'est elle qui gouverne, et, d'un ton absolu,
Elle dicte pour loi ce qu'elle a résolu.
Je voudrais bien vous voir pour elle et pour ma tante
Une ame, je l'avoue, un peu plus complaisante,
Un esprit qui, flattant les visions du leur,
Vous pût de leur estime attirer la chaleur.

CLITANDRE.

Mon cœur n'a jamais pu, tant il est né sincère,
Même de votre sœur, flatter leur caractère;
Et les femmes docteurs ne sont point de mon goût.
Je consens qu'une femme ait des clartés de tout;
Mais je ne lui veux point la passion choquante
De se rendre savante, afin d'être savante;
Et j'aime que souvent, aux questions qu'on fait,
Elle sache ignorer les choses qu'elle sait :
De son étude, enfin, je veux qu'elle se cache,
Et qu'elle ait du savoir sans vouloir qu'on le sache,
Sans citer les auteurs, sans dire de grands mots,
Et clouer de l'esprit à ses moindres propos.
Je respecte beaucoup madame votre mère;
Mais je ne puis du tout approuver sa chimère,
Et me rendre l'écho des choses qu'elle dit,
Aux encens qu'elle donne à son héros d'esprit.
Son monsieur Trissotin me chagrine, m'assomme;
Et j'enrage de voir qu'elle estime un tel homme,
Qu'elle nous mette au rang des grands et beaux esprits
Un benêt dont partout on siffle les écrits,
Un pédant dont on voit la plume libérale
D'officieux papiers fournir toute la halle.

HENRIETTE.

Ses écrits, ses discours, tout m'en semble ennuyeux,
Et je me trouve assez votre goût et vos yeux;
Mais, comme sur ma mère il a grande puissance
Vous devez vous forcer à quelque complaisance.
Un amour fait sa cour où s'attache son cœur;
Il veut de tout le monde y gagner la faveur;
Et, pour n'avoir personne à sa flamme contraire,
Jusqu'au chien du logis il s'efforce de plaire.

CLITANDRE.

Oui, vous avez raison; mais monsieur Trissotin
M'inspire au fond de l'ame un dominant chagrin.
Je ne puis consentir, pour gagner ses suffrages
A me déshonorer en prisant ses ouvrages;
C'est par eux qu'à mes yeux il a d'abord paru,
Et je le connaissais avant que l'avoir vu.
Je vis dans le fatras des écrits qu'il nous donne,
Ce qu'étale en tous lieux sa pédante personne,
La constante hauteur de sa présomption,
Cette intrépidité de bonne opinion,
Cet indolent état de confiance extrême,
Qui le rend en tout temps si content de soi-même,
Qui fait qu'à son mérite incessamment il rit,
Qu'il se sait si bon gré de tout ce qu'il écrit,
Et qu'il ne voudrait pas changer sa renommée
Contre tous les honneurs d'un général d'armée.

HENRIETTE.

C'est avoir de bons yeux que de voir tout cela.

CLITANDRE.

Jusques à sa figure encor la chose alla,
Et je vis, par les vers qu'à la tête il nous jette,
De quel air il fallait que fût fait le poëte;
Et j'en avais si bien deviné tous les traits,
Que, rencontrant un homme un jour dans le palais,
Je gageai que c'était Trissotin en personne.
Et je vis qu'en effet la gageure était bonne.

HENRIETTE.

Quel conte!

CLITANDRE.

Non; je dis la chose comme elle est;
Mais je vois votre tante. Agréez, s'il vous plaît,
Que mon cœur lui déclare ici notre mystère,
Et gagne sa faveur auprès de votre mère.

SCENE IV.

BÉLISE, CLITANDRE.

CLITANDRE.

Souffrez, pour vous parler, madame qu'un amant
Prenne l'occasion de cet heureux moment,

Et se découvre à vous de la sincère flamme...

BÉLISE.

Ah! tout beau : gardez-vous de m'ouvrir trop votre ame.
Si je vous ai su mettre au rang de mes amants,
Contentez-vous des yeux pour vos seuls truchements,
Et ne m'expliquez point par une autre langage,
Des désirs qui, chez moi, passent pour un outrage.
Aimez-moi, soupirez, brûlez pour mes appas ;
Mais qu'il me soit permis de ne le savoir pas.
Je puis fermer les yeux sur vos flammes secrètes,
Tant que vous vous tiendrez aux muets interprètes,
Mais si la bouche vient à s'en vouloir mêler,
Pour jamais de ma vue il vous faut exiler.

CLITANDRE.

Des projets de mon cœur ne prenez point d'alarme.
Henriette, madame, est l'objet qui me charme ;
Et je viens ardemment conjurer vos bontés
De seconder l'amour que j'ai pour ses beautés.

BÉLISE.

Ah! certes, le détour est d'esprit, je l'avoue :
Ce subtil faux-fuyant mérite qu'on le loue :
Et dans tous les romans où j'ai jeté les yeux,
Je n'ai rien rencontré de plus ingénieux.

CLITANDRE.

Ceci n'est point du tout un trait d'esprit, madame ;
Et c'est un pur aveu de ce que j'ai dans l'ame.
Les cieux, par les liens d'une immuable ardeur,
Aux beautes d'Henriette ont attaché mon cœur ;
Henriette me tient sous son aimable empire,
Et l'hymen d'Henriette est le bien où j'aspire.
Vous y pouvez beaucoup ; et tout ce que je veux,
C'est que vous y daigniez favoriser mes vœux.

BÉLISE.

Je vois où doucement veut aller la demande,
Et je sais sous ce nom ce qu'il faut que j'entende.
La figure est adroite ; et, pour n'en point sortir,
Aux choses que mon cœur m'offre à vous repartir,
Je dirai qu'Henriette à l'hymen est rebelle,
Et que, sans rien prétendre, il faut brûler pour elle.

CLITANDRE.

Eh! madame, à quoi bon un pareil embarras
Et pourquoi voulez-vous penser ce qui n'est pas?

BÉLISE.

Mon Dieu! point de façons. Cessez de vous défendre
De ce que vos regards m'ont souvent fait entendre.
Il suffit que l'on est contente du détour
Dont s'est adroitement avisé votre amour,
Et que, sous la figure où le respect l'engage,
On veut bien se résoudre à souffrir son hommage,
Pourvu que ses transports, par l'honneur éclairés,
N'offrent à mes autels que des vœux épurés.

CLITANDRE.

Mais...

BÉLISE.

Adieu. Pour ce coup, ceci doit vous suffire,
Et je vous ai plus dit que je ne voulais dire.

CLITANDRE.

Mais votre erreur...

BÉLISE.

Laissez. Je rougis maintenant,
Et ma pudeur s'est fait un effort surprenant.

CLITANDRE.

Je veux être pendu, si je vous aime ; et sage...

BÉLISE.

Non, non, je ne veux rien entendre davantage.

SCÈNE V.

CLITANDRE, *seul.*

Diantre soit de la folle avec ses visions!
A-t-on rien vu d'égal à ses préventions?
Allons commettre un autre au soin que l'on me donne,
Et prenons le secours d'une sage personne.

FIN DU PREMIER ACTE.

ACTE II.

SCÈNE PREMIÈRE.

ARISTE, *quittant Clitandre, et lui parlant encore.*

Oui, je vous porterai la réponse au plus tôt ;
J'appuierai, presserai, ferai tout ce qu'il faut.
Qu'un amant pour un mot a de choses à dire!
Et qu'impatiemment il veut ce qu'il désire!
Jamais...

SCENE II.

CHRYSALE, ARISTE.

ARISTE.

Ah! Dieu vous gard', mon frère

CHRYSALE.

Et vous aussi,
Mon frère.

ARISTE.

Savez-vous ce qui m'amène ici?

CHRYSALE.

Non ; mais, si vous voulez, je suis prêt à l'entendre.

ARISTE.

Depuis assez longtemps vous connaissez Clitandre?

CHRYSALE.

Sans doute, et je le vois qui fréquente chez nous.

ARISTE.

En quelle estime est-il, mon frère, auprès de vous?

CHRYSALE.

D'homme d'honneur, d'esprit, de cœur et de conduite,
Et je vois peu de gens qui soient de son mérite.

ARISTE.

Certain désir qu'il a conduit ici mes pas ;
Et je me réjouis que vous en fassiez cas.

CHRYSALE.

Je connus feu son père en mon voyage à Rome.

ARISTE.

Fort bien.

CHRYSALE.

C'était, mon frère, un fort bon gentilhomme.

ARISTE.

On le dit.

CHRYSALE.

Nous n'avions alors que vingt-huit ans,
Et nous étions, ma foi, tous deux de verts galants.

ARISTE.

Je le crois.

CHRYSALE.

Nous donnions chez les dames romaines,
Et tout le monde, là, parlait de nos fredaines
Nous faisions des jaloux.

ARISTE.

Voilà qui va des mieux.
Mais venons au sujet qui m'amène en ces lieux.

SCENE III.

BELISE, *entrant doucement, et écoutant* ; CHRYSALE, ARISTE.

ARISTE.

Clitandre auprès de vous me fait son interprète,
Et son cœur est épris des graces d'Henriette.

CHRYSALE.

Quoi! de ma fille?

ARISTE.

Oui ; Clitandre en est charmé,
Et je ne vis jamais amant plus enflammé.

BELISE, *à Ariste.*

Non, non ; je vous entends. Vous ignorez l'histoire,
Et l'affaire n'est pas ce que vous pouvez croire.

ARISTE.

Comment, ma sœur?

BÉLISE.

Clitandre abuse vos esprits ;
Et c'est d'un autre objet que son cœur est épris.

ARISTE.

Vous raillez. Ce n'est pas Henriette qu'il aime?

BÉLISE.

Non; j'en suis assurée.

ARISTE.

Il me l'a dit lui-même.

BÉLISE.

Hé! oui.

ARISTE.

Vous me voyez, ma sœur, chargé par lui
D'en faire la demande à son père aujourd'hui.

BÉLISE.

Fort bien.

ARISTE.

Et son amour même m'a fait instance
De presser les moments d'une telle alliance.

BÉLISE.

Encor mieux. On ne peut tromper plus galamment,
Henriette, entre nous, est un amusement,
Un voile ingénieux, un prétexte, mon frère,
A couvrir d'autres feux dont je sais le mystère;
Et je veux bien tous deux vous mettre hors d'erreur.

ARISTE.

Mais, puisque vous savez tant de choses, ma sœur,
Dites-nous, s'il vous plait, cet autre objet qu'il aime.

BÉLISE.

Vous le voulez savoir?

ARISTE.

Oui. Quoi?

BÉLISE.

Moi.

ARISTE.

Vous.

BÉLISE.

Moi-même.

ARISTE.

Haï, ma sœur!

BÉLISE.

Qu'est-ce donc que veut dire ce haï?
Et qu'a de surprenant le discours que je fai?
On est faite d'un air, je pense, à pouvoir dire,
Qu'on n'a pas pour un cœur soumis à son empire;
Et Dorante, Damis, Cléonte et Lycidas,
Peuvent bien faire voir qu'on a quelques appas.

ARISTE.

Ces gens vous aiment?

BÉLISE.

Oui, de toute leur puissance.

ARISTE.

Ils vous l'ont dit?

BÉLISE.

Aucun n'a pris cette licence;
Ils m'ont su révérer si fort jusqu'à ce jour,
Qu'ils ne m'ont jamais dit un mot de leur amour.
Mais, pour m'offrir leur cœur et vouer leur service,
Les muets truchements ont tous fait leur office.

ARISTE.

On ne voit presque point céans venir Damis.

BÉLISE.

C'est pour me faire voir un respect plus soumis.

ARISTE.

De mots piquants partout Dorante vous outrage.

BÉLISE.

Ce sont emportements d'une jalouse rage.

ARISTE.

Cléonte et Lycidas ont pris femme tous deux.

BÉLISE.

C'est par un désespoir où j'ai réduit leurs feux.

ARISTE.

Ma foi, ma chère sœur, vision toute claire.

CHRYSALE, *à Bélise.*

De ces chimères-là vous devez vous défaire.

BÉLISE.

Ah! chimères! Ce sont des chimères, dit-on.
Chimères, moi! Vraiment, chimères est fort bon!
Je me réjouis fort de chimères, mes frères;
Et je ne savais pas que j'eusse des chimères.

SCENE IV.

CHRYSALE, ARISTE.

CHRYSALE.

Notre sœur est folle, oui.

ARISTE.

Cela croît tous les jours.
Mais, encore une fois, reprenons le discours.
Clitandre vous demande Henriette pour femme;
Voyez quelle réponse on doit faire à sa flamme.

CHRYSALE.

Faut-il le demander? J'y consens de bon cœur,
Et tiens son alliance à singulier honneur.

ARISTE.

Vous savez que de biens il n'a pas l'abondance,
Que...

CHRYSALE.

C'est un intérêt qui n'est pas d'importance;
Il est riche en vertus, cela vaut des trésors:
Et puis son père et moi n'étions qu'un en deux corps.

ARISTE.

Parlons à votre femme, et voyons à la rendre
Favorable...

CHRYSALE.

Il suffit, je l'accepte pour gendre.

ARISTE.

Oui; mais pour appuyer votre consentement,
Mon frère, il n'est pas mal d'avoir son agrément.
Allons...

CHRYSALE.

Vous moquez-vous? il n'est pas nécessaire.
Je réponds de ma femme, et prends sur moi l'affaire.

ARISTE.

Mais...

CHRYSALE.

Laissez faire, dis-je, et n'appréhendez pas.
Je la vais disposer aux choses de ce pas.

ARISTE.

Soit. Je vais là dessus sonder votre Henriette,
Et reviendrai savoir...

CHRYSALE.

C'est une affaire faite;
Et je vais à ma femme en parler sans délai.

SCENE V.

CHRYSALE, MARTINE.

MARTINE.

Me voilà bien chanceuse! Hélas! l'on dit bien vrai,
Qui veut noyer son chien l'accuse de la rage;
Et service d'autrui n'est pas un héritage.

CHRYSALE.

Qu'est-ce donc? Qu'avez-vous, Martine?

MARTINE.

Ce que j'ai?

CHRYSALE.

Oui.

MARTINE.

J'ai que l'on me donne aujourd'hui mon congé,
Monsieur.

CHRYSALE.

Votre congé?

MARTINE.

Oui. Madame me chasse.

CHRYSALE.

Je n'entends pas cela. Comment?

MARTINE.

On me menace,
Si je ne sors d'ici de me bailler cent coups.

CHRYSALE.

Non, vous demeurerez; je suis content de vous.
Ma femme bien souvent a la tête un peu chaude;
Et je ne veux pas, moi...

SCÈNE VI.

PHILAMINTE, BELISE, CHRYSALE, MARTINE.

PHILAMINTE, *apercevant Martine.*

Quoi! je vous vois, maraude?

Vite, sortez, friponne; allons, quittez ces lieux;
Et ne vous présentez jamais devant mes yeux.

CHRYSALE.

Tout doux.

PHILAMINTE.

Non, c'en est fait.

CHRYSALE.

Hé!

PHILAMINTE.

Je veux qu'elle sorte.

CHRYSALE.

Mais qu'a-t-elle commis, pour vouloir de la sorte?...

PHILAMINTE.

Quoi! vous la soutenez?

CHRYSALE.

En aucune façon.

PHILAMINTE.

Prenez-vous son parti contre moi?

CHRYSALE.

Mon Dieu! non;
Je ne fais seulement que demander son crime.

PHILAMINTE.

Suis-je pour la chasser sans cause légitime?

CHRYSALE.

Je ne dis pas cela; mais il faut de nos gens...

PHILAMINTE.

Non, elle sortira, vous dis-je de céans.

CHRYSALE.

Hé bien! oui. Vous dit-on quelque chose là contre?

PHILAMINTE.

Je ne veux point d'obstacle aux désirs que je montre.

CHRYSALE.

D'accord.

PHILAMINTE.

Et vous devez, en raisonnable époux,
Être pour moi contre elle, et prendre mon courroux.

CHRYSALE.

(*se tournant vers Martine.*)

Aussi fais-je. Oui, ma femme avec raison vous chasse,
Coquine, et votre crime est indigne de grâce.

MARTINE.

Qu'est-ce donc que j'ai fait?

CHRYSALE, *bas.*

Ma foi, je ne sais pas.

PHILAMINTE.

Elle est d'humeur encore à n'en faire aucun cas.

CHRYSALE.

A-t-elle, pour donner matière à votre haine,
Cassé quelque miroir ou quelque porcelaine?

PHILAMINTE.

Voudrais-je la chasser? et vous figurez-vous
Que pour si peu de chose on se mette en courroux?

CHRYSALE, *à Martine.*

(*à Philaminte.*)

Qu'est-ce à dire? L'affaire est donc considérable?

PHILAMINTE.

Sans doute. Me voit-on femme déraisonnable?

CHRYSALE.

Est-ce qu'elle a laissé, d'un esprit négligent,
Dérober quelque aiguière ou quelque plat d'argent?

PHILAMINTE.

Cela ne serait rien.

CHRYSALE, *à Martine.*

Oh! oh! peste, la belle!

(*à Philaminte.*)

Quoi! vous l'avez surprise à n'être pas fidèle?

PHILAMINTE.

C'est pis que tout cela.

CHRYSALE.

Pis que tout cela?

PHILAMINTE.

Pis.

CHRYSALE, *à Martine.*

(*à Philaminte.*)

Comment! diantre friponne! Euh! a-t-elle commis?..

PHILAMINTE.

Elle a, d'une insolence à nulle autre pareille,
Après trente leçons, insulté mon oreille,
Par l'impropriété d'un mot sauvage et bas,
Qu'en termes décisifs condamne Vaugelas.

CHRYSALE.

Est-ce là?...

PHILAMINTE.

Quoi! toujours malgré nos remontrances,
Heurter le fondement de toutes les sciences,
La grammaire qui sait régenter jusqu'aux rois,
Et les fait, la main haute, obéir à ses lois!

CHRYSALE.

Du plus grand des forfaits je la croyais coupable.

PHILAMINTE.

Quoi! vous ne trouvez pas ce crime impardonnable?

CHRYSALE.

Si fait.

PHILAMINTE.

Je voudrais bien que vous l'excusassiez

CHRYSALE.

Je n'ai garde.

BÉLISE.

Il est vrai que ce sont des pitiés.
Toute construction est par elle détruite;
Et des lois du langage on l'a cent fois instruite.

MARTINE.

Tout ce que vous prêchez est, je crois bel et bon;
Mais je ne saurais moi, parler votre jargon.

PHILAMINTE.

L'impudente! appeler un jargon le langage
Fondé sur la raison et sur le bel usage!

MARTINE.

Quand on se fait entendre, on parle toujours bien,
Et tous biaux dictons ne servent pas de rien

PHILAMINTE.

Hé bien! ne voilà pas encore de son style
Ne servent pas de rien!

BÉLISE.

O cervelle indocile!
Faut-il qu'avec les soins qu'on prend incessamment
On ne te puisse apprendre à parler congruement?
De *pas* mis avec *rien* tu fais la récidive;
Et c'est, comme on t'a dit, trop d'une négative.

MARTINE.

Mon Dieu! je n'avons pas étugné comme vous,
Et je parlons tout droit comme on parle cheux nous.

PHILAMINTE.

Ah! peut-on y tenir?

BÉLISE.

Quel solécisme horrible!

PHILAMINTE.

En voilà pour tuer une oreille sensible.

BÉLISE.

Ton esprit, je l'avoue, est bien matériel:
Je n'est qu'un singulier, *avons* est un pluriel,
Veux-tu toute ta vie offenser la grammaire?

MARTINE.

Qui parle d'offenser grand-mère ni grand-père?

PHILAMINTE.

O ciel!

BÉLISE.

Grammaire est prise à contre-sens par toi;
Et je t'ai déjà dit d'où vient ce mot.

MARTINE.

Ma foi!
Qu'il vienne de Chaillot, d'Auteuil, ou de Pontoise,
Cela ne me fait rien.

BÉLISE.

Quelle âme villageoise!
La grammaire, du verbe et du nominatif,
Comme de l'adjectif avec le substantif,
Nous enseigne les lois.

MARTINE.

J'ai, madame, à vous dire
Que je ne connais point ces gens-là.

PHILAMINTE.

Quel martyre!

BÉLISE.

Ce sont les noms des mots; et l'on doit regarder
En quoi c'est qu'il les faut faire ensemble accorder.

MARTINE.

Qu'ils s'accordent entre eux, ou se gourment, qu'im- [porte?

PHILAMINTE, *à Bélise.*
Hé! mon Dieu, finissez un discours de la sorte,
(*à Chrysale.*)
Vous ne voulez pas, vous, me la faire sortir?

CHRYSALE.
(*à part*)
Si fait. A son caprice il me faut consentir.
Va, ne l'irrite point; retire-toi, Martine.

PHILAMINTE.
Comment vous avez peur d'offenser la coquine!
Vous lui parlez d'un ton tout à fait obligeant!

CHRYSALE.
(*d'un ton ferme*) (*d'un ton plus doux*)
Moi? point. Allons, sortez. Va-t'en ma pauvre enfant.

SCENE VII.

PHILAMINTE, CHRYSALE, BÉLISE.

CHRYSALE.
Vous êtes satisfaite, et la voilà partie :
Mais je n'approuve point une telle sortie;
C'est une fille propre aux choses qu'elle fait,
Et vous me la chassez pour un maigre sujet.

PHILAMINTE.
Vous voulez que toujours je l'aie à mon service,
Pour mettre incessamment mon oreille au supplice,
Pour rompre toute loi d'usage et de raison
Par un barbare amas de vices d'oraison,
De mots estropiés, cousus, par intervalles,
De proverbes traînés dans les ruisseaux des halles,

BÉLISE.
Il est vrai que l'on sue à souffrir ses discours,
Elle y met Vaugelas en pièces tous les jours :
Et les moindres défauts de ce grossier génie
Sont ou le pléonasme, ou la cacophonie.

CHRYSALE.
Qu'importe qu'elle manque aux lois de Vaugelas,
Pourvu qu'à la cuisine elle ne manque pas?
J'aime bien mieux, pour moi, qu'en épluchant ses herbes
Elle accommode mal les noms avec les verbes,
Et redise cent fois un bas ou méchant mot,
Que de brûler ma viande, ou saler trop mon pot :
Je vis de bonne soupe, et non de beau langage.
Vaugelas n'apprend point à bien faire un potage;
Et Malherbe et Balzac, si savants en beaux mots,
En cuisine peut-être auraient été des sots.

PHILAMINTE.
Que ce discours grossier terriblement assomme?
Et quelle indignité, pour ce qui s'appelle homme,
D'être baissé sans cesse aux soins matériels,
Au lieu de se hausser vers les spirituels!
Le corps, cette guenille, est-il d'une importance,
D'un prix à mériter seulement qu'on y pense?
Et ne devons-nous pas laisser cela bien loin?

CHRYSALE. [soin :
Oui, mon corps est moi-même, et j'en veux prendre
Guenille, si l'on veut; ma guenille m'est chère.

BÉLISE.
Le corps avec l'esprit fait figure, mon frère :
Mais, si vous en croyez tout le monde savant,
L'esprit doit sur le corps prendre le pas devant,
Et notre plus grand soin, notre première instance,
Doit être à le nourrir du suc de la science.

CHRYSALE.
Ma foi, si vous songez à nourrir votre esprit,
C'est de viande bien creuse, à ce que chacun dit;
Et vous n'avez nul soin, nulle sollicitude,
Pour...

PHILAMINTE.
Ah! *sollicitude* à mon oreille est rude;
Il pue étrangement son ancienneté.

BÉLISE.
Il est vrai que le mot est bien *collet monté.*

CHRYSALE.
Voulez-vous que je dise? Il faut qu'enfin j'éclate,
Que je lève le masque, et décharge ma rate.
De folles on vous traite, et j'ai fort sur le cœur...

PHILAMINTE.
Comment donc!

CHRYSALE *à Bélise.*
C'est à vous que je parle, ma sœur.
Le moindre solécisme en parlant vous irrite,
Mais vous en faites, vous, d'étranges en conduite.
Vos livres éternels ne me contentent pas;
Et, hors un gros Plutarque à mettre mes rabats,
Vous devriez brûler tout ce meuble inutile,
Et laisser la science aux docteurs de la ville;
M'ôter, pour faire bien, du grenier de céans
Cette longue lunette à faire peur aux gens,
Et cent brimborions dont l'aspect importune;
Ne point aller chercher ce qu'on fait dans la lune,
Et vous mêler un peu de ce qu'on fait chez vous,
Où nous voyons aller tout sans dessus dessous.
Il n'est pas bien honnête, et pour beaucoup de causes
Qu'une femme étudie et sache tant de choses.
Former aux bonnes mœurs l'esprit de ses enfants,
Faire aller son ménage, avoir l'œil sur ses gens,
Et régler la dépense avec économie,
Doit être son étude et sa philosophie.
Nos pères, sur ce point, étaient gens bien sensés,
Qui disaient qu'une femme en sait toujours assez,
Quand la capacité de son esprit se hausse
A connaître un pourpoint d'avec un haut-de-chausse.
Les leurs ne lisaient point; mais elles vivaient bien;
Leurs ménages étaient tout leur docte entretien;
Et leurs livres, un dé, du fil et des aiguilles,
Dont elles travaillaient au trousseau de leurs filles.
Les femmes d'à présent sont bien loin de ces mœurs :
Elles veulent écrire, et devenir auteurs;
Nulle science n'est pour elles trop profonde,
Et céans beaucoup plus qu'en aucun lieu du monde;
Les secrets les plus hauts s'y laissent concevoir,
Et l'on sait tout chez moi, hors ce qu'il faut savoir.
On y sait comme vont lune, étoile polaire,
Vénus, Saturne, et Mars, dont je n'ai point affaire;
Et dans ce vain savoir, qu'on va chercher si loin,
On ne sait comme va mon pot, dont j'ai besoin.
Mes gens à la science aspirent pour vous plaire,
Et tous ne font rien moins que ce qu'ils ont à faire;
Raisonner est l'emploi de toute ma maison;
Et le raisonnement en bannit la raison.
L'un me brûle mon rôt en lisant quelque histoire,
L'autre rêve à des vers quand je demande à boire;
Enfin, je vois par eux votre exemple suivi;
Et j'ai des serviteurs, et ne suis point servi.
Une pauvre servante, au moins, m'était restée,
Qui de ce mauvais air n'était point infectée;
Et voilà qu'on la chasse avec un grand fracas,
A cause qu'elle manque à parler Vaugelas.
Je vous le dis, ma sœur, tout ce train-là me blesse
Car c'est, comme j'ai dit, à vous que je m'adresse.
Je n'aime point céans tous vos gens à latin,
Et principalement ce monsieur Trissotin :
C'est lui qui, dans des vers, vous a tympanisées;
Tous les propos qu'il tient sont des billevesées.
On cherche ce qu'il dit après qu'il a parlé;
Et je lui crois, pour moi, le timbre un peu fêle.

PHILAMINTE.
Quelle bassesse, ô ciel! et d'ame et de langage

BÉLISE.
Est-il de petits corps un plus lourd assemblage,
Un esprit composé d'atomes plus bourgeois?
Et de ce même sang se peut-il que je sois?
Je me veux mal de mort d'être de votre race,
Et, de confusion, j'abandonne la place.

SCENE VIII.

PHILAMINTE, CHRYSALE.

PHILAMINTE.
Avez-vous à lâcher encore quelque trait?

CHRYSALE.
Moi? non. Ne parlons plus de querelle; c'est fait.
Discourons d'autre affaire. A votre fille aînée
On voit quelques dégoûts pour les nœuds d'hyménée;
C'est une philosophe enfin, je n'en dis rien;
Elle est bien gouvernée, et vous faites fort bien:
Mais de tout autre humeur se trouve sa cadette,
Et je crois qu'il est bon de pourvoir Henriette,
De choisir un mari...

PHILAMINTE.

C'est à quoi j'ai songé,
Et je veux vous ouvrir l'intention que j'ai.
Ce monsieur Trissotin dont on nous fait un crime,
Et qui n'a pas l'honneur d'être dans votre estime,
Est celui que je prends pour l'époux qu'il lui faut :
Et je sais mieux que vous juger de ce qu'il vaut.
La contestation est ici superflue;
Et de tout point, chez moi, l'affaire est résolue.
Au moins ne dites mot du choix de cet époux;
Je veux à votre fille en parler avant vous.
J'ai des raisons à faire approuver ma conduite,
Et je connaîtrai bien si vous l'aurez instruite.

SCÈNE IX.

ARISTE, CHRYSALE.

ARISTE.

Hé bien! la femme sort, mon frère, et je vois bien
Que vous venez d'avoir ensemble un entretien.

CHRYSALE.

Oui.

ARISTE.

Quel est le succès? Aurons-nous Henriette?
A-t-elle consenti? L'affaire est elle faite?

CHRYSALE.

Pas tout à fait encor.

ARISTE.

Refuse-t-elle?

CHRYSALE.

Non

ARISTE.

Est-ce qu'elle balance?

CHRYSALE.

En aucune façon.

ARISTE.

Quoi donc?

CHRYSALE.

C'est que pour gendre elle m'offre un autre homme.

ARISTE.

Un autre homme pour gendre!

CHRYSALE.

Un autre.

ARISTE.

Qui se nomme?

CHRYSALE.

Monsieur Trissotin.

ARISTE.

Quoi! ce monsieur Trissotin!..

CHRYSALE.

Oui, qui parle toujours de vers et de latin.

ARISTE.

Vous l'avez accepté?

CHRYSALE.

Moi! point. A Dieu ne plaise!

ARISTE.

Qu'avez-vous répondu?

CHRYSALE.

Rien; et je suis bien aise
De n'avoir point parlé, pour ne m'engager pas.

ARISTE.

La raison est fort belle; et c'est faire un grand pas.
Avez-vous su du moins lui proposer Clitandre?

CHRYSALE.

Non; car comme j'ai vu qu'on parlait d'autre gendre,
J'ai cru qu'il était mieux de ne m'avancer point.

ARISTE.

Certes, votre prudence est rare au dernier point.
N'avez-vous point de honte, avec votre mollesse?
Et se peut-il qu'un homme ait assez de faiblesse
Pour laisser à sa femme un pouvoir absolu,
Et n'oser attaquer ce qu'elle a résolu?

CHRYSALE.

Mon Dieu! vous en parlez, mon frère, bien à l'aise,
Et vous ne savez pas comme le bruit me pèse.
J'aime fort le repos, la paix et la douceur;
Et ma femme est terrible avecque son humeur.
Du nom de philosophe elle fait grand mystère:
Mais elle n'en est pas pour cela moins colère :
Et sa morale, faite à mépriser le bien,
Sur l'aigreur de sa bile opère comme rien.
Pour peu que l'on s'oppose à ce que veut sa tête,
On en a pour huit jours d'effroyable tempête.
Elle me fait trembler dès qu'elle prend son ton;
Je ne sais où me mettre, et c'est un vrai dragon;
Et cependant, avec toute sa diablerie,
Il faut que je l'appelle et mon cœur et ma mie.

ARISTE.

Allez, c'est se moquer. Votre femme, entre nous,
Est, par vos lâchetés, souveraine sur vous.
Son pouvoir n'est fondé que sur votre faiblesse;
C'est de vous qu'elle prend le titre de maîtresse;
Vous-même à ses hauteurs vous vous abandonnez,
Et vous faites mener, en bête, par le nez.
Quoi! vous ne pouvez pas, voyant comme on vous nomme,
Vous résoudre une fois à vouloir être un homme,
A faire condescendre une femme à vos vœux,
Et prendre assez de cœur pour dire un Je le veux!
Vous laisserez, sans honte, immoler votre fille
Aux folles visions qui tiennent la famille,
Et de tout votre bien revêtir un nigaud,
Pour six mots de latin qu'il leur fait sonner haut;
Un pédant qu'à tout coup votre femme apostrophe
Du nom de bel esprit et de grand philosophe,
D'homme qu'en vers galants jamais on n'égala,
Et qui n'est, comme on sait, rien moins que tout cela!
Allez, encore un coup, c'est une moquerie,
Et votre lâcheté mérite qu'on en rie.

CHRYSALE.

Oui, vous avez raison, et je vois que j'ai tort.
Allons, il faut enfin montrer un cœur plus fort.
Mon frère.

ARISTE.

C'est bien dit.

CHRYSALE.

C'est une chose infame.
Que d'être si soumis au pouvoir d'une femme.

ARISTE.

Fort bien.

CHRYSALE.

De ma douceur elle a trop profité.

ARISTE.

Il est vrai.

CHRYSALE.

Trop joui de ma facilité.

ARISTE.

Sans doute.

CHRYSALE.

Et je lui veux faire aujourd'hui connaître
Que ma fille est ma fille, et que j'en suis le maître,
Pour lui prendre un mari qui soit selon mes vœux.

ARISTE.

Vous voilà raisonnable, et comme je vous veux.

CHRYSALE.

Vous êtes pour Clitandre, et savez sa demeure,
Faites-le moi venir, mon frère, tout à l'heure.

ARISTE.

J'y cours tout de ce pas.

CHRYSALE.

C'est souffrir trop longtemps,
Et je m'en vais être homme à la barbe des gens.

FIN DU SECOND ACTE.

ACTE III.

SCÈNE PREMIÈRE.

PHILAMINTE, ARMANDE, BÉLISE, TRISSOTIN, LÉPINE.

PHILAMINTE.

Ah! mettons-nous ici pour écouter à l'aise
Ces vers que mot à mot il a besoin qu'on pèse.

ARMANDE.

Je brûle de les voir.

BÉLISE.

Et l'on s'en meurt chez nous.

PHILAMINTE, *à Trissotin.*

Ce sont charmes pour moi, que ce qui part de vous.

ARMANDE.

Ce m'est une douceur à nulle autre pareille.

BÉLISE.

Ce sont repas friands qu'on donne à mon oreille.

PHILAMINTE.

Ne faites point languir de si pressants désirs.

ARMANDE.

Dépêchez.

BÉLISE.

Faites tôt, et hâtez nos plaisirs.

PHILAMINTE.

A notre impatience offrez votre épigramme.

TRISSOTIN, *à Philaminte.*

Hélas! c'est un enfant tout nouveau-né, madame;
Son sort assurément a lieu de vous toucher,
Et c'est dans votre cœur que j'en viens d'accoucher.

PHILAMINTE.

Pour me le rendre cher, il suffit de son père.

TRISSOTIN.

Votre approbation lui peut servir de mère.

BÉLISE.

Qu'il a de l'esprit!

SCENE II.

HENRIETTE, PHILAMINTE, BÉLISE, ARMANDE, TRISSOTIN, LÉPINE.

PHILAMINTE, *à Henriette qui veut se retirer.*

Holà. Pourquoi donc fuyez-vous?

HENRIETTE.

C'est de peur de troubler un entretien si doux.

PHILAMINTE.

Approchez, et venez, de toutes vos oreilles,
Prendre part au plaisir d'entendre des merveilles.

HENRIETTE.

Je sais peu les beautés de tout ce qu'on écrit,
Et ce n'est pas mon fait que les choses d'esprit.

PHILAMINTE.

Il n'importe : aussi bien ai-je à vous dire ensuite
Un secret dont il faut que vous soyez instruite.

TRISSOTIN, *à Henriette.*

Les sciences n'ont rien qui vous puisse enflammer,
Et vous ne vous piquez que de savoir charmer.

HENRIETTE.

Aussi peu l'un que l'autre : et je n'ai nulle envie...

BÉLISE.

Ah! songeons à l'enfant nouveau-né, je vous prie.

PHILAMINTE, *à Lépine.*

Allons, petit garçon, vite de quoi s'asseoir.

(*Lépine se laisse tomber.*)

Voyez l'impertinent! Est-ce que l'on doit choir
Après avoir appris l'équilibre des choses?

BÉLISE.

De ta chute, ignorant, ne vois-tu pas les causes,
Et qu'elle vient d'avoir, du point fixe écarté
Ce que nous appelons centre de gravité?

LÉPINE.

Je m'en suis aperçu, madame, étant par terre.

PHILAMINTE, *à Lepine qui sort.*

Le lourdaud!

TRISSOTIN.

Bien lui prend de n'être pas de verre.

ARMANDE.

Ah! de l'esprit partout!

BÉLISE.

Cela ne tarit pas.

(*Ils s'asseyent.*)

PHILAMINTE.

Servez-nous promptement votre aimable repas.

TRISSOTIN.

Pour cette grande faim qu'à mes yeux on expose,
Un plat seul de huit vers me semble peu de chose;
Et je pense qu'ici je ne ferai pas mal
De joindre à l'épigramme, ou bien au madrigal,
Le ragoût d'un sonnet qui, chez une princesse,
A passé pour avoir quelque délicatesse.
Il est de sel attique assaisonné partout;
Et vous le trouverez, je crois, d'assez bon goût.

ARMANDE.

Ah! je n'en doute point.

PHILAMINTE.

Donnons vite audience.

BÉLISE, *interrompant Trissotin à chaque fois qu'il se dispose à lire.*

Je sens d'aise mon cœur tressaillir par avance.
J'aime la poésie avec entêtement,
Et sur tout quand les vers sont tournés galamment.

PHILAMINTE.

Si nous parlons toujours, il ne pourra rien dire.

TRISSOTIN.

So...

BÉLISE, *à Henriette.*

Silence, ma nièce.

ARMANDE.

Ah! laissez-le donc lire.

TRISSOTIN.

SONNET, *à la princesse* URANIE *sur sa fièvre.*

« Votre prudence est endormie
De traiter magnifiquement
« Et de loger superbement
« Votre plus cruelle ennemie.

BÉLISE.

Ah! le joli début!

ARMANDE.

Qu'il a le tour galant!

PHILAMINTE.

Lui seul des vers aisés possède le talent.

ARMANDE.

A *prudence endormie* il faut rendre les armes.

BÉLISE.

Loger son ennemie est pour moi plein de charmes.

PHILAMINTE.

J'aime *superbement* et *magnifiquement*;
Ces deux adverbes joints font admirablement.

BÉLISE.

Prêtons l'oreille au reste.

TRISSOTIN.

« Votre prudence est endormie
« De traiter magnifiquement
« Et de loger superbement
« Votre plus cruelle ennemie.

ARMANDE.

Prudence endormie!

BÉLISE.

Loger son ennemie!

PHILAMINTE.

Superbement et *magnifiquement!*

TRISSOTIN.

« Faites-la sortir, quoi qu'on die,
« De votre riche appartement;
« Où cette ingrate insolemment
« Attaque votre belle vie.

BÉLISE.

Ah! tout doux! laissez-moi, de grace, respirer.

ARMANDE.

Donnez-nous, s'il vous plaît, le loisir d'admirer.

PHILAMINTE.

On se sent, à ces vers, jusques au fond de l'ame
Couler je ne sais quoi qui fait que l'on se pâme.

ARMANDE.

« Faites la sortir, quoi qu'on die,

« De votre riche appartement.
Que *riche appartement* est là joliment dit!
Et que la métaphore est mise avec esprit!

PHILAMINTE.

« Faites-la sortir, quoi qu'on die.
Ah! que ce *quoi qu'on die* est d'un goût admirabl
C'est à mon sentiment un endroit impayable.

ARMANDE.

De *quoi qu'on die* aussi mon cœur est amoureux.

BÉLISE.

Je suis de votre avis, *quoi qu'on die* est heureux.

ARMANDE.

Je voudrais l'avoir fait.

BÉLISE.

Il vaut toute une pièce.

PHILAMINTE.

Mais en comprend-on-bien, comme moi, la finesse?

ARMANDE ET BÉLISE.

Oh! oh!

PHILAMINTE.

« Faites-la sortir, quoi qu'on die.
Que de la fièvre on prenne ici les intérêts;
N'ayez aucun égard, moquez-vous des caquets,
« Faites-la sortir, quoi qu'on die,
« Quoi qu'on die, quoi qu'on die.
Ce *quoi qu'on die* en dit beaucoup plus qu'il ne semble.
Je ne sais pas, pour moi, si chacun me ressemble.
Mais j'entends là-dessous un million de mots.

BÉLISE.

Il est vrai qu'il dit plus de chose qu'il n'est gros.

PHILAMINTE, *à Trissotin.*

Mais quand vous avez fait ce charmant *quoi qu'on die*,
Avez-vous compris, vous, toute son énergie?
Songiez-vous bien vous-même à tout ce qu'il nous dit?
Et pensiez-vous alors y mettre tant d'esprit?

TRISSOTIN.

Hai! hai!

ARMANDE.

J'ai fort aussi *l'ingrate* dans la tête,
Cette ingrate de fièvre, injuste, malhonnête,
Qui traite mal les gens qui la logent chez eux.

PHILAMINTE.

Enfin les quatrains sont admirables tous deux.
Venons-en promptement aux tiercets, je vous prie.

ARMANDE.

Ah! s'il vous plaît, encore une fois *quoi qu'on die.*

TRISSOTIN.

Faites-la sortir, quoi qu'on die,

PHILAMINTE, ARMANDE, ET BÉLISE.

Quoi qu'on die!

TRISSOTIN.

De votre riche appartement,

PHILAMINTE, ARMANDE, ET BÉLISE.

Riche appartement!

TRISSOTIN.

Où cette ingrate insolemment

PHILAMINTE, ARMANDE, ET BÉLISE.

Cette *ingrate* de fièvre!

TRISSOTIN.

Attaque votre belle vie.

PHILAMINTE.

Votre belle vie!

ARMANDE ET BÉLISE.

Ah!

TRISSOTIN.

Quoi! sans respecter votre rang,
Elle se prend à votre sang,

PHILAMINTE, ARMANDE, ET BÉLISE.

Ah!

TRISSOTIN.

Et nuit et jour vous fait outrage!
Si vous la conduisez aux bains,
Sans la marchander davantage,
Noyez-la de vos propres mains.

PHILAMINTE.

On n'en peut plus.

BÉLISE.

On pâme.

ARMANDE.

On se meurt de plaisir.

PHILAMINTE.

De mille doux frissons vous vous sentez saisir.

ARMANDE.

Si vous la conduisez aux bains,

BÉLISE.

Sans la marchander davantage,

PHILAMINTE.

Noyez-la de vos propres mains.
« De vos propres mains, là, noyez-la dans les bains. »

ARMANDE.

Chaque pas dans vos vers rencontre un trait charmant.

BÉLISE.

Partout on s'y promène avec ravissement.

PHILAMINTE.

On n'y saurait marcher que sur de belles choses

ARMANDE.

Ce sont petits chemins tout parsemés de roses.

TRISSOTIN.

Le sonnet donc vous semble...

PHILAMINTE.

Admirable, nouveau,
Et personne jamais n'a rien fait de si beau.

BÉLISE, *à Henriette.*

Quoi! sans émotion pendant cette lecture!
Vous faites là, ma nièce, une étrange figure.

HENRIETTE.

Chacun fait ici-bas la figure qu'il peut,
Ma tante; et bel esprit, il ne l'est pas qui veut.

TRISSOTIN.

Peut-être que mes vers importunent madame.

HENRIETTE.

Point. Je n'écoute pas.

PHILAMINTE.

Ah! voyons l'épigramme.

TRISSOTIN.

Sur un carrosse de couleur amarante donné à une dame de ses amies.

PHILAMINTE.

Ses titres ont toujours quelque chose de rare.

ARMANDE.

A cent beaux traits d'esprit leur nouveauté prépare.

TRISSOTIN.

« L'Amour si chèrement m'a vendu son lien, »

PHILAMINTE, ARMANDE ET BÉLISE.

Ah!

TRISSOTIN.

« Qu'il m'en coûte déjà la moitié de mon bien;
Et, quand tu vois ce beau carrosse,
Où tant d'or se relève en bosse
Qu'il étonne tout le pays,
Et fait pompeusement triompher ma Laïs... »

PHILAMINTE.

Ah! *ma Laïs!* Voilà de l'érudition.

BÉLISE.

L'enveloppe est jolie, et vaut un million.

TRISSOTIN.

« Et, quand tu vois ce beau carrosse,
Où tant d'or se relève en bosse
Qu'il étonne tout le pays,
Et fait pompeusement triompher ma Laïs,
Ne dis plus qu'il est amarante;
Dis plutôt qu'il est de ma rente. »

ARMANDE.

Oh! oh! oh! celui-là ne s'attend point du tout.

PHILAMINTE.

On n'a que lui qui puisse écrire de ce goût.

BÉLISE.

Ne dis plus qu'il est amarante,
Dis plutôt qu'il est de ma rente.
Voilà qui se décline, *ma rente*, *de ma rente*, *à ma rente.*

PHILAMINTE.

Je ne sais, du moment que je vous ai connu,
Si sur votre sujet j'eus l'esprit prévenu;

Mais j'admire partout vos vers et votre prose.

TRISSOTIN, *à Philaminte.*

Si vous vouliez de vous nous montrer quelque chose,
A notre tour aussi nous pourrions admirer.

PHILAMINTE.

Je n'ai rien fait en vers; mais j'ai lieu d'espérer
Que je pourrai bientôt vous montrer en amie
Huit chapitres du plan de notre académie.
Platon s'est au projet simplement arrêté,
Quand de sa république il a fait le traité;
Mais à l'effet entier je veux pousser l'idée
Que j'ai sur le papier en prose accommodee:
Car enfin je me sens un étrange dépit
Du tort que l'on nous fait du côté de l'esprit;
Et je veux nous venger, toutes tant que nous sommes,
De cette indigne classe où nous rangent les hommes,
De borner nos talents à des futilités,
Et nous fermer la porte aux sublimes clartés.

ARMANDE.

C'est faire à notre sexe une trop grande offense,
De n'étendre l'effort de notre intelligence
Qu'à juger d'une jupe, ou de l'air d'un manteau,
Ou des beautés d'un point, ou d'un brocard nouveau.

BÉLISE.

Il faut se relever de ce honteux partage,
Et mettre hautement notre esprit hors de page.

TRISSOTIN.

Pour les dames on sait mon respect en tous lieux;
Et si je rends hommage au brillant de leurs yeux,
De leur esprit aussi j'honore les lumières.

PHILAMINTE.

Le sexe aussi vous rend justice en ces matières:
Mais nous voulons montrer à de certains esprits
Dont l'orgueilleux savoir nous traite avec mépris
Que de science aussi les femmes sont meublées;
Qu'on peut faire comme eux de doctes assemblées,
Conduites en cela par des ordres meilleurs;
Qu'on y veut réunir ce qu'on sépare ailleurs,
Mêler le beau langage et les hautes sciences,
Découvrir la nature par mille expériences;
Et, sur les questions qu'on pourra proposer,
Faire entrer chaque secte, et n'en point épouser.

TRISSOTIN.

Je m'attache pour l'ordre au péripatétisme.

PHILAMINTE.

Pour les abstractions, j'aime le platonisme.

ARMANDE.

Epicure me plaît, et ses dogmes sont forts.

BÉLISE.

Je m'accommode assez, pour moi, des petits corps;
Mais le vide à souffrir me semble difficile,
Et je goûte bien mieux la matière subtile.

TRISSOTIN.

Descartes, pour l'aimant donne fort dans mon sens.

ARMANDE.

J'aime ses tourbillons.

PHILAMITNE.

Moi, ses mondes tombants.

ARMANDE.

Il me tarde de voir notre assemblée ouverte,
Et de nous signaler par quelque découverte.

TRISSOTIN.

On en attend beaucoup de vos vives clartés,
Et pour vous la nature a peu d'obscurites.

PHILAMINTE.

Pour moi sans me flatter, j'en ai déjà fait une.
Et j'ai vu clairement des hommes dans la lune;

BÉLISE.

Je n'ai point encor vu d'hommes, comme je crois;
Mais j'ai vu des clochers tout comme je vous vois

ARMANDE.

Nous approfondirons, ainsi que la physique,
Grammaire, histoire, vers, morale et politique.

PHILAMINTE.

La morale a des traits dont mon cœur est épris.
Et c'était autrefois l'amour des grands esprits:
Mais aux stoïciens je donne l'avantage,
Et je ne trouve rien de si beau que leur sage.

ARMANDE.

Pour la langue on verra dans peu nos règlements,
Et nous y prétendons faire des remuements.
Par une antipathie, ou juste, ou naturelle,
Nous avons pris chacune une haine mortelle
Pour un nombre de mots, soit ou verbes, ou noms,
Que mutuellement nous nous abandonnons:
Contre eux nous preparons de mortelles sentences,
Et nous devons ouvrir nos doctes conférences
Par les proscriptions de tous ces mots divers
Dont nous voulons purger et la prose et les vers.

PHILAMINTE.

Mais le plus beau projet de notre academie,
Une entreprise noble et dont je suis ravie,
Un dessein plein de gloire, et qui sera vante
Chez tous les beaux esprits de la postérité,
C'est le retranchement de ces syllabes sales
Qui dans les plus beaux mots produisent des scandales,
Ces jouets éternels des sots de tous les temps,
Ces fades lieux communs de nos méchants plaisants,
Ces sources d'un amas d'équivoques infames
Dont on vient faire insulte à la pudeur des femmes.

TRISSOTIN.

Voilà certainement d'admirables projets!

BÉLISE.

Vous verrez nos statuts quand ils seront tous faits

TRISSOTIN.

Ils ne sauraient manquer d'être tous beaux et sages.

ARMANDE.

Nous serons par nos lois les juges des ouvrages;
Par nos lois, prose et vers, tout nous sera soumis:
Nul n'aura de l'esprit, hors nous et nos amis.
Nous chercherons partout à trouver à redire,
Et ne verrons que nous qui sachent bien écrire.

SCENE III.

PHILAMINTE, BELISE, ARMANDE, HENRIETTE, TRISSOTIN, LEPINE.

LÉPINE, *à Trissotin.*

Monsieur, un homme est là qui veut parler à vous;
Il est vêtu de noir et parle d'un ton doux.
(*Ils se lèvent.*)

TRISSOTIN.

C'est cet ami savant qui m'a fait tant d'instance
De lui donner l'honneur de votre connaissance.

PHILAMINTE.

Pour le faire venir vous avez tout crédit.
(*Trissotin va au-devant de Vadius.*)

SCENE IV.

PHILAMINTE BELISE, ARMANDE, HENRIETTE.

PHILAMINTE, *à Armande et à Bélise.*

Faisons bien les honneurs au moins de notre esprit.
(*à Henriette qui veut sortir.*)
Holà! Je vous ai dit, en paroles bien claires,
Que j'ai besoin de vous.

HENRIETTE.

Mais pour quelles affaires?

PHILAMINTE.

Venez; on va dans peu vous les faire savoir.

SCENE V.

TRISSOTIN, VADIUS, PHILAMINTE, BELISE, ARMANDE, HENRIETTE.

TRISSOTIN, *présentant Vadius.*

Voici l'homme qui meurt du désir de vous voir:
En vous le produisant je ne crains point le blâme
D'avoir admis chez vous un profane, madame.
Il peut tenir son coin parmi de beaux esprits.

PHILAMINTE.

La main qui le présente en dit assez le prix.

TRISSOTIN.

Il a des vieux auteurs la pleine intelligence,
Et sait du grec, madame, autant qu'homme de France.

PHILAMINTE, *à Bélise.*

Du grec, ô ciel! du grec! Il sait du grec, ma sœur.

BÉLISE, *à Armande.*

Ah ma nièce, du grec!

ARMANDE.

Du grec! quelle douceur!

PHILAMINTE.

Quoi! monsieur sait du grec! Ah! permettez, de grace,
Que pour l'amour du grec, monsieur, on vous embrasse.

(*Vadius embrasse aussi Bélise et Armande.*)

HENRIETTE, *à Vadius qui veut aussi l'embrasser.*

Excusez-moi, monsieur, je n'entends pas le grec.

(*Ils s'asseyent.*)

PHILAMINTE.

J'ai pour les livres grecs un merveilleux respect.

VADIUS.

Je crains d'être fâcheux, par l'ardeur qui m'engage
A vous rendre aujourd'hui, madame, mon hommage;
Et j'aurai pu troubler quelque docte entretien.

PHILAMINTE.

Monsieur, avec du grec on ne peut gâter rien.

TRISSOTIN.

Au reste, il fait merveille en vers ainsi qu'en prose,
Et pourrait, s'il voulait, vous montrer quelque chose.

VADIUS.

Le défaut des auteurs, dans leurs productions,
C'est d'en tyranniser les conversations,
D'être au palais, aux cours, aux ruelles, aux tables,
De leurs vers fatigants lecteurs infatigables.
Pour moi, je ne vois rien de plus sot à mon sens
Qu'un auteur qui partout va gueuser des encens,
Qui, des premiers venus saisissant les oreilles,
En fait le plus souvent les martyrs de ses veilles.
On ne m'a jamais vu ce fol entêtement;
Et d'un grec là-dessus je suis le sentiment,
Qui, par un dogme exprès, défend à tous ses sages
L'indigne empressement de lire leurs ouvrages.
Voici de petits vers pour de jeunes amants,
Sur quoi je voudrais bien avoir vos sentiments.

TRISSOTIN.

Vos vers ont des beautés que n'ont point tous les au-[tres.

VADIUS.

Les Graces et Vénus règnent dans tous les vôtres.

TRISSOTIN.

Vous avez le tour libre et le beau choix des mots.

VADIUS.

On voit partout chez vous l'*ithos* et le *pathos*.

TRISSOTIN.

Nous avons vu de vous des églogues d'un style,
Qui passe en doux attraits Théocrite et Virgile.

VADIUS.

Vos odes ont un air noble, galant et doux,
Qui laisse de bien loin votre Horace après vous.

TRISSOTIN.

Est-il rien d'amoureux comme vos chansonnettes?

VADIUS.

Peut-on voir rien d'égal aux sonnets que vous faites?

TRISSOTIN.

Rien qui soit plus charmant que vos petits rondeaux?

VADIUS.

Rien de si plein d'esprit que tous vos madrigaux?

TRISSOTIN.

Aux ballades surtout vous êtes admirable.

VADIUS.

Et dans les bouts rimés je vous trouve adorable.

TRISSOTIN.

Si la France pouvait connaître votre prix,

VADIUS.

Si le siècle rendait justice aux beaux esprits,

TRISSOTIN.

En carrosse doré vous iriez par les rues.

VADIUS.

On verrait le public vous dresser des statues.

(*à Trissotin.*)

Hom! c'est une ballade, et je veux que tout net
Vous m'en...

TRISSOTIN, *à Vadius.*

Avez-vous vu certain petit sonnet
Sur la fièvre qui tient la princesse Uranie?

VADIUS.

Oui. Hier il me fut lu dans une compagnie.

TRISSOTIN.

Vous en savez l'auteur?

VADIUS.

Non; mais je sais fort bien
Qu'à ne le point flatter, son sonnet ne vaut rien.

TRISSOTIN.

Beaucoup de gens pourtant le trouvent admirable.

VADIUS.

Cela n'empêche pas qu'il ne soit misérable,
Et, si vous l'avez vu, vous serez de mon goût.

TRISSOTIN.

Je sais que là-dessus je n'en suis point du tout,
Et que d'un tel sonnet peu de gens sont capables.

VADIUS.

Me préserve le ciel d'en faire de semblables!

TRISSOTIN.

Je soutiens qu'on ne peut en faire de meilleur;
Et ma grande raison est que j'en suis l'auteur.

VADIUS.

Vous?

TRISSOTIN.

Moi.

VADIUS.

Je ne sais donc comment se fit l'affaire.

TRISSOTIN.

C'est qu'on fut malheureux de ne pouvoir vous plaire.

VADIUS.

Il faut qu'en écoutant j'aie eu l'esprit distrait,
Ou bien que le lecteur m'ait gâté le sonnet.
Mais laissons ce discours, et voyons ma ballade.

TRISSOTIN.

La ballade, à mon goût, est une chose fade;
Ce n'en est plus la mode, elle sent son vieux temps.

VADIUS.

La ballade pourtant charme beaucoup de gens.

TRISSOTIN.

Cela n'empêche pas qu'elle ne me déplaise.

VADIUS.

Elle n'en reste pas pour cela plus mauvaise.

TRISSOTIN.

Elle a pour les pédants de merveilleux appas.

VADIUS.

Cependant nous voyons qu'elle ne vous plaît pas.

TRISSOTIN.

Vous donnez sottement vos qualités aux autres.

(*Ils se lèvent tous.*)

VADIUS.

Fort impertinemment vous me jetez les vôtres.

TRISSOTIN.

Allez, petit grimaud, barbouilleur de papier.

VADIUS.

Allez, rimeur de balle, opprobre du métier.

TRISSOTIN.

Allez, fripier d'écrits, impudent plagiaire.

VADIUS.

Allez, cuistre...

PHILAMINTE.

Eh! messieurs, que prétendez-vous faire?

TRISSOTIN, *à Vadius.*

Va, va restituer tous les honteux larcins
Que réclament sur toi les Grecs et les Latins.

VADIUS.

Va, va-t'en faire amende honorable au Parnasse
D'avoir fait à tes vers estropier Horace.

TRISSOTIN.

Souviens-toi de ton livre, et de son peu de bruit.

VADIUS.

Et toi, de ton libraire à l'hopital réduit.

TRISSOTIN.

Ma gloire est etablie, en vain tu la déchires.

VADIUS.

Oui, oui, je te renvoie à l'auteur des satyres.

TRISSOTIN.

Je t'y renvoie aussi.

VADIUS.

J'ai le contentement
Qu'on voit qu'il m'a traité plus honorablement.
Il me donne en passant une atteinte légère
Parmi plusieurs auteurs qu'au palais on révère;
Mais jamais dans ses vers il ne te laisse en paix,
Et l'on t'y voit partout être en butte à ses traits.

TRISSOTIN.

C'est par là que j'y tiens un rang plus honorable.
Il te met dans la foule ainsi qu'un misérable;
Il croit que c'est assez d'un coup pour t'accabler,
Et ne t'a jamais fait l'honneur de redoubler.
Mais il m'attaque à part comme un noble adversaire
Sur qui tout son effort lui semble si nécessaire;
Et ses coups, contre moi redoublés en tous lieux,
Montrent qu'il ne se croit jamais victorieux.

VADIUS.

Ma plume t'apprendra quel homme je puis être.

TRISSOTIN.

Et la mienne saura te faire voir ton maître.

VADIUS.

Je te défie en vers, prose, grec, et latin.

TRISSOTIN.

Eh bien! nous nous verrons seul à seul chez Barbin.

SCENE VI.

TRISSOTIN, PHILAMINTE, ARMANDE, BÉLISE, HENRIETTE.

TRISSOTIN.

A mon emportement ne donnez aucun blâme;
C'est votre jugement que je défends, madame,
Dans le sonnet qu'il a l'audace d'attaquer.

PHILAMINTE.

A vous remettre bien je me veux appliquer;
Mais parlons d'autre affaire. Approchez, Henriette.
Depuis assez longtemps mon ame s'inquiète
De ce qu'aucun esprit en vous ne se fait voir;
Mais je trouve un moyen de vous en faire avoir.

HENRIETTE.

C'est prendre un soin pour moi qui n'est pas nécessaire;
Les doctes entretiens ne sont point mon affaire:
J'aime à vivre aisément; et dans tout ce qu'on dit,
Il faut se trop peiner pour avoir de l'esprit;
C'est une ambition que je n'ai point en tête.
Je me trouve fort bien, ma mère, d'être bête;
Et j'aime mieux n'avoir que de communs propos,
Que de me tourmenter pour dire de beaux mots.

PHILAMINTE.

Oui; mais j'y suis blessée, et ce n'est pas mon compte
De souffrir dans mon sang une pareille honte.
La beauté du visage est un frêle ornement,
Une fleur passagère, un éclat d'un moment,
Et qui n'est attaché qu'à la simple épiderme,
Mais celle de l'esprit est inhérente et ferme.
J'ai donc cherché longtemps un biais de vous donner
La beauté que les ans ne peuvent moissonner,
De faire entrer chez vous le désir des sciences,
De vous insinuer les belles connaissances;
Et la pensée enfin où mes vœux ont souscrit,
C'est d'attacher à vous un homme plein d'esprit.
(*montrant Trissotin*)
Et cet homme est monsieur, que je vous détermine
A voir comme l'époux que mon choix vous destine.

HENRIETTE.

Moi! ma mère?

PHILAMINTE.

Oui, vous. Faites la sotte un peu.

BÉLISE, *à Trissotin.*

Je vous entends: vos yeux demandent mon aveu
Pour engager ailleurs un cœur que je possède.
Allez, je le veux bien. A ce nœud je vous cède;
C'est un hymen qui fait votre établissement.

TRISSOTIN, *à Henriette.*

Je ne sais que vous dire en mon ravissement,
Madame; et cet hymen dont je vois qu'on m'honore
Me met...

HENRIETTE.

Tout beau, monsieur, il n'est pas fait encore:
Ne vous pressez pas tant.

PHILAMINTE.

Comme vous répondez!
Savez-vous bien que si?... Suffit. Vous m'entendez.
(*à Trissotin*)
Elle se rendra sage. Allons, laissons-la faire.

SCENE VII.

HENRIETTE, ARMANDE.

ARMANDE.

On voit briller pour vous les soins de notre mère;
Et son choix ne pouvait d'un plus illustre époux...

HENRIETTE.

Si le choix est si beau que ne le prenez-vous?

ARMANDE.

C'est à vous, non à moi, que sa main est donnée,

HENRIETTE.

Je vous le cède tout, comme à ma sœur aînée.

ARMANDE.

Si l'hymen, comme à vous, me paraissait charmant
J'accepterais votre offre avec ravissement.

HENRIETTE.

Si j'avais comme vous, les pédants dans la tête,
Je pourrais le trouver un parti fort honnête.

ARMANDE.

Cependant, bien qu'ici nos goûts soient différents,
Nous devons obéir, ma sœur à nos parents.
Une mère a sur nous une entière puissance;
Et vous croyez en vain par votre résistance...

SCENE VIII.

CHRYSALE, ARISTE, CLITANDRE, HENRIETTE, ARMANDE.

CHRYSALE, *à Henriette lui présentant Clitandre.*

Allons, ma fille, il faut approuver mon dessein.
Otez ce gant. Touchez à monsieur dans la main,
Et le considérez désormais dans votre ame,
En homme dont je veux que vous soyez la femme.

ARMANDE.

De ce côté, ma sœur, vos penchants sont fort grands.

HENRIETTE.

Il nous faut obéir, ma sœur, à nos parents;
Un père a sur nos vœux une entière puissance.

ARMANDE.

Une mère a sa part à notre obéissance.

CHRYSALE.

Qu'est-ce à dire?

ARMANDE.

Je dis que j'appréhende fort
Qu'ici ma mère et vous ne soyez pas d'accord;
Et c'est un autre époux...

CHRYSALE.

Taisez-vous, péronnelle;
Allez philosopher tout le saoul avec elle,
Et de mes actions ne vous mêlez en rien.
Dites-lui ma pensée, et l'avertissez bien
Qu'elle ne vienne pas m'échauffer les oreilles;
Allons vite.

SCENE IX.

CHRYSALE, ARISTE, HENRIETTE, CLITANDRE.

ARISTE.

Fort bien. Vous faites des merveilles.

CLITANDRE.

Quel transport! quelle joie! Ah! que mon sort est [doux!

CHRYSALE, *à Clitandre.*

Allons, prenez sa main, et passez devant nous;
Menez-la dans sa chambre. Ah! les douces caresses!
(*à Ariste.*)
Tenez, mon cœur s'émeut à toutes ces tendresses:
Cela regaillardit tout à fait mes vieux jours;
Et je me ressouviens de mes jeunes amours.

FIN DU TROISIÈME ACTE.

ACTE IV.

SCENE PREMIÈRE.

PHILAMINTE, ARMANDE.

ARMANDE.

Oui, rien n'a retenu son esprit en balance;
Elle a fait vanité de son obéissance.
Son cœur, pour se livrer, à peine devant moi
S'est-il donné le temps d'en recevoir la loi,
Et semblait suivre moins les volontés d'un père,
Qu'affecter de braver les ordres d'une mère.

PHILAMINTE.

Je lui montrerai bien aux lois de qui des deux
Les droits de la raison soumettent tous ses vœux,
Et qui doit gouverner ou sa mère ou son père,
Ou l'esprit ou le corps, la forme ou la matière.

ARMANDE.

On vous en devait bien au moins un compliment;
Et ce petit monsieur en use étrangement
De vouloir malgré vous devenir votre gendre.

PHILAMINTE.

Il n'en est pas encore où son cœur peut prétendre.
Je le trouvais bien fait, et j'aimais vos amours;
Mais dans ses procédés il m'a déplu toujours.
Il sait que, dieu merci, je me mêle d'écrire;
Et jamais il ne m'a prié de lui rien lire.

SCENE II.

CLITANDRE, *entrant doucement, et écoutant sans se montrer*; ARMANDE, PHILAMINTE.

ARMANDE.

Je ne souffrirais point, si j'étais que de vous,
Que jamais d'Henriette il pût être l'époux.
On me ferait grand tort d'avoir quelque pensée
Que là-dessus je parle en fille intéressée,
Et que le lâche tour que l'on voit qu'il me fait
Jette au fond de mon cœur quelque dépit secret.
Contre de pareils coups l'ame se fortifie
Du solide secours de la philosophie,
Et par elle on se peut mettre au-dessus de tout;
Mais vous traiter ainsi, c'est vous pousser à bout.
Il est de votre honneur d'être à ses vœux contraire;
Et c'est un homme enfin qui ne doit point vous plaire.
Jamais je n'ai connu, discourant entre nous,
Qu'il eût au fond du cœur de l'estime pour vous.

PHILAMINTE.

Petit sot!

ARMANDE.

Quelque bruit que votre gloire fasse,
Toujours à vous louer il a paru de glace.

PHILAMINTE.

Le brutal!

ARMANDE.

Et vingt fois comme ouvrages nouveaux,
J'ai lu les vers de vous qu'il n'a point trouvés beaux.

PHILAMINTE.

L'impertinent!

ARMANDE.

Souvent nous étions aux prises;
Et vous ne croiriez point de combien de sottises...

CLITANDRE, à *Armande*.

Hé! doucement, de grace. Un peu de charité,
Madame, ou, tout au moins, un peu d'honnêteté.
Quel mal vous ai-je fait? et quelle est mon offense
Pour armer contre moi toute votre éloquence,
Pour vouloir me détruire, et prendre tant de soin
De me rendre odieux aux gens dont j'ai besoin?
Parlez, dites; d'où vient ce courroux effroyable?
Je veux bien que madame en soit juge équitable.

ARMANDE.

Si j'avais le courroux dont on veut m'accuser
Je trouverais assez de quoi l'autoriser.
Vous en seriez trop digne: et les premières flammes
S'établissent des droits si sacrés sur les ames,
Qu'il faut perdre fortune, et renoncer au jour,
Plutôt que de brûler des feux d'un autre amour.
Au changement de vœux nulle horreur ne s'égale;
Et tout cœur infidèle est un monstre en morale.

CLITANDRE.

Appelez-vous, madame, une infidélité
Ce que m'a de votre ame ordonné la fierté?
Je ne fais qu'obéir aux lois qu'elle m'impose;
Et si je vous offense, elle seule en est cause.
Vos charmes ont d'abord possédé tout mon cœur.
Il a brûlé deux ans d'une constante ardeur;
Il n'est soins empressés, devoirs, respects, services,
Dont il ne vous ait fait d'amoureux sacrifices.
Tous mes feux, tous mes soins, ne peuvent rien sur vous,
Je vous trouve contraire à mes vœux les plus doux;
Ce que vous refusez, je l'offre au choix d'une autre.
Voyez. Est-ce, madame, ou ma faute, ou la vôtre?
Mon cœur court-il au change, ou si vous l'y poussez?
Est-ce moi qui vous quitte? ou vous qui me chassez?

ARMANDE.

Appelez-vous, monsieur, être à vos vœux contraire,
Que de leur arracher ce qu'ils ont de vulgaire,
Et vouloir les réduire à cette pureté
Où du parfait amour consiste la beauté?
Vous ne sauriez pour moi tenir votre pensée
Du commerce des sens nette et débarrassée;
Et vous ne goûtez point, dans ses plus doux appas,
Cette union des cœurs où les corps n'entrent pas.
Vous ne pouvez aimer que d'une amour grossière;
Qu'avec tout l'attirail des nœuds de la matière;
Et, pour nourrir les feux que chez vous on produit,
Il faut un mariage et tout ce qui s'ensuit.
Ah! quel étrange amour! et que les belles ames
Sont bien loin de brûler de ces terrestres flammes!
Les sens n'ont point de part à toutes leurs ardeurs,
Et ce beau feu ne veut marier que les cœurs;
Comme une chose indigne, il laisse là le reste:
C'est un feu pur et net comme le feu céleste;
On ne pousse avec lui que d'honnêtes soupirs,
Et l'on ne penche point vers les sales désirs.
Rien d'impur ne se mêle au but qu'on se propose;
On aime pour aimer, et non pour autre chose:
Ce n'est qu'à l'esprit seul que vont tous les transports,
Et l'on ne s'aperçoit jamais qu'on ait un corps.

CLITANDRE.

Pour moi, par un malheur, je m'aperçois, madame,
Que j'ai, ne vous déplaise, un corps tout comme une ame.
Je sens qu'il y tient trop pour le laisser à part.
De ces détachements je ne connais point l'art;
Le ciel m'a dénié cette philosophie,
Et mon ame et mon corps marchent de compagnie.
Il n'est rien de plus beau, comme vous avez dit,
Que ces vœux épurés qui ne vont qu'à l'esprit,
Ces unions de cœurs, et ces tendres pensées,
Du commerce des sens si bien débarrassées.
Mais ces amours pour moi sont trop subtilisés;
Je suis un peu grossier comme vous m'accusez?
J'aime avec tout moi-même; et l'amour qu'on me donne
En veut, je le confesse, à toute la personne.
Ce n'est pas là matière à de grands châtiments;
Et, sans faire de tort à vos beaux sentiments,
Je vois que dans le monde on suit fort ma méthode,
Et que le mariage est assez à la mode,
Passe pour un lien assez honnête et doux,
Pour avoir désiré de me voir votre époux,
Sans que la liberté d'une telle pensée
Ait dû vous donner lieu d'en paraître offensée.

ARMANDE.

Hé bien! monsieur, hé bien! puisque, sans m'écouter
Vos sentiments brutaux veulent se contenter;
Puisque, pour vous réduire à des ardeurs fidèles,
Il faut des nœuds de chair, des chaînes corporelles
Si ma mère le veut, je résous mon esprit
A consentir pour vous à ce dont il s'agit.

CLITANDRE.

Il n'est plus temps, madame, une autre a pris la place
Et par un tel retour j'aurais mauvaise grace

De maltraiter l'asyle et blesser les bontés
Où je me suis sauvé de toutes vos fiertés.

PHILAMINTE.

Mais enfin comptez-vous, monsieur, sur mon suffrage,
Quand vous vous promettez cet autre mariage?
Et, dans vos visions, savez-vous, s'il vous plaît,
Que j'ai pour Henriette un autre époux tout prêt?

CLITANDRE.

Hé! madame, voyez votre choix, je vous prie;
Exposez-moi, de grace, à moins d'ignominie,
Et ne me rangez pas à l'indigne destin
De me voir le rival de monsieur Trissotin.
L'amour des beaux esprits, qui chez vous m'est con- [traire,
Ne pouvait m'opposer un moins noble adversaire.
Il en est, et plusieurs, que, pour le bel esprit,
Le mauvais goût du siècle a su mettre en crédit;
Mais monsieur Trissotin n'a pu duper personne,
Et chacun rend justice aux écrits qu'il nous donne.
Hors céans, on le prise en tous lieux ce qu'il vaut;
Et ce qui m'a vingt fois fait tomber de mon haut,
C'est de vous voir au ciel élever des sornettes
Que vous désavoueriez, si vous les aviez faites.

PHILAMINTE.

Si vous jugez de lui tout autrement que nous,
C'est que nous le voyons par d'autres yeux que vous.

SCENE III.

TRISSOTIN, PHILAMINTE, ARMANDE, CLITANDRE.

TRISSOTIN, *à Philaminte.*

Je viens vous annoncer une grande nouvelle.
Nous l'avons en dormant, madame, échappé belle:
Un monde près de nous a passé tout du long,
Est chu tout au travers de notre tourbillon,
Et, s'il eût en chemin rencontré notre terre,
Elle eût été brisée en morceaux, comme verre.

PHILAMINTE.

Remettons ce discours pour une autre saison:
Monsieur n'y trouverait ni rime ni raison;
Il fait profession de chérir l'ignorance,
Et de haïr surtout l'esprit et la science.

CLITANDRE.

Cette vérité veut quelque adoucissement.
Je m'explique, madame; et je hais seulement
La science et l'esprit qui gâtent les personnes.
Ce sont choses, de soi, qui sont belles et bonnes;
Mais j'aimerais mieux être au rang des ignorants,
Que de me voir savant comme certaines gens.

TRISSOTIN.

Pour moi, je ne tiens pas, quelque effet qu'on suppose,
Que la science soit pour gâter quelque chose.

CLITANDRE.

Et c'est mon sentiment qu'en faits comme en propos
La science est sujette à faire de grands sots.

TRISSOTIN.

Le paradoxe est fort.

CLITANDRE.

Sans être fort habile,
La preuve m'en serait, je pense, assez facile.
Si les raisons manquaient, je suis sûr qu'en tout cas
Les exemples fameux ne me manqueraient pas.

TRISSOTIN.

Vous en pourriez citer qui ne concluraient guère.

CLITANDRE.

Je n'irais pas bien loin pour trouver mon affaire.

TRISSOTIN.

Pour moi, je ne vois pas ces exemples fameux.

CLITANDRE.

Moi, je les vois si bien, qu'ils me crèvent les yeux.

TRISSOTIN.

J'ai cru jusques ici que c'était l'ignorance
Qui faisait les grands sots et non pas la science.

CLITANDRE.

Vous avez cru fort mal; et je vous suis garant
Qu'un sot savant est sot plus qu'un sot ignorant.

TRISSOTIN.

Le sentiment commun est contre vos maximes,
Puisqu'ignorant et sot sont termes synonymes.

CLITANDRE.

Si vous le voulez prendre aux usages du mot,
L'alliance est plus grande entre pedant et sot.

TRISSOTIN.

La sottise, dans l'un, se fait voir toute pure;

CLITANDRE.

Et l'étude, dans l'autre, ajoute à la nature.

TRISSOTIN.

Le savoir garde en soi son mérite éminent.

CLITANDRE.

Le savoir, dans un fat, devient impertinent.

TRISSOTIN.

Il faut que l'ignorance ait pour vous de grands char- [mes,
Puisque pour elle ainsi vous prenez tant les armes.

CLITANDRE.

Si pour moi l'ignorance a des charmes bien grands,
C'est depuis qu'à mes yeux s'offrent certains savants.

TRISSOTIN.

Ces certains savants-là peuvent, à les connaître,
Valoir certaines gens que nous voyons paraître.

CLITANDRE.

Oui, si l'on s'en rapporte à ces certains savants;
Mais on n'en convient pas chez ces certaines gens.

PHILAMINTE, *à Clitandre.*

Il me semble, monsieur...

CLITANDRE.

Hé! madame, de grace;
Monsieur est assez fort, sans qu'à son aide on passe.
Je n'ai déjà que trop d'un si rude assaillant;
Et, si je me défends, ce n'est qu'en reculant.

ARMANDE.

Mais l'offensante aigreur de chaque répartie,
Dont vous...

CLITANDRE.

Autre second! Je quitte la partie.

PHILAMINTE.

On souffre aux entretiens ces sortes de combats,
Pourvu qu'à la personne on ne s'attaque pas.

CLITANDRE.

Hé! mon dieu! tout cela n'a rien dont il s'offense,
Il entend raillerie autant qu'homme de France;
Et de bien d'autres traits il s'est senti piquer,
Sans que jamais sa gloire ait fait que s'en moquer.

TRISSOTIN.

Je ne m'étonne pas, au combat que j'essuie,
De voir prendre à monsieur la thèse qu'il appuie;
Il est fort enfoncé dans la cour, c'est tout dit.
La cour, comme l'on sait, ne tient pas pour l'esprit:
Elle a quelque intérêt d'appuyer l'ignorance;
Et c'est en courtisan qu'il en prend la défense.

CLITANDRE.

Vous en voulez beaucoup à cette pauvre cour;
Et son malheur est grand de voir que, chaque jour,
Vous autres, beaux esprits, vous déclamiez contre elle;
Que de tous vos chagrins vous lui fassiez querelle,
Et, sur son méchant goût lui faisant un procès,
N'accusiez que lui seul de vos méchants succès.
Permettez-moi, monsieur Trissotin, de vous dire,
Avec tout le respect que votre nom m'inspire,
Que vous feriez fort bien, vos confrères et vous,
De parler de la cour d'un ton un peu plus doux;
Qu'à le bien prendre au fond, elle n'est pas si bête
Que, vous autres messieurs, vous vous mettez en tête;
Qu'elle a du sens commun pour se connaître à tout;
Que chez elle on se peut former quelque bon goût;
Et que l'esprit du monde y vaut, sans flatterie,
Tout le savoir obscur de la pédanterie.

TRISSOTIN.

De son bon goût, monsieur, nous voyons des effets.

CLITANDRE.

Où voyez-vous, monsieur, qu'elle l'ait si mauvais?

TRISSOTIN.

Ce que je vois, monsieur? C'est que pour la science
Rasius et Baldus font honneur à la France,
Et que tout leur mérite, exposé fort au jour,
N'attire point les yeux et les dons de la cour.

CLITANDRE.

Je vois votre chagrin, et que, par modestie,
Vous ne vous mettez point, monsieur, de la partie;
Et pour ne vous point mettre aussi dans le propos,
Que font-ils pour l'etat, vos habiles héros?
Qu'est-ce que leurs écrits lui rendent de service,
Pour accuser la cour d'une horrible injustice,
Et se plaindre en tous lieux que sur leurs doctes noms
Elle manque à verser la faveur de ses dons?
Leur savoir à la France est beaucoup nécessaire!
Et des livres qu'ils font la cour a bien affaire!
Il semble à trois gredins, dans leur petit cerveau,
Que pour être imprimés et reliés en veau,
Les voilà dans l'état d'importantes personnes;
Qu'avec leur plume ils font les destins des couronnes,
Qu'au moindre petit bruit de leurs productions,
Ils doivent voir chez eux voler les pensions;
Que sur eux l'univers a la vue attachée;
Que partout de leur nom la gloire est épanchée;
Et qu'en science ils sont des prodiges fameux,
Pour savoir ce qu'ont dit les autres avant eux,
Pour avoir eu trente ans des yeux et des oreilles,
Pour avoir employé neuf ou dix mille veilles
A se bien barbouiller de grec et de latin,
Et se charger l'esprit d'un ténébreux butin
De tous les vieux fatras qui traînent dans les livres:
Gens qui de leur savoir paraissent toujours ivres;
Riches, pour tout mérite, en babil importun;
Inhabiles à tout, vides de sens commun,
Et pleins d'un ridicule et d'une impertinence
A décrier partout l'esprit et la science.

PHILAMINTE.

Votre chaleur est grande; et cet emportement
De la nature en vous marque le mouvement.
C'est le nom de rival, qui dans votre ame excite...

SCENE IV.

TRISSOTIN, PHILAMINTE, CLITANDRE, ARMANDE, JULIEN.

JULIEN.

Le savant qui tantôt vous a rendu visite,
Et de qui j'ai l'honneur de me voir le valet,
Madame, vous exhorte à lire ce billet.

PHILAMINTE.

Quelque important que soit ce qu'on veut que je lise,
Apprenez, mon ami, que c'est une sottise
De se venir jeter au travers d'un discours,
Et qu'aux gens d'un logis il faut avoir recours,
Afin de s'introduire en valet qui sait vivre.

JULIEN.

Je noterai cela, madame, dans mon livre.

PHILAMINTE.

« Trissotin s'est vanté, madame, qu'il épouserait « votre fille. Je vous donne avis que sa philosophie « n'en veut qu'à vos richesses, et que vous ferez bien « de ne point conclure ce mariage que vous n'ayez « vu le poëme que je compose contre lui. En attendant « cette peinture, où je prétends vous le dépeindre de « toutes ses couleurs, je vous envoie Horace, Virgile, « Térence et Catulle, où vous verrez notés en marge « tous les endroits qu'il a pillés. »

Voilà sur cet hymen que je me suis promis
Un mérite attaqué de beaucoup d'ennemis;
Et ce déchaînement aujourd'hui me convie
A faire une action qui confonde l'envie,
Qui lui fasse sentir que l'effort qu'elle fait
De ce qu'elle veut rompre aura pressé l'effet.
(*à Julien.*)
Reportez tout cela sur l'heure à votre maître;
Et lui dites qu'afin de lui faire connaître
Quel grand état je fais de ses nobles avis,
Et comme je les crois dignes d'être suivis
(*montrant Trissotin*)
Dès ce soir à monsieur je marierai ma fille.

SCENE V.

PHILAMIMTE, ARMANDE, CLITANDRE.

PHILAMINTE, *à Clitandre.*

Vous, monsieur, comme ami de toute la famille
A signer le contrat vous pourrez assister;
Et je vous y veux bien, de ma part, inviter.
Armande, prenez soin d'envoyer au notaire,
Et d'aller avertir votre sœur de l'affaire.

ARMANDE.

Pour avertir ma sœur il n'en est pas besoin;
Et monsieur que voilà saura prendre le soin
De courir lui porter bientôt cette nouvelle,
Et disposer son cœur à vous être rebelle.

PHILAMINTE.

Nous verrons qui sur elle aura plus de pouvoir,
Et si je la saurai réduire à son devoir.

SCENE VI.

ARMANDE, CLITANDRE.

ARMANDE.

J'ai grand regret, monsieur, de voir qu'à vos visées
Les choses ne soient pas tout à fait disposées.

CLITANDRE.

Je m'en vais travailler, madame, avec ardeur,
A ne vous point laisser ce grand regret au cœur.

ARMANDE.

J'ai peur que votre effort n'ait pas trop bonne issue.

CLITANDRE.

Peut-être verrez-vous votre crainte déçue.

ARMANDE.

Je le souhaite ainsi.

CLITANDRE.

J'en suis persuadé,
Et que de votre appui je serai secondé.

ARMANDE.

Oui, je vais vous servir de toute ma puissance.

CLITANDRE.

Et ce service est sûr de ma reconnaissance.

SCENE VII.

CHRYSALE, ARISTE, HENRIETTE, CLITANDRE.

CLITANDRE.

Sans votre appui, monsieur, je serai malheureux;
Madame votre femme a rejeté mes vœux,
Et son cœur prévenu veut Trissotin pour gendre.

CHRYSALE.

Mais quelle fantaisie a-t-elle donc pu prendre?
Pourquoi diantre vouloir ce monsieur Trissotin?

ARISTE.

C'est par l'honneur qu'il a de rimer à latin
Qu'il a sur son rival emporté l'avantage.

CLITANDRE.

Elle veut dès ce soir faire ce mariage.

CHRYSALE.

Dès ce soir?

CLITANDRE.

Dès ce soir.

CHRYSALE.

Et dès ce soir je veux,
Pour la contrecarrer vous marier tous deux.

CLITANDRE.

Pour dresser le contrat elle envoie au notaire.

CHRYSALE.

Et je vais le quérir pour celui qu'il doit faire.

CLITANDRE, *montrant Henriette.*

Et madame doit être instruite par sa sœur
De l'hymen où l'on veut qu'elle apprête son cœur.

CHRYSALE.

Et moi, je lui commande avec pleine puissance
De préparer sa main à cette autre alliance.
Ah! je leur ferai voir si, pour donner la loi,
Il est dans ma maison d'autre maître que moi,
(*à Henriette.*)
Nous allons revenir, songez à nous attendre.
Allons, suivez mes pas, mon frère, et vous, mon gendre.

HENRIETTE, *à Ariste.*

Hélas! dans cette humeur conservez le toujours.

ARISTE.

J'emploierai toutes choses à servir vos amours.

SCENE VIII.

HENRIETTE, CLITANDRE.

CLITANDRE.

Quelque secours puissant qu'on promette à ma [flamme,
Mon plus solide espoir, c'est votre cœur, madame.

HENRIETTE.

Pour mon cœur, vous pouvez vous assurer de lui.

CLITANDRE.

Je ne puis qu'être heureux quand j'aurai son appui.

HENRIETTE.

Vous voyez à quels nœuds on prétend le contraindre.

CLITANDRE.

Tant qu'il sera pour moi, je ne vois rien à craindre.

HENRIETTE.

Je vais tout essayer pour nos vœux les plus doux;
Et si tous mes efforts ne me donnent à vous,
Il est une retraite où notre ame se donne,
Qui m'empêchera d'être à toute autre personne.

CLITANDRE.

Veuille le juste ciel me garder en ce jour
De recevoir de vous cette preuve d'amour!

FIN DU QUATRIÈME ACTE.

ACTE V.

SCENE PREMIÈRE.

HENRIETTE, TRISSOTIN.

HENRIETTE.

C'est sur le mariage où ma mère s'apprête
Que j'ai voulu, monsieur, vous parler tête à tête;
Et j'ai cru, dans le trouble où je vois la maison,
Que je pourrais vous faire écouter la raison.
Je sais qu'avec mes vœux vous me jugez capable
De vous porter en dot un bien considéable:
Mais l'argent, dont on voit tant de gens faire cas,
Pour un vrai philosophe a d'indignes appas;
Et le mépris du bien et des grandeurs frivoles
Ne doit point éclater dans vos seules paroles.

TRISSOTIN.

Aussi n'est-ce point là ce qui me charme en vous;
Et vos brillants attraits, vos yeux perçants et doux,
Votre grace et votre air, sont les biens, les richesses
Qui vous ont attiré mes vœux et mes tendresses:
C'est de ces seuls trésors que je suis amoureux.

HENRIETTE.

Je suis fort redevable à vos feux généreux.
Cet obligeant amour a de quoi me confondre;
Et j'ai regret, monsieur, de n'y pouvoir répondre,
Je vous estime autant qu'on saurait estimer;
Mais je trouve un obstacle à vous pouvoir aimer.
Un cœur, vous le savez, à deux ne saurait être,
Et je sens que du mien Clitandre s'est fait maître.
Je sais qu'il a bien moins de mérite que vous,
Que j'ai de méchants yeux pour le choix d'un époux,
Que, par cent beaux talents, vous devriez me plaire;
Je vois bien que j'ai tort, mais je n'y puis que faire;
Et tout ce que sur moi peut le raisonnement,
C'est de me vouloir mal d'un tel aveuglement.

TRISSOTIN.

Le don de votre main, où l'on me fait prétendre,
Me livrera ce cœur que possède Clitandre;
Et, par mille doux soins, j'ai lieu de présumer
Que je pourrai trouver l'art de me faire aimer.

HENRIETTE.

Non: à ses premiers vœux mon ame est attachée,
Et ne peut de vos soins, monsieur, être touchée.
Avec vous librement j'ose ici m'expliquer,
Et mon aveu n'a rien qui vous doive choquer.
Cette amoureuse ardeur, qui dans les cœurs s'excite,
N'est point, comme l'on sait, un effet du mérite:
Le caprice y prend part; et, quand quelqu'un nous plaît,
Souvent nous avons peine à dire pourquoi c'est.
Si l'on aimait, monsieur, par choix et par sagesse,
Vous auriez tout mon cœur et toute ma tendresse;
Mais on voit que l'amour se gouverne autrement.
Laissez-moi, je vous prie, à mon aveuglement,
Et ne vous servez point de cette violence
Que, pour vous, on veut faire mon obéissance.
Quand on est honnête homme, on ne veut rien devoir
A ce que des parents ont sur nous de pouvoir;
On répugne à se faire immoler ce qu'on aime,
Et l'on veut n'obtenir un cœur que de lui-même.
Ne poussez point ma mère à vouloir, par son choix,
Exercer sur mes vœux la rigueur de ses droits.
Otez-moi votre amour, et portez à quelque autre
Les hommages d'un cœur aussi cher que le vôtre.

TRISSOTIN.

Le moyen que ce cœur puisse vous contenter?
Imposez-lui des lois qu'il puisse exécuter.
De ne vous point aimer peut-il être capable,
A moins que vous cessiez, madame, d'être aimable,
Et d'étaler aux yeux les célestes appas?...

HENRIETTE.

Eh! monsieur, laissons là ce galimatias.
Vous avez tant d'Iris, de Philis, d'Amarantes,
Que partout, dans vos vers, vous peignez si charmantes
Et pour qui vous jurez tant d'amoureuse ardeur...

TRISSOTIN.

C'est mon esprit qui parle, et ce n'est pas mon cœur.
D'elles on ne me voit amoureux qu'en poëte;
Mais j'aime tout de bon l'adorable Henriette.

HENRIETTE.

Eh! de grace, monsieur...

TRISSOTIN.

Si c'est vous offenser,
Mon offense envers vous n'est pas prête à cesser.
Cette ardeur, jusqu'ici de vos yeux ignorée,
Vous consacre des vœux d'éternelle durée.
Rien n'en peut arrêter les aimables transports;
Et, bien que vos beautés condamnent mes efforts,
Je ne puis refuser le secours d'une mère
Qui prétend couronner une flamme si chère;
Et, pourvu que j'obtienne un bonheur si charmant,
Pourvu que je vous aie, il n'importe comment.

HENRIETTE.

Mais savez-vous qu'on risque un peu plus qu'on ne pense,
A vouloir sur un cœur user de violence;
Qu'il ne fait pas bien sûr, à vous le trancher net,
D'épouser une fille en dépit qu'elle en ait;
Et qu'elle peut aller, en se voyant contraindre,
A des ressentiments que le mari doit craindre?

TRISSOTIN.

Un tel discours n'a rien dont je sois altéré;
A tous évènements le sage est préparé.
Guéri par la raison des faiblesses vulgaires,
Il se met au dessus de ces sortes d'affaires,
Et n'a garde de prendre aucune ombre d'ennui
De tout ce qui n'est pas pour dépendre de lui.

HENRIETTE.

En vérité, monsieur, je suis de vous ravie;
Et je ne pensais pas que la philosophie
Fût si belle qu'elle est, d'instruire ainsi les gens
A porter constamment de pareils accidents.
Cette fermeté d'ame, à vous si singulière,
Mérite qu'on lui donne une illustre matière,

Est digne de trouver qui prenne avec amour
Les soins continuels de la mettre en son jour;
Et, comme, à dire vrai, je n'oserais me croire
Bien propre à lui donner tout l'éclat de sa gloire,
Je le laisse à quelque autre, et vous jure, entre nous,
Que je renonce au bien de vous voir mon époux.

TRISSOTIN, *en sortant.*

Nous allons voir bientôt comment ira l'affaire;
Et l'on a là-dedans fait venir le notaire.

SCENE II.

CHRYSALE, CLITANDRE, HENRIETTE, MARTINE.

CHRYSALE.

Ah! ma fille, je suis bien aise de vous voir;
Allons, venez-vous-en faire votre devoir,
Et soumettre vos vœux aux volontés d'un père.
Je veux, je veux apprendre à vivre à votre mère;
Et, pour la mieux braver, voilà, malgré ses dents,
Martine que j'amène et rétablis céans.

HENRIETTE.

Vos résolutions sont dignes de louange.
Gardez que cette humeur, mon père, ne vous change;
Soyez ferme à vouloir ce que vous souhaitez;
Et ne vous laissez point séduire à vos bontés.
Ne vous relâchez pas, et faites bien en sorte
D'empêcher que sur vous ma mère ne l'emporte.

CHRYSALE.

Comment! Me prenez-vous ici pour un benêt?

HENRIETTE.

M'en préserve le ciel!

CHRYSALE.

Suis-je un fat, s'il vous plaît?

HENRIETTE.

Je ne dis pas cela.

CHRYSALE.

Me croit-on incapable
Des fermes sentiments d'un homme raisonnable?

HENRIETTE.

Non, mon pere.

CHRYSALE.

Est-ce donc qu'à l'âge où je me voi
Je n'aurais pas l'esprit d'être maître chez moi

HENRIETTE.

Si fait.

CHRYSALE.

Et que j'aurais cette faiblesse d'ame
De me laisser mener par le nez à ma femme?

HENRIETTE.

Hé! non, mon père.

CHRYSALE.

Ouais! qu'est-ce donc que ceci?
Je vous trouve plaisante à me parler ainsi.

HENRIETTE.

Si je vous ai choqué, ce n'est pas mon envie.

CHRYSALE.

Ma volonté céans doit être en tout suivie.

HENRIETTE.

Fort bien, mon père.

CHRYSALE.

Aucun, hors moi, dans la maison,
N'a droit de commander.

HENRIETTE.

Oui, vous avez raison.

CHRYSALE.

C'est moi qui tiens le rang de chef de famille.

HENRIETTE.

D'accord.

CHRYSALE.

C'est moi qui dois disposer de ma fille.

HENRIETTE.

Hé! oui.

CHRYSALE.

Le ciel me donne un plein pouvoir sur vous.

HENRIETTE.

Qui vous dit le contraire?

CHRYSALE.

Et, pour prendre un époux,
Je vous ferai bien voir que c'est à votre père
Qu'il vous faut obéir, non pas à votre mère.

HENRIETTE.

Hélas! vous flattez là le plus doux de mes vœux;
Veuillez être obéi, c'est tout ce que je veux.

CHRYSALE.

Nous verrons si ma femme à mes désirs rebelle...

CLITANDRE.

La voici qui conduit le notaire avec elle.

CHRYSALE.

Secondez-moi bien tous.

MARTINE.

Laissez-moi: j'aurai soin
De vous encourager, s'il en est de besoin.

SCENE III.

PHILAMINTE, BELISE, ARMANDE, TRISSOTIN, UN NOTAIRE, CHRYSALE, CLITANDRE, HENRIETTE, MARTINE.

PHILAMINTE, *au notaire.*

Vous ne sauriez changer votre style sauvage,
Et nous faire un contrat qui soit en beau langage!

LE NOTAIRE.

Notre style est très bon; et je serais un sot,
Madame, de vouloir y changer un seul mot.

BÉLISE.

Ah! quelle barbarie au milieu de la France!
Mais au moins, en faveur, monsieur, de la science,
Veuillez, au lieu d'écus, de livres et de francs,
Nous exprimer la dot en mines et talents,
Et dater par les mots d'ides et de calendes.

LE NOTAIRE.

Moi? Si j'allais, madame, accorder vos demandes
Je me ferais siffler de tous mes compagnons.

PHILAMINTE.

De cette barbarie en vain nous nous plaignons.
Allons, monsieur, prenez la table pour écrire.
(*apercevant Martine*)
Ah! ah! cette impudente ose encor se produire?
Pourquoi donc, s'il vous plait, la ramener chez moi?

CHRYSALE.

Tantôt avec loisir on vous dira pourquoi.
Nous avons maintenant autre chose à conclure.

LE NOTAIRE.

Procédons au contrat. Où donc est la future?

PHILAMINTE.

Celle que je marie est la cadette.

LE NOTAIRE.

Bon.

CHRYSALE, *montrant Henriette.*

Oui, la voilà, monsieur: Henriette est son nom.

LE NOTAIRE.

Fort bien. Et le futur?

PHILAMINTE, *montrant Trissotin.*

L'époux que je lui donne
Est monsieur.

CHRYSALE, *montrant Clitandre.*

Et celui, moi, qu'en propre personne
Je prétends qu'elle épouse, est monsieur.

LE NOTAIRE.

Deux époux!
C'est trop pour la coutume.

PHILAMINTE, *au notaire.*

Où vous arrêtez-vous?
Mettez, mettez monsieur Trissotin pour mon gendre.

CHRYSALE.

Pour mon gendre mettez, mettez monsieur Clitandre

LE NOTAIRE.

Mettez-vous donc d'accord; et, d'un jugement mûr,
Voyez à convenir entre vous du futur.

PHILAMINTE.

Suivez, suivez, monsieur, le choix où je m'arrête.

CHRYSALE.

Faites, faites, monsieur, les choses à ma tête.

LE NOTAIRE.

Dites-moi donc à qui j'obéirai des deux.

PHILAMINTE, *à Chrysale*

Quoi donc! Vous combattrez les choses que je veux

CHRYSALE.

Je ne saurais souffrir qu'on ne cherche ma fille
Que pour l'amour du bien qu'on voit dans ma famille.

PHILAMINTE.

Vraiment à votre bien on songe bien ici !
Et c'est là, pour un sage, un fort digne souci !

CHRYSALE.

Enfin, pour son époux, j'ai fait choix de Clitandre.

PHILAMINTE, *montrant Trissotin.*

Et moi, pour son époux, voici qui je veux prendre.
Mon choix sera suivi, c'est un point résolu.

CHRYSALE.

Ouais ! vous le prenez là d'un ton bien absolu.

MARTINE.

Ce n'est point à la femme à prescrire, et je sommes
Pour céder le dessus en toute chose aux hommes.

CHRYSALE.

C'est bien dit.

MARTINE.

Mon congé cent fois me fût-il hoc,
La poule ne doit point chanter devant le coq.

CHRYSALE.

Sans doute.

MARTINE.

Et nous voyons que d'un homme on se gausse,
Quand sa femme chez lui porte le haut-de-chausse.

CHRYSALE.

Il est vrai.

MARTINE.

Si j'avais un mari, je le dis,
Je voudrais qu'il se fît le maître du logis.
Je ne l'aimerais point s'il faisait le Jocrisse ;
Et, si je contestais contre lui par caprice,
Si je parlais trop haut, je trouverais fort bon
Qu'avec quelques soufflets il rabaissât mon ton.

CHRYSALE.

C'est parler comme il faut.

MARTINE.

Monsieur est raisonnable
De vouloir pour sa fille un mari convenable.

CHRYSALE.

Oui.

MARTINE.

Par quelle raison, jeune et bien fait qu'il est,
Lui refuser Clitandre? Et pourquoi, s'il vous plaît,
Lui bailler un savant qui sans cesse épilogue ?
Il lui faut un mari, non pas un pedagogue ;
Et, ne voulant savoir le grais ni le latin,
Elle n'a pas besoin de monsieur Trissotin.

CHRYSALE.

Fort bien.

PHILAMINTE.

Il faut souffrir qu'elle jase à son aise.

MARTINE.

Les savants ne sont bons que pour prêcher en chaise;
Et pour mon mari, moi, mille fois je l'ai dit,
Je ne voudrais jamais prendre un homme d'esprit.
L'esprit n'est point du tout ce qu'il faut en ménage.
Les livres cadrent mal avec le mariage.
Et je veux, si jamais on engage ma foi,
Un mari qui n'ait point d'autre livre que moi,
Qui ne sache A ne B, n'en déplaise à madame,
Et ne soit, en un mot, docteur que pour sa femme.

PHILAMINTE, *à Chrysale.*

Est-ce fait ! Et sans trouble ai-je assez écouté
Votre digne interprète ?

CHRYSALE.

Elle a dit vérité.

PHILAMINTE.

Et moi, pour trancher court toute cette dispute,
Il faut qu'absolument mon désir s'exécute.
(*montrant Trissotin*)
Henriette et monsieur seront joints de ce pas ;
Je l'ai dit, je le veux : ne me repliquez pas.
Et si votre parole à Clitandre est donnée,
Offrez-lui le parti d'épouser son aînée.

CHRYSALE.

Voilà dans cette affaire un accommodement,
(*à Henriette et à Clitandre*)
Voyez ; y donnez-vous votre consentement?

HENRIETTE.

Hé ! mon père !..

CLITANDRE, *à Chrysale.*

Hé ! monsieur...

BÉLISE.

On pourrait bien lui faire
Des propositions qui pourraient mieux lui plaire :
Mais nous établissons une espèce d'amour
Qui doit être épuré comme l'astre du jour ;
La substance qui pense y peut être reçue.
Mais nous en bannissons la substance étendue.

SCENE IV.

ARISTE, CHRYSALE, PHILAMINTE, BÉLISE, HENRIETTE, ARMANDE, TRISSOTIN, UN NOTAIRE, CLITANDRE, MARTINE.

ARISTE.

J'ai regret de troubler un mystère joyeux
Par le chagrin qu'il faut que j'apporte en ces lieux.
Ces deux lettres me font porteur des deux nouvelles
Dont j'ai senti pour vous les atteintes cruelles.
(*à Philaminte*)
L'une, pour vous, me vient de votre procureur.
(*à Chrysale.*)
L'autre, pour vous, me vient de Lyon.

PHILAMINTE.

Quel malheur
Digne de nous troubler pourrait-on nous écrire ?

ARISTE.

Cette lettre en contient un que vous pouvez lire.

PHILAMINTE.

« Madame, j'ai prié monsieur votre frère de vous « rendre cette lettre, qui vous dira ce que je n'ai osé « vous aller dire. La grande négligence que vous « avez pour vos affaires a été cause que le clerc de « votre rapporteur ne m'a point averti, et vous avez « perdu absolument votre procès, que vous deviez « gagner. »

CHRYSALE, *à Philaminte.*

Votre procès perdu!

PHILAMINTE, *à Chrysale.*

Vous vous troublez beaucoup!
Mon cœur n'est point du tout ébranlé de ce coup.
Faites, faites paraître une ame moins commune
A braver, comme moi, les traits de la fortune.

« Le peu de soin que vous avez vous coûte qua- « rante mille écus; et c'est à payer cette somme avec « les depens, que vous êtes condamnée par arrêt de la « cour. »

Condamnée ! Ah ! ce mot est choquant, et n'est fait
Que pour les criminels!

ARISTE.

Il a tort en effet ;
Et vous vous êtes là justement récriée.
Il devait avoir mis que vous êtes priée,
Par arrêt de la cour de payer au plus tôt
Quarante mille écus et les dépens qu'il faut.

PHILAMINTE.

Voyons l'autre.

CHRYSALE.

« Monsieur, l'amitié qui me lie à monsieur votre « frère me fait prendre intérêt à tout ce qui vous « touche. Je sais que vous avez mis votre bien entre « les mains d'Argante et de Damon, et je vous donne « avis qu'en même jour ils ont fait tous deux ban- « queroute. »

O ciel ! tout à la fois perdre ainsi tout son bien !

PHILAMINTE, *à Chrysale.*

Ah ! quel honteux transport ! Fi ! tout cela n'est rien.
Il n'est, pour le vrai sage, aucun revers funeste ;
Et, perdant toute chose, à soi-même il se reste.
Achevons notre affaire, et quittez votre ennui.
(*montrant Trissotin*)
Son bien nous peut suffire et pour nous et pour lui.

TRISSOTIN.

Non, madame, cessez de presser cette affaire.
Je vois qu'à cet hymen tout le monde est contraire ;

Et mon dessein n'est point de contraindre les gens.

PHILAMINTE.

Cette réflexion vous vient en peu de temps ;
Elle suit de bien près, monsieur, notre disgrace.

TRISSOTIN.

De tant de résistance à la fin je me lasse.
J'aime mieux renoncer à tout cet embarras,
Et ne veux point d'un cœur qui ne se donne pas.

PHILAMINTE.

Je vois, je vois de vous, non pas pour votre gloire,
Ce que jusques ici j'ai refusé de croire.

TRISSOTIN.

Vous pouvez voir de moi tout ce que vous voudrez,
Et je regarde peu comment vous le prendrez ;
Mais je ne suis point homme à souffrir l'infamie
Des refus offensants qu'il faut qu'ici j'essuie.
Je vaux bien que de moi l'on fasse plus de cas ;
Et je baise les mains à qui ne me veut pas.

SCÈNE V.

ARISTE, CHRYSALE, PHILAMINTE, BÉLISE, ARMANDE, HENRIETTE, CLITANDRE, UN NOTAIRE, MARTINE.

PHILAMINTE.

Qu'il a bien découvert son ame mercenaire !
Et que peu philosophe est ce qu'il vient de faire !

CLITANDRE.

Je ne me vante point de l'être : mais enfin
Je m'attache, madame, à tout votre destin ;
Et j'ose vous offrir, avecque ma personne,
Ce qu'on sait que de bien la fortune me donne.

PHILAMINTE.

Vous me charmez, monsieur, par ce trait généreux,
Et je veux couronner vos désirs amoureux.
Oui, j'accorde Henriette à l'ardeur empressée...

HENRIETTE.

Non, ma mère : je change à présent de pensée.
Souffrez que je résiste à votre volonté.

CLITANDRE.

Quoi ! vous vous opposez à ma félicité ?
Et lorsqu'à mon amour je vois chacun se rendre.

HENRIETTE.

Je sais le peu de bien que vous avez, Clitandre ;
Et je vous ai toujours souhaité pour époux,
Lorsqu'en satisfaisant à mes vœux les plus doux
J'ai vu que mon hymen ajustait vos affaires :
Mais lorsque nous avons des destins si contraires,
Je vous chéris assez dans cette extrémité
Pour ne vous point charger de notre adversité.

CLITANDRE.

Tout destin avec vous me peut être agréable ;
Tout destin me serait sans vous insupportable.

HENRIETTE.

L'amour, dans son transport, parle toujours ainsi
Des retours importuns évitons le souci.
Rien n'use tant l'ardeur de ce nœud qui nous lie,
Que les fâcheux besoins des choses de la vie ;
Et l'on en vient souvent à s'accuser tous deux
De tous les noirs chagrins qui suivent de tels feux.

ARISTE, *à Henriette.*

N'est-ce que le motif que nous venons d'entendre
Qui vous fait résister à l'hymen de Clitandre ?

HENRIETTE.

Sans cela, vous verriez tout mon cœur y courir ;
Et je ne fuis sa main que pour le trop chérir.

ARISTE.

Laissez-vous donc lier par des chaines si belles.
Je ne vous ai porté que de fausses nouvelles ;
Et c'est un stratagème, un surprenant secours,
Que j'ai voulu tenter pour servir vos amours,
Pour détromper ma sœur, et lui faire connaître
Ce que son philosophe à l'essai pouvait être.

CHRYSALE.

Le ciel en soit loué !

PHILAMINTE.

J'en ai la joie au cœur
Par le chagrin qu'aura ce lâche déserteur.
Voilà le châtiment de sa basse avarice,
De voir qu'avec éclat cet hymen s'accomplisse.

CHRYSALE, *à Clitandre.*

Je le savais bien, moi, que vous l'épouseriez.

ARMANDE, *à Philaminte.*

Ainsi donc à leurs vœux vous me sacrifiez ?

PHILAMINTE.

Ce ne sera point vous que je leur sacrifie ;
Et vous avez l'appui de la philosophie
Pour voir d'un œil content couronner leur ardeur.

BÉLISE.

Qu'il prenne garde au moins que je suis dans son cœur :
Par un prompt désespoir souvent on se marie,
Qu'on s'en repent après tout le temps de sa vie.

CHRYSALE, *au notaire.*

Allons, monsieur, suivez l'ordre que j'ai prescrit,
Et faites le contrat ainsi que je l'ai dit.

FIN DES FEMMES SAVANTES.

LA COMTESSE D'ESCARBAGNAS,

COMÉDIE EN UN ACTE.

1672.

PERSONNAGES.

LA COMTESSE D'ESCARBAGNAS.
LE COMTE, fils de la comtesse d'Escarbagnas.
LE VICOMTE, amant de Julie.
JULIE, amante du vicomte.
MONSIEUR TIBAUDIER, conseiller, amant de la comtesse.
MONSIEUR HARPIN, receveur des tailles, autre amant de la comtesse.
MONSIEUR BOBINET, précepteur de M. le comte.
ANDRÉE, suivante de la comtesse.
JEANNOT, valet de M. Thibaudier.
CRIQUET, valet de la comtesse.

La scene est à Angoulême.

LA COMTESSE D'ESCARBAGNAS.

COMÉDIE.

SCÈNE PREMIÈRE.

JULIE, LE VICOMTE.

LE VICOMTE.

Hé quoi! madame, vous êtes déjà ici?

JULIE.

Oui. Vous en devriez rougir, Cléante; et il n'est guère honnête à un amant de venir le dernier au rendez-vous.

LE VICOMTE.

Je serais ici il y a une heure, s'il n'y avait point de fâcheux au monde; et j'ai été arrêté en chemin par un vieux importun de qualité, qui m'a demandé tout exprès des nouvelles de la cour, pour trouver moyen de m'en dire des plus extravagantes qu'on puisse débiter; et c'est là, comme vous savez, le fléau des petites villes, que ces grands nouvellistes qui cherchent partout où répandre les contes qu'ils ramassent. Celui-ci m'a montré d'abord deux feuilles de papier pleines jusqu'aux bords d'un grand fatras de balivernes, qui viennent, m'a-t-il dit, de l'endroit le plus sûr du monde. Ensuite, comme d'une chose fort curieuse, il m'a fait avec grand mystère une fatigante lecture de toutes les méchantes plaisanteries de la gazette de Hollande, dont il épouse les intérêts. Il tient que la France est battue en ruine par la plume de cet écrivain, et qu'il ne faut que ce bel esprit pour défaire toutes nos troupes, et de là s'est jeté à corps perdu dans le raisonnement du ministère, dont il remarque tous les défauts, et dont j'ai cru qu'il ne sortirait point. A l'entendre parler, il sait les secrets du cabinet mieux que ceux qui les font. La politique de l'état lui laisse voir tous ses desseins; et elle ne fait pas un pas, dont il ne pénètre les intentions. Il nous apprend les ressorts cachés de tout ce qui se fait, nous découvre les vues de la prudence de nos voisins, et remue à sa fantaisie toutes les affaires de l'Europe. Ses intelligences même s'étendent jusqu'en Afrique et en Asie; et il est informé de tout ce qui s'agite dans le conseil d'en-haut du Prêtre-Jean, et du Grand-Mogol.

JULIE.

Vous parez votre excuse du mieux que vous pouvez, afin de la rendre agréable, et faire qu'elle soit plus aisément reçue.

LE VICOMTE.

C'est là, belle Julie, la véritable cause de mon retardement: et, si je voulais y donner une excuse galante, je n'aurais qu'à vous dire que le rendez-vous que vous voulez prendre peut autoriser la paresse dont vous me querellez; que m'engager à faire l'amant de la maîtresse du logis, c'est me mettre en état de craindre de me trouver ici le premier; que cette feinte où je me force n'étant que pour vous plaire, j'ai lieu de ne vouloir en souffrir la contrainte que devant les yeux qui s'en divertissent: que j'évite le tête à tête avec cette comtesse ridicule dont vous m'embarrassez; et, en un mot, que, ne venant ici que pour vous, j'ai toutes les raisons du monde d'attendre que vous y soyez.

JULIE.

Nous savons bien que vous ne manquerez jamais d'esprit pour donner de belles couleurs aux fautes que vous pourrez faire. Cependant si vous étiez venu une demi-heure plus tôt, nous aurions profité de tous ces moments; car j'ai trouvé en arrivant que la comtesse était sortie, et je ne doute point qu'elle ne soit allée par la ville se faire honneur de la comédie que vous me donnez sous son nom.

LE VICOMTE.

Mais tout de bon, madame, quand voulez-vous mettre fin à cette contrainte, et me faire moins acheter le bonheur de vous voir?

JULIE.

Quand nos parents pourront être d'accord; ce que je n'ose espérer. Vous savez, comme moi, que les démêlés de nos deux familles ne nous permettent point de nous voir autre part, et que mes frères, non plus que votre père, ne sont pas assez raisonnables pour souffrir notre attachement.

LE VICOMTE.

Mais pourquoi ne pas mieux jouir du rendez-vous que leur inimitié nous laisse, et me contraindre à perdre en une sotte feinte les moments que j'ai près de vous?

JULIE.

Pour mieux cacher notre amour; et puis, à vous dire la vérité, cette feinte dont vous parlez m'est une comédie fort agréable; et je ne sais si celle que vous me donnez aujourd'hui nous divertira davantage. Notre comtesse d'Escarbagnas, avec son perpétuel entêtement de qualité, est un aussi bon personnage qu'on en puisse mettre sur le théâtre. Le petit voyage qu'elle a fait à Paris, l'a ramenée dans Angoulème plus achevée qu'elle n'était. L'approche de l'air de la cour a donné à son ridicule de nouveaux agréments; et sa sottise tous les jours ne fait que croître et embellir.

LE VICOMTE.

Oui; mais vous ne considérez pas que le jeu qui vous divertit tient mon cœur au supplice, et qu'on n'est point capable de se jouer long temps, lorsqu'on a dans l'esprit une passion aussi sérieuse que celle que je sens pour vous. Il est cruel, belle Julie, que cet amusement dérobe à mon amour un temps qu'il voudrait employer à vous expliquer son ardeur; et cette nuit j'ai fait là-dessus quelques vers, que je ne puis m'empêcher de vous réciter sans que vous me le demandiez, tant la démangeaison de dire ses ouvrages est un vice attaché à la qualité de poète.

C'est trop long-temps, Iris, me mettre à la torture.

Iris, comme vous le voyez, est mis là pour Julie.

C'est trop long-temps, Iris, me mettre à la torture,
Et, si je suis vos lois, je les blâme tout bas
De me forcer à taire un tourment que j'endure,
Pour déclarer un mal que je ne ressens pas.

Faut-il que vos beaux yeux, à qui je rends les armes,
Veuillent se divertir de mes tristes soupirs.
Et n'est-ce pas assez de souffrir pour vos charmes,
Sans me faire souffrir encor pour vos plaisirs?

C'en est trop à la fois que ce double martyre;
Et ce qu'il me faut taire, et ce qu'il me faut dire,
Exerce sur mon cœur pareille cruauté

L'amour le met en feu, la contrainte le tue;
Et, si par la pitié vous n'êtes combattue,
Je meurs et de la feinte et de la vérité.

JULIE.

Je vois que vous vous faites là bien plus maltraité que vous n'êtes; mais c'est une licence que prennent messieurs les poètes de mentir de gaîté de cœur, et de donner à leurs maîtresses des cruautés qu'elles n'ont pas, pour s'accommoder aux pensées qui leur peuvent venir. Cependant je serai bien aise que vous me donniez ces vers par écrit.

LE VICOMTE.

C'est assez de vous les avoir dits, et je dois en demeurer là. Il est permis d'être parfois assez fou pour faire des vers, mais non pour vouloir qu'ils soient vus.

JULIE.

C'est en vain que vous vous retranchez sur une fausse modestie; on sait dans le monde que vous avez de l'esprit, et je ne vois pas la raison qui vous oblige à cacher les vôtres.

LE VICOMTE.

Mon dieu! madame, marchons là-dessus, s'il vous plaît, avec beaucoup de retenue; il est dangereux dans le monde de se mêler d'avoir de l'esprit. Il y a là-dedans un certain ridicule qu'il est facile d'attraper, et nous avons de nos amis qui me font craindre leur exemple.

JULIE.

Mon dieu! Cléante, vous avez beau dire; je vois avec tout cela que vous mourez d'envie de me les donner; et je vous embarrasserais, si je faisais semblant de ne m'en pas soucier.

LE VICOMTE.

Moi, madame? Vous vous moquez; et je ne suis pas si poète que vous pourriez croire, pour... Mais voici votre madame la comtesse d'Escarbagnas. Je sors par l'autre porte pour ne la point trouver, et vais disposer tout le monde au divertissement que je vous ai promis.

SCENE II.

LA COMTESSE, JULIE, ANDRÉE ET CRIQUET *dans le fond du théâtre.*

LA COMTESSE.

Ah! mon dieu! madame, vous voilà toute seule! Quelle pitié est-ce là! Toute seule! Il me semble que mes gens m'avaient dit que le vicomte était ici.

JULIE.

Il est vrai qu'il y est venu; mais c'est assez pour lui de savoir que vous n'y étiez pas, pour l'obliger à sortir.

LA COMTESSE.

Comment! il vous a vue?

JULIE.

Oui.

LA COMTESSE.

Et il ne vous a rien dit?

JULIE.

Non, madame; et il a voulu témoigner par là qu'il est tout entier à vos charmes.

LA COMTESSE.

Vraiment; je le veux quereller de cette action. Quelque amour que l'on ait pour moi, j'aime que ceux qui m'aiment rendent ce qu'ils doivent au sexe; et je ne suis point de l'humeur de ces femmes injustes qui s'applaudissent des incivilités que leurs amants font aux autres belles.

JULIE.

Il ne faut point, madame, que vous soyez surprise de son procédé. L'amour que vous lui donnez éclate dans toutes ses actions, et l'empêche d'avoir des yeux que pour vous.

LA COMTESSE.

Je crois être en état de pouvoir faire naître une passion assez forte, et je me trouve pour cela assez de beauté, de jeunesse, et de qualité, Dieu merci! mais cela n'empêche pas qu'avec ce que j'inspire on ne puisse garder de l'honnêteté et de la complaisance pour les autres. (*apercevant Criquet.*) Que faites-vous donc là, laquais? Est-ce qu'il n'y a pas une antichambre où se tenir, pour venir quand on vous appelle? Cela est étrange, qu'on ne puisse avoir en province un laquais qui sache son monde! A qui est-ce donc que je parle? Voulez-vous donc vous en aller là dehors, petit fripon?

SCENE III.

LA COMTESSE, JULIE, ANDRÉE.

LA COMTESSE, *à Andrée.*

Fille, approchez.

ANDRÉE.

Que vous plaît-il, madame?

LA COMTESSE.

Otez-moi mes coiffes. Doucement donc, maladroite: comme vous me saboulez la tête avec vos mains pesantes!

ANDRÉE.

Je fais, madame, le plus doucement que je puis.

LA COMTESSE.

Oui; mais le plus doucement que vous pouvez est fort rudement pour ma tête, et vous me l'avez déboîtée. Tenez encore ce manchon. Ne laissez point traîner tout cela, et emportez-le dans ma garderobe. Hé bien! où va-t-elle? où va-t-elle? que veut-elle faire, cet oison bridé?

ANDRÉE.

Je veux, madame, comme vous me l'avez dit, porter cela aux garderobes.

LA COMTESSE.

Ah! mon dieu! l'impertinente! (*à Julie*) Je vous demande pardon, madame. (*à Andrée*) Je vous ai dit ma garderobe, grosse bête, c'est à dire où sont mes habits.

ANDRÉE.

Est-ce, madame, qu'à la cour une armoire s'appelle une garde-robe?

LA COMTESSE.

Oui, butorde; on appelle ainsi le lieu où l'on met les habits.

ANDRÉE.

Je m'en ressouviendrai, madame, aussi bien que de votre grenier qu'il faut appeler gardemeuble.

SCENE IV.

LA COMTESSE, JULIE.

LA COMTESSE.

Quelle peine il faut prendre pour instruire ces animaux-là!

JULIE.

Je les trouve bien heureux, madame, d'être sous votre discipline.

LA COMTESSE.

C'est une fille de ma mère nourrice que j'ai mise à la chambre, et elle est toute neuve encore.

JULIE.

Cela est d'une belle ame, madame; et il est glorieux de faire ainsi des créatures.

LA COMTESSE.

Allons, des siéges. Holà! laquais! laquais! laquais! En vérité, voilà qui est violent de ne pouvoir pas avoir un laquais pour donner des siéges! Filles. laquais! laquais! filles! quelqu'un! Je pense que tous mes gens sont morts, et que nous serons contraintes de nous donner des siéges nous-mêmes.

SCENE V.

LA COMTESSE, JULIE, ANDRÉE.

ANDRÉE.

Que voulez-vous, madame?

LA COMTESSE.

Il se faut bien égosiller avec vous autres!

ANDRÉE.

J'enfermais votre manchon et vos coiffes dans votre armoi..., dis-je, dans votre garderobe.

LA COMTESSE.

Appelez-moi ce petit fripon de laquais.

ANDRÉE.

Holà! Criquet!

LA COMTESSE.

Laissez-là votre Criquet, bouvière; et appelez, laquais.

ANDRÉE.

Laquais donc, et non pas Criquet, venez parler à madame. Je pense qu'il est sourd. Criq... Laquais, laquais!

SCENE VI.

LA COMTESSE, JULIE, ANDRÉE, CRIQUET.

CRIQUET.

Plaît-il?

LA COMTESSE.

Où étiez-vous donc, petit coquin?

CRIQUET.

Dans la rue, madame.

LA COMTESSE.

Et pourquoi dans la rue?

CRIQUET.

Vous m'avez dit d'aller là dehors.

LA COMTESSE.

Vous êtes un petit impertinent, mon ami; et vous devez savoir que là dehors, en termes de personnes de qualité, veut dire l'antichambre. Andrée, ayez soin tantôt de faire donner le fouet à ce petit fripon là, par mon écuyer; c'est un petit incorrigible.

ANDRÉE.

Qu'est-ce que c'est, madame, que votre écuyer? Est ce maître Charles que vous appelez comme cela?

LA COMTESSE.

Taisez-vous, sotte que vous êtes; vous ne sauriez ouvrir la bouche que vous ne disiez une impertinence. (*à Criquet.*) Des sièges. (*à Andrée.*) Et vous, allumez deux bougies dans mes flambeaux d'argent; il se fait déjà tard. Qu'est-ce que c'est donc, que vous me regardez tout effarée?

ANDRÉE.

Madame...

LA COMTESSE.

Eh bien! madame. Qu'y a-t-il?

ANDRÉE.

C'est que...

LA COMTESSE.

Quoi?

ANDRÉE.

C'est que je n'ai point de bougie.

LA COMTESSE.

Comment? Vous n'en avez point?

ANDRÉE.

Non, madame, si ce n'est des bougies de suif.

LA COMTESSE.

La bouvière! Et où est donc la cire que je fis acheter ces jours passés?

ANDRÉE.

Je n'en ai point vu depuis que je suis céans.

LA COMTESSE.

Otez-vous de là, insolente. Je vous renverrai chez vos parents. Apportez-moi un verre d'eau.

SCENE VII.

LA COMTESSE et JULIE, *faisant des cérémonies pour s'asseoir.*

LA COMTESSE.

Madame!

JULIE.

Madame!

LA COMTESSE.

Ah! madame!

JULIE.

Ah! madame!

LA COMTESSE.

Mon dieu! madame!

JULIE.

Mon dieu! madame!

LA COMTESSE.

Oh! madame!

JULIE.

Oh! madame!

LA COMTESSE.

Hé! madame!

JULIE.

Hé! madame!

LA COMTESSE.

Hé! allons donc, madame!

JULIE.

Hé! allons donc, madame!

LA COMTESSE.

Je suis chez moi, madame. Nous sommes demeurées d'accord de cela. Me prenez-vous pour une provinciale, madame?

JULIE.

Dieu m'en garde, madame!

SCENE VIII.

LA COMTESSE, JULIE, ANDRÉE, *apportant un verre d'eau*, CRIQUET.

LA COMTESSE, *à Andrée.*

Allez, impertinente: je bois avec une soucoupe. Je vous dis que vous m'alliez quérir une soucoupe pour boire.

ANDRÉE.

Criquet, qu'est-ce que c'est qu'une soucoupe?

CRIQUET.

Une soucoupe?

ANDRÉE.

Oui.

CRIQUET.

Je ne sais.

LA COMTESSE, *à Andrée.*

Vous ne vous grouillez pas?

ANDRÉE.

Nous ne savons tous deux, madame, ce que c'est qu'une soucoupe.

LA COMTESSE.

Apprenez que c'est un assiette, sur laquelle on met le verre.

SCENE IX.

LA COMTESSE, JULIE.

LA COMTESSE.

Vive Paris, pour être bien servie! on vous entend là au moindre coup d'œil.

SCENE X.

LA COMTESSE, JULIE, ANDRÉE, *apportant un verre d'eau avec une assiette dessus*; CRIQUET.

LA COMTESSE.

Hé bien! vous ai-je dit comme cela, tête de bœuf? C'est dessous qu'il faut mettre l'assiette.

ANDRÉE.

Cela est bien aisé. (*Andrée casse le verre en le posant sur l'assiette.*)

LA COMTESSE.

Hé bien! ne voilà pas l'étourdie? En vérité, vous me paierez mon verre.

ANDRÉE.

Hé bien! oui, madame, je le paierai.

LA COMTESSE.

Mais voyez cette maladroite, cette bouvière, cette butorde, cette...

ANDRÉE, *s'en allant.*

Dame! madame, si je le paie, je ne veux point être querellée.

LA COMTESSE.

Otez vous de devant mes yeux.

SCENE XI.

LA COMTESSE, JULIE.

LA COMTESSE.

En vérité, madame, c'est une chose étrange que les petites villes! On n'y sait point du tout son monde; et je viens de faire deux ou trois visites, où ils ont pensé me désespérer par le peu de respect qu'ils rendent à ma qualité.

JULIE.

Où auraient-ils appris à vivre? Ils n'ont point fait de voyage à Paris.

LA COMTESSE.

Ils ne laisseraient pas de l'apprendre, s'ils voulaient écouter les personnes: mais le mal que j'y trouve, c'est qu'ils veulent en savoir autant que moi, qui ai été deux mois à Paris, et vu toute la cour.

JULIE.

Les sottes gens que voilà!

LA COMTESSE.

Ils sont insupportables avec les impertinentes égalités dont ils traitent les gens. Car enfin, il faut qu'il y ait de la subordination dans les choses: et ce qui me met hors de moi, c'est qu'un gentilhomme de ville de deux jours ou de deux cents ans aura l'effronterie de dire qu'il est aussi bien gentilhomme que feu monsieur mon mari, qui demeurait à la campagne, qui avait meute de chiens courants, et qui prenait la qualité de comte dans tous les contrats qu'il passait.

JULIE.

On sait bien mieux vivre à Paris, dans ces hôtels

dont la mémoire doit être si chère. Cet hôtel de Mouhy, madame, cet hôtel de Lyon, cet hôtel de Hollande; les agréables demeures que voilà!

LA COMTESSE.

Il est vrai qu'il y a bien de la différence de ces lieux là à tout ceci. On y voit venir du beau monde, qui ne marchande point à vous rendre tous les respects qu'on saurait souhaiter. On ne se lève pas, si l'on veut, de dessus son siège; et, lorsque l'on veut voir la revue, ou le grand ballet de Psyché, on est servi à point nommé.

JULIE.

Je pense, madame, que, durant votre séjour à Paris, vous avez bien fait des conquêtes de qualité.

LA COMTESSE.

Vous pouvez bien croire, madame, que tout ce qui s'appelle les galants de la cour n'a pas manqué de venir à ma porte, et de m'en conter; et je garde dans ma cassette de leurs billets, qui peuvent faire voir quelles propositions j'ai refusées; il n'est pas nécessaire de vous dire leurs noms; on sait ce qu'on veut dire par les galants de la cour.

JULIE.

Je m'étonne, madame, que, de tous ces grands noms que je devine, vous ayez pu redescendre à un monsieur Tibaudier, le conseiller, et à un monsieur Harpin, le receveur de tailles. La chute est grande, je vous l'avoue; car, pour monsieur votre vicomte, quoique vicomte de province, c'est toujours un vicomte, et il peut faire un voyage à Paris, s'il n'en a point fait; mais un conseiller et un receveur sont des amants un peu bien minces pour une grande comtesse comme vous.

LA COMTESSE.

Ce sont gens qu'on ménage dans les provinces pour le besoin qu'on en peut avoir; ils servent au moins à remplir les vides de la galanterie, à faire nombre de soupirants; et il est bon, madame, de ne pas laisser un amant seul maître du terrain, de peur que, faute de rivaux, son amour ne s'endorme sur trop de confiance.

JULIE.

Je vous avoue, madame, qu'il y a merveilleusement à profiter de tout ce que vous dites: c'est une école que votre conversation; et j'y viens tous les jours attraper quelque chose.

SCENE XII.

LA COMTESSE, JULIE, ANDRÉE, CRIQUET.

CRIQUET, *à la comtesse.*

Voilà Jeannot de monsieur le conseiller qui vous demande, madame.

LA COMTESSE.

Hé bien! petit coquin, voilà encore de vos âneries. Un laquais qui saurait vivre aurait été parler tout bas à la demoiselle suivante, qui serait venue dire doucement à l'oreille de sa maîtresse: Madame, voilà le laquais de monsieur un tel, qui demande à vous dire un mot: à quoi la maîtresse aurait répondu, Faites-le entrer.

SCENE XIII.

LA COMTESSE, JULIE, ANDRÉE, CRIQUET, JEANNOT.

CRIQUET.

Entrez, Jeannot.

LA COMTESSE.

Autre lourderie. (*à Jeannot*) Qu'y a-t-il, laquais? Que portes-tu là?

JEANNOT.

C'est monsieur le conseiller, madame, qui vous souhaite le bon jour, et, auparavant que de venir, vous envoie des poires de son jardin, avec ce petit mot d'écrit.

LA COMTESSE.

C'est du bon chrétien, qui est fort beau. Andrée, faites porter cela à l'office.

SCENE XIV.

LA COMTESSE, JULIE, CRIQUET, JEANNOT.

LA COMTESSE, *donnant de l'argent à Jeannot.*

Tiens, mon enfant, voilà pour boire.

JEANNOT.

Oh! non, madame!

LA COMTESSE.

Tiens, te dis-je.

JEANNOT.

Mon maître m'a défendu, madame, de rien prendre de vous.

LA COMTESSE.

Cela ne fait rien.

JEANNOT.

Pardonnez-moi, madame.

CRIQUET.

Hé! prenez, Jeannot. Si vous n'en voulez pas, vous me le baillerez.

LA COMTESSE.

Dis à ton maître que je le remercie.

CRIQUET, *à Jeannot, qui s'en va.*

Donne-moi donc cela.

JEANNOT.

Oui! quelque sot!...

CRIQUET.

C'est moi qui te l'ai fait prendre.

JEANNOT.

Je l'aurais bien pris sans toi.

LA COMTESSE.

Ce qui me plaît de ce monsieur Tibaudier, c'est qu'il sait vivre avec les personnes de ma qualité, qu'il est fort respectueux.

SCENE XV.

LE VICOMTE, LA COMTESSE, JULIE, CRIQUET.

LE VICOMTE.

Madame, je viens vous avertir que la comédie sera bientôt prête, et que, dans un quart d'heure, nous pouvons passer dans la salle.

LA COMTESSE.

Je ne veux point de cohue, au moins. (*à Criquet.*) Que l'on dise à mon suisse qu'il ne laisse entrer personne.

LE VICOMTE.

En ce cas, madame, je vous déclare que je renonce à la comédie; et je n'y saurais prendre de plaisir lorsque la compagnie n'est pas nombreuse. Croyez-moi, si vous voulez vous bien divertir, qu'on dise à vos gens de laisser entrer toute la ville.

LA COMTESSE.

Laquais, un siège. (*au vicomte, après qu'il s'est assis*) Vous voilà venu à propos pour recevoir un petit sacrifice que je veux bien vous faire. Tenez, c'est un billet de monsieur Tibaudier, qui m'envoie des poires. Je vous donne la liberté de le lire tout haut; je ne l'ai point encore vu.

LE VICOMTE, *après avoir lu tout bas le billet.*

Voici un billet du beau style, madame, et qui mérite d'être bien écouté.

» Madame, je n'aurais pas pu vous faire le présent que je vous envoie, si je ne recueillais pas plus de fruit de mon jardin, que j'en recueille de mon amour.

LA COMTESSE.

Cela vous marque clairement qu'il ne se passe rien entre nous.

LE VICOMTE.

« Les poires ne sont pas encore bien mûres; mais elles en cadrent mieux avec la dureté de votre ame, qui, par ses continuels dédains, ne me promet pas poires molles. Trouvez bon, madame, que, sans m'engager dans une énumération de vos perfections et charmes, qui me jetterait dans un progrès à l'infini, je conclue ce mot, en vous faisant considérer que je suis d'un aussi franc chrétien que les poires que je vous envoie, puisque je rends le bien pour le mal; c'est à dire, madame, pour m'expliquer plus intelligiblement, puisque je vous présente des poires de bon chrétien pour des poires d'angoisse que vos cruautés me font avaler tous les jours,

TIBAUDIER.

votre esclave indigne.

Voilà, madame, un billet à garder.

LA COMTESSE.

Il y a peut-être quelque mot qui n'est pas de l'académie; mais j'y remarque un certain respect qui me plaît beaucoup.

JULIE.

Vous avez raison, madame; et, monsieur le vicomte dût-il s'en offenser, j'aimerais un homme qui m'écrirait comme cela.

SCENE XVI.

MONSIEUR TIBAUDIER, LE VICOMTE, LA COMTESSE, JULIE, CRIQUET.

LA COMTESSE.

Approchez, monsieur Tibaudier, ne craignez point d'entrer. Votre billet a été bien reçu, aussi bien que vos poires; et voilà madame qui parle pour vous contre votre rival.

M. TIBAUDIER.

Je lui suis bien obligé, madame; et si elle a jamais quelque procès en notre siège, elle verra que je n'oublierai pas l'honneur qu'elle me fait de se rendre auprès de vos beautés l'avocat de ma flamme.

JULIE.

Vous n'avez pas besoin d'avocat, monsieur, et votre cause est juste.

M. TIBAUDIER.

Ce néanmoins, madame, bon droit a besoin d'aide; et j'ai sujet d'appréhender de me voir supplanté par un tel rival, et que madame ne soit circonvenue par la qualité de vicomte.

LE VICOMTE.

J'espérais quelque chose, monsieur Tibaudier, avant votre billet; mais il me fait craindre pour mon amour.

M. TIBAUDIER.

Voici encore, madame, deux petits versets ou couplets que j'ai composés à votre honneur et gloire.

LE VICOMTE.

Ah! je ne pensais pas que monsieur Tibaudier fût poète: et voilà, pour m'achever, que ces deux petits versets-là!

LA COMTESSE.

Il veut dire deux strophes. (*à Criquet*) Laquais, donnez un siège à monsieur Tibaudier. (*bas à Criquet qui apporte une chaise*) Un pliant, petit animal. Monsieur Tibaudier, mettez-vous là, et nous lisez vos strophes.

M. TIBAUDIER.

Une personne de qualité
Ravit mon ame:
Elle a de la beauté,
J'ai de la flamme;
Mais je la blâme.
D'avoir de la fierté.

LE VICOMTE.

Je suis perdu après cela.

LA COMTESSE.

Le premier vers est beau. Une personne de qualité!

JULIE.

Je crois qu'il est un peu trop long; mais on peut prendre une licence pour dire une belle pensée.

LA COMTESSE, *à M. Tibaudier*.

Voyons l'autre strophe.

M. TIBAUDIER.

Je ne sais pas si vous doutez de mon parfait amour,
Mais je sais bien que mon cœur, à toute heure
Veut quitter sa chagrine demeure
Pour aller, par respect, faire au vôtre sa cour.
Après cela pourtant, sûr de ma tendresse
Et de ma foi, dont unique est l'espèce,
Vous devriez à votre tour,
Vous contentant d'être comtesse,
Vous dépouiller en ma faveur d'une peau de tigresse,
Qui couvre vos appas la nuit comme le jour.

LE VICOMTE.

Me voilà supplanté, moi, par monsieur Tibaudier.

LA COMTESSE.

Ne pensez pas vous moquer: pour des vers faits dans la province, ces vers-là sont fort beaux.

LE VICOMTE.

Comment! madame, me moquer? Quoique son rival, je trouve ces vers admirables, et ne les appelle pas seulement deux strophes, comme vous, mais deux épigrammes, aussi bonnes que toutes celles de Martial.

LA COMTESSE.

Quoi! Martial fait-il des vers? Je pensais qu'il ne fît que des gants.

M. TIBAUDIER.

Ce n'est pas ce Martial-là, madame; c'est un autre qui vivait il y a trente ou quarante ans.

LE VICOMTE.

M. Tibaudier a lu les auteurs, comme vous le voyez. Mais allons voir, madame, si ma musique et ma comédie, avec mes entrées de ballet, pourront combattre dans votre esprit les progrès des deux strophes et du billet que nous venons de voir.

LA COMTESSE.

Il faut que mon fils le comte soit de la partie; car il est arrivé ce matin de mon château avec son précepteur que je vois là-dedans.

SCENE XVII.

LA COMTESSE, JULIE, LE VICOMTE, M. TIBAUDIER, M. BOBINET, CRIQUET.

LA COMTESSE.

Holà! monsieur Bobinet! Monsieur Bobinet, approchez-vous du monde.

M. BOBINET.

Je donne le bon vêpre à toute l'honorable compagnie. Que désire madame la comtesse d'Escarbagnas de son très humble serviteur Bobinet?

LA COMTESSE.

A quelle heure, monsieur Bobinet, êtes-vous parti d'Escarbagnas avec mon fils le comte?

M. BOBINET.

A huit heures trois quarts, madame, comme votre commandement me l'avait ordonné.

LA COMTESSE.

Comment se portent mes deux autres fils, le marquis et le commandeur?

M. BOBINET.

Ils sont, Dieu grace, madame, en parfaite santé.

LA COMTESSE.

Où est le comte?

M. BOBINET.

Dans votre belle chambre à alcove, madame.

LA COMTESSE.

Que fait-il, monsieur Bobinet?

M. BOBINET.

Il compose un thème, madame, que je viens de lui dicter sur une épître de Cicéron.

LA COMTESSE.

Faites-le venir, monsieur Bobinet.

M. BOBINET.

Soit fait, madame, ainsi que vous le commandez.

SCENE XVIII.

LA COMTESSE, JULIE, LE VICOMTE M. TIBAUDIER.

LE VICOMTE, *à la comtesse*.

Ce monsieur Bobinet, madame, a la mine fort sage, et je crois qu'il a de l'esprit.

SCENE XIX.

LA COMTESSE, JULIE, LE VICOMTE, LE COMTE, M. BOBINET, M. TIBAUDIER.

M. BOBINET.

Allons, monsieur le comte, faites voir que vous profitez des bons documents qu'on vous donne. La révérence à toute l'honnête assemblée.

LA COMTESSE, *montrant Julie.*

Comte, saluez madame, faites la révérence à M. le vicomte, saluez monsieur le conseiller.

M. TIBAUDIER.

Je suis ravi, madame, que vous me concédiez la grace d'embrasser monsieur le comte votre fils. On ne peut pas aimer le tronc, qu'on n'aime aussi les branches.

LA COMTESSE.

Mon dieu! monsieur Tibaudier, de quelle comparaison vous servez-vous là!

JULIE.

En vérité, madame, monsieur le comte a tout à fait bon air.

LE VICOMTE.

Voilà un jeune gentilhomme qui vient bien dans le monde.

JULIE.

Qui dirait que madame eût un si grand enfant?

LA COMTESSE.

Hélas! quand je le fis, j'étais si jeune, que je me jouais encore avec une poupée.

JULIE.

C'est monsieur votre frère, et non pas monsieur votre fils.

LA COMTESSE.

Monsieur Bobinet, ayez bien soin au moins de son éducation.

M. BOBINET.

Madame, je n'oublierai aucune chose pour cultiver cette jeune plante dont vos bontés m'ont fait l'honneur de me confier la conduite; et je tâcherai de lui inculquer les semences de la vertu.

LA COMTESSE.

Monsieur Bobinet, faites-lui un peu dire quelque petite galanterie de ce que vous lui apprenez.

M. BOBINET.

Allons, monsieur le comte, récitez votre leçon d'hier au matin.

LE COMTE.

Omne viro soli quod convenit esto virile,
Omne viri...

LA COMTESSE.

Fi! monsieur Bobinet, quelles sottises est-ce que vous lui apprenez-là!

M. BOBINET.

C'est du latin, madame, et la première règle de Jean Despautère.

LA COMTESSE.

Mon dieu! ce Jean Despautère-là est un insolent, et je vous prie de lui enseigner du latin plus honnête que celui-là.

M. BOBINET.

Si vous voulez, madame, qu'il achève, la glose expliquera ce que cela veut dire.

LA COMTESSE.

Non, non; cela s'explique assez.

SCENE XX.

LA COMTESSE, JULIE, LE VICOMTE, M. TIBAUDIER, LE COMTE, M. BOBINET, CRIQUET.

CRIQUET.

Les comédiens envoient dire qu'ils sont tout prêts.

LA COMTESSE.

Allons nous placer. (*montrant Julie*) Monsieur Tibaudier, prenez madame.

(*Criquet range tous les siéges sur un des côtés du théâtre; la comtesse, Julie et le vicomte, s'asseyent; monsieur Tibaudier s'assied au pied de la comtesse.*)

LE VICOMTE.

Il est nécessaire de dire que cette comédie n'a été faite que pour lier ensemble les différents morceaux de musique et de danse dont on a voulu composer ce divertissement, et que...

LA COMTESSE.

Mon dieu! voyons l'affaire. On a assez d'esprit pour comprendre les choses.

LE VICOMTE.

Qu'on commence le plus tôt qu'on pourra; et qu'on empêche, s'il se peut, qu'aucun fâcheux ne vienne troubler notre divertissement.

(*Les violons commencent une ouverture.*)

SCENE XXI.

LA COMTESSE, JULIE, LE VICOMTE, LE COMTE M. HARPIN, M. TIBAUDIER, M. BOBINET CRIQUET.

M. HARPIN.

Parbleu! la chose est belle! et je me réjouis de voir ce que je vois.

LA COMTESSE.

Holà! monsieur le receveur, que voulez-vous donc dire avec l'action que vous faites? Vient-on interrompre comme cela une comédie?

M. HARPIN.

Morbleu! madame, je suis ravi de cette aventure; et ceci me fait voir ce que je dois croire de vous, et l'assurance qu'il y a au don de votre cœur et aux serments que vous m'avez faits de sa fidélite.

LA COMTESSE.

Mais, vraiment, on ne vient point ainsi se jeter au travers d'une comédie, et troubler un acteur qui parle.

M. HARPIN.

Hé! tête-bleu! la véritable comédie qui se fait ici, c'est celle que vous jouez; et, si je vous trouble, c'est de quoi je me soucie peu.

LA COMTESSE.

En vérité, vous ne savez ce que vous dites.

M. HARPIN.

Si fait, morbleu! je le sais bien; je le sais bien, morbleu! et...

(*M. Bobinet, épouvanté, emporte le comte, et s'enfuit; il est suivi par Criquet.*)

LA COMTESSE.

Hé! fi, monsieur, que cela est vilain de jurer de la sorte!

M. HARPIN.

Hé! ventrebleu! s'il y a ici quelque chose de vilain, ce ne sont point mes jurements, ce sont vos actions; et il vaudrait bien mieux que vous jurassiez, vous, la tête, la mort et la sang, que de faire ce que vous faites avec monsieur le vicomte.

LE VICOMTE.

Je ne sais pas, monsieur le receveur, de quoi vous vous plaignez; et si...

M. HARPIN, *au vicomte.*

Pour vous, monsieur, je n'ai rien à vous dire; vous faites bien de pousser votre pointe, cela est naturel, je ne le trouve point étrange; et je vous demande pardon si j'interromps votre comédie: mais vous ne devez point trouver étrange aussi que je me plaigne de son procédé; et nous avons raison tous deux de faire ce que nous faisons.

LE VICOMTE.

Je n'ai rien à dire à cela, et ne sais point les sujets de plainte que vous pouvez avoir contre madame la comtesse d'Escarbagnas.

LA COMTESSE.

Quand on a des chagrins jaloux, on n'en use point de la sorte; et l'on vient doucement se plaindre à la personne que l'on aime.

M. HARPIN.

Moi, me plaindre doucement!

LA COMTESSE.

Oui. L'on ne vient point crier de dessus un théâtre ce qui se doit dire en particulier.

M. HARPIN.

J'y viens, moi, morbleu! tout exprès: c'est le lieu qu'il me faut; et je souhaiterais que ce fût un théâtre public, pour vous dire avec plus d'éclat toutes vos vérités.

LA COMTESSE.

Faut-il faire un si grand vacarme pour une comédie que monsieur le vicomte me donne? Vous voyez que monsieur Tibaudier, qui m'aime, en use plus respectueusement que vous.

M. HARPIN.

Monsieur Tibaudier en use comme il lui plaît. Je ne sais pas de quelle façon monsieur Tibaudier a été avec vous; mais monsieur Tibaudier n'est pas un exemple pour moi, et je ne suis point d'humeur à payer les violons pour faire danser les autres.

LA COMTESSE.

Mais, vraiment, monsieur le receveur, vous ne songez pas à ce que vous dites. On ne traite point de la sorte les femmes de qualité; et ceux qui vous entendent croiraient qu'il y a quelque chose d'étrange entre vous et moi.

M. HARPIN.

Hé! ventrebleu! madame, quittons la faribole.

LA COMTESSE.

Que voulez-vous donc dire avec votre Quittons la faribole?

M. HARPIN.

Je veux dire que je ne trouve point étrange que vous vous rendiez au mérite de M. le vicomte; vous n'êtes pas la première femme qui joue dans le monde de ces sortes de caractères, et qui ait auprès d'elle un monsieur le receveur, dont on lui voit trahir et la passion et la bourse pour le premier venu qui lui donnera dans la vue. Mais ne trouvez point étrange aussi que je ne sois point la dupe d'une infidélité si ordinaire aux coquettes du temps, et que je vienne vous assurer, devant bonne compagnie, que je romps commerce avec vous, et que monsieur le receveur ne sera plus pour vous monsieur le donneur.

LA COMTESSE.

Cela est merveilleux, comme les amants emportés deviennent à la mode! On ne voit autre chose de tous côtés. Là, là, monsieur le receveur, quittez votre colère, et venez prendre place pour voir la comédie.

M. HARPIN.

Moi, morbleu! prendre place! (*montrant M. Tibaudier*) Cherchez vos benêts à vos pieds. Je vous laisse, madame la comtesse, à monsieur le vicomte; et ce sera à lui que j'enverrai tantôt vos lettres. Voilà ma scène faite, voilà mon rôle joué. Serviteur à la compagnie.

M. TIBAUDIER.

Monsieur le receveur, nous nous verrons autre part qu'ici; et je vous ferai voir que je suis au poil et à la plume.

M. HARPIN, *en sortant.*

Tu as raison, monsieur Tibaudier.

LA COMTESSE.

Pour moi je suis confuse de cette insolence.

LE VICOMTE.

Les jaloux madame, sont comme ceux qui perdent leur procès; ils ont permission de tout dire. Prêtons silence à la comédie.

SCENE XXII.

LA COMTESSE, LE VICOMTE, JULIE, M. TIBAUDIER, JEANNOT.

JEANNOT, *au vicomte.*

Voilà un billet, monsieur, qu'on nous a dit de vous donner.

LE VICOMTE, *en lisant.*

« En cas que vous ayez quelque mesure à prendre, je vous envoie promptement un avis. La querelle de vos parents et de ceux de Julie vient d'être accommodée; et les conditions de cet accord, c'est le mariage de vous et d'elle. Bon soir. » (*à Julie.*) Ma foi, madame, voilà notre comédie achevée aussi. (*Le vicomte, la comtesse, Julie, et M. Tibaudier, se lèvent.*)

JULIE.

Ah! Cléante, quel bonheur! Notre amour eût-il osé espérer un si heureux succès?

LA COMTESSE.

Comment donc! Qu'est-ce que cela veut dire?

LE VICOMTE.

Cela veut dire, madame, que j'épouse Julie : et, si vous m'en croyez, pour rendre la comédie complète de tout point, vous épouserez monsieur Tibaudier, et donnerez mademoiselle Andrée à son laquais, dont il fera son valet de chambre.

LA COMTESSE.

Quoi! jouer de la sorte une personne de ma qualité?

LE VICOMTE.

C'est sans vous offenser, madame; et les comédies veulent de ces sortes de choses.

LA COMTESSE.

Oui, monsieur Tibaudier, je vous épouse pour faire enrager tout le monde.

M. TIBAUDIER.

Ce m'est bien de l'honneur, madame.

LE VICOMTE, *à la comtesse.*

Souffrez, madame, qu'en enrageant, nous puissions voir ici le reste du spectacle.

FIN DE LA COMTESSE D'ESCARBAGNAS.

LE MALADE
IMAGINAIRE,

COMÉDIE-BALLET, EN TROIS ACTES.

1673.

PERSONNAGES DE LA COMÉDIE.

ARGAN, malade imaginaire.
BELINE, seconde femme d'Argan.
ANGELIQUE, fille d'Argan.
LOUISON, petite fille, sœur d'Angélique.
BERALDE, frère d'Argan.
CLEANTE, amant d'Angélique.
MONSIEUR DIAFOIRUS, médecin.
THOMAS DIAFOIRUS, fils de M. Diafoirus.
MONSIEUR PURGON, médecin.
MONSIEUR FLEURANT, apothicaire.
MONSIEUR DE BONNEFOI, notaire.
TOINETTE, servante d'Argan.

PERSONNAGES DU PROLOGUE.

FLORE.
DEUX ZEPHYRS, dansants.
CLIMENE.
DAPHNE.
TIRCIS, amant de Climène, chef d'une troupe de bergers
DORILAS, amant de Daphné, chef d'une troupe de bergers.
BERGERS et BERGERES de la suite de Tircis, chantants et dansants.
BERGERS et BERGERES de la suite de Dorilas, chantants et dansants.
PAN.
FAUNES, dansants.

PERSONNAGES DES INTERMEDES.

DANS LE PREMIER ACTE.

POLICHINELLE.
UNE VIEILLE.
VIOLONS.
ARCHERS, chantants et dansants.

DANS LE SECOND ACTE.

UNE EGYPTIENNE, chantante.
UN EGYPTIEN, chantant.
EGYPTIENS et EGYPTIENNES, chantants et dansants.

DANS LE TROISIEME ACTE.

TAPISSIERS, dansants.
LE PRESIDENT de la faculté de médecine.
DOCTEURS.
ARGAN, bachelier.
APOTHICAIRES avec leurs mortiers et leurs pilons.
PORTE-SERINGUES.
CHIRURGIENS.

La scène est à Paris.

PROLOGUE.

Le théâtre représente un lieu champêtre.

SCENE PREMIERE.

FLORE, DEUX ZÉPHYRS, DANSANTS.

FLORE.

Quittez, quittez vos troupeaux :
Venez, bergers ; venez, bergères ;
Accourez, accourez sous ces tendres ormeaux :
Je viens vous annoncer des nouvelles bien chères,
Et réjouir tous ces hameaux.
Quittez, quittez vos troupeaux :
Venez, bergers, venez, bergères ;
Accourez, accourez sous ces tendres ormeaux.

SCENE II.

FLORE, DEUX ZÉPHYRS, DANSANTS ; CLIMÈNE, DAPHNÉ, TIRCIS, DORILAS.

CLIMÈNE *à Tircis*, ET DAPHNÉ *à Dorilas.*

Berger, laissons-là tes feux ;
Voilà Flore qui nous appelle.

TIRCIS *à Climène* ET DORILAS *à Daphné.*

Mais au moins dis-moi, cruelle,

TIRCIS.

Si d'un peu d'amitié tu payeras mes vœux.

DORILAS.

Si tu seras sensible à mon ardeur fidèle.

CLIMÈNE ET DAPHNÉ.

Voilà Flore qui nous appelle.

TIRCIS ET DORILAS.

Ce n'est qu'un mot, un mot, un seul mot que je veux.

TIRCIS.

Languirai-je toujours dans ma peine mortelle ?

DORILAS.

Puis-je esperer qu'un jour tu me rendras heureux ?

CLIMÈNE ET DAPHNÉ.

Voilà Flore qui nous appelle.

SCÈNE III.

FLORE, DEUX ZÉPHYRS, DANSANTS ; CLIMÈNE, DAPHNE, TIRCIS, DORILAS, BERGERS ET BERGERES *de la suite de Tircis et de Dorilas*, CHANTANTS ET DANSANTS.

PREMIERE ENTRÉE DE BALLET.

Les bergers et les bergères vont se placer en cadence autour de Flore.

CLIMÈNE.

Quelle nouvelle parmi nous,
Déesse, doit jeter tant de réjouissance?

DAPHNE.

Nous brûlons d'apprendre de vous
Cette nouvelle d'importance.

DORILAS

D'ardeur nous en soupirons tous.

CLIMÈNE, DAPHNÉ, TIRCIS, DORILAS.

Nous en mourons d'impatience.

FLORE.

La voici : silence, silence !
Vos vœux sont exaucés, Louis est de retour;
Il ramène en ces lieux les plaisirs et l'amour,
Et vous voyez finir vos mortelles alarmes.
Par ses vastes exploits son bras voit tout soumis ;
Il quitte les armes,
Faute d'ennemis.

CHOEUR.

Ah ! quelle douce nouvelle !
Qu'elle est grande ! qu'elle est belle !
Que de plaisirs ! que de ris ! que de jeux !
Que de succès heureux !
Et que le ciel a bien rempli mes vœux !

Ah ! quelle douce nouvelle !
Qu'elle est grande ! qu'elle est belle !

DEUXIEME ENTREE DE BALLET.

Les bergers et les bergères expriment par leurs danses les transports de leur joie.

FLORE.

De vos flûtes bocagères
Réveillez les plus beaux sons ;
Louis offre à vos chansons
La plus belle des matières.
Après cent combats
Où cueille son bras
Une ample victoire,
Formez entre vous,
Cent combats plus doux,
Pour chanter sa gloire.

CHOEUR.

Formons, entre nous,
Cent combats plus doux,
Pour chanter sa gloire.

FLORE.

Mon jeune amant, dans ce bois,
Des présents de mon empire,
Prépare un prix à la voix
Qui saura le mieux nous dire
Les vertus et les exploits
Du plus auguste des rois.

CLIMÈNE.

Si Tircis a l'avantage,

DAPHNÉ.

Si Dorilas est vainqueur,

CLIMÈNE.

A le chérir je m'engage.

DAPHNÉ.

Je me donne à son ardeur

TIRCIS.

O trop chère espérance !

DORILAS.

O mot plein de douceur !

TIRCIS et DORILAS.

Plus beau sujet, plus belle récompense,
Peuvent-ils animer un cœur?

Tandis que les violons jouent un air pour animer les deux bergers au combat, Flore, comme juge, va se placer au pied d'un arbre qui est au milieu du théâtre ; les deux troupes de bergers et de bergères se placent chacune du côté de leur chef.

TIRCIS.

Quand la neige fondue enfle un torrent fameux,
Contre l'effort soudain de ces flots écumeux
Il n'est rien d'assez solide ;
Digues, châteaux, villes et bois,
Hommes et troupeaux à la fois,
Tout cède au courant qui le guide :
Tel, et plus fier et plus rapide,
Marche Louis dans ses exploits.

TROISIEME ENTREE DE BALLET.

Les bergers et les bergères de la suite de Tircis dansent autour de lui pour exprimer leurs applaudissements.

DORILAS.

Le foudre menaçant qui perce avec fureur
L'affreuse obscurité de la nuit enflammée,
Fait d'épouvante et d'horreur,
Trembler le plus ferme cœur:
Mais, à la tête d'une armée,
Louis jette plus de terreur.

QUATRIEME ENTREE DE BALLET.

Les bergers et les bergères de la suite de Dorilas applaudissent à ses chants en dansant autour de lui.

TIRCIS.

Des fabuleux exploits que la Grèce a chantés,
Par un brillant amas de belles vérités,
Nous voyons la gloire effacée ;
Et tous ces fameux demi-dieux
Que vante l'histoire passée,
Ne sont point à notre pensée
Ce que Louis est à nos yeux.

CINQUIEME ENTREE DE BALLET.

Les bergers et les bergères du coté de Tircis recommencent leurs danses.

DORILAS.

Louis fait à nos temps, par ses faits inouis,
Croire tous les beaux faits que nous chante l'histoire
Des siècles évanouis;
Mais nos neveux, dans leur gloire,
N'auront rien qui fasse croire
Tous les beaux faits de Louis.

SIXIEME ENTREE DE BALLET.

Les bergers et les bergères du coté de Dorilas recommencent aussi leurs danses.

SEPTIEME ENTREE DE BALLET.

Les bergers et les bergères de la suite de Tircis et de Dorilas se mêlent et dansent ensemble.

SCENE IV.

FLORE, PAN, DEUX ZEPHYRS, DANSANTS; CLIMENE, DAPHNÉ, TIRCIS, DORILAS, FAUNES, DANSANTS, BERGERS ET BERGERES, CHANTANTS ET DANSANTS.

PAN.

Laissez, laissez, bergers, ce dessein téméraire;
Hé ! que voulez-vous faire?
Chanter sur vos chalumeaux
Ce qu'Apollon sur sa lyre,
Avec ses chants les plus beaux
N'entreprendrait pas de dire :
C'est donner trop d'essor au feu qui vous inspire;
C'est monter vers les cieux sur des ailes de cire
Pour tomber dans le fond des eaux.
Pour chanter de Louis l'intrépide courage,
Il n'est point d'assez docte voix,
Point de mots assez grands pour en tracer l'imag
Le silence est le langage
Qui doit louer ses exploits.
Consacrez d'autres soins à sa pleine victoire;
Vos louanges n'ont rien qui flatte ses désirs,
Laissez, laissez là sa gloire,
Ne songez qu'à ses plaisirs.

CHOEUR.

Laissons, laissons-là sa gloire,
Ne songeons qu'à ses plaisirs.

FLORE, *à Tircis et à Dorilas.*

Bien que pour étaler vos vertus immortelles,
La force manque à vos esprits,
Ne laissez pas tous deux de recevoir le prix.
Dans les choses grandes et belles,
Il suffit d'avoir entrepris.

HUITIEME ENTREE DE BALLET.

Les deux Zéphyrs dansent avec deux couronnes de fleurs à la main qu'ils viennent donner ensuite à Tircis et à Dorilas.

CLIMÈNE ET DAPHNÉ, *donnant la main à leurs amants.*

Dans les choses grandes et belles,
Il suffit d'avoir entrepris.

TIRCIS ET DORILAS.

Ah ! que d'un doux succès notre audace est suivie !

FLORE ET PAN.

Ce qu'on fait pour Louis, on ne le perd jamais.

CLIMÈNE, DAPHNÉ, TIRCIS, DORILAS.

Au soin de ses plaisirs donnons-nous désormais.

FLORE ET PAN.

Heureux, heureux, qui peut lui consacrer sa vie!

CHOEUR.

Joignons tous dans ces bois
Nos flûtes et nos voix,
Ce jour nous y convie,
Et faisons aux échos redire mille fois:
Louis est le plus grand des rois;
Heureux, heureux qui peut lui consacrer sa vie!

NEUVIÈME ENTRÉE DE BALLET.

Les Faunes, les bergers et les bergères se mêlent ensemble : il se fait entre eux des jeux de danse ; après quoi ils se vont préparer pour la comédie.

AUTRE PROLOGUE.

UNE BERGÈRE, CHANTANTE.

Votre plus haut savoir n'est que pure chimère,
Vains et peu sages médecins;
Vous ne pouvez guérir par vos grands mots latins,
La douleur qui me désespère.
Votre plus haut savoir n'est que pure chimère.

Hélas! hélas! je n'ose découvrir
Mon amoureux martyre
Au berger pour qui je soupire,
Et qui seul peut me secourir.
Ne prétendez pas le finir,
Ignorants médecins : vous ne sauriez le faire,
Votre plus haut savoir n'est que pure chimère.

Ces remèdes peu sûrs, dont le simple vulgaire
Croit que vous connaissez l'admirable vertu,
Pour les maux que je sens n'ont rien de salutaire :
Et tout votre caquet ne peut être reçu
Que d'un *malade imaginaire*.

Votre plus haut savoir n'est que pure chimère,
Vains et peu sages médecins, etc.

FIN DES PROLOGUES.

LE MALADE IMAGINAIRE.

ACTE PREMIER.

Le théâtre représente la chambre d'Argan.

SCÈNE PREMIÈRE.

ARGAN, *assis, ayant une table devant lui, comptant avec des jetons les parties de son apothicaire.*

Trois et deux font cinq, et cinq font dix, et dix font vingt. Trois et deux font cinq. *Plus : du vingt-quatrième, un petit clystère insinuatif, préparatif et rémollient, pour amollir, humecter et rafraîchir les entrailles de monsieur...* Ce qui me plaît de M. Fleurant, mon apothicaire, c'est que ses parties sont toujours fort civiles. *Les entrailles de monsieur, trente sous.* Oui : mais, monsieur Fleurant, ce n'est pas tout que d'être civil, il faut être aussi raisonnable, et ne pas écorcher les malades. Trente sous un lavement ! Je suis votre serviteur, je vous l'ai déjà dit ; vous ne me les avez mis dans les autres parties qu'à vingt sous, et vingt sous en langage d'apothicaire, c'est à dire dix sous. Les voilà, dix sous. *Plus, dudit jour, un bon clystère détersif, composé avec catholicon double, rhubarbe, miel rosat, et autres, suivant l'ordonnance, pour balayer, laver et nettoyer le bas ventre de monsieur, trente sous.* Avec votre permission, dix sous. *Plus, dudit jour, le soir, un julep hépatique, soporatif, et somnifère, composé pour faire dormir monsieur, trente-cinq sous.* Je ne me plains pas de celui-là, car il me fit bien dormir. Dix, quinze, seize et dix-sept sous six deniers. *Plus, du vingt-cinquième, une bonne médecine purgative et corroborative, composée de casse récente avec séné levantin, et autres, suivant l'ordonnance de monsieur Purgon, pour expulser et évacuer la bile de monsieur, quatre livres.* Ah ! monsieur Fleurant, c'est se moquer ; il faut vivre avec les malades. Monsieur Purgon ne vous a pas ordonné de mettre quatre francs : mettez, mettez trois livres, s'il vous plaît. Vingt et trente sous. *Plus dudit jour, une potion anodyne et astringuente pour faire reposer monsieur, trente sous.* Bon, dix et quinze sous. *Plus, du vingt-sixième, un clystère carminatif, pour chasser les vents de monsieur, trente sous.* Dix sous, monsieur Fleurant. *Plus, le clystère de monsieur, réitéré le soir, comme dessus, trente sous.* Monsieur Fleurant, dix sous. *Plus, du vingt-septième, une bonne médecine, composée pour hâter d'aller, et chasser dehors les mauvaises humeurs de monsieur, trois livres.* Bon vingt et trente sous ; je suis bien aise que vous soyez raisonnable. *Plus, du vingt-huitième une prise de petit lait clarifié et dulcoré, pour adoucir, lénifier, tempérer et rafraîchir le sang de monsieur, vingt sous.* Bon, dix sous. *Plus, une potion cordiale et préservative, composée avec douze grains de bézoard, sirop de limon et grenade, et autres, suivant l'ordonnance, cinq livres.* Ah ! M. Fleurant, tout doux, s'il vous plaît ; si vous en usez comme cela, on ne voudra plus être malade : contentez-vous de quatre francs. Et vingt et quarante sous. Trois et deux font cinq, et cinq font dix, et dix font vingt Soixante et trois livres quatre sous six deniers. Si bien donc que, de ce mois, j'ai pris une, deux, trois, quatre, cinq, six, sept, huit médecines ; et un, deux, trois, quatre, cinq, six, sept, huit, neuf, dix, onze, et douze lavements ; et l'autre mois il y avait douze médecines et vingts lavements. Je ne m'étonne pas, si je ne me porte pas si bien ce mois-ci que l'autre. Je le dirai à monsieur Purgon, afin qu'il mette ordre à cela. Allons qu'on m'ôte tout ceci. (*voyant que personne ne vient, et qu'il n'y aucun de ses gens dans sa chambre.*) Il n'y a personne ? J'ai beau dire, on me laisse toujours seul ; il n'y a pas moyen de les arrêter ici. (*après avoir sonné une sonnette qui est sur sa table.*) Il n'entendent point, et ma sonnette ne fait pas assez de bruit. Drelin, drelin, drelin. Point d'affaire. Drelin, drelin, drelin, Ils sont sourds... Toinette. Drelin, drelin, drelin. Tout comme si je ne sonnais point. Chienne ! coquine ! Drelin, drelin, drelin. J'enrage. (*Il ne sonne plus, mais il crie.*) Drelin, drelin, drelin : Carogne, à tous les diables ! Est-il possible qu'on laisse comme cela un pauvre malade tout seul ? Drelin, drelin, drelin. Voilà qui est pitoyable ! Drelin, drelin, drelin. Ah ! mon Dieu ! ils me laisseront mourir. Drelin, drelin, drelin.

SCÈNE II.

ARGAN, TOINETTE.

TOINETTE, *en entrant.*

On y va.

ARGAN.

Ah ! chienne ! Ah ! carogne !...

TOINETTE, *faisant semblant de s'être cogné la tête.*

Diantre soit de votre impatience ! Vous pressez si fort les personnes, que je me suis donné un grand coup à la tête contre la carne d'un volet.

ARGAN, *en colère.*

Ah ! traîtresse !

TOINETTE, *interrompant Argan.*

Ah !

ARGAN.

Il y a...

TOINETTE.

Ah !

ARGAN.

Il y a une heure....

TOINETTE.

Ah !

ARGAN.

Tu m'as laissé...

TOINETTE.

Ah !

ARGAN.

Tais-toi donc, coquine, que je te querelle.

TOINETTE.

Çamon, ma foi; j'en suis d'avis, après ce que je me suis fait.

ARGAN.

Tu m'as fait égosiller, carogne.

TOINETTE.

Et vous m'avez fait, vous, casser la tête : l'un vaut bien l'autre. Quitte à quitte, si vous voulez.

ARGAN.

Quoi ! coquine...

TOINETTE.

Si vous querellez, je pleurerai.

ARGAN.

Me laisser, traîtresse...

TOINETTE, *interrompant Argan.*

Ah !

ARGAN.

Chienne, tu veux...

TOINETTE.

Ah !

ARGAN.

Quoi ! il faudra encore que je n'aie pas le plaisir de la quereller ?

TOINETTE.

Querellez tout votre saoul, je le veux bien.

ARGAN.

Tu m'en empêches, chienne, en m'interrompant à tous coups.

TOINETTE.

Si vous avez le plaisir de quereller, il faut bien que de mon côté, j'aie le plaisir de pleurer : chacun le sien, ce n'est pas de trop. Ah !

ARGAN.

Allons, il faut en passer par-là. Ote-moi ceci, coquine, ôte-moi ceci. (*après s'être levé*) Mon lavement d'aujourd'hui a-t-il bien opéré?

TOINETTE.

Votre lavement?

ARGAN.

Oui. Ai-je bien fait de la bile?

TOINETTE.

Ma foi! je ne me mêle point de ces affaires-là; c'est à monsieur Fleurant à y mettre le nez, puisqu'il en a le profit.

ARGAN.

Qu'on ait soin de me tenir un bouillon prêt, pour l'autre que je dois tantôt prendre.

TOINETTE.

Ce monsieur Fleurant-là et ce monsieur Purgon s'égaient bien sur votre corps : ils ont en vous une bonne vache à lait : et je voudrais bien leur demander quel mal vous avez, pour faire tant de remèdes.

ARGAN.

Taisez-vous, ignorante, ce n'est pas à vous à contrôler les ordonnances de la médecine. Qu'on me fasse venir ma fille Angélique, j'ai à lui dire quelque chose.

TOINETTE.

La voici qui vient d'elle-même; elle a deviné votre pensée.

SCÈNE III.

ARGAN, ANGÉLIQUE, TOINETTE.

ARGAN.

Approchez, Angélique; vous venez à propos, je voulais vous parler.

ANGÉLIQUE.

Me voilà prête à vous ouïr.

ARGAN.

Attendez. (*à Toinette*) Donnez-moi mon bâton. Je vais revenir tout à l'heure.

TOINETTE.

Allez vite, monsieur, allez. Monsieur Fleurant nous donne des affaires

SCENE IV.

ANGÉLIQUE, TOINETTE.

ANGÉLIQUE.

Toinette !

TOINETTE.

Quoi?

ANGÉLIQUE.

Regarde-moi un peu.

TOINETTE.

Hé bien ! je vous regarde.

ANGÉLIQUE.

Toinette !

TOINETTE.

Hé bien ! quoi, Toinette?

ANGÉLIQUE.

Ne devines-tu point de quoi je veux parler?

TOINETTE.

Je m'en doute assez : de notre jeune amant; car c'est sur lui, depuis six jours, que roulent tous nos entretiens; et vous n'êtes point bien, si vous n'en parlez à toute heure.

ANGÉLIQUE.

Puisque tu connais cela, que n'es-tu donc la première à m'en entretenir? Et que ne m'épargnes-tu la peine de te jeter sur ce discours?

TOINETTE.

Vous ne m'en donnez pas le temps; et vous avez des soins, là-dessus, qu'il est difficile de prévenir.

ANGÉLIQUE.

Je t'avoue que je ne saurais me lasser de te parler de lui, et que mon cœur profite avec chaleur de tous les moments de s'ouvrir à toi. Mais, dis-moi, condamnes-tu, Toinette, les sentiments que j'ai pour lui.

TOINETTE.

Je n'ai garde.

ANGÉLIQUE.

Ai-je tort de m'abandonner à ces douces impressions?

TOINETTE.

Je ne dis pas cela.

ANGÉLIQUE.

Et voudrais-tu que je fusse insensible aux tendres protestations de cette passion ardente qu'il témoigne pour moi?

TOINETTE.

A Dieu ne plaise !

ANGÉLIQUE.

Dis-moi un peu; ne trouves-tu pas, comme moi, quelque chose du ciel, quelque effet du destin, dans l'aventure inopinée de notre connaissance?

TOINETTE.

Oui.

ANGÉLIQUE.

Ne trouves-tu pas que cette action d'embrasser ma défense sans me connaître est tout à fait d'un honnête homme?

TOINETTE.

Oui.

ANGÉLIQUE.

Que l'on ne peut pas en user plus généreusement?

TOINETTE.

D'accord.

ANGÉLIQUE.

Et qu'il fit tout cela de la meilleure grace du monde?

TOINETTE.

Oh ! oui.

ANGÉLIQUE.

Ne trouves-tu pas, Toinette, qu'il est bien fait de sa personne?

TOINETTE.

Assurément.

ANGÉLIQUE.

Qu'il a l'air le meilleur du monde?

TOINETTE.

Sans doute.

ANGÉLIQUE.

Que ses discours, comme ses actions, ont quelque chose de noble?

TOINETTE.

Cela est sûr.

ANGÉLIQUE.

Qu'on ne peut rien entendre de plus passionné que tout ce qu'il me dit ?

TOINETTE.

Il est vrai.

ANGÉLIQUE.

Et qu'il n'est rien de plus fâcheux que la contrainte où l'on me tient, qui bouche tout commerce aux doux empressements de cette mutuelle ardeur que le ciel nous inspire?

TOINETTE.

Vous avez raison.

ANGÉLIQUE.

Mais, ma pauvre Toinette, crois-tu qu'il m'aime autant qu'il me le dit?

TOINETTE.

Hé! hé! ces choses-là, parfois, sont un peu sujettes à caution. Les grimaces d'amour ressemblent fort à la vérité: et j'ai vu de grands comédiens là-dessus.

ANGÉLIQUE.

Ah! Toinette, que dis-tu là? Hélas! de la façon qu'il parle, serait-il bien possible qu'il ne me dît pas vrai?

TOINETTE.

En tous cas, vous en serez bientôt éclaircie; et la résolution où il vous écrivit hier qu'il était de vous faire demander en mariage, est une prompte voie à vous faire connaître s'il vous dit vrai ou non. C'en sera là la bonne preuve.

ANGÉLIQUE.

Ah! Toinette, si celui-là me trompe, je ne croirai de ma vie aucun homme.

TOINETTE.

Voilà votre père qui revient.

SCENE V.

ARGAN, ANGELIQUE, TOINETTE.

ARGAN.

Oh çà, ma fille, je vais vous dire une nouvelle, où peut-être ne vous attendez-vous pas. On vous demande en mariage... Qu'est-ce que cela? Vous riez? Cela est plaisant, oui, ce mot de mariage! il n'est rien de plus drôle pour les jeunes filles. Ah! nature, nature! A ce que je puis voir, ma fille, je n'ai que faire de vous demander si vous voulez bien vous marier.

ANGÉLIQUE.

Je dois faire, mon père, tout ce qu'il vous plaira de m'ordonner.

ARGAN.

Je suis bien aise d'avoir une fille si obéissante: la chose est donc conclue, et je vous ai promise.

ANGÉLIQUE.

C'est à moi, mon père, de suivre aveuglément toutes vos volontés.

ARGAN.

Ma femme, votre belle-mère, avait envie que je vous fisse religieuse, et votre petite sœur Louison aussi: et de tout temps, elle a été aheurtée à cela.

TOINETTE, *à part.*

La bonne bête a ses raisons.

ARGAN.

Elle ne voulait point consentir à ce mariage; mais je l'ai emporté, et ma parole est donnée.

ANGÉLIQUE.

Ah! mon père, que je vous suis obligée de toutes vos bontés!

TOINETTE, *à Argan.*

En vérité, je vous sais bon gré de cela; et voilà l'action la plus sage que vous ayez faite de votre vie.

ARGAN.

Je n'ai point encore vu la personne; mais on m'a dit que j'en serais content, et toi aussi.

ANGÉLIQUE.

Assurement, mon père.

ARGAN.

Comment! l'as-tu vu?

ANGÉLIQUE.

Puisque votre consentement m'autorise à vous pouvoir ouvrir mon cœur, je ne feindrai point de vous dire que le hasard nous a fait connaître il y a six jours, et que la demande qu'on vous a faite est un effet de l'inclination que, dès cette première vue, nous avons prise l'un pour l'autre.

ARGAN.

Ils ne m'ont pas dit cela: mais j'en suis bien aise, et c'est tant mieux que les choses soient de la sorte. Ils disent que c'est un grand jeune garçon bien fait.

ANGÉLIQUE.

Oui, mon père.

ARGAN.

De belle taille.

ANGÉLIQUE.

Sans doute.

ARGAN.

Agréable de sa personne.

ANGÉLIQUE.

Assurément.

ARGAN.

De bonne physionomie.

ANGÉLIQUE.

Très bonne.

ARGAN.

Sage et bien né.

ANGÉLIQUE.

Tout à fait.

ARGAN.

Fort honnête.

ANGÉLIQUE.

Le plus honnête du monde.

ARGAN.

Qui parle bien latin et grec.

ANGÉLIQUE.

C'est ce que je ne sais pas.

ARGAN.

Et qui sera reçu médecin dans trois jours.

ANGÉLIQUE.

Lui, mon père?

ARGAN.

Oui. Est-ce qu'il ne te l'a pas dit?

ANGÉLIQUE.

Non vraiment. Qui vous l'a dit, à vous?

ARGAN.

M. Purgon.

ANGÉLIQUE.

Est-ce que M. Purgon le connaît?

ARGAN.

La belle demande! Il faut bien qu'il le connaisse, puisque c'est son neveu.

ANGÉLIQUE.

Cléante, neveu de M. Purgon?

ARGAN.

Quel Cléante? Nous parlons de celui pour qui l'on t'a demandée en mariage.

ANGÉLIQUE.

Hé! oui?

ARGAN.

Hé bien! c'est le neveu de M. Purgon, qui est le fils de son beau-frère le médecin, M. Diafoirus; et ce fils s'appelle Thomas Diafoirus, et non pas Cléante. Nous avons conclu ce mariage-là ce matin, M. Purgon, M. Fleurant et moi; et demain ce gendre prétendu me doit être amené par son père... Qu'est-ce? vous voilà tout ébaubie!

ANGÉLIQUE.

C'est, mon père, que je connais que vous avez parlé d'une personne, et que j'ai entendu une autre.

TOINETTE.

Quoi! monsieur, vous auriez fait ce dessein burlesque? Et, avec tout le bien que vous avez, vous voudriez marier votre demoiselle avec un médecin?

ARGAN.

Oui. De quoi te mêles-tu, coquine, impudente que tu es?

TOINETTE.

Mon dieu! tout doux. Vous allez d'abord aux invectives. Est-ce que nous ne pouvons pas raisonner ensemble sans nous emporter? Là, parlons de sang-froid. Quelle est votre raison, s'il vous plaît, pour un tel mariage?

ARGAN.

Ma raison est que, me voyant infirme et malade comme je suis, je veux me faire un gendre et des alliés médecins, afin de m'appuyer de bons secours contre ma maladie, d'avoir dans ma famille les sources des remèdes qui me sont nécessaires, et d'être à même des consultations et des ordonnances.

TOINETTE.

Hé bien! voilà dire une raison; et il y a plaisir à se répondre doucement les uns aux autres. Mais, monsieur, mettez la main à la conscience: est-ce que vous êtes malade?

ARGAN.

Comment, coquine! si je suis malade! Si je suis malade, impudente!

TOINETTE.

Hé bien! oui, monsieur, vous êtes malade, n'ayons point de querelle là-dessus. Oui, vous êtes fort malade, j'en demeure d'accord, et plus malade que vous ne pensez; voilà qui est fait. Mais votre fille doit épouser un mari pour elle; et, n'étant point malade, il n'est point nécessaire de lui donner un médecin.

ARGAN.

C'est pour moi que je lui donne ce médecin; et une fille de bon naturel doit être ravie d'épouser ce qui est utile à la santé de son père.

TOINETTE.

Ma foi, monsieur, voulez-vous qu'en amie je vous donne un conseil?

ARGAN.

Quel est-il, ce conseil?

TOINETTE.

De ne point songer à ce mariage-là.

ARGAN.

Et la raison?

TOINETTE.

La raison, c'est que votre fille n'y consentira point.

ARGAN.

Elle n'y consentira point?

TOINETTE.

Non.

ARGAN.

Ma fille?

TOINETTE.

Votre fille. Elle vous dira qu'elle n'a que faire de M. Diafoirus, ni de son fils Thomas Diafoirus, ni de tous les Diafoirus du monde.

ARGAN.

J'en ai affaire, moi, outre que le parti est plus avantageux qu'on ne pense. M. Diafoirus n'a que ce fils-là pour héritier; et, de plus, M. Purgon, qui n'a ni femme ni enfants, lui donne tout son bien en faveur de ce mariage; et M. Purgon est un homme qui a huit mille livres de rente.

TOINETTE.

Il faut qu'il ait tué bien des gens pour s'être fait si riche.

ARGAN.

Huit mille livres de rente sont quelque chose, sans compter le bien du père.

TOINETTE.

Monsieur, tout cela est bel et bon; mais j'en reviens toujours là: je vous conseille, entre nous, de lui choisir un autre mari; et elle n'est point faite pour être madame Diafoirus.

ARGAN.

Et je veux, moi, que cela soit.

TOINETTE.

Hé, fi! ne dites pas cela.

ARGAN.

Comment! que je ne dise pas cela?

TOINETTE.

Hé, non.

ARGAN.

Et pourquoi ne le dirai-je pas?

TOINETTE.

On dira que vous ne songez pas à ce que vous dites.

ARGAN.

On dira ce qu'on voudra; mais je vous dis que je veux qu'elle exécute la parole que j'ai donnée.

TOINETTE.

Non; je suis sûre qu'elle ne le fera pas.

ARGAN.

Je l'y forcerai bien.

TOINETTE.

Elle ne le fera pas, vous dis-je.

ARGAN.

Elle le fera, ou je la mettrai dans un couvent.

TOINETTE.

Vous?

ARGAN.

Moi.

TOINETTE.

Bon!

ARGAN.

Comment! bon?

TOINETTE.

Vous ne la mettrez point dans un couvent.

ARGAN.

Je ne la mettrai point dans un couvent?

TOINETTE.

Non.

ARGAN.

Non?

TOINETTE.

Non.

ARGAN.

Ouais! Voici qui est plaisant! Je ne mettrai pas ma fille dans un couvent, si je veux?

TOINETTE.

Non, vous dis-je.

ARGAN.

Qui m'en empêchera?

TOINETTE.

Vous-même.

ARGAN.

Moi?

TOINETTE.

Oui, vous n'aurez pas ce cœur-là.

ARGAN.

Je l'aurai.

TOINETTE.

Vous vous moquez.

ARGAN.

Je ne me moque point.

TOINETTE.

La tendresse paternelle vous prendra.

ARGAN.

Elle ne me prendra point.

TOINETTE.

Une petite larme ou deux, des bras jetés au cou, un mon petit papa mignon, prononcé tendrement, sera assez pour vous toucher.

ARGAN.

Tout cela ne fera rien.

TOINETTE.

Oui, oui.

ARGAN.

Je vous dis que je n'en démordrai point.

TOINETTE.

Bagatelles.

ARGAN.

Il ne faut point dire bagatelles.

TOINETTE.

Mon dieu! je vous connais, vous êtes bon naturellement.

ARGAN, *avec emportement.*

Je ne suis point bon, et je suis méchant quand je veux.

TOINETTE.

Doucement, monsieur; vous ne songez pas que vous êtes malade.

ARGAN.

Je lui commande absolument de se préparer à prendre le mari que je dis.

TOINETTE.

Et moi, je lui défends absolument d'en faire rien.

ARGAN.

Où est-ce donc que nous sommes? Et quelle audace est-ce là, à une coquine de servante, de parler de la sorte devant son maître?

TOINETTE.

Quand un maître ne songe pas à ce qu'il fait, une servante bien sensée est en droit de le redresser.

ARGAN, *courant après Toinette.*

Ah! insolente, il faut que je t'assomme.

TOINETTE, *évitant Argan, et mettant une chaise entre elle et lui.*

Il est de mon devoir de m'opposer aux choses qui vous peuvent déshonorer.

ARGAN, *courant après Toinette autour de la chaise avec son bâton.*

Viens, viens, que je t'apprenne à parler.

TOINETTE, *se sauvant du côté où n'est point Argan.*

Je m'intéresse, comme je dois, à ne vous point laisser faire de folie.

ARGAN, *de même.*

Chienne!

TOINETTE, *de même.*

Non, je ne consentirai jamais à ce mariage.

ARGAN, *de même.*

Pendarde!

TOINETTE, *de même.*

Je ne veux point qu'elle épouse votre Thomas Diafoirus.

ARGAN, *de même.*

Carogne!

TOINETTE, *de même.*

Et elle m'obéira plutôt qu'à vous.

ARGAN, *s'arrêtant.*

Angélique, tu ne veux pas m'arrêter cette coquine-là?

ANGÉLIQUE.

Hé! mon père, ne vous faites point malade.

ARGAN, *à Angélique.*

Si tu ne me l'arrêtes, je te donnerai ma malédic-

TOINETTE, *en s'en allant.*

Et moi, je la déshériterai si elle vous obéit.

ARGAN, *se jetant dans sa chaise.*

Ah! ah! je n'en puis plus. Voilà pour me faire mourir.

SCENE VI.

BÉLINE, ARGAN.

ARGAN.

Ah! ma femme, approchez.

BÉLINE.

Qu'avez-vous, mon pauvre mari?

ARGAN.

Venez-vous-en ici à mon secours.

BÉLINE.

Qu'est-ce que c'est donc qu'il y a, mon petit fils?

ARGAN.

Mamie!

BÉLINE.

Mon ami!

ARGAN.

On vient de me mettre en colère.

BÉLINE.

Hélas! pauvre petit mari! Comment, donc mon ami?

ARGAN.

Votre coquine de Toinette est devenue plus insolente que jamais.

BÉLINE.

Ne vous passionnez donc point.

ARGAN.

Elle m'a fait enrager, mamie.

BÉLINE.

Doucement, mon fils.

ARGAN.

Elle a contrecarré, une heure durant, les choses que je veux faire.

BÉLINE.

Là, là, tout doux.

ARGAN.

Elle a eu l'effronterie de me dire que je ne suis point malade.

BÉLINE.

C'est une impertinente.

ARGAN.

Vous savez, mon cœur, ce qui en est.

BÉLINE.

Oui, mon cœur, elle a tort.

ARGAN.

Mamour, cette coquine-là me fera mourir.

BÉLINE.

Hé, là, hé, la.

ARGAN.

Elle est cause de toute la bile que je fais.

BÉLINE.

Ne vous fâchez point tant.

ARGAN.

Et il y a je ne sais combien que je vous dis de me la chasser.

BÉLINE.

Mon dieu! mon fils, il n'y a point de serviteurs et de servantes qui n'aient leurs défauts. On est contraint parfois de souffrir leurs mauvaises qualités à cause des bonnes. Celle-ci est adroite, soigneuse, diligente, et surtout fidèle; et vous savez qu'il faut maintenant de grandes précautions pour les gens que l'on prend. Holà, Toinette!

SCENE VII.

ARGAN, BÉLINE, TOINÉTTE.

TOINETTE.

Madame.

BÉLINE.

Pourquoi donc est-ce que vous mettez mon mari en colère?

TOINETTE, *d'un ton doucereux.*

Moi, madame? Hélas! je ne sais pas ce que vous me voulez dire, et je ne songe qu'à complaire à monsieur en toutes choses.

ARGAN.

Ah! la traîtresse!

TOINETTE.

Il nous a dit qu'il voulait donner sa fille en mariage au fils de M. Diafoirus. Je lui ai répondu que je trouvais le parti avantageux pour elle, mais que je croyais qu'il ferait mieux de la mettre dans un couvent.

BÉLINE.

Il n'y a pas grand mal à cela; et je trouve qu'elle a raison.

ARGAN.

Ah! mamour, vous la croyez? C'est une scélérate; elle m'a dit cent insolences.

BÉLINE.

Hé bien! je vous crois, mon ami. Là, remettez-vous. Écoutez, Toinette: si vous fâchez jamais mon mari, je vous mettrai dehors. Çà, donnez-moi son manteau fourré et des oreillers, que je l'accommode dans sa chaise. Vous voilà je ne sais comment. Enfoncez bien votre bonnet jusque sur vos oreilles; il n'y a rien qui enrhume tant que de prendre l'air par les oreilles.

ARGAN.

Ah! mamie, que je vous suis obligé de tous les soins que vous prenez de moi!

BÉLINE, *accommodant les oreillers qu'elle met autour d'Argan.*

Levez-vous, que je mette ceci sous vous. Mettons celui-ci pour vous appuyer, et celui-là de l'autre côté. Mettons celui-ci derrière votre dos, et cet autre-là pour soutenir votre tête.

TOINETTE, *lui mettant rudement une oreiller sur la tête.*

Et celui-ci pour vous garder du serin.

ARGAN, *se levant en colère, et jetant les oreillers à Toinette qui s'enfuit.*

Ah! coquine tu veux m'étouffer.

SCENE VIII.

ARGAN, BÉLINE.

BÉLINE.

Hé, là, hé, là! Qu'est-ce que c'est donc?

ARGAN, *se jetant dans sa chaise.*

Ah, ah, ah! je n'en puis plus.

BÉLINE.

Pourquoi vous emporter ainsi? Elle a cru faire bien.

ARGAN.

Vous ne connaissez pas, mamour, la malice de la pendarde! Ah! elle m'a mis tout hors de moi; et il faudra plus de huit médecines et douze lavements pour réparer tout ceci.

BÉLINE.

Là, là, mon petit ami, apaisez-vous un peu.

ARGAN.

Mamie, vous êtes toute ma consolation.

BÉLINE.

Pauvre petit fils!

ARGAN.

Pour tâcher de reconnaître l'amour que vous me portez, je veux, mon cœur, comme je vous ai dit, faire mon testament.

BÉLINE.

Ah! mon ami, ne parlons point de cela, je vous prie: je ne saurais souffrir cette pensée; et le seul mot de testament me fait tressaillir de douleur.

ARGAN.

Je vous avais dit de parler pour cela à votre notaire.

BÉLINE.

Le voilà là-dedans, que j'ai amené avec moi.

ARGAN.

Faites-le donc entrer, mamour.

BÉLINE.

Hélas! mon ami, quand on aime bien un mari, on n'est guère en état de songer à tout cela.

SCENE IX

M. DE BONNEFOI, BÉLINE, ARGAN.

ARGAN.

Approchez, monsieur de Bonnefoi, approchez. Prenez un siége, s'il vous plaît. Ma femme, m'a dit, monsieur, que vous étiez fort honnête homme, et tout à fait de ses amis; et je l'ai chargée de vous parler pour un testament que je veux faire.

BÉLINE.

Hélas! je ne suis point capable de parler de ces choses-là.

M. DE BONNEFOI.

Elle m'a, monsieur, expliqué vos intentions, et le dessein où vous êtes pour elle; et j'ai à vous dire là-dessus que vous ne sauriez rien donner à votre femme par votre testament.

ARGAN.

Mais pourquoi?

M. DE BONNEFOI.

La coutume y résiste. Si vous étiez en pays de droit écrit, cela se pourrait faire: mais, à Paris, et dans les pays coutumiers, au moins dans la plupart, c'est ce qui ne se peut; et la disposition serait nulle. Tout l'avantage qu'homme et femme, conjoints par mariage, se peuvent faire l'un à l'autre; c'est un don mutuel entre vifs, encore faut-il qu'il n'y ait enfants, soit des deux conjoints, ou de l'un d'eux, lors du décès du premier mourant.

ARGAN.

Voilà une coutume bien impertinente, qu'un mari ne puisse rien laisser à une femme dont il est aimé tendrement, et qui prend de lui tant de soin! J'aurais envie de consulter mon avocat, pour voir comment je pourrais faire.

M. DE BONNEFOI.

Ce n'est point à des avocats qu'il faut aller; car ils sont d'ordinaire sévères là dessus, et s'imaginent que c'est un grand crime que de disposer en fraude de la loi: ce sont gens de difficultés, et qui sont ignorants des détours de la conscience. Il y a d'autres personnes à consulter, qui sont bien plus accommodantes, qui ont des expédients pour passer doucement par-dessus la loi, et rendre juste ce qui n'est pas permis; qui savent aplanir les difficultés d'une affaire, et trouver des moyens d'éluder la coutume par quelque avantage indirect. Sans cela, où en serions-nous tous les jours? Il faut de la facilité dans les choses; autrement nous ne ferions rien, et je ne donnerais pas un sou de notre métier.

ARGAN.

Ma femme m'avait bien dit, monsieur, que vous étiez fort habile et fort honnête homme. Comment puis-je faire, s'il vous plaît, pour lui donner mon bien et en frustrer mes enfants?

M. DE BONNEFOI.

Comment vous pouvez faire? Vous pouvez choisir doucement un ami intime de votre femme, auquel vous donnerez, en bonne forme, par votre testament, tout ce que vous pouvez; et cet ami ensuite lui rendra tout. Vous pouvez encore contracter un grand nombre d'obligations non suspectes au profit de divers créanciers qui prêteront leur nom à votre femme, et entre les mains de laquelle ils mettront leur déclaration, que ce qu'ils en ont fait n'a été que pour lui faire plaisir. Vous pouvez aussi, pendant que vous êtes en vie, mettre entre ses mains de l'argent comptant, ou des billets que vous pourrez avoir payables au porteur.

BÉLINE.

Mon dieu! il ne faut point vous tourmenter de tout cela. S'il vient faute de vous, mon fils, je ne veux plus rester au monde.

ARGAN.

Mamie!

BÉLINE.

Oui, mon ami, si je suis assez malheureuse pour vous perdre...

ARGAN.

Ma chère femme

BÉLINE.

La vie ne me sera plus rien.

ARGAN.

Mamour!

BÉLINE.

Et je suivrai vos pas, pour vous faire connaître la tendresse que j'ai pour vous.

ARGAN.

Mamie, vous me fendez le cœur! Consolez-vous, je vous en prie.

M. BONNEFOI, *à Béline.*

Ces larmes sont hors de saison; et les choses n'en sont pas encore là.

BÉLINE.

Ah! monsieur, vous ne savez pas ce que c'est qu'un mari qu'on aime tendrement.

ARGAN.

Tout le regret que j'aurai, si je meurs, mamie, c'est de n'avoir point un enfant de vous. Monsieur Purgon m'avait dit qu'il m'en ferait faire un.

M. DE BONNEFOI.

Cela pourra venir encore.

ARGAN.

Il faut faire mon testament, mamour, de la façon que monsieur dit; mais, par précaution, je veux vous mettre en les mains vingt mille francs en or, que j'ai dans les lambris de mon alcove, et deux billets payables au porteur, qui me sont dus, l'un par M. Damon, et l'autre par M. Gerante.

BÉLINE.

Non, non, je ne veux point de tout cela. Ah!... Combien dites-vous qu'il y a dans votre alcove?

ARGAN.

Vingt mille francs, mamour.

BÉLINE.

Ne me parlez point de bien, je vous prie. Ah!... De combien sont les deux billets!

ARGAN.

Ils sont, mamie, l'un de quatre mille francs, et l'autre de six.

BÉLINE.

Tous les biens du monde, mon ami, ne me sont rien au prix de vous.

M. DE BONNEFOI, *à Argan.*

Voulez-vous que nous procédions au testament?

ARGAN.

Oui, monsieur; mais nous serons mieux dans mon petit cabinet. Mamour, conduisez-moi, je vous prie.

BÉLINE.

Allons, mon pauvre petit fils.

SCENE X.

ANGÉLIQUE, TOINETTE.

TOINETTE.

Les voilà avec un notaire, et j'ai ouï parler de testament. Votre belle-mère ne s'endort point; et c'est sans doute quelque conspiration contre vos intérêts, où elle pousse votre père.

ANGÉLIQUE.

Qu'il dispose de son bien à sa fantaisie, pourvu qu'il ne dispose point de mon cœur. Tu vois, Toinette, les desseins violents que l'on fait sur lui. Ne m'abandonne point, je te prie, dans l'extrémité où je suis.

TOINETTE.

Moi, vous abandonner! J'aimerais mieux mourir. Votre belle mère a beau me faire sa confidente, et me vouloir jeter dans ses intérêts, je n'ai jamais pu avoir d'inclination pour elle; et j'ai toujours été de votre parti. Laissez-moi faire; j'emploierai toute chose pour vous servir; mais, pour vous servir avec plus d'effet, je veux changer de batterie, couvrir le zèle que j'ai pour vous, et feindre d'entrer dans les sentiments de votre père et de votre belle-mère.

ANGÉLIQUE.

Tâche, je t'en conjure, de faire donner avis à Cléante du mariage qu'on a conclu.

TOINETTE.

Je n'ai personne à employer, à cet office, que le vieux usurier Polichinelle, mon amant; et il m'en coûtera, pour cela, quelques paroles de douceur, que je veux bien dépenser pour vous. Pour aujourd'hui, il est trop tard; mais demain, du grand matin, je l'enverrai quérir, et il sera ravi de...

SCENE XI.

BÉLINE, *dans la maison*; ANGÉLIQUE, TOINETTE.

BÉLINE.

Toinette!

TOINETTE, *à Angélique.*

Voilà qu'on m'appelle. Bon soir. Reposez-vous sur moi.

FIN DU PREMIER ACTE.

PREMIER INTERMÈDE.

Le théâtre représente une place publique.

Polichinelle, dans la nuit, vient pour donner une sérénade à sa maîtresse. Il est interrompu d'abord par des violons contre lesquels il se met en colère, et ensuite par le guet composé de musiciens et de danseurs.

SCENE PREMIÈRE.

POLICHINELLE.

O amour, amour, amour, amour! Pauvre Polichinelle! quelle diable de fantaisie t'es-tu allé mettre dans la cervelle? A quoi t'amuses-tu, misérable insensé que tu es? Tu quittes le soin de ton négoce, et tu laisses aller tes affaires à l'abandon; tu ne manges plus, tu ne bois presque plus, tu perds le repos de la nuit, et tout cela, pour qui? pour une dragonne, franche dragonne; une diablesse qui te rembarre et se moque de tout ce que tu peux lui dire. Mais il n'y a point à raisonner là-dessus. Tu le veux, amour; il faut être fou comme beaucoup d'autres. Cela n'est pas le mieux du monde à un homme de mon âge; mais qu'y faire? On n'est pas sage quand on veut; et les vieilles cervelles se démontent comme les jeunes.

Je viens voir si je ne pourrai point adoucir ma tigresse par une sérénade. Il n'y a rien, parfois, qui soit si touchant qu'un amant qui vient chanter ses doléances aux gonds et aux verroux de la porte de sa maîtresse. (*après avoir pris son luth*) Voici de quoi accompagner ma voix. O nuit! ô chère nuit! porte mes plaintes amoureuses, jusque dans le lit de mon inflexible.

Notte e dì, v'amo e v'adoro;
Cerco un sì per mio ristoro,
Ma se voi dite di nò,
Bella ingrata, io morirò.

Frà la speranza.
S'affligge il cuore,
In lontananza
Consuma l'hore;
Si dolce inganno
Che mi figura
Breve l'affanno,
Ahi! troppo dura!
Così per troppo amar languisco e muoro.

Notte e dì, v'amo e v'adoro;
Cerco un sì per mio ristoro,
Ma se voi dite di nò,
Bella ingrata, io morirò.

Se non dormite,
Almen pensate
Alle ferite
Ch'al cuor mi fate,
Deh! almen fingete,
Per mio conforto,
Se m'uccidete,
D'haver il torto;
Vostra pietà mi scemerà il martoro.

Notte e dì, v'amo e v'adoro,
Cerco un sì per mio ristoro,
Ma se voi dite di nò,
Bella ingrata, io morirò.

SCENE II.

POLICHINELLE, UNE VIEILLE *à la fenêtre.*

LA VIEILLE *chante.*

Zerbinetti, ch' ogn' hor con finti sguardi,
Mentiti desiri,
Fallaci sospiri;
Accenti buggiardi,
Di fede vi preggiate,
Ah! che non m'ingannate.
Che già so per prova,

Ch'in voi non si trova
Costanza ne fede;
Oh! quanto è pazza colei che vi crede!
Quei sguardi languidi
Non m'innamorano,
Quei sospir fervidi
Più non m'infiammano,
Vel'giuro a fe.
Zerbino misero,
Del vostro piangere
Il mio cuor libero
Vuol sempre ridere;
Credete a me
Che già so per prova
Ch' in voi non si trova
Costanza ne fede.
Oh! quanto è pazza colei che vi crede?

SCENE III.

POLICHINELLE; VIOLONS, *derrière le théâtre.*

LES VIOLONS *commencent un air.*

POLICHINELLE.

Quelle impertinente harmonie vient interrompre ici ma voix!

LES VIOLONS *continuant à jouer.*

POLICHINELLE.

Paix là; taisez-vous, violons. Laissez-moi me plaindre à mon aise des cruautés de mon inexorable.

LES VIOLONS, *de même.*

POLICHINELLE.

Taisez-vous, vous dis-je: c'est moi qui veux chanter.

LES VIOLONS.

POLICHINELLE.

Paix donc.

LES VIOLONS.

POLICHINELLE.

Ouais!

LES VIOLONS.

POLICHINELLE.

Ahi!

LES VIOLONS.

POLICHINELLE.

Est-ce pour rire?

LES VIOLONS.

POLICHINELLE.

Ah! que de bruit!

LES VIOLONS.

POLICHINELLE.

Le diable vous emporte!

LES VIOLONS.

POLICHINELLE.

J'enrage!

LES VIOLONS.

POLICHINELLE.

Vous ne vous tairez pas? Ah! Dieu soit loué!

LES VIOLONS.

POLICHINELLE.

Encore?

LES VIOLONS.

POLICHINELLE.

Peste des violons!

LES VIOLONS.

POLICHINELLE.

La sotte musique que voilà!

LES VIOLONS.

POLICHINELLE, *chantant pour se moquer des violons*

La, la, la, la, la, la.

LES VIOLONS.

POLICHINELLE, *de même.*

La, la, la, la, la, la.

LES VIOLONS.

POLICHINELLE, *de même.*

La, la, la, la, la, la.

LES VIOLONS.

POLICHINELLE. *de même.*

La, la, la, la, la, la.

LES VIOLONS.

POLICHINELLE, *de même.*

La, la, la, la, la, la.

LES VIOLONS.

POLICHINELLE.

Par ma foi, cela me divertit. Poursuivez, messieurs les violons; vous me ferez plaisir. (*n'entendant plus rien*) Allons donc, continuez, je vous en prie.

SCENE IV.

POLICHINELLE, *seul.*

Voilà le moyen de les faire taire. La musique est accoutumée à ne point faire ce qu'on veut. Oh sus, à nous. Avant que de chanter, il faut que je prélude un peu, et joue quelque pièce, afin de mieux prendre mon ton. (*Il prend son luth, dont il fait semblant de jouer en imitant avec les lèvres et la langue le son de cet instrument.*) Plan, plan, plan. Plin, plin, plin. Voilà un temps fâcheux pour mettre un luth d'accord. Plin, plin, plin. Plin, tan, plan. Plin, plan. Les cordes ne tiennent point par ce temps-là. Plin, plin. J'entends du bruit. Mettons mon luth contre la porte.

SCENE V.

POLICHINELLE; ARCHERS CHANTANTS ET DANSANTS.

UN ARCHER, *chantant.*

Qui va là? Qui va là?

POLICHINELLE, *bas.*

Qui diable est-ce là? Est-ce la mode de parler en musique?

L'ARCHER.

Qui va là? Qui va là? Qui va là?

POLICHINELLE, *épouvanté.*

Moi, moi, moi.

L'ARCHER.

Qui va là? Qui va là? vous dis-je.

POLICHINELLE.

Moi, moi, vous dis-je.

L'ARCHER.

Et qui toi? et qui toi?

POLICHINELLE.

Moi, moi, moi, moi, moi, moi.

L'ARCHER.

Dis ton nom, dis ton nom sans davantage attendre.

POLICHINELLE, *feignant d'être bien hardi.*

Mon nom est Va te faire pendre.

L'ARCHER.

Ici, camarades, ici.
Saisissons l'insolent qui nous répond ainsi.

PREMIÈRE ENTREE DE BALLET.

Les archers dansants cherchent Polichinelle dans l'obscurité pour le saisir.

POLICHINELLE.

Qui va là? (*entendant encore du bruit autour de lui.*)
Qui sont lez coquins que j'entends?
Hé!... Holà! mes laquais, mes gens...
Par la mort!... Par la sang!... j'en jetterai par terre...
Champagne, Poitevin, Picard, Basque, Breton...
Donnez-moi mon mousqueton..

(Pendant les intervalles qui sont marqués avec les points, les archers dansent au son de la symphonie, en cherchant Polichinelle.)

POLICHINELLE, *faisant semblant de tirer un coup de pistolet.*

Poue.

(Les archers tombent tous et s'enfuient.)

SCENE VI.

POLICHINELLE, *seul.*

Ah !ah ! ah ! ah ! Comme je leur ai donné l'épouvante ! Voilà de sottes gens d'avoir peur de moi, qui ai peur des autres. Ma foi, il n'est que de jouer d'adresse en ce monde. Si je n'avais tranché du grand seigneur, et n'avais fait le brave, ils n'auraient pas manqué de me haper. Ah ! ah ! ah !

(Pendant que Polichinelle croit être seul, les archers reviennent sans faire de bruit pour entendre ce qu'il dit.

SCENE VII.

POLICHINELLE, DEUX ARCHERS CHANTANTS.

LES DEUX ARCHERS, *soisissant Polichinelle.*

Nous le tenons. A nous, camarades, à nous.
Dépêchez ; de la lumière.

SCENE VIII.

POLICHINELLE, LES DEUX ARCHERS CHANTANTS; ARCHERS CHANTANTS ET DANSANTS, *venant avec des lanternes.*

QUATRE ARCHERS, *chantant ensemble.*

Ah ! traitre ! ah ! fripon ! c'est donc vous !
Faquin, maraud, pendard, impudent téméraire,
Insolent, effronté, coquin, filou, voleur,
Vous osez nous faire peur !

POLICHINELLE.

Messieurs, c'est que j'étais ivre.

LES QUATRES ARCHERS.

Non, non, non ; point de raison ;
Il faut vous apprendre à vivre.
En prison, vite, en prison.

POLICHINELLE.

Messieurs, je ne suis point un voleur.

LES QUATRE ARCHERS.

En prison.

POLICHINELLE.

Je suis un bourgeois de la ville.

LES QUATRE ARCHERS.

En prison.

POLICHINELLE.

Qu'ai-je fait?

LES QUATRE ARCHERS.

En prison, vite, en prison.

POLICHINELLE.

Messieurs, laissez-moi aller.

LES QUATRE ARCHERS.

Non.

POLICHINELLE.

Je vous prie!

LES QUATRE ARCHERS.

Non.

POLICHINELLE.

Hé !

LES QUATRE ARCHERS.

Non.

POLICHINELLE.

De grace !

LES QUATRE ARCHERS.

Non, non.

POLICHINELLE.

Messieurs !

LES QUATRE ARCHERS.

Non, non, non.

POLICHINELLE.

S'il vous plaît.

LES QUATRE ARCHERS.

Non, non.

POLICHINELLE.

Par charité !

LES QUATRE ARCHERS.

Non, non.

POLICHINELLE.

Au nom du ciel !

LES QUATRE ARCHERS

Non, non.

POLICHINELLE.

Miséricorde !

LES QUATRE ARCHERS.

Non, non, non ; point de raison ;
Il faut vous apprendre à vivre.
En prison, vite, en prison.

POLICHINELLE.

Hé ! n'est-il rien messieurs, qui soit capable d'attendrir vos ames ?

LES QUATRE ARCHERS.

Il est aisé de nous toucher ;
Et nous sommes humainsplus qu'on ne saurait croire.
Donnez-nous seulement six pistoles pour boire,
Nous allons vous lâcher.

POLICHINELLE.

Helas ! messieurs, je vous assure que je n'ai pas un sou sur moi.

LES QUATRE ARCHERS.

Au défaut de six pistoles,
Choisissez donc sans façon
D'avoir trente croquignoles,
Ou douze coups de bâton.

POLICHINELLE.

Si c'est une nécessité, et qu'il faille en passer par là, je choisis les croquignoles.

LES QUATRE ARCHERS.

Allons, préparez-vous,
Et comptez bien les coups.

DEUXIEME ENTREE DE BALLET.

Les archers dansants donnent en cadence des croquignoles à Polichinelle.

POLICHINELLE, *pendant qu'on lui donne des croquignoles.*

Une et deux, trois et quatre, cinq et six, sept et huit, neuf et dix, onze et douze, quatorze et quinze.

LES QUATRE ARCHERS.

Ah ! ah ! vous en voulez passer
Allons, c'est à recommencer.

POLICHINELLE.

Ah ! messieurs, ma pauvre tête n'en peut plus ; et vous venez de me la rendre comme une pomme cuite. J'aime mieux encore les coups de bâton que de recommencer.

LES QUATRE ARCHERS.

Soit. Puisque le bâton est pour vous plus charmant,
Vous aurez contentement.

TROISIÈME ENTRÉE DE BALLET.

Les archers donnent en cadence des coups de baton à Polichinelle.

POLICHINELLE, *comptant les coups de bâton.*

Un, deux, trois, quatre, cinq, six. Ah ! ah ! ah ! Je n'y saurais plus résister. Tenez, messieurs, voilà six pistoles que je vous donne.

LES QUATRE ARCHERS.

Ah ! l'honnête homme ! Ah ! l'ame noble et belle !
Adieu, seigneur ; adieu, seigneur Polichinelle.

POLICHINELLE.

Messieurs, je vous donne le bon soir.

LES QUATRE ARCHERS.

Adieu, seigneur ; adieu, seigneur Polichinelle.

POLICHINELLE.

Votre serviteur.

LES QUATRE ARCHER.

Adieu, seigneur ; adieu, seigneur Polichinelle.

POLICHINELLE.

Très humble valet.

LES QUATRE ARCHERS.

Adieu, seigneur ; adieu, seigneur Polichinelle.

POLICHINELLE.

Jusqu'au revoir.

QUATRIEME ENTREE DE BALLET.

Les archers dansent en réjouissance de l'argent qu'ils ont reçu.

FIN DU PREMIER INTERMÈDE

ACTE II.

Le théâtre représente la chambre d'Argan.

SCÈNE PREMIÈRE.

CLÉANTE, TOINETTE.

TOINETTE, *ne reconnaissant pas Cléante.*

Que demandez-vous, monsieur?

CLEANTE.

Ce que je demande?

TOINETTE.

Ah! ah! c'est vous! Quelle surprise! Que venez-vous faire céans?

CLEANTE.

Savoir ma destinée, parler à l'aimable Angélique, consulter les sentiments de son cœur, et lui demander ses résolutions sur ce mariage fatal dont on m'a averti.

TOINETTE.

Oui; mais on ne parle pas comme cela de but en blanc à Angélique: il y faut des mystères, et l'on vous a dit l'étroite garde où elle est retenue; qu'on ne la laisse ni sortir ni parler à personne; et que ce ne fut que la curiosité d'une vieille tante, qui nous fit accorder la liberté d'aller à cette comédie qui donna lieu à la naissance de votre passion, et nous nous sommes bien gardées de parler de cette aventure.

CLEANTE.

Aussi ne viens-je pas ici comme Cléante et sous l'apparence de son amant, mais comme ami de son maître de musique, dont j'ai obtenu le pouvoir de dire qu'il m'envoie à sa place.

TOINETTE.

Voici son père. Retirez-vous un peu, et me laissez lui dire que vous êtes là.

SCENE II.

ARGAN, TOINETTE.

ARGAN, *se croyant seul, et sans voir Toinette.*

M. Purgon m'a dit de me promener le matin dans ma chambre douze allées et douze venues; mais j'ai oublié à lui demander si c'est en long ou en large.

TOINETTE.

Monsieur, voilà un...

ARGAN.

Parle bas, pendarde! tu viens m'ébranler tout le cerveau, et tu ne songes pas qu'il ne faut point parler si haut à des malades.

TOINETTE.

Je voulais vous dire, monsieur...

ARGAN.

Parle bas, te dis-je.

TOINETTE.

Monsieur... (*Elle fait semblant de parler.*)

ARGAN.

Hé?

TOINETTE.

Je vous dis que... (*Elle fait encore semblant de parler.*)

ARGAN.

Qu'est-ce que tu dis?

TOINETTE, *haut.*

Je dis que voilà un homme qui veut parler à vous.

ARGAN.

Qu'il vienne.

(*Toinette fait signe à Cléante d'avancer.*)

SCENE III.

ARGAN, CLEANTE, TOINETTE.

CLEANTE.

Monsieur...

TOINETTE, *à Cléante.*

Ne parlez pas si haut, de peur d'ébranler le cerveau de monsieur.

CLEANTE.

Monsieur, je suis ravi de vous trouver debout, et de voir que vous vous portez mieux.

TOINETTE, *feignant d'être en colère.*

Comment! qu'il se porte mieux! Cela est faux. Monsieur se porte toujours mal.

CLEANTE.

J'ai ouï dire que monsieur était mieux; et je lui trouve bon visage.

TOINETTE.

Que voulez-vous dire, avec votre bon visage? Monsieur l'a fort mauvais; et ce sont des impertinents qui vous ont dit qu'il était mieux; il ne s'est jamais si mal porté.

ARGAN.

Elle a raison.

TOINETTE.

Il marche, dort, mange et boit comme les autres; mais cela n'empêche pas qu'il ne soit fort malade.

ARGAN.

Cela est vrai.

CLEANTE.

Monsieur, j'en suis au désespoir. Je viens de la part du maître à chanter de mademoiselle votre fille: il s'est vu obligé d'aller à la campagne pour quelques jours; et, comme son ami intime, il m'envoie à sa place pour lui continuer ses leçons, de peur qu'en les interrompant elle ne vînt à oublier ce qu'elle sait déjà.

ARGAN.

Fort bien. (*à Toinette*) Appelez Angélique.

TOINETTE.

Je crois, monsieur, qu'il sera mieux de mener monsieur à sa chambre.

ARGAN.

Non; faites-la venir.

TOINETTE.

Il ne pourra lui donner leçon comme il faut, s'ils ne sont en particulier.

ARGAN.

Si fait, si fait.

TOINETTE.

Monsieur, cela ne fera que vous étourdir; et il ne faut rien pour vous émouvoir en l'état où vous êtes, et vous ébranler le cerveau.

ARGAN.

Point, point: j'aime la musique; et je serai bien aise de... Ah! la voici. (*à Toinette*) Allez-vous-en voir, vous, si ma femme est habillée.

SCENE IV.

ARGAN, ANGELIQUE, CLÉANTE.

ARGAN.

Venez, ma fille; votre maître de musique est allé aux champs, et voilà une personne qu'il envoie à sa place pour vous montrer.

ANGELIQUE, *reconnaissant Cléante.*

Ah! ciel!

ARGAN.

Qu'est-ce? D'où vient cette surprise?

ANGELIQUE.

C'est...

ARGAN.

Quoi? Qui vous émeut de la sorte?

ANGELIQUE.

C'est, mon père, une aventure surprenante qui se rencontre ici.

ARGAN.

Comment?

ANGELIQUE.

J'ai songé, cette nuit, que j'étais dans le plus grand embarras du monde, et qu'une personne faite tout comme monsieur s'est présentée à moi, à qui j'ai demandé secours, et qui m'est venue tirer de la peine où j'étais; et ma surprise a été grande de voir inopinément, en arrivant ici, ce que j'ai eu dans l'idée toute la nuit.

CLEANTE.

Ce n'est pas être malheureux que d'occuper votre pensée, soit en dormant, soit en veillant; et mon bonheur serait grand, sans doute, si vous étiez dans quelque peine dont vous me jugeassiez digne de vous tirer; et il n'y a rien que je ne fisse pour...

SCENE V.

ARGAN, ANGÉLIQUE, CLÉANTE, TOINETTE.

TOINETTE, *à Argan.*

Ma foi, monsieur, je suis pour vous maintenant; et je me dédis de tout ce que je disais hier. Voici M. Diafoirus le père et M. Diafoirus le fils qui viennent vous rendre visite. Que vous serez bien engendré! Vous allez voir le garçon le mieux fait du monde, et le plus spirituel. Il n'a dit que deux mots qui m'ont ravie, et votre fille va être charmée de lui.

ARGAN, *à Cléante qui feint de vouloir s'en aller.*

Ne vous en allez point, monsieur. C'est que je marie ma fille; et voilà qu'on lui amène son prétendu mari, qu'elle n'a point encore vu.

CLÉANTE.

C'est m'honorer beaucoup, monsieur, de vouloir que je sois témoin d'une entrevue si agréable.

ARGAN.

C'est le fils d'un habile médecin; et le mariage se fera dans quatre jours.

CLEANTE.

Fort bien.

ARGAN.

Mandez-le un peu à son maître de musique, afin qu'il se trouve à la noce.

CLÉANTE.

Je n'y manquerai pas.

ARGAN.

Je vous y prie aussi.

CLÉANTE.

Vous me faites beaucoup d'honneur.

TOINETTE.

Allons, qu'on se range, les voici.

SCENE VI.

M. DIAFOIRUS, THOMAS DIAFOIRUS, ARGAN, ANGELIQUE, CLEANTE, TOINETTE, LAQUAIS.

ARGAN, *mettant la main à son bonnet sans l'ôter.*

M. Purgon, monsieur, m'a défendu de découvrir ma tête. Vous êtes du metier, vous savez les conséquences.

M. DIAFOIRUS.

Nous sommes dans toutes nos visites pour porter secours aux malades, et non pour leur porter de l'incommodité.

(*Argan et Diafoirus parlent en même temps*

ARGAN.

Je reçois, monsieur,

M. DIAFOIRUS.

Nous venons ici, monsieur,

ARGAN.

Avec beaucoup de joie...

M. DIAFOIRUS.

Mon fils Thomas et moi,

ARGAN.

L'honneur que vous me faites,

M. DIAFOIRUS.

Vous témoigner, monsieur,

ARGAN.

Et j'aurais souhaité...

M. DIAFOIRUS.

Le ravissement où nous sommes...

ARGAN.

De pouvoir aller chez vous...

M. DIAFOIRUS.

De la grace que vous nous faites...

ARGAN.

Pour vous en assurer;

M. DIAFOIRUS.

De vouloir bien nous recevoir...

ARGAN.

Mais vous savez, monsieur,

M. DIAFOIRUS.

Dans l'honneur, monsieur,

ARGAN.

Ce que c'est qu'un pauvre malade,

M. DIAFOIRUS.

De votre alliance;

ARGAN,

Qui ne peut faire autre chose...

M. DIAFOIRUS

Et vous assurer...

ARGAN.

Que de vous dire ici...

M. DIAFOIRUS.

Que dans les choses qui dépendront de notre métier.

ARGAN.

Qu'il cherchera toutes les occasions...

M. DIAFOIRUS.

De même qu'en toute autre,

ARGAN.

De vous faire connaître, monsieur,

M. DIAFOIRUS.

Nous serons toujours prêts, monsieur,

ARGAN.

Qu'il est tout à votre service.

M. DIAFOIRUS.

A vous témoigner notre zèle. (*à son fils*) Allons, Thomas, avancez; faites vos compliments.

THOMAS DIAFOIRUS, *à M. Diafoirus.*

N'est-ce pas par le père qu'il convient commencer?

M. DIAFOIRUS.

Oui.

THOMAS DIAFOIRUS, *à Argan.*

Monsieur, je viens saluer, reconnaître, chérir et révérer en vous un second père, mais un second père auquel j'ose dire que je me trouve plus redevable qu'au premier. Le premier m'a engendré; mais vous m'avez choisi. Il m'a reçu par nécessité; mais vous m'avez accepté par grace. Ce que je tiens de lui, est un ouvrage de son corps; mais ce que je tiens de vous est un ouvrage de votre volonté: et d'autant plus que les facultés spirituelles sont au-dessus des corporelles, d'autant plus que je vous dois, et d'autant plus que je tiens précieuse cette future filiation, dont je viens aujourd'hui vous rendre par avance les très humbles et très respectueux hommages.

TOINETTE.

Vivent les collèges d'où l'on sort si habile homme!

THOMAS DIAFOIRUS, *à M. Diafoirus.*

Cela a-t-il bien été, mon père?

M. DIAFOIRUS.

Optimè.

ARGAN, *à Angélique.*

Allons, saluez monsieur.

THOMAS DIAFOIRUS, *à M. Diafoirus.*

Baiserai-je?

M. DIAFOIRUS.

Oui, oui.

THOMAS DIAFOIRUS, *à Angélique.*

Madame, c'est avec justice que le ciel vous a concédé le nom de belle-mère, puisque l'on...

ARGAN, *à Thomas Diafoirus.*

Ce n'est pas ma femme, c'est ma fille à qui vous parlez.

THOMAS DIAFOIRUS.

Où donc est-elle?

ARGAN.

Elle va venir.

THOMAS DIAFOIRUS.

Attendrai-je, mon père, qu'elle soit venue?

M. DIAFOIRUS.

Faites toujours le compliment à mademoiselle.

THOMAS DIAFOIRUS.

Mademoiselle, ne plus ne moins que la statue de Memnon rendait un son harmonieux, lorsqu'elle venait à être éclairée des rayons du soleil, tout de même me sens-je animé d'un doux transport à l'apparition du soleil de vos beautés; et, comme les naturalistes remarquent que la fleur nommée héliotrope tourne sans cesse vers cet astre du jour, aussi mon cœur, dores en avant, tournera-t-il toujours vers les astres resplendissants de vos yeux adorables, ainsi que vers son pôle unique. Souffrez donc, mademoiselle, que j'appende aujourd'hui à l'autel de vos charmes, l'offrande de ce cœur, qui ne respire et n'ambitionne autre gloire que d'être toute sa vie, mademoiselle, votre très humble, très obéissant et très fidèle serviteur et mari.

TOINETTE.

Voilà ce que c'est que d'étudier, on apprend à dire de belles choses.

ARGAN, *à Cléante.*

Hé! que dites-vous de cela?

CLÉANTE.

Que monsieur fait merveilles, et que s'il est aussi bon médecin qu'il est bon orateur, il y aura plaisir à être de ses malades.

TOINETTE.

Assurément. Ce sera quelque chose d'admirable, s'il fait d'aussi belles cures qu'il fait de beaux discours.

ARGAN.

Allons, vite, ma chaise, et des sièges à tout le monde. (*Les laquais donnent des sièges*) Mettez-vous là, ma fille. (*à M. Diafoirus*) Vous voyez, monsieur, que tout le monde admire monsieur votre fils; et je vous trouve bien heureux de vous voir un garçon comme cela.

M. DIAFOIRUS.

Monsieur, ce n'est pas parce que je suis son père; mais je puis dire que j'ai sujet d'être content de lui, et que tous ceux qui le voient, en parlent comme d'un garçon qui n'a point de méchanceté. Il n'a jamais eu l'imagination bien vive, ni ce feu d'esprit qu'on remarque dans quelques uns; mais c'est par là que j'ai toujours bien auguré de sa judiciaire, qualité requise pour l'exercice de notre art. Lorsqu'il était petit, il n'a jamais été ce que l'on appelle mièvre et éveillé: on le voyait toujours doux, paisible et taciturne, ne disant jamais mot, et ne jouant jamais à tous ces petits jeux que l'on nomme enfantins. On eut toutes les peines du monde à lui apprendre à lire; et il avait neuf ans qu'il ne connaissait pas encore ses lettres. Bon! disais-je en moi-même, les arbres tardifs sont ceux qui portent les meilleurs fauits. On grave sur le marbre bien plus malaisement que sur le sable; mais les choses y sont conservées bien plus longtemps; et cette lenteur à comprendre, cette pesanteur d'imagination, est la marque d'un bon jugement à venir. Lorsque je l'envoyai au collège, il trouva de la peine; mais il se raidissait contre les difficultés; et ses régents le louait toujours à moi de son assiduité et de son travail. Enfin, à force de battre le fer, il en est venu à avoir ses licences; et je puis dire, sans vanité, que depuis deux ans qu'il est sur les bancs, il n'y a point de candidat qui ait fait plus de bruit que lui dans toutes les disputes de notre école. Il s'y est rendu redoutable; il ne s'y passe point d'acte où il n'aille argumenter, à outrance, pour la proposition contraire. Il est ferme dans la dispute, fort comme un Turc sur ses principes, ne démord jamais de son opinion, et poursuit un raisonnement jusque dans les derniers recoins de la logique. Mais, sur toute chose, ce qui me plaît en lui, et en quoi il suit mon exemple, c'est qu'il s'attache aveuglément aux opinions de nos anciens, et que jamais il n'a voulu comprendre ni écouter les raisons et les expériences des prétendues découvertes de notre siècle, touchant la circulation du sang, et autres opinions de même farine.

THOMAS DIAFOIRUS, *tirant de sa poche une grande thèse roulée qu'il présente à Angélique.*

J'ai, contre les circulateurs, soutenu une thèse, qu'avec la permission (*saluant Argan*) de monsieur, j'ose présenter à mademoiselle, comme un hommage que je lui dois de premices de mon esprit.

ANGÉLIQUE.

Monsieur, c'est pour moi un meuble inutile; et je ne me connais pas à ces choses là.

TOINETTE, *prenant la thèse.*

Donnez, donnez. Elle est toujours bonne à prendre pour l'image: cela servira à parer notre chambre.

THOMAS DIAFOIRUS, *saluant encore Argan.*

Avec la permission aussi de monsieur, je vous invite à venir voir l'un de ces jours, pour vous divertir, la dissection d'une femme, sur quoi je dois raisonner.

TOINETTE.

Le divertissement sera agréable. Il y en a qui donnent la comédie à leurs maîtresses; mais donner une dissection est quelque chose de plus galant.

M. DIAFOIRUS.

Au reste, pour ce qui est des qualités requises pour le mariage et la propagation, je vous assure que, selon les règles de nos docteurs, il est tel qu'on le peut souhaiter; qu'il possède en un degré louable la vertu prolifique, et qu'il est du tempérament qu'il faut pour engendrer et procréer des enfants bien conditionnés.

ARGAN.

N'est-ce pas votre intention, monsieur, de le pousser à la cour, et d'y ménager pour lui une charge de médecin?

M. DIAFOIRUS.

A vous en parler franchement, notre métier auprès des grands ne m'a jamais paru agréable, et j'ai toujours trouvé qu'il valait mieux pour nous autres demeurer au public. Le public est commode. Vous n'avez à répondre de vos actions à personne; et, pourvu que l'on suive le courant des règles de l'art, on ne se met point en peine de tout ce qui peut arriver. Mais ce qu'il y a de fâcheux auprès des grands, c'est que, quand ils viennent à être malades, ils veulent absolument que leurs médecins les guérissent.

TOINETTE.

Cela est plaisant! et ils sont bien impertinents de vouloir que, vous autres messieurs, vous les guérissiez! Vous n'êtes point auprès d'eux pour cela: vous n'y êtes que pour recevoir vos pensions, et leur ordonner des remèdes; c'est a eux à guérir, s'ils peuvent.

M. DIAFOIRUS.

Cela est vrai. On n'est obligé qu'à traiter les gens dans les formes.

ARGAN, *à Cléante.*

Monsieur, faites un peu chanter ma fille devant la compagnie.

CLÉANTE.

J'attendais vos ordres, monsieur; et il m'est venu en pensée, pour divertir la compagnie, de chanter avec mademoiselle une scène d'un petit opéra qu'on a fait depuis peu. (*à Angélique, lui donnant un papier*) Tenez, voilà votre partie.

ANGÉLIQUE.

Moi?

CLÉANTE, *bas, à Angélique.*

Ne vous défendez point, s'il vous plaît, et me laisser vous faire comprendre ce que c'est que la scène que nous devons chanter. (*haut*) Je n'ai pas une voix à chanter; mais il suffit que je me fasse entendre, et l'on aura la bonté de m'excuser par la nécessité où je me trouve de faire chanter mademoiselle.

ARGAN.

Les vers en sont-ils beaux?

CLÉANTE.

C'est proprement ici un petit opéra impromptu; et vous n'allez entendre chanter que de la prose cadencée, ou des manières de vers libres, tels que la passion et la nécessité peuvent faire trouver à deux personnes qui disent les choses d'elles-mêmes, et parlent sur le champ.

ARGAN.

Fort bien. Ecoutons.

CLÉANTE.

Voici le sujet de la scène. Un berger était attentif aux beautés d'un spectacle qui ne faisait que commencer, lorsqu'il fut tiré de son attention par un bruit qu'il entendit à ses côtés. Il se retourne, et voit un brutal qui de paroles insolentes maltraitait une bergère. D'abord il prend les intérêts d'un sexe à qui tous les hommes doivent hommage; et, après avoir donné au brutal le châtiment de son insolence, il vient à la bergère, et voit une jeune personne qui, des plus beaux yeux qu'il eût jamais vus, versait des larmes qu'il trouva les plus belles du monde. Hélas! dit-il en lui-même, est-on capable d'outrager une personne si aimable? et quel inhumain, quel barbare ne serait touché par de telles larmes? Il prend soin de les arrêter, ces larmes qu'il trouve si belles; et l'aimable bergère prend soin en même temps de le remercier de son léger service, mais d'une manière si charmante, si tendre et si passionnée, que le berger n'y peut résister; et chaque mot, chaque regard, est un trait plein de flamme dont son cœur se sent pénétré. Est-il, disait-il, quelque chose qui puisse mériter les aimables paroles d'un tel remercîment? Et que ne voudrait-on pas faire, à quels services, à quels dangers ne serait-on pas ravi de courir, pour s'attirer un seul moment des touchantes douceurs d'une ame si reconnaissante? Tout le spectacle passe sans qu'il y donne aucune attention : mais il se plaint qu'il est trop court, parce qu'en finissant il se sépare de son adorable bergère; et, de cette première vue, de ce premier moment, il emporte chez lui tout ce qu'un amour de plusieurs années peut avoir de plus violent. Le voilà aussitôt à sentir tous les maux de l'absence; et il est tourmenté de ne plus voir ce qu'il a si peu vu. Il fait tout ce qu'il peut pour se redonner cette vue dont il conserve nuit et jour une si chère idée; mais la grande contrainte où l'on tient sa bergère lui en ôte tous les moyens. La violence de sa passion le fait résoudre à demander en mariage l'adorable beauté sans laquelle il ne peut plus vivre; et il en obtient d'elle la permission par un billet qu'il a l'adresse de lui faire tenir. Mais dans le même temps on l'avertit que le père de cette belle a conclu son mariage avec un autre, et que tout se dispose pour en célébrer la cérémonie. Jugez quelle atteinte cruelle au cœur de ce triste berger. Le voilà accablé d'une mortelle douleur; il ne peut souffrir l'effroyable idée de voir tout ce qu'il aime entre les bras d'un autre; et son amour au désespoir lui fait trouver moyen de s'introduire dans la maison de sa bergère pour apprendre ses sentiments, et savoir d'elle la destinée à laquelle il doit se résoudre. Il y rencontre les apprêts de tout ce qu'il craint : il y voit venir l'indigne rival que le caprice d'un père oppose aux tendresses de son amour; il le voit triomphant, ce rival ridicule, auprès de l'aimable bergère, ainsi qu'auprès d'une conquête qui lui est assurée; et cette vue le remplit d'une colère dont il a peine à se rendre le maître. Il jette de douloureux regards sur celle qu'il adore; son respect, et la présence de son père l'empêchent de lui rien dire que des yeux. Mais enfin il force toute contrainte, et le transport de son amour l'oblige à lui parler ainsi :

(*Il chante.*)

Belle Philis, c'est trop, c'est trop souffrir;
Rompons ce dur silence, et m'ouvrez vos pensées.
Apprenez-moi ma destinée :
Faut-il vivre? faut-il mourir?

ANGÉLIQUE, *en chantant.*

Vous me voyez Tircis, triste et mélancolique
Aux apprêts de l'hymen dont vous vous alarmez.
Je lève au ciel les yeux, je vous regarde, je soupire,
C'est vous en dire assez.

ARGAN.

Ouais! je ne croyais pas que ma fille fût si habile, que de chanter ainsi à livre ouvert sans hésiter.

CLÉANTE.

Hélas! belle Philis,
Se pourrait-il que l'amoureux Tircis
Eût assez de bonheur
Pour avoir quelque place dans votre cœur?

ANGÉLIQUE.

Je ne me défends point; dans cette peine extrême,
Oui, Tircis, je vous aime.

CLÉANTE.

O parole pleine d'appas!
Ai-je bien entendu? Hélas!
Redites-la, Philis, que je n'en doute pas.

ANGÉLIQUE.

Oui, Tircis, je vous aime.

CLÉANTE.

De grace, encor, Philis.

ANGÉLIQUE.

Je vous aime.

CLÉANTE.

Recommencez cent fois, ne vous en lassez pas.

ANGÉLIQUE.

Je vous aime, je vous aime
Oui, Tircis, je vous aime.

CLÉANTE.

Dieux, rois, qui sous vos pieds regardez tout le
Pouvez-vous comparer votre bonheur au mien.
Mais, Philis, une pensée
Vient troubler ce doux transport.
Un rival, un rival...

ANGÉLIQUE.

Ah! je le hais jusqu'à la mort;
Et sa présence ainsi qu'à vous,
M'est un cruel supplice.

CLÉANTE.

Mais un père à ses vœux vous veut assujettir.

ANGÉLIQUE.

Plutôt, plutôt mourir,
Que de jamais y consentir.
Plutôt, plutôt mourir, plutôt mourir.

ARGAN.

Et que dit le père à tout cela?

CLÉANTE.

Il ne dit rien.

ARGAN.

Voilà un sot père que ce père-là de souffrir toutes ces sottises-là sans rien dire.

CLÉANTE, *voulant continuer à chanter.*

Ah! mon amour...

ARGAN.

Non, non, en voilà assez. Cette comédie-là est de fort mauvais exemple. Le berger Tircis est un impertinent; et la bergère Philis une impudente de parler de la sorte devant son père. (*à Angélique*) Montrez-moi ce papier. Ah! ah! où sont donc les paroles que vous dites? Il n'y a là que de la musique écrite.

CLÉANTE.

Est-ce que vous ne savez pas, monsieur, qu'on a trouvé depuis peu l'invention d'écrire les paroles avec les notes mêmes?

ARGAN.

Fort bien. Je suis votre serviteur, monsieur; jusqu'au revoir. Nous nous serions bien passés de votre impertinent opéra.

CLÉANTE.

J'ai cru vous divertir.

ARGAN.

Les sottises ne divertissent point. Ah! Voici ma femme.

SCÈNE VII.

BÉLINE, ARGAN, ANGÉLIQUE, Monsieur DIAFOIRUS THOMAS DIAFOIRUS, TOINETTE.

ARGAN.

Mamour, voilà le fils de monsieur Diafoirus.

THOMAS DIAFOIRUS.

Madame, c'est avec justice que le ciel vous a concédé le nom de belle-mère, puisque l'on voit sur votre visage...

BÉLINE.

Monsieur, je suis ravie d'être venue ici à propos pour avoir l'honneur de vous voir.

THOMAS DIAFOIRUS.

Puisque l'on voit sur votre visage.. Puisque l'on voit sur votre visage... Madame, vous m'avez interrompu dans le milieu de ma période, et cela m'a troublé la mémoire.

M. DIAFOIRUS.

Thomas, réservez cela pour une autre fois.

ARGAN.

Je voudrais, ma mie, que vous eussiez été ici tantôt.

TOINETTE.

Ah! madame, vous avez bien perdu de n'avoir point été au second père, à la statue de Memnon, et à la fleur nommée héliotrope.

ARGAN.

Allons, ma fille, touchez dans la main de monsieur, et lui donnez votre foi comme à votre mari.

ANGÉLIQUE.

Mon père!..

ARGAN.

Hé bien! mon père! qu'est-ce que cela veut dire?

ANGÉLIQUE.

De grâce, ne précipitez point les choses. Donnez-nous au moins le temps de nous connaître, et de voir naître en nous, l'un pour l'autre, cette inclination si nécessaire à composer une union parfaite.

THOMAS DIAFOIRUS.

Quant à moi, mademoiselle, elle est déjà toute née en moi; et je n'ai pas besoin d'attendre davantage.

ANGÉLIQUE.

Si vous êtes si prompt, monsieur, il n'en est pas de même de moi; et je vous avoue que votre mérite n'a pas encor fait assez d'impression dans mon ame.

ARGAN.

Oh! bien! bien! cela aura tout le loisir de se faire quand vous serez mariés ensemble.

ANGÉLIQUE.

Hé! mon père, donnez-moi du temps, je vous prie. Le mariage est une chaîne où l'on ne doit jamais soumettre un cœur par force; et si monsieur est honnête homme, il ne doit pas vouloir accepter une personne qui serait à lui par contrainte.

THOMAS DIAFOIRUS.

Nego consequentiam, mademoiselle; et je puis être honnête homme, et vouloir bien vous accepter des mains de monsieur votre père.

ANGÉLIQUE.

C'est un méchant moyen de se faire aimer de quelqu'un, que de lui faire violence.

THOMAS DIAFOIRUS.

Nous lisons des anciens, mademoiselle, que leur coutume était d'enlever par force, de la maison des pères, les filles qu'on menait marier, afin qu'il ne semblât pas que ce fût de leur consentement qu'elles convolaient dans les bras d'un homme.

ANGÉLIQUE.

Les anciens, monsieur, sont les anciens, et nous sommes les gens de maintenant. Les grimaces ne sont point nécessaires dans notre siècle; et, quand un mariage nous plaît, nous savons fort bien y aller sans qu'on nous y traîne. Donnez-vous patience; si vous m'aimez, monsieur, vous devez vouloir tout ce que je veux.

THOMAS DIAFOIRUS.

Oui, mademoiselle, jusqu'aux intérêts de mon amour exclusivement.

ANGÉLIQUE.

Mais la grande marque d'amour, c'est d'être soumis aux volontés de celle qu'on aime.

THOMAS DIAFOIRUS.

Distinguo, mademoiselle. Dans ce qui ne regarde point sa possession, *concedo*; mais dans ce qui la regarde, *nego*.

TOINETTE, *à Angélique*.

Vous avez beau raisonner. Monsieur est frais émoulu du collége; et il vous donnera toujours votre reste. Pourquoi tant résister, et refuser la gloire d'être attachée au corps de la faculté?

BÉLINE.

Elle a peut-être quelque inclination en tête.

ANGÉLIQUE.

Si j'en avais, madame, elle serait telle que la raison et l'honnêteté pourraient me la permettre.

ARGAN.

Ouais! Je joue ici un plaisant personnage!

BÉLINE.

Si j'étais que de vous, mon fils, je ne la forcerais point à se marier; et je sais bien ce que je ferais.

ANGÉLIQUE.

Je sais, madame, ce que vous voulez dire, et les bontés que vous avez pour moi; mais peut-être que vos conseils ne seront pas assez heureux pour être exécutés.

BÉLINE.

C'est que les filles bien sages et bien honnêtes comme vous se moquent d'être obéissantes et soumises aux volontés de leur père. Cela était bon autrefois.

ANGÉLIQUE.

Le devoir d'une fille a des bornes, madame; et la raison et les lois ne l'étendent point à toutes sortes de choses.

BÉLINE.

C'est à dire que vos pensées ne sont que pour le mariage; mais vous voulez choisir un époux à votre fantaisie.

ANGÉLIQUE.

Si mon père ne veut pas me donner un mari qui me plaise, je le conjurerai au moins de ne me point forcer à en épouser un que je ne puisse pas aimer.

ARGAN.

Messieurs, je vous demande pardon de tout ceci.

ANGÉLIQUE.

Chacun a son but en se mariant. Pour moi, qui ne veux un mari que pour l'aimer véritablement, et qui prétends en faire tout l'attachement de ma vie, je vous avoue que j'y cherche quelque précaution. Il y en a d'aucunes qui prennent des maris seulement pour se tirer de la contrainte de leurs parents et se mettre en état de faire tout ce qu'elles voudront. Il y en a d'autres, madame, qui font du mariage un commerce de pur intérêt; qui ne se marient que pour gagner des douaires, que pour s'enrichir par la mort de ceux qu'elles épousent, et courent sans scrupule de mari en mari pour s'approprier leurs dépouilles. Ces personnes-là, à la vérité, n'y cherchent pas tant de façons, et regardent peu la personne.

BÉLINE.

Je vous trouve aujourd'hui bien raisonnante, et je voudrais bien savoir ce que vous voulez dire par là.

ANGÉLIQUE.

Moi, madame? Que voudrais-je dire que ce que je dis?

BÉLINE.

Vous êtes si sotte, mamie, qu'on ne saurait plus vous souffrir.

ANGÉLIQUE.

Vous voudrez bien, madame, m'obliger à vous répondre quelque impertinence; mais je vous avertis que vous n'aurez pas cet avantage.

BÉLINE.

Il n'est rien d'égal à votre insolence.

ANGÉLIQUE.

Non, madame, vous avez beau dire.

BÉLINE.

Et vous avez un ridicule orgueil, une impertinente présomption, qui fait hausser les épaules à tout le monde

ANGÉLIQUE.

Tout cela, madame, ne servira de rien; je serai sage en dépit de vous; et, pour vous ôter l'espérance de pouvoir réussir dans ce que vous voulez, je vais m'ôter de votre vue.

SCENE VIII.

ARGAN, BÉLINE, M. DIAFOIRUS, THOMAS DIAFOIRUS, TOINETTE.

ARGAN, *à Angélique, qui sort.*

Écoute. Il n'y a point de milieu à cela: choisis d'épouser dans quatre jours ou monsieur, ou un couvent. (*à Béline.*) Ne vous mettez pas en peine, je la rangerai bien.

BÉLINE.

Je suis fâchée de vous quitter, mon fils; mais j'ai une affaire en ville dont je ne puis me dispenser. Je reviendrai bientôt.

ARGAN.

Allez, mamour; et passez chez votre notaire, afin qu'il expédie ce que vous savez.

BÉLINE.

Adieu, mon petit ami.

ARGAN.

Adieu, mamie.

SCENE IX.

ARGAN, M. DIAFOIRUS, THOMAS DIAFOIRUS, TOINETTE.

ARGAN.

Voilà une femme qui m'aime! Cela n'est pas croyable.

M. DIAFOIRUS.

Nous allons, monsieur, prendre congé de vous.

ARGAN.

Je vous prie, monsieur, de me dire un peu comment je suis.

M. DIAFOIRUS, *tâtant le pouls d'Argan.*

Allons, Thomas, prenez l'autre bras de monsieur.

pour voir si vous allez porter un bon jugement de son pouls. *Quid dicis?*

THOMAS DIAFOIRUS.

Dico que le pouls de monsieur est le pouls d'un homme qui ne se porte point bien.

M. DIAFOIRUS.

Bon!

THOMAS DIAFOIRUS.

Qu'il est duriuscule, pour ne pas dire dur.

M. DIAFOIRUS.

Fort bien.

THOMAS DIAFOIRUS.

Repoussant.

M. DIAFOIRUS.

Benè.

THOMAS DIAFOIRUS.

Et même un peu capricant.

M. DIAFOIRUS.

Optimè.

THOMAS DIAFOIRUS.

Ce qui marque une intempérie dans le *parenchyme splénique*, c'est à dire la rate.

M. DIAFOIRUS.

Fort bien.

ARGAN.

Non; M. Purgon dit que c'est mon foie qui est malade.

M. DIAFOIRUS.

Et oui : qui dit *parenchyme*, dit l'un et l'autre, à cause de l'étroite sympathie qu'ils ont ensemble par le moyen du *vas breve*, du *pylore*, et souvent des *méats cholidoques*. Il vous ordonne, sans doute, de manger force rôti?

ARGAN.

Non, rien que du bouilli.

M. DIAFOIRUS.

Et oui : rôti, bouilli, même chose. Il vous ordonne fort prudemment, et vous ne pouvez être en de meilleures mains.

ARGAN.

Monsieur, combien est-ce qu'il faut mettre de grains de sel dans un œuf?

M. DIAFOIRUS.

Six, huit, dix, par les nombres pairs, comme dans les médicaments par les nombres impairs.

ARGAN.

Jusqu'au revoir, monsieur.

SCENE X.

BELINE, ARGAN.

BELINE.

Je viens, mon fils, avant que de sortir, vous donner avis d'une chose, à laquelle il faut que vous preniez garde. En passant par devant la chambre d'Angélique, j'ai vu un jeune homme avec elle, qui s'est sauvé d'abord qu'il m'a vue.

ARGAN.

Un jeune homme avec ma fille!

BELINE.

Oui. Votre petite fille Louison était avec eux, qui pourra vous en dire des nouvelles.

ARGAN.

Envoyez-la ici, mamour, envoyez-la ici. Ah! l'effrontée! (*seul*) Je ne m'étonne plus de sa résistance.

SCENE XI.

ARGAN, LOUISON.

LOUISON.

Qu'est-ce que vous me voulez, mon papa? Ma belle maman m'a dit que vous me demandez.

ARGAN.

Oui, venez çà; avancez-là. Tournez-vous. Levez-les yeux. Regardez-moi. Hé?

LOUISON.

Quoi, mon papa?

ARGAN.

Là?

LOUISON.

Quoi?

ARGAN.

N'avez-vous rien à me dire!

LOUISON.

Je vous dirai, si vous voulez, pour vous désennuyer, le conte de Peau-d'Ane, ou bien la fable du Corbeau et du Renard, qu'on m'a apprise depuis peu.

ARGAN.

Ce n'est pas cela que je demande.

LOUISON.

Quoi donc?

ARGAN.

Ah! rusée, vous savez bien ce que je veux vous dire.

LOUISON.

Pardonnez-moi, mon papa.

ARGAN.

Est-ce là comme vous m'obéissez?

LOUISON.

Quoi?

ARGAN

Ne vous ai-je pas recommandé de me venir dire d'abord tout ce que vous voyez?

LOUISON.

Oui, mon papa.

ARGAN.

L'avez-vous fait?

LOUISON.

Oui mon papa. Je vous suis venu dire tout ce que j'ai vu.

ARGAN.

Et n'avez-vous rien vu aujourd'hui?

LOUISON.

Non, mon papa.

ARGAN.

Non?

LOUISON.

Non, mon papa.

ARGAN. — Assurément?

LOUISON. — Assurément.

ARGAN.

Oh çà! je m'en vais vous faire voir quelque chose, moi.

LOUISON, *voyant une poignée de verges qu'Argan a été prendre.*

Ah! mon papa!

ARGAN.

Ah! ah! petite masque, vous ne me dites pas que vous avez vu un homme dans la chambre de votre sœur!

LOUISON, *pleurant.*

Mon papa!

ARGAN, *prenant Louison par le bras.*

Voici qui vous apprendra à mentir.

LOUISON, *se jetant à genoux.*

Ah! mon papa, je vous demande pardon. C'est que ma sœur m'avait dit de ne pas vous le dire; mais je m'en vais vous dire tout.

ARGAN.

Il faut premièrement que vous ayez le fouet paur avoir menti. Puis après nous verrons au reste.

LOUISON.

Pardon, mon papa,

ARGAN.

Non, non.

LOUISON.

Mon pauvre papa, ne me donnez pas le fouet.

ARGAN.

Vous l'aurez.

LOUISON.

Au nom de Dieu, mon papa, que je ne l'aie pas.

ARGAN, *voulant la fouetter.*

Allons, allons.

LOUISON.

Ah! mon papa, vous m'avez blessée. Attendez, je suis morte. (*Elle contrefait la morte.*)

ARGAN.

Holà! qu'est-ce là? Louison, Louison. Ah! mon Dieu! Louison! Ah! ma fille! Ah! malheureux, ma pauvre fille est morte! Qu'ai-je fait, misérable? Ah! chiennes de verges! La peste soit des verges! Ah, ma pauvre fille! ma pauvre petite Louison!

LOUISON.

Là, là, mon papa, ne pleurez point tant: je ne suis pas morte tout à fait.

ARGAN.

Voyez-vous la petite rusée! Oh çà, je vous pardonne pour cette fois-ci, pourvu que vous me disiez bien tout.

LOUISON.

Oh ! oui, mon papa.

ARGAN.

Prenez-y bien garde au moins : car voilà un petit doigt qui sait tout, qui me dira si vous mentez.

LOUISON.

Mais, mon papa, ne dites pas à ma sœur que je vous l'ai dit.

ARGAN.

Non, non.

LOUISON.

C'est mon papa, qu'il est venu un homme dans la chambre de ma sœur comme j'y étais.

ARGAN.

Hé bien ?

LOUISON.

Je lui ai demandé ce qu'il demandait, et il m'a dit qu'il était son maître à chanter.

ARGAN, *à part.*

Hom ! hom ! voilà l'affaire. (*à Louison*) Hé bien ?

LOUISON.

Ma sœur est venue après.

ARGAN.

Hé bien ?

LOUISON.

Elle lui a dit : Sortez, sortez, sortez. Mon Dieu ! sortez ; vous me mettez au désespoir.

ARGAN.

Hé bien ?

LOUISON.

Et lui ne voulait pas sortir.

ARGAN.

Qu'est-ce qu'il lui disait ?

LOUISON.

Il lui disait je ne sais combien de choses.

ARGAN.

Et quoi encore ?

LOUISON.

Il lui disait tout-ci, tout-çà, qu'il l'aimait bien, qu'elle était la plus belle du monde.

ARGAN.

Et puis après ?

LOUISON.

Et puis après, il se mettait à genoux devant elle.

ARGAN.

Et puis après ?

LOUISON.

Et puis après, il lui baisait les mains.

ARGAN.

Et puis après ?

LOUISON.

Et puis après, ma belle maman est venue à la porte, et il s'est enfui.

ARGAN.

Il n'y a point autre chose ?

LOUISON.

Non, mon papa.

ARGAN.

Voilà mon petit doigt pourtant qui gronde quelque chose. (*mettant son doigt à son oreille*) Attendez. Hé ! Ah ! ah ! Oui ? Oh ! oh ! voilà mon petit doigt qui me dit quelque chose que vous avez vu et que vous ne m'avez pas dit.

LOUISON.

Ah ! mon papa, votre petit doigt est un menteur

ARGAN.

Prenez garde.

LOUISON.

Non, mon papa, ne le croyez pas : il ment, je vous assure.

ARGAN.

Oh bien ! bien ! nous verrons cela. Allez-vous-en, et prenez garde à tout; allez. (*seul*) Ah ! il n'y a plus d'enfants ! Ah! que d'affaires ! je n'ai pas seulement loisir de songer à ma maladie. En vérité, je n'en puis plus. (*Il se laisse tomber dans sa chaise.*)

SCENE XII.

BÉRALDE, ARGAN.

BERALDE.

Hé bien ! mon frère, qu'est-ce ? Comment vous portez-vous ?

ARGAN.

Ah ! mon frère, fort mal.

BERALDE.

Comment fort mal ?

ARGAN.

Oui. Je suis dans une faiblesse si grande, que cela n'est pas croyable.

BERALDE.

Voilà qui est fâcheux.

ARGAN.

Je n'ai pas seulement la force de pouvoir parler.

BERALDE.

J'étais venu ici, mon frère, vous proposer un parti pour ma nièce Angélique.

ARGAN, *parlant avec emportement et se levant de sa chaise.*

Mon frère, ne me parlez point de cette coquine-là. C'est une friponne, une impertinente, une effrontée, que je mettrai dans un couvent, avant qu'il soit deux jours.

BERALDE.

Ah ! voilà qui est bien ! Je suis bien aise que la force vous revienne un peu, et que ma visite vous fasse du bien. Oh çà, nous parlerons d'affaires tantôt. Je vous amène ici un divertissement que j'ai rencontré, qui dissipera votre chagrin, et vous rendra l'ame mieux disposée aux choses que nous avons à dire. Ce sont des Egyptiens vêtus en Maures, qui font des danses mêlées de chansons, où je suis sûr que vous prendrez plaisir ; et cela vaudra bien une ordonnance de M. Purgon. Allons.

FIN DU DEUXIÈME ACTE.

SECOND INTERMEDE.

UNE ÉGYPTIENNE CHANTANTE, UN ÉGYPTIEN CHANTANT ; ÉGYPTIENS ET ÉGYPTIENNES CHANTANTS, *vêtus en Maures, et portant des singes.*

UNE ÉGYPTIENNE.

Profitez du printemps
De vos beaux ans,
Aimable jeunesse;
Profitez du printemps
De vos beaux ans;
Donnez-vous à la tendresse

Les plaisirs les plus charmants
Sans l'amoureuse flamme,
Pour contenter une ame,
N'ont point d'attraits assez puissants.

Profitez du printemps
De vos beaux ans,
Aimable jeunesse;
Profitez du printemps
De vos beaux ans;
Donnez-vous à la tendresse.
Ne perdez point ces précieux moments.

La beauté passe,
Le temps l'efface;
L'âge de glace
Vient à sa place,
Qui nous ote le goût de ces doux passetemps.

Profitez du printemps
De vos beaux ans,
Aimable jeunesse;
Profitez du printemps
De vos beaux ans:
Donnez-vous à la tendresse.

PREMIER ENTRÉE DE BALLET.

Danse des Egyptiens et des Egyptiennes.

UN ÉGYPTIEN.

Quand d'aimer on vous presse,
A quoi songez-vous?
Nos cœurs, dans la jeunesse,
N'ont vers la tendresse
Qu'un penchant trop doux.
L'amour a, pour nous prendre,
De si doux attraits,
Que, de soi, sans attendre,
On voudrait se rendre
A ses premiers traits;
Mais tout ce qu'on écoute
Des vives douleurs
Et des pleurs qu'il nous coûte,
Fait qu'on en redoute
Toutes les douceurs.
(à l'Égyptienne.)
Il est doux, à votre âge,
D'aimer tendrement
Un amant
Qui s'engage:
Mais, s'il est volage,
Hélas! Quel tourment!

L'ÉGYPTIENNE.

L'amant qui se dégage
N'est pas le malheur;
La douleur
Et la rage,
C'est que le volage
Garde notre cœur.

L'ÉGYPTIEN.

Quel parti faut-il prendre
Pour nos jeunes cœurs?

L'EGYPTIENNE.

Faut-il nous en défendre
Et fuir ses douceurs?

L'EGYPTIEN.

Devons-nous nous y rendre
Malgré ses rigueurs?

TOUS DEUX ENSEMBLE.

Oui, suivons ses caprices,
Ses douces langueurs:
S'il a quelques supplices,
Il a cent délices
Qui charment les cœurs.

DEUXIEME ENTREE DE BALLET

Tous les Maures dansent ensemble et font sauter des singes qu'ils ont amenés avec eux.

FIN DU SECOND INTERMÈDE.

ACTE III.

SCENE PREMIERE.

BÉRALDE, ARGAN, TOINETTE.

BÉRALDE.

Hé bien! mon frère, qu'en dites-vous? Cela ne vaut-il pas bien une prise de casse?

TOINETTE.

Hom! de bonne casse est bonne.

BÉRALDE.

Oh çà! Voulez-vous que nous parlions un peu ensemble?

ARGAN.

Un peu de patience, mon frère; je vais revenir.

TOINETTE.

Tenez, monsieur, vous ne songez pas que vous ne sauriez marcher sans bâton.

ARGAN.

Tu as raison.

SCÈNE II.

BÉRALDE, TOINETTE.

TOINETTE.

N'abandonnez pas, s'il vous plaît, les intérêts de votre nièce.

BÉRALDE.

J'emploierai toutes choses pour lui obtenir ce qu'elle souhaite.

TOINETTE.

Il faut absolument empêcher ce mariage extravagant qu'il s'est mis dans la fantaisie; et j'avais songé en moi-même que ç'aurait été une bonne affaire, de pouvoir introduire ici un médecin à notre poste, pour le dégoûter de son monsieur Purgon, et lui décrier sa conduite. Mais, comme nous n'avons personne en cela, j'ai résolu de jouer un tour de ma tête.

BÉRALDE.

Comment?

TOINETTE.

C'est une imagination burlesque. Cela sera peut-être plus heureux que sage. Laissez-moi faire. Agissez de votre côté. Voici notre homme.

SCENE III.

ARGAN, BÉRALDE.

BÉRALDE.

Vous voulez bien, mon frère, que je vous demande, avant toute chose, de ne vous point échauffer l'esprit dans notre conversation.

ARGAN.

Voilà qui est fait.

BÉRALDE.

De répondre, sans nulle aigreur, aux choses que je pourrai vous dire.

ARGAN.

Oui.

BÉRALDE.

Et de raisonner ensemble, sur les affaires dont nous avons à parler, avec un esprit détaché de toute passion.

ARGAN.

Mon dieu! Oui. Voilà bien du préambule!

BÉRALDE.

D'où vient, mon frère, qu'ayant le bien que vous avez, et n'ayant d'enfants qu'une fille, car je ne compte pas la petite; d'où vient, dis-je que vous parlez de la mettre dans un couvent?

ARGAN.

D'où vient, mon frère, que je suis maître dans ma famille, pour faire ce que bon me semble?

BÉRALDE.

Votre femme ne manque pas de vous conseiller de vous défaire ainsi de vos deux filles; et je ne doute point que, par un esprit de charité, elle ne fût ravie de les voir toutes deux bonnes religieuses.

ARGAN.

Oh ça! nous y voici. Voilà d'abord la pauvre femme en jeu : c'est elle qui fait tout le mal, et tout le monde lui en veut.

BÉRALDE.

Non, mon frère; laissons-la là : c'est une femme qui a les meilleures intentions du monde pour votre famille, et qui est détachée de toute sorte d'intérêt; qui a pour vous une tendresse merveilleuse, et qui montre pour vos enfants une affection et une bonté qui n'est pas concevable; cela est certain. N'en parlons point; revenons à votre fille. Sur quelle pensée, mon frère, la voulez-vous donner en mariage au fils d'un médecin?

ARGAN.

Sur la pensée, mon frère, de me donner un gendre tel qu'il me faut.

BÉRALDE.

Ce n'est point là, mon frère, le fait de votre fille, et il se présente un parti plus sortable pour elle.

ARGAN.

Oui; mais celui-ci, mon frère, est plus sortable pour moi.

BÉRALDE.

Mais le mari qu'elle doit prendre doit-il être, mon frère, ou pour elle, ou pour vous?

ARGAN.

Il doit être, mon frère, et pour elle et pour moi; et je veux mettre dans ma famille les gens dont j'ai besoin.

BÉRALDE.

Par cette raison-là, si votre petite était grande, vous lui donneriez en mariage un apothicaire.

ARGAN.

Pourquoi non?

BÉRALDE.

Est-il possible que vous serez toujours embéguiné de vos apothicaires et de vos médecins, et que vous vouliez être malade en dépit des gens et de la nature!

ARGAN.

Comment l'entendez-vous, mon frère?

BÉRALDE.

J'entends, mon frère, que je ne vois point d'homme qui soit moins malade que vous, et que je ne demanderais point une meilleure constitution que la vôtre. Une grande marque que vous vous portez bien, et que vous avez un corps parfaitement bien composé, c'est qu'avec tous les soins que vous avez pris vous n'avez pu parvenir encore à gâter la bonté de votre tempérament, et que vous n'êtes point crevé de toutes les médecines qu'on vous a fait prendre.

ARGAN.

Mais savez-vous, mon frère, que c'est cela qui me conserve; et que M. Purgon dit que je succomberais, s'il était seulement trois jours sans prendre soin de moi?

BÉRALDE.

Si vous n'y prenez garde, il prendra tant de soin de vous qu'il vous enverra dans l'autre monde.

ARGAN.

Mais raisonnons un peu, mon frère. Vous ne croyez donc point à la médecine?

BÉRALDE.

Non, mon frère; et je ne vois pas que, pour son salut, il soit nécessaire d'y croire.

ARGAN.

Quoi! vous ne tenez pas véritable une chose établie par tout le monde, et que tous les siècles ont révérée?

BÉRALDE.

Bien loin de la tenir véritable, je la trouve, entre nous, une des plus grandes folies qui soient parmi les hommes; et, à regarder les choses en philosophe, je ne vois point de plus plaisante momerie, je ne vois rien de plus ridicule, qu'un homme qui se veut mêler d'en guérir un autre.

ARGAN.

Pourquoi ne voulez-vous pas, mon frère, qu'un homme en puisse guérir un autre?

BÉRALDE.

Par la raison, mon frère, que les ressorts de notre machine sont des mystères jusqu'ici, où les hommes ne voient goutte, et que la nature nous a mis au-devant des yeux des voiles trop épais pour y connaître quelque chose.

ARGAN.

Les médecins ne savent donc rien, à votre compte?

BÉRALDE.

Si fait, mon frère. Ils savent la plupart de fort belles humanités, savent parler un beau latin, savent nommer en grec toutes les maladies, les définir et les diviser; mais pour ce qui est de les guérir, c'est ce qu'ils ne savent point du tout.

ARGAN.

Mais toujours faut-il demeurer d'accord que, sur cette matière, les médecins en savent plus que les autres.

BÉRALDE.

Ils savent, mon frère, ce que je vous ai dit, qui ne guérit pas de grand'chose; et toute l'excellence de leur art consiste en un pompeux galimatias, en un spécieux babil, qui vous donne des mots pour des raisons, et des promesses pour des effets.

ARGAN.

Mais enfin, mon frère, il y a des gens aussi sages et aussi habiles que vous; et nous voyons que, dans la maladie, tout le monde a recours aux médecins.

BÉRALDE.

C'est une marque de la faiblesse humaine, et non pas de la vérité de leur art.

ARGAN.

Mais il faut bien que les médecins croient leur art véritable, puisqu'ils s'en servent pour eux-mêmes.

BÉRALDE.

C'est qu'il y en a parmi eux qui sont eux-mêmes dans l'erreur populaire, dont ils profitent, et d'autres qui en profitent sans y être. Votre M. Purgon, par exemple, n'y sait point de finesse: c'est un homme tout médecin depuis la tête jusqu'aux pieds; un homme qui croit à ses règles plus qu'à toutes les démonstrations des mathématiques, et qui croirait du crime à les vouloir examiner; qui ne voit rien d'obscur dans la médecine, rien de douteux, rien de difficile; et qui, avec une impétuosité de prévention, une roideur de confiance, une brutalité de sens commun et de raison, donne au travers des purgations et des saignées, et ne balance aucune chose. Il ne lui faut point vouloir mal de tout ce qu'il pourra vous faire; c'est de la meilleure foi du monde qu'il vous expédiera; et il ne fera, en vous tuant, que ce qu'il a fait à sa femme et à ses enfants, et ce qu'en un besoin il ferait à lui-même.

ARGAN.

C'est que vous avez, mon frère, une dent de lait contre lui. Mais, enfin, venons au fait. Que faire donc quand on est malade?

BÉRALDE.

Rien, mon frère.

ARGAN.

Rien?

BÉRALDE.

Rien. Il ne faut que demeurer en repos. La nature d'elle-même, quand nous la laissons faire, se tire doucement du désordre où elle est tombée. C'est notre inquiétude, c'est notre impatience qui gâte tout; et presque tous les hommes meurent de leurs remèdes et non pas de leurs maladies.

ARGAN.

Mais il faut demeurer d'accord, mon frère, qu'on peut aider cette nature par de certaines choses.

BÉRALDE.

Mon dieu! mon frère, ce sont pures idées dont nous aimons à nous repaître; et de tout temps il s'est glissé parmi les hommes de belles imaginations, que nous venons à croire, parce qu'elles nous flattent, et qu'il serait à souhaiter qu'elles fussent véritables. Lorsqu'un médecin vous parle d'aider, de secourir, de soulager la nature, de lui ôter ce qui lui nuit et lui donner ce qui lui manque, de la rétablir, et de la remettre dans une pleine facilité de ses fonctions; lorsqu'il vous parle de rectifier le sang, de tempérer les entrailles et le cerveau, de dégonfler la rate, de raccommoder la poitrine, de réparer le foie, de fortifier le cœur, de rétablir et conserver la chaleur naturelle, et d'avoir des secrets pour étendre la vie à de longues années, il vous dit justement le roman de la médecine. Mais, quand vous en venez à la vérité et à l'expérience, vous ne trouvez rien de tout cela; et il en est comme de ces beaux songes, qui ne vous laissent au réveil que le déplaisir de les avoir crus.

ARGAN.

C'est à dire que toute la science du monde est renfermée dans votre tête; et vous voulez en savoir plus que tous les grands médecins de notre siècle.

BÉRALDE.

Dans les discours et dans les choses, ce sont deux sortes de personnes que vos grands médecins. Entendez-les parler, les plus habiles gens du monde; voyez-les faire, les plus ignorants de tous les hommes.

ARGAN.

Ouais! vous êtes un grand docteur, à ce que je vois; et je voudrais bien qu'il y eût ici quelqu'un de ces messieurs, pour rembarrer vos raisonnements, et rabaisser votre caquet.

BÉRALDE.

Moi, mon frère, je ne prends point à tâche de combattre la médecine; et chacun, à ses périls et fortune, peut croire tout ce qu'il lui plaît. Ce que je dis n'est qu'entre nous; et j'aurais souhaité de pouvoir un peu vous tirer de l'erreur où vous êtes; et, pour vous divertir, vous menez voir, sur ce chapitre, quelqu'une des comédies de Molière.

ARGAN.

C'est un bon impertinent que votre Molière, avec ses comédies! et je le trouve bien plaisant d'aller jouer d'honnêtes gens comme les médecins!

BÉRALDE.

Ce ne sont point les médecins qu'il joue, mais le ridicule de la médecine.

ARGAN.

C'est bien à lui à faire de se mêler de contrôler la médecine! Voilà un bon nigaud, un bon impertinent, de se moquer des consultations et des ordonnances, de s'attaquer au corps des médecins, et d'aller mettre sur son théâtre des personnes vénérables comme ces messieurs-là!

BÉRALDE.

Que voulez-vous qu'il y mette que les diverses professions des hommes? On y met bien tous les jours les princes et les rois, qui sont d'aussi bonne maison que les médecins.

ARGAN.

Par la mort non de diable! si j'étais que des médecins, je me vengerais de son impertinence; et, quand il sera malade, je le laisserais mourir sans secours. Il aurait beau faire et beau dire, je ne lui ordonnerais pas la moindre petite saignée, le moindre petit lavement; et je lui dirais: Crève, crève; cela t'apprendra une autre fois à te jouer à la Faculté.

BÉRALDE.

Vous voilà bien en colère contre lui.

ARGAN.

Oui, c'est un mal avisé; et si les médecins sont sages, ils feront ce que je dis.

BÉRALDE.

Il sera encore plus sage que vos médecins; car il ne leur demandera point de secours.

ARGAN.

Tant pis pour lui, s'il n'a point recours aux remèdes.

BÉRALDE.

Il a ses raisons pour n'en point vouloir, et il soutient que cela n'est permis qu'aux gens vigoureux et robustes, et qui ont des forces de reste pour porter les remèdes avec la maladie; mais que, pour lui, il n'a justement de la force que pour porter son mal.

ARGAN.

Les sottes raisons que voilà! Tenez, mon frère, ne parlons point de cet homme-là davantage; car cela m'échauffe la bile, et vous me donneriez mon mal.

BÉRALDE.

Je le veux bien, mon frère; et, pour changer de discours, je vous dirai que, sur une petite répugnance que vous témoigne votre fille, vous ne devez point prendre les résolutions violentes de la mettre dans un couvent; que, pour le choix d'un gendre, il ne vous faut pas suivre aveuglément la passion qui vous emporte; et qu'on doit, sur cette matière, s'accommoder un peu à l'inclination d'une fille, puisque c'est pour toute la vie, et que de là dépend tout le bonheur d'un mariage.

SCENE IV.

MONSIEUR FLEURANT, *une seringue à la main;* ARGAN, BÉRALDE.

ARGAN.

Ah! mon frère, avec votre permission.

BÉRALDE.

Comment? Que voulez-vous faire?

ARGAN.

Prendre ce petit lavement-là, ce sera bientôt fait.

BÉRALDE.

Vous vous moquez: est-ce que vous ne sauriez être un moment sans lavement ou sans médecine? Remettez cela à une autre fois, et demeurez un peu en repos.

ARGAN.

Monsieur Fleurant, à ce soir, ou à demain au matin.

M. FLEURANT, *à Béralde.*

De quoi vous mêlez-vous de vous opposer aux ordonnances de la médecine, et d'empêcher monsieur de prendre son clystère? Vous êtes bien plaisant d'avoir cette hardiesse-là!

BÉRALDE.

Allez, monsieur; on voit bien que vous n'avez pas accoutumé de parler à des visages.

M. FLEURANT.

On ne doit point ainsi se jouer des remèdes, et me faire perdre mon temps. Je ne suis venu ici que sur une bonne ordonnance; et je vais dire à monsieur Purgon comme on m'a empêché d'exécuter ses ordres et de faire ma fonction. Vous verrez, vous verrez...

SCENE V.

ARGAN, BÉRALDE.

ARGAN.

Mon frère, vous serez cause ici de quelque malheur.

BÉRALDE.

Le grand malheur de ne pas prendre un lavement que monsieur Purgon a ordonné! Encore un coup, mon frère, est-il possible qu'il n'y ait pas moyen de vous guérir de la maladie de médecins, et que vous vouliez être toute votre vie enseveli dans leurs remèdes?

ARGAN.

Mon Dieu! mon frère, vous en parlez comme un homme qui se porte bien: mais, si vous étiez à ma place, vous changeriez bien de langage. Il est aisé de parler contre la médecine quand on est en pleine santé.

BÉRALDE.

Mais quel mal avez-vous?

ARGAN.

Vous me feriez enrager! Je voudrais que vous l'eussiez, mon mal, pour voir si vous jaseriez tant. Ah! voici monsieur Purgon.

SCENE VI.

MONSIEUR PURGON, ARGAN, BÉRALDE, TOINETTE.

M. PURGON.

Je viens d'apprendre là-bas à la porte de jolies nouvelles; qu'on se moque ici de mes ordonnances, et qu'on a fait refus de prendre le remède que j'avais prescrit.

ARGAN.

Monsieur, ce n'est pas.

M. PURGON.

Voilà une hardiesse bien grande, une étrange rébellion d'un malade contre son médecin!

TOINETTE.

Cela est épouvantable.

M. PURGON.

Un clystère que j'avais pris plaisir à composer moi-même.

ARGAN.

Ce n'est pas moi.

M. PURGON.

Inventé et formé dans toutes les règles de l'art.

TOINETTE.

Il a tort.

M. PURGON.

Et qui devait faire dans les entrailles un effet merveilleux.

ARGAN.

Mon frère?

M. PURGON.

Le renvoyer avec mépris.

ARGAN, *montrant Béralde.*

C'est lui.

M. PURGON.

Cela est une action exorbitante.

TOINETTE.

Cela est vrai.

M. PURGON.

Un attentat énorme contre la médecine.

ARGAN, *montrant Béralde.*

Il est cause.

M. PURGON.

Un crime de lèse-faculté, qui ne se peut assez punir.

TOINETTE.

Vous avez raison.

M. PURGON.

Je vous déclare que je romps commerce avec vous.

ARGAN.

C'est mon frère.

M. PURGON.

Que je ne veux plus d'alliance avec vous.

TOINETTE.

Vous ferez bien.

M. PURGON.

Et que, pour finir toute liaison avec vous, voilà la donation que je faisais à mon neveu en faveur du mariage.

(*Il déchire la donation, et en jette les morceaux avec fureur*)

ARGAN.

C'est mon frère qui a fait tout le mal.

M. PURGON.

Mépriser mon clystère!

ARGAN.

Faites-le venir, je m'en vais le prendre.

M. PURGON.

Je vous aurais tiré d'affaire avant qu'il fût peu.

TOINETTE.

Il ne le mérite pas.

M. PURGON.

J'allais nettoyer votre corps et en évacuer entièrement les mauvaises humeurs.

ARGAN.

Ah! mon frère!

M. PURGON.

Et je ne voulais plus qu'une douzaine de médecines pour vider le fond du sac.

TOINETTE.

Il est indigne de vos soins.

M. PURGON.

Mais puisque vous n'avez pas voulu guérir par mes mains.

ARGAN.

Ce n'est pas ma faute.

M. PURGON.

Puisque vous vous êtes soustrait de l'obéissance que l'on doit à son médecin.

TOINETTE.

Cela crie vengeance.

M. PURGON.

Puisque vous vous êtes déclaré rebelle aux remèdes que je vous ordonnais..

ARGAN.

Hé! point du tout.

M. PURGON.

J'ai à vous dire que je vous abandonne à votre mauvaise constitution, à l'intempérie de vos entrailles, à la corruption de votre sang, a l'âcreté de votre bile, et à la féculence de vos humeurs.

TOINETTE.

C'est fort bien fait.

ARGAN.

Mon dieu!

M. PURGON.

Et je veux qu'avant qu'il soit quatre jours vous deveniez dans un état incurable.

ARGAN.

Ah! miséricorde!

M. PURGON.

Que vous tombiez dans la bradypepsie,

ARGAN.

Monsieur Purgon!

M. PURGON.

De la bradypepsie dans la dyspepsie,

ARGAN.

Monsieur Purgon!

M. PURGON.

De la dyspepsie dans l'apepsie.

ARGAN.

Monsieur Purgon!

M. PURGON.

De l'apepsie dans la lientérie.

ARGAN.

Monsieur Purgon!

M. PURGON.

De la lientérie dans la dysenterie,

ARGAN.

Monsieur Purgon!

M. PURGON.

De la dysentérie dans l'hydropisie.

ARGAN.

Monsieur Purgon!

M. PURGON.

Et de l'hydropisie dans la privation de la vie, où vous aura conduit votre folie.

SCENE VII.

ARGAN, BERALDE.

ARGAN.

Ah! mon dieu! je suis mort! Mon frère! vous m'avez perdu!

BÉRALDE.

Quoi? qu'y a-t-il?

ARGAN.

Je n'en puis plus. Je sens déjà que la médecine se venge.

BÉRALDE.

Ma foi, mon frère, vous êtes fou; et je ne voudrais pas pour beaucoup de choses qu'on vous vît faire ce que vous faites. Tâtez-vous un peu, je vous prie; revenez à vous-même, et ne donnez point tant à votre imagination.

ARGAN.

Vous voyez mon frère, les étranges maladies dont il m'a menacé.

BÉRALDE.

Le simple homme que vous êtes!

ARGAN.

Il dit que je deviendrai incurable avant qu'il soit quatre jours.

BÉRALDE.

Et ce qu'il dit, que fait-il à la chose? Est-ce un oracle qui a parlé? Il semble, à vous entendre, que M. Purgon tienne dans ses mains le filet de vos jours, et que, d'autorité suprême, il vous l'allonge et vous le raccourcisse comme il lui plaît. Songez que les principes de votre vie sont en vous-même, et que le courroux de M. Purgon est aussi peu capable de vous faire mourir que ses remèdes de vous faire vivre. Voici une aventure, si vous voulez, à vous défaire des médecins; ou, si vous êtes né à ne pouvoir vous en passer, il est aisé d'en avoir un autre avec lequel, mon frère, vous puissiez courir un peu moins de risque.

ARGAN.

Ah! mon frère; il sait tout mon temperament, et la manière dont il faut me gouverner.

BÉRALDE.

Il faut avouer que vous êtes un homme d'une grande prévention, et que vous voyez les choses avec d'étranges yeux.

SCENE VIII.

ARGAN, BÉRALDE, TOINETTE.

TOINETTE, *à Argan.*

Monsieur, voilà un médecin qui demande à vous voir.

ARGAN.

Et quel médecin?

TOINETTE.

Un médecin de la médecine.

ARGAN.

Je te demande qui il est?

TOINETTE.

Je ne le connais pas, mais il me ressemble comme deux gouttes d'eau; et, si je n'étais sûre que ma mère était honnête femme, je dirais que ce serait quelque petit frère qu'elle m'aurait donné depuis le trépas de mon père.

ARGAN.

Fais-le venir.

SCENE IX.

ARGAN, BÉRALDE.

BÉRALDE.

Vous êtes servi à souhait. Un médecin vous quitte, un autre se présente.

ARGAN.

J'ai bien peur que vous ne soyez cause de quelque malheur.

BÉRALDE.

Encore! Vous en revenez toujours là.

ARGAN.

Voyez-vous, j'ai sur le cœur toutes ces maladies-là, que je ne connais point, ces...

SCENE X.

ARGAN, BÉRALDE, TOINETTE, *en médecin.*

TOINETTE.

Monsieur, agreez que je vienne vous rendre visite, et vous offrir mes petits services pour toutes les saignées et purgations dont vous aurez besoin.

ARGAN.

Monsieur, je vous suis fort obligé. (*à Béralde*) Par ma foi, voilà Toinette elle-même.

TOINETTE.

Monsieur, je vous prie de m'excuser; j'ai oublié de donner une commission à mon valet. Je reviens tout à l'heure.

SCENE XI.

ARGAN, BÉRALDE.

ARGAN.

Hé! ne diriez-vous pas que c'est effectivement Toinette?

BÉRALDE.

Il est vrai que la ressemblance en est tout à fait grande; mais ce n'est pas la première fois qu'on a vu de ces sortes de choses; et les histoires ne sont pleines que de ces jeux de la nature.

ARGAN.

Pour moi, j'en suis surpris; et...

SCENE XII.

ARGAN, BÉRALDE, TOINETTE.

TOINETTE.

Que voulez-vous, monsieur?

ARGAN.

Comment?

TOINETTE.

Ne m'avez-vous pas appelée?

ARGAN.

Moi? non.

TOINETTE.

Il faut donc que les oreilles m'aient corné.

ARGAN.

Demeure un peu ici pour voir comme ce médecin te ressemble.

TOINETTE.

Oui, vraiment! J'ai affaire là-bas, et je l'ai assez vu.

SCENE XIII.

ARGAN, BÉRALDE.

ARGAN.

Si je ne les voyais tous deux, je croirais que ce n'est qu'un.

BÉRALDE.

J'ai lu des choses surprenantes de ces sortes de ressemblance; et nous en avons vu, de notre temps, où tout le monde s'est trompé.

ARGAN.

Pour moi, j'aurais été trompé à celle-là; et j'aurais juré que c'est la même personne.

SCENE XIV.

ARGAN, BÉRALDE, TOINETTE *en médecin.*

TOINETTE.

Monsieur, je vous demande pardon de tout mon cœur.

ARGAN, *bas, à Béralde.*

Cela est admirable.

TOINETTE.

Vous ne trouverez pas mauvais, s'il vous plaît, la curiosité que j'ai eue de voir un illustre malade comme vous êtes; et votre réputation, qui s'étend partout, peut excuser la liberté que j'ai prise.

ARGAN.

Monsieur, je suis votre serviteur.

TOINETTE.

Je vois, monsieur, que vous me regardez fixement. Quel âge croyez-vous bien que j'aie?

ARGAN.

Je crois que, tout au plus, vous pouvez avoir vingt-six ou vingt-sept ans.

TOINETTE.

Ah, ah, ah, ah, ah! J'en ai quatre-vingt-dix.

ARGAN.

Quatre-vingt-dix!

TOINETTE.

Oui. Vous voyez un effet des secrets de mon art, de me conserver ainsi frais et vigoureux.

ARGAN.

Par ma foi, voilà un beau jeune vieillard pour quatre-vingt-dix ans.

TOINETTE.

Je suis médecin passager, qui vais de ville en ville, de province en province, de royaume en royaume, pour chercher d'illustres matières à ma capacité, pour trouver des malades dignes de m'occuper, capables d'exercer les beaux et grands secrets que j'ai trouvés dans la médecine. Je dédaigne de m'amuser à ce menu fatras de maladies ordinaires, à ces bagatelles de rhumatismes et de fluxions, à ces fièvrotes, à ces vapeurs et à ces migraines. Je veux des maladies d'importance, de bonnes fièvres continues, avec des transports au cerveau, de bonnes fièvres pourprées, de bonnes pestes, de bonnes hydropisies formées, de bonnes pleurésies avec des inflammations de poitrine; c'est là que je me plais, c'est là que je triomphe; et je voudrais, monsieur, que vous eussiez toutes les maladies que je viens de dire, que vous fussiez abandonné de tous les médecins, désespéré, à l'agonie, pour vous montrer l'excellence de mes remèdes, et l'envie que j'aurais de vous rendre service.

ARGAN.

Je vous suis obligé, monsieur, des bontés que vous avez pour moi.

TOINETTE.

Donnez-moi votre pouls. Allons donc, que l'on batte comme il faut. Ah! je vous ferai bien aller comme vous devez. Ouais! ce pouls-là fait l'impertinent; je vois bien que vous ne me connaissez pas encore. Qui est votre médecin?

ARGAN.

M. Purgon.

TOINETTE.

Cet homme-là n'est point écrit sur mes tablettes entre les grands médecins. De quoi, dit-il, que vous êtes malade?

ARGAN.

Il dit que c'est du foie, et d'autres disent que c'est de la rate.

TOINETTE.

Ce sont tous des ignorants. C'est du poumon que vous êtres malade.

ARGAN.

Du poumon?

TOINETTE.

Oui. Que sentez-vous?

ARGAN.

Je sens de temps en temps des douleurs de tête.

TOINETTE.

Justement, le poumon.

ARGAN.

Il me semble parfois que j'ai un voile devant les eux.

TOINETTE.

Le poumon.

ARGAN.

J'ai quelquefois des maux de cœur.

TOINETTE.

Le poumon.

ARGAN.

Je sens parfois des lassitudes par tous les membres.

TOINETTE.

Le poumon.

ARGAN.

Et quelquefois il me prend des douleurs dans le ventre, comme si c'étaient des coliques.

TOINETTE.

Le poumon. Vous avez appétit à ce que vous mangez!

ARGAN.

Oui, monsieur.

TOINETTE.

Le poumon. Vous aimez à boire un peu de vin?

ARGAN.

Oui. Monsieur.

TOINETTE.

Le poumon. Il vous prend un petit sommeil après le repas, et vous êtes bien aise de dormir?

ARGAN.

Oui, monsieur.

TOINETTE.

Le poumon, le poumon, vous dis-je. Que vous ordonne votre médecin pour votre nourriture?

ARGAN.

Il m'ordonne du potage,

TOINETTE.

Ignorant!

ARGAN.

De la volaille,

TOINETTE.

Ignorant!

ARGAN.

Du veau,

TOINETTE.

Ignorant!

ARGAN.

Des bouillons,

TOINETTE.

Ignorant!

ARGAN.

Des œufs frais,

TOINETTE.

Ignorant!

ARGAN.

Et le soir des petits pruneaux pour lâcher le ventre;

TOINETTE.

Ignorant!

ARGAN.

Et surtout de boire mon vin fort trempé.

TOINETTE.

Ignorantus, ignoranta, ignorantum! Il faut boire votre vin pur; et, pour épaissir votre sang qui est trop subtil, il faut manger de bon gros bœuf, de bon gros porc, de bon frommage de Hollande, du gruau et du riz, et des marrons et des oublies, pour coller et conglutiner. Votre médecin est une bête. Je veux vous en envoyer un de ma main, et je viendrai vous voir de temps en temps, tandis que je serai en cette ville.

ARGAN.

Vous m'obligerez beaucoup.

TOINETTE.

Que diantre faites-vous de ce bras-là?

ARGAN.

Comment?

TOINETTE.

Voilà un bras que je me ferais couper tout à l'heure, si j'étais que de vous.

ARGAN.

Et pourquoi?

TOINETTE.

Ne voyez-vous pas qu'il tire à soi toute la nourriture, et qu'il empêche ce côté-là de profiter.

ARGAN.

Oui; mais j'ai besoin de mon bras.

TOINETTE.

Vous avez là aussi un œil droit que je me ferais crever, si j'étais en votre place.

ARGAN.

Crever un œil?

TOINETTE.

Ne voyez-vous pas qu'il incommode l'autre, et lui dérobe sa nourriture? Croyez-moi, faites-vous le crever au plus tôt, vous en verrez plus clair de l'œil gauche.

ARGAN.

Cela n'est pas pressé.

TOINETTE.

Adieu. Je suis fâché de vous quitter si tôt; mais il faut que je me trouve à une grande consultation qui se doit faire pour un homme qui mourut hier.

ARGAN.

Pour un homme qui mourut hier?

TOINETTE.

Oui, pour aviser et voir ce qu'il aurait fallu lui faire pour le guérir. Jusqu'au revoir.

ARGAN.

Vous savez que les malades ne reconduisent point.

SCENE XV.

ARGAN, BÉRALDE.

BÉRALDE.

Voilà un médecin, vraiment, qui paraît for habile.

ARGAN.

Oui; mais il va un peu bien vite.

BÉRALDE.

Tous les grands médecins sont comme cela.

ARGAN.

Me couper un bras et me crever un œil, afin que l'autre se porte mieux! J'aime bien mieux qu'il ne se porte pas si bien. La belle opération de me rendre borgne et manchot!

SCENE XVI.

ARGAN, BÉRALDE, TOINETTE.

TOINETTE, *feignant de parler à quelqu'un.*

Allons, allons, je suis votre servante. Je n'ai pas envie de rire.

ARGAN.

Qu'est-ce que c'est?

TOINETTE.

Votre médecin, ma foi, qui voulait me tâter le pouls.

ARGAN.

Voyez un peu, à l'âge de quatre-vingt-dix ans!

BÉRALDE.

Oh çà? mon frère, puisque voilà votre M. Purgon brouillé avec vous, ne voulez-vous pas bien que je vous parle du parti qui s'offre pour ma nièce?

ARGAN.

Non, mon frère; je veux la mettre dans un couvent, puisqu'elle s'est opposée à mes volontés. Je vois bien qu'il y a quelque amourette là-dessous; et j'ai découvert certaine entrevue secrète, qu'on ne sait pas que j'ai découverte.

BÉRALDE.

Hé bien! mon frère, quand il y aurait quelque petite inclination, cela serait-il si criminel? Et rien peut-il vous offenser, quand tout ne va qu'à des choses honnêtes, comme le mariage?

ARGAN.

Quoi qu'il en soit, mon frère, elle sera religieuse, c'est une chose résolue.

BÉRALDE.

Voulez-vous faire plaisir à quelqu'un?

ARGAN.

Je vous entends. Vous en revenez toujours là, et ma femme vous tient au cœur.

BÉRALDE.

Hé bien! oui, mon frère, puisqu'il faut parler à cœur ouvert, c'est votre femme que je veux dire; et, non plus que l'entêtement de la médecine, je ne puis vous souffrir l'entêtement où vous êtes pour elle, et voir que vous donnez tête baissée dans tous les piéges qu'elle vous tend.

TOINETTE.

Ah! monsieur, ne parlez point de madame; c'est une femme sur laquelle il n'y a rien à dire, une femme sans artifice, et qui aime monsieur, qui l'aime!.. On ne peut pas dire cela.

ARGAN.

Demandez-lui un peu les caresses qu'elle me fait;

TOINETTE.

Cela est vrai.

ARGAN.

L'inquiétude que lui donne ma maladie;

TOINETTE.

Assurément.

ARGAN.

Et les soins et les peines qu'elle prend autour de moi.

TOINETTE.

Il est certain. (*à Béralde.*) Voulez-vous que je vous convainque, et vous fasse voir, tout à l'heure, comme madame aime monsieur? (*à Argan.*) Monsieur, souffrez que je lui montre son béjaune, et le tire d'erreur.

ARGAN.

Comment?

TOINETTE.

Madame s'en va revenir. Mettez-vous tout étendu dans cette chaise, et contrefaites le mort; vous verrez la douleur où elle sera, quand je lui aurai dit la nouvelle.

ARGAN.

Je le veux bien.

TOINETTE.

Oui; mais ne la laissez pas longtemps dans le désespoir, car elle en pourrait bien mourir.

ARGAN.

Laisse-moi faire.

TOINETTE, *à Béralde.*

Cachez-vous, vous, dans ce coin-là.

SCENE XVII.

ARGAN, TOINETTE.

ARGAN.

N'y a-t-il point quelque danger à contrefaire le mort?

TOINETTE.

Non, non. Quel danger y aurait-il? Étendez-vous là seulement. (*bas*) Il y aura plaisir à confondre votre frère. Voici madame. Tenez-vous bien.

SCENE XVIII.

BÉLINE, ARGAN *étendu dans sa chaise*, TOINETTE.

TOINETTE, *feignant de ne point voir Béline.*

Ah! mon dieu! Ah! malheur! Quel étrange accident!

BÉLINE.

Qu'est-ce, Toinette?

TOINETTE.

Ah! madame!

BÉLINE.

Qu'y a-t-il?

TOINETTE.

Votre mari est mort.

BÉLINE.

Mon mari est mort?

TOINETTE.

Helas! oui! le pauvre défunt est trépassé.

BÉLINE.

Assurément?

TOINETTE.

Assurément. Personne ne sait encore cet accident là; et je me suis trouvée ici toute seule. Il vient de passer entre mes bras. Tenez, le voilà tout de son long dans cette chaise.

BÉLINE.

Le ciel en soit loué! Me voilà délivrée d'un grand fardeau! Que tu es sotte, Toinette, de t'affliger de cette mort!

TOINETTE.

Je pensais, madame, qu'il fallût pleurer.

BÉLINE.

Va, va, cela n'en vaut pas la peine. Quelle perte est-ce que la sienne? et de quoi servait-il sur la terre? Un homme incommode à tout le monde, mal propre, dégoûtant, sans cesse un lavement ou une médecine dans le ventre, mouchant, toussant, crachant toujours; sans esprit, ennuyeux, de mauvaise humeur, fatiguant sans cesse les gens, et grondant jour et nuit servantes et valets.

TOINETTE.

Voilà une belle oraison funèbre!

BÉLINE.

Il faut, Toinette, que tu m'aides à exécuter mon dessein; et tu peux croire, qu'en me servant, ta récompense est sûre. Puisque, par un bonheur, personne n'est encore averti de la chose, portons-le dans son lit, et tenons cette mort cachée jusqu'à ce que j'aie fait mon affaire. Il y a des papiers, il y a de l'argent, dont je me veux saisir; et il n'est pas juste que j'aie passé sans fruit, auprès de lui, mes plus belles années. Viens, Toinette, prenons auparavant toutes ses clefs.

ARGAN, *se levant brusquement.*

Doucement!

BÉLINE.

Ah!

ARGAN.

Oui, madame ma femme, c'est ainsi que vous m'aimez!

TOINETTE.

Ah! ah! défunt n'est pas mort!

ARGAN, *à Béline qui sort.*

Je suis bien aise de voir votre amitié, et d'avoir entendu le beau panégyrique que vous avez fait de moi. Voilà un avis au lecteur, qui me rendra sage à l'avenir, et qui m'empêchera de faire bien des choses.

SCENE XIX.

BARALDE, *sortant de l'endroit où il s'était caché;* ARGAN, TOINETTE.

BÉRALDE.

Hé bien! Mon frère, vous le voyez.

TOINETTE.

Par ma foi, je n'aurais jamais cru cela. Mais j'entends votre fille. Remettez-vous comme vous étiez, et voyons de quelle manière elle recevra votre mort. C'est une chose qu'il n'est pas mauvais d'éprouver; et, puisque vous êtes en train, vous connaîtrez par là les sentiments que votre famille a pour vous.

(*Béralde va encore se cacher.*)

SCENE XX.

ARGAN, ANGÉLIQUE, TOINETTE.

TOINETTE, *feignant de ne point voir Angélique.*

O ciel! Ah! ah! fâcheuse aventure! Malheureuse journée!

ANGÉLIQUE.

Qu'as-tu, Toinette? et de quoi pleures-tu?

TOINETTE.

Hélas! j'ai de tristes nouvelles à vous donner.

ANGÉLIQUE.

Hé! quoi?

TOINETTE.

Votre père est mort.

ANGÉLIQUE.

Mon père est mort, Toinette?

TOINETTE.

Oui. Vous le voyez là; il vient de mourir tout à l'heure d'une faiblesse qui lui a pris.

ANGÉLIQUE.

O ciel! Quelle infortune! Quelle atteinte cruelle! Hélas! faut-il que je perde mon père, la seule chose qui me restait au monde, et qu'encore, pour un surcroît de désespoir, je le perde dans un moment où il était irrité contre moi! Que deviendrai-je, malheureuse? et quelle consolation trouver, après une si grande perte?

SCENE XXI.

ARGAN, ANGÉLIQUE, CLEANTE, TOINETTE.

CLÉANTE.

Qu'avez-vous donc, belle Angélique? et quel malheur pleurez-vous!

ANGÉLIQUE.

Hélas! Je pleure tout ce que dans la vie je pouvais perdre de plus cher et de plus précieux: je pleure la mort de mon père.

CLÉANTE.

O ciel! Quelle accident! Quel coup inopiné! Hélas! Après la demande que j'avais conjuré votre oncle de lui faire pour moi, je venais me présenter à lui, et tâcher, par mes respects et par mes prières, de disposer son cœur à vous accorder à mes vœux.

ANGÉLIQUE.

Ah! Cléante, ne parlons plus de rien. Laissons là toutes les pensées du mariage. Après la perte de mon père, je ne veux plus être du monde, et j'y renonce pour jamais. Oui, mon père, si j'ai résisté tantôt à vos volontés, je veux suivre du moins une de vos intentions, et réparer par là le chagrin que je m'accuse de vous avoir donné. (*se jetant à ses genoux*) Souffrez, mon père, que je vous en donne ici ma parole, et que je vous embrasse pour vous témoigner mon ressentiment.

ARGAN, *embrassant Angélique.*

Ah! ma fille!

ANGÉLIQUE.

Ahi!

ARGAN.

Viens, n'aie point de peur, je ne suis pas mort. Va, tu es mon vrai sang, ma véritable fille, et je suis ravi d'avoir vu ton bon naturel.

SCENE XXII.

ARGAN, BÉRALDE, ANGÉLIQUE, CLÉANTE, TOINETTE.

ANGÉLIQUE.

Ah! quelle surprise agréable! Mon père, puisque, par un bonheur extrême, le ciel vous redonne à mes vœux, souffrez qu'ici je me jette à vos pieds, pour vous supplier d'une chose. Si vous n'êtes pas favorable au penchant de mon cœur, si vous me refusez Cléante pour époux, je vous conjure au moins de ne point me forcer d'en épouser un autre. C'est toute la grace que je vous demande.

CLÉANTE, *se jetant aux genoux d'Argan.*

Hé! Monsieur, laissez-vous toucher à ses prières et aux miennes; et ne vous montrez point contraire aux mutuels empressements d'une si belle inclination.

BÉRALDE.

Mon frère, pouvez-vous tenir là contre?

TOINETTE.

Monsieur, serez-vous insensible à tant d'amour?

ARGAN.

Qu'il se fasse médecin, je consentirai au mariage. Oui. (*à Cléante*) Faites-vous médecin, je vous donne ma fille.

CLÉANTE.

Très volontiers, monsieur, s'il ne tient qu'à cela pour être votre gendre, je me ferai médecin, apothicaire même, si vous voulez. Ce n'est pas une affaire que cela, et je me ferais bien d'autres choses, pour obtenir la belle Angélique.

BÉRALDE.

Mais, mon frère, il me vient une pensée. Faites-vous médecin vous-même. La commodité sera encore plus grande d'avoir en vous tout ce qu'il vous faut

TOINETTE.

Cela est vrai. Voilà le vrai moyen de vous guérir bientôt; et il n'y a point de maladie si osée que de se jouer à la personne d'un médecin.

ARGAN.

Je pense, mon frère, que vous vous moquez de moi. Est-ce que je suis en âge d'étudier?

BÉRALDE.

Bon, étudier! Vous êtes assez savant; et il y en a beaucoup parmi eux qui ne sont pas plus habiles que vous.

ARGAN.

Mais il faut savoir bien parler latin, connaître les maladies et les remèdes qu'il y faut faire.

BÉRALDE.

En recevant la robe et le bonnet de médecin, vous apprendrez tout cela; et vous serez après plus habile que vous ne voudrez.

ARGAN.

Quoi! l'on sait discourir sur les maladies, quand on a cet habit là?

BÉRALDE.

Oui. L'on n'a qu'à parler, avec une robe et un bonnet, tout le galimatias devient savant, et toute sottise devient raison.

TOINETTE.

Tenez, monsieur, quand il n'y aurait que votre barbe, c'est déjà beaucoup; et la barbe fait plus de la moitié d'un médecin.

CLÉANTE.

En tout cas, je suis prêt à tout.

BÉRALDE, *à Argan.*

Voulez-vous que l'affaire se fasse tout à l'heure?

ARGAN.

Comment. tout à l'heure?

BÉRALDE.

Oui, et dans votre maison.

ARGAN.

Dans ma maison?

BÉRALDE.

Oui. Je connais une faculté de mes amies, qui viendra tout à l'heure en faire la cérémonie dans votre salle. Cela ne vous coûtera rien.

ARGAN.

Mais, moi, que dire? que répondre?

BÉRALDE.

On vous instruira en deux mots, et l'on vous donnera, par écrit, ce que vous devez dire. Allez-vous-en vous mettre en habit décent. Je vais les envoyer quérir.

ARGAN.

Allons, voyons cela.

SCENE XXIII.

BERALDE, ANGÉLIQUE, CLÉANTE. TOINETTE.

CLÉANTE.

Que voulez-vous dire? et qu'entendez-vous, avec cette faculté de vos amies?

TOINETTE.

Quel est donc votre dessein?

BERALDE.

De nous divertir un peu ce soir. Les comédiens ont fait un petit intermède de la réception d'un médecin, avec des danses et de la musique; je veux que nous en prenions ensemble le divertissement, et que mon frère y fasse le premier personnage.

ANGELIQUE.

Mais, mon oncle, il me semble que vous vous jouez un peu beaucoup de mon père

BERALDE.

Mais, ma nièce, ce n'est pas tant le jouer, que s'accommoder à ses fantaisies. Tout ceci n'est qu'entre nous. Nous y pouvons aussi prendre chacun un personnage, et nous donner ainsi la comédie les uns aux autres. Le carnaval autorise cela. Allons vite préparer toutes choses.

CLÉANTE *à Angélique.*

Y consentez-vous?

ANGÉLIQUE.

Oui, puisque mon oncle nous conduit.

FIN DU TROISIÈME ACTE.

TROISIÈME INTERMÈDE.

PREMIERE ENTREE DE BALLET.

Des tapissiers viennent en dansant, préparer la salle et placer les bancs en cadence.

DEUXIEME ENTREE DE BALLET.

Marche de la faculté de médecine au son des instruments.

Les porte-seringues, représentant les massiers, entrent les premiers. Après eux, viennent, deux à deux, les apothicaires avec des mortiers, les chirurgiens et les docteurs, qui vont se placer aux deux cotés du théatre. Le président monte dans une chaire qui est au milieu : et Argan, qui doit être reçu docteur, se place dans une chaire plus petite, qui est au-devant de celle du président.

LE PRESIDENT.

Savantissimi doctores
Medicinæ professores,
Qui hîc assemblati estis,
Et vos altri messiores,
Sententiarum facultatis
Fideles executores,
Chirurgiani et apothicari,
Atque tota compania aussi,
Salus, honor, et argentum.
Atque bonum appetitum.

Non possum, docti confreri,
En moi satis admirari
Qualis bona inventio
Est medici professio,
Quàm bella chosa est et bene trovata
Medicina illa benedicta,
Quæ, suo nomine solo,
Surprenanti miraculo,
Depuis si longo tempore,
Facit à gogo vivere
Tant de gens omni genere.
Per totam terram videmus
Grandam vogam ubi sumus;
Et quod grandes et petiti
Sunt de nobis infatuti.
Totus mundus, currens ad nostros remedios,
Nos regardat sicut deos,
Et nostris ordonnanciis
Principes et reges soumissos videtis.

Doncque il est nostræ sapientiæ,
Boni sensûs atque prudentiæ,
De fortement travaillare
A nos bene conservare
In tali credito, voga et honore;
Et prendere gardam à non recevere
In nostro docto corpore
Quàm personas capabiles,
Et totas dignas remplire
Has plaças honorabiles.

C'est pour cela que nunc convocati estis,
Et credo quod trovabitis
Dignam matieram medici
In savanti homine que voici;
Lequel in chosis omnibus
Dono ad interrogandum,
Et à fond examinandum
Vestris capacitatibus.

PRIMUS DOCTOR.

Si mihi licentiam dat dominus præses,
Et tanti docti doctores,
Et assistantes illustres,
Très savanti bacheliere,
Quem estimo et honoro
Domandabo causam et rationem quare
Opium facit dormire.

BACHELIERUS.

Mihi a docto doctore
Domandatur causam et rationem quare
Opium facit dormire,

A quoi respondeo,
Quia est in eo
Virtus dormitiva,
Cujus est natura
Sensus assoupire.

CHORUS.

Bene, bene, bene, bene respondere!
Dignus, dignus est intrare
In nostro docto corpore.
Bene, bene respondere!

SECUNDUS DOCTOR.

Cum permissione domini præsidis,
Doctissimæ facultatis,
Et totius his nostris actis
Companiæ assistantis,
Domandabo tibi, docte bacheliere,
Quæ sunt remedia
Quæ, in maladia
Dite hydropisia,
Convenit facere.

BACHELIERUS

Clysterium donare,
Postea seignare,
Ensuita purgare.

CHORUS.

Bene, bene, bene, bene respondere!
Dignus, dignus est intrare
In nostro docto corpore.

TERTIUS DOCTOR!

Si bonum semblatur domino præsidi,
Doctissimæ facultati,
Et companiæ præsenti,
Domandabo tibi, docte bacheliere,
Quæ remedia eticis,
Pulmonicis atque asmaticis
Trovas à propos facere.

BACHELIERUS.

Clysterium donare,
Postea seignare,
Ensuita purgare

CHOEUR.

Bene, bene, bene, bene, respondere!
Dignus, dignus est intrare
In nostro docto corpore.

QUARTUS DOCTOR.

Super illas maladias
Doctus bachelierus dixit maravillas,
Mais si non ennuyo dominum præsidem,
Doctissimam facultatem,
Et totam honorabilem
Companiam ecoutantem;
Faciam illi unam quæstionem.
Dès hiero maladus unus
Tombavit in meas manus:
Habet grandam fievram cum redoublamentis,
Grandam dolorem capitis,
Et grandum malum au côté,
Cum granda difficultate
Et pena à respirare.
Veillas mihi dire,
Docte bacheliere,
Quid illi facere?

BACHELIERUS.

Clysterium donare,
Postea seignare,
Ensuita purgare.

QUINTUS DOCTOR.

Mais si maladia
Opiniatria
Non vult sa garire,
Quid illi facere?

BACHELIERUS.

Clysterium donare,
Postea seignare,
Ensuita purgare.
Reseignare, repurgare, et reclysterisare.

CHORUS.

Bene, bene, bene, bene respondere.
Dignus, dignus est intrare
In nostro docto corpore.

PRÆSES.

Juras gardare statuta
Per facultatem præscripta,
Cum sensu et jugeamento?

BACHELIERUS.

Juro.

PRÆSES.

Essere in omnibus
Consultationibus
Ancieni aviso,
Aut bono,
Aut mauvaiso?

BACHELIERUS.

Juro.

PRÆSES.

De non jamais te servire
De remediis aucunis
Quàm de ceux seulement doctæ facultatis,
Maladus dût-il crevare
Et mori de suo malo?

BACHELIERUS.

Juro.

PRÆSES.

Ego, cum isto boneto
Venerabili et docto,
Dono tibi et concedo
Virtutem et puissanciam
Medicandi,
Purgandi,
Seignandi,
Perçandi,
Taillandi,
Coupandi,
Et occidendi,
Impune per totam terram.

DEUXIEME ENTREE DE BALLET.

Les chirurgiens et les apothicaires viennent faire la révérence en cadence à Argan.

BACHELIERUS.

Grandes doctores doctrinæ,
De la rhubarbe et du séné,
Ce serait sans doute à moi chosa folla,
Inepta et ridicula,
Si j'alloibam m'engageare
Vobis louangeas donare,
Et entreprenoibam adjoutare
Des lumieras au soleillo,
Et des étoilas au cielo,
Des ondas à l'oceano,
Et des rosas au printano.
Agreate qu'avec uno moto
Pro toto remercimento
Rendam gratiam corpori tam docto.
Vobis, vobis debeo
Bien plus qu'à naturæ et qu'à patri meo.
Natura et pater meus
Hominem me habent factum;
Mais vos me, ce qui est bien plus,
Avetis factum medicum:
Honor, favor et gratia,
Qui in hoc corde que voilà
Imprimant ressentimenta
Qui dureront in secula.

CHOEUR.

Vivat, vivat, vivat, vivat, cent fois vivat,
Novus doctor qui tam bene parlat!
Mille, mille annis, et manget, et bibat,
Et seignet, et tuat!

TROISIEME ENTREE DE BALLET.

Tous les chirurgiens et les apothicaires dansent au son des instruments et des voix, et des battements de mains et des mortiers d'apothicaires.

CHIRURGUS.

Puisse-t-il voir doctas
Suas ordonnancias
Omnium chirurgorum
Et apothicarum
Remplire boutiquas!

CHORUS.

Vivat, vivat, vivat, vivat, cent fois vivat,
Novus doctor qui tam bene parlat!
Mille, mille annis, et manget, et bibat,
Et seignet, et tuat!

CHIRURGUS.

Puissent totti anni
Lui essere boni
Et favorabiles,
Et n'habere jamais
Quàm pestas, verolas
Fievras, pleuresias,
Fluxus de sang, et dyssenterias!

CHORUS.

Vivat, vivat, vivat, vivat, cent fois vivat,
Novus doctor qui tam bene parlat!
Mille, mille annis, et manget, et bibat,
Et seignet, et tua!

QUATRIÈME ENTRÉE DE BALLET.

Pendant que le dernier chœur se chante, les médecins, les chirurgiens, et les apothicaires, sortent tous selon leur rang en cérémonie, comme ils sont entrés.

FIN DU MALADE IMAGINAIRE.

LA GLOIRE

DU DOME

DU VAL-DE-GRACE.

DIGNE fruit de vingt ans de travaux somptueux;
Auguste bâtiment, temple majestueux
Dont le dôme superbe, élevé dans la nue,
Pare du grand Paris la magnifique vue,
Et, parmi tant d'objets semés de toutes parts,
Du voyageur surpris prend les premiers regards,
Fais briller à jamais dans ta noble richesse
La splendeur du saint vœu d'une grande princesse,
Et porte un témoignage à la postérité
De sa magnificence et de sa piété.
Conserve à nos neveux une montre fidèle
Des exquises beautés que tu tiens de son zèle;
Mais défends bien surtout de l'injure des ans
Le chef-d'œuvre fameux de ses riches présents,
Cet éclatant morceau de savante peinture
Dont elle a couronné ta noble architecture;
C'est le plus bel effet des grands soins qu'elle a pris,
Et ton marbre et ton or ne sont point de ce prix.
Toi qui, dans cette coupe, à ton vaste génie
Comme un ample théâtre heureusement fournie,
Est venue déployer les précieux trésors
Que le Tibre t'a vu ramasser sur ses bords,
Dis-nous, fameux Mignard, par qui te sont versées
Les charmantes beautés de tes nobles pensées,
Et dans quels fonds tu prends cette variété
Dont l'esprit est surpris et l'œil est enchanté:
Dis-nous quel feu divin, dans tes fécondes veilles,
De tes expressions enfante les merveilles,
Quels charmes ton pinceau répand dans tous ses traits,
Quelle force il y mêle à ses plus doux attraits,
Et quel est ce pouvoir qu'au bout des doigts tu portes,
Qui sait faire à nos yeux vivre des choses mortes,
Et, d'un peu de mélange et de bruns et de clairs,
Rendre esprit la couleur, et les pierres des chairs.
Tu te tais, et prétends que ce sont des matières
Dont tu dois nous cacher les savantes lumières;
Et que ces beaux secrets, à tes travaux vendus,
Te coûtent un peu trop pour être répandus:
Mais ton pinceau s'explique et trahit ton silence;
Malgré toi de ton art il nous fait confidence;
Et, dans ses beaux efforts à nos yeux étalés,
Les mystères profonds nous en sont révélés.
Une pleine lumière ici nous est offerte;
Et ce dôme pompeux est une école ouverte,
Où l'ouvrage, faisant l'office de la voix,
Dicte de ton grand art les souveraines lois.
Il nous dit fortement les trois nobles parties[1]
Qui rendent d'un tableau les beautés assorties,
Et dont, en s'unissant, les talents relevés
Donnent à l'univers les peintres achevés.
Mais des trois, comme reine, il nous expose celle[2]
Que ne peut nous donner le travail ni le zèle,
Et qui, comme présent de la frayeur des cieux,
Est du nom de divine appelée en tous lieux;
Elle, dont l'essor monte au-dessus du tonnerre,
Et sans qui l'on demeure à ramper contre terre,
Qui meut tout, règle tout, en ordonne à son choix,
Et des deux autres mène et régit les emplois.
Il nous enseigne à prendre une digne matière
Qui donne au feu d'un peintre une vaste carrière,
Et puisse recevoir tous les grands ornements
Qu'enfante un beau génie en ses accouchements,
Et dont la poésie, et sa sœur la peinture,
Parant l'instruction de leur docte imposture,
Composent avec art ces attraits, ces douceurs,
Qui font à leurs leçons un passage à nos cœurs,
Et par qui, de tout temps, ces deux sœurs si pareilles
Charment, l'une les yeux, et l'autre les oreilles.
Mais il nous dit de fuir un discord apparent
Du lieu que l'on nous donne et du sujet qu'on prend,
Et de ne point placer dans un tombeau des fêtes,
Le ciel contre nos pieds, et l'enfer sur nos têtes.
Il nous apprend à faire avec détachement
De groupes contrastes un noble agencement,
Qui du champ du tableau fasse un juste partage
En conservant les bords un peu légers d'ouvrage,
N'ayant nul embarras, nul fracas vicieux
Qui rompe ce repos si fort ami des yeux,
Mais où, sans se presser, le groupe se rassemble,
Et forme un doux concert, fasse un beau tout ensemble,
Où rien ne soit à l'œil mendie ni redit,
Tout s'y voyant tiré d'un vaste fonds d'esprit,
Assaisonné du sel de nos grâces antiques,
Et non du fade goût des ornements gothiques,
Ces monstres odieux des siècles ignorants,
Que de la barbarie ont produit les torrents,
Quand leurs cours, inondant presque toute la terre,
Fit à la politesse une mortelle guerre,
Et, de la grande Rome abattant les remparts,
Vint avec son empire étouffer les beaux arts.
Il nous montre à poser avec noblesse et grâce
La première figure à la plus belle place,
Riche d'un agrément, d'un brillant de grandeur
Qui s'empare d'abord des yeux du spectateur,
Prenant un soin exact que, dans tout son ouvrage,
Elle joue aux regards le plus beau personnage,
Et que, par aucun rôle au spectacle placé,
Le héros du tableau ne se voit effacé.
Il nous enseigne à fuir les ornements débiles
Des épisodes froids et qui sont inutiles,
A donner au sujet toute sa vérité,
A lui garder partout pleine fidélité,
Et ne se point porter à prendre de licence,
A moins qu'à des beautés elle donne naissance.
Il nous dicte amplement les leçons du dessin[3].
Dans la manière grecque et dans le goût romain;
Le grand choix du beau vrai, de la belle nature,
Sur les restes exquis de l'ancienne sculpture,
Qui, prenant d'un sujet la brillante beauté,
En savait séparer la faible vérité,

[1] L'invention, le dessin, le coloris. (*Note de Molière.*)
[2] L'invention, première partie de la peinture. (*Id.*)
[3] Le dessin, seconde partie de la peinture. (*Note de Molière.*)

Le grand choix du beau vrai, de la belle nature,
Sur les restes exquis de l'antique sculpture,
Qui, prenant d'un sujet la brillante beauté,
En savait séparer la faible vérité,
Et, formant de plusieurs une beauté parfaite,
Nous corrige par l'art la nature qu'on traite.
Il nous explique à fond, dans ses instructions,
L'union de la grace et des proportions;
Les figures partout doctement dégradées,
Et leurs extrémités soigneusement gardées;
Les contrastes savants des membres agroupés,
Grands, nobles, étendus, et bien développés,
Balancés sur leur centre en beautés d'attitude,
Tous formés l'un pour l'autre avec exactitude,
Et n'offrant point aux yeux ces galimatias
Où la tête n'est point de la jambe ou du bras;
Leur juste attachement aux lieux qui les font naître,
Et les muscles touchés autant qu'ils doivent l'être;
La beauté des contours observés avec soin,
Point durement traités, amples, tirés de loin,
Inégaux, ondoyants, et tenant de la flamme,
Afin de conserver plus d'action et d'ame,
Les nobles airs de tête amplement variés,
Et tous au caractère avec choix mariés.
Et c'est là qu'un grand peintre, avec pleine largesse,
D'une féconde idée étale la richesse,
Faisant briller partout de la diversité,
Et ne tombant jamais dans un air répété :
Mais un peintre commun trouve une peine extrême
A sortir dans ses airs de l'amour de soi-même;
De redites sans nombre il fatigue les yeux,
Et, plein de son image, il se peint en tous lieux.
Il nous enseigne aussi les belles draperies,
De grands plis bien jetés suffisamment nourries,
Dont l'ornement aux yeux doit conserver le nu,
Mais qui, pour le marquer, soit un peu retenu,
Qui ne s'y colle point, mais en suive la grace,
Et, sans la serrer trop, la caresse et l'embrasse.
Il nous montre à quel air, dans quelles actions,
Se distinguent à l'œil toutes les passions;
Les mouvements du cœur peints d'une adresse extrême
Par des gestes puisés dans la passion même,
Bien marqués pour parler, appuyés, forts, et nets,
Imitant en vigueur les gestes des muets,
Qui veulent réparer la voix que la nature
Leur a voulu nier ainsi qu'à la peinture.
  Il nous étale enfin les mystères exquis [1]
De la belle partie où triompha Zeuxis,
Et qui, le revêtant d'une gloire immortelle,
Le fit aller de pair avec le grand Apelle,
L'union, les concerts, et les tons des couleurs,
Contrastes, amitiés, ruptures et valeurs,
Qui font les grands effets, les fortes impostures,
L'achèvement de l'art, et l'ame des figures.
Il nous dit clairement dans quel choix le plus beau
On peut prendre le jour et le champ du tableau.
Les distributions et d'ombre et de lumière
Sur chacun des objets et sur la masse entière,
Leur dégradation dans l'espace de l'air
Par les tons différents de l'obscur et du clair,
Et quelle force il faut aux objets mis en place
Que l'approche distingue et le lointain efface;
Les gracieux repos que par des soins communs
Les bruns donnent aux clairs, comme les clairs aux
Avec quel agrément d'insensible passage [bruns;
Doivent ces opposés entrer en assemblage;
Par quelle douce chute ils doivent y tomber,
Et dans un milieu tendre aux yeux se dérober;
Ces fonds officieux qu'avec art on se donne,
Qui reçoivent si bien ce qu'on leur abandonne;
Par quels coups de pinceau, formant de la rondeur,
Le peintre donne au plat le relief du sculpteur;
Quel adoucissement des teintes de lumière
Fait perdre ce qui tourne, et le chasse derrière,
Et comme avec un champ fuyant, vague, et léger,
La fierté de l'obscur, sur la douceur du clair
Triomphant de la toile; en tire avec puissance
Les figures que veut garder sa résistance,
Et, malgré tout l'effort qu'elle oppose à ses coups,
Les détache du fond et les amène à nous.
  Il nous dit tout cela, ton admirable ouvrage :
Mais, illustre Mignard, n'en prends aucun ombrage;
Ne crains pas que ton art, par ta main découvert,
A marcher sur tes pas tienne un chemin ouvert,
Et que de ses leçons les grands et beaux oracles
Elèvent d'autres mains à tes doctes miracles;
Il y faut des talents que ton mérite joint,
Et ce sont des secrets qui ne s'apprennent point. [donne,
On n'acquiert point, Mignard, par les soins qu'on se
Trois choses, dont les dons brillent dans ta personne,
Les passions, la grace, et les tons de couleur,
Qui des riches tableaux font l'exquise valeur;
Ce sont présents du ciel qu'on voit peu qu'il assemble,
Et les siècles ont peine à les trouver ensemble.
C'est par là qu'à nos yeux nuls travaux enfantés
De ton noble travail n'atteindront les beautés :
Malgré tous les pinceaux que ta gloire réveille,
Il sera de nos jours la fameuse merveille,
Et des bouts de la terre en ces superbes lieux
Attirera les pas des savants curieux.
  O vous, dignes objets de la noble tendresse,
Qu'a fait briller pour vous cette auguste princesse
Dont au grand Dieu naissant, au véritable Dieu,
Le zèle magnifique a consacré ce lieu,
Purs esprits, où du ciel sont les graces infuses,
Beaux temples des vertus, admirables recluses,
Qui dans votre retraite, avec tant de ferveur,
Mêlez parfaitement la retraite du cœur,
Et, par un choix pieux hors du monde placées,
Ne détachez vers lui nulle de vos pensées,
Qu'il vous est cher d'avoir sans cesse, devant vous,
Ce tableau de l'objet de vos vœux les plus doux,
D'y nourrir par vos yeux les précieuses flammes
Dont si fidèlement brûlent vos belles ames,
D'y sentir redoubler l'ardeur de vos désirs,
D'y donner à toute heure un encens de soupirs,
Et d'embrasser du cœur une image si belle
Des célestes beautés de la gloire éternelle,
Beautés qui dans leurs fers tiennent vos libertés,
Et vous font mépriser toutes autres beautés.
  Et toi, qui fus jadis la maîtresse du monde,
Docte et fameuse école en raretés féconde,
Où les arts déterrés ont, par un digne effort,
Réparé les dégâts des barbares du Nord;
Sources des beaux débris des siècles mémorables,
O Rome, qu'à tes soins nous sommes redevables
De nous avoir rendu, façonné de ta main
Ce grand homme, chez toi devenu tout Romain,
Dont le pinceau célèbre, avec magnificence,
De ces riches travaux vient parer notre France,
Et dans un noble lustre y produire à nos yeux
Cette belle peinture inconnue en ces lieux,
La fresque, dont la grace, à l'autre préférée,
Se conserve un éclat d'éternelle durée,
Mais dont la promptitude et les brusques fiertés
Veulent un grand génie à toucher ses beautés!
De l'autre qu'on connaît la traitable méthode
Aux faiblesses d'un peintre aisément s'accommode :
La paresse de l'huile, allant avec lenteur,
Du plus tardif génie attend la pesanteur;
Elle sait secourir, par le temps qu'elle donne:
Les faux pas que peut faire un pinceau qui tâtonne;
Et sur cette peinture on peut, pour faire mieux,
Revenir, quand on veut, avec de nouveaux yeux.
Cette commodité de retoucher l'ouvrage
Aux peintres chancelants est un grand avantage;
Et ce qu'on ne fait pas en vingt fois qu'on reprend,
On le peut faire en trente, on le peut faire en cent.
  Mais la fresque est pressante, et veut, sans complai-
Qu'un peintre s'accommode à son impatience, [sance
La traite à sa manière, et, d'un travail soudain,
Saisisse le moment qu'elle donne à sa main.
La sévère rigueur de ce moment qui passe
Aux erreurs d'un pinceau ne fait aucune grace;
Avec elle il n'est point de retour à tenter,
Et tout, au premier coup, se doit exécuter.
Elle veut un esprit où se rencontre unie
La pleine connaissance avec le grand génie,

[1] Le coloris, troisième partie de la peinture. (*Note de Molière.*)

Secouru d'une main propre à le seconder,
Et maîtresse de l'art jusqu'à la gourmander,
Une main prompte à suivre un beau feu qui la guide,
Et dont, comme un éclair, la justesse rapide
Répande dans ses fonds, à grands traits non tâtés,
De ses expressions les touchantes beautés.
C'est par là que la fresque, éclatante de gloire,
Sur les honneurs de l'autre emporte la victoire,
Et que tous les savants, en juges délicats,
Donnent la préférence à ses mâles appas.
Cent doctes mains chez elle ont cherché la louange;
Et Jules, Annibal, Raphael, Michel-Ange,
Les Mignards de leur siècle, en illustres rivaux,
Ont voulu par la fresque ennoblir leurs travaux.
Nous la voyons ici doctement revêtue
De tous les grands attraits qui surprennent la vue.
Jamais rien de pareil n'a paru dans ces lieux;
Et la belle inconnue a frappé tous les yeux.
Elle a non seulement, par ses graces fertiles,
Charmé du grand Paris les connaisseurs habiles,
Et touché de la cour le beau monde savant;
Ses miracles encore ont passé plus avant,
Et de nos courtisans les plus légers d'étude
Elle a pour quelque temps fixé l'inquiétude,
Arrêté leur esprit, attaché leurs regards,
Et fait descendre en eux quelque goût des beaux arts.
Mais ce qui, plus que tout, élève son mérite,
C'est de l'auguste roi l'éclatante visite;
Ce monarque, dont l'ame aux grandes qualités
Joint un goût délicat des savantes beautés,
Qui, séparant le bon d'avec son apparence,
Décide sans erreur, et loue avec prudence,
Louis, le grand Louis, dont l'esprit souverain
Ne dit rien au hasard, et voit tout d'un œil sain,
A versé de sa bouche à ses graces brillantes
De deux précieux mots les douceurs chatouillantes;
Et l'on sait qu'en deux mots ce Roi judicieux
Fait des plus beaux travaux l'éloge glorieux.
Colbert, dont le bon goût suit celui de son maître,
A senti même charme, et nous le fait paraître.
Ce vigoureux génie au travail si constant,
Dont la vaste prudence à tous emplois s'étend,
Qui du choix souverain, tient, par son haut mérite,
Du commerce et des arts la suprême conduite,
A d'une noble idée enfanté le dessin
Qu'il confie aux talents de cette docte main,
Et dont il veut par elle attacher la richesse
Aux sacrés murs du temple où son cœur s'intéresse.
La voilà, cette main, qui se met en chaleur;
Elle prend les pinceaux, trace, étend la couleur,
Empâte, adoucit, touche, et ne fait nulle pause:
Voilà qu'elle a fini; l'ouvrage aux yeux s'expose,
Et nous y découvrons, aux yeux des grands experts,
Trois miracles de l'art en trois tableaux divers.
Mais, parmi ces objets d'une beauté touchante,
Le Dieu porte au respect, et n'a rien qui n'enchante
Rien en grace, en douceur, en vive majesté,
Qui ne présente à l'œil une divinité;
Elle est tout en ces traits si brillants de noblesse;
La grandeur y paraît, l'équité, la sagesse,
La bonté, la puissance, enfin ces traits font voir
Ce que l'esprit de l'homme a peine à concevoir.
Poursuis, ô grand Colbert, à vouloir dans la Franc
Des arts que tu régis établir l'excellence,
Et donne à ce projet, et si grand et si beau,
Tous les riches moments d'un si docte pinceau.
Attache à des travaux dont l'éclat te renomme
Les restes précieux des jours de ce grand homme.
Tels hommes rarement se peuvent présenter,
Et, quand le ciel les donne, il faut en profiter.
De ces mains, dont les temps ne sont guère prodigues,
Tu dois à l'univers les savantes fatigues;
C'est à ton ministère à les aller saisir
Pour les mettre aux emplois que tu leur peux choisir;
Et, pour ta propre gloire, il ne faut point attendre
Qu'elles viennent t'offrir ce que ton choix doit prendre.
Les grands hommes, Colbert, sont mauvais courtisans,
Peu faits à s'acquitter des devoirs complaisants;
A leurs réflexions tout entiers ils se donnent;
Et ce n'est que par là qu'ils se perfectionnent.
L'étude et la visite ont leurs talents à part.
Qui se donne à la cour, se dérobe à son art.
Un esprit partagé rarement s'y consomme,
Et les emplois du feu demandent tout un homme.
Ils ne sauraient quitter les soins de leur métier
Pour aller chaque jour fatiguer ton portier;
Ni partout, près de toi, par d'assidus hommages,
Mendier des prôneurs les éclatants suffrages.
Cet amour du travail, qui toujours règne en eux,
Rend à tous autres soins leur esprit paresseux,
Et tu dois consentir à cette négligence
Qui de leurs beaux talents te nourrit l'excellence.
Souffre que, dans leurs arts s'avançant chaque jour,
Par leurs ouvrages seuls ils te fassent leur cour.
Leur mérite à tes yeux y peut assez paraître.
Consultes-en ton goût, il s'y connaît en maître,
Et te dira toujours, pour l'honneur de ton choix,
Sur qui tu dois verser l'éclat des grands emplois.
C'est ainsi que des arts la renaissante gloire
De tes illustres soins ornera la mémoire;
Et que ton nom, porté dans cent travaux pompeux,
Passera triomphant à nos derniers neveux.

FIN DES OEUVRES DE MOLIÈRE.

TABLE

DES OEUVRES COMPLETES DE MOLIÈRE.

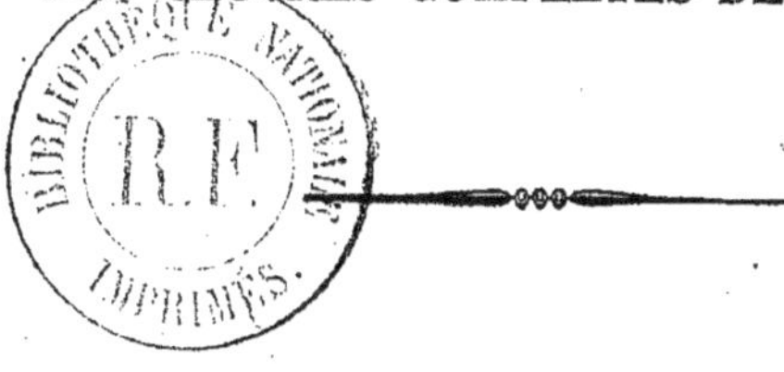

FIN DE LA TABLE.

Paris. — Typ. A. PARENT rue Monsieur-le-Prince, 31.

ON TROUVE A LA MÊME LIBRAIRIE :

LES ŒUVRES DE RACINE

Paris. — Typ. A. PARENT, rue Monsieur-le-Prince, 31.

www.ingramcontent.com/pod-product-compliance
Lightning Source LLC
LaVergne TN
LVHW011301110826
845149LV00001B/213

* 9 7 8 2 0 1 2 7 5 7 0 0 4 *